I0115087

١ــ١ بِسْمِ ٱللَّهِ ٱلرَّحْمَٰنِ ٱلرَّحِيمِ ١ــ٢ ٱلْحَمْدُ لِلَّهِ رَبِّ ٱلْعَٰلَمِينَ ١ــ٣ ٱلرَّحْمَٰنِ ٱلرَّحِيمِ
١ــ٤ مَٰلِكِ يَوْمِ ٱلدِّينِ ١ــ٥ إِيَّاكَ نَعْبُدُ وَإِيَّاكَ نَسْتَعِينُ ١ــ٦ ٱهْدِنَا ٱلصِّرَٰطَ
ٱلْمُسْتَقِيمَ ١ــ٧ صِرَٰطَ ٱلَّذِينَ أَنْعَمْتَ عَلَيْهِمْ غَيْرِ ٱلْمَغْضُوبِ عَلَيْهِمْ وَلَا ٱلضَّآلِّينَ
٢ــ١ الٓمٓ ٢ــ٢ ذَٰلِكَ ٱلْكِتَٰبُ لَا رَيْبَ ۛ فِيهِ ۛ هُدًى لِّلْمُتَّقِينَ ٢ــ٣ ٱلَّذِينَ يُؤْمِنُونَ
بِٱلْغَيْبِ وَيُقِيمُونَ ٱلصَّلَوٰةَ وَمِمَّا رَزَقْنَٰهُمْ يُنفِقُونَ ٢ــ٤ وَٱلَّذِينَ يُؤْمِنُونَ بِمَآ أُنزِلَ
إِلَيْكَ وَمَآ أُنزِلَ مِن قَبْلِكَ وَبِٱلْـَٔاخِرَةِ هُمْ يُوقِنُونَ ٢ــ٥ أُو۟لَٰٓئِكَ عَلَىٰ هُدًى مِّن رَّبِّهِمْ
ۖ وَأُو۟لَٰٓئِكَ هُمُ ٱلْمُفْلِحُونَ ٢ــ٦ إِنَّ ٱلَّذِينَ كَفَرُوا۟ سَوَآءٌ عَلَيْهِمْ ءَأَنذَرْتَهُمْ أَمْ لَمْ
تُنذِرْهُمْ لَا يُؤْمِنُونَ ٢ــ٧ خَتَمَ ٱللَّهُ عَلَىٰ قُلُوبِهِمْ وَعَلَىٰ سَمْعِهِمْ ۖ وَعَلَىٰٓ أَبْصَٰرِهِمْ
غِشَٰوَةٌ ۖ وَلَهُمْ عَذَابٌ عَظِيمٌ ٢ــ٨ وَمِنَ ٱلنَّاسِ مَن يَقُولُ ءَامَنَّا بِٱللَّهِ وَبِٱلْيَوْمِ
ٱلْـَٔاخِرِ وَمَا هُم بِمُؤْمِنِينَ ٢ــ٩ يُخَٰدِعُونَ ٱللَّهَ وَٱلَّذِينَ ءَامَنُوا۟ وَمَا يَخْدَعُونَ إِلَّآ
أَنفُسَهُمْ وَمَا يَشْعُرُونَ ٢ــ١٠ فِى قُلُوبِهِم مَّرَضٌ فَزَادَهُمُ ٱللَّهُ مَرَضًا ۖ وَلَهُمْ عَذَابٌ
أَلِيمٌۢ بِمَا كَانُوا۟ يَكْذِبُونَ ٢ــ١١ وَإِذَا قِيلَ لَهُمْ لَا تُفْسِدُوا۟ فِى ٱلْأَرْضِ قَالُوٓا۟ إِنَّمَا نَحْنُ
مُصْلِحُونَ ٢ــ١٢ أَلَآ إِنَّهُمْ هُمُ ٱلْمُفْسِدُونَ وَلَٰكِن لَّا يَشْعُرُونَ ٢ــ١٣ وَإِذَا قِيلَ لَهُمْ
ءَامِنُوا۟ كَمَآ ءَامَنَ ٱلنَّاسُ قَالُوٓا۟ أَنُؤْمِنُ كَمَآ ءَامَنَ ٱلسُّفَهَآءُ ۗ أَلَآ إِنَّهُمْ هُمُ ٱلسُّفَهَآءُ
وَلَٰكِن لَّا يَعْلَمُونَ ٢ــ١٤ وَإِذَا لَقُوا۟ ٱلَّذِينَ ءَامَنُوا۟ قَالُوٓا۟ ءَامَنَّا وَإِذَا خَلَوْا۟ إِلَىٰ
شَيَٰطِينِهِمْ قَالُوٓا۟ إِنَّا مَعَكُمْ إِنَّمَا نَحْنُ مُسْتَهْزِءُونَ ٢ــ١٥ ٱللَّهُ يَسْتَهْزِئُ بِهِمْ
وَيَمُدُّهُمْ فِى طُغْيَٰنِهِمْ يَعْمَهُونَ ٢ــ١٦ أُو۟لَٰٓئِكَ ٱلَّذِينَ ٱشْتَرَوُا۟ ٱلضَّلَٰلَةَ بِٱلْهُدَىٰ فَمَا
رَبِحَت تِّجَٰرَتُهُمْ وَمَا كَانُوا۟ مُهْتَدِينَ ٢ــ١٧ مَثَلُهُمْ كَمَثَلِ ٱلَّذِى ٱسْتَوْقَدَ نَارًا فَلَمَّآ
أَضَآءَتْ مَا حَوْلَهُۥ ذَهَبَ ٱللَّهُ بِنُورِهِمْ وَتَرَكَهُمْ فِى ظُلُمَٰتٍ لَّا يُبْصِرُونَ ٢ــ١٨ صُمٌّۢ
بُكْمٌ عُمْىٌ فَهُمْ لَا يَرْجِعُونَ ٢ــ١٩ أَوْ كَصَيِّبٍ مِّنَ ٱلسَّمَآءِ فِيهِ ظُلُمَٰتٌ وَرَعْدٌ وَبَرْقٌ
يَجْعَلُونَ أَصَٰبِعَهُمْ فِىٓ ءَاذَانِهِم مِّنَ ٱلصَّوَٰعِقِ حَذَرَ ٱلْمَوْتِ ۚ وَٱللَّهُ مُحِيطٌۢ بِٱلْكَٰفِرِينَ
٢ــ٢٠ يَكَادُ ٱلْبَرْقُ يَخْطَفُ أَبْصَٰرَهُمْ ۖ كُلَّمَآ أَضَآءَ لَهُم مَّشَوْا۟ فِيهِ وَإِذَآ أَظْلَمَ عَلَيْهِمْ
قَامُوا۟ ۚ وَلَوْ شَآءَ ٱللَّهُ لَذَهَبَ بِسَمْعِهِمْ وَأَبْصَٰرِهِمْ ۚ إِنَّ ٱللَّهَ عَلَىٰ كُلِّ شَىْءٍ قَدِيرٌ
٢ــ٢١ يَٰٓأَيُّهَا ٱلنَّاسُ ٱعْبُدُوا۟ رَبَّكُمُ ٱلَّذِى خَلَقَكُمْ وَٱلَّذِينَ مِن قَبْلِكُمْ لَعَلَّكُمْ تَتَّقُونَ
٢ــ٢٢ ٱلَّذِى جَعَلَ لَكُمُ ٱلْأَرْضَ فِرَٰشًا وَٱلسَّمَآءَ بِنَآءً وَأَنزَلَ مِنَ ٱلسَّمَآءِ مَآءً فَأَخْرَجَ بِهِۦ
مِنَ ٱلثَّمَرَٰتِ رِزْقًا لَّكُمْ ۖ فَلَا تَجْعَلُوا۟ لِلَّهِ أَندَادًا وَأَنتُمْ تَعْلَمُونَ ٢ــ٢٣ وَإِن كُنتُمْ فِى
رَيْبٍ مِّمَّا نَزَّلْنَا عَلَىٰ عَبْدِنَا فَأْتُوا۟ بِسُورَةٍ مِّن مِّثْلِهِۦ وَٱدْعُوا۟ شُهَدَآءَكُم مِّن دُونِ ٱللَّهِ
إِن كُنتُمْ صَٰدِقِينَ ٢ــ٢٤ فَإِن لَّمْ تَفْعَلُوا۟ وَلَن تَفْعَلُوا۟ فَٱتَّقُوا۟ ٱلنَّارَ ٱلَّتِى وَقُودُهَا

ٱلنَّاسُ وَٱلْحِجَارَةُ ۖ أُعِدَّتْ لِلْكَٰفِرِينَ ٢-٢٥ وَبَشِّرِ ٱلَّذِينَ ءَامَنُوا۟ وَعَمِلُوا۟ ٱلصَّٰلِحَٰتِ أَنَّ
لَهُمْ جَنَّٰتٍ تَجْرِى مِن تَحْتِهَا ٱلْأَنْهَٰرُ ۖ كُلَّمَا رُزِقُوا۟ مِنْهَا مِن ثَمَرَةٍ رِّزْقًا ۙ قَالُوا۟ هَٰذَا
ٱلَّذِى رُزِقْنَا مِن قَبْلُ ۖ وَأُتُوا۟ بِهِۦ مُتَشَٰبِهًا ۖ وَلَهُمْ فِيهَآ أَزْوَٰجٌ مُّطَهَّرَةٌ ۖ وَهُمْ فِيهَا
خَٰلِدُونَ ٢-٢٦ إِنَّ ٱللَّهَ لَا يَسْتَحْىِۦٓ أَن يَضْرِبَ مَثَلًا مَّا بَعُوضَةً فَمَا فَوْقَهَا ۚ فَأَمَّا
ٱلَّذِينَ ءَامَنُوا۟ فَيَعْلَمُونَ أَنَّهُ ٱلْحَقُّ مِن رَّبِّهِمْ ۖ وَأَمَّا ٱلَّذِينَ كَفَرُوا۟ فَيَقُولُونَ مَاذَآ أَرَادَ
ٱللَّهُ بِهَٰذَا مَثَلًا ۘ يُضِلُّ بِهِۦ كَثِيرًا وَيَهْدِى بِهِۦ كَثِيرًا ۚ وَمَا يُضِلُّ بِهِۦٓ إِلَّا ٱلْفَٰسِقِينَ
٢-٢٧ ٱلَّذِينَ يَنقُضُونَ عَهْدَ ٱللَّهِ مِنۢ بَعْدِ مِيثَٰقِهِۦ وَيَقْطَعُونَ مَآ أَمَرَ ٱللَّهُ بِهِۦٓ أَن
يُوصَلَ وَيُفْسِدُونَ فِى ٱلْأَرْضِ ۚ أُو۟لَٰٓئِكَ هُمُ ٱلْخَٰسِرُونَ ٢-٢٨ كَيْفَ تَكْفُرُونَ بِٱللَّهِ
وَكُنتُمْ أَمْوَٰتًا فَأَحْيَٰكُمْ ۖ ثُمَّ يُمِيتُكُمْ ثُمَّ يُحْيِيكُمْ ثُمَّ إِلَيْهِ تُرْجَعُونَ ٢-٢٩ هُوَ ٱلَّذِى
خَلَقَ لَكُم مَّا فِى ٱلْأَرْضِ جَمِيعًا ثُمَّ ٱسْتَوَىٰٓ إِلَى ٱلسَّمَآءِ فَسَوَّىٰهُنَّ سَبْعَ سَمَٰوَٰتٍ ۚ
وَهُوَ بِكُلِّ شَىْءٍ عَلِيمٌ ٢-٣٠ وَإِذْ قَالَ رَبُّكَ لِلْمَلَٰٓئِكَةِ إِنِّى جَاعِلٌ فِى ٱلْأَرْضِ خَلِيفَةً ۖ
قَالُوٓا۟ أَتَجْعَلُ فِيهَا مَن يُفْسِدُ فِيهَا وَيَسْفِكُ ٱلدِّمَآءَ وَنَحْنُ نُسَبِّحُ بِحَمْدِكَ وَنُقَدِّسُ
لَكَ ۖ قَالَ إِنِّىٓ أَعْلَمُ مَا لَا تَعْلَمُونَ ٢-٣١ وَعَلَّمَ ءَادَمَ ٱلْأَسْمَآءَ كُلَّهَا ثُمَّ عَرَضَهُمْ
عَلَى ٱلْمَلَٰٓئِكَةِ فَقَالَ أَنۢبِـُٔونِى بِأَسْمَآءِ هَٰٓؤُلَآءِ إِن كُنتُمْ صَٰدِقِينَ ٢-٣٢ قَالُوا۟ سُبْحَٰنَكَ
لَا عِلْمَ لَنَآ إِلَّا مَا عَلَّمْتَنَآ ۖ إِنَّكَ أَنتَ ٱلْعَلِيمُ ٱلْحَكِيمُ ٢-٣٣ قَالَ يَٰٓـَٔادَمُ أَنۢبِئْهُم
بِأَسْمَآئِهِمْ ۖ فَلَمَّآ أَنۢبَأَهُم بِأَسْمَآئِهِمْ قَالَ أَلَمْ أَقُل لَّكُمْ إِنِّىٓ أَعْلَمُ غَيْبَ ٱلسَّمَٰوَٰتِ
وَٱلْأَرْضِ وَأَعْلَمُ مَا تُبْدُونَ وَمَا كُنتُمْ تَكْتُمُونَ ٢-٣٤ وَإِذْ قُلْنَا لِلْمَلَٰٓئِكَةِ ٱسْجُدُوا۟
لِءَادَمَ فَسَجَدُوٓا۟ إِلَّآ إِبْلِيسَ أَبَىٰ وَٱسْتَكْبَرَ وَكَانَ مِنَ ٱلْكَٰفِرِينَ ٢-٣٥ وَقُلْنَا يَٰٓـَٔادَمُ
ٱسْكُنْ أَنتَ وَزَوْجُكَ ٱلْجَنَّةَ وَكُلَا مِنْهَا رَغَدًا حَيْثُ شِئْتُمَا وَلَا تَقْرَبَا هَٰذِهِ ٱلشَّجَرَةَ
فَتَكُونَا مِنَ ٱلظَّٰلِمِينَ ٢-٣٦ فَأَزَلَّهُمَا ٱلشَّيْطَٰنُ عَنْهَا فَأَخْرَجَهُمَا مِمَّا كَانَا فِيهِ ۖ
وَقُلْنَا ٱهْبِطُوا۟ بَعْضُكُمْ لِبَعْضٍ عَدُوٌّ ۖ وَلَكُمْ فِى ٱلْأَرْضِ مُسْتَقَرٌّ وَمَتَٰعٌ إِلَىٰ حِينٍ
٢-٣٧ فَتَلَقَّىٰٓ ءَادَمُ مِن رَّبِّهِۦ كَلِمَٰتٍ فَتَابَ عَلَيْهِ ۚ إِنَّهُۥ هُوَ ٱلتَّوَّابُ ٱلرَّحِيمُ ٢-٣٨ قُلْنَا
ٱهْبِطُوا۟ مِنْهَا جَمِيعًا ۖ فَإِمَّا يَأْتِيَنَّكُم مِّنِّى هُدًى فَمَن تَبِعَ هُدَاىَ فَلَا خَوْفٌ عَلَيْهِمْ
وَلَا هُمْ يَحْزَنُونَ ٢-٣٩ وَٱلَّذِينَ كَفَرُوا۟ وَكَذَّبُوا۟ بِـَٔايَٰتِنَآ أُو۟لَٰٓئِكَ أَصْحَٰبُ ٱلنَّارِ ۖ هُمْ فِيهَا
خَٰلِدُونَ ٢-٤٠ يَٰبَنِىٓ إِسْرَٰٓءِيلَ ٱذْكُرُوا۟ نِعْمَتِىَ ٱلَّتِىٓ أَنْعَمْتُ عَلَيْكُمْ وَأَوْفُوا۟ بِعَهْدِىٓ
أُوفِ بِعَهْدِكُمْ وَإِيَّٰىَ فَٱرْهَبُونِ ٢-٤١ وَءَامِنُوا۟ بِمَآ أَنزَلْتُ مُصَدِّقًا لِّمَا مَعَكُمْ وَلَا
تَكُونُوٓا۟ أَوَّلَ كَافِرٍۭ بِهِۦ ۖ وَلَا تَشْتَرُوا۟ بِـَٔايَٰتِى ثَمَنًا قَلِيلًا وَإِيَّٰىَ فَٱتَّقُونِ ٢-٤٢ وَلَا
تَلْبِسُوا۟ ٱلْحَقَّ بِٱلْبَٰطِلِ وَتَكْتُمُوا۟ ٱلْحَقَّ وَأَنتُمْ تَعْلَمُونَ ٢-٤٣ وَأَقِيمُوا۟ ٱلصَّلَوٰةَ وَءَاتُوا۟

ٱلزَّكَوٰةَ وَٱرْكَعُوا۟ مَعَ ٱلرَّٰكِعِينَ ٢ـ٤٤ أَتَأْمُرُونَ ٱلنَّاسَ بِٱلْبِرِّ وَتَنسَوْنَ أَنفُسَكُمْ وَأَنتُمْ
تَتْلُونَ ٱلْكِتَٰبَ ۚ أَفَلَا تَعْقِلُونَ ٢ـ٤٥ وَٱسْتَعِينُوا۟ بِٱلصَّبْرِ وَٱلصَّلَوٰةِ ۚ وَإِنَّهَا لَكَبِيرَةٌ إِلَّا
عَلَى ٱلْخَٰشِعِينَ ٢ـ٤٦ ٱلَّذِينَ يَظُنُّونَ أَنَّهُم مُّلَٰقُوا۟ رَبِّهِمْ وَأَنَّهُمْ إِلَيْهِ رَٰجِعُونَ
٢ـ٤٧ يَٰبَنِىٓ إِسْرَٰٓءِيلَ ٱذْكُرُوا۟ نِعْمَتِىَ ٱلَّتِىٓ أَنْعَمْتُ عَلَيْكُمْ وَأَنِّى فَضَّلْتُكُمْ عَلَى
ٱلْعَٰلَمِينَ ٢ـ٤٨ وَٱتَّقُوا۟ يَوْمًا لَّا تَجْزِى نَفْسٌ عَن نَّفْسٍ شَيْـًٔا وَلَا يُقْبَلُ مِنْهَا شَفَٰعَةٌ
وَلَا يُؤْخَذُ مِنْهَا عَدْلٌ وَلَا هُمْ يُنصَرُونَ ٢ـ٤٩ وَإِذْ نَجَّيْنَٰكُم مِّنْ ءَالِ فِرْعَوْنَ
يَسُومُونَكُمْ سُوٓءَ ٱلْعَذَابِ يُذَبِّحُونَ أَبْنَآءَكُمْ وَيَسْتَحْيُونَ نِسَآءَكُمْ ۚ وَفِى ذَٰلِكُم بَلَآءٌ
مِّن رَّبِّكُمْ عَظِيمٌ ٢ـ٥٠ وَإِذْ فَرَقْنَا بِكُمُ ٱلْبَحْرَ فَأَنجَيْنَٰكُمْ وَأَغْرَقْنَآ ءَالَ فِرْعَوْنَ وَأَنتُمْ
تَنظُرُونَ ٢ـ٥١ وَإِذْ وَٰعَدْنَا مُوسَىٰٓ أَرْبَعِينَ لَيْلَةً ثُمَّ ٱتَّخَذْتُمُ ٱلْعِجْلَ مِنۢ بَعْدِهِۦ وَأَنتُمْ
ظَٰلِمُونَ ٢ـ٥٢ ثُمَّ عَفَوْنَا عَنكُم مِّنۢ بَعْدِ ذَٰلِكَ لَعَلَّكُمْ تَشْكُرُونَ ٢ـ٥٣ وَإِذْ ءَاتَيْنَا
مُوسَى ٱلْكِتَٰبَ وَٱلْفُرْقَانَ لَعَلَّكُمْ تَهْتَدُونَ ٢ـ٥٤ وَإِذْ قَالَ مُوسَىٰ لِقَوْمِهِۦ يَٰقَوْمِ
إِنَّكُمْ ظَلَمْتُمْ أَنفُسَكُم بِٱتِّخَاذِكُمُ ٱلْعِجْلَ فَتُوبُوٓا۟ إِلَىٰ بَارِئِكُمْ فَٱقْتُلُوٓا۟ أَنفُسَكُمْ ذَٰلِكُمْ
خَيْرٌ لَّكُمْ عِندَ بَارِئِكُمْ فَتَابَ عَلَيْكُمْ ۚ إِنَّهُۥ هُوَ ٱلتَّوَّابُ ٱلرَّحِيمُ ٢ـ٥٥ وَإِذْ قُلْتُمْ
يَٰمُوسَىٰ لَن نُّؤْمِنَ لَكَ حَتَّىٰ نَرَى ٱللَّهَ جَهْرَةً فَأَخَذَتْكُمُ ٱلصَّٰعِقَةُ وَأَنتُمْ تَنظُرُونَ
٢ـ٥٦ ثُمَّ بَعَثْنَٰكُم مِّنۢ بَعْدِ مَوْتِكُمْ لَعَلَّكُمْ تَشْكُرُونَ ٢ـ٥٧ وَظَلَّلْنَا عَلَيْكُمُ ٱلْغَمَامَ
وَأَنزَلْنَا عَلَيْكُمُ ٱلْمَنَّ وَٱلسَّلْوَىٰ ۖ كُلُوا۟ مِن طَيِّبَٰتِ مَا رَزَقْنَٰكُمْ ۖ وَمَا ظَلَمُونَا وَلَٰكِن كَانُوٓا۟
أَنفُسَهُمْ يَظْلِمُونَ ٢ـ٥٨ وَإِذْ قُلْنَا ٱدْخُلُوا۟ هَٰذِهِ ٱلْقَرْيَةَ فَكُلُوا۟ مِنْهَا حَيْثُ شِئْتُمْ
رَغَدًا وَٱدْخُلُوا۟ ٱلْبَابَ سُجَّدًا وَقُولُوا۟ حِطَّةٌ نَّغْفِرْ لَكُمْ خَطَٰيَٰكُمْ ۚ وَسَنَزِيدُ ٱلْمُحْسِنِينَ
٢ـ٥٩ فَبَدَّلَ ٱلَّذِينَ ظَلَمُوا۟ قَوْلًا غَيْرَ ٱلَّذِى قِيلَ لَهُمْ فَأَنزَلْنَا عَلَى ٱلَّذِينَ ظَلَمُوا۟ رِجْزًا
مِّنَ ٱلسَّمَآءِ بِمَا كَانُوا۟ يَفْسُقُونَ ٢ـ٦٠ وَإِذِ ٱسْتَسْقَىٰ مُوسَىٰ لِقَوْمِهِۦ فَقُلْنَا ٱضْرِب
بِّعَصَاكَ ٱلْحَجَرَ ۖ فَٱنفَجَرَتْ مِنْهُ ٱثْنَتَا عَشْرَةَ عَيْنًا ۖ قَدْ عَلِمَ كُلُّ أُنَاسٍ مَّشْرَبَهُمْ ۖ كُلُوا۟
وَٱشْرَبُوا۟ مِن رِّزْقِ ٱللَّهِ وَلَا تَعْثَوْا۟ فِى ٱلْأَرْضِ مُفْسِدِينَ ٢ـ٦١ وَإِذْ قُلْتُمْ يَٰمُوسَىٰ لَن
نَّصْبِرَ عَلَىٰ طَعَامٍ وَٰحِدٍ فَٱدْعُ لَنَا رَبَّكَ يُخْرِجْ لَنَا مِمَّا تُنۢبِتُ ٱلْأَرْضُ مِنۢ بَقْلِهَا وَقِثَّآئِهَا
وَفُومِهَا وَعَدَسِهَا وَبَصَلِهَا ۖ قَالَ أَتَسْتَبْدِلُونَ ٱلَّذِى هُوَ أَدْنَىٰ بِٱلَّذِى هُوَ خَيْرٌ ۚ
ٱهْبِطُوا۟ مِصْرًا فَإِنَّ لَكُم مَّا سَأَلْتُمْ ۗ وَضُرِبَتْ عَلَيْهِمُ ٱلذِّلَّةُ وَٱلْمَسْكَنَةُ وَبَآءُو بِغَضَبٍ
مِّنَ ٱللَّهِ ۗ ذَٰلِكَ بِأَنَّهُمْ كَانُوا۟ يَكْفُرُونَ بِـَٔايَٰتِ ٱللَّهِ وَيَقْتُلُونَ ٱلنَّبِيِّـۧنَ بِغَيْرِ ٱلْحَقِّ ۗ ذَٰلِكَ
بِمَا عَصَوا۟ وَّكَانُوا۟ يَعْتَدُونَ ٢ـ٦٢ إِنَّ ٱلَّذِينَ ءَامَنُوا۟ وَٱلَّذِينَ هَادُوا۟ وَٱلنَّصَٰرَىٰ
وَٱلصَّٰبِـِٔينَ مَنْ ءَامَنَ بِٱللَّهِ وَٱلْيَوْمِ ٱلْـَٔاخِرِ وَعَمِلَ صَٰلِحًا فَلَهُمْ أَجْرُهُمْ عِندَ رَبِّهِمْ وَلَا

خَوْفٌ عَلَيْهِمْ وَلَا هُمْ يَحْزَنُونَ ٢ـ٦٣ وَإِذْ أَخَذْنَا مِيثَٰقَكُمْ وَرَفَعْنَا فَوْقَكُمُ ٱلطُّورَ
خُذُوا۟ مَآ ءَاتَيْنَٰكُم بِقُوَّةٍ وَٱذْكُرُوا۟ مَا فِيهِ لَعَلَّكُمْ تَتَّقُونَ ٢ـ٦٤ ثُمَّ تَوَلَّيْتُم مِّنۢ بَعْدِ
ذَٰلِكَ ۖ فَلَوْلَا فَضْلُ ٱللَّهِ عَلَيْكُمْ وَرَحْمَتُهُۥ لَكُنتُم مِّنَ ٱلْخَٰسِرِينَ ٢ـ٦٥ وَلَقَدْ عَلِمْتُمُ
ٱلَّذِينَ ٱعْتَدَوْا۟ مِنكُمْ فِى ٱلسَّبْتِ فَقُلْنَا لَهُمْ كُونُوا۟ قِرَدَةً خَٰسِـِٔينَ ٢ـ٦٦ فَجَعَلْنَٰهَا
نَكَٰلًا لِّمَا بَيْنَ يَدَيْهَا وَمَا خَلْفَهَا وَمَوْعِظَةً لِّلْمُتَّقِينَ ٢ـ٦٧ وَإِذْ قَالَ مُوسَىٰ لِقَوْمِهِۦٓ
إِنَّ ٱللَّهَ يَأْمُرُكُمْ أَن تَذْبَحُوا۟ بَقَرَةً ۖ قَالُوٓا۟ أَتَتَّخِذُنَا هُزُوًا ۖ قَالَ أَعُوذُ بِٱللَّهِ أَنْ أَكُونَ مِنَ
ٱلْجَٰهِلِينَ ٢ـ٦٨ قَالُوا۟ ٱدْعُ لَنَا رَبَّكَ يُبَيِّن لَّنَا مَا هِىَ ۚ قَالَ إِنَّهُۥ يَقُولُ إِنَّهَا بَقَرَةٌ لَّا
فَارِضٌ وَلَا بِكْرٌ عَوَانٌۢ بَيْنَ ذَٰلِكَ ۖ فَٱفْعَلُوا۟ مَا تُؤْمَرُونَ ٢ـ٦٩ قَالُوا۟ ٱدْعُ لَنَا رَبَّكَ يُبَيِّن
لَّنَا مَا لَوْنُهَا ۚ قَالَ إِنَّهُۥ يَقُولُ إِنَّهَا بَقَرَةٌ صَفْرَآءُ فَاقِعٌ لَّوْنُهَا تَسُرُّ ٱلنَّٰظِرِينَ
٢ـ٧٠ قَالُوا۟ ٱدْعُ لَنَا رَبَّكَ يُبَيِّن لَّنَا مَا هِىَ إِنَّ ٱلْبَقَرَ تَشَٰبَهَ عَلَيْنَا وَإِنَّآ إِن شَآءَ ٱللَّهُ
لَمُهْتَدُونَ ٢ـ٧١ قَالَ إِنَّهُۥ يَقُولُ إِنَّهَا بَقَرَةٌ لَّا ذَلُولٌ تُثِيرُ ٱلْأَرْضَ وَلَا تَسْقِى ٱلْحَرْثَ
مُسَلَّمَةٌ لَّا شِيَةَ فِيهَا ۚ قَالُوا۟ ٱلْـَٰٔنَ جِئْتَ بِٱلْحَقِّ ۚ فَذَبَحُوهَا وَمَا كَادُوا۟ يَفْعَلُونَ
٢ـ٧٢ وَإِذْ قَتَلْتُمْ نَفْسًا فَٱدَّٰرَْٔتُمْ فِيهَا ۖ وَٱللَّهُ مُخْرِجٌ مَّا كُنتُمْ تَكْتُمُونَ ٢ـ٧٣ فَقُلْنَا
ٱضْرِبُوهُ بِبَعْضِهَا ۚ كَذَٰلِكَ يُحْىِ ٱللَّهُ ٱلْمَوْتَىٰ وَيُرِيكُمْ ءَايَٰتِهِۦ لَعَلَّكُمْ تَعْقِلُونَ
٢ـ٧٤ ثُمَّ قَسَتْ قُلُوبُكُم مِّنۢ بَعْدِ ذَٰلِكَ فَهِىَ كَٱلْحِجَارَةِ أَوْ أَشَدُّ قَسْوَةً ۚ وَإِنَّ مِنَ
ٱلْحِجَارَةِ لَمَا يَتَفَجَّرُ مِنْهُ ٱلْأَنْهَٰرُ ۚ وَإِنَّ مِنْهَا لَمَا يَشَّقَّقُ فَيَخْرُجُ مِنْهُ ٱلْمَآءُ ۚ وَإِنَّ مِنْهَا
لَمَا يَهْبِطُ مِنْ خَشْيَةِ ٱللَّهِ ۗ وَمَا ٱللَّهُ بِغَٰفِلٍ عَمَّا تَعْمَلُونَ ٢ـ٧٥ أَفَتَطْمَعُونَ أَن
يُؤْمِنُوا۟ لَكُمْ وَقَدْ كَانَ فَرِيقٌ مِّنْهُمْ يَسْمَعُونَ كَلَٰمَ ٱللَّهِ ثُمَّ يُحَرِّفُونَهُۥ مِنۢ بَعْدِ مَا
عَقَلُوهُ وَهُمْ يَعْلَمُونَ ٢ـ٧٦ وَإِذَا لَقُوا۟ ٱلَّذِينَ ءَامَنُوا۟ قَالُوٓا۟ ءَامَنَّا وَإِذَا خَلَا بَعْضُهُمْ
إِلَىٰ بَعْضٍ قَالُوٓا۟ أَتُحَدِّثُونَهُم بِمَا فَتَحَ ٱللَّهُ عَلَيْكُمْ لِيُحَآجُّوكُم بِهِۦ عِندَ رَبِّكُمْ ۚ أَفَلَا
تَعْقِلُونَ ٢ـ٧٧ أَوَلَا يَعْلَمُونَ أَنَّ ٱللَّهَ يَعْلَمُ مَا يُسِرُّونَ وَمَا يُعْلِنُونَ ٢ـ٧٨ وَمِنْهُمْ
أُمِّيُّونَ لَا يَعْلَمُونَ ٱلْكِتَٰبَ إِلَّآ أَمَانِىَّ وَإِنْ هُمْ إِلَّا يَظُنُّونَ ٢ـ٧٩ فَوَيْلٌ لِّلَّذِينَ يَكْتُبُونَ
ٱلْكِتَٰبَ بِأَيْدِيهِمْ ثُمَّ يَقُولُونَ هَٰذَا مِنْ عِندِ ٱللَّهِ لِيَشْتَرُوا۟ بِهِۦ ثَمَنًا قَلِيلًا ۖ فَوَيْلٌ لَّهُم
مِّمَّا كَتَبَتْ أَيْدِيهِمْ وَوَيْلٌ لَّهُم مِّمَّا يَكْسِبُونَ ٢ـ٨٠ وَقَالُوا۟ لَن تَمَسَّنَا ٱلنَّارُ إِلَّآ أَيَّامًا
مَّعْدُودَةً ۚ قُلْ أَتَّخَذْتُمْ عِندَ ٱللَّهِ عَهْدًا فَلَن يُخْلِفَ ٱللَّهُ عَهْدَهُۥٓ ۖ أَمْ تَقُولُونَ عَلَى ٱللَّهِ
مَا لَا تَعْلَمُونَ ٢ـ٨١ بَلَىٰ مَن كَسَبَ سَيِّئَةً وَأَحَٰطَتْ بِهِۦ خَطِيٓـَٔتُهُۥ فَأُو۟لَٰٓئِكَ أَصْحَٰبُ ٱلنَّارِ
ۖ هُمْ فِيهَا خَٰلِدُونَ ٢ـ٨٢ وَٱلَّذِينَ ءَامَنُوا۟ وَعَمِلُوا۟ ٱلصَّٰلِحَٰتِ أُو۟لَٰٓئِكَ أَصْحَٰبُ ٱلْجَنَّةِ ۖ هُمْ
فِيهَا خَٰلِدُونَ ٢ـ٨٣ وَإِذْ أَخَذْنَا مِيثَٰقَ بَنِىٓ إِسْرَٰٓءِيلَ لَا تَعْبُدُونَ إِلَّا ٱللَّهَ وَبِٱلْوَٰلِدَيْنِ

إِحْسَانًا وَذِى ٱلْقُرْبَىٰ وَٱلْيَتَـٰمَىٰ وَٱلْمَسَـٰكِينِ وَقُولُوا۟ لِلنَّاسِ حُسْنًا وَأَقِيمُوا۟ ٱلصَّلَوٰةَ
وَءَاتُوا۟ ٱلزَّكَوٰةَ ثُمَّ تَوَلَّيْتُمْ إِلَّا قَلِيلًا مِّنكُمْ وَأَنتُم مُّعْرِضُونَ ٢ـ٨٤ وَإِذْ أَخَذْنَا مِيثَـٰقَكُمْ
لَا تَسْفِكُونَ دِمَآءَكُمْ وَلَا تُخْرِجُونَ أَنفُسَكُم مِّن دِيَـٰرِكُمْ ثُمَّ أَقْرَرْتُمْ وَأَنتُمْ تَشْهَدُونَ
٢ـ٨٥ ثُمَّ أَنتُمْ هَـٰٓؤُلَآءِ تَقْتُلُونَ أَنفُسَكُمْ وَتُخْرِجُونَ فَرِيقًا مِّنكُم مِّن دِيَـٰرِهِمْ
تَظَـٰهَرُونَ عَلَيْهِم بِٱلْإِثْمِ وَٱلْعُدْوَٰنِ وَإِن يَأْتُوكُمْ أُسَـٰرَىٰ تُفَـٰدُوهُمْ وَهُوَ مُحَرَّمٌ عَلَيْكُمْ
إِخْرَاجُهُمْ ۚ أَفَتُؤْمِنُونَ بِبَعْضِ ٱلْكِتَـٰبِ وَتَكْفُرُونَ بِبَعْضٍ ۚ فَمَا جَزَآءُ مَن يَفْعَلُ ذَٰلِكَ
مِنكُمْ إِلَّا خِزْىٌ فِى ٱلْحَيَوٰةِ ٱلدُّنْيَا ۖ وَيَوْمَ ٱلْقِيَـٰمَةِ يُرَدُّونَ إِلَىٰٓ أَشَدِّ ٱلْعَذَابِ ۗ وَمَا ٱللَّهُ
بِغَـٰفِلٍ عَمَّا تَعْمَلُونَ ٢ـ٨٦ أُو۟لَـٰٓئِكَ ٱلَّذِينَ ٱشْتَرَوُا۟ ٱلْحَيَوٰةَ ٱلدُّنْيَا بِٱلْءَاخِرَةِ ۖ فَلَا يُخَفَّفُ
عَنْهُمُ ٱلْعَذَابُ وَلَا هُمْ يُنصَرُونَ ٢ـ٨٧ وَلَقَدْ ءَاتَيْنَا مُوسَى ٱلْكِتَـٰبَ وَقَفَّيْنَا مِنۢ
بَعْدِهِۦ بِٱلرُّسُلِ ۖ وَءَاتَيْنَا عِيسَى ٱبْنَ مَرْيَمَ ٱلْبَيِّنَـٰتِ وَأَيَّدْنَـٰهُ بِرُوحِ ٱلْقُدُسِ ۗ أَفَكُلَّمَا
جَآءَكُمْ رَسُولٌۢ بِمَا لَا تَهْوَىٰٓ أَنفُسُكُمُ ٱسْتَكْبَرْتُمْ فَفَرِيقًا كَذَّبْتُمْ وَفَرِيقًا تَقْتُلُونَ
٢ـ٨٨ وَقَالُوا۟ قُلُوبُنَا غُلْفٌۢ ۚ بَل لَّعَنَهُمُ ٱللَّهُ بِكُفْرِهِمْ فَقَلِيلًا مَّا يُؤْمِنُونَ ٢ـ٨٩ وَلَمَّا
جَآءَهُمْ كِتَـٰبٌ مِّنْ عِندِ ٱللَّهِ مُصَدِّقٌ لِّمَا مَعَهُمْ وَكَانُوا۟ مِن قَبْلُ يَسْتَفْتِحُونَ عَلَى
ٱلَّذِينَ كَفَرُوا۟ فَلَمَّا جَآءَهُم مَّا عَرَفُوا۟ كَفَرُوا۟ بِهِۦ ۚ فَلَعْنَةُ ٱللَّهِ عَلَى ٱلْكَـٰفِرِينَ
٢ـ٩٠ بِئْسَمَا ٱشْتَرَوْا۟ بِهِۦٓ أَنفُسَهُمْ أَن يَكْفُرُوا۟ بِمَآ أَنزَلَ ٱللَّهُ بَغْيًا أَن يُنَزِّلَ ٱللَّهُ مِن
فَضْلِهِۦ عَلَىٰ مَن يَشَآءُ مِنْ عِبَادِهِۦ ۖ فَبَآءُو بِغَضَبٍ عَلَىٰ غَضَبٍ ۚ وَلِلْكَـٰفِرِينَ عَذَابٌ
مُّهِينٌ ٢ـ٩١ وَإِذَا قِيلَ لَهُمْ ءَامِنُوا۟ بِمَآ أَنزَلَ ٱللَّهُ قَالُوا۟ نُؤْمِنُ بِمَآ أُنزِلَ عَلَيْنَا
وَيَكْفُرُونَ بِمَا وَرَآءَهُۥ وَهُوَ ٱلْحَقُّ مُصَدِّقًا لِّمَا مَعَهُمْ ۗ قُلْ فَلِمَ تَقْتُلُونَ أَنۢبِيَآءَ ٱللَّهِ
مِن قَبْلُ إِن كُنتُم مُّؤْمِنِينَ ٢ـ٩٢ وَلَقَدْ جَآءَكُم مُّوسَىٰ بِٱلْبَيِّنَـٰتِ ثُمَّ ٱتَّخَذْتُمُ ٱلْعِجْلَ
مِنۢ بَعْدِهِۦ وَأَنتُمْ ظَـٰلِمُونَ ٢ـ٩٣ وَإِذْ أَخَذْنَا مِيثَـٰقَكُمْ وَرَفَعْنَا فَوْقَكُمُ ٱلطُّورَ خُذُوا۟ مَآ
ءَاتَيْنَـٰكُم بِقُوَّةٍ وَٱسْمَعُوا۟ ۖ قَالُوا۟ سَمِعْنَا وَعَصَيْنَا وَأُشْرِبُوا۟ فِى قُلُوبِهِمُ ٱلْعِجْلَ
بِكُفْرِهِمْ ۚ قُلْ بِئْسَمَا يَأْمُرُكُم بِهِۦٓ إِيمَـٰنُكُمْ إِن كُنتُم مُّؤْمِنِينَ ٢ـ٩٤ قُلْ إِن كَانَتْ لَكُمُ
ٱلدَّارُ ٱلْءَاخِرَةُ عِندَ ٱللَّهِ خَالِصَةً مِّن دُونِ ٱلنَّاسِ فَتَمَنَّوُا۟ ٱلْمَوْتَ إِن كُنتُمْ صَـٰدِقِينَ
٢ـ٩٥ وَلَن يَتَمَنَّوْهُ أَبَدًۢا بِمَا قَدَّمَتْ أَيْدِيهِمْ ۗ وَٱللَّهُ عَلِيمٌۢ بِٱلظَّـٰلِمِينَ
٢ـ٩٦ وَلَتَجِدَنَّهُمْ أَحْرَصَ ٱلنَّاسِ عَلَىٰ حَيَوٰةٍ وَمِنَ ٱلَّذِينَ أَشْرَكُوا۟ ۚ يَوَدُّ أَحَدُهُمْ لَوْ
يُعَمَّرُ أَلْفَ سَنَةٍ وَمَا هُوَ بِمُزَحْزِحِهِۦ مِنَ ٱلْعَذَابِ أَن يُعَمَّرَ ۗ وَٱللَّهُ بَصِيرٌۢ بِمَا يَعْمَلُونَ
٢ـ٩٧ قُلْ مَن كَانَ عَدُوًّا لِّجِبْرِيلَ فَإِنَّهُۥ نَزَّلَهُۥ عَلَىٰ قَلْبِكَ بِإِذْنِ ٱللَّهِ مُصَدِّقًا لِّمَا بَيْنَ
يَدَيْهِ وَهُدًى وَبُشْرَىٰ لِلْمُؤْمِنِينَ ٢ـ٩٨ مَن كَانَ عَدُوًّا لِّلَّهِ وَمَلَـٰٓئِكَتِهِۦ وَرُسُلِهِۦ وَجِبْرِيلَ

وَمِيكَىٰلَ فَإِنَّ ٱللَّهَ عَدُوٌّ لِّلْكَٰفِرِينَ ٢ــ٩٩ وَلَقَدْ أَنزَلْنَآ إِلَيْكَ ءَايَٰتٍۭ بَيِّنَٰتٍ ۖ وَمَا يَكْفُرُ بِهَآ
إِلَّا ٱلْفَٰسِقُونَ ٢ــ١٠٠ أَوَكُلَّمَا عَٰهَدُوا۟ عَهْدًا نَّبَذَهُۥ فَرِيقٌ مِّنْهُم ۚ بَلْ أَكْثَرُهُمْ لَا
يُؤْمِنُونَ ٢ــ١٠١ وَلَمَّا جَآءَهُمْ رَسُولٌ مِّنْ عِندِ ٱللَّهِ مُصَدِّقٌ لِّمَا مَعَهُمْ نَبَذَ فَرِيقٌ مِّنَ
ٱلَّذِينَ أُوتُوا۟ ٱلْكِتَٰبَ كِتَٰبَ ٱللَّهِ وَرَآءَ ظُهُورِهِمْ كَأَنَّهُمْ لَا يَعْلَمُونَ ٢ــ١٠٢ وَٱتَّبَعُوا۟ مَا
تَتْلُوا۟ ٱلشَّيَٰطِينُ عَلَىٰ مُلْكِ سُلَيْمَٰنَ ۖ وَمَا كَفَرَ سُلَيْمَٰنُ وَلَٰكِنَّ ٱلشَّيَٰطِينَ كَفَرُوا۟
يُعَلِّمُونَ ٱلنَّاسَ ٱلسِّحْرَ وَمَآ أُنزِلَ عَلَى ٱلْمَلَكَيْنِ بِبَابِلَ هَٰرُوتَ وَمَٰرُوتَ ۚ وَمَا يُعَلِّمَانِ
مِنْ أَحَدٍ حَتَّىٰ يَقُولَآ إِنَّمَا نَحْنُ فِتْنَةٌ فَلَا تَكْفُرْ ۖ فَيَتَعَلَّمُونَ مِنْهُمَا مَا يُفَرِّقُونَ بِهِۦ
بَيْنَ ٱلْمَرْءِ وَزَوْجِهِۦ ۚ وَمَا هُم بِضَآرِّينَ بِهِۦ مِنْ أَحَدٍ إِلَّا بِإِذْنِ ٱللَّهِ ۚ وَيَتَعَلَّمُونَ مَا
يَضُرُّهُمْ وَلَا يَنفَعُهُمْ ۚ وَلَقَدْ عَلِمُوا۟ لَمَنِ ٱشْتَرَىٰهُ مَا لَهُۥ فِى ٱلْءَاخِرَةِ مِنْ خَلَٰقٍ ۚ
وَلَبِئْسَ مَا شَرَوْا۟ بِهِۦٓ أَنفُسَهُمْ ۚ لَوْ كَانُوا۟ يَعْلَمُونَ ٢ــ١٠٣ وَلَوْ أَنَّهُمْ ءَامَنُوا۟ وَٱتَّقَوْا۟
لَمَثُوبَةٌ مِّنْ عِندِ ٱللَّهِ خَيْرٌ ۖ لَّوْ كَانُوا۟ يَعْلَمُونَ ٢ــ١٠٤ يَٰٓأَيُّهَا ٱلَّذِينَ ءَامَنُوا۟ لَا تَقُولُوا۟
رَٰعِنَا وَقُولُوا۟ ٱنظُرْنَا وَٱسْمَعُوا۟ ۗ وَلِلْكَٰفِرِينَ عَذَابٌ أَلِيمٌ ٢ــ١٠٥ مَّا يَوَدُّ ٱلَّذِينَ كَفَرُوا۟
مِنْ أَهْلِ ٱلْكِتَٰبِ وَلَا ٱلْمُشْرِكِينَ أَن يُنَزَّلَ عَلَيْكُم مِّنْ خَيْرٍ مِّن رَّبِّكُمْ ۗ وَٱللَّهُ يَخْتَصُّ
بِرَحْمَتِهِۦ مَن يَشَآءُ ۚ وَٱللَّهُ ذُو ٱلْفَضْلِ ٱلْعَظِيمِ ٢ــ١٠٦ مَا نَنسَخْ مِنْ ءَايَةٍ أَوْ نُنسِهَا
نَأْتِ بِخَيْرٍ مِّنْهَآ أَوْ مِثْلِهَآ ۗ أَلَمْ تَعْلَمْ أَنَّ ٱللَّهَ عَلَىٰ كُلِّ شَىْءٍ قَدِيرٌ ٢ــ١٠٧ أَلَمْ تَعْلَمْ
أَنَّ ٱللَّهَ لَهُۥ مُلْكُ ٱلسَّمَٰوَٰتِ وَٱلْأَرْضِ ۗ وَمَا لَكُم مِّن دُونِ ٱللَّهِ مِن وَلِىٍّ وَلَا نَصِيرٍ
٢ــ١٠٨ أَمْ تُرِيدُونَ أَن تَسْـَٔلُوا۟ رَسُولَكُمْ كَمَا سُئِلَ مُوسَىٰ مِن قَبْلُ ۗ وَمَن يَتَبَدَّلِ
ٱلْكُفْرَ بِٱلْإِيمَٰنِ فَقَدْ ضَلَّ سَوَآءَ ٱلسَّبِيلِ ٢ــ١٠٩ وَدَّ كَثِيرٌ مِّنْ أَهْلِ ٱلْكِتَٰبِ لَوْ يَرُدُّونَكُم
مِّنۢ بَعْدِ إِيمَٰنِكُمْ كُفَّارًا حَسَدًا مِّنْ عِندِ أَنفُسِهِم مِّنۢ بَعْدِ مَا تَبَيَّنَ لَهُمُ ٱلْحَقُّ ۖ
فَٱعْفُوا۟ وَٱصْفَحُوا۟ حَتَّىٰ يَأْتِىَ ٱللَّهُ بِأَمْرِهِۦٓ ۗ إِنَّ ٱللَّهَ عَلَىٰ كُلِّ شَىْءٍ قَدِيرٌ
٢ــ١١٠ وَأَقِيمُوا۟ ٱلصَّلَوٰةَ وَءَاتُوا۟ ٱلزَّكَوٰةَ ۚ وَمَا تُقَدِّمُوا۟ لِأَنفُسِكُم مِّنْ خَيْرٍ تَجِدُوهُ عِندَ
ٱللَّهِ ۗ إِنَّ ٱللَّهَ بِمَا تَعْمَلُونَ بَصِيرٌ ٢ــ١١١ وَقَالُوا۟ لَن يَدْخُلَ ٱلْجَنَّةَ إِلَّا مَن كَانَ هُودًا أَوْ
نَصَٰرَىٰ ۗ تِلْكَ أَمَانِيُّهُمْ ۗ قُلْ هَاتُوا۟ بُرْهَٰنَكُمْ إِن كُنتُمْ صَٰدِقِينَ ٢ــ١١٢ بَلَىٰ مَنْ أَسْلَمَ
وَجْهَهُۥ لِلَّهِ وَهُوَ مُحْسِنٌ فَلَهُۥٓ أَجْرُهُۥ عِندَ رَبِّهِۦ وَلَا خَوْفٌ عَلَيْهِمْ وَلَا هُمْ يَحْزَنُونَ
٢ــ١١٣ وَقَالَتِ ٱلْيَهُودُ لَيْسَتِ ٱلنَّصَٰرَىٰ عَلَىٰ شَىْءٍ وَقَالَتِ ٱلنَّصَٰرَىٰ لَيْسَتِ ٱلْيَهُودُ
عَلَىٰ شَىْءٍ وَهُمْ يَتْلُونَ ٱلْكِتَٰبَ ۗ كَذَٰلِكَ قَالَ ٱلَّذِينَ لَا يَعْلَمُونَ مِثْلَ قَوْلِهِمْ ۚ فَٱللَّهُ
يَحْكُمُ بَيْنَهُمْ يَوْمَ ٱلْقِيَٰمَةِ فِيمَا كَانُوا۟ فِيهِ يَخْتَلِفُونَ ٢ــ١١٤ وَمَنْ أَظْلَمُ مِمَّن مَّنَعَ
مَسَٰجِدَ ٱللَّهِ أَن يُذْكَرَ فِيهَا ٱسْمُهُۥ وَسَعَىٰ فِى خَرَابِهَآ ۚ أُو۟لَٰٓئِكَ مَا كَانَ لَهُمْ أَن

يَدْخُلُوهَآ إِلَّا خَآئِفِينَ ۚ لَهُمْ فِى ٱلدُّنْيَا خِزْىٌ وَلَهُمْ فِى ٱلْـَٔاخِرَةِ عَذَابٌ عَظِيمٌ
٢ـ١١٥ وَلِلَّهِ ٱلْمَشْرِقُ وَٱلْمَغْرِبُ ۚ فَأَيْنَمَا تُوَلُّواْ فَثَمَّ وَجْهُ ٱللَّهِ ۚ إِنَّ ٱللَّهَ وَٰسِعٌ عَلِيمٌ
٢ـ١١٦ وَقَالُواْ ٱتَّخَذَ ٱللَّهُ وَلَدًا ۗ سُبْحَٰنَهُۥ ۖ بَل لَّهُۥ مَا فِى ٱلسَّمَٰوَٰتِ وَٱلْأَرْضِ ۖ كُلٌّ لَّهُۥ
قَٰنِتُونَ ٢ـ١١٧ بَدِيعُ ٱلسَّمَٰوَٰتِ وَٱلْأَرْضِ ۖ وَإِذَا قَضَىٰٓ أَمْرًا فَإِنَّمَا يَقُولُ لَهُۥ كُن فَيَكُونُ
٢ـ١١٨ وَقَالَ ٱلَّذِينَ لَا يَعْلَمُونَ لَوْلَا يُكَلِّمُنَا ٱللَّهُ أَوْ تَأْتِينَآ ءَايَةٌ ۗ كَذَٰلِكَ قَالَ ٱلَّذِينَ
مِن قَبْلِهِم مِّثْلَ قَوْلِهِمْ ۘ تَشَٰبَهَتْ قُلُوبُهُمْ ۗ قَدْ بَيَّنَّا ٱلْـَٔايَٰتِ لِقَوْمٍ يُوقِنُونَ
٢ـ١١٩ إِنَّآ أَرْسَلْنَٰكَ بِٱلْحَقِّ بَشِيرًا وَنَذِيرًا ۖ وَلَا تُسْـَٔلُ عَنْ أَصْحَٰبِ ٱلْجَحِيمِ ٢ـ١٢٠ وَلَن
تَرْضَىٰ عَنكَ ٱلْيَهُودُ وَلَا ٱلنَّصَٰرَىٰ حَتَّىٰ تَتَّبِعَ مِلَّتَهُمْ ۗ قُلْ إِنَّ هُدَى ٱللَّهِ هُوَ ٱلْهُدَىٰ ۗ
وَلَئِنِ ٱتَّبَعْتَ أَهْوَآءَهُم بَعْدَ ٱلَّذِى جَآءَكَ مِنَ ٱلْعِلْمِ ۙ مَا لَكَ مِنَ ٱللَّهِ مِن وَلِىٍّ وَلَا
نَصِيرٍ ٢ـ١٢١ ٱلَّذِينَ ءَاتَيْنَٰهُمُ ٱلْكِتَٰبَ يَتْلُونَهُۥ حَقَّ تِلَاوَتِهِۦٓ أُوْلَٰٓئِكَ يُؤْمِنُونَ بِهِۦ ۗ وَمَن
يَكْفُرْ بِهِۦ فَأُوْلَٰٓئِكَ هُمُ ٱلْخَٰسِرُونَ ٢ـ١٢٢ يَٰبَنِىٓ إِسْرَٰٓءِيلَ ٱذْكُرُواْ نِعْمَتِىَ ٱلَّتِىٓ أَنْعَمْتُ
عَلَيْكُمْ وَأَنِّى فَضَّلْتُكُمْ عَلَى ٱلْعَٰلَمِينَ ٢ـ١٢٣ وَٱتَّقُواْ يَوْمًا لَّا تَجْزِى نَفْسٌ عَن نَّفْسٍ
شَيْـًٔا وَلَا يُقْبَلُ مِنْهَا عَدْلٌ وَلَا تَنفَعُهَا شَفَٰعَةٌ وَلَا هُمْ يُنصَرُونَ ٢ـ١٢٤ وَإِذِ ٱبْتَلَىٰٓ
إِبْرَٰهِۦمَ رَبُّهُۥ بِكَلِمَٰتٍ فَأَتَمَّهُنَّ ۖ قَالَ إِنِّى جَاعِلُكَ لِلنَّاسِ إِمَامًا ۖ قَالَ وَمِن ذُرِّيَّتِى ۖ قَالَ
لَا يَنَالُ عَهْدِى ٱلظَّٰلِمِينَ ٢ـ١٢٥ وَإِذْ جَعَلْنَا ٱلْبَيْتَ مَثَابَةً لِّلنَّاسِ وَأَمْنًا وَٱتَّخِذُواْ مِن
مَّقَامِ إِبْرَٰهِۦمَ مُصَلًّى ۖ وَعَهِدْنَآ إِلَىٰٓ إِبْرَٰهِۦمَ وَإِسْمَٰعِيلَ أَن طَهِّرَا بَيْتِىَ لِلطَّآئِفِينَ
وَٱلْعَٰكِفِينَ وَٱلرُّكَّعِ ٱلسُّجُودِ ٢ـ١٢٦ وَإِذْ قَالَ إِبْرَٰهِۦمُ رَبِّ ٱجْعَلْ هَٰذَا بَلَدًا ءَامِنًا وَٱرْزُقْ
أَهْلَهُۥ مِنَ ٱلثَّمَرَٰتِ مَنْ ءَامَنَ مِنْهُم بِٱللَّهِ وَٱلْيَوْمِ ٱلْـَٔاخِرِ ۖ قَالَ وَمَن كَفَرَ فَأُمَتِّعُهُۥ
قَلِيلًا ثُمَّ أَضْطَرُّهُۥٓ إِلَىٰ عَذَابِ ٱلنَّارِ ۖ وَبِئْسَ ٱلْمَصِيرُ ٢ـ١٢٧ وَإِذْ يَرْفَعُ إِبْرَٰهِۦمُ ٱلْقَوَاعِدَ
مِنَ ٱلْبَيْتِ وَإِسْمَٰعِيلُ رَبَّنَا تَقَبَّلْ مِنَّآ ۖ إِنَّكَ أَنتَ ٱلسَّمِيعُ ٱلْعَلِيمُ ٢ـ١٢٨ رَبَّنَا وَٱجْعَلْنَا
مُسْلِمَيْنِ لَكَ وَمِن ذُرِّيَّتِنَآ أُمَّةً مُّسْلِمَةً لَّكَ وَأَرِنَا مَنَاسِكَنَا وَتُبْ عَلَيْنَآ ۖ إِنَّكَ أَنتَ
ٱلتَّوَّابُ ٱلرَّحِيمُ ٢ـ١٢٩ رَبَّنَا وَٱبْعَثْ فِيهِمْ رَسُولًا مِّنْهُمْ يَتْلُواْ عَلَيْهِمْ ءَايَٰتِكَ
وَيُعَلِّمُهُمُ ٱلْكِتَٰبَ وَٱلْحِكْمَةَ وَيُزَكِّيهِمْ ۚ إِنَّكَ أَنتَ ٱلْعَزِيزُ ٱلْحَكِيمُ ٢ـ١٣٠ وَمَن يَرْغَبُ
عَن مِّلَّةِ إِبْرَٰهِۦمَ إِلَّا مَن سَفِهَ نَفْسَهُۥ ۚ وَلَقَدِ ٱصْطَفَيْنَٰهُ فِى ٱلدُّنْيَا ۖ وَإِنَّهُۥ فِى
ٱلْـَٔاخِرَةِ لَمِنَ ٱلصَّٰلِحِينَ ٢ـ١٣١ إِذْ قَالَ لَهُۥ رَبُّهُۥٓ أَسْلِمْ ۖ قَالَ أَسْلَمْتُ لِرَبِّ ٱلْعَٰلَمِينَ
٢ـ١٣٢ وَوَصَّىٰ بِهَآ إِبْرَٰهِۦمُ بَنِيهِ وَيَعْقُوبُ يَٰبَنِىَّ إِنَّ ٱللَّهَ ٱصْطَفَىٰ لَكُمُ ٱلدِّينَ فَلَا
تَمُوتُنَّ إِلَّا وَأَنتُم مُّسْلِمُونَ ٢ـ١٣٣ أَمْ كُنتُمْ شُهَدَآءَ إِذْ حَضَرَ يَعْقُوبَ ٱلْمَوْتُ إِذْ قَالَ
لِبَنِيهِ مَا تَعْبُدُونَ مِنۢ بَعْدِى قَالُواْ نَعْبُدُ إِلَٰهَكَ وَإِلَٰهَ ءَابَآئِكَ إِبْرَٰهِۦمَ وَإِسْمَٰعِيلَ

وَإِسْحَٰقَ إِلَٰهًا وَٰحِدًا وَنَحْنُ لَهُۥ مُسْلِمُونَ ٢ـ١٣٤ تِلْكَ أُمَّةٌ قَدْ خَلَتْ ۖ لَهَا مَا كَسَبَتْ
وَلَكُم مَّا كَسَبْتُمْ ۖ وَلَا تُسْـَٔلُونَ عَمَّا كَانُوا۟ يَعْمَلُونَ ٢ـ١٣٥ وَقَالُوا۟ كُونُوا۟ هُودًا أَوْ
نَصَٰرَىٰ تَهْتَدُوا۟ ۗ قُلْ بَلْ مِلَّةَ إِبْرَٰهِـۧمَ حَنِيفًا ۖ وَمَا كَانَ مِنَ ٱلْمُشْرِكِينَ ٢ـ١٣٦ قُولُوٓا۟
ءَامَنَّا بِٱللَّهِ وَمَآ أُنزِلَ إِلَيْنَا وَمَآ أُنزِلَ إِلَىٰٓ إِبْرَٰهِـۧمَ وَإِسْمَٰعِيلَ وَإِسْحَٰقَ وَيَعْقُوبَ
وَٱلْأَسْبَاطِ وَمَآ أُوتِىَ مُوسَىٰ وَعِيسَىٰ وَمَآ أُوتِىَ ٱلنَّبِيُّونَ مِن رَّبِّهِمْ لَا نُفَرِّقُ بَيْنَ
أَحَدٍ مِّنْهُمْ وَنَحْنُ لَهُۥ مُسْلِمُونَ ٢ـ١٣٧ فَإِنْ ءَامَنُوا۟ بِمِثْلِ مَآ ءَامَنتُم بِهِۦ فَقَدِ
ٱهْتَدَوا۟ ۖ وَّإِن تَوَلَّوْا۟ فَإِنَّمَا هُمْ فِى شِقَاقٍ ۖ فَسَيَكْفِيكَهُمُ ٱللَّهُ ۚ وَهُوَ ٱلسَّمِيعُ
ٱلْعَلِيمُ ٢ـ١٣٨ صِبْغَةَ ٱللَّهِ ۖ وَمَنْ أَحْسَنُ مِنَ ٱللَّهِ صِبْغَةً ۖ وَنَحْنُ لَهُۥ عَٰبِدُونَ
٢ـ١٣٩ قُلْ أَتُحَآجُّونَنَا فِى ٱللَّهِ وَهُوَ رَبُّنَا وَرَبُّكُمْ وَلَنَآ أَعْمَٰلُنَا وَلَكُمْ أَعْمَٰلُكُمْ وَنَحْنُ لَهُۥ
مُخْلِصُونَ ٢ـ١٤٠ أَمْ تَقُولُونَ إِنَّ إِبْرَٰهِـۧمَ وَإِسْمَٰعِيلَ وَإِسْحَٰقَ وَيَعْقُوبَ وَٱلْأَسْبَاطَ
كَانُوا۟ هُودًا أَوْ نَصَٰرَىٰ ۗ قُلْ ءَأَنتُمْ أَعْلَمُ أَمِ ٱللَّهُ ۗ وَمَنْ أَظْلَمُ مِمَّن كَتَمَ شَهَٰدَةً عِندَهُۥ
مِنَ ٱللَّهِ ۗ وَمَا ٱللَّهُ بِغَٰفِلٍ عَمَّا تَعْمَلُونَ ٢ـ١٤١ تِلْكَ أُمَّةٌ قَدْ خَلَتْ ۖ لَهَا مَا كَسَبَتْ
وَلَكُم مَّا كَسَبْتُمْ ۖ وَلَا تُسْـَٔلُونَ عَمَّا كَانُوا۟ يَعْمَلُونَ ٢ـ١٤٢ سَيَقُولُ ٱلسُّفَهَآءُ مِنَ
ٱلنَّاسِ مَا وَلَّىٰهُمْ عَن قِبْلَتِهِمُ ٱلَّتِى كَانُوا۟ عَلَيْهَا ۚ قُل لِّلَّهِ ٱلْمَشْرِقُ وَٱلْمَغْرِبُ ۚ
يَهْدِى مَن يَشَآءُ إِلَىٰ صِرَٰطٍ مُّسْتَقِيمٍ ٢ـ١٤٣ وَكَذَٰلِكَ جَعَلْنَٰكُمْ أُمَّةً وَسَطًا لِّتَكُونُوا۟
شُهَدَآءَ عَلَى ٱلنَّاسِ وَيَكُونَ ٱلرَّسُولُ عَلَيْكُمْ شَهِيدًا ۗ وَمَا جَعَلْنَا ٱلْقِبْلَةَ ٱلَّتِى كُنتَ
عَلَيْهَآ إِلَّا لِنَعْلَمَ مَن يَتَّبِعُ ٱلرَّسُولَ مِمَّن يَنقَلِبُ عَلَىٰ عَقِبَيْهِ ۚ وَإِن كَانَتْ لَكَبِيرَةً إِلَّا
عَلَى ٱلَّذِينَ هَدَى ٱللَّهُ ۗ وَمَا كَانَ ٱللَّهُ لِيُضِيعَ إِيمَٰنَكُمْ ۚ إِنَّ ٱللَّهَ بِٱلنَّاسِ لَرَءُوفٌ رَّحِيمٌ
٢ـ١٤٤ قَدْ نَرَىٰ تَقَلُّبَ وَجْهِكَ فِى ٱلسَّمَآءِ ۖ فَلَنُوَلِّيَنَّكَ قِبْلَةً تَرْضَىٰهَا ۚ فَوَلِّ وَجْهَكَ
شَطْرَ ٱلْمَسْجِدِ ٱلْحَرَامِ ۚ وَحَيْثُ مَا كُنتُمْ فَوَلُّوا۟ وُجُوهَكُمْ شَطْرَهُۥ ۗ وَإِنَّ ٱلَّذِينَ أُوتُوا۟
ٱلْكِتَٰبَ لَيَعْلَمُونَ أَنَّهُ ٱلْحَقُّ مِن رَّبِّهِمْ ۗ وَمَا ٱللَّهُ بِغَٰفِلٍ عَمَّا يَعْمَلُونَ ٢ـ١٤٥ وَلَئِنْ
أَتَيْتَ ٱلَّذِينَ أُوتُوا۟ ٱلْكِتَٰبَ بِكُلِّ ءَايَةٍ مَّا تَبِعُوا۟ قِبْلَتَكَ ۚ وَمَآ أَنتَ بِتَابِعٍ قِبْلَتَهُمْ ۚ وَمَا
بَعْضُهُم بِتَابِعٍ قِبْلَةَ بَعْضٍ ۚ وَلَئِنِ ٱتَّبَعْتَ أَهْوَآءَهُم مِّنۢ بَعْدِ مَا جَآءَكَ مِنَ ٱلْعِلْمِ ۙ إِنَّكَ
إِذًا لَّمِنَ ٱلظَّٰلِمِينَ ٢ـ١٤٦ ٱلَّذِينَ ءَاتَيْنَٰهُمُ ٱلْكِتَٰبَ يَعْرِفُونَهُۥ كَمَا يَعْرِفُونَ أَبْنَآءَهُمْ ۖ
وَإِنَّ فَرِيقًا مِّنْهُمْ لَيَكْتُمُونَ ٱلْحَقَّ وَهُمْ يَعْلَمُونَ ٢ـ١٤٧ ٱلْحَقُّ مِن رَّبِّكَ ۖ فَلَا تَكُونَنَّ
مِنَ ٱلْمُمْتَرِينَ ٢ـ١٤٨ وَلِكُلٍّ وِجْهَةٌ هُوَ مُوَلِّيهَا ۖ فَٱسْتَبِقُوا۟ ٱلْخَيْرَٰتِ ۚ أَيْنَ مَا تَكُونُوا۟
يَأْتِ بِكُمُ ٱللَّهُ جَمِيعًا ۚ إِنَّ ٱللَّهَ عَلَىٰ كُلِّ شَىْءٍ قَدِيرٌ ٢ـ١٤٩ وَمِنْ حَيْثُ خَرَجْتَ فَوَلِّ
وَجْهَكَ شَطْرَ ٱلْمَسْجِدِ ٱلْحَرَامِ ۖ وَإِنَّهُۥ لَلْحَقُّ مِن رَّبِّكَ ۗ وَمَا ٱللَّهُ بِغَٰفِلٍ عَمَّا تَعْمَلُونَ

٢ـ١٥٠ وَمِنْ حَيْثُ خَرَجْتَ فَوَلِّ وَجْهَكَ شَطْرَ ٱلْمَسْجِدِ ٱلْحَرَامِ ۚ وَحَيْثُ مَا كُنتُمْ فَوَلُّوا۟
وُجُوهَكُمْ شَطْرَهُۥ لِئَلَّا يَكُونَ لِلنَّاسِ عَلَيْكُمْ حُجَّةٌ إِلَّا ٱلَّذِينَ ظَلَمُوا۟ مِنْهُمْ فَلَا
تَخْشَوْهُمْ وَٱخْشَوْنِى وَلِأُتِمَّ نِعْمَتِى عَلَيْكُمْ وَلَعَلَّكُمْ تَهْتَدُونَ ٢ـ١٥١ كَمَآ أَرْسَلْنَا
فِيكُمْ رَسُولًا مِّنكُمْ يَتْلُوا۟ عَلَيْكُمْ ءَايَـٰتِنَا وَيُزَكِّيكُمْ وَيُعَلِّمُكُمُ ٱلْكِتَـٰبَ وَٱلْحِكْمَةَ
وَيُعَلِّمُكُم مَّا لَمْ تَكُونُوا۟ تَعْلَمُونَ ٢ـ١٥٢ فَٱذْكُرُونِىٓ أَذْكُرْكُمْ وَٱشْكُرُوا۟ لِى وَلَا
تَكْفُرُونِ ٢ـ١٥٣ يَـٰٓأَيُّهَا ٱلَّذِينَ ءَامَنُوا۟ ٱسْتَعِينُوا۟ بِٱلصَّبْرِ وَٱلصَّلَوٰةِ ۚ إِنَّ ٱللَّهَ مَعَ
ٱلصَّـٰبِرِينَ ٢ـ١٥٤ وَلَا تَقُولُوا۟ لِمَن يُقْتَلُ فِى سَبِيلِ ٱللَّهِ أَمْوَٰتٌۢ ۚ بَلْ أَحْيَآءٌ وَلَـٰكِن لَّا
تَشْعُرُونَ ٢ـ١٥٥ وَلَنَبْلُوَنَّكُم بِشَىْءٍ مِّنَ ٱلْخَوْفِ وَٱلْجُوعِ وَنَقْصٍ مِّنَ ٱلْأَمْوَٰلِ
وَٱلْأَنفُسِ وَٱلثَّمَرَٰتِ ۗ وَبَشِّرِ ٱلصَّـٰبِرِينَ ٢ـ١٥٦ ٱلَّذِينَ إِذَآ أَصَـٰبَتْهُم مُّصِيبَةٌ قَالُوٓا۟ إِنَّا لِلَّهِ
وَإِنَّآ إِلَيْهِ رَٰجِعُونَ ٢ـ١٥٧ أُو۟لَـٰٓئِكَ عَلَيْهِمْ صَلَوَٰتٌ مِّن رَّبِّهِمْ وَرَحْمَةٌ ۖ وَأُو۟لَـٰٓئِكَ هُمُ
ٱلْمُهْتَدُونَ ٢ـ١٥٨ إِنَّ ٱلصَّفَا وَٱلْمَرْوَةَ مِن شَعَآئِرِ ٱللَّهِ ۖ فَمَنْ حَجَّ ٱلْبَيْتَ أَوِ ٱعْتَمَرَ فَلَا
جُنَاحَ عَلَيْهِ أَن يَطَّوَّفَ بِهِمَا ۚ وَمَن تَطَوَّعَ خَيْرًا فَإِنَّ ٱللَّهَ شَاكِرٌ عَلِيمٌ ٢ـ١٥٩ إِنَّ
ٱلَّذِينَ يَكْتُمُونَ مَآ أَنزَلْنَا مِنَ ٱلْبَيِّنَـٰتِ وَٱلْهُدَىٰ مِنۢ بَعْدِ مَا بَيَّنَّـٰهُ لِلنَّاسِ فِى ٱلْكِتَـٰبِ ۙ
أُو۟لَـٰٓئِكَ يَلْعَنُهُمُ ٱللَّهُ وَيَلْعَنُهُمُ ٱللَّـٰعِنُونَ ٢ـ١٦٠ إِلَّا ٱلَّذِينَ تَابُوا۟ وَأَصْلَحُوا۟ وَبَيَّنُوا۟
فَأُو۟لَـٰٓئِكَ أَتُوبُ عَلَيْهِمْ ۚ وَأَنَا ٱلتَّوَّابُ ٱلرَّحِيمُ ٢ـ١٦١ إِنَّ ٱلَّذِينَ كَفَرُوا۟ وَمَاتُوا۟ وَهُمْ
كُفَّارٌ أُو۟لَـٰٓئِكَ عَلَيْهِمْ لَعْنَةُ ٱللَّهِ وَٱلْمَلَـٰٓئِكَةِ وَٱلنَّاسِ أَجْمَعِينَ ٢ـ١٦٢ خَـٰلِدِينَ فِيهَا ۖ لَا
يُخَفَّفُ عَنْهُمُ ٱلْعَذَابُ وَلَا هُمْ يُنظَرُونَ ٢ـ١٦٣ وَإِلَـٰهُكُمْ إِلَـٰهٌ وَٰحِدٌ ۖ لَّآ إِلَـٰهَ إِلَّا هُوَ
ٱلرَّحْمَـٰنُ ٱلرَّحِيمُ ٢ـ١٦٤ إِنَّ فِى خَلْقِ ٱلسَّمَـٰوَٰتِ وَٱلْأَرْضِ وَٱخْتِلَـٰفِ ٱلَّيْلِ وَٱلنَّهَارِ
وَٱلْفُلْكِ ٱلَّتِى تَجْرِى فِى ٱلْبَحْرِ بِمَا يَنفَعُ ٱلنَّاسَ وَمَآ أَنزَلَ ٱللَّهُ مِنَ ٱلسَّمَآءِ مِن مَّآءٍ
فَأَحْيَا بِهِ ٱلْأَرْضَ بَعْدَ مَوْتِهَا وَبَثَّ فِيهَا مِن كُلِّ دَآبَّةٍ وَتَصْرِيفِ ٱلرِّيَـٰحِ وَٱلسَّحَابِ
ٱلْمُسَخَّرِ بَيْنَ ٱلسَّمَآءِ وَٱلْأَرْضِ لَـَٔايَـٰتٍ لِّقَوْمٍ يَعْقِلُونَ ٢ـ١٦٥ وَمِنَ ٱلنَّاسِ مَن يَتَّخِذُ
مِن دُونِ ٱللَّهِ أَندَادًا يُحِبُّونَهُمْ كَحُبِّ ٱللَّهِ ۖ وَٱلَّذِينَ ءَامَنُوٓا۟ أَشَدُّ حُبًّا لِّلَّهِ ۗ وَلَوْ يَرَى
ٱلَّذِينَ ظَلَمُوٓا۟ إِذْ يَرَوْنَ ٱلْعَذَابَ أَنَّ ٱلْقُوَّةَ لِلَّهِ جَمِيعًا وَأَنَّ ٱللَّهَ شَدِيدُ ٱلْعَذَابِ
٢ـ١٦٦ إِذْ تَبَرَّأَ ٱلَّذِينَ ٱتُّبِعُوا۟ مِنَ ٱلَّذِينَ ٱتَّبَعُوا۟ وَرَأَوُا۟ ٱلْعَذَابَ وَتَقَطَّعَتْ بِهِمُ ٱلْأَسْبَابُ
٢ـ١٦٧ وَقَالَ ٱلَّذِينَ ٱتَّبَعُوا۟ لَوْ أَنَّ لَنَا كَرَّةً فَنَتَبَرَّأَ مِنْهُمْ كَمَا تَبَرَّءُوا۟ مِنَّا ۗ كَذَٰلِكَ
يُرِيهِمُ ٱللَّهُ أَعْمَـٰلَهُمْ حَسَرَٰتٍ عَلَيْهِمْ ۖ وَمَا هُم بِخَـٰرِجِينَ مِنَ ٱلنَّارِ ٢ـ١٦٨ يَـٰٓأَيُّهَا ٱلنَّاسُ
كُلُوا۟ مِمَّا فِى ٱلْأَرْضِ حَلَـٰلًا طَيِّبًا وَلَا تَتَّبِعُوا۟ خُطُوَٰتِ ٱلشَّيْطَـٰنِ ۚ إِنَّهُۥ لَكُمْ عَدُوٌّ مُّبِينٌ
٢ـ١٦٩ إِنَّمَا يَأْمُرُكُم بِٱلسُّوٓءِ وَٱلْفَحْشَآءِ وَأَن تَقُولُوا۟ عَلَى ٱللَّهِ مَا لَا تَعْلَمُونَ

٢ـ١٧٠ وَإِذَا قِيلَ لَهُمُ ٱتَّبِعُوا۟ مَآ أَنزَلَ ٱللَّهُ قَالُوا۟ بَلْ نَتَّبِعُ مَآ أَلْفَيْنَا عَلَيْهِ ءَابَآءَنَآ ۗ
أَوَلَوْ كَانَ ءَابَآؤُهُمْ لَا يَعْقِلُونَ شَيْـًٔا وَلَا يَهْتَدُونَ ٢ـ١٧١ وَمَثَلُ ٱلَّذِينَ كَفَرُوا۟ كَمَثَلِ
ٱلَّذِى يَنْعِقُ بِمَا لَا يَسْمَعُ إِلَّا دُعَآءً وَنِدَآءً ۚ صُمٌّۢ بُكْمٌ عُمْىٌ فَهُمْ لَا يَعْقِلُونَ
٢ـ١٧٢ يَٰٓأَيُّهَا ٱلَّذِينَ ءَامَنُوا۟ كُلُوا۟ مِن طَيِّبَٰتِ مَا رَزَقْنَٰكُمْ وَٱشْكُرُوا۟ لِلَّهِ إِن كُنتُمْ إِيَّاهُ
تَعْبُدُونَ ٢ـ١٧٣ إِنَّمَا حَرَّمَ عَلَيْكُمُ ٱلْمَيْتَةَ وَٱلدَّمَ وَلَحْمَ ٱلْخِنزِيرِ وَمَآ أُهِلَّ بِهِۦ لِغَيْرِ ٱللَّهِ ۖ
فَمَنِ ٱضْطُرَّ غَيْرَ بَاغٍ وَلَا عَادٍ فَلَآ إِثْمَ عَلَيْهِ ۚ إِنَّ ٱللَّهَ غَفُورٌ رَّحِيمٌ ٢ـ١٧٤ إِنَّ ٱلَّذِينَ
يَكْتُمُونَ مَآ أَنزَلَ ٱللَّهُ مِنَ ٱلْكِتَٰبِ وَيَشْتَرُونَ بِهِۦ ثَمَنًا قَلِيلًا ۙ أُو۟لَٰٓئِكَ مَا يَأْكُلُونَ فِى
بُطُونِهِمْ إِلَّا ٱلنَّارَ وَلَا يُكَلِّمُهُمُ ٱللَّهُ يَوْمَ ٱلْقِيَٰمَةِ وَلَا يُزَكِّيهِمْ وَلَهُمْ عَذَابٌ أَلِيمٌ
٢ـ١٧٥ أُو۟لَٰٓئِكَ ٱلَّذِينَ ٱشْتَرَوُا۟ ٱلضَّلَٰلَةَ بِٱلْهُدَىٰ وَٱلْعَذَابَ بِٱلْمَغْفِرَةِ ۚ فَمَآ أَصْبَرَهُمْ
عَلَى ٱلنَّارِ ٢ـ١٧٦ ذَٰلِكَ بِأَنَّ ٱللَّهَ نَزَّلَ ٱلْكِتَٰبَ بِٱلْحَقِّ ۗ وَإِنَّ ٱلَّذِينَ ٱخْتَلَفُوا۟ فِى ٱلْكِتَٰبِ
لَفِى شِقَاقٍۭ بَعِيدٍ ٢ـ١٧٧ لَّيْسَ ٱلْبِرَّ أَن تُوَلُّوا۟ وُجُوهَكُمْ قِبَلَ ٱلْمَشْرِقِ وَٱلْمَغْرِبِ
وَلَٰكِنَّ ٱلْبِرَّ مَنْ ءَامَنَ بِٱللَّهِ وَٱلْيَوْمِ ٱلْءَاخِرِ وَٱلْمَلَٰٓئِكَةِ وَٱلْكِتَٰبِ وَٱلنَّبِيِّۦنَ وَءَاتَى ٱلْمَالَ
عَلَىٰ حُبِّهِۦ ذَوِى ٱلْقُرْبَىٰ وَٱلْيَتَٰمَىٰ وَٱلْمَسَٰكِينَ وَٱبْنَ ٱلسَّبِيلِ وَٱلسَّآئِلِينَ وَفِى
ٱلرِّقَابِ وَأَقَامَ ٱلصَّلَوٰةَ وَءَاتَى ٱلزَّكَوٰةَ وَٱلْمُوفُونَ بِعَهْدِهِمْ إِذَا عَٰهَدُوا۟ ۖ وَٱلصَّٰبِرِينَ
فِى ٱلْبَأْسَآءِ وَٱلضَّرَّآءِ وَحِينَ ٱلْبَأْسِ ۗ أُو۟لَٰٓئِكَ ٱلَّذِينَ صَدَقُوا۟ ۖ وَأُو۟لَٰٓئِكَ هُمُ ٱلْمُتَّقُونَ
٢ـ١٧٨ يَٰٓأَيُّهَا ٱلَّذِينَ ءَامَنُوا۟ كُتِبَ عَلَيْكُمُ ٱلْقِصَاصُ فِى ٱلْقَتْلَى ۖ ٱلْحُرُّ بِٱلْحُرِّ وَٱلْعَبْدُ
بِٱلْعَبْدِ وَٱلْأُنثَىٰ بِٱلْأُنثَىٰ ۚ فَمَنْ عُفِىَ لَهُۥ مِنْ أَخِيهِ شَىْءٌ فَٱتِّبَاعٌۢ بِٱلْمَعْرُوفِ وَأَدَآءٌ
إِلَيْهِ بِإِحْسَٰنٍ ۗ ذَٰلِكَ تَخْفِيفٌ مِّن رَّبِّكُمْ وَرَحْمَةٌ ۗ فَمَنِ ٱعْتَدَىٰ بَعْدَ ذَٰلِكَ فَلَهُۥ عَذَابٌ أَلِيمٌ
٢ـ١٧٩ وَلَكُمْ فِى ٱلْقِصَاصِ حَيَوٰةٌ يَٰٓأُو۟لِى ٱلْأَلْبَٰبِ لَعَلَّكُمْ تَتَّقُونَ ٢ـ١٨٠ كُتِبَ عَلَيْكُمْ
إِذَا حَضَرَ أَحَدَكُمُ ٱلْمَوْتُ إِن تَرَكَ خَيْرًا ٱلْوَصِيَّةُ لِلْوَٰلِدَيْنِ وَٱلْأَقْرَبِينَ بِٱلْمَعْرُوفِ ۖ حَقًّا
عَلَى ٱلْمُتَّقِينَ ٢ـ١٨١ فَمَنۢ بَدَّلَهُۥ بَعْدَمَا سَمِعَهُۥ فَإِنَّمَآ إِثْمُهُۥ عَلَى ٱلَّذِينَ يُبَدِّلُونَهُۥٓ ۚ
إِنَّ ٱللَّهَ سَمِيعٌ عَلِيمٌ ٢ـ١٨٢ فَمَنْ خَافَ مِن مُّوصٍ جَنَفًا أَوْ إِثْمًا فَأَصْلَحَ بَيْنَهُمْ فَلَآ
إِثْمَ عَلَيْهِ ۚ إِنَّ ٱللَّهَ غَفُورٌ رَّحِيمٌ ٢ـ١٨٣ يَٰٓأَيُّهَا ٱلَّذِينَ ءَامَنُوا۟ كُتِبَ عَلَيْكُمُ ٱلصِّيَامُ كَمَا
كُتِبَ عَلَى ٱلَّذِينَ مِن قَبْلِكُمْ لَعَلَّكُمْ تَتَّقُونَ ٢ـ١٨٤ أَيَّامًا مَّعْدُودَٰتٍ ۚ فَمَن كَانَ مِنكُم
مَّرِيضًا أَوْ عَلَىٰ سَفَرٍ فَعِدَّةٌ مِّنْ أَيَّامٍ أُخَرَ ۚ وَعَلَى ٱلَّذِينَ يُطِيقُونَهُۥ فِدْيَةٌ طَعَامُ
مِسْكِينٍ ۖ فَمَن تَطَوَّعَ خَيْرًا فَهُوَ خَيْرٌ لَّهُۥ ۚ وَأَن تَصُومُوا۟ خَيْرٌ لَّكُمْ ۖ إِن كُنتُمْ تَعْلَمُونَ
٢ـ١٨٥ شَهْرُ رَمَضَانَ ٱلَّذِىٓ أُنزِلَ فِيهِ ٱلْقُرْءَانُ هُدًى لِّلنَّاسِ وَبَيِّنَٰتٍ مِّنَ ٱلْهُدَىٰ
وَٱلْفُرْقَانِ ۚ فَمَن شَهِدَ مِنكُمُ ٱلشَّهْرَ فَلْيَصُمْهُ ۖ وَمَن كَانَ مَرِيضًا أَوْ عَلَىٰ سَفَرٍ

فَعِدَّةٌ مِّنْ أَيَّامٍ أُخَرَ ۗ يُرِيدُ ٱللَّهُ بِكُمُ ٱلْيُسْرَ وَلَا يُرِيدُ بِكُمُ ٱلْعُسْرَ وَلِتُكْمِلُوا۟ ٱلْعِدَّةَ
وَلِتُكَبِّرُوا۟ ٱللَّهَ عَلَىٰ مَا هَدَىٰكُمْ وَلَعَلَّكُمْ تَشْكُرُونَ ٢ـ١٨٦ وَإِذَا سَأَلَكَ عِبَادِى عَنِّى
فَإِنِّى قَرِيبٌ ۖ أُجِيبُ دَعْوَةَ ٱلدَّاعِ إِذَا دَعَانِ ۖ فَلْيَسْتَجِيبُوا۟ لِى وَلْيُؤْمِنُوا۟ بِى لَعَلَّهُمْ
يَرْشُدُونَ ٢ـ١٨٧ أُحِلَّ لَكُمْ لَيْلَةَ ٱلصِّيَامِ ٱلرَّفَثُ إِلَىٰ نِسَآئِكُمْ ۚ هُنَّ لِبَاسٌ لَّكُمْ وَأَنتُمْ
لِبَاسٌ لَّهُنَّ ۗ عَلِمَ ٱللَّهُ أَنَّكُمْ كُنتُمْ تَخْتَانُونَ أَنفُسَكُمْ فَتَابَ عَلَيْكُمْ وَعَفَا عَنكُمْ ۖ فَٱلْـَٔـٰنَ
بَـٰشِرُوهُنَّ وَٱبْتَغُوا۟ مَا كَتَبَ ٱللَّهُ لَكُمْ ۚ وَكُلُوا۟ وَٱشْرَبُوا۟ حَتَّىٰ يَتَبَيَّنَ لَكُمُ ٱلْخَيْطُ
ٱلْأَبْيَضُ مِنَ ٱلْخَيْطِ ٱلْأَسْوَدِ مِنَ ٱلْفَجْرِ ۖ ثُمَّ أَتِمُّوا۟ ٱلصِّيَامَ إِلَى ٱلَّيْلِ ۚ وَلَا تُبَـٰشِرُوهُنَّ
وَأَنتُمْ عَـٰكِفُونَ فِى ٱلْمَسَـٰجِدِ ۗ تِلْكَ حُدُودُ ٱللَّهِ فَلَا تَقْرَبُوهَا ۗ كَذَٰلِكَ يُبَيِّنُ ٱللَّهُ ءَايَـٰتِهِۦ
لِلنَّاسِ لَعَلَّهُمْ يَتَّقُونَ ٢ـ١٨٨ وَلَا تَأْكُلُوٓا۟ أَمْوَٰلَكُم بَيْنَكُم بِٱلْبَـٰطِلِ وَتُدْلُوا۟ بِهَآ إِلَى
ٱلْحُكَّامِ لِتَأْكُلُوا۟ فَرِيقًا مِّنْ أَمْوَٰلِ ٱلنَّاسِ بِٱلْإِثْمِ وَأَنتُمْ تَعْلَمُونَ ٢ـ١٨٩ يَسْـَٔلُونَكَ عَنِ
ٱلْأَهِلَّةِ ۖ قُلْ هِىَ مَوَٰقِيتُ لِلنَّاسِ وَٱلْحَجِّ ۗ وَلَيْسَ ٱلْبِرُّ بِأَن تَأْتُوا۟ ٱلْبُيُوتَ مِن ظُهُورِهَا
وَلَـٰكِنَّ ٱلْبِرَّ مَنِ ٱتَّقَىٰ ۗ وَأْتُوا۟ ٱلْبُيُوتَ مِنْ أَبْوَٰبِهَا ۚ وَٱتَّقُوا۟ ٱللَّهَ لَعَلَّكُمْ تُفْلِحُونَ
٢ـ١٩٠ وَقَـٰتِلُوا۟ فِى سَبِيلِ ٱللَّهِ ٱلَّذِينَ يُقَـٰتِلُونَكُمْ وَلَا تَعْتَدُوٓا۟ ۚ إِنَّ ٱللَّهَ لَا يُحِبُّ
ٱلْمُعْتَدِينَ ٢ـ١٩١ وَٱقْتُلُوهُمْ حَيْثُ ثَقِفْتُمُوهُمْ وَأَخْرِجُوهُم مِّنْ حَيْثُ أَخْرَجُوكُمْ ۚ
وَٱلْفِتْنَةُ أَشَدُّ مِنَ ٱلْقَتْلِ ۚ وَلَا تُقَـٰتِلُوهُمْ عِندَ ٱلْمَسْجِدِ ٱلْحَرَامِ حَتَّىٰ يُقَـٰتِلُوكُمْ فِيهِ ۖ
فَإِن قَـٰتَلُوكُمْ فَٱقْتُلُوهُمْ ۗ كَذَٰلِكَ جَزَآءُ ٱلْكَـٰفِرِينَ ٢ـ١٩٢ فَإِنِ ٱنتَهَوْا۟ فَإِنَّ ٱللَّهَ غَفُورٌ
رَّحِيمٌ ٢ـ١٩٣ وَقَـٰتِلُوهُمْ حَتَّىٰ لَا تَكُونَ فِتْنَةٌ وَيَكُونَ ٱلدِّينُ لِلَّهِ ۖ فَإِنِ ٱنتَهَوْا۟ فَلَا
عُدْوَٰنَ إِلَّا عَلَى ٱلظَّـٰلِمِينَ ٢ـ١٩٤ ٱلشَّهْرُ ٱلْحَرَامُ بِٱلشَّهْرِ ٱلْحَرَامِ وَٱلْحُرُمَـٰتُ قِصَاصٌ ۚ
فَمَنِ ٱعْتَدَىٰ عَلَيْكُمْ فَٱعْتَدُوا۟ عَلَيْهِ بِمِثْلِ مَا ٱعْتَدَىٰ عَلَيْكُمْ ۚ وَٱتَّقُوا۟ ٱللَّهَ وَٱعْلَمُوٓا۟ أَنَّ
ٱللَّهَ مَعَ ٱلْمُتَّقِينَ ٢ـ١٩٥ وَأَنفِقُوا۟ فِى سَبِيلِ ٱللَّهِ وَلَا تُلْقُوا۟ بِأَيْدِيكُمْ إِلَى ٱلتَّهْلُكَةِ ۛ
وَأَحْسِنُوٓا۟ ۛ إِنَّ ٱللَّهَ يُحِبُّ ٱلْمُحْسِنِينَ ٢ـ١٩٦ وَأَتِمُّوا۟ ٱلْحَجَّ وَٱلْعُمْرَةَ لِلَّهِ ۚ فَإِنْ أُحْصِرْتُمْ
فَمَا ٱسْتَيْسَرَ مِنَ ٱلْهَدْىِ ۖ وَلَا تَحْلِقُوا۟ رُءُوسَكُمْ حَتَّىٰ يَبْلُغَ ٱلْهَدْىُ مَحِلَّهُۥ ۚ فَمَن كَانَ
مِنكُم مَّرِيضًا أَوْ بِهِۦٓ أَذًى مِّن رَّأْسِهِۦ فَفِدْيَةٌ مِّن صِيَامٍ أَوْ صَدَقَةٍ أَوْ نُسُكٍ ۚ فَإِذَآ
أَمِنتُمْ فَمَن تَمَتَّعَ بِٱلْعُمْرَةِ إِلَى ٱلْحَجِّ فَمَا ٱسْتَيْسَرَ مِنَ ٱلْهَدْىِ ۚ فَمَن لَّمْ يَجِدْ فَصِيَامُ
ثَلَـٰثَةِ أَيَّامٍ فِى ٱلْحَجِّ وَسَبْعَةٍ إِذَا رَجَعْتُمْ ۗ تِلْكَ عَشَرَةٌ كَامِلَةٌ ۗ ذَٰلِكَ لِمَن لَّمْ يَكُنْ أَهْلُهُۥ
حَاضِرِى ٱلْمَسْجِدِ ٱلْحَرَامِ ۚ وَٱتَّقُوا۟ ٱللَّهَ وَٱعْلَمُوٓا۟ أَنَّ ٱللَّهَ شَدِيدُ ٱلْعِقَابِ ٢ـ١٩٧ ٱلْحَجُّ
أَشْهُرٌ مَّعْلُومَـٰتٌ ۚ فَمَن فَرَضَ فِيهِنَّ ٱلْحَجَّ فَلَا رَفَثَ وَلَا فُسُوقَ وَلَا جِدَالَ فِى ٱلْحَجِّ ۗ
وَمَا تَفْعَلُوا۟ مِنْ خَيْرٍ يَعْلَمْهُ ٱللَّهُ ۗ وَتَزَوَّدُوا۟ فَإِنَّ خَيْرَ ٱلزَّادِ ٱلتَّقْوَىٰ ۚ وَٱتَّقُونِ يَـٰٓأُو۟لِى

ٱلْأَلْبَٰبِ ٢ــ١٩٨ لَيْسَ عَلَيْكُمْ جُنَاحٌ أَن تَبْتَغُوا۟ فَضْلًا مِّن رَّبِّكُمْ ۚ فَإِذَآ أَفَضْتُم مِّنْ عَرَفَٰتٍ
فَٱذْكُرُوا۟ ٱللَّهَ عِندَ ٱلْمَشْعَرِ ٱلْحَرَامِ ۖ وَٱذْكُرُوهُ كَمَا هَدَىٰكُمْ وَإِن كُنتُم مِّن قَبْلِهِۦ لَمِنَ
ٱلضَّآلِّينَ ٢ــ١٩٩ ثُمَّ أَفِيضُوا۟ مِنْ حَيْثُ أَفَاضَ ٱلنَّاسُ وَٱسْتَغْفِرُوا۟ ٱللَّهَ ۚ إِنَّ ٱللَّهَ غَفُورٌ
رَّحِيمٌ ٢ــ٢٠٠ فَإِذَا قَضَيْتُم مَّنَٰسِكَكُمْ فَٱذْكُرُوا۟ ٱللَّهَ كَذِكْرِكُمْ ءَابَآءَكُمْ أَوْ أَشَدَّ ذِكْرًا ۗ
فَمِنَ ٱلنَّاسِ مَن يَقُولُ رَبَّنَآ ءَاتِنَا فِى ٱلدُّنْيَا وَمَا لَهُۥ فِى ٱلْءَاخِرَةِ مِنْ خَلَٰقٍ
٢ــ٢٠١ وَمِنْهُم مَّن يَقُولُ رَبَّنَآ ءَاتِنَا فِى ٱلدُّنْيَا حَسَنَةً وَفِى ٱلْءَاخِرَةِ حَسَنَةً وَقِنَا
عَذَابَ ٱلنَّارِ ٢ــ٢٠٢ أُو۟لَٰٓئِكَ لَهُمْ نَصِيبٌ مِّمَّا كَسَبُوا۟ ۚ وَٱللَّهُ سَرِيعُ ٱلْحِسَابِ
٢ــ٢٠٣ وَٱذْكُرُوا۟ ٱللَّهَ فِىٓ أَيَّامٍ مَّعْدُودَٰتٍ ۚ فَمَن تَعَجَّلَ فِى يَوْمَيْنِ فَلَآ إِثْمَ عَلَيْهِ
وَمَن تَأَخَّرَ فَلَآ إِثْمَ عَلَيْهِ ۚ لِمَنِ ٱتَّقَىٰ ۗ وَٱتَّقُوا۟ ٱللَّهَ وَٱعْلَمُوٓا۟ أَنَّكُمْ إِلَيْهِ تُحْشَرُونَ
٢ــ٢٠٤ وَمِنَ ٱلنَّاسِ مَن يُعْجِبُكَ قَوْلُهُۥ فِى ٱلْحَيَوٰةِ ٱلدُّنْيَا وَيُشْهِدُ ٱللَّهَ عَلَىٰ مَا فِى
قَلْبِهِۦ وَهُوَ أَلَدُّ ٱلْخِصَامِ ٢ــ٢٠٥ وَإِذَا تَوَلَّىٰ سَعَىٰ فِى ٱلْأَرْضِ لِيُفْسِدَ فِيهَا وَيُهْلِكَ
ٱلْحَرْثَ وَٱلنَّسْلَ ۗ وَٱللَّهُ لَا يُحِبُّ ٱلْفَسَادَ ٢ــ٢٠٦ وَإِذَا قِيلَ لَهُ ٱتَّقِ ٱللَّهَ أَخَذَتْهُ ٱلْعِزَّةُ
بِٱلْإِثْمِ ۚ فَحَسْبُهُۥ جَهَنَّمُ ۚ وَلَبِئْسَ ٱلْمِهَادُ ٢ــ٢٠٧ وَمِنَ ٱلنَّاسِ مَن يَشْرِى نَفْسَهُ
ٱبْتِغَآءَ مَرْضَاتِ ٱللَّهِ ۗ وَٱللَّهُ رَءُوفٌۢ بِٱلْعِبَادِ ٢ــ٢٠٨ يَٰٓأَيُّهَا ٱلَّذِينَ ءَامَنُوا۟ ٱدْخُلُوا۟ فِى
ٱلسِّلْمِ كَآفَّةً وَلَا تَتَّبِعُوا۟ خُطُوَٰتِ ٱلشَّيْطَٰنِ ۚ إِنَّهُۥ لَكُمْ عَدُوٌّ مُّبِينٌ ٢ــ٢٠٩ فَإِن زَلَلْتُم
مِّنۢ بَعْدِ مَا جَآءَتْكُمُ ٱلْبَيِّنَٰتُ فَٱعْلَمُوٓا۟ أَنَّ ٱللَّهَ عَزِيزٌ حَكِيمٌ ٢ــ٢١٠ هَلْ يَنظُرُونَ إِلَّآ أَن
يَأْتِيَهُمُ ٱللَّهُ فِى ظُلَلٍ مِّنَ ٱلْغَمَامِ وَٱلْمَلَٰٓئِكَةُ وَقُضِىَ ٱلْأَمْرُ ۚ وَإِلَى ٱللَّهِ تُرْجَعُ ٱلْأُمُورُ
٢ــ٢١١ سَلْ بَنِىٓ إِسْرَٰٓءِيلَ كَمْ ءَاتَيْنَٰهُم مِّنْ ءَايَةٍۭ بَيِّنَةٍ ۗ وَمَن يُبَدِّلْ نِعْمَةَ ٱللَّهِ مِنۢ بَعْدِ
مَا جَآءَتْهُ فَإِنَّ ٱللَّهَ شَدِيدُ ٱلْعِقَابِ ٢ــ٢١٢ زُيِّنَ لِلَّذِينَ كَفَرُوا۟ ٱلْحَيَوٰةُ ٱلدُّنْيَا وَيَسْخَرُونَ
مِنَ ٱلَّذِينَ ءَامَنُوا۟ ۘ وَٱلَّذِينَ ٱتَّقَوْا۟ فَوْقَهُمْ يَوْمَ ٱلْقِيَٰمَةِ ۗ وَٱللَّهُ يَرْزُقُ مَن يَشَآءُ بِغَيْرِ
حِسَابٍ ٢ــ٢١٣ كَانَ ٱلنَّاسُ أُمَّةً وَٰحِدَةً فَبَعَثَ ٱللَّهُ ٱلنَّبِيِّۦنَ مُبَشِّرِينَ وَمُنذِرِينَ وَأَنزَلَ
مَعَهُمُ ٱلْكِتَٰبَ بِٱلْحَقِّ لِيَحْكُمَ بَيْنَ ٱلنَّاسِ فِيمَا ٱخْتَلَفُوا۟ فِيهِ ۚ وَمَا ٱخْتَلَفَ فِيهِ إِلَّا
ٱلَّذِينَ أُوتُوهُ مِنۢ بَعْدِ مَا جَآءَتْهُمُ ٱلْبَيِّنَٰتُ بَغْيًۢا بَيْنَهُمْ ۖ فَهَدَى ٱللَّهُ ٱلَّذِينَ ءَامَنُوا۟ لِمَا
ٱخْتَلَفُوا۟ فِيهِ مِنَ ٱلْحَقِّ بِإِذْنِهِۦ ۗ وَٱللَّهُ يَهْدِى مَن يَشَآءُ إِلَىٰ صِرَٰطٍ مُّسْتَقِيمٍ
٢ــ٢١٤ أَمْ حَسِبْتُمْ أَن تَدْخُلُوا۟ ٱلْجَنَّةَ وَلَمَّا يَأْتِكُم مَّثَلُ ٱلَّذِينَ خَلَوْا۟ مِن قَبْلِكُم ۖ
مَّسَّتْهُمُ ٱلْبَأْسَآءُ وَٱلضَّرَّآءُ وَزُلْزِلُوا۟ حَتَّىٰ يَقُولَ ٱلرَّسُولُ وَٱلَّذِينَ ءَامَنُوا۟ مَعَهُۥ مَتَىٰ
نَصْرُ ٱللَّهِ ۗ أَلَآ إِنَّ نَصْرَ ٱللَّهِ قَرِيبٌ ٢ــ٢١٥ يَسْـَٔلُونَكَ مَاذَا يُنفِقُونَ ۖ قُلْ مَآ أَنفَقْتُم مِّنْ
خَيْرٍ فَلِلْوَٰلِدَيْنِ وَٱلْأَقْرَبِينَ وَٱلْيَتَٰمَىٰ وَٱلْمَسَٰكِينِ وَٱبْنِ ٱلسَّبِيلِ ۗ وَمَا تَفْعَلُوا۟ مِنْ خَيْرٍ

فَإِنَّ ٱللَّهَ بِهِۦ عَلِيمٌ ٢ــ٢١٦ كُتِبَ عَلَيْكُمُ ٱلْقِتَالُ وَهُوَ كُرْهٌ لَّكُمْ ۖ وَعَسَىٰٓ أَن تَكْرَهُوا۟
شَيْـًٔا وَهُوَ خَيْرٌ لَّكُمْ ۖ وَعَسَىٰٓ أَن تُحِبُّوا۟ شَيْـًٔا وَهُوَ شَرٌّ لَّكُمْ ۗ وَٱللَّهُ يَعْلَمُ وَأَنتُمْ لَا
تَعْلَمُونَ ٢ــ٢١٧ يَسْـَٔلُونَكَ عَنِ ٱلشَّهْرِ ٱلْحَرَامِ قِتَالٍ فِيهِ ۖ قُلْ قِتَالٌ فِيهِ كَبِيرٌ ۖ وَصَدٌّ
عَن سَبِيلِ ٱللَّهِ وَكُفْرٌۢ بِهِۦ وَٱلْمَسْجِدِ ٱلْحَرَامِ وَإِخْرَاجُ أَهْلِهِۦ مِنْهُ أَكْبَرُ عِندَ ٱللَّهِ ۚ
وَٱلْفِتْنَةُ أَكْبَرُ مِنَ ٱلْقَتْلِ ۗ وَلَا يَزَالُونَ يُقَـٰتِلُونَكُمْ حَتَّىٰ يَرُدُّوكُمْ عَن دِينِكُمْ إِنِ
ٱسْتَطَـٰعُوا۟ ۚ وَمَن يَرْتَدِدْ مِنكُمْ عَن دِينِهِۦ فَيَمُتْ وَهُوَ كَافِرٌ فَأُو۟لَـٰٓئِكَ حَبِطَتْ أَعْمَـٰلُهُمْ
فِى ٱلدُّنْيَا وَٱلْـَٔاخِرَةِ ۖ وَأُو۟لَـٰٓئِكَ أَصْحَـٰبُ ٱلنَّارِ ۖ هُمْ فِيهَا خَـٰلِدُونَ ٢ــ٢١٨ إِنَّ ٱلَّذِينَ
ءَامَنُوا۟ وَٱلَّذِينَ هَاجَرُوا۟ وَجَـٰهَدُوا۟ فِى سَبِيلِ ٱللَّهِ أُو۟لَـٰٓئِكَ يَرْجُونَ رَحْمَتَ ٱللَّهِ ۚ وَٱللَّهُ
غَفُورٌ رَّحِيمٌ ٢ــ٢١٩ ۞ يَسْـَٔلُونَكَ عَنِ ٱلْخَمْرِ وَٱلْمَيْسِرِ ۖ قُلْ فِيهِمَآ إِثْمٌ كَبِيرٌ وَمَنَـٰفِعُ
لِلنَّاسِ وَإِثْمُهُمَآ أَكْبَرُ مِن نَّفْعِهِمَا ۗ وَيَسْـَٔلُونَكَ مَاذَا يُنفِقُونَ قُلِ ٱلْعَفْوَ ۗ كَذَٰلِكَ يُبَيِّنُ
ٱللَّهُ لَكُمُ ٱلْـَٔايَـٰتِ لَعَلَّكُمْ تَتَفَكَّرُونَ ٢ــ٢٢٠ فِى ٱلدُّنْيَا وَٱلْـَٔاخِرَةِ ۗ وَيَسْـَٔلُونَكَ عَنِ
ٱلْيَتَـٰمَىٰ ۖ قُلْ إِصْلَاحٌ لَّهُمْ خَيْرٌ ۖ وَإِن تُخَالِطُوهُمْ فَإِخْوَٰنُكُمْ ۚ وَٱللَّهُ يَعْلَمُ ٱلْمُفْسِدَ مِنَ
ٱلْمُصْلِحِ ۚ وَلَوْ شَآءَ ٱللَّهُ لَأَعْنَتَكُمْ ۚ إِنَّ ٱللَّهَ عَزِيزٌ حَكِيمٌ ٢ــ٢٢١ وَلَا تَنكِحُوا۟ ٱلْمُشْرِكَـٰتِ
حَتَّىٰ يُؤْمِنَّ ۚ وَلَأَمَةٌ مُّؤْمِنَةٌ خَيْرٌ مِّن مُّشْرِكَةٍ وَلَوْ أَعْجَبَتْكُمْ ۗ وَلَا تُنكِحُوا۟ ٱلْمُشْرِكِينَ
حَتَّىٰ يُؤْمِنُوا۟ ۚ وَلَعَبْدٌ مُّؤْمِنٌ خَيْرٌ مِّن مُّشْرِكٍ وَلَوْ أَعْجَبَكُمْ ۗ أُو۟لَـٰٓئِكَ يَدْعُونَ إِلَى ٱلنَّارِ ۖ
وَٱللَّهُ يَدْعُوٓا۟ إِلَى ٱلْجَنَّةِ وَٱلْمَغْفِرَةِ بِإِذْنِهِۦ ۖ وَيُبَيِّنُ ءَايَـٰتِهِۦ لِلنَّاسِ لَعَلَّهُمْ يَتَذَكَّرُونَ
٢ــ٢٢٢ وَيَسْـَٔلُونَكَ عَنِ ٱلْمَحِيضِ ۖ قُلْ هُوَ أَذًى فَٱعْتَزِلُوا۟ ٱلنِّسَآءَ فِى ٱلْمَحِيضِ ۖ وَلَا
تَقْرَبُوهُنَّ حَتَّىٰ يَطْهُرْنَ ۖ فَإِذَا تَطَهَّرْنَ فَأْتُوهُنَّ مِنْ حَيْثُ أَمَرَكُمُ ٱللَّهُ ۚ إِنَّ ٱللَّهَ يُحِبُّ
ٱلتَّوَّٰبِينَ وَيُحِبُّ ٱلْمُتَطَهِّرِينَ ٢ــ٢٢٣ نِسَآؤُكُمْ حَرْثٌ لَّكُمْ فَأْتُوا۟ حَرْثَكُمْ أَنَّىٰ شِئْتُمْ ۖ
وَقَدِّمُوا۟ لِأَنفُسِكُمْ ۚ وَٱتَّقُوا۟ ٱللَّهَ وَٱعْلَمُوٓا۟ أَنَّكُم مُّلَـٰقُوهُ ۗ وَبَشِّرِ ٱلْمُؤْمِنِينَ ٢ــ٢٢٤ وَلَا
تَجْعَلُوا۟ ٱللَّهَ عُرْضَةً لِّأَيْمَـٰنِكُمْ أَن تَبَرُّوا۟ وَتَتَّقُوا۟ وَتُصْلِحُوا۟ بَيْنَ ٱلنَّاسِ ۗ وَٱللَّهُ سَمِيعٌ
عَلِيمٌ ٢ــ٢٢٥ لَّا يُؤَاخِذُكُمُ ٱللَّهُ بِٱللَّغْوِ فِىٓ أَيْمَـٰنِكُمْ وَلَـٰكِن يُؤَاخِذُكُم بِمَا كَسَبَتْ
قُلُوبُكُمْ ۗ وَٱللَّهُ غَفُورٌ حَلِيمٌ ٢ــ٢٢٦ لِّلَّذِينَ يُؤْلُونَ مِن نِّسَآئِهِمْ تَرَبُّصُ أَرْبَعَةِ أَشْهُرٍ ۖ
فَإِن فَآءُو فَإِنَّ ٱللَّهَ غَفُورٌ رَّحِيمٌ ٢ــ٢٢٧ وَإِنْ عَزَمُوا۟ ٱلطَّلَـٰقَ فَإِنَّ ٱللَّهَ سَمِيعٌ عَلِيمٌ
٢ــ٢٢٨ وَٱلْمُطَلَّقَـٰتُ يَتَرَبَّصْنَ بِأَنفُسِهِنَّ ثَلَـٰثَةَ قُرُوٓءٍ ۚ وَلَا يَحِلُّ لَهُنَّ أَن يَكْتُمْنَ مَا خَلَقَ
ٱللَّهُ فِىٓ أَرْحَامِهِنَّ إِن كُنَّ يُؤْمِنَّ بِٱللَّهِ وَٱلْيَوْمِ ٱلْـَٔاخِرِ ۚ وَبُعُولَتُهُنَّ أَحَقُّ بِرَدِّهِنَّ فِى
ذَٰلِكَ إِنْ أَرَادُوٓا۟ إِصْلَـٰحًا ۚ وَلَهُنَّ مِثْلُ ٱلَّذِى عَلَيْهِنَّ بِٱلْمَعْرُوفِ ۚ وَلِلرِّجَالِ عَلَيْهِنَّ دَرَجَةٌ ۗ
وَٱللَّهُ عَزِيزٌ حَكِيمٌ ٢ــ٢٢٩ ٱلطَّلَـٰقُ مَرَّتَانِ ۖ فَإِمْسَاكٌۢ بِمَعْرُوفٍ أَوْ تَسْرِيحٌۢ بِإِحْسَـٰنٍ ۗ وَلَا

يَحِلُّ لَكُمْ أَن تَأْخُذُوا۟ مِمَّآ ءَاتَيْتُمُوهُنَّ شَيْـًٔا إِلَّآ أَن يَخَافَآ أَلَّا يُقِيمَا حُدُودَ ٱللَّهِ ۖ فَإِنْ
خِفْتُمْ أَلَّا يُقِيمَا حُدُودَ ٱللَّهِ فَلَا جُنَاحَ عَلَيْهِمَا فِيمَا ٱفْتَدَتْ بِهِۦ ۗ تِلْكَ حُدُودُ ٱللَّهِ فَلَا
تَعْتَدُوهَا ۚ وَمَن يَتَعَدَّ حُدُودَ ٱللَّهِ فَأُو۟لَـٰٓئِكَ هُمُ ٱلظَّـٰلِمُونَ ٢ـ٢٣٠ فَإِن طَلَّقَهَا فَلَا
تَحِلُّ لَهُۥ مِنۢ بَعْدُ حَتَّىٰ تَنكِحَ زَوْجًا غَيْرَهُۥ ۗ فَإِن طَلَّقَهَا فَلَا جُنَاحَ عَلَيْهِمَآ أَن يَتَرَاجَعَآ
إِن ظَنَّآ أَن يُقِيمَا حُدُودَ ٱللَّهِ ۗ وَتِلْكَ حُدُودُ ٱللَّهِ يُبَيِّنُهَا لِقَوْمٍ يَعْلَمُونَ ٢ـ٢٣١ وَإِذَا
طَلَّقْتُمُ ٱلنِّسَآءَ فَبَلَغْنَ أَجَلَهُنَّ فَأَمْسِكُوهُنَّ بِمَعْرُوفٍ أَوْ سَرِّحُوهُنَّ بِمَعْرُوفٍ ۚ وَلَا
تُمْسِكُوهُنَّ ضِرَارًا لِّتَعْتَدُوا۟ ۚ وَمَن يَفْعَلْ ذَٰلِكَ فَقَدْ ظَلَمَ نَفْسَهُۥ ۚ وَلَا تَتَّخِذُوٓا۟ ءَايَـٰتِ
ٱللَّهِ هُزُوًا ۚ وَٱذْكُرُوا۟ نِعْمَتَ ٱللَّهِ عَلَيْكُمْ وَمَآ أَنزَلَ عَلَيْكُم مِّنَ ٱلْكِتَـٰبِ وَٱلْحِكْمَةِ
يَعِظُكُم بِهِۦ ۚ وَٱتَّقُوا۟ ٱللَّهَ وَٱعْلَمُوٓا۟ أَنَّ ٱللَّهَ بِكُلِّ شَىْءٍ عَلِيمٌ ٢ـ٢٣٢ وَإِذَا طَلَّقْتُمُ
ٱلنِّسَآءَ فَبَلَغْنَ أَجَلَهُنَّ فَلَا تَعْضُلُوهُنَّ أَن يَنكِحْنَ أَزْوَٰجَهُنَّ إِذَا تَرَٰضَوْا۟ بَيْنَهُم
بِٱلْمَعْرُوفِ ۗ ذَٰلِكَ يُوعَظُ بِهِۦ مَن كَانَ مِنكُمْ يُؤْمِنُ بِٱللَّهِ وَٱلْيَوْمِ ٱلْـَٔاخِرِ ۗ ذَٰلِكُمْ أَزْكَىٰ
لَكُمْ وَأَطْهَرُ ۗ وَٱللَّهُ يَعْلَمُ وَأَنتُمْ لَا تَعْلَمُونَ ٢ـ٢٣٣ وَٱلْوَٰلِدَٰتُ يُرْضِعْنَ أَوْلَـٰدَهُنَّ
حَوْلَيْنِ كَامِلَيْنِ ۖ لِمَنْ أَرَادَ أَن يُتِمَّ ٱلرَّضَاعَةَ ۚ وَعَلَى ٱلْمَوْلُودِ لَهُۥ رِزْقُهُنَّ وَكِسْوَتُهُنَّ
بِٱلْمَعْرُوفِ ۚ لَا تُكَلَّفُ نَفْسٌ إِلَّا وُسْعَهَا ۚ لَا تُضَآرَّ وَٰلِدَةٌۢ بِوَلَدِهَا وَلَا مَوْلُودٌ لَّهُۥ
بِوَلَدِهِۦ ۚ وَعَلَى ٱلْوَارِثِ مِثْلُ ذَٰلِكَ ۗ فَإِنْ أَرَادَا فِصَالًا عَن تَرَاضٍ مِّنْهُمَا وَتَشَاوُرٍ فَلَا
جُنَاحَ عَلَيْهِمَا ۗ وَإِنْ أَرَدتُّمْ أَن تَسْتَرْضِعُوٓا۟ أَوْلَـٰدَكُمْ فَلَا جُنَاحَ عَلَيْكُمْ إِذَا سَلَّمْتُم مَّآ
ءَاتَيْتُم بِٱلْمَعْرُوفِ ۗ وَٱتَّقُوا۟ ٱللَّهَ وَٱعْلَمُوٓا۟ أَنَّ ٱللَّهَ بِمَا تَعْمَلُونَ بَصِيرٌ ٢ـ٢٣٤ وَٱلَّذِينَ
يُتَوَفَّوْنَ مِنكُمْ وَيَذَرُونَ أَزْوَٰجًا يَتَرَبَّصْنَ بِأَنفُسِهِنَّ أَرْبَعَةَ أَشْهُرٍ وَعَشْرًا ۖ فَإِذَا بَلَغْنَ
أَجَلَهُنَّ فَلَا جُنَاحَ عَلَيْكُمْ فِيمَا فَعَلْنَ فِىٓ أَنفُسِهِنَّ بِٱلْمَعْرُوفِ ۗ وَٱللَّهُ بِمَا تَعْمَلُونَ
خَبِيرٌ ٢ـ٢٣٥ وَلَا جُنَاحَ عَلَيْكُمْ فِيمَا عَرَّضْتُم بِهِۦ مِنْ خِطْبَةِ ٱلنِّسَآءِ أَوْ أَكْنَنتُمْ فِىٓ
أَنفُسِكُمْ ۚ عَلِمَ ٱللَّهُ أَنَّكُمْ سَتَذْكُرُونَهُنَّ وَلَـٰكِن لَّا تُوَاعِدُوهُنَّ سِرًّا إِلَّآ أَن تَقُولُوا۟ قَوْلًا
مَّعْرُوفًا ۚ وَلَا تَعْزِمُوا۟ عُقْدَةَ ٱلنِّكَاحِ حَتَّىٰ يَبْلُغَ ٱلْكِتَـٰبُ أَجَلَهُۥ ۚ وَٱعْلَمُوٓا۟ أَنَّ ٱللَّهَ يَعْلَمُ
مَا فِىٓ أَنفُسِكُمْ فَٱحْذَرُوهُ ۚ وَٱعْلَمُوٓا۟ أَنَّ ٱللَّهَ غَفُورٌ حَلِيمٌ ٢ـ٢٣٦ لَّا جُنَاحَ عَلَيْكُمْ إِن
طَلَّقْتُمُ ٱلنِّسَآءَ مَا لَمْ تَمَسُّوهُنَّ أَوْ تَفْرِضُوا۟ لَهُنَّ فَرِيضَةً ۚ وَمَتِّعُوهُنَّ عَلَى ٱلْمُوسِعِ
قَدَرُهُۥ وَعَلَى ٱلْمُقْتِرِ قَدَرُهُۥ مَتَـٰعًۢا بِٱلْمَعْرُوفِ ۖ حَقًّا عَلَى ٱلْمُحْسِنِينَ ٢ـ٢٣٧ وَإِن
طَلَّقْتُمُوهُنَّ مِن قَبْلِ أَن تَمَسُّوهُنَّ وَقَدْ فَرَضْتُمْ لَهُنَّ فَرِيضَةً فَنِصْفُ مَا فَرَضْتُمْ إِلَّآ
أَن يَعْفُونَ أَوْ يَعْفُوَا۟ ٱلَّذِى بِيَدِهِۦ عُقْدَةُ ٱلنِّكَاحِ ۚ وَأَن تَعْفُوٓا۟ أَقْرَبُ لِلتَّقْوَىٰ ۚ وَلَا
تَنسَوُا۟ ٱلْفَضْلَ بَيْنَكُمْ ۚ إِنَّ ٱللَّهَ بِمَا تَعْمَلُونَ بَصِيرٌ ٢ـ٢٣٨ حَـٰفِظُوا۟ عَلَى ٱلصَّلَوَٰتِ

وَٱلصَّلَوٰةِ ٱلْوُسْطَىٰ وَقُومُوا۟ لِلَّهِ قَٰنِتِينَ ٢ــ٢٣٩ فَإِنْ خِفْتُمْ فَرِجَالًا أَوْ رُكْبَانًا ۖ فَإِذَآ
أَمِنتُمْ فَٱذْكُرُوا۟ ٱللَّهَ كَمَا عَلَّمَكُم مَّا لَمْ تَكُونُوا۟ تَعْلَمُونَ ٢ــ٢٤٠ وَٱلَّذِينَ يُتَوَفَّوْنَ
مِنكُمْ وَيَذَرُونَ أَزْوَٰجًا وَصِيَّةً لِّأَزْوَٰجِهِم مَّتَٰعًا إِلَى ٱلْحَوْلِ غَيْرَ إِخْرَاجٍ ۚ فَإِنْ خَرَجْنَ فَلَا
جُنَاحَ عَلَيْكُمْ فِى مَا فَعَلْنَ فِىٓ أَنفُسِهِنَّ مِن مَّعْرُوفٍ ۗ وَٱللَّهُ عَزِيزٌ حَكِيمٌ
٢ــ٢٤١ وَلِلْمُطَلَّقَٰتِ مَتَٰعٌۢ بِٱلْمَعْرُوفِ ۖ حَقًّا عَلَى ٱلْمُتَّقِينَ ٢ــ٢٤٢ كَذَٰلِكَ يُبَيِّنُ ٱللَّهُ
لَكُمْ ءَايَٰتِهِۦ لَعَلَّكُمْ تَعْقِلُونَ ٢ــ٢٤٣ أَلَمْ تَرَ إِلَى ٱلَّذِينَ خَرَجُوا۟ مِن دِيَٰرِهِمْ وَهُمْ أُلُوفٌ
حَذَرَ ٱلْمَوْتِ فَقَالَ لَهُمُ ٱللَّهُ مُوتُوا۟ ثُمَّ أَحْيَٰهُمْ ۚ إِنَّ ٱللَّهَ لَذُو فَضْلٍ عَلَى ٱلنَّاسِ وَلَٰكِنَّ
أَكْثَرَ ٱلنَّاسِ لَا يَشْكُرُونَ ٢ــ٢٤٤ وَقَٰتِلُوا۟ فِى سَبِيلِ ٱللَّهِ وَٱعْلَمُوٓا۟ أَنَّ ٱللَّهَ سَمِيعٌ
عَلِيمٌ ٢ــ٢٤٥ مَّن ذَا ٱلَّذِى يُقْرِضُ ٱللَّهَ قَرْضًا حَسَنًا فَيُضَٰعِفَهُۥ لَهُۥٓ أَضْعَافًا كَثِيرَةً ۚ
وَٱللَّهُ يَقْبِضُ وَيَبْصُۜطُ وَإِلَيْهِ تُرْجَعُونَ ٢ــ٢٤٦ أَلَمْ تَرَ إِلَى ٱلْمَلَإِ مِنۢ بَنِىٓ إِسْرَٰٓءِيلَ مِنۢ
بَعْدِ مُوسَىٰٓ إِذْ قَالُوا۟ لِنَبِىٍّ لَّهُمُ ٱبْعَثْ لَنَا مَلِكًا نُّقَٰتِلْ فِى سَبِيلِ ٱللَّهِ ۖ قَالَ هَلْ
عَسَيْتُمْ إِن كُتِبَ عَلَيْكُمُ ٱلْقِتَالُ أَلَّا تُقَٰتِلُوا۟ ۖ قَالُوا۟ وَمَا لَنَآ أَلَّا نُقَٰتِلَ فِى سَبِيلِ ٱللَّهِ
وَقَدْ أُخْرِجْنَا مِن دِيَٰرِنَا وَأَبْنَآئِنَا ۖ فَلَمَّا كُتِبَ عَلَيْهِمُ ٱلْقِتَالُ تَوَلَّوْا۟ إِلَّا قَلِيلًا مِّنْهُمْ ۗ
وَٱللَّهُ عَلِيمٌۢ بِٱلظَّٰلِمِينَ ٢ــ٢٤٧ وَقَالَ لَهُمْ نَبِيُّهُمْ إِنَّ ٱللَّهَ قَدْ بَعَثَ لَكُمْ طَالُوتَ مَلِكًا
ۚ قَالُوٓا۟ أَنَّىٰ يَكُونُ لَهُ ٱلْمُلْكُ عَلَيْنَا وَنَحْنُ أَحَقُّ بِٱلْمُلْكِ مِنْهُ وَلَمْ يُؤْتَ سَعَةً مِّنَ ٱلْمَالِ ۚ
قَالَ إِنَّ ٱللَّهَ ٱصْطَفَىٰهُ عَلَيْكُمْ وَزَادَهُۥ بَسْطَةً فِى ٱلْعِلْمِ وَٱلْجِسْمِ ۖ وَٱللَّهُ يُؤْتِى
مُلْكَهُۥ مَن يَشَآءُ ۚ وَٱللَّهُ وَٰسِعٌ عَلِيمٌ ٢ــ٢٤٨ وَقَالَ لَهُمْ نَبِيُّهُمْ إِنَّ ءَايَةَ مُلْكِهِۦٓ أَن
يَأْتِيَكُمُ ٱلتَّابُوتُ فِيهِ سَكِينَةٌ مِّن رَّبِّكُمْ وَبَقِيَّةٌ مِّمَّا تَرَكَ ءَالُ مُوسَىٰ وَءَالُ هَٰرُونَ
تَحْمِلُهُ ٱلْمَلَٰٓئِكَةُ ۚ إِنَّ فِى ذَٰلِكَ لَءَايَةً لَّكُمْ إِن كُنتُم مُّؤْمِنِينَ ٢ــ٢٤٩ فَلَمَّا فَصَلَ
طَالُوتُ بِٱلْجُنُودِ قَالَ إِنَّ ٱللَّهَ مُبْتَلِيكُم بِنَهَرٍ فَمَن شَرِبَ مِنْهُ فَلَيْسَ مِنِّى وَمَن لَّمْ
يَطْعَمْهُ فَإِنَّهُۥ مِنِّىٓ إِلَّا مَنِ ٱغْتَرَفَ غُرْفَةًۢ بِيَدِهِۦ ۚ فَشَرِبُوا۟ مِنْهُ إِلَّا قَلِيلًا مِّنْهُمْ ۚ فَلَمَّا
جَاوَزَهُۥ هُوَ وَٱلَّذِينَ ءَامَنُوا۟ مَعَهُۥ قَالُوا۟ لَا طَاقَةَ لَنَا ٱلْيَوْمَ بِجَالُوتَ وَجُنُودِهِۦ ۚ قَالَ
ٱلَّذِينَ يَظُنُّونَ أَنَّهُم مُّلَٰقُوا۟ ٱللَّهِ كَم مِّن فِئَةٍ قَلِيلَةٍ غَلَبَتْ فِئَةً كَثِيرَةًۢ بِإِذْنِ ٱللَّهِ ۗ
وَٱللَّهُ مَعَ ٱلصَّٰبِرِينَ ٢ــ٢٥٠ وَلَمَّا بَرَزُوا۟ لِجَالُوتَ وَجُنُودِهِۦ قَالُوا۟ رَبَّنَآ أَفْرِغْ عَلَيْنَا صَبْرًا
وَثَبِّتْ أَقْدَامَنَا وَٱنصُرْنَا عَلَى ٱلْقَوْمِ ٱلْكَٰفِرِينَ ٢ــ٢٥١ فَهَزَمُوهُم بِإِذْنِ ٱللَّهِ وَقَتَلَ
دَاوُۥدُ جَالُوتَ وَءَاتَىٰهُ ٱللَّهُ ٱلْمُلْكَ وَٱلْحِكْمَةَ وَعَلَّمَهُۥ مِمَّا يَشَآءُ ۗ وَلَوْلَا دَفْعُ ٱللَّهِ
ٱلنَّاسَ بَعْضَهُم بِبَعْضٍ لَّفَسَدَتِ ٱلْأَرْضُ وَلَٰكِنَّ ٱللَّهَ ذُو فَضْلٍ عَلَى ٱلْعَٰلَمِينَ
٢ــ٢٥٢ تِلْكَ ءَايَٰتُ ٱللَّهِ نَتْلُوهَا عَلَيْكَ بِٱلْحَقِّ ۚ وَإِنَّكَ لَمِنَ ٱلْمُرْسَلِينَ ٢ــ٢٥٣ تِلْكَ

ٱلرُّسُلُ فَضَّلْنَا بَعْضَهُمْ عَلَىٰ بَعْضٍ ۘ مِّنْهُم مَّن كَلَّمَ ٱللَّهُ ۖ وَرَفَعَ بَعْضَهُمْ دَرَجَٰتٍ ۚ
وَءَاتَيْنَا عِيسَى ٱبْنَ مَرْيَمَ ٱلْبَيِّنَٰتِ وَأَيَّدْنَٰهُ بِرُوحِ ٱلْقُدُسِ ۗ وَلَوْ شَآءَ ٱللَّهُ مَا ٱقْتَتَلَ
ٱلَّذِينَ مِنۢ بَعْدِهِم مِّنۢ بَعْدِ مَا جَآءَتْهُمُ ٱلْبَيِّنَٰتُ وَلَٰكِنِ ٱخْتَلَفُوا۟ فَمِنْهُم مَّنْ ءَامَنَ
وَمِنْهُم مَّن كَفَرَ ۚ وَلَوْ شَآءَ ٱللَّهُ مَا ٱقْتَتَلُوا۟ وَلَٰكِنَّ ٱللَّهَ يَفْعَلُ مَا يُرِيدُ ٢ــ٢٥٤ يَٰٓأَيُّهَا
ٱلَّذِينَ ءَامَنُوٓا۟ أَنفِقُوا۟ مِمَّا رَزَقْنَٰكُم مِّن قَبْلِ أَن يَأْتِىَ يَوْمٌ لَّا بَيْعٌ فِيهِ وَلَا خُلَّةٌ وَلَا
شَفَٰعَةٌ ۗ وَٱلْكَٰفِرُونَ هُمُ ٱلظَّٰلِمُونَ ٢ــ٢٥٥ ٱللَّهُ لَآ إِلَٰهَ إِلَّا هُوَ ٱلْحَىُّ ٱلْقَيُّومُ ۚ لَا
تَأْخُذُهُۥ سِنَةٌ وَلَا نَوْمٌ ۚ لَّهُۥ مَا فِى ٱلسَّمَٰوَٰتِ وَمَا فِى ٱلْأَرْضِ ۗ مَن ذَا ٱلَّذِى يَشْفَعُ
عِندَهُۥٓ إِلَّا بِإِذْنِهِۦ ۚ يَعْلَمُ مَا بَيْنَ أَيْدِيهِمْ وَمَا خَلْفَهُمْ ۖ وَلَا يُحِيطُونَ بِشَىْءٍ مِّنْ عِلْمِهِۦٓ
إِلَّا بِمَا شَآءَ ۚ وَسِعَ كُرْسِيُّهُ ٱلسَّمَٰوَٰتِ وَٱلْأَرْضَ ۖ وَلَا يَـُٔودُهُۥ حِفْظُهُمَا ۚ وَهُوَ ٱلْعَلِىُّ
ٱلْعَظِيمُ ٢ــ٢٥٦ لَآ إِكْرَاهَ فِى ٱلدِّينِ ۖ قَد تَّبَيَّنَ ٱلرُّشْدُ مِنَ ٱلْغَىِّ ۚ فَمَن يَكْفُرْ
بِٱلطَّٰغُوتِ وَيُؤْمِنۢ بِٱللَّهِ فَقَدِ ٱسْتَمْسَكَ بِٱلْعُرْوَةِ ٱلْوُثْقَىٰ لَا ٱنفِصَامَ لَهَا ۗ وَٱللَّهُ
سَمِيعٌ عَلِيمٌ ٢ــ٢٥٧ ٱللَّهُ وَلِىُّ ٱلَّذِينَ ءَامَنُوا۟ يُخْرِجُهُم مِّنَ ٱلظُّلُمَٰتِ إِلَى ٱلنُّورِ ۖ
وَٱلَّذِينَ كَفَرُوٓا۟ أَوْلِيَآؤُهُمُ ٱلطَّٰغُوتُ يُخْرِجُونَهُم مِّنَ ٱلنُّورِ إِلَى ٱلظُّلُمَٰتِ ۗ أُو۟لَٰٓئِكَ أَصْحَٰبُ
ٱلنَّارِ ۖ هُمْ فِيهَا خَٰلِدُونَ ٢ــ٢٥٨ أَلَمْ تَرَ إِلَى ٱلَّذِى حَآجَّ إِبْرَٰهِۦمَ فِى رَبِّهِۦٓ أَنْ ءَاتَىٰهُ
ٱللَّهُ ٱلْمُلْكَ إِذْ قَالَ إِبْرَٰهِۦمُ رَبِّىَ ٱلَّذِى يُحْىِۦ وَيُمِيتُ قَالَ أَنَا۠ أُحْىِۦ وَأُمِيتُ ۖ قَالَ
إِبْرَٰهِۦمُ فَإِنَّ ٱللَّهَ يَأْتِى بِٱلشَّمْسِ مِنَ ٱلْمَشْرِقِ فَأْتِ بِهَا مِنَ ٱلْمَغْرِبِ فَبُهِتَ ٱلَّذِى
كَفَرَ ۗ وَٱللَّهُ لَا يَهْدِى ٱلْقَوْمَ ٱلظَّٰلِمِينَ ٢ــ٢٥٩ أَوْ كَٱلَّذِى مَرَّ عَلَىٰ قَرْيَةٍ وَهِىَ خَاوِيَةٌ
عَلَىٰ عُرُوشِهَا قَالَ أَنَّىٰ يُحْىِۦ هَٰذِهِ ٱللَّهُ بَعْدَ مَوْتِهَا ۖ فَأَمَاتَهُ ٱللَّهُ مِا۟ئَةَ عَامٍ ثُمَّ
بَعَثَهُۥ ۖ قَالَ كَمْ لَبِثْتَ ۖ قَالَ لَبِثْتُ يَوْمًا أَوْ بَعْضَ يَوْمٍ ۖ قَالَ بَل لَّبِثْتَ مِا۟ئَةَ عَامٍ فَٱنظُرْ
إِلَىٰ طَعَامِكَ وَشَرَابِكَ لَمْ يَتَسَنَّهْ ۖ وَٱنظُرْ إِلَىٰ حِمَارِكَ وَلِنَجْعَلَكَ ءَايَةً لِّلنَّاسِ ۖ وَٱنظُرْ
إِلَى ٱلْعِظَامِ كَيْفَ نُنشِزُهَا ثُمَّ نَكْسُوهَا لَحْمًا ۚ فَلَمَّا تَبَيَّنَ لَهُۥ قَالَ أَعْلَمُ أَنَّ ٱللَّهَ
عَلَىٰ كُلِّ شَىْءٍ قَدِيرٌ ٢ــ٢٦٠ وَإِذْ قَالَ إِبْرَٰهِۦمُ رَبِّ أَرِنِى كَيْفَ تُحْىِ ٱلْمَوْتَىٰ ۖ قَالَ
أَوَلَمْ تُؤْمِن ۖ قَالَ بَلَىٰ وَلَٰكِن لِّيَطْمَئِنَّ قَلْبِى ۖ قَالَ فَخُذْ أَرْبَعَةً مِّنَ ٱلطَّيْرِ فَصُرْهُنَّ
إِلَيْكَ ثُمَّ ٱجْعَلْ عَلَىٰ كُلِّ جَبَلٍ مِّنْهُنَّ جُزْءًا ثُمَّ ٱدْعُهُنَّ يَأْتِينَكَ سَعْيًا ۚ وَٱعْلَمْ أَنَّ ٱللَّهَ
عَزِيزٌ حَكِيمٌ ٢ــ٢٦١ مَّثَلُ ٱلَّذِينَ يُنفِقُونَ أَمْوَٰلَهُمْ فِى سَبِيلِ ٱللَّهِ كَمَثَلِ حَبَّةٍ أَنۢبَتَتْ
سَبْعَ سَنَابِلَ فِى كُلِّ سُنۢبُلَةٍ مِّا۟ئَةُ حَبَّةٍ ۗ وَٱللَّهُ يُضَٰعِفُ لِمَن يَشَآءُ ۗ وَٱللَّهُ وَٰسِعٌ عَلِيمٌ
٢ــ٢٦٢ ٱلَّذِينَ يُنفِقُونَ أَمْوَٰلَهُمْ فِى سَبِيلِ ٱللَّهِ ثُمَّ لَا يُتْبِعُونَ مَآ أَنفَقُوا۟ مَنًّا وَلَآ
أَذًى ۙ لَّهُمْ أَجْرُهُمْ عِندَ رَبِّهِمْ وَلَا خَوْفٌ عَلَيْهِمْ وَلَا هُمْ يَحْزَنُونَ ٢ــ٢٦٣ قَوْلٌ

مَّعْرُوفٌ وَمَغْفِرَةٌ خَيْرٌ مِّن صَدَقَةٍ يَتْبَعُهَآ أَذًى ۗ وَٱللَّهُ غَنِىٌّ حَلِيمٌ ٢ـ٢٦٤ يَٰٓأَيُّهَا
ٱلَّذِينَ ءَامَنُوا۟ لَا تُبْطِلُوا۟ صَدَقَٰتِكُم بِٱلْمَنِّ وَٱلْأَذَىٰ كَٱلَّذِى يُنفِقُ مَالَهُۥ رِئَآءَ ٱلنَّاسِ وَلَا
يُؤْمِنُ بِٱللَّهِ وَٱلْيَوْمِ ٱلْءَاخِرِ ۖ فَمَثَلُهُۥ كَمَثَلِ صَفْوَانٍ عَلَيْهِ تُرَابٌ فَأَصَابَهُۥ وَابِلٌ فَتَرَكَهُۥ
صَلْدًا ۖ لَّا يَقْدِرُونَ عَلَىٰ شَىْءٍ مِّمَّا كَسَبُوا۟ ۗ وَٱللَّهُ لَا يَهْدِى ٱلْقَوْمَ ٱلْكَٰفِرِينَ
٢ـ٢٦٥ وَمَثَلُ ٱلَّذِينَ يُنفِقُونَ أَمْوَٰلَهُمُ ٱبْتِغَآءَ مَرْضَاتِ ٱللَّهِ وَتَثْبِيتًا مِّنْ أَنفُسِهِمْ
كَمَثَلِ جَنَّةٍۭ بِرَبْوَةٍ أَصَابَهَا وَابِلٌ فَـَٔاتَتْ أُكُلَهَا ضِعْفَيْنِ فَإِن لَّمْ يُصِبْهَا وَابِلٌ فَطَلٌّ ۗ
وَٱللَّهُ بِمَا تَعْمَلُونَ بَصِيرٌ ٢ـ٢٦٦ أَيَوَدُّ أَحَدُكُمْ أَن تَكُونَ لَهُۥ جَنَّةٌ مِّن نَّخِيلٍ وَأَعْنَابٍ
تَجْرِى مِن تَحْتِهَا ٱلْأَنْهَٰرُ لَهُۥ فِيهَا مِن كُلِّ ٱلثَّمَرَٰتِ وَأَصَابَهُ ٱلْكِبَرُ وَلَهُۥ ذُرِّيَّةٌ ضُعَفَآءُ
فَأَصَابَهَآ إِعْصَارٌ فِيهِ نَارٌ فَٱحْتَرَقَتْ ۗ كَذَٰلِكَ يُبَيِّنُ ٱللَّهُ لَكُمُ ٱلْءَايَٰتِ لَعَلَّكُمْ تَتَفَكَّرُونَ
٢ـ٢٦٧ يَٰٓأَيُّهَا ٱلَّذِينَ ءَامَنُوٓا۟ أَنفِقُوا۟ مِن طَيِّبَٰتِ مَا كَسَبْتُمْ وَمِمَّآ أَخْرَجْنَا لَكُم مِّنَ
ٱلْأَرْضِ ۖ وَلَا تَيَمَّمُوا۟ ٱلْخَبِيثَ مِنْهُ تُنفِقُونَ وَلَسْتُم بِـَٔاخِذِيهِ إِلَّآ أَن تُغْمِضُوا۟ فِيهِ ۚ
وَٱعْلَمُوٓا۟ أَنَّ ٱللَّهَ غَنِىٌّ حَمِيدٌ ٢ـ٢٦٨ ٱلشَّيْطَٰنُ يَعِدُكُمُ ٱلْفَقْرَ وَيَأْمُرُكُم بِٱلْفَحْشَآءِ ۖ
وَٱللَّهُ يَعِدُكُم مَّغْفِرَةً مِّنْهُ وَفَضْلًا ۗ وَٱللَّهُ وَٰسِعٌ عَلِيمٌ ٢ـ٢٦٩ يُؤْتِى ٱلْحِكْمَةَ مَن
يَشَآءُ ۚ وَمَن يُؤْتَ ٱلْحِكْمَةَ فَقَدْ أُوتِىَ خَيْرًا كَثِيرًا ۗ وَمَا يَذَّكَّرُ إِلَّآ أُو۟لُوا۟ ٱلْأَلْبَٰبِ
٢ـ٢٧٠ وَمَآ أَنفَقْتُم مِّن نَّفَقَةٍ أَوْ نَذَرْتُم مِّن نَّذْرٍ فَإِنَّ ٱللَّهَ يَعْلَمُهُۥ ۗ وَمَا لِلظَّٰلِمِينَ مِنْ
أَنصَارٍ ٢ـ٢٧١ إِن تُبْدُوا۟ ٱلصَّدَقَٰتِ فَنِعِمَّا هِىَ ۖ وَإِن تُخْفُوهَا وَتُؤْتُوهَا ٱلْفُقَرَآءَ فَهُوَ
خَيْرٌ لَّكُمْ ۚ وَيُكَفِّرُ عَنكُم مِّن سَيِّـَٔاتِكُمْ ۗ وَٱللَّهُ بِمَا تَعْمَلُونَ خَبِيرٌ ٢ـ٢٧٢ لَّيْسَ عَلَيْكَ
هُدَىٰهُمْ وَلَٰكِنَّ ٱللَّهَ يَهْدِى مَن يَشَآءُ ۗ وَمَا تُنفِقُوا۟ مِنْ خَيْرٍ فَلِأَنفُسِكُمْ ۚ وَمَا
تُنفِقُونَ إِلَّا ٱبْتِغَآءَ وَجْهِ ٱللَّهِ ۚ وَمَا تُنفِقُوا۟ مِنْ خَيْرٍ يُوَفَّ إِلَيْكُمْ وَأَنتُمْ لَا تُظْلَمُونَ
٢ـ٢٧٣ لِلْفُقَرَآءِ ٱلَّذِينَ أُحْصِرُوا۟ فِى سَبِيلِ ٱللَّهِ لَا يَسْتَطِيعُونَ ضَرْبًا فِى ٱلْأَرْضِ
يَحْسَبُهُمُ ٱلْجَاهِلُ أَغْنِيَآءَ مِنَ ٱلتَّعَفُّفِ تَعْرِفُهُم بِسِيمَٰهُمْ لَا يَسْـَٔلُونَ ٱلنَّاسَ إِلْحَافًا ۗ
وَمَا تُنفِقُوا۟ مِنْ خَيْرٍ فَإِنَّ ٱللَّهَ بِهِۦ عَلِيمٌ ٢ـ٢٧٤ ٱلَّذِينَ يُنفِقُونَ أَمْوَٰلَهُم بِٱلَّيْلِ
وَٱلنَّهَارِ سِرًّا وَعَلَانِيَةً فَلَهُمْ أَجْرُهُمْ عِندَ رَبِّهِمْ وَلَا خَوْفٌ عَلَيْهِمْ وَلَا هُمْ يَحْزَنُونَ
٢ـ٢٧٥ ٱلَّذِينَ يَأْكُلُونَ ٱلرِّبَوٰا۟ لَا يَقُومُونَ إِلَّا كَمَا يَقُومُ ٱلَّذِى يَتَخَبَّطُهُ ٱلشَّيْطَٰنُ مِنَ
ٱلْمَسِّ ۚ ذَٰلِكَ بِأَنَّهُمْ قَالُوٓا۟ إِنَّمَا ٱلْبَيْعُ مِثْلُ ٱلرِّبَوٰا۟ ۗ وَأَحَلَّ ٱللَّهُ ٱلْبَيْعَ وَحَرَّمَ ٱلرِّبَوٰا۟ ۚ فَمَن
جَآءَهُۥ مَوْعِظَةٌ مِّن رَّبِّهِۦ فَٱنتَهَىٰ فَلَهُۥ مَا سَلَفَ وَأَمْرُهُۥٓ إِلَى ٱللَّهِ ۖ وَمَنْ عَادَ فَأُو۟لَٰٓئِكَ
أَصْحَٰبُ ٱلنَّارِ ۖ هُمْ فِيهَا خَٰلِدُونَ ٢ـ٢٧٦ يَمْحَقُ ٱللَّهُ ٱلرِّبَوٰا۟ وَيُرْبِى ٱلصَّدَقَٰتِ ۗ وَٱللَّهُ لَا
يُحِبُّ كُلَّ كَفَّارٍ أَثِيمٍ ٢ـ٢٧٧ إِنَّ ٱلَّذِينَ ءَامَنُوا۟ وَعَمِلُوا۟ ٱلصَّٰلِحَٰتِ وَأَقَامُوا۟ ٱلصَّلَوٰةَ

وَءَاتَوُاْ ٱلزَّكَوٰةَ لَهُمْ أَجْرُهُمْ عِندَ رَبِّهِمْ وَلَا خَوْفٌ عَلَيْهِمْ وَلَا هُمْ يَحْزَنُونَ
٢ـ٢٧٨ يَٰٓأَيُّهَا ٱلَّذِينَ ءَامَنُواْ ٱتَّقُواْ ٱللَّهَ وَذَرُواْ مَا بَقِىَ مِنَ ٱلرِّبَوٰٓاْ إِن كُنتُم مُّؤْمِنِينَ
٢ـ٢٧٩ فَإِن لَّمْ تَفْعَلُواْ فَأْذَنُواْ بِحَرْبٍ مِّنَ ٱللَّهِ وَرَسُولِهِۦۖ وَإِن تُبْتُمْ فَلَكُمْ رُءُوسُ
أَمْوَٰلِكُمْ لَا تَظْلِمُونَ وَلَا تُظْلَمُونَ ٢ـ٢٨٠ وَإِن كَانَ ذُو عُسْرَةٍ فَنَظِرَةٌ إِلَىٰ مَيْسَرَةٍۚ
وَأَن تَصَدَّقُواْ خَيْرٌ لَّكُمْۖ إِن كُنتُمْ تَعْلَمُونَ ٢ـ٢٨١ وَٱتَّقُواْ يَوْمًا تُرْجَعُونَ فِيهِ إِلَى
ٱللَّهِۖ ثُمَّ تُوَفَّىٰ كُلُّ نَفْسٍ مَّا كَسَبَتْ وَهُمْ لَا يُظْلَمُونَ ٢ـ٢٨٢ يَٰٓأَيُّهَا ٱلَّذِينَ ءَامَنُوٓاْ
إِذَا تَدَايَنتُم بِدَيْنٍ إِلَىٰٓ أَجَلٍ مُّسَمًّى فَٱكْتُبُوهُۚ وَلْيَكْتُب بَّيْنَكُمْ كَاتِبٌۢ بِٱلْعَدْلِۚ وَلَا يَأْبَ
كَاتِبٌ أَن يَكْتُبَ كَمَا عَلَّمَهُ ٱللَّهُۚ فَلْيَكْتُبْ وَلْيُمْلِلِ ٱلَّذِى عَلَيْهِ ٱلْحَقُّ وَلْيَتَّقِ ٱللَّهَ رَبَّهُۥ
وَلَا يَبْخَسْ مِنْهُ شَيْـًٔاۚ فَإِن كَانَ ٱلَّذِى عَلَيْهِ ٱلْحَقُّ سَفِيهًا أَوْ ضَعِيفًا أَوْ لَا يَسْتَطِيعُ
أَن يُمِلَّ هُوَ فَلْيُمْلِلْ وَلِيُّهُۥ بِٱلْعَدْلِۚ وَٱسْتَشْهِدُواْ شَهِيدَيْنِ مِن رِّجَالِكُمْۖ فَإِن لَّمْ
يَكُونَا رَجُلَيْنِ فَرَجُلٌ وَٱمْرَأَتَانِ مِمَّن تَرْضَوْنَ مِنَ ٱلشُّهَدَآءِ أَن تَضِلَّ إِحْدَىٰهُمَا فَتُذَكِّرَ
إِحْدَىٰهُمَا ٱلْأُخْرَىٰۚ وَلَا يَأْبَ ٱلشُّهَدَآءُ إِذَا مَا دُعُواْۚ وَلَا تَسْـَٔمُوٓاْ أَن تَكْتُبُوهُ صَغِيرًا أَوْ
كَبِيرًا إِلَىٰٓ أَجَلِهِۦۚ ذَٰلِكُمْ أَقْسَطُ عِندَ ٱللَّهِ وَأَقْوَمُ لِلشَّهَٰدَةِ وَأَدْنَىٰٓ أَلَّا تَرْتَابُوٓاْۖ إِلَّآ أَن
تَكُونَ تِجَٰرَةً حَاضِرَةً تُدِيرُونَهَا بَيْنَكُمْ فَلَيْسَ عَلَيْكُمْ جُنَاحٌ أَلَّا تَكْتُبُوهَاۗ وَأَشْهِدُوٓاْ إِذَا
تَبَايَعْتُمْۚ وَلَا يُضَآرَّ كَاتِبٌ وَلَا شَهِيدٌۚ وَإِن تَفْعَلُواْ فَإِنَّهُۥ فُسُوقٌۢ بِكُمْۗ وَٱتَّقُواْ ٱللَّهَۖ
وَيُعَلِّمُكُمُ ٱللَّهُۗ وَٱللَّهُ بِكُلِّ شَىْءٍ عَلِيمٌ ٢ـ٢٨٣ وَإِن كُنتُمْ عَلَىٰ سَفَرٍ وَلَمْ تَجِدُواْ
كَاتِبًا فَرِهَٰنٌ مَّقْبُوضَةٌۖ فَإِنْ أَمِنَ بَعْضُكُم بَعْضًا فَلْيُؤَدِّ ٱلَّذِى ٱؤْتُمِنَ أَمَٰنَتَهُۥ وَلْيَتَّقِ
ٱللَّهَ رَبَّهُۥۗ وَلَا تَكْتُمُواْ ٱلشَّهَٰدَةَۚ وَمَن يَكْتُمْهَا فَإِنَّهُۥٓ ءَاثِمٌ قَلْبُهُۥۗ وَٱللَّهُ بِمَا تَعْمَلُونَ
عَلِيمٌ ٢ـ٢٨٤ لِّلَّهِ مَا فِى ٱلسَّمَٰوَٰتِ وَمَا فِى ٱلْأَرْضِۗ وَإِن تُبْدُواْ مَا فِىٓ أَنفُسِكُمْ أَوْ
تُخْفُوهُ يُحَاسِبْكُم بِهِ ٱللَّهُۖ فَيَغْفِرُ لِمَن يَشَآءُ وَيُعَذِّبُ مَن يَشَآءُۗ وَٱللَّهُ عَلَىٰ كُلِّ
شَىْءٍ قَدِيرٌ ٢ـ٢٨٥ ءَامَنَ ٱلرَّسُولُ بِمَآ أُنزِلَ إِلَيْهِ مِن رَّبِّهِۦ وَٱلْمُؤْمِنُونَۚ كُلٌّ ءَامَنَ
بِٱللَّهِ وَمَلَٰٓئِكَتِهِۦ وَكُتُبِهِۦ وَرُسُلِهِۦ لَا نُفَرِّقُ بَيْنَ أَحَدٍ مِّن رُّسُلِهِۦۚ وَقَالُواْ سَمِعْنَا وَأَطَعْنَاۖ
غُفْرَانَكَ رَبَّنَا وَإِلَيْكَ ٱلْمَصِيرُ ٢ـ٢٨٦ لَا يُكَلِّفُ ٱللَّهُ نَفْسًا إِلَّا وُسْعَهَاۚ لَهَا مَا كَسَبَتْ
وَعَلَيْهَا مَا ٱكْتَسَبَتْۗ رَبَّنَا لَا تُؤَاخِذْنَآ إِن نَّسِينَآ أَوْ أَخْطَأْنَاۚ رَبَّنَا وَلَا تَحْمِلْ عَلَيْنَآ إِصْرًا
كَمَا حَمَلْتَهُۥ عَلَى ٱلَّذِينَ مِن قَبْلِنَاۚ رَبَّنَا وَلَا تُحَمِّلْنَا مَا لَا طَاقَةَ لَنَا بِهِۦۖ وَٱعْفُ عَنَّا
وَٱغْفِرْ لَنَا وَٱرْحَمْنَآۚ أَنتَ مَوْلَىٰنَا فَٱنصُرْنَا عَلَى ٱلْقَوْمِ ٱلْكَٰفِرِينَ ٣ـ١ الٓمٓ ٣ـ٢ ٱللَّهُ لَآ
إِلَٰهَ إِلَّا هُوَ ٱلْحَىُّ ٱلْقَيُّومُ ٣ـ٣ نَزَّلَ عَلَيْكَ ٱلْكِتَٰبَ بِٱلْحَقِّ مُصَدِّقًا لِّمَا بَيْنَ يَدَيْهِ وَأَنزَلَ
ٱلتَّوْرَىٰةَ وَٱلْإِنجِيلَ ٣ـ٤ مِن قَبْلُ هُدًى لِّلنَّاسِ وَأَنزَلَ ٱلْفُرْقَانَۗ إِنَّ ٱلَّذِينَ كَفَرُواْ بِـَٔايَٰتِ

ٱللَّهِ لَهُمْ عَذَابٌ شَدِيدٌ ۗ وَٱللَّهُ عَزِيزٌ ذُو ٱنتِقَامٍ ٣ـ٥ إِنَّ ٱللَّهَ لَا يَخْفَىٰ عَلَيْهِ شَىْءٌ
فِى ٱلْأَرْضِ وَلَا فِى ٱلسَّمَآءِ ٣ـ٦ هُوَ ٱلَّذِى يُصَوِّرُكُمْ فِى ٱلْأَرْحَامِ كَيْفَ يَشَآءُ ۚ لَآ
إِلَٰهَ إِلَّا هُوَ ٱلْعَزِيزُ ٱلْحَكِيمُ ٣ـ٧ هُوَ ٱلَّذِىٓ أَنزَلَ عَلَيْكَ ٱلْكِتَٰبَ مِنْهُ ءَايَٰتٌ مُّحْكَمَٰتٌ هُنَّ
أُمُّ ٱلْكِتَٰبِ وَأُخَرُ مُتَشَٰبِهَٰتٌ ۖ فَأَمَّا ٱلَّذِينَ فِى قُلُوبِهِمْ زَيْغٌ فَيَتَّبِعُونَ مَا تَشَٰبَهَ مِنْهُ
ٱبْتِغَآءَ ٱلْفِتْنَةِ وَٱبْتِغَآءَ تَأْوِيلِهِۦ ۗ وَمَا يَعْلَمُ تَأْوِيلَهُۥٓ إِلَّا ٱللَّهُ ۗ وَٱلرَّٰسِخُونَ فِى ٱلْعِلْمِ
يَقُولُونَ ءَامَنَّا بِهِۦ كُلٌّ مِّنْ عِندِ رَبِّنَا ۗ وَمَا يَذَّكَّرُ إِلَّآ أُولُوا۟ ٱلْأَلْبَٰبِ ٣ـ٨ رَبَّنَا لَا تُزِغْ
قُلُوبَنَا بَعْدَ إِذْ هَدَيْتَنَا وَهَبْ لَنَا مِن لَّدُنكَ رَحْمَةً ۚ إِنَّكَ أَنتَ ٱلْوَهَّابُ ٣ـ٩ رَبَّنَآ إِنَّكَ
جَامِعُ ٱلنَّاسِ لِيَوْمٍ لَّا رَيْبَ فِيهِ ۚ إِنَّ ٱللَّهَ لَا يُخْلِفُ ٱلْمِيعَادَ ٣ـ١٠ إِنَّ ٱلَّذِينَ كَفَرُوا۟ لَن
تُغْنِىَ عَنْهُمْ أَمْوَٰلُهُمْ وَلَآ أَوْلَٰدُهُم مِّنَ ٱللَّهِ شَيْـًٔا ۖ وَأُو۟لَٰٓئِكَ هُمْ وَقُودُ ٱلنَّارِ
٣ـ١١ كَدَأْبِ ءَالِ فِرْعَوْنَ وَٱلَّذِينَ مِن قَبْلِهِمْ ۚ كَذَّبُوا۟ بِـَٔايَٰتِنَا فَأَخَذَهُمُ ٱللَّهُ بِذُنُوبِهِمْ ۗ
وَٱللَّهُ شَدِيدُ ٱلْعِقَابِ ٣ـ١٢ قُل لِّلَّذِينَ كَفَرُوا۟ سَتُغْلَبُونَ وَتُحْشَرُونَ إِلَىٰ جَهَنَّمَ ۚ
وَبِئْسَ ٱلْمِهَادُ ٣ـ١٣ قَدْ كَانَ لَكُمْ ءَايَةٌ فِى فِئَتَيْنِ ٱلْتَقَتَا ۖ فِئَةٌ تُقَٰتِلُ فِى سَبِيلِ
ٱللَّهِ وَأُخْرَىٰ كَافِرَةٌ يَرَوْنَهُم مِّثْلَيْهِمْ رَأْىَ ٱلْعَيْنِ ۚ وَٱللَّهُ يُؤَيِّدُ بِنَصْرِهِۦ مَن يَشَآءُ ۗ إِنَّ
فِى ذَٰلِكَ لَعِبْرَةً لِّأُو۟لِى ٱلْأَبْصَٰرِ ٣ـ١٤ زُيِّنَ لِلنَّاسِ حُبُّ ٱلشَّهَوَٰتِ مِنَ ٱلنِّسَآءِ وَٱلْبَنِينَ
وَٱلْقَنَٰطِيرِ ٱلْمُقَنطَرَةِ مِنَ ٱلذَّهَبِ وَٱلْفِضَّةِ وَٱلْخَيْلِ ٱلْمُسَوَّمَةِ وَٱلْأَنْعَٰمِ وَٱلْحَرْثِ ۗ ذَٰلِكَ
مَتَٰعُ ٱلْحَيَوٰةِ ٱلدُّنْيَا ۖ وَٱللَّهُ عِندَهُۥ حُسْنُ ٱلْمَـَٔابِ ٣ـ١٥ قُلْ أَؤُنَبِّئُكُم بِخَيْرٍ مِّن ذَٰلِكُمْ ۚ
لِلَّذِينَ ٱتَّقَوْا۟ عِندَ رَبِّهِمْ جَنَّٰتٌ تَجْرِى مِن تَحْتِهَا ٱلْأَنْهَٰرُ خَٰلِدِينَ فِيهَا وَأَزْوَٰجٌ مُّطَهَّرَةٌ
وَرِضْوَٰنٌ مِّنَ ٱللَّهِ ۗ وَٱللَّهُ بَصِيرٌۢ بِٱلْعِبَادِ ٣ـ١٦ ٱلَّذِينَ يَقُولُونَ رَبَّنَآ إِنَّنَآ ءَامَنَّا فَٱغْفِرْ لَنَا
ذُنُوبَنَا وَقِنَا عَذَابَ ٱلنَّارِ ٣ـ١٧ ٱلصَّٰبِرِينَ وَٱلصَّٰدِقِينَ وَٱلْقَٰنِتِينَ وَٱلْمُنفِقِينَ
وَٱلْمُسْتَغْفِرِينَ بِٱلْأَسْحَارِ ٣ـ١٨ شَهِدَ ٱللَّهُ أَنَّهُۥ لَآ إِلَٰهَ إِلَّا هُوَ وَٱلْمَلَٰٓئِكَةُ وَأُو۟لُوا۟
ٱلْعِلْمِ قَآئِمًۢا بِٱلْقِسْطِ ۚ لَآ إِلَٰهَ إِلَّا هُوَ ٱلْعَزِيزُ ٱلْحَكِيمُ ٣ـ١٩ إِنَّ ٱلدِّينَ عِندَ ٱللَّهِ
ٱلْإِسْلَٰمُ ۗ وَمَا ٱخْتَلَفَ ٱلَّذِينَ أُوتُوا۟ ٱلْكِتَٰبَ إِلَّا مِنۢ بَعْدِ مَا جَآءَهُمُ ٱلْعِلْمُ بَغْيًۢا بَيْنَهُمْ ۗ
وَمَن يَكْفُرْ بِـَٔايَٰتِ ٱللَّهِ فَإِنَّ ٱللَّهَ سَرِيعُ ٱلْحِسَابِ ٣ـ٢٠ فَإِنْ حَآجُّوكَ فَقُلْ أَسْلَمْتُ
وَجْهِىَ لِلَّهِ وَمَنِ ٱتَّبَعَنِ ۗ وَقُل لِّلَّذِينَ أُوتُوا۟ ٱلْكِتَٰبَ وَٱلْأُمِّيِّۦنَ ءَأَسْلَمْتُمْ ۚ فَإِنْ
أَسْلَمُوا۟ فَقَدِ ٱهْتَدَوا۟ ۖ وَّإِن تَوَلَّوْا۟ فَإِنَّمَا عَلَيْكَ ٱلْبَلَٰغُ ۗ وَٱللَّهُ بَصِيرٌۢ بِٱلْعِبَادِ ٣ـ٢١ إِنَّ
ٱلَّذِينَ يَكْفُرُونَ بِـَٔايَٰتِ ٱللَّهِ وَيَقْتُلُونَ ٱلنَّبِيِّۦنَ بِغَيْرِ حَقٍّ وَيَقْتُلُونَ ٱلَّذِينَ يَأْمُرُونَ
بِٱلْقِسْطِ مِنَ ٱلنَّاسِ فَبَشِّرْهُم بِعَذَابٍ أَلِيمٍ ٣ـ٢٢ أُو۟لَٰٓئِكَ ٱلَّذِينَ حَبِطَتْ أَعْمَٰلُهُمْ فِى
ٱلدُّنْيَا وَٱلْـَٔاخِرَةِ وَمَا لَهُم مِّن نَّٰصِرِينَ ٣ـ٢٣ أَلَمْ تَرَ إِلَى ٱلَّذِينَ أُوتُوا۟ نَصِيبًا مِّنَ

ٱلْكِتَٰبِ يُدْعَوْنَ إِلَىٰ كِتَٰبِ ٱللَّهِ لِيَحْكُمَ بَيْنَهُمْ ثُمَّ يَتَوَلَّىٰ فَرِيقٌ مِّنْهُمْ وَهُم مُّعْرِضُونَ
٣ـ٢٤ ذَٰلِكَ بِأَنَّهُمْ قَالُوا۟ لَن تَمَسَّنَا ٱلنَّارُ إِلَّآ أَيَّامًا مَّعْدُودَٰتٍ ۖ وَغَرَّهُمْ فِى دِينِهِم مَّا
كَانُوا۟ يَفْتَرُونَ ٣ـ٢٥ فَكَيْفَ إِذَا جَمَعْنَٰهُمْ لِيَوْمٍ لَّا رَيْبَ فِيهِ وَوُفِّيَتْ كُلُّ نَفْسٍ مَّا
كَسَبَتْ وَهُمْ لَا يُظْلَمُونَ ٣ـ٢٦ قُلِ ٱللَّهُمَّ مَٰلِكَ ٱلْمُلْكِ تُؤْتِى ٱلْمُلْكَ مَن تَشَآءُ
وَتَنزِعُ ٱلْمُلْكَ مِمَّن تَشَآءُ وَتُعِزُّ مَن تَشَآءُ وَتُذِلُّ مَن تَشَآءُ ۖ بِيَدِكَ ٱلْخَيْرُ ۖ إِنَّكَ عَلَىٰ كُلِّ
شَىْءٍ قَدِيرٌ ٣ـ٢٧ تُولِجُ ٱلَّيْلَ فِى ٱلنَّهَارِ وَتُولِجُ ٱلنَّهَارَ فِى ٱلَّيْلِ ۖ وَتُخْرِجُ ٱلْحَىَّ مِنَ
ٱلْمَيِّتِ وَتُخْرِجُ ٱلْمَيِّتَ مِنَ ٱلْحَىِّ ۖ وَتَرْزُقُ مَن تَشَآءُ بِغَيْرِ حِسَابٍ ٣ـ٢٨ لَّا يَتَّخِذِ
ٱلْمُؤْمِنُونَ ٱلْكَٰفِرِينَ أَوْلِيَآءَ مِن دُونِ ٱلْمُؤْمِنِينَ ۖ وَمَن يَفْعَلْ ذَٰلِكَ فَلَيْسَ مِنَ ٱللَّهِ
فِى شَىْءٍ إِلَّآ أَن تَتَّقُوا۟ مِنْهُمْ تُقَىٰةً ۗ وَيُحَذِّرُكُمُ ٱللَّهُ نَفْسَهُۥ ۗ وَإِلَى ٱللَّهِ ٱلْمَصِيرُ
٣ـ٢٩ قُلْ إِن تُخْفُوا۟ مَا فِى صُدُورِكُمْ أَوْ تُبْدُوهُ يَعْلَمْهُ ٱللَّهُ ۗ وَيَعْلَمُ مَا فِى
ٱلسَّمَٰوَٰتِ وَمَا فِى ٱلْأَرْضِ ۗ وَٱللَّهُ عَلَىٰ كُلِّ شَىْءٍ قَدِيرٌ ٣ـ٣٠ يَوْمَ تَجِدُ كُلُّ نَفْسٍ مَّا
عَمِلَتْ مِنْ خَيْرٍ مُّحْضَرًا وَمَا عَمِلَتْ مِن سُوٓءٍ تَوَدُّ لَوْ أَنَّ بَيْنَهَا وَبَيْنَهُۥٓ أَمَدًۢا بَعِيدًا ۗ
وَيُحَذِّرُكُمُ ٱللَّهُ نَفْسَهُۥ ۗ وَٱللَّهُ رَءُوفٌۢ بِٱلْعِبَادِ ٣ـ٣١ قُلْ إِن كُنتُمْ تُحِبُّونَ ٱللَّهَ
فَٱتَّبِعُونِى يُحْبِبْكُمُ ٱللَّهُ وَيَغْفِرْ لَكُمْ ذُنُوبَكُمْ ۗ وَٱللَّهُ غَفُورٌ رَّحِيمٌ ٣ـ٣٢ قُلْ أَطِيعُوا۟
ٱللَّهَ وَٱلرَّسُولَ ۖ فَإِن تَوَلَّوْا۟ فَإِنَّ ٱللَّهَ لَا يُحِبُّ ٱلْكَٰفِرِينَ ٣ـ٣٣ إِنَّ ٱللَّهَ ٱصْطَفَىٰٓ ءَادَمَ
وَنُوحًا وَءَالَ إِبْرَٰهِيمَ وَءَالَ عِمْرَٰنَ عَلَى ٱلْعَٰلَمِينَ ٣ـ٣٤ ذُرِّيَّةًۢ بَعْضُهَا مِنۢ بَعْضٍ ۗ
وَٱللَّهُ سَمِيعٌ عَلِيمٌ ٣ـ٣٥ إِذْ قَالَتِ ٱمْرَأَتُ عِمْرَٰنَ رَبِّ إِنِّى نَذَرْتُ لَكَ مَا فِى بَطْنِى
مُحَرَّرًا فَتَقَبَّلْ مِنِّىٓ ۖ إِنَّكَ أَنتَ ٱلسَّمِيعُ ٱلْعَلِيمُ ٣ـ٣٦ فَلَمَّا وَضَعَتْهَا قَالَتْ رَبِّ إِنِّى
وَضَعْتُهَآ أُنثَىٰ وَٱللَّهُ أَعْلَمُ بِمَا وَضَعَتْ وَلَيْسَ ٱلذَّكَرُ كَٱلْأُنثَىٰ ۖ وَإِنِّى سَمَّيْتُهَا مَرْيَمَ
وَإِنِّىٓ أُعِيذُهَا بِكَ وَذُرِّيَّتَهَا مِنَ ٱلشَّيْطَٰنِ ٱلرَّجِيمِ ٣ـ٣٧ فَتَقَبَّلَهَا رَبُّهَا بِقَبُولٍ حَسَنٍ
وَأَنۢبَتَهَا نَبَاتًا حَسَنًا وَكَفَّلَهَا زَكَرِيَّا ۖ كُلَّمَا دَخَلَ عَلَيْهَا زَكَرِيَّا ٱلْمِحْرَابَ وَجَدَ عِندَهَا رِزْقًا
ۖ قَالَ يَٰمَرْيَمُ أَنَّىٰ لَكِ هَٰذَا ۖ قَالَتْ هُوَ مِنْ عِندِ ٱللَّهِ ۖ إِنَّ ٱللَّهَ يَرْزُقُ مَن يَشَآءُ بِغَيْرِ
حِسَابٍ ٣ـ٣٨ هُنَالِكَ دَعَا زَكَرِيَّا رَبَّهُۥ ۖ قَالَ رَبِّ هَبْ لِى مِن لَّدُنكَ ذُرِّيَّةً طَيِّبَةً ۖ إِنَّكَ
سَمِيعُ ٱلدُّعَآءِ ٣ـ٣٩ فَنَادَتْهُ ٱلْمَلَٰٓئِكَةُ وَهُوَ قَآئِمٌ يُصَلِّى فِى ٱلْمِحْرَابِ أَنَّ ٱللَّهَ
يُبَشِّرُكَ بِيَحْيَىٰ مُصَدِّقًۢا بِكَلِمَةٍ مِّنَ ٱللَّهِ وَسَيِّدًا وَحَصُورًا وَنَبِيًّا مِّنَ ٱلصَّٰلِحِينَ
٣ـ٤٠ قَالَ رَبِّ أَنَّىٰ يَكُونُ لِى غُلَٰمٌ وَقَدْ بَلَغَنِىَ ٱلْكِبَرُ وَٱمْرَأَتِى عَاقِرٌ ۖ قَالَ كَذَٰلِكَ
ٱللَّهُ يَفْعَلُ مَا يَشَآءُ ٣ـ٤١ قَالَ رَبِّ ٱجْعَل لِّىٓ ءَايَةً ۖ قَالَ ءَايَتُكَ أَلَّا تُكَلِّمَ ٱلنَّاسَ
ثَلَٰثَةَ أَيَّامٍ إِلَّا رَمْزًا ۗ وَٱذْكُر رَّبَّكَ كَثِيرًا وَسَبِّحْ بِٱلْعَشِىِّ وَٱلْإِبْكَٰرِ ٣ـ٤٢ وَإِذْ قَالَتِ

ٱلْمَلَٰٓئِكَةُ يَٰمَرْيَمُ إِنَّ ٱللَّهَ ٱصْطَفَىٰكِ وَطَهَّرَكِ وَٱصْطَفَىٰكِ عَلَىٰ نِسَآءِ ٱلْعَٰلَمِينَ
٣ـ٤٣ يَٰمَرْيَمُ ٱقْنُتِى لِرَبِّكِ وَٱسْجُدِى وَٱرْكَعِى مَعَ ٱلرَّٰكِعِينَ ٣ـ٤٤ ذَٰلِكَ مِنْ أَنۢبَآءِ
ٱلْغَيْبِ نُوحِيهِ إِلَيْكَ ۚ وَمَا كُنتَ لَدَيْهِمْ إِذْ يُلْقُونَ أَقْلَٰمَهُمْ أَيُّهُمْ يَكْفُلُ مَرْيَمَ وَمَا
كُنتَ لَدَيْهِمْ إِذْ يَخْتَصِمُونَ ٣ـ٤٥ إِذْ قَالَتِ ٱلْمَلَٰٓئِكَةُ يَٰمَرْيَمُ إِنَّ ٱللَّهَ يُبَشِّرُكِ بِكَلِمَةٍ
مِّنْهُ ٱسْمُهُ ٱلْمَسِيحُ عِيسَى ٱبْنُ مَرْيَمَ وَجِيهًا فِى ٱلدُّنْيَا وَٱلْءَاخِرَةِ وَمِنَ ٱلْمُقَرَّبِينَ
٣ـ٤٦ وَيُكَلِّمُ ٱلنَّاسَ فِى ٱلْمَهْدِ وَكَهْلًا وَمِنَ ٱلصَّٰلِحِينَ ٣ـ٤٧ قَالَتْ رَبِّ أَنَّىٰ يَكُونُ
لِى وَلَدٌ وَلَمْ يَمْسَسْنِى بَشَرٌ ۖ قَالَ كَذَٰلِكِ ٱللَّهُ يَخْلُقُ مَا يَشَآءُ ۚ إِذَا قَضَىٰٓ أَمْرًا فَإِنَّمَا
يَقُولُ لَهُۥ كُن فَيَكُونُ ٣ـ٤٨ وَيُعَلِّمُهُ ٱلْكِتَٰبَ وَٱلْحِكْمَةَ وَٱلتَّوْرَىٰةَ وَٱلْإِنجِيلَ
٣ـ٤٩ وَرَسُولًا إِلَىٰ بَنِىٓ إِسْرَٰٓءِيلَ أَنِّى قَدْ جِئْتُكُم بِـَٔايَةٍ مِّن رَّبِّكُمْ ۖ أَنِّىٓ أَخْلُقُ لَكُم
مِّنَ ٱلطِّينِ كَهَيْـَٔةِ ٱلطَّيْرِ فَأَنفُخُ فِيهِ فَيَكُونُ طَيْرًۢا بِإِذْنِ ٱللَّهِ ۖ وَأُبْرِئُ ٱلْأَكْمَهَ وَٱلْأَبْرَصَ
وَأُحْىِ ٱلْمَوْتَىٰ بِإِذْنِ ٱللَّهِ ۖ وَأُنَبِّئُكُم بِمَا تَأْكُلُونَ وَمَا تَدَّخِرُونَ فِى بُيُوتِكُمْ ۚ إِنَّ فِى
ذَٰلِكَ لَءَايَةً لَّكُمْ إِن كُنتُم مُّؤْمِنِينَ ٣ـ٥٠ وَمُصَدِّقًا لِّمَا بَيْنَ يَدَىَّ مِنَ ٱلتَّوْرَىٰةِ وَلِأُحِلَّ
لَكُم بَعْضَ ٱلَّذِى حُرِّمَ عَلَيْكُمْ ۚ وَجِئْتُكُم بِـَٔايَةٍ مِّن رَّبِّكُمْ فَٱتَّقُوا۟ ٱللَّهَ وَأَطِيعُونِ
٣ـ٥١ إِنَّ ٱللَّهَ رَبِّى وَرَبُّكُمْ فَٱعْبُدُوهُ ۗ هَٰذَا صِرَٰطٌ مُّسْتَقِيمٌ ٣ـ٥٢ فَلَمَّآ أَحَسَّ
عِيسَىٰ مِنْهُمُ ٱلْكُفْرَ قَالَ مَنْ أَنصَارِىٓ إِلَى ٱللَّهِ ۖ قَالَ ٱلْحَوَارِيُّونَ نَحْنُ أَنصَارُ ٱللَّهِ
ءَامَنَّا بِٱللَّهِ وَٱشْهَدْ بِأَنَّا مُسْلِمُونَ ٣ـ٥٣ رَبَّنَآ ءَامَنَّا بِمَآ أَنزَلْتَ وَٱتَّبَعْنَا ٱلرَّسُولَ
فَٱكْتُبْنَا مَعَ ٱلشَّٰهِدِينَ ٣ـ٥٤ وَمَكَرُوا۟ وَمَكَرَ ٱللَّهُ ۖ وَٱللَّهُ خَيْرُ ٱلْمَٰكِرِينَ ٣ـ٥٥ إِذْ
قَالَ ٱللَّهُ يَٰعِيسَىٰٓ إِنِّى مُتَوَفِّيكَ وَرَافِعُكَ إِلَىَّ وَمُطَهِّرُكَ مِنَ ٱلَّذِينَ كَفَرُوا۟ وَجَاعِلُ
ٱلَّذِينَ ٱتَّبَعُوكَ فَوْقَ ٱلَّذِينَ كَفَرُوٓا۟ إِلَىٰ يَوْمِ ٱلْقِيَٰمَةِ ۖ ثُمَّ إِلَىَّ مَرْجِعُكُمْ فَأَحْكُمُ بَيْنَكُمْ
فِيمَا كُنتُمْ فِيهِ تَخْتَلِفُونَ ٣ـ٥٦ فَأَمَّا ٱلَّذِينَ كَفَرُوا۟ فَأُعَذِّبُهُمْ عَذَابًا شَدِيدًا فِى
ٱلدُّنْيَا وَٱلْءَاخِرَةِ وَمَا لَهُم مِّن نَّٰصِرِينَ ٣ـ٥٧ وَأَمَّا ٱلَّذِينَ ءَامَنُوا۟ وَعَمِلُوا۟ ٱلصَّٰلِحَٰتِ
فَيُوَفِّيهِمْ أُجُورَهُمْ ۗ وَٱللَّهُ لَا يُحِبُّ ٱلظَّٰلِمِينَ ٣ـ٥٨ ذَٰلِكَ نَتْلُوهُ عَلَيْكَ مِنَ ٱلْءَايَٰتِ
وَٱلذِّكْرِ ٱلْحَكِيمِ ٣ـ٥٩ إِنَّ مَثَلَ عِيسَىٰ عِندَ ٱللَّهِ كَمَثَلِ ءَادَمَ ۖ خَلَقَهُۥ مِن تُرَابٍ ثُمَّ
قَالَ لَهُۥ كُن فَيَكُونُ ٣ـ٦٠ ٱلْحَقُّ مِن رَّبِّكَ فَلَا تَكُن مِّنَ ٱلْمُمْتَرِينَ ٣ـ٦١ فَمَنْ حَآجَّكَ
فِيهِ مِنۢ بَعْدِ مَا جَآءَكَ مِنَ ٱلْعِلْمِ فَقُلْ تَعَالَوْا۟ نَدْعُ أَبْنَآءَنَا وَأَبْنَآءَكُمْ وَنِسَآءَنَا
وَنِسَآءَكُمْ وَأَنفُسَنَا وَأَنفُسَكُمْ ثُمَّ نَبْتَهِلْ فَنَجْعَل لَّعْنَتَ ٱللَّهِ عَلَى ٱلْكَٰذِبِينَ ٣ـ٦٢ إِنَّ
هَٰذَا لَهُوَ ٱلْقَصَصُ ٱلْحَقُّ ۚ وَمَا مِنْ إِلَٰهٍ إِلَّا ٱللَّهُ ۚ وَإِنَّ ٱللَّهَ لَهُوَ ٱلْعَزِيزُ ٱلْحَكِيمُ
٣ـ٦٣ فَإِن تَوَلَّوْا۟ فَإِنَّ ٱللَّهَ عَلِيمٌۢ بِٱلْمُفْسِدِينَ ٣ـ٦٤ قُلْ يَٰٓأَهْلَ ٱلْكِتَٰبِ تَعَالَوْا۟ إِلَىٰ

كَلِمَةٍۢ سَوَآءٍۭ بَيْنَنَا وَبَيْنَكُمْ أَلَّا نَعْبُدَ إِلَّا ٱللَّهَ وَلَا نُشْرِكَ بِهِۦ شَيْـًۭٔا وَلَا يَتَّخِذَ بَعْضُنَا
بَعْضًا أَرْبَابًۭا مِّن دُونِ ٱللَّهِ ۚ فَإِن تَوَلَّوْا۟ فَقُولُوا۟ ٱشْهَدُوا۟ بِأَنَّا مُسْلِمُونَ ٣ـ٦٥ يَٰٓأَهْلَ
ٱلْكِتَٰبِ لِمَ تُحَآجُّونَ فِىٓ إِبْرَٰهِيمَ وَمَآ أُنزِلَتِ ٱلتَّوْرَىٰةُ وَٱلْإِنجِيلُ إِلَّا مِنۢ بَعْدِهِۦٓ ۚ أَفَلَا
تَعْقِلُونَ ٣ـ٦٦ هَٰٓأَنتُمْ هَٰٓؤُلَآءِ حَٰجَجْتُمْ فِيمَا لَكُم بِهِۦ عِلْمٌۭ فَلِمَ تُحَآجُّونَ فِيمَا لَيْسَ
لَكُم بِهِۦ عِلْمٌۭ ۚ وَٱللَّهُ يَعْلَمُ وَأَنتُمْ لَا تَعْلَمُونَ ٣ـ٦٧ مَا كَانَ إِبْرَٰهِيمُ يَهُودِيًّۭا وَلَا
نَصْرَانِيًّۭا وَلَٰكِن كَانَ حَنِيفًۭا مُّسْلِمًۭا وَمَا كَانَ مِنَ ٱلْمُشْرِكِينَ ٣ـ٦٨ إِنَّ أَوْلَى ٱلنَّاسِ
بِإِبْرَٰهِيمَ لَلَّذِينَ ٱتَّبَعُوهُ وَهَٰذَا ٱلنَّبِىُّ وَٱلَّذِينَ ءَامَنُوا۟ ۗ وَٱللَّهُ وَلِىُّ ٱلْمُؤْمِنِينَ
٣ـ٦٩ وَدَّت طَّآئِفَةٌۭ مِّنْ أَهْلِ ٱلْكِتَٰبِ لَوْ يُضِلُّونَكُمْ وَمَا يُضِلُّونَ إِلَّآ أَنفُسَهُمْ وَمَا
يَشْعُرُونَ ٣ـ٧٠ يَٰٓأَهْلَ ٱلْكِتَٰبِ لِمَ تَكْفُرُونَ بِـَٔايَٰتِ ٱللَّهِ وَأَنتُمْ تَشْهَدُونَ ٣ـ٧١ يَٰٓأَهْلَ
ٱلْكِتَٰبِ لِمَ تَلْبِسُونَ ٱلْحَقَّ بِٱلْبَٰطِلِ وَتَكْتُمُونَ ٱلْحَقَّ وَأَنتُمْ تَعْلَمُونَ ٣ـ٧٢ وَقَالَت
طَّآئِفَةٌۭ مِّنْ أَهْلِ ٱلْكِتَٰبِ ءَامِنُوا۟ بِٱلَّذِىٓ أُنزِلَ عَلَى ٱلَّذِينَ ءَامَنُوا۟ وَجْهَ ٱلنَّهَارِ وَٱكْفُرُوٓا۟
ءَاخِرَهُۥ لَعَلَّهُمْ يَرْجِعُونَ ٣ـ٧٣ وَلَا تُؤْمِنُوٓا۟ إِلَّا لِمَن تَبِعَ دِينَكُمْ قُلْ إِنَّ ٱلْهُدَىٰ هُدَى
ٱللَّهِ أَن يُؤْتَىٰٓ أَحَدٌۭ مِّثْلَ مَآ أُوتِيتُمْ أَوْ يُحَآجُّوكُمْ عِندَ رَبِّكُمْ ۗ قُلْ إِنَّ ٱلْفَضْلَ بِيَدِ ٱللَّهِ
يُؤْتِيهِ مَن يَشَآءُ ۗ وَٱللَّهُ وَٰسِعٌ عَلِيمٌۭ ٣ـ٧٤ يَخْتَصُّ بِرَحْمَتِهِۦ مَن يَشَآءُ ۗ وَٱللَّهُ ذُو
ٱلْفَضْلِ ٱلْعَظِيمِ ٣ـ٧٥ وَمِنْ أَهْلِ ٱلْكِتَٰبِ مَنْ إِن تَأْمَنْهُ بِقِنطَارٍۢ يُؤَدِّهِۦٓ إِلَيْكَ وَمِنْهُم
مَّنْ إِن تَأْمَنْهُ بِدِينَارٍۢ لَّا يُؤَدِّهِۦٓ إِلَيْكَ إِلَّا مَا دُمْتَ عَلَيْهِ قَآئِمًۭا ۗ ذَٰلِكَ بِأَنَّهُمْ قَالُوا۟ لَيْسَ
عَلَيْنَا فِى ٱلْأُمِّيِّـۧنَ سَبِيلٌۭ وَيَقُولُونَ عَلَى ٱللَّهِ ٱلْكَذِبَ وَهُمْ يَعْلَمُونَ ٣ـ٧٦ بَلَىٰ
مَنْ أَوْفَىٰ بِعَهْدِهِۦ وَٱتَّقَىٰ فَإِنَّ ٱللَّهَ يُحِبُّ ٱلْمُتَّقِينَ ٣ـ٧٧ إِنَّ ٱلَّذِينَ يَشْتَرُونَ بِعَهْدِ
ٱللَّهِ وَأَيْمَٰنِهِمْ ثَمَنًۭا قَلِيلًا أُو۟لَٰٓئِكَ لَا خَلَٰقَ لَهُمْ فِى ٱلْءَاخِرَةِ وَلَا يُكَلِّمُهُمُ ٱللَّهُ وَلَا
يَنظُرُ إِلَيْهِمْ يَوْمَ ٱلْقِيَٰمَةِ وَلَا يُزَكِّيهِمْ وَلَهُمْ عَذَابٌ أَلِيمٌۭ ٣ـ٧٨ وَإِنَّ مِنْهُمْ لَفَرِيقًۭا
يَلْوُۥنَ أَلْسِنَتَهُم بِٱلْكِتَٰبِ لِتَحْسَبُوهُ مِنَ ٱلْكِتَٰبِ وَمَا هُوَ مِنَ ٱلْكِتَٰبِ وَيَقُولُونَ هُوَ مِنْ
عِندِ ٱللَّهِ وَمَا هُوَ مِنْ عِندِ ٱللَّهِ وَيَقُولُونَ عَلَى ٱللَّهِ ٱلْكَذِبَ وَهُمْ يَعْلَمُونَ ٣ـ٧٩ مَا
كَانَ لِبَشَرٍ أَن يُؤْتِيَهُ ٱللَّهُ ٱلْكِتَٰبَ وَٱلْحُكْمَ وَٱلنُّبُوَّةَ ثُمَّ يَقُولَ لِلنَّاسِ كُونُوا۟ عِبَادًۭا لِّى
مِن دُونِ ٱللَّهِ وَلَٰكِن كُونُوا۟ رَبَّٰنِيِّـۧنَ بِمَا كُنتُمْ تُعَلِّمُونَ ٱلْكِتَٰبَ وَبِمَا كُنتُمْ تَدْرُسُونَ
٣ـ٨٠ وَلَا يَأْمُرَكُمْ أَن تَتَّخِذُوا۟ ٱلْمَلَٰٓئِكَةَ وَٱلنَّبِيِّـۧنَ أَرْبَابًا ۗ أَيَأْمُرُكُم بِٱلْكُفْرِ بَعْدَ إِذْ أَنتُم
مُّسْلِمُونَ ٣ـ٨١ وَإِذْ أَخَذَ ٱللَّهُ مِيثَٰقَ ٱلنَّبِيِّـۧنَ لَمَآ ءَاتَيْتُكُم مِّن كِتَٰبٍۢ وَحِكْمَةٍۢ ثُمَّ
جَآءَكُمْ رَسُولٌۭ مُّصَدِّقٌۭ لِّمَا مَعَكُمْ لَتُؤْمِنُنَّ بِهِۦ وَلَتَنصُرُنَّهُۥ ۚ قَالَ ءَأَقْرَرْتُمْ وَأَخَذْتُمْ عَلَىٰ
ذَٰلِكُمْ إِصْرِى ۖ قَالُوٓا۟ أَقْرَرْنَا ۚ قَالَ فَٱشْهَدُوا۟ وَأَنَا۠ مَعَكُم مِّنَ ٱلشَّٰهِدِينَ ٣ـ٨٢ فَمَن

تَوَلَّىٰ بَعْدَ ذَٰلِكَ فَأُو۟لَٰٓئِكَ هُمُ ٱلْفَٰسِقُونَ ٣ـ٨٣ أَفَغَيْرَ دِينِ ٱللَّهِ يَبْغُونَ وَلَهُۥٓ أَسْلَمَ
مَن فِى ٱلسَّمَٰوَٰتِ وَٱلْأَرْضِ طَوْعًا وَكَرْهًا وَإِلَيْهِ يُرْجَعُونَ ٣ـ٨٤ قُلْ ءَامَنَّا بِٱللَّهِ وَمَآ
أُنزِلَ عَلَيْنَا وَمَآ أُنزِلَ عَلَىٰٓ إِبْرَٰهِيمَ وَإِسْمَٰعِيلَ وَإِسْحَٰقَ وَيَعْقُوبَ وَٱلْأَسْبَاطِ وَمَآ أُوتِىَ
مُوسَىٰ وَعِيسَىٰ وَٱلنَّبِيُّونَ مِن رَّبِّهِمْ لَا نُفَرِّقُ بَيْنَ أَحَدٍ مِّنْهُمْ وَنَحْنُ لَهُۥ مُسْلِمُونَ
٣ـ٨٥ وَمَن يَبْتَغِ غَيْرَ ٱلْإِسْلَٰمِ دِينًا فَلَن يُقْبَلَ مِنْهُ وَهُوَ فِى ٱلْءَاخِرَةِ مِنَ ٱلْخَٰسِرِينَ
٣ـ٨٦ كَيْفَ يَهْدِى ٱللَّهُ قَوْمًا كَفَرُوا۟ بَعْدَ إِيمَٰنِهِمْ وَشَهِدُوٓا۟ أَنَّ ٱلرَّسُولَ حَقٌّ
وَجَآءَهُمُ ٱلْبَيِّنَٰتُ ۚ وَٱللَّهُ لَا يَهْدِى ٱلْقَوْمَ ٱلظَّٰلِمِينَ ٣ـ٨٧ أُو۟لَٰٓئِكَ جَزَآؤُهُمْ أَنَّ عَلَيْهِمْ
لَعْنَةَ ٱللَّهِ وَٱلْمَلَٰٓئِكَةِ وَٱلنَّاسِ أَجْمَعِينَ ٣ـ٨٨ خَٰلِدِينَ فِيهَا لَا يُخَفَّفُ عَنْهُمُ ٱلْعَذَابُ
وَلَا هُمْ يُنظَرُونَ ٣ـ٨٩ إِلَّا ٱلَّذِينَ تَابُوا۟ مِنۢ بَعْدِ ذَٰلِكَ وَأَصْلَحُوا۟ فَإِنَّ ٱللَّهَ غَفُورٌ رَّحِيمٌ
٣ـ٩٠ إِنَّ ٱلَّذِينَ كَفَرُوا۟ بَعْدَ إِيمَٰنِهِمْ ثُمَّ ٱزْدَادُوا۟ كُفْرًا لَّن تُقْبَلَ تَوْبَتُهُمْ وَأُو۟لَٰٓئِكَ هُمُ
ٱلضَّآلُّونَ ٣ـ٩١ إِنَّ ٱلَّذِينَ كَفَرُوا۟ وَمَاتُوا۟ وَهُمْ كُفَّارٌ فَلَن يُقْبَلَ مِنْ أَحَدِهِم مِّلْءُ
ٱلْأَرْضِ ذَهَبًا وَلَوِ ٱفْتَدَىٰ بِهِۦٓ ۗ أُو۟لَٰٓئِكَ لَهُمْ عَذَابٌ أَلِيمٌ وَمَا لَهُم مِّن نَّٰصِرِينَ
٣ـ٩٢ لَن تَنَالُوا۟ ٱلْبِرَّ حَتَّىٰ تُنفِقُوا۟ مِمَّا تُحِبُّونَ ۚ وَمَا تُنفِقُوا۟ مِن شَىْءٍ فَإِنَّ ٱللَّهَ بِهِۦ
عَلِيمٌ ٣ـ٩٣ كُلُّ ٱلطَّعَامِ كَانَ حِلًّا لِّبَنِىٓ إِسْرَٰٓءِيلَ إِلَّا مَا حَرَّمَ إِسْرَٰٓءِيلُ عَلَىٰ نَفْسِهِۦ
مِن قَبْلِ أَن تُنَزَّلَ ٱلتَّوْرَىٰةُ ۗ قُلْ فَأْتُوا۟ بِٱلتَّوْرَىٰةِ فَٱتْلُوهَآ إِن كُنتُمْ صَٰدِقِينَ ٣ـ٩٤ فَمَنِ
ٱفْتَرَىٰ عَلَى ٱللَّهِ ٱلْكَذِبَ مِنۢ بَعْدِ ذَٰلِكَ فَأُو۟لَٰٓئِكَ هُمُ ٱلظَّٰلِمُونَ ٣ـ٩٥ قُلْ صَدَقَ ٱللَّهُ ۗ
فَٱتَّبِعُوا۟ مِلَّةَ إِبْرَٰهِيمَ حَنِيفًا وَمَا كَانَ مِنَ ٱلْمُشْرِكِينَ ٣ـ٩٦ إِنَّ أَوَّلَ بَيْتٍ وُضِعَ
لِلنَّاسِ لَلَّذِى بِبَكَّةَ مُبَارَكًا وَهُدًى لِّلْعَٰلَمِينَ ٣ـ٩٧ فِيهِ ءَايَٰتٌۢ بَيِّنَٰتٌ مَّقَامُ إِبْرَٰهِيمَ ۖ
وَمَن دَخَلَهُۥ كَانَ ءَامِنًا ۗ وَلِلَّهِ عَلَى ٱلنَّاسِ حِجُّ ٱلْبَيْتِ مَنِ ٱسْتَطَاعَ إِلَيْهِ سَبِيلًا ۚ وَمَن
كَفَرَ فَإِنَّ ٱللَّهَ غَنِىٌّ عَنِ ٱلْعَٰلَمِينَ ٣ـ٩٨ قُلْ يَٰٓأَهْلَ ٱلْكِتَٰبِ لِمَ تَكْفُرُونَ بِـَٔايَٰتِ ٱللَّهِ
وَٱللَّهُ شَهِيدٌ عَلَىٰ مَا تَعْمَلُونَ ٣ـ٩٩ قُلْ يَٰٓأَهْلَ ٱلْكِتَٰبِ لِمَ تَصُدُّونَ عَن سَبِيلِ ٱللَّهِ
مَنْ ءَامَنَ تَبْغُونَهَا عِوَجًا وَأَنتُمْ شُهَدَآءُ ۗ وَمَا ٱللَّهُ بِغَٰفِلٍ عَمَّا تَعْمَلُونَ ٣ـ١٠٠ يَٰٓأَيُّهَا
ٱلَّذِينَ ءَامَنُوٓا۟ إِن تُطِيعُوا۟ فَرِيقًا مِّنَ ٱلَّذِينَ أُوتُوا۟ ٱلْكِتَٰبَ يَرُدُّوكُم بَعْدَ إِيمَٰنِكُمْ كَٰفِرِينَ
٣ـ١٠١ وَكَيْفَ تَكْفُرُونَ وَأَنتُمْ تُتْلَىٰ عَلَيْكُمْ ءَايَٰتُ ٱللَّهِ وَفِيكُمْ رَسُولُهُۥ ۗ وَمَن يَعْتَصِم
بِٱللَّهِ فَقَدْ هُدِىَ إِلَىٰ صِرَٰطٍ مُّسْتَقِيمٍ ٣ـ١٠٢ يَٰٓأَيُّهَا ٱلَّذِينَ ءَامَنُوا۟ ٱتَّقُوا۟ ٱللَّهَ حَقَّ
تُقَاتِهِۦ وَلَا تَمُوتُنَّ إِلَّا وَأَنتُم مُّسْلِمُونَ ٣ـ١٠٣ وَٱعْتَصِمُوا۟ بِحَبْلِ ٱللَّهِ جَمِيعًا وَلَا
تَفَرَّقُوا۟ ۚ وَٱذْكُرُوا۟ نِعْمَتَ ٱللَّهِ عَلَيْكُمْ إِذْ كُنتُمْ أَعْدَآءً فَأَلَّفَ بَيْنَ قُلُوبِكُمْ فَأَصْبَحْتُم
بِنِعْمَتِهِۦٓ إِخْوَٰنًا وَكُنتُمْ عَلَىٰ شَفَا حُفْرَةٍ مِّنَ ٱلنَّارِ فَأَنقَذَكُم مِّنْهَا ۗ كَذَٰلِكَ يُبَيِّنُ ٱللَّهُ

لَكُمْ ءَايَٰتِهِۦ لَعَلَّكُمْ تَهْتَدُونَ ٣ـ١٠٤ وَلْتَكُن مِّنكُمْ أُمَّةٌ يَدْعُونَ إِلَى ٱلْخَيْرِ وَيَأْمُرُونَ
بِٱلْمَعْرُوفِ وَيَنْهَوْنَ عَنِ ٱلْمُنكَرِ ۚ وَأُو۟لَٰٓئِكَ هُمُ ٱلْمُفْلِحُونَ ٣ـ١٠٥ وَلَا تَكُونُوا۟ كَٱلَّذِينَ
تَفَرَّقُوا۟ وَٱخْتَلَفُوا۟ مِنۢ بَعْدِ مَا جَآءَهُمُ ٱلْبَيِّنَٰتُ ۚ وَأُو۟لَٰٓئِكَ لَهُمْ عَذَابٌ عَظِيمٌ ٣ـ١٠٦ يَوْمَ
تَبْيَضُّ وُجُوهٌ وَتَسْوَدُّ وُجُوهٌ ۚ فَأَمَّا ٱلَّذِينَ ٱسْوَدَّتْ وُجُوهُهُمْ أَكَفَرْتُم بَعْدَ إِيمَٰنِكُمْ
فَذُوقُوا۟ ٱلْعَذَابَ بِمَا كُنتُمْ تَكْفُرُونَ ٣ـ١٠٧ وَأَمَّا ٱلَّذِينَ ٱبْيَضَّتْ وُجُوهُهُمْ فَفِى
رَحْمَةِ ٱللَّهِ هُمْ فِيهَا خَٰلِدُونَ ٣ـ١٠٨ تِلْكَ ءَايَٰتُ ٱللَّهِ نَتْلُوهَا عَلَيْكَ بِٱلْحَقِّ ۗ وَمَا ٱللَّهُ
يُرِيدُ ظُلْمًا لِّلْعَٰلَمِينَ ٣ـ١٠٩ وَلِلَّهِ مَا فِى ٱلسَّمَٰوَٰتِ وَمَا فِى ٱلْأَرْضِ ۚ وَإِلَى ٱللَّهِ تُرْجَعُ
ٱلْأُمُورُ ٣ـ١١٠ كُنتُمْ خَيْرَ أُمَّةٍ أُخْرِجَتْ لِلنَّاسِ تَأْمُرُونَ بِٱلْمَعْرُوفِ وَتَنْهَوْنَ عَنِ ٱلْمُنكَرِ
وَتُؤْمِنُونَ بِٱللَّهِ ۗ وَلَوْ ءَامَنَ أَهْلُ ٱلْكِتَٰبِ لَكَانَ خَيْرًا لَّهُم ۚ مِّنْهُمُ ٱلْمُؤْمِنُونَ وَأَكْثَرُهُمُ
ٱلْفَٰسِقُونَ ٣ـ١١١ لَن يَضُرُّوكُمْ إِلَّآ أَذًى ۖ وَإِن يُقَٰتِلُوكُمْ يُوَلُّوكُمُ ٱلْأَدْبَارَ ثُمَّ لَا يُنصَرُونَ
٣ـ١١٢ ضُرِبَتْ عَلَيْهِمُ ٱلذِّلَّةُ أَيْنَ مَا ثُقِفُوٓا۟ إِلَّا بِحَبْلٍ مِّنَ ٱللَّهِ وَحَبْلٍ مِّنَ ٱلنَّاسِ وَبَآءُو
بِغَضَبٍ مِّنَ ٱللَّهِ وَضُرِبَتْ عَلَيْهِمُ ٱلْمَسْكَنَةُ ۚ ذَٰلِكَ بِأَنَّهُمْ كَانُوا۟ يَكْفُرُونَ بِـَٔايَٰتِ ٱللَّهِ
وَيَقْتُلُونَ ٱلْأَنۢبِيَآءَ بِغَيْرِ حَقٍّ ۚ ذَٰلِكَ بِمَا عَصَوا۟ وَّكَانُوا۟ يَعْتَدُونَ ٣ـ١١٣ لَيْسُوا۟ سَوَآءً ۗ
مِّنْ أَهْلِ ٱلْكِتَٰبِ أُمَّةٌ قَآئِمَةٌ يَتْلُونَ ءَايَٰتِ ٱللَّهِ ءَانَآءَ ٱلَّيْلِ وَهُمْ يَسْجُدُونَ
٣ـ١١٤ يُؤْمِنُونَ بِٱللَّهِ وَٱلْيَوْمِ ٱلْءَاخِرِ وَيَأْمُرُونَ بِٱلْمَعْرُوفِ وَيَنْهَوْنَ عَنِ ٱلْمُنكَرِ
وَيُسَٰرِعُونَ فِى ٱلْخَيْرَٰتِ وَأُو۟لَٰٓئِكَ مِنَ ٱلصَّٰلِحِينَ ٣ـ١١٥ وَمَا يَفْعَلُوا۟ مِنْ خَيْرٍ فَلَن
يُكْفَرُوهُ ۗ وَٱللَّهُ عَلِيمٌۢ بِٱلْمُتَّقِينَ ٣ـ١١٦ إِنَّ ٱلَّذِينَ كَفَرُوا۟ لَن تُغْنِىَ عَنْهُمْ أَمْوَٰلُهُمْ
وَلَآ أَوْلَٰدُهُم مِّنَ ٱللَّهِ شَيْـًٔا ۖ وَأُو۟لَٰٓئِكَ أَصْحَٰبُ ٱلنَّارِ ۚ هُمْ فِيهَا خَٰلِدُونَ ٣ـ١١٧ مَثَلُ مَا
يُنفِقُونَ فِى هَٰذِهِ ٱلْحَيَوٰةِ ٱلدُّنْيَا كَمَثَلِ رِيحٍ فِيهَا صِرٌّ أَصَابَتْ حَرْثَ قَوْمٍ ظَلَمُوٓا۟
أَنفُسَهُمْ فَأَهْلَكَتْهُ ۚ وَمَا ظَلَمَهُمُ ٱللَّهُ وَلَٰكِنْ أَنفُسَهُمْ يَظْلِمُونَ ٣ـ١١٨ يَٰٓأَيُّهَا
ٱلَّذِينَ ءَامَنُوا۟ لَا تَتَّخِذُوا۟ بِطَانَةً مِّن دُونِكُمْ لَا يَأْلُونَكُمْ خَبَالًا وَدُّوا۟ مَا عَنِتُّمْ قَدْ بَدَتِ
ٱلْبَغْضَآءُ مِنْ أَفْوَٰهِهِمْ وَمَا تُخْفِى صُدُورُهُمْ أَكْبَرُ ۚ قَدْ بَيَّنَّا لَكُمُ ٱلْءَايَٰتِ ۖ إِن كُنتُمْ
تَعْقِلُونَ ٣ـ١١٩ هَٰٓأَنتُمْ أُو۟لَآءِ تُحِبُّونَهُمْ وَلَا يُحِبُّونَكُمْ وَتُؤْمِنُونَ بِٱلْكِتَٰبِ كُلِّهِۦ وَإِذَا
لَقُوكُمْ قَالُوٓا۟ ءَامَنَّا وَإِذَا خَلَوْا۟ عَضُّوا۟ عَلَيْكُمُ ٱلْأَنَامِلَ مِنَ ٱلْغَيْظِ ۚ قُلْ مُوتُوا۟ بِغَيْظِكُمْ ۗ
إِنَّ ٱللَّهَ عَلِيمٌۢ بِذَاتِ ٱلصُّدُورِ ٣ـ١٢٠ إِن تَمْسَسْكُمْ حَسَنَةٌ تَسُؤْهُمْ وَإِن تُصِبْكُمْ
سَيِّئَةٌ يَفْرَحُوا۟ بِهَا ۖ وَإِن تَصْبِرُوا۟ وَتَتَّقُوا۟ لَا يَضُرُّكُمْ كَيْدُهُمْ شَيْـًٔا ۗ إِنَّ ٱللَّهَ بِمَا
يَعْمَلُونَ مُحِيطٌ ٣ـ١٢١ وَإِذْ غَدَوْتَ مِنْ أَهْلِكَ تُبَوِّئُ ٱلْمُؤْمِنِينَ مَقَٰعِدَ لِلْقِتَالِ ۗ وَٱللَّهُ
سَمِيعٌ عَلِيمٌ ٣ـ١٢٢ إِذْ هَمَّت طَّآئِفَتَانِ مِنكُمْ أَن تَفْشَلَا وَٱللَّهُ وَلِيُّهُمَا ۗ وَعَلَى ٱللَّهِ

فَلْيَتَوَكَّلِ ٱلْمُؤْمِنُونَ ٣ــ١٢٣ وَلَقَدْ نَصَرَكُمُ ٱللَّهُ بِبَدْرٍ وَأَنتُمْ أَذِلَّةٌ ۖ فَٱتَّقُوا۟ ٱللَّهَ لَعَلَّكُمْ
تَشْكُرُونَ ٣ــ١٢٤ إِذْ تَقُولُ لِلْمُؤْمِنِينَ أَلَن يَكْفِيَكُمْ أَن يُمِدَّكُمْ رَبُّكُم بِثَلَٰثَةِ ءَالَٰفٍ مِّنَ
ٱلْمَلَٰٓئِكَةِ مُنزَلِينَ ٣ــ١٢٥ بَلَىٰٓ ۚ إِن تَصْبِرُوا۟ وَتَتَّقُوا۟ وَيَأْتُوكُم مِّن فَوْرِهِمْ هَٰذَا يُمْدِدْكُمْ
رَبُّكُم بِخَمْسَةِ ءَالَٰفٍ مِّنَ ٱلْمَلَٰٓئِكَةِ مُسَوِّمِينَ ٣ــ١٢٦ وَمَا جَعَلَهُ ٱللَّهُ إِلَّا بُشْرَىٰ لَكُمْ
وَلِتَطْمَئِنَّ قُلُوبُكُم بِهِۦ ۗ وَمَا ٱلنَّصْرُ إِلَّا مِنْ عِندِ ٱللَّهِ ٱلْعَزِيزِ ٱلْحَكِيمِ ٣ــ١٢٧ لِيَقْطَعَ
طَرَفًا مِّنَ ٱلَّذِينَ كَفَرُوٓا۟ أَوْ يَكْبِتَهُمْ فَيَنقَلِبُوا۟ خَآئِبِينَ ٣ــ١٢٨ لَيْسَ لَكَ مِنَ ٱلْأَمْرِ
شَىْءٌ أَوْ يَتُوبَ عَلَيْهِمْ أَوْ يُعَذِّبَهُمْ فَإِنَّهُمْ ظَٰلِمُونَ ٣ــ١٢٩ وَلِلَّهِ مَا فِى ٱلسَّمَٰوَٰتِ
وَمَا فِى ٱلْأَرْضِ ۚ يَغْفِرُ لِمَن يَشَآءُ وَيُعَذِّبُ مَن يَشَآءُ ۚ وَٱللَّهُ غَفُورٌ رَّحِيمٌ
٣ــ١٣٠ يَٰٓأَيُّهَا ٱلَّذِينَ ءَامَنُوا۟ لَا تَأْكُلُوا۟ ٱلرِّبَوٰٓا۟ أَضْعَٰفًا مُّضَٰعَفَةً ۖ وَٱتَّقُوا۟ ٱللَّهَ لَعَلَّكُمْ
تُفْلِحُونَ ٣ــ١٣١ وَٱتَّقُوا۟ ٱلنَّارَ ٱلَّتِىٓ أُعِدَّتْ لِلْكَٰفِرِينَ ٣ــ١٣٢ وَأَطِيعُوا۟ ٱللَّهَ وَٱلرَّسُولَ
لَعَلَّكُمْ تُرْحَمُونَ ٣ــ١٣٣ وَسَارِعُوٓا۟ إِلَىٰ مَغْفِرَةٍ مِّن رَّبِّكُمْ وَجَنَّةٍ عَرْضُهَا ٱلسَّمَٰوَٰتُ
وَٱلْأَرْضُ أُعِدَّتْ لِلْمُتَّقِينَ ٣ــ١٣٤ ٱلَّذِينَ يُنفِقُونَ فِى ٱلسَّرَّآءِ وَٱلضَّرَّآءِ وَٱلْكَٰظِمِينَ
ٱلْغَيْظَ وَٱلْعَافِينَ عَنِ ٱلنَّاسِ ۗ وَٱللَّهُ يُحِبُّ ٱلْمُحْسِنِينَ ٣ــ١٣٥ وَٱلَّذِينَ إِذَا فَعَلُوا۟
فَٰحِشَةً أَوْ ظَلَمُوٓا۟ أَنفُسَهُمْ ذَكَرُوا۟ ٱللَّهَ فَٱسْتَغْفَرُوا۟ لِذُنُوبِهِمْ وَمَن يَغْفِرُ ٱلذُّنُوبَ إِلَّا
ٱللَّهُ وَلَمْ يُصِرُّوا۟ عَلَىٰ مَا فَعَلُوا۟ وَهُمْ يَعْلَمُونَ ٣ــ١٣٦ أُو۟لَٰٓئِكَ جَزَآؤُهُم مَّغْفِرَةٌ مِّن
رَّبِّهِمْ وَجَنَّٰتٌ تَجْرِى مِن تَحْتِهَا ٱلْأَنْهَٰرُ خَٰلِدِينَ فِيهَا ۚ وَنِعْمَ أَجْرُ ٱلْعَٰمِلِينَ ٣ــ١٣٧ قَدْ
خَلَتْ مِن قَبْلِكُمْ سُنَنٌ فَسِيرُوا۟ فِى ٱلْأَرْضِ فَٱنظُرُوا۟ كَيْفَ كَانَ عَٰقِبَةُ ٱلْمُكَذِّبِينَ
٣ــ١٣٨ هَٰذَا بَيَانٌ لِّلنَّاسِ وَهُدًى وَمَوْعِظَةٌ لِّلْمُتَّقِينَ ٣ــ١٣٩ وَلَا تَهِنُوا۟ وَلَا تَحْزَنُوا۟
وَأَنتُمُ ٱلْأَعْلَوْنَ إِن كُنتُم مُّؤْمِنِينَ ٣ــ١٤٠ إِن يَمْسَسْكُمْ قَرْحٌ فَقَدْ مَسَّ ٱلْقَوْمَ قَرْحٌ
مِّثْلُهُۥ ۚ وَتِلْكَ ٱلْأَيَّامُ نُدَاوِلُهَا بَيْنَ ٱلنَّاسِ وَلِيَعْلَمَ ٱللَّهُ ٱلَّذِينَ ءَامَنُوا۟ وَيَتَّخِذَ مِنكُمْ
شُهَدَآءَ ۗ وَٱللَّهُ لَا يُحِبُّ ٱلظَّٰلِمِينَ ٣ــ١٤١ وَلِيُمَحِّصَ ٱللَّهُ ٱلَّذِينَ ءَامَنُوا۟ وَيَمْحَقَ
ٱلْكَٰفِرِينَ ٣ــ١٤٢ أَمْ حَسِبْتُمْ أَن تَدْخُلُوا۟ ٱلْجَنَّةَ وَلَمَّا يَعْلَمِ ٱللَّهُ ٱلَّذِينَ جَٰهَدُوا۟ مِنكُمْ
وَيَعْلَمَ ٱلصَّٰبِرِينَ ٣ــ١٤٣ وَلَقَدْ كُنتُمْ تَمَنَّوْنَ ٱلْمَوْتَ مِن قَبْلِ أَن تَلْقَوْهُ فَقَدْ رَأَيْتُمُوهُ
وَأَنتُمْ تَنظُرُونَ ٣ــ١٤٤ وَمَا مُحَمَّدٌ إِلَّا رَسُولٌ قَدْ خَلَتْ مِن قَبْلِهِ ٱلرُّسُلُ ۚ أَفَإِي۟ن مَّاتَ
أَوْ قُتِلَ ٱنقَلَبْتُمْ عَلَىٰٓ أَعْقَٰبِكُمْ ۚ وَمَن يَنقَلِبْ عَلَىٰ عَقِبَيْهِ فَلَن يَضُرَّ ٱللَّهَ شَيْـًٔا ۗ
وَسَيَجْزِى ٱللَّهُ ٱلشَّٰكِرِينَ ٣ــ١٤٥ وَمَا كَانَ لِنَفْسٍ أَن تَمُوتَ إِلَّا بِإِذْنِ ٱللَّهِ كِتَٰبًا مُّؤَجَّلًا
ۗ وَمَن يُرِدْ ثَوَابَ ٱلدُّنْيَا نُؤْتِهِۦ مِنْهَا وَمَن يُرِدْ ثَوَابَ ٱلْءَاخِرَةِ نُؤْتِهِۦ مِنْهَا ۚ وَسَنَجْزِى
ٱلشَّٰكِرِينَ ٣ــ١٤٦ وَكَأَيِّن مِّن نَّبِىٍّ قَٰتَلَ مَعَهُۥ رِبِّيُّونَ كَثِيرٌ فَمَا وَهَنُوا۟ لِمَآ أَصَابَهُمْ

فِى سَبِيلِ ٱللَّهِ وَمَا ضَعُفُوا۟ وَمَا ٱسْتَكَانُوا۟ ۗ وَٱللَّهُ يُحِبُّ ٱلصَّٰبِرِينَ ٣ـ١٤٧ وَمَا كَانَ
قَوْلَهُمْ إِلَّآ أَن قَالُوا۟ رَبَّنَا ٱغْفِرْ لَنَا ذُنُوبَنَا وَإِسْرَافَنَا فِىٓ أَمْرِنَا وَثَبِّتْ أَقْدَامَنَا وَٱنصُرْنَا
عَلَى ٱلْقَوْمِ ٱلْكَٰفِرِينَ ٣ـ١٤٨ فَـَٔاتَىٰهُمُ ٱللَّهُ ثَوَابَ ٱلدُّنْيَا وَحُسْنَ ثَوَابِ ٱلْـَٔاخِرَةِ ۗ
وَٱللَّهُ يُحِبُّ ٱلْمُحْسِنِينَ ٣ـ١٤٩ يَٰٓأَيُّهَا ٱلَّذِينَ ءَامَنُوٓا۟ إِن تُطِيعُوا۟ ٱلَّذِينَ كَفَرُوا۟ يَرُدُّوكُمْ
عَلَىٰٓ أَعْقَٰبِكُمْ فَتَنقَلِبُوا۟ خَٰسِرِينَ ٣ـ١٥٠ بَلِ ٱللَّهُ مَوْلَىٰكُمْ ۖ وَهُوَ خَيْرُ ٱلنَّٰصِرِينَ
٣ـ١٥١ سَنُلْقِى فِى قُلُوبِ ٱلَّذِينَ كَفَرُوا۟ ٱلرُّعْبَ بِمَآ أَشْرَكُوا۟ بِٱللَّهِ مَا لَمْ يُنَزِّلْ بِهِۦ
سُلْطَٰنًا ۖ وَمَأْوَىٰهُمُ ٱلنَّارُ ۚ وَبِئْسَ مَثْوَى ٱلظَّٰلِمِينَ ٣ـ١٥٢ وَلَقَدْ صَدَقَكُمُ ٱللَّهُ وَعْدَهُۥٓ
إِذْ تَحُسُّونَهُم بِإِذْنِهِۦ ۖ حَتَّىٰٓ إِذَا فَشِلْتُمْ وَتَنَٰزَعْتُمْ فِى ٱلْأَمْرِ وَعَصَيْتُم مِّنۢ بَعْدِ مَآ
أَرَىٰكُم مَّا تُحِبُّونَ ۚ مِنكُم مَّن يُرِيدُ ٱلدُّنْيَا وَمِنكُم مَّن يُرِيدُ ٱلْـَٔاخِرَةَ ۚ ثُمَّ صَرَفَكُمْ
عَنْهُمْ لِيَبْتَلِيَكُمْ ۖ وَلَقَدْ عَفَا عَنكُمْ ۗ وَٱللَّهُ ذُو فَضْلٍ عَلَى ٱلْمُؤْمِنِينَ ٣ـ١٥٣ إِذْ
تُصْعِدُونَ وَلَا تَلْوُۥنَ عَلَىٰٓ أَحَدٍ وَٱلرَّسُولُ يَدْعُوكُمْ فِىٓ أُخْرَىٰكُمْ فَأَثَٰبَكُمْ غَمًّۢا بِغَمٍّ
لِّكَيْلَا تَحْزَنُوا۟ عَلَىٰ مَا فَاتَكُمْ وَلَا مَآ أَصَٰبَكُمْ ۗ وَٱللَّهُ خَبِيرٌۢ بِمَا تَعْمَلُونَ ٣ـ١٥٤ ثُمَّ أَنزَلَ
عَلَيْكُم مِّنۢ بَعْدِ ٱلْغَمِّ أَمَنَةً نُّعَاسًا يَغْشَىٰ طَآئِفَةً مِّنكُمْ ۖ وَطَآئِفَةٌ قَدْ أَهَمَّتْهُمْ
أَنفُسُهُمْ يَظُنُّونَ بِٱللَّهِ غَيْرَ ٱلْحَقِّ ظَنَّ ٱلْجَٰهِلِيَّةِ ۖ يَقُولُونَ هَل لَّنَا مِنَ ٱلْأَمْرِ مِن
شَىْءٍ ۗ قُلْ إِنَّ ٱلْأَمْرَ كُلَّهُۥ لِلَّهِ ۗ يُخْفُونَ فِىٓ أَنفُسِهِم مَّا لَا يُبْدُونَ لَكَ ۖ يَقُولُونَ لَوْ
كَانَ لَنَا مِنَ ٱلْأَمْرِ شَىْءٌ مَّا قُتِلْنَا هَٰهُنَا ۗ قُل لَّوْ كُنتُمْ فِى بُيُوتِكُمْ لَبَرَزَ ٱلَّذِينَ كُتِبَ
عَلَيْهِمُ ٱلْقَتْلُ إِلَىٰ مَضَاجِعِهِمْ ۖ وَلِيَبْتَلِىَ ٱللَّهُ مَا فِى صُدُورِكُمْ وَلِيُمَحِّصَ مَا فِى
قُلُوبِكُمْ ۗ وَٱللَّهُ عَلِيمٌۢ بِذَاتِ ٱلصُّدُورِ ٣ـ١٥٥ إِنَّ ٱلَّذِينَ تَوَلَّوْا۟ مِنكُمْ يَوْمَ ٱلْتَقَى
ٱلْجَمْعَانِ إِنَّمَا ٱسْتَزَلَّهُمُ ٱلشَّيْطَٰنُ بِبَعْضِ مَا كَسَبُوا۟ ۖ وَلَقَدْ عَفَا ٱللَّهُ عَنْهُمْ ۗ إِنَّ ٱللَّهَ
غَفُورٌ حَلِيمٌ ٣ـ١٥٦ يَٰٓأَيُّهَا ٱلَّذِينَ ءَامَنُوا۟ لَا تَكُونُوا۟ كَٱلَّذِينَ كَفَرُوا۟ وَقَالُوا۟ لِإِخْوَٰنِهِمْ
إِذَا ضَرَبُوا۟ فِى ٱلْأَرْضِ أَوْ كَانُوا۟ غُزًّى لَّوْ كَانُوا۟ عِندَنَا مَا مَاتُوا۟ وَمَا قُتِلُوا۟ لِيَجْعَلَ ٱللَّهُ
ذَٰلِكَ حَسْرَةً فِى قُلُوبِهِمْ ۗ وَٱللَّهُ يُحْىِۦ وَيُمِيتُ ۗ وَٱللَّهُ بِمَا تَعْمَلُونَ بَصِيرٌ
٣ـ١٥٧ وَلَئِن قُتِلْتُمْ فِى سَبِيلِ ٱللَّهِ أَوْ مُتُّمْ لَمَغْفِرَةٌ مِّنَ ٱللَّهِ وَرَحْمَةٌ خَيْرٌ مِّمَّا
يَجْمَعُونَ ٣ـ١٥٨ وَلَئِن مُّتُّمْ أَوْ قُتِلْتُمْ لَإِلَى ٱللَّهِ تُحْشَرُونَ ٣ـ١٥٩ فَبِمَا رَحْمَةٍ مِّنَ
ٱللَّهِ لِنتَ لَهُمْ ۖ وَلَوْ كُنتَ فَظًّا غَلِيظَ ٱلْقَلْبِ لَٱنفَضُّوا۟ مِنْ حَوْلِكَ ۖ فَٱعْفُ عَنْهُمْ
وَٱسْتَغْفِرْ لَهُمْ وَشَاوِرْهُمْ فِى ٱلْأَمْرِ ۖ فَإِذَا عَزَمْتَ فَتَوَكَّلْ عَلَى ٱللَّهِ ۚ إِنَّ ٱللَّهَ يُحِبُّ
ٱلْمُتَوَكِّلِينَ ٣ـ١٦٠ إِن يَنصُرْكُمُ ٱللَّهُ فَلَا غَالِبَ لَكُمْ ۖ وَإِن يَخْذُلْكُمْ فَمَن ذَا ٱلَّذِى
يَنصُرُكُم مِّنۢ بَعْدِهِۦ ۗ وَعَلَى ٱللَّهِ فَلْيَتَوَكَّلِ ٱلْمُؤْمِنُونَ ٣ـ١٦١ وَمَا كَانَ لِنَبِىٍّ أَن يَغُلَّ ۚ

وَمَن يَغْلُلْ يَأْتِ بِمَا غَلَّ يَوْمَ ٱلْقِيَٰمَةِ ۚ ثُمَّ تُوَفَّىٰ كُلُّ نَفْسٍ مَّا كَسَبَتْ وَهُمْ لَا
يُظْلَمُونَ ٣ـ١٦٢ أَفَمَنِ ٱتَّبَعَ رِضْوَٰنَ ٱللَّهِ كَمَنۢ بَآءَ بِسَخَطٍ مِّنَ ٱللَّهِ وَمَأْوَىٰهُ جَهَنَّمُ ۚ
وَبِئْسَ ٱلْمَصِيرُ ٣ـ١٦٣ هُمْ دَرَجَٰتٌ عِندَ ٱللَّهِ ۗ وَٱللَّهُ بَصِيرٌۢ بِمَا يَعْمَلُونَ ٣ـ١٦٤ لَقَدْ
مَنَّ ٱللَّهُ عَلَى ٱلْمُؤْمِنِينَ إِذْ بَعَثَ فِيهِمْ رَسُولًا مِّنْ أَنفُسِهِمْ يَتْلُوا۟ عَلَيْهِمْ ءَايَٰتِهِۦ
وَيُزَكِّيهِمْ وَيُعَلِّمُهُمُ ٱلْكِتَٰبَ وَٱلْحِكْمَةَ وَإِن كَانُوا۟ مِن قَبْلُ لَفِى ضَلَٰلٍ مُّبِينٍ
٣ـ١٦٥ أَوَلَمَّآ أَصَٰبَتْكُم مُّصِيبَةٌ قَدْ أَصَبْتُم مِّثْلَيْهَا قُلْتُمْ أَنَّىٰ هَٰذَا ۖ قُلْ هُوَ مِنْ عِندِ
أَنفُسِكُمْ ۗ إِنَّ ٱللَّهَ عَلَىٰ كُلِّ شَىْءٍ قَدِيرٌ ٣ـ١٦٦ وَمَآ أَصَٰبَكُمْ يَوْمَ ٱلْتَقَى ٱلْجَمْعَانِ
فَبِإِذْنِ ٱللَّهِ وَلِيَعْلَمَ ٱلْمُؤْمِنِينَ ٣ـ١٦٧ وَلِيَعْلَمَ ٱلَّذِينَ نَافَقُوا۟ ۚ وَقِيلَ لَهُمْ تَعَالَوْا۟
قَٰتِلُوا۟ فِى سَبِيلِ ٱللَّهِ أَوِ ٱدْفَعُوا۟ ۖ قَالُوا۟ لَوْ نَعْلَمُ قِتَالًا لَّٱتَّبَعْنَٰكُمْ ۗ هُمْ لِلْكُفْرِ يَوْمَئِذٍ
أَقْرَبُ مِنْهُمْ لِلْإِيمَٰنِ ۚ يَقُولُونَ بِأَفْوَٰهِهِم مَّا لَيْسَ فِى قُلُوبِهِمْ ۗ وَٱللَّهُ أَعْلَمُ بِمَا
يَكْتُمُونَ ٣ـ١٦٨ ٱلَّذِينَ قَالُوا۟ لِإِخْوَٰنِهِمْ وَقَعَدُوا۟ لَوْ أَطَاعُونَا مَا قُتِلُوا۟ ۗ قُلْ فَٱدْرَءُوا۟
عَنْ أَنفُسِكُمُ ٱلْمَوْتَ إِن كُنتُمْ صَٰدِقِينَ ٣ـ١٦٩ وَلَا تَحْسَبَنَّ ٱلَّذِينَ قُتِلُوا۟ فِى سَبِيلِ
ٱللَّهِ أَمْوَٰتًۢا ۚ بَلْ أَحْيَآءٌ عِندَ رَبِّهِمْ يُرْزَقُونَ ٣ـ١٧٠ فَرِحِينَ بِمَآ ءَاتَىٰهُمُ ٱللَّهُ مِن فَضْلِهِۦ
وَيَسْتَبْشِرُونَ بِٱلَّذِينَ لَمْ يَلْحَقُوا۟ بِهِم مِّنْ خَلْفِهِمْ أَلَّا خَوْفٌ عَلَيْهِمْ وَلَا هُمْ يَحْزَنُونَ
٣ـ١٧١ يَسْتَبْشِرُونَ بِنِعْمَةٍ مِّنَ ٱللَّهِ وَفَضْلٍ وَأَنَّ ٱللَّهَ لَا يُضِيعُ أَجْرَ ٱلْمُؤْمِنِينَ
٣ـ١٧٢ ٱلَّذِينَ ٱسْتَجَابُوا۟ لِلَّهِ وَٱلرَّسُولِ مِنۢ بَعْدِ مَآ أَصَابَهُمُ ٱلْقَرْحُ ۚ لِلَّذِينَ أَحْسَنُوا۟
مِنْهُمْ وَٱتَّقَوْا۟ أَجْرٌ عَظِيمٌ ٣ـ١٧٣ ٱلَّذِينَ قَالَ لَهُمُ ٱلنَّاسُ إِنَّ ٱلنَّاسَ قَدْ جَمَعُوا۟ لَكُمْ
فَٱخْشَوْهُمْ فَزَادَهُمْ إِيمَٰنًا وَقَالُوا۟ حَسْبُنَا ٱللَّهُ وَنِعْمَ ٱلْوَكِيلُ ٣ـ١٧٤ فَٱنقَلَبُوا۟ بِنِعْمَةٍ
مِّنَ ٱللَّهِ وَفَضْلٍ لَّمْ يَمْسَسْهُمْ سُوٓءٌ وَٱتَّبَعُوا۟ رِضْوَٰنَ ٱللَّهِ ۗ وَٱللَّهُ ذُو فَضْلٍ عَظِيمٍ
٣ـ١٧٥ إِنَّمَا ذَٰلِكُمُ ٱلشَّيْطَٰنُ يُخَوِّفُ أَوْلِيَآءَهُۥ فَلَا تَخَافُوهُمْ وَخَافُونِ إِن كُنتُم
مُّؤْمِنِينَ ٣ـ١٧٦ وَلَا يَحْزُنكَ ٱلَّذِينَ يُسَٰرِعُونَ فِى ٱلْكُفْرِ ۚ إِنَّهُمْ لَن يَضُرُّوا۟ ٱللَّهَ شَيْـًٔا ۗ
يُرِيدُ ٱللَّهُ أَلَّا يَجْعَلَ لَهُمْ حَظًّا فِى ٱلْءَاخِرَةِ ۖ وَلَهُمْ عَذَابٌ عَظِيمٌ ٣ـ١٧٧ إِنَّ ٱلَّذِينَ
ٱشْتَرَوُا۟ ٱلْكُفْرَ بِٱلْإِيمَٰنِ لَن يَضُرُّوا۟ ٱللَّهَ شَيْـًٔا وَلَهُمْ عَذَابٌ أَلِيمٌ ٣ـ١٧٨ وَلَا يَحْسَبَنَّ
ٱلَّذِينَ كَفَرُوٓا۟ أَنَّمَا نُمْلِى لَهُمْ خَيْرٌ لِّأَنفُسِهِمْ ۚ إِنَّمَا نُمْلِى لَهُمْ لِيَزْدَادُوٓا۟ إِثْمًا ۚ وَلَهُمْ
عَذَابٌ مُّهِينٌ ٣ـ١٧٩ مَّا كَانَ ٱللَّهُ لِيَذَرَ ٱلْمُؤْمِنِينَ عَلَىٰ مَآ أَنتُمْ عَلَيْهِ حَتَّىٰ يَمِيزَ
ٱلْخَبِيثَ مِنَ ٱلطَّيِّبِ ۗ وَمَا كَانَ ٱللَّهُ لِيُطْلِعَكُمْ عَلَى ٱلْغَيْبِ وَلَٰكِنَّ ٱللَّهَ يَجْتَبِى مِن
رُّسُلِهِۦ مَن يَشَآءُ ۖ فَـَٔامِنُوا۟ بِٱللَّهِ وَرُسُلِهِۦ ۚ وَإِن تُؤْمِنُوا۟ وَتَتَّقُوا۟ فَلَكُمْ أَجْرٌ عَظِيمٌ
٣ـ١٨٠ وَلَا يَحْسَبَنَّ ٱلَّذِينَ يَبْخَلُونَ بِمَآ ءَاتَىٰهُمُ ٱللَّهُ مِن فَضْلِهِۦ هُوَ خَيْرًا لَّهُم ۖ بَلْ

هُوَ شَرٌّ لَّهُمْ ۖ سَيُطَوَّقُونَ مَا بَخِلُوا۟ بِهِۦ يَوْمَ ٱلْقِيَٰمَةِ ۗ وَلِلَّهِ مِيرَٰثُ ٱلسَّمَٰوَٰتِ وَٱلْأَرْضِ ۗ
وَٱللَّهُ بِمَا تَعْمَلُونَ خَبِيرٌ ٣ـ١٨١ لَّقَدْ سَمِعَ ٱللَّهُ قَوْلَ ٱلَّذِينَ قَالُوٓا۟ إِنَّ ٱللَّهَ فَقِيرٌ وَنَحْنُ
أَغْنِيَآءُ ۘ سَنَكْتُبُ مَا قَالُوا۟ وَقَتْلَهُمُ ٱلْأَنۢبِيَآءَ بِغَيْرِ حَقٍّ وَنَقُولُ ذُوقُوا۟ عَذَابَ ٱلْحَرِيقِ
٣ـ١٨٢ ذَٰلِكَ بِمَا قَدَّمَتْ أَيْدِيكُمْ وَأَنَّ ٱللَّهَ لَيْسَ بِظَلَّامٍ لِّلْعَبِيدِ ٣ـ١٨٣ ٱلَّذِينَ قَالُوٓا۟
إِنَّ ٱللَّهَ عَهِدَ إِلَيْنَآ أَلَّا نُؤْمِنَ لِرَسُولٍ حَتَّىٰ يَأْتِيَنَا بِقُرْبَانٍ تَأْكُلُهُ ٱلنَّارُ ۗ قُلْ قَدْ جَآءَكُمْ
رُسُلٌ مِّن قَبْلِى بِٱلْبَيِّنَٰتِ وَبِٱلَّذِى قُلْتُمْ فَلِمَ قَتَلْتُمُوهُمْ إِن كُنتُمْ صَٰدِقِينَ
٣ـ١٨٤ فَإِن كَذَّبُوكَ فَقَدْ كُذِّبَ رُسُلٌ مِّن قَبْلِكَ جَآءُو بِٱلْبَيِّنَٰتِ وَٱلزُّبُرِ وَٱلْكِتَٰبِ ٱلْمُنِيرِ
٣ـ١٨٥ كُلُّ نَفْسٍ ذَآئِقَةُ ٱلْمَوْتِ ۗ وَإِنَّمَا تُوَفَّوْنَ أُجُورَكُمْ يَوْمَ ٱلْقِيَٰمَةِ ۖ فَمَن زُحْزِحَ عَنِ
ٱلنَّارِ وَأُدْخِلَ ٱلْجَنَّةَ فَقَدْ فَازَ ۗ وَمَا ٱلْحَيَوٰةُ ٱلدُّنْيَآ إِلَّا مَتَٰعُ ٱلْغُرُورِ ٣ـ١٨٦ لَتُبْلَوُنَّ فِىٓ
أَمْوَٰلِكُمْ وَأَنفُسِكُمْ وَلَتَسْمَعُنَّ مِنَ ٱلَّذِينَ أُوتُوا۟ ٱلْكِتَٰبَ مِن قَبْلِكُمْ وَمِنَ ٱلَّذِينَ
أَشْرَكُوٓا۟ أَذًى كَثِيرًا ۚ وَإِن تَصْبِرُوا۟ وَتَتَّقُوا۟ فَإِنَّ ذَٰلِكَ مِنْ عَزْمِ ٱلْأُمُورِ ٣ـ١٨٧ وَإِذْ أَخَذَ
ٱللَّهُ مِيثَٰقَ ٱلَّذِينَ أُوتُوا۟ ٱلْكِتَٰبَ لَتُبَيِّنُنَّهُۥ لِلنَّاسِ وَلَا تَكْتُمُونَهُۥ فَنَبَذُوهُ وَرَآءَ ظُهُورِهِمْ
وَٱشْتَرَوْا۟ بِهِۦ ثَمَنًا قَلِيلًا ۖ فَبِئْسَ مَا يَشْتَرُونَ ٣ـ١٨٨ لَا تَحْسَبَنَّ ٱلَّذِينَ يَفْرَحُونَ بِمَآ
أَتَوا۟ وَّيُحِبُّونَ أَن يُحْمَدُوا۟ بِمَا لَمْ يَفْعَلُوا۟ فَلَا تَحْسَبَنَّهُم بِمَفَازَةٍ مِّنَ ٱلْعَذَابِ ۖ وَلَهُمْ
عَذَابٌ أَلِيمٌ ٣ـ١٨٩ وَلِلَّهِ مُلْكُ ٱلسَّمَٰوَٰتِ وَٱلْأَرْضِ ۗ وَٱللَّهُ عَلَىٰ كُلِّ شَىْءٍ قَدِيرٌ
٣ـ١٩٠ إِنَّ فِى خَلْقِ ٱلسَّمَٰوَٰتِ وَٱلْأَرْضِ وَٱخْتِلَٰفِ ٱلَّيْلِ وَٱلنَّهَارِ لَءَايَٰتٍ لِّأُو۟لِى ٱلْأَلْبَٰبِ
٣ـ١٩١ ٱلَّذِينَ يَذْكُرُونَ ٱللَّهَ قِيَٰمًا وَقُعُودًا وَعَلَىٰ جُنُوبِهِمْ وَيَتَفَكَّرُونَ فِى خَلْقِ
ٱلسَّمَٰوَٰتِ وَٱلْأَرْضِ رَبَّنَا مَا خَلَقْتَ هَٰذَا بَٰطِلًا سُبْحَٰنَكَ فَقِنَا عَذَابَ ٱلنَّارِ ٣ـ١٩٢ رَبَّنَآ إِنَّكَ
مَن تُدْخِلِ ٱلنَّارَ فَقَدْ أَخْزَيْتَهُۥ ۖ وَمَا لِلظَّٰلِمِينَ مِنْ أَنصَارٍ ٣ـ١٩٣ رَّبَّنَآ إِنَّنَا سَمِعْنَا مُنَادِيًا
يُنَادِى لِلْإِيمَٰنِ أَنْ ءَامِنُوا۟ بِرَبِّكُمْ فَـَٔامَنَّا ۚ رَبَّنَا فَٱغْفِرْ لَنَا ذُنُوبَنَا وَكَفِّرْ عَنَّا سَيِّـَٔاتِنَا
وَتَوَفَّنَا مَعَ ٱلْأَبْرَارِ ٣ـ١٩٤ رَبَّنَا وَءَاتِنَا مَا وَعَدتَّنَا عَلَىٰ رُسُلِكَ وَلَا تُخْزِنَا يَوْمَ ٱلْقِيَٰمَةِ ۗ
إِنَّكَ لَا تُخْلِفُ ٱلْمِيعَادَ ٣ـ١٩٥ فَٱسْتَجَابَ لَهُمْ رَبُّهُمْ أَنِّى لَآ أُضِيعُ عَمَلَ عَٰمِلٍ مِّنكُم
مِّن ذَكَرٍ أَوْ أُنثَىٰ ۖ بَعْضُكُم مِّنۢ بَعْضٍ ۖ فَٱلَّذِينَ هَاجَرُوا۟ وَأُخْرِجُوا۟ مِن دِيَٰرِهِمْ وَأُوذُوا۟
فِى سَبِيلِى وَقَٰتَلُوا۟ وَقُتِلُوا۟ لَأُكَفِّرَنَّ عَنْهُمْ سَيِّـَٔاتِهِمْ وَلَأُدْخِلَنَّهُمْ جَنَّٰتٍ تَجْرِى مِن
تَحْتِهَا ٱلْأَنْهَٰرُ ثَوَابًا مِّنْ عِندِ ٱللَّهِ ۗ وَٱللَّهُ عِندَهُۥ حُسْنُ ٱلثَّوَابِ ٣ـ١٩٦ لَا يَغُرَّنَّكَ تَقَلُّبُ
ٱلَّذِينَ كَفَرُوا۟ فِى ٱلْبِلَٰدِ ٣ـ١٩٧ مَتَٰعٌ قَلِيلٌ ثُمَّ مَأْوَىٰهُمْ جَهَنَّمُ ۚ وَبِئْسَ ٱلْمِهَادُ
٣ـ١٩٨ لَٰكِنِ ٱلَّذِينَ ٱتَّقَوْا۟ رَبَّهُمْ لَهُمْ جَنَّٰتٌ تَجْرِى مِن تَحْتِهَا ٱلْأَنْهَٰرُ خَٰلِدِينَ فِيهَا نُزُلًا
مِّنْ عِندِ ٱللَّهِ ۗ وَمَا عِندَ ٱللَّهِ خَيْرٌ لِّلْأَبْرَارِ ٣ـ١٩٩ وَإِنَّ مِنْ أَهْلِ ٱلْكِتَٰبِ لَمَن يُؤْمِنُ بِٱللَّهِ

وَمَآ أُنزِلَ إِلَيۡكُمۡ وَمَآ أُنزِلَ إِلَيۡهِمۡ خَٰشِعِينَ لِلَّهِ لَا يَشۡتَرُونَ بِـَٔايَٰتِ ٱللَّهِ ثَمَنٗا قَلِيلًاۗ
أُوْلَٰٓئِكَ لَهُمۡ أَجۡرُهُمۡ عِندَ رَبِّهِمۡۗ إِنَّ ٱللَّهَ سَرِيعُ ٱلۡحِسَابِ ٣ــ٢٠٠ يَٰٓأَيُّهَا ٱلَّذِينَ ءَامَنُواْ
ٱصۡبِرُواْ وَصَابِرُواْ وَرَابِطُواْ وَٱتَّقُواْ ٱللَّهَ لَعَلَّكُمۡ تُفۡلِحُونَ ٤ــ١ يَٰٓأَيُّهَا ٱلنَّاسُ ٱتَّقُواْ رَبَّكُمُ
ٱلَّذِي خَلَقَكُم مِّن نَّفۡسٖ وَٰحِدَةٖ وَخَلَقَ مِنۡهَا زَوۡجَهَا وَبَثَّ مِنۡهُمَا رِجَالٗا كَثِيرٗا وَنِسَآءٗۚ
وَٱتَّقُواْ ٱللَّهَ ٱلَّذِي تَسَآءَلُونَ بِهِۦ وَٱلۡأَرۡحَامَۚ إِنَّ ٱللَّهَ كَانَ عَلَيۡكُمۡ رَقِيبٗا ٤ــ٢ وَءَاتُواْ
ٱلۡيَتَٰمَىٰٓ أَمۡوَٰلَهُمۡۖ وَلَا تَتَبَدَّلُواْ ٱلۡخَبِيثَ بِٱلطَّيِّبِۖ وَلَا تَأۡكُلُوٓاْ أَمۡوَٰلَهُمۡ إِلَىٰٓ أَمۡوَٰلِكُمۡۚ
إِنَّهُۥ كَانَ حُوبٗا كَبِيرٗا ٤ــ٣ وَإِنۡ خِفۡتُمۡ أَلَّا تُقۡسِطُواْ فِي ٱلۡيَتَٰمَىٰ فَٱنكِحُواْ مَا طَابَ
لَكُم مِّنَ ٱلنِّسَآءِ مَثۡنَىٰ وَثُلَٰثَ وَرُبَٰعَۖ فَإِنۡ خِفۡتُمۡ أَلَّا تَعۡدِلُواْ فَوَٰحِدَةً أَوۡ مَا مَلَكَتۡ
أَيۡمَٰنُكُمۡۚ ذَٰلِكَ أَدۡنَىٰٓ أَلَّا تَعُولُواْ ٤ــ٤ وَءَاتُواْ ٱلنِّسَآءَ صَدُقَٰتِهِنَّ نِحۡلَةٗۚ فَإِن طِبۡنَ لَكُمۡ
عَن شَيۡءٖ مِّنۡهُ نَفۡسٗا فَكُلُوهُ هَنِيٓـٔٗا مَّرِيٓـٔٗا ٤ــ٥ وَلَا تُؤۡتُواْ ٱلسُّفَهَآءَ أَمۡوَٰلَكُمُ ٱلَّتِي
جَعَلَ ٱللَّهُ لَكُمۡ قِيَٰمٗا وَٱرۡزُقُوهُمۡ فِيهَا وَٱكۡسُوهُمۡ وَقُولُواْ لَهُمۡ قَوۡلٗا مَّعۡرُوفٗا
٤ــ٦ وَٱبۡتَلُواْ ٱلۡيَتَٰمَىٰ حَتَّىٰٓ إِذَا بَلَغُواْ ٱلنِّكَاحَ فَإِنۡ ءَانَسۡتُم مِّنۡهُمۡ رُشۡدٗا فَٱدۡفَعُوٓاْ
إِلَيۡهِمۡ أَمۡوَٰلَهُمۡۖ وَلَا تَأۡكُلُوهَآ إِسۡرَافٗا وَبِدَارًا أَن يَكۡبَرُواْۚ وَمَن كَانَ غَنِيّٗا فَلۡيَسۡتَعۡفِفۡۖ
وَمَن كَانَ فَقِيرٗا فَلۡيَأۡكُلۡ بِٱلۡمَعۡرُوفِۚ فَإِذَا دَفَعۡتُمۡ إِلَيۡهِمۡ أَمۡوَٰلَهُمۡ فَأَشۡهِدُواْ عَلَيۡهِمۡۚ
وَكَفَىٰ بِٱللَّهِ حَسِيبٗا ٤ــ٧ لِّلرِّجَالِ نَصِيبٞ مِّمَّا تَرَكَ ٱلۡوَٰلِدَانِ وَٱلۡأَقۡرَبُونَ وَلِلنِّسَآءِ
نَصِيبٞ مِّمَّا تَرَكَ ٱلۡوَٰلِدَانِ وَٱلۡأَقۡرَبُونَ مِمَّا قَلَّ مِنۡهُ أَوۡ كَثُرَۚ نَصِيبٗا مَّفۡرُوضٗا ٤ــ٨ وَإِذَا
حَضَرَ ٱلۡقِسۡمَةَ أُوْلُواْ ٱلۡقُرۡبَىٰ وَٱلۡيَتَٰمَىٰ وَٱلۡمَسَٰكِينُ فَٱرۡزُقُوهُم مِّنۡهُ وَقُولُواْ لَهُمۡ
قَوۡلٗا مَّعۡرُوفٗا ٤ــ٩ وَلۡيَخۡشَ ٱلَّذِينَ لَوۡ تَرَكُواْ مِنۡ خَلۡفِهِمۡ ذُرِّيَّةٗ ضِعَٰفًا خَافُواْ عَلَيۡهِمۡ
فَلۡيَتَّقُواْ ٱللَّهَ وَلۡيَقُولُواْ قَوۡلٗا سَدِيدًا ٤ــ١٠ إِنَّ ٱلَّذِينَ يَأۡكُلُونَ أَمۡوَٰلَ ٱلۡيَتَٰمَىٰ ظُلۡمًا
إِنَّمَا يَأۡكُلُونَ فِي بُطُونِهِمۡ نَارٗاۖ وَسَيَصۡلَوۡنَ سَعِيرٗا ٤ــ١١ يُوصِيكُمُ ٱللَّهُ فِيٓ أَوۡلَٰدِكُمۡۖ
لِلذَّكَرِ مِثۡلُ حَظِّ ٱلۡأُنثَيَيۡنِۚ فَإِن كُنَّ نِسَآءٗ فَوۡقَ ٱثۡنَتَيۡنِ فَلَهُنَّ ثُلُثَا مَا تَرَكَۖ وَإِن كَانَتۡ
وَٰحِدَةٗ فَلَهَا ٱلنِّصۡفُۚ وَلِأَبَوَيۡهِ لِكُلِّ وَٰحِدٖ مِّنۡهُمَا ٱلسُّدُسُ مِمَّا تَرَكَ إِن كَانَ لَهُۥ وَلَدٞۚ
فَإِن لَّمۡ يَكُن لَّهُۥ وَلَدٞ وَوَرِثَهُۥٓ أَبَوَاهُ فَلِأُمِّهِ ٱلثُّلُثُۚ فَإِن كَانَ لَهُۥٓ إِخۡوَةٞ فَلِأُمِّهِ ٱلسُّدُسُۚ
مِنۢ بَعۡدِ وَصِيَّةٖ يُوصِي بِهَآ أَوۡ دَيۡنٍۗ ءَابَآؤُكُمۡ وَأَبۡنَآؤُكُمۡ لَا تَدۡرُونَ أَيُّهُمۡ أَقۡرَبُ لَكُمۡ
نَفۡعٗاۚ فَرِيضَةٗ مِّنَ ٱللَّهِۗ إِنَّ ٱللَّهَ كَانَ عَلِيمًا حَكِيمٗا ٤ــ١٢ وَلَكُمۡ نِصۡفُ مَا تَرَكَ
أَزۡوَٰجُكُمۡ إِن لَّمۡ يَكُن لَّهُنَّ وَلَدٞۚ فَإِن كَانَ لَهُنَّ وَلَدٞ فَلَكُمُ ٱلرُّبُعُ مِمَّا تَرَكۡنَۚ مِنۢ بَعۡدِ
وَصِيَّةٖ يُوصِينَ بِهَآ أَوۡ دَيۡنٖۚ وَلَهُنَّ ٱلرُّبُعُ مِمَّا تَرَكۡتُمۡ إِن لَّمۡ يَكُن لَّكُمۡ وَلَدٞۚ فَإِن كَانَ
لَكُمۡ وَلَدٞ فَلَهُنَّ ٱلثُّمُنُ مِمَّا تَرَكۡتُمۚ مِّنۢ بَعۡدِ وَصِيَّةٖ تُوصُونَ بِهَآ أَوۡ دَيۡنٖۗ وَإِن كَانَ

رَجُلٌ يُورَثُ كَلَٰلَةً أَوِ ٱمْرَأَةٌ وَلَهُۥٓ أَخٌ أَوْ أُخْتٌ فَلِكُلِّ وَٰحِدٍ مِّنْهُمَا ٱلسُّدُسُ ۚ فَإِن كَانُوٓا۟
أَكْثَرَ مِن ذَٰلِكَ فَهُمْ شُرَكَآءُ فِى ٱلثُّلُثِ ۚ مِنۢ بَعْدِ وَصِيَّةٍ يُوصَىٰ بِهَآ أَوْ دَيْنٍ غَيْرَ مُضَآرٍّ
وَصِيَّةً مِّنَ ٱللَّهِ ۗ وَٱللَّهُ عَلِيمٌ حَلِيمٌ ٤ـ١٣ تِلْكَ حُدُودُ ٱللَّهِ ۚ وَمَن يُطِعِ ٱللَّهَ وَرَسُولَهُۥ
يُدْخِلْهُ جَنَّٰتٍ تَجْرِى مِن تَحْتِهَا ٱلْأَنْهَٰرُ خَٰلِدِينَ فِيهَا ۚ وَذَٰلِكَ ٱلْفَوْزُ ٱلْعَظِيمُ ٤ـ١٤ وَمَن
يَعْصِ ٱللَّهَ وَرَسُولَهُۥ وَيَتَعَدَّ حُدُودَهُۥ يُدْخِلْهُ نَارًا خَٰلِدًا فِيهَا وَلَهُۥ عَذَابٌ مُّهِينٌ
٤ـ١٥ وَٱلَّٰتِى يَأْتِينَ ٱلْفَٰحِشَةَ مِن نِّسَآئِكُمْ فَٱسْتَشْهِدُوا۟ عَلَيْهِنَّ أَرْبَعَةً مِّنكُمْ ۖ فَإِن
شَهِدُوا۟ فَأَمْسِكُوهُنَّ فِى ٱلْبُيُوتِ حَتَّىٰ يَتَوَفَّىٰهُنَّ ٱلْمَوْتُ أَوْ يَجْعَلَ ٱللَّهُ لَهُنَّ سَبِيلًا
٤ـ١٦ وَٱلَّذَانِ يَأْتِيَٰنِهَا مِنكُمْ فَـَٔاذُوهُمَا ۖ فَإِن تَابَا وَأَصْلَحَا فَأَعْرِضُوا۟ عَنْهُمَآ ۗ إِنَّ ٱللَّهَ
كَانَ تَوَّابًا رَّحِيمًا ٤ـ١٧ إِنَّمَا ٱلتَّوْبَةُ عَلَى ٱللَّهِ لِلَّذِينَ يَعْمَلُونَ ٱلسُّوٓءَ بِجَهَٰلَةٍ ثُمَّ
يَتُوبُونَ مِن قَرِيبٍ فَأُو۟لَٰٓئِكَ يَتُوبُ ٱللَّهُ عَلَيْهِمْ ۗ وَكَانَ ٱللَّهُ عَلِيمًا حَكِيمًا
٤ـ١٨ وَلَيْسَتِ ٱلتَّوْبَةُ لِلَّذِينَ يَعْمَلُونَ ٱلسَّيِّـَٔاتِ حَتَّىٰٓ إِذَا حَضَرَ أَحَدَهُمُ ٱلْمَوْتُ قَالَ
إِنِّى تُبْتُ ٱلْـَٰٔنَ وَلَا ٱلَّذِينَ يَمُوتُونَ وَهُمْ كُفَّارٌ ۚ أُو۟لَٰٓئِكَ أَعْتَدْنَا لَهُمْ عَذَابًا أَلِيمًا
٤ـ١٩ يَٰٓأَيُّهَا ٱلَّذِينَ ءَامَنُوا۟ لَا يَحِلُّ لَكُمْ أَن تَرِثُوا۟ ٱلنِّسَآءَ كَرْهًا ۖ وَلَا تَعْضُلُوهُنَّ
لِتَذْهَبُوا۟ بِبَعْضِ مَآ ءَاتَيْتُمُوهُنَّ إِلَّآ أَن يَأْتِينَ بِفَٰحِشَةٍ مُّبَيِّنَةٍ ۚ وَعَاشِرُوهُنَّ بِٱلْمَعْرُوفِ ۚ
فَإِن كَرِهْتُمُوهُنَّ فَعَسَىٰٓ أَن تَكْرَهُوا۟ شَيْـًٔا وَيَجْعَلَ ٱللَّهُ فِيهِ خَيْرًا كَثِيرًا ٤ـ٢٠ وَإِنْ
أَرَدتُّمُ ٱسْتِبْدَالَ زَوْجٍ مَّكَانَ زَوْجٍ وَءَاتَيْتُمْ إِحْدَىٰهُنَّ قِنطَارًا فَلَا تَأْخُذُوا۟ مِنْهُ شَيْـًٔا ۚ
أَتَأْخُذُونَهُۥ بُهْتَٰنًا وَإِثْمًا مُّبِينًا ٤ـ٢١ وَكَيْفَ تَأْخُذُونَهُۥ وَقَدْ أَفْضَىٰ بَعْضُكُمْ إِلَىٰ بَعْضٍ
وَأَخَذْنَ مِنكُم مِّيثَٰقًا غَلِيظًا ٤ـ٢٢ وَلَا تَنكِحُوا۟ مَا نَكَحَ ءَابَآؤُكُم مِّنَ ٱلنِّسَآءِ إِلَّا مَا قَدْ
سَلَفَ ۚ إِنَّهُۥ كَانَ فَٰحِشَةً وَمَقْتًا وَسَآءَ سَبِيلًا ٤ـ٢٣ حُرِّمَتْ عَلَيْكُمْ أُمَّهَٰتُكُمْ وَبَنَاتُكُمْ
وَأَخَوَٰتُكُمْ وَعَمَّٰتُكُمْ وَخَٰلَٰتُكُمْ وَبَنَاتُ ٱلْأَخِ وَبَنَاتُ ٱلْأُخْتِ وَأُمَّهَٰتُكُمُ ٱلَّٰتِىٓ أَرْضَعْنَكُمْ
وَأَخَوَٰتُكُم مِّنَ ٱلرَّضَٰعَةِ وَأُمَّهَٰتُ نِسَآئِكُمْ وَرَبَٰٓئِبُكُمُ ٱلَّٰتِى فِى حُجُورِكُم مِّن نِّسَآئِكُمُ
ٱلَّٰتِى دَخَلْتُم بِهِنَّ فَإِن لَّمْ تَكُونُوا۟ دَخَلْتُم بِهِنَّ فَلَا جُنَاحَ عَلَيْكُمْ وَحَلَٰٓئِلُ أَبْنَآئِكُمُ
ٱلَّذِينَ مِنْ أَصْلَٰبِكُمْ وَأَن تَجْمَعُوا۟ بَيْنَ ٱلْأُخْتَيْنِ إِلَّا مَا قَدْ سَلَفَ ۗ إِنَّ ٱللَّهَ كَانَ غَفُورًا
رَّحِيمًا ٤ـ٢٤ وَٱلْمُحْصَنَٰتُ مِنَ ٱلنِّسَآءِ إِلَّا مَا مَلَكَتْ أَيْمَٰنُكُمْ ۖ كِتَٰبَ ٱللَّهِ عَلَيْكُمْ ۚ وَأُحِلَّ
لَكُم مَّا وَرَآءَ ذَٰلِكُمْ أَن تَبْتَغُوا۟ بِأَمْوَٰلِكُم مُّحْصِنِينَ غَيْرَ مُسَٰفِحِينَ ۚ فَمَا ٱسْتَمْتَعْتُم بِهِۦ
مِنْهُنَّ فَـَٔاتُوهُنَّ أُجُورَهُنَّ فَرِيضَةً ۚ وَلَا جُنَاحَ عَلَيْكُمْ فِيمَا تَرَٰضَيْتُم بِهِۦ مِنۢ بَعْدِ
ٱلْفَرِيضَةِ ۚ إِنَّ ٱللَّهَ كَانَ عَلِيمًا حَكِيمًا ٤ـ٢٥ وَمَن لَّمْ يَسْتَطِعْ مِنكُمْ طَوْلًا أَن يَنكِحَ
ٱلْمُحْصَنَٰتِ ٱلْمُؤْمِنَٰتِ فَمِن مَّا مَلَكَتْ أَيْمَٰنُكُم مِّن فَتَيَٰتِكُمُ ٱلْمُؤْمِنَٰتِ ۚ وَٱللَّهُ أَعْلَمُ

بِإِيمَٰنِكُم ۚ بَعْضُكُم مِّنۢ بَعْضٍ ۚ فَٱنكِحُوهُنَّ بِإِذْنِ أَهْلِهِنَّ وَءَاتُوهُنَّ أُجُورَهُنَّ
بِٱلْمَعْرُوفِ مُحْصَنَٰتٍ غَيْرَ مُسَٰفِحَٰتٍ وَلَا مُتَّخِذَٰتِ أَخْدَانٍ ۚ فَإِذَآ أُحْصِنَّ فَإِنْ أَتَيْنَ بِفَٰحِشَةٍ
فَعَلَيْهِنَّ نِصْفُ مَا عَلَى ٱلْمُحْصَنَٰتِ مِنَ ٱلْعَذَابِ ۚ ذَٰلِكَ لِمَنْ خَشِىَ ٱلْعَنَتَ مِنكُمْ ۚ وَأَن
تَصْبِرُوا۟ خَيْرٌ لَّكُمْ ۗ وَٱللَّهُ غَفُورٌ رَّحِيمٌ ٤ـ٢٦ يُرِيدُ ٱللَّهُ لِيُبَيِّنَ لَكُمْ وَيَهْدِيَكُمْ سُنَنَ
ٱلَّذِينَ مِن قَبْلِكُمْ وَيَتُوبَ عَلَيْكُمْ ۗ وَٱللَّهُ عَلِيمٌ حَكِيمٌ ٤ـ٢٧ وَٱللَّهُ يُرِيدُ أَن يَتُوبَ
عَلَيْكُمْ وَيُرِيدُ ٱلَّذِينَ يَتَّبِعُونَ ٱلشَّهَوَٰتِ أَن تَمِيلُوا۟ مَيْلًا عَظِيمًا ٤ـ٢٨ يُرِيدُ ٱللَّهُ أَن
يُخَفِّفَ عَنكُمْ ۚ وَخُلِقَ ٱلْإِنسَٰنُ ضَعِيفًا ٤ـ٢٩ يَٰٓأَيُّهَا ٱلَّذِينَ ءَامَنُوا۟ لَا تَأْكُلُوٓا۟ أَمْوَٰلَكُم
بَيْنَكُم بِٱلْبَٰطِلِ إِلَّآ أَن تَكُونَ تِجَٰرَةً عَن تَرَاضٍ مِّنكُمْ ۚ وَلَا تَقْتُلُوٓا۟ أَنفُسَكُمْ ۚ إِنَّ ٱللَّهَ
كَانَ بِكُمْ رَحِيمًا ٤ـ٣٠ وَمَن يَفْعَلْ ذَٰلِكَ عُدْوَٰنًا وَظُلْمًا فَسَوْفَ نُصْلِيهِ نَارًا ۚ وَكَانَ
ذَٰلِكَ عَلَى ٱللَّهِ يَسِيرًا ٤ـ٣١ إِن تَجْتَنِبُوا۟ كَبَآئِرَ مَا تُنْهَوْنَ عَنْهُ نُكَفِّرْ عَنكُمْ سَيِّـَٔاتِكُمْ
وَنُدْخِلْكُم مُّدْخَلًا كَرِيمًا ٤ـ٣٢ وَلَا تَتَمَنَّوْا۟ مَا فَضَّلَ ٱللَّهُ بِهِۦ بَعْضَكُمْ عَلَىٰ بَعْضٍ ۚ
لِّلرِّجَالِ نَصِيبٌ مِّمَّا ٱكْتَسَبُوا۟ ۖ وَلِلنِّسَآءِ نَصِيبٌ مِّمَّا ٱكْتَسَبْنَ ۚ وَسْـَٔلُوا۟ ٱللَّهَ مِن فَضْلِهِۦٓ ۗ
إِنَّ ٱللَّهَ كَانَ بِكُلِّ شَىْءٍ عَلِيمًا ٤ـ٣٣ وَلِكُلٍّ جَعَلْنَا مَوَٰلِىَ مِمَّا تَرَكَ ٱلْوَٰلِدَانِ
وَٱلْأَقْرَبُونَ ۚ وَٱلَّذِينَ عَقَدَتْ أَيْمَٰنُكُمْ فَـَٔاتُوهُمْ نَصِيبَهُمْ ۚ إِنَّ ٱللَّهَ كَانَ عَلَىٰ كُلِّ شَىْءٍ
شَهِيدًا ٤ـ٣٤ ٱلرِّجَالُ قَوَّٰمُونَ عَلَى ٱلنِّسَآءِ بِمَا فَضَّلَ ٱللَّهُ بَعْضَهُمْ عَلَىٰ بَعْضٍ وَبِمَآ
أَنفَقُوا۟ مِنْ أَمْوَٰلِهِمْ ۚ فَٱلصَّٰلِحَٰتُ قَٰنِتَٰتٌ حَٰفِظَٰتٌ لِّلْغَيْبِ بِمَا حَفِظَ ٱللَّهُ ۚ وَٱلَّٰتِى تَخَافُونَ
نُشُوزَهُنَّ فَعِظُوهُنَّ وَٱهْجُرُوهُنَّ فِى ٱلْمَضَاجِعِ وَٱضْرِبُوهُنَّ ۖ فَإِنْ أَطَعْنَكُمْ فَلَا تَبْغُوا۟
عَلَيْهِنَّ سَبِيلًا ۗ إِنَّ ٱللَّهَ كَانَ عَلِيًّا كَبِيرًا ٤ـ٣٥ وَإِنْ خِفْتُمْ شِقَاقَ بَيْنِهِمَا فَٱبْعَثُوا۟
حَكَمًا مِّنْ أَهْلِهِۦ وَحَكَمًا مِّنْ أَهْلِهَآ إِن يُرِيدَآ إِصْلَٰحًا يُوَفِّقِ ٱللَّهُ بَيْنَهُمَآ ۗ إِنَّ ٱللَّهَ كَانَ
عَلِيمًا خَبِيرًا ٤ـ٣٦ وَٱعْبُدُوا۟ ٱللَّهَ وَلَا تُشْرِكُوا۟ بِهِۦ شَيْـًٔا ۖ وَبِٱلْوَٰلِدَيْنِ إِحْسَٰنًا وَبِذِى
ٱلْقُرْبَىٰ وَٱلْيَتَٰمَىٰ وَٱلْمَسَٰكِينِ وَٱلْجَارِ ذِى ٱلْقُرْبَىٰ وَٱلْجَارِ ٱلْجُنُبِ وَٱلصَّاحِبِ بِٱلْجَنۢبِ
وَٱبْنِ ٱلسَّبِيلِ وَمَا مَلَكَتْ أَيْمَٰنُكُمْ ۗ إِنَّ ٱللَّهَ لَا يُحِبُّ مَن كَانَ مُخْتَالًا فَخُورًا
٤ـ٣٧ ٱلَّذِينَ يَبْخَلُونَ وَيَأْمُرُونَ ٱلنَّاسَ بِٱلْبُخْلِ وَيَكْتُمُونَ مَآ ءَاتَىٰهُمُ ٱللَّهُ مِن فَضْلِهِۦ ۗ
وَأَعْتَدْنَا لِلْكَٰفِرِينَ عَذَابًا مُّهِينًا ٤ـ٣٨ وَٱلَّذِينَ يُنفِقُونَ أَمْوَٰلَهُمْ رِئَآءَ ٱلنَّاسِ وَلَا
يُؤْمِنُونَ بِٱللَّهِ وَلَا بِٱلْيَوْمِ ٱلْءَاخِرِ ۗ وَمَن يَكُنِ ٱلشَّيْطَٰنُ لَهُۥ قَرِينًا فَسَآءَ قَرِينًا
٤ـ٣٩ وَمَاذَا عَلَيْهِمْ لَوْ ءَامَنُوا۟ بِٱللَّهِ وَٱلْيَوْمِ ٱلْءَاخِرِ وَأَنفَقُوا۟ مِمَّا رَزَقَهُمُ ٱللَّهُ ۚ
وَكَانَ ٱللَّهُ بِهِمْ عَلِيمًا ٤ـ٤٠ إِنَّ ٱللَّهَ لَا يَظْلِمُ مِثْقَالَ ذَرَّةٍ ۖ وَإِن تَكُ حَسَنَةً يُضَٰعِفْهَا
وَيُؤْتِ مِن لَّدُنْهُ أَجْرًا عَظِيمًا ٤ـ٤١ فَكَيْفَ إِذَا جِئْنَا مِن كُلِّ أُمَّةٍۭ بِشَهِيدٍ وَجِئْنَا بِكَ

عَلَىٰ هَٰٓؤُلَآءِ شَهِيدًا ٤ـ٤٢ يَوْمَئِذٍ يَوَدُّ ٱلَّذِينَ كَفَرُوا۟ وَعَصَوُا۟ ٱلرَّسُولَ لَوْ تُسَوَّىٰ
بِهِمُ ٱلْأَرْضُ وَلَا يَكْتُمُونَ ٱللَّهَ حَدِيثًا ٤ـ٤٣ يَٰٓأَيُّهَا ٱلَّذِينَ ءَامَنُوا۟ لَا تَقْرَبُوا۟ ٱلصَّلَوٰةَ
وَأَنتُمْ سُكَٰرَىٰ حَتَّىٰ تَعْلَمُوا۟ مَا تَقُولُونَ وَلَا جُنُبًا إِلَّا عَابِرِى سَبِيلٍ حَتَّىٰ تَغْتَسِلُوا۟ ۚ
وَإِن كُنتُم مَّرْضَىٰٓ أَوْ عَلَىٰ سَفَرٍ أَوْ جَآءَ أَحَدٌ مِّنكُم مِّنَ ٱلْغَآئِطِ أَوْ لَٰمَسْتُمُ ٱلنِّسَآءَ
فَلَمْ تَجِدُوا۟ مَآءً فَتَيَمَّمُوا۟ صَعِيدًا طَيِّبًا فَٱمْسَحُوا۟ بِوُجُوهِكُمْ وَأَيْدِيكُمْ ۗ إِنَّ ٱللَّهَ كَانَ
عَفُوًّا غَفُورًا ٤ـ٤٤ أَلَمْ تَرَ إِلَى ٱلَّذِينَ أُوتُوا۟ نَصِيبًا مِّنَ ٱلْكِتَٰبِ يَشْتَرُونَ ٱلضَّلَٰلَةَ
وَيُرِيدُونَ أَن تَضِلُّوا۟ ٱلسَّبِيلَ ٤ـ٤٥ وَٱللَّهُ أَعْلَمُ بِأَعْدَآئِكُمْ ۚ وَكَفَىٰ بِٱللَّهِ وَلِيًّا وَكَفَىٰ
بِٱللَّهِ نَصِيرًا ٤ـ٤٦ مِّنَ ٱلَّذِينَ هَادُوا۟ يُحَرِّفُونَ ٱلْكَلِمَ عَن مَّوَاضِعِهِۦ وَيَقُولُونَ سَمِعْنَا
وَعَصَيْنَا وَٱسْمَعْ غَيْرَ مُسْمَعٍ وَرَٰعِنَا لَيًّۢا بِأَلْسِنَتِهِمْ وَطَعْنًا فِى ٱلدِّينِ ۚ وَلَوْ أَنَّهُمْ
قَالُوا۟ سَمِعْنَا وَأَطَعْنَا وَٱسْمَعْ وَٱنظُرْنَا لَكَانَ خَيْرًا لَّهُمْ وَأَقْوَمَ وَلَٰكِن لَّعَنَهُمُ ٱللَّهُ
بِكُفْرِهِمْ فَلَا يُؤْمِنُونَ إِلَّا قَلِيلًا ٤ـ٤٧ يَٰٓأَيُّهَا ٱلَّذِينَ أُوتُوا۟ ٱلْكِتَٰبَ ءَامِنُوا۟ بِمَا نَزَّلْنَا
مُصَدِّقًا لِّمَا مَعَكُم مِّن قَبْلِ أَن نَّطْمِسَ وُجُوهًا فَنَرُدَّهَا عَلَىٰٓ أَدْبَارِهَآ أَوْ نَلْعَنَهُمْ
كَمَا لَعَنَّآ أَصْحَٰبَ ٱلسَّبْتِ ۚ وَكَانَ أَمْرُ ٱللَّهِ مَفْعُولًا ٤ـ٤٨ إِنَّ ٱللَّهَ لَا يَغْفِرُ أَن يُشْرَكَ
بِهِۦ وَيَغْفِرُ مَا دُونَ ذَٰلِكَ لِمَن يَشَآءُ ۚ وَمَن يُشْرِكْ بِٱللَّهِ فَقَدِ ٱفْتَرَىٰٓ إِثْمًا عَظِيمًا
٤ـ٤٩ أَلَمْ تَرَ إِلَى ٱلَّذِينَ يُزَكُّونَ أَنفُسَهُم ۚ بَلِ ٱللَّهُ يُزَكِّى مَن يَشَآءُ وَلَا يُظْلَمُونَ
فَتِيلًا ٤ـ٥٠ ٱنظُرْ كَيْفَ يَفْتَرُونَ عَلَى ٱللَّهِ ٱلْكَذِبَ ۖ وَكَفَىٰ بِهِۦٓ إِثْمًا مُّبِينًا ٤ـ٥١ أَلَمْ
تَرَ إِلَى ٱلَّذِينَ أُوتُوا۟ نَصِيبًا مِّنَ ٱلْكِتَٰبِ يُؤْمِنُونَ بِٱلْجِبْتِ وَٱلطَّٰغُوتِ وَيَقُولُونَ لِلَّذِينَ
كَفَرُوا۟ هَٰٓؤُلَآءِ أَهْدَىٰ مِنَ ٱلَّذِينَ ءَامَنُوا۟ سَبِيلًا ٤ـ٥٢ أُو۟لَٰٓئِكَ ٱلَّذِينَ لَعَنَهُمُ ٱللَّهُ ۖ وَمَن
يَلْعَنِ ٱللَّهُ فَلَن تَجِدَ لَهُۥ نَصِيرًا ٤ـ٥٣ أَمْ لَهُمْ نَصِيبٌ مِّنَ ٱلْمُلْكِ فَإِذًا لَّا يُؤْتُونَ
ٱلنَّاسَ نَقِيرًا ٤ـ٥٤ أَمْ يَحْسُدُونَ ٱلنَّاسَ عَلَىٰ مَآ ءَاتَىٰهُمُ ٱللَّهُ مِن فَضْلِهِۦ ۖ فَقَدْ
ءَاتَيْنَآ ءَالَ إِبْرَٰهِيمَ ٱلْكِتَٰبَ وَٱلْحِكْمَةَ وَءَاتَيْنَٰهُم مُّلْكًا عَظِيمًا ٤ـ٥٥ فَمِنْهُم مَّنْ
ءَامَنَ بِهِۦ وَمِنْهُم مَّن صَدَّ عَنْهُ ۚ وَكَفَىٰ بِجَهَنَّمَ سَعِيرًا ٤ـ٥٦ إِنَّ ٱلَّذِينَ كَفَرُوا۟ بِـَٔايَٰتِنَا
سَوْفَ نُصْلِيهِمْ نَارًا كُلَّمَا نَضِجَتْ جُلُودُهُم بَدَّلْنَٰهُمْ جُلُودًا غَيْرَهَا لِيَذُوقُوا۟ ٱلْعَذَابَ ۗ
إِنَّ ٱللَّهَ كَانَ عَزِيزًا حَكِيمًا ٤ـ٥٧ وَٱلَّذِينَ ءَامَنُوا۟ وَعَمِلُوا۟ ٱلصَّٰلِحَٰتِ سَنُدْخِلُهُمْ جَنَّٰتٍ
تَجْرِى مِن تَحْتِهَا ٱلْأَنْهَٰرُ خَٰلِدِينَ فِيهَآ أَبَدًا ۖ لَّهُمْ فِيهَآ أَزْوَٰجٌ مُّطَهَّرَةٌ ۖ وَنُدْخِلُهُمْ
ظِلًّا ظَلِيلًا ٤ـ٥٨ إِنَّ ٱللَّهَ يَأْمُرُكُمْ أَن تُؤَدُّوا۟ ٱلْأَمَٰنَٰتِ إِلَىٰٓ أَهْلِهَا وَإِذَا حَكَمْتُم بَيْنَ
ٱلنَّاسِ أَن تَحْكُمُوا۟ بِٱلْعَدْلِ ۚ إِنَّ ٱللَّهَ نِعِمَّا يَعِظُكُم بِهِۦٓ ۗ إِنَّ ٱللَّهَ كَانَ سَمِيعًۢا بَصِيرًا
٤ـ٥٩ يَٰٓأَيُّهَا ٱلَّذِينَ ءَامَنُوٓا۟ أَطِيعُوا۟ ٱللَّهَ وَأَطِيعُوا۟ ٱلرَّسُولَ وَأُو۟لِى ٱلْأَمْرِ مِنكُمْ ۖ فَإِن

تَنَٰزَعْتُمْ فِى شَىْءٍ فَرُدُّوهُ إِلَى ٱللَّهِ وَٱلرَّسُولِ إِن كُنتُمْ تُؤْمِنُونَ بِٱللَّهِ وَٱلْيَوْمِ ٱلْءَاخِرِ
ۚ ذَٰلِكَ خَيْرٌ وَأَحْسَنُ تَأْوِيلًا ٤ـ٦٠ أَلَمْ تَرَ إِلَى ٱلَّذِينَ يَزْعُمُونَ أَنَّهُمْ ءَامَنُوا۟ بِمَآ أُنزِلَ
إِلَيْكَ وَمَآ أُنزِلَ مِن قَبْلِكَ يُرِيدُونَ أَن يَتَحَاكَمُوٓا۟ إِلَى ٱلطَّٰغُوتِ وَقَدْ أُمِرُوٓا۟ أَن يَكْفُرُوا۟
بِهِۦ وَيُرِيدُ ٱلشَّيْطَٰنُ أَن يُضِلَّهُمْ ضَلَٰلًۢا بَعِيدًا ٤ـ٦١ وَإِذَا قِيلَ لَهُمْ تَعَالَوْا۟ إِلَىٰ مَآ
أَنزَلَ ٱللَّهُ وَإِلَى ٱلرَّسُولِ رَأَيْتَ ٱلْمُنَٰفِقِينَ يَصُدُّونَ عَنكَ صُدُودًا ٤ـ٦٢ فَكَيْفَ إِذَآ
أَصَٰبَتْهُم مُّصِيبَةٌۢ بِمَا قَدَّمَتْ أَيْدِيهِمْ ثُمَّ جَآءُوكَ يَحْلِفُونَ بِٱللَّهِ إِنْ أَرَدْنَآ إِلَّآ إِحْسَٰنًا
وَتَوْفِيقًا ٤ـ٦٣ أُو۟لَٰٓئِكَ ٱلَّذِينَ يَعْلَمُ ٱللَّهُ مَا فِى قُلُوبِهِمْ فَأَعْرِضْ عَنْهُمْ وَعِظْهُمْ
وَقُل لَّهُمْ فِىٓ أَنفُسِهِمْ قَوْلًۢا بَلِيغًا ٤ـ٦٤ وَمَآ أَرْسَلْنَا مِن رَّسُولٍ إِلَّا لِيُطَاعَ بِإِذْنِ
ٱللَّهِ ۚ وَلَوْ أَنَّهُمْ إِذ ظَّلَمُوٓا۟ أَنفُسَهُمْ جَآءُوكَ فَٱسْتَغْفَرُوا۟ ٱللَّهَ وَٱسْتَغْفَرَ لَهُمُ
ٱلرَّسُولُ لَوَجَدُوا۟ ٱللَّهَ تَوَّابًا رَّحِيمًا ٤ـ٦٥ فَلَا وَرَبِّكَ لَا يُؤْمِنُونَ حَتَّىٰ يُحَكِّمُوكَ فِيمَا
شَجَرَ بَيْنَهُمْ ثُمَّ لَا يَجِدُوا۟ فِىٓ أَنفُسِهِمْ حَرَجًا مِّمَّا قَضَيْتَ وَيُسَلِّمُوا۟ تَسْلِيمًا
٤ـ٦٦ وَلَوْ أَنَّا كَتَبْنَا عَلَيْهِمْ أَنِ ٱقْتُلُوٓا۟ أَنفُسَكُمْ أَوِ ٱخْرُجُوا۟ مِن دِيَٰرِكُم مَّا فَعَلُوهُ إِلَّا
قَلِيلٌ مِّنْهُمْ ۖ وَلَوْ أَنَّهُمْ فَعَلُوا۟ مَا يُوعَظُونَ بِهِۦ لَكَانَ خَيْرًا لَّهُمْ وَأَشَدَّ تَثْبِيتًا
٤ـ٦٧ وَإِذًا لَّءَاتَيْنَٰهُم مِّن لَّدُنَّآ أَجْرًا عَظِيمًا ٤ـ٦٨ وَلَهَدَيْنَٰهُمْ صِرَٰطًا مُّسْتَقِيمًا
٤ـ٦٩ وَمَن يُطِعِ ٱللَّهَ وَٱلرَّسُولَ فَأُو۟لَٰٓئِكَ مَعَ ٱلَّذِينَ أَنْعَمَ ٱللَّهُ عَلَيْهِم مِّنَ ٱلنَّبِيِّـۧنَ
وَٱلصِّدِّيقِينَ وَٱلشُّهَدَآءِ وَٱلصَّٰلِحِينَ ۚ وَحَسُنَ أُو۟لَٰٓئِكَ رَفِيقًا ٤ـ٧٠ ذَٰلِكَ ٱلْفَضْلُ مِنَ
ٱللَّهِ ۚ وَكَفَىٰ بِٱللَّهِ عَلِيمًا ٤ـ٧١ يَٰٓأَيُّهَا ٱلَّذِينَ ءَامَنُوا۟ خُذُوا۟ حِذْرَكُمْ فَٱنفِرُوا۟ ثُبَاتٍ أَوِ
ٱنفِرُوا۟ جَمِيعًا ٤ـ٧٢ وَإِنَّ مِنكُمْ لَمَن لَّيُبَطِّئَنَّ فَإِنْ أَصَٰبَتْكُم مُّصِيبَةٌ قَالَ قَدْ أَنْعَمَ
ٱللَّهُ عَلَىَّ إِذْ لَمْ أَكُن مَّعَهُمْ شَهِيدًا ٤ـ٧٣ وَلَئِنْ أَصَٰبَكُمْ فَضْلٌ مِّنَ ٱللَّهِ لَيَقُولَنَّ
كَأَن لَّمْ تَكُنۢ بَيْنَكُمْ وَبَيْنَهُۥ مَوَدَّةٌ يَٰلَيْتَنِى كُنتُ مَعَهُمْ فَأَفُوزَ فَوْزًا عَظِيمًا
٤ـ٧٤ فَلْيُقَٰتِلْ فِى سَبِيلِ ٱللَّهِ ٱلَّذِينَ يَشْرُونَ ٱلْحَيَوٰةَ ٱلدُّنْيَا بِٱلْءَاخِرَةِ ۚ وَمَن يُقَٰتِلْ
فِى سَبِيلِ ٱللَّهِ فَيُقْتَلْ أَوْ يَغْلِبْ فَسَوْفَ نُؤْتِيهِ أَجْرًا عَظِيمًا ٤ـ٧٥ وَمَا لَكُمْ لَا
تُقَٰتِلُونَ فِى سَبِيلِ ٱللَّهِ وَٱلْمُسْتَضْعَفِينَ مِنَ ٱلرِّجَالِ وَٱلنِّسَآءِ وَٱلْوِلْدَٰنِ ٱلَّذِينَ
يَقُولُونَ رَبَّنَآ أَخْرِجْنَا مِنْ هَٰذِهِ ٱلْقَرْيَةِ ٱلظَّالِمِ أَهْلُهَا وَٱجْعَل لَّنَا مِن لَّدُنكَ وَلِيًّا
وَٱجْعَل لَّنَا مِن لَّدُنكَ نَصِيرًا ٤ـ٧٦ ٱلَّذِينَ ءَامَنُوا۟ يُقَٰتِلُونَ فِى سَبِيلِ ٱللَّهِ ۖ وَٱلَّذِينَ
كَفَرُوا۟ يُقَٰتِلُونَ فِى سَبِيلِ ٱلطَّٰغُوتِ فَقَٰتِلُوٓا۟ أَوْلِيَآءَ ٱلشَّيْطَٰنِ ۖ إِنَّ كَيْدَ ٱلشَّيْطَٰنِ كَانَ
ضَعِيفًا ٤ـ٧٧ أَلَمْ تَرَ إِلَى ٱلَّذِينَ قِيلَ لَهُمْ كُفُّوٓا۟ أَيْدِيَكُمْ وَأَقِيمُوا۟ ٱلصَّلَوٰةَ وَءَاتُوا۟
ٱلزَّكَوٰةَ فَلَمَّا كُتِبَ عَلَيْهِمُ ٱلْقِتَالُ إِذَا فَرِيقٌ مِّنْهُمْ يَخْشَوْنَ ٱلنَّاسَ كَخَشْيَةِ ٱللَّهِ أَوْ

أَشَدَّ خَشۡيَةٗۚ وَقَالُواْ رَبَّنَا لِمَ كَتَبۡتَ عَلَيۡنَا ٱلۡقِتَالَ لَوۡلَآ أَخَّرۡتَنَآ إِلَىٰٓ أَجَلٖ قَرِيبٖۗ قُلۡ مَتَٰعُ
ٱلدُّنۡيَا قَلِيلٞ وَٱلۡأٓخِرَةُ خَيۡرٞ لِّمَنِ ٱتَّقَىٰ وَلَا تُظۡلَمُونَ فَتِيلًا ٤ـ٧٨ أَيۡنَمَا تَكُونُواْ
يُدۡرِككُّمُ ٱلۡمَوۡتُ وَلَوۡ كُنتُمۡ فِي بُرُوجٖ مُّشَيَّدَةٖۗ وَإِن تُصِبۡهُمۡ حَسَنَةٞ يَقُولُواْ هَٰذِهِۦ مِنۡ
عِندِ ٱللَّهِۖ وَإِن تُصِبۡهُمۡ سَيِّئَةٞ يَقُولُواْ هَٰذِهِۦ مِنۡ عِندِكَۚ قُلۡ كُلّٞ مِّنۡ عِندِ ٱللَّهِۖ فَمَالِ
هَٰٓؤُلَآءِ ٱلۡقَوۡمِ لَا يَكَادُونَ يَفۡقَهُونَ حَدِيثٗا ٤ـ٧٩ مَّآ أَصَابَكَ مِنۡ حَسَنَةٖ فَمِنَ ٱللَّهِۖ
وَمَآ أَصَابَكَ مِن سَيِّئَةٖ فَمِن نَّفۡسِكَۚ وَأَرۡسَلۡنَٰكَ لِلنَّاسِ رَسُولٗاۚ وَكَفَىٰ بِٱللَّهِ شَهِيدٗا
٤ـ٨٠ مَّن يُطِعِ ٱلرَّسُولَ فَقَدۡ أَطَاعَ ٱللَّهَۖ وَمَن تَوَلَّىٰ فَمَآ أَرۡسَلۡنَٰكَ عَلَيۡهِمۡ حَفِيظٗا
٤ـ٨١ وَيَقُولُونَ طَاعَةٞ فَإِذَا بَرَزُواْ مِنۡ عِندِكَ بَيَّتَ طَآئِفَةٞ مِّنۡهُمۡ غَيۡرَ ٱلَّذِي تَقُولُۖ
وَٱللَّهُ يَكۡتُبُ مَا يُبَيِّتُونَۖ فَأَعۡرِضۡ عَنۡهُمۡ وَتَوَكَّلۡ عَلَى ٱللَّهِۚ وَكَفَىٰ بِٱللَّهِ وَكِيلًا
٤ـ٨٢ أَفَلَا يَتَدَبَّرُونَ ٱلۡقُرۡءَانَۚ وَلَوۡ كَانَ مِنۡ عِندِ غَيۡرِ ٱللَّهِ لَوَجَدُواْ فِيهِ ٱخۡتِلَٰفٗا كَثِيرٗا
٤ـ٨٣ وَإِذَا جَآءَهُمۡ أَمۡرٞ مِّنَ ٱلۡأَمۡنِ أَوِ ٱلۡخَوۡفِ أَذَاعُواْ بِهِۦۖ وَلَوۡ رَدُّوهُ إِلَى ٱلرَّسُولِ
وَإِلَىٰٓ أُوْلِي ٱلۡأَمۡرِ مِنۡهُمۡ لَعَلِمَهُ ٱلَّذِينَ يَسۡتَنۢبِطُونَهُۥ مِنۡهُمۡۗ وَلَوۡلَا فَضۡلُ ٱللَّهِ عَلَيۡكُمۡ
وَرَحۡمَتُهُۥ لَٱتَّبَعۡتُمُ ٱلشَّيۡطَٰنَ إِلَّا قَلِيلٗا ٤ـ٨٤ فَقَٰتِلۡ فِي سَبِيلِ ٱللَّهِ لَا تُكَلَّفُ إِلَّا
نَفۡسَكَۚ وَحَرِّضِ ٱلۡمُؤۡمِنِينَۖ عَسَى ٱللَّهُ أَن يَكُفَّ بَأۡسَ ٱلَّذِينَ كَفَرُواْۚ وَٱللَّهُ أَشَدُّ بَأۡسٗا
وَأَشَدُّ تَنكِيلٗا ٤ـ٨٥ مَّن يَشۡفَعۡ شَفَٰعَةً حَسَنَةٗ يَكُن لَّهُۥ نَصِيبٞ مِّنۡهَاۖ وَمَن يَشۡفَعۡ
شَفَٰعَةٗ سَيِّئَةٗ يَكُن لَّهُۥ كِفۡلٞ مِّنۡهَاۗ وَكَانَ ٱللَّهُ عَلَىٰ كُلِّ شَيۡءٖ مُّقِيتٗا ٤ـ٨٦ وَإِذَا
حُيِّيتُم بِتَحِيَّةٖ فَحَيُّواْ بِأَحۡسَنَ مِنۡهَآ أَوۡ رُدُّوهَآۗ إِنَّ ٱللَّهَ كَانَ عَلَىٰ كُلِّ شَيۡءٍ حَسِيبًا
٤ـ٨٧ ٱللَّهُ لَآ إِلَٰهَ إِلَّا هُوَۚ لَيَجۡمَعَنَّكُمۡ إِلَىٰ يَوۡمِ ٱلۡقِيَٰمَةِ لَا رَيۡبَ فِيهِۗ وَمَنۡ أَصۡدَقُ
مِنَ ٱللَّهِ حَدِيثٗا ٤ـ٨٨ فَمَا لَكُمۡ فِي ٱلۡمُنَٰفِقِينَ فِئَتَيۡنِ وَٱللَّهُ أَرۡكَسَهُم بِمَا كَسَبُوٓاْۚ
أَتُرِيدُونَ أَن تَهۡدُواْ مَنۡ أَضَلَّ ٱللَّهُۖ وَمَن يُضۡلِلِ ٱللَّهُ فَلَن تَجِدَ لَهُۥ سَبِيلٗا ٤ـ٨٩ وَدُّواْ
لَوۡ تَكۡفُرُونَ كَمَا كَفَرُواْ فَتَكُونُونَ سَوَآءٗۖ فَلَا تَتَّخِذُواْ مِنۡهُمۡ أَوۡلِيَآءَ حَتَّىٰ يُهَاجِرُواْ
فِي سَبِيلِ ٱللَّهِۚ فَإِن تَوَلَّوۡاْ فَخُذُوهُمۡ وَٱقۡتُلُوهُمۡ حَيۡثُ وَجَدتُّمُوهُمۡۖ وَلَا تَتَّخِذُواْ
مِنۡهُمۡ وَلِيّٗا وَلَا نَصِيرًا ٤ـ٩٠ إِلَّا ٱلَّذِينَ يَصِلُونَ إِلَىٰ قَوۡمِۭ بَيۡنَكُمۡ وَبَيۡنَهُم مِّيثَٰقٌ أَوۡ
جَآءُوكُمۡ حَصِرَتۡ صُدُورُهُمۡ أَن يُقَٰتِلُوكُمۡ أَوۡ يُقَٰتِلُواْ قَوۡمَهُمۡۚ وَلَوۡ شَآءَ ٱللَّهُ لَسَلَّطَهُمۡ
عَلَيۡكُمۡ فَلَقَٰتَلُوكُمۡۚ فَإِنِ ٱعۡتَزَلُوكُمۡ فَلَمۡ يُقَٰتِلُوكُمۡ وَأَلۡقَوۡاْ إِلَيۡكُمُ ٱلسَّلَمَ فَمَا جَعَلَ
ٱللَّهُ لَكُمۡ عَلَيۡهِمۡ سَبِيلٗا ٤ـ٩١ سَتَجِدُونَ ءَاخَرِينَ يُرِيدُونَ أَن يَأۡمَنُوكُمۡ وَيَأۡمَنُواْ
قَوۡمَهُمۡ كُلَّ مَا رُدُّوٓاْ إِلَى ٱلۡفِتۡنَةِ أُرۡكِسُواْ فِيهَاۚ فَإِن لَّمۡ يَعۡتَزِلُوكُمۡ وَيُلۡقُوٓاْ إِلَيۡكُمُ
ٱلسَّلَمَ وَيَكُفُّوٓاْ أَيۡدِيَهُمۡ فَخُذُوهُمۡ وَٱقۡتُلُوهُمۡ حَيۡثُ ثَقِفۡتُمُوهُمۡۚ وَأُوْلَٰٓئِكُمۡ جَعَلۡنَا

لَكُمْ عَلَيْهِمْ سُلْطَٰنًا مُّبِينًا ٤ـ٩٢ وَمَا كَانَ لِمُؤْمِنٍ أَن يَقْتُلَ مُؤْمِنًا إِلَّا خَطَـًٔا ۚ وَمَن
قَتَلَ مُؤْمِنًا خَطَـًٔا فَتَحْرِيرُ رَقَبَةٍ مُّؤْمِنَةٍ وَدِيَةٌ مُّسَلَّمَةٌ إِلَىٰٓ أَهْلِهِۦٓ إِلَّآ أَن يَصَّدَّقُوا۟ ۚ
فَإِن كَانَ مِن قَوْمٍ عَدُوٍّ لَّكُمْ وَهُوَ مُؤْمِنٌ فَتَحْرِيرُ رَقَبَةٍ مُّؤْمِنَةٍ ۖ وَإِن كَانَ مِن قَوْمٍۭ
بَيْنَكُمْ وَبَيْنَهُم مِّيثَٰقٌ فَدِيَةٌ مُّسَلَّمَةٌ إِلَىٰٓ أَهْلِهِۦ وَتَحْرِيرُ رَقَبَةٍ مُّؤْمِنَةٍ ۖ فَمَن لَّمْ يَجِدْ
فَصِيَامُ شَهْرَيْنِ مُتَتَابِعَيْنِ تَوْبَةً مِّنَ ٱللَّهِ ۗ وَكَانَ ٱللَّهُ عَلِيمًا حَكِيمًا ٤ـ٩٣ وَمَن
يَقْتُلْ مُؤْمِنًا مُّتَعَمِّدًا فَجَزَآؤُهُۥ جَهَنَّمُ خَٰلِدًا فِيهَا وَغَضِبَ ٱللَّهُ عَلَيْهِ وَلَعَنَهُۥ وَأَعَدَّ لَهُۥ
عَذَابًا عَظِيمًا ٤ـ٩٤ يَٰٓأَيُّهَا ٱلَّذِينَ ءَامَنُوٓا۟ إِذَا ضَرَبْتُمْ فِى سَبِيلِ ٱللَّهِ فَتَبَيَّنُوا۟ وَلَا
تَقُولُوا۟ لِمَنْ أَلْقَىٰٓ إِلَيْكُمُ ٱلسَّلَٰمَ لَسْتَ مُؤْمِنًا تَبْتَغُونَ عَرَضَ ٱلْحَيَوٰةِ ٱلدُّنْيَا فَعِندَ ٱللَّهِ
مَغَانِمُ كَثِيرَةٌ ۚ كَذَٰلِكَ كُنتُم مِّن قَبْلُ فَمَنَّ ٱللَّهُ عَلَيْكُمْ فَتَبَيَّنُوٓا۟ ۚ إِنَّ ٱللَّهَ كَانَ بِمَا
تَعْمَلُونَ خَبِيرًا ٤ـ٩٥ لَّا يَسْتَوِى ٱلْقَٰعِدُونَ مِنَ ٱلْمُؤْمِنِينَ غَيْرُ أُو۟لِى ٱلضَّرَرِ
وَٱلْمُجَٰهِدُونَ فِى سَبِيلِ ٱللَّهِ بِأَمْوَٰلِهِمْ وَأَنفُسِهِمْ ۚ فَضَّلَ ٱللَّهُ ٱلْمُجَٰهِدِينَ بِأَمْوَٰلِهِمْ
وَأَنفُسِهِمْ عَلَى ٱلْقَٰعِدِينَ دَرَجَةً ۚ وَكُلًّا وَعَدَ ٱللَّهُ ٱلْحُسْنَىٰ ۚ وَفَضَّلَ ٱللَّهُ ٱلْمُجَٰهِدِينَ
عَلَى ٱلْقَٰعِدِينَ أَجْرًا عَظِيمًا ٤ـ٩٦ دَرَجَٰتٍ مِّنْهُ وَمَغْفِرَةً وَرَحْمَةً ۚ وَكَانَ ٱللَّهُ غَفُورًا
رَّحِيمًا ٤ـ٩٧ إِنَّ ٱلَّذِينَ تَوَفَّىٰهُمُ ٱلْمَلَٰٓئِكَةُ ظَالِمِىٓ أَنفُسِهِمْ قَالُوا۟ فِيمَ كُنتُمْ ۖ قَالُوا۟
كُنَّا مُسْتَضْعَفِينَ فِى ٱلْأَرْضِ ۚ قَالُوٓا۟ أَلَمْ تَكُنْ أَرْضُ ٱللَّهِ وَٰسِعَةً فَتُهَاجِرُوا۟ فِيهَا ۚ
فَأُو۟لَٰٓئِكَ مَأْوَىٰهُمْ جَهَنَّمُ ۖ وَسَآءَتْ مَصِيرًا ٤ـ٩٨ إِلَّا ٱلْمُسْتَضْعَفِينَ مِنَ ٱلرِّجَالِ
وَٱلنِّسَآءِ وَٱلْوِلْدَٰنِ لَا يَسْتَطِيعُونَ حِيلَةً وَلَا يَهْتَدُونَ سَبِيلًا ٤ـ٩٩ فَأُو۟لَٰٓئِكَ عَسَى
ٱللَّهُ أَن يَعْفُوَ عَنْهُمْ ۚ وَكَانَ ٱللَّهُ عَفُوًّا غَفُورًا ٤ـ١٠٠ وَمَن يُهَاجِرْ فِى سَبِيلِ ٱللَّهِ
يَجِدْ فِى ٱلْأَرْضِ مُرَٰغَمًا كَثِيرًا وَسَعَةً ۚ وَمَن يَخْرُجْ مِنۢ بَيْتِهِۦ مُهَاجِرًا إِلَى ٱللَّهِ
وَرَسُولِهِۦ ثُمَّ يُدْرِكْهُ ٱلْمَوْتُ فَقَدْ وَقَعَ أَجْرُهُۥ عَلَى ٱللَّهِ ۗ وَكَانَ ٱللَّهُ غَفُورًا رَّحِيمًا
٤ـ١٠١ وَإِذَا ضَرَبْتُمْ فِى ٱلْأَرْضِ فَلَيْسَ عَلَيْكُمْ جُنَاحٌ أَن تَقْصُرُوا۟ مِنَ ٱلصَّلَوٰةِ إِنْ
خِفْتُمْ أَن يَفْتِنَكُمُ ٱلَّذِينَ كَفَرُوٓا۟ ۚ إِنَّ ٱلْكَٰفِرِينَ كَانُوا۟ لَكُمْ عَدُوًّا مُّبِينًا ٤ـ١٠٢ وَإِذَا كُنتَ
فِيهِمْ فَأَقَمْتَ لَهُمُ ٱلصَّلَوٰةَ فَلْتَقُمْ طَآئِفَةٌ مِّنْهُم مَّعَكَ وَلْيَأْخُذُوٓا۟ أَسْلِحَتَهُمْ فَإِذَا
سَجَدُوا۟ فَلْيَكُونُوا۟ مِن وَرَآئِكُمْ وَلْتَأْتِ طَآئِفَةٌ أُخْرَىٰ لَمْ يُصَلُّوا۟ فَلْيُصَلُّوا۟ مَعَكَ
وَلْيَأْخُذُوا۟ حِذْرَهُمْ وَأَسْلِحَتَهُمْ ۗ وَدَّ ٱلَّذِينَ كَفَرُوا۟ لَوْ تَغْفُلُونَ عَنْ أَسْلِحَتِكُمْ
وَأَمْتِعَتِكُمْ فَيَمِيلُونَ عَلَيْكُم مَّيْلَةً وَٰحِدَةً ۚ وَلَا جُنَاحَ عَلَيْكُمْ إِن كَانَ بِكُمْ أَذًى مِّن
مَّطَرٍ أَوْ كُنتُم مَّرْضَىٰٓ أَن تَضَعُوٓا۟ أَسْلِحَتَكُمْ ۖ وَخُذُوا۟ حِذْرَكُمْ ۗ إِنَّ ٱللَّهَ أَعَدَّ لِلْكَٰفِرِينَ
عَذَابًا مُّهِينًا ٤ـ١٠٣ فَإِذَا قَضَيْتُمُ ٱلصَّلَوٰةَ فَٱذْكُرُوا۟ ٱللَّهَ قِيَٰمًا وَقُعُودًا وَعَلَىٰ

جُنُوبِكُمْ ۚ فَإِذَا ٱطْمَأْنَنتُمْ فَأَقِيمُوا۟ ٱلصَّلَوٰةَ ۚ إِنَّ ٱلصَّلَوٰةَ كَانَتْ عَلَى ٱلْمُؤْمِنِينَ كِتَٰبًا
مَّوْقُوتًا ٤ـ١٠٤ وَلَا تَهِنُوا۟ فِى ٱبْتِغَآءِ ٱلْقَوْمِ ۖ إِن تَكُونُوا۟ تَأْلَمُونَ فَإِنَّهُمْ يَأْلَمُونَ كَمَا
تَأْلَمُونَ ۖ وَتَرْجُونَ مِنَ ٱللَّهِ مَا لَا يَرْجُونَ ۗ وَكَانَ ٱللَّهُ عَلِيمًا حَكِيمًا ٤ـ١٠٥ إِنَّآ أَنزَلْنَآ
إِلَيْكَ ٱلْكِتَٰبَ بِٱلْحَقِّ لِتَحْكُمَ بَيْنَ ٱلنَّاسِ بِمَآ أَرَىٰكَ ٱللَّهُ ۚ وَلَا تَكُن لِّلْخَآئِنِينَ خَصِيمًا
٤ـ١٠٦ وَٱسْتَغْفِرِ ٱللَّهَ ۖ إِنَّ ٱللَّهَ كَانَ غَفُورًا رَّحِيمًا ٤ـ١٠٧ وَلَا تُجَٰدِلْ عَنِ ٱلَّذِينَ
يَخْتَانُونَ أَنفُسَهُمْ ۚ إِنَّ ٱللَّهَ لَا يُحِبُّ مَن كَانَ خَوَّانًا أَثِيمًا ٤ـ١٠٨ يَسْتَخْفُونَ مِنَ
ٱلنَّاسِ وَلَا يَسْتَخْفُونَ مِنَ ٱللَّهِ وَهُوَ مَعَهُمْ إِذْ يُبَيِّتُونَ مَا لَا يَرْضَىٰ مِنَ ٱلْقَوْلِ ۚ
وَكَانَ ٱللَّهُ بِمَا يَعْمَلُونَ مُحِيطًا ٤ـ١٠٩ هَٰٓأَنتُمْ هَٰٓؤُلَآءِ جَٰدَلْتُمْ عَنْهُمْ فِى ٱلْحَيَوٰةِ
ٱلدُّنْيَا فَمَن يُجَٰدِلُ ٱللَّهَ عَنْهُمْ يَوْمَ ٱلْقِيَٰمَةِ أَم مَّن يَكُونُ عَلَيْهِمْ وَكِيلًا ٤ـ١١٠ وَمَن
يَعْمَلْ سُوٓءًا أَوْ يَظْلِمْ نَفْسَهُۥ ثُمَّ يَسْتَغْفِرِ ٱللَّهَ يَجِدِ ٱللَّهَ غَفُورًا رَّحِيمًا ٤ـ١١١ وَمَن
يَكْسِبْ إِثْمًا فَإِنَّمَا يَكْسِبُهُۥ عَلَىٰ نَفْسِهِۦ ۚ وَكَانَ ٱللَّهُ عَلِيمًا حَكِيمًا ٤ـ١١٢ وَمَن
يَكْسِبْ خَطِيٓـَٔةً أَوْ إِثْمًا ثُمَّ يَرْمِ بِهِۦ بَرِيٓـًٔا فَقَدِ ٱحْتَمَلَ بُهْتَٰنًا وَإِثْمًا مُّبِينًا ٤ـ١١٣ وَلَوْلَا
فَضْلُ ٱللَّهِ عَلَيْكَ وَرَحْمَتُهُۥ لَهَمَّت طَّآئِفَةٌ مِّنْهُمْ أَن يُضِلُّوكَ وَمَا يُضِلُّونَ إِلَّآ أَنفُسَهُمْ
ۖ وَمَا يَضُرُّونَكَ مِن شَىْءٍ ۚ وَأَنزَلَ ٱللَّهُ عَلَيْكَ ٱلْكِتَٰبَ وَٱلْحِكْمَةَ وَعَلَّمَكَ مَا لَمْ تَكُن
تَعْلَمُ ۚ وَكَانَ فَضْلُ ٱللَّهِ عَلَيْكَ عَظِيمًا ٤ـ١١٤ لَّا خَيْرَ فِى كَثِيرٍ مِّن نَّجْوَىٰهُمْ إِلَّا مَنْ
أَمَرَ بِصَدَقَةٍ أَوْ مَعْرُوفٍ أَوْ إِصْلَٰحٍ بَيْنَ ٱلنَّاسِ ۚ وَمَن يَفْعَلْ ذَٰلِكَ ٱبْتِغَآءَ مَرْضَاتِ ٱللَّهِ
فَسَوْفَ نُؤْتِيهِ أَجْرًا عَظِيمًا ٤ـ١١٥ وَمَن يُشَاقِقِ ٱلرَّسُولَ مِنۢ بَعْدِ مَا تَبَيَّنَ لَهُ
ٱلْهُدَىٰ وَيَتَّبِعْ غَيْرَ سَبِيلِ ٱلْمُؤْمِنِينَ نُوَلِّهِۦ مَا تَوَلَّىٰ وَنُصْلِهِۦ جَهَنَّمَ ۖ وَسَآءَتْ مَصِيرًا
٤ـ١١٦ إِنَّ ٱللَّهَ لَا يَغْفِرُ أَن يُشْرَكَ بِهِۦ وَيَغْفِرُ مَا دُونَ ذَٰلِكَ لِمَن يَشَآءُ ۚ وَمَن يُشْرِكْ
بِٱللَّهِ فَقَدْ ضَلَّ ضَلَٰلًۢا بَعِيدًا ٤ـ١١٧ إِن يَدْعُونَ مِن دُونِهِۦٓ إِلَّآ إِنَٰثًا وَإِن يَدْعُونَ إِلَّا
شَيْطَٰنًا مَّرِيدًا ٤ـ١١٨ لَّعَنَهُ ٱللَّهُ ۘ وَقَالَ لَأَتَّخِذَنَّ مِنْ عِبَادِكَ نَصِيبًا مَّفْرُوضًا
٤ـ١١٩ وَلَأُضِلَّنَّهُمْ وَلَأُمَنِّيَنَّهُمْ وَلَءَامُرَنَّهُمْ فَلَيُبَتِّكُنَّ ءَاذَانَ ٱلْأَنْعَٰمِ وَلَءَامُرَنَّهُمْ
فَلَيُغَيِّرُنَّ خَلْقَ ٱللَّهِ ۚ وَمَن يَتَّخِذِ ٱلشَّيْطَٰنَ وَلِيًّا مِّن دُونِ ٱللَّهِ فَقَدْ خَسِرَ خُسْرَانًا مُّبِينًا
٤ـ١٢٠ يَعِدُهُمْ وَيُمَنِّيهِمْ ۖ وَمَا يَعِدُهُمُ ٱلشَّيْطَٰنُ إِلَّا غُرُورًا ٤ـ١٢١ أُو۟لَٰٓئِكَ مَأْوَىٰهُمْ
جَهَنَّمُ وَلَا يَجِدُونَ عَنْهَا مَحِيصًا ٤ـ١٢٢ وَٱلَّذِينَ ءَامَنُوا۟ وَعَمِلُوا۟ ٱلصَّٰلِحَٰتِ سَنُدْخِلُهُمْ
جَنَّٰتٍ تَجْرِى مِن تَحْتِهَا ٱلْأَنْهَٰرُ خَٰلِدِينَ فِيهَآ أَبَدًا ۖ وَعْدَ ٱللَّهِ حَقًّا ۚ وَمَنْ أَصْدَقُ مِنَ
ٱللَّهِ قِيلًا ٤ـ١٢٣ لَّيْسَ بِأَمَانِيِّكُمْ وَلَآ أَمَانِىِّ أَهْلِ ٱلْكِتَٰبِ ۗ مَن يَعْمَلْ سُوٓءًا يُجْزَ بِهِۦ
وَلَا يَجِدْ لَهُۥ مِن دُونِ ٱللَّهِ وَلِيًّا وَلَا نَصِيرًا ٤ـ١٢٤ وَمَن يَعْمَلْ مِنَ ٱلصَّٰلِحَٰتِ مِن ذَكَرٍ

أَوْ أُنثَىٰ وَهُوَ مُؤْمِنٌ فَأُو۟لَـٰٓئِكَ يَدْخُلُونَ ٱلْجَنَّةَ وَلَا يُظْلَمُونَ نَقِيرًا ٤ـ١٢٥ وَمَنْ أَحْسَنُ
دِينًا مِّمَّنْ أَسْلَمَ وَجْهَهُۥ لِلَّهِ وَهُوَ مُحْسِنٌ وَٱتَّبَعَ مِلَّةَ إِبْرَٰهِيمَ حَنِيفًا ۗ وَٱتَّخَذَ ٱللَّهُ
إِبْرَٰهِيمَ خَلِيلًا ٤ـ١٢٦ وَلِلَّهِ مَا فِى ٱلسَّمَـٰوَٰتِ وَمَا فِى ٱلْأَرْضِ ۚ وَكَانَ ٱللَّهُ بِكُلِّ شَىْءٍ
مُّحِيطًا ٤ـ١٢٧ وَيَسْتَفْتُونَكَ فِى ٱلنِّسَآءِ ۖ قُلِ ٱللَّهُ يُفْتِيكُمْ فِيهِنَّ وَمَا يُتْلَىٰ عَلَيْكُمْ
فِى ٱلْكِتَـٰبِ فِى يَتَـٰمَى ٱلنِّسَآءِ ٱلَّـٰتِى لَا تُؤْتُونَهُنَّ مَا كُتِبَ لَهُنَّ وَتَرْغَبُونَ أَن
تَنكِحُوهُنَّ وَٱلْمُسْتَضْعَفِينَ مِنَ ٱلْوِلْدَٰنِ وَأَن تَقُومُوا۟ لِلْيَتَـٰمَىٰ بِٱلْقِسْطِ ۚ وَمَا تَفْعَلُوا۟
مِنْ خَيْرٍ فَإِنَّ ٱللَّهَ كَانَ بِهِۦ عَلِيمًا ٤ـ١٢٨ وَإِنِ ٱمْرَأَةٌ خَافَتْ مِنۢ بَعْلِهَا نُشُوزًا أَوْ
إِعْرَاضًا فَلَا جُنَاحَ عَلَيْهِمَآ أَن يُصْلِحَا بَيْنَهُمَا صُلْحًا ۚ وَٱلصُّلْحُ خَيْرٌ ۗ وَأُحْضِرَتِ ٱلْأَنفُسُ
ٱلشُّحَّ ۚ وَإِن تُحْسِنُوا۟ وَتَتَّقُوا۟ فَإِنَّ ٱللَّهَ كَانَ بِمَا تَعْمَلُونَ خَبِيرًا ٤ـ١٢٩ وَلَن
تَسْتَطِيعُوٓا۟ أَن تَعْدِلُوا۟ بَيْنَ ٱلنِّسَآءِ وَلَوْ حَرَصْتُمْ ۖ فَلَا تَمِيلُوا۟ كُلَّ ٱلْمَيْلِ فَتَذَرُوهَا
كَٱلْمُعَلَّقَةِ ۚ وَإِن تُصْلِحُوا۟ وَتَتَّقُوا۟ فَإِنَّ ٱللَّهَ كَانَ غَفُورًا رَّحِيمًا ٤ـ١٣٠ وَإِن يَتَفَرَّقَا يُغْنِ
ٱللَّهُ كُلًّا مِّن سَعَتِهِۦ ۚ وَكَانَ ٱللَّهُ وَٰسِعًا حَكِيمًا ٤ـ١٣١ وَلِلَّهِ مَا فِى ٱلسَّمَـٰوَٰتِ وَمَا
فِى ٱلْأَرْضِ ۗ وَلَقَدْ وَصَّيْنَا ٱلَّذِينَ أُوتُوا۟ ٱلْكِتَـٰبَ مِن قَبْلِكُمْ وَإِيَّاكُمْ أَنِ ٱتَّقُوا۟ ٱللَّهَ ۚ وَإِن
تَكْفُرُوا۟ فَإِنَّ لِلَّهِ مَا فِى ٱلسَّمَـٰوَٰتِ وَمَا فِى ٱلْأَرْضِ ۚ وَكَانَ ٱللَّهُ غَنِيًّا حَمِيدًا
٤ـ١٣٢ وَلِلَّهِ مَا فِى ٱلسَّمَـٰوَٰتِ وَمَا فِى ٱلْأَرْضِ ۚ وَكَفَىٰ بِٱللَّهِ وَكِيلًا ٤ـ١٣٣ إِن يَشَأْ
يُذْهِبْكُمْ أَيُّهَا ٱلنَّاسُ وَيَأْتِ بِـَٔاخَرِينَ ۚ وَكَانَ ٱللَّهُ عَلَىٰ ذَٰلِكَ قَدِيرًا ٤ـ١٣٤ مَّن كَانَ
يُرِيدُ ثَوَابَ ٱلدُّنْيَا فَعِندَ ٱللَّهِ ثَوَابُ ٱلدُّنْيَا وَٱلْـَٔاخِرَةِ ۚ وَكَانَ ٱللَّهُ سَمِيعًۢا بَصِيرًا
٤ـ١٣٥ يَـٰٓأَيُّهَا ٱلَّذِينَ ءَامَنُوا۟ كُونُوا۟ قَوَّٰمِينَ بِٱلْقِسْطِ شُهَدَآءَ لِلَّهِ وَلَوْ عَلَىٰٓ أَنفُسِكُمْ
أَوِ ٱلْوَٰلِدَيْنِ وَٱلْأَقْرَبِينَ ۚ إِن يَكُنْ غَنِيًّا أَوْ فَقِيرًا فَٱللَّهُ أَوْلَىٰ بِهِمَا ۖ فَلَا تَتَّبِعُوا۟ ٱلْهَوَىٰٓ
أَن تَعْدِلُوا۟ ۚ وَإِن تَلْوُۥٓا۟ أَوْ تُعْرِضُوا۟ فَإِنَّ ٱللَّهَ كَانَ بِمَا تَعْمَلُونَ خَبِيرًا ٤ـ١٣٦ يَـٰٓأَيُّهَا
ٱلَّذِينَ ءَامَنُوٓا۟ ءَامِنُوا۟ بِٱللَّهِ وَرَسُولِهِۦ وَٱلْكِتَـٰبِ ٱلَّذِى نَزَّلَ عَلَىٰ رَسُولِهِۦ وَٱلْكِتَـٰبِ ٱلَّذِىٓ
أَنزَلَ مِن قَبْلُ ۚ وَمَن يَكْفُرْ بِٱللَّهِ وَمَلَـٰٓئِكَتِهِۦ وَكُتُبِهِۦ وَرُسُلِهِۦ وَٱلْيَوْمِ ٱلْـَٔاخِرِ فَقَدْ ضَلَّ
ضَلَـٰلًۢا بَعِيدًا ٤ـ١٣٧ إِنَّ ٱلَّذِينَ ءَامَنُوا۟ ثُمَّ كَفَرُوا۟ ثُمَّ ءَامَنُوا۟ ثُمَّ كَفَرُوا۟ ثُمَّ ٱزْدَادُوا۟ كُفْرًا
لَّمْ يَكُنِ ٱللَّهُ لِيَغْفِرَ لَهُمْ وَلَا لِيَهْدِيَهُمْ سَبِيلًۢا ٤ـ١٣٨ بَشِّرِ ٱلْمُنَـٰفِقِينَ بِأَنَّ لَهُمْ
عَذَابًا أَلِيمًا ٤ـ١٣٩ ٱلَّذِينَ يَتَّخِذُونَ ٱلْكَـٰفِرِينَ أَوْلِيَآءَ مِن دُونِ ٱلْمُؤْمِنِينَ ۚ أَيَبْتَغُونَ
عِندَهُمُ ٱلْعِزَّةَ فَإِنَّ ٱلْعِزَّةَ لِلَّهِ جَمِيعًا ٤ـ١٤٠ وَقَدْ نَزَّلَ عَلَيْكُمْ فِى ٱلْكِتَـٰبِ أَنْ إِذَا
سَمِعْتُمْ ءَايَـٰتِ ٱللَّهِ يُكْفَرُ بِهَا وَيُسْتَهْزَأُ بِهَا فَلَا تَقْعُدُوا۟ مَعَهُمْ حَتَّىٰ يَخُوضُوا۟ فِى
حَدِيثٍ غَيْرِهِۦٓ ۚ إِنَّكُمْ إِذًا مِّثْلُهُمْ ۗ إِنَّ ٱللَّهَ جَامِعُ ٱلْمُنَـٰفِقِينَ وَٱلْكَـٰفِرِينَ فِى جَهَنَّمَ

جَمِيعًا ٤ـ١٤١ ٱلَّذِينَ يَتَرَبَّصُونَ بِكُمْ فَإِن كَانَ لَكُمْ فَتْحٌ مِّنَ ٱللَّهِ قَالُوٓا۟ أَلَمْ نَكُن
مَّعَكُمْ وَإِن كَانَ لِلْكَٰفِرِينَ نَصِيبٌ قَالُوٓا۟ أَلَمْ نَسْتَحْوِذْ عَلَيْكُمْ وَنَمْنَعْكُم مِّنَ ٱلْمُؤْمِنِينَ ۚ
فَٱللَّهُ يَحْكُمُ بَيْنَكُمْ يَوْمَ ٱلْقِيَٰمَةِ ۗ وَلَن يَجْعَلَ ٱللَّهُ لِلْكَٰفِرِينَ عَلَى ٱلْمُؤْمِنِينَ سَبِيلًا
٤ـ١٤٢ إِنَّ ٱلْمُنَٰفِقِينَ يُخَٰدِعُونَ ٱللَّهَ وَهُوَ خَٰدِعُهُمْ وَإِذَا قَامُوٓا۟ إِلَى ٱلصَّلَوٰةِ قَامُوا۟
كُسَالَىٰ يُرَآءُونَ ٱلنَّاسَ وَلَا يَذْكُرُونَ ٱللَّهَ إِلَّا قَلِيلًا ٤ـ١٤٣ مُّذَبْذَبِينَ بَيْنَ ذَٰلِكَ لَآ إِلَىٰ
هَٰٓؤُلَآءِ وَلَآ إِلَىٰ هَٰٓؤُلَآءِ ۚ وَمَن يُضْلِلِ ٱللَّهُ فَلَن تَجِدَ لَهُۥ سَبِيلًا ٤ـ١٤٤ يَٰٓأَيُّهَا ٱلَّذِينَ
ءَامَنُوا۟ لَا تَتَّخِذُوا۟ ٱلْكَٰفِرِينَ أَوْلِيَآءَ مِن دُونِ ٱلْمُؤْمِنِينَ ۚ أَتُرِيدُونَ أَن تَجْعَلُوا۟ لِلَّهِ
عَلَيْكُمْ سُلْطَٰنًا مُّبِينًا ٤ـ١٤٥ إِنَّ ٱلْمُنَٰفِقِينَ فِى ٱلدَّرْكِ ٱلْأَسْفَلِ مِنَ ٱلنَّارِ وَلَن تَجِدَ
لَهُمْ نَصِيرًا ٤ـ١٤٦ إِلَّا ٱلَّذِينَ تَابُوا۟ وَأَصْلَحُوا۟ وَٱعْتَصَمُوا۟ بِٱللَّهِ وَأَخْلَصُوا۟ دِينَهُمْ لِلَّهِ
فَأُو۟لَٰٓئِكَ مَعَ ٱلْمُؤْمِنِينَ ۖ وَسَوْفَ يُؤْتِ ٱللَّهُ ٱلْمُؤْمِنِينَ أَجْرًا عَظِيمًا ٤ـ١٤٧ مَّا يَفْعَلُ
ٱللَّهُ بِعَذَابِكُمْ إِن شَكَرْتُمْ وَءَامَنتُمْ ۚ وَكَانَ ٱللَّهُ شَاكِرًا عَلِيمًا ٤ـ١٤٨ لَّا يُحِبُّ ٱللَّهُ
ٱلْجَهْرَ بِٱلسُّوٓءِ مِنَ ٱلْقَوْلِ إِلَّا مَن ظُلِمَ ۚ وَكَانَ ٱللَّهُ سَمِيعًا عَلِيمًا ٤ـ١٤٩ إِن تُبْدُوا۟
خَيْرًا أَوْ تُخْفُوهُ أَوْ تَعْفُوا۟ عَن سُوٓءٍ فَإِنَّ ٱللَّهَ كَانَ عَفُوًّا قَدِيرًا ٤ـ١٥٠ إِنَّ ٱلَّذِينَ
يَكْفُرُونَ بِٱللَّهِ وَرُسُلِهِۦ وَيُرِيدُونَ أَن يُفَرِّقُوا۟ بَيْنَ ٱللَّهِ وَرُسُلِهِۦ وَيَقُولُونَ نُؤْمِنُ بِبَعْضٍ
وَنَكْفُرُ بِبَعْضٍ وَيُرِيدُونَ أَن يَتَّخِذُوا۟ بَيْنَ ذَٰلِكَ سَبِيلًا ٤ـ١٥١ أُو۟لَٰٓئِكَ هُمُ ٱلْكَٰفِرُونَ حَقًّا ۚ
وَأَعْتَدْنَا لِلْكَٰفِرِينَ عَذَابًا مُّهِينًا ٤ـ١٥٢ وَٱلَّذِينَ ءَامَنُوا۟ بِٱللَّهِ وَرُسُلِهِۦ وَلَمْ يُفَرِّقُوا۟ بَيْنَ
أَحَدٍ مِّنْهُمْ أُو۟لَٰٓئِكَ سَوْفَ يُؤْتِيهِمْ أُجُورَهُمْ ۗ وَكَانَ ٱللَّهُ غَفُورًا رَّحِيمًا ٤ـ١٥٣ يَسْـَٔلُكَ
أَهْلُ ٱلْكِتَٰبِ أَن تُنَزِّلَ عَلَيْهِمْ كِتَٰبًا مِّنَ ٱلسَّمَآءِ ۚ فَقَدْ سَأَلُوا۟ مُوسَىٰٓ أَكْبَرَ مِن ذَٰلِكَ
فَقَالُوٓا۟ أَرِنَا ٱللَّهَ جَهْرَةً فَأَخَذَتْهُمُ ٱلصَّٰعِقَةُ بِظُلْمِهِمْ ۚ ثُمَّ ٱتَّخَذُوا۟ ٱلْعِجْلَ مِنۢ بَعْدِ مَا
جَآءَتْهُمُ ٱلْبَيِّنَٰتُ فَعَفَوْنَا عَن ذَٰلِكَ ۚ وَءَاتَيْنَا مُوسَىٰ سُلْطَٰنًا مُّبِينًا ٤ـ١٥٤ وَرَفَعْنَا
فَوْقَهُمُ ٱلطُّورَ بِمِيثَٰقِهِمْ وَقُلْنَا لَهُمُ ٱدْخُلُوا۟ ٱلْبَابَ سُجَّدًا وَقُلْنَا لَهُمْ لَا تَعْدُوا۟ فِى
ٱلسَّبْتِ وَأَخَذْنَا مِنْهُم مِّيثَٰقًا غَلِيظًا ٤ـ١٥٥ فَبِمَا نَقْضِهِم مِّيثَٰقَهُمْ وَكُفْرِهِم بِـَٔايَٰتِ
ٱللَّهِ وَقَتْلِهِمُ ٱلْأَنۢبِيَآءَ بِغَيْرِ حَقٍّ وَقَوْلِهِمْ قُلُوبُنَا غُلْفٌۢ ۚ بَلْ طَبَعَ ٱللَّهُ عَلَيْهَا بِكُفْرِهِمْ
فَلَا يُؤْمِنُونَ إِلَّا قَلِيلًا ٤ـ١٥٦ وَبِكُفْرِهِمْ وَقَوْلِهِمْ عَلَىٰ مَرْيَمَ بُهْتَٰنًا عَظِيمًا
٤ـ١٥٧ وَقَوْلِهِمْ إِنَّا قَتَلْنَا ٱلْمَسِيحَ عِيسَى ٱبْنَ مَرْيَمَ رَسُولَ ٱللَّهِ وَمَا قَتَلُوهُ وَمَا
صَلَبُوهُ وَلَٰكِن شُبِّهَ لَهُمْ ۚ وَإِنَّ ٱلَّذِينَ ٱخْتَلَفُوا۟ فِيهِ لَفِى شَكٍّ مِّنْهُ ۚ مَا لَهُم بِهِۦ مِنْ
عِلْمٍ إِلَّا ٱتِّبَاعَ ٱلظَّنِّ ۚ وَمَا قَتَلُوهُ يَقِينًۢا ٤ـ١٥٨ بَل رَّفَعَهُ ٱللَّهُ إِلَيْهِ ۚ وَكَانَ ٱللَّهُ عَزِيزًا
حَكِيمًا ٤ـ١٥٩ وَإِن مِّنْ أَهْلِ ٱلْكِتَٰبِ إِلَّا لَيُؤْمِنَنَّ بِهِۦ قَبْلَ مَوْتِهِۦ ۖ وَيَوْمَ ٱلْقِيَٰمَةِ يَكُونُ

عَلَيْهِمْ شَهِيدًا ٤ـ١٦٠ فَبِظُلْمٍ مِّنَ ٱلَّذِينَ هَادُوا۟ حَرَّمْنَا عَلَيْهِمْ طَيِّبَٰتٍ أُحِلَّتْ لَهُمْ
وَبِصَدِّهِمْ عَن سَبِيلِ ٱللَّهِ كَثِيرًا ٤ـ١٦١ وَأَخْذِهِمُ ٱلرِّبَوٰا۟ وَقَدْ نُهُوا۟ عَنْهُ وَأَكْلِهِمْ
أَمْوَٰلَ ٱلنَّاسِ بِٱلْبَٰطِلِ ۚ وَأَعْتَدْنَا لِلْكَٰفِرِينَ مِنْهُمْ عَذَابًا أَلِيمًا ٤ـ١٦٢ لَّٰكِنِ ٱلرَّٰسِخُونَ
فِى ٱلْعِلْمِ مِنْهُمْ وَٱلْمُؤْمِنُونَ يُؤْمِنُونَ بِمَآ أُنزِلَ إِلَيْكَ وَمَآ أُنزِلَ مِن قَبْلِكَ ۚ
وَٱلْمُقِيمِينَ ٱلصَّلَوٰةَ ۚ وَٱلْمُؤْتُونَ ٱلزَّكَوٰةَ وَٱلْمُؤْمِنُونَ بِٱللَّهِ وَٱلْيَوْمِ ٱلْءَاخِرِ أُو۟لَٰٓئِكَ
سَنُؤْتِيهِمْ أَجْرًا عَظِيمًا ٤ـ١٦٣ إِنَّآ أَوْحَيْنَآ إِلَيْكَ كَمَآ أَوْحَيْنَآ إِلَىٰ نُوحٍ وَٱلنَّبِيِّـۧنَ مِنۢ
بَعْدِهِۦ ۚ وَأَوْحَيْنَآ إِلَىٰٓ إِبْرَٰهِيمَ وَإِسْمَٰعِيلَ وَإِسْحَٰقَ وَيَعْقُوبَ وَٱلْأَسْبَاطِ وَعِيسَىٰ
وَأَيُّوبَ وَيُونُسَ وَهَٰرُونَ وَسُلَيْمَٰنَ ۚ وَءَاتَيْنَا دَاوُۥدَ زَبُورًا ٤ـ١٦٤ وَرُسُلًا قَدْ قَصَصْنَٰهُمْ
عَلَيْكَ مِن قَبْلُ وَرُسُلًا لَّمْ نَقْصُصْهُمْ عَلَيْكَ ۚ وَكَلَّمَ ٱللَّهُ مُوسَىٰ تَكْلِيمًا ٤ـ١٦٥ رُّسُلًا
مُّبَشِّرِينَ وَمُنذِرِينَ لِئَلَّا يَكُونَ لِلنَّاسِ عَلَى ٱللَّهِ حُجَّةٌۢ بَعْدَ ٱلرُّسُلِ ۚ وَكَانَ ٱللَّهُ عَزِيزًا
حَكِيمًا ٤ـ١٦٦ لَّٰكِنِ ٱللَّهُ يَشْهَدُ بِمَآ أَنزَلَ إِلَيْكَ ۖ أَنزَلَهُۥ بِعِلْمِهِۦ ۖ وَٱلْمَلَٰٓئِكَةُ يَشْهَدُونَ ۚ
وَكَفَىٰ بِٱللَّهِ شَهِيدًا ٤ـ١٦٧ إِنَّ ٱلَّذِينَ كَفَرُوا۟ وَصَدُّوا۟ عَن سَبِيلِ ٱللَّهِ قَدْ ضَلُّوا۟ ضَلَٰلًۢا
بَعِيدًا ٤ـ١٦٨ إِنَّ ٱلَّذِينَ كَفَرُوا۟ وَظَلَمُوا۟ لَمْ يَكُنِ ٱللَّهُ لِيَغْفِرَ لَهُمْ وَلَا لِيَهْدِيَهُمْ
طَرِيقًا ٤ـ١٦٩ إِلَّا طَرِيقَ جَهَنَّمَ خَٰلِدِينَ فِيهَآ أَبَدًا ۚ وَكَانَ ذَٰلِكَ عَلَى ٱللَّهِ يَسِيرًا
٤ـ١٧٠ يَٰٓأَيُّهَا ٱلنَّاسُ قَدْ جَآءَكُمُ ٱلرَّسُولُ بِٱلْحَقِّ مِن رَّبِّكُمْ فَـَٔامِنُوا۟ خَيْرًا لَّكُمْ ۚ وَإِن
تَكْفُرُوا۟ فَإِنَّ لِلَّهِ مَا فِى ٱلسَّمَٰوَٰتِ وَٱلْأَرْضِ ۚ وَكَانَ ٱللَّهُ عَلِيمًا حَكِيمًا ٤ـ١٧١ يَٰٓأَهْلَ
ٱلْكِتَٰبِ لَا تَغْلُوا۟ فِى دِينِكُمْ وَلَا تَقُولُوا۟ عَلَى ٱللَّهِ إِلَّا ٱلْحَقَّ ۚ إِنَّمَا ٱلْمَسِيحُ عِيسَى
ٱبْنُ مَرْيَمَ رَسُولُ ٱللَّهِ وَكَلِمَتُهُۥٓ أَلْقَىٰهَآ إِلَىٰ مَرْيَمَ وَرُوحٌ مِّنْهُ ۖ فَـَٔامِنُوا۟ بِٱللَّهِ وَرُسُلِهِۦ ۖ
وَلَا تَقُولُوا۟ ثَلَٰثَةٌ ۚ ٱنتَهُوا۟ خَيْرًا لَّكُمْ ۚ إِنَّمَا ٱللَّهُ إِلَٰهٌ وَٰحِدٌ ۖ سُبْحَٰنَهُۥٓ أَن يَكُونَ لَهُۥ وَلَدٌ ۘ
لَّهُۥ مَا فِى ٱلسَّمَٰوَٰتِ وَمَا فِى ٱلْأَرْضِ ۗ وَكَفَىٰ بِٱللَّهِ وَكِيلًا ٤ـ١٧٢ لَّن يَسْتَنكِفَ
ٱلْمَسِيحُ أَن يَكُونَ عَبْدًا لِّلَّهِ وَلَا ٱلْمَلَٰٓئِكَةُ ٱلْمُقَرَّبُونَ ۚ وَمَن يَسْتَنكِفْ عَنْ عِبَادَتِهِۦ
وَيَسْتَكْبِرْ فَسَيَحْشُرُهُمْ إِلَيْهِ جَمِيعًا ٤ـ١٧٣ فَأَمَّا ٱلَّذِينَ ءَامَنُوا۟ وَعَمِلُوا۟ ٱلصَّٰلِحَٰتِ
فَيُوَفِّيهِمْ أُجُورَهُمْ وَيَزِيدُهُم مِّن فَضْلِهِۦ ۖ وَأَمَّا ٱلَّذِينَ ٱسْتَنكَفُوا۟ وَٱسْتَكْبَرُوا۟
فَيُعَذِّبُهُمْ عَذَابًا أَلِيمًا وَلَا يَجِدُونَ لَهُم مِّن دُونِ ٱللَّهِ وَلِيًّا وَلَا نَصِيرًا ٤ـ١٧٤ يَٰٓأَيُّهَا
ٱلنَّاسُ قَدْ جَآءَكُم بُرْهَٰنٌ مِّن رَّبِّكُمْ وَأَنزَلْنَآ إِلَيْكُمْ نُورًا مُّبِينًا ٤ـ١٧٥ فَأَمَّا ٱلَّذِينَ
ءَامَنُوا۟ بِٱللَّهِ وَٱعْتَصَمُوا۟ بِهِۦ فَسَيُدْخِلُهُمْ فِى رَحْمَةٍ مِّنْهُ وَفَضْلٍ وَيَهْدِيهِمْ إِلَيْهِ
صِرَٰطًا مُّسْتَقِيمًا ٤ـ١٧٦ يَسْتَفْتُونَكَ قُلِ ٱللَّهُ يُفْتِيكُمْ فِى ٱلْكَلَٰلَةِ ۚ إِنِ ٱمْرُؤٌا۟ هَلَكَ
لَيْسَ لَهُۥ وَلَدٌ وَلَهُۥٓ أُخْتٌ فَلَهَا نِصْفُ مَا تَرَكَ ۚ وَهُوَ يَرِثُهَآ إِن لَّمْ يَكُن لَّهَا وَلَدٌ ۚ فَإِن

كَانَتَا ٱثْنَتَيْنِ فَلَهُمَا ٱلثُّلُثَانِ مِمَّا تَرَكَ ۚ وَإِن كَانُوٓاْ إِخْوَةً رِّجَالًا وَنِسَآءً فَلِلذَّكَرِ مِثْلُ
حَظِّ ٱلْأُنثَيَيْنِ ۗ يُبَيِّنُ ٱللَّهُ لَكُمْ أَن تَضِلُّواْ ۗ وَٱللَّهُ بِكُلِّ شَىْءٍ عَلِيمٌۢ ٥ـ١ يَٰٓأَيُّهَا ٱلَّذِينَ
ءَامَنُوٓاْ أَوْفُواْ بِٱلْعُقُودِ ۚ أُحِلَّتْ لَكُم بَهِيمَةُ ٱلْأَنْعَٰمِ إِلَّا مَا يُتْلَىٰ عَلَيْكُمْ غَيْرَ مُحِلِّى
ٱلصَّيْدِ وَأَنتُمْ حُرُمٌ ۗ إِنَّ ٱللَّهَ يَحْكُمُ مَا يُرِيدُ ٥ـ٢ يَٰٓأَيُّهَا ٱلَّذِينَ ءَامَنُواْ لَا تُحِلُّواْ شَعَٰٓئِرَ
ٱللَّهِ وَلَا ٱلشَّهْرَ ٱلْحَرَامَ وَلَا ٱلْهَدْىَ وَلَا ٱلْقَلَٰٓئِدَ وَلَآ ءَآمِّينَ ٱلْبَيْتَ ٱلْحَرَامَ يَبْتَغُونَ
فَضْلًا مِّن رَّبِّهِمْ وَرِضْوَٰنًا ۚ وَإِذَا حَلَلْتُمْ فَٱصْطَادُواْ ۚ وَلَا يَجْرِمَنَّكُمْ شَنَـَٔانُ قَوْمٍ أَن
صَدُّوكُمْ عَنِ ٱلْمَسْجِدِ ٱلْحَرَامِ أَن تَعْتَدُواْ ۘ وَتَعَاوَنُواْ عَلَى ٱلْبِرِّ وَٱلتَّقْوَىٰ ۖ وَلَا تَعَاوَنُواْ
عَلَى ٱلْإِثْمِ وَٱلْعُدْوَٰنِ ۚ وَٱتَّقُواْ ٱللَّهَ ۖ إِنَّ ٱللَّهَ شَدِيدُ ٱلْعِقَابِ ٥ـ٣ حُرِّمَتْ عَلَيْكُمُ
ٱلْمَيْتَةُ وَٱلدَّمُ وَلَحْمُ ٱلْخِنزِيرِ وَمَآ أُهِلَّ لِغَيْرِ ٱللَّهِ بِهِۦ وَٱلْمُنْخَنِقَةُ وَٱلْمَوْقُوذَةُ
وَٱلْمُتَرَدِّيَةُ وَٱلنَّطِيحَةُ وَمَآ أَكَلَ ٱلسَّبُعُ إِلَّا مَا ذَكَّيْتُمْ وَمَا ذُبِحَ عَلَى ٱلنُّصُبِ وَأَن
تَسْتَقْسِمُواْ بِٱلْأَزْلَٰمِ ۚ ذَٰلِكُمْ فِسْقٌ ۗ ٱلْيَوْمَ يَئِسَ ٱلَّذِينَ كَفَرُواْ مِن دِينِكُمْ فَلَا
تَخْشَوْهُمْ وَٱخْشَوْنِ ۚ ٱلْيَوْمَ أَكْمَلْتُ لَكُمْ دِينَكُمْ وَأَتْمَمْتُ عَلَيْكُمْ نِعْمَتِى وَرَضِيتُ لَكُمُ
ٱلْإِسْلَٰمَ دِينًا ۚ فَمَنِ ٱضْطُرَّ فِى مَخْمَصَةٍ غَيْرَ مُتَجَانِفٍ لِّإِثْمٍ ۙ فَإِنَّ ٱللَّهَ غَفُورٌ رَّحِيمٌ
٥ـ٤ يَسْـَٔلُونَكَ مَاذَآ أُحِلَّ لَهُمْ ۖ قُلْ أُحِلَّ لَكُمُ ٱلطَّيِّبَٰتُ ۙ وَمَا عَلَّمْتُم مِّنَ ٱلْجَوَارِحِ
مُكَلِّبِينَ تُعَلِّمُونَهُنَّ مِمَّا عَلَّمَكُمُ ٱللَّهُ ۖ فَكُلُواْ مِمَّآ أَمْسَكْنَ عَلَيْكُمْ وَٱذْكُرُواْ ٱسْمَ ٱللَّهِ
عَلَيْهِ ۖ وَٱتَّقُواْ ٱللَّهَ ۚ إِنَّ ٱللَّهَ سَرِيعُ ٱلْحِسَابِ ٥ـ٥ ٱلْيَوْمَ أُحِلَّ لَكُمُ ٱلطَّيِّبَٰتُ ۖ وَطَعَامُ
ٱلَّذِينَ أُوتُواْ ٱلْكِتَٰبَ حِلٌّ لَّكُمْ وَطَعَامُكُمْ حِلٌّ لَّهُمْ ۖ وَٱلْمُحْصَنَٰتُ مِنَ ٱلْمُؤْمِنَٰتِ
وَٱلْمُحْصَنَٰتُ مِنَ ٱلَّذِينَ أُوتُواْ ٱلْكِتَٰبَ مِن قَبْلِكُمْ إِذَآ ءَاتَيْتُمُوهُنَّ أُجُورَهُنَّ مُحْصِنِينَ
غَيْرَ مُسَٰفِحِينَ وَلَا مُتَّخِذِىٓ أَخْدَانٍ ۗ وَمَن يَكْفُرْ بِٱلْإِيمَٰنِ فَقَدْ حَبِطَ عَمَلُهُۥ وَهُوَ فِى
ٱلْءَاخِرَةِ مِنَ ٱلْخَٰسِرِينَ ٥ـ٦ يَٰٓأَيُّهَا ٱلَّذِينَ ءَامَنُوٓاْ إِذَا قُمْتُمْ إِلَى ٱلصَّلَوٰةِ فَٱغْسِلُواْ
وُجُوهَكُمْ وَأَيْدِيَكُمْ إِلَى ٱلْمَرَافِقِ وَٱمْسَحُواْ بِرُءُوسِكُمْ وَأَرْجُلَكُمْ إِلَى ٱلْكَعْبَيْنِ ۚ وَإِن
كُنتُمْ جُنُبًا فَٱطَّهَّرُواْ ۚ وَإِن كُنتُم مَّرْضَىٰٓ أَوْ عَلَىٰ سَفَرٍ أَوْ جَآءَ أَحَدٌ مِّنكُم مِّنَ ٱلْغَآئِطِ
أَوْ لَٰمَسْتُمُ ٱلنِّسَآءَ فَلَمْ تَجِدُواْ مَآءً فَتَيَمَّمُواْ صَعِيدًا طَيِّبًا فَٱمْسَحُواْ بِوُجُوهِكُمْ
وَأَيْدِيكُم مِّنْهُ ۚ مَا يُرِيدُ ٱللَّهُ لِيَجْعَلَ عَلَيْكُم مِّنْ حَرَجٍ وَلَٰكِن يُرِيدُ لِيُطَهِّرَكُمْ وَلِيُتِمَّ
نِعْمَتَهُۥ عَلَيْكُمْ لَعَلَّكُمْ تَشْكُرُونَ ٥ـ٧ وَٱذْكُرُواْ نِعْمَةَ ٱللَّهِ عَلَيْكُمْ وَمِيثَٰقَهُ ٱلَّذِى
وَاثَقَكُم بِهِۦٓ إِذْ قُلْتُمْ سَمِعْنَا وَأَطَعْنَا ۖ وَٱتَّقُواْ ٱللَّهَ ۚ إِنَّ ٱللَّهَ عَلِيمٌۢ بِذَاتِ ٱلصُّدُورِ
٥ـ٨ يَٰٓأَيُّهَا ٱلَّذِينَ ءَامَنُواْ كُونُواْ قَوَّٰمِينَ لِلَّهِ شُهَدَآءَ بِٱلْقِسْطِ ۖ وَلَا يَجْرِمَنَّكُمْ شَنَـَٔانُ
قَوْمٍ عَلَىٰٓ أَلَّا تَعْدِلُواْ ۚ ٱعْدِلُواْ هُوَ أَقْرَبُ لِلتَّقْوَىٰ ۖ وَٱتَّقُواْ ٱللَّهَ ۚ إِنَّ ٱللَّهَ خَبِيرٌۢ بِمَا

تَعْمَلُونَ ٥ـ٩ وَعَدَ ٱللَّهُ ٱلَّذِينَ ءَامَنُوا۟ وَعَمِلُوا۟ ٱلصَّٰلِحَٰتِ ۙ لَهُم مَّغْفِرَةٌ وَأَجْرٌ عَظِيمٌ
٥ـ١٠ وَٱلَّذِينَ كَفَرُوا۟ وَكَذَّبُوا۟ بِـَٔايَٰتِنَآ أُو۟لَٰٓئِكَ أَصْحَٰبُ ٱلْجَحِيمِ ٥ـ١١ يَٰٓأَيُّهَا ٱلَّذِينَ ءَامَنُوا۟
ٱذْكُرُوا۟ نِعْمَتَ ٱللَّهِ عَلَيْكُمْ إِذْ هَمَّ قَوْمٌ أَن يَبْسُطُوٓا۟ إِلَيْكُمْ أَيْدِيَهُمْ فَكَفَّ أَيْدِيَهُمْ
عَنكُمْ ۖ وَٱتَّقُوا۟ ٱللَّهَ ۚ وَعَلَى ٱللَّهِ فَلْيَتَوَكَّلِ ٱلْمُؤْمِنُونَ ٥ـ١٢ وَلَقَدْ أَخَذَ ٱللَّهُ مِيثَٰقَ
بَنِىٓ إِسْرَٰٓءِيلَ وَبَعَثْنَا مِنْهُمُ ٱثْنَىْ عَشَرَ نَقِيبًا ۖ وَقَالَ ٱللَّهُ إِنِّى مَعَكُمْ ۖ لَئِنْ أَقَمْتُمُ
ٱلصَّلَوٰةَ وَءَاتَيْتُمُ ٱلزَّكَوٰةَ وَءَامَنتُم بِرُسُلِى وَعَزَّرْتُمُوهُمْ وَأَقْرَضْتُمُ ٱللَّهَ قَرْضًا حَسَنًا
لَّأُكَفِّرَنَّ عَنكُمْ سَيِّـَٔاتِكُمْ وَلَأُدْخِلَنَّكُمْ جَنَّٰتٍ تَجْرِى مِن تَحْتِهَا ٱلْأَنْهَٰرُ ۚ فَمَن كَفَرَ بَعْدَ
ذَٰلِكَ مِنكُمْ فَقَدْ ضَلَّ سَوَآءَ ٱلسَّبِيلِ ٥ـ١٣ فَبِمَا نَقْضِهِم مِّيثَٰقَهُمْ لَعَنَّٰهُمْ وَجَعَلْنَا
قُلُوبَهُمْ قَٰسِيَةً ۖ يُحَرِّفُونَ ٱلْكَلِمَ عَن مَّوَاضِعِهِۦ ۙ وَنَسُوا۟ حَظًّا مِّمَّا ذُكِّرُوا۟ بِهِۦ ۚ وَلَا
تَزَالُ تَطَّلِعُ عَلَىٰ خَآئِنَةٍ مِّنْهُمْ إِلَّا قَلِيلًا مِّنْهُمْ ۖ فَٱعْفُ عَنْهُمْ وَٱصْفَحْ ۚ إِنَّ ٱللَّهَ يُحِبُّ
ٱلْمُحْسِنِينَ ٥ـ١٤ وَمِنَ ٱلَّذِينَ قَالُوٓا۟ إِنَّا نَصَٰرَىٰٓ أَخَذْنَا مِيثَٰقَهُمْ فَنَسُوا۟ حَظًّا مِّمَّا
ذُكِّرُوا۟ بِهِۦ فَأَغْرَيْنَا بَيْنَهُمُ ٱلْعَدَاوَةَ وَٱلْبَغْضَآءَ إِلَىٰ يَوْمِ ٱلْقِيَٰمَةِ ۚ وَسَوْفَ يُنَبِّئُهُمُ ٱللَّهُ
بِمَا كَانُوا۟ يَصْنَعُونَ ٥ـ١٥ يَٰٓأَهْلَ ٱلْكِتَٰبِ قَدْ جَآءَكُمْ رَسُولُنَا يُبَيِّنُ لَكُمْ كَثِيرًا مِّمَّا
كُنتُمْ تُخْفُونَ مِنَ ٱلْكِتَٰبِ وَيَعْفُوا۟ عَن كَثِيرٍ ۚ قَدْ جَآءَكُم مِّنَ ٱللَّهِ نُورٌ وَكِتَٰبٌ مُّبِينٌ
٥ـ١٦ يَهْدِى بِهِ ٱللَّهُ مَنِ ٱتَّبَعَ رِضْوَٰنَهُۥ سُبُلَ ٱلسَّلَٰمِ وَيُخْرِجُهُم مِّنَ ٱلظُّلُمَٰتِ إِلَى
ٱلنُّورِ بِإِذْنِهِۦ وَيَهْدِيهِمْ إِلَىٰ صِرَٰطٍ مُّسْتَقِيمٍ ٥ـ١٧ لَّقَدْ كَفَرَ ٱلَّذِينَ قَالُوٓا۟ إِنَّ ٱللَّهَ هُوَ
ٱلْمَسِيحُ ٱبْنُ مَرْيَمَ ۚ قُلْ فَمَن يَمْلِكُ مِنَ ٱللَّهِ شَيْـًٔا إِنْ أَرَادَ أَن يُهْلِكَ ٱلْمَسِيحَ ٱبْنَ
مَرْيَمَ وَأُمَّهُۥ وَمَن فِى ٱلْأَرْضِ جَمِيعًا ۗ وَلِلَّهِ مُلْكُ ٱلسَّمَٰوَٰتِ وَٱلْأَرْضِ وَمَا بَيْنَهُمَا ۚ
يَخْلُقُ مَا يَشَآءُ ۚ وَٱللَّهُ عَلَىٰ كُلِّ شَىْءٍ قَدِيرٌ ٥ـ١٨ وَقَالَتِ ٱلْيَهُودُ وَٱلنَّصَٰرَىٰ نَحْنُ
أَبْنَٰٓؤُا۟ ٱللَّهِ وَأَحِبَّٰٓؤُهُۥ ۚ قُلْ فَلِمَ يُعَذِّبُكُم بِذُنُوبِكُم ۖ بَلْ أَنتُم بَشَرٌ مِّمَّنْ خَلَقَ ۚ يَغْفِرُ لِمَن
يَشَآءُ وَيُعَذِّبُ مَن يَشَآءُ ۚ وَلِلَّهِ مُلْكُ ٱلسَّمَٰوَٰتِ وَٱلْأَرْضِ وَمَا بَيْنَهُمَا ۖ وَإِلَيْهِ ٱلْمَصِيرُ
٥ـ١٩ يَٰٓأَهْلَ ٱلْكِتَٰبِ قَدْ جَآءَكُمْ رَسُولُنَا يُبَيِّنُ لَكُمْ عَلَىٰ فَتْرَةٍ مِّنَ ٱلرُّسُلِ أَن تَقُولُوا۟
مَا جَآءَنَا مِنۢ بَشِيرٍ وَلَا نَذِيرٍ ۖ فَقَدْ جَآءَكُم بَشِيرٌ وَنَذِيرٌ ۗ وَٱللَّهُ عَلَىٰ كُلِّ شَىْءٍ قَدِيرٌ
٥ـ٢٠ وَإِذْ قَالَ مُوسَىٰ لِقَوْمِهِۦ يَٰقَوْمِ ٱذْكُرُوا۟ نِعْمَةَ ٱللَّهِ عَلَيْكُمْ إِذْ جَعَلَ فِيكُمْ
أَنۢبِيَآءَ وَجَعَلَكُم مُّلُوكًا وَءَاتَىٰكُم مَّا لَمْ يُؤْتِ أَحَدًا مِّنَ ٱلْعَٰلَمِينَ ٥ـ٢١ يَٰقَوْمِ ٱدْخُلُوا۟
ٱلْأَرْضَ ٱلْمُقَدَّسَةَ ٱلَّتِى كَتَبَ ٱللَّهُ لَكُمْ وَلَا تَرْتَدُّوا۟ عَلَىٰٓ أَدْبَارِكُمْ فَتَنقَلِبُوا۟ خَٰسِرِينَ
٥ـ٢٢ قَالُوا۟ يَٰمُوسَىٰٓ إِنَّ فِيهَا قَوْمًا جَبَّارِينَ وَإِنَّا لَن نَّدْخُلَهَا حَتَّىٰ يَخْرُجُوا۟ مِنْهَا
فَإِن يَخْرُجُوا۟ مِنْهَا فَإِنَّا دَٰخِلُونَ ٥ـ٢٣ قَالَ رَجُلَانِ مِنَ ٱلَّذِينَ يَخَافُونَ أَنْعَمَ ٱللَّهُ

عَلَيْهِمَا ٱدْخُلُوا۟ عَلَيْهِمُ ٱلْبَابَ فَإِذَا دَخَلْتُمُوهُ فَإِنَّكُمْ غَٰلِبُونَ ۚ وَعَلَى ٱللَّهِ فَتَوَكَّلُوٓا۟ إِن
كُنتُم مُّؤْمِنِينَ ٥-٢٤ قَالُوا۟ يَٰمُوسَىٰٓ إِنَّا لَن نَّدْخُلَهَآ أَبَدًا مَّا دَامُوا۟ فِيهَا ۖ فَٱذْهَبْ
أَنتَ وَرَبُّكَ فَقَٰتِلَآ إِنَّا هَٰهُنَا قَٰعِدُونَ ٥-٢٥ قَالَ رَبِّ إِنِّى لَآ أَمْلِكُ إِلَّا نَفْسِى وَأَخِى ۖ
فَٱفْرُقْ بَيْنَنَا وَبَيْنَ ٱلْقَوْمِ ٱلْفَٰسِقِينَ ٥-٢٦ قَالَ فَإِنَّهَا مُحَرَّمَةٌ عَلَيْهِمْ ۛ أَرْبَعِينَ سَنَةً ۛ
يَتِيهُونَ فِى ٱلْأَرْضِ ۚ فَلَا تَأْسَ عَلَى ٱلْقَوْمِ ٱلْفَٰسِقِينَ ٥-٢٧ وَٱتْلُ عَلَيْهِمْ نَبَأَ ٱبْنَىْ
ءَادَمَ بِٱلْحَقِّ إِذْ قَرَّبَا قُرْبَانًا فَتُقُبِّلَ مِنْ أَحَدِهِمَا وَلَمْ يُتَقَبَّلْ مِنَ ٱلْءَاخَرِ قَالَ لَأَقْتُلَنَّكَ ۖ
قَالَ إِنَّمَا يَتَقَبَّلُ ٱللَّهُ مِنَ ٱلْمُتَّقِينَ ٥-٢٨ لَئِنۢ بَسَطتَ إِلَىَّ يَدَكَ لِتَقْتُلَنِى مَآ أَنَا۠
بِبَاسِطٍ يَدِىَ إِلَيْكَ لِأَقْتُلَكَ ۖ إِنِّىٓ أَخَافُ ٱللَّهَ رَبَّ ٱلْعَٰلَمِينَ ٥-٢٩ إِنِّىٓ أُرِيدُ أَن تَبُوٓأَ
بِإِثْمِى وَإِثْمِكَ فَتَكُونَ مِنْ أَصْحَٰبِ ٱلنَّارِ ۚ وَذَٰلِكَ جَزَٰٓؤُا۟ ٱلظَّٰلِمِينَ ٥-٣٠ فَطَوَّعَتْ لَهُۥ
نَفْسُهُۥ قَتْلَ أَخِيهِ فَقَتَلَهُۥ فَأَصْبَحَ مِنَ ٱلْخَٰسِرِينَ ٥-٣١ فَبَعَثَ ٱللَّهُ غُرَابًا يَبْحَثُ فِى
ٱلْأَرْضِ لِيُرِيَهُۥ كَيْفَ يُوَٰرِى سَوْءَةَ أَخِيهِ ۚ قَالَ يَٰوَيْلَتَىٰٓ أَعَجَزْتُ أَنْ أَكُونَ مِثْلَ هَٰذَا
ٱلْغُرَابِ فَأُوَٰرِىَ سَوْءَةَ أَخِى ۖ فَأَصْبَحَ مِنَ ٱلنَّٰدِمِينَ ٥-٣٢ مِنْ أَجْلِ ذَٰلِكَ كَتَبْنَا عَلَىٰ
بَنِىٓ إِسْرَٰٓءِيلَ أَنَّهُۥ مَن قَتَلَ نَفْسًۢا بِغَيْرِ نَفْسٍ أَوْ فَسَادٍ فِى ٱلْأَرْضِ فَكَأَنَّمَا قَتَلَ
ٱلنَّاسَ جَمِيعًا وَمَنْ أَحْيَاهَا فَكَأَنَّمَآ أَحْيَا ٱلنَّاسَ جَمِيعًا ۚ وَلَقَدْ جَآءَتْهُمْ رُسُلُنَا بِٱلْبَيِّنَٰتِ
ثُمَّ إِنَّ كَثِيرًا مِّنْهُم بَعْدَ ذَٰلِكَ فِى ٱلْأَرْضِ لَمُسْرِفُونَ ٥-٣٣ إِنَّمَا جَزَٰٓؤُا۟ ٱلَّذِينَ يُحَارِبُونَ
ٱللَّهَ وَرَسُولَهُۥ وَيَسْعَوْنَ فِى ٱلْأَرْضِ فَسَادًا أَن يُقَتَّلُوٓا۟ أَوْ يُصَلَّبُوٓا۟ أَوْ تُقَطَّعَ أَيْدِيهِمْ
وَأَرْجُلُهُم مِّنْ خِلَٰفٍ أَوْ يُنفَوْا۟ مِنَ ٱلْأَرْضِ ۚ ذَٰلِكَ لَهُمْ خِزْىٌ فِى ٱلدُّنْيَا ۖ وَلَهُمْ فِى
ٱلْءَاخِرَةِ عَذَابٌ عَظِيمٌ ٥-٣٤ إِلَّا ٱلَّذِينَ تَابُوا۟ مِن قَبْلِ أَن تَقْدِرُوا۟ عَلَيْهِمْ ۖ فَٱعْلَمُوٓا۟
أَنَّ ٱللَّهَ غَفُورٌ رَّحِيمٌ ٥-٣٥ يَٰٓأَيُّهَا ٱلَّذِينَ ءَامَنُوا۟ ٱتَّقُوا۟ ٱللَّهَ وَٱبْتَغُوٓا۟ إِلَيْهِ ٱلْوَسِيلَةَ
وَجَٰهِدُوا۟ فِى سَبِيلِهِۦ لَعَلَّكُمْ تُفْلِحُونَ ٥-٣٦ إِنَّ ٱلَّذِينَ كَفَرُوا۟ لَوْ أَنَّ لَهُم مَّا فِى
ٱلْأَرْضِ جَمِيعًا وَمِثْلَهُۥ مَعَهُۥ لِيَفْتَدُوا۟ بِهِۦ مِنْ عَذَابِ يَوْمِ ٱلْقِيَٰمَةِ مَا تُقُبِّلَ مِنْهُمْ ۖ
وَلَهُمْ عَذَابٌ أَلِيمٌ ٥-٣٧ يُرِيدُونَ أَن يَخْرُجُوا۟ مِنَ ٱلنَّارِ وَمَا هُم بِخَٰرِجِينَ مِنْهَا ۖ وَلَهُمْ
عَذَابٌ مُّقِيمٌ ٥-٣٨ وَٱلسَّارِقُ وَٱلسَّارِقَةُ فَٱقْطَعُوٓا۟ أَيْدِيَهُمَا جَزَآءًۢ بِمَا كَسَبَا نَكَٰلًا مِّنَ
ٱللَّهِ ۗ وَٱللَّهُ عَزِيزٌ حَكِيمٌ ٥-٣٩ فَمَن تَابَ مِنۢ بَعْدِ ظُلْمِهِۦ وَأَصْلَحَ فَإِنَّ ٱللَّهَ يَتُوبُ
عَلَيْهِ ۗ إِنَّ ٱللَّهَ غَفُورٌ رَّحِيمٌ ٥-٤٠ أَلَمْ تَعْلَمْ أَنَّ ٱللَّهَ لَهُۥ مُلْكُ ٱلسَّمَٰوَٰتِ وَٱلْأَرْضِ يُعَذِّبُ
مَن يَشَآءُ وَيَغْفِرُ لِمَن يَشَآءُ ۗ وَٱللَّهُ عَلَىٰ كُلِّ شَىْءٍ قَدِيرٌ ٥-٤١ يَٰٓأَيُّهَا ٱلرَّسُولُ لَا
يَحْزُنكَ ٱلَّذِينَ يُسَٰرِعُونَ فِى ٱلْكُفْرِ مِنَ ٱلَّذِينَ قَالُوٓا۟ ءَامَنَّا بِأَفْوَٰهِهِمْ وَلَمْ تُؤْمِن
قُلُوبُهُمْ ۛ وَمِنَ ٱلَّذِينَ هَادُوا۟ ۛ سَمَّٰعُونَ لِلْكَذِبِ سَمَّٰعُونَ لِقَوْمٍ ءَاخَرِينَ لَمْ يَأْتُوكَ ۖ

يُحَرِّفُونَ ٱلْكَلِمَ مِنۢ بَعْدِ مَوَاضِعِهِۦ ۖ يَقُولُونَ إِنْ أُوتِيتُمْ هَٰذَا فَخُذُوهُ وَإِن لَّمْ تُؤْتَوْهُ
فَٱحْذَرُوا۟ ۚ وَمَن يُرِدِ ٱللَّهُ فِتْنَتَهُۥ فَلَن تَمْلِكَ لَهُۥ مِنَ ٱللَّهِ شَيْـًٔا ۚ أُو۟لَٰٓئِكَ ٱلَّذِينَ لَمْ يُرِدِ
ٱللَّهُ أَن يُطَهِّرَ قُلُوبَهُمْ ۚ لَهُمْ فِى ٱلدُّنْيَا خِزْىٌ ۖ وَلَهُمْ فِى ٱلْءَاخِرَةِ عَذَابٌ عَظِيمٌ
٥ـ٤٢ سَمَّٰعُونَ لِلْكَذِبِ أَكَّٰلُونَ لِلسُّحْتِ ۚ فَإِن جَآءُوكَ فَٱحْكُم بَيْنَهُمْ أَوْ أَعْرِضْ عَنْهُمْ
ۖ وَإِن تُعْرِضْ عَنْهُمْ فَلَن يَضُرُّوكَ شَيْـًٔا ۖ وَإِنْ حَكَمْتَ فَٱحْكُم بَيْنَهُم بِٱلْقِسْطِ ۚ إِنَّ ٱللَّهَ
يُحِبُّ ٱلْمُقْسِطِينَ ٥ـ٤٣ وَكَيْفَ يُحَكِّمُونَكَ وَعِندَهُمُ ٱلتَّوْرَىٰةُ فِيهَا حُكْمُ ٱللَّهِ ثُمَّ
يَتَوَلَّوْنَ مِنۢ بَعْدِ ذَٰلِكَ ۚ وَمَآ أُو۟لَٰٓئِكَ بِٱلْمُؤْمِنِينَ ٥ـ٤٤ إِنَّآ أَنزَلْنَا ٱلتَّوْرَىٰةَ فِيهَا هُدًى
وَنُورٌ ۚ يَحْكُمُ بِهَا ٱلنَّبِيُّونَ ٱلَّذِينَ أَسْلَمُوا۟ لِلَّذِينَ هَادُوا۟ وَٱلرَّبَّٰنِيُّونَ وَٱلْأَحْبَارُ بِمَا
ٱسْتُحْفِظُوا۟ مِن كِتَٰبِ ٱللَّهِ وَكَانُوا۟ عَلَيْهِ شُهَدَآءَ ۚ فَلَا تَخْشَوُا۟ ٱلنَّاسَ وَٱخْشَوْنِ وَلَا
تَشْتَرُوا۟ بِـَٔايَٰتِى ثَمَنًا قَلِيلًا ۚ وَمَن لَّمْ يَحْكُم بِمَآ أَنزَلَ ٱللَّهُ فَأُو۟لَٰٓئِكَ هُمُ ٱلْكَٰفِرُونَ
٥ـ٤٥ وَكَتَبْنَا عَلَيْهِمْ فِيهَآ أَنَّ ٱلنَّفْسَ بِٱلنَّفْسِ وَٱلْعَيْنَ بِٱلْعَيْنِ وَٱلْأَنفَ بِٱلْأَنفِ
وَٱلْأُذُنَ بِٱلْأُذُنِ وَٱلسِّنَّ بِٱلسِّنِّ وَٱلْجُرُوحَ قِصَاصٌ ۚ فَمَن تَصَدَّقَ بِهِۦ فَهُوَ كَفَّارَةٌ لَّهُۥ ۚ
وَمَن لَّمْ يَحْكُم بِمَآ أَنزَلَ ٱللَّهُ فَأُو۟لَٰٓئِكَ هُمُ ٱلظَّٰلِمُونَ ٥ـ٤٦ وَقَفَّيْنَا عَلَىٰٓ ءَاثَٰرِهِم
بِعِيسَى ٱبْنِ مَرْيَمَ مُصَدِّقًا لِّمَا بَيْنَ يَدَيْهِ مِنَ ٱلتَّوْرَىٰةِ ۖ وَءَاتَيْنَٰهُ ٱلْإِنجِيلَ فِيهِ هُدًى
وَنُورٌ وَمُصَدِّقًا لِّمَا بَيْنَ يَدَيْهِ مِنَ ٱلتَّوْرَىٰةِ وَهُدًى وَمَوْعِظَةً لِّلْمُتَّقِينَ ٥ـ٤٧ وَلْيَحْكُمْ
أَهْلُ ٱلْإِنجِيلِ بِمَآ أَنزَلَ ٱللَّهُ فِيهِ ۚ وَمَن لَّمْ يَحْكُم بِمَآ أَنزَلَ ٱللَّهُ فَأُو۟لَٰٓئِكَ هُمُ
ٱلْفَٰسِقُونَ ٥ـ٤٨ وَأَنزَلْنَآ إِلَيْكَ ٱلْكِتَٰبَ بِٱلْحَقِّ مُصَدِّقًا لِّمَا بَيْنَ يَدَيْهِ مِنَ ٱلْكِتَٰبِ
وَمُهَيْمِنًا عَلَيْهِ ۖ فَٱحْكُم بَيْنَهُم بِمَآ أَنزَلَ ٱللَّهُ ۖ وَلَا تَتَّبِعْ أَهْوَآءَهُمْ عَمَّا جَآءَكَ مِنَ
ٱلْحَقِّ ۚ لِكُلٍّ جَعَلْنَا مِنكُمْ شِرْعَةً وَمِنْهَاجًا ۚ وَلَوْ شَآءَ ٱللَّهُ لَجَعَلَكُمْ أُمَّةً وَٰحِدَةً وَلَٰكِن
لِّيَبْلُوَكُمْ فِى مَآ ءَاتَىٰكُمْ ۖ فَٱسْتَبِقُوا۟ ٱلْخَيْرَٰتِ ۚ إِلَى ٱللَّهِ مَرْجِعُكُمْ جَمِيعًا فَيُنَبِّئُكُم بِمَا
كُنتُمْ فِيهِ تَخْتَلِفُونَ ٥ـ٤٩ وَأَنِ ٱحْكُم بَيْنَهُم بِمَآ أَنزَلَ ٱللَّهُ وَلَا تَتَّبِعْ أَهْوَآءَهُمْ
وَٱحْذَرْهُمْ أَن يَفْتِنُوكَ عَنۢ بَعْضِ مَآ أَنزَلَ ٱللَّهُ إِلَيْكَ ۖ فَإِن تَوَلَّوْا۟ فَٱعْلَمْ أَنَّمَا يُرِيدُ ٱللَّهُ
أَن يُصِيبَهُم بِبَعْضِ ذُنُوبِهِمْ ۗ وَإِنَّ كَثِيرًا مِّنَ ٱلنَّاسِ لَفَٰسِقُونَ ٥ـ٥٠ أَفَحُكْمَ
ٱلْجَٰهِلِيَّةِ يَبْغُونَ ۚ وَمَنْ أَحْسَنُ مِنَ ٱللَّهِ حُكْمًا لِّقَوْمٍ يُوقِنُونَ ٥ـ٥١ يَٰٓأَيُّهَا ٱلَّذِينَ
ءَامَنُوا۟ لَا تَتَّخِذُوا۟ ٱلْيَهُودَ وَٱلنَّصَٰرَىٰٓ أَوْلِيَآءَ ۘ بَعْضُهُمْ أَوْلِيَآءُ بَعْضٍ ۚ وَمَن يَتَوَلَّهُم
مِّنكُمْ فَإِنَّهُۥ مِنْهُمْ ۗ إِنَّ ٱللَّهَ لَا يَهْدِى ٱلْقَوْمَ ٱلظَّٰلِمِينَ ٥ـ٥٢ فَتَرَى ٱلَّذِينَ فِى
قُلُوبِهِم مَّرَضٌ يُسَٰرِعُونَ فِيهِمْ يَقُولُونَ نَخْشَىٰٓ أَن تُصِيبَنَا دَآئِرَةٌ ۚ فَعَسَى ٱللَّهُ أَن
يَأْتِىَ بِٱلْفَتْحِ أَوْ أَمْرٍ مِّنْ عِندِهِۦ فَيُصْبِحُوا۟ عَلَىٰ مَآ أَسَرُّوا۟ فِىٓ أَنفُسِهِمْ نَٰدِمِينَ

٥ـ٥٣ وَيَقُولُ ٱلَّذِينَ ءَامَنُوٓاْ أَهَٰٓؤُلَآءِ ٱلَّذِينَ أَقْسَمُواْ بِٱللَّهِ جَهْدَ أَيْمَٰنِهِمْ ۙ إِنَّهُمْ
لَمَعَكُمْ ۚ حَبِطَتْ أَعْمَٰلُهُمْ فَأَصْبَحُواْ خَٰسِرِينَ ٥ـ٥٤ يَٰٓأَيُّهَا ٱلَّذِينَ ءَامَنُواْ مَن يَرْتَدَّ
مِنكُمْ عَن دِينِهِۦ فَسَوْفَ يَأْتِى ٱللَّهُ بِقَوْمٍ يُحِبُّهُمْ وَيُحِبُّونَهُۥٓ أَذِلَّةٍ عَلَى ٱلْمُؤْمِنِينَ
أَعِزَّةٍ عَلَى ٱلْكَٰفِرِينَ يُجَٰهِدُونَ فِى سَبِيلِ ٱللَّهِ وَلَا يَخَافُونَ لَوْمَةَ لَآئِمٍ ۚ ذَٰلِكَ فَضْلُ
ٱللَّهِ يُؤْتِيهِ مَن يَشَآءُ ۚ وَٱللَّهُ وَٰسِعٌ عَلِيمٌ ٥ـ٥٥ إِنَّمَا وَلِيُّكُمُ ٱللَّهُ وَرَسُولُهُۥ وَٱلَّذِينَ
ءَامَنُواْ ٱلَّذِينَ يُقِيمُونَ ٱلصَّلَوٰةَ وَيُؤْتُونَ ٱلزَّكَوٰةَ وَهُمْ رَٰكِعُونَ ٥ـ٥٦ وَمَن يَتَوَلَّ ٱللَّهَ
وَرَسُولَهُۥ وَٱلَّذِينَ ءَامَنُواْ فَإِنَّ حِزْبَ ٱللَّهِ هُمُ ٱلْغَٰلِبُونَ ٥ـ٥٧ يَٰٓأَيُّهَا ٱلَّذِينَ ءَامَنُواْ لَا
تَتَّخِذُواْ ٱلَّذِينَ ٱتَّخَذُواْ دِينَكُمْ هُزُوًا وَلَعِبًا مِّنَ ٱلَّذِينَ أُوتُواْ ٱلْكِتَٰبَ مِن قَبْلِكُمْ وَٱلْكُفَّارَ
أَوْلِيَآءَ ۚ وَٱتَّقُواْ ٱللَّهَ إِن كُنتُم مُّؤْمِنِينَ ٥ـ٥٨ وَإِذَا نَادَيْتُمْ إِلَى ٱلصَّلَوٰةِ ٱتَّخَذُوهَا
هُزُوًا وَلَعِبًا ۚ ذَٰلِكَ بِأَنَّهُمْ قَوْمٌ لَّا يَعْقِلُونَ ٥ـ٥٩ قُلْ يَٰٓأَهْلَ ٱلْكِتَٰبِ هَلْ تَنقِمُونَ مِنَّآ
إِلَّآ أَنْ ءَامَنَّا بِٱللَّهِ وَمَآ أُنزِلَ إِلَيْنَا وَمَآ أُنزِلَ مِن قَبْلُ وَأَنَّ أَكْثَرَكُمْ فَٰسِقُونَ ٥ـ٦٠ قُلْ
هَلْ أُنَبِّئُكُم بِشَرٍّ مِّن ذَٰلِكَ مَثُوبَةً عِندَ ٱللَّهِ ۚ مَن لَّعَنَهُ ٱللَّهُ وَغَضِبَ عَلَيْهِ وَجَعَلَ مِنْهُمُ
ٱلْقِرَدَةَ وَٱلْخَنَازِيرَ وَعَبَدَ ٱلطَّٰغُوتَ ۚ أُوْلَٰٓئِكَ شَرٌّ مَّكَانًا وَأَضَلُّ عَن سَوَآءِ ٱلسَّبِيلِ
٥ـ٦١ وَإِذَا جَآءُوكُمْ قَالُوٓاْ ءَامَنَّا وَقَد دَّخَلُواْ بِٱلْكُفْرِ وَهُمْ قَدْ خَرَجُواْ بِهِۦ ۚ وَٱللَّهُ أَعْلَمُ
بِمَا كَانُواْ يَكْتُمُونَ ٥ـ٦٢ وَتَرَىٰ كَثِيرًا مِّنْهُمْ يُسَٰرِعُونَ فِى ٱلْإِثْمِ وَٱلْعُدْوَٰنِ وَأَكْلِهِمُ
ٱلسُّحْتَ ۚ لَبِئْسَ مَا كَانُواْ يَعْمَلُونَ ٥ـ٦٣ لَوْلَا يَنْهَىٰهُمُ ٱلرَّبَّٰنِيُّونَ وَٱلْأَحْبَارُ عَن قَوْلِهِمُ
ٱلْإِثْمَ وَأَكْلِهِمُ ٱلسُّحْتَ ۚ لَبِئْسَ مَا كَانُواْ يَصْنَعُونَ ٥ـ٦٤ وَقَالَتِ ٱلْيَهُودُ يَدُ ٱللَّهِ
مَغْلُولَةٌ ۚ غُلَّتْ أَيْدِيهِمْ وَلُعِنُواْ بِمَا قَالُواْ ۘ بَلْ يَدَاهُ مَبْسُوطَتَانِ يُنفِقُ كَيْفَ يَشَآءُ ۚ
وَلَيَزِيدَنَّ كَثِيرًا مِّنْهُم مَّآ أُنزِلَ إِلَيْكَ مِن رَّبِّكَ طُغْيَٰنًا وَكُفْرًا ۚ وَأَلْقَيْنَا بَيْنَهُمُ ٱلْعَدَٰوَةَ
وَٱلْبَغْضَآءَ إِلَىٰ يَوْمِ ٱلْقِيَٰمَةِ ۚ كُلَّمَآ أَوْقَدُواْ نَارًا لِّلْحَرْبِ أَطْفَأَهَا ٱللَّهُ ۚ وَيَسْعَوْنَ فِى
ٱلْأَرْضِ فَسَادًا ۚ وَٱللَّهُ لَا يُحِبُّ ٱلْمُفْسِدِينَ ٥ـ٦٥ وَلَوْ أَنَّ أَهْلَ ٱلْكِتَٰبِ ءَامَنُواْ وَٱتَّقَوْاْ
لَكَفَّرْنَا عَنْهُمْ سَيِّـَٔاتِهِمْ وَلَأَدْخَلْنَٰهُمْ جَنَّٰتِ ٱلنَّعِيمِ ٥ـ٦٦ وَلَوْ أَنَّهُمْ أَقَامُواْ ٱلتَّوْرَىٰةَ
وَٱلْإِنجِيلَ وَمَآ أُنزِلَ إِلَيْهِم مِّن رَّبِّهِمْ لَأَكَلُواْ مِن فَوْقِهِمْ وَمِن تَحْتِ أَرْجُلِهِم ۚ مِّنْهُمْ
أُمَّةٌ مُّقْتَصِدَةٌ ۖ وَكَثِيرٌ مِّنْهُمْ سَآءَ مَا يَعْمَلُونَ ٥ـ٦٧ يَٰٓأَيُّهَا ٱلرَّسُولُ بَلِّغْ مَآ أُنزِلَ
إِلَيْكَ مِن رَّبِّكَ ۖ وَإِن لَّمْ تَفْعَلْ فَمَا بَلَّغْتَ رِسَالَتَهُۥ ۚ وَٱللَّهُ يَعْصِمُكَ مِنَ ٱلنَّاسِ ۗ إِنَّ ٱللَّهَ
لَا يَهْدِى ٱلْقَوْمَ ٱلْكَٰفِرِينَ ٥ـ٦٨ قُلْ يَٰٓأَهْلَ ٱلْكِتَٰبِ لَسْتُمْ عَلَىٰ شَىْءٍ حَتَّىٰ تُقِيمُواْ
ٱلتَّوْرَىٰةَ وَٱلْإِنجِيلَ وَمَآ أُنزِلَ إِلَيْكُم مِّن رَّبِّكُمْ ۗ وَلَيَزِيدَنَّ كَثِيرًا مِّنْهُم مَّآ أُنزِلَ إِلَيْكَ مِن
رَّبِّكَ طُغْيَٰنًا وَكُفْرًا ۖ فَلَا تَأْسَ عَلَى ٱلْقَوْمِ ٱلْكَٰفِرِينَ ٥ـ٦٩ إِنَّ ٱلَّذِينَ ءَامَنُواْ وَٱلَّذِينَ

هَادُواْ وَٱلصَّٰبِـُٔونَ وَٱلنَّصَٰرَىٰ مَنْ ءَامَنَ بِٱللَّهِ وَٱلْيَوْمِ ٱلْءَاخِرِ وَعَمِلَ صَٰلِحًا فَلَا خَوْفٌ
عَلَيْهِمْ وَلَا هُمْ يَحْزَنُونَ ٥ـ٧٠ لَقَدْ أَخَذْنَا مِيثَٰقَ بَنِىٓ إِسْرَٰٓءِيلَ وَأَرْسَلْنَآ إِلَيْهِمْ رُسُلًاۖ
كُلَّمَا جَآءَهُمْ رَسُولٌۢ بِمَا لَا تَهْوَىٰٓ أَنفُسُهُمْ فَرِيقًا كَذَّبُواْ وَفَرِيقًا يَقْتُلُونَ
٥ـ٧١ وَحَسِبُوٓاْ أَلَّا تَكُونَ فِتْنَةٌ فَعَمُواْ وَصَمُّواْ ثُمَّ تَابَ ٱللَّهُ عَلَيْهِمْ ثُمَّ عَمُواْ وَصَمُّواْ
كَثِيرٌ مِّنْهُمْۚ وَٱللَّهُ بَصِيرٌۢ بِمَا يَعْمَلُونَ ٥ـ٧٢ لَقَدْ كَفَرَ ٱلَّذِينَ قَالُوٓاْ إِنَّ ٱللَّهَ هُوَ
ٱلْمَسِيحُ ٱبْنُ مَرْيَمَۖ وَقَالَ ٱلْمَسِيحُ يَٰبَنِىٓ إِسْرَٰٓءِيلَ ٱعْبُدُواْ ٱللَّهَ رَبِّى وَرَبَّكُمْۖ إِنَّهُۥ مَن
يُشْرِكْ بِٱللَّهِ فَقَدْ حَرَّمَ ٱللَّهُ عَلَيْهِ ٱلْجَنَّةَ وَمَأْوَىٰهُ ٱلنَّارُۖ وَمَا لِلظَّٰلِمِينَ مِنْ أَنصَارٍ
٥ـ٧٣ لَّقَدْ كَفَرَ ٱلَّذِينَ قَالُوٓاْ إِنَّ ٱللَّهَ ثَالِثُ ثَلَٰثَةٍۘ وَمَا مِنْ إِلَٰهٍ إِلَّآ إِلَٰهٌ وَٰحِدٌۚ وَإِن لَّمْ
يَنتَهُواْ عَمَّا يَقُولُونَ لَيَمَسَّنَّ ٱلَّذِينَ كَفَرُواْ مِنْهُمْ عَذَابٌ أَلِيمٌ ٥ـ٧٤ أَفَلَا يَتُوبُونَ
إِلَى ٱللَّهِ وَيَسْتَغْفِرُونَهُۥۚ وَٱللَّهُ غَفُورٌ رَّحِيمٌ ٥ـ٧٥ مَّا ٱلْمَسِيحُ ٱبْنُ مَرْيَمَ إِلَّا رَسُولٌ
قَدْ خَلَتْ مِن قَبْلِهِ ٱلرُّسُلُ وَأُمُّهُۥ صِدِّيقَةٌۖ كَانَا يَأْكُلَانِ ٱلطَّعَامَۗ ٱنظُرْ كَيْفَ نُبَيِّنُ لَهُمُ
ٱلْءَايَٰتِ ثُمَّ ٱنظُرْ أَنَّىٰ يُؤْفَكُونَ ٥ـ٧٦ قُلْ أَتَعْبُدُونَ مِن دُونِ ٱللَّهِ مَا لَا يَمْلِكُ لَكُمْ
ضَرًّا وَلَا نَفْعًاۚ وَٱللَّهُ هُوَ ٱلسَّمِيعُ ٱلْعَلِيمُ ٥ـ٧٧ قُلْ يَٰٓأَهْلَ ٱلْكِتَٰبِ لَا تَغْلُواْ فِى
دِينِكُمْ غَيْرَ ٱلْحَقِّ وَلَا تَتَّبِعُوٓاْ أَهْوَآءَ قَوْمٍ قَدْ ضَلُّواْ مِن قَبْلُ وَأَضَلُّواْ كَثِيرًا وَضَلُّواْ عَن
سَوَآءِ ٱلسَّبِيلِ ٥ـ٧٨ لُعِنَ ٱلَّذِينَ كَفَرُواْ مِنۢ بَنِىٓ إِسْرَٰٓءِيلَ عَلَىٰ لِسَانِ دَاوُۥدَ
وَعِيسَى ٱبْنِ مَرْيَمَۚ ذَٰلِكَ بِمَا عَصَواْ وَّكَانُواْ يَعْتَدُونَ ٥ـ٧٩ كَانُواْ لَا يَتَنَاهَوْنَ عَن
مُّنكَرٍ فَعَلُوهُۚ لَبِئْسَ مَا كَانُواْ يَفْعَلُونَ ٥ـ٨٠ تَرَىٰ كَثِيرًا مِّنْهُمْ يَتَوَلَّوْنَ ٱلَّذِينَ كَفَرُواْ
ۚ لَبِئْسَ مَا قَدَّمَتْ لَهُمْ أَنفُسُهُمْ أَن سَخِطَ ٱللَّهُ عَلَيْهِمْ وَفِى ٱلْعَذَابِ هُمْ خَٰلِدُونَ
٥ـ٨١ وَلَوْ كَانُواْ يُؤْمِنُونَ بِٱللَّهِ وَٱلنَّبِىِّ وَمَآ أُنزِلَ إِلَيْهِ مَا ٱتَّخَذُوهُمْ أَوْلِيَآءَ وَلَٰكِنَّ
كَثِيرًا مِّنْهُمْ فَٰسِقُونَ ٥ـ٨٢ لَتَجِدَنَّ أَشَدَّ ٱلنَّاسِ عَدَٰوَةً لِّلَّذِينَ ءَامَنُواْ ٱلْيَهُودَ
وَٱلَّذِينَ أَشْرَكُواْۖ وَلَتَجِدَنَّ أَقْرَبَهُم مَّوَدَّةً لِّلَّذِينَ ءَامَنُواْ ٱلَّذِينَ قَالُوٓاْ إِنَّا نَصَٰرَىٰۚ ذَٰلِكَ
بِأَنَّ مِنْهُمْ قِسِّيسِينَ وَرُهْبَانًا وَأَنَّهُمْ لَا يَسْتَكْبِرُونَ ٥ـ٨٣ وَإِذَا سَمِعُواْ مَآ أُنزِلَ
إِلَى ٱلرَّسُولِ تَرَىٰٓ أَعْيُنَهُمْ تَفِيضُ مِنَ ٱلدَّمْعِ مِمَّا عَرَفُواْ مِنَ ٱلْحَقِّۖ يَقُولُونَ رَبَّنَآ
ءَامَنَّا فَٱكْتُبْنَا مَعَ ٱلشَّٰهِدِينَ ٥ـ٨٤ وَمَا لَنَا لَا نُؤْمِنُ بِٱللَّهِ وَمَا جَآءَنَا مِنَ ٱلْحَقِّ
وَنَطْمَعُ أَن يُدْخِلَنَا رَبُّنَا مَعَ ٱلْقَوْمِ ٱلصَّٰلِحِينَ ٥ـ٨٥ فَأَثَٰبَهُمُ ٱللَّهُ بِمَا قَالُواْ جَنَّٰتٍ
تَجْرِى مِن تَحْتِهَا ٱلْأَنْهَٰرُ خَٰلِدِينَ فِيهَاۚ وَذَٰلِكَ جَزَآءُ ٱلْمُحْسِنِينَ ٥ـ٨٦ وَٱلَّذِينَ كَفَرُواْ
وَكَذَّبُواْ بِـَٔايَٰتِنَآ أُوْلَٰٓئِكَ أَصْحَٰبُ ٱلْجَحِيمِ ٥ـ٨٧ يَٰٓأَيُّهَا ٱلَّذِينَ ءَامَنُواْ لَا تُحَرِّمُواْ طَيِّبَٰتِ مَآ
أَحَلَّ ٱللَّهُ لَكُمْ وَلَا تَعْتَدُوٓاْۚ إِنَّ ٱللَّهَ لَا يُحِبُّ ٱلْمُعْتَدِينَ ٥ـ٨٨ وَكُلُواْ مِمَّا رَزَقَكُمُ ٱللَّهُ

حَلَٰلًا طَيِّبًا ۚ وَٱتَّقُوا۟ ٱللَّهَ ٱلَّذِىٓ أَنتُم بِهِۦ مُؤْمِنُونَ ٥ــ٨٩ لَا يُؤَاخِذُكُمُ ٱللَّهُ بِٱللَّغْوِ فِىٓ
أَيْمَٰنِكُمْ وَلَٰكِن يُؤَاخِذُكُم بِمَا عَقَّدتُّمُ ٱلْأَيْمَٰنَ ۖ فَكَفَّٰرَتُهُۥٓ إِطْعَامُ عَشَرَةِ مَسَٰكِينَ مِنْ
أَوْسَطِ مَا تُطْعِمُونَ أَهْلِيكُمْ أَوْ كِسْوَتُهُمْ أَوْ تَحْرِيرُ رَقَبَةٍ ۖ فَمَن لَّمْ يَجِدْ فَصِيَامُ ثَلَٰثَةِ
أَيَّامٍ ۚ ذَٰلِكَ كَفَّٰرَةُ أَيْمَٰنِكُمْ إِذَا حَلَفْتُمْ ۚ وَٱحْفَظُوٓا۟ أَيْمَٰنَكُمْ ۚ كَذَٰلِكَ يُبَيِّنُ ٱللَّهُ لَكُمْ
ءَايَٰتِهِۦ لَعَلَّكُمْ تَشْكُرُونَ ٥ــ٩٠ يَٰٓأَيُّهَا ٱلَّذِينَ ءَامَنُوٓا۟ إِنَّمَا ٱلْخَمْرُ وَٱلْمَيْسِرُ وَٱلْأَنصَابُ
وَٱلْأَزْلَٰمُ رِجْسٌ مِّنْ عَمَلِ ٱلشَّيْطَٰنِ فَٱجْتَنِبُوهُ لَعَلَّكُمْ تُفْلِحُونَ ٥ــ٩١ إِنَّمَا يُرِيدُ
ٱلشَّيْطَٰنُ أَن يُوقِعَ بَيْنَكُمُ ٱلْعَدَٰوَةَ وَٱلْبَغْضَآءَ فِى ٱلْخَمْرِ وَٱلْمَيْسِرِ وَيَصُدَّكُمْ عَن ذِكْرِ
ٱللَّهِ وَعَنِ ٱلصَّلَوٰةِ ۖ فَهَلْ أَنتُم مُّنتَهُونَ ٥ــ٩٢ وَأَطِيعُوا۟ ٱللَّهَ وَأَطِيعُوا۟ ٱلرَّسُولَ
وَٱحْذَرُوا۟ ۚ فَإِن تَوَلَّيْتُمْ فَٱعْلَمُوٓا۟ أَنَّمَا عَلَىٰ رَسُولِنَا ٱلْبَلَٰغُ ٱلْمُبِينُ ٥ــ٩٣ لَيْسَ عَلَى
ٱلَّذِينَ ءَامَنُوا۟ وَعَمِلُوا۟ ٱلصَّٰلِحَٰتِ جُنَاحٌ فِيمَا طَعِمُوٓا۟ إِذَا مَا ٱتَّقَوا۟ وَّءَامَنُوا۟ وَعَمِلُوا۟
ٱلصَّٰلِحَٰتِ ثُمَّ ٱتَّقَوا۟ وَّءَامَنُوا۟ ثُمَّ ٱتَّقَوا۟ وَّأَحْسَنُوا۟ ۗ وَٱللَّهُ يُحِبُّ ٱلْمُحْسِنِينَ ٥ــ٩٤ يَٰٓأَيُّهَا
ٱلَّذِينَ ءَامَنُوا۟ لَيَبْلُوَنَّكُمُ ٱللَّهُ بِشَىْءٍ مِّنَ ٱلصَّيْدِ تَنَالُهُۥٓ أَيْدِيكُمْ وَرِمَاحُكُمْ لِيَعْلَمَ ٱللَّهُ
مَن يَخَافُهُۥ بِٱلْغَيْبِ ۚ فَمَنِ ٱعْتَدَىٰ بَعْدَ ذَٰلِكَ فَلَهُۥ عَذَابٌ أَلِيمٌ ٥ــ٩٥ يَٰٓأَيُّهَا ٱلَّذِينَ
ءَامَنُوا۟ لَا تَقْتُلُوا۟ ٱلصَّيْدَ وَأَنتُمْ حُرُمٌ ۚ وَمَن قَتَلَهُۥ مِنكُم مُّتَعَمِّدًا فَجَزَآءٌ مِّثْلُ مَا قَتَلَ
مِنَ ٱلنَّعَمِ يَحْكُمُ بِهِۦ ذَوَا عَدْلٍ مِّنكُمْ هَدْيًۢا بَٰلِغَ ٱلْكَعْبَةِ أَوْ كَفَّٰرَةٌ طَعَامُ مَسَٰكِينَ أَوْ
عَدْلُ ذَٰلِكَ صِيَامًا لِّيَذُوقَ وَبَالَ أَمْرِهِۦ ۗ عَفَا ٱللَّهُ عَمَّا سَلَفَ ۚ وَمَنْ عَادَ فَيَنتَقِمُ ٱللَّهُ
مِنْهُ ۗ وَٱللَّهُ عَزِيزٌ ذُو ٱنتِقَامٍ ٥ــ٩٦ أُحِلَّ لَكُمْ صَيْدُ ٱلْبَحْرِ وَطَعَامُهُۥ مَتَٰعًا لَّكُمْ
وَلِلسَّيَّارَةِ ۖ وَحُرِّمَ عَلَيْكُمْ صَيْدُ ٱلْبَرِّ مَا دُمْتُمْ حُرُمًا ۗ وَٱتَّقُوا۟ ٱللَّهَ ٱلَّذِىٓ إِلَيْهِ تُحْشَرُونَ
٥ــ٩٧ جَعَلَ ٱللَّهُ ٱلْكَعْبَةَ ٱلْبَيْتَ ٱلْحَرَامَ قِيَٰمًا لِّلنَّاسِ وَٱلشَّهْرَ ٱلْحَرَامَ وَٱلْهَدْىَ
وَٱلْقَلَٰٓئِدَ ۚ ذَٰلِكَ لِتَعْلَمُوٓا۟ أَنَّ ٱللَّهَ يَعْلَمُ مَا فِى ٱلسَّمَٰوَٰتِ وَمَا فِى ٱلْأَرْضِ وَأَنَّ ٱللَّهَ
بِكُلِّ شَىْءٍ عَلِيمٌ ٥ــ٩٨ ٱعْلَمُوٓا۟ أَنَّ ٱللَّهَ شَدِيدُ ٱلْعِقَابِ وَأَنَّ ٱللَّهَ غَفُورٌ رَّحِيمٌ
٥ــ٩٩ مَّا عَلَى ٱلرَّسُولِ إِلَّا ٱلْبَلَٰغُ ۗ وَٱللَّهُ يَعْلَمُ مَا تُبْدُونَ وَمَا تَكْتُمُونَ ٥ــ١٠٠ قُل لَّا
يَسْتَوِى ٱلْخَبِيثُ وَٱلطَّيِّبُ وَلَوْ أَعْجَبَكَ كَثْرَةُ ٱلْخَبِيثِ ۚ فَٱتَّقُوا۟ ٱللَّهَ يَٰٓأُو۟لِى ٱلْأَلْبَٰبِ
لَعَلَّكُمْ تُفْلِحُونَ ٥ــ١٠١ يَٰٓأَيُّهَا ٱلَّذِينَ ءَامَنُوا۟ لَا تَسْـَٔلُوا۟ عَنْ أَشْيَآءَ إِن تُبْدَ لَكُمْ
تَسُؤْكُمْ وَإِن تَسْـَٔلُوا۟ عَنْهَا حِينَ يُنَزَّلُ ٱلْقُرْءَانُ تُبْدَ لَكُمْ عَفَا ٱللَّهُ عَنْهَا ۗ وَٱللَّهُ غَفُورٌ
حَلِيمٌ ٥ــ١٠٢ قَدْ سَأَلَهَا قَوْمٌ مِّن قَبْلِكُمْ ثُمَّ أَصْبَحُوا۟ بِهَا كَٰفِرِينَ ٥ــ١٠٣ مَا جَعَلَ
ٱللَّهُ مِنۢ بَحِيرَةٍ وَلَا سَآئِبَةٍ وَلَا وَصِيلَةٍ وَلَا حَامٍ ۙ وَلَٰكِنَّ ٱلَّذِينَ كَفَرُوا۟ يَفْتَرُونَ عَلَى
ٱللَّهِ ٱلْكَذِبَ ۖ وَأَكْثَرُهُمْ لَا يَعْقِلُونَ ٥ــ١٠٤ وَإِذَا قِيلَ لَهُمْ تَعَالَوْا۟ إِلَىٰ مَآ أَنزَلَ ٱللَّهُ

وَإِلَى ٱلرَّسُولِ قَالُواْ حَسْبُنَا مَا وَجَدْنَا عَلَيْهِ ءَابَآءَنَآۚ أَوَلَوْ كَانَ ءَابَآؤُهُمْ لَا يَعْلَمُونَ
شَيْـًٔا وَلَا يَهْتَدُونَ ٥ـه١٠٥ يَٰٓأَيُّهَا ٱلَّذِينَ ءَامَنُواْ عَلَيْكُمْ أَنفُسَكُمْۖ لَا يَضُرُّكُم مَّن ضَلَّ
إِذَا ٱهْتَدَيْتُمْۚ إِلَى ٱللَّهِ مَرْجِعُكُمْ جَمِيعًا فَيُنَبِّئُكُم بِمَا كُنتُمْ تَعْمَلُونَ ٥ـه١٠٦ يَٰٓأَيُّهَا
ٱلَّذِينَ ءَامَنُواْ شَهَٰدَةُ بَيْنِكُمْ إِذَا حَضَرَ أَحَدَكُمُ ٱلْمَوْتُ حِينَ ٱلْوَصِيَّةِ ٱثْنَانِ ذَوَا عَدْلٍ
مِّنكُمْ أَوْ ءَاخَرَانِ مِنْ غَيْرِكُمْ إِنْ أَنتُمْ ضَرَبْتُمْ فِى ٱلْأَرْضِ فَأَصَٰبَتْكُم مُّصِيبَةُ ٱلْمَوْتِۚ
تَحْبِسُونَهُمَا مِنۢ بَعْدِ ٱلصَّلَوٰةِ فَيُقْسِمَانِ بِٱللَّهِ إِنِ ٱرْتَبْتُمْ لَا نَشْتَرِى بِهِۦ ثَمَنًا وَلَوْ
كَانَ ذَا قُرْبَىٰۙ وَلَا نَكْتُمُ شَهَٰدَةَ ٱللَّهِ إِنَّآ إِذًا لَّمِنَ ٱلْءَاثِمِينَ ٥ـه١٠٧ فَإِنْ عُثِرَ عَلَىٰٓ
أَنَّهُمَا ٱسْتَحَقَّآ إِثْمًا فَـَٔاخَرَانِ يَقُومَانِ مَقَامَهُمَا مِنَ ٱلَّذِينَ ٱسْتَحَقَّ عَلَيْهِمُ ٱلْأَوْلَيَٰنِ
فَيُقْسِمَانِ بِٱللَّهِ لَشَهَٰدَتُنَآ أَحَقُّ مِن شَهَٰدَتِهِمَا وَمَا ٱعْتَدَيْنَآ إِنَّآ إِذًا لَّمِنَ ٱلظَّٰلِمِينَ
٥ـه١٠٨ ذَٰلِكَ أَدْنَىٰٓ أَن يَأْتُواْ بِٱلشَّهَٰدَةِ عَلَىٰ وَجْهِهَآ أَوْ يَخَافُوٓاْ أَن تُرَدَّ أَيْمَٰنٌۢ بَعْدَ
أَيْمَٰنِهِمْۗ وَٱتَّقُواْ ٱللَّهَ وَٱسْمَعُواْۗ وَٱللَّهُ لَا يَهْدِى ٱلْقَوْمَ ٱلْفَٰسِقِينَ ٥ـه١٠٩ ۞ يَوْمَ
يَجْمَعُ ٱللَّهُ ٱلرُّسُلَ فَيَقُولُ مَاذَآ أُجِبْتُمْۖ قَالُواْ لَا عِلْمَ لَنَآۖ إِنَّكَ أَنتَ عَلَّٰمُ ٱلْغُيُوبِ
٥ـه١١٠ إِذْ قَالَ ٱللَّهُ يَٰعِيسَى ٱبْنَ مَرْيَمَ ٱذْكُرْ نِعْمَتِى عَلَيْكَ وَعَلَىٰ وَٰلِدَتِكَ إِذْ أَيَّدتُّكَ
بِرُوحِ ٱلْقُدُسِ تُكَلِّمُ ٱلنَّاسَ فِى ٱلْمَهْدِ وَكَهْلًاۖ وَإِذْ عَلَّمْتُكَ ٱلْكِتَٰبَ وَٱلْحِكْمَةَ
وَٱلتَّوْرَىٰةَ وَٱلْإِنجِيلَۖ وَإِذْ تَخْلُقُ مِنَ ٱلطِّينِ كَهَيْـَٔةِ ٱلطَّيْرِ بِإِذْنِى فَتَنفُخُ فِيهَا فَتَكُونُ
طَيْرًۢا بِإِذْنِىۖ وَتُبْرِئُ ٱلْأَكْمَهَ وَٱلْأَبْرَصَ بِإِذْنِىۖ وَإِذْ تُخْرِجُ ٱلْمَوْتَىٰ بِإِذْنِىۖ وَإِذْ كَفَفْتُ
بَنِىٓ إِسْرَٰٓءِيلَ عَنكَ إِذْ جِئْتَهُم بِٱلْبَيِّنَٰتِ فَقَالَ ٱلَّذِينَ كَفَرُواْ مِنْهُمْ إِنْ هَٰذَآ إِلَّا سِحْرٌ
مُّبِينٌ ٥ـه١١١ وَإِذْ أَوْحَيْتُ إِلَى ٱلْحَوَارِيِّـۧنَ أَنْ ءَامِنُواْ بِى وَبِرَسُولِى قَالُوٓاْ ءَامَنَّا
وَٱشْهَدْ بِأَنَّنَا مُسْلِمُونَ ٥ـه١١٢ إِذْ قَالَ ٱلْحَوَارِيُّونَ يَٰعِيسَى ٱبْنَ مَرْيَمَ هَلْ يَسْتَطِيعُ
رَبُّكَ أَن يُنَزِّلَ عَلَيْنَا مَآئِدَةً مِّنَ ٱلسَّمَآءِۖ قَالَ ٱتَّقُواْ ٱللَّهَ إِن كُنتُم مُّؤْمِنِينَ
٥ـه١١٣ قَالُواْ نُرِيدُ أَن نَّأْكُلَ مِنْهَا وَتَطْمَئِنَّ قُلُوبُنَا وَنَعْلَمَ أَن قَدْ صَدَقْتَنَا وَنَكُونَ
عَلَيْهَا مِنَ ٱلشَّٰهِدِينَ ٥ـه١١٤ قَالَ عِيسَى ٱبْنُ مَرْيَمَ ٱللَّهُمَّ رَبَّنَآ أَنزِلْ عَلَيْنَا مَآئِدَةً مِّنَ
ٱلسَّمَآءِ تَكُونُ لَنَا عِيدًا لِّأَوَّلِنَا وَءَاخِرِنَا وَءَايَةً مِّنكَۖ وَٱرْزُقْنَا وَأَنتَ خَيْرُ ٱلرَّٰزِقِينَ
٥ـه١١٥ قَالَ ٱللَّهُ إِنِّى مُنَزِّلُهَا عَلَيْكُمْۖ فَمَن يَكْفُرْ بَعْدُ مِنكُمْ فَإِنِّىٓ أُعَذِّبُهُۥ عَذَابًا لَّآ
أُعَذِّبُهُۥٓ أَحَدًا مِّنَ ٱلْعَٰلَمِينَ ٥ـه١١٦ وَإِذْ قَالَ ٱللَّهُ يَٰعِيسَى ٱبْنَ مَرْيَمَ ءَأَنتَ قُلْتَ لِلنَّاسِ
ٱتَّخِذُونِى وَأُمِّىَ إِلَٰهَيْنِ مِن دُونِ ٱللَّهِۖ قَالَ سُبْحَٰنَكَ مَا يَكُونُ لِىٓ أَنْ أَقُولَ مَا لَيْسَ
لِى بِحَقٍّۚ إِن كُنتُ قُلْتُهُۥ فَقَدْ عَلِمْتَهُۥۚ تَعْلَمُ مَا فِى نَفْسِى وَلَآ أَعْلَمُ مَا فِى
نَفْسِكَۚ إِنَّكَ أَنتَ عَلَّٰمُ ٱلْغُيُوبِ ٥ـه١١٧ مَا قُلْتُ لَهُمْ إِلَّا مَآ أَمَرْتَنِى بِهِۦٓ أَنِ ٱعْبُدُواْ

ٱللَّهَ رَبِّى وَرَبَّكُمْ ۚ وَكُنتُ عَلَيْهِمْ شَهِيدًا مَّا دُمْتُ فِيهِمْ ۖ فَلَمَّا تَوَفَّيْتَنِى كُنتَ أَنتَ
ٱلرَّقِيبَ عَلَيْهِمْ ۚ وَأَنتَ عَلَىٰ كُلِّ شَىْءٍ شَهِيدٌ ٥ـ١١٨ إِن تُعَذِّبْهُمْ فَإِنَّهُمْ عِبَادُكَ ۖ
وَإِن تَغْفِرْ لَهُمْ فَإِنَّكَ أَنتَ ٱلْعَزِيزُ ٱلْحَكِيمُ ٥ـ١١٩ قَالَ ٱللَّهُ هَٰذَا يَوْمُ يَنفَعُ ٱلصَّٰدِقِينَ
صِدْقُهُمْ ۚ لَهُمْ جَنَّٰتٌ تَجْرِى مِن تَحْتِهَا ٱلْأَنْهَٰرُ خَٰلِدِينَ فِيهَآ أَبَدًا ۚ رَّضِىَ ٱللَّهُ عَنْهُمْ
وَرَضُوا۟ عَنْهُ ۚ ذَٰلِكَ ٱلْفَوْزُ ٱلْعَظِيمُ ٥ـ١٢٠ لِلَّهِ مُلْكُ ٱلسَّمَٰوَٰتِ وَٱلْأَرْضِ وَمَا فِيهِنَّ ۚ
وَهُوَ عَلَىٰ كُلِّ شَىْءٍ قَدِيرٌۢ ٦ـ١ ٱلْحَمْدُ لِلَّهِ ٱلَّذِى خَلَقَ ٱلسَّمَٰوَٰتِ وَٱلْأَرْضَ وَجَعَلَ
ٱلظُّلُمَٰتِ وَٱلنُّورَ ۖ ثُمَّ ٱلَّذِينَ كَفَرُوا۟ بِرَبِّهِمْ يَعْدِلُونَ ٦ـ٢ هُوَ ٱلَّذِى خَلَقَكُم مِّن طِينٍ
ثُمَّ قَضَىٰٓ أَجَلًا ۖ وَأَجَلٌ مُّسَمًّى عِندَهُۥ ۖ ثُمَّ أَنتُمْ تَمْتَرُونَ ٦ـ٣ وَهُوَ ٱللَّهُ فِى
ٱلسَّمَٰوَٰتِ وَفِى ٱلْأَرْضِ ۖ يَعْلَمُ سِرَّكُمْ وَجَهْرَكُمْ وَيَعْلَمُ مَا تَكْسِبُونَ ٦ـ٤ وَمَا
تَأْتِيهِم مِّنْ ءَايَةٍ مِّنْ ءَايَٰتِ رَبِّهِمْ إِلَّا كَانُوا۟ عَنْهَا مُعْرِضِينَ ٦ـ٥ فَقَدْ كَذَّبُوا۟ بِٱلْحَقِّ
لَمَّا جَآءَهُمْ ۖ فَسَوْفَ يَأْتِيهِمْ أَنۢبَٰٓؤُا۟ مَا كَانُوا۟ بِهِۦ يَسْتَهْزِءُونَ ٦ـ٦ أَلَمْ يَرَوْا۟ كَمْ
أَهْلَكْنَا مِن قَبْلِهِم مِّن قَرْنٍ مَّكَّنَّٰهُمْ فِى ٱلْأَرْضِ مَا لَمْ نُمَكِّن لَّكُمْ وَأَرْسَلْنَا ٱلسَّمَآءَ
عَلَيْهِم مِّدْرَارًا وَجَعَلْنَا ٱلْأَنْهَٰرَ تَجْرِى مِن تَحْتِهِمْ فَأَهْلَكْنَٰهُم بِذُنُوبِهِمْ وَأَنشَأْنَا مِنۢ
بَعْدِهِمْ قَرْنًا ءَاخَرِينَ ٦ـ٧ وَلَوْ نَزَّلْنَا عَلَيْكَ كِتَٰبًا فِى قِرْطَاسٍ فَلَمَسُوهُ بِأَيْدِيهِمْ
لَقَالَ ٱلَّذِينَ كَفَرُوٓا۟ إِنْ هَٰذَآ إِلَّا سِحْرٌ مُّبِينٌ ٦ـ٨ وَقَالُوا۟ لَوْلَآ أُنزِلَ عَلَيْهِ مَلَكٌ ۖ وَلَوْ
أَنزَلْنَا مَلَكًا لَّقُضِىَ ٱلْأَمْرُ ثُمَّ لَا يُنظَرُونَ ٦ـ٩ وَلَوْ جَعَلْنَٰهُ مَلَكًا لَّجَعَلْنَٰهُ رَجُلًا وَلَلَبَسْنَا
عَلَيْهِم مَّا يَلْبِسُونَ ٦ـ١٠ وَلَقَدِ ٱسْتُهْزِئَ بِرُسُلٍ مِّن قَبْلِكَ فَحَاقَ بِٱلَّذِينَ سَخِرُوا۟
مِنْهُم مَّا كَانُوا۟ بِهِۦ يَسْتَهْزِءُونَ ٦ـ١١ قُلْ سِيرُوا۟ فِى ٱلْأَرْضِ ثُمَّ ٱنظُرُوا۟ كَيْفَ كَانَ
عَٰقِبَةُ ٱلْمُكَذِّبِينَ ٦ـ١٢ قُل لِّمَن مَّا فِى ٱلسَّمَٰوَٰتِ وَٱلْأَرْضِ ۖ قُل لِّلَّهِ ۚ كَتَبَ عَلَىٰ
نَفْسِهِ ٱلرَّحْمَةَ ۚ لَيَجْمَعَنَّكُمْ إِلَىٰ يَوْمِ ٱلْقِيَٰمَةِ لَا رَيْبَ فِيهِ ۚ ٱلَّذِينَ خَسِرُوٓا۟ أَنفُسَهُمْ
فَهُمْ لَا يُؤْمِنُونَ ٦ـ١٣ وَلَهُۥ مَا سَكَنَ فِى ٱلَّيْلِ وَٱلنَّهَارِ ۚ وَهُوَ ٱلسَّمِيعُ ٱلْعَلِيمُ
٦ـ١٤ قُلْ أَغَيْرَ ٱللَّهِ أَتَّخِذُ وَلِيًّا فَاطِرِ ٱلسَّمَٰوَٰتِ وَٱلْأَرْضِ وَهُوَ يُطْعِمُ وَلَا يُطْعَمُ ۗ قُلْ
إِنِّىٓ أُمِرْتُ أَنْ أَكُونَ أَوَّلَ مَنْ أَسْلَمَ ۖ وَلَا تَكُونَنَّ مِنَ ٱلْمُشْرِكِينَ ٦ـ١٥ قُلْ إِنِّىٓ أَخَافُ
إِنْ عَصَيْتُ رَبِّى عَذَابَ يَوْمٍ عَظِيمٍ ٦ـ١٦ مَّن يُصْرَفْ عَنْهُ يَوْمَئِذٍ فَقَدْ رَحِمَهُۥ ۚ وَذَٰلِكَ
ٱلْفَوْزُ ٱلْمُبِينُ ٦ـ١٧ وَإِن يَمْسَسْكَ ٱللَّهُ بِضُرٍّ فَلَا كَاشِفَ لَهُۥٓ إِلَّا هُوَ ۖ وَإِن يَمْسَسْكَ
بِخَيْرٍ فَهُوَ عَلَىٰ كُلِّ شَىْءٍ قَدِيرٌ ٦ـ١٨ وَهُوَ ٱلْقَاهِرُ فَوْقَ عِبَادِهِۦ ۚ وَهُوَ ٱلْحَكِيمُ
ٱلْخَبِيرُ ٦ـ١٩ قُلْ أَىُّ شَىْءٍ أَكْبَرُ شَهَٰدَةً ۖ قُلِ ٱللَّهُ ۖ شَهِيدٌۢ بَيْنِى وَبَيْنَكُمْ ۚ وَأُوحِىَ
إِلَىَّ هَٰذَا ٱلْقُرْءَانُ لِأُنذِرَكُم بِهِۦ وَمَنۢ بَلَغَ ۚ أَئِنَّكُمْ لَتَشْهَدُونَ أَنَّ مَعَ ٱللَّهِ ءَالِهَةً أُخْرَىٰ

ۚ قُل لَّآ أَشْهَدُ ۚ قُلْ إِنَّمَا هُوَ إِلَٰهٌ وَٰحِدٌ وَإِنَّنِى بَرِىٓءٌ مِّمَّا تُشْرِكُونَ ٦ـ٢٠ ٱلَّذِينَ
ءَاتَيْنَٰهُمُ ٱلْكِتَٰبَ يَعْرِفُونَهُۥ كَمَا يَعْرِفُونَ أَبْنَآءَهُمُ ۘ ٱلَّذِينَ خَسِرُوٓا۟ أَنفُسَهُمْ فَهُمْ لَا
يُؤْمِنُونَ ٦ـ٢١ وَمَنْ أَظْلَمُ مِمَّنِ ٱفْتَرَىٰ عَلَى ٱللَّهِ كَذِبًا أَوْ كَذَّبَ بِـَٔايَٰتِهِۦٓ ۗ إِنَّهُۥ لَا يُفْلِحُ
ٱلظَّٰلِمُونَ ٦ـ٢٢ وَيَوْمَ نَحْشُرُهُمْ جَمِيعًا ثُمَّ نَقُولُ لِلَّذِينَ أَشْرَكُوٓا۟ أَيْنَ شُرَكَآؤُكُمُ
ٱلَّذِينَ كُنتُمْ تَزْعُمُونَ ٦ـ٢٣ ثُمَّ لَمْ تَكُن فِتْنَتُهُمْ إِلَّآ أَن قَالُوا۟ وَٱللَّهِ رَبِّنَا مَا كُنَّا
مُشْرِكِينَ ٦ـ٢٤ ٱنظُرْ كَيْفَ كَذَبُوا۟ عَلَىٰٓ أَنفُسِهِمْ ۚ وَضَلَّ عَنْهُم مَّا كَانُوا۟ يَفْتَرُونَ
٦ـ٢٥ وَمِنْهُم مَّن يَسْتَمِعُ إِلَيْكَ ۖ وَجَعَلْنَا عَلَىٰ قُلُوبِهِمْ أَكِنَّةً أَن يَفْقَهُوهُ وَفِىٓ
ءَاذَانِهِمْ وَقْرًا ۚ وَإِن يَرَوْا۟ كُلَّ ءَايَةٍ لَّا يُؤْمِنُوا۟ بِهَا ۚ حَتَّىٰٓ إِذَا جَآءُوكَ يُجَٰدِلُونَكَ يَقُولُ
ٱلَّذِينَ كَفَرُوٓا۟ إِنْ هَٰذَآ إِلَّآ أَسَٰطِيرُ ٱلْأَوَّلِينَ ٦ـ٢٦ وَهُمْ يَنْهَوْنَ عَنْهُ وَيَنْـَٔوْنَ عَنْهُ ۖ وَإِن
يُهْلِكُونَ إِلَّآ أَنفُسَهُمْ وَمَا يَشْعُرُونَ ٦ـ٢٧ وَلَوْ تَرَىٰٓ إِذْ وُقِفُوا۟ عَلَى ٱلنَّارِ فَقَالُوا۟
يَٰلَيْتَنَا نُرَدُّ وَلَا نُكَذِّبَ بِـَٔايَٰتِ رَبِّنَا وَنَكُونَ مِنَ ٱلْمُؤْمِنِينَ ٦ـ٢٨ بَلْ بَدَا لَهُم مَّا كَانُوا۟
يُخْفُونَ مِن قَبْلُ ۖ وَلَوْ رُدُّوا۟ لَعَادُوا۟ لِمَا نُهُوا۟ عَنْهُ وَإِنَّهُمْ لَكَٰذِبُونَ ٦ـ٢٩ وَقَالُوٓا۟ إِنْ
هِىَ إِلَّا حَيَاتُنَا ٱلدُّنْيَا وَمَا نَحْنُ بِمَبْعُوثِينَ ٦ـ٣٠ وَلَوْ تَرَىٰٓ إِذْ وُقِفُوا۟ عَلَىٰ رَبِّهِمْ ۚ
قَالَ أَلَيْسَ هَٰذَا بِٱلْحَقِّ ۚ قَالُوا۟ بَلَىٰ وَرَبِّنَا ۚ قَالَ فَذُوقُوا۟ ٱلْعَذَابَ بِمَا كُنتُمْ تَكْفُرُونَ
٦ـ٣١ قَدْ خَسِرَ ٱلَّذِينَ كَذَّبُوا۟ بِلِقَآءِ ٱللَّهِ ۖ حَتَّىٰٓ إِذَا جَآءَتْهُمُ ٱلسَّاعَةُ بَغْتَةً قَالُوا۟
يَٰحَسْرَتَنَا عَلَىٰ مَا فَرَّطْنَا فِيهَا وَهُمْ يَحْمِلُونَ أَوْزَارَهُمْ عَلَىٰ ظُهُورِهِمْ ۚ أَلَا سَآءَ مَا
يَزِرُونَ ٦ـ٣٢ وَمَا ٱلْحَيَوٰةُ ٱلدُّنْيَآ إِلَّا لَعِبٌ وَلَهْوٌ ۖ وَلَلدَّارُ ٱلْـَٔاخِرَةُ خَيْرٌ لِّلَّذِينَ يَتَّقُونَ ۗ
أَفَلَا تَعْقِلُونَ ٦ـ٣٣ قَدْ نَعْلَمُ إِنَّهُۥ لَيَحْزُنُكَ ٱلَّذِى يَقُولُونَ ۖ فَإِنَّهُمْ لَا يُكَذِّبُونَكَ وَلَٰكِنَّ
ٱلظَّٰلِمِينَ بِـَٔايَٰتِ ٱللَّهِ يَجْحَدُونَ ٦ـ٣٤ وَلَقَدْ كُذِّبَتْ رُسُلٌ مِّن قَبْلِكَ فَصَبَرُوا۟ عَلَىٰ مَا
كُذِّبُوا۟ وَأُوذُوا۟ حَتَّىٰٓ أَتَىٰهُمْ نَصْرُنَا ۚ وَلَا مُبَدِّلَ لِكَلِمَٰتِ ٱللَّهِ ۚ وَلَقَدْ جَآءَكَ مِن نَّبَإِى۟
ٱلْمُرْسَلِينَ ٦ـ٣٥ وَإِن كَانَ كَبُرَ عَلَيْكَ إِعْرَاضُهُمْ فَإِنِ ٱسْتَطَعْتَ أَن تَبْتَغِىَ نَفَقًا فِى
ٱلْأَرْضِ أَوْ سُلَّمًا فِى ٱلسَّمَآءِ فَتَأْتِيَهُم بِـَٔايَةٍ ۚ وَلَوْ شَآءَ ٱللَّهُ لَجَمَعَهُمْ عَلَى ٱلْهُدَىٰ ۚ
فَلَا تَكُونَنَّ مِنَ ٱلْجَٰهِلِينَ ٦ـ٣٦ إِنَّمَا يَسْتَجِيبُ ٱلَّذِينَ يَسْمَعُونَ ۘ وَٱلْمَوْتَىٰ يَبْعَثُهُمُ
ٱللَّهُ ثُمَّ إِلَيْهِ يُرْجَعُونَ ٦ـ٣٧ وَقَالُوا۟ لَوْلَا نُزِّلَ عَلَيْهِ ءَايَةٌ مِّن رَّبِّهِۦ ۚ قُلْ إِنَّ ٱللَّهَ قَادِرٌ
عَلَىٰٓ أَن يُنَزِّلَ ءَايَةً وَلَٰكِنَّ أَكْثَرَهُمْ لَا يَعْلَمُونَ ٦ـ٣٨ وَمَا مِن دَآبَّةٍ فِى ٱلْأَرْضِ وَلَا
طَٰٓئِرٍ يَطِيرُ بِجَنَاحَيْهِ إِلَّآ أُمَمٌ أَمْثَالُكُم ۚ مَّا فَرَّطْنَا فِى ٱلْكِتَٰبِ مِن شَىْءٍ ۚ ثُمَّ إِلَىٰ رَبِّهِمْ
يُحْشَرُونَ ٦ـ٣٩ وَٱلَّذِينَ كَذَّبُوا۟ بِـَٔايَٰتِنَا صُمٌّ وَبُكْمٌ فِى ٱلظُّلُمَٰتِ ۗ مَن يَشَإِ ٱللَّهُ يُضْلِلْهُ
وَمَن يَشَأْ يَجْعَلْهُ عَلَىٰ صِرَٰطٍ مُّسْتَقِيمٍ ٦ـ٤٠ قُلْ أَرَءَيْتَكُمْ إِنْ أَتَىٰكُمْ عَذَابُ ٱللَّهِ أَوْ

أَتَتْكُمُ ٱلسَّاعَةُ أَغَيْرَ ٱللَّهِ تَدْعُونَ إِن كُنتُمْ صَٰدِقِينَ ٦ــ٤١ بَلْ إِيَّاهُ تَدْعُونَ فَيَكْشِفُ
مَا تَدْعُونَ إِلَيْهِ إِن شَآءَ وَتَنسَوْنَ مَا تُشْرِكُونَ ٦ــ٤٢ وَلَقَدْ أَرْسَلْنَآ إِلَىٰٓ أُمَمٍ مِّن
قَبْلِكَ فَأَخَذْنَٰهُم بِٱلْبَأْسَآءِ وَٱلضَّرَّآءِ لَعَلَّهُمْ يَتَضَرَّعُونَ ٦ــ٤٣ فَلَوْلَآ إِذْ جَآءَهُم بَأْسُنَا
تَضَرَّعُوا۟ وَلَٰكِن قَسَتْ قُلُوبُهُمْ وَزَيَّنَ لَهُمُ ٱلشَّيْطَٰنُ مَا كَانُوا۟ يَعْمَلُونَ ٦ــ٤٤ فَلَمَّا
نَسُوا۟ مَا ذُكِّرُوا۟ بِهِۦ فَتَحْنَا عَلَيْهِمْ أَبْوَٰبَ كُلِّ شَىْءٍ حَتَّىٰٓ إِذَا فَرِحُوا۟ بِمَآ أُوتُوٓا۟
أَخَذْنَٰهُم بَغْتَةً فَإِذَا هُم مُّبْلِسُونَ ٦ــ٤٥ فَقُطِعَ دَابِرُ ٱلْقَوْمِ ٱلَّذِينَ ظَلَمُوا۟ ۚ وَٱلْحَمْدُ
لِلَّهِ رَبِّ ٱلْعَٰلَمِينَ ٦ــ٤٦ قُلْ أَرَءَيْتُمْ إِنْ أَخَذَ ٱللَّهُ سَمْعَكُمْ وَأَبْصَٰرَكُمْ وَخَتَمَ عَلَىٰ
قُلُوبِكُم مَّنْ إِلَٰهٌ غَيْرُ ٱللَّهِ يَأْتِيكُم بِهِ ۗ ٱنظُرْ كَيْفَ نُصَرِّفُ ٱلْءَايَٰتِ ثُمَّ هُمْ يَصْدِفُونَ
٦ــ٤٧ قُلْ أَرَءَيْتَكُمْ إِنْ أَتَىٰكُمْ عَذَابُ ٱللَّهِ بَغْتَةً أَوْ جَهْرَةً هَلْ يُهْلَكُ إِلَّا ٱلْقَوْمُ
ٱلظَّٰلِمُونَ ٦ــ٤٨ وَمَا نُرْسِلُ ٱلْمُرْسَلِينَ إِلَّا مُبَشِّرِينَ وَمُنذِرِينَ ۖ فَمَنْ ءَامَنَ وَأَصْلَحَ فَلَا
خَوْفٌ عَلَيْهِمْ وَلَا هُمْ يَحْزَنُونَ ٦ــ٤٩ وَٱلَّذِينَ كَذَّبُوا۟ بِـَٔايَٰتِنَا يَمَسُّهُمُ ٱلْعَذَابُ بِمَا
كَانُوا۟ يَفْسُقُونَ ٦ــ٥٠ قُل لَّآ أَقُولُ لَكُمْ عِندِى خَزَآئِنُ ٱللَّهِ وَلَآ أَعْلَمُ ٱلْغَيْبَ وَلَآ
أَقُولُ لَكُمْ إِنِّى مَلَكٌ ۖ إِنْ أَتَّبِعُ إِلَّا مَا يُوحَىٰٓ إِلَىَّ ۚ قُلْ هَلْ يَسْتَوِى ٱلْأَعْمَىٰ وَٱلْبَصِيرُ ۚ
أَفَلَا تَتَفَكَّرُونَ ٦ــ٥١ وَأَنذِرْ بِهِ ٱلَّذِينَ يَخَافُونَ أَن يُحْشَرُوٓا۟ إِلَىٰ رَبِّهِمْ ۙ لَيْسَ لَهُم مِّن
دُونِهِۦ وَلِىٌّ وَلَا شَفِيعٌ لَّعَلَّهُمْ يَتَّقُونَ ٦ــ٥٢ وَلَا تَطْرُدِ ٱلَّذِينَ يَدْعُونَ رَبَّهُم بِٱلْغَدَوٰةِ
وَٱلْعَشِىِّ يُرِيدُونَ وَجْهَهُۥ ۖ مَا عَلَيْكَ مِنْ حِسَابِهِم مِّن شَىْءٍ وَمَا مِنْ حِسَابِكَ
عَلَيْهِم مِّن شَىْءٍ فَتَطْرُدَهُمْ فَتَكُونَ مِنَ ٱلظَّٰلِمِينَ ٦ــ٥٣ وَكَذَٰلِكَ فَتَنَّا بَعْضَهُم
بِبَعْضٍ لِّيَقُولُوٓا۟ أَهَٰٓؤُلَآءِ مَنَّ ٱللَّهُ عَلَيْهِم مِّنۢ بَيْنِنَآ ۗ أَلَيْسَ ٱللَّهُ بِأَعْلَمَ بِٱلشَّٰكِرِينَ
٦ــ٥٤ وَإِذَا جَآءَكَ ٱلَّذِينَ يُؤْمِنُونَ بِـَٔايَٰتِنَا فَقُلْ سَلَٰمٌ عَلَيْكُمْ ۖ كَتَبَ رَبُّكُمْ عَلَىٰ نَفْسِهِ
ٱلرَّحْمَةَ ۖ أَنَّهُۥ مَنْ عَمِلَ مِنكُمْ سُوٓءًۢا بِجَهَٰلَةٍ ثُمَّ تَابَ مِنۢ بَعْدِهِۦ وَأَصْلَحَ فَأَنَّهُۥ غَفُورٌ
رَّحِيمٌ ٦ــ٥٥ وَكَذَٰلِكَ نُفَصِّلُ ٱلْءَايَٰتِ وَلِتَسْتَبِينَ سَبِيلُ ٱلْمُجْرِمِينَ ٦ــ٥٦ قُلْ إِنِّى
نُهِيتُ أَنْ أَعْبُدَ ٱلَّذِينَ تَدْعُونَ مِن دُونِ ٱللَّهِ ۚ قُل لَّآ أَتَّبِعُ أَهْوَآءَكُمْ ۙ قَدْ ضَلَلْتُ إِذًا
وَمَآ أَنَا۠ مِنَ ٱلْمُهْتَدِينَ ٦ــ٥٧ قُلْ إِنِّى عَلَىٰ بَيِّنَةٍ مِّن رَّبِّى وَكَذَّبْتُم بِهِۦ ۚ مَا عِندِى مَا
تَسْتَعْجِلُونَ بِهِۦٓ ۚ إِنِ ٱلْحُكْمُ إِلَّا لِلَّهِ ۖ يَقُصُّ ٱلْحَقَّ ۖ وَهُوَ خَيْرُ ٱلْفَٰصِلِينَ ٦ــ٥٨ قُل لَّوْ
أَنَّ عِندِى مَا تَسْتَعْجِلُونَ بِهِۦ لَقُضِىَ ٱلْأَمْرُ بَيْنِى وَبَيْنَكُمْ ۗ وَٱللَّهُ أَعْلَمُ بِٱلظَّٰلِمِينَ
٦ــ٥٩ وَعِندَهُۥ مَفَاتِحُ ٱلْغَيْبِ لَا يَعْلَمُهَآ إِلَّا هُوَ ۚ وَيَعْلَمُ مَا فِى ٱلْبَرِّ وَٱلْبَحْرِ ۚ وَمَا
تَسْقُطُ مِن وَرَقَةٍ إِلَّا يَعْلَمُهَا وَلَا حَبَّةٍ فِى ظُلُمَٰتِ ٱلْأَرْضِ وَلَا رَطْبٍ وَلَا يَابِسٍ إِلَّا
فِى كِتَٰبٍ مُّبِينٍ ٦ــ٦٠ وَهُوَ ٱلَّذِى يَتَوَفَّىٰكُم بِٱلَّيْلِ وَيَعْلَمُ مَا جَرَحْتُم بِٱلنَّهَارِ ثُمَّ

يَبْعَثُكُمْ فِيهِ لِيُقْضَىٰٓ أَجَلٌ مُّسَمًّى ۖ ثُمَّ إِلَيْهِ مَرْجِعُكُمْ ثُمَّ يُنَبِّئُكُم بِمَا كُنتُمْ تَعْمَلُونَ
٦ـ٦١ وَهُوَ ٱلْقَاهِرُ فَوْقَ عِبَادِهِۦ ۖ وَيُرْسِلُ عَلَيْكُمْ حَفَظَةً حَتَّىٰٓ إِذَا جَآءَ أَحَدَكُمُ
ٱلْمَوْتُ تَوَفَّتْهُ رُسُلُنَا وَهُمْ لَا يُفَرِّطُونَ ٦ـ٦٢ ثُمَّ رُدُّوٓا۟ إِلَى ٱللَّهِ مَوْلَىٰهُمُ ٱلْحَقِّ ۚ أَلَا
لَهُ ٱلْحُكْمُ وَهُوَ أَسْرَعُ ٱلْحَٰسِبِينَ ٦ـ٦٣ قُلْ مَن يُنَجِّيكُم مِّن ظُلُمَٰتِ ٱلْبَرِّ وَٱلْبَحْرِ
تَدْعُونَهُۥ تَضَرُّعًا وَخُفْيَةً لَّئِنْ أَنجَىٰنَا مِنْ هَٰذِهِۦ لَنَكُونَنَّ مِنَ ٱلشَّٰكِرِينَ ٦ـ٦٤ قُلِ ٱللَّهُ
يُنَجِّيكُم مِّنْهَا وَمِن كُلِّ كَرْبٍ ثُمَّ أَنتُمْ تُشْرِكُونَ ٦ـ٦٥ قُلْ هُوَ ٱلْقَادِرُ عَلَىٰٓ أَن يَبْعَثَ
عَلَيْكُمْ عَذَابًا مِّن فَوْقِكُمْ أَوْ مِن تَحْتِ أَرْجُلِكُمْ أَوْ يَلْبِسَكُمْ شِيَعًا وَيُذِيقَ بَعْضَكُم
بَأْسَ بَعْضٍ ۗ ٱنظُرْ كَيْفَ نُصَرِّفُ ٱلْءَايَٰتِ لَعَلَّهُمْ يَفْقَهُونَ ٦ـ٦٦ وَكَذَّبَ بِهِۦ قَوْمُكَ
وَهُوَ ٱلْحَقُّ ۚ قُل لَّسْتُ عَلَيْكُم بِوَكِيلٍ ٦ـ٦٧ لِّكُلِّ نَبَإٍ مُّسْتَقَرٌّ ۚ وَسَوْفَ تَعْلَمُونَ
٦ـ٦٨ وَإِذَا رَأَيْتَ ٱلَّذِينَ يَخُوضُونَ فِىٓ ءَايَٰتِنَا فَأَعْرِضْ عَنْهُمْ حَتَّىٰ يَخُوضُوا۟ فِى
حَدِيثٍ غَيْرِهِۦ ۚ وَإِمَّا يُنسِيَنَّكَ ٱلشَّيْطَٰنُ فَلَا تَقْعُدْ بَعْدَ ٱلذِّكْرَىٰ مَعَ ٱلْقَوْمِ ٱلظَّٰلِمِينَ
٦ـ٦٩ وَمَا عَلَى ٱلَّذِينَ يَتَّقُونَ مِنْ حِسَابِهِم مِّن شَىْءٍ وَلَٰكِن ذِكْرَىٰ لَعَلَّهُمْ يَتَّقُونَ
٦ـ٧٠ وَذَرِ ٱلَّذِينَ ٱتَّخَذُوا۟ دِينَهُمْ لَعِبًا وَلَهْوًا وَغَرَّتْهُمُ ٱلْحَيَوٰةُ ٱلدُّنْيَا ۚ وَذَكِّرْ بِهِۦٓ أَن
تُبْسَلَ نَفْسٌۢ بِمَا كَسَبَتْ لَيْسَ لَهَا مِن دُونِ ٱللَّهِ وَلِىٌّ وَلَا شَفِيعٌ وَإِن تَعْدِلْ كُلَّ
عَدْلٍ لَّا يُؤْخَذْ مِنْهَآ ۗ أُو۟لَٰٓئِكَ ٱلَّذِينَ أُبْسِلُوا۟ بِمَا كَسَبُوا۟ ۖ لَهُمْ شَرَابٌ مِّنْ حَمِيمٍ وَعَذَابٌ
أَلِيمٌۢ بِمَا كَانُوا۟ يَكْفُرُونَ ٦ـ٧١ قُلْ أَنَدْعُوا۟ مِن دُونِ ٱللَّهِ مَا لَا يَنفَعُنَا وَلَا يَضُرُّنَا وَنُرَدُّ
عَلَىٰٓ أَعْقَابِنَا بَعْدَ إِذْ هَدَىٰنَا ٱللَّهُ كَٱلَّذِى ٱسْتَهْوَتْهُ ٱلشَّيَٰطِينُ فِى ٱلْأَرْضِ حَيْرَانَ لَهُۥٓ
أَصْحَٰبٌ يَدْعُونَهُۥٓ إِلَى ٱلْهُدَى ٱئْتِنَا ۗ قُلْ إِنَّ هُدَى ٱللَّهِ هُوَ ٱلْهُدَىٰ ۖ وَأُمِرْنَا لِنُسْلِمَ لِرَبِّ
ٱلْعَٰلَمِينَ ٦ـ٧٢ وَأَنْ أَقِيمُوا۟ ٱلصَّلَوٰةَ وَٱتَّقُوهُ ۚ وَهُوَ ٱلَّذِىٓ إِلَيْهِ تُحْشَرُونَ ٦ـ٧٣ وَهُوَ
ٱلَّذِى خَلَقَ ٱلسَّمَٰوَٰتِ وَٱلْأَرْضَ بِٱلْحَقِّ ۖ وَيَوْمَ يَقُولُ كُن فَيَكُونُ ۚ قَوْلُهُ ٱلْحَقُّ ۚ وَلَهُ
ٱلْمُلْكُ يَوْمَ يُنفَخُ فِى ٱلصُّورِ ۚ عَٰلِمُ ٱلْغَيْبِ وَٱلشَّهَٰدَةِ ۚ وَهُوَ ٱلْحَكِيمُ ٱلْخَبِيرُ ٦ـ٧٤ وَإِذْ
قَالَ إِبْرَٰهِيمُ لِأَبِيهِ ءَازَرَ أَتَتَّخِذُ أَصْنَامًا ءَالِهَةً ۖ إِنِّىٓ أَرَىٰكَ وَقَوْمَكَ فِى ضَلَٰلٍ مُّبِينٍ
٦ـ٧٥ وَكَذَٰلِكَ نُرِىٓ إِبْرَٰهِيمَ مَلَكُوتَ ٱلسَّمَٰوَٰتِ وَٱلْأَرْضِ وَلِيَكُونَ مِنَ ٱلْمُوقِنِينَ
٦ـ٧٦ فَلَمَّا جَنَّ عَلَيْهِ ٱلَّيْلُ رَءَا كَوْكَبًا ۖ قَالَ هَٰذَا رَبِّى ۖ فَلَمَّآ أَفَلَ قَالَ لَآ أُحِبُّ
ٱلْءَافِلِينَ ٦ـ٧٧ فَلَمَّا رَءَا ٱلْقَمَرَ بَازِغًا قَالَ هَٰذَا رَبِّى ۖ فَلَمَّآ أَفَلَ قَالَ لَئِن لَّمْ
يَهْدِنِى رَبِّى لَأَكُونَنَّ مِنَ ٱلْقَوْمِ ٱلضَّآلِّينَ ٦ـ٧٨ فَلَمَّا رَءَا ٱلشَّمْسَ بَازِغَةً قَالَ هَٰذَا
رَبِّى هَٰذَآ أَكْبَرُ ۖ فَلَمَّآ أَفَلَتْ قَالَ يَٰقَوْمِ إِنِّى بَرِىٓءٌ مِّمَّا تُشْرِكُونَ ٦ـ٧٩ إِنِّى وَجَّهْتُ
وَجْهِىَ لِلَّذِى فَطَرَ ٱلسَّمَٰوَٰتِ وَٱلْأَرْضَ حَنِيفًا ۖ وَمَآ أَنَا۠ مِنَ ٱلْمُشْرِكِينَ ٦ـ٨٠ وَحَآجَّهُۥ

قَوْمُهُۥ ۚ قَالَ أَتُحَٰٓجُّوٓنِّى فِى ٱللَّهِ وَقَدْ هَدَىٰنِ ۚ وَلَآ أَخَافُ مَا تُشْرِكُونَ بِهِۦٓ إِلَّآ أَن يَشَآءَ
رَبِّى شَيْـًٔا ۗ وَسِعَ رَبِّى كُلَّ شَىْءٍ عِلْمًا ۗ أَفَلَا تَتَذَكَّرُونَ ٦ـ٨١ وَكَيْفَ أَخَافُ مَآ
أَشْرَكْتُمْ وَلَا تَخَافُونَ أَنَّكُمْ أَشْرَكْتُم بِٱللَّهِ مَا لَمْ يُنَزِّلْ بِهِۦ عَلَيْكُمْ سُلْطَٰنًا ۚ فَأَىُّ
ٱلْفَرِيقَيْنِ أَحَقُّ بِٱلْأَمْنِ ۖ إِن كُنتُمْ تَعْلَمُونَ ٦ـ٨٢ ٱلَّذِينَ ءَامَنُوا۟ وَلَمْ يَلْبِسُوٓا۟ إِيمَٰنَهُم
بِظُلْمٍ أُو۟لَٰٓئِكَ لَهُمُ ٱلْأَمْنُ وَهُم مُّهْتَدُونَ ٦ـ٨٣ وَتِلْكَ حُجَّتُنَآ ءَاتَيْنَٰهَآ إِبْرَٰهِيمَ عَلَىٰ
قَوْمِهِۦ ۚ نَرْفَعُ دَرَجَٰتٍ مَّن نَّشَآءُ ۗ إِنَّ رَبَّكَ حَكِيمٌ عَلِيمٌ ٦ـ٨٤ وَوَهَبْنَا لَهُۥٓ إِسْحَٰقَ
وَيَعْقُوبَ ۚ كُلًّا هَدَيْنَا ۚ وَنُوحًا هَدَيْنَا مِن قَبْلُ ۖ وَمِن ذُرِّيَّتِهِۦ دَاوُۥدَ وَسُلَيْمَٰنَ وَأَيُّوبَ
وَيُوسُفَ وَمُوسَىٰ وَهَٰرُونَ ۚ وَكَذَٰلِكَ نَجْزِى ٱلْمُحْسِنِينَ ٦ـ٨٥ وَزَكَرِيَّا وَيَحْيَىٰ
وَعِيسَىٰ وَإِلْيَاسَ ۖ كُلٌّ مِّنَ ٱلصَّٰلِحِينَ ٦ـ٨٦ وَإِسْمَٰعِيلَ وَٱلْيَسَعَ وَيُونُسَ وَلُوطًا ۚ
وَكُلًّا فَضَّلْنَا عَلَى ٱلْعَٰلَمِينَ ٦ـ٨٧ وَمِنْ ءَابَآئِهِمْ وَذُرِّيَّٰتِهِمْ وَإِخْوَٰنِهِمْ ۖ وَٱجْتَبَيْنَٰهُمْ
وَهَدَيْنَٰهُمْ إِلَىٰ صِرَٰطٍ مُّسْتَقِيمٍ ٦ـ٨٨ ذَٰلِكَ هُدَى ٱللَّهِ يَهْدِى بِهِۦ مَن يَشَآءُ مِنْ
عِبَادِهِۦ ۚ وَلَوْ أَشْرَكُوا۟ لَحَبِطَ عَنْهُم مَّا كَانُوا۟ يَعْمَلُونَ ٦ـ٨٩ أُو۟لَٰٓئِكَ ٱلَّذِينَ ءَاتَيْنَٰهُمُ
ٱلْكِتَٰبَ وَٱلْحُكْمَ وَٱلنُّبُوَّةَ ۚ فَإِن يَكْفُرْ بِهَا هَٰٓؤُلَآءِ فَقَدْ وَكَّلْنَا بِهَا قَوْمًا لَّيْسُوا۟ بِهَا
بِكَٰفِرِينَ ٦ـ٩٠ أُو۟لَٰٓئِكَ ٱلَّذِينَ هَدَى ٱللَّهُ ۖ فَبِهُدَىٰهُمُ ٱقْتَدِهْ ۗ قُل لَّآ أَسْـَٔلُكُمْ عَلَيْهِ أَجْرًا
ۖ إِنْ هُوَ إِلَّا ذِكْرَىٰ لِلْعَٰلَمِينَ ٦ـ٩١ وَمَا قَدَرُوا۟ ٱللَّهَ حَقَّ قَدْرِهِۦٓ إِذْ قَالُوا۟ مَآ أَنزَلَ ٱللَّهُ
عَلَىٰ بَشَرٍ مِّن شَىْءٍ ۗ قُلْ مَنْ أَنزَلَ ٱلْكِتَٰبَ ٱلَّذِى جَآءَ بِهِۦ مُوسَىٰ نُورًا وَهُدًى لِّلنَّاسِ ۖ
تَجْعَلُونَهُۥ قَرَاطِيسَ تُبْدُونَهَا وَتُخْفُونَ كَثِيرًا ۖ وَعُلِّمْتُم مَّا لَمْ تَعْلَمُوٓا۟ أَنتُمْ وَلَآ
ءَابَآؤُكُمْ ۖ قُلِ ٱللَّهُ ۖ ثُمَّ ذَرْهُمْ فِى خَوْضِهِمْ يَلْعَبُونَ ٦ـ٩٢ وَهَٰذَا كِتَٰبٌ أَنزَلْنَٰهُ مُبَارَكٌ
مُّصَدِّقُ ٱلَّذِى بَيْنَ يَدَيْهِ وَلِتُنذِرَ أُمَّ ٱلْقُرَىٰ وَمَنْ حَوْلَهَا ۚ وَٱلَّذِينَ يُؤْمِنُونَ بِٱلْءَاخِرَةِ
يُؤْمِنُونَ بِهِۦ ۖ وَهُمْ عَلَىٰ صَلَاتِهِمْ يُحَافِظُونَ ٦ـ٩٣ وَمَنْ أَظْلَمُ مِمَّنِ ٱفْتَرَىٰ عَلَى
ٱللَّهِ كَذِبًا أَوْ قَالَ أُوحِىَ إِلَىَّ وَلَمْ يُوحَ إِلَيْهِ شَىْءٌ وَمَن قَالَ سَأُنزِلُ مِثْلَ مَآ أَنزَلَ
ٱللَّهُ ۗ وَلَوْ تَرَىٰٓ إِذِ ٱلظَّٰلِمُونَ فِى غَمَرَٰتِ ٱلْمَوْتِ وَٱلْمَلَٰٓئِكَةُ بَاسِطُوٓا۟ أَيْدِيهِمْ أَخْرِجُوٓا۟
أَنفُسَكُمُ ۖ ٱلْيَوْمَ تُجْزَوْنَ عَذَابَ ٱلْهُونِ بِمَا كُنتُمْ تَقُولُونَ عَلَى ٱللَّهِ غَيْرَ ٱلْحَقِّ وَكُنتُمْ
عَنْ ءَايَٰتِهِۦ تَسْتَكْبِرُونَ ٦ـ٩٤ وَلَقَدْ جِئْتُمُونَا فُرَٰدَىٰ كَمَا خَلَقْنَٰكُمْ أَوَّلَ مَرَّةٍ وَتَرَكْتُم
مَّا خَوَّلْنَٰكُمْ وَرَآءَ ظُهُورِكُمْ ۖ وَمَا نَرَىٰ مَعَكُمْ شُفَعَآءَكُمُ ٱلَّذِينَ زَعَمْتُمْ أَنَّهُمْ فِيكُمْ
شُرَكَٰٓؤُا۟ ۚ لَقَد تَّقَطَّعَ بَيْنَكُمْ وَضَلَّ عَنكُم مَّا كُنتُمْ تَزْعُمُونَ ٦ـ٩٥ إِنَّ ٱللَّهَ فَالِقُ ٱلْحَبِّ
وَٱلنَّوَىٰ ۖ يُخْرِجُ ٱلْحَىَّ مِنَ ٱلْمَيِّتِ وَمُخْرِجُ ٱلْمَيِّتِ مِنَ ٱلْحَىِّ ۚ ذَٰلِكُمُ ٱللَّهُ ۖ فَأَنَّىٰ
تُؤْفَكُونَ ٦ـ٩٦ فَالِقُ ٱلْإِصْبَاحِ وَجَعَلَ ٱلَّيْلَ سَكَنًا وَٱلشَّمْسَ وَٱلْقَمَرَ حُسْبَانًا ۚ ذَٰلِكَ

تَقْدِيرُ ٱلْعَزِيزِ ٱلْعَلِيمِ ٦-٩٧ وَهُوَ ٱلَّذِى جَعَلَ لَكُمُ ٱلنُّجُومَ لِتَهْتَدُوا۟ بِهَا فِى ظُلُمَٰتِ
ٱلْبَرِّ وَٱلْبَحْرِ ۗ قَدْ فَصَّلْنَا ٱلْءَايَٰتِ لِقَوْمٍ يَعْلَمُونَ ٦-٩٨ وَهُوَ ٱلَّذِىٓ أَنشَأَكُم مِّن نَّفْسٍ
وَٰحِدَةٍ فَمُسْتَقَرٌّ وَمُسْتَوْدَعٌ ۗ قَدْ فَصَّلْنَا ٱلْءَايَٰتِ لِقَوْمٍ يَفْقَهُونَ ٦-٩٩ وَهُوَ ٱلَّذِىٓ
أَنزَلَ مِنَ ٱلسَّمَآءِ مَآءً فَأَخْرَجْنَا بِهِۦ نَبَاتَ كُلِّ شَىْءٍ فَأَخْرَجْنَا مِنْهُ خَضِرًا نُّخْرِجُ مِنْهُ حَبًّا
مُّتَرَاكِبًا وَمِنَ ٱلنَّخْلِ مِن طَلْعِهَا قِنْوَانٌ دَانِيَةٌ وَجَنَّٰتٍ مِّنْ أَعْنَابٍ وَٱلزَّيْتُونَ وَٱلرُّمَّانَ
مُشْتَبِهًا وَغَيْرَ مُتَشَٰبِهٍ ۗ ٱنظُرُوٓا۟ إِلَىٰ ثَمَرِهِۦٓ إِذَآ أَثْمَرَ وَيَنْعِهِۦٓ ۚ إِنَّ فِى ذَٰلِكُمْ لَءَايَٰتٍ
لِّقَوْمٍ يُؤْمِنُونَ ٦-١٠٠ وَجَعَلُوا۟ لِلَّهِ شُرَكَآءَ ٱلْجِنَّ وَخَلَقَهُمْ ۖ وَخَرَقُوا۟ لَهُۥ بَنِينَ وَبَنَٰتٍۭ
بِغَيْرِ عِلْمٍ ۚ سُبْحَٰنَهُۥ وَتَعَٰلَىٰ عَمَّا يَصِفُونَ ٦-١٠١ بَدِيعُ ٱلسَّمَٰوَٰتِ وَٱلْأَرْضِ ۖ أَنَّىٰ يَكُونُ
لَهُۥ وَلَدٌ وَلَمْ تَكُن لَّهُۥ صَٰحِبَةٌ ۖ وَخَلَقَ كُلَّ شَىْءٍ ۖ وَهُوَ بِكُلِّ شَىْءٍ عَلِيمٌ ٦-١٠٢ ذَٰلِكُمُ
ٱللَّهُ رَبُّكُمْ ۖ لَآ إِلَٰهَ إِلَّا هُوَ ۖ خَٰلِقُ كُلِّ شَىْءٍ فَٱعْبُدُوهُ ۚ وَهُوَ عَلَىٰ كُلِّ شَىْءٍ وَكِيلٌ
٦-١٠٣ لَّا تُدْرِكُهُ ٱلْأَبْصَٰرُ وَهُوَ يُدْرِكُ ٱلْأَبْصَٰرَ ۖ وَهُوَ ٱللَّطِيفُ ٱلْخَبِيرُ ٦-١٠٤ قَدْ جَآءَكُم
بَصَآئِرُ مِن رَّبِّكُمْ ۖ فَمَنْ أَبْصَرَ فَلِنَفْسِهِۦ ۖ وَمَنْ عَمِىَ فَعَلَيْهَا ۚ وَمَآ أَنَا۠ عَلَيْكُم بِحَفِيظٍ
٦-١٠٥ وَكَذَٰلِكَ نُصَرِّفُ ٱلْءَايَٰتِ وَلِيَقُولُوا۟ دَرَسْتَ وَلِنُبَيِّنَهُۥ لِقَوْمٍ يَعْلَمُونَ ٦-١٠٦ ٱتَّبِعْ
مَآ أُوحِىَ إِلَيْكَ مِن رَّبِّكَ ۖ لَآ إِلَٰهَ إِلَّا هُوَ ۖ وَأَعْرِضْ عَنِ ٱلْمُشْرِكِينَ ٦-١٠٧ وَلَوْ شَآءَ ٱللَّهُ
مَآ أَشْرَكُوا۟ ۗ وَمَا جَعَلْنَٰكَ عَلَيْهِمْ حَفِيظًا ۖ وَمَآ أَنتَ عَلَيْهِم بِوَكِيلٍ ٦-١٠٨ وَلَا تَسُبُّوا۟
ٱلَّذِينَ يَدْعُونَ مِن دُونِ ٱللَّهِ فَيَسُبُّوا۟ ٱللَّهَ عَدْوًۢا بِغَيْرِ عِلْمٍ ۗ كَذَٰلِكَ زَيَّنَّا لِكُلِّ أُمَّةٍ
عَمَلَهُمْ ثُمَّ إِلَىٰ رَبِّهِم مَّرْجِعُهُمْ فَيُنَبِّئُهُم بِمَا كَانُوا۟ يَعْمَلُونَ ٦-١٠٩ وَأَقْسَمُوا۟ بِٱللَّهِ
جَهْدَ أَيْمَٰنِهِمْ لَئِن جَآءَتْهُمْ ءَايَةٌ لَّيُؤْمِنُنَّ بِهَا ۚ قُلْ إِنَّمَا ٱلْءَايَٰتُ عِندَ ٱللَّهِ ۖ وَمَا
يُشْعِرُكُمْ أَنَّهَآ إِذَا جَآءَتْ لَا يُؤْمِنُونَ ٦-١١٠ وَنُقَلِّبُ أَفْـِٔدَتَهُمْ وَأَبْصَٰرَهُمْ كَمَا لَمْ
يُؤْمِنُوا۟ بِهِۦٓ أَوَّلَ مَرَّةٍ وَنَذَرُهُمْ فِى طُغْيَٰنِهِمْ يَعْمَهُونَ ٦-١١١ وَلَوْ أَنَّنَا نَزَّلْنَآ إِلَيْهِمُ
ٱلْمَلَٰٓئِكَةَ وَكَلَّمَهُمُ ٱلْمَوْتَىٰ وَحَشَرْنَا عَلَيْهِمْ كُلَّ شَىْءٍ قُبُلًا مَّا كَانُوا۟ لِيُؤْمِنُوٓا۟ إِلَّآ أَن
يَشَآءَ ٱللَّهُ وَلَٰكِنَّ أَكْثَرَهُمْ يَجْهَلُونَ ٦-١١٢ وَكَذَٰلِكَ جَعَلْنَا لِكُلِّ نَبِىٍّ عَدُوًّا شَيَٰطِينَ
ٱلْإِنسِ وَٱلْجِنِّ يُوحِى بَعْضُهُمْ إِلَىٰ بَعْضٍ زُخْرُفَ ٱلْقَوْلِ غُرُورًا ۚ وَلَوْ شَآءَ رَبُّكَ مَا
فَعَلُوهُ ۖ فَذَرْهُمْ وَمَا يَفْتَرُونَ ٦-١١٣ وَلِتَصْغَىٰٓ إِلَيْهِ أَفْـِٔدَةُ ٱلَّذِينَ لَا يُؤْمِنُونَ
بِٱلْءَاخِرَةِ وَلِيَرْضَوْهُ وَلِيَقْتَرِفُوا۟ مَا هُم مُّقْتَرِفُونَ ٦-١١٤ أَفَغَيْرَ ٱللَّهِ أَبْتَغِى حَكَمًا
وَهُوَ ٱلَّذِىٓ أَنزَلَ إِلَيْكُمُ ٱلْكِتَٰبَ مُفَصَّلًا ۚ وَٱلَّذِينَ ءَاتَيْنَٰهُمُ ٱلْكِتَٰبَ يَعْلَمُونَ أَنَّهُۥ مُنَزَّلٌ
مِّن رَّبِّكَ بِٱلْحَقِّ ۖ فَلَا تَكُونَنَّ مِنَ ٱلْمُمْتَرِينَ ٦-١١٥ وَتَمَّتْ كَلِمَتُ رَبِّكَ صِدْقًا وَعَدْلًا ۚ لَّا
مُبَدِّلَ لِكَلِمَٰتِهِۦ ۚ وَهُوَ ٱلسَّمِيعُ ٱلْعَلِيمُ ٦-١١٦ وَإِن تُطِعْ أَكْثَرَ مَن فِى ٱلْأَرْضِ يُضِلُّوكَ

عَن سَبِيلِ ٱللَّهِۚ إِن يَتَّبِعُونَ إِلَّا ٱلظَّنَّ وَإِنۡ هُمۡ إِلَّا يَخۡرُصُونَ ٦ـ١١٧ إِنَّ رَبَّكَ هُوَ أَعۡلَمُ
مَن يَضِلُّ عَن سَبِيلِهِۦۖ وَهُوَ أَعۡلَمُ بِٱلۡمُهۡتَدِينَ ٦ـ١١٨ فَكُلُواْ مِمَّا ذُكِرَ ٱسۡمُ ٱللَّهِ عَلَيۡهِ
إِن كُنتُم بِـَٔايَٰتِهِۦ مُؤۡمِنِينَ ٦ـ١١٩ وَمَا لَكُمۡ أَلَّا تَأۡكُلُواْ مِمَّا ذُكِرَ ٱسۡمُ ٱللَّهِ عَلَيۡهِ وَقَدۡ
فَصَّلَ لَكُم مَّا حَرَّمَ عَلَيۡكُمۡ إِلَّا مَا ٱضۡطُرِرۡتُمۡ إِلَيۡهِۗ وَإِنَّ كَثِيرٗا لَّيُضِلُّونَ بِأَهۡوَآئِهِم بِغَيۡرِ
عِلۡمٍۚ إِنَّ رَبَّكَ هُوَ أَعۡلَمُ بِٱلۡمُعۡتَدِينَ ٦ـ١٢٠ وَذَرُواْ ظَٰهِرَ ٱلۡإِثۡمِ وَبَاطِنَهُۥٓۚ إِنَّ ٱلَّذِينَ
يَكۡسِبُونَ ٱلۡإِثۡمَ سَيُجۡزَوۡنَ بِمَا كَانُواْ يَقۡتَرِفُونَ ٦ـ١٢١ وَلَا تَأۡكُلُواْ مِمَّا لَمۡ يُذۡكَرِ ٱسۡمُ
ٱللَّهِ عَلَيۡهِ وَإِنَّهُۥ لَفِسۡقٞۗ وَإِنَّ ٱلشَّيَٰطِينَ لَيُوحُونَ إِلَىٰٓ أَوۡلِيَآئِهِمۡ لِيُجَٰدِلُوكُمۡۖ وَإِنۡ
أَطَعۡتُمُوهُمۡ إِنَّكُمۡ لَمُشۡرِكُونَ ٦ـ١٢٢ أَوَمَن كَانَ مَيۡتٗا فَأَحۡيَيۡنَٰهُ وَجَعَلۡنَا لَهُۥ نُورٗا
يَمۡشِى بِهِۦ فِى ٱلنَّاسِ كَمَن مَّثَلُهُۥ فِى ٱلظُّلُمَٰتِ لَيۡسَ بِخَارِجٖ مِّنۡهَاۚ كَذَٰلِكَ زُيِّنَ
لِلۡكَٰفِرِينَ مَا كَانُواْ يَعۡمَلُونَ ٦ـ١٢٣ وَكَذَٰلِكَ جَعَلۡنَا فِى كُلِّ قَرۡيَةٍ أَكَٰبِرَ مُجۡرِمِيهَا
لِيَمۡكُرُواْ فِيهَاۖ وَمَا يَمۡكُرُونَ إِلَّا بِأَنفُسِهِمۡ وَمَا يَشۡعُرُونَ ٦ـ١٢٤ وَإِذَا جَآءَتۡهُمۡ ءَايَةٞ
قَالُواْ لَن نُّؤۡمِنَ حَتَّىٰ نُؤۡتَىٰ مِثۡلَ مَآ أُوتِىَ رُسُلُ ٱللَّهِۘ ٱللَّهُ أَعۡلَمُ حَيۡثُ يَجۡعَلُ رِسَالَتَهُۥۗ
سَيُصِيبُ ٱلَّذِينَ أَجۡرَمُواْ صَغَارٌ عِندَ ٱللَّهِ وَعَذَابٞ شَدِيدُۢ بِمَا كَانُواْ يَمۡكُرُونَ
٦ـ١٢٥ فَمَن يُرِدِ ٱللَّهُ أَن يَهۡدِيَهُۥ يَشۡرَحۡ صَدۡرَهُۥ لِلۡإِسۡلَٰمِۖ وَمَن يُرِدۡ أَن يُضِلَّهُۥ يَجۡعَلۡ
صَدۡرَهُۥ ضَيِّقًا حَرَجٗا كَأَنَّمَا يَصَّعَّدُ فِى ٱلسَّمَآءِۚ كَذَٰلِكَ يَجۡعَلُ ٱللَّهُ ٱلرِّجۡسَ عَلَى ٱلَّذِينَ
لَا يُؤۡمِنُونَ ٦ـ١٢٦ وَهَٰذَا صِرَٰطُ رَبِّكَ مُسۡتَقِيمٗاۗ قَدۡ فَصَّلۡنَا ٱلۡأٓيَٰتِ لِقَوۡمٖ يَذَّكَّرُونَ
٦ـ١٢٧ ئ لَهُمۡ دَارُ ٱلسَّلَٰمِ عِندَ رَبِّهِمۡۖ وَهُوَ وَلِيُّهُم بِمَا كَانُواْ يَعۡمَلُونَ ٦ـ١٢٨ وَيَوۡمَ
يَحۡشُرُهُمۡ جَمِيعٗا يَٰمَعۡشَرَ ٱلۡجِنِّ قَدِ ٱسۡتَكۡثَرۡتُم مِّنَ ٱلۡإِنسِۖ وَقَالَ أَوۡلِيَآؤُهُم مِّنَ
ٱلۡإِنسِ رَبَّنَا ٱسۡتَمۡتَعَ بَعۡضُنَا بِبَعۡضٖ وَبَلَغۡنَآ أَجَلَنَا ٱلَّذِىٓ أَجَّلۡتَ لَنَاۚ قَالَ ٱلنَّارُ مَثۡوَىٰكُمۡ
خَٰلِدِينَ فِيهَآ إِلَّا مَا شَآءَ ٱللَّهُۗ إِنَّ رَبَّكَ حَكِيمٌ عَلِيمٞ ٦ـ١٢٩ وَكَذَٰلِكَ نُوَلِّى بَعۡضَ
ٱلظَّٰلِمِينَ بَعۡضَۢا بِمَا كَانُواْ يَكۡسِبُونَ ٦ـ١٣٠ يَٰمَعۡشَرَ ٱلۡجِنِّ وَٱلۡإِنسِ أَلَمۡ يَأۡتِكُمۡ رُسُلٞ
مِّنكُمۡ يَقُصُّونَ عَلَيۡكُمۡ ءَايَٰتِى وَيُنذِرُونَكُمۡ لِقَآءَ يَوۡمِكُمۡ هَٰذَاۚ قَالُواْ شَهِدۡنَا عَلَىٰٓ
أَنفُسِنَاۖ وَغَرَّتۡهُمُ ٱلۡحَيَوٰةُ ٱلدُّنۡيَا وَشَهِدُواْ عَلَىٰٓ أَنفُسِهِمۡ أَنَّهُمۡ كَانُواْ كَٰفِرِينَ
٦ـ١٣١ ذَٰلِكَ أَن لَّمۡ يَكُن رَّبُّكَ مُهۡلِكَ ٱلۡقُرَىٰ بِظُلۡمٖ وَأَهۡلُهَا غَٰفِلُونَ ٦ـ١٣٢ وَلِكُلّٖ
دَرَجَٰتٞ مِّمَّا عَمِلُواْۚ وَمَا رَبُّكَ بِغَٰفِلٍ عَمَّا يَعۡمَلُونَ ٦ـ١٣٣ وَرَبُّكَ ٱلۡغَنِىُّ ذُو ٱلرَّحۡمَةِۚ إِن
يَشَأۡ يُذۡهِبۡكُمۡ وَيَسۡتَخۡلِفۡ مِنۢ بَعۡدِكُم مَّا يَشَآءُ كَمَآ أَنشَأَكُم مِّن ذُرِّيَّةِ قَوۡمٍ ءَاخَرِينَ
٦ـ١٣٤ إِنَّ مَا تُوعَدُونَ لَأٓتٖۖ وَمَآ أَنتُم بِمُعۡجِزِينَ ٦ـ١٣٥ قُلۡ يَٰقَوۡمِ ٱعۡمَلُواْ عَلَىٰ
مَكَانَتِكُمۡ إِنِّى عَامِلٞۖ فَسَوۡفَ تَعۡلَمُونَ مَن تَكُونُ لَهُۥ عَٰقِبَةُ ٱلدَّارِۗ إِنَّهُۥ لَا يُفۡلِحُ

ٱلظَّٰلِمُونَ ٦ـ١٣٦ وَجَعَلُوا۟ لِلَّهِ مِمَّا ذَرَأَ مِنَ ٱلْحَرْثِ وَٱلْأَنْعَٰمِ نَصِيبًا فَقَالُوا۟ هَٰذَا لِلَّهِ
بِزَعْمِهِمْ وَهَٰذَا لِشُرَكَآئِنَا ۖ فَمَا كَانَ لِشُرَكَآئِهِمْ فَلَا يَصِلُ إِلَى ٱللَّهِ ۖ وَمَا كَانَ لِلَّهِ
فَهُوَ يَصِلُ إِلَىٰ شُرَكَآئِهِمْ ۗ سَآءَ مَا يَحْكُمُونَ ٦ـ١٣٧ وَكَذَٰلِكَ زَيَّنَ لِكَثِيرٍ مِّنَ
ٱلْمُشْرِكِينَ قَتْلَ أَوْلَٰدِهِمْ شُرَكَآؤُهُمْ لِيُرْدُوهُمْ وَلِيَلْبِسُوا۟ عَلَيْهِمْ دِينَهُمْ ۖ وَلَوْ شَآءَ
ٱللَّهُ مَا فَعَلُوهُ ۖ فَذَرْهُمْ وَمَا يَفْتَرُونَ ٦ـ١٣٨ وَقَالُوا۟ هَٰذِهِۦٓ أَنْعَٰمٌ وَحَرْثٌ حِجْرٌ لَّا
يَطْعَمُهَآ إِلَّا مَن نَّشَآءُ بِزَعْمِهِمْ وَأَنْعَٰمٌ حُرِّمَتْ ظُهُورُهَا وَأَنْعَٰمٌ لَّا يَذْكُرُونَ ٱسْمَ ٱللَّهِ
عَلَيْهَا ٱفْتِرَآءً عَلَيْهِ ۚ سَيَجْزِيهِم بِمَا كَانُوا۟ يَفْتَرُونَ ٦ـ١٣٩ وَقَالُوا۟ مَا فِى بُطُونِ
هَٰذِهِ ٱلْأَنْعَٰمِ خَالِصَةٌ لِّذُكُورِنَا وَمُحَرَّمٌ عَلَىٰٓ أَزْوَٰجِنَا ۖ وَإِن يَكُن مَّيْتَةً فَهُمْ فِيهِ شُرَكَآءُ ۚ
سَيَجْزِيهِمْ وَصْفَهُمْ ۚ إِنَّهُۥ حَكِيمٌ عَلِيمٌ ٦ـ١٤٠ قَدْ خَسِرَ ٱلَّذِينَ قَتَلُوٓا۟ أَوْلَٰدَهُمْ سَفَهًۢا
بِغَيْرِ عِلْمٍ وَحَرَّمُوا۟ مَا رَزَقَهُمُ ٱللَّهُ ٱفْتِرَآءً عَلَى ٱللَّهِ ۚ قَدْ ضَلُّوا۟ وَمَا كَانُوا۟ مُهْتَدِينَ
٦ـ١٤١ وَهُوَ ٱلَّذِىٓ أَنشَأَ جَنَّٰتٍ مَّعْرُوشَٰتٍ وَغَيْرَ مَعْرُوشَٰتٍ وَٱلنَّخْلَ وَٱلزَّرْعَ مُخْتَلِفًا أُكُلُهُۥ
وَٱلزَّيْتُونَ وَٱلرُّمَّانَ مُتَشَٰبِهًا وَغَيْرَ مُتَشَٰبِهٍ ۚ كُلُوا۟ مِن ثَمَرِهِۦٓ إِذَآ أَثْمَرَ وَءَاتُوا۟ حَقَّهُۥ يَوْمَ
حَصَادِهِۦ ۖ وَلَا تُسْرِفُوٓا۟ ۚ إِنَّهُۥ لَا يُحِبُّ ٱلْمُسْرِفِينَ ٦ـ١٤٢ وَمِنَ ٱلْأَنْعَٰمِ حَمُولَةً وَفَرْشًا ۚ
كُلُوا۟ مِمَّا رَزَقَكُمُ ٱللَّهُ وَلَا تَتَّبِعُوا۟ خُطُوَٰتِ ٱلشَّيْطَٰنِ ۚ إِنَّهُۥ لَكُمْ عَدُوٌّ مُّبِينٌ
٦ـ١٤٣ ثَمَٰنِيَةَ أَزْوَٰجٍ ۖ مِّنَ ٱلضَّأْنِ ٱثْنَيْنِ وَمِنَ ٱلْمَعْزِ ٱثْنَيْنِ ۗ قُلْ ءَآلذَّكَرَيْنِ حَرَّمَ أَمِ
ٱلْأُنثَيَيْنِ أَمَّا ٱشْتَمَلَتْ عَلَيْهِ أَرْحَامُ ٱلْأُنثَيَيْنِ ۖ نَبِّـُٔونِى بِعِلْمٍ إِن كُنتُمْ صَٰدِقِينَ
٦ـ١٤٤ وَمِنَ ٱلْإِبِلِ ٱثْنَيْنِ وَمِنَ ٱلْبَقَرِ ٱثْنَيْنِ ۗ قُلْ ءَآلذَّكَرَيْنِ حَرَّمَ أَمِ ٱلْأُنثَيَيْنِ أَمَّا
ٱشْتَمَلَتْ عَلَيْهِ أَرْحَامُ ٱلْأُنثَيَيْنِ ۖ أَمْ كُنتُمْ شُهَدَآءَ إِذْ وَصَّىٰكُمُ ٱللَّهُ بِهَٰذَا ۚ فَمَنْ أَظْلَمُ
مِمَّنِ ٱفْتَرَىٰ عَلَى ٱللَّهِ كَذِبًا لِّيُضِلَّ ٱلنَّاسَ بِغَيْرِ عِلْمٍ ۗ إِنَّ ٱللَّهَ لَا يَهْدِى ٱلْقَوْمَ
ٱلظَّٰلِمِينَ ٦ـ١٤٥ قُل لَّآ أَجِدُ فِى مَآ أُوحِىَ إِلَىَّ مُحَرَّمًا عَلَىٰ طَاعِمٍ يَطْعَمُهُۥٓ إِلَّآ أَن
يَكُونَ مَيْتَةً أَوْ دَمًا مَّسْفُوحًا أَوْ لَحْمَ خِنزِيرٍ فَإِنَّهُۥ رِجْسٌ أَوْ فِسْقًا أُهِلَّ لِغَيْرِ ٱللَّهِ بِهِۦ
ۚ فَمَنِ ٱضْطُرَّ غَيْرَ بَاغٍ وَلَا عَادٍ فَإِنَّ رَبَّكَ غَفُورٌ رَّحِيمٌ ٦ـ١٤٦ وَعَلَى ٱلَّذِينَ هَادُوا۟ حَرَّمْنَا
كُلَّ ذِى ظُفُرٍ ۖ وَمِنَ ٱلْبَقَرِ وَٱلْغَنَمِ حَرَّمْنَا عَلَيْهِمْ شُحُومَهُمَآ إِلَّا مَا حَمَلَتْ ظُهُورُهُمَآ
أَوِ ٱلْحَوَايَآ أَوْ مَا ٱخْتَلَطَ بِعَظْمٍ ۚ ذَٰلِكَ جَزَيْنَٰهُم بِبَغْيِهِمْ ۖ وَإِنَّا لَصَٰدِقُونَ ٦ـ١٤٧ فَإِن
كَذَّبُوكَ فَقُل رَّبُّكُمْ ذُو رَحْمَةٍ وَٰسِعَةٍ وَلَا يُرَدُّ بَأْسُهُۥ عَنِ ٱلْقَوْمِ ٱلْمُجْرِمِينَ
٦ـ١٤٨ سَيَقُولُ ٱلَّذِينَ أَشْرَكُوا۟ لَوْ شَآءَ ٱللَّهُ مَآ أَشْرَكْنَا وَلَآ ءَابَآؤُنَا وَلَا حَرَّمْنَا مِن
شَىْءٍ ۚ كَذَٰلِكَ كَذَّبَ ٱلَّذِينَ مِن قَبْلِهِمْ حَتَّىٰ ذَاقُوا۟ بَأْسَنَا ۗ قُلْ هَلْ عِندَكُم مِّنْ عِلْمٍ
فَتُخْرِجُوهُ لَنَآ ۖ إِن تَتَّبِعُونَ إِلَّا ٱلظَّنَّ وَإِنْ أَنتُمْ إِلَّا تَخْرُصُونَ ٦ـ١٤٩ قُلْ فَلِلَّهِ ٱلْحُجَّةُ

ٱلْبَٰلِغَةُ ۖ فَلَوْ شَآءَ لَهَدَىٰكُمْ أَجْمَعِينَ ٦ـ١٥٠ قُلْ هَلُمَّ شُهَدَآءَكُمُ ٱلَّذِينَ يَشْهَدُونَ أَنَّ
ٱللَّهَ حَرَّمَ هَٰذَا ۖ فَإِن شَهِدُوا۟ فَلَا تَشْهَدْ مَعَهُمْ ۚ وَلَا تَتَّبِعْ أَهْوَآءَ ٱلَّذِينَ كَذَّبُوا۟ بِـَٔايَٰتِنَا
وَٱلَّذِينَ لَا يُؤْمِنُونَ بِٱلْءَاخِرَةِ وَهُم بِرَبِّهِمْ يَعْدِلُونَ ٦ـ١٥١ ۞ قُلْ تَعَالَوْا۟ أَتْلُ مَا حَرَّمَ
رَبُّكُمْ عَلَيْكُمْ ۖ أَلَّا تُشْرِكُوا۟ بِهِۦ شَيْـًٔا ۖ وَبِٱلْوَٰلِدَيْنِ إِحْسَٰنًا ۖ وَلَا تَقْتُلُوٓا۟ أَوْلَٰدَكُم مِّنْ إِمْلَٰقٍ ۖ
نَّحْنُ نَرْزُقُكُمْ وَإِيَّاهُمْ ۖ وَلَا تَقْرَبُوا۟ ٱلْفَوَٰحِشَ مَا ظَهَرَ مِنْهَا وَمَا بَطَنَ ۖ وَلَا تَقْتُلُوا۟
ٱلنَّفْسَ ٱلَّتِى حَرَّمَ ٱللَّهُ إِلَّا بِٱلْحَقِّ ۚ ذَٰلِكُمْ وَصَّىٰكُم بِهِۦ لَعَلَّكُمْ تَعْقِلُونَ ٦ـ١٥٢ وَلَا
تَقْرَبُوا۟ مَالَ ٱلْيَتِيمِ إِلَّا بِٱلَّتِى هِىَ أَحْسَنُ حَتَّىٰ يَبْلُغَ أَشُدَّهُۥ ۖ وَأَوْفُوا۟ ٱلْكَيْلَ وَٱلْمِيزَانَ
بِٱلْقِسْطِ ۖ لَا نُكَلِّفُ نَفْسًا إِلَّا وُسْعَهَا ۖ وَإِذَا قُلْتُمْ فَٱعْدِلُوا۟ وَلَوْ كَانَ ذَا قُرْبَىٰ ۖ
وَبِعَهْدِ ٱللَّهِ أَوْفُوا۟ ۚ ذَٰلِكُمْ وَصَّىٰكُم بِهِۦ لَعَلَّكُمْ تَذَكَّرُونَ ٦ـ١٥٣ وَأَنَّ هَٰذَا صِرَٰطِى
مُسْتَقِيمًا فَٱتَّبِعُوهُ ۖ وَلَا تَتَّبِعُوا۟ ٱلسُّبُلَ فَتَفَرَّقَ بِكُمْ عَن سَبِيلِهِۦ ۚ ذَٰلِكُمْ وَصَّىٰكُم بِهِۦ
لَعَلَّكُمْ تَتَّقُونَ ٦ـ١٥٤ ثُمَّ ءَاتَيْنَا مُوسَى ٱلْكِتَٰبَ تَمَامًا عَلَى ٱلَّذِىٓ أَحْسَنَ وَتَفْصِيلًا
لِّكُلِّ شَىْءٍ وَهُدًى وَرَحْمَةً لَّعَلَّهُم بِلِقَآءِ رَبِّهِمْ يُؤْمِنُونَ ٦ـ١٥٥ وَهَٰذَا كِتَٰبٌ أَنزَلْنَٰهُ
مُبَارَكٌ فَٱتَّبِعُوهُ وَٱتَّقُوا۟ لَعَلَّكُمْ تُرْحَمُونَ ٦ـ١٥٦ أَن تَقُولُوٓا۟ إِنَّمَآ أُنزِلَ ٱلْكِتَٰبُ عَلَىٰ
طَآئِفَتَيْنِ مِن قَبْلِنَا وَإِن كُنَّا عَن دِرَاسَتِهِمْ لَغَٰفِلِينَ ٦ـ١٥٧ أَوْ تَقُولُوا۟ لَوْ أَنَّآ أُنزِلَ
عَلَيْنَا ٱلْكِتَٰبُ لَكُنَّآ أَهْدَىٰ مِنْهُمْ ۚ فَقَدْ جَآءَكُم بَيِّنَةٌ مِّن رَّبِّكُمْ وَهُدًى وَرَحْمَةٌ ۚ فَمَنْ
أَظْلَمُ مِمَّن كَذَّبَ بِـَٔايَٰتِ ٱللَّهِ وَصَدَفَ عَنْهَا ۗ سَنَجْزِى ٱلَّذِينَ يَصْدِفُونَ عَنْ ءَايَٰتِنَا سُوٓءَ
ٱلْعَذَابِ بِمَا كَانُوا۟ يَصْدِفُونَ ٦ـ١٥٨ هَلْ يَنظُرُونَ إِلَّآ أَن تَأْتِيَهُمُ ٱلْمَلَٰٓئِكَةُ أَوْ يَأْتِىَ
رَبُّكَ أَوْ يَأْتِىَ بَعْضُ ءَايَٰتِ رَبِّكَ ۗ يَوْمَ يَأْتِى بَعْضُ ءَايَٰتِ رَبِّكَ لَا يَنفَعُ نَفْسًا إِيمَٰنُهَا لَمْ
تَكُنْ ءَامَنَتْ مِن قَبْلُ أَوْ كَسَبَتْ فِىٓ إِيمَٰنِهَا خَيْرًا ۗ قُلِ ٱنتَظِرُوٓا۟ إِنَّا مُنتَظِرُونَ
٦ـ١٥٩ إِنَّ ٱلَّذِينَ فَرَّقُوا۟ دِينَهُمْ وَكَانُوا۟ شِيَعًا لَّسْتَ مِنْهُمْ فِى شَىْءٍ ۚ إِنَّمَآ أَمْرُهُمْ
إِلَى ٱللَّهِ ثُمَّ يُنَبِّئُهُم بِمَا كَانُوا۟ يَفْعَلُونَ ٦ـ١٦٠ مَن جَآءَ بِٱلْحَسَنَةِ فَلَهُۥ عَشْرُ أَمْثَالِهَا ۖ
وَمَن جَآءَ بِٱلسَّيِّئَةِ فَلَا يُجْزَىٰٓ إِلَّا مِثْلَهَا وَهُمْ لَا يُظْلَمُونَ ٦ـ١٦١ قُلْ إِنَّنِى هَدَىٰنِى
رَبِّىٓ إِلَىٰ صِرَٰطٍ مُّسْتَقِيمٍ دِينًا قِيَمًا مِّلَّةَ إِبْرَٰهِيمَ حَنِيفًا ۚ وَمَا كَانَ مِنَ ٱلْمُشْرِكِينَ
٦ـ١٦٢ قُلْ إِنَّ صَلَاتِى وَنُسُكِى وَمَحْيَاىَ وَمَمَاتِى لِلَّهِ رَبِّ ٱلْعَٰلَمِينَ ٦ـ١٦٣ لَا
شَرِيكَ لَهُۥ ۖ وَبِذَٰلِكَ أُمِرْتُ وَأَنَا۠ أَوَّلُ ٱلْمُسْلِمِينَ ٦ـ١٦٤ قُلْ أَغَيْرَ ٱللَّهِ أَبْغِى رَبًّا وَهُوَ
رَبُّ كُلِّ شَىْءٍ ۚ وَلَا تَكْسِبُ كُلُّ نَفْسٍ إِلَّا عَلَيْهَا ۚ وَلَا تَزِرُ وَازِرَةٌ وِزْرَ أُخْرَىٰ ۚ ثُمَّ إِلَىٰ
رَبِّكُم مَّرْجِعُكُمْ فَيُنَبِّئُكُم بِمَا كُنتُمْ فِيهِ تَخْتَلِفُونَ ٦ـ١٦٥ وَهُوَ ٱلَّذِى جَعَلَكُمْ خَلَٰٓئِفَ
ٱلْأَرْضِ وَرَفَعَ بَعْضَكُمْ فَوْقَ بَعْضٍ دَرَجَٰتٍ لِّيَبْلُوَكُمْ فِى مَآ ءَاتَىٰكُمْ ۗ إِنَّ رَبَّكَ سَرِيعُ

ٱلْعِقَابِ وَإِنَّهُۥ لَغَفُورٌ رَّحِيمٌ ٧ـ١ الٓمٓصٓ ٧ـ٢ كِتَٰبٌ أُنزِلَ إِلَيْكَ فَلَا يَكُن فِى صَدْرِكَ
حَرَجٌ مِّنْهُ لِتُنذِرَ بِهِۦ وَذِكْرَىٰ لِلْمُؤْمِنِينَ ٧ـ٣ ٱتَّبِعُوا۟ مَآ أُنزِلَ إِلَيْكُم مِّن رَّبِّكُمْ وَلَا
تَتَّبِعُوا۟ مِن دُونِهِۦٓ أَوْلِيَآءَ ۗ قَلِيلًا مَّا تَذَكَّرُونَ ٧ـ٤ وَكَم مِّن قَرْيَةٍ أَهْلَكْنَٰهَا فَجَآءَهَا
بَأْسُنَا بَيَٰتًا أَوْ هُمْ قَآئِلُونَ ٧ـ٥ فَمَا كَانَ دَعْوَىٰهُمْ إِذْ جَآءَهُم بَأْسُنَآ إِلَّآ أَن قَالُوٓا۟ إِنَّا
كُنَّا ظَٰلِمِينَ ٧ـ٦ فَلَنَسْـَٔلَنَّ ٱلَّذِينَ أُرْسِلَ إِلَيْهِمْ وَلَنَسْـَٔلَنَّ ٱلْمُرْسَلِينَ ٧ـ٧ فَلَنَقُصَّنَّ
عَلَيْهِم بِعِلْمٍ ۖ وَمَا كُنَّا غَآئِبِينَ ٧ـ٨ وَٱلْوَزْنُ يَوْمَئِذٍ ٱلْحَقُّ ۚ فَمَن ثَقُلَتْ مَوَٰزِينُهُۥ
فَأُو۟لَٰٓئِكَ هُمُ ٱلْمُفْلِحُونَ ٧ـ٩ وَمَنْ خَفَّتْ مَوَٰزِينُهُۥ فَأُو۟لَٰٓئِكَ ٱلَّذِينَ خَسِرُوٓا۟ أَنفُسَهُم
بِمَا كَانُوا۟ بِـَٔايَٰتِنَا يَظْلِمُونَ ٧ـ١٠ وَلَقَدْ مَكَّنَّٰكُمْ فِى ٱلْأَرْضِ وَجَعَلْنَا لَكُمْ فِيهَا مَعَٰيِشَ
ۗ قَلِيلًا مَّا تَشْكُرُونَ ٧ـ١١ وَلَقَدْ خَلَقْنَٰكُمْ ثُمَّ صَوَّرْنَٰكُمْ ثُمَّ قُلْنَا لِلْمَلَٰٓئِكَةِ ٱسْجُدُوا۟
لِـَٔادَمَ فَسَجَدُوٓا۟ إِلَّآ إِبْلِيسَ لَمْ يَكُن مِّنَ ٱلسَّٰجِدِينَ ٧ـ١٢ قَالَ مَا مَنَعَكَ أَلَّا تَسْجُدَ
إِذْ أَمَرْتُكَ ۖ قَالَ أَنَا۠ خَيْرٌ مِّنْهُ خَلَقْتَنِى مِن نَّارٍ وَخَلَقْتَهُۥ مِن طِينٍ ٧ـ١٣ قَالَ فَٱهْبِطْ
مِنْهَا فَمَا يَكُونُ لَكَ أَن تَتَكَبَّرَ فِيهَا فَٱخْرُجْ إِنَّكَ مِنَ ٱلصَّٰغِرِينَ ٧ـ١٤ قَالَ أَنظِرْنِىٓ
إِلَىٰ يَوْمِ يُبْعَثُونَ ٧ـ١٥ قَالَ إِنَّكَ مِنَ ٱلْمُنظَرِينَ ٧ـ١٦ قَالَ فَبِمَآ أَغْوَيْتَنِى لَأَقْعُدَنَّ
لَهُمْ صِرَٰطَكَ ٱلْمُسْتَقِيمَ ٧ـ١٧ ثُمَّ لَءَاتِيَنَّهُم مِّنۢ بَيْنِ أَيْدِيهِمْ وَمِنْ خَلْفِهِمْ وَعَنْ
أَيْمَٰنِهِمْ وَعَن شَمَآئِلِهِمْ ۖ وَلَا تَجِدُ أَكْثَرَهُمْ شَٰكِرِينَ ٧ـ١٨ قَالَ ٱخْرُجْ مِنْهَا مَذْءُومًا
مَّدْحُورًا ۖ لَّمَن تَبِعَكَ مِنْهُمْ لَأَمْلَأَنَّ جَهَنَّمَ مِنكُمْ أَجْمَعِينَ ٧ـ١٩ وَيَٰٓـَٔادَمُ ٱسْكُنْ أَنتَ
وَزَوْجُكَ ٱلْجَنَّةَ فَكُلَا مِنْ حَيْثُ شِئْتُمَا وَلَا تَقْرَبَا هَٰذِهِ ٱلشَّجَرَةَ فَتَكُونَا مِنَ ٱلظَّٰلِمِينَ
٧ـ٢٠ فَوَسْوَسَ لَهُمَا ٱلشَّيْطَٰنُ لِيُبْدِىَ لَهُمَا مَا وُۥرِىَ عَنْهُمَا مِن سَوْءَٰتِهِمَا وَقَالَ
مَا نَهَىٰكُمَا رَبُّكُمَا عَنْ هَٰذِهِ ٱلشَّجَرَةِ إِلَّآ أَن تَكُونَا مَلَكَيْنِ أَوْ تَكُونَا مِنَ ٱلْخَٰلِدِينَ
٧ـ٢١ وَقَاسَمَهُمَآ إِنِّى لَكُمَا لَمِنَ ٱلنَّٰصِحِينَ ٧ـ٢٢ فَدَلَّىٰهُمَا بِغُرُورٍ ۚ فَلَمَّا ذَاقَا
ٱلشَّجَرَةَ بَدَتْ لَهُمَا سَوْءَٰتُهُمَا وَطَفِقَا يَخْصِفَانِ عَلَيْهِمَا مِن وَرَقِ ٱلْجَنَّةِ ۖ وَنَادَىٰهُمَا
رَبُّهُمَآ أَلَمْ أَنْهَكُمَا عَن تِلْكُمَا ٱلشَّجَرَةِ وَأَقُل لَّكُمَآ إِنَّ ٱلشَّيْطَٰنَ لَكُمَا عَدُوٌّ مُّبِينٌ
٧ـ٢٣ قَالَا رَبَّنَا ظَلَمْنَآ أَنفُسَنَا وَإِن لَّمْ تَغْفِرْ لَنَا وَتَرْحَمْنَا لَنَكُونَنَّ مِنَ ٱلْخَٰسِرِينَ
٧ـ٢٤ قَالَ ٱهْبِطُوا۟ بَعْضُكُمْ لِبَعْضٍ عَدُوٌّ ۖ وَلَكُمْ فِى ٱلْأَرْضِ مُسْتَقَرٌّ وَمَتَٰعٌ إِلَىٰ حِينٍ
٧ـ٢٥ قَالَ فِيهَا تَحْيَوْنَ وَفِيهَا تَمُوتُونَ وَمِنْهَا تُخْرَجُونَ ٧ـ٢٦ يَٰبَنِىٓ ءَادَمَ قَدْ
أَنزَلْنَا عَلَيْكُمْ لِبَاسًا يُوَٰرِى سَوْءَٰتِكُمْ وَرِيشًا ۖ وَلِبَاسُ ٱلتَّقْوَىٰ ذَٰلِكَ خَيْرٌ ۚ ذَٰلِكَ مِنْ ءَايَٰتِ
ٱللَّهِ لَعَلَّهُمْ يَذَّكَّرُونَ ٧ـ٢٧ يَٰبَنِىٓ ءَادَمَ لَا يَفْتِنَنَّكُمُ ٱلشَّيْطَٰنُ كَمَآ أَخْرَجَ أَبَوَيْكُم مِّنَ
ٱلْجَنَّةِ يَنزِعُ عَنْهُمَا لِبَاسَهُمَا لِيُرِيَهُمَا سَوْءَٰتِهِمَآ ۗ إِنَّهُۥ يَرَىٰكُمْ هُوَ وَقَبِيلُهُۥ مِنْ حَيْثُ لَا

تَرَوْنَهُمْ ۗ إِنَّا جَعَلْنَا ٱلشَّيَٰطِينَ أَوْلِيَآءَ لِلَّذِينَ لَا يُؤْمِنُونَ ٧ـ٢٨ وَإِذَا فَعَلُوا۟ فَٰحِشَةً
قَالُوا۟ وَجَدْنَا عَلَيْهَآ ءَابَآءَنَا وَٱللَّهُ أَمَرَنَا بِهَا ۗ قُلْ إِنَّ ٱللَّهَ لَا يَأْمُرُ بِٱلْفَحْشَآءِ ۖ أَتَقُولُونَ
عَلَى ٱللَّهِ مَا لَا تَعْلَمُونَ ٧ـ٢٩ قُلْ أَمَرَ رَبِّى بِٱلْقِسْطِ ۖ وَأَقِيمُوا۟ وُجُوهَكُمْ عِندَ كُلِّ
مَسْجِدٍ وَٱدْعُوهُ مُخْلِصِينَ لَهُ ٱلدِّينَ ۚ كَمَا بَدَأَكُمْ تَعُودُونَ ٧ـ٣٠ فَرِيقًا هَدَىٰ وَفَرِيقًا
حَقَّ عَلَيْهِمُ ٱلضَّلَٰلَةُ ۗ إِنَّهُمُ ٱتَّخَذُوا۟ ٱلشَّيَٰطِينَ أَوْلِيَآءَ مِن دُونِ ٱللَّهِ وَيَحْسَبُونَ أَنَّهُم
مُّهْتَدُونَ ٧ـ٣١ يَٰبَنِىٓ ءَادَمَ خُذُوا۟ زِينَتَكُمْ عِندَ كُلِّ مَسْجِدٍ وَكُلُوا۟ وَٱشْرَبُوا۟ وَلَا
تُسْرِفُوٓا۟ ۚ إِنَّهُۥ لَا يُحِبُّ ٱلْمُسْرِفِينَ ٧ـ٣٢ قُلْ مَنْ حَرَّمَ زِينَةَ ٱللَّهِ ٱلَّتِىٓ أَخْرَجَ لِعِبَادِهِۦ
وَٱلطَّيِّبَٰتِ مِنَ ٱلرِّزْقِ ۚ قُلْ هِىَ لِلَّذِينَ ءَامَنُوا۟ فِى ٱلْحَيَوٰةِ ٱلدُّنْيَا خَالِصَةً يَوْمَ ٱلْقِيَٰمَةِ ۗ
كَذَٰلِكَ نُفَصِّلُ ٱلْءَايَٰتِ لِقَوْمٍ يَعْلَمُونَ ٧ـ٣٣ قُلْ إِنَّمَا حَرَّمَ رَبِّىَ ٱلْفَوَٰحِشَ مَا ظَهَرَ
مِنْهَا وَمَا بَطَنَ وَٱلْإِثْمَ وَٱلْبَغْىَ بِغَيْرِ ٱلْحَقِّ وَأَن تُشْرِكُوا۟ بِٱللَّهِ مَا لَمْ يُنَزِّلْ بِهِۦ
سُلْطَٰنًا وَأَن تَقُولُوا۟ عَلَى ٱللَّهِ مَا لَا تَعْلَمُونَ ٧ـ٣٤ وَلِكُلِّ أُمَّةٍ أَجَلٌ ۖ فَإِذَا جَآءَ
أَجَلُهُمْ لَا يَسْتَأْخِرُونَ سَاعَةً ۖ وَلَا يَسْتَقْدِمُونَ ٧ـ٣٥ يَٰبَنِىٓ ءَادَمَ إِمَّا يَأْتِيَنَّكُمْ رُسُلٌ
مِّنكُمْ يَقُصُّونَ عَلَيْكُمْ ءَايَٰتِى ۙ فَمَنِ ٱتَّقَىٰ وَأَصْلَحَ فَلَا خَوْفٌ عَلَيْهِمْ وَلَا هُمْ يَحْزَنُونَ
٧ـ٣٦ وَٱلَّذِينَ كَذَّبُوا۟ بِـَٔايَٰتِنَا وَٱسْتَكْبَرُوا۟ عَنْهَآ أُو۟لَٰٓئِكَ أَصْحَٰبُ ٱلنَّارِ ۖ هُمْ فِيهَا خَٰلِدُونَ
٧ـ٣٧ فَمَنْ أَظْلَمُ مِمَّنِ ٱفْتَرَىٰ عَلَى ٱللَّهِ كَذِبًا أَوْ كَذَّبَ بِـَٔايَٰتِهِۦٓ ۚ أُو۟لَٰٓئِكَ يَنَالُهُمْ
نَصِيبُهُم مِّنَ ٱلْكِتَٰبِ ۖ حَتَّىٰٓ إِذَا جَآءَتْهُمْ رُسُلُنَا يَتَوَفَّوْنَهُمْ قَالُوٓا۟ أَيْنَ مَا كُنتُمْ تَدْعُونَ
مِن دُونِ ٱللَّهِ ۖ قَالُوا۟ ضَلُّوا۟ عَنَّا وَشَهِدُوا۟ عَلَىٰٓ أَنفُسِهِمْ أَنَّهُمْ كَانُوا۟ كَٰفِرِينَ
٧ـ٣٨ قَالَ ٱدْخُلُوا۟ فِىٓ أُمَمٍ قَدْ خَلَتْ مِن قَبْلِكُم مِّنَ ٱلْجِنِّ وَٱلْإِنسِ فِى ٱلنَّارِ ۖ كُلَّمَا
دَخَلَتْ أُمَّةٌ لَّعَنَتْ أُخْتَهَا ۖ حَتَّىٰٓ إِذَا ٱدَّارَكُوا۟ فِيهَا جَمِيعًا قَالَتْ أُخْرَىٰهُمْ لِأُولَىٰهُمْ رَبَّنَا
هَٰٓؤُلَآءِ أَضَلُّونَا فَـَٔاتِهِمْ عَذَابًا ضِعْفًا مِّنَ ٱلنَّارِ ۖ قَالَ لِكُلٍّ ضِعْفٌ وَلَٰكِن لَّا تَعْلَمُونَ
٧ـ٣٩ وَقَالَتْ أُولَىٰهُمْ لِأُخْرَىٰهُمْ فَمَا كَانَ لَكُمْ عَلَيْنَا مِن فَضْلٍ فَذُوقُوا۟ ٱلْعَذَابَ بِمَا
كُنتُمْ تَكْسِبُونَ ٧ـ٤٠ إِنَّ ٱلَّذِينَ كَذَّبُوا۟ بِـَٔايَٰتِنَا وَٱسْتَكْبَرُوا۟ عَنْهَا لَا تُفَتَّحُ لَهُمْ أَبْوَٰبُ
ٱلسَّمَآءِ وَلَا يَدْخُلُونَ ٱلْجَنَّةَ حَتَّىٰ يَلِجَ ٱلْجَمَلُ فِى سَمِّ ٱلْخِيَاطِ ۚ وَكَذَٰلِكَ نَجْزِى
ٱلْمُجْرِمِينَ ٧ـ٤١ لَهُم مِّن جَهَنَّمَ مِهَادٌ وَمِن فَوْقِهِمْ غَوَاشٍ ۚ وَكَذَٰلِكَ نَجْزِى
ٱلظَّٰلِمِينَ ٧ـ٤٢ وَٱلَّذِينَ ءَامَنُوا۟ وَعَمِلُوا۟ ٱلصَّٰلِحَٰتِ لَا نُكَلِّفُ نَفْسًا إِلَّا وُسْعَهَآ أُو۟لَٰٓئِكَ
أَصْحَٰبُ ٱلْجَنَّةِ ۖ هُمْ فِيهَا خَٰلِدُونَ ٧ـ٤٣ وَنَزَعْنَا مَا فِى صُدُورِهِم مِّنْ غِلٍّ تَجْرِى مِن
تَحْتِهِمُ ٱلْأَنْهَٰرُ ۖ وَقَالُوا۟ ٱلْحَمْدُ لِلَّهِ ٱلَّذِى هَدَىٰنَا لِهَٰذَا وَمَا كُنَّا لِنَهْتَدِىَ لَوْلَآ أَنْ هَدَىٰنَا
ٱللَّهُ ۖ لَقَدْ جَآءَتْ رُسُلُ رَبِّنَا بِٱلْحَقِّ ۖ وَنُودُوٓا۟ أَن تِلْكُمُ ٱلْجَنَّةُ أُورِثْتُمُوهَا بِمَا كُنتُمْ

تَعْمَلُونَ ٤٤ـ٧ وَنَادَىٰٓ أَصْحَٰبُ ٱلْجَنَّةِ أَصْحَٰبَ ٱلنَّارِ أَن قَدْ وَجَدْنَا مَا وَعَدَنَا رَبُّنَا حَقًّا
فَهَلْ وَجَدتُّم مَّا وَعَدَ رَبُّكُمْ حَقًّا ۖ قَالُوا۟ نَعَمْ ۚ فَأَذَّنَ مُؤَذِّنٌۢ بَيْنَهُمْ أَن لَّعْنَةُ ٱللَّهِ عَلَى
ٱلظَّٰلِمِينَ ٤٥ـ٧ ٱلَّذِينَ يَصُدُّونَ عَن سَبِيلِ ٱللَّهِ وَيَبْغُونَهَا عِوَجًا وَهُم بِٱلْءَاخِرَةِ
كَٰفِرُونَ ٤٦ـ٧ وَبَيْنَهُمَا حِجَابٌ ۚ وَعَلَى ٱلْأَعْرَافِ رِجَالٌ يَعْرِفُونَ كُلًّۢا بِسِيمَىٰهُمْ ۚ وَنَادَوْا۟
أَصْحَٰبَ ٱلْجَنَّةِ أَن سَلَٰمٌ عَلَيْكُمْ ۚ لَمْ يَدْخُلُوهَا وَهُمْ يَطْمَعُونَ ٤٧ـ٧ وَإِذَا صُرِفَتْ
أَبْصَٰرُهُمْ تِلْقَآءَ أَصْحَٰبِ ٱلنَّارِ قَالُوا۟ رَبَّنَا لَا تَجْعَلْنَا مَعَ ٱلْقَوْمِ ٱلظَّٰلِمِينَ ٤٨ـ٧ وَنَادَىٰٓ
أَصْحَٰبُ ٱلْأَعْرَافِ رِجَالًا يَعْرِفُونَهُم بِسِيمَىٰهُمْ قَالُوا۟ مَآ أَغْنَىٰ عَنكُمْ جَمْعُكُمْ وَمَا كُنتُمْ
تَسْتَكْبِرُونَ ٤٩ـ٧ أَهَٰٓؤُلَآءِ ٱلَّذِينَ أَقْسَمْتُمْ لَا يَنَالُهُمُ ٱللَّهُ بِرَحْمَةٍ ۚ ٱدْخُلُوا۟ ٱلْجَنَّةَ لَا
خَوْفٌ عَلَيْكُمْ وَلَآ أَنتُمْ تَحْزَنُونَ ٥٠ـ٧ وَنَادَىٰٓ أَصْحَٰبُ ٱلنَّارِ أَصْحَٰبَ ٱلْجَنَّةِ أَنْ أَفِيضُوا۟
عَلَيْنَا مِنَ ٱلْمَآءِ أَوْ مِمَّا رَزَقَكُمُ ٱللَّهُ ۚ قَالُوٓا۟ إِنَّ ٱللَّهَ حَرَّمَهُمَا عَلَى ٱلْكَٰفِرِينَ
٥١ـ٧ ٱلَّذِينَ ٱتَّخَذُوا۟ دِينَهُمْ لَهْوًا وَلَعِبًا وَغَرَّتْهُمُ ٱلْحَيَوٰةُ ٱلدُّنْيَا ۚ فَٱلْيَوْمَ نَنسَىٰهُمْ
كَمَا نَسُوا۟ لِقَآءَ يَوْمِهِمْ هَٰذَا وَمَا كَانُوا۟ بِـَٔايَٰتِنَا يَجْحَدُونَ ٥٢ـ٧ وَلَقَدْ جِئْنَٰهُم بِكِتَٰبٍ
فَصَّلْنَٰهُ عَلَىٰ عِلْمٍ هُدًى وَرَحْمَةً لِّقَوْمٍ يُؤْمِنُونَ ٥٣ـ٧ هَلْ يَنظُرُونَ إِلَّا تَأْوِيلَهُۥ ۚ يَوْمَ
يَأْتِى تَأْوِيلُهُۥ يَقُولُ ٱلَّذِينَ نَسُوهُ مِن قَبْلُ قَدْ جَآءَتْ رُسُلُ رَبِّنَا بِٱلْحَقِّ فَهَل لَّنَا مِن
شُفَعَآءَ فَيَشْفَعُوا۟ لَنَآ أَوْ نُرَدُّ فَنَعْمَلَ غَيْرَ ٱلَّذِى كُنَّا نَعْمَلُ ۚ قَدْ خَسِرُوٓا۟ أَنفُسَهُمْ
وَضَلَّ عَنْهُم مَّا كَانُوا۟ يَفْتَرُونَ ٥٤ـ٧ إِنَّ رَبَّكُمُ ٱللَّهُ ٱلَّذِى خَلَقَ ٱلسَّمَٰوَٰتِ وَٱلْأَرْضَ
فِى سِتَّةِ أَيَّامٍ ثُمَّ ٱسْتَوَىٰ عَلَى ٱلْعَرْشِ يُغْشِى ٱلَّيْلَ ٱلنَّهَارَ يَطْلُبُهُۥ حَثِيثًا
وَٱلشَّمْسَ وَٱلْقَمَرَ وَٱلنُّجُومَ مُسَخَّرَٰتٍۭ بِأَمْرِهِۦٓ ۗ أَلَا لَهُ ٱلْخَلْقُ وَٱلْأَمْرُ ۗ تَبَارَكَ ٱللَّهُ رَبُّ
ٱلْعَٰلَمِينَ ٥٥ـ٧ ٱدْعُوا۟ رَبَّكُمْ تَضَرُّعًا وَخُفْيَةً ۚ إِنَّهُۥ لَا يُحِبُّ ٱلْمُعْتَدِينَ ٥٦ـ٧ وَلَا
تُفْسِدُوا۟ فِى ٱلْأَرْضِ بَعْدَ إِصْلَٰحِهَا وَٱدْعُوهُ خَوْفًا وَطَمَعًا ۚ إِنَّ رَحْمَتَ ٱللَّهِ قَرِيبٌ مِّنَ
ٱلْمُحْسِنِينَ ٥٧ـ٧ وَهُوَ ٱلَّذِى يُرْسِلُ ٱلرِّيَٰحَ بُشْرًۢا بَيْنَ يَدَىْ رَحْمَتِهِۦ ۖ حَتَّىٰٓ إِذَآ أَقَلَّتْ
سَحَابًا ثِقَالًا سُقْنَٰهُ لِبَلَدٍ مَّيِّتٍ فَأَنزَلْنَا بِهِ ٱلْمَآءَ فَأَخْرَجْنَا بِهِۦ مِن كُلِّ ٱلثَّمَرَٰتِ ۚ كَذَٰلِكَ
نُخْرِجُ ٱلْمَوْتَىٰ لَعَلَّكُمْ تَذَكَّرُونَ ٥٨ـ٧ وَٱلْبَلَدُ ٱلطَّيِّبُ يَخْرُجُ نَبَاتُهُۥ بِإِذْنِ رَبِّهِۦ ۖ وَٱلَّذِى
خَبُثَ لَا يَخْرُجُ إِلَّا نَكِدًا ۚ كَذَٰلِكَ نُصَرِّفُ ٱلْءَايَٰتِ لِقَوْمٍ يَشْكُرُونَ ٥٩ـ٧ لَقَدْ أَرْسَلْنَا
نُوحًا إِلَىٰ قَوْمِهِۦ فَقَالَ يَٰقَوْمِ ٱعْبُدُوا۟ ٱللَّهَ مَا لَكُم مِّنْ إِلَٰهٍ غَيْرُهُۥٓ إِنِّىٓ أَخَافُ عَلَيْكُمْ
عَذَابَ يَوْمٍ عَظِيمٍ ٦٠ـ٧ قَالَ ٱلْمَلَأُ مِن قَوْمِهِۦٓ إِنَّا لَنَرَىٰكَ فِى ضَلَٰلٍ مُّبِينٍ ٦١ـ٧ قَالَ
يَٰقَوْمِ لَيْسَ بِى ضَلَٰلَةٌ وَلَٰكِنِّى رَسُولٌ مِّن رَّبِّ ٱلْعَٰلَمِينَ ٦٢ـ٧ أُبَلِّغُكُمْ رِسَٰلَٰتِ رَبِّى
وَأَنصَحُ لَكُمْ وَأَعْلَمُ مِنَ ٱللَّهِ مَا لَا تَعْلَمُونَ ٦٣ـ٧ أَوَعَجِبْتُمْ أَن جَآءَكُمْ ذِكْرٌ مِّن رَّبِّكُمْ

عَلَىٰ رَجُلٍ مِّنكُمْ لِيُنذِرَكُمْ وَلِتَتَّقُواْ وَلَعَلَّكُمْ تُرْحَمُونَ ٧ـ٦٤ فَكَذَّبُوهُ فَأَنجَيْنَٰهُ وَٱلَّذِينَ
مَعَهُۥ فِى ٱلْفُلْكِ وَأَغْرَقْنَا ٱلَّذِينَ كَذَّبُواْ بِـَٔايَٰتِنَآ ۚ إِنَّهُمْ كَانُواْ قَوْمًا عَمِينَ ٧ـ٦٥ وَإِلَىٰ
عَادٍ أَخَاهُمْ هُودًا ۗ قَالَ يَٰقَوْمِ ٱعْبُدُواْ ٱللَّهَ مَا لَكُم مِّنْ إِلَٰهٍ غَيْرُهُۥٓ ۚ أَفَلَا تَتَّقُونَ
٧ـ٦٦ قَالَ ٱلْمَلَأُ ٱلَّذِينَ كَفَرُواْ مِن قَوْمِهِۦٓ إِنَّا لَنَرَىٰكَ فِى سَفَاهَةٍ وَإِنَّا لَنَظُنُّكَ مِنَ
ٱلْكَٰذِبِينَ ٧ـ٦٧ قَالَ يَٰقَوْمِ لَيْسَ بِى سَفَاهَةٌ وَلَٰكِنِّى رَسُولٌ مِّن رَّبِّ ٱلْعَٰلَمِينَ
٧ـ٦٨ أُبَلِّغُكُمْ رِسَٰلَٰتِ رَبِّى وَأَنَا۠ لَكُمْ نَاصِحٌ أَمِينٌ ٧ـ٦٩ أَوَعَجِبْتُمْ أَن جَآءَكُمْ ذِكْرٌ مِّن
رَّبِّكُمْ عَلَىٰ رَجُلٍ مِّنكُمْ لِيُنذِرَكُمْ ۚ وَٱذْكُرُوٓاْ إِذْ جَعَلَكُمْ خُلَفَآءَ مِنۢ بَعْدِ قَوْمِ نُوحٍ
وَزَادَكُمْ فِى ٱلْخَلْقِ بَصْۜطَةً ۖ فَٱذْكُرُوٓاْ ءَالَآءَ ٱللَّهِ لَعَلَّكُمْ تُفْلِحُونَ ٧ـ٧٠ قَالُوٓاْ أَجِئْتَنَا
لِنَعْبُدَ ٱللَّهَ وَحْدَهُۥ وَنَذَرَ مَا كَانَ يَعْبُدُ ءَابَآؤُنَا ۖ فَأْتِنَا بِمَا تَعِدُنَآ إِن كُنتَ مِنَ ٱلصَّٰدِقِينَ
٧ـ٧١ قَالَ قَدْ وَقَعَ عَلَيْكُم مِّن رَّبِّكُمْ رِجْسٌ وَغَضَبٌ ۖ أَتُجَٰدِلُونَنِى فِىٓ أَسْمَآءٍ
سَمَّيْتُمُوهَآ أَنتُمْ وَءَابَآؤُكُم مَّا نَزَّلَ ٱللَّهُ بِهَا مِن سُلْطَٰنٍ ۚ فَٱنتَظِرُوٓاْ إِنِّى مَعَكُم مِّنَ
ٱلْمُنتَظِرِينَ ٧ـ٧٢ فَأَنجَيْنَٰهُ وَٱلَّذِينَ مَعَهُۥ بِرَحْمَةٍ مِّنَّا وَقَطَعْنَا دَابِرَ ٱلَّذِينَ كَذَّبُواْ
بِـَٔايَٰتِنَا ۖ وَمَا كَانُواْ مُؤْمِنِينَ ٧ـ٧٣ وَإِلَىٰ ثَمُودَ أَخَاهُمْ صَٰلِحًا ۗ قَالَ يَٰقَوْمِ ٱعْبُدُواْ ٱللَّهَ
مَا لَكُم مِّنْ إِلَٰهٍ غَيْرُهُۥ ۖ قَدْ جَآءَتْكُم بَيِّنَةٌ مِّن رَّبِّكُمْ ۖ هَٰذِهِۦ نَاقَةُ ٱللَّهِ لَكُمْ ءَايَةً ۖ
فَذَرُوهَا تَأْكُلْ فِىٓ أَرْضِ ٱللَّهِ ۖ وَلَا تَمَسُّوهَا بِسُوٓءٍ فَيَأْخُذَكُمْ عَذَابٌ أَلِيمٌ
٧ـ٧٤ وَٱذْكُرُوٓاْ إِذْ جَعَلَكُمْ خُلَفَآءَ مِنۢ بَعْدِ عَادٍ وَبَوَّأَكُمْ فِى ٱلْأَرْضِ تَتَّخِذُونَ مِن
سُهُولِهَا قُصُورًا وَتَنْحِتُونَ ٱلْجِبَالَ بُيُوتًا ۖ فَٱذْكُرُوٓاْ ءَالَآءَ ٱللَّهِ وَلَا تَعْثَوْاْ فِى ٱلْأَرْضِ
مُفْسِدِينَ ٧ـ٧٥ قَالَ ٱلْمَلَأُ ٱلَّذِينَ ٱسْتَكْبَرُواْ مِن قَوْمِهِۦ لِلَّذِينَ ٱسْتُضْعِفُواْ لِمَنْ
ءَامَنَ مِنْهُمْ أَتَعْلَمُونَ أَنَّ صَٰلِحًا مُّرْسَلٌ مِّن رَّبِّهِۦ ۚ قَالُوٓاْ إِنَّا بِمَآ أُرْسِلَ بِهِۦ مُؤْمِنُونَ
٧ـ٧٦ قَالَ ٱلَّذِينَ ٱسْتَكْبَرُوٓاْ إِنَّا بِٱلَّذِىٓ ءَامَنتُم بِهِۦ كَٰفِرُونَ ٧ـ٧٧ فَعَقَرُواْ ٱلنَّاقَةَ
وَعَتَوْاْ عَنْ أَمْرِ رَبِّهِمْ وَقَالُواْ يَٰصَٰلِحُ ٱئْتِنَا بِمَا تَعِدُنَآ إِن كُنتَ مِنَ ٱلْمُرْسَلِينَ
٧ـ٧٨ فَأَخَذَتْهُمُ ٱلرَّجْفَةُ فَأَصْبَحُواْ فِى دَارِهِمْ جَٰثِمِينَ ٧ـ٧٩ فَتَوَلَّىٰ عَنْهُمْ وَقَالَ
يَٰقَوْمِ لَقَدْ أَبْلَغْتُكُمْ رِسَالَةَ رَبِّى وَنَصَحْتُ لَكُمْ وَلَٰكِن لَّا تُحِبُّونَ ٱلنَّٰصِحِينَ
٧ـ٨٠ وَلُوطًا إِذْ قَالَ لِقَوْمِهِۦٓ أَتَأْتُونَ ٱلْفَٰحِشَةَ مَا سَبَقَكُم بِهَا مِنْ أَحَدٍ مِّنَ ٱلْعَٰلَمِينَ
٧ـ٨١ إِنَّكُمْ لَتَأْتُونَ ٱلرِّجَالَ شَهْوَةً مِّن دُونِ ٱلنِّسَآءِ ۚ بَلْ أَنتُمْ قَوْمٌ مُّسْرِفُونَ
٧ـ٨٢ وَمَا كَانَ جَوَابَ قَوْمِهِۦٓ إِلَّآ أَن قَالُوٓاْ أَخْرِجُوهُم مِّن قَرْيَتِكُمْ ۖ إِنَّهُمْ أُنَاسٌ
يَتَطَهَّرُونَ ٧ـ٨٣ فَأَنجَيْنَٰهُ وَأَهْلَهُۥٓ إِلَّا ٱمْرَأَتَهُۥ كَانَتْ مِنَ ٱلْغَٰبِرِينَ ٧ـ٨٤ وَأَمْطَرْنَا
عَلَيْهِم مَّطَرًا ۖ فَٱنظُرْ كَيْفَ كَانَ عَٰقِبَةُ ٱلْمُجْرِمِينَ ٧ـ٨٥ وَإِلَىٰ مَدْيَنَ أَخَاهُمْ شُعَيْبًا ۗ

قَالَ يَٰقَوْمِ ٱعْبُدُوا۟ ٱللَّهَ مَا لَكُم مِّنْ إِلَٰهٍ غَيْرُهُۥ ۖ قَدْ جَآءَتْكُم بَيِّنَةٌ مِّن رَّبِّكُمْ ۖ فَأَوْفُوا۟
ٱلْكَيْلَ وَٱلْمِيزَانَ وَلَا تَبْخَسُوا۟ ٱلنَّاسَ أَشْيَآءَهُمْ وَلَا تُفْسِدُوا۟ فِى ٱلْأَرْضِ بَعْدَ إِصْلَٰحِهَا
ۚ ذَٰلِكُمْ خَيْرٌ لَّكُمْ إِن كُنتُم مُّؤْمِنِينَ ٧ـ٨٦ وَلَا تَقْعُدُوا۟ بِكُلِّ صِرَٰطٍ تُوعِدُونَ وَتَصُدُّونَ
عَن سَبِيلِ ٱللَّهِ مَنْ ءَامَنَ بِهِۦ وَتَبْغُونَهَا عِوَجًا ۚ وَٱذْكُرُوٓا۟ إِذْ كُنتُمْ قَلِيلًا فَكَثَّرَكُمْ ۖ
وَٱنظُرُوا۟ كَيْفَ كَانَ عَٰقِبَةُ ٱلْمُفْسِدِينَ ٧ـ٨٧ وَإِن كَانَ طَآئِفَةٌ مِّنكُمْ ءَامَنُوا۟ بِٱلَّذِىٓ
أُرْسِلْتُ بِهِۦ وَطَآئِفَةٌ لَّمْ يُؤْمِنُوا۟ فَٱصْبِرُوا۟ حَتَّىٰ يَحْكُمَ ٱللَّهُ بَيْنَنَا ۚ وَهُوَ خَيْرُ ٱلْحَٰكِمِينَ
٧ـ٨٨ قَالَ ٱلْمَلَأُ ٱلَّذِينَ ٱسْتَكْبَرُوا۟ مِن قَوْمِهِۦ لَنُخْرِجَنَّكَ يَٰشُعَيْبُ وَٱلَّذِينَ ءَامَنُوا۟ مَعَكَ
مِن قَرْيَتِنَآ أَوْ لَتَعُودُنَّ فِى مِلَّتِنَا ۚ قَالَ أَوَلَوْ كُنَّا كَٰرِهِينَ ٧ـ٨٩ قَدِ ٱفْتَرَيْنَا عَلَى ٱللَّهِ
كَذِبًا إِنْ عُدْنَا فِى مِلَّتِكُم بَعْدَ إِذْ نَجَّىٰنَا ٱللَّهُ مِنْهَا ۚ وَمَا يَكُونُ لَنَآ أَن نَّعُودَ فِيهَآ إِلَّآ
أَن يَشَآءَ ٱللَّهُ رَبُّنَا ۚ وَسِعَ رَبُّنَا كُلَّ شَىْءٍ عِلْمًا ۚ عَلَى ٱللَّهِ تَوَكَّلْنَا ۚ رَبَّنَا ٱفْتَحْ بَيْنَنَا وَبَيْنَ
قَوْمِنَا بِٱلْحَقِّ وَأَنتَ خَيْرُ ٱلْفَٰتِحِينَ ٧ـ٩٠ وَقَالَ ٱلْمَلَأُ ٱلَّذِينَ كَفَرُوا۟ مِن قَوْمِهِۦ لَئِنِ
ٱتَّبَعْتُمْ شُعَيْبًا إِنَّكُمْ إِذًا لَّخَٰسِرُونَ ٧ـ٩١ فَأَخَذَتْهُمُ ٱلرَّجْفَةُ فَأَصْبَحُوا۟ فِى دَارِهِمْ
جَٰثِمِينَ ٧ـ٩٢ ٱلَّذِينَ كَذَّبُوا۟ شُعَيْبًا كَأَن لَّمْ يَغْنَوْا۟ فِيهَا ۚ ٱلَّذِينَ كَذَّبُوا۟ شُعَيْبًا كَانُوا۟
هُمُ ٱلْخَٰسِرِينَ ٧ـ٩٣ فَتَوَلَّىٰ عَنْهُمْ وَقَالَ يَٰقَوْمِ لَقَدْ أَبْلَغْتُكُمْ رِسَٰلَٰتِ رَبِّى وَنَصَحْتُ
لَكُمْ ۖ فَكَيْفَ ءَاسَىٰ عَلَىٰ قَوْمٍ كَٰفِرِينَ ٧ـ٩٤ وَمَآ أَرْسَلْنَا فِى قَرْيَةٍ مِّن نَّبِىٍّ إِلَّآ
أَخَذْنَآ أَهْلَهَا بِٱلْبَأْسَآءِ وَٱلضَّرَّآءِ لَعَلَّهُمْ يَضَّرَّعُونَ ٧ـ٩٥ ثُمَّ بَدَّلْنَا مَكَانَ ٱلسَّيِّئَةِ
ٱلْحَسَنَةَ حَتَّىٰ عَفَوا۟ وَّقَالُوا۟ قَدْ مَسَّ ءَابَآءَنَا ٱلضَّرَّآءُ وَٱلسَّرَّآءُ فَأَخَذْنَٰهُم بَغْتَةً وَهُمْ لَا
يَشْعُرُونَ ٧ـ٩٦ وَلَوْ أَنَّ أَهْلَ ٱلْقُرَىٰٓ ءَامَنُوا۟ وَٱتَّقَوْا۟ لَفَتَحْنَا عَلَيْهِم بَرَكَٰتٍ مِّنَ ٱلسَّمَآءِ
وَٱلْأَرْضِ وَلَٰكِن كَذَّبُوا۟ فَأَخَذْنَٰهُم بِمَا كَانُوا۟ يَكْسِبُونَ ٧ـ٩٧ أَفَأَمِنَ أَهْلُ ٱلْقُرَىٰٓ أَن
يَأْتِيَهُم بَأْسُنَا بَيَٰتًا وَهُمْ نَآئِمُونَ ٧ـ٩٨ أَوَأَمِنَ أَهْلُ ٱلْقُرَىٰٓ أَن يَأْتِيَهُم بَأْسُنَا ضُحًى
وَهُمْ يَلْعَبُونَ ٧ـ٩٩ أَفَأَمِنُوا۟ مَكْرَ ٱللَّهِ ۚ فَلَا يَأْمَنُ مَكْرَ ٱللَّهِ إِلَّا ٱلْقَوْمُ ٱلْخَٰسِرُونَ
٧ـ١٠٠ أَوَلَمْ يَهْدِ لِلَّذِينَ يَرِثُونَ ٱلْأَرْضَ مِنۢ بَعْدِ أَهْلِهَآ أَن لَّوْ نَشَآءُ أَصَبْنَٰهُم
بِذُنُوبِهِمْ ۚ وَنَطْبَعُ عَلَىٰ قُلُوبِهِمْ فَهُمْ لَا يَسْمَعُونَ ٧ـ١٠١ تِلْكَ ٱلْقُرَىٰ نَقُصُّ عَلَيْكَ
مِنْ أَنۢبَآئِهَا ۚ وَلَقَدْ جَآءَتْهُمْ رُسُلُهُم بِٱلْبَيِّنَٰتِ فَمَا كَانُوا۟ لِيُؤْمِنُوا۟ بِمَا كَذَّبُوا۟ مِن قَبْلُ ۚ
كَذَٰلِكَ يَطْبَعُ ٱللَّهُ عَلَىٰ قُلُوبِ ٱلْكَٰفِرِينَ ٧ـ١٠٢ وَمَا وَجَدْنَا لِأَكْثَرِهِم مِّنْ عَهْدٍ ۖ وَإِن
وَجَدْنَآ أَكْثَرَهُمْ لَفَٰسِقِينَ ٧ـ١٠٣ ثُمَّ بَعَثْنَا مِنۢ بَعْدِهِم مُّوسَىٰ بِـَٔايَٰتِنَآ إِلَىٰ فِرْعَوْنَ
وَمَلَإِي۟هِۦ فَظَلَمُوا۟ بِهَا ۖ فَٱنظُرْ كَيْفَ كَانَ عَٰقِبَةُ ٱلْمُفْسِدِينَ ٧ـ١٠٤ وَقَالَ مُوسَىٰ
يَٰفِرْعَوْنُ إِنِّى رَسُولٌ مِّن رَّبِّ ٱلْعَٰلَمِينَ ٧ـ١٠٥ حَقِيقٌ عَلَىٰٓ أَن لَّآ أَقُولَ عَلَى ٱللَّهِ إِلَّا

ٱلْحَقَّ ۚ قَدْ جِئْتُكُم بِبَيِّنَةٍ مِّن رَّبِّكُمْ فَأَرْسِلْ مَعِىَ بَنِىٓ إِسْرَٰٓءِيلَ ٧ـ١٠٦ قَالَ إِن كُنتَ
جِئْتَ بِـَٔايَةٍ فَأْتِ بِهَآ إِن كُنتَ مِنَ ٱلصَّٰدِقِينَ ٧ـ١٠٧ فَأَلْقَىٰ عَصَاهُ فَإِذَا هِىَ ثُعْبَانٌ
مُّبِينٌ ٧ـ١٠٨ وَنَزَعَ يَدَهُۥ فَإِذَا هِىَ بَيْضَآءُ لِلنَّٰظِرِينَ ٧ـ١٠٩ قَالَ ٱلْمَلَأُ مِن قَوْمِ
فِرْعَوْنَ إِنَّ هَٰذَا لَسَٰحِرٌ عَلِيمٌ ٧ـ١١٠ يُرِيدُ أَن يُخْرِجَكُم مِّنْ أَرْضِكُمْ ۖ فَمَاذَا تَأْمُرُونَ
٧ـ١١١ قَالُوٓا۟ أَرْجِهْ وَأَخَاهُ وَأَرْسِلْ فِى ٱلْمَدَآئِنِ حَٰشِرِينَ ٧ـ١١٢ يَأْتُوكَ بِكُلِّ سَٰحِرٍ عَلِيمٍ
٧ـ١١٣ وَجَآءَ ٱلسَّحَرَةُ فِرْعَوْنَ قَالُوٓا۟ إِنَّ لَنَا لَأَجْرًا إِن كُنَّا نَحْنُ ٱلْغَٰلِبِينَ ٧ـ١١٤ قَالَ نَعَمْ
وَإِنَّكُمْ لَمِنَ ٱلْمُقَرَّبِينَ ٧ـ١١٥ قَالُوا۟ يَٰمُوسَىٰٓ إِمَّآ أَن تُلْقِىَ وَإِمَّآ أَن نَّكُونَ نَحْنُ
ٱلْمُلْقِينَ ٧ـ١١٦ قَالَ أَلْقُوا۟ ۖ فَلَمَّآ أَلْقَوْا۟ سَحَرُوٓا۟ أَعْيُنَ ٱلنَّاسِ وَٱسْتَرْهَبُوهُمْ وَجَآءُو
بِسِحْرٍ عَظِيمٍ ٧ـ١١٧ وَأَوْحَيْنَآ إِلَىٰ مُوسَىٰٓ أَنْ أَلْقِ عَصَاكَ ۖ فَإِذَا هِىَ تَلْقَفُ مَا
يَأْفِكُونَ ٧ـ١١٨ فَوَقَعَ ٱلْحَقُّ وَبَطَلَ مَا كَانُوا۟ يَعْمَلُونَ ٧ـ١١٩ فَغُلِبُوا۟ هُنَالِكَ
وَٱنقَلَبُوا۟ صَٰغِرِينَ ٧ـ١٢٠ وَأُلْقِىَ ٱلسَّحَرَةُ سَٰجِدِينَ ٧ـ١٢١ قَالُوٓا۟ ءَامَنَّا بِرَبِّ ٱلْعَٰلَمِينَ
٧ـ١٢٢ رَبِّ مُوسَىٰ وَهَٰرُونَ ٧ـ١٢٣ قَالَ فِرْعَوْنُ ءَامَنتُم بِهِۦ قَبْلَ أَنْ ءَاذَنَ لَكُمْ ۖ إِنَّ
هَٰذَا لَمَكْرٌ مَّكَرْتُمُوهُ فِى ٱلْمَدِينَةِ لِتُخْرِجُوا۟ مِنْهَآ أَهْلَهَا ۖ فَسَوْفَ تَعْلَمُونَ
٧ـ١٢٤ لَأُقَطِّعَنَّ أَيْدِيَكُمْ وَأَرْجُلَكُم مِّنْ خِلَٰفٍ ثُمَّ لَأُصَلِّبَنَّكُمْ أَجْمَعِينَ ٧ـ١٢٥ قَالُوٓا۟ إِنَّآ
إِلَىٰ رَبِّنَا مُنقَلِبُونَ ٧ـ١٢٦ وَمَا تَنقِمُ مِنَّآ إِلَّآ أَنْ ءَامَنَّا بِـَٔايَٰتِ رَبِّنَا لَمَّا جَآءَتْنَا ۚ رَبَّنَآ أَفْرِغْ
عَلَيْنَا صَبْرًا وَتَوَفَّنَا مُسْلِمِينَ ٧ـ١٢٧ وَقَالَ ٱلْمَلَأُ مِن قَوْمِ فِرْعَوْنَ أَتَذَرُ مُوسَىٰ
وَقَوْمَهُۥ لِيُفْسِدُوا۟ فِى ٱلْأَرْضِ وَيَذَرَكَ وَءَالِهَتَكَ ۚ قَالَ سَنُقَتِّلُ أَبْنَآءَهُمْ وَنَسْتَحْىِۦ
نِسَآءَهُمْ وَإِنَّا فَوْقَهُمْ قَٰهِرُونَ ٧ـ١٢٨ قَالَ مُوسَىٰ لِقَوْمِهِ ٱسْتَعِينُوا۟ بِٱللَّهِ وَٱصْبِرُوٓا۟
ۖ إِنَّ ٱلْأَرْضَ لِلَّهِ يُورِثُهَا مَن يَشَآءُ مِنْ عِبَادِهِۦ ۖ وَٱلْعَٰقِبَةُ لِلْمُتَّقِينَ ٧ـ١٢٩ قَالُوٓا۟ أُوذِينَا
مِن قَبْلِ أَن تَأْتِيَنَا وَمِنۢ بَعْدِ مَا جِئْتَنَا ۚ قَالَ عَسَىٰ رَبُّكُمْ أَن يُهْلِكَ عَدُوَّكُمْ
وَيَسْتَخْلِفَكُمْ فِى ٱلْأَرْضِ فَيَنظُرَ كَيْفَ تَعْمَلُونَ ٧ـ١٣٠ وَلَقَدْ أَخَذْنَآ ءَالَ فِرْعَوْنَ
بِٱلسِّنِينَ وَنَقْصٍ مِّنَ ٱلثَّمَرَٰتِ لَعَلَّهُمْ يَذَّكَّرُونَ ٧ـ١٣١ فَإِذَا جَآءَتْهُمُ ٱلْحَسَنَةُ قَالُوا۟ لَنَا
هَٰذِهِۦ ۖ وَإِن تُصِبْهُمْ سَيِّئَةٌ يَطَّيَّرُوا۟ بِمُوسَىٰ وَمَن مَّعَهُۥٓ ۗ أَلَآ إِنَّمَا طَٰٓئِرُهُمْ عِندَ ٱللَّهِ
وَلَٰكِنَّ أَكْثَرَهُمْ لَا يَعْلَمُونَ ٧ـ١٣٢ وَقَالُوا۟ مَهْمَا تَأْتِنَا بِهِۦ مِنْ ءَايَةٍ لِّتَسْحَرَنَا بِهَا فَمَا
نَحْنُ لَكَ بِمُؤْمِنِينَ ٧ـ١٣٣ فَأَرْسَلْنَا عَلَيْهِمُ ٱلطُّوفَانَ وَٱلْجَرَادَ وَٱلْقُمَّلَ وَٱلضَّفَادِعَ
وَٱلدَّمَ ءَايَٰتٍ مُّفَصَّلَٰتٍ فَٱسْتَكْبَرُوا۟ وَكَانُوا۟ قَوْمًا مُّجْرِمِينَ ٧ـ١٣٤ وَلَمَّا وَقَعَ عَلَيْهِمُ
ٱلرِّجْزُ قَالُوا۟ يَٰمُوسَى ٱدْعُ لَنَا رَبَّكَ بِمَا عَهِدَ عِندَكَ ۖ لَئِن كَشَفْتَ عَنَّا ٱلرِّجْزَ لَنُؤْمِنَنَّ لَكَ
وَلَنُرْسِلَنَّ مَعَكَ بَنِىٓ إِسْرَٰٓءِيلَ ٧ـ١٣٥ فَلَمَّا كَشَفْنَا عَنْهُمُ ٱلرِّجْزَ إِلَىٰٓ أَجَلٍ هُم بَٰلِغُوهُ

إِذَا هُمْ يَنكُثُونَ ٧ــ١٣٦ فَٱنتَقَمْنَا مِنْهُمْ فَأَغْرَقْنَٰهُمْ فِى ٱلْيَمِّ بِأَنَّهُمْ كَذَّبُوا۟ بِـَٔايَٰتِنَا
وَكَانُوا۟ عَنْهَا غَٰفِلِينَ ٧ــ١٣٧ وَأَوْرَثْنَا ٱلْقَوْمَ ٱلَّذِينَ كَانُوا۟ يُسْتَضْعَفُونَ مَشَٰرِقَ ٱلْأَرْضِ
وَمَغَٰرِبَهَا ٱلَّتِى بَٰرَكْنَا فِيهَا ۖ وَتَمَّتْ كَلِمَتُ رَبِّكَ ٱلْحُسْنَىٰ عَلَىٰ بَنِىٓ إِسْرَٰٓءِيلَ بِمَا
صَبَرُوا۟ ۖ وَدَمَّرْنَا مَا كَانَ يَصْنَعُ فِرْعَوْنُ وَقَوْمُهُۥ وَمَا كَانُوا۟ يَعْرِشُونَ ٧ــ١٣٨ وَجَٰوَزْنَا
بِبَنِىٓ إِسْرَٰٓءِيلَ ٱلْبَحْرَ فَأَتَوْا۟ عَلَىٰ قَوْمٍ يَعْكُفُونَ عَلَىٰٓ أَصْنَامٍ لَّهُمْ ۚ قَالُوا۟ يَٰمُوسَى
ٱجْعَل لَّنَآ إِلَٰهًا كَمَا لَهُمْ ءَالِهَةٌ ۚ قَالَ إِنَّكُمْ قَوْمٌ تَجْهَلُونَ ٧ــ١٣٩ إِنَّ هَٰٓؤُلَآءِ مُتَبَّرٌ مَّا
هُمْ فِيهِ وَبَٰطِلٌ مَّا كَانُوا۟ يَعْمَلُونَ ٧ــ١٤٠ قَالَ أَغَيْرَ ٱللَّهِ أَبْغِيكُمْ إِلَٰهًا وَهُوَ فَضَّلَكُمْ
عَلَى ٱلْعَٰلَمِينَ ٧ــ١٤١ وَإِذْ أَنجَيْنَٰكُم مِّنْ ءَالِ فِرْعَوْنَ يَسُومُونَكُمْ سُوٓءَ ٱلْعَذَابِ ۖ
يُقَتِّلُونَ أَبْنَآءَكُمْ وَيَسْتَحْيُونَ نِسَآءَكُمْ ۚ وَفِى ذَٰلِكُم بَلَآءٌ مِّن رَّبِّكُمْ عَظِيمٌ
٧ــ١٤٢ وَوَٰعَدْنَا مُوسَىٰ ثَلَٰثِينَ لَيْلَةً وَأَتْمَمْنَٰهَا بِعَشْرٍ فَتَمَّ مِيقَٰتُ رَبِّهِۦٓ أَرْبَعِينَ لَيْلَةً ۚ
وَقَالَ مُوسَىٰ لِأَخِيهِ هَٰرُونَ ٱخْلُفْنِى فِى قَوْمِى وَأَصْلِحْ وَلَا تَتَّبِعْ سَبِيلَ ٱلْمُفْسِدِينَ
٧ــ١٤٣ وَلَمَّا جَآءَ مُوسَىٰ لِمِيقَٰتِنَا وَكَلَّمَهُۥ رَبُّهُۥ قَالَ رَبِّ أَرِنِىٓ أَنظُرْ إِلَيْكَ ۚ قَالَ لَن
تَرَىٰنِى وَلَٰكِنِ ٱنظُرْ إِلَى ٱلْجَبَلِ فَإِنِ ٱسْتَقَرَّ مَكَانَهُۥ فَسَوْفَ تَرَىٰنِى ۚ فَلَمَّا تَجَلَّىٰ رَبُّهُۥ
لِلْجَبَلِ جَعَلَهُۥ دَكًّا وَخَرَّ مُوسَىٰ صَعِقًا ۚ فَلَمَّآ أَفَاقَ قَالَ سُبْحَٰنَكَ تُبْتُ إِلَيْكَ وَأَنَا۠ أَوَّلُ
ٱلْمُؤْمِنِينَ ٧ــ١٤٤ قَالَ يَٰمُوسَىٰٓ إِنِّى ٱصْطَفَيْتُكَ عَلَى ٱلنَّاسِ بِرِسَٰلَٰتِى وَبِكَلَٰمِى فَخُذْ
مَآ ءَاتَيْتُكَ وَكُن مِّنَ ٱلشَّٰكِرِينَ ٧ــ١٤٥ وَكَتَبْنَا لَهُۥ فِى ٱلْأَلْوَاحِ مِن كُلِّ شَىْءٍ
مَّوْعِظَةً وَتَفْصِيلًا لِّكُلِّ شَىْءٍ فَخُذْهَا بِقُوَّةٍ وَأْمُرْ قَوْمَكَ يَأْخُذُوا۟ بِأَحْسَنِهَا ۚ
سَأُو۟رِيكُمْ دَارَ ٱلْفَٰسِقِينَ ٧ــ١٤٦ سَأَصْرِفُ عَنْ ءَايَٰتِىَ ٱلَّذِينَ يَتَكَبَّرُونَ فِى ٱلْأَرْضِ
بِغَيْرِ ٱلْحَقِّ وَإِن يَرَوْا۟ كُلَّ ءَايَةٍ لَّا يُؤْمِنُوا۟ بِهَا وَإِن يَرَوْا۟ سَبِيلَ ٱلرُّشْدِ لَا يَتَّخِذُوهُ
سَبِيلًا وَإِن يَرَوْا۟ سَبِيلَ ٱلْغَىِّ يَتَّخِذُوهُ سَبِيلًا ۚ ذَٰلِكَ بِأَنَّهُمْ كَذَّبُوا۟ بِـَٔايَٰتِنَا وَكَانُوا۟ عَنْهَا
غَٰفِلِينَ ٧ــ١٤٧ وَٱلَّذِينَ كَذَّبُوا۟ بِـَٔايَٰتِنَا وَلِقَآءِ ٱلْءَاخِرَةِ حَبِطَتْ أَعْمَٰلُهُمْ ۚ هَلْ يُجْزَوْنَ إِلَّا
مَا كَانُوا۟ يَعْمَلُونَ ٧ــ١٤٨ وَٱتَّخَذَ قَوْمُ مُوسَىٰ مِنۢ بَعْدِهِۦ مِنْ حُلِيِّهِمْ عِجْلًا جَسَدًا لَّهُۥ
خُوَارٌ ۚ أَلَمْ يَرَوْا۟ أَنَّهُۥ لَا يُكَلِّمُهُمْ وَلَا يَهْدِيهِمْ سَبِيلًا ۘ ٱتَّخَذُوهُ وَكَانُوا۟ ظَٰلِمِينَ
٧ــ١٤٩ وَلَمَّا سُقِطَ فِىٓ أَيْدِيهِمْ وَرَأَوْا۟ أَنَّهُمْ قَدْ ضَلُّوا۟ قَالُوا۟ لَئِن لَّمْ يَرْحَمْنَا رَبُّنَا
وَيَغْفِرْ لَنَا لَنَكُونَنَّ مِنَ ٱلْخَٰسِرِينَ ٧ــ١٥٠ وَلَمَّا رَجَعَ مُوسَىٰٓ إِلَىٰ قَوْمِهِۦ غَضْبَٰنَ أَسِفًا
قَالَ بِئْسَمَا خَلَفْتُمُونِى مِنۢ بَعْدِىٓ ۖ أَعَجِلْتُمْ أَمْرَ رَبِّكُمْ ۖ وَأَلْقَى ٱلْأَلْوَاحَ وَأَخَذَ بِرَأْسِ
أَخِيهِ يَجُرُّهُۥٓ إِلَيْهِ ۚ قَالَ ٱبْنَ أُمَّ إِنَّ ٱلْقَوْمَ ٱسْتَضْعَفُونِى وَكَادُوا۟ يَقْتُلُونَنِى فَلَا تُشْمِتْ
بِىَ ٱلْأَعْدَآءَ وَلَا تَجْعَلْنِى مَعَ ٱلْقَوْمِ ٱلظَّٰلِمِينَ ٧ــ١٥١ قَالَ رَبِّ ٱغْفِرْ لِى وَلِأَخِى

وَأَدْخِلْنَا فِى رَحْمَتِكَ ۖ وَأَنتَ أَرْحَمُ ٱلرَّٰحِمِينَ ٧ـ١٥٢ إِنَّ ٱلَّذِينَ ٱتَّخَذُوا۟ ٱلْعِجْلَ سَيَنَالُهُمْ
غَضَبٌ مِّن رَّبِّهِمْ وَذِلَّةٌ فِى ٱلْحَيَوٰةِ ٱلدُّنْيَا ۚ وَكَذَٰلِكَ نَجْزِى ٱلْمُفْتَرِينَ ٧ـ١٥٣ وَٱلَّذِينَ
عَمِلُوا۟ ٱلسَّيِّـَٔاتِ ثُمَّ تَابُوا۟ مِنۢ بَعْدِهَا وَءَامَنُوٓا۟ إِنَّ رَبَّكَ مِنۢ بَعْدِهَا لَغَفُورٌ رَّحِيمٌ
٧ـ١٥٤ وَلَمَّا سَكَتَ عَن مُّوسَى ٱلْغَضَبُ أَخَذَ ٱلْأَلْوَاحَ ۖ وَفِى نُسْخَتِهَا هُدًى وَرَحْمَةٌ
لِّلَّذِينَ هُمْ لِرَبِّهِمْ يَرْهَبُونَ ٧ـ١٥٥ وَٱخْتَارَ مُوسَىٰ قَوْمَهُۥ سَبْعِينَ رَجُلًا لِّمِيقَٰتِنَا ۖ
فَلَمَّآ أَخَذَتْهُمُ ٱلرَّجْفَةُ قَالَ رَبِّ لَوْ شِئْتَ أَهْلَكْتَهُم مِّن قَبْلُ وَإِيَّٰىَ ۖ أَتُهْلِكُنَا بِمَا
فَعَلَ ٱلسُّفَهَآءُ مِنَّآ ۖ إِنْ هِىَ إِلَّا فِتْنَتُكَ تُضِلُّ بِهَا مَن تَشَآءُ وَتَهْدِى مَن تَشَآءُ ۖ أَنتَ
وَلِيُّنَا فَٱغْفِرْ لَنَا وَٱرْحَمْنَا ۖ وَأَنتَ خَيْرُ ٱلْغَٰفِرِينَ ٧ـ١٥٦ وَٱكْتُبْ لَنَا فِى هَٰذِهِ ٱلدُّنْيَا
حَسَنَةً وَفِى ٱلْءَاخِرَةِ إِنَّا هُدْنَآ إِلَيْكَ ۚ قَالَ عَذَابِىٓ أُصِيبُ بِهِۦ مَنْ أَشَآءُ ۖ وَرَحْمَتِى
وَسِعَتْ كُلَّ شَىْءٍ ۚ فَسَأَكْتُبُهَا لِلَّذِينَ يَتَّقُونَ وَيُؤْتُونَ ٱلزَّكَوٰةَ وَٱلَّذِينَ هُم بِـَٔايَٰتِنَا
يُؤْمِنُونَ ٧ـ١٥٧ ٱلَّذِينَ يَتَّبِعُونَ ٱلرَّسُولَ ٱلنَّبِىَّ ٱلْأُمِّىَّ ٱلَّذِى يَجِدُونَهُۥ مَكْتُوبًا عِندَهُمْ
فِى ٱلتَّوْرَىٰةِ وَٱلْإِنجِيلِ يَأْمُرُهُم بِٱلْمَعْرُوفِ وَيَنْهَىٰهُمْ عَنِ ٱلْمُنكَرِ وَيُحِلُّ لَهُمُ ٱلطَّيِّبَٰتِ
وَيُحَرِّمُ عَلَيْهِمُ ٱلْخَبَٰٓئِثَ وَيَضَعُ عَنْهُمْ إِصْرَهُمْ وَٱلْأَغْلَٰلَ ٱلَّتِى كَانَتْ عَلَيْهِمْ ۚ فَٱلَّذِينَ
ءَامَنُوا۟ بِهِۦ وَعَزَّرُوهُ وَنَصَرُوهُ وَٱتَّبَعُوا۟ ٱلنُّورَ ٱلَّذِىٓ أُنزِلَ مَعَهُۥٓ ۙ أُو۟لَٰٓئِكَ هُمُ ٱلْمُفْلِحُونَ
٧ـ١٥٨ قُلْ يَٰٓأَيُّهَا ٱلنَّاسُ إِنِّى رَسُولُ ٱللَّهِ إِلَيْكُمْ جَمِيعًا ٱلَّذِى لَهُۥ مُلْكُ ٱلسَّمَٰوَٰتِ
وَٱلْأَرْضِ ۖ لَآ إِلَٰهَ إِلَّا هُوَ يُحْىِۦ وَيُمِيتُ ۖ فَـَٔامِنُوا۟ بِٱللَّهِ وَرَسُولِهِ ٱلنَّبِىِّ ٱلْأُمِّىِّ ٱلَّذِى
يُؤْمِنُ بِٱللَّهِ وَكَلِمَٰتِهِۦ وَٱتَّبِعُوهُ لَعَلَّكُمْ تَهْتَدُونَ ٧ـ١٥٩ وَمِن قَوْمِ مُوسَىٰٓ أُمَّةٌ
يَهْدُونَ بِٱلْحَقِّ وَبِهِۦ يَعْدِلُونَ ٧ـ١٦٠ وَقَطَّعْنَٰهُمُ ٱثْنَتَىْ عَشْرَةَ أَسْبَاطًا أُمَمًا ۚ
وَأَوْحَيْنَآ إِلَىٰ مُوسَىٰٓ إِذِ ٱسْتَسْقَىٰهُ قَوْمُهُۥٓ أَنِ ٱضْرِب بِّعَصَاكَ ٱلْحَجَرَ ۖ فَٱنۢبَجَسَتْ مِنْهُ
ٱثْنَتَا عَشْرَةَ عَيْنًا ۖ قَدْ عَلِمَ كُلُّ أُنَاسٍ مَّشْرَبَهُمْ ۚ وَظَلَّلْنَا عَلَيْهِمُ ٱلْغَمَٰمَ وَأَنزَلْنَا عَلَيْهِمُ
ٱلْمَنَّ وَٱلسَّلْوَىٰ ۖ كُلُوا۟ مِن طَيِّبَٰتِ مَا رَزَقْنَٰكُمْ ۚ وَمَا ظَلَمُونَا وَلَٰكِن كَانُوٓا۟ أَنفُسَهُمْ
يَظْلِمُونَ ٧ـ١٦١ وَإِذْ قِيلَ لَهُمُ ٱسْكُنُوا۟ هَٰذِهِ ٱلْقَرْيَةَ وَكُلُوا۟ مِنْهَا حَيْثُ شِئْتُمْ
وَقُولُوا۟ حِطَّةٌ وَٱدْخُلُوا۟ ٱلْبَابَ سُجَّدًا نَّغْفِرْ لَكُمْ خَطِيٓـَٰٔتِكُمْ ۚ سَنَزِيدُ ٱلْمُحْسِنِينَ
٧ـ١٦٢ فَبَدَّلَ ٱلَّذِينَ ظَلَمُوا۟ مِنْهُمْ قَوْلًا غَيْرَ ٱلَّذِى قِيلَ لَهُمْ فَأَرْسَلْنَا عَلَيْهِمْ رِجْزًا
مِّنَ ٱلسَّمَآءِ بِمَا كَانُوا۟ يَظْلِمُونَ ٧ـ١٦٣ وَسْـَٔلْهُمْ عَنِ ٱلْقَرْيَةِ ٱلَّتِى كَانَتْ حَاضِرَةَ ٱلْبَحْرِ
إِذْ يَعْدُونَ فِى ٱلسَّبْتِ إِذْ تَأْتِيهِمْ حِيتَانُهُمْ يَوْمَ سَبْتِهِمْ شُرَّعًا وَيَوْمَ لَا يَسْبِتُونَ ۙ لَا
تَأْتِيهِمْ ۚ كَذَٰلِكَ نَبْلُوهُم بِمَا كَانُوا۟ يَفْسُقُونَ ٧ـ١٦٤ وَإِذْ قَالَتْ أُمَّةٌ مِّنْهُمْ لِمَ
تَعِظُونَ قَوْمًا ۙ ٱللَّهُ مُهْلِكُهُمْ أَوْ مُعَذِّبُهُمْ عَذَابًا شَدِيدًا ۖ قَالُوا۟ مَعْذِرَةً إِلَىٰ رَبِّكُمْ

وَلَعَلَّهُمْ يَتَّقُونَ ٧ــ١٦٥ فَلَمَّا نَسُوا۟ مَا ذُكِّرُوا۟ بِهِۦٓ أَنجَيْنَا ٱلَّذِينَ يَنْهَوْنَ عَنِ ٱلسُّوٓءِ
وَأَخَذْنَا ٱلَّذِينَ ظَلَمُوا۟ بِعَذَابٍۭ بَـِٔيسٍۭ بِمَا كَانُوا۟ يَفْسُقُونَ ٧ــ١٦٦ فَلَمَّا عَتَوْا۟ عَن مَّا
نُهُوا۟ عَنْهُ قُلْنَا لَهُمْ كُونُوا۟ قِرَدَةً خَـٰسِـِٔينَ ٧ــ١٦٧ وَإِذْ تَأَذَّنَ رَبُّكَ لَيَبْعَثَنَّ عَلَيْهِمْ إِلَىٰ
يَوْمِ ٱلْقِيَـٰمَةِ مَن يَسُومُهُمْ سُوٓءَ ٱلْعَذَابِ ۗ إِنَّ رَبَّكَ لَسَرِيعُ ٱلْعِقَابِ ۖ وَإِنَّهُۥ لَغَفُورٌ رَّحِيمٌ
٧ــ١٦٨ وَقَطَّعْنَـٰهُمْ فِى ٱلْأَرْضِ أُمَمًا ۖ مِّنْهُمُ ٱلصَّـٰلِحُونَ وَمِنْهُمْ دُونَ ذَٰلِكَ ۖ وَبَلَوْنَـٰهُم
بِٱلْحَسَنَـٰتِ وَٱلسَّيِّـَٔاتِ لَعَلَّهُمْ يَرْجِعُونَ ٧ــ١٦٩ فَخَلَفَ مِنۢ بَعْدِهِمْ خَلْفٌ وَرِثُوا۟ ٱلْكِتَـٰبَ
يَأْخُذُونَ عَرَضَ هَـٰذَا ٱلْأَدْنَىٰ وَيَقُولُونَ سَيُغْفَرُ لَنَا وَإِن يَأْتِهِمْ عَرَضٌ مِّثْلُهُۥ يَأْخُذُوهُ ۚ
أَلَمْ يُؤْخَذْ عَلَيْهِم مِّيثَـٰقُ ٱلْكِتَـٰبِ أَن لَّا يَقُولُوا۟ عَلَى ٱللَّهِ إِلَّا ٱلْحَقَّ وَدَرَسُوا۟ مَا فِيهِ ۗ
وَٱلدَّارُ ٱلْـَٔاخِرَةُ خَيْرٌ لِّلَّذِينَ يَتَّقُونَ ۗ أَفَلَا تَعْقِلُونَ ٧ــ١٧٠ وَٱلَّذِينَ يُمَسِّكُونَ بِٱلْكِتَـٰبِ
وَأَقَامُوا۟ ٱلصَّلَوٰةَ إِنَّا لَا نُضِيعُ أَجْرَ ٱلْمُصْلِحِينَ ٧ــ١٧١ وَإِذْ نَتَقْنَا ٱلْجَبَلَ فَوْقَهُمْ كَأَنَّهُۥ
ظُلَّةٌ وَظَنُّوٓا۟ أَنَّهُۥ وَاقِعٌۢ بِهِمْ خُذُوا۟ مَآ ءَاتَيْنَـٰكُم بِقُوَّةٍ وَٱذْكُرُوا۟ مَا فِيهِ لَعَلَّكُمْ تَتَّقُونَ
٧ــ١٧٢ وَإِذْ أَخَذَ رَبُّكَ مِنۢ بَنِىٓ ءَادَمَ مِن ظُهُورِهِمْ ذُرِّيَّتَهُمْ وَأَشْهَدَهُمْ عَلَىٰٓ
أَنفُسِهِمْ أَلَسْتُ بِرَبِّكُمْ ۖ قَالُوا۟ بَلَىٰ ۛ شَهِدْنَآ ۛ أَن تَقُولُوا۟ يَوْمَ ٱلْقِيَـٰمَةِ إِنَّا كُنَّا عَنْ هَـٰذَا
غَـٰفِلِينَ ٧ــ١٧٣ أَوْ تَقُولُوٓا۟ إِنَّمَآ أَشْرَكَ ءَابَآؤُنَا مِن قَبْلُ وَكُنَّا ذُرِّيَّةً مِّنۢ بَعْدِهِمْ ۖ
أَفَتُهْلِكُنَا بِمَا فَعَلَ ٱلْمُبْطِلُونَ ٧ــ١٧٤ وَكَذَٰلِكَ نُفَصِّلُ ٱلْـَٔايَـٰتِ وَلَعَلَّهُمْ يَرْجِعُونَ
٧ــ١٧٥ وَٱتْلُ عَلَيْهِمْ نَبَأَ ٱلَّذِىٓ ءَاتَيْنَـٰهُ ءَايَـٰتِنَا فَٱنسَلَخَ مِنْهَا فَأَتْبَعَهُ ٱلشَّيْطَـٰنُ فَكَانَ
مِنَ ٱلْغَاوِينَ ٧ــ١٧٦ وَلَوْ شِئْنَا لَرَفَعْنَـٰهُ بِهَا وَلَـٰكِنَّهُۥٓ أَخْلَدَ إِلَى ٱلْأَرْضِ وَٱتَّبَعَ هَوَىٰهُ ۚ
فَمَثَلُهُۥ كَمَثَلِ ٱلْكَلْبِ إِن تَحْمِلْ عَلَيْهِ يَلْهَثْ أَوْ تَتْرُكْهُ يَلْهَث ۚ ذَّٰلِكَ مَثَلُ ٱلْقَوْمِ ٱلَّذِينَ
كَذَّبُوا۟ بِـَٔايَـٰتِنَا ۚ فَٱقْصُصِ ٱلْقَصَصَ لَعَلَّهُمْ يَتَفَكَّرُونَ ٧ــ١٧٧ سَآءَ مَثَلًا ٱلْقَوْمُ ٱلَّذِينَ
كَذَّبُوا۟ بِـَٔايَـٰتِنَا وَأَنفُسَهُمْ كَانُوا۟ يَظْلِمُونَ ٧ــ١٧٨ مَن يَهْدِ ٱللَّهُ فَهُوَ ٱلْمُهْتَدِى ۖ وَمَن
يُضْلِلْ فَأُو۟لَـٰٓئِكَ هُمُ ٱلْخَـٰسِرُونَ ٧ــ١٧٩ وَلَقَدْ ذَرَأْنَا لِجَهَنَّمَ كَثِيرًا مِّنَ ٱلْجِنِّ وَٱلْإِنسِ ۖ
لَهُمْ قُلُوبٌ لَّا يَفْقَهُونَ بِهَا وَلَهُمْ أَعْيُنٌ لَّا يُبْصِرُونَ بِهَا وَلَهُمْ ءَاذَانٌ لَّا يَسْمَعُونَ
بِهَآ ۚ أُو۟لَـٰٓئِكَ كَٱلْأَنْعَـٰمِ بَلْ هُمْ أَضَلُّ ۚ أُو۟لَـٰٓئِكَ هُمُ ٱلْغَـٰفِلُونَ ٧ــ١٨٠ وَلِلَّهِ ٱلْأَسْمَآءُ
ٱلْحُسْنَىٰ فَٱدْعُوهُ بِهَا ۖ وَذَرُوا۟ ٱلَّذِينَ يُلْحِدُونَ فِىٓ أَسْمَـٰٓئِهِۦ ۚ سَيُجْزَوْنَ مَا كَانُوا۟
يَعْمَلُونَ ٧ــ١٨١ وَمِمَّنْ خَلَقْنَآ أُمَّةٌ يَهْدُونَ بِٱلْحَقِّ وَبِهِۦ يَعْدِلُونَ ٧ــ١٨٢ وَٱلَّذِينَ
كَذَّبُوا۟ بِـَٔايَـٰتِنَا سَنَسْتَدْرِجُهُم مِّنْ حَيْثُ لَا يَعْلَمُونَ ٧ــ١٨٣ وَأُمْلِى لَهُمْ ۚ إِنَّ كَيْدِى
مَتِينٌ ٧ــ١٨٤ أَوَلَمْ يَتَفَكَّرُوا۟ ۗ مَا بِصَاحِبِهِم مِّن جِنَّةٍ ۚ إِنْ هُوَ إِلَّا نَذِيرٌ مُّبِينٌ
٧ــ١٨٥ أَوَلَمْ يَنظُرُوا۟ فِى مَلَكُوتِ ٱلسَّمَـٰوَٰتِ وَٱلْأَرْضِ وَمَا خَلَقَ ٱللَّهُ مِن شَىْءٍ وَأَنْ

عَسَىٰٓ أَن يَكُونَ قَدِ ٱقْتَرَبَ أَجَلُهُمْ ۖ فَبِأَىِّ حَدِيثٍۭ بَعْدَهُۥ يُؤْمِنُونَ ٧ـ١٨٦ مَن يُضْلِلِ
ٱللَّهُ فَلَا هَادِىَ لَهُۥ ۚ وَيَذَرُهُمْ فِى طُغْيَٰنِهِمْ يَعْمَهُونَ ٧ـ١٨٧ يَسْـَٔلُونَكَ عَنِ ٱلسَّاعَةِ
أَيَّانَ مُرْسَىٰهَا ۖ قُلْ إِنَّمَا عِلْمُهَا عِندَ رَبِّى ۖ لَا يُجَلِّيهَا لِوَقْتِهَآ إِلَّا هُوَ ۚ ثَقُلَتْ فِى
ٱلسَّمَٰوَٰتِ وَٱلْأَرْضِ ۚ لَا تَأْتِيكُمْ إِلَّا بَغْتَةً ۗ يَسْـَٔلُونَكَ كَأَنَّكَ حَفِىٌّ عَنْهَا ۖ قُلْ إِنَّمَا عِلْمُهَا
عِندَ ٱللَّهِ وَلَٰكِنَّ أَكْثَرَ ٱلنَّاسِ لَا يَعْلَمُونَ ٧ـ١٨٨ قُل لَّآ أَمْلِكُ لِنَفْسِى نَفْعًا وَلَا ضَرًّا
إِلَّا مَا شَآءَ ٱللَّهُ ۚ وَلَوْ كُنتُ أَعْلَمُ ٱلْغَيْبَ لَٱسْتَكْثَرْتُ مِنَ ٱلْخَيْرِ وَمَا مَسَّنِىَ ٱلسُّوٓءُ ۚ إِنْ
أَنَا۠ إِلَّا نَذِيرٌ وَبَشِيرٌ لِّقَوْمٍ يُؤْمِنُونَ ٧ـ١٨٩ هُوَ ٱلَّذِى خَلَقَكُم مِّن نَّفْسٍ وَٰحِدَةٍ وَجَعَلَ
مِنْهَا زَوْجَهَا لِيَسْكُنَ إِلَيْهَا ۖ فَلَمَّا تَغَشَّىٰهَا حَمَلَتْ حَمْلًا خَفِيفًا فَمَرَّتْ بِهِۦ ۖ فَلَمَّآ
أَثْقَلَت دَّعَوَا ٱللَّهَ رَبَّهُمَا لَئِنْ ءَاتَيْتَنَا صَٰلِحًا لَّنَكُونَنَّ مِنَ ٱلشَّٰكِرِينَ ٧ـ١٩٠ فَلَمَّآ
ءَاتَىٰهُمَا صَٰلِحًا جَعَلَا لَهُۥ شُرَكَآءَ فِيمَآ ءَاتَىٰهُمَا ۚ فَتَعَٰلَى ٱللَّهُ عَمَّا يُشْرِكُونَ
٧ـ١٩١ أَيُشْرِكُونَ مَا لَا يَخْلُقُ شَيْـًٔا وَهُمْ يُخْلَقُونَ ٧ـ١٩٢ وَلَا يَسْتَطِيعُونَ لَهُمْ نَصْرًا
وَلَآ أَنفُسَهُمْ يَنصُرُونَ ٧ـ١٩٣ وَإِن تَدْعُوهُمْ إِلَى ٱلْهُدَىٰ لَا يَتَّبِعُوكُمْ ۚ سَوَآءٌ عَلَيْكُمْ
أَدَعَوْتُمُوهُمْ أَمْ أَنتُمْ صَٰمِتُونَ ٧ـ١٩٤ إِنَّ ٱلَّذِينَ تَدْعُونَ مِن دُونِ ٱللَّهِ عِبَادٌ أَمْثَالُكُمْ ۖ
فَٱدْعُوهُمْ فَلْيَسْتَجِيبُوا۟ لَكُمْ إِن كُنتُمْ صَٰدِقِينَ ٧ـ١٩٥ أَلَهُمْ أَرْجُلٌ يَمْشُونَ بِهَآ ۖ أَمْ
لَهُمْ أَيْدٍ يَبْطِشُونَ بِهَآ ۖ أَمْ لَهُمْ أَعْيُنٌ يُبْصِرُونَ بِهَآ ۖ أَمْ لَهُمْ ءَاذَانٌ يَسْمَعُونَ بِهَا ۗ
قُلِ ٱدْعُوا۟ شُرَكَآءَكُمْ ثُمَّ كِيدُونِ فَلَا تُنظِرُونِ ٧ـ١٩٦ إِنَّ وَلِـِّۧىَ ٱللَّهُ ٱلَّذِى نَزَّلَ
ٱلْكِتَٰبَ ۖ وَهُوَ يَتَوَلَّى ٱلصَّٰلِحِينَ ٧ـ١٩٧ وَٱلَّذِينَ تَدْعُونَ مِن دُونِهِۦ لَا يَسْتَطِيعُونَ
نَصْرَكُمْ وَلَآ أَنفُسَهُمْ يَنصُرُونَ ٧ـ١٩٨ وَإِن تَدْعُوهُمْ إِلَى ٱلْهُدَىٰ لَا يَسْمَعُوا۟ ۖ
وَتَرَىٰهُمْ يَنظُرُونَ إِلَيْكَ وَهُمْ لَا يُبْصِرُونَ ٧ـ١٩٩ خُذِ ٱلْعَفْوَ وَأْمُرْ بِٱلْعُرْفِ وَأَعْرِضْ عَنِ
ٱلْجَٰهِلِينَ ٧ـ٢٠٠ وَإِمَّا يَنزَغَنَّكَ مِنَ ٱلشَّيْطَٰنِ نَزْغٌ فَٱسْتَعِذْ بِٱللَّهِ ۚ إِنَّهُۥ سَمِيعٌ عَلِيمٌ
٧ـ٢٠١ إِنَّ ٱلَّذِينَ ٱتَّقَوْا۟ إِذَا مَسَّهُمْ طَٰٓئِفٌ مِّنَ ٱلشَّيْطَٰنِ تَذَكَّرُوا۟ فَإِذَا هُم مُّبْصِرُونَ
٧ـ٢٠٢ وَإِخْوَٰنُهُمْ يَمُدُّونَهُمْ فِى ٱلْغَىِّ ثُمَّ لَا يُقْصِرُونَ ٧ـ٢٠٣ وَإِذَا لَمْ تَأْتِهِم بِـَٔايَةٍ
قَالُوا۟ لَوْلَا ٱجْتَبَيْتَهَا ۚ قُلْ إِنَّمَآ أَتَّبِعُ مَا يُوحَىٰٓ إِلَىَّ مِن رَّبِّى ۚ هَٰذَا بَصَآئِرُ مِن رَّبِّكُمْ
وَهُدًى وَرَحْمَةٌ لِّقَوْمٍ يُؤْمِنُونَ ٧ـ٢٠٤ وَإِذَا قُرِئَ ٱلْقُرْءَانُ فَٱسْتَمِعُوا۟ لَهُۥ وَأَنصِتُوا۟
لَعَلَّكُمْ تُرْحَمُونَ ٧ـ٢٠٥ وَٱذْكُر رَّبَّكَ فِى نَفْسِكَ تَضَرُّعًا وَخِيفَةً وَدُونَ ٱلْجَهْرِ مِنَ
ٱلْقَوْلِ بِٱلْغُدُوِّ وَٱلْءَاصَالِ وَلَا تَكُن مِّنَ ٱلْغَٰفِلِينَ ٧ـ٢٠٦ إِنَّ ٱلَّذِينَ عِندَ رَبِّكَ لَا
يَسْتَكْبِرُونَ عَنْ عِبَادَتِهِۦ وَيُسَبِّحُونَهُۥ وَلَهُۥ يَسْجُدُونَ ٨ـ١ يَسْـَٔلُونَكَ عَنِ ٱلْأَنفَالِ ۖ قُلِ
ٱلْأَنفَالُ لِلَّهِ وَٱلرَّسُولِ ۖ فَٱتَّقُوا۟ ٱللَّهَ وَأَصْلِحُوا۟ ذَاتَ بَيْنِكُمْ ۖ وَأَطِيعُوا۟ ٱللَّهَ وَرَسُولَهُۥٓ إِن

كُنتُم مُّؤْمِنِينَ ٨ـ٢ إِنَّمَا ٱلْمُؤْمِنُونَ ٱلَّذِينَ إِذَا ذُكِرَ ٱللَّهُ وَجِلَتْ قُلُوبُهُمْ وَإِذَا تُلِيَتْ
عَلَيْهِمْ ءَايَٰتُهُۥ زَادَتْهُمْ إِيمَٰنًا وَعَلَىٰ رَبِّهِمْ يَتَوَكَّلُونَ ٨ـ٣ ٱلَّذِينَ يُقِيمُونَ ٱلصَّلَوٰةَ
وَمِمَّا رَزَقْنَٰهُمْ يُنفِقُونَ ٨ـ٤ أُو۟لَٰٓئِكَ هُمُ ٱلْمُؤْمِنُونَ حَقًّا ۚ لَّهُمْ دَرَجَٰتٌ عِندَ رَبِّهِمْ
وَمَغْفِرَةٌ وَرِزْقٌ كَرِيمٌ ٨ـ٥ كَمَآ أَخْرَجَكَ رَبُّكَ مِنۢ بَيْتِكَ بِٱلْحَقِّ وَإِنَّ فَرِيقًا مِّنَ
ٱلْمُؤْمِنِينَ لَكَٰرِهُونَ ٨ـ٦ يُجَٰدِلُونَكَ فِى ٱلْحَقِّ بَعْدَ مَا تَبَيَّنَ كَأَنَّمَا يُسَاقُونَ إِلَى
ٱلْمَوْتِ وَهُمْ يَنظُرُونَ ٨ـ٧ وَإِذْ يَعِدُكُمُ ٱللَّهُ إِحْدَى ٱلطَّآئِفَتَيْنِ أَنَّهَا لَكُمْ وَتَوَدُّونَ
أَنَّ غَيْرَ ذَاتِ ٱلشَّوْكَةِ تَكُونُ لَكُمْ وَيُرِيدُ ٱللَّهُ أَن يُحِقَّ ٱلْحَقَّ بِكَلِمَٰتِهِۦ وَيَقْطَعَ دَابِرَ
ٱلْكَٰفِرِينَ ٨ـ٨ لِيُحِقَّ ٱلْحَقَّ وَيُبْطِلَ ٱلْبَٰطِلَ وَلَوْ كَرِهَ ٱلْمُجْرِمُونَ ٨ـ٩ إِذْ تَسْتَغِيثُونَ
رَبَّكُمْ فَٱسْتَجَابَ لَكُمْ أَنِّى مُمِدُّكُم بِأَلْفٍ مِّنَ ٱلْمَلَٰٓئِكَةِ مُرْدِفِينَ ٨ـ١٠ وَمَا جَعَلَهُ ٱللَّهُ
إِلَّا بُشْرَىٰ وَلِتَطْمَئِنَّ بِهِۦ قُلُوبُكُمْ ۚ وَمَا ٱلنَّصْرُ إِلَّا مِنْ عِندِ ٱللَّهِ ۚ إِنَّ ٱللَّهَ عَزِيزٌ حَكِيمٌ
٨ـ١١ إِذْ يُغَشِّيكُمُ ٱلنُّعَاسَ أَمَنَةً مِّنْهُ وَيُنَزِّلُ عَلَيْكُم مِّنَ ٱلسَّمَآءِ مَآءً لِّيُطَهِّرَكُم بِهِۦ
وَيُذْهِبَ عَنكُمْ رِجْزَ ٱلشَّيْطَٰنِ وَلِيَرْبِطَ عَلَىٰ قُلُوبِكُمْ وَيُثَبِّتَ بِهِ ٱلْأَقْدَامَ ٨ـ١٢ إِذْ
يُوحِى رَبُّكَ إِلَى ٱلْمَلَٰٓئِكَةِ أَنِّى مَعَكُمْ فَثَبِّتُوا۟ ٱلَّذِينَ ءَامَنُوا۟ ۚ سَأُلْقِى فِى قُلُوبِ
ٱلَّذِينَ كَفَرُوا۟ ٱلرُّعْبَ فَٱضْرِبُوا۟ فَوْقَ ٱلْأَعْنَاقِ وَٱضْرِبُوا۟ مِنْهُمْ كُلَّ بَنَانٍ ٨ـ١٣ ذَٰلِكَ
بِأَنَّهُمْ شَآقُّوا۟ ٱللَّهَ وَرَسُولَهُۥ ۚ وَمَن يُشَاقِقِ ٱللَّهَ وَرَسُولَهُۥ فَإِنَّ ٱللَّهَ شَدِيدُ ٱلْعِقَابِ
٨ـ١٤ ذَٰلِكُمْ فَذُوقُوهُ وَأَنَّ لِلْكَٰفِرِينَ عَذَابَ ٱلنَّارِ ٨ـ١٥ يَٰٓأَيُّهَا ٱلَّذِينَ ءَامَنُوٓا۟ إِذَا لَقِيتُمُ
ٱلَّذِينَ كَفَرُوا۟ زَحْفًا فَلَا تُوَلُّوهُمُ ٱلْأَدْبَارَ ٨ـ١٦ وَمَن يُوَلِّهِمْ يَوْمَئِذٍ دُبُرَهُۥٓ إِلَّا مُتَحَرِّفًا
لِّقِتَالٍ أَوْ مُتَحَيِّزًا إِلَىٰ فِئَةٍ فَقَدْ بَآءَ بِغَضَبٍ مِّنَ ٱللَّهِ وَمَأْوَىٰهُ جَهَنَّمُ ۖ وَبِئْسَ ٱلْمَصِيرُ
٨ـ١٧ فَلَمْ تَقْتُلُوهُمْ وَلَٰكِنَّ ٱللَّهَ قَتَلَهُمْ ۚ وَمَا رَمَيْتَ إِذْ رَمَيْتَ وَلَٰكِنَّ ٱللَّهَ رَمَىٰ ۚ
وَلِيُبْلِىَ ٱلْمُؤْمِنِينَ مِنْهُ بَلَآءً حَسَنًا ۚ إِنَّ ٱللَّهَ سَمِيعٌ عَلِيمٌ ٨ـ١٨ ذَٰلِكُمْ وَأَنَّ ٱللَّهَ
مُوهِنُ كَيْدِ ٱلْكَٰفِرِينَ ٨ـ١٩ إِن تَسْتَفْتِحُوا۟ فَقَدْ جَآءَكُمُ ٱلْفَتْحُ ۖ وَإِن تَنتَهُوا۟ فَهُوَ
خَيْرٌ لَّكُمْ ۖ وَإِن تَعُودُوا۟ نَعُدْ وَلَن تُغْنِىَ عَنكُمْ فِئَتُكُمْ شَيْـًٔا وَلَوْ كَثُرَتْ وَأَنَّ ٱللَّهَ مَعَ
ٱلْمُؤْمِنِينَ ٨ـ٢٠ يَٰٓأَيُّهَا ٱلَّذِينَ ءَامَنُوٓا۟ أَطِيعُوا۟ ٱللَّهَ وَرَسُولَهُۥ وَلَا تَوَلَّوْا۟ عَنْهُ وَأَنتُمْ
تَسْمَعُونَ ٨ـ٢١ وَلَا تَكُونُوا۟ كَٱلَّذِينَ قَالُوا۟ سَمِعْنَا وَهُمْ لَا يَسْمَعُونَ ٨ـ٢٢ إِنَّ شَرَّ
ٱلدَّوَآبِّ عِندَ ٱللَّهِ ٱلصُّمُّ ٱلْبُكْمُ ٱلَّذِينَ لَا يَعْقِلُونَ ٨ـ٢٣ وَلَوْ عَلِمَ ٱللَّهُ فِيهِمْ خَيْرًا
لَّأَسْمَعَهُمْ ۖ وَلَوْ أَسْمَعَهُمْ لَتَوَلَّوا۟ وَّهُم مُّعْرِضُونَ ٨ـ٢٤ يَٰٓأَيُّهَا ٱلَّذِينَ ءَامَنُوا۟
ٱسْتَجِيبُوا۟ لِلَّهِ وَلِلرَّسُولِ إِذَا دَعَاكُمْ لِمَا يُحْيِيكُمْ ۖ وَٱعْلَمُوٓا۟ أَنَّ ٱللَّهَ يَحُولُ بَيْنَ ٱلْمَرْءِ
وَقَلْبِهِۦ وَأَنَّهُۥٓ إِلَيْهِ تُحْشَرُونَ ٨ـ٢٥ وَٱتَّقُوا۟ فِتْنَةً لَّا تُصِيبَنَّ ٱلَّذِينَ ظَلَمُوا۟ مِنكُمْ

خَآصَّةً ۖ وَٱعْلَمُوٓا۟ أَنَّ ٱللَّهَ شَدِيدُ ٱلْعِقَابِ ٨ـ٢٦ وَٱذْكُرُوٓا۟ إِذْ أَنتُمْ قَلِيلٌ مُّسْتَضْعَفُونَ
فِى ٱلْأَرْضِ تَخَافُونَ أَن يَتَخَطَّفَكُمُ ٱلنَّاسُ فَـَٔاوَىٰكُمْ وَأَيَّدَكُم بِنَصْرِهِۦ وَرَزَقَكُم مِّنَ
ٱلطَّيِّبَٰتِ لَعَلَّكُمْ تَشْكُرُونَ ٨ـ٢٧ يَٰٓأَيُّهَا ٱلَّذِينَ ءَامَنُوا۟ لَا تَخُونُوا۟ ٱللَّهَ وَٱلرَّسُولَ
وَتَخُونُوٓا۟ أَمَٰنَٰتِكُمْ وَأَنتُمْ تَعْلَمُونَ ٨ـ٢٨ وَٱعْلَمُوٓا۟ أَنَّمَآ أَمْوَٰلُكُمْ وَأَوْلَٰدُكُمْ فِتْنَةٌ وَأَنَّ
ٱللَّهَ عِندَهُۥٓ أَجْرٌ عَظِيمٌ ٨ـ٢٩ يَٰٓأَيُّهَا ٱلَّذِينَ ءَامَنُوٓا۟ إِن تَتَّقُوا۟ ٱللَّهَ يَجْعَل لَّكُمْ فُرْقَانًا
وَيُكَفِّرْ عَنكُمْ سَيِّـَٔاتِكُمْ وَيَغْفِرْ لَكُمْ ۗ وَٱللَّهُ ذُو ٱلْفَضْلِ ٱلْعَظِيمِ ٨ـ٣٠ وَإِذْ يَمْكُرُ بِكَ
ٱلَّذِينَ كَفَرُوا۟ لِيُثْبِتُوكَ أَوْ يَقْتُلُوكَ أَوْ يُخْرِجُوكَ ۚ وَيَمْكُرُونَ وَيَمْكُرُ ٱللَّهُ ۖ وَٱللَّهُ خَيْرُ
ٱلْمَٰكِرِينَ ٨ـ٣١ وَإِذَا تُتْلَىٰ عَلَيْهِمْ ءَايَٰتُنَا قَالُوا۟ قَدْ سَمِعْنَا لَوْ نَشَآءُ لَقُلْنَا مِثْلَ هَٰذَآ ۙ
إِنْ هَٰذَآ إِلَّآ أَسَٰطِيرُ ٱلْأَوَّلِينَ ٨ـ٣٢ وَإِذْ قَالُوا۟ ٱللَّهُمَّ إِن كَانَ هَٰذَا هُوَ ٱلْحَقَّ مِنْ
عِندِكَ فَأَمْطِرْ عَلَيْنَا حِجَارَةً مِّنَ ٱلسَّمَآءِ أَوِ ٱئْتِنَا بِعَذَابٍ أَلِيمٍ ٨ـ٣٣ وَمَا كَانَ ٱللَّهُ
لِيُعَذِّبَهُمْ وَأَنتَ فِيهِمْ ۚ وَمَا كَانَ ٱللَّهُ مُعَذِّبَهُمْ وَهُمْ يَسْتَغْفِرُونَ ٨ـ٣٤ وَمَا لَهُمْ
أَلَّا يُعَذِّبَهُمُ ٱللَّهُ وَهُمْ يَصُدُّونَ عَنِ ٱلْمَسْجِدِ ٱلْحَرَامِ وَمَا كَانُوٓا۟ أَوْلِيَآءَهُۥٓ ۚ إِنْ أَوْلِيَآؤُهُۥٓ
إِلَّا ٱلْمُتَّقُونَ وَلَٰكِنَّ أَكْثَرَهُمْ لَا يَعْلَمُونَ ٨ـ٣٥ وَمَا كَانَ صَلَاتُهُمْ عِندَ ٱلْبَيْتِ إِلَّا
مُكَآءً وَتَصْدِيَةً ۚ فَذُوقُوا۟ ٱلْعَذَابَ بِمَا كُنتُمْ تَكْفُرُونَ ٨ـ٣٦ إِنَّ ٱلَّذِينَ كَفَرُوا۟ يُنفِقُونَ
أَمْوَٰلَهُمْ لِيَصُدُّوا۟ عَن سَبِيلِ ٱللَّهِ ۚ فَسَيُنفِقُونَهَا ثُمَّ تَكُونُ عَلَيْهِمْ حَسْرَةً ثُمَّ يُغْلَبُونَ
ۗ وَٱلَّذِينَ كَفَرُوٓا۟ إِلَىٰ جَهَنَّمَ يُحْشَرُونَ ٨ـ٣٧ لِيَمِيزَ ٱللَّهُ ٱلْخَبِيثَ مِنَ ٱلطَّيِّبِ وَيَجْعَلَ
ٱلْخَبِيثَ بَعْضَهُۥ عَلَىٰ بَعْضٍ فَيَرْكُمَهُۥ جَمِيعًا فَيَجْعَلَهُۥ فِى جَهَنَّمَ ۚ أُو۟لَٰٓئِكَ هُمُ
ٱلْخَٰسِرُونَ ٨ـ٣٨ قُل لِّلَّذِينَ كَفَرُوٓا۟ إِن يَنتَهُوا۟ يُغْفَرْ لَهُم مَّا قَدْ سَلَفَ وَإِن يَعُودُوا۟
فَقَدْ مَضَتْ سُنَّتُ ٱلْأَوَّلِينَ ٨ـ٣٩ وَقَٰتِلُوهُمْ حَتَّىٰ لَا تَكُونَ فِتْنَةٌ وَيَكُونَ ٱلدِّينُ كُلُّهُۥ
لِلَّهِ ۚ فَإِنِ ٱنتَهَوْا۟ فَإِنَّ ٱللَّهَ بِمَا يَعْمَلُونَ بَصِيرٌ ٨ـ٤٠ وَإِن تَوَلَّوْا۟ فَٱعْلَمُوٓا۟ أَنَّ ٱللَّهَ
مَوْلَىٰكُمْ ۚ نِعْمَ ٱلْمَوْلَىٰ وَنِعْمَ ٱلنَّصِيرُ ٨ـ٤١ وَٱعْلَمُوٓا۟ أَنَّمَا غَنِمْتُم مِّن شَىْءٍ فَأَنَّ لِلَّهِ
خُمُسَهُۥ وَلِلرَّسُولِ وَلِذِى ٱلْقُرْبَىٰ وَٱلْيَتَٰمَىٰ وَٱلْمَسَٰكِينِ وَٱبْنِ ٱلسَّبِيلِ إِن كُنتُمْ
ءَامَنتُم بِٱللَّهِ وَمَآ أَنزَلْنَا عَلَىٰ عَبْدِنَا يَوْمَ ٱلْفُرْقَانِ يَوْمَ ٱلْتَقَى ٱلْجَمْعَانِ ۗ وَٱللَّهُ عَلَىٰ
كُلِّ شَىْءٍ قَدِيرٌ ٨ـ٤٢ إِذْ أَنتُم بِٱلْعُدْوَةِ ٱلدُّنْيَا وَهُم بِٱلْعُدْوَةِ ٱلْقُصْوَىٰ وَٱلرَّكْبُ
أَسْفَلَ مِنكُمْ ۚ وَلَوْ تَوَاعَدتُّمْ لَٱخْتَلَفْتُمْ فِى ٱلْمِيعَٰدِ ۙ وَلَٰكِن لِّيَقْضِىَ ٱللَّهُ أَمْرًا كَانَ
مَفْعُولًا لِّيَهْلِكَ مَنْ هَلَكَ عَنۢ بَيِّنَةٍ وَيَحْيَىٰ مَنْ حَىَّ عَنۢ بَيِّنَةٍ ۗ وَإِنَّ ٱللَّهَ لَسَمِيعٌ عَلِيمٌ
٨ـ٤٣ إِذْ يُرِيكَهُمُ ٱللَّهُ فِى مَنَامِكَ قَلِيلًا ۖ وَلَوْ أَرَىٰكَهُمْ كَثِيرًا لَّفَشِلْتُمْ وَلَتَنَٰزَعْتُمْ
فِى ٱلْأَمْرِ وَلَٰكِنَّ ٱللَّهَ سَلَّمَ ۗ إِنَّهُۥ عَلِيمٌۢ بِذَاتِ ٱلصُّدُورِ ٨ـ٤٤ وَإِذْ يُرِيكُمُوهُمْ إِذِ

ٱلْتَقَيْتُمْ فِىٓ أَعْيُنِكُمْ قَلِيلًا وَيُقَلِّلُكُمْ فِىٓ أَعْيُنِهِمْ لِيَقْضِىَ ٱللَّهُ أَمْرًا كَانَ مَفْعُولًا ۗ
وَإِلَى ٱللَّهِ تُرْجَعُ ٱلْأُمُورُ ٨ـ٤٥ يَٰٓأَيُّهَا ٱلَّذِينَ ءَامَنُوٓا۟ إِذَا لَقِيتُمْ فِئَةً فَٱثْبُتُوا۟ وَٱذْكُرُوا۟
ٱللَّهَ كَثِيرًا لَّعَلَّكُمْ تُفْلِحُونَ ٨ـ٤٦ وَأَطِيعُوا۟ ٱللَّهَ وَرَسُولَهُۥ وَلَا تَنَٰزَعُوا۟ فَتَفْشَلُوا۟
وَتَذْهَبَ رِيحُكُمْ ۖ وَٱصْبِرُوٓا۟ ۚ إِنَّ ٱللَّهَ مَعَ ٱلصَّٰبِرِينَ ٨ـ٤٧ وَلَا تَكُونُوا۟ كَٱلَّذِينَ خَرَجُوا۟
مِن دِيَٰرِهِم بَطَرًا وَرِئَآءَ ٱلنَّاسِ وَيَصُدُّونَ عَن سَبِيلِ ٱللَّهِ ۚ وَٱللَّهُ بِمَا يَعْمَلُونَ مُحِيطٌ
٨ـ٤٨ وَإِذْ زَيَّنَ لَهُمُ ٱلشَّيْطَٰنُ أَعْمَٰلَهُمْ وَقَالَ لَا غَالِبَ لَكُمُ ٱلْيَوْمَ مِنَ ٱلنَّاسِ وَإِنِّى
جَارٌ لَّكُمْ ۖ فَلَمَّا تَرَآءَتِ ٱلْفِئَتَانِ نَكَصَ عَلَىٰ عَقِبَيْهِ وَقَالَ إِنِّى بَرِىٓءٌ مِّنكُمْ إِنِّىٓ أَرَىٰ مَا
لَا تَرَوْنَ إِنِّىٓ أَخَافُ ٱللَّهَ ۚ وَٱللَّهُ شَدِيدُ ٱلْعِقَابِ ٨ـ٤٩ إِذْ يَقُولُ ٱلْمُنَٰفِقُونَ وَٱلَّذِينَ
فِى قُلُوبِهِم مَّرَضٌ غَرَّ هَٰٓؤُلَآءِ دِينُهُمْ ۗ وَمَن يَتَوَكَّلْ عَلَى ٱللَّهِ فَإِنَّ ٱللَّهَ عَزِيزٌ حَكِيمٌ
٨ـ٥٠ وَلَوْ تَرَىٰٓ إِذْ يَتَوَفَّى ٱلَّذِينَ كَفَرُوا۟ ۙ ٱلْمَلَٰٓئِكَةُ يَضْرِبُونَ وُجُوهَهُمْ وَأَدْبَٰرَهُمْ
وَذُوقُوا۟ عَذَابَ ٱلْحَرِيقِ ٨ـ٥١ ذَٰلِكَ بِمَا قَدَّمَتْ أَيْدِيكُمْ وَأَنَّ ٱللَّهَ لَيْسَ بِظَلَّٰمٍ لِّلْعَبِيدِ
٨ـ٥٢ كَدَأْبِ ءَالِ فِرْعَوْنَ ۙ وَٱلَّذِينَ مِن قَبْلِهِمْ ۚ كَفَرُوا۟ بِـَٔايَٰتِ ٱللَّهِ فَأَخَذَهُمُ ٱللَّهُ
بِذُنُوبِهِمْ ۗ إِنَّ ٱللَّهَ قَوِىٌّ شَدِيدُ ٱلْعِقَابِ ٨ـ٥٣ ذَٰلِكَ بِأَنَّ ٱللَّهَ لَمْ يَكُ مُغَيِّرًا نِّعْمَةً
أَنْعَمَهَا عَلَىٰ قَوْمٍ حَتَّىٰ يُغَيِّرُوا۟ مَا بِأَنفُسِهِمْ ۙ وَأَنَّ ٱللَّهَ سَمِيعٌ عَلِيمٌ ٨ـ٥٤ كَدَأْبِ
ءَالِ فِرْعَوْنَ ۙ وَٱلَّذِينَ مِن قَبْلِهِمْ ۚ كَذَّبُوا۟ بِـَٔايَٰتِ رَبِّهِمْ فَأَهْلَكْنَٰهُم بِذُنُوبِهِمْ وَأَغْرَقْنَآ
ءَالَ فِرْعَوْنَ ۚ وَكُلٌّ كَانُوا۟ ظَٰلِمِينَ ٨ـ٥٥ إِنَّ شَرَّ ٱلدَّوَآبِّ عِندَ ٱللَّهِ ٱلَّذِينَ كَفَرُوا۟ فَهُمْ
لَا يُؤْمِنُونَ ٨ـ٥٦ ٱلَّذِينَ عَٰهَدتَّ مِنْهُمْ ثُمَّ يَنقُضُونَ عَهْدَهُمْ فِى كُلِّ مَرَّةٍ وَهُمْ لَا
يَتَّقُونَ ٨ـ٥٧ فَإِمَّا تَثْقَفَنَّهُمْ فِى ٱلْحَرْبِ فَشَرِّدْ بِهِم مَّنْ خَلْفَهُمْ لَعَلَّهُمْ يَذَّكَّرُونَ
٨ـ٥٨ وَإِمَّا تَخَافَنَّ مِن قَوْمٍ خِيَانَةً فَٱنۢبِذْ إِلَيْهِمْ عَلَىٰ سَوَآءٍ ۚ إِنَّ ٱللَّهَ لَا يُحِبُّ
ٱلْخَآئِنِينَ ٨ـ٥٩ وَلَا يَحْسَبَنَّ ٱلَّذِينَ كَفَرُوا۟ سَبَقُوٓا۟ ۚ إِنَّهُمْ لَا يُعْجِزُونَ ٨ـ٦٠ وَأَعِدُّوا۟
لَهُم مَّا ٱسْتَطَعْتُم مِّن قُوَّةٍ وَمِن رِّبَاطِ ٱلْخَيْلِ تُرْهِبُونَ بِهِۦ عَدُوَّ ٱللَّهِ وَعَدُوَّكُمْ
وَءَاخَرِينَ مِن دُونِهِمْ لَا تَعْلَمُونَهُمُ ٱللَّهُ يَعْلَمُهُمْ ۚ وَمَا تُنفِقُوا۟ مِن شَىْءٍ فِى
سَبِيلِ ٱللَّهِ يُوَفَّ إِلَيْكُمْ وَأَنتُمْ لَا تُظْلَمُونَ ٨ـ٦١ وَإِن جَنَحُوا۟ لِلسَّلْمِ فَٱجْنَحْ لَهَا
وَتَوَكَّلْ عَلَى ٱللَّهِ ۚ إِنَّهُۥ هُوَ ٱلسَّمِيعُ ٱلْعَلِيمُ ٨ـ٦٢ وَإِن يُرِيدُوٓا۟ أَن يَخْدَعُوكَ فَإِنَّ
حَسْبَكَ ٱللَّهُ ۚ هُوَ ٱلَّذِىٓ أَيَّدَكَ بِنَصْرِهِۦ وَبِٱلْمُؤْمِنِينَ ٨ـ٦٣ وَأَلَّفَ بَيْنَ قُلُوبِهِمْ ۚ لَوْ
أَنفَقْتَ مَا فِى ٱلْأَرْضِ جَمِيعًا مَّآ أَلَّفْتَ بَيْنَ قُلُوبِهِمْ وَلَٰكِنَّ ٱللَّهَ أَلَّفَ بَيْنَهُمْ ۚ إِنَّهُۥ
عَزِيزٌ حَكِيمٌ ٨ـ٦٤ يَٰٓأَيُّهَا ٱلنَّبِىُّ حَسْبُكَ ٱللَّهُ وَمَنِ ٱتَّبَعَكَ مِنَ ٱلْمُؤْمِنِينَ ٨ـ٦٥ يَٰٓأَيُّهَا
ٱلنَّبِىُّ حَرِّضِ ٱلْمُؤْمِنِينَ عَلَى ٱلْقِتَالِ ۚ إِن يَكُن مِّنكُمْ عِشْرُونَ صَٰبِرُونَ يَغْلِبُوا۟ مِا۟ئَتَيْنِ ۚ

وَإِن يَكُن مِّنكُم مِّاْئَةٌ يَغْلِبُوٓا۟ أَلْفًا مِّنَ ٱلَّذِينَ كَفَرُوا۟ بِأَنَّهُمْ قَوْمٌ لَّا يَفْقَهُونَ
٨ـ٦٦ ٱلْـَٔـٰنَ خَفَّفَ ٱللَّهُ عَنكُمْ وَعَلِمَ أَنَّ فِيكُمْ ضَعْفًا ۚ فَإِن يَكُن مِّنكُم مِّاْئَةٌ صَابِرَةٌ
يَغْلِبُوا۟ مِاْئَتَيْنِ ۚ وَإِن يَكُن مِّنكُمْ أَلْفٌ يَغْلِبُوٓا۟ أَلْفَيْنِ بِإِذْنِ ٱللَّهِ ۗ وَٱللَّهُ مَعَ ٱلصَّـٰبِرِينَ
٨ـ٦٧ مَا كَانَ لِنَبِىٍّ أَن يَكُونَ لَهُۥٓ أَسْرَىٰ حَتَّىٰ يُثْخِنَ فِى ٱلْأَرْضِ ۚ تُرِيدُونَ عَرَضَ
ٱلدُّنْيَا وَٱللَّهُ يُرِيدُ ٱلْـَٔاخِرَةَ ۗ وَٱللَّهُ عَزِيزٌ حَكِيمٌ ٨ـ٦٨ لَّوْلَا كِتَـٰبٌ مِّنَ ٱللَّهِ سَبَقَ
لَمَسَّكُمْ فِيمَآ أَخَذْتُمْ عَذَابٌ عَظِيمٌ ٨ـ٦٩ فَكُلُوا۟ مِمَّا غَنِمْتُمْ حَلَـٰلًا طَيِّبًا ۚ وَٱتَّقُوا۟ ٱللَّهَ
ۚ إِنَّ ٱللَّهَ غَفُورٌ رَّحِيمٌ ٨ـ٧٠ يَـٰٓأَيُّهَا ٱلنَّبِىُّ قُل لِّمَن فِىٓ أَيْدِيكُم مِّنَ ٱلْأَسْرَىٰٓ إِن يَعْلَمِ
ٱللَّهُ فِى قُلُوبِكُمْ خَيْرًا يُؤْتِكُمْ خَيْرًا مِّمَّآ أُخِذَ مِنكُمْ وَيَغْفِرْ لَكُمْ ۗ وَٱللَّهُ غَفُورٌ رَّحِيمٌ
٨ـ٧١ وَإِن يُرِيدُوا۟ خِيَانَتَكَ فَقَدْ خَانُوا۟ ٱللَّهَ مِن قَبْلُ فَأَمْكَنَ مِنْهُمْ ۗ وَٱللَّهُ عَلِيمٌ
حَكِيمٌ ٨ـ٧٢ إِنَّ ٱلَّذِينَ ءَامَنُوا۟ وَهَاجَرُوا۟ وَجَـٰهَدُوا۟ بِأَمْوَٰلِهِمْ وَأَنفُسِهِمْ فِى سَبِيلِ
ٱللَّهِ وَٱلَّذِينَ ءَاوَوا۟ وَّنَصَرُوٓا۟ أُو۟لَـٰٓئِكَ بَعْضُهُمْ أَوْلِيَآءُ بَعْضٍ ۚ وَٱلَّذِينَ ءَامَنُوا۟ وَلَمْ
يُهَاجِرُوا۟ مَا لَكُم مِّن وَلَـٰيَتِهِم مِّن شَىْءٍ حَتَّىٰ يُهَاجِرُوا۟ ۚ وَإِنِ ٱسْتَنصَرُوكُمْ فِى
ٱلدِّينِ فَعَلَيْكُمُ ٱلنَّصْرُ إِلَّا عَلَىٰ قَوْمٍۭ بَيْنَكُمْ وَبَيْنَهُم مِّيثَـٰقٌ ۗ وَٱللَّهُ بِمَا تَعْمَلُونَ بَصِيرٌ
٨ـ٧٣ وَٱلَّذِينَ كَفَرُوا۟ بَعْضُهُمْ أَوْلِيَآءُ بَعْضٍ ۚ إِلَّا تَفْعَلُوهُ تَكُن فِتْنَةٌ فِى ٱلْأَرْضِ
وَفَسَادٌ كَبِيرٌ ٨ـ٧٤ وَٱلَّذِينَ ءَامَنُوا۟ وَهَاجَرُوا۟ وَجَـٰهَدُوا۟ فِى سَبِيلِ ٱللَّهِ وَٱلَّذِينَ ءَاوَوا۟
وَّنَصَرُوٓا۟ أُو۟لَـٰٓئِكَ هُمُ ٱلْمُؤْمِنُونَ حَقًّا ۚ لَّهُم مَّغْفِرَةٌ وَرِزْقٌ كَرِيمٌ ٨ـ٧٥ وَٱلَّذِينَ ءَامَنُوا۟
مِنۢ بَعْدُ وَهَاجَرُوا۟ وَجَـٰهَدُوا۟ مَعَكُمْ فَأُو۟لَـٰٓئِكَ مِنكُمْ ۚ وَأُو۟لُوا۟ ٱلْأَرْحَامِ بَعْضُهُمْ أَوْلَىٰ
بِبَعْضٍ فِى كِتَـٰبِ ٱللَّهِ ۗ إِنَّ ٱللَّهَ بِكُلِّ شَىْءٍ عَلِيمٌۢ ٩ـ١ بَرَآءَةٌ مِّنَ ٱللَّهِ وَرَسُولِهِۦٓ إِلَى
ٱلَّذِينَ عَـٰهَدتُّم مِّنَ ٱلْمُشْرِكِينَ ٩ـ٢ فَسِيحُوا۟ فِى ٱلْأَرْضِ أَرْبَعَةَ أَشْهُرٍ وَٱعْلَمُوٓا۟ أَنَّكُمْ
غَيْرُ مُعْجِزِى ٱللَّهِ ۙ وَأَنَّ ٱللَّهَ مُخْزِى ٱلْكَـٰفِرِينَ ٩ـ٣ وَأَذَٰنٌ مِّنَ ٱللَّهِ وَرَسُولِهِۦٓ إِلَى
ٱلنَّاسِ يَوْمَ ٱلْحَجِّ ٱلْأَكْبَرِ أَنَّ ٱللَّهَ بَرِىٓءٌ مِّنَ ٱلْمُشْرِكِينَ ۙ وَرَسُولُهُۥ ۚ فَإِن تُبْتُمْ فَهُوَ خَيْرٌ
لَّكُمْ ۖ وَإِن تَوَلَّيْتُمْ فَٱعْلَمُوٓا۟ أَنَّكُمْ غَيْرُ مُعْجِزِى ٱللَّهِ ۗ وَبَشِّرِ ٱلَّذِينَ كَفَرُوا۟ بِعَذَابٍ أَلِيمٍ
٩ـ٤ إِلَّا ٱلَّذِينَ عَـٰهَدتُّم مِّنَ ٱلْمُشْرِكِينَ ثُمَّ لَمْ يَنقُصُوكُمْ شَيْـًٔا وَلَمْ يُظَـٰهِرُوا۟ عَلَيْكُمْ
أَحَدًا فَأَتِمُّوٓا۟ إِلَيْهِمْ عَهْدَهُمْ إِلَىٰ مُدَّتِهِمْ ۚ إِنَّ ٱللَّهَ يُحِبُّ ٱلْمُتَّقِينَ ٩ـ٥ فَإِذَا ٱنسَلَخَ
ٱلْأَشْهُرُ ٱلْحُرُمُ فَٱقْتُلُوا۟ ٱلْمُشْرِكِينَ حَيْثُ وَجَدتُّمُوهُمْ وَخُذُوهُمْ وَٱحْصُرُوهُمْ
وَٱقْعُدُوا۟ لَهُمْ كُلَّ مَرْصَدٍ ۚ فَإِن تَابُوا۟ وَأَقَامُوا۟ ٱلصَّلَوٰةَ وَءَاتَوُا۟ ٱلزَّكَوٰةَ فَخَلُّوا۟
سَبِيلَهُمْ ۚ إِنَّ ٱللَّهَ غَفُورٌ رَّحِيمٌ ٩ـ٦ وَإِنْ أَحَدٌ مِّنَ ٱلْمُشْرِكِينَ ٱسْتَجَارَكَ فَأَجِرْهُ حَتَّىٰ
يَسْمَعَ كَلَـٰمَ ٱللَّهِ ثُمَّ أَبْلِغْهُ مَأْمَنَهُۥ ۚ ذَٰلِكَ بِأَنَّهُمْ قَوْمٌ لَّا يَعْلَمُونَ ٩ـ٧ كَيْفَ يَكُونُ

لِلْمُشْرِكِينَ عَهْدٌ عِندَ ٱللَّهِ وَعِندَ رَسُولِهِۦٓ إِلَّا ٱلَّذِينَ عَـٰهَدتُّمْ عِندَ ٱلْمَسْجِدِ ٱلْحَرَامِ ۖ فَمَا
ٱسْتَقَـٰمُوا۟ لَكُمْ فَٱسْتَقِيمُوا۟ لَهُمْ ۚ إِنَّ ٱللَّهَ يُحِبُّ ٱلْمُتَّقِينَ ٩ـ٨ كَيْفَ وَإِن يَظْهَرُوا۟
عَلَيْكُمْ لَا يَرْقُبُوا۟ فِيكُمْ إِلًّا وَلَا ذِمَّةً ۚ يُرْضُونَكُم بِأَفْوَٰهِهِمْ وَتَأْبَىٰ قُلُوبُهُمْ وَأَكْثَرُهُمْ
فَـٰسِقُونَ ٩ـ٩ ٱشْتَرَوْا۟ بِـَٔايَـٰتِ ٱللَّهِ ثَمَنًا قَلِيلًا فَصَدُّوا۟ عَن سَبِيلِهِۦٓ ۚ إِنَّهُمْ سَآءَ مَا
كَانُوا۟ يَعْمَلُونَ ٩ـ١٠ لَا يَرْقُبُونَ فِى مُؤْمِنٍ إِلًّا وَلَا ذِمَّةً ۚ وَأُو۟لَـٰٓئِكَ هُمُ ٱلْمُعْتَدُونَ
٩ـ١١ فَإِن تَابُوا۟ وَأَقَامُوا۟ ٱلصَّلَوٰةَ وَءَاتَوُا۟ ٱلزَّكَوٰةَ فَإِخْوَٰنُكُمْ فِى ٱلدِّينِ ۗ وَنُفَصِّلُ
ٱلْـَٔايَـٰتِ لِقَوْمٍ يَعْلَمُونَ ٩ـ١٢ وَإِن نَّكَثُوٓا۟ أَيْمَـٰنَهُم مِّنۢ بَعْدِ عَهْدِهِمْ وَطَعَنُوا۟ فِى
دِينِكُمْ فَقَـٰتِلُوٓا۟ أَئِمَّةَ ٱلْكُفْرِ ۙ إِنَّهُمْ لَآ أَيْمَـٰنَ لَهُمْ لَعَلَّهُمْ يَنتَهُونَ ٩ـ١٣ أَلَا تُقَـٰتِلُونَ
قَوْمًا نَّكَثُوٓا۟ أَيْمَـٰنَهُمْ وَهَمُّوا۟ بِإِخْرَاجِ ٱلرَّسُولِ وَهُم بَدَءُوكُمْ أَوَّلَ مَرَّةٍ ۚ أَتَخْشَوْنَهُمْ ۚ
فَٱللَّهُ أَحَقُّ أَن تَخْشَوْهُ إِن كُنتُم مُّؤْمِنِينَ ٩ـ١٤ قَـٰتِلُوهُمْ يُعَذِّبْهُمُ ٱللَّهُ بِأَيْدِيكُمْ
وَيُخْزِهِمْ وَيَنصُرْكُمْ عَلَيْهِمْ وَيَشْفِ صُدُورَ قَوْمٍ مُّؤْمِنِينَ ٩ـ١٥ وَيُذْهِبْ غَيْظَ
قُلُوبِهِمْ ۗ وَيَتُوبُ ٱللَّهُ عَلَىٰ مَن يَشَآءُ ۗ وَٱللَّهُ عَلِيمٌ حَكِيمٌ ٩ـ١٦ أَمْ حَسِبْتُمْ أَن
تُتْرَكُوا۟ وَلَمَّا يَعْلَمِ ٱللَّهُ ٱلَّذِينَ جَـٰهَدُوا۟ مِنكُمْ وَلَمْ يَتَّخِذُوا۟ مِن دُونِ ٱللَّهِ وَلَا رَسُولِهِۦ
وَلَا ٱلْمُؤْمِنِينَ وَلِيجَةً ۚ وَٱللَّهُ خَبِيرٌۢ بِمَا تَعْمَلُونَ ٩ـ١٧ مَا كَانَ لِلْمُشْرِكِينَ أَن يَعْمُرُوا۟
مَسَـٰجِدَ ٱللَّهِ شَـٰهِدِينَ عَلَىٰٓ أَنفُسِهِم بِٱلْكُفْرِ ۚ أُو۟لَـٰٓئِكَ حَبِطَتْ أَعْمَـٰلُهُمْ وَفِى ٱلنَّارِ هُمْ
خَـٰلِدُونَ ٩ـ١٨ إِنَّمَا يَعْمُرُ مَسَـٰجِدَ ٱللَّهِ مَنْ ءَامَنَ بِٱللَّهِ وَٱلْيَوْمِ ٱلْـَٔاخِرِ وَأَقَامَ ٱلصَّلَوٰةَ
وَءَاتَى ٱلزَّكَوٰةَ وَلَمْ يَخْشَ إِلَّا ٱللَّهَ ۖ فَعَسَىٰٓ أُو۟لَـٰٓئِكَ أَن يَكُونُوا۟ مِنَ ٱلْمُهْتَدِينَ
٩ـ١٩ أَجَعَلْتُمْ سِقَايَةَ ٱلْحَآجِّ وَعِمَارَةَ ٱلْمَسْجِدِ ٱلْحَرَامِ كَمَنْ ءَامَنَ بِٱللَّهِ وَٱلْيَوْمِ
ٱلْـَٔاخِرِ وَجَـٰهَدَ فِى سَبِيلِ ٱللَّهِ ۚ لَا يَسْتَوُۥنَ عِندَ ٱللَّهِ ۗ وَٱللَّهُ لَا يَهْدِى ٱلْقَوْمَ
ٱلظَّـٰلِمِينَ ٩ـ٢٠ ٱلَّذِينَ ءَامَنُوا۟ وَهَاجَرُوا۟ وَجَـٰهَدُوا۟ فِى سَبِيلِ ٱللَّهِ بِأَمْوَٰلِهِمْ
وَأَنفُسِهِمْ أَعْظَمُ دَرَجَةً عِندَ ٱللَّهِ ۚ وَأُو۟لَـٰٓئِكَ هُمُ ٱلْفَآئِزُونَ ٩ـ٢١ يُبَشِّرُهُمْ رَبُّهُم
بِرَحْمَةٍ مِّنْهُ وَرِضْوَٰنٍ وَجَنَّـٰتٍ لَّهُمْ فِيهَا نَعِيمٌ مُّقِيمٌ ٩ـ٢٢ خَـٰلِدِينَ فِيهَآ أَبَدًا ۚ إِنَّ ٱللَّهَ
عِندَهُۥٓ أَجْرٌ عَظِيمٌ ٩ـ٢٣ يَـٰٓأَيُّهَا ٱلَّذِينَ ءَامَنُوا۟ لَا تَتَّخِذُوٓا۟ ءَابَآءَكُمْ وَإِخْوَٰنَكُمْ أَوْلِيَآءَ إِنِ
ٱسْتَحَبُّوا۟ ٱلْكُفْرَ عَلَى ٱلْإِيمَـٰنِ ۚ وَمَن يَتَوَلَّهُم مِّنكُمْ فَأُو۟لَـٰٓئِكَ هُمُ ٱلظَّـٰلِمُونَ ٩ـ٢٤ قُلْ
إِن كَانَ ءَابَآؤُكُمْ وَأَبْنَآؤُكُمْ وَإِخْوَٰنُكُمْ وَأَزْوَٰجُكُمْ وَعَشِيرَتُكُمْ وَأَمْوَٰلٌ ٱقْتَرَفْتُمُوهَا
وَتِجَـٰرَةٌ تَخْشَوْنَ كَسَادَهَا وَمَسَـٰكِنُ تَرْضَوْنَهَآ أَحَبَّ إِلَيْكُم مِّنَ ٱللَّهِ وَرَسُولِهِۦ وَجِهَادٍ
فِى سَبِيلِهِۦ فَتَرَبَّصُوا۟ حَتَّىٰ يَأْتِىَ ٱللَّهُ بِأَمْرِهِۦ ۗ وَٱللَّهُ لَا يَهْدِى ٱلْقَوْمَ ٱلْفَـٰسِقِينَ
٩ـ٢٥ لَقَدْ نَصَرَكُمُ ٱللَّهُ فِى مَوَاطِنَ كَثِيرَةٍ ۙ وَيَوْمَ حُنَيْنٍ ۙ إِذْ أَعْجَبَتْكُمْ كَثْرَتُكُمْ فَلَمْ

تُغْنِ عَنكُمْ شَيْـًٔا وَضَاقَتْ عَلَيْكُمُ ٱلْأَرْضُ بِمَا رَحُبَتْ ثُمَّ وَلَّيْتُم مُّدْبِرِينَ ٩ـ٢٦ ثُمَّ أَنزَلَ
ٱللَّهُ سَكِينَتَهُۥ عَلَىٰ رَسُولِهِۦ وَعَلَى ٱلْمُؤْمِنِينَ وَأَنزَلَ جُنُودًا لَّمْ تَرَوْهَا وَعَذَّبَ ٱلَّذِينَ
كَفَرُوا۟ ۚ وَذَٰلِكَ جَزَآءُ ٱلْكَٰفِرِينَ ٩ـ٢٧ ثُمَّ يَتُوبُ ٱللَّهُ مِنۢ بَعْدِ ذَٰلِكَ عَلَىٰ مَن يَشَآءُ ۗ
وَٱللَّهُ غَفُورٌ رَّحِيمٌ ٩ـ٢٨ يَٰٓأَيُّهَا ٱلَّذِينَ ءَامَنُوٓا۟ إِنَّمَا ٱلْمُشْرِكُونَ نَجَسٌ فَلَا يَقْرَبُوا۟
ٱلْمَسْجِدَ ٱلْحَرَامَ بَعْدَ عَامِهِمْ هَٰذَا ۚ وَإِنْ خِفْتُمْ عَيْلَةً فَسَوْفَ يُغْنِيكُمُ ٱللَّهُ مِن فَضْلِهِۦٓ
إِن شَآءَ ۚ إِنَّ ٱللَّهَ عَلِيمٌ حَكِيمٌ ٩ـ٢٩ قَٰتِلُوا۟ ٱلَّذِينَ لَا يُؤْمِنُونَ بِٱللَّهِ وَلَا بِٱلْيَوْمِ
ٱلْءَاخِرِ وَلَا يُحَرِّمُونَ مَا حَرَّمَ ٱللَّهُ وَرَسُولُهُۥ وَلَا يَدِينُونَ دِينَ ٱلْحَقِّ مِنَ ٱلَّذِينَ أُوتُوا۟
ٱلْكِتَٰبَ حَتَّىٰ يُعْطُوا۟ ٱلْجِزْيَةَ عَن يَدٍ وَهُمْ صَٰغِرُونَ ٩ـ٣٠ وَقَالَتِ ٱلْيَهُودُ عُزَيْرٌ ٱبْنُ
ٱللَّهِ وَقَالَتِ ٱلنَّصَٰرَى ٱلْمَسِيحُ ٱبْنُ ٱللَّهِ ۖ ذَٰلِكَ قَوْلُهُم بِأَفْوَٰهِهِمْ ۖ يُضَٰهِـُٔونَ قَوْلَ
ٱلَّذِينَ كَفَرُوا۟ مِن قَبْلُ ۚ قَٰتَلَهُمُ ٱللَّهُ ۚ أَنَّىٰ يُؤْفَكُونَ ٩ـ٣١ ٱتَّخَذُوٓا۟ أَحْبَارَهُمْ
وَرُهْبَٰنَهُمْ أَرْبَابًا مِّن دُونِ ٱللَّهِ وَٱلْمَسِيحَ ٱبْنَ مَرْيَمَ وَمَآ أُمِرُوٓا۟ إِلَّا لِيَعْبُدُوٓا۟ إِلَٰهًا وَٰحِدًا ۖ
لَّآ إِلَٰهَ إِلَّا هُوَ ۚ سُبْحَٰنَهُۥ عَمَّا يُشْرِكُونَ ٩ـ٣٢ يُرِيدُونَ أَن يُطْفِـُٔوا۟ نُورَ ٱللَّهِ بِأَفْوَٰهِهِمْ
وَيَأْبَى ٱللَّهُ إِلَّآ أَن يُتِمَّ نُورَهُۥ وَلَوْ كَرِهَ ٱلْكَٰفِرُونَ ٩ـ٣٣ هُوَ ٱلَّذِىٓ أَرْسَلَ رَسُولَهُۥ
بِٱلْهُدَىٰ وَدِينِ ٱلْحَقِّ لِيُظْهِرَهُۥ عَلَى ٱلدِّينِ كُلِّهِۦ وَلَوْ كَرِهَ ٱلْمُشْرِكُونَ ٩ـ٣٤ يَٰٓأَيُّهَا
ٱلَّذِينَ ءَامَنُوٓا۟ إِنَّ كَثِيرًا مِّنَ ٱلْأَحْبَارِ وَٱلرُّهْبَانِ لَيَأْكُلُونَ أَمْوَٰلَ ٱلنَّاسِ بِٱلْبَٰطِلِ وَيَصُدُّونَ
عَن سَبِيلِ ٱللَّهِ ۗ وَٱلَّذِينَ يَكْنِزُونَ ٱلذَّهَبَ وَٱلْفِضَّةَ وَلَا يُنفِقُونَهَا فِى سَبِيلِ ٱللَّهِ
فَبَشِّرْهُم بِعَذَابٍ أَلِيمٍ ٩ـ٣٥ يَوْمَ يُحْمَىٰ عَلَيْهَا فِى نَارِ جَهَنَّمَ فَتُكْوَىٰ بِهَا
جِبَاهُهُمْ وَجُنُوبُهُمْ وَظُهُورُهُمْ ۖ هَٰذَا مَا كَنَزْتُمْ لِأَنفُسِكُمْ فَذُوقُوا۟ مَا كُنتُمْ تَكْنِزُونَ
٩ـ٣٦ إِنَّ عِدَّةَ ٱلشُّهُورِ عِندَ ٱللَّهِ ٱثْنَا عَشَرَ شَهْرًا فِى كِتَٰبِ ٱللَّهِ يَوْمَ خَلَقَ ٱلسَّمَٰوَٰتِ
وَٱلْأَرْضَ مِنْهَآ أَرْبَعَةٌ حُرُمٌ ۚ ذَٰلِكَ ٱلدِّينُ ٱلْقَيِّمُ ۚ فَلَا تَظْلِمُوا۟ فِيهِنَّ أَنفُسَكُمْ ۚ وَقَٰتِلُوا۟
ٱلْمُشْرِكِينَ كَآفَّةً كَمَا يُقَٰتِلُونَكُمْ كَآفَّةً ۚ وَٱعْلَمُوٓا۟ أَنَّ ٱللَّهَ مَعَ ٱلْمُتَّقِينَ ٩ـ٣٧ إِنَّمَا
ٱلنَّسِىٓءُ زِيَادَةٌ فِى ٱلْكُفْرِ ۖ يُضَلُّ بِهِ ٱلَّذِينَ كَفَرُوا۟ يُحِلُّونَهُۥ عَامًا وَيُحَرِّمُونَهُۥ عَامًا
لِّيُوَاطِـُٔوا۟ عِدَّةَ مَا حَرَّمَ ٱللَّهُ فَيُحِلُّوا۟ مَا حَرَّمَ ٱللَّهُ ۚ زُيِّنَ لَهُمْ سُوٓءُ أَعْمَٰلِهِمْ ۗ وَٱللَّهُ لَا
يَهْدِى ٱلْقَوْمَ ٱلْكَٰفِرِينَ ٩ـ٣٨ يَٰٓأَيُّهَا ٱلَّذِينَ ءَامَنُوا۟ مَا لَكُمْ إِذَا قِيلَ لَكُمُ ٱنفِرُوا۟ فِى
سَبِيلِ ٱللَّهِ ٱثَّاقَلْتُمْ إِلَى ٱلْأَرْضِ ۚ أَرَضِيتُم بِٱلْحَيَوٰةِ ٱلدُّنْيَا مِنَ ٱلْءَاخِرَةِ ۚ فَمَا مَتَٰعُ
ٱلْحَيَوٰةِ ٱلدُّنْيَا فِى ٱلْءَاخِرَةِ إِلَّا قَلِيلٌ ٩ـ٣٩ إِلَّا تَنفِرُوا۟ يُعَذِّبْكُمْ عَذَابًا أَلِيمًا
وَيَسْتَبْدِلْ قَوْمًا غَيْرَكُمْ وَلَا تَضُرُّوهُ شَيْـًٔا ۗ وَٱللَّهُ عَلَىٰ كُلِّ شَىْءٍ قَدِيرٌ ٩ـ٤٠ إِلَّا
تَنصُرُوهُ فَقَدْ نَصَرَهُ ٱللَّهُ إِذْ أَخْرَجَهُ ٱلَّذِينَ كَفَرُوا۟ ثَانِىَ ٱثْنَيْنِ إِذْ هُمَا فِى ٱلْغَارِ إِذْ

يَقُولُ لِصَٰحِبِهِۦ لَا تَحْزَنْ إِنَّ ٱللَّهَ مَعَنَا ۖ فَأَنزَلَ ٱللَّهُ سَكِينَتَهُۥ عَلَيْهِ وَأَيَّدَهُۥ بِجُنُودٍ لَّمْ
تَرَوْهَا وَجَعَلَ كَلِمَةَ ٱلَّذِينَ كَفَرُوا۟ ٱلسُّفْلَىٰ ۗ وَكَلِمَةُ ٱللَّهِ هِىَ ٱلْعُلْيَا ۗ وَٱللَّهُ عَزِيزٌ
حَكِيمٌ ٩ـ٤١ ٱنفِرُوا۟ خِفَافًا وَثِقَالًا وَجَٰهِدُوا۟ بِأَمْوَٰلِكُمْ وَأَنفُسِكُمْ فِى سَبِيلِ ٱللَّهِ ۚ
ذَٰلِكُمْ خَيْرٌ لَّكُمْ إِن كُنتُمْ تَعْلَمُونَ ٩ـ٤٢ لَوْ كَانَ عَرَضًا قَرِيبًا وَسَفَرًا قَاصِدًا لَّٱتَّبَعُوكَ
وَلَٰكِنۢ بَعُدَتْ عَلَيْهِمُ ٱلشُّقَّةُ ۚ وَسَيَحْلِفُونَ بِٱللَّهِ لَوِ ٱسْتَطَعْنَا لَخَرَجْنَا مَعَكُمْ يُهْلِكُونَ
أَنفُسَهُمْ وَٱللَّهُ يَعْلَمُ إِنَّهُمْ لَكَٰذِبُونَ ٩ـ٤٣ عَفَا ٱللَّهُ عَنكَ لِمَ أَذِنتَ لَهُمْ حَتَّىٰ يَتَبَيَّنَ
لَكَ ٱلَّذِينَ صَدَقُوا۟ وَتَعْلَمَ ٱلْكَٰذِبِينَ ٩ـ٤٤ لَا يَسْتَـْٔذِنُكَ ٱلَّذِينَ يُؤْمِنُونَ بِٱللَّهِ وَٱلْيَوْمِ
ٱلْءَاخِرِ أَن يُجَٰهِدُوا۟ بِأَمْوَٰلِهِمْ وَأَنفُسِهِمْ ۗ وَٱللَّهُ عَلِيمٌۢ بِٱلْمُتَّقِينَ ٩ـ٤٥ إِنَّمَا
يَسْتَـْٔذِنُكَ ٱلَّذِينَ لَا يُؤْمِنُونَ بِٱللَّهِ وَٱلْيَوْمِ ٱلْءَاخِرِ وَٱرْتَابَتْ قُلُوبُهُمْ فَهُمْ فِى رَيْبِهِمْ
يَتَرَدَّدُونَ ٩ـ٤٦ وَلَوْ أَرَادُوا۟ ٱلْخُرُوجَ لَأَعَدُّوا۟ لَهُۥ عُدَّةً وَلَٰكِن كَرِهَ ٱللَّهُ ٱنۢبِعَاثَهُمْ
فَثَبَّطَهُمْ وَقِيلَ ٱقْعُدُوا۟ مَعَ ٱلْقَٰعِدِينَ ٩ـ٤٧ لَوْ خَرَجُوا۟ فِيكُم مَّا زَادُوكُمْ إِلَّا خَبَالًا
وَلَأَوْضَعُوا۟ خِلَٰلَكُمْ يَبْغُونَكُمُ ٱلْفِتْنَةَ وَفِيكُمْ سَمَّٰعُونَ لَهُمْ ۗ وَٱللَّهُ عَلِيمٌۢ بِٱلظَّٰلِمِينَ
٩ـ٤٨ لَقَدِ ٱبْتَغَوُا۟ ٱلْفِتْنَةَ مِن قَبْلُ وَقَلَّبُوا۟ لَكَ ٱلْأُمُورَ حَتَّىٰ جَآءَ ٱلْحَقُّ وَظَهَرَ أَمْرُ
ٱللَّهِ وَهُمْ كَٰرِهُونَ ٩ـ٤٩ وَمِنْهُم مَّن يَقُولُ ٱئْذَن لِّى وَلَا تَفْتِنِّىٓ ۚ أَلَا فِى ٱلْفِتْنَةِ
سَقَطُوا۟ ۗ وَإِنَّ جَهَنَّمَ لَمُحِيطَةٌۢ بِٱلْكَٰفِرِينَ ٩ـ٥٠ إِن تُصِبْكَ حَسَنَةٌ تَسُؤْهُمْ ۖ وَإِن
تُصِبْكَ مُصِيبَةٌ يَقُولُوا۟ قَدْ أَخَذْنَآ أَمْرَنَا مِن قَبْلُ وَيَتَوَلَّوا۟ وَّهُمْ فَرِحُونَ ٩ـ٥١ قُل لَّن
يُصِيبَنَآ إِلَّا مَا كَتَبَ ٱللَّهُ لَنَا هُوَ مَوْلَىٰنَا ۚ وَعَلَى ٱللَّهِ فَلْيَتَوَكَّلِ ٱلْمُؤْمِنُونَ ٩ـ٥٢ قُلْ
هَلْ تَرَبَّصُونَ بِنَآ إِلَّآ إِحْدَى ٱلْحُسْنَيَيْنِ ۖ وَنَحْنُ نَتَرَبَّصُ بِكُمْ أَن يُصِيبَكُمُ ٱللَّهُ بِعَذَابٍ مِّنْ
عِندِهِۦٓ أَوْ بِأَيْدِينَا ۖ فَتَرَبَّصُوٓا۟ إِنَّا مَعَكُم مُّتَرَبِّصُونَ ٩ـ٥٣ قُلْ أَنفِقُوا۟ طَوْعًا أَوْ كَرْهًا
لَّن يُتَقَبَّلَ مِنكُمْ ۖ إِنَّكُمْ كُنتُمْ قَوْمًا فَٰسِقِينَ ٩ـ٥٤ وَمَا مَنَعَهُمْ أَن تُقْبَلَ مِنْهُمْ
نَفَقَٰتُهُمْ إِلَّآ أَنَّهُمْ كَفَرُوا۟ بِٱللَّهِ وَبِرَسُولِهِۦ وَلَا يَأْتُونَ ٱلصَّلَوٰةَ إِلَّا وَهُمْ كُسَالَىٰ وَلَا
يُنفِقُونَ إِلَّا وَهُمْ كَٰرِهُونَ ٩ـ٥٥ فَلَا تُعْجِبْكَ أَمْوَٰلُهُمْ وَلَآ أَوْلَٰدُهُمْ ۚ إِنَّمَا يُرِيدُ ٱللَّهُ
لِيُعَذِّبَهُم بِهَا فِى ٱلْحَيَوٰةِ ٱلدُّنْيَا وَتَزْهَقَ أَنفُسُهُمْ وَهُمْ كَٰفِرُونَ ٩ـ٥٦ وَيَحْلِفُونَ
بِٱللَّهِ إِنَّهُمْ لَمِنكُمْ وَمَا هُم مِّنكُمْ وَلَٰكِنَّهُمْ قَوْمٌ يَفْرَقُونَ ٩ـ٥٧ لَوْ يَجِدُونَ مَلْجَـًٔا أَوْ
مَغَٰرَٰتٍ أَوْ مُدَّخَلًا لَّوَلَّوْا۟ إِلَيْهِ وَهُمْ يَجْمَحُونَ ٩ـ٥٨ وَمِنْهُم مَّن يَلْمِزُكَ فِى ٱلصَّدَقَٰتِ
فَإِنْ أُعْطُوا۟ مِنْهَا رَضُوا۟ وَإِن لَّمْ يُعْطَوْا۟ مِنْهَآ إِذَا هُمْ يَسْخَطُونَ ٩ـ٥٩ وَلَوْ أَنَّهُمْ
رَضُوا۟ مَآ ءَاتَىٰهُمُ ٱللَّهُ وَرَسُولُهُۥ وَقَالُوا۟ حَسْبُنَا ٱللَّهُ سَيُؤْتِينَا ٱللَّهُ مِن فَضْلِهِۦ
وَرَسُولُهُۥٓ إِنَّآ إِلَى ٱللَّهِ رَٰغِبُونَ ٩ـ٦٠ إِنَّمَا ٱلصَّدَقَٰتُ لِلْفُقَرَآءِ وَٱلْمَسَٰكِينِ وَٱلْعَٰمِلِينَ

عَلَيْهَا وَٱلْمُؤَلَّفَةِ قُلُوبُهُمْ وَفِى ٱلرِّقَابِ وَٱلْغَـٰرِمِينَ وَفِى سَبِيلِ ٱللَّهِ وَٱبْنِ ٱلسَّبِيلِ ۖ
فَرِيضَةً مِّنَ ٱللَّهِ ۗ وَٱللَّهُ عَلِيمٌ حَكِيمٌ ٩ـ٦١ وَمِنْهُمُ ٱلَّذِينَ يُؤْذُونَ ٱلنَّبِىَّ وَيَقُولُونَ
هُوَ أُذُنٌ ۚ قُلْ أُذُنُ خَيْرٍ لَّكُمْ يُؤْمِنُ بِٱللَّهِ وَيُؤْمِنُ لِلْمُؤْمِنِينَ وَرَحْمَةٌ لِّلَّذِينَ ءَامَنُوا۟
مِنكُمْ ۚ وَٱلَّذِينَ يُؤْذُونَ رَسُولَ ٱللَّهِ لَهُمْ عَذَابٌ أَلِيمٌ ٩ـ٦٢ يَحْلِفُونَ بِٱللَّهِ لَكُمْ
لِيُرْضُوكُمْ وَٱللَّهُ وَرَسُولُهُۥٓ أَحَقُّ أَن يُرْضُوهُ إِن كَانُوا۟ مُؤْمِنِينَ ٩ـ٦٣ أَلَمْ يَعْلَمُوٓا۟ أَنَّهُۥ
مَن يُحَادِدِ ٱللَّهَ وَرَسُولَهُۥ فَأَنَّ لَهُۥ نَارَ جَهَنَّمَ خَـٰلِدًا فِيهَا ۚ ذَٰلِكَ ٱلْخِزْىُ ٱلْعَظِيمُ
٩ـ٦٤ يَحْذَرُ ٱلْمُنَـٰفِقُونَ أَن تُنَزَّلَ عَلَيْهِمْ سُورَةٌ تُنَبِّئُهُم بِمَا فِى قُلُوبِهِمْ ۚ قُلِ
ٱسْتَهْزِءُوٓا۟ إِنَّ ٱللَّهَ مُخْرِجٌ مَّا تَحْذَرُونَ ٩ـ٦٥ وَلَئِن سَأَلْتَهُمْ لَيَقُولُنَّ إِنَّمَا كُنَّا نَخُوضُ
وَنَلْعَبُ ۚ قُلْ أَبِٱللَّهِ وَءَايَـٰتِهِۦ وَرَسُولِهِۦ كُنتُمْ تَسْتَهْزِءُونَ ٩ـ٦٦ لَا تَعْتَذِرُوا۟ قَدْ كَفَرْتُم
بَعْدَ إِيمَـٰنِكُمْ ۚ إِن نَّعْفُ عَن طَآئِفَةٍ مِّنكُمْ نُعَذِّبْ طَآئِفَةًۢ بِأَنَّهُمْ كَانُوا۟ مُجْرِمِينَ
٩ـ٦٧ ٱلْمُنَـٰفِقُونَ وَٱلْمُنَـٰفِقَـٰتُ بَعْضُهُم مِّنۢ بَعْضٍ ۚ يَأْمُرُونَ بِٱلْمُنكَرِ وَيَنْهَوْنَ عَنِ
ٱلْمَعْرُوفِ وَيَقْبِضُونَ أَيْدِيَهُمْ ۚ نَسُوا۟ ٱللَّهَ فَنَسِيَهُمْ ۗ إِنَّ ٱلْمُنَـٰفِقِينَ هُمُ ٱلْفَـٰسِقُونَ
٩ـ٦٨ وَعَدَ ٱللَّهُ ٱلْمُنَـٰفِقِينَ وَٱلْمُنَـٰفِقَـٰتِ وَٱلْكُفَّارَ نَارَ جَهَنَّمَ خَـٰلِدِينَ فِيهَا ۚ هِىَ
حَسْبُهُمْ ۚ وَلَعَنَهُمُ ٱللَّهُ ۖ وَلَهُمْ عَذَابٌ مُّقِيمٌ ٩ـ٦٩ كَٱلَّذِينَ مِن قَبْلِكُمْ كَانُوٓا۟ أَشَدَّ
مِنكُمْ قُوَّةً وَأَكْثَرَ أَمْوَٰلًا وَأَوْلَـٰدًا فَٱسْتَمْتَعُوا۟ بِخَلَـٰقِهِمْ فَٱسْتَمْتَعْتُم بِخَلَـٰقِكُمْ كَمَا
ٱسْتَمْتَعَ ٱلَّذِينَ مِن قَبْلِكُم بِخَلَـٰقِهِمْ وَخُضْتُمْ كَٱلَّذِى خَاضُوٓا۟ ۚ أُو۟لَـٰٓئِكَ حَبِطَتْ أَعْمَـٰلُهُمْ
فِى ٱلدُّنْيَا وَٱلْءَاخِرَةِ ۖ وَأُو۟لَـٰٓئِكَ هُمُ ٱلْخَـٰسِرُونَ ٩ـ٧٠ أَلَمْ يَأْتِهِمْ نَبَأُ ٱلَّذِينَ مِن
قَبْلِهِمْ قَوْمِ نُوحٍ وَعَادٍ وَثَمُودَ وَقَوْمِ إِبْرَٰهِيمَ وَأَصْحَـٰبِ مَدْيَنَ وَٱلْمُؤْتَفِكَـٰتِ ۚ أَتَتْهُمْ
رُسُلُهُم بِٱلْبَيِّنَـٰتِ ۖ فَمَا كَانَ ٱللَّهُ لِيَظْلِمَهُمْ وَلَـٰكِن كَانُوٓا۟ أَنفُسَهُمْ يَظْلِمُونَ
٩ـ٧١ وَٱلْمُؤْمِنُونَ وَٱلْمُؤْمِنَـٰتُ بَعْضُهُمْ أَوْلِيَآءُ بَعْضٍ ۚ يَأْمُرُونَ بِٱلْمَعْرُوفِ وَيَنْهَوْنَ
عَنِ ٱلْمُنكَرِ وَيُقِيمُونَ ٱلصَّلَوٰةَ وَيُؤْتُونَ ٱلزَّكَوٰةَ وَيُطِيعُونَ ٱللَّهَ وَرَسُولَهُۥٓ ۚ أُو۟لَـٰٓئِكَ
سَيَرْحَمُهُمُ ٱللَّهُ ۗ إِنَّ ٱللَّهَ عَزِيزٌ حَكِيمٌ ٩ـ٧٢ وَعَدَ ٱللَّهُ ٱلْمُؤْمِنِينَ وَٱلْمُؤْمِنَـٰتِ جَنَّـٰتٍ
تَجْرِى مِن تَحْتِهَا ٱلْأَنْهَـٰرُ خَـٰلِدِينَ فِيهَا وَمَسَـٰكِنَ طَيِّبَةً فِى جَنَّـٰتِ عَدْنٍ ۚ وَرِضْوَٰنٌ مِّنَ
ٱللَّهِ أَكْبَرُ ۚ ذَٰلِكَ هُوَ ٱلْفَوْزُ ٱلْعَظِيمُ ٩ـ٧٣ يَـٰٓأَيُّهَا ٱلنَّبِىُّ جَـٰهِدِ ٱلْكُفَّارَ وَٱلْمُنَـٰفِقِينَ
وَٱغْلُظْ عَلَيْهِمْ ۚ وَمَأْوَىٰهُمْ جَهَنَّمُ ۖ وَبِئْسَ ٱلْمَصِيرُ ٩ـ٧٤ يَحْلِفُونَ بِٱللَّهِ مَا قَالُوا۟
وَلَقَدْ قَالُوا۟ كَلِمَةَ ٱلْكُفْرِ وَكَفَرُوا۟ بَعْدَ إِسْلَـٰمِهِمْ وَهَمُّوا۟ بِمَا لَمْ يَنَالُوا۟ ۚ وَمَا نَقَمُوٓا۟ إِلَّآ
أَنْ أَغْنَىٰهُمُ ٱللَّهُ وَرَسُولُهُۥ مِن فَضْلِهِۦ ۚ فَإِن يَتُوبُوا۟ يَكُ خَيْرًا لَّهُمْ ۖ وَإِن يَتَوَلَّوْا۟
يُعَذِّبْهُمُ ٱللَّهُ عَذَابًا أَلِيمًا فِى ٱلدُّنْيَا وَٱلْءَاخِرَةِ ۚ وَمَا لَهُمْ فِى ٱلْأَرْضِ مِن وَلِىٍّ وَلَا

نَصِيرٍ ٩ـ٧٥ وَمِنْهُم مَّنْ عَٰهَدَ ٱللَّهَ لَئِنْ ءَاتَىٰنَا مِن فَضْلِهِۦ لَنَصَّدَّقَنَّ وَلَنَكُونَنَّ مِنَ
ٱلصَّٰلِحِينَ ٩ـ٧٦ فَلَمَّآ ءَاتَىٰهُم مِّن فَضْلِهِۦ بَخِلُوا۟ بِهِۦ وَتَوَلَّوا۟ وَّهُم مُّعْرِضُونَ
٩ـ٧٧ فَأَعْقَبَهُمْ نِفَاقًا فِى قُلُوبِهِمْ إِلَىٰ يَوْمِ يَلْقَوْنَهُۥ بِمَآ أَخْلَفُوا۟ ٱللَّهَ مَا وَعَدُوهُ
وَبِمَا كَانُوا۟ يَكْذِبُونَ ٩ـ٧٨ أَلَمْ يَعْلَمُوٓا۟ أَنَّ ٱللَّهَ يَعْلَمُ سِرَّهُمْ وَنَجْوَىٰهُمْ وَأَنَّ ٱللَّهَ
عَلَّٰمُ ٱلْغُيُوبِ ٩ـ٧٩ ٱلَّذِينَ يَلْمِزُونَ ٱلْمُطَّوِّعِينَ مِنَ ٱلْمُؤْمِنِينَ فِى ٱلصَّدَقَٰتِ وَٱلَّذِينَ
لَا يَجِدُونَ إِلَّا جُهْدَهُمْ فَيَسْخَرُونَ مِنْهُمْ ۙ سَخِرَ ٱللَّهُ مِنْهُمْ وَلَهُمْ عَذَابٌ أَلِيمٌ
٩ـ٨٠ ٱسْتَغْفِرْ لَهُمْ أَوْ لَا تَسْتَغْفِرْ لَهُمْ إِن تَسْتَغْفِرْ لَهُمْ سَبْعِينَ مَرَّةً فَلَن يَغْفِرَ
ٱللَّهُ لَهُمْ ۚ ذَٰلِكَ بِأَنَّهُمْ كَفَرُوا۟ بِٱللَّهِ وَرَسُولِهِۦ ۗ وَٱللَّهُ لَا يَهْدِى ٱلْقَوْمَ ٱلْفَٰسِقِينَ
٩ـ٨١ فَرِحَ ٱلْمُخَلَّفُونَ بِمَقْعَدِهِمْ خِلَٰفَ رَسُولِ ٱللَّهِ وَكَرِهُوٓا۟ أَن يُجَٰهِدُوا۟ بِأَمْوَٰلِهِمْ
وَأَنفُسِهِمْ فِى سَبِيلِ ٱللَّهِ وَقَالُوا۟ لَا تَنفِرُوا۟ فِى ٱلْحَرِّ ۗ قُلْ نَارُ جَهَنَّمَ أَشَدُّ حَرًّا ۚ لَّوْ
كَانُوا۟ يَفْقَهُونَ ٩ـ٨٢ فَلْيَضْحَكُوا۟ قَلِيلًا وَلْيَبْكُوا۟ كَثِيرًا جَزَآءًۢ بِمَا كَانُوا۟ يَكْسِبُونَ
٩ـ٨٣ فَإِن رَّجَعَكَ ٱللَّهُ إِلَىٰ طَآئِفَةٍ مِّنْهُمْ فَٱسْتَـْٔذَنُوكَ لِلْخُرُوجِ فَقُل لَّن تَخْرُجُوا۟
مَعِىَ أَبَدًا وَلَن تُقَٰتِلُوا۟ مَعِىَ عَدُوًّا ۖ إِنَّكُمْ رَضِيتُم بِٱلْقُعُودِ أَوَّلَ مَرَّةٍ فَٱقْعُدُوا۟ مَعَ
ٱلْخَٰلِفِينَ ٩ـ٨٤ وَلَا تُصَلِّ عَلَىٰٓ أَحَدٍ مِّنْهُم مَّاتَ أَبَدًا وَلَا تَقُمْ عَلَىٰ قَبْرِهِۦٓ ۖ إِنَّهُمْ
كَفَرُوا۟ بِٱللَّهِ وَرَسُولِهِۦ وَمَاتُوا۟ وَهُمْ فَٰسِقُونَ ٩ـ٨٥ وَلَا تُعْجِبْكَ أَمْوَٰلُهُمْ وَأَوْلَٰدُهُمْ ۚ
إِنَّمَا يُرِيدُ ٱللَّهُ أَن يُعَذِّبَهُم بِهَا فِى ٱلدُّنْيَا وَتَزْهَقَ أَنفُسُهُمْ وَهُمْ كَٰفِرُونَ
٩ـ٨٦ وَإِذَآ أُنزِلَتْ سُورَةٌ أَنْ ءَامِنُوا۟ بِٱللَّهِ وَجَٰهِدُوا۟ مَعَ رَسُولِهِ ٱسْتَـْٔذَنَكَ أُو۟لُوا۟
ٱلطَّوْلِ مِنْهُمْ وَقَالُوا۟ ذَرْنَا نَكُن مَّعَ ٱلْقَٰعِدِينَ ٩ـ٨٧ رَضُوا۟ بِأَن يَكُونُوا۟ مَعَ ٱلْخَوَالِفِ
وَطُبِعَ عَلَىٰ قُلُوبِهِمْ فَهُمْ لَا يَفْقَهُونَ ٩ـ٨٨ لَٰكِنِ ٱلرَّسُولُ وَٱلَّذِينَ ءَامَنُوا۟ مَعَهُۥ
جَٰهَدُوا۟ بِأَمْوَٰلِهِمْ وَأَنفُسِهِمْ ۚ وَأُو۟لَٰٓئِكَ لَهُمُ ٱلْخَيْرَٰتُ ۖ وَأُو۟لَٰٓئِكَ هُمُ ٱلْمُفْلِحُونَ
٩ـ٨٩ أَعَدَّ ٱللَّهُ لَهُمْ جَنَّٰتٍ تَجْرِى مِن تَحْتِهَا ٱلْأَنْهَٰرُ خَٰلِدِينَ فِيهَا ۚ ذَٰلِكَ ٱلْفَوْزُ
ٱلْعَظِيمُ ٩ـ٩٠ وَجَآءَ ٱلْمُعَذِّرُونَ مِنَ ٱلْأَعْرَابِ لِيُؤْذَنَ لَهُمْ وَقَعَدَ ٱلَّذِينَ كَذَبُوا۟ ٱللَّهَ
وَرَسُولَهُۥ ۚ سَيُصِيبُ ٱلَّذِينَ كَفَرُوا۟ مِنْهُمْ عَذَابٌ أَلِيمٌ ٩ـ٩١ لَّيْسَ عَلَى ٱلضُّعَفَآءِ وَلَا
عَلَى ٱلْمَرْضَىٰ وَلَا عَلَى ٱلَّذِينَ لَا يَجِدُونَ مَا يُنفِقُونَ حَرَجٌ إِذَا نَصَحُوا۟ لِلَّهِ وَرَسُولِهِۦ ۚ
مَا عَلَى ٱلْمُحْسِنِينَ مِن سَبِيلٍ ۚ وَٱللَّهُ غَفُورٌ رَّحِيمٌ ٩ـ٩٢ وَلَا عَلَى ٱلَّذِينَ إِذَا مَآ أَتَوْكَ
لِتَحْمِلَهُمْ قُلْتَ لَآ أَجِدُ مَآ أَحْمِلُكُمْ عَلَيْهِ تَوَلَّوا۟ وَّأَعْيُنُهُمْ تَفِيضُ مِنَ ٱلدَّمْعِ حَزَنًا أَلَّا
يَجِدُوا۟ مَا يُنفِقُونَ ٩ـ٩٣ إِنَّمَا ٱلسَّبِيلُ عَلَى ٱلَّذِينَ يَسْتَـْٔذِنُونَكَ وَهُمْ أَغْنِيَآءُ ۚ رَضُوا۟
بِأَن يَكُونُوا۟ مَعَ ٱلْخَوَالِفِ وَطَبَعَ ٱللَّهُ عَلَىٰ قُلُوبِهِمْ فَهُمْ لَا يَعْلَمُونَ

٩ــ٩٤ يَعْتَذِرُونَ إِلَيْكُمْ إِذَا رَجَعْتُمْ إِلَيْهِمْ ۚ قُل لَّا تَعْتَذِرُوا۟ لَن نُّؤْمِنَ لَكُمْ قَدْ نَبَّأَنَا
ٱللَّهُ مِنْ أَخْبَارِكُمْ ۚ وَسَيَرَى ٱللَّهُ عَمَلَكُمْ وَرَسُولُهُۥ ثُمَّ تُرَدُّونَ إِلَىٰ عَـٰلِمِ ٱلْغَيْبِ
وَٱلشَّهَـٰدَةِ فَيُنَبِّئُكُم بِمَا كُنتُمْ تَعْمَلُونَ ٩ــ٩٥ سَيَحْلِفُونَ بِٱللَّهِ لَكُمْ إِذَا ٱنقَلَبْتُمْ
إِلَيْهِمْ لِتُعْرِضُوا۟ عَنْهُمْ ۖ فَأَعْرِضُوا۟ عَنْهُمْ ۖ إِنَّهُمْ رِجْسٌ ۖ وَمَأْوَىٰهُمْ جَهَنَّمُ جَزَآءًۢ بِمَا
كَانُوا۟ يَكْسِبُونَ ٩ــ٩٦ يَحْلِفُونَ لَكُمْ لِتَرْضَوْا۟ عَنْهُمْ ۖ فَإِن تَرْضَوْا۟ عَنْهُمْ فَإِنَّ ٱللَّهَ لَا
يَرْضَىٰ عَنِ ٱلْقَوْمِ ٱلْفَـٰسِقِينَ ٩ــ٩٧ ٱلْأَعْرَابُ أَشَدُّ كُفْرًا وَنِفَاقًا وَأَجْدَرُ أَلَّا يَعْلَمُوا۟
حُدُودَ مَآ أَنزَلَ ٱللَّهُ عَلَىٰ رَسُولِهِۦ ۗ وَٱللَّهُ عَلِيمٌ حَكِيمٌ ٩ــ٩٨ وَمِنَ ٱلْأَعْرَابِ مَن يَتَّخِذُ
مَا يُنفِقُ مَغْرَمًا وَيَتَرَبَّصُ بِكُمُ ٱلدَّوَآئِرَ ۚ عَلَيْهِمْ دَآئِرَةُ ٱلسَّوْءِ ۗ وَٱللَّهُ سَمِيعٌ عَلِيمٌ
٩ــ٩٩ وَمِنَ ٱلْأَعْرَابِ مَن يُؤْمِنُ بِٱللَّهِ وَٱلْيَوْمِ ٱلْـَٔاخِرِ وَيَتَّخِذُ مَا يُنفِقُ قُرُبَـٰتٍ عِندَ ٱللَّهِ
وَصَلَوَٰتِ ٱلرَّسُولِ ۚ أَلَآ إِنَّهَا قُرْبَةٌ لَّهُمْ ۚ سَيُدْخِلُهُمُ ٱللَّهُ فِى رَحْمَتِهِۦٓ ۗ إِنَّ ٱللَّهَ غَفُورٌ
رَّحِيمٌ ٩ــ١٠٠ وَٱلسَّـٰبِقُونَ ٱلْأَوَّلُونَ مِنَ ٱلْمُهَـٰجِرِينَ وَٱلْأَنصَارِ وَٱلَّذِينَ ٱتَّبَعُوهُم بِإِحْسَـٰنٍ
رَّضِىَ ٱللَّهُ عَنْهُمْ وَرَضُوا۟ عَنْهُ وَأَعَدَّ لَهُمْ جَنَّـٰتٍ تَجْرِى تَحْتَهَا ٱلْأَنْهَـٰرُ خَـٰلِدِينَ فِيهَآ أَبَدًا ۚ
ذَٰلِكَ ٱلْفَوْزُ ٱلْعَظِيمُ ٩ــ١٠١ وَمِمَّنْ حَوْلَكُم مِّنَ ٱلْأَعْرَابِ مُنَـٰفِقُونَ ۖ وَمِنْ أَهْلِ ٱلْمَدِينَةِ ۖ
مَرَدُوا۟ عَلَى ٱلنِّفَاقِ لَا تَعْلَمُهُمْ ۖ نَحْنُ نَعْلَمُهُمْ ۚ سَنُعَذِّبُهُم مَّرَّتَيْنِ ثُمَّ يُرَدُّونَ إِلَىٰ
عَذَابٍ عَظِيمٍ ٩ــ١٠٢ وَءَاخَرُونَ ٱعْتَرَفُوا۟ بِذُنُوبِهِمْ خَلَطُوا۟ عَمَلًا صَـٰلِحًا وَءَاخَرَ سَيِّئًا
عَسَى ٱللَّهُ أَن يَتُوبَ عَلَيْهِمْ ۚ إِنَّ ٱللَّهَ غَفُورٌ رَّحِيمٌ ٩ــ١٠٣ خُذْ مِنْ أَمْوَٰلِهِمْ صَدَقَةً
تُطَهِّرُهُمْ وَتُزَكِّيهِم بِهَا وَصَلِّ عَلَيْهِمْ ۖ إِنَّ صَلَوٰتَكَ سَكَنٌ لَّهُمْ ۗ وَٱللَّهُ سَمِيعٌ عَلِيمٌ
٩ــ١٠٤ أَلَمْ يَعْلَمُوٓا۟ أَنَّ ٱللَّهَ هُوَ يَقْبَلُ ٱلتَّوْبَةَ عَنْ عِبَادِهِۦ وَيَأْخُذُ ٱلصَّدَقَـٰتِ وَأَنَّ ٱللَّهَ
هُوَ ٱلتَّوَّابُ ٱلرَّحِيمُ ٩ــ١٠٥ وَقُلِ ٱعْمَلُوا۟ فَسَيَرَى ٱللَّهُ عَمَلَكُمْ وَرَسُولُهُۥ وَٱلْمُؤْمِنُونَ ۖ
وَسَتُرَدُّونَ إِلَىٰ عَـٰلِمِ ٱلْغَيْبِ وَٱلشَّهَـٰدَةِ فَيُنَبِّئُكُم بِمَا كُنتُمْ تَعْمَلُونَ ٩ــ١٠٦ وَءَاخَرُونَ
مُرْجَوْنَ لِأَمْرِ ٱللَّهِ إِمَّا يُعَذِّبُهُمْ وَإِمَّا يَتُوبُ عَلَيْهِمْ ۗ وَٱللَّهُ عَلِيمٌ حَكِيمٌ ٩ــ١٠٧ وَٱلَّذِينَ
ٱتَّخَذُوا۟ مَسْجِدًا ضِرَارًا وَكُفْرًا وَتَفْرِيقًۢا بَيْنَ ٱلْمُؤْمِنِينَ وَإِرْصَادًا لِّمَنْ حَارَبَ ٱللَّهَ
وَرَسُولَهُۥ مِن قَبْلُ ۚ وَلَيَحْلِفُنَّ إِنْ أَرَدْنَآ إِلَّا ٱلْحُسْنَىٰ ۖ وَٱللَّهُ يَشْهَدُ إِنَّهُمْ لَكَـٰذِبُونَ
٩ــ١٠٨ لَا تَقُمْ فِيهِ أَبَدًا ۚ لَّمَسْجِدٌ أُسِّسَ عَلَى ٱلتَّقْوَىٰ مِنْ أَوَّلِ يَوْمٍ أَحَقُّ أَن تَقُومَ
فِيهِ ۚ فِيهِ رِجَالٌ يُحِبُّونَ أَن يَتَطَهَّرُوا۟ ۚ وَٱللَّهُ يُحِبُّ ٱلْمُطَّهِّرِينَ ٩ــ١٠٩ أَفَمَنْ أَسَّسَ
بُنْيَـٰنَهُۥ عَلَىٰ تَقْوَىٰ مِنَ ٱللَّهِ وَرِضْوَٰنٍ خَيْرٌ أَم مَّنْ أَسَّسَ بُنْيَـٰنَهُۥ عَلَىٰ شَفَا جُرُفٍ هَارٍ
فَٱنْهَارَ بِهِۦ فِى نَارِ جَهَنَّمَ ۗ وَٱللَّهُ لَا يَهْدِى ٱلْقَوْمَ ٱلظَّـٰلِمِينَ ٩ــ١١٠ لَا يَزَالُ بُنْيَـٰنُهُمُ
ٱلَّذِى بَنَوْا۟ رِيبَةً فِى قُلُوبِهِمْ إِلَّآ أَن تَقَطَّعَ قُلُوبُهُمْ ۗ وَٱللَّهُ عَلِيمٌ حَكِيمٌ ٩ــ١١١ إِنَّ

ٱللَّهَ ٱشْتَرَىٰ مِنَ ٱلْمُؤْمِنِينَ أَنفُسَهُمْ وَأَمْوَٰلَهُم بِأَنَّ لَهُمُ ٱلْجَنَّةَ ۚ يُقَٰتِلُونَ فِى سَبِيلِ
ٱللَّهِ فَيَقْتُلُونَ وَيُقْتَلُونَ ۖ وَعْدًا عَلَيْهِ حَقًّا فِى ٱلتَّوْرَىٰةِ وَٱلْإِنجِيلِ وَٱلْقُرْءَانِ ۚ وَمَنْ
أَوْفَىٰ بِعَهْدِهِۦ مِنَ ٱللَّهِ ۚ فَٱسْتَبْشِرُوا۟ بِبَيْعِكُمُ ٱلَّذِى بَايَعْتُم بِهِۦ ۚ وَذَٰلِكَ هُوَ ٱلْفَوْزُ
ٱلْعَظِيمُ ٩-١١١ ٱلتَّٰٓئِبُونَ ٱلْعَٰبِدُونَ ٱلْحَٰمِدُونَ ٱلسَّٰٓئِحُونَ ٱلرَّٰكِعُونَ ٱلسَّٰجِدُونَ ٱلْءَامِرُونَ
بِٱلْمَعْرُوفِ وَٱلنَّاهُونَ عَنِ ٱلْمُنكَرِ وَٱلْحَٰفِظُونَ لِحُدُودِ ٱللَّهِ ۗ وَبَشِّرِ ٱلْمُؤْمِنِينَ ٩-١١٢ مَا
كَانَ لِلنَّبِىِّ وَٱلَّذِينَ ءَامَنُوٓا۟ أَن يَسْتَغْفِرُوا۟ لِلْمُشْرِكِينَ وَلَوْ كَانُوٓا۟ أُو۟لِى قُرْبَىٰ مِنۢ بَعْدِ
مَا تَبَيَّنَ لَهُمْ أَنَّهُمْ أَصْحَٰبُ ٱلْجَحِيمِ ٩-١١٣ وَمَا كَانَ ٱسْتِغْفَارُ إِبْرَٰهِيمَ لِأَبِيهِ إِلَّا عَن
مَّوْعِدَةٍ وَعَدَهَآ إِيَّاهُ فَلَمَّا تَبَيَّنَ لَهُۥٓ أَنَّهُۥ عَدُوٌّ لِّلَّهِ تَبَرَّأَ مِنْهُ ۚ إِنَّ إِبْرَٰهِيمَ لَأَوَّٰهٌ حَلِيمٌ
٩-١١٤ وَمَا كَانَ ٱللَّهُ لِيُضِلَّ قَوْمًۢا بَعْدَ إِذْ هَدَىٰهُمْ حَتَّىٰ يُبَيِّنَ لَهُم مَّا يَتَّقُونَ ۚ إِنَّ
ٱللَّهَ بِكُلِّ شَىْءٍ عَلِيمٌ ٩-١١٥ إِنَّ ٱللَّهَ لَهُۥ مُلْكُ ٱلسَّمَٰوَٰتِ وَٱلْأَرْضِ ۖ يُحْىِۦ وَيُمِيتُ ۚ وَمَا
لَكُم مِّن دُونِ ٱللَّهِ مِن وَلِىٍّ وَلَا نَصِيرٍ ٩-١١٦ لَّقَد تَّابَ ٱللَّهُ عَلَى ٱلنَّبِىِّ وَٱلْمُهَٰجِرِينَ
وَٱلْأَنصَارِ ٱلَّذِينَ ٱتَّبَعُوهُ فِى سَاعَةِ ٱلْعُسْرَةِ مِنۢ بَعْدِ مَا كَادَ يَزِيغُ قُلُوبُ فَرِيقٍ مِّنْهُمْ
ثُمَّ تَابَ عَلَيْهِمْ ۚ إِنَّهُۥ بِهِمْ رَءُوفٌ رَّحِيمٌ ٩-١١٧ وَعَلَى ٱلثَّلَٰثَةِ ٱلَّذِينَ خُلِّفُوا۟ حَتَّىٰٓ إِذَا
ضَاقَتْ عَلَيْهِمُ ٱلْأَرْضُ بِمَا رَحُبَتْ وَضَاقَتْ عَلَيْهِمْ أَنفُسُهُمْ وَظَنُّوٓا۟ أَن لَّا مَلْجَأَ مِنَ
ٱللَّهِ إِلَّآ إِلَيْهِ ثُمَّ تَابَ عَلَيْهِمْ لِيَتُوبُوٓا۟ ۚ إِنَّ ٱللَّهَ هُوَ ٱلتَّوَّابُ ٱلرَّحِيمُ ٩-١١٨ يَٰٓأَيُّهَا ٱلَّذِينَ
ءَامَنُوا۟ ٱتَّقُوا۟ ٱللَّهَ وَكُونُوا۟ مَعَ ٱلصَّٰدِقِينَ ٩-١١٩ مَا كَانَ لِأَهْلِ ٱلْمَدِينَةِ وَمَنْ حَوْلَهُم
مِّنَ ٱلْأَعْرَابِ أَن يَتَخَلَّفُوا۟ عَن رَّسُولِ ٱللَّهِ وَلَا يَرْغَبُوا۟ بِأَنفُسِهِمْ عَن نَّفْسِهِۦ ۚ ذَٰلِكَ
بِأَنَّهُمْ لَا يُصِيبُهُمْ ظَمَأٌ وَلَا نَصَبٌ وَلَا مَخْمَصَةٌ فِى سَبِيلِ ٱللَّهِ وَلَا يَطَـُٔونَ مَوْطِئًا
يَغِيظُ ٱلْكُفَّارَ وَلَا يَنَالُونَ مِنْ عَدُوٍّ نَّيْلًا إِلَّا كُتِبَ لَهُم بِهِۦ عَمَلٌ صَٰلِحٌ ۚ إِنَّ ٱللَّهَ لَا يُضِيعُ
أَجْرَ ٱلْمُحْسِنِينَ ٩-١٢٠ وَلَا يُنفِقُونَ نَفَقَةً صَغِيرَةً وَلَا كَبِيرَةً وَلَا يَقْطَعُونَ وَادِيًا إِلَّا
كُتِبَ لَهُمْ لِيَجْزِيَهُمُ ٱللَّهُ أَحْسَنَ مَا كَانُوا۟ يَعْمَلُونَ ٩-١٢١ وَمَا كَانَ ٱلْمُؤْمِنُونَ
لِيَنفِرُوا۟ كَآفَّةً ۚ فَلَوْلَا نَفَرَ مِن كُلِّ فِرْقَةٍ مِّنْهُمْ طَآئِفَةٌ لِّيَتَفَقَّهُوا۟ فِى ٱلدِّينِ
وَلِيُنذِرُوا۟ قَوْمَهُمْ إِذَا رَجَعُوٓا۟ إِلَيْهِمْ لَعَلَّهُمْ يَحْذَرُونَ ٩-١٢٢ يَٰٓأَيُّهَا ٱلَّذِينَ ءَامَنُوا۟
قَٰتِلُوا۟ ٱلَّذِينَ يَلُونَكُم مِّنَ ٱلْكُفَّارِ وَلْيَجِدُوا۟ فِيكُمْ غِلْظَةً ۚ وَٱعْلَمُوٓا۟ أَنَّ ٱللَّهَ مَعَ ٱلْمُتَّقِينَ
٩-١٢٣ وَإِذَا مَآ أُنزِلَتْ سُورَةٌ فَمِنْهُم مَّن يَقُولُ أَيُّكُمْ زَادَتْهُ هَٰذِهِۦٓ إِيمَٰنًا ۚ فَأَمَّا ٱلَّذِينَ
ءَامَنُوا۟ فَزَادَتْهُمْ إِيمَٰنًا وَهُمْ يَسْتَبْشِرُونَ ٩-١٢٤ وَأَمَّا ٱلَّذِينَ فِى قُلُوبِهِم مَّرَضٌ
فَزَادَتْهُمْ رِجْسًا إِلَىٰ رِجْسِهِمْ وَمَاتُوا۟ وَهُمْ كَٰفِرُونَ ٩-١٢٥ أَوَلَا يَرَوْنَ أَنَّهُمْ يُفْتَنُونَ
فِى كُلِّ عَامٍ مَّرَّةً أَوْ مَرَّتَيْنِ ثُمَّ لَا يَتُوبُونَ وَلَا هُمْ يَذَّكَّرُونَ ٩-١٢٦ وَإِذَا مَآ أُنزِلَتْ

سُورَةٌ نَّظَرَ بَعْضُهُمْ إِلَىٰ بَعْضٍ هَلْ يَرَىٰكُم مِّنْ أَحَدٍ ثُمَّ ٱنصَرَفُوا۟ ۚ صَرَفَ ٱللَّهُ قُلُوبَهُم
بِأَنَّهُمْ قَوْمٌ لَّا يَفْقَهُونَ ٩ـ١٢٨ لَقَدْ جَآءَكُمْ رَسُولٌ مِّنْ أَنفُسِكُمْ عَزِيزٌ عَلَيْهِ مَا عَنِتُّمْ
حَرِيصٌ عَلَيْكُم بِٱلْمُؤْمِنِينَ رَءُوفٌ رَّحِيمٌ ٩ـ١٢٩ فَإِن تَوَلَّوْا۟ فَقُلْ حَسْبِىَ ٱللَّهُ لَآ إِلَـٰهَ
إِلَّا هُوَ ۖ عَلَيْهِ تَوَكَّلْتُ ۖ وَهُوَ رَبُّ ٱلْعَرْشِ ٱلْعَظِيمِ ١٠ـ١ الٓر ۚ تِلْكَ ءَايَـٰتُ ٱلْكِتَـٰبِ ٱلْحَكِيمِ
١٠ـ٢ أَكَانَ لِلنَّاسِ عَجَبًا أَنْ أَوْحَيْنَآ إِلَىٰ رَجُلٍ مِّنْهُمْ أَنْ أَنذِرِ ٱلنَّاسَ وَبَشِّرِ ٱلَّذِينَ
ءَامَنُوٓا۟ أَنَّ لَهُمْ قَدَمَ صِدْقٍ عِندَ رَبِّهِمْ ۗ قَالَ ٱلْكَـٰفِرُونَ إِنَّ هَـٰذَا لَسَـٰحِرٌ مُّبِينٌ ١٠ـ٣ إِنَّ
رَبَّكُمُ ٱللَّهُ ٱلَّذِى خَلَقَ ٱلسَّمَـٰوَٰتِ وَٱلْأَرْضَ فِى سِتَّةِ أَيَّامٍ ثُمَّ ٱسْتَوَىٰ عَلَى ٱلْعَرْشِ ۖ
يُدَبِّرُ ٱلْأَمْرَ ۖ مَا مِن شَفِيعٍ إِلَّا مِنۢ بَعْدِ إِذْنِهِۦ ۚ ذَٰلِكُمُ ٱللَّهُ رَبُّكُمْ فَٱعْبُدُوهُ ۚ أَفَلَا تَذَكَّرُونَ
١٠ـ٤ إِلَيْهِ مَرْجِعُكُمْ جَمِيعًا ۖ وَعْدَ ٱللَّهِ حَقًّا ۚ إِنَّهُۥ يَبْدَؤُا۟ ٱلْخَلْقَ ثُمَّ يُعِيدُهُۥ لِيَجْزِىَ
ٱلَّذِينَ ءَامَنُوا۟ وَعَمِلُوا۟ ٱلصَّـٰلِحَـٰتِ بِٱلْقِسْطِ ۚ وَٱلَّذِينَ كَفَرُوا۟ لَهُمْ شَرَابٌ مِّنْ حَمِيمٍ
وَعَذَابٌ أَلِيمٌۢ بِمَا كَانُوا۟ يَكْفُرُونَ ١٠ـ٥ هُوَ ٱلَّذِى جَعَلَ ٱلشَّمْسَ ضِيَآءً وَٱلْقَمَرَ نُورًا
وَقَدَّرَهُۥ مَنَازِلَ لِتَعْلَمُوا۟ عَدَدَ ٱلسِّنِينَ وَٱلْحِسَابَ ۚ مَا خَلَقَ ٱللَّهُ ذَٰلِكَ إِلَّا بِٱلْحَقِّ ۚ يُفَصِّلُ
ٱلْـَٔايَـٰتِ لِقَوْمٍ يَعْلَمُونَ ١٠ـ٦ إِنَّ فِى ٱخْتِلَـٰفِ ٱلَّيْلِ وَٱلنَّهَارِ وَمَا خَلَقَ ٱللَّهُ فِى
ٱلسَّمَـٰوَٰتِ وَٱلْأَرْضِ لَـَٔايَـٰتٍ لِّقَوْمٍ يَتَّقُونَ ١٠ـ٧ إِنَّ ٱلَّذِينَ لَا يَرْجُونَ لِقَآءَنَا وَرَضُوا۟
بِٱلْحَيَوٰةِ ٱلدُّنْيَا وَٱطْمَأَنُّوا۟ بِهَا وَٱلَّذِينَ هُمْ عَنْ ءَايَـٰتِنَا غَـٰفِلُونَ ١٠ـ٨ أُو۟لَـٰٓئِكَ مَأْوَىٰهُمُ
ٱلنَّارُ بِمَا كَانُوا۟ يَكْسِبُونَ ١٠ـ٩ إِنَّ ٱلَّذِينَ ءَامَنُوا۟ وَعَمِلُوا۟ ٱلصَّـٰلِحَـٰتِ يَهْدِيهِمْ رَبُّهُم
بِإِيمَـٰنِهِمْ ۖ تَجْرِى مِن تَحْتِهِمُ ٱلْأَنْهَـٰرُ فِى جَنَّـٰتِ ٱلنَّعِيمِ ١٠ـ١٠ دَعْوَىٰهُمْ فِيهَا سُبْحَـٰنَكَ
ٱللَّهُمَّ وَتَحِيَّتُهُمْ فِيهَا سَلَـٰمٌ ۚ وَءَاخِرُ دَعْوَىٰهُمْ أَنِ ٱلْحَمْدُ لِلَّهِ رَبِّ ٱلْعَـٰلَمِينَ ١٠ـ١١ وَلَوْ
يُعَجِّلُ ٱللَّهُ لِلنَّاسِ ٱلشَّرَّ ٱسْتِعْجَالَهُم بِٱلْخَيْرِ لَقُضِىَ إِلَيْهِمْ أَجَلُهُمْ ۖ فَنَذَرُ ٱلَّذِينَ لَا
يَرْجُونَ لِقَآءَنَا فِى طُغْيَـٰنِهِمْ يَعْمَهُونَ ١٠ـ١٢ وَإِذَا مَسَّ ٱلْإِنسَـٰنَ ٱلضُّرُّ دَعَانَا لِجَنۢبِهِۦٓ
أَوْ قَاعِدًا أَوْ قَآئِمًا فَلَمَّا كَشَفْنَا عَنْهُ ضُرَّهُۥ مَرَّ كَأَن لَّمْ يَدْعُنَآ إِلَىٰ ضُرٍّ مَّسَّهُۥ ۚ كَذَٰلِكَ
زُيِّنَ لِلْمُسْرِفِينَ مَا كَانُوا۟ يَعْمَلُونَ ١٠ـ١٣ وَلَقَدْ أَهْلَكْنَا ٱلْقُرُونَ مِن قَبْلِكُمْ لَمَّا ظَلَمُوا۟
ۙ وَجَآءَتْهُمْ رُسُلُهُم بِٱلْبَيِّنَـٰتِ وَمَا كَانُوا۟ لِيُؤْمِنُوا۟ ۚ كَذَٰلِكَ نَجْزِى ٱلْقَوْمَ ٱلْمُجْرِمِينَ
١٠ـ١٤ ثُمَّ جَعَلْنَـٰكُمْ خَلَـٰٓئِفَ فِى ٱلْأَرْضِ مِنۢ بَعْدِهِمْ لِنَنظُرَ كَيْفَ تَعْمَلُونَ ١٠ـ١٥ وَإِذَا
تُتْلَىٰ عَلَيْهِمْ ءَايَاتُنَا بَيِّنَـٰتٍ ۙ قَالَ ٱلَّذِينَ لَا يَرْجُونَ لِقَآءَنَا ٱئْتِ بِقُرْءَانٍ غَيْرِ هَـٰذَآ أَوْ بَدِّلْهُ
ۚ قُلْ مَا يَكُونُ لِىٓ أَنْ أُبَدِّلَهُۥ مِن تِلْقَآئِ نَفْسِىٓ ۖ إِنْ أَتَّبِعُ إِلَّا مَا يُوحَىٰٓ إِلَىَّ ۖ إِنِّىٓ
أَخَافُ إِنْ عَصَيْتُ رَبِّى عَذَابَ يَوْمٍ عَظِيمٍ ١٠ـ١٦ قُل لَّوْ شَآءَ ٱللَّهُ مَا تَلَوْتُهُۥ عَلَيْكُمْ
وَلَآ أَدْرَىٰكُم بِهِۦ ۖ فَقَدْ لَبِثْتُ فِيكُمْ عُمُرًا مِّن قَبْلِهِۦٓ ۚ أَفَلَا تَعْقِلُونَ ١٠ـ١٧ فَمَنْ أَظْلَمُ

مِمَّنِ ٱفْتَرَىٰ عَلَى ٱللَّهِ كَذِبًا أَوْ كَذَّبَ بِـَٔايَٰتِهِۦٓ ۚ إِنَّهُۥ لَا يُفْلِحُ ٱلْمُجْرِمُونَ
١٠ــ١٨ وَيَعْبُدُونَ مِن دُونِ ٱللَّهِ مَا لَا يَضُرُّهُمْ وَلَا يَنفَعُهُمْ وَيَقُولُونَ هَٰٓؤُلَآءِ شُفَعَٰٓؤُنَا
عِندَ ٱللَّهِ ۚ قُلْ أَتُنَبِّـُٔونَ ٱللَّهَ بِمَا لَا يَعْلَمُ فِى ٱلسَّمَٰوَٰتِ وَلَا فِى ٱلْأَرْضِ ۚ سُبْحَٰنَهُۥ
وَتَعَٰلَىٰ عَمَّا يُشْرِكُونَ ١٠ــ١٩ وَمَا كَانَ ٱلنَّاسُ إِلَّآ أُمَّةً وَٰحِدَةً فَٱخْتَلَفُوا۟ ۚ وَلَوْلَا كَلِمَةٌ
سَبَقَتْ مِن رَّبِّكَ لَقُضِىَ بَيْنَهُمْ فِيمَا فِيهِ يَخْتَلِفُونَ ١٠ــ٢٠ وَيَقُولُونَ لَوْلَآ أُنزِلَ عَلَيْهِ
ءَايَةٌ مِّن رَّبِّهِۦ ۖ فَقُلْ إِنَّمَا ٱلْغَيْبُ لِلَّهِ فَٱنتَظِرُوٓا۟ إِنِّى مَعَكُم مِّنَ ٱلْمُنتَظِرِينَ
١٠ــ٢١ وَإِذَآ أَذَقْنَا ٱلنَّاسَ رَحْمَةً مِّنۢ بَعْدِ ضَرَّآءَ مَسَّتْهُمْ إِذَا لَهُم مَّكْرٌ فِىٓ ءَايَاتِنَا ۚ
قُلِ ٱللَّهُ أَسْرَعُ مَكْرًا ۚ إِنَّ رُسُلَنَا يَكْتُبُونَ مَا تَمْكُرُونَ ١٠ــ٢٢ هُوَ ٱلَّذِى يُسَيِّرُكُمْ فِى
ٱلْبَرِّ وَٱلْبَحْرِ ۖ حَتَّىٰٓ إِذَا كُنتُمْ فِى ٱلْفُلْكِ وَجَرَيْنَ بِهِم بِرِيحٍ طَيِّبَةٍ وَفَرِحُوا۟ بِهَا جَآءَتْهَا
رِيحٌ عَاصِفٌ وَجَآءَهُمُ ٱلْمَوْجُ مِن كُلِّ مَكَانٍ وَظَنُّوٓا۟ أَنَّهُمْ أُحِيطَ بِهِمْ ۙ دَعَوُا۟ ٱللَّهَ
مُخْلِصِينَ لَهُ ٱلدِّينَ لَئِنْ أَنجَيْتَنَا مِنْ هَٰذِهِۦ لَنَكُونَنَّ مِنَ ٱلشَّٰكِرِينَ ١٠ــ٢٣ فَلَمَّآ أَنجَىٰهُمْ
إِذَا هُمْ يَبْغُونَ فِى ٱلْأَرْضِ بِغَيْرِ ٱلْحَقِّ ۗ يَٰٓأَيُّهَا ٱلنَّاسُ إِنَّمَا بَغْيُكُمْ عَلَىٰٓ أَنفُسِكُم ۖ
مَّتَٰعَ ٱلْحَيَوٰةِ ٱلدُّنْيَا ۖ ثُمَّ إِلَيْنَا مَرْجِعُكُمْ فَنُنَبِّئُكُم بِمَا كُنتُمْ تَعْمَلُونَ ١٠ــ٢٤ إِنَّمَا مَثَلُ
ٱلْحَيَوٰةِ ٱلدُّنْيَا كَمَآءٍ أَنزَلْنَٰهُ مِنَ ٱلسَّمَآءِ فَٱخْتَلَطَ بِهِۦ نَبَاتُ ٱلْأَرْضِ مِمَّا يَأْكُلُ ٱلنَّاسُ
وَٱلْأَنْعَٰمُ حَتَّىٰٓ إِذَآ أَخَذَتِ ٱلْأَرْضُ زُخْرُفَهَا وَٱزَّيَّنَتْ وَظَنَّ أَهْلُهَآ أَنَّهُمْ قَٰدِرُونَ عَلَيْهَآ
أَتَىٰهَآ أَمْرُنَا لَيْلًا أَوْ نَهَارًا فَجَعَلْنَٰهَا حَصِيدًا كَأَن لَّمْ تَغْنَ بِٱلْأَمْسِ ۚ كَذَٰلِكَ نُفَصِّلُ
ٱلْءَايَٰتِ لِقَوْمٍ يَتَفَكَّرُونَ ١٠ــ٢٥ وَٱللَّهُ يَدْعُوٓا۟ إِلَىٰ دَارِ ٱلسَّلَٰمِ وَيَهْدِى مَن يَشَآءُ إِلَىٰ
صِرَٰطٍ مُّسْتَقِيمٍ ١٠ــ٢٦ لِّلَّذِينَ أَحْسَنُوا۟ ٱلْحُسْنَىٰ وَزِيَادَةٌ ۖ وَلَا يَرْهَقُ وُجُوهَهُمْ قَتَرٌ
وَلَا ذِلَّةٌ ۚ أُو۟لَٰٓئِكَ أَصْحَٰبُ ٱلْجَنَّةِ ۖ هُمْ فِيهَا خَٰلِدُونَ ١٠ــ٢٧ وَٱلَّذِينَ كَسَبُوا۟ ٱلسَّيِّـَٔاتِ
جَزَآءُ سَيِّئَةٍۭ بِمِثْلِهَا وَتَرْهَقُهُمْ ذِلَّةٌ ۖ مَّا لَهُم مِّنَ ٱللَّهِ مِنْ عَاصِمٍ ۖ كَأَنَّمَآ أُغْشِيَتْ
وُجُوهُهُمْ قِطَعًا مِّنَ ٱلَّيْلِ مُظْلِمًا ۚ أُو۟لَٰٓئِكَ أَصْحَٰبُ ٱلنَّارِ ۖ هُمْ فِيهَا خَٰلِدُونَ
١٠ــ٢٨ وَيَوْمَ نَحْشُرُهُمْ جَمِيعًا ثُمَّ نَقُولُ لِلَّذِينَ أَشْرَكُوا۟ مَكَانَكُمْ أَنتُمْ وَشُرَكَآؤُكُمْ ۚ
فَزَيَّلْنَا بَيْنَهُمْ ۖ وَقَالَ شُرَكَآؤُهُم مَّا كُنتُمْ إِيَّانَا تَعْبُدُونَ ١٠ــ٢٩ فَكَفَىٰ بِٱللَّهِ شَهِيدًۢا
بَيْنَنَا وَبَيْنَكُمْ إِن كُنَّا عَنْ عِبَادَتِكُمْ لَغَٰفِلِينَ ١٠ــ٣٠ هُنَالِكَ تَبْلُوا۟ كُلُّ نَفْسٍ مَّآ أَسْلَفَتْ ۚ
وَرُدُّوٓا۟ إِلَى ٱللَّهِ مَوْلَىٰهُمُ ٱلْحَقِّ ۖ وَضَلَّ عَنْهُم مَّا كَانُوا۟ يَفْتَرُونَ ١٠ــ٣١ قُلْ مَن
يَرْزُقُكُم مِّنَ ٱلسَّمَآءِ وَٱلْأَرْضِ أَمَّن يَمْلِكُ ٱلسَّمْعَ وَٱلْأَبْصَٰرَ وَمَن يُخْرِجُ ٱلْحَىَّ مِنَ ٱلْمَيِّتِ
وَيُخْرِجُ ٱلْمَيِّتَ مِنَ ٱلْحَىِّ وَمَن يُدَبِّرُ ٱلْأَمْرَ ۚ فَسَيَقُولُونَ ٱللَّهُ ۚ فَقُلْ أَفَلَا تَتَّقُونَ
١٠ــ٣٢ فَذَٰلِكُمُ ٱللَّهُ رَبُّكُمُ ٱلْحَقُّ ۖ فَمَاذَا بَعْدَ ٱلْحَقِّ إِلَّا ٱلضَّلَٰلُ ۖ فَأَنَّىٰ تُصْرَفُونَ

١٠ـ٣٣ كَذَٰلِكَ حَقَّتۡ كَلِمَتُ رَبِّكَ عَلَى ٱلَّذِينَ فَسَقُوٓاْ أَنَّهُمۡ لَا يُؤۡمِنُونَ ١٠ـ٣٤ قُلۡ هَلۡ
مِن شُرَكَآئِكُم مَّن يَبۡدَؤُاْ ٱلۡخَلۡقَ ثُمَّ يُعِيدُهُۥۚ قُلِ ٱللَّهُ يَبۡدَؤُاْ ٱلۡخَلۡقَ ثُمَّ يُعِيدُهُۥۖ فَأَنَّىٰ
تُؤۡفَكُونَ ١٠ـ٣٥ قُلۡ هَلۡ مِن شُرَكَآئِكُم مَّن يَهۡدِيٓ إِلَى ٱلۡحَقِّۚ قُلِ ٱللَّهُ يَهۡدِي
لِلۡحَقِّۗ أَفَمَن يَهۡدِيٓ إِلَى ٱلۡحَقِّ أَحَقُّ أَن يُتَّبَعَ أَمَّن لَّا يَهِدِّيٓ إِلَّآ أَن يُهۡدَىٰۖ فَمَا لَكُمۡ
كَيۡفَ تَحۡكُمُونَ ١٠ـ٣٦ وَمَا يَتَّبِعُ أَكۡثَرُهُمۡ إِلَّا ظَنًّاۚ إِنَّ ٱلظَّنَّ لَا يُغۡنِي مِنَ ٱلۡحَقِّ شَيۡـًٔاۚ
إِنَّ ٱللَّهَ عَلِيمُۢ بِمَا يَفۡعَلُونَ ١٠ـ٣٧ وَمَا كَانَ هَٰذَا ٱلۡقُرۡءَانُ أَن يُفۡتَرَىٰ مِن دُونِ ٱللَّهِ
وَلَٰكِن تَصۡدِيقَ ٱلَّذِي بَيۡنَ يَدَيۡهِ وَتَفۡصِيلَ ٱلۡكِتَٰبِ لَا رَيۡبَ فِيهِ مِن رَّبِّ ٱلۡعَٰلَمِينَ
١٠ـ٣٨ أَمۡ يَقُولُونَ ٱفۡتَرَىٰهُۖ قُلۡ فَأۡتُواْ بِسُورَةٖ مِّثۡلِهِۦ وَٱدۡعُواْ مَنِ ٱسۡتَطَعۡتُم مِّن دُونِ
ٱللَّهِ إِن كُنتُمۡ صَٰدِقِينَ ١٠ـ٣٩ بَلۡ كَذَّبُواْ بِمَا لَمۡ يُحِيطُواْ بِعِلۡمِهِۦ وَلَمَّا يَأۡتِهِمۡ تَأۡوِيلُهُۥۚ
كَذَٰلِكَ كَذَّبَ ٱلَّذِينَ مِن قَبۡلِهِمۡۖ فَٱنظُرۡ كَيۡفَ كَانَ عَٰقِبَةُ ٱلظَّٰلِمِينَ ١٠ـ٤٠ وَمِنۡهُم مَّن
يُؤۡمِنُ بِهِۦ وَمِنۡهُم مَّن لَّا يُؤۡمِنُ بِهِۦۚ وَرَبُّكَ أَعۡلَمُ بِٱلۡمُفۡسِدِينَ ١٠ـ٤١ وَإِن كَذَّبُوكَ
فَقُل لِّي عَمَلِي وَلَكُمۡ عَمَلُكُمۡۖ أَنتُم بَرِيٓـُٔونَ مِمَّآ أَعۡمَلُ وَأَنَا۠ بَرِيٓءٞ مِّمَّا تَعۡمَلُونَ
١٠ـ٤٢ وَمِنۡهُم مَّن يَسۡتَمِعُونَ إِلَيۡكَۚ أَفَأَنتَ تُسۡمِعُ ٱلصُّمَّ وَلَوۡ كَانُواْ لَا يَعۡقِلُونَ
١٠ـ٤٣ وَمِنۡهُم مَّن يَنظُرُ إِلَيۡكَۚ أَفَأَنتَ تَهۡدِي ٱلۡعُمۡيَ وَلَوۡ كَانُواْ لَا يُبۡصِرُونَ
١٠ـ٤٤ إِنَّ ٱللَّهَ لَا يَظۡلِمُ ٱلنَّاسَ شَيۡـٔٗا وَلَٰكِنَّ ٱلنَّاسَ أَنفُسَهُمۡ يَظۡلِمُونَ ١٠ـ٤٥ وَيَوۡمَ
يَحۡشُرُهُمۡ كَأَن لَّمۡ يَلۡبَثُوٓاْ إِلَّا سَاعَةٗ مِّنَ ٱلنَّهَارِ يَتَعَارَفُونَ بَيۡنَهُمۡۚ قَدۡ خَسِرَ ٱلَّذِينَ
كَذَّبُواْ بِلِقَآءِ ٱللَّهِ وَمَا كَانُواْ مُهۡتَدِينَ ١٠ـ٤٦ وَإِمَّا نُرِيَنَّكَ بَعۡضَ ٱلَّذِي نَعِدُهُمۡ أَوۡ
نَتَوَفَّيَنَّكَ فَإِلَيۡنَا مَرۡجِعُهُمۡ ثُمَّ ٱللَّهُ شَهِيدٌ عَلَىٰ مَا يَفۡعَلُونَ ١٠ـ٤٧ وَلِكُلِّ أُمَّةٖ رَّسُولٞ
ۖ فَإِذَا جَآءَ رَسُولُهُمۡ قُضِيَ بَيۡنَهُم بِٱلۡقِسۡطِ وَهُمۡ لَا يُظۡلَمُونَ ١٠ـ٤٨ وَيَقُولُونَ مَتَىٰ
هَٰذَا ٱلۡوَعۡدُ إِن كُنتُمۡ صَٰدِقِينَ ١٠ـ٤٩ قُل لَّآ أَمۡلِكُ لِنَفۡسِي ضَرّٗا وَلَا نَفۡعًا إِلَّا مَا شَآءَ
ٱللَّهُۗ لِكُلِّ أُمَّةٍ أَجَلٌۚ إِذَا جَآءَ أَجَلُهُمۡ فَلَا يَسۡتَـٔۡخِرُونَ سَاعَةٗۖ وَلَا يَسۡتَقۡدِمُونَ
١٠ـ٥٠ قُلۡ أَرَءَيۡتُمۡ إِنۡ أَتَىٰكُمۡ عَذَابُهُۥ بَيَٰتًا أَوۡ نَهَارٗا مَّاذَا يَسۡتَعۡجِلُ مِنۡهُ ٱلۡمُجۡرِمُونَ
١٠ـ٥١ أَثُمَّ إِذَا مَا وَقَعَ ءَامَنتُم بِهِۦٓۚ ءَآلۡـَٰٔنَ وَقَدۡ كُنتُم بِهِۦ تَسۡتَعۡجِلُونَ ١٠ـ٥٢ ثُمَّ قِيلَ
لِلَّذِينَ ظَلَمُواْ ذُوقُواْ عَذَابَ ٱلۡخُلۡدِ هَلۡ تُجۡزَوۡنَ إِلَّا بِمَا كُنتُمۡ تَكۡسِبُونَ
١٠ـ٥٣ وَيَسۡتَنۢبِـُٔونَكَ أَحَقٌّ هُوَۖ قُلۡ إِي وَرَبِّيٓ إِنَّهُۥ لَحَقّٞۖ وَمَآ أَنتُم بِمُعۡجِزِينَ
١٠ـ٥٤ وَلَوۡ أَنَّ لِكُلِّ نَفۡسٖ ظَلَمَتۡ مَا فِي ٱلۡأَرۡضِ لَٱفۡتَدَتۡ بِهِۦۗ وَأَسَرُّواْ ٱلنَّدَامَةَ لَمَّا
رَأَوُاْ ٱلۡعَذَابَۖ وَقُضِيَ بَيۡنَهُم بِٱلۡقِسۡطِ وَهُمۡ لَا يُظۡلَمُونَ ١٠ـ٥٥ أَلَآ إِنَّ لِلَّهِ مَا فِي
ٱلسَّمَٰوَٰتِ وَٱلۡأَرۡضِۗ أَلَآ إِنَّ وَعۡدَ ٱللَّهِ حَقّٞ وَلَٰكِنَّ أَكۡثَرَهُمۡ لَا يَعۡلَمُونَ ١٠ـ٥٦ هُوَ يُحۡيِۦ

وَيُمِيتُ وَإِلَيْهِ تُرْجَعُونَ ١٠ـ٥٧ يَٰٓأَيُّهَا ٱلنَّاسُ قَدْ جَآءَتْكُم مَّوْعِظَةٌ مِّن رَّبِّكُمْ وَشِفَآءٌ
لِّمَا فِى ٱلصُّدُورِ وَهُدًى وَرَحْمَةٌ لِّلْمُؤْمِنِينَ ١٠ـ٥٨ قُلْ بِفَضْلِ ٱللَّهِ وَبِرَحْمَتِهِۦ فَبِذَٰلِكَ
فَلْيَفْرَحُوا۟ هُوَ خَيْرٌ مِّمَّا يَجْمَعُونَ ١٠ـ٥٩ قُلْ أَرَءَيْتُم مَّآ أَنزَلَ ٱللَّهُ لَكُم مِّن رِّزْقٍ
فَجَعَلْتُم مِّنْهُ حَرَامًا وَحَلَٰلًا قُلْ ءَآللَّهُ أَذِنَ لَكُمْ ۖ أَمْ عَلَى ٱللَّهِ تَفْتَرُونَ ١٠ـ٦٠ وَمَا ظَنُّ
ٱلَّذِينَ يَفْتَرُونَ عَلَى ٱللَّهِ ٱلْكَذِبَ يَوْمَ ٱلْقِيَٰمَةِ ۗ إِنَّ ٱللَّهَ لَذُو فَضْلٍ عَلَى ٱلنَّاسِ وَلَٰكِنَّ
أَكْثَرَهُمْ لَا يَشْكُرُونَ ١٠ـ٦١ وَمَا تَكُونُ فِى شَأْنٍ وَمَا تَتْلُوا۟ مِنْهُ مِن قُرْءَانٍ وَلَا
تَعْمَلُونَ مِنْ عَمَلٍ إِلَّا كُنَّا عَلَيْكُمْ شُهُودًا إِذْ تُفِيضُونَ فِيهِ ۚ وَمَا يَعْزُبُ عَن رَّبِّكَ مِن
مِّثْقَالِ ذَرَّةٍ فِى ٱلْأَرْضِ وَلَا فِى ٱلسَّمَآءِ وَلَآ أَصْغَرَ مِن ذَٰلِكَ وَلَآ أَكْبَرَ إِلَّا فِى كِتَٰبٍ
مُّبِينٍ ١٠ـ٦٢ أَلَآ إِنَّ أَوْلِيَآءَ ٱللَّهِ لَا خَوْفٌ عَلَيْهِمْ وَلَا هُمْ يَحْزَنُونَ ١٠ـ٦٣ ٱلَّذِينَ
ءَامَنُوا۟ وَكَانُوا۟ يَتَّقُونَ ١٠ـ٦٤ لَهُمُ ٱلْبُشْرَىٰ فِى ٱلْحَيَوٰةِ ٱلدُّنْيَا وَفِى ٱلْءَاخِرَةِ ۚ لَا
تَبْدِيلَ لِكَلِمَٰتِ ٱللَّهِ ۚ ذَٰلِكَ هُوَ ٱلْفَوْزُ ٱلْعَظِيمُ ١٠ـ٦٥ وَلَا يَحْزُنكَ قَوْلُهُمْ ۘ إِنَّ ٱلْعِزَّةَ
لِلَّهِ جَمِيعًا ۚ هُوَ ٱلسَّمِيعُ ٱلْعَلِيمُ ١٠ـ٦٦ أَلَآ إِنَّ لِلَّهِ مَن فِى ٱلسَّمَٰوَٰتِ وَمَن فِى
ٱلْأَرْضِ ۗ وَمَا يَتَّبِعُ ٱلَّذِينَ يَدْعُونَ مِن دُونِ ٱللَّهِ شُرَكَآءَ ۚ إِن يَتَّبِعُونَ إِلَّا ٱلظَّنَّ وَإِنْ هُمْ
إِلَّا يَخْرُصُونَ ١٠ـ٦٧ هُوَ ٱلَّذِى جَعَلَ لَكُمُ ٱلَّيْلَ لِتَسْكُنُوا۟ فِيهِ وَٱلنَّهَارَ مُبْصِرًا ۚ إِنَّ فِى
ذَٰلِكَ لَءَايَٰتٍ لِّقَوْمٍ يَسْمَعُونَ ١٠ـ٦٨ قَالُوا۟ ٱتَّخَذَ ٱللَّهُ وَلَدًا ۗ سُبْحَٰنَهُۥ ۖ هُوَ ٱلْغَنِىُّ ۖ لَهُۥ
مَا فِى ٱلسَّمَٰوَٰتِ وَمَا فِى ٱلْأَرْضِ ۚ إِنْ عِندَكُم مِّن سُلْطَٰنٍۭ بِهَٰذَآ ۚ أَتَقُولُونَ عَلَى ٱللَّهِ
مَا لَا تَعْلَمُونَ ١٠ـ٦٩ قُلْ إِنَّ ٱلَّذِينَ يَفْتَرُونَ عَلَى ٱللَّهِ ٱلْكَذِبَ لَا يُفْلِحُونَ ١٠ـ٧٠ مَتَٰعٌ
فِى ٱلدُّنْيَا ثُمَّ إِلَيْنَا مَرْجِعُهُمْ ثُمَّ نُذِيقُهُمُ ٱلْعَذَابَ ٱلشَّدِيدَ بِمَا كَانُوا۟ يَكْفُرُونَ
١٠ـ٧١ وَٱتْلُ عَلَيْهِمْ نَبَأَ نُوحٍ إِذْ قَالَ لِقَوْمِهِۦ يَٰقَوْمِ إِن كَانَ كَبُرَ عَلَيْكُم مَّقَامِى
وَتَذْكِيرِى بِـَٔايَٰتِ ٱللَّهِ فَعَلَى ٱللَّهِ تَوَكَّلْتُ فَأَجْمِعُوٓا۟ أَمْرَكُمْ وَشُرَكَآءَكُمْ ثُمَّ لَا يَكُنْ
أَمْرُكُمْ عَلَيْكُمْ غُمَّةً ثُمَّ ٱقْضُوٓا۟ إِلَىَّ وَلَا تُنظِرُونِ ١٠ـ٧٢ فَإِن تَوَلَّيْتُمْ فَمَا سَأَلْتُكُم
مِّنْ أَجْرٍ ۖ إِنْ أَجْرِىَ إِلَّا عَلَى ٱللَّهِ ۖ وَأُمِرْتُ أَنْ أَكُونَ مِنَ ٱلْمُسْلِمِينَ ١٠ـ٧٣ فَكَذَّبُوهُ
فَنَجَّيْنَٰهُ وَمَن مَّعَهُۥ فِى ٱلْفُلْكِ وَجَعَلْنَٰهُمْ خَلَٰٓئِفَ وَأَغْرَقْنَا ٱلَّذِينَ كَذَّبُوا۟ بِـَٔايَٰتِنَا ۖ فَٱنظُرْ
كَيْفَ كَانَ عَٰقِبَةُ ٱلْمُنذَرِينَ ١٠ـ٧٤ ثُمَّ بَعَثْنَا مِنۢ بَعْدِهِۦ رُسُلًا إِلَىٰ قَوْمِهِمْ فَجَآءُوهُم
بِٱلْبَيِّنَٰتِ فَمَا كَانُوا۟ لِيُؤْمِنُوا۟ بِمَا كَذَّبُوا۟ بِهِۦ مِن قَبْلُ ۚ كَذَٰلِكَ نَطْبَعُ عَلَىٰ قُلُوبِ
ٱلْمُعْتَدِينَ ١٠ـ٧٥ ثُمَّ بَعَثْنَا مِنۢ بَعْدِهِم مُّوسَىٰ وَهَٰرُونَ إِلَىٰ فِرْعَوْنَ وَمَلَإِي۟هِۦ بِـَٔايَٰتِنَا
فَٱسْتَكْبَرُوا۟ وَكَانُوا۟ قَوْمًا مُّجْرِمِينَ ١٠ـ٧٦ فَلَمَّا جَآءَهُمُ ٱلْحَقُّ مِنْ عِندِنَا قَالُوٓا۟ إِنَّ
هَٰذَا لَسِحْرٌ مُّبِينٌ ١٠ـ٧٧ قَالَ مُوسَىٰٓ أَتَقُولُونَ لِلْحَقِّ لَمَّا جَآءَكُمْ ۖ أَسِحْرٌ هَٰذَا وَلَا

يُفْلِحُ ٱلسَّـٰحِرُونَ ١٠ــ٧٨ قَالُوٓا۟ أَجِئْتَنَا لِتَلْفِتَنَا عَمَّا وَجَدْنَا عَلَيْهِ ءَابَآءَنَا وَتَكُونَ لَكُمَا
ٱلْكِبْرِيَآءُ فِى ٱلْأَرْضِ وَمَا نَحْنُ لَكُمَا بِمُؤْمِنِينَ ١٠ــ٧٩ وَقَالَ فِرْعَوْنُ ٱئْتُونِى بِكُلِّ سَـٰحِرٍ
عَلِيمٍ ١٠ــ٨٠ فَلَمَّا جَآءَ ٱلسَّحَرَةُ قَالَ لَهُم مُّوسَىٰٓ أَلْقُوا۟ مَآ أَنتُم مُّلْقُونَ ١٠ــ٨١ فَلَمَّآ
أَلْقَوْا۟ قَالَ مُوسَىٰ مَا جِئْتُم بِهِ ٱلسِّحْرُ ۖ إِنَّ ٱللَّهَ سَيُبْطِلُهُۥٓ ۖ إِنَّ ٱللَّهَ لَا يُصْلِحُ عَمَلَ
ٱلْمُفْسِدِينَ ١٠ــ٨٢ وَيُحِقُّ ٱللَّهُ ٱلْحَقَّ بِكَلِمَـٰتِهِۦ وَلَوْ كَرِهَ ٱلْمُجْرِمُونَ ١٠ــ٨٣ فَمَآ ءَامَنَ
لِمُوسَىٰٓ إِلَّا ذُرِّيَّةٌ مِّن قَوْمِهِۦ عَلَىٰ خَوْفٍ مِّن فِرْعَوْنَ وَمَلَإِي۟هِمْ أَن يَفْتِنَهُمْ ۚ وَإِنَّ
فِرْعَوْنَ لَعَالٍ فِى ٱلْأَرْضِ وَإِنَّهُۥ لَمِنَ ٱلْمُسْرِفِينَ ١٠ــ٨٤ وَقَالَ مُوسَىٰ يَـٰقَوْمِ إِن كُنتُمْ
ءَامَنتُم بِٱللَّهِ فَعَلَيْهِ تَوَكَّلُوٓا۟ إِن كُنتُم مُّسْلِمِينَ ١٠ــ٨٥ فَقَالُوا۟ عَلَى ٱللَّهِ تَوَكَّلْنَا رَبَّنَا
لَا تَجْعَلْنَا فِتْنَةً لِّلْقَوْمِ ٱلظَّـٰلِمِينَ ١٠ــ٨٦ وَنَجِّنَا بِرَحْمَتِكَ مِنَ ٱلْقَوْمِ ٱلْكَـٰفِرِينَ
١٠ــ٨٧ وَأَوْحَيْنَآ إِلَىٰ مُوسَىٰ وَأَخِيهِ أَن تَبَوَّءَا لِقَوْمِكُمَا بِمِصْرَ بُيُوتًا وَٱجْعَلُوا۟ بُيُوتَكُمْ
قِبْلَةً وَأَقِيمُوا۟ ٱلصَّلَوٰةَ ۗ وَبَشِّرِ ٱلْمُؤْمِنِينَ ١٠ــ٨٨ وَقَالَ مُوسَىٰ رَبَّنَآ إِنَّكَ ءَاتَيْتَ
فِرْعَوْنَ وَمَلَأَهُۥ زِينَةً وَأَمْوَٰلًا فِى ٱلْحَيَوٰةِ ٱلدُّنْيَا رَبَّنَا لِيُضِلُّوا۟ عَن سَبِيلِكَ ۖ رَبَّنَا ٱطْمِسْ
عَلَىٰٓ أَمْوَٰلِهِمْ وَٱشْدُدْ عَلَىٰ قُلُوبِهِمْ فَلَا يُؤْمِنُوا۟ حَتَّىٰ يَرَوُا۟ ٱلْعَذَابَ ٱلْأَلِيمَ
١٠ــ٨٩ قَالَ قَدْ أُجِيبَت دَّعْوَتُكُمَا فَٱسْتَقِيمَا وَلَا تَتَّبِعَآنِّ سَبِيلَ ٱلَّذِينَ لَا يَعْلَمُونَ
١٠ــ٩٠ وَجَـٰوَزْنَا بِبَنِىٓ إِسْرَٰٓءِيلَ ٱلْبَحْرَ فَأَتْبَعَهُمْ فِرْعَوْنُ وَجُنُودُهُۥ بَغْيًا وَعَدْوًا ۖ حَتَّىٰٓ إِذَآ
أَدْرَكَهُ ٱلْغَرَقُ قَالَ ءَامَنتُ أَنَّهُۥ لَآ إِلَـٰهَ إِلَّا ٱلَّذِىٓ ءَامَنَتْ بِهِۦ بَنُوٓا۟ إِسْرَٰٓءِيلَ وَأَنَا۠ مِنَ
ٱلْمُسْلِمِينَ ١٠ــ٩١ ءَآلْـَٔـٰنَ وَقَدْ عَصَيْتَ قَبْلُ وَكُنتَ مِنَ ٱلْمُفْسِدِينَ ١٠ــ٩٢ فَٱلْيَوْمَ
نُنَجِّيكَ بِبَدَنِكَ لِتَكُونَ لِمَنْ خَلْفَكَ ءَايَةً ۚ وَإِنَّ كَثِيرًا مِّنَ ٱلنَّاسِ عَنْ ءَايَـٰتِنَا لَغَـٰفِلُونَ
١٠ــ٩٣ وَلَقَدْ بَوَّأْنَا بَنِىٓ إِسْرَٰٓءِيلَ مُبَوَّأَ صِدْقٍ وَرَزَقْنَـٰهُم مِّنَ ٱلطَّيِّبَـٰتِ فَمَا ٱخْتَلَفُوا۟
حَتَّىٰ جَآءَهُمُ ٱلْعِلْمُ ۚ إِنَّ رَبَّكَ يَقْضِى بَيْنَهُمْ يَوْمَ ٱلْقِيَـٰمَةِ فِيمَا كَانُوا۟ فِيهِ يَخْتَلِفُونَ
١٠ــ٩٤ فَإِن كُنتَ فِى شَكٍّ مِّمَّآ أَنزَلْنَآ إِلَيْكَ فَسْـَٔلِ ٱلَّذِينَ يَقْرَءُونَ ٱلْكِتَـٰبَ مِن قَبْلِكَ ۚ
لَقَدْ جَآءَكَ ٱلْحَقُّ مِن رَّبِّكَ فَلَا تَكُونَنَّ مِنَ ٱلْمُمْتَرِينَ ١٠ــ٩٥ وَلَا تَكُونَنَّ مِنَ ٱلَّذِينَ
كَذَّبُوا۟ بِـَٔايَـٰتِ ٱللَّهِ فَتَكُونَ مِنَ ٱلْخَـٰسِرِينَ ١٠ــ٩٦ إِنَّ ٱلَّذِينَ حَقَّتْ عَلَيْهِمْ كَلِمَتُ رَبِّكَ لَا
يُؤْمِنُونَ ١٠ــ٩٧ وَلَوْ جَآءَتْهُمْ كُلُّ ءَايَةٍ حَتَّىٰ يَرَوُا۟ ٱلْعَذَابَ ٱلْأَلِيمَ ١٠ــ٩٨ فَلَوْلَا كَانَتْ
قَرْيَةٌ ءَامَنَتْ فَنَفَعَهَآ إِيمَـٰنُهَآ إِلَّا قَوْمَ يُونُسَ لَمَّآ ءَامَنُوا۟ كَشَفْنَا عَنْهُمْ عَذَابَ ٱلْخِزْىِ
فِى ٱلْحَيَوٰةِ ٱلدُّنْيَا وَمَتَّعْنَـٰهُمْ إِلَىٰ حِينٍ ١٠ــ٩٩ وَلَوْ شَآءَ رَبُّكَ لَـَٔامَنَ مَن فِى ٱلْأَرْضِ
كُلُّهُمْ جَمِيعًا ۚ أَفَأَنتَ تُكْرِهُ ٱلنَّاسَ حَتَّىٰ يَكُونُوا۟ مُؤْمِنِينَ ١٠ــ١٠٠ وَمَا كَانَ لِنَفْسٍ أَن
تُؤْمِنَ إِلَّا بِإِذْنِ ٱللَّهِ ۚ وَيَجْعَلُ ٱلرِّجْسَ عَلَى ٱلَّذِينَ لَا يَعْقِلُونَ ١٠ــ١٠١ قُلِ ٱنظُرُوا۟ مَاذَا

فِى ٱلسَّمَٰوَٰتِ وَٱلْأَرْضِ ۚ وَمَا تُغْنِى ٱلْءَايَٰتُ وَٱلنُّذُرُ عَن قَوْمٍ لَّا يُؤْمِنُونَ ١٠٢ فَهَلْ
يَنتَظِرُونَ إِلَّا مِثْلَ أَيَّامِ ٱلَّذِينَ خَلَوْا۟ مِن قَبْلِهِمْ ۚ قُلْ فَٱنتَظِرُوٓا۟ إِنِّى مَعَكُم مِّنَ
ٱلْمُنتَظِرِينَ ١٠٣ ثُمَّ نُنَجِّى رُسُلَنَا وَٱلَّذِينَ ءَامَنُوا۟ ۚ كَذَٰلِكَ حَقًّا عَلَيْنَا نُنجِ ٱلْمُؤْمِنِينَ
١٠٤ قُلْ يَٰٓأَيُّهَا ٱلنَّاسُ إِن كُنتُمْ فِى شَكٍّ مِّن دِينِى فَلَآ أَعْبُدُ ٱلَّذِينَ تَعْبُدُونَ مِن
دُونِ ٱللَّهِ وَلَٰكِنْ أَعْبُدُ ٱللَّهَ ٱلَّذِى يَتَوَفَّىٰكُمْ ۖ وَأُمِرْتُ أَنْ أَكُونَ مِنَ ٱلْمُؤْمِنِينَ
١٠٥ وَأَنْ أَقِمْ وَجْهَكَ لِلدِّينِ حَنِيفًا وَلَا تَكُونَنَّ مِنَ ٱلْمُشْرِكِينَ ١٠٦ وَلَا تَدْعُ مِن
دُونِ ٱللَّهِ مَا لَا يَنفَعُكَ وَلَا يَضُرُّكَ ۖ فَإِن فَعَلْتَ فَإِنَّكَ إِذًا مِّنَ ٱلظَّٰلِمِينَ ١٠٧ وَإِن
يَمْسَسْكَ ٱللَّهُ بِضُرٍّ فَلَا كَاشِفَ لَهُۥٓ إِلَّا هُوَ ۖ وَإِن يُرِدْكَ بِخَيْرٍ فَلَا رَآدَّ لِفَضْلِهِۦ ۚ يُصِيبُ
بِهِۦ مَن يَشَآءُ مِنْ عِبَادِهِۦ ۚ وَهُوَ ٱلْغَفُورُ ٱلرَّحِيمُ ١٠٨ قُلْ يَٰٓأَيُّهَا ٱلنَّاسُ قَدْ جَآءَكُمُ
ٱلْحَقُّ مِن رَّبِّكُمْ ۖ فَمَنِ ٱهْتَدَىٰ فَإِنَّمَا يَهْتَدِى لِنَفْسِهِۦ ۖ وَمَن ضَلَّ فَإِنَّمَا يَضِلُّ عَلَيْهَا ۖ
وَمَآ أَنَا۠ عَلَيْكُم بِوَكِيلٍ ١٠٩ وَٱتَّبِعْ مَا يُوحَىٰٓ إِلَيْكَ وَٱصْبِرْ حَتَّىٰ يَحْكُمَ ٱللَّهُ ۚ وَهُوَ
خَيْرُ ٱلْحَٰكِمِينَ ١ الٓر ۚ كِتَٰبٌ أُحْكِمَتْ ءَايَٰتُهُۥ ثُمَّ فُصِّلَتْ مِن لَّدُنْ حَكِيمٍ خَبِيرٍ
٢ أَلَّا تَعْبُدُوٓا۟ إِلَّا ٱللَّهَ ۚ إِنَّنِى لَكُم مِّنْهُ نَذِيرٌ وَبَشِيرٌ ٣ وَأَنِ ٱسْتَغْفِرُوا۟ رَبَّكُمْ ثُمَّ
تُوبُوٓا۟ إِلَيْهِ يُمَتِّعْكُم مَّتَٰعًا حَسَنًا إِلَىٰٓ أَجَلٍ مُّسَمًّى وَيُؤْتِ كُلَّ ذِى فَضْلٍ فَضْلَهُۥ ۖ وَإِن
تَوَلَّوْا۟ فَإِنِّىٓ أَخَافُ عَلَيْكُمْ عَذَابَ يَوْمٍ كَبِيرٍ ٤ إِلَى ٱللَّهِ مَرْجِعُكُمْ ۖ وَهُوَ عَلَىٰ كُلِّ
شَىْءٍ قَدِيرٌ ٥ أَلَآ إِنَّهُمْ يَثْنُونَ صُدُورَهُمْ لِيَسْتَخْفُوا۟ مِنْهُ ۚ أَلَا حِينَ يَسْتَغْشُونَ
ثِيَابَهُمْ يَعْلَمُ مَا يُسِرُّونَ وَمَا يُعْلِنُونَ ۚ إِنَّهُۥ عَلِيمٌۢ بِذَاتِ ٱلصُّدُورِ ٦ وَمَا مِن دَآبَّةٍ
فِى ٱلْأَرْضِ إِلَّا عَلَى ٱللَّهِ رِزْقُهَا وَيَعْلَمُ مُسْتَقَرَّهَا وَمُسْتَوْدَعَهَا ۚ كُلٌّ فِى كِتَٰبٍ مُّبِينٍ
٧ وَهُوَ ٱلَّذِى خَلَقَ ٱلسَّمَٰوَٰتِ وَٱلْأَرْضَ فِى سِتَّةِ أَيَّامٍ وَكَانَ عَرْشُهُۥ عَلَى ٱلْمَآءِ
لِيَبْلُوَكُمْ أَيُّكُمْ أَحْسَنُ عَمَلًا ۗ وَلَئِن قُلْتَ إِنَّكُم مَّبْعُوثُونَ مِنۢ بَعْدِ ٱلْمَوْتِ لَيَقُولَنَّ
ٱلَّذِينَ كَفَرُوٓا۟ إِنْ هَٰذَآ إِلَّا سِحْرٌ مُّبِينٌ ٨ وَلَئِنْ أَخَّرْنَا عَنْهُمُ ٱلْعَذَابَ إِلَىٰٓ أُمَّةٍ
مَّعْدُودَةٍ لَّيَقُولُنَّ مَا يَحْبِسُهُۥٓ ۗ أَلَا يَوْمَ يَأْتِيهِمْ لَيْسَ مَصْرُوفًا عَنْهُمْ وَحَاقَ بِهِم مَّا
كَانُوا۟ بِهِۦ يَسْتَهْزِءُونَ ٩ وَلَئِنْ أَذَقْنَا ٱلْإِنسَٰنَ مِنَّا رَحْمَةً ثُمَّ نَزَعْنَٰهَا مِنْهُ إِنَّهُۥ
لَيَـُٔوسٌ كَفُورٌ ١٠ وَلَئِنْ أَذَقْنَٰهُ نَعْمَآءَ بَعْدَ ضَرَّآءَ مَسَّتْهُ لَيَقُولَنَّ ذَهَبَ ٱلسَّيِّـَٔاتُ
عَنِّىٓ ۚ إِنَّهُۥ لَفَرِحٌ فَخُورٌ ١١ إِلَّا ٱلَّذِينَ صَبَرُوا۟ وَعَمِلُوا۟ ٱلصَّٰلِحَٰتِ أُو۟لَٰٓئِكَ لَهُم مَّغْفِرَةٌ
وَأَجْرٌ كَبِيرٌ ١٢ فَلَعَلَّكَ تَارِكٌۢ بَعْضَ مَا يُوحَىٰٓ إِلَيْكَ وَضَآئِقٌۢ بِهِۦ صَدْرُكَ أَن يَقُولُوا۟
لَوْلَآ أُنزِلَ عَلَيْهِ كَنزٌ أَوْ جَآءَ مَعَهُۥ مَلَكٌ ۚ إِنَّمَآ أَنتَ نَذِيرٌ ۚ وَٱللَّهُ عَلَىٰ كُلِّ شَىْءٍ وَكِيلٌ
١٣ أَمْ يَقُولُونَ ٱفْتَرَىٰهُ ۖ قُلْ فَأْتُوا۟ بِعَشْرِ سُوَرٍ مِّثْلِهِۦ مُفْتَرَيَٰتٍ وَٱدْعُوا۟ مَنِ

ٱسْتَطَعْتُم مِّن دُونِ ٱللَّهِ إِن كُنتُمْ صَٰدِقِينَ ١٤ فَإِلَّمْ يَسْتَجِيبُوا۟ لَكُمْ فَٱعْلَمُوٓا۟ أَنَّمَآ
أُنزِلَ بِعِلْمِ ٱللَّهِ وَأَن لَّآ إِلَٰهَ إِلَّا هُوَ ۖ فَهَلْ أَنتُم مُّسْلِمُونَ ١٥ مَن كَانَ يُرِيدُ ٱلْحَيَوٰةَ
ٱلدُّنْيَا وَزِينَتَهَا نُوَفِّ إِلَيْهِمْ أَعْمَٰلَهُمْ فِيهَا وَهُمْ فِيهَا لَا يُبْخَسُونَ ١٦ أُو۟لَٰٓئِكَ
ٱلَّذِينَ لَيْسَ لَهُمْ فِى ٱلْءَاخِرَةِ إِلَّا ٱلنَّارُ ۖ وَحَبِطَ مَا صَنَعُوا۟ فِيهَا وَبَٰطِلٌ مَّا كَانُوا۟
يَعْمَلُونَ ١٧ أَفَمَن كَانَ عَلَىٰ بَيِّنَةٍ مِّن رَّبِّهِۦ وَيَتْلُوهُ شَاهِدٌ مِّنْهُ وَمِن قَبْلِهِۦ كِتَٰبُ
مُوسَىٰٓ إِمَامًا وَرَحْمَةً ۚ أُو۟لَٰٓئِكَ يُؤْمِنُونَ بِهِۦ ۚ وَمَن يَكْفُرْ بِهِۦ مِنَ ٱلْأَحْزَابِ فَٱلنَّارُ
مَوْعِدُهُۥ ۚ فَلَا تَكُ فِى مِرْيَةٍ مِّنْهُ ۚ إِنَّهُ ٱلْحَقُّ مِن رَّبِّكَ وَلَٰكِنَّ أَكْثَرَ ٱلنَّاسِ لَا يُؤْمِنُونَ
١٨ وَمَنْ أَظْلَمُ مِمَّنِ ٱفْتَرَىٰ عَلَى ٱللَّهِ كَذِبًا ۚ أُو۟لَٰٓئِكَ يُعْرَضُونَ عَلَىٰ رَبِّهِمْ وَيَقُولُ
ٱلْأَشْهَٰدُ هَٰٓؤُلَآءِ ٱلَّذِينَ كَذَبُوا۟ عَلَىٰ رَبِّهِمْ ۚ أَلَا لَعْنَةُ ٱللَّهِ عَلَى ٱلظَّٰلِمِينَ ١٩ ٱلَّذِينَ
يَصُدُّونَ عَن سَبِيلِ ٱللَّهِ وَيَبْغُونَهَا عِوَجًا وَهُم بِٱلْءَاخِرَةِ هُمْ كَٰفِرُونَ ٢٠ أُو۟لَٰٓئِكَ
لَمْ يَكُونُوا۟ مُعْجِزِينَ فِى ٱلْأَرْضِ وَمَا كَانَ لَهُم مِّن دُونِ ٱللَّهِ مِنْ أَوْلِيَآءَ ۘ يُضَٰعَفُ
لَهُمُ ٱلْعَذَابُ ۚ مَا كَانُوا۟ يَسْتَطِيعُونَ ٱلسَّمْعَ وَمَا كَانُوا۟ يُبْصِرُونَ ٢١ أُو۟لَٰٓئِكَ ٱلَّذِينَ
خَسِرُوٓا۟ أَنفُسَهُمْ وَضَلَّ عَنْهُم مَّا كَانُوا۟ يَفْتَرُونَ ٢٢ لَا جَرَمَ أَنَّهُمْ فِى ٱلْءَاخِرَةِ
هُمُ ٱلْأَخْسَرُونَ ٢٣ إِنَّ ٱلَّذِينَ ءَامَنُوا۟ وَعَمِلُوا۟ ٱلصَّٰلِحَٰتِ وَأَخْبَتُوٓا۟ إِلَىٰ رَبِّهِمْ أُو۟لَٰٓئِكَ
أَصْحَٰبُ ٱلْجَنَّةِ ۖ هُمْ فِيهَا خَٰلِدُونَ ٢٤ ۞ مَثَلُ ٱلْفَرِيقَيْنِ كَٱلْأَعْمَىٰ وَٱلْأَصَمِّ وَٱلْبَصِيرِ
وَٱلسَّمِيعِ ۚ هَلْ يَسْتَوِيَانِ مَثَلًا ۚ أَفَلَا تَذَكَّرُونَ ٢٥ وَلَقَدْ أَرْسَلْنَا نُوحًا إِلَىٰ قَوْمِهِۦٓ
إِنِّى لَكُمْ نَذِيرٌ مُّبِينٌ ٢٦ أَن لَّا تَعْبُدُوٓا۟ إِلَّا ٱللَّهَ ۖ إِنِّىٓ أَخَافُ عَلَيْكُمْ عَذَابَ يَوْمٍ أَلِيمٍ
٢٧ فَقَالَ ٱلْمَلَأُ ٱلَّذِينَ كَفَرُوا۟ مِن قَوْمِهِۦ مَا نَرَىٰكَ إِلَّا بَشَرًا مِّثْلَنَا وَمَا نَرَىٰكَ ٱتَّبَعَكَ
إِلَّا ٱلَّذِينَ هُمْ أَرَاذِلُنَا بَادِىَ ٱلرَّأْىِ وَمَا نَرَىٰ لَكُمْ عَلَيْنَا مِن فَضْلٍۭ بَلْ نَظُنُّكُمْ كَٰذِبِينَ
٢٨ قَالَ يَٰقَوْمِ أَرَءَيْتُمْ إِن كُنتُ عَلَىٰ بَيِّنَةٍ مِّن رَّبِّى وَءَاتَىٰنِى رَحْمَةً مِّنْ عِندِهِۦ
فَعُمِّيَتْ عَلَيْكُمْ أَنُلْزِمُكُمُوهَا وَأَنتُمْ لَهَا كَٰرِهُونَ ٢٩ وَيَٰقَوْمِ لَآ أَسْـَٔلُكُمْ عَلَيْهِ مَالًا ۖ
إِنْ أَجْرِىَ إِلَّا عَلَى ٱللَّهِ ۚ وَمَآ أَنَا۠ بِطَارِدِ ٱلَّذِينَ ءَامَنُوٓا۟ ۚ إِنَّهُم مُّلَٰقُوا۟ رَبِّهِمْ وَلَٰكِنِّىٓ
أَرَىٰكُمْ قَوْمًا تَجْهَلُونَ ٣٠ وَيَٰقَوْمِ مَن يَنصُرُنِى مِنَ ٱللَّهِ إِن طَرَدتُّهُمْ ۚ أَفَلَا
تَذَكَّرُونَ ٣١ وَلَآ أَقُولُ لَكُمْ عِندِى خَزَآئِنُ ٱللَّهِ وَلَآ أَعْلَمُ ٱلْغَيْبَ وَلَآ أَقُولُ إِنِّى
مَلَكٌ وَلَآ أَقُولُ لِلَّذِينَ تَزْدَرِىٓ أَعْيُنُكُمْ لَن يُؤْتِيَهُمُ ٱللَّهُ خَيْرًا ۖ ٱللَّهُ أَعْلَمُ بِمَا فِىٓ
أَنفُسِهِمْ ۖ إِنِّىٓ إِذًا لَّمِنَ ٱلظَّٰلِمِينَ ٣٢ قَالُوا۟ يَٰنُوحُ قَدْ جَٰدَلْتَنَا فَأَكْثَرْتَ جِدَٰلَنَا فَأْتِنَا
بِمَا تَعِدُنَآ إِن كُنتَ مِنَ ٱلصَّٰدِقِينَ ٣٣ قَالَ إِنَّمَا يَأْتِيكُم بِهِ ٱللَّهُ إِن شَآءَ وَمَآ أَنتُم
بِمُعْجِزِينَ ٣٤ وَلَا يَنفَعُكُمْ نُصْحِىٓ إِنْ أَرَدتُّ أَنْ أَنصَحَ لَكُمْ إِن كَانَ ٱللَّهُ يُرِيدُ أَن

يُغْوِيَكُمْ ۚ هُوَ رَبُّكُمْ وَإِلَيْهِ تُرْجَعُونَ ١١ـ٣٥ أَمْ يَقُولُونَ ٱفْتَرَىٰهُ ۖ قُلْ إِنِ ٱفْتَرَيْتُهُۥ
فَعَلَىَّ إِجْرَامِى وَأَنَا۠ بَرِىٓءٌ مِّمَّا تُجْرِمُونَ ١١ـ٣٦ وَأُوحِىَ إِلَىٰ نُوحٍ أَنَّهُۥ لَن يُؤْمِنَ مِن
قَوْمِكَ إِلَّا مَن قَدْ ءَامَنَ فَلَا تَبْتَئِسْ بِمَا كَانُوا۟ يَفْعَلُونَ ١١ـ٣٧ وَٱصْنَعِ ٱلْفُلْكَ بِأَعْيُنِنَا
وَوَحْيِنَا وَلَا تُخَٰطِبْنِى فِى ٱلَّذِينَ ظَلَمُوٓا۟ ۚ إِنَّهُم مُّغْرَقُونَ ١١ـ٣٨ وَيَصْنَعُ ٱلْفُلْكَ وَكُلَّمَا
مَرَّ عَلَيْهِ مَلَأٌ مِّن قَوْمِهِۦ سَخِرُوا۟ مِنْهُ ۚ قَالَ إِن تَسْخَرُوا۟ مِنَّا فَإِنَّا نَسْخَرُ مِنكُمْ كَمَا
تَسْخَرُونَ ١١ـ٣٩ فَسَوْفَ تَعْلَمُونَ مَن يَأْتِيهِ عَذَابٌ يُخْزِيهِ وَيَحِلُّ عَلَيْهِ عَذَابٌ مُّقِيمٌ
١١ـ٤٠ حَتَّىٰٓ إِذَا جَآءَ أَمْرُنَا وَفَارَ ٱلتَّنُّورُ قُلْنَا ٱحْمِلْ فِيهَا مِن كُلٍّ زَوْجَيْنِ ٱثْنَيْنِ وَأَهْلَكَ
إِلَّا مَن سَبَقَ عَلَيْهِ ٱلْقَوْلُ وَمَنْ ءَامَنَ ۚ وَمَآ ءَامَنَ مَعَهُۥٓ إِلَّا قَلِيلٌ ١١ـ٤١ وَقَالَ ٱرْكَبُوا۟
فِيهَا بِسْمِ ٱللَّهِ مَجْر۪ىٰهَا وَمُرْسَىٰهَآ ۚ إِنَّ رَبِّى لَغَفُورٌ رَّحِيمٌ ١١ـ٤٢ وَهِىَ تَجْرِى بِهِمْ
فِى مَوْجٍ كَٱلْجِبَالِ وَنَادَىٰ نُوحٌ ٱبْنَهُۥ وَكَانَ فِى مَعْزِلٍ يَٰبُنَىَّ ٱرْكَب مَّعَنَا وَلَا تَكُن مَّعَ
ٱلْكَٰفِرِينَ ١١ـ٤٣ قَالَ سَـَٔاوِىٓ إِلَىٰ جَبَلٍ يَعْصِمُنِى مِنَ ٱلْمَآءِ ۚ قَالَ لَا عَاصِمَ ٱلْيَوْمَ مِنْ
أَمْرِ ٱللَّهِ إِلَّا مَن رَّحِمَ ۚ وَحَالَ بَيْنَهُمَا ٱلْمَوْجُ فَكَانَ مِنَ ٱلْمُغْرَقِينَ ١١ـ٤٤ وَقِيلَ يَٰٓأَرْضُ
ٱبْلَعِى مَآءَكِ وَيَٰسَمَآءُ أَقْلِعِى وَغِيضَ ٱلْمَآءُ وَقُضِىَ ٱلْأَمْرُ وَٱسْتَوَتْ عَلَى ٱلْجُودِىِّ ۖ
وَقِيلَ بُعْدًا لِّلْقَوْمِ ٱلظَّٰلِمِينَ ١١ـ٤٥ وَنَادَىٰ نُوحٌ رَّبَّهُۥ فَقَالَ رَبِّ إِنَّ ٱبْنِى مِنْ أَهْلِى
وَإِنَّ وَعْدَكَ ٱلْحَقُّ وَأَنتَ أَحْكَمُ ٱلْحَٰكِمِينَ ١١ـ٤٦ قَالَ يَٰنُوحُ إِنَّهُۥ لَيْسَ مِنْ أَهْلِكَ ۖ إِنَّهُۥ
عَمَلٌ غَيْرُ صَٰلِحٍ ۖ فَلَا تَسْـَٔلْنِ مَا لَيْسَ لَكَ بِهِۦ عِلْمٌ ۖ إِنِّىٓ أَعِظُكَ أَن تَكُونَ مِنَ ٱلْجَٰهِلِينَ
١١ـ٤٧ قَالَ رَبِّ إِنِّىٓ أَعُوذُ بِكَ أَنْ أَسْـَٔلَكَ مَا لَيْسَ لِى بِهِۦ عِلْمٌ ۖ وَإِلَّا تَغْفِرْ لِى
وَتَرْحَمْنِىٓ أَكُن مِّنَ ٱلْخَٰسِرِينَ ١١ـ٤٨ قِيلَ يَٰنُوحُ ٱهْبِطْ بِسَلَٰمٍ مِّنَّا وَبَرَكَٰتٍ عَلَيْكَ وَعَلَىٰٓ
أُمَمٍ مِّمَّن مَّعَكَ ۚ وَأُمَمٌ سَنُمَتِّعُهُمْ ثُمَّ يَمَسُّهُم مِّنَّا عَذَابٌ أَلِيمٌ ١١ـ٤٩ تِلْكَ مِنْ أَنۢبَآءِ
ٱلْغَيْبِ نُوحِيهَآ إِلَيْكَ ۖ مَا كُنتَ تَعْلَمُهَآ أَنتَ وَلَا قَوْمُكَ مِن قَبْلِ هَٰذَا ۖ فَٱصْبِرْ ۖ إِنَّ
ٱلْعَٰقِبَةَ لِلْمُتَّقِينَ ١١ـ٥٠ وَإِلَىٰ عَادٍ أَخَاهُمْ هُودًا ۚ قَالَ يَٰقَوْمِ ٱعْبُدُوا۟ ٱللَّهَ مَا لَكُم مِّنْ
إِلَٰهٍ غَيْرُهُۥٓ ۖ إِنْ أَنتُمْ إِلَّا مُفْتَرُونَ ١١ـ٥١ يَٰقَوْمِ لَآ أَسْـَٔلُكُمْ عَلَيْهِ أَجْرًا ۖ إِنْ أَجْرِىَ إِلَّا عَلَى
ٱلَّذِى فَطَرَنِىٓ ۚ أَفَلَا تَعْقِلُونَ ١١ـ٥٢ وَيَٰقَوْمِ ٱسْتَغْفِرُوا۟ رَبَّكُمْ ثُمَّ تُوبُوٓا۟ إِلَيْهِ يُرْسِلِ
ٱلسَّمَآءَ عَلَيْكُم مِّدْرَارًا وَيَزِدْكُمْ قُوَّةً إِلَىٰ قُوَّتِكُمْ وَلَا تَتَوَلَّوْا۟ مُجْرِمِينَ ١١ـ٥٣ قَالُوا۟
يَٰهُودُ مَا جِئْتَنَا بِبَيِّنَةٍ وَمَا نَحْنُ بِتَارِكِىٓ ءَالِهَتِنَا عَن قَوْلِكَ وَمَا نَحْنُ لَكَ بِمُؤْمِنِينَ
١١ـ٥٤ إِن نَّقُولُ إِلَّا ٱعْتَرَىٰكَ بَعْضُ ءَالِهَتِنَا بِسُوٓءٍ ۗ قَالَ إِنِّىٓ أُشْهِدُ ٱللَّهَ وَٱشْهَدُوٓا۟
أَنِّى بَرِىٓءٌ مِّمَّا تُشْرِكُونَ ١١ـ٥٥ مِن دُونِهِۦ ۖ فَكِيدُونِى جَمِيعًا ثُمَّ لَا تُنظِرُونِ
١١ـ٥٦ إِنِّى تَوَكَّلْتُ عَلَى ٱللَّهِ رَبِّى وَرَبِّكُم ۚ مَّا مِن دَآبَّةٍ إِلَّا هُوَ ءَاخِذٌۢ بِنَاصِيَتِهَآ ۚ إِنَّ

رَبِّى عَلَىٰ صِرَٰطٍ مُّسْتَقِيمٍ ٥٧ فَإِن تَوَلَّوْا۟ فَقَدْ أَبْلَغْتُكُم مَّآ أُرْسِلْتُ بِهِۦٓ إِلَيْكُمْ ۚ
وَيَسْتَخْلِفُ رَبِّى قَوْمًا غَيْرَكُمْ وَلَا تَضُرُّونَهُۥ شَيْـًٔا ۚ إِنَّ رَبِّى عَلَىٰ كُلِّ شَىْءٍ حَفِيظٌ
٥٨ وَلَمَّا جَآءَ أَمْرُنَا نَجَّيْنَا هُودًا وَٱلَّذِينَ ءَامَنُوا۟ مَعَهُۥ بِرَحْمَةٍ مِّنَّا وَنَجَّيْنَٰهُم مِّنْ
عَذَابٍ غَلِيظٍ ٥٩ وَتِلْكَ عَادٌ ۖ جَحَدُوا۟ بِـَٔايَٰتِ رَبِّهِمْ وَعَصَوْا۟ رُسُلَهُۥ وَٱتَّبَعُوٓا۟ أَمْرَ كُلِّ
جَبَّارٍ عَنِيدٍ ٦٠ وَأُتْبِعُوا۟ فِى هَٰذِهِ ٱلدُّنْيَا لَعْنَةً وَيَوْمَ ٱلْقِيَٰمَةِ ۗ أَلَآ إِنَّ عَادًا كَفَرُوا۟
رَبَّهُمْ ۗ أَلَا بُعْدًا لِّعَادٍ قَوْمِ هُودٍ ٦١ وَإِلَىٰ ثَمُودَ أَخَاهُمْ صَٰلِحًا ۚ قَالَ يَٰقَوْمِ ٱعْبُدُوا۟
ٱللَّهَ مَا لَكُم مِّنْ إِلَٰهٍ غَيْرُهُۥ ۖ هُوَ أَنشَأَكُم مِّنَ ٱلْأَرْضِ وَٱسْتَعْمَرَكُمْ فِيهَا فَٱسْتَغْفِرُوهُ
ثُمَّ تُوبُوٓا۟ إِلَيْهِ ۚ إِنَّ رَبِّى قَرِيبٌ مُّجِيبٌ ٦٢ قَالُوا۟ يَٰصَٰلِحُ قَدْ كُنتَ فِينَا مَرْجُوًّا قَبْلَ
هَٰذَآ ۖ أَتَنْهَىٰنَآ أَن نَّعْبُدَ مَا يَعْبُدُ ءَابَآؤُنَا وَإِنَّنَا لَفِى شَكٍّ مِّمَّا تَدْعُونَآ إِلَيْهِ مُرِيبٍ
٦٣ قَالَ يَٰقَوْمِ أَرَءَيْتُمْ إِن كُنتُ عَلَىٰ بَيِّنَةٍ مِّن رَّبِّى وَءَاتَىٰنِى مِنْهُ رَحْمَةً فَمَن
يَنصُرُنِى مِنَ ٱللَّهِ إِنْ عَصَيْتُهُۥ ۖ فَمَا تَزِيدُونَنِى غَيْرَ تَخْسِيرٍ ٦٤ وَيَٰقَوْمِ هَٰذِهِۦ نَاقَةُ
ٱللَّهِ لَكُمْ ءَايَةً فَذَرُوهَا تَأْكُلْ فِىٓ أَرْضِ ٱللَّهِ وَلَا تَمَسُّوهَا بِسُوٓءٍ فَيَأْخُذَكُمْ عَذَابٌ
قَرِيبٌ ٦٥ فَعَقَرُوهَا فَقَالَ تَمَتَّعُوا۟ فِى دَارِكُمْ ثَلَٰثَةَ أَيَّامٍ ۖ ذَٰلِكَ وَعْدٌ غَيْرُ مَكْذُوبٍ
٦٦ فَلَمَّا جَآءَ أَمْرُنَا نَجَّيْنَا صَٰلِحًا وَٱلَّذِينَ ءَامَنُوا۟ مَعَهُۥ بِرَحْمَةٍ مِّنَّا وَمِنْ خِزْىِ يَوْمِئِذٍ ۗ
إِنَّ رَبَّكَ هُوَ ٱلْقَوِىُّ ٱلْعَزِيزُ ٦٧ وَأَخَذَ ٱلَّذِينَ ظَلَمُوا۟ ٱلصَّيْحَةُ فَأَصْبَحُوا۟ فِى دِيَٰرِهِمْ
جَٰثِمِينَ ٦٨ كَأَن لَّمْ يَغْنَوْا۟ فِيهَآ ۗ أَلَآ إِنَّ ثَمُودَا۟ كَفَرُوا۟ رَبَّهُمْ ۗ أَلَا بُعْدًا لِّثَمُودَ
٦٩ وَلَقَدْ جَآءَتْ رُسُلُنَآ إِبْرَٰهِيمَ بِٱلْبُشْرَىٰ قَالُوا۟ سَلَٰمًا ۖ قَالَ سَلَٰمٌ ۖ فَمَا لَبِثَ أَن جَآءَ
بِعِجْلٍ حَنِيذٍ ٧٠ فَلَمَّا رَءَآ أَيْدِيَهُمْ لَا تَصِلُ إِلَيْهِ نَكِرَهُمْ وَأَوْجَسَ مِنْهُمْ خِيفَةً ۚ
قَالُوا۟ لَا تَخَفْ إِنَّآ أُرْسِلْنَآ إِلَىٰ قَوْمِ لُوطٍ ٧١ وَٱمْرَأَتُهُۥ قَآئِمَةٌ فَضَحِكَتْ فَبَشَّرْنَٰهَا
بِإِسْحَٰقَ وَمِن وَرَآءِ إِسْحَٰقَ يَعْقُوبَ ٧٢ قَالَتْ يَٰوَيْلَتَىٰٓ ءَأَلِدُ وَأَنَا۠ عَجُوزٌ وَهَٰذَا بَعْلِى
شَيْخًا ۖ إِنَّ هَٰذَا لَشَىْءٌ عَجِيبٌ ٧٣ قَالُوٓا۟ أَتَعْجَبِينَ مِنْ أَمْرِ ٱللَّهِ ۖ رَحْمَتُ ٱللَّهِ
وَبَرَكَٰتُهُۥ عَلَيْكُمْ أَهْلَ ٱلْبَيْتِ ۚ إِنَّهُۥ حَمِيدٌ مَّجِيدٌ ٧٤ فَلَمَّا ذَهَبَ عَنْ إِبْرَٰهِيمَ ٱلرَّوْعُ
وَجَآءَتْهُ ٱلْبُشْرَىٰ يُجَٰدِلُنَا فِى قَوْمِ لُوطٍ ٧٥ إِنَّ إِبْرَٰهِيمَ لَحَلِيمٌ أَوَّٰهٌ مُّنِيبٌ
٧٦ يَٰٓإِبْرَٰهِيمُ أَعْرِضْ عَنْ هَٰذَآ ۖ إِنَّهُۥ قَدْ جَآءَ أَمْرُ رَبِّكَ ۖ وَإِنَّهُمْ ءَاتِيهِمْ عَذَابٌ غَيْرُ
مَرْدُودٍ ٧٧ وَلَمَّا جَآءَتْ رُسُلُنَا لُوطًا سِىٓءَ بِهِمْ وَضَاقَ بِهِمْ ذَرْعًا وَقَالَ هَٰذَا يَوْمٌ
عَصِيبٌ ٧٨ وَجَآءَهُۥ قَوْمُهُۥ يُهْرَعُونَ إِلَيْهِ وَمِن قَبْلُ كَانُوا۟ يَعْمَلُونَ ٱلسَّيِّـَٔاتِ ۚ قَالَ
يَٰقَوْمِ هَٰٓؤُلَآءِ بَنَاتِى هُنَّ أَطْهَرُ لَكُمْ ۖ فَٱتَّقُوا۟ ٱللَّهَ وَلَا تُخْزُونِ فِى ضَيْفِىٓ ۖ أَلَيْسَ
مِنكُمْ رَجُلٌ رَّشِيدٌ ٧٩ قَالُوا۟ لَقَدْ عَلِمْتَ مَا لَنَا فِى بَنَاتِكَ مِنْ حَقٍّ وَإِنَّكَ لَتَعْلَمُ مَا

نُرِيدُ ۝٨٠ قَالَ لَوْ أَنَّ لِي بِكُمْ قُوَّةً أَوْ ءَاوِيٓ إِلَىٰ رُكْنٖ شَدِيدٖ ۝٨١ قَالُواْ يَٰلُوطُ
إِنَّا رُسُلُ رَبِّكَ لَن يَصِلُوٓاْ إِلَيْكَۖ فَأَسْرِ بِأَهْلِكَ بِقِطْعٖ مِّنَ ٱلَّيْلِ وَلَا يَلْتَفِتْ مِنكُمْ أَحَدٌ إِلَّا
ٱمْرَأَتَكَۖ إِنَّهُۥ مُصِيبُهَا مَآ أَصَابَهُمْۚ إِنَّ مَوْعِدَهُمُ ٱلصُّبْحُۚ أَلَيْسَ ٱلصُّبْحُ بِقَرِيبٖ
۝٨٢ فَلَمَّا جَآءَ أَمْرُنَا جَعَلْنَا عَٰلِيَهَا سَافِلَهَا وَأَمْطَرْنَا عَلَيْهَا حِجَارَةٗ مِّن سِجِّيلٖ
مَّنضُودٖ ۝٨٣ مُّسَوَّمَةً عِندَ رَبِّكَۖ وَمَا هِيَ مِنَ ٱلظَّٰلِمِينَ بِبَعِيدٖ ۝٨٤ وَإِلَىٰ مَدْيَنَ
أَخَاهُمْ شُعَيْبٗاۚ قَالَ يَٰقَوْمِ ٱعْبُدُواْ ٱللَّهَ مَا لَكُم مِّنْ إِلَٰهٍ غَيْرُهُۥۖ وَلَا تَنقُصُواْ ٱلْمِكْيَالَ
وَٱلْمِيزَانَۚ إِنِّيٓ أَرَىٰكُم بِخَيْرٖ وَإِنِّيٓ أَخَافُ عَلَيْكُمْ عَذَابَ يَوْمٖ مُّحِيطٖ ۝٨٥ وَيَٰقَوْمِ
أَوْفُواْ ٱلْمِكْيَالَ وَٱلْمِيزَانَ بِٱلْقِسْطِۖ وَلَا تَبْخَسُواْ ٱلنَّاسَ أَشْيَآءَهُمْ وَلَا تَعْثَوْاْ فِي
ٱلْأَرْضِ مُفْسِدِينَ ۝٨٦ بَقِيَّتُ ٱللَّهِ خَيْرٞ لَّكُمْ إِن كُنتُم مُّؤْمِنِينَۚ وَمَآ أَنَا۠ عَلَيْكُم
بِحَفِيظٖ ۝٨٧ قَالُواْ يَٰشُعَيْبُ أَصَلَوٰتُكَ تَأْمُرُكَ أَن نَّتْرُكَ مَا يَعْبُدُ ءَابَآؤُنَآ أَوْ أَن نَّفْعَلَ
فِيٓ أَمْوَٰلِنَا مَا نَشَٰٓؤُاْۖ إِنَّكَ لَأَنتَ ٱلْحَلِيمُ ٱلرَّشِيدُ ۝٨٨ قَالَ يَٰقَوْمِ أَرَءَيْتُمْ إِن كُنتُ
عَلَىٰ بَيِّنَةٖ مِّن رَّبِّي وَرَزَقَنِي مِنْهُ رِزْقًا حَسَنٗاۚ وَمَآ أُرِيدُ أَنْ أُخَالِفَكُمْ إِلَىٰ مَآ أَنْهَىٰكُمْ
عَنْهُۚ إِنْ أُرِيدُ إِلَّا ٱلْإِصْلَٰحَ مَا ٱسْتَطَعْتُۚ وَمَا تَوْفِيقِيٓ إِلَّا بِٱللَّهِۚ عَلَيْهِ تَوَكَّلْتُ وَإِلَيْهِ
أُنِيبُ ۝٨٩ وَيَٰقَوْمِ لَا يَجْرِمَنَّكُمْ شِقَاقِيٓ أَن يُصِيبَكُم مِّثْلُ مَآ أَصَابَ قَوْمَ نُوحٍ أَوْ
قَوْمَ هُودٍ أَوْ قَوْمَ صَٰلِحٖۚ وَمَا قَوْمُ لُوطٖ مِّنكُم بِبَعِيدٖ ۝٩٠ وَٱسْتَغْفِرُواْ رَبَّكُمْ ثُمَّ
تُوبُوٓاْ إِلَيْهِۚ إِنَّ رَبِّي رَحِيمٞ وَدُودٞ ۝٩١ قَالُواْ يَٰشُعَيْبُ مَا نَفْقَهُ كَثِيرٗا مِّمَّا تَقُولُ وَإِنَّا
لَنَرَىٰكَ فِينَا ضَعِيفٗاۖ وَلَوْلَا رَهْطُكَ لَرَجَمْنَٰكَۖ وَمَآ أَنتَ عَلَيْنَا بِعَزِيزٖ ۝٩٢ قَالَ يَٰقَوْمِ
أَرَهْطِيٓ أَعَزُّ عَلَيْكُم مِّنَ ٱللَّهِ وَٱتَّخَذْتُمُوهُ وَرَآءَكُمْ ظِهْرِيًّاۖ إِنَّ رَبِّي بِمَا تَعْمَلُونَ
مُحِيطٞ ۝٩٣ وَيَٰقَوْمِ ٱعْمَلُواْ عَلَىٰ مَكَانَتِكُمْ إِنِّي عَٰمِلٞۖ سَوْفَ تَعْلَمُونَ مَن يَأْتِيهِ
عَذَابٞ يُخْزِيهِ وَمَنْ هُوَ كَٰذِبٞۖ وَٱرْتَقِبُوٓاْ إِنِّي مَعَكُمْ رَقِيبٞ ۝٩٤ وَلَمَّا جَآءَ أَمْرُنَا نَجَّيْنَا
شُعَيْبٗا وَٱلَّذِينَ ءَامَنُواْ مَعَهُۥ بِرَحْمَةٖ مِّنَّا وَأَخَذَتِ ٱلَّذِينَ ظَلَمُواْ ٱلصَّيْحَةُ فَأَصْبَحُواْ فِي
دِيَٰرِهِمْ جَٰثِمِينَ ۝٩٥ كَأَن لَّمْ يَغْنَوْاْ فِيهَآۗ أَلَا بُعْدٗا لِّمَدْيَنَ كَمَا بَعِدَتْ ثَمُودُ
۝٩٦ وَلَقَدْ أَرْسَلْنَا مُوسَىٰ بِـَٔايَٰتِنَا وَسُلْطَٰنٖ مُّبِينٍ ۝٩٧ إِلَىٰ فِرْعَوْنَ وَمَلَإِيْهِۦ
فَٱتَّبَعُوٓاْ أَمْرَ فِرْعَوْنَۖ وَمَآ أَمْرُ فِرْعَوْنَ بِرَشِيدٖ ۝٩٨ يَقْدُمُ قَوْمَهُۥ يَوْمَ ٱلْقِيَٰمَةِ
فَأَوْرَدَهُمُ ٱلنَّارَۖ وَبِئْسَ ٱلْوِرْدُ ٱلْمَوْرُودُ ۝٩٩ وَأُتْبِعُواْ فِي هَٰذِهِۦ لَعْنَةٗ وَيَوْمَ ٱلْقِيَٰمَةِۚ
بِئْسَ ٱلرِّفْدُ ٱلْمَرْفُودُ ۝١٠٠ ذَٰلِكَ مِنْ أَنۢبَآءِ ٱلْقُرَىٰ نَقُصُّهُۥ عَلَيْكَۖ مِنْهَا قَآئِمٞ وَحَصِيدٞ
۝١٠١ وَمَا ظَلَمْنَٰهُمْ وَلَٰكِن ظَلَمُوٓاْ أَنفُسَهُمْۖ فَمَآ أَغْنَتْ عَنْهُمْ ءَالِهَتُهُمُ ٱلَّتِي
يَدْعُونَ مِن دُونِ ٱللَّهِ مِن شَيْءٖ لَّمَّا جَآءَ أَمْرُ رَبِّكَۖ وَمَا زَادُوهُمْ غَيْرَ تَتْبِيبٖ

١٠٢ وَكَذَٰلِكَ أَخْذُ رَبِّكَ إِذَآ أَخَذَ ٱلْقُرَىٰ وَهِىَ ظَٰلِمَةٌ ۚ إِنَّ أَخْذَهُۥٓ أَلِيمٌ شَدِيدٌ

١٠٣ إِنَّ فِى ذَٰلِكَ لَءَايَةً لِّمَنْ خَافَ عَذَابَ ٱلْءَاخِرَةِ ۚ ذَٰلِكَ يَوْمٌ مَّجْمُوعٌ لَّهُ ٱلنَّاسُ وَذَٰلِكَ يَوْمٌ مَّشْهُودٌ ١٠٤ وَمَا نُؤَخِّرُهُۥٓ إِلَّا لِأَجَلٍ مَّعْدُودٍ ١٠٥ يَوْمَ يَأْتِ لَا تَكَلَّمُ نَفْسٌ إِلَّا بِإِذْنِهِۦ ۚ فَمِنْهُمْ شَقِىٌّ وَسَعِيدٌ ١٠٦ فَأَمَّا ٱلَّذِينَ شَقُوا۟ فَفِى ٱلنَّارِ لَهُمْ فِيهَا زَفِيرٌ وَشَهِيقٌ ١٠٧ خَٰلِدِينَ فِيهَا مَا دَامَتِ ٱلسَّمَٰوَٰتُ وَٱلْأَرْضُ إِلَّا مَا شَآءَ رَبُّكَ ۚ إِنَّ رَبَّكَ فَعَّالٌ لِّمَا يُرِيدُ ١٠٨ وَأَمَّا ٱلَّذِينَ سُعِدُوا۟ فَفِى ٱلْجَنَّةِ خَٰلِدِينَ فِيهَا مَا دَامَتِ ٱلسَّمَٰوَٰتُ وَٱلْأَرْضُ إِلَّا مَا شَآءَ رَبُّكَ ۖ عَطَآءً غَيْرَ مَجْذُوذٍ ١٠٩ فَلَا تَكُ فِى مِرْيَةٍ مِّمَّا يَعْبُدُ هَٰٓؤُلَآءِ ۚ مَا يَعْبُدُونَ إِلَّا كَمَا يَعْبُدُ ءَابَآؤُهُم مِّن قَبْلُ ۚ وَإِنَّا لَمُوَفُّوهُمْ نَصِيبَهُمْ غَيْرَ مَنقُوصٍ ١١٠ وَلَقَدْ ءَاتَيْنَا مُوسَى ٱلْكِتَٰبَ فَٱخْتُلِفَ فِيهِ ۚ وَلَوْلَا كَلِمَةٌ سَبَقَتْ مِن رَّبِّكَ لَقُضِىَ بَيْنَهُمْ ۚ وَإِنَّهُمْ لَفِى شَكٍّ مِّنْهُ مُرِيبٍ ١١١ وَإِنَّ كُلًّا لَّمَّا لَيُوَفِّيَنَّهُمْ رَبُّكَ أَعْمَٰلَهُمْ ۚ إِنَّهُۥ بِمَا يَعْمَلُونَ خَبِيرٌ ١١٢ فَٱسْتَقِمْ كَمَآ أُمِرْتَ وَمَن تَابَ مَعَكَ وَلَا تَطْغَوْا۟ ۚ إِنَّهُۥ بِمَا تَعْمَلُونَ بَصِيرٌ ١١٣ وَلَا تَرْكَنُوٓا۟ إِلَى ٱلَّذِينَ ظَلَمُوا۟ فَتَمَسَّكُمُ ٱلنَّارُ وَمَا لَكُم مِّن دُونِ ٱللَّهِ مِنْ أَوْلِيَآءَ ثُمَّ لَا تُنصَرُونَ ١١٤ وَأَقِمِ ٱلصَّلَوٰةَ طَرَفَىِ ٱلنَّهَارِ وَزُلَفًا مِّنَ ٱلَّيْلِ ۚ إِنَّ ٱلْحَسَنَٰتِ يُذْهِبْنَ ٱلسَّيِّـَٔاتِ ۚ ذَٰلِكَ ذِكْرَىٰ لِلذَّٰكِرِينَ ١١٥ وَٱصْبِرْ فَإِنَّ ٱللَّهَ لَا يُضِيعُ أَجْرَ ٱلْمُحْسِنِينَ ١١٦ فَلَوْلَا كَانَ مِنَ ٱلْقُرُونِ مِن قَبْلِكُمْ أُو۟لُوا۟ بَقِيَّةٍ يَنْهَوْنَ عَنِ ٱلْفَسَادِ فِى ٱلْأَرْضِ إِلَّا قَلِيلًا مِّمَّنْ أَنجَيْنَا مِنْهُمْ ۗ وَٱتَّبَعَ ٱلَّذِينَ ظَلَمُوا۟ مَآ أُتْرِفُوا۟ فِيهِ وَكَانُوا۟ مُجْرِمِينَ ١١٧ وَمَا كَانَ رَبُّكَ لِيُهْلِكَ ٱلْقُرَىٰ بِظُلْمٍ وَأَهْلُهَا مُصْلِحُونَ ١١٨ وَلَوْ شَآءَ رَبُّكَ لَجَعَلَ ٱلنَّاسَ أُمَّةً وَٰحِدَةً ۖ وَلَا يَزَالُونَ مُخْتَلِفِينَ ١١٩ إِلَّا مَن رَّحِمَ رَبُّكَ ۚ وَلِذَٰلِكَ خَلَقَهُمْ ۗ وَتَمَّتْ كَلِمَةُ رَبِّكَ لَأَمْلَأَنَّ جَهَنَّمَ مِنَ ٱلْجِنَّةِ وَٱلنَّاسِ أَجْمَعِينَ ١٢٠ وَكُلًّا نَّقُصُّ عَلَيْكَ مِنْ أَنۢبَآءِ ٱلرُّسُلِ مَا نُثَبِّتُ بِهِۦ فُؤَادَكَ ۚ وَجَآءَكَ فِى هَٰذِهِ ٱلْحَقُّ وَمَوْعِظَةٌ وَذِكْرَىٰ لِلْمُؤْمِنِينَ ١٢١ وَقُل لِّلَّذِينَ لَا يُؤْمِنُونَ ٱعْمَلُوا۟ عَلَىٰ مَكَانَتِكُمْ إِنَّا عَٰمِلُونَ ١٢٢ وَٱنتَظِرُوٓا۟ إِنَّا مُنتَظِرُونَ ١٢٣ وَلِلَّهِ غَيْبُ ٱلسَّمَٰوَٰتِ وَٱلْأَرْضِ وَإِلَيْهِ يُرْجَعُ ٱلْأَمْرُ كُلُّهُۥ فَٱعْبُدْهُ وَتَوَكَّلْ عَلَيْهِ ۚ وَمَا رَبُّكَ بِغَٰفِلٍ عَمَّا تَعْمَلُونَ ١ الٓر ۚ تِلْكَ ءَايَٰتُ ٱلْكِتَٰبِ ٱلْمُبِينِ ٢ إِنَّآ أَنزَلْنَٰهُ قُرْءَٰنًا عَرَبِيًّا لَّعَلَّكُمْ تَعْقِلُونَ ٣ نَحْنُ نَقُصُّ عَلَيْكَ أَحْسَنَ ٱلْقَصَصِ بِمَآ أَوْحَيْنَآ إِلَيْكَ هَٰذَا ٱلْقُرْءَانَ وَإِن كُنتَ مِن قَبْلِهِۦ لَمِنَ ٱلْغَٰفِلِينَ ٤ إِذْ قَالَ يُوسُفُ لِأَبِيهِ يَٰٓأَبَتِ إِنِّى رَأَيْتُ أَحَدَ عَشَرَ كَوْكَبًا وَٱلشَّمْسَ وَٱلْقَمَرَ رَأَيْتُهُمْ لِى سَٰجِدِينَ ٥ قَالَ يَٰبُنَىَّ لَا تَقْصُصْ رُءْيَاكَ عَلَىٰٓ إِخْوَتِكَ فَيَكِيدُوا۟ لَكَ كَيْدًا ۖ إِنَّ

ٱلشَّيْطَٰنَ لِلْإِنسَٰنِ عَدُوٌّ مُّبِينٌ ١٢ـ٦ وَكَذَٰلِكَ يَجْتَبِيكَ رَبُّكَ وَيُعَلِّمُكَ مِن تَأْوِيلِ
ٱلْأَحَادِيثِ وَيُتِمُّ نِعْمَتَهُۥ عَلَيْكَ وَعَلَىٰٓ ءَالِ يَعْقُوبَ كَمَآ أَتَمَّهَا عَلَىٰٓ أَبَوَيْكَ مِن قَبْلُ
إِبْرَٰهِيمَ وَإِسْحَٰقَ ۚ إِنَّ رَبَّكَ عَلِيمٌ حَكِيمٌ ١٢ـ٧ لَّقَدْ كَانَ فِى يُوسُفَ وَإِخْوَتِهِۦٓ ءَايَٰتٌ
لِّلسَّآئِلِينَ ١٢ـ٨ إِذْ قَالُوا۟ لَيُوسُفُ وَأَخُوهُ أَحَبُّ إِلَىٰٓ أَبِينَا مِنَّا وَنَحْنُ عُصْبَةٌ إِنَّ أَبَانَا
لَفِى ضَلَٰلٍ مُّبِينٍ ١٢ـ٩ ٱقْتُلُوا۟ يُوسُفَ أَوِ ٱطْرَحُوهُ أَرْضًا يَخْلُ لَكُمْ وَجْهُ أَبِيكُمْ
وَتَكُونُوا۟ مِنۢ بَعْدِهِۦ قَوْمًا صَٰلِحِينَ ١٢ـ١٠ قَالَ قَآئِلٌ مِّنْهُمْ لَا تَقْتُلُوا۟ يُوسُفَ وَأَلْقُوهُ
فِى غَيَٰبَتِ ٱلْجُبِّ يَلْتَقِطْهُ بَعْضُ ٱلسَّيَّارَةِ إِن كُنتُمْ فَٰعِلِينَ ١٢ـ١١ قَالُوا۟ يَٰٓأَبَانَا مَا لَكَ لَا
تَأْمَ۫نَّا عَلَىٰ يُوسُفَ وَإِنَّا لَهُۥ لَنَٰصِحُونَ ١٢ـ١٢ أَرْسِلْهُ مَعَنَا غَدًا يَرْتَعْ وَيَلْعَبْ وَإِنَّا لَهُۥ
لَحَٰفِظُونَ ١٢ـ١٣ قَالَ إِنِّى لَيَحْزُنُنِىٓ أَن تَذْهَبُوا۟ بِهِۦ وَأَخَافُ أَن يَأْكُلَهُ ٱلذِّئْبُ وَأَنتُمْ
عَنْهُ غَٰفِلُونَ ١٢ـ١٤ قَالُوا۟ لَئِنْ أَكَلَهُ ٱلذِّئْبُ وَنَحْنُ عُصْبَةٌ إِنَّآ إِذًا لَّخَٰسِرُونَ ١٢ـ١٥ فَلَمَّا
ذَهَبُوا۟ بِهِۦ وَأَجْمَعُوٓا۟ أَن يَجْعَلُوهُ فِى غَيَٰبَتِ ٱلْجُبِّ ۚ وَأَوْحَيْنَآ إِلَيْهِ لَتُنَبِّئَنَّهُم بِأَمْرِهِمْ
هَٰذَا وَهُمْ لَا يَشْعُرُونَ ١٢ـ١٦ وَجَآءُوٓ أَبَاهُمْ عِشَآءً يَبْكُونَ ١٢ـ١٧ قَالُوا۟ يَٰٓأَبَانَآ إِنَّا
ذَهَبْنَا نَسْتَبِقُ وَتَرَكْنَا يُوسُفَ عِندَ مَتَٰعِنَا فَأَكَلَهُ ٱلذِّئْبُ ۖ وَمَآ أَنتَ بِمُؤْمِنٍ لَّنَا وَلَوْ كُنَّا
صَٰدِقِينَ ١٢ـ١٨ وَجَآءُو عَلَىٰ قَمِيصِهِۦ بِدَمٍ كَذِبٍ ۚ قَالَ بَلْ سَوَّلَتْ لَكُمْ أَنفُسُكُمْ أَمْرًا ۖ
فَصَبْرٌ جَمِيلٌ ۖ وَٱللَّهُ ٱلْمُسْتَعَانُ عَلَىٰ مَا تَصِفُونَ ١٢ـ١٩ وَجَآءَتْ سَيَّارَةٌ فَأَرْسَلُوا۟
وَارِدَهُمْ فَأَدْلَىٰ دَلْوَهُۥ ۖ قَالَ يَٰبُشْرَىٰ هَٰذَا غُلَٰمٌ ۚ وَأَسَرُّوهُ بِضَٰعَةً ۚ وَٱللَّهُ عَلِيمٌۢ بِمَا
يَعْمَلُونَ ١٢ـ٢٠ وَشَرَوْهُ بِثَمَنٍۭ بَخْسٍ دَرَٰهِمَ مَعْدُودَةٍ وَكَانُوا۟ فِيهِ مِنَ ٱلزَّٰهِدِينَ
١٢ـ٢١ وَقَالَ ٱلَّذِى ٱشْتَرَىٰهُ مِن مِّصْرَ لِٱمْرَأَتِهِۦٓ أَكْرِمِى مَثْوَىٰهُ عَسَىٰٓ أَن يَنفَعَنَآ أَوْ
نَتَّخِذَهُۥ وَلَدًا ۚ وَكَذَٰلِكَ مَكَّنَّا لِيُوسُفَ فِى ٱلْأَرْضِ وَلِنُعَلِّمَهُۥ مِن تَأْوِيلِ ٱلْأَحَادِيثِ ۚ
وَٱللَّهُ غَالِبٌ عَلَىٰٓ أَمْرِهِۦ وَلَٰكِنَّ أَكْثَرَ ٱلنَّاسِ لَا يَعْلَمُونَ ١٢ـ٢٢ وَلَمَّا بَلَغَ أَشُدَّهُۥٓ ءَاتَيْنَٰهُ
حُكْمًا وَعِلْمًا ۚ وَكَذَٰلِكَ نَجْزِى ٱلْمُحْسِنِينَ ١٢ـ٢٣ وَرَٰوَدَتْهُ ٱلَّتِى هُوَ فِى بَيْتِهَا عَن
نَّفْسِهِۦ وَغَلَّقَتِ ٱلْأَبْوَٰبَ وَقَالَتْ هَيْتَ لَكَ ۚ قَالَ مَعَاذَ ٱللَّهِ ۖ إِنَّهُۥ رَبِّىٓ أَحْسَنَ مَثْوَاىَ ۖ
إِنَّهُۥ لَا يُفْلِحُ ٱلظَّٰلِمُونَ ١٢ـ٢٤ وَلَقَدْ هَمَّتْ بِهِۦ ۖ وَهَمَّ بِهَا لَوْلَآ أَن رَّءَا بُرْهَٰنَ رَبِّهِۦ ۚ
كَذَٰلِكَ لِنَصْرِفَ عَنْهُ ٱلسُّوٓءَ وَٱلْفَحْشَآءَ ۚ إِنَّهُۥ مِنْ عِبَادِنَا ٱلْمُخْلَصِينَ ١٢ـ٢٥ وَٱسْتَبَقَا
ٱلْبَابَ وَقَدَّتْ قَمِيصَهُۥ مِن دُبُرٍ وَأَلْفَيَا سَيِّدَهَا لَدَا ٱلْبَابِ ۚ قَالَتْ مَا جَزَآءُ مَنْ أَرَادَ
بِأَهْلِكَ سُوٓءًا إِلَّآ أَن يُسْجَنَ أَوْ عَذَابٌ أَلِيمٌ ١٢ـ٢٦ قَالَ هِىَ رَٰوَدَتْنِى عَن نَّفْسِى ۚ
وَشَهِدَ شَاهِدٌ مِّنْ أَهْلِهَآ إِن كَانَ قَمِيصُهُۥ قُدَّ مِن قُبُلٍ فَصَدَقَتْ وَهُوَ مِنَ ٱلْكَٰذِبِينَ
١٢ـ٢٧ وَإِن كَانَ قَمِيصُهُۥ قُدَّ مِن دُبُرٍ فَكَذَبَتْ وَهُوَ مِنَ ٱلصَّٰدِقِينَ ١٢ـ٢٨ فَلَمَّا رَءَا

قَمِيصَهُۥ قُدَّ مِن دُبُرٍ قَالَ إِنَّهُۥ مِن كَيْدِكُنَّ ۖ إِنَّ كَيْدَكُنَّ عَظِيمٌ ١٢ـ٢٩ يُوسُفُ أَعْرِضْ
عَنْ هَٰذَا ۚ وَٱسْتَغْفِرِى لِذَنۢبِكِ ۖ إِنَّكِ كُنتِ مِنَ ٱلْخَاطِـِٔينَ ١٢ـ٣٠ وَقَالَ نِسْوَةٌ فِى
ٱلْمَدِينَةِ ٱمْرَأَتُ ٱلْعَزِيزِ تُرَٰوِدُ فَتَىٰهَا عَن نَّفْسِهِۦ ۖ قَدْ شَغَفَهَا حُبًّا ۖ إِنَّا لَنَرَىٰهَا فِى ضَلَٰلٍ
مُّبِينٍ ١٢ـ٣١ فَلَمَّا سَمِعَتْ بِمَكْرِهِنَّ أَرْسَلَتْ إِلَيْهِنَّ وَأَعْتَدَتْ لَهُنَّ مُتَّكَـًٔا وَءَاتَتْ كُلَّ
وَٰحِدَةٍ مِّنْهُنَّ سِكِّينًا وَقَالَتِ ٱخْرُجْ عَلَيْهِنَّ ۖ فَلَمَّا رَأَيْنَهُۥٓ أَكْبَرْنَهُۥ وَقَطَّعْنَ أَيْدِيَهُنَّ
وَقُلْنَ حَٰشَ لِلَّهِ مَا هَٰذَا بَشَرًا إِنْ هَٰذَآ إِلَّا مَلَكٌ كَرِيمٌ ١٢ـ٣٢ قَالَتْ فَذَٰلِكُنَّ ٱلَّذِى
لُمْتُنَّنِى فِيهِ ۖ وَلَقَدْ رَٰوَدتُّهُۥ عَن نَّفْسِهِۦ فَٱسْتَعْصَمَ ۖ وَلَئِن لَّمْ يَفْعَلْ مَآ ءَامُرُهُۥ
لَيُسْجَنَنَّ وَلَيَكُونًا مِّنَ ٱلصَّٰغِرِينَ ١٢ـ٣٣ قَالَ رَبِّ ٱلسِّجْنُ أَحَبُّ إِلَىَّ مِمَّا يَدْعُونَنِىٓ إِلَيْهِ
ۖ وَإِلَّا تَصْرِفْ عَنِّى كَيْدَهُنَّ أَصْبُ إِلَيْهِنَّ وَأَكُن مِّنَ ٱلْجَٰهِلِينَ ١٢ـ٣٤ فَٱسْتَجَابَ لَهُۥ
رَبُّهُۥ فَصَرَفَ عَنْهُ كَيْدَهُنَّ ۚ إِنَّهُۥ هُوَ ٱلسَّمِيعُ ٱلْعَلِيمُ ١٢ـ٣٥ ثُمَّ بَدَا لَهُم مِّنۢ بَعْدِ مَا
رَأَوُا۟ ٱلْءَايَٰتِ لَيَسْجُنُنَّهُۥ حَتَّىٰ حِينٍ ١٢ـ٣٦ وَدَخَلَ مَعَهُ ٱلسِّجْنَ فَتَيَانِ ۖ قَالَ أَحَدُهُمَآ
إِنِّىٓ أَرَىٰنِىٓ أَعْصِرُ خَمْرًا ۖ وَقَالَ ٱلْءَاخَرُ إِنِّىٓ أَرَىٰنِىٓ أَحْمِلُ فَوْقَ رَأْسِى خُبْزًا تَأْكُلُ ٱلطَّيْرُ
مِنْهُ ۖ نَبِّئْنَا بِتَأْوِيلِهِۦٓ ۖ إِنَّا نَرَىٰكَ مِنَ ٱلْمُحْسِنِينَ ١٢ـ٣٧ قَالَ لَا يَأْتِيكُمَا طَعَامٌ تُرْزَقَانِهِۦٓ
إِلَّا نَبَّأْتُكُمَا بِتَأْوِيلِهِۦ قَبْلَ أَن يَأْتِيَكُمَا ۚ ذَٰلِكُمَا مِمَّا عَلَّمَنِى رَبِّىٓ ۚ إِنِّى تَرَكْتُ مِلَّةَ قَوْمٍ
لَّا يُؤْمِنُونَ بِٱللَّهِ وَهُم بِٱلْءَاخِرَةِ هُمْ كَٰفِرُونَ ١٢ـ٣٨ وَٱتَّبَعْتُ مِلَّةَ ءَابَآءِىٓ إِبْرَٰهِيمَ
وَإِسْحَٰقَ وَيَعْقُوبَ ۚ مَا كَانَ لَنَآ أَن نُّشْرِكَ بِٱللَّهِ مِن شَىْءٍ ۚ ذَٰلِكَ مِن فَضْلِ ٱللَّهِ عَلَيْنَا
وَعَلَى ٱلنَّاسِ وَلَٰكِنَّ أَكْثَرَ ٱلنَّاسِ لَا يَشْكُرُونَ ١٢ـ٣٩ يَٰصَٰحِبَىِ ٱلسِّجْنِ ءَأَرْبَابٌ
مُّتَفَرِّقُونَ خَيْرٌ أَمِ ٱللَّهُ ٱلْوَٰحِدُ ٱلْقَهَّارُ ١٢ـ٤٠ مَا تَعْبُدُونَ مِن دُونِهِۦٓ إِلَّآ أَسْمَآءً
سَمَّيْتُمُوهَآ أَنتُمْ وَءَابَآؤُكُم مَّآ أَنزَلَ ٱللَّهُ بِهَا مِن سُلْطَٰنٍ ۚ إِنِ ٱلْحُكْمُ إِلَّا لِلَّهِ ۚ أَمَرَ أَلَّا
تَعْبُدُوٓا۟ إِلَّآ إِيَّاهُ ۚ ذَٰلِكَ ٱلدِّينُ ٱلْقَيِّمُ وَلَٰكِنَّ أَكْثَرَ ٱلنَّاسِ لَا يَعْلَمُونَ ١٢ـ٤١ يَٰصَٰحِبَىِ
ٱلسِّجْنِ أَمَّآ أَحَدُكُمَا فَيَسْقِى رَبَّهُۥ خَمْرًا ۖ وَأَمَّا ٱلْءَاخَرُ فَيُصْلَبُ فَتَأْكُلُ ٱلطَّيْرُ مِن
رَّأْسِهِۦ ۚ قُضِىَ ٱلْأَمْرُ ٱلَّذِى فِيهِ تَسْتَفْتِيَانِ ١٢ـ٤٢ وَقَالَ لِلَّذِى ظَنَّ أَنَّهُۥ نَاجٍ مِّنْهُمَا
ٱذْكُرْنِى عِندَ رَبِّكَ فَأَنسَىٰهُ ٱلشَّيْطَٰنُ ذِكْرَ رَبِّهِۦ فَلَبِثَ فِى ٱلسِّجْنِ بِضْعَ سِنِينَ
١٢ـ٤٣ وَقَالَ ٱلْمَلِكُ إِنِّىٓ أَرَىٰ سَبْعَ بَقَرَٰتٍ سِمَانٍ يَأْكُلُهُنَّ سَبْعٌ عِجَافٌ وَسَبْعَ سُنۢبُلَٰتٍ
خُضْرٍ وَأُخَرَ يَابِسَٰتٍ ۖ يَٰٓأَيُّهَا ٱلْمَلَأُ أَفْتُونِى فِى رُءْيَٰىَ إِن كُنتُمْ لِلرُّءْيَا تَعْبُرُونَ
١٢ـ٤٤ قَالُوٓا۟ أَضْغَٰثُ أَحْلَٰمٍ ۖ وَمَا نَحْنُ بِتَأْوِيلِ ٱلْأَحْلَٰمِ بِعَٰلِمِينَ ١٢ـ٤٥ وَقَالَ ٱلَّذِى نَجَا
مِنْهُمَا وَٱدَّكَرَ بَعْدَ أُمَّةٍ أَنَا۠ أُنَبِّئُكُم بِتَأْوِيلِهِۦ فَأَرْسِلُونِ ١٢ـ٤٦ يُوسُفُ أَيُّهَا ٱلصِّدِّيقُ
أَفْتِنَا فِى سَبْعِ بَقَرَٰتٍ سِمَانٍ يَأْكُلُهُنَّ سَبْعٌ عِجَافٌ وَسَبْعِ سُنۢبُلَٰتٍ خُضْرٍ وَأُخَرَ يَابِسَٰتٍ

لَّعَلِّىٓ أَرۡجِعُ إِلَى ٱلنَّاسِ لَعَلَّهُمۡ يَعۡلَمُونَ ١٢ـ٤٧ قَالَ تَزۡرَعُونَ سَبۡعَ سِنِينَ دَأَبٗا فَمَا
حَصَدتُّمۡ فَذَرُوهُ فِى سُنۢبُلِهِۦٓ إِلَّا قَلِيلٗا مِّمَّا تَأۡكُلُونَ ١٢ـ٤٨ ثُمَّ يَأۡتِى مِنۢ بَعۡدِ ذَٰلِكَ
سَبۡعٌ شِدَادٞ يَأۡكُلۡنَ مَا قَدَّمۡتُمۡ لَهُنَّ إِلَّا قَلِيلٗا مِّمَّا تُحۡصِنُونَ ١٢ـ٤٩ ثُمَّ يَأۡتِى مِنۢ بَعۡدِ
ذَٰلِكَ عَامٞ فِيهِ يُغَاثُ ٱلنَّاسُ وَفِيهِ يَعۡصِرُونَ ١٢ـ٥٠ وَقَالَ ٱلۡمَلِكُ ٱئۡتُونِى بِهِۦۖ فَلَمَّا
جَآءَهُ ٱلرَّسُولُ قَالَ ٱرۡجِعۡ إِلَىٰ رَبِّكَ فَسۡـَٔلۡهُ مَا بَالُ ٱلنِّسۡوَةِ ٱلَّٰتِى قَطَّعۡنَ أَيۡدِيَهُنَّۚ إِنَّ
رَبِّى بِكَيۡدِهِنَّ عَلِيمٞ ١٢ـ٥١ قَالَ مَا خَطۡبُكُنَّ إِذۡ رَٰوَدتُّنَّ يُوسُفَ عَن نَّفۡسِهِۦۚ قُلۡنَ حَٰشَ
لِلَّهِ مَا عَلِمۡنَا عَلَيۡهِ مِن سُوٓءٖۚ قَالَتِ ٱمۡرَأَتُ ٱلۡعَزِيزِ ٱلۡـَٰٔنَ حَصۡحَصَ ٱلۡحَقُّ أَنَا۠ رَٰوَدتُّهُۥ عَن
نَّفۡسِهِۦ وَإِنَّهُۥ لَمِنَ ٱلصَّٰدِقِينَ ١٢ـ٥٢ ذَٰلِكَ لِيَعۡلَمَ أَنِّى لَمۡ أَخُنۡهُ بِٱلۡغَيۡبِ وَأَنَّ ٱللَّهَ لَا
يَهۡدِى كَيۡدَ ٱلۡخَآئِنِينَ ١٢ـ٥٣ وَمَآ أُبَرِّئُ نَفۡسِىٓۚ إِنَّ ٱلنَّفۡسَ لَأَمَّارَةُۢ بِٱلسُّوٓءِ إِلَّا مَا
رَحِمَ رَبِّىٓۚ إِنَّ رَبِّى غَفُورٞ رَّحِيمٞ ١٢ـ٥٤ وَقَالَ ٱلۡمَلِكُ ٱئۡتُونِى بِهِۦٓ أَسۡتَخۡلِصۡهُ لِنَفۡسِىۖ
فَلَمَّا كَلَّمَهُۥ قَالَ إِنَّكَ ٱلۡيَوۡمَ لَدَيۡنَا مَكِينٌ أَمِينٞ ١٢ـ٥٥ قَالَ ٱجۡعَلۡنِى عَلَىٰ خَزَآئِنِ
ٱلۡأَرۡضِۖ إِنِّى حَفِيظٌ عَلِيمٞ ١٢ـ٥٦ وَكَذَٰلِكَ مَكَّنَّا لِيُوسُفَ فِى ٱلۡأَرۡضِ يَتَبَوَّأُ مِنۡهَا حَيۡثُ
يَشَآءُۚ نُصِيبُ بِرَحۡمَتِنَا مَن نَّشَآءُۖ وَلَا نُضِيعُ أَجۡرَ ٱلۡمُحۡسِنِينَ ١٢ـ٥٧ وَلَأَجۡرُ ٱلۡأٓخِرَةِ
خَيۡرٞ لِّلَّذِينَ ءَامَنُواْ وَكَانُواْ يَتَّقُونَ ١٢ـ٥٨ وَجَآءَ إِخۡوَةُ يُوسُفَ فَدَخَلُواْ عَلَيۡهِ فَعَرَفَهُمۡ
وَهُمۡ لَهُۥ مُنكِرُونَ ١٢ـ٥٩ وَلَمَّا جَهَّزَهُم بِجَهَازِهِمۡ قَالَ ٱئۡتُونِى بِأَخٖ لَّكُم مِّنۡ أَبِيكُمۡۚ
أَلَا تَرَوۡنَ أَنِّىٓ أُوفِى ٱلۡكَيۡلَ وَأَنَا۠ خَيۡرُ ٱلۡمُنزِلِينَ ١٢ـ٦٠ فَإِن لَّمۡ تَأۡتُونِى بِهِۦ فَلَا كَيۡلَ
لَكُمۡ عِندِى وَلَا تَقۡرَبُونِ ١٢ـ٦١ قَالُواْ سَنُرَٰوِدُ عَنۡهُ أَبَاهُ وَإِنَّا لَفَٰعِلُونَ ١٢ـ٦٢ وَقَالَ
لِفِتۡيَٰنِهِ ٱجۡعَلُواْ بِضَٰعَتَهُمۡ فِى رِحَالِهِمۡ لَعَلَّهُمۡ يَعۡرِفُونَهَآ إِذَا ٱنقَلَبُوٓاْ إِلَىٰٓ أَهۡلِهِمۡ
لَعَلَّهُمۡ يَرۡجِعُونَ ١٢ـ٦٣ فَلَمَّا رَجَعُوٓاْ إِلَىٰٓ أَبِيهِمۡ قَالُواْ يَٰٓأَبَانَا مُنِعَ مِنَّا ٱلۡكَيۡلُ فَأَرۡسِلۡ
مَعَنَآ أَخَانَا نَكۡتَلۡ وَإِنَّا لَهُۥ لَحَٰفِظُونَ ١٢ـ٦٤ قَالَ هَلۡ ءَامَنُكُمۡ عَلَيۡهِ إِلَّا كَمَآ أَمِنتُكُمۡ
عَلَىٰٓ أَخِيهِ مِن قَبۡلُۖ فَٱللَّهُ خَيۡرٌ حَٰفِظٗاۖ وَهُوَ أَرۡحَمُ ٱلرَّٰحِمِينَ ١٢ـ٦٥ وَلَمَّا فَتَحُواْ
مَتَٰعَهُمۡ وَجَدُواْ بِضَٰعَتَهُمۡ رُدَّتۡ إِلَيۡهِمۡۖ قَالُواْ يَٰٓأَبَانَا مَا نَبۡغِىۖ هَٰذِهِۦ بِضَٰعَتُنَا رُدَّتۡ
إِلَيۡنَاۖ وَنَمِيرُ أَهۡلَنَا وَنَحۡفَظُ أَخَانَا وَنَزۡدَادُ كَيۡلَ بَعِيرٖۖ ذَٰلِكَ كَيۡلٞ يَسِيرٞ ١٢ـ٦٦ قَالَ لَنۡ
أُرۡسِلَهُۥ مَعَكُمۡ حَتَّىٰ تُؤۡتُونِ مَوۡثِقٗا مِّنَ ٱللَّهِ لَتَأۡتُنَّنِى بِهِۦٓ إِلَّآ أَن يُحَاطَ بِكُمۡۖ فَلَمَّآ
ءَاتَوۡهُ مَوۡثِقَهُمۡ قَالَ ٱللَّهُ عَلَىٰ مَا نَقُولُ وَكِيلٞ ١٢ـ٦٧ وَقَالَ يَٰبَنِىَّ لَا تَدۡخُلُواْ مِنۢ
بَابٖ وَٰحِدٖ وَٱدۡخُلُواْ مِنۡ أَبۡوَٰبٖ مُّتَفَرِّقَةٖۖ وَمَآ أُغۡنِى عَنكُم مِّنَ ٱللَّهِ مِن شَىۡءٍۖ إِنِ
ٱلۡحُكۡمُ إِلَّا لِلَّهِۖ عَلَيۡهِ تَوَكَّلۡتُۖ وَعَلَيۡهِ فَلۡيَتَوَكَّلِ ٱلۡمُتَوَكِّلُونَ ١٢ـ٦٨ وَلَمَّا دَخَلُواْ مِنۡ
حَيۡثُ أَمَرَهُمۡ أَبُوهُم مَّا كَانَ يُغۡنِى عَنۡهُم مِّنَ ٱللَّهِ مِن شَىۡءٍ إِلَّا حَاجَةٗ فِى نَفۡسِ

يَعْقُوبَ قَضَىٰهَا ۚ وَإِنَّهُۥ لَذُو عِلْمٍ لِّمَا عَلَّمْنَٰهُ وَلَٰكِنَّ أَكْثَرَ ٱلنَّاسِ لَا يَعْلَمُونَ
١٢ـ٦٩ وَلَمَّا دَخَلُوا۟ عَلَىٰ يُوسُفَ ءَاوَىٰٓ إِلَيْهِ أَخَاهُ ۖ قَالَ إِنِّىٓ أَنَا۠ أَخُوكَ فَلَا تَبْتَئِسْ
بِمَا كَانُوا۟ يَعْمَلُونَ ١٢ـ٧٠ فَلَمَّا جَهَّزَهُم بِجَهَازِهِمْ جَعَلَ ٱلسِّقَايَةَ فِى رَحْلِ أَخِيهِ ثُمَّ
أَذَّنَ مُؤَذِّنٌ أَيَّتُهَا ٱلْعِيرُ إِنَّكُمْ لَسَٰرِقُونَ ١٢ـ٧١ قَالُوا۟ وَأَقْبَلُوا۟ عَلَيْهِم مَّاذَا تَفْقِدُونَ
١٢ـ٧٢ قَالُوا۟ نَفْقِدُ صُوَاعَ ٱلْمَلِكِ وَلِمَن جَآءَ بِهِۦ حِمْلُ بَعِيرٍ وَأَنَا۠ بِهِۦ زَعِيمٌ
١٢ـ٧٣ قَالُوا۟ تَٱللَّهِ لَقَدْ عَلِمْتُم مَّا جِئْنَا لِنُفْسِدَ فِى ٱلْأَرْضِ وَمَا كُنَّا سَٰرِقِينَ
١٢ـ٧٤ قَالُوا۟ فَمَا جَزَٰٓؤُهُۥٓ إِن كُنتُمْ كَٰذِبِينَ ١٢ـ٧٥ قَالُوا۟ جَزَٰٓؤُهُۥ مَن وُجِدَ فِى رَحْلِهِۦ
فَهُوَ جَزَٰٓؤُهُۥ ۚ كَذَٰلِكَ نَجْزِى ٱلظَّٰلِمِينَ ١٢ـ٧٦ فَبَدَأَ بِأَوْعِيَتِهِمْ قَبْلَ وِعَآءِ أَخِيهِ ثُمَّ
ٱسْتَخْرَجَهَا مِن وِعَآءِ أَخِيهِ ۚ كَذَٰلِكَ كِدْنَا لِيُوسُفَ ۖ مَا كَانَ لِيَأْخُذَ أَخَاهُ فِى دِينِ
ٱلْمَلِكِ إِلَّآ أَن يَشَآءَ ٱللَّهُ ۚ نَرْفَعُ دَرَجَٰتٍ مَّن نَّشَآءُ ۗ وَفَوْقَ كُلِّ ذِى عِلْمٍ عَلِيمٌ
١٢ـ٧٧ قَالُوٓا۟ إِن يَسْرِقْ فَقَدْ سَرَقَ أَخٌ لَّهُۥ مِن قَبْلُ ۚ فَأَسَرَّهَا يُوسُفُ فِى نَفْسِهِۦ
وَلَمْ يُبْدِهَا لَهُمْ ۚ قَالَ أَنتُمْ شَرٌّ مَّكَانًا ۖ وَٱللَّهُ أَعْلَمُ بِمَا تَصِفُونَ ١٢ـ٧٨ قَالُوا۟ يَٰٓأَيُّهَا
ٱلْعَزِيزُ إِنَّ لَهُۥٓ أَبًا شَيْخًا كَبِيرًا فَخُذْ أَحَدَنَا مَكَانَهُۥٓ ۖ إِنَّا نَرَىٰكَ مِنَ ٱلْمُحْسِنِينَ ١٢ـ٧٩ قَالَ
مَعَاذَ ٱللَّهِ أَن نَّأْخُذَ إِلَّا مَن وَجَدْنَا مَتَٰعَنَا عِندَهُۥٓ إِنَّآ إِذًا لَّظَٰلِمُونَ ١٢ـ٨٠ فَلَمَّا
ٱسْتَيْـَٔسُوا۟ مِنْهُ خَلَصُوا۟ نَجِيًّا ۖ قَالَ كَبِيرُهُمْ أَلَمْ تَعْلَمُوٓا۟ أَنَّ أَبَاكُمْ قَدْ أَخَذَ عَلَيْكُم
مَّوْثِقًا مِّنَ ٱللَّهِ وَمِن قَبْلُ مَا فَرَّطتُمْ فِى يُوسُفَ ۖ فَلَنْ أَبْرَحَ ٱلْأَرْضَ حَتَّىٰ يَأْذَنَ لِىٓ
أَبِىٓ أَوْ يَحْكُمَ ٱللَّهُ لِى ۖ وَهُوَ خَيْرُ ٱلْحَٰكِمِينَ ١٢ـ٨١ ٱرْجِعُوٓا۟ إِلَىٰٓ أَبِيكُمْ فَقُولُوا۟ يَٰٓأَبَانَآ
إِنَّ ٱبْنَكَ سَرَقَ وَمَا شَهِدْنَآ إِلَّا بِمَا عَلِمْنَا وَمَا كُنَّا لِلْغَيْبِ حَٰفِظِينَ ١٢ـ٨٢ وَسْـَٔلِ
ٱلْقَرْيَةَ ٱلَّتِى كُنَّا فِيهَا وَٱلْعِيرَ ٱلَّتِىٓ أَقْبَلْنَا فِيهَا ۖ وَإِنَّا لَصَٰدِقُونَ ١٢ـ٨٣ قَالَ بَلْ
سَوَّلَتْ لَكُمْ أَنفُسُكُمْ أَمْرًا ۖ فَصَبْرٌ جَمِيلٌ ۖ عَسَى ٱللَّهُ أَن يَأْتِيَنِى بِهِمْ جَمِيعًا ۚ إِنَّهُۥ
هُوَ ٱلْعَلِيمُ ٱلْحَكِيمُ ١٢ـ٨٤ وَتَوَلَّىٰ عَنْهُمْ وَقَالَ يَٰٓأَسَفَىٰ عَلَىٰ يُوسُفَ وَٱبْيَضَّتْ
عَيْنَاهُ مِنَ ٱلْحُزْنِ فَهُوَ كَظِيمٌ ١٢ـ٨٥ قَالُوا۟ تَٱللَّهِ تَفْتَؤُا۟ تَذْكُرُ يُوسُفَ حَتَّىٰ تَكُونَ
حَرَضًا أَوْ تَكُونَ مِنَ ٱلْهَٰلِكِينَ ١٢ـ٨٦ قَالَ إِنَّمَآ أَشْكُوا۟ بَثِّى وَحُزْنِىٓ إِلَى ٱللَّهِ وَأَعْلَمُ
مِنَ ٱللَّهِ مَا لَا تَعْلَمُونَ ١٢ـ٨٧ يَٰبَنِىَّ ٱذْهَبُوا۟ فَتَحَسَّسُوا۟ مِن يُوسُفَ وَأَخِيهِ وَلَا
تَا۟يْـَٔسُوا۟ مِن رَّوْحِ ٱللَّهِ ۖ إِنَّهُۥ لَا يَا۟يْـَٔسُ مِن رَّوْحِ ٱللَّهِ إِلَّا ٱلْقَوْمُ ٱلْكَٰفِرُونَ ١٢ـ٨٨ فَلَمَّا
دَخَلُوا۟ عَلَيْهِ قَالُوا۟ يَٰٓأَيُّهَا ٱلْعَزِيزُ مَسَّنَا وَأَهْلَنَا ٱلضُّرُّ وَجِئْنَا بِبِضَٰعَةٍ مُّزْجَىٰةٍ فَأَوْفِ لَنَا
ٱلْكَيْلَ وَتَصَدَّقْ عَلَيْنَآ ۖ إِنَّ ٱللَّهَ يَجْزِى ٱلْمُتَصَدِّقِينَ ١٢ـ٨٩ قَالَ هَلْ عَلِمْتُم مَّا فَعَلْتُم
بِيُوسُفَ وَأَخِيهِ إِذْ أَنتُمْ جَٰهِلُونَ ١٢ـ٩٠ قَالُوٓا۟ أَءِنَّكَ لَأَنتَ يُوسُفُ ۖ قَالَ أَنَا۠ يُوسُفُ

وَهَٰذَآ أَخِى ۖ قَدْ مَنَّ ٱللَّهُ عَلَيْنَآ ۖ إِنَّهُۥ مَن يَتَّقِ وَيَصْبِرْ فَإِنَّ ٱللَّهَ لَا يُضِيعُ أَجْرَ
ٱلْمُحْسِنِينَ ١٢ـ٩١ قَالُوا۟ تَٱللَّهِ لَقَدْ ءَاثَرَكَ ٱللَّهُ عَلَيْنَا وَإِن كُنَّا لَخَٰطِـِٔينَ ١٢ـ٩٢ قَالَ لَا
تَثْرِيبَ عَلَيْكُمُ ٱلْيَوْمَ ۖ يَغْفِرُ ٱللَّهُ لَكُمْ ۖ وَهُوَ أَرْحَمُ ٱلرَّٰحِمِينَ ١٢ـ٩٣ ٱذْهَبُوا۟ بِقَمِيصِى
هَٰذَا فَأَلْقُوهُ عَلَىٰ وَجْهِ أَبِى يَأْتِ بَصِيرًا وَأْتُونِى بِأَهْلِكُمْ أَجْمَعِينَ ١٢ـ٩٤ وَلَمَّا
فَصَلَتِ ٱلْعِيرُ قَالَ أَبُوهُمْ إِنِّى لَأَجِدُ رِيحَ يُوسُفَ ۖ لَوْلَآ أَن تُفَنِّدُونِ ١٢ـ٩٥ قَالُوا۟
تَٱللَّهِ إِنَّكَ لَفِى ضَلَٰلِكَ ٱلْقَدِيمِ ١٢ـ٩٦ فَلَمَّآ أَن جَآءَ ٱلْبَشِيرُ أَلْقَىٰهُ عَلَىٰ وَجْهِهِۦ فَٱرْتَدَّ
بَصِيرًا ۖ قَالَ أَلَمْ أَقُل لَّكُمْ إِنِّىٓ أَعْلَمُ مِنَ ٱللَّهِ مَا لَا تَعْلَمُونَ ١٢ـ٩٧ قَالُوا۟ يَٰٓأَبَانَا
ٱسْتَغْفِرْ لَنَا ذُنُوبَنَآ إِنَّا كُنَّا خَٰطِـِٔينَ ١٢ـ٩٨ قَالَ سَوْفَ أَسْتَغْفِرُ لَكُمْ رَبِّىٓ ۖ إِنَّهُۥ هُوَ
ٱلْغَفُورُ ٱلرَّحِيمُ ١٢ـ٩٩ فَلَمَّا دَخَلُوا۟ عَلَىٰ يُوسُفَ ءَاوَىٰٓ إِلَيْهِ أَبَوَيْهِ وَقَالَ ٱدْخُلُوا۟ مِصْرَ
إِن شَآءَ ٱللَّهُ ءَامِنِينَ ١٢ـ١٠٠ وَرَفَعَ أَبَوَيْهِ عَلَى ٱلْعَرْشِ وَخَرُّوا۟ لَهُۥ سُجَّدًا ۖ وَقَالَ يَٰٓأَبَتِ
هَٰذَا تَأْوِيلُ رُءْيَٰىَ مِن قَبْلُ قَدْ جَعَلَهَا رَبِّى حَقًّا ۖ وَقَدْ أَحْسَنَ بِىٓ إِذْ أَخْرَجَنِى مِنَ
ٱلسِّجْنِ وَجَآءَ بِكُم مِّنَ ٱلْبَدْوِ مِنۢ بَعْدِ أَن نَّزَغَ ٱلشَّيْطَٰنُ بَيْنِى وَبَيْنَ إِخْوَتِىٓ ۚ إِنَّ رَبِّى
لَطِيفٌ لِّمَا يَشَآءُ ۚ إِنَّهُۥ هُوَ ٱلْعَلِيمُ ٱلْحَكِيمُ ١٢ـ١٠١ رَبِّ قَدْ ءَاتَيْتَنِى مِنَ ٱلْمُلْكِ
وَعَلَّمْتَنِى مِن تَأْوِيلِ ٱلْأَحَادِيثِ ۚ فَاطِرَ ٱلسَّمَٰوَٰتِ وَٱلْأَرْضِ أَنتَ وَلِىِّۦ فِى ٱلدُّنْيَا
وَٱلْءَاخِرَةِ ۖ تَوَفَّنِى مُسْلِمًا وَأَلْحِقْنِى بِٱلصَّٰلِحِينَ ١٢ـ١٠٢ ذَٰلِكَ مِنْ أَنۢبَآءِ ٱلْغَيْبِ نُوحِيهِ
إِلَيْكَ ۖ وَمَا كُنتَ لَدَيْهِمْ إِذْ أَجْمَعُوٓا۟ أَمْرَهُمْ وَهُمْ يَمْكُرُونَ ١٢ـ١٠٣ وَمَآ أَكْثَرُ ٱلنَّاسِ
وَلَوْ حَرَصْتَ بِمُؤْمِنِينَ ١٢ـ١٠٤ وَمَا تَسْـَٔلُهُمْ عَلَيْهِ مِنْ أَجْرٍ ۚ إِنْ هُوَ إِلَّا ذِكْرٌ لِّلْعَٰلَمِينَ
١٢ـ١٠٥ وَكَأَيِّن مِّنْ ءَايَةٍ فِى ٱلسَّمَٰوَٰتِ وَٱلْأَرْضِ يَمُرُّونَ عَلَيْهَا وَهُمْ عَنْهَا مُعْرِضُونَ
١٢ـ١٠٦ وَمَا يُؤْمِنُ أَكْثَرُهُم بِٱللَّهِ إِلَّا وَهُم مُّشْرِكُونَ ١٢ـ١٠٧ أَفَأَمِنُوٓا۟ أَن تَأْتِيَهُمْ
غَٰشِيَةٌ مِّنْ عَذَابِ ٱللَّهِ أَوْ تَأْتِيَهُمُ ٱلسَّاعَةُ بَغْتَةً وَهُمْ لَا يَشْعُرُونَ ١٢ـ١٠٨ قُلْ هَٰذِهِۦ
سَبِيلِىٓ أَدْعُوٓا۟ إِلَى ٱللَّهِ ۚ عَلَىٰ بَصِيرَةٍ أَنَا۠ وَمَنِ ٱتَّبَعَنِى ۖ وَسُبْحَٰنَ ٱللَّهِ وَمَآ أَنَا۠ مِنَ
ٱلْمُشْرِكِينَ ١٢ـ١٠٩ وَمَآ أَرْسَلْنَا مِن قَبْلِكَ إِلَّا رِجَالًا نُّوحِىٓ إِلَيْهِم مِّنْ أَهْلِ ٱلْقُرَىٰٓ ۗ
أَفَلَمْ يَسِيرُوا۟ فِى ٱلْأَرْضِ فَيَنظُرُوا۟ كَيْفَ كَانَ عَٰقِبَةُ ٱلَّذِينَ مِن قَبْلِهِمْ ۗ وَلَدَارُ
ٱلْءَاخِرَةِ خَيْرٌ لِّلَّذِينَ ٱتَّقَوْا۟ ۗ أَفَلَا تَعْقِلُونَ ١٢ـ١١٠ حَتَّىٰٓ إِذَا ٱسْتَيْـَٔسَ ٱلرُّسُلُ وَظَنُّوٓا۟
أَنَّهُمْ قَدْ كُذِبُوا۟ جَآءَهُمْ نَصْرُنَا فَنُجِّىَ مَن نَّشَآءُ ۖ وَلَا يُرَدُّ بَأْسُنَا عَنِ ٱلْقَوْمِ ٱلْمُجْرِمِينَ
١٢ـ١١١ لَقَدْ كَانَ فِى قَصَصِهِمْ عِبْرَةٌ لِّأُو۟لِى ٱلْأَلْبَٰبِ ۗ مَا كَانَ حَدِيثًا يُفْتَرَىٰ وَلَٰكِن
تَصْدِيقَ ٱلَّذِى بَيْنَ يَدَيْهِ وَتَفْصِيلَ كُلِّ شَىْءٍ وَهُدًى وَرَحْمَةً لِّقَوْمٍ يُؤْمِنُونَ
١٣ـ١ الٓمٓر ۚ تِلْكَ ءَايَٰتُ ٱلْكِتَٰبِ ۗ وَٱلَّذِىٓ أُنزِلَ إِلَيْكَ مِن رَّبِّكَ ٱلْحَقُّ وَلَٰكِنَّ أَكْثَرَ ٱلنَّاسِ لَا

يُؤْمِنُونَ ١٣ـ٢ ٱللَّهُ ٱلَّذِى رَفَعَ ٱلسَّمَٰوَٰتِ بِغَيْرِ عَمَدٍ تَرَوْنَهَا ۖ ثُمَّ ٱسْتَوَىٰ عَلَى ٱلْعَرْشِ
ۖ وَسَخَّرَ ٱلشَّمْسَ وَٱلْقَمَرَ ۖ كُلٌّ يَجْرِى لِأَجَلٍ مُّسَمًّى ۚ يُدَبِّرُ ٱلْأَمْرَ يُفَصِّلُ ٱلْءَايَٰتِ لَعَلَّكُم
بِلِقَآءِ رَبِّكُمْ تُوقِنُونَ ١٣ـ٣ وَهُوَ ٱلَّذِى مَدَّ ٱلْأَرْضَ وَجَعَلَ فِيهَا رَوَٰسِىَ وَأَنْهَٰرًا ۖ وَمِن
كُلِّ ٱلثَّمَرَٰتِ جَعَلَ فِيهَا زَوْجَيْنِ ٱثْنَيْنِ ۖ يُغْشِى ٱلَّيْلَ ٱلنَّهَارَ ۚ إِنَّ فِى ذَٰلِكَ لَءَايَٰتٍ
لِّقَوْمٍ يَتَفَكَّرُونَ ١٣ـ٤ وَفِى ٱلْأَرْضِ قِطَعٌ مُّتَجَٰوِرَٰتٌ وَجَنَّٰتٌ مِّنْ أَعْنَٰبٍ وَزَرْعٌ وَنَخِيلٌ
صِنْوَانٌ وَغَيْرُ صِنْوَانٍ يُسْقَىٰ بِمَآءٍ وَٰحِدٍ وَنُفَضِّلُ بَعْضَهَا عَلَىٰ بَعْضٍ فِى ٱلْأُكُلِ ۚ إِنَّ
فِى ذَٰلِكَ لَءَايَٰتٍ لِّقَوْمٍ يَعْقِلُونَ ١٣ـ٥ ۞ وَإِن تَعْجَبْ فَعَجَبٌ قَوْلُهُمْ أَءِذَا كُنَّا تُرَٰبًا
أَءِنَّا لَفِى خَلْقٍ جَدِيدٍ ۗ أُو۟لَٰٓئِكَ ٱلَّذِينَ كَفَرُوا۟ بِرَبِّهِمْ ۖ وَأُو۟لَٰٓئِكَ ٱلْأَغْلَٰلُ فِىٓ أَعْنَاقِهِمْ ۖ
وَأُو۟لَٰٓئِكَ أَصْحَٰبُ ٱلنَّارِ ۖ هُمْ فِيهَا خَٰلِدُونَ ١٣ـ٦ وَيَسْتَعْجِلُونَكَ بِٱلسَّيِّئَةِ قَبْلَ ٱلْحَسَنَةِ
وَقَدْ خَلَتْ مِن قَبْلِهِمُ ٱلْمَثُلَٰتُ ۗ وَإِنَّ رَبَّكَ لَذُو مَغْفِرَةٍ لِّلنَّاسِ عَلَىٰ ظُلْمِهِمْ ۖ وَإِنَّ رَبَّكَ
لَشَدِيدُ ٱلْعِقَابِ ١٣ـ٧ وَيَقُولُ ٱلَّذِينَ كَفَرُوا۟ لَوْلَآ أُنزِلَ عَلَيْهِ ءَايَةٌ مِّن رَّبِّهِۦٓ ۗ إِنَّمَآ أَنتَ
مُنذِرٌ ۖ وَلِكُلِّ قَوْمٍ هَادٍ ١٣ـ٨ ٱللَّهُ يَعْلَمُ مَا تَحْمِلُ كُلُّ أُنثَىٰ وَمَا تَغِيضُ ٱلْأَرْحَامُ وَمَا
تَزْدَادُ ۖ وَكُلُّ شَىْءٍ عِندَهُۥ بِمِقْدَارٍ ١٣ـ٩ عَٰلِمُ ٱلْغَيْبِ وَٱلشَّهَٰدَةِ ٱلْكَبِيرُ ٱلْمُتَعَالِ
١٣ـ١٠ سَوَآءٌ مِّنكُم مَّنْ أَسَرَّ ٱلْقَوْلَ وَمَن جَهَرَ بِهِۦ وَمَنْ هُوَ مُسْتَخْفٍۭ بِٱلَّيْلِ وَسَارِبٌۢ
بِٱلنَّهَارِ ١٣ـ١١ لَهُۥ مُعَقِّبَٰتٌ مِّنۢ بَيْنِ يَدَيْهِ وَمِنْ خَلْفِهِۦ يَحْفَظُونَهُۥ مِنْ أَمْرِ ٱللَّهِ ۗ إِنَّ
ٱللَّهَ لَا يُغَيِّرُ مَا بِقَوْمٍ حَتَّىٰ يُغَيِّرُوا۟ مَا بِأَنفُسِهِمْ ۗ وَإِذَآ أَرَادَ ٱللَّهُ بِقَوْمٍ سُوٓءًا فَلَا مَرَدَّ
لَهُۥ ۚ وَمَا لَهُم مِّن دُونِهِۦ مِن وَالٍ ١٣ـ١٢ هُوَ ٱلَّذِى يُرِيكُمُ ٱلْبَرْقَ خَوْفًا وَطَمَعًا
وَيُنشِئُ ٱلسَّحَابَ ٱلثِّقَالَ ١٣ـ١٣ وَيُسَبِّحُ ٱلرَّعْدُ بِحَمْدِهِۦ وَٱلْمَلَٰٓئِكَةُ مِنْ خِيفَتِهِۦ
وَيُرْسِلُ ٱلصَّوَٰعِقَ فَيُصِيبُ بِهَا مَن يَشَآءُ وَهُمْ يُجَٰدِلُونَ فِى ٱللَّهِ وَهُوَ شَدِيدُ
ٱلْمِحَالِ ١٣ـ١٤ لَهُۥ دَعْوَةُ ٱلْحَقِّ ۖ وَٱلَّذِينَ يَدْعُونَ مِن دُونِهِۦ لَا يَسْتَجِيبُونَ لَهُم
بِشَىْءٍ إِلَّا كَبَٰسِطِ كَفَّيْهِ إِلَى ٱلْمَآءِ لِيَبْلُغَ فَاهُ وَمَا هُوَ بِبَٰلِغِهِۦ ۚ وَمَا دُعَآءُ ٱلْكَٰفِرِينَ
إِلَّا فِى ضَلَٰلٍ ١٣ـ١٥ وَلِلَّهِ يَسْجُدُ مَن فِى ٱلسَّمَٰوَٰتِ وَٱلْأَرْضِ طَوْعًا وَكَرْهًا وَظِلَٰلُهُم
بِٱلْغُدُوِّ وَٱلْءَاصَالِ ١٣ـ١٦ قُلْ مَن رَّبُّ ٱلسَّمَٰوَٰتِ وَٱلْأَرْضِ قُلِ ٱللَّهُ ۚ قُلْ أَفَٱتَّخَذْتُم مِّن
دُونِهِۦٓ أَوْلِيَآءَ لَا يَمْلِكُونَ لِأَنفُسِهِمْ نَفْعًا وَلَا ضَرًّا ۚ قُلْ هَلْ يَسْتَوِى ٱلْأَعْمَىٰ وَٱلْبَصِيرُ
أَمْ هَلْ تَسْتَوِى ٱلظُّلُمَٰتُ وَٱلنُّورُ ۗ أَمْ جَعَلُوا۟ لِلَّهِ شُرَكَآءَ خَلَقُوا۟ كَخَلْقِهِۦ فَتَشَٰبَهَ ٱلْخَلْقُ
عَلَيْهِمْ ۚ قُلِ ٱللَّهُ خَٰلِقُ كُلِّ شَىْءٍ وَهُوَ ٱلْوَٰحِدُ ٱلْقَهَّٰرُ ١٣ـ١٧ أَنزَلَ مِنَ ٱلسَّمَآءِ مَآءً
فَسَالَتْ أَوْدِيَةٌۢ بِقَدَرِهَا فَٱحْتَمَلَ ٱلسَّيْلُ زَبَدًا رَّابِيًا ۚ وَمِمَّا يُوقِدُونَ عَلَيْهِ فِى ٱلنَّارِ
ٱبْتِغَآءَ حِلْيَةٍ أَوْ مَتَٰعٍ زَبَدٌ مِّثْلُهُۥ ۚ كَذَٰلِكَ يَضْرِبُ ٱللَّهُ ٱلْحَقَّ وَٱلْبَٰطِلَ ۚ فَأَمَّا ٱلزَّبَدُ فَيَذْهَبُ

جُفَآءً ۖ وَأَمَّا مَا يَنفَعُ ٱلنَّاسَ فَيَمْكُثُ فِى ٱلْأَرْضِ ۚ كَذَٰلِكَ يَضْرِبُ ٱللَّهُ ٱلْأَمْثَالَ
١٣ــ١٨ لِلَّذِينَ ٱسْتَجَابُوا۟ لِرَبِّهِمُ ٱلْحُسْنَىٰ ۚ وَٱلَّذِينَ لَمْ يَسْتَجِيبُوا۟ لَهُۥ لَوْ أَنَّ لَهُم مَّا
فِى ٱلْأَرْضِ جَمِيعًا وَمِثْلَهُۥ مَعَهُۥ لَٱفْتَدَوْا۟ بِهِۦٓ ۚ أُو۟لَٰٓئِكَ لَهُمْ سُوٓءُ ٱلْحِسَابِ وَمَأْوَىٰهُمْ
جَهَنَّمُ ۖ وَبِئْسَ ٱلْمِهَادُ ١٣ــ١٩ أَفَمَن يَعْلَمُ أَنَّمَآ أُنزِلَ إِلَيْكَ مِن رَّبِّكَ ٱلْحَقُّ كَمَنْ هُوَ
أَعْمَىٰٓ ۚ إِنَّمَا يَتَذَكَّرُ أُو۟لُوا۟ ٱلْأَلْبَٰبِ ١٣ــ٢٠ ٱلَّذِينَ يُوفُونَ بِعَهْدِ ٱللَّهِ وَلَا يَنقُضُونَ
ٱلْمِيثَٰقَ ١٣ــ٢١ وَٱلَّذِينَ يَصِلُونَ مَآ أَمَرَ ٱللَّهُ بِهِۦٓ أَن يُوصَلَ وَيَخْشَوْنَ رَبَّهُمْ وَيَخَافُونَ
سُوٓءَ ٱلْحِسَابِ ١٣ــ٢٢ وَٱلَّذِينَ صَبَرُوا۟ ٱبْتِغَآءَ وَجْهِ رَبِّهِمْ وَأَقَامُوا۟ ٱلصَّلَوٰةَ وَأَنفَقُوا۟
مِمَّا رَزَقْنَٰهُمْ سِرًّا وَعَلَانِيَةً وَيَدْرَءُونَ بِٱلْحَسَنَةِ ٱلسَّيِّئَةَ أُو۟لَٰٓئِكَ لَهُمْ عُقْبَى ٱلدَّارِ
١٣ــ٢٣ جَنَّٰتُ عَدْنٍ يَدْخُلُونَهَا وَمَن صَلَحَ مِنْ ءَابَآئِهِمْ وَأَزْوَٰجِهِمْ وَذُرِّيَّٰتِهِمْ ۖ وَٱلْمَلَٰٓئِكَةُ
يَدْخُلُونَ عَلَيْهِم مِّن كُلِّ بَابٍ ١٣ــ٢٤ سَلَٰمٌ عَلَيْكُم بِمَا صَبَرْتُمْ ۚ فَنِعْمَ عُقْبَى ٱلدَّارِ
١٣ــ٢٥ وَٱلَّذِينَ يَنقُضُونَ عَهْدَ ٱللَّهِ مِنۢ بَعْدِ مِيثَٰقِهِۦ وَيَقْطَعُونَ مَآ أَمَرَ ٱللَّهُ بِهِۦٓ أَن
يُوصَلَ وَيُفْسِدُونَ فِى ٱلْأَرْضِ ۙ أُو۟لَٰٓئِكَ لَهُمُ ٱللَّعْنَةُ وَلَهُمْ سُوٓءُ ٱلدَّارِ ١٣ــ٢٦ ٱللَّهُ
يَبْسُطُ ٱلرِّزْقَ لِمَن يَشَآءُ وَيَقْدِرُ ۚ وَفَرِحُوا۟ بِٱلْحَيَوٰةِ ٱلدُّنْيَا وَمَا ٱلْحَيَوٰةُ ٱلدُّنْيَا فِى
ٱلْءَاخِرَةِ إِلَّا مَتَٰعٌ ١٣ــ٢٧ وَيَقُولُ ٱلَّذِينَ كَفَرُوا۟ لَوْلَآ أُنزِلَ عَلَيْهِ ءَايَةٌ مِّن رَّبِّهِۦ ۗ قُلْ إِنَّ
ٱللَّهَ يُضِلُّ مَن يَشَآءُ وَيَهْدِىٓ إِلَيْهِ مَنْ أَنَابَ ١٣ــ٢٨ ٱلَّذِينَ ءَامَنُوا۟ وَتَطْمَئِنُّ قُلُوبُهُم
بِذِكْرِ ٱللَّهِ ۗ أَلَا بِذِكْرِ ٱللَّهِ تَطْمَئِنُّ ٱلْقُلُوبُ ١٣ــ٢٩ ٱلَّذِينَ ءَامَنُوا۟ وَعَمِلُوا۟ ٱلصَّٰلِحَٰتِ
طُوبَىٰ لَهُمْ وَحُسْنُ مَـَٔابٍ ١٣ــ٣٠ كَذَٰلِكَ أَرْسَلْنَٰكَ فِىٓ أُمَّةٍ قَدْ خَلَتْ مِن قَبْلِهَآ أُمَمٌ
لِّتَتْلُوَا۟ عَلَيْهِمُ ٱلَّذِىٓ أَوْحَيْنَآ إِلَيْكَ وَهُمْ يَكْفُرُونَ بِٱلرَّحْمَٰنِ ۚ قُلْ هُوَ رَبِّى لَآ إِلَٰهَ إِلَّا هُوَ
عَلَيْهِ تَوَكَّلْتُ وَإِلَيْهِ مَتَابِ ١٣ــ٣١ وَلَوْ أَنَّ قُرْءَانًا سُيِّرَتْ بِهِ ٱلْجِبَالُ أَوْ قُطِّعَتْ بِهِ
ٱلْأَرْضُ أَوْ كُلِّمَ بِهِ ٱلْمَوْتَىٰ ۗ بَل لِّلَّهِ ٱلْأَمْرُ جَمِيعًا ۗ أَفَلَمْ يَا۟يْـَٔسِ ٱلَّذِينَ ءَامَنُوٓا۟ أَن لَّوْ
يَشَآءُ ٱللَّهُ لَهَدَى ٱلنَّاسَ جَمِيعًا ۗ وَلَا يَزَالُ ٱلَّذِينَ كَفَرُوا۟ تُصِيبُهُم بِمَا صَنَعُوا۟ قَارِعَةٌ
أَوْ تَحُلُّ قَرِيبًا مِّن دَارِهِمْ حَتَّىٰ يَأْتِىَ وَعْدُ ٱللَّهِ ۚ إِنَّ ٱللَّهَ لَا يُخْلِفُ ٱلْمِيعَادَ
١٣ــ٣٢ وَلَقَدِ ٱسْتُهْزِئَ بِرُسُلٍ مِّن قَبْلِكَ فَأَمْلَيْتُ لِلَّذِينَ كَفَرُوا۟ ثُمَّ أَخَذْتُهُمْ ۖ فَكَيْفَ
كَانَ عِقَابِ ١٣ــ٣٣ أَفَمَنْ هُوَ قَآئِمٌ عَلَىٰ كُلِّ نَفْسٍۭ بِمَا كَسَبَتْ ۗ وَجَعَلُوا۟ لِلَّهِ شُرَكَآءَ
قُلْ سَمُّوهُمْ ۚ أَمْ تُنَبِّـُٔونَهُۥ بِمَا لَا يَعْلَمُ فِى ٱلْأَرْضِ أَم بِظَٰهِرٍ مِّنَ ٱلْقَوْلِ ۗ بَلْ زُيِّنَ
لِلَّذِينَ كَفَرُوا۟ مَكْرُهُمْ وَصُدُّوا۟ عَنِ ٱلسَّبِيلِ ۗ وَمَن يُضْلِلِ ٱللَّهُ فَمَا لَهُۥ مِنْ هَادٍ
١٣ــ٣٤ لَّهُمْ عَذَابٌ فِى ٱلْحَيَوٰةِ ٱلدُّنْيَا ۖ وَلَعَذَابُ ٱلْءَاخِرَةِ أَشَقُّ ۖ وَمَا لَهُم مِّنَ ٱللَّهِ
مِن وَاقٍ ١٣ــ٣٥ ۞ مَّثَلُ ٱلْجَنَّةِ ٱلَّتِى وُعِدَ ٱلْمُتَّقُونَ ۖ تَجْرِى مِن تَحْتِهَا ٱلْأَنْهَٰرُ ۖ أُكُلُهَا

دَآئِمٌ وَظِلُّهَا ۚ تِلْكَ عُقْبَى ٱلَّذِينَ ٱتَّقَوا۟ ۖ وَّعُقْبَى ٱلْكَٰفِرِينَ ٱلنَّارُ ١٣ـ٣٦ وَٱلَّذِينَ
ءَاتَيْنَٰهُمُ ٱلْكِتَٰبَ يَفْرَحُونَ بِمَآ أُنزِلَ إِلَيْكَ ۖ وَمِنَ ٱلْأَحْزَابِ مَن يُنكِرُ بَعْضَهُۥ ۚ قُلْ إِنَّمَآ
أُمِرْتُ أَنْ أَعْبُدَ ٱللَّهَ وَلَآ أُشْرِكَ بِهِۦٓ ۚ إِلَيْهِ أَدْعُوا۟ وَإِلَيْهِ مَـَٔابِ ١٣ـ٣٧ وَكَذَٰلِكَ أَنزَلْنَٰهُ
حُكْمًا عَرَبِيًّا ۚ وَلَئِنِ ٱتَّبَعْتَ أَهْوَآءَهُم بَعْدَمَا جَآءَكَ مِنَ ٱلْعِلْمِ مَا لَكَ مِنَ ٱللَّهِ مِن وَلِىٍّ
وَلَا وَاقٍ ١٣ـ٣٨ وَلَقَدْ أَرْسَلْنَا رُسُلًا مِّن قَبْلِكَ وَجَعَلْنَا لَهُمْ أَزْوَٰجًا وَذُرِّيَّةً ۚ وَمَا كَانَ
لِرَسُولٍ أَن يَأْتِىَ بِـَٔايَةٍ إِلَّا بِإِذْنِ ٱللَّهِ ۗ لِكُلِّ أَجَلٍ كِتَابٌ ١٣ـ٣٩ يَمْحُوا۟ ٱللَّهُ مَا يَشَآءُ
وَيُثْبِتُ ۖ وَعِندَهُۥٓ أُمُّ ٱلْكِتَٰبِ ١٣ـ٤٠ وَإِن مَّا نُرِيَنَّكَ بَعْضَ ٱلَّذِى نَعِدُهُمْ أَوْ نَتَوَفَّيَنَّكَ
فَإِنَّمَا عَلَيْكَ ٱلْبَلَٰغُ وَعَلَيْنَا ٱلْحِسَابُ ١٣ـ٤١ أَوَلَمْ يَرَوْا۟ أَنَّا نَأْتِى ٱلْأَرْضَ نَنقُصُهَا مِنْ
أَطْرَافِهَا ۚ وَٱللَّهُ يَحْكُمُ لَا مُعَقِّبَ لِحُكْمِهِۦ ۚ وَهُوَ سَرِيعُ ٱلْحِسَابِ ١٣ـ٤٢ وَقَدْ مَكَرَ
ٱلَّذِينَ مِن قَبْلِهِمْ فَلِلَّهِ ٱلْمَكْرُ جَمِيعًا ۖ يَعْلَمُ مَا تَكْسِبُ كُلُّ نَفْسٍ ۗ وَسَيَعْلَمُ ٱلْكُفَّٰرُ
لِمَنْ عُقْبَى ٱلدَّارِ ١٣ـ٤٣ وَيَقُولُ ٱلَّذِينَ كَفَرُوا۟ لَسْتَ مُرْسَلًا ۚ قُلْ كَفَىٰ بِٱللَّهِ شَهِيدًۢا
بَيْنِى وَبَيْنَكُمْ وَمَنْ عِندَهُۥ عِلْمُ ٱلْكِتَٰبِ ١٤ـ١ الٓر ۚ كِتَٰبٌ أَنزَلْنَٰهُ إِلَيْكَ لِتُخْرِجَ ٱلنَّاسَ مِنَ
ٱلظُّلُمَٰتِ إِلَى ٱلنُّورِ بِإِذْنِ رَبِّهِمْ إِلَىٰ صِرَٰطِ ٱلْعَزِيزِ ٱلْحَمِيدِ ١٤ـ٢ ٱللَّهِ ٱلَّذِى لَهُۥ مَا فِى
ٱلسَّمَٰوَٰتِ وَمَا فِى ٱلْأَرْضِ ۗ وَوَيْلٌ لِّلْكَٰفِرِينَ مِنْ عَذَابٍ شَدِيدٍ ١٤ـ٣ ٱلَّذِينَ يَسْتَحِبُّونَ
ٱلْحَيَوٰةَ ٱلدُّنْيَا عَلَى ٱلْـَٔاخِرَةِ وَيَصُدُّونَ عَن سَبِيلِ ٱللَّهِ وَيَبْغُونَهَا عِوَجًا ۚ أُو۟لَٰٓئِكَ فِى
ضَلَٰلٍۭ بَعِيدٍ ١٤ـ٤ وَمَآ أَرْسَلْنَا مِن رَّسُولٍ إِلَّا بِلِسَانِ قَوْمِهِۦ لِيُبَيِّنَ لَهُمْ ۖ فَيُضِلُّ ٱللَّهُ
مَن يَشَآءُ وَيَهْدِى مَن يَشَآءُ ۚ وَهُوَ ٱلْعَزِيزُ ٱلْحَكِيمُ ١٤ـ٥ وَلَقَدْ أَرْسَلْنَا مُوسَىٰ
بِـَٔايَٰتِنَآ أَنْ أَخْرِجْ قَوْمَكَ مِنَ ٱلظُّلُمَٰتِ إِلَى ٱلنُّورِ وَذَكِّرْهُم بِأَيَّىٰمِ ٱللَّهِ ۚ إِنَّ فِى ذَٰلِكَ
لَـَٔايَٰتٍ لِّكُلِّ صَبَّارٍ شَكُورٍ ١٤ـ٦ وَإِذْ قَالَ مُوسَىٰ لِقَوْمِهِ ٱذْكُرُوا۟ نِعْمَةَ ٱللَّهِ عَلَيْكُمْ إِذْ
أَنجَىٰكُم مِّنْ ءَالِ فِرْعَوْنَ يَسُومُونَكُمْ سُوٓءَ ٱلْعَذَابِ وَيُذَبِّحُونَ أَبْنَآءَكُمْ وَيَسْتَحْيُونَ
نِسَآءَكُمْ ۚ وَفِى ذَٰلِكُم بَلَآءٌ مِّن رَّبِّكُمْ عَظِيمٌ ١٤ـ٧ وَإِذْ تَأَذَّنَ رَبُّكُمْ لَئِن شَكَرْتُمْ
لَأَزِيدَنَّكُمْ ۖ وَلَئِن كَفَرْتُمْ إِنَّ عَذَابِى لَشَدِيدٌ ١٤ـ٨ وَقَالَ مُوسَىٰٓ إِن تَكْفُرُوٓا۟ أَنتُمْ
وَمَن فِى ٱلْأَرْضِ جَمِيعًا فَإِنَّ ٱللَّهَ لَغَنِىٌّ حَمِيدٌ ١٤ـ٩ أَلَمْ يَأْتِكُمْ نَبَؤُا۟ ٱلَّذِينَ مِن
قَبْلِكُمْ قَوْمِ نُوحٍ وَعَادٍ وَثَمُودَ ۛ وَٱلَّذِينَ مِنۢ بَعْدِهِمْ ۛ لَا يَعْلَمُهُمْ إِلَّا ٱللَّهُ ۚ جَآءَتْهُمْ
رُسُلُهُم بِٱلْبَيِّنَٰتِ فَرَدُّوٓا۟ أَيْدِيَهُمْ فِىٓ أَفْوَٰهِهِمْ وَقَالُوٓا۟ إِنَّا كَفَرْنَا بِمَآ أُرْسِلْتُم بِهِۦ وَإِنَّا
لَفِى شَكٍّ مِّمَّا تَدْعُونَنَآ إِلَيْهِ مُرِيبٍ ١٤ـ١٠ قَالَتْ رُسُلُهُمْ أَفِى ٱللَّهِ شَكٌّ فَاطِرِ
ٱلسَّمَٰوَٰتِ وَٱلْأَرْضِ ۖ يَدْعُوكُمْ لِيَغْفِرَ لَكُم مِّن ذُنُوبِكُمْ وَيُؤَخِّرَكُمْ إِلَىٰٓ أَجَلٍ مُّسَمًّى ۚ
قَالُوٓا۟ إِنْ أَنتُمْ إِلَّا بَشَرٌ مِّثْلُنَا تُرِيدُونَ أَن تَصُدُّونَا عَمَّا كَانَ يَعْبُدُ ءَابَآؤُنَا فَأْتُونَا

بِسُلْطَٰنٍ مُّبِينٍ ١٤ــ١١ قَالَتْ لَهُمْ رُسُلُهُمْ إِن نَّحْنُ إِلَّا بَشَرٌ مِّثْلُكُمْ وَلَٰكِنَّ ٱللَّهَ يَمُنُّ
عَلَىٰ مَن يَشَآءُ مِنْ عِبَادِهِۦ ۖ وَمَا كَانَ لَنَآ أَن نَّأْتِيَكُم بِسُلْطَٰنٍ إِلَّا بِإِذْنِ ٱللَّهِ ۚ وَعَلَى
ٱللَّهِ فَلْيَتَوَكَّلِ ٱلْمُؤْمِنُونَ ١٤ــ١٢ وَمَا لَنَآ أَلَّا نَتَوَكَّلَ عَلَى ٱللَّهِ وَقَدْ هَدَىٰنَا سُبُلَنَا ۚ
وَلَنَصْبِرَنَّ عَلَىٰ مَآ ءَاذَيْتُمُونَا ۚ وَعَلَى ٱللَّهِ فَلْيَتَوَكَّلِ ٱلْمُتَوَكِّلُونَ ١٤ــ١٣ وَقَالَ ٱلَّذِينَ
كَفَرُوا۟ لِرُسُلِهِمْ لَنُخْرِجَنَّكُم مِّنْ أَرْضِنَآ أَوْ لَتَعُودُنَّ فِى مِلَّتِنَا ۖ فَأَوْحَىٰٓ إِلَيْهِمْ رَبُّهُمْ
لَنُهْلِكَنَّ ٱلظَّٰلِمِينَ ١٤ــ١٤ وَلَنُسْكِنَنَّكُمُ ٱلْأَرْضَ مِنۢ بَعْدِهِمْ ۚ ذَٰلِكَ لِمَنْ خَافَ مَقَامِى
وَخَافَ وَعِيدِ ١٤ــ١٥ وَٱسْتَفْتَحُوا۟ وَخَابَ كُلُّ جَبَّارٍ عَنِيدٍ ١٤ــ١٦ مِّن وَرَآئِهِۦ جَهَنَّمُ
وَيُسْقَىٰ مِن مَّآءٍ صَدِيدٍ ١٤ــ١٧ يَتَجَرَّعُهُۥ وَلَا يَكَادُ يُسِيغُهُۥ وَيَأْتِيهِ ٱلْمَوْتُ مِن كُلِّ
مَكَانٍ وَمَا هُوَ بِمَيِّتٍ ۖ وَمِن وَرَآئِهِۦ عَذَابٌ غَلِيظٌ ١٤ــ١٨ مَّثَلُ ٱلَّذِينَ كَفَرُوا۟ بِرَبِّهِمْ ۖ
أَعْمَٰلُهُمْ كَرَمَادٍ ٱشْتَدَّتْ بِهِ ٱلرِّيحُ فِى يَوْمٍ عَاصِفٍ ۖ لَّا يَقْدِرُونَ مِمَّا كَسَبُوا۟ عَلَىٰ
شَىْءٍ ۚ ذَٰلِكَ هُوَ ٱلضَّلَٰلُ ٱلْبَعِيدُ ١٤ــ١٩ أَلَمْ تَرَ أَنَّ ٱللَّهَ خَلَقَ ٱلسَّمَٰوَٰتِ وَٱلْأَرْضَ بِٱلْحَقِّ ۚ
إِن يَشَأْ يُذْهِبْكُمْ وَيَأْتِ بِخَلْقٍ جَدِيدٍ ١٤ــ٢٠ وَمَا ذَٰلِكَ عَلَى ٱللَّهِ بِعَزِيزٍ ١٤ــ٢١ وَبَرَزُوا۟
لِلَّهِ جَمِيعًا فَقَالَ ٱلضُّعَفَٰٓؤُا۟ لِلَّذِينَ ٱسْتَكْبَرُوٓا۟ إِنَّا كُنَّا لَكُمْ تَبَعًا فَهَلْ أَنتُم مُّغْنُونَ عَنَّا
مِنْ عَذَابِ ٱللَّهِ مِن شَىْءٍ ۚ قَالُوا۟ لَوْ هَدَىٰنَا ٱللَّهُ لَهَدَيْنَٰكُمْ ۖ سَوَآءٌ عَلَيْنَآ أَجَزِعْنَآ أَمْ
صَبَرْنَا مَا لَنَا مِن مَّحِيصٍ ١٤ــ٢٢ وَقَالَ ٱلشَّيْطَٰنُ لَمَّا قُضِىَ ٱلْأَمْرُ إِنَّ ٱللَّهَ وَعَدَكُمْ
وَعْدَ ٱلْحَقِّ وَوَعَدتُّكُمْ فَأَخْلَفْتُكُمْ ۖ وَمَا كَانَ لِىَ عَلَيْكُم مِّن سُلْطَٰنٍ إِلَّآ أَن دَعَوْتُكُمْ
فَٱسْتَجَبْتُمْ لِى ۖ فَلَا تَلُومُونِى وَلُومُوٓا۟ أَنفُسَكُم ۖ مَّآ أَنَا۠ بِمُصْرِخِكُمْ وَمَآ أَنتُم
بِمُصْرِخِىَّ ۖ إِنِّى كَفَرْتُ بِمَآ أَشْرَكْتُمُونِ مِن قَبْلُ ۗ إِنَّ ٱلظَّٰلِمِينَ لَهُمْ عَذَابٌ أَلِيمٌ
١٤ــ٢٣ وَأُدْخِلَ ٱلَّذِينَ ءَامَنُوا۟ وَعَمِلُوا۟ ٱلصَّٰلِحَٰتِ جَنَّٰتٍ تَجْرِى مِن تَحْتِهَا ٱلْأَنْهَٰرُ خَٰلِدِينَ
فِيهَا بِإِذْنِ رَبِّهِمْ ۖ تَحِيَّتُهُمْ فِيهَا سَلَٰمٌ ١٤ــ٢٤ أَلَمْ تَرَ كَيْفَ ضَرَبَ ٱللَّهُ مَثَلًا كَلِمَةً
طَيِّبَةً كَشَجَرَةٍ طَيِّبَةٍ أَصْلُهَا ثَابِتٌ وَفَرْعُهَا فِى ٱلسَّمَآءِ ١٤ــ٢٥ تُؤْتِىٓ أُكُلَهَا كُلَّ
حِينٍۭ بِإِذْنِ رَبِّهَا ۗ وَيَضْرِبُ ٱللَّهُ ٱلْأَمْثَالَ لِلنَّاسِ لَعَلَّهُمْ يَتَذَكَّرُونَ ١٤ــ٢٦ وَمَثَلُ كَلِمَةٍ
خَبِيثَةٍ كَشَجَرَةٍ خَبِيثَةٍ ٱجْتُثَّتْ مِن فَوْقِ ٱلْأَرْضِ مَا لَهَا مِن قَرَارٍ ١٤ــ٢٧ يُثَبِّتُ ٱللَّهُ
ٱلَّذِينَ ءَامَنُوا۟ بِٱلْقَوْلِ ٱلثَّابِتِ فِى ٱلْحَيَوٰةِ ٱلدُّنْيَا وَفِى ٱلْءَاخِرَةِ ۖ وَيُضِلُّ ٱللَّهُ ٱلظَّٰلِمِينَ
ۚ وَيَفْعَلُ ٱللَّهُ مَا يَشَآءُ ١٤ــ٢٨ أَلَمْ تَرَ إِلَى ٱلَّذِينَ بَدَّلُوا۟ نِعْمَتَ ٱللَّهِ كُفْرًا وَأَحَلُّوا۟
قَوْمَهُمْ دَارَ ٱلْبَوَارِ ١٤ــ٢٩ جَهَنَّمَ يَصْلَوْنَهَا ۖ وَبِئْسَ ٱلْقَرَارُ ١٤ــ٣٠ وَجَعَلُوا۟ لِلَّهِ أَندَادًا
لِّيُضِلُّوا۟ عَن سَبِيلِهِۦ ۗ قُلْ تَمَتَّعُوا۟ فَإِنَّ مَصِيرَكُمْ إِلَى ٱلنَّارِ ١٤ــ٣١ قُل لِّعِبَادِىَ ٱلَّذِينَ
ءَامَنُوا۟ يُقِيمُوا۟ ٱلصَّلَوٰةَ وَيُنفِقُوا۟ مِمَّا رَزَقْنَٰهُمْ سِرًّا وَعَلَانِيَةً مِّن قَبْلِ أَن يَأْتِىَ يَوْمٌ لَّا

بَيْعٌ فِيهِ وَلَا خِلَٰلٌ ١٤ـ٣٢ ٱللَّهُ ٱلَّذِى خَلَقَ ٱلسَّمَٰوَٰتِ وَٱلْأَرْضَ وَأَنزَلَ مِنَ ٱلسَّمَآءِ مَآءً
فَأَخْرَجَ بِهِۦ مِنَ ٱلثَّمَرَٰتِ رِزْقًا لَّكُمْ ۖ وَسَخَّرَ لَكُمُ ٱلْفُلْكَ لِتَجْرِىَ فِى ٱلْبَحْرِ بِأَمْرِهِۦ ۖ وَسَخَّرَ
لَكُمُ ٱلْأَنْهَٰرَ ١٤ـ٣٣ وَسَخَّرَ لَكُمُ ٱلشَّمْسَ وَٱلْقَمَرَ دَآئِبَيْنِ ۖ وَسَخَّرَ لَكُمُ ٱلَّيْلَ وَٱلنَّهَارَ
١٤ـ٣٤ وَءَاتَىٰكُم مِّن كُلِّ مَا سَأَلْتُمُوهُ ۚ وَإِن تَعُدُّوا۟ نِعْمَتَ ٱللَّهِ لَا تُحْصُوهَآ ۗ إِنَّ
ٱلْإِنسَٰنَ لَظَلُومٌ كَفَّارٌ ١٤ـ٣٥ وَإِذْ قَالَ إِبْرَٰهِيمُ رَبِّ ٱجْعَلْ هَٰذَا ٱلْبَلَدَ ءَامِنًا وَٱجْنُبْنِى
وَبَنِىَّ أَن نَّعْبُدَ ٱلْأَصْنَامَ ١٤ـ٣٦ رَبِّ إِنَّهُنَّ أَضْلَلْنَ كَثِيرًا مِّنَ ٱلنَّاسِ ۖ فَمَن تَبِعَنِى
فَإِنَّهُۥ مِنِّى ۖ وَمَنْ عَصَانِى فَإِنَّكَ غَفُورٌ رَّحِيمٌ ١٤ـ٣٧ رَّبَّنَآ إِنِّىٓ أَسْكَنتُ مِن ذُرِّيَّتِى
بِوَادٍ غَيْرِ ذِى زَرْعٍ عِندَ بَيْتِكَ ٱلْمُحَرَّمِ رَبَّنَا لِيُقِيمُوا۟ ٱلصَّلَوٰةَ فَٱجْعَلْ أَفْـِٔدَةً مِّنَ ٱلنَّاسِ
تَهْوِىٓ إِلَيْهِمْ وَٱرْزُقْهُم مِّنَ ٱلثَّمَرَٰتِ لَعَلَّهُمْ يَشْكُرُونَ ١٤ـ٣٨ رَبَّنَآ إِنَّكَ تَعْلَمُ مَا
نُخْفِى وَمَا نُعْلِنُ ۗ وَمَا يَخْفَىٰ عَلَى ٱللَّهِ مِن شَىْءٍ فِى ٱلْأَرْضِ وَلَا فِى ٱلسَّمَآءِ
١٤ـ٣٩ ٱلْحَمْدُ لِلَّهِ ٱلَّذِى وَهَبَ لِى عَلَى ٱلْكِبَرِ إِسْمَٰعِيلَ وَإِسْحَٰقَ ۚ إِنَّ رَبِّى لَسَمِيعُ
ٱلدُّعَآءِ ١٤ـ٤٠ رَبِّ ٱجْعَلْنِى مُقِيمَ ٱلصَّلَوٰةِ وَمِن ذُرِّيَّتِى ۚ رَبَّنَا وَتَقَبَّلْ دُعَآءِ ١٤ـ٤١ رَبَّنَا
ٱغْفِرْ لِى وَلِوَٰلِدَىَّ وَلِلْمُؤْمِنِينَ يَوْمَ يَقُومُ ٱلْحِسَابُ ١٤ـ٤٢ وَلَا تَحْسَبَنَّ ٱللَّهَ غَٰفِلًا عَمَّا
يَعْمَلُ ٱلظَّٰلِمُونَ ۚ إِنَّمَا يُؤَخِّرُهُمْ لِيَوْمٍ تَشْخَصُ فِيهِ ٱلْأَبْصَٰرُ ١٤ـ٤٣ مُهْطِعِينَ مُقْنِعِى
رُءُوسِهِمْ لَا يَرْتَدُّ إِلَيْهِمْ طَرْفُهُمْ ۖ وَأَفْـِٔدَتُهُمْ هَوَآءٌ ١٤ـ٤٤ وَأَنذِرِ ٱلنَّاسَ يَوْمَ
يَأْتِيهِمُ ٱلْعَذَابُ فَيَقُولُ ٱلَّذِينَ ظَلَمُوا۟ رَبَّنَآ أَخِّرْنَآ إِلَىٰٓ أَجَلٍ قَرِيبٍ نُّجِبْ دَعْوَتَكَ وَنَتَّبِعِ
ٱلرُّسُلَ ۗ أَوَلَمْ تَكُونُوٓا۟ أَقْسَمْتُم مِّن قَبْلُ مَا لَكُم مِّن زَوَالٍ ١٤ـ٤٥ وَسَكَنتُمْ فِى
مَسَٰكِنِ ٱلَّذِينَ ظَلَمُوٓا۟ أَنفُسَهُمْ وَتَبَيَّنَ لَكُمْ كَيْفَ فَعَلْنَا بِهِمْ وَضَرَبْنَا لَكُمُ ٱلْأَمْثَالَ
١٤ـ٤٦ وَقَدْ مَكَرُوا۟ مَكْرَهُمْ وَعِندَ ٱللَّهِ مَكْرُهُمْ وَإِن كَانَ مَكْرُهُمْ لِتَزُولَ مِنْهُ ٱلْجِبَالُ
١٤ـ٤٧ فَلَا تَحْسَبَنَّ ٱللَّهَ مُخْلِفَ وَعْدِهِۦ رُسُلَهُۥٓ ۗ إِنَّ ٱللَّهَ عَزِيزٌ ذُو ٱنتِقَامٍ ١٤ـ٤٨ يَوْمَ
تُبَدَّلُ ٱلْأَرْضُ غَيْرَ ٱلْأَرْضِ وَٱلسَّمَٰوَٰتُ ۖ وَبَرَزُوا۟ لِلَّهِ ٱلْوَٰحِدِ ٱلْقَهَّارِ ١٤ـ٤٩ وَتَرَى
ٱلْمُجْرِمِينَ يَوْمَئِذٍ مُّقَرَّنِينَ فِى ٱلْأَصْفَادِ ١٤ـ٥٠ سَرَابِيلُهُم مِّن قَطِرَانٍ وَتَغْشَىٰ
وُجُوهَهُمُ ٱلنَّارُ ١٤ـ٥١ لِيَجْزِىَ ٱللَّهُ كُلَّ نَفْسٍ مَّا كَسَبَتْ ۚ إِنَّ ٱللَّهَ سَرِيعُ ٱلْحِسَابِ
١٤ـ٥٢ هَٰذَا بَلَٰغٌ لِّلنَّاسِ وَلِيُنذَرُوا۟ بِهِۦ وَلِيَعْلَمُوٓا۟ أَنَّمَا هُوَ إِلَٰهٌ وَٰحِدٌ وَلِيَذَّكَّرَ أُو۟لُوا۟
ٱلْأَلْبَٰبِ ١٥ـ١ الٓر ۚ تِلْكَ ءَايَٰتُ ٱلْكِتَٰبِ وَقُرْءَانٍ مُّبِينٍ ١٥ـ٢ رُّبَمَا يَوَدُّ ٱلَّذِينَ كَفَرُوا۟ لَوْ
كَانُوا۟ مُسْلِمِينَ ١٥ـ٣ ذَرْهُمْ يَأْكُلُوا۟ وَيَتَمَتَّعُوا۟ وَيُلْهِهِمُ ٱلْأَمَلُ ۖ فَسَوْفَ يَعْلَمُونَ
١٥ـ٤ وَمَآ أَهْلَكْنَا مِن قَرْيَةٍ إِلَّا وَلَهَا كِتَابٌ مَّعْلُومٌ ١٥ـ٥ مَّا تَسْبِقُ مِنْ أُمَّةٍ أَجَلَهَا
وَمَا يَسْتَـْٔخِرُونَ ١٥ـ٦ وَقَالُوا۟ يَٰٓأَيُّهَا ٱلَّذِى نُزِّلَ عَلَيْهِ ٱلذِّكْرُ إِنَّكَ لَمَجْنُونٌ ١٥ـ٧ لَّوْ مَا

تَأْتِينَا بِٱلْمَلَٰٓئِكَةِ إِن كُنتَ مِنَ ٱلصَّٰدِقِينَ ١٥ــ٨ مَا نُنَزِّلُ ٱلْمَلَٰٓئِكَةَ إِلَّا بِٱلْحَقِّ وَمَا كَانُوٓاْ
إِذًا مُّنظَرِينَ ١٥ــ٩ إِنَّا نَحْنُ نَزَّلْنَا ٱلذِّكْرَ وَإِنَّا لَهُۥ لَحَٰفِظُونَ ١٥ــ١٠ وَلَقَدْ أَرْسَلْنَا مِن
قَبْلِكَ فِى شِيَعِ ٱلْأَوَّلِينَ ١٥ــ١١ وَمَا يَأْتِيهِم مِّن رَّسُولٍ إِلَّا كَانُواْ بِهِۦ يَسْتَهْزِءُونَ
١٥ــ١٢ كَذَٰلِكَ نَسْلُكُهُۥ فِى قُلُوبِ ٱلْمُجْرِمِينَ ١٥ــ١٣ لَا يُؤْمِنُونَ بِهِۦ ۖ وَقَدْ خَلَتْ سُنَّةُ
ٱلْأَوَّلِينَ ١٥ــ١٤ وَلَوْ فَتَحْنَا عَلَيْهِم بَابًا مِّنَ ٱلسَّمَآءِ فَظَلُّواْ فِيهِ يَعْرُجُونَ
١٥ــ١٥ لَقَالُوٓاْ إِنَّمَا سُكِّرَتْ أَبْصَٰرُنَا بَلْ نَحْنُ قَوْمٌ مَّسْحُورُونَ ١٥ــ١٦ وَلَقَدْ جَعَلْنَا فِى
ٱلسَّمَآءِ بُرُوجًا وَزَيَّنَّٰهَا لِلنَّٰظِرِينَ ١٥ــ١٧ وَحَفِظْنَٰهَا مِن كُلِّ شَيْطَٰنٍ رَّجِيمٍ ١٥ــ١٨ إِلَّا
مَنِ ٱسْتَرَقَ ٱلسَّمْعَ فَأَتْبَعَهُۥ شِهَابٌ مُّبِينٌ ١٥ــ١٩ وَٱلْأَرْضَ مَدَدْنَٰهَا وَأَلْقَيْنَا فِيهَا
رَوَٰسِىَ وَأَنۢبَتْنَا فِيهَا مِن كُلِّ شَىْءٍ مَّوْزُونٍ ١٥ــ٢٠ وَجَعَلْنَا لَكُمْ فِيهَا مَعَٰيِشَ وَمَن
لَّسْتُمْ لَهُۥ بِرَٰزِقِينَ ١٥ــ٢١ وَإِن مِّن شَىْءٍ إِلَّا عِندَنَا خَزَآئِنُهُۥ وَمَا نُنَزِّلُهُۥٓ إِلَّا بِقَدَرٍ مَّعْلُومٍ
١٥ــ٢٢ وَأَرْسَلْنَا ٱلرِّيَٰحَ لَوَٰقِحَ فَأَنزَلْنَا مِنَ ٱلسَّمَآءِ مَآءً فَأَسْقَيْنَٰكُمُوهُ وَمَآ أَنتُمْ لَهُۥ
بِخَٰزِنِينَ ١٥ــ٢٣ وَإِنَّا لَنَحْنُ نُحْىِۦ وَنُمِيتُ وَنَحْنُ ٱلْوَٰرِثُونَ ١٥ــ٢٤ وَلَقَدْ عَلِمْنَا
ٱلْمُسْتَقْدِمِينَ مِنكُمْ وَلَقَدْ عَلِمْنَا ٱلْمُسْتَـْٔخِرِينَ ١٥ــ٢٥ وَإِنَّ رَبَّكَ هُوَ يَحْشُرُهُمْ ۚ إِنَّهُۥ
حَكِيمٌ عَلِيمٌ ١٥ــ٢٦ وَلَقَدْ خَلَقْنَا ٱلْإِنسَٰنَ مِن صَلْصَٰلٍ مِّنْ حَمَإٍ مَّسْنُونٍ ١٥ــ٢٧ وَٱلْجَآنَّ
خَلَقْنَٰهُ مِن قَبْلُ مِن نَّارِ ٱلسَّمُومِ ١٥ــ٢٨ وَإِذْ قَالَ رَبُّكَ لِلْمَلَٰٓئِكَةِ إِنِّى خَٰلِقٌۢ بَشَرًا مِّن
صَلْصَٰلٍ مِّنْ حَمَإٍ مَّسْنُونٍ ١٥ــ٢٩ فَإِذَا سَوَّيْتُهُۥ وَنَفَخْتُ فِيهِ مِن رُّوحِى فَقَعُواْ لَهُۥ
سَٰجِدِينَ ١٥ــ٣٠ فَسَجَدَ ٱلْمَلَٰٓئِكَةُ كُلُّهُمْ أَجْمَعُونَ ١٥ــ٣١ إِلَّآ إِبْلِيسَ أَبَىٰٓ أَن يَكُونَ
مَعَ ٱلسَّٰجِدِينَ ١٥ــ٣٢ قَالَ يَٰٓإِبْلِيسُ مَا لَكَ أَلَّا تَكُونَ مَعَ ٱلسَّٰجِدِينَ ١٥ــ٣٣ قَالَ لَمْ
أَكُن لِّأَسْجُدَ لِبَشَرٍ خَلَقْتَهُۥ مِن صَلْصَٰلٍ مِّنْ حَمَإٍ مَّسْنُونٍ ١٥ــ٣٤ قَالَ فَٱخْرُجْ مِنْهَا
فَإِنَّكَ رَجِيمٌ ١٥ــ٣٥ وَإِنَّ عَلَيْكَ ٱللَّعْنَةَ إِلَىٰ يَوْمِ ٱلدِّينِ ١٥ــ٣٦ قَالَ رَبِّ فَأَنظِرْنِىٓ
إِلَىٰ يَوْمِ يُبْعَثُونَ ١٥ــ٣٧ قَالَ فَإِنَّكَ مِنَ ٱلْمُنظَرِينَ ١٥ــ٣٨ إِلَىٰ يَوْمِ ٱلْوَقْتِ
ٱلْمَعْلُومِ ١٥ــ٣٩ قَالَ رَبِّ بِمَآ أَغْوَيْتَنِى لَأُزَيِّنَنَّ لَهُمْ فِى ٱلْأَرْضِ وَلَأُغْوِيَنَّهُمْ أَجْمَعِينَ
١٥ــ٤٠ إِلَّا عِبَادَكَ مِنْهُمُ ٱلْمُخْلَصِينَ ١٥ــ٤١ قَالَ هَٰذَا صِرَٰطٌ عَلَىَّ مُسْتَقِيمٌ
١٥ــ٤٢ إِنَّ عِبَادِى لَيْسَ لَكَ عَلَيْهِمْ سُلْطَٰنٌ إِلَّا مَنِ ٱتَّبَعَكَ مِنَ ٱلْغَاوِينَ ١٥ــ٤٣ وَإِنَّ
جَهَنَّمَ لَمَوْعِدُهُمْ أَجْمَعِينَ ١٥ــ٤٤ لَهَا سَبْعَةُ أَبْوَٰبٍ لِّكُلِّ بَابٍ مِّنْهُمْ جُزْءٌ مَّقْسُومٌ
١٥ــ٤٥ إِنَّ ٱلْمُتَّقِينَ فِى جَنَّٰتٍ وَعُيُونٍ ١٥ــ٤٦ ٱدْخُلُوهَا بِسَلَٰمٍ ءَامِنِينَ ١٥ــ٤٧ وَنَزَعْنَا
مَا فِى صُدُورِهِم مِّنْ غِلٍّ إِخْوَٰنًا عَلَىٰ سُرُرٍ مُّتَقَٰبِلِينَ ١٥ــ٤٨ لَا يَمَسُّهُمْ فِيهَا نَصَبٌ
وَمَا هُم مِّنْهَا بِمُخْرَجِينَ ١٥ــ٤٩ نَبِّئْ عِبَادِىٓ أَنِّىٓ أَنَا ٱلْغَفُورُ ٱلرَّحِيمُ ١٥ــ٥٠ وَأَنَّ

عَذَابِى هُوَ ٱلْعَذَابُ ٱلْأَلِيمُ ١٥ـ٥١ وَنَبِّئْهُمْ عَن ضَيْفِ إِبْرَٰهِيمَ ١٥ـ٥٢ إِذْ دَخَلُوا۟ عَلَيْهِ
فَقَالُوا۟ سَلَٰمًا قَالَ إِنَّا مِنكُمْ وَجِلُونَ ١٥ـ٥٣ قَالُوا۟ لَا تَوْجَلْ إِنَّا نُبَشِّرُكَ بِغُلَٰمٍ عَلِيمٍ
١٥ـ٥٤ قَالَ أَبَشَّرْتُمُونِى عَلَىٰٓ أَن مَّسَّنِىَ ٱلْكِبَرُ فَبِمَ تُبَشِّرُونَ ١٥ـ٥٥ قَالُوا۟ بَشَّرْنَٰكَ
بِٱلْحَقِّ فَلَا تَكُن مِّنَ ٱلْقَٰنِطِينَ ١٥ـ٥٦ قَالَ وَمَن يَقْنَطُ مِن رَّحْمَةِ رَبِّهِۦٓ إِلَّا ٱلضَّآلُّونَ
١٥ـ٥٧ قَالَ فَمَا خَطْبُكُمْ أَيُّهَا ٱلْمُرْسَلُونَ ١٥ـ٥٨ قَالُوٓا۟ إِنَّآ أُرْسِلْنَآ إِلَىٰ قَوْمٍ
مُّجْرِمِينَ ١٥ـ٥٩ إِلَّآ ءَالَ لُوطٍ إِنَّا لَمُنَجُّوهُمْ أَجْمَعِينَ ١٥ـ٦٠ إِلَّا ٱمْرَأَتَهُۥ قَدَّرْنَآ ۙ إِنَّهَا
لَمِنَ ٱلْغَٰبِرِينَ ١٥ـ٦١ فَلَمَّا جَآءَ ءَالَ لُوطٍ ٱلْمُرْسَلُونَ ١٥ـ٦٢ قَالَ إِنَّكُمْ قَوْمٌ مُّنكَرُونَ
١٥ـ٦٣ قَالُوا۟ بَلْ جِئْنَٰكَ بِمَا كَانُوا۟ فِيهِ يَمْتَرُونَ ١٥ـ٦٤ وَأَتَيْنَٰكَ بِٱلْحَقِّ وَإِنَّا لَصَٰدِقُونَ
١٥ـ٦٥ فَأَسْرِ بِأَهْلِكَ بِقِطْعٍ مِّنَ ٱلَّيْلِ وَٱتَّبِعْ أَدْبَٰرَهُمْ وَلَا يَلْتَفِتْ مِنكُمْ أَحَدٌ وَٱمْضُوا۟
حَيْثُ تُؤْمَرُونَ ١٥ـ٦٦ وَقَضَيْنَآ إِلَيْهِ ذَٰلِكَ ٱلْأَمْرَ أَنَّ دَابِرَ هَٰٓؤُلَآءِ مَقْطُوعٌ مُّصْبِحِينَ
١٥ـ٦٧ وَجَآءَ أَهْلُ ٱلْمَدِينَةِ يَسْتَبْشِرُونَ ١٥ـ٦٨ قَالَ إِنَّ هَٰٓؤُلَآءِ ضَيْفِى فَلَا تَفْضَحُونِ
١٥ـ٦٩ وَٱتَّقُوا۟ ٱللَّهَ وَلَا تُخْزُونِ ١٥ـ٧٠ قَالُوٓا۟ أَوَلَمْ نَنْهَكَ عَنِ ٱلْعَٰلَمِينَ ١٥ـ٧١ قَالَ
هَٰٓؤُلَآءِ بَنَاتِىٓ إِن كُنتُمْ فَٰعِلِينَ ١٥ـ٧٢ لَعَمْرُكَ إِنَّهُمْ لَفِى سَكْرَتِهِمْ يَعْمَهُونَ
١٥ـ٧٣ فَأَخَذَتْهُمُ ٱلصَّيْحَةُ مُشْرِقِينَ ١٥ـ٧٤ فَجَعَلْنَا عَٰلِيَهَا سَافِلَهَا وَأَمْطَرْنَا
عَلَيْهِمْ حِجَارَةً مِّن سِجِّيلٍ ١٥ـ٧٥ إِنَّ فِى ذَٰلِكَ لَءَايَٰتٍ لِّلْمُتَوَسِّمِينَ ١٥ـ٧٦ وَإِنَّهَا
لَبِسَبِيلٍ مُّقِيمٍ ١٥ـ٧٧ إِنَّ فِى ذَٰلِكَ لَءَايَةً لِّلْمُؤْمِنِينَ ١٥ـ٧٨ وَإِن كَانَ أَصْحَٰبُ
ٱلْأَيْكَةِ لَظَٰلِمِينَ ١٥ـ٧٩ فَٱنتَقَمْنَا مِنْهُمْ وَإِنَّهُمَا لَبِإِمَامٍ مُّبِينٍ ١٥ـ٨٠ وَلَقَدْ كَذَّبَ
أَصْحَٰبُ ٱلْحِجْرِ ٱلْمُرْسَلِينَ ١٥ـ٨١ وَءَاتَيْنَٰهُمْ ءَايَٰتِنَا فَكَانُوا۟ عَنْهَا مُعْرِضِينَ
١٥ـ٨٢ وَكَانُوا۟ يَنْحِتُونَ مِنَ ٱلْجِبَالِ بُيُوتًا ءَامِنِينَ ١٥ـ٨٣ فَأَخَذَتْهُمُ ٱلصَّيْحَةُ مُصْبِحِينَ
١٥ـ٨٤ فَمَآ أَغْنَىٰ عَنْهُم مَّا كَانُوا۟ يَكْسِبُونَ ١٥ـ٨٥ وَمَا خَلَقْنَا ٱلسَّمَٰوَٰتِ وَٱلْأَرْضَ
وَمَا بَيْنَهُمَآ إِلَّا بِٱلْحَقِّ ۗ وَإِنَّ ٱلسَّاعَةَ لَءَاتِيَةٌ ۖ فَٱصْفَحِ ٱلصَّفْحَ ٱلْجَمِيلَ ١٥ـ٨٦ إِنَّ رَبَّكَ
هُوَ ٱلْخَلَّٰقُ ٱلْعَلِيمُ ١٥ـ٨٧ وَلَقَدْ ءَاتَيْنَٰكَ سَبْعًا مِّنَ ٱلْمَثَانِى وَٱلْقُرْءَانَ ٱلْعَظِيمَ
١٥ـ٨٨ لَا تَمُدَّنَّ عَيْنَيْكَ إِلَىٰ مَا مَتَّعْنَا بِهِۦٓ أَزْوَٰجًا مِّنْهُمْ وَلَا تَحْزَنْ عَلَيْهِمْ وَٱخْفِضْ
جَنَاحَكَ لِلْمُؤْمِنِينَ ١٥ـ٨٩ وَقُلْ إِنِّىٓ أَنَا ٱلنَّذِيرُ ٱلْمُبِينُ ١٥ـ٩٠ كَمَآ أَنزَلْنَا عَلَى
ٱلْمُقْتَسِمِينَ ١٥ـ٩١ ٱلَّذِينَ جَعَلُوا۟ ٱلْقُرْءَانَ عِضِينَ ١٥ـ٩٢ فَوَرَبِّكَ لَنَسْـَٔلَنَّهُمْ أَجْمَعِينَ
١٥ـ٩٣ عَمَّا كَانُوا۟ يَعْمَلُونَ ١٥ـ٩٤ فَٱصْدَعْ بِمَا تُؤْمَرُ وَأَعْرِضْ عَنِ ٱلْمُشْرِكِينَ
١٥ـ٩٥ إِنَّا كَفَيْنَٰكَ ٱلْمُسْتَهْزِءِينَ ١٥ـ٩٦ ٱلَّذِينَ يَجْعَلُونَ مَعَ ٱللَّهِ إِلَٰهًا ءَاخَرَ ۚ فَسَوْفَ
يَعْلَمُونَ ١٥ـ٩٧ وَلَقَدْ نَعْلَمُ أَنَّكَ يَضِيقُ صَدْرُكَ بِمَا يَقُولُونَ ١٥ـ٩٨ فَسَبِّحْ بِحَمْدِ

رَبِّكَ وَكُن مِّنَ ٱلسَّٰجِدِينَ ١٥ـ٩٩ وَٱعْبُدْ رَبَّكَ حَتَّىٰ يَأْتِيَكَ ٱلْيَقِينُ ١٦ـ١ أَتَىٰٓ أَمْرُ ٱللَّهِ
فَلَا تَسْتَعْجِلُوهُ ۚ سُبْحَٰنَهُۥ وَتَعَٰلَىٰ عَمَّا يُشْرِكُونَ ١٦ـ٢ يُنَزِّلُ ٱلْمَلَٰٓئِكَةَ بِٱلرُّوحِ مِنْ
أَمْرِهِۦ عَلَىٰ مَن يَشَآءُ مِنْ عِبَادِهِۦٓ أَنْ أَنذِرُوٓا۟ أَنَّهُۥ لَآ إِلَٰهَ إِلَّآ أَنَا۠ فَٱتَّقُونِ ١٦ـ٣ خَلَقَ
ٱلسَّمَٰوَٰتِ وَٱلْأَرْضَ بِٱلْحَقِّ ۚ تَعَٰلَىٰ عَمَّا يُشْرِكُونَ ١٦ـ٤ خَلَقَ ٱلْإِنسَٰنَ مِن نُّطْفَةٍ فَإِذَا
هُوَ خَصِيمٌ مُّبِينٌ ١٦ـ٥ وَٱلْأَنْعَٰمَ خَلَقَهَا ۗ لَكُمْ فِيهَا دِفْءٌ وَمَنَٰفِعُ وَمِنْهَا تَأْكُلُونَ
١٦ـ٦ وَلَكُمْ فِيهَا جَمَالٌ حِينَ تُرِيحُونَ وَحِينَ تَسْرَحُونَ ١٦ـ٧ وَتَحْمِلُ أَثْقَالَكُمْ إِلَىٰ
بَلَدٍ لَّمْ تَكُونُوا۟ بَٰلِغِيهِ إِلَّا بِشِقِّ ٱلْأَنفُسِ ۚ إِنَّ رَبَّكُمْ لَرَءُوفٌ رَّحِيمٌ ١٦ـ٨ وَٱلْخَيْلَ
وَٱلْبِغَالَ وَٱلْحَمِيرَ لِتَرْكَبُوهَا وَزِينَةً ۚ وَيَخْلُقُ مَا لَا تَعْلَمُونَ ١٦ـ٩ وَعَلَى ٱللَّهِ قَصْدُ
ٱلسَّبِيلِ وَمِنْهَا جَآئِرٌ ۚ وَلَوْ شَآءَ لَهَدَىٰكُمْ أَجْمَعِينَ ١٦ـ١٠ هُوَ ٱلَّذِىٓ أَنزَلَ مِنَ ٱلسَّمَآءِ
مَآءً ۖ لَّكُم مِّنْهُ شَرَابٌ وَمِنْهُ شَجَرٌ فِيهِ تُسِيمُونَ ١٦ـ١١ يُنۢبِتُ لَكُم بِهِ ٱلزَّرْعَ وَٱلزَّيْتُونَ
وَٱلنَّخِيلَ وَٱلْأَعْنَٰبَ وَمِن كُلِّ ٱلثَّمَرَٰتِ ۗ إِنَّ فِى ذَٰلِكَ لَءَايَةً لِّقَوْمٍ يَتَفَكَّرُونَ
١٦ـ١٢ وَسَخَّرَ لَكُمُ ٱلَّيْلَ وَٱلنَّهَارَ وَٱلشَّمْسَ وَٱلْقَمَرَ ۖ وَٱلنُّجُومُ مُسَخَّرَٰتٌۢ بِأَمْرِهِۦٓ ۗ إِنَّ
فِى ذَٰلِكَ لَءَايَٰتٍ لِّقَوْمٍ يَعْقِلُونَ ١٦ـ١٣ وَمَا ذَرَأَ لَكُمْ فِى ٱلْأَرْضِ مُخْتَلِفًا أَلْوَٰنُهُۥٓ ۗ إِنَّ
فِى ذَٰلِكَ لَءَايَةً لِّقَوْمٍ يَذَّكَّرُونَ ١٦ـ١٤ وَهُوَ ٱلَّذِى سَخَّرَ ٱلْبَحْرَ لِتَأْكُلُوا۟ مِنْهُ لَحْمًا طَرِيًّا
وَتَسْتَخْرِجُوا۟ مِنْهُ حِلْيَةً تَلْبَسُونَهَا وَتَرَى ٱلْفُلْكَ مَوَاخِرَ فِيهِ وَلِتَبْتَغُوا۟ مِن فَضْلِهِۦ
وَلَعَلَّكُمْ تَشْكُرُونَ ١٦ـ١٥ وَأَلْقَىٰ فِى ٱلْأَرْضِ رَوَٰسِىَ أَن تَمِيدَ بِكُمْ وَأَنْهَٰرًا وَسُبُلًا
لَّعَلَّكُمْ تَهْتَدُونَ ١٦ـ١٦ وَعَلَٰمَٰتٍ ۚ وَبِٱلنَّجْمِ هُمْ يَهْتَدُونَ ١٦ـ١٧ أَفَمَن يَخْلُقُ كَمَن لَّا
يَخْلُقُ ۗ أَفَلَا تَذَكَّرُونَ ١٦ـ١٨ وَإِن تَعُدُّوا۟ نِعْمَةَ ٱللَّهِ لَا تُحْصُوهَآ ۗ إِنَّ ٱللَّهَ لَغَفُورٌ رَّحِيمٌ
١٦ـ١٩ وَٱللَّهُ يَعْلَمُ مَا تُسِرُّونَ وَمَا تُعْلِنُونَ ١٦ـ٢٠ وَٱلَّذِينَ يَدْعُونَ مِن دُونِ ٱللَّهِ لَا
يَخْلُقُونَ شَيْـًٔا وَهُمْ يُخْلَقُونَ ١٦ـ٢١ أَمْوَٰتٌ غَيْرُ أَحْيَآءٍ ۖ وَمَا يَشْعُرُونَ أَيَّانَ يُبْعَثُونَ
١٦ـ٢٢ إِلَٰهُكُمْ إِلَٰهٌ وَٰحِدٌ ۚ فَٱلَّذِينَ لَا يُؤْمِنُونَ بِٱلْءَاخِرَةِ قُلُوبُهُم مُّنكِرَةٌ وَهُم
مُّسْتَكْبِرُونَ ١٦ـ٢٣ لَا جَرَمَ أَنَّ ٱللَّهَ يَعْلَمُ مَا يُسِرُّونَ وَمَا يُعْلِنُونَ ۚ إِنَّهُۥ لَا يُحِبُّ
ٱلْمُسْتَكْبِرِينَ ١٦ـ٢٤ وَإِذَا قِيلَ لَهُم مَّاذَآ أَنزَلَ رَبُّكُمْ ۙ قَالُوٓا۟ أَسَٰطِيرُ ٱلْأَوَّلِينَ
١٦ـ٢٥ لِيَحْمِلُوٓا۟ أَوْزَارَهُمْ كَامِلَةً يَوْمَ ٱلْقِيَٰمَةِ ۙ وَمِنْ أَوْزَارِ ٱلَّذِينَ يُضِلُّونَهُم بِغَيْرِ عِلْمٍ ۗ
أَلَا سَآءَ مَا يَزِرُونَ ١٦ـ٢٦ قَدْ مَكَرَ ٱلَّذِينَ مِن قَبْلِهِمْ فَأَتَى ٱللَّهُ بُنْيَٰنَهُم مِّنَ ٱلْقَوَاعِدِ
فَخَرَّ عَلَيْهِمُ ٱلسَّقْفُ مِن فَوْقِهِمْ وَأَتَىٰهُمُ ٱلْعَذَابُ مِنْ حَيْثُ لَا يَشْعُرُونَ ١٦ـ٢٧ ثُمَّ
يَوْمَ ٱلْقِيَٰمَةِ يُخْزِيهِمْ وَيَقُولُ أَيْنَ شُرَكَآءِىَ ٱلَّذِينَ كُنتُمْ تُشَٰٓقُّونَ فِيهِمْ ۚ قَالَ ٱلَّذِينَ
أُوتُوا۟ ٱلْعِلْمَ إِنَّ ٱلْخِزْىَ ٱلْيَوْمَ وَٱلسُّوٓءَ عَلَى ٱلْكَٰفِرِينَ ١٦ـ٢٨ ٱلَّذِينَ تَتَوَفَّىٰهُمُ

ٱلْمَلَٰٓئِكَةُ ظَالِمِىٓ أَنفُسِهِمْ ۖ فَأَلْقَوُا۟ ٱلسَّلَمَ مَا كُنَّا نَعْمَلُ مِن سُوٓءٍۭ ۚ بَلَىٰٓ إِنَّ ٱللَّهَ
عَلِيمٌۢ بِمَا كُنتُمْ تَعْمَلُونَ ١٦ــ٢٩ فَٱدْخُلُوٓا۟ أَبْوَٰبَ جَهَنَّمَ خَٰلِدِينَ فِيهَا ۖ فَلَبِئْسَ مَثْوَى
ٱلْمُتَكَبِّرِينَ ١٦ــ٣٠ وَقِيلَ لِلَّذِينَ ٱتَّقَوْا۟ مَاذَآ أَنزَلَ رَبُّكُمْ ۚ قَالُوا۟ خَيْرًا ۗ لِّلَّذِينَ أَحْسَنُوا۟
فِى هَٰذِهِ ٱلدُّنْيَا حَسَنَةٌ ۚ وَلَدَارُ ٱلْءَاخِرَةِ خَيْرٌ ۚ وَلَنِعْمَ دَارُ ٱلْمُتَّقِينَ ١٦ــ٣١ جَنَّٰتُ عَدْنٍ
يَدْخُلُونَهَا تَجْرِى مِن تَحْتِهَا ٱلْأَنْهَٰرُ ۖ لَهُمْ فِيهَا مَا يَشَآءُونَ ۚ كَذَٰلِكَ يَجْزِى ٱللَّهُ
ٱلْمُتَّقِينَ ١٦ــ٣٢ ٱلَّذِينَ تَتَوَفَّىٰهُمُ ٱلْمَلَٰٓئِكَةُ طَيِّبِينَ ۙ يَقُولُونَ سَلَٰمٌ عَلَيْكُمُ ٱدْخُلُوا۟
ٱلْجَنَّةَ بِمَا كُنتُمْ تَعْمَلُونَ ١٦ــ٣٣ هَلْ يَنظُرُونَ إِلَّآ أَن تَأْتِيَهُمُ ٱلْمَلَٰٓئِكَةُ أَوْ يَأْتِىَ أَمْرُ
رَبِّكَ ۚ كَذَٰلِكَ فَعَلَ ٱلَّذِينَ مِن قَبْلِهِمْ ۚ وَمَا ظَلَمَهُمُ ٱللَّهُ وَلَٰكِن كَانُوٓا۟ أَنفُسَهُمْ
يَظْلِمُونَ ١٦ــ٣٤ فَأَصَابَهُمْ سَيِّـَٔاتُ مَا عَمِلُوا۟ وَحَاقَ بِهِم مَّا كَانُوا۟ بِهِۦ يَسْتَهْزِءُونَ
١٦ــ٣٥ وَقَالَ ٱلَّذِينَ أَشْرَكُوا۟ لَوْ شَآءَ ٱللَّهُ مَا عَبَدْنَا مِن دُونِهِۦ مِن شَىْءٍ نَّحْنُ وَلَآ
ءَابَآؤُنَا وَلَا حَرَّمْنَا مِن دُونِهِۦ مِن شَىْءٍ ۚ كَذَٰلِكَ فَعَلَ ٱلَّذِينَ مِن قَبْلِهِمْ ۚ فَهَلْ عَلَى
ٱلرُّسُلِ إِلَّا ٱلْبَلَٰغُ ٱلْمُبِينُ ١٦ــ٣٦ وَلَقَدْ بَعَثْنَا فِى كُلِّ أُمَّةٍ رَّسُولًا أَنِ ٱعْبُدُوا۟ ٱللَّهَ
وَٱجْتَنِبُوا۟ ٱلطَّٰغُوتَ ۖ فَمِنْهُم مَّنْ هَدَى ٱللَّهُ وَمِنْهُم مَّنْ حَقَّتْ عَلَيْهِ ٱلضَّلَٰلَةُ ۚ فَسِيرُوا۟
فِى ٱلْأَرْضِ فَٱنظُرُوا۟ كَيْفَ كَانَ عَٰقِبَةُ ٱلْمُكَذِّبِينَ ١٦ــ٣٧ إِن تَحْرِصْ عَلَىٰ هُدَىٰهُمْ
فَإِنَّ ٱللَّهَ لَا يَهْدِى مَن يُضِلُّ ۖ وَمَا لَهُم مِّن نَّٰصِرِينَ ١٦ــ٣٨ وَأَقْسَمُوا۟ بِٱللَّهِ جَهْدَ
أَيْمَٰنِهِمْ ۙ لَا يَبْعَثُ ٱللَّهُ مَن يَمُوتُ ۚ بَلَىٰ وَعْدًا عَلَيْهِ حَقًّا وَلَٰكِنَّ أَكْثَرَ ٱلنَّاسِ لَا
يَعْلَمُونَ ١٦ــ٣٩ لِيُبَيِّنَ لَهُمُ ٱلَّذِى يَخْتَلِفُونَ فِيهِ وَلِيَعْلَمَ ٱلَّذِينَ كَفَرُوٓا۟ أَنَّهُمْ كَانُوا۟
كَٰذِبِينَ ١٦ــ٤٠ إِنَّمَا قَوْلُنَا لِشَىْءٍ إِذَآ أَرَدْنَٰهُ أَن نَّقُولَ لَهُۥ كُن فَيَكُونُ ١٦ــ٤١ وَٱلَّذِينَ
هَاجَرُوا۟ فِى ٱللَّهِ مِنۢ بَعْدِ مَا ظُلِمُوا۟ لَنُبَوِّئَنَّهُمْ فِى ٱلدُّنْيَا حَسَنَةً ۖ وَلَأَجْرُ ٱلْءَاخِرَةِ
أَكْبَرُ ۚ لَوْ كَانُوا۟ يَعْلَمُونَ ١٦ــ٤٢ ٱلَّذِينَ صَبَرُوا۟ وَعَلَىٰ رَبِّهِمْ يَتَوَكَّلُونَ ١٦ــ٤٣ وَمَآ
أَرْسَلْنَا مِن قَبْلِكَ إِلَّا رِجَالًا نُّوحِىٓ إِلَيْهِمْ ۚ فَسْـَٔلُوٓا۟ أَهْلَ ٱلذِّكْرِ إِن كُنتُمْ لَا تَعْلَمُونَ
١٦ــ٤٤ بِٱلْبَيِّنَٰتِ وَٱلزُّبُرِ ۗ وَأَنزَلْنَآ إِلَيْكَ ٱلذِّكْرَ لِتُبَيِّنَ لِلنَّاسِ مَا نُزِّلَ إِلَيْهِمْ وَلَعَلَّهُمْ
يَتَفَكَّرُونَ ١٦ــ٤٥ أَفَأَمِنَ ٱلَّذِينَ مَكَرُوا۟ ٱلسَّيِّـَٔاتِ أَن يَخْسِفَ ٱللَّهُ بِهِمُ ٱلْأَرْضَ أَوْ
يَأْتِيَهُمُ ٱلْعَذَابُ مِنْ حَيْثُ لَا يَشْعُرُونَ ١٦ــ٤٦ أَوْ يَأْخُذَهُمْ فِى تَقَلُّبِهِمْ فَمَا هُم
بِمُعْجِزِينَ ١٦ــ٤٧ أَوْ يَأْخُذَهُمْ عَلَىٰ تَخَوُّفٍ فَإِنَّ رَبَّكُمْ لَرَءُوفٌ رَّحِيمٌ ١٦ــ٤٨ أَوَلَمْ يَرَوْا۟
إِلَىٰ مَا خَلَقَ ٱللَّهُ مِن شَىْءٍ يَتَفَيَّؤُا۟ ظِلَٰلُهُۥ عَنِ ٱلْيَمِينِ وَٱلشَّمَآئِلِ سُجَّدًا لِّلَّهِ وَهُمْ
دَٰخِرُونَ ١٦ــ٤٩ وَلِلَّهِ يَسْجُدُ مَا فِى ٱلسَّمَٰوَٰتِ وَمَا فِى ٱلْأَرْضِ مِن دَآبَّةٍ وَٱلْمَلَٰٓئِكَةُ
وَهُمْ لَا يَسْتَكْبِرُونَ ١٦ــ٥٠ يَخَافُونَ رَبَّهُم مِّن فَوْقِهِمْ وَيَفْعَلُونَ مَا يُؤْمَرُونَ

١٦ـ٥١ وَقَالَ ٱللَّهُ لَا تَتَّخِذُوٓاْ إِلَٰهَيۡنِ ٱثۡنَيۡنِۖ إِنَّمَا هُوَ إِلَٰهٞ وَٰحِدٞ فَإِيَّٰىَ فَٱرۡهَبُونِ
١٦ـ٥٢ وَلَهُۥ مَا فِى ٱلسَّمَٰوَٰتِ وَٱلۡأَرۡضِ وَلَهُ ٱلدِّينُ وَاصِبًاۚ أَفَغَيۡرَ ٱللَّهِ تَتَّقُونَ
١٦ـ٥٣ وَمَا بِكُم مِّن نِّعۡمَةٖ فَمِنَ ٱللَّهِۖ ثُمَّ إِذَا مَسَّكُمُ ٱلضُّرُّ فَإِلَيۡهِ تَجۡـَٔرُونَ ١٦ـ٥٤ ثُمَّ
إِذَا كَشَفَ ٱلضُّرَّ عَنكُمۡ إِذَا فَرِيقٞ مِّنكُم بِرَبِّهِمۡ يُشۡرِكُونَ ١٦ـ٥٥ لِيَكۡفُرُواْ بِمَآ
ءَاتَيۡنَٰهُمۡۚ فَتَمَتَّعُواْۖ فَسَوۡفَ تَعۡلَمُونَ ١٦ـ٥٦ وَيَجۡعَلُونَ لِمَا لَا يَعۡلَمُونَ نَصِيبٗا مِّمَّا
رَزَقۡنَٰهُمۡۗ تَٱللَّهِ لَتُسۡـَٔلُنَّ عَمَّا كُنتُمۡ تَفۡتَرُونَ ١٦ـ٥٧ وَيَجۡعَلُونَ لِلَّهِ ٱلۡبَنَٰتِ سُبۡحَٰنَهُۥ ۙ
وَلَهُم مَّا يَشۡتَهُونَ ١٦ـ٥٨ وَإِذَا بُشِّرَ أَحَدُهُم بِٱلۡأُنثَىٰ ظَلَّ وَجۡهُهُۥ مُسۡوَدّٗا وَهُوَ
كَظِيمٞ ١٦ـ٥٩ يَتَوَٰرَىٰ مِنَ ٱلۡقَوۡمِ مِن سُوٓءِ مَا بُشِّرَ بِهِۦٓۚ أَيُمۡسِكُهُۥ عَلَىٰ هُونٍ أَمۡ
يَدُسُّهُۥ فِى ٱلتُّرَابِۗ أَلَا سَآءَ مَا يَحۡكُمُونَ ١٦ـ٦٠ لِلَّذِينَ لَا يُؤۡمِنُونَ بِٱلۡأٓخِرَةِ مَثَلُ
ٱلسَّوۡءِۖ وَلِلَّهِ ٱلۡمَثَلُ ٱلۡأَعۡلَىٰۚ وَهُوَ ٱلۡعَزِيزُ ٱلۡحَكِيمُ ١٦ـ٦١ وَلَوۡ يُؤَاخِذُ ٱللَّهُ ٱلنَّاسَ
بِظُلۡمِهِم مَّا تَرَكَ عَلَيۡهَا مِن دَآبَّةٖ وَلَٰكِن يُؤَخِّرُهُمۡ إِلَىٰٓ أَجَلٖ مُّسَمّٗىۖ فَإِذَا جَآءَ
أَجَلُهُمۡ لَا يَسۡتَـٔۡخِرُونَ سَاعَةٗۖ وَلَا يَسۡتَقۡدِمُونَ ١٦ـ٦٢ وَيَجۡعَلُونَ لِلَّهِ مَا يَكۡرَهُونَ
وَتَصِفُ أَلۡسِنَتُهُمُ ٱلۡكَذِبَ أَنَّ لَهُمُ ٱلۡحُسۡنَىٰۖ لَا جَرَمَ أَنَّ لَهُمُ ٱلنَّارَ وَأَنَّهُم مُّفۡرَطُونَ
١٦ـ٦٣ تَٱللَّهِ لَقَدۡ أَرۡسَلۡنَآ إِلَىٰٓ أُمَمٖ مِّن قَبۡلِكَ فَزَيَّنَ لَهُمُ ٱلشَّيۡطَٰنُ أَعۡمَٰلَهُمۡ فَهُوَ
وَلِيُّهُمُ ٱلۡيَوۡمَ وَلَهُمۡ عَذَابٌ أَلِيمٞ ١٦ـ٦٤ وَمَآ أَنزَلۡنَا عَلَيۡكَ ٱلۡكِتَٰبَ إِلَّا لِتُبَيِّنَ لَهُمُ ٱلَّذِى
ٱخۡتَلَفُواْ فِيهِ ۙ وَهُدٗى وَرَحۡمَةٗ لِّقَوۡمٖ يُؤۡمِنُونَ ١٦ـ٦٥ وَٱللَّهُ أَنزَلَ مِنَ ٱلسَّمَآءِ مَآءٗ
فَأَحۡيَا بِهِ ٱلۡأَرۡضَ بَعۡدَ مَوۡتِهَآۚ إِنَّ فِى ذَٰلِكَ لَأٓيَةٗ لِّقَوۡمٖ يَسۡمَعُونَ ١٦ـ٦٦ وَإِنَّ لَكُمۡ
فِى ٱلۡأَنۡعَٰمِ لَعِبۡرَةٗۖ نُّسۡقِيكُم مِّمَّا فِى بُطُونِهِۦ مِنۢ بَيۡنِ فَرۡثٖ وَدَمٖ لَّبَنًا خَالِصٗا سَآئِغٗا
لِّلشَّٰرِبِينَ ١٦ـ٦٧ وَمِن ثَمَرَٰتِ ٱلنَّخِيلِ وَٱلۡأَعۡنَٰبِ تَتَّخِذُونَ مِنۡهُ سَكَرٗا وَرِزۡقًا حَسَنًاۗ إِنَّ
فِى ذَٰلِكَ لَأٓيَةٗ لِّقَوۡمٖ يَعۡقِلُونَ ١٦ـ٦٨ وَأَوۡحَىٰ رَبُّكَ إِلَى ٱلنَّحۡلِ أَنِ ٱتَّخِذِى مِنَ
ٱلۡجِبَالِ بُيُوتٗا وَمِنَ ٱلشَّجَرِ وَمِمَّا يَعۡرِشُونَ ١٦ـ٦٩ ثُمَّ كُلِى مِن كُلِّ ٱلثَّمَرَٰتِ فَٱسۡلُكِى
سُبُلَ رَبِّكِ ذُلُلٗاۚ يَخۡرُجُ مِنۢ بُطُونِهَا شَرَابٞ مُّخۡتَلِفٌ أَلۡوَٰنُهُۥ فِيهِ شِفَآءٞ لِّلنَّاسِۗ إِنَّ فِى
ذَٰلِكَ لَأٓيَةٗ لِّقَوۡمٖ يَتَفَكَّرُونَ ١٦ـ٧٠ وَٱللَّهُ خَلَقَكُمۡ ثُمَّ يَتَوَفَّىٰكُمۡۚ وَمِنكُم مَّن يُرَدُّ إِلَىٰٓ
أَرۡذَلِ ٱلۡعُمُرِ لِكَىۡ لَا يَعۡلَمَ بَعۡدَ عِلۡمٖ شَيۡـًٔاۚ إِنَّ ٱللَّهَ عَلِيمٞ قَدِيرٞ ١٦ـ٧١ وَٱللَّهُ فَضَّلَ
بَعۡضَكُمۡ عَلَىٰ بَعۡضٖ فِى ٱلرِّزۡقِۚ فَمَا ٱلَّذِينَ فُضِّلُواْ بِرَآدِّى رِزۡقِهِمۡ عَلَىٰ مَا مَلَكَتۡ
أَيۡمَٰنُهُمۡ فَهُمۡ فِيهِ سَوَآءٌۚ أَفَبِنِعۡمَةِ ٱللَّهِ يَجۡحَدُونَ ١٦ـ٧٢ وَٱللَّهُ جَعَلَ لَكُم مِّنۡ
أَنفُسِكُمۡ أَزۡوَٰجٗا وَجَعَلَ لَكُم مِّنۡ أَزۡوَٰجِكُم بَنِينَ وَحَفَدَةٗ وَرَزَقَكُم مِّنَ ٱلطَّيِّبَٰتِۚ
أَفَبِٱلۡبَٰطِلِ يُؤۡمِنُونَ وَبِنِعۡمَتِ ٱللَّهِ هُمۡ يَكۡفُرُونَ ١٦ـ٧٣ وَيَعۡبُدُونَ مِن دُونِ ٱللَّهِ مَا لَا

يَمْلِكُ لَهُمْ رِزْقًا مِّنَ ٱلسَّمَٰوَٰتِ وَٱلْأَرْضِ شَيْـًٔا وَلَا يَسْتَطِيعُونَ ١٦ـ٧٤ فَلَا تَضْرِبُوا۟ لِلَّهِ
ٱلْأَمْثَالَ ۚ إِنَّ ٱللَّهَ يَعْلَمُ وَأَنتُمْ لَا تَعْلَمُونَ ١٦ـ٧٥ ضَرَبَ ٱللَّهُ مَثَلًا عَبْدًا مَّمْلُوكًا لَّا
يَقْدِرُ عَلَىٰ شَىْءٍ وَمَن رَّزَقْنَٰهُ مِنَّا رِزْقًا حَسَنًا فَهُوَ يُنفِقُ مِنْهُ سِرًّا وَجَهْرًا ۖ هَلْ
يَسْتَوُۥنَ ۚ ٱلْحَمْدُ لِلَّهِ ۚ بَلْ أَكْثَرُهُمْ لَا يَعْلَمُونَ ١٦ـ٧٦ وَضَرَبَ ٱللَّهُ مَثَلًا رَّجُلَيْنِ أَحَدُهُمَآ
أَبْكَمُ لَا يَقْدِرُ عَلَىٰ شَىْءٍ وَهُوَ كَلٌّ عَلَىٰ مَوْلَىٰهُ أَيْنَمَا يُوَجِّههُّ لَا يَأْتِ بِخَيْرٍ ۖ هَلْ
يَسْتَوِى هُوَ وَمَن يَأْمُرُ بِٱلْعَدْلِ ۙ وَهُوَ عَلَىٰ صِرَٰطٍ مُّسْتَقِيمٍ ١٦ـ٧٧ وَلِلَّهِ غَيْبُ
ٱلسَّمَٰوَٰتِ وَٱلْأَرْضِ ۚ وَمَآ أَمْرُ ٱلسَّاعَةِ إِلَّا كَلَمْحِ ٱلْبَصَرِ أَوْ هُوَ أَقْرَبُ ۚ إِنَّ ٱللَّهَ عَلَىٰ كُلِّ
شَىْءٍ قَدِيرٌ ١٦ـ٧٨ وَٱللَّهُ أَخْرَجَكُم مِّنۢ بُطُونِ أُمَّهَٰتِكُمْ لَا تَعْلَمُونَ شَيْـًٔا وَجَعَلَ لَكُمُ
ٱلسَّمْعَ وَٱلْأَبْصَٰرَ وَٱلْأَفْـِٔدَةَ ۙ لَعَلَّكُمْ تَشْكُرُونَ ١٦ـ٧٩ أَلَمْ يَرَوْا۟ إِلَى ٱلطَّيْرِ مُسَخَّرَٰتٍ
فِى جَوِّ ٱلسَّمَآءِ مَا يُمْسِكُهُنَّ إِلَّا ٱللَّهُ ۗ إِنَّ فِى ذَٰلِكَ لَءَايَٰتٍ لِّقَوْمٍ يُؤْمِنُونَ
١٦ـ٨٠ وَٱللَّهُ جَعَلَ لَكُم مِّنۢ بُيُوتِكُمْ سَكَنًا وَجَعَلَ لَكُم مِّن جُلُودِ ٱلْأَنْعَٰمِ بُيُوتًا
تَسْتَخِفُّونَهَا يَوْمَ ظَعْنِكُمْ وَيَوْمَ إِقَامَتِكُمْ ۙ وَمِنْ أَصْوَافِهَا وَأَوْبَارِهَا وَأَشْعَارِهَآ أَثَٰثًا
وَمَتَٰعًا إِلَىٰ حِينٍ ١٦ـ٨١ وَٱللَّهُ جَعَلَ لَكُم مِّمَّا خَلَقَ ظِلَٰلًا وَجَعَلَ لَكُم مِّنَ ٱلْجِبَالِ
أَكْنَٰنًا وَجَعَلَ لَكُمْ سَرَٰبِيلَ تَقِيكُمُ ٱلْحَرَّ وَسَرَٰبِيلَ تَقِيكُم بَأْسَكُمْ ۚ كَذَٰلِكَ يُتِمُّ نِعْمَتَهُۥ
عَلَيْكُمْ لَعَلَّكُمْ تُسْلِمُونَ ١٦ـ٨٢ فَإِن تَوَلَّوْا۟ فَإِنَّمَا عَلَيْكَ ٱلْبَلَٰغُ ٱلْمُبِينُ ١٦ـ٨٣ يَعْرِفُونَ
نِعْمَتَ ٱللَّهِ ثُمَّ يُنكِرُونَهَا وَأَكْثَرُهُمُ ٱلْكَٰفِرُونَ ١٦ـ٨٤ وَيَوْمَ نَبْعَثُ مِن كُلِّ أُمَّةٍ
شَهِيدًا ثُمَّ لَا يُؤْذَنُ لِلَّذِينَ كَفَرُوا۟ وَلَا هُمْ يُسْتَعْتَبُونَ ١٦ـ٨٥ وَإِذَا رَءَا ٱلَّذِينَ ظَلَمُوا۟
ٱلْعَذَابَ فَلَا يُخَفَّفُ عَنْهُمْ وَلَا هُمْ يُنظَرُونَ ١٦ـ٨٦ وَإِذَا رَءَا ٱلَّذِينَ أَشْرَكُوا۟
شُرَكَآءَهُمْ قَالُوا۟ رَبَّنَا هَٰٓؤُلَآءِ شُرَكَآؤُنَا ٱلَّذِينَ كُنَّا نَدْعُوا۟ مِن دُونِكَ ۖ فَأَلْقَوْا۟ إِلَيْهِمُ
ٱلْقَوْلَ إِنَّكُمْ لَكَٰذِبُونَ ١٦ـ٨٧ وَأَلْقَوْا۟ إِلَى ٱللَّهِ يَوْمَئِذٍ ٱلسَّلَمَ ۖ وَضَلَّ عَنْهُم مَّا كَانُوا۟
يَفْتَرُونَ ١٦ـ٨٨ ٱلَّذِينَ كَفَرُوا۟ وَصَدُّوا۟ عَن سَبِيلِ ٱللَّهِ زِدْنَٰهُمْ عَذَابًا فَوْقَ ٱلْعَذَابِ بِمَا
كَانُوا۟ يُفْسِدُونَ ١٦ـ٨٩ وَيَوْمَ نَبْعَثُ فِى كُلِّ أُمَّةٍ شَهِيدًا عَلَيْهِم مِّنْ أَنفُسِهِمْ ۖ
وَجِئْنَا بِكَ شَهِيدًا عَلَىٰ هَٰٓؤُلَآءِ ۚ وَنَزَّلْنَا عَلَيْكَ ٱلْكِتَٰبَ تِبْيَٰنًا لِّكُلِّ شَىْءٍ وَهُدًى وَرَحْمَةً
وَبُشْرَىٰ لِلْمُسْلِمِينَ ١٦ـ٩٠ إِنَّ ٱللَّهَ يَأْمُرُ بِٱلْعَدْلِ وَٱلْإِحْسَٰنِ وَإِيتَآئِ ذِى ٱلْقُرْبَىٰ
وَيَنْهَىٰ عَنِ ٱلْفَحْشَآءِ وَٱلْمُنكَرِ وَٱلْبَغْىِ ۚ يَعِظُكُمْ لَعَلَّكُمْ تَذَكَّرُونَ ١٦ـ٩١ وَأَوْفُوا۟
بِعَهْدِ ٱللَّهِ إِذَا عَٰهَدتُّمْ وَلَا تَنقُضُوا۟ ٱلْأَيْمَٰنَ بَعْدَ تَوْكِيدِهَا وَقَدْ جَعَلْتُمُ ٱللَّهَ عَلَيْكُمْ
كَفِيلًا ۚ إِنَّ ٱللَّهَ يَعْلَمُ مَا تَفْعَلُونَ ١٦ـ٩٢ وَلَا تَكُونُوا۟ كَٱلَّتِى نَقَضَتْ غَزْلَهَا مِنۢ بَعْدِ
قُوَّةٍ أَنكَٰثًا تَتَّخِذُونَ أَيْمَٰنَكُمْ دَخَلًۢا بَيْنَكُمْ أَن تَكُونَ أُمَّةٌ هِىَ أَرْبَىٰ مِنْ أُمَّةٍ ۚ إِنَّمَا

يَبْلُوكُمُ ٱللَّهُ بِهِۦ ۚ وَلَيُبَيِّنَنَّ لَكُمْ يَوْمَ ٱلْقِيَٰمَةِ مَا كُنتُمْ فِيهِ تَخْتَلِفُونَ ١٦ـ٩٣ وَلَوْ شَآءَ
ٱللَّهُ لَجَعَلَكُمْ أُمَّةً وَٰحِدَةً وَلَٰكِن يُضِلُّ مَن يَشَآءُ وَيَهْدِى مَن يَشَآءُ ۚ وَلَتُسْـَٔلُنَّ عَمَّا
كُنتُمْ تَعْمَلُونَ ١٦ـ٩٤ وَلَا تَتَّخِذُوٓا۟ أَيْمَٰنَكُمْ دَخَلًۢا بَيْنَكُمْ فَتَزِلَّ قَدَمٌۢ بَعْدَ ثُبُوتِهَا
وَتَذُوقُوا۟ ٱلسُّوٓءَ بِمَا صَدَدتُّمْ عَن سَبِيلِ ٱللَّهِ ۖ وَلَكُمْ عَذَابٌ عَظِيمٌ ١٦ـ٩٥ وَلَا تَشْتَرُوا۟
بِعَهْدِ ٱللَّهِ ثَمَنًا قَلِيلًا ۚ إِنَّمَا عِندَ ٱللَّهِ هُوَ خَيْرٌ لَّكُمْ إِن كُنتُمْ تَعْلَمُونَ ١٦ـ٩٦ مَا
عِندَكُمْ يَنفَدُ ۖ وَمَا عِندَ ٱللَّهِ بَاقٍ ۗ وَلَنَجْزِيَنَّ ٱلَّذِينَ صَبَرُوٓا۟ أَجْرَهُم بِأَحْسَنِ مَا كَانُوا۟
يَعْمَلُونَ ١٦ـ٩٧ مَنْ عَمِلَ صَٰلِحًا مِّن ذَكَرٍ أَوْ أُنثَىٰ وَهُوَ مُؤْمِنٌ فَلَنُحْيِيَنَّهُۥ حَيَوٰةً طَيِّبَةً
ۖ وَلَنَجْزِيَنَّهُمْ أَجْرَهُم بِأَحْسَنِ مَا كَانُوا۟ يَعْمَلُونَ ١٦ـ٩٨ فَإِذَا قَرَأْتَ ٱلْقُرْءَانَ فَٱسْتَعِذْ
بِٱللَّهِ مِنَ ٱلشَّيْطَٰنِ ٱلرَّجِيمِ ١٦ـ٩٩ إِنَّهُۥ لَيْسَ لَهُۥ سُلْطَٰنٌ عَلَى ٱلَّذِينَ ءَامَنُوا۟ وَعَلَىٰ
رَبِّهِمْ يَتَوَكَّلُونَ ١٦ـ١٠٠ إِنَّمَا سُلْطَٰنُهُۥ عَلَى ٱلَّذِينَ يَتَوَلَّوْنَهُۥ وَٱلَّذِينَ هُم بِهِۦ مُشْرِكُونَ
١٦ـ١٠١ وَإِذَا بَدَّلْنَآ ءَايَةً مَّكَانَ ءَايَةٍ ۙ وَٱللَّهُ أَعْلَمُ بِمَا يُنَزِّلُ قَالُوٓا۟ إِنَّمَآ أَنتَ مُفْتَرٍۭ ۚ بَلْ
أَكْثَرُهُمْ لَا يَعْلَمُونَ ١٦ـ١٠٢ قُلْ نَزَّلَهُۥ رُوحُ ٱلْقُدُسِ مِن رَّبِّكَ بِٱلْحَقِّ لِيُثَبِّتَ ٱلَّذِينَ
ءَامَنُوا۟ وَهُدًى وَبُشْرَىٰ لِلْمُسْلِمِينَ ١٦ـ١٠٣ وَلَقَدْ نَعْلَمُ أَنَّهُمْ يَقُولُونَ إِنَّمَا يُعَلِّمُهُۥ
بَشَرٌ ۗ لِّسَانُ ٱلَّذِى يُلْحِدُونَ إِلَيْهِ أَعْجَمِىٌّ وَهَٰذَا لِسَانٌ عَرَبِىٌّ مُّبِينٌ ١٦ـ١٠٤ إِنَّ ٱلَّذِينَ
لَا يُؤْمِنُونَ بِـَٔايَٰتِ ٱللَّهِ لَا يَهْدِيهِمُ ٱللَّهُ وَلَهُمْ عَذَابٌ أَلِيمٌ ١٦ـ١٠٥ إِنَّمَا يَفْتَرِى ٱلْكَذِبَ
ٱلَّذِينَ لَا يُؤْمِنُونَ بِـَٔايَٰتِ ٱللَّهِ ۖ وَأُو۟لَٰٓئِكَ هُمُ ٱلْكَٰذِبُونَ ١٦ـ١٠٦ مَن كَفَرَ بِٱللَّهِ مِنۢ بَعْدِ
إِيمَٰنِهِۦٓ إِلَّا مَنْ أُكْرِهَ وَقَلْبُهُۥ مُطْمَئِنٌّۢ بِٱلْإِيمَٰنِ وَلَٰكِن مَّن شَرَحَ بِٱلْكُفْرِ صَدْرًا فَعَلَيْهِمْ
غَضَبٌ مِّنَ ٱللَّهِ وَلَهُمْ عَذَابٌ عَظِيمٌ ١٦ـ١٠٧ ذَٰلِكَ بِأَنَّهُمُ ٱسْتَحَبُّوا۟ ٱلْحَيَوٰةَ ٱلدُّنْيَا عَلَى
ٱلْءَاخِرَةِ وَأَنَّ ٱللَّهَ لَا يَهْدِى ٱلْقَوْمَ ٱلْكَٰفِرِينَ ١٦ـ١٠٨ أُو۟لَٰٓئِكَ ٱلَّذِينَ طَبَعَ ٱللَّهُ عَلَىٰ
قُلُوبِهِمْ وَسَمْعِهِمْ وَأَبْصَٰرِهِمْ ۖ وَأُو۟لَٰٓئِكَ هُمُ ٱلْغَٰفِلُونَ ١٦ـ١٠٩ لَا جَرَمَ أَنَّهُمْ فِى
ٱلْءَاخِرَةِ هُمُ ٱلْخَٰسِرُونَ ١٦ـ١١٠ ثُمَّ إِنَّ رَبَّكَ لِلَّذِينَ هَاجَرُوا۟ مِنۢ بَعْدِ مَا فُتِنُوا۟ ثُمَّ
جَٰهَدُوا۟ وَصَبَرُوٓا۟ إِنَّ رَبَّكَ مِنۢ بَعْدِهَا لَغَفُورٌ رَّحِيمٌ ١٦ـ١١١ يَوْمَ تَأْتِى كُلُّ نَفْسٍ تُجَٰدِلُ
عَن نَّفْسِهَا وَتُوَفَّىٰ كُلُّ نَفْسٍ مَّا عَمِلَتْ وَهُمْ لَا يُظْلَمُونَ ١٦ـ١١٢ وَضَرَبَ ٱللَّهُ مَثَلًا
قَرْيَةً كَانَتْ ءَامِنَةً مُّطْمَئِنَّةً يَأْتِيهَا رِزْقُهَا رَغَدًا مِّن كُلِّ مَكَانٍ فَكَفَرَتْ بِأَنْعُمِ ٱللَّهِ
فَأَذَٰقَهَا ٱللَّهُ لِبَاسَ ٱلْجُوعِ وَٱلْخَوْفِ بِمَا كَانُوا۟ يَصْنَعُونَ ١٦ـ١١٣ وَلَقَدْ جَآءَهُمْ رَسُولٌ
مِّنْهُمْ فَكَذَّبُوهُ فَأَخَذَهُمُ ٱلْعَذَابُ وَهُمْ ظَٰلِمُونَ ١٦ـ١١٤ فَكُلُوا۟ مِمَّا رَزَقَكُمُ ٱللَّهُ حَلَٰلًا
طَيِّبًا وَٱشْكُرُوا۟ نِعْمَتَ ٱللَّهِ إِن كُنتُمْ إِيَّاهُ تَعْبُدُونَ ١٦ـ١١٥ إِنَّمَا حَرَّمَ عَلَيْكُمُ ٱلْمَيْتَةَ
وَٱلدَّمَ وَلَحْمَ ٱلْخِنزِيرِ وَمَآ أُهِلَّ لِغَيْرِ ٱللَّهِ بِهِۦ ۖ فَمَنِ ٱضْطُرَّ غَيْرَ بَاغٍ وَلَا عَادٍ فَإِنَّ ٱللَّهَ

غَفُورٌ رَّحِيمٌ ١٦ـ١١٦ وَلَا تَقُولُوا۟ لِمَا تَصِفُ أَلْسِنَتُكُمُ ٱلْكَذِبَ هَٰذَا حَلَٰلٌ وَهَٰذَا حَرَامٌ
لِّتَفْتَرُوا۟ عَلَى ٱللَّهِ ٱلْكَذِبَ ۚ إِنَّ ٱلَّذِينَ يَفْتَرُونَ عَلَى ٱللَّهِ ٱلْكَذِبَ لَا يُفْلِحُونَ
١٦ـ١١٧ مَتَٰعٌ قَلِيلٌ وَلَهُمْ عَذَابٌ أَلِيمٌ ١٦ـ١١٨ وَعَلَى ٱلَّذِينَ هَادُوا۟ حَرَّمْنَا مَا قَصَصْنَا
عَلَيْكَ مِن قَبْلُ ۖ وَمَا ظَلَمْنَٰهُمْ وَلَٰكِن كَانُوٓا۟ أَنفُسَهُمْ يَظْلِمُونَ ١٦ـ١١٩ ثُمَّ إِنَّ رَبَّكَ
لِلَّذِينَ عَمِلُوا۟ ٱلسُّوٓءَ بِجَهَٰلَةٍ ثُمَّ تَابُوا۟ مِنۢ بَعْدِ ذَٰلِكَ وَأَصْلَحُوٓا۟ إِنَّ رَبَّكَ مِنۢ بَعْدِهَا
لَغَفُورٌ رَّحِيمٌ ١٦ـ١٢٠ إِنَّ إِبْرَٰهِيمَ كَانَ أُمَّةً قَانِتًا لِّلَّهِ حَنِيفًا وَلَمْ يَكُ مِنَ ٱلْمُشْرِكِينَ
١٦ـ١٢١ شَاكِرًا لِّأَنْعُمِهِ ۚ ٱجْتَبَىٰهُ وَهَدَىٰهُ إِلَىٰ صِرَٰطٍ مُّسْتَقِيمٍ ١٦ـ١٢٢ وَءَاتَيْنَٰهُ فِى
ٱلدُّنْيَا حَسَنَةً ۖ وَإِنَّهُۥ فِى ٱلْءَاخِرَةِ لَمِنَ ٱلصَّٰلِحِينَ ١٦ـ١٢٣ ثُمَّ أَوْحَيْنَآ إِلَيْكَ أَنِ ٱتَّبِعْ
مِلَّةَ إِبْرَٰهِيمَ حَنِيفًا ۖ وَمَا كَانَ مِنَ ٱلْمُشْرِكِينَ ١٦ـ١٢٤ إِنَّمَا جُعِلَ ٱلسَّبْتُ عَلَى ٱلَّذِينَ
ٱخْتَلَفُوا۟ فِيهِ ۚ وَإِنَّ رَبَّكَ لَيَحْكُمُ بَيْنَهُمْ يَوْمَ ٱلْقِيَٰمَةِ فِيمَا كَانُوا۟ فِيهِ يَخْتَلِفُونَ
١٦ـ١٢٥ ٱدْعُ إِلَىٰ سَبِيلِ رَبِّكَ بِٱلْحِكْمَةِ وَٱلْمَوْعِظَةِ ٱلْحَسَنَةِ ۖ وَجَٰدِلْهُم بِٱلَّتِى هِىَ
أَحْسَنُ ۚ إِنَّ رَبَّكَ هُوَ أَعْلَمُ بِمَن ضَلَّ عَن سَبِيلِهِۦ ۖ وَهُوَ أَعْلَمُ بِٱلْمُهْتَدِينَ ١٦ـ١٢٦ وَإِنْ
عَاقَبْتُمْ فَعَاقِبُوا۟ بِمِثْلِ مَا عُوقِبْتُم بِهِۦ ۖ وَلَئِن صَبَرْتُمْ لَهُوَ خَيْرٌ لِّلصَّٰبِرِينَ
١٦ـ١٢٧ وَٱصْبِرْ وَمَا صَبْرُكَ إِلَّا بِٱللَّهِ ۚ وَلَا تَحْزَنْ عَلَيْهِمْ وَلَا تَكُ فِى ضَيْقٍ مِّمَّا
يَمْكُرُونَ ١٦ـ١٢٨ إِنَّ ٱللَّهَ مَعَ ٱلَّذِينَ ٱتَّقَوا۟ وَّٱلَّذِينَ هُم مُّحْسِنُونَ ١٧ـ١ سُبْحَٰنَ ٱلَّذِىٓ
أَسْرَىٰ بِعَبْدِهِۦ لَيْلًا مِّنَ ٱلْمَسْجِدِ ٱلْحَرَامِ إِلَى ٱلْمَسْجِدِ ٱلْأَقْصَا ٱلَّذِى بَٰرَكْنَا حَوْلَهُۥ
لِنُرِيَهُۥ مِنْ ءَايَٰتِنَآ ۚ إِنَّهُۥ هُوَ ٱلسَّمِيعُ ٱلْبَصِيرُ ١٧ـ٢ وَءَاتَيْنَا مُوسَى ٱلْكِتَٰبَ وَجَعَلْنَٰهُ
هُدًى لِّبَنِىٓ إِسْرَٰٓءِيلَ أَلَّا تَتَّخِذُوا۟ مِن دُونِى وَكِيلًا ١٧ـ٣ ذُرِّيَّةَ مَنْ حَمَلْنَا مَعَ نُوحٍ ۚ
إِنَّهُۥ كَانَ عَبْدًا شَكُورًا ١٧ـ٤ وَقَضَيْنَآ إِلَىٰ بَنِىٓ إِسْرَٰٓءِيلَ فِى ٱلْكِتَٰبِ لَتُفْسِدُنَّ فِى
ٱلْأَرْضِ مَرَّتَيْنِ وَلَتَعْلُنَّ عُلُوًّا كَبِيرًا ١٧ـ٥ فَإِذَا جَآءَ وَعْدُ أُولَىٰهُمَا بَعَثْنَا عَلَيْكُمْ عِبَادًا
لَّنَآ أُو۟لِى بَأْسٍ شَدِيدٍ فَجَاسُوا۟ خِلَٰلَ ٱلدِّيَارِ ۚ وَكَانَ وَعْدًا مَّفْعُولًا ١٧ـ٦ ثُمَّ رَدَدْنَا لَكُمُ
ٱلْكَرَّةَ عَلَيْهِمْ وَأَمْدَدْنَٰكُم بِأَمْوَٰلٍ وَبَنِينَ وَجَعَلْنَٰكُمْ أَكْثَرَ نَفِيرًا ١٧ـ٧ إِنْ أَحْسَنتُمْ
أَحْسَنتُمْ لِأَنفُسِكُمْ ۖ وَإِنْ أَسَأْتُمْ فَلَهَا ۚ فَإِذَا جَآءَ وَعْدُ ٱلْءَاخِرَةِ لِيَسُۥٓـُٔوا۟ وُجُوهَكُمْ
وَلِيَدْخُلُوا۟ ٱلْمَسْجِدَ كَمَا دَخَلُوهُ أَوَّلَ مَرَّةٍ وَلِيُتَبِّرُوا۟ مَا عَلَوْا۟ تَتْبِيرًا ١٧ـ٨ عَسَىٰ رَبُّكُمْ
أَن يَرْحَمَكُمْ ۚ وَإِنْ عُدتُّمْ عُدْنَا ۘ وَجَعَلْنَا جَهَنَّمَ لِلْكَٰفِرِينَ حَصِيرًا ١٧ـ٩ إِنَّ هَٰذَا ٱلْقُرْءَانَ
يَهْدِى لِلَّتِى هِىَ أَقْوَمُ وَيُبَشِّرُ ٱلْمُؤْمِنِينَ ٱلَّذِينَ يَعْمَلُونَ ٱلصَّٰلِحَٰتِ أَنَّ لَهُمْ أَجْرًا
كَبِيرًا ١٧ـ١٠ وَأَنَّ ٱلَّذِينَ لَا يُؤْمِنُونَ بِٱلْءَاخِرَةِ أَعْتَدْنَا لَهُمْ عَذَابًا أَلِيمًا ١٧ـ١١ وَيَدْعُ
ٱلْإِنسَٰنُ بِٱلشَّرِّ دُعَآءَهُۥ بِٱلْخَيْرِ ۖ وَكَانَ ٱلْإِنسَٰنُ عَجُولًا ١٧ـ١٢ وَجَعَلْنَا ٱلَّيْلَ وَٱلنَّهَارَ

ءَايَتَيْنِ ۖ فَمَحَوْنَآ ءَايَةَ ٱلَّيْلِ وَجَعَلْنَآ ءَايَةَ ٱلنَّهَارِ مُبْصِرَةً لِّتَبْتَغُوا۟ فَضْلًا مِّن رَّبِّكُمْ
وَلِتَعْلَمُوا۟ عَدَدَ ٱلسِّنِينَ وَٱلْحِسَابَ ۚ وَكُلَّ شَىْءٍ فَصَّلْنَٰهُ تَفْصِيلًا ١٧ـ١٣ وَكُلَّ إِنسَٰنٍ
أَلْزَمْنَٰهُ طَٰٓئِرَهُۥ فِى عُنُقِهِۦ ۖ وَنُخْرِجُ لَهُۥ يَوْمَ ٱلْقِيَٰمَةِ كِتَٰبًا يَلْقَىٰهُ مَنشُورًا ١٧ـ١٤ ٱقْرَأْ
كِتَٰبَكَ كَفَىٰ بِنَفْسِكَ ٱلْيَوْمَ عَلَيْكَ حَسِيبًا ١٧ـ١٥ مَّنِ ٱهْتَدَىٰ فَإِنَّمَا يَهْتَدِى لِنَفْسِهِۦ ۖ
وَمَن ضَلَّ فَإِنَّمَا يَضِلُّ عَلَيْهَا ۚ وَلَا تَزِرُ وَازِرَةٌ وِزْرَ أُخْرَىٰ ۗ وَمَا كُنَّا مُعَذِّبِينَ حَتَّىٰ نَبْعَثَ
رَسُولًا ١٧ـ١٦ وَإِذَآ أَرَدْنَآ أَن نُّهْلِكَ قَرْيَةً أَمَرْنَا مُتْرَفِيهَا فَفَسَقُوا۟ فِيهَا فَحَقَّ عَلَيْهَا
ٱلْقَوْلُ فَدَمَّرْنَٰهَا تَدْمِيرًا ١٧ـ١٧ وَكَمْ أَهْلَكْنَا مِنَ ٱلْقُرُونِ مِنۢ بَعْدِ نُوحٍ ۗ وَكَفَىٰ بِرَبِّكَ
بِذُنُوبِ عِبَادِهِۦ خَبِيرًۢا بَصِيرًا ١٧ـ١٨ مَّن كَانَ يُرِيدُ ٱلْعَاجِلَةَ عَجَّلْنَا لَهُۥ فِيهَا مَا نَشَآءُ
لِمَن نُّرِيدُ ثُمَّ جَعَلْنَا لَهُۥ جَهَنَّمَ يَصْلَىٰهَا مَذْمُومًا مَّدْحُورًا ١٧ـ١٩ وَمَنْ أَرَادَ ٱلْءَاخِرَةَ
وَسَعَىٰ لَهَا سَعْيَهَا وَهُوَ مُؤْمِنٌ فَأُو۟لَٰٓئِكَ كَانَ سَعْيُهُم مَّشْكُورًا ١٧ـ٢٠ كُلًّا نُّمِدُّ
هَٰٓؤُلَآءِ وَهَٰٓؤُلَآءِ مِنْ عَطَآءِ رَبِّكَ ۚ وَمَا كَانَ عَطَآءُ رَبِّكَ مَحْظُورًا ١٧ـ٢١ ٱنظُرْ كَيْفَ
فَضَّلْنَا بَعْضَهُمْ عَلَىٰ بَعْضٍ ۚ وَلَلْءَاخِرَةُ أَكْبَرُ دَرَجَٰتٍ وَأَكْبَرُ تَفْضِيلًا ١٧ـ٢٢ لَّا تَجْعَلْ
مَعَ ٱللَّهِ إِلَٰهًا ءَاخَرَ فَتَقْعُدَ مَذْمُومًا مَّخْذُولًا ١٧ـ٢٣ وَقَضَىٰ رَبُّكَ أَلَّا تَعْبُدُوٓا۟ إِلَّآ إِيَّاهُ
وَبِٱلْوَٰلِدَيْنِ إِحْسَٰنًا ۚ إِمَّا يَبْلُغَنَّ عِندَكَ ٱلْكِبَرَ أَحَدُهُمَآ أَوْ كِلَاهُمَا فَلَا تَقُل لَّهُمَآ أُفٍّ وَلَا
تَنْهَرْهُمَا وَقُل لَّهُمَا قَوْلًا كَرِيمًا ١٧ـ٢٤ وَٱخْفِضْ لَهُمَا جَنَاحَ ٱلذُّلِّ مِنَ ٱلرَّحْمَةِ وَقُل
رَّبِّ ٱرْحَمْهُمَا كَمَا رَبَّيَانِى صَغِيرًا ١٧ـ٢٥ رَّبُّكُمْ أَعْلَمُ بِمَا فِى نُفُوسِكُمْ ۚ إِن تَكُونُوا۟
صَٰلِحِينَ فَإِنَّهُۥ كَانَ لِلْأَوَّٰبِينَ غَفُورًا ١٧ـ٢٦ وَءَاتِ ذَا ٱلْقُرْبَىٰ حَقَّهُۥ وَٱلْمِسْكِينَ وَٱبْنَ
ٱلسَّبِيلِ وَلَا تُبَذِّرْ تَبْذِيرًا ١٧ـ٢٧ إِنَّ ٱلْمُبَذِّرِينَ كَانُوٓا۟ إِخْوَٰنَ ٱلشَّيَٰطِينِ ۖ وَكَانَ ٱلشَّيْطَٰنُ
لِرَبِّهِۦ كَفُورًا ١٧ـ٢٨ وَإِمَّا تُعْرِضَنَّ عَنْهُمُ ٱبْتِغَآءَ رَحْمَةٍ مِّن رَّبِّكَ تَرْجُوهَا فَقُل لَّهُمْ
قَوْلًا مَّيْسُورًا ١٧ـ٢٩ وَلَا تَجْعَلْ يَدَكَ مَغْلُولَةً إِلَىٰ عُنُقِكَ وَلَا تَبْسُطْهَا كُلَّ ٱلْبَسْطِ
فَتَقْعُدَ مَلُومًا مَّحْسُورًا ١٧ـ٣٠ إِنَّ رَبَّكَ يَبْسُطُ ٱلرِّزْقَ لِمَن يَشَآءُ وَيَقْدِرُ ۚ إِنَّهُۥ كَانَ
بِعِبَادِهِۦ خَبِيرًۢا بَصِيرًا ١٧ـ٣١ وَلَا تَقْتُلُوٓا۟ أَوْلَٰدَكُمْ خَشْيَةَ إِمْلَٰقٍ ۖ نَّحْنُ نَرْزُقُهُمْ وَإِيَّاكُمْ ۚ
إِنَّ قَتْلَهُمْ كَانَ خِطْـًٔا كَبِيرًا ١٧ـ٣٢ وَلَا تَقْرَبُوا۟ ٱلزِّنَىٰٓ ۖ إِنَّهُۥ كَانَ فَٰحِشَةً وَسَآءَ سَبِيلًا
١٧ـ٣٣ وَلَا تَقْتُلُوا۟ ٱلنَّفْسَ ٱلَّتِى حَرَّمَ ٱللَّهُ إِلَّا بِٱلْحَقِّ ۗ وَمَن قُتِلَ مَظْلُومًا فَقَدْ جَعَلْنَا
لِوَلِيِّهِۦ سُلْطَٰنًا فَلَا يُسْرِف فِّى ٱلْقَتْلِ ۖ إِنَّهُۥ كَانَ مَنصُورًا ١٧ـ٣٤ وَلَا تَقْرَبُوا۟ مَالَ
ٱلْيَتِيمِ إِلَّا بِٱلَّتِى هِىَ أَحْسَنُ حَتَّىٰ يَبْلُغَ أَشُدَّهُۥ ۚ وَأَوْفُوا۟ بِٱلْعَهْدِ ۖ إِنَّ ٱلْعَهْدَ كَانَ
مَسْـُٔولًا ١٧ـ٣٥ وَأَوْفُوا ٱلْكَيْلَ إِذَا كِلْتُمْ وَزِنُوا۟ بِٱلْقِسْطَاسِ ٱلْمُسْتَقِيمِ ۚ ذَٰلِكَ خَيْرٌ
وَأَحْسَنُ تَأْوِيلًا ١٧ـ٣٦ وَلَا تَقْفُ مَا لَيْسَ لَكَ بِهِۦ عِلْمٌ ۚ إِنَّ ٱلسَّمْعَ وَٱلْبَصَرَ وَٱلْفُؤَادَ

كُلُّ أُوْلَٰٓئِكَ كَانَ عَنْهُ مَسْـُٔولًا ١٧ـ٣٧ وَلَا تَمْشِ فِى ٱلْأَرْضِ مَرَحًا ۖ إِنَّكَ لَن تَخْرِقَ
ٱلْأَرْضَ وَلَن تَبْلُغَ ٱلْجِبَالَ طُولًا ١٧ـ٣٨ كُلُّ ذَٰلِكَ كَانَ سَيِّئُهُۥ عِندَ رَبِّكَ مَكْرُوهًا
١٧ـ٣٩ ذَٰلِكَ مِمَّآ أَوْحَىٰٓ إِلَيْكَ رَبُّكَ مِنَ ٱلْحِكْمَةِ ۗ وَلَا تَجْعَلْ مَعَ ٱللَّهِ إِلَٰهًا ءَاخَرَ
فَتُلْقَىٰ فِى جَهَنَّمَ مَلُومًا مَّدْحُورًا ١٧ـ٤٠ أَفَأَصْفَىٰكُمْ رَبُّكُم بِٱلْبَنِينَ وَٱتَّخَذَ مِنَ
ٱلْمَلَٰٓئِكَةِ إِنَٰثًا ۚ إِنَّكُمْ لَتَقُولُونَ قَوْلًا عَظِيمًا ١٧ـ٤١ وَلَقَدْ صَرَّفْنَا فِى هَٰذَا ٱلْقُرْءَانِ
لِيَذَّكَّرُوا۟ وَمَا يَزِيدُهُمْ إِلَّا نُفُورًا ١٧ـ٤٢ قُل لَّوْ كَانَ مَعَهُۥٓ ءَالِهَةٌ كَمَا يَقُولُونَ إِذًا
لَّٱبْتَغَوْا۟ إِلَىٰ ذِى ٱلْعَرْشِ سَبِيلًا ١٧ـ٤٣ سُبْحَٰنَهُۥ وَتَعَٰلَىٰ عَمَّا يَقُولُونَ عُلُوًّا كَبِيرًا
١٧ـ٤٤ تُسَبِّحُ لَهُ ٱلسَّمَٰوَٰتُ ٱلسَّبْعُ وَٱلْأَرْضُ وَمَن فِيهِنَّ ۚ وَإِن مِّن شَىْءٍ إِلَّا يُسَبِّحُ
بِحَمْدِهِۦ وَلَٰكِن لَّا تَفْقَهُونَ تَسْبِيحَهُمْ ۗ إِنَّهُۥ كَانَ حَلِيمًا غَفُورًا ١٧ـ٤٥ وَإِذَا قَرَأْتَ
ٱلْقُرْءَانَ جَعَلْنَا بَيْنَكَ وَبَيْنَ ٱلَّذِينَ لَا يُؤْمِنُونَ بِٱلْءَاخِرَةِ حِجَابًا مَّسْتُورًا ١٧ـ٤٦ وَجَعَلْنَا
عَلَىٰ قُلُوبِهِمْ أَكِنَّةً أَن يَفْقَهُوهُ وَفِىٓ ءَاذَانِهِمْ وَقْرًا ۚ وَإِذَا ذَكَرْتَ رَبَّكَ فِى ٱلْقُرْءَانِ
وَحْدَهُۥ وَلَّوْا۟ عَلَىٰٓ أَدْبَٰرِهِمْ نُفُورًا ١٧ـ٤٧ نَّحْنُ أَعْلَمُ بِمَا يَسْتَمِعُونَ بِهِۦٓ إِذْ يَسْتَمِعُونَ
إِلَيْكَ وَإِذْ هُمْ نَجْوَىٰٓ إِذْ يَقُولُ ٱلظَّٰلِمُونَ إِن تَتَّبِعُونَ إِلَّا رَجُلًا مَّسْحُورًا ١٧ـ٤٨ ٱنظُرْ
كَيْفَ ضَرَبُوا۟ لَكَ ٱلْأَمْثَالَ فَضَلُّوا۟ فَلَا يَسْتَطِيعُونَ سَبِيلًا ١٧ـ٤٩ وَقَالُوٓا۟ أَءِذَا كُنَّا
عِظَٰمًا وَرُفَٰتًا أَءِنَّا لَمَبْعُوثُونَ خَلْقًا جَدِيدًا ١٧ـ٥٠ قُلْ كُونُوا۟ حِجَارَةً أَوْ حَدِيدًا
١٧ـ٥١ أَوْ خَلْقًا مِّمَّا يَكْبُرُ فِى صُدُورِكُمْ ۚ فَسَيَقُولُونَ مَن يُعِيدُنَا ۖ قُلِ ٱلَّذِى فَطَرَكُمْ
أَوَّلَ مَرَّةٍ ۚ فَسَيُنْغِضُونَ إِلَيْكَ رُءُوسَهُمْ وَيَقُولُونَ مَتَىٰ هُوَ ۖ قُلْ عَسَىٰٓ أَن يَكُونَ
قَرِيبًا ١٧ـ٥٢ يَوْمَ يَدْعُوكُمْ فَتَسْتَجِيبُونَ بِحَمْدِهِۦ وَتَظُنُّونَ إِن لَّبِثْتُمْ إِلَّا قَلِيلًا
١٧ـ٥٣ وَقُل لِّعِبَادِى يَقُولُوا۟ ٱلَّتِى هِىَ أَحْسَنُ ۚ إِنَّ ٱلشَّيْطَٰنَ يَنزَغُ بَيْنَهُمْ ۚ إِنَّ
ٱلشَّيْطَٰنَ كَانَ لِلْإِنسَٰنِ عَدُوًّا مُّبِينًا ١٧ـ٥٤ رَّبُّكُمْ أَعْلَمُ بِكُمْ ۖ إِن يَشَأْ يَرْحَمْكُمْ أَوْ إِن
يَشَأْ يُعَذِّبْكُمْ ۚ وَمَآ أَرْسَلْنَٰكَ عَلَيْهِمْ وَكِيلًا ١٧ـ٥٥ وَرَبُّكَ أَعْلَمُ بِمَن فِى ٱلسَّمَٰوَٰتِ
وَٱلْأَرْضِ ۗ وَلَقَدْ فَضَّلْنَا بَعْضَ ٱلنَّبِيِّـۧنَ عَلَىٰ بَعْضٍ ۖ وَءَاتَيْنَا دَاوُۥدَ زَبُورًا ١٧ـ٥٦ قُلِ
ٱدْعُوا۟ ٱلَّذِينَ زَعَمْتُم مِّن دُونِهِۦ فَلَا يَمْلِكُونَ كَشْفَ ٱلضُّرِّ عَنكُمْ وَلَا تَحْوِيلًا
١٧ـ٥٧ أُوْلَٰٓئِكَ ٱلَّذِينَ يَدْعُونَ يَبْتَغُونَ إِلَىٰ رَبِّهِمُ ٱلْوَسِيلَةَ أَيُّهُمْ أَقْرَبُ وَيَرْجُونَ
رَحْمَتَهُۥ وَيَخَافُونَ عَذَابَهُۥٓ ۚ إِنَّ عَذَابَ رَبِّكَ كَانَ مَحْذُورًا ١٧ـ٥٨ وَإِن مِّن قَرْيَةٍ إِلَّا نَحْنُ
مُهْلِكُوهَا قَبْلَ يَوْمِ ٱلْقِيَٰمَةِ أَوْ مُعَذِّبُوهَا عَذَابًا شَدِيدًا ۚ كَانَ ذَٰلِكَ فِى ٱلْكِتَٰبِ
مَسْطُورًا ١٧ـ٥٩ وَمَا مَنَعَنَآ أَن نُّرْسِلَ بِٱلْءَايَٰتِ إِلَّآ أَن كَذَّبَ بِهَا ٱلْأَوَّلُونَ ۚ وَءَاتَيْنَا
ثَمُودَ ٱلنَّاقَةَ مُبْصِرَةً فَظَلَمُوا۟ بِهَا ۚ وَمَا نُرْسِلُ بِٱلْءَايَٰتِ إِلَّا تَخْوِيفًا ١٧ـ٦٠ وَإِذْ قُلْنَا

لَكَ إِنَّ رَبَّكَ أَحَاطَ بِٱلنَّاسِ ۚ وَمَا جَعَلْنَا ٱلرُّءْيَا ٱلَّتِىٓ أَرَيْنَٰكَ إِلَّا فِتْنَةً لِّلنَّاسِ وَٱلشَّجَرَةَ
ٱلْمَلْعُونَةَ فِى ٱلْقُرْءَانِ ۚ وَنُخَوِّفُهُمْ فَمَا يَزِيدُهُمْ إِلَّا طُغْيَٰنًا كَبِيرًا ١٧ــ٦١ وَإِذْ قُلْنَا
لِلْمَلَٰٓئِكَةِ ٱسْجُدُوا۟ لِءَادَمَ فَسَجَدُوٓا۟ إِلَّآ إِبْلِيسَ قَالَ ءَأَسْجُدُ لِمَنْ خَلَقْتَ طِينًا
١٧ــ٦٢ قَالَ أَرَءَيْتَكَ هَٰذَا ٱلَّذِى كَرَّمْتَ عَلَىَّ لَئِنْ أَخَّرْتَنِ إِلَىٰ يَوْمِ ٱلْقِيَٰمَةِ لَأَحْتَنِكَنَّ
ذُرِّيَّتَهُۥٓ إِلَّا قَلِيلًا ١٧ــ٦٣ قَالَ ٱذْهَبْ فَمَن تَبِعَكَ مِنْهُمْ فَإِنَّ جَهَنَّمَ جَزَآؤُكُمْ جَزَآءً
مَّوْفُورًا ١٧ــ٦٤ وَٱسْتَفْزِزْ مَنِ ٱسْتَطَعْتَ مِنْهُم بِصَوْتِكَ وَأَجْلِبْ عَلَيْهِم بِخَيْلِكَ وَرَجِلِكَ
وَشَارِكْهُمْ فِى ٱلْأَمْوَٰلِ وَٱلْأَوْلَٰدِ وَعِدْهُمْ ۚ وَمَا يَعِدُهُمُ ٱلشَّيْطَٰنُ إِلَّا غُرُورًا ١٧ــ٦٥ إِنَّ
عِبَادِى لَيْسَ لَكَ عَلَيْهِمْ سُلْطَٰنٌ ۚ وَكَفَىٰ بِرَبِّكَ وَكِيلًا ١٧ــ٦٦ رَّبُّكُمُ ٱلَّذِى يُزْجِى لَكُمُ
ٱلْفُلْكَ فِى ٱلْبَحْرِ لِتَبْتَغُوا۟ مِن فَضْلِهِۦٓ ۚ إِنَّهُۥ كَانَ بِكُمْ رَحِيمًا ١٧ــ٦٧ وَإِذَا مَسَّكُمُ ٱلضُّرُّ
فِى ٱلْبَحْرِ ضَلَّ مَن تَدْعُونَ إِلَّآ إِيَّاهُ ۖ فَلَمَّا نَجَّىٰكُمْ إِلَى ٱلْبَرِّ أَعْرَضْتُمْ ۚ وَكَانَ ٱلْإِنسَٰنُ
كَفُورًا ١٧ــ٦٨ أَفَأَمِنتُمْ أَن يَخْسِفَ بِكُمْ جَانِبَ ٱلْبَرِّ أَوْ يُرْسِلَ عَلَيْكُمْ حَاصِبًا ثُمَّ لَا
تَجِدُوا۟ لَكُمْ وَكِيلًا ١٧ــ٦٩ أَمْ أَمِنتُمْ أَن يُعِيدَكُمْ فِيهِ تَارَةً أُخْرَىٰ فَيُرْسِلَ عَلَيْكُمْ
قَاصِفًا مِّنَ ٱلرِّيحِ فَيُغْرِقَكُم بِمَا كَفَرْتُمْ ۙ ثُمَّ لَا تَجِدُوا۟ لَكُمْ عَلَيْنَا بِهِۦ تَبِيعًا
١٧ــ٧٠ وَلَقَدْ كَرَّمْنَا بَنِىٓ ءَادَمَ وَحَمَلْنَٰهُمْ فِى ٱلْبَرِّ وَٱلْبَحْرِ وَرَزَقْنَٰهُم مِّنَ ٱلطَّيِّبَٰتِ
وَفَضَّلْنَٰهُمْ عَلَىٰ كَثِيرٍ مِّمَّنْ خَلَقْنَا تَفْضِيلًا ١٧ــ٧١ يَوْمَ نَدْعُوا۟ كُلَّ أُنَاسٍۭ بِإِمَٰمِهِمْ ۖ
فَمَنْ أُوتِىَ كِتَٰبَهُۥ بِيَمِينِهِۦ فَأُو۟لَٰٓئِكَ يَقْرَءُونَ كِتَٰبَهُمْ وَلَا يُظْلَمُونَ فَتِيلًا ١٧ــ٧٢ وَمَن
كَانَ فِى هَٰذِهِۦٓ أَعْمَىٰ فَهُوَ فِى ٱلْءَاخِرَةِ أَعْمَىٰ وَأَضَلُّ سَبِيلًا ١٧ــ٧٣ وَإِن كَادُوا۟
لَيَفْتِنُونَكَ عَنِ ٱلَّذِىٓ أَوْحَيْنَآ إِلَيْكَ لِتَفْتَرِىَ عَلَيْنَا غَيْرَهُۥ ۖ وَإِذًا لَّٱتَّخَذُوكَ خَلِيلًا
١٧ــ٧٤ وَلَوْلَآ أَن ثَبَّتْنَٰكَ لَقَدْ كِدتَّ تَرْكَنُ إِلَيْهِمْ شَيْـًٔا قَلِيلًا ١٧ــ٧٥ إِذًا لَّأَذَقْنَٰكَ ضِعْفَ
ٱلْحَيَوٰةِ وَضِعْفَ ٱلْمَمَاتِ ثُمَّ لَا تَجِدُ لَكَ عَلَيْنَا نَصِيرًا ١٧ــ٧٦ وَإِن كَادُوا۟ لَيَسْتَفِزُّونَكَ
مِنَ ٱلْأَرْضِ لِيُخْرِجُوكَ مِنْهَا ۖ وَإِذًا لَّا يَلْبَثُونَ خِلَٰفَكَ إِلَّا قَلِيلًا ١٧ــ٧٧ سُنَّةَ مَن قَدْ
أَرْسَلْنَا قَبْلَكَ مِن رُّسُلِنَا ۖ وَلَا تَجِدُ لِسُنَّتِنَا تَحْوِيلًا ١٧ــ٧٨ أَقِمِ ٱلصَّلَوٰةَ لِدُلُوكِ
ٱلشَّمْسِ إِلَىٰ غَسَقِ ٱلَّيْلِ وَقُرْءَانَ ٱلْفَجْرِ ۖ إِنَّ قُرْءَانَ ٱلْفَجْرِ كَانَ مَشْهُودًا
١٧ــ٧٩ وَمِنَ ٱلَّيْلِ فَتَهَجَّدْ بِهِۦ نَافِلَةً لَّكَ عَسَىٰٓ أَن يَبْعَثَكَ رَبُّكَ مَقَامًا مَّحْمُودًا
١٧ــ٨٠ وَقُل رَّبِّ أَدْخِلْنِى مُدْخَلَ صِدْقٍ وَأَخْرِجْنِى مُخْرَجَ صِدْقٍ وَٱجْعَل لِّى مِن لَّدُنكَ
سُلْطَٰنًا نَّصِيرًا ١٧ــ٨١ وَقُلْ جَآءَ ٱلْحَقُّ وَزَهَقَ ٱلْبَٰطِلُ ۚ إِنَّ ٱلْبَٰطِلَ كَانَ زَهُوقًا
١٧ــ٨٢ وَنُنَزِّلُ مِنَ ٱلْقُرْءَانِ مَا هُوَ شِفَآءٌ وَرَحْمَةٌ لِّلْمُؤْمِنِينَ ۙ وَلَا يَزِيدُ ٱلظَّٰلِمِينَ إِلَّا
خَسَارًا ١٧ــ٨٣ وَإِذَآ أَنْعَمْنَا عَلَى ٱلْإِنسَٰنِ أَعْرَضَ وَنَـَٔا بِجَانِبِهِۦ ۖ وَإِذَا مَسَّهُ ٱلشَّرُّ كَانَ

يَـُٔوسًا ١٧ــ٨٤ قُلْ كُلٌّ يَعْمَلُ عَلَىٰ شَاكِلَتِهِۦ فَرَبُّكُمْ أَعْلَمُ بِمَنْ هُوَ أَهْدَىٰ سَبِيلًا
١٧ــ٨٥ وَيَسْـَٔلُونَكَ عَنِ ٱلرُّوحِ ۖ قُلِ ٱلرُّوحُ مِنْ أَمْرِ رَبِّى وَمَآ أُوتِيتُم مِّنَ ٱلْعِلْمِ إِلَّا
قَلِيلًا ١٧ــ٨٦ وَلَئِن شِئْنَا لَنَذْهَبَنَّ بِٱلَّذِىٓ أَوْحَيْنَآ إِلَيْكَ ثُمَّ لَا تَجِدُ لَكَ بِهِۦ عَلَيْنَا وَكِيلًا
١٧ــ٨٧ إِلَّا رَحْمَةً مِّن رَّبِّكَ ۚ إِنَّ فَضْلَهُۥ كَانَ عَلَيْكَ كَبِيرًا ١٧ــ٨٨ قُل لَّئِنِ ٱجْتَمَعَتِ
ٱلْإِنسُ وَٱلْجِنُّ عَلَىٰٓ أَن يَأْتُوا۟ بِمِثْلِ هَـٰذَا ٱلْقُرْءَانِ لَا يَأْتُونَ بِمِثْلِهِۦ وَلَوْ كَانَ بَعْضُهُمْ
لِبَعْضٍ ظَهِيرًا ١٧ــ٨٩ وَلَقَدْ صَرَّفْنَا لِلنَّاسِ فِى هَـٰذَا ٱلْقُرْءَانِ مِن كُلِّ مَثَلٍ فَأَبَىٰٓ
أَكْثَرُ ٱلنَّاسِ إِلَّا كُفُورًا ١٧ــ٩٠ وَقَالُوا۟ لَن نُّؤْمِنَ لَكَ حَتَّىٰ تَفْجُرَ لَنَا مِنَ ٱلْأَرْضِ يَنۢبُوعًا
١٧ــ٩١ أَوْ تَكُونَ لَكَ جَنَّةٌ مِّن نَّخِيلٍ وَعِنَبٍ فَتُفَجِّرَ ٱلْأَنْهَـٰرَ خِلَـٰلَهَا تَفْجِيرًا ١٧ــ٩٢ أَوْ
تُسْقِطَ ٱلسَّمَآءَ كَمَا زَعَمْتَ عَلَيْنَا كِسَفًا أَوْ تَأْتِىَ بِٱللَّهِ وَٱلْمَلَـٰٓئِكَةِ قَبِيلًا ١٧ــ٩٣ أَوْ
يَكُونَ لَكَ بَيْتٌ مِّن زُخْرُفٍ أَوْ تَرْقَىٰ فِى ٱلسَّمَآءِ وَلَن نُّؤْمِنَ لِرُقِيِّكَ حَتَّىٰ تُنَزِّلَ عَلَيْنَا
كِتَـٰبًا نَّقْرَؤُهُۥ ۗ قُلْ سُبْحَانَ رَبِّى هَلْ كُنتُ إِلَّا بَشَرًا رَّسُولًا ١٧ــ٩٤ وَمَا مَنَعَ ٱلنَّاسَ أَن
يُؤْمِنُوٓا۟ إِذْ جَآءَهُمُ ٱلْهُدَىٰٓ إِلَّآ أَن قَالُوٓا۟ أَبَعَثَ ٱللَّهُ بَشَرًا رَّسُولًا ١٧ــ٩٥ قُل لَّوْ كَانَ
فِى ٱلْأَرْضِ مَلَـٰٓئِكَةٌ يَمْشُونَ مُطْمَئِنِّينَ لَنَزَّلْنَا عَلَيْهِم مِّنَ ٱلسَّمَآءِ مَلَكًا رَّسُولًا
١٧ــ٩٦ قُلْ كَفَىٰ بِٱللَّهِ شَهِيدًۢا بَيْنِى وَبَيْنَكُمْ ۚ إِنَّهُۥ كَانَ بِعِبَادِهِۦ خَبِيرًۢا بَصِيرًا
١٧ــ٩٧ وَمَن يَهْدِ ٱللَّهُ فَهُوَ ٱلْمُهْتَدِ ۖ وَمَن يُضْلِلْ فَلَن تَجِدَ لَهُمْ أَوْلِيَآءَ مِن دُونِهِۦ ۖ
وَنَحْشُرُهُمْ يَوْمَ ٱلْقِيَـٰمَةِ عَلَىٰ وُجُوهِهِمْ عُمْيًا وَبُكْمًا وَصُمًّا ۖ مَّأْوَىٰهُمْ جَهَنَّمُ ۖ كُلَّمَا
خَبَتْ زِدْنَـٰهُمْ سَعِيرًا ١٧ــ٩٨ ذَٰلِكَ جَزَآؤُهُم بِأَنَّهُمْ كَفَرُوا۟ بِـَٔايَـٰتِنَا وَقَالُوٓا۟ أَءِذَا كُنَّا عِظَـٰمًا
وَرُفَـٰتًا أَءِنَّا لَمَبْعُوثُونَ خَلْقًا جَدِيدًا ١٧ــ٩٩ أَوَلَمْ يَرَوْا۟ أَنَّ ٱللَّهَ ٱلَّذِى خَلَقَ ٱلسَّمَـٰوَٰتِ
وَٱلْأَرْضَ قَادِرٌ عَلَىٰٓ أَن يَخْلُقَ مِثْلَهُمْ وَجَعَلَ لَهُمْ أَجَلًا لَّا رَيْبَ فِيهِ فَأَبَى ٱلظَّـٰلِمُونَ
إِلَّا كُفُورًا ١٧ــ١٠٠ قُل لَّوْ أَنتُمْ تَمْلِكُونَ خَزَآئِنَ رَحْمَةِ رَبِّىٓ إِذًا لَّأَمْسَكْتُمْ خَشْيَةَ
ٱلْإِنفَاقِ ۚ وَكَانَ ٱلْإِنسَـٰنُ قَتُورًا ١٧ــ١٠١ وَلَقَدْ ءَاتَيْنَا مُوسَىٰ تِسْعَ ءَايَـٰتٍۭ بَيِّنَـٰتٍ ۖ فَسْـَٔلْ
بَنِىٓ إِسْرَٰٓءِيلَ إِذْ جَآءَهُمْ فَقَالَ لَهُۥ فِرْعَوْنُ إِنِّى لَأَظُنُّكَ يَـٰمُوسَىٰ مَسْحُورًا
١٧ــ١٠٢ قَالَ لَقَدْ عَلِمْتَ مَآ أَنزَلَ هَـٰٓؤُلَآءِ إِلَّا رَبُّ ٱلسَّمَـٰوَٰتِ وَٱلْأَرْضِ بَصَآئِرَ وَإِنِّى لَأَظُنُّكَ
يَـٰفِرْعَوْنُ مَثْبُورًا ١٧ــ١٠٣ فَأَرَادَ أَن يَسْتَفِزَّهُم مِّنَ ٱلْأَرْضِ فَأَغْرَقْنَـٰهُ وَمَن مَّعَهُۥ جَمِيعًا
١٧ــ١٠٤ وَقُلْنَا مِنۢ بَعْدِهِۦ لِبَنِىٓ إِسْرَٰٓءِيلَ ٱسْكُنُوا۟ ٱلْأَرْضَ فَإِذَا جَآءَ وَعْدُ ٱلْـَٔاخِرَةِ جِئْنَا
بِكُمْ لَفِيفًا ١٧ــ١٠٥ وَبِٱلْحَقِّ أَنزَلْنَـٰهُ وَبِٱلْحَقِّ نَزَلَ ۗ وَمَآ أَرْسَلْنَـٰكَ إِلَّا مُبَشِّرًا وَنَذِيرًا
١٧ــ١٠٦ وَقُرْءَانًا فَرَقْنَـٰهُ لِتَقْرَأَهُۥ عَلَى ٱلنَّاسِ عَلَىٰ مُكْثٍ وَنَزَّلْنَـٰهُ تَنزِيلًا ١٧ــ١٠٧ قُلْ
ءَامِنُوا۟ بِهِۦٓ أَوْ لَا تُؤْمِنُوٓا۟ ۚ إِنَّ ٱلَّذِينَ أُوتُوا۟ ٱلْعِلْمَ مِن قَبْلِهِۦٓ إِذَا يُتْلَىٰ عَلَيْهِمْ يَخِرُّونَ

لِلْأَذْقَانِ سُجَّدًا ١٧ـ١٠٨ وَيَقُولُونَ سُبْحَٰنَ رَبِّنَآ إِن كَانَ وَعْدُ رَبِّنَا لَمَفْعُولًا
١٧ـ١٠٩ وَيَخِرُّونَ لِلْأَذْقَانِ يَبْكُونَ وَيَزِيدُهُمْ خُشُوعًا ١٧ـ١١٠ قُلِ ٱدْعُوا۟ ٱللَّهَ أَوِ ٱدْعُوا۟
ٱلرَّحْمَٰنَ ۖ أَيًّا مَّا تَدْعُوا۟ فَلَهُ ٱلْأَسْمَآءُ ٱلْحُسْنَىٰ ۚ وَلَا تَجْهَرْ بِصَلَاتِكَ وَلَا تُخَافِتْ بِهَا
وَٱبْتَغِ بَيْنَ ذَٰلِكَ سَبِيلًا ١٧ـ١١١ وَقُلِ ٱلْحَمْدُ لِلَّهِ ٱلَّذِى لَمْ يَتَّخِذْ وَلَدًا وَلَمْ يَكُن لَّهُۥ
شَرِيكٌ فِى ٱلْمُلْكِ وَلَمْ يَكُن لَّهُۥ وَلِىٌّ مِّنَ ٱلذُّلِّ ۖ وَكَبِّرْهُ تَكْبِيرًۢا ١٨ـ١ ٱلْحَمْدُ لِلَّهِ
ٱلَّذِىٓ أَنزَلَ عَلَىٰ عَبْدِهِ ٱلْكِتَٰبَ وَلَمْ يَجْعَل لَّهُۥ عِوَجَا ۜ ١٨ـ٢ قَيِّمًا لِّيُنذِرَ بَأْسًا شَدِيدًا
مِّن لَّدُنْهُ وَيُبَشِّرَ ٱلْمُؤْمِنِينَ ٱلَّذِينَ يَعْمَلُونَ ٱلصَّٰلِحَٰتِ أَنَّ لَهُمْ أَجْرًا حَسَنًا
١٨ـ٣ مَّٰكِثِينَ فِيهِ أَبَدًا ١٨ـ٤ وَيُنذِرَ ٱلَّذِينَ قَالُوا۟ ٱتَّخَذَ ٱللَّهُ وَلَدًا ١٨ـ٥ مَّا لَهُم بِهِۦ
مِنْ عِلْمٍ وَلَا لِءَابَآئِهِمْ ۚ كَبُرَتْ كَلِمَةً تَخْرُجُ مِنْ أَفْوَٰهِهِمْ ۚ إِن يَقُولُونَ إِلَّا كَذِبًا
١٨ـ٦ فَلَعَلَّكَ بَٰخِعٌ نَّفْسَكَ عَلَىٰٓ ءَاثَٰرِهِمْ إِن لَّمْ يُؤْمِنُوا۟ بِهَٰذَا ٱلْحَدِيثِ أَسَفًا ١٨ـ٧ إِنَّا
جَعَلْنَا مَا عَلَى ٱلْأَرْضِ زِينَةً لَّهَا لِنَبْلُوَهُمْ أَيُّهُمْ أَحْسَنُ عَمَلًا ١٨ـ٨ وَإِنَّا لَجَٰعِلُونَ مَا
عَلَيْهَا صَعِيدًا جُرُزًا ١٨ـ٩ أَمْ حَسِبْتَ أَنَّ أَصْحَٰبَ ٱلْكَهْفِ وَٱلرَّقِيمِ كَانُوا۟ مِنْ ءَايَٰتِنَا
عَجَبًا ١٨ـ١٠ إِذْ أَوَى ٱلْفِتْيَةُ إِلَى ٱلْكَهْفِ فَقَالُوا۟ رَبَّنَآ ءَاتِنَا مِن لَّدُنكَ رَحْمَةً وَهَيِّئْ
لَنَا مِنْ أَمْرِنَا رَشَدًا ١٨ـ١١ فَضَرَبْنَا عَلَىٰٓ ءَاذَانِهِمْ فِى ٱلْكَهْفِ سِنِينَ عَدَدًا ١٨ـ١٢ ثُمَّ
بَعَثْنَٰهُمْ لِنَعْلَمَ أَىُّ ٱلْحِزْبَيْنِ أَحْصَىٰ لِمَا لَبِثُوٓا۟ أَمَدًا ١٨ـ١٣ نَّحْنُ نَقُصُّ عَلَيْكَ نَبَأَهُم
بِٱلْحَقِّ ۚ إِنَّهُمْ فِتْيَةٌ ءَامَنُوا۟ بِرَبِّهِمْ وَزِدْنَٰهُمْ هُدًى ١٨ـ١٤ وَرَبَطْنَا عَلَىٰ قُلُوبِهِمْ إِذْ
قَامُوا۟ فَقَالُوا۟ رَبُّنَا رَبُّ ٱلسَّمَٰوَٰتِ وَٱلْأَرْضِ لَن نَّدْعُوَا۟ مِن دُونِهِۦٓ إِلَٰهًا ۖ لَّقَدْ قُلْنَآ إِذًا
شَطَطًا ١٨ـ١٥ هَٰٓؤُلَآءِ قَوْمُنَا ٱتَّخَذُوا۟ مِن دُونِهِۦٓ ءَالِهَةً ۖ لَّوْلَا يَأْتُونَ عَلَيْهِم بِسُلْطَٰنٍۭ
بَيِّنٍ ۖ فَمَنْ أَظْلَمُ مِمَّنِ ٱفْتَرَىٰ عَلَى ٱللَّهِ كَذِبًا ١٨ـ١٦ وَإِذِ ٱعْتَزَلْتُمُوهُمْ وَمَا يَعْبُدُونَ
إِلَّا ٱللَّهَ فَأْوُۥٓا۟ إِلَى ٱلْكَهْفِ يَنشُرْ لَكُمْ رَبُّكُم مِّن رَّحْمَتِهِۦ وَيُهَيِّئْ لَكُم مِّنْ أَمْرِكُم
مِّرْفَقًا ١٨ـ١٧ وَتَرَى ٱلشَّمْسَ إِذَا طَلَعَت تَّزَٰوَرُ عَن كَهْفِهِمْ ذَاتَ ٱلْيَمِينِ وَإِذَا غَرَبَت
تَّقْرِضُهُمْ ذَاتَ ٱلشِّمَالِ وَهُمْ فِى فَجْوَةٍ مِّنْهُ ۚ ذَٰلِكَ مِنْ ءَايَٰتِ ٱللَّهِ ۗ مَن يَهْدِ ٱللَّهُ
فَهُوَ ٱلْمُهْتَدِ ۖ وَمَن يُضْلِلْ فَلَن تَجِدَ لَهُۥ وَلِيًّا مُّرْشِدًا ١٨ـ١٨ وَتَحْسَبُهُمْ أَيْقَاظًا
وَهُمْ رُقُودٌ ۚ وَنُقَلِّبُهُمْ ذَاتَ ٱلْيَمِينِ وَذَاتَ ٱلشِّمَالِ ۖ وَكَلْبُهُم بَٰسِطٌ ذِرَاعَيْهِ بِٱلْوَصِيدِ ۚ
لَوِ ٱطَّلَعْتَ عَلَيْهِمْ لَوَلَّيْتَ مِنْهُمْ فِرَارًا وَلَمُلِئْتَ مِنْهُمْ رُعْبًا ١٨ـ١٩ وَكَذَٰلِكَ بَعَثْنَٰهُمْ
لِيَتَسَآءَلُوا۟ بَيْنَهُمْ ۚ قَالَ قَآئِلٌ مِّنْهُمْ كَمْ لَبِثْتُمْ ۖ قَالُوا۟ لَبِثْنَا يَوْمًا أَوْ بَعْضَ يَوْمٍ ۚ
قَالُوا۟ رَبُّكُمْ أَعْلَمُ بِمَا لَبِثْتُمْ فَٱبْعَثُوٓا۟ أَحَدَكُم بِوَرِقِكُمْ هَٰذِهِۦٓ إِلَى ٱلْمَدِينَةِ فَلْيَنظُرْ
أَيُّهَآ أَزْكَىٰ طَعَامًا فَلْيَأْتِكُم بِرِزْقٍ مِّنْهُ وَلْيَتَلَطَّفْ وَلَا يُشْعِرَنَّ بِكُمْ أَحَدًا ١٨ـ٢٠ إِنَّهُمْ

إِن يَظْهَرُوا۟ عَلَيْكُمْ يَرْجُمُوكُمْ أَوْ يُعِيدُوكُمْ فِى مِلَّتِهِمْ وَلَن تُفْلِحُوٓا۟ إِذًا أَبَدًا
١٨ـ٢١ وَكَذَٰلِكَ أَعْثَرْنَا عَلَيْهِمْ لِيَعْلَمُوٓا۟ أَنَّ وَعْدَ ٱللَّهِ حَقٌّ وَأَنَّ ٱلسَّاعَةَ لَا رَيْبَ فِيهَآ إِذْ
يَتَنَٰزَعُونَ بَيْنَهُمْ أَمْرَهُمْ ۖ فَقَالُوا۟ ٱبْنُوا۟ عَلَيْهِم بُنْيَٰنًا ۖ رَّبُّهُمْ أَعْلَمُ بِهِمْ ۚ قَالَ ٱلَّذِينَ
غَلَبُوا۟ عَلَىٰٓ أَمْرِهِمْ لَنَتَّخِذَنَّ عَلَيْهِم مَّسْجِدًا ١٨ـ٢٢ سَيَقُولُونَ ثَلَٰثَةٌ رَّابِعُهُمْ كَلْبُهُمْ
وَيَقُولُونَ خَمْسَةٌ سَادِسُهُمْ كَلْبُهُمْ رَجْمًۢا بِٱلْغَيْبِ ۖ وَيَقُولُونَ سَبْعَةٌ وَثَامِنُهُمْ
كَلْبُهُمْ ۚ قُل رَّبِّىٓ أَعْلَمُ بِعِدَّتِهِم مَّا يَعْلَمُهُمْ إِلَّا قَلِيلٌ ۗ فَلَا تُمَارِ فِيهِمْ إِلَّا مِرَآءً
ظَٰهِرًا وَلَا تَسْتَفْتِ فِيهِم مِّنْهُمْ أَحَدًا ١٨ـ٢٣ وَلَا تَقُولَنَّ لِشَا۟ىْءٍ إِنِّى فَاعِلٌ ذَٰلِكَ
غَدًا ١٨ـ٢٤ إِلَّآ أَن يَشَآءَ ٱللَّهُ ۚ وَٱذْكُر رَّبَّكَ إِذَا نَسِيتَ وَقُلْ عَسَىٰٓ أَن يَهْدِيَنِ رَبِّى
لِأَقْرَبَ مِنْ هَٰذَا رَشَدًا ١٨ـ٢٥ وَلَبِثُوا۟ فِى كَهْفِهِمْ ثَلَٰثَ مِا۟ئَةٍ سِنِينَ وَٱزْدَادُوا۟ تِسْعًا
١٨ـ٢٦ قُلِ ٱللَّهُ أَعْلَمُ بِمَا لَبِثُوا۟ ۖ لَهُۥ غَيْبُ ٱلسَّمَٰوَٰتِ وَٱلْأَرْضِ ۖ أَبْصِرْ بِهِۦ وَأَسْمِعْ ۚ مَا
لَهُم مِّن دُونِهِۦ مِن وَلِىٍّ وَلَا يُشْرِكُ فِى حُكْمِهِۦٓ أَحَدًا ١٨ـ٢٧ وَٱتْلُ مَآ أُوحِىَ إِلَيْكَ
مِن كِتَابِ رَبِّكَ ۖ لَا مُبَدِّلَ لِكَلِمَٰتِهِۦ وَلَن تَجِدَ مِن دُونِهِۦ مُلْتَحَدًا ١٨ـ٢٨ وَٱصْبِرْ نَفْسَكَ
مَعَ ٱلَّذِينَ يَدْعُونَ رَبَّهُم بِٱلْغَدَوٰةِ وَٱلْعَشِىِّ يُرِيدُونَ وَجْهَهُۥ ۖ وَلَا تَعْدُ عَيْنَاكَ عَنْهُمْ
تُرِيدُ زِينَةَ ٱلْحَيَوٰةِ ٱلدُّنْيَا ۖ وَلَا تُطِعْ مَنْ أَغْفَلْنَا قَلْبَهُۥ عَن ذِكْرِنَا وَٱتَّبَعَ هَوَىٰهُ وَكَانَ
أَمْرُهُۥ فُرُطًا ١٨ـ٢٩ وَقُلِ ٱلْحَقُّ مِن رَّبِّكُمْ ۖ فَمَن شَآءَ فَلْيُؤْمِن وَمَن شَآءَ فَلْيَكْفُرْ ۚ إِنَّآ
أَعْتَدْنَا لِلظَّٰلِمِينَ نَارًا أَحَاطَ بِهِمْ سُرَادِقُهَا ۚ وَإِن يَسْتَغِيثُوا۟ يُغَاثُوا۟ بِمَآءٍ كَٱلْمُهْلِ
يَشْوِى ٱلْوُجُوهَ ۚ بِئْسَ ٱلشَّرَابُ وَسَآءَتْ مُرْتَفَقًا ١٨ـ٣٠ إِنَّ ٱلَّذِينَ ءَامَنُوا۟ وَعَمِلُوا۟
ٱلصَّٰلِحَٰتِ إِنَّا لَا نُضِيعُ أَجْرَ مَنْ أَحْسَنَ عَمَلًا ١٨ـ٣١ أُو۟لَٰٓئِكَ لَهُمْ جَنَّٰتُ عَدْنٍ تَجْرِى مِن
تَحْتِهِمُ ٱلْأَنْهَٰرُ يُحَلَّوْنَ فِيهَا مِنْ أَسَاوِرَ مِن ذَهَبٍ وَيَلْبَسُونَ ثِيَابًا خُضْرًا مِّن سُندُسٍ
وَإِسْتَبْرَقٍ مُّتَّكِـِٔينَ فِيهَا عَلَى ٱلْأَرَآئِكِ ۚ نِعْمَ ٱلثَّوَابُ وَحَسُنَتْ مُرْتَفَقًا ١٨ـ٣٢ وَٱضْرِبْ
لَهُم مَّثَلًا رَّجُلَيْنِ جَعَلْنَا لِأَحَدِهِمَا جَنَّتَيْنِ مِنْ أَعْنَٰبٍ وَحَفَفْنَٰهُمَا بِنَخْلٍ وَجَعَلْنَا بَيْنَهُمَا
زَرْعًا ١٨ـ٣٣ كِلْتَا ٱلْجَنَّتَيْنِ ءَاتَتْ أُكُلَهَا وَلَمْ تَظْلِم مِّنْهُ شَيْـًٔا ۚ وَفَجَّرْنَا خِلَٰلَهُمَا نَهَرًا
١٨ـ٣٤ وَكَانَ لَهُۥ ثَمَرٌ فَقَالَ لِصَٰحِبِهِۦ وَهُوَ يُحَاوِرُهُۥٓ أَنَا۠ أَكْثَرُ مِنكَ مَالًا وَأَعَزُّ نَفَرًا
١٨ـ٣٥ وَدَخَلَ جَنَّتَهُۥ وَهُوَ ظَالِمٌ لِّنَفْسِهِۦ قَالَ مَآ أَظُنُّ أَن تَبِيدَ هَٰذِهِۦٓ أَبَدًا
١٨ـ٣٦ وَمَآ أَظُنُّ ٱلسَّاعَةَ قَآئِمَةً وَلَئِن رُّدِدتُّ إِلَىٰ رَبِّى لَأَجِدَنَّ خَيْرًا مِّنْهَا مُنقَلَبًا
١٨ـ٣٧ قَالَ لَهُۥ صَاحِبُهُۥ وَهُوَ يُحَاوِرُهُۥٓ أَكَفَرْتَ بِٱلَّذِى خَلَقَكَ مِن تُرَابٍ ثُمَّ مِن نُّطْفَةٍ
ثُمَّ سَوَّىٰكَ رَجُلًا ١٨ـ٣٨ لَّٰكِنَّا۠ هُوَ ٱللَّهُ رَبِّى وَلَآ أُشْرِكُ بِرَبِّىٓ أَحَدًا ١٨ـ٣٩ وَلَوْلَآ إِذْ
دَخَلْتَ جَنَّتَكَ قُلْتَ مَا شَآءَ ٱللَّهُ لَا قُوَّةَ إِلَّا بِٱللَّهِ ۚ إِن تَرَنِ أَنَا۠ أَقَلَّ مِنكَ مَالًا وَوَلَدًا

١٨ـ٤٠ فَعَسَىٰ رَبِّىٓ أَن يُؤْتِيَنِ خَيْرًا مِّن جَنَّتِكَ وَيُرْسِلَ عَلَيْهَا حُسْبَانًا مِّنَ ٱلسَّمَآءِ
فَتُصْبِحَ صَعِيدًا زَلَقًا ١٨ـ٤١ أَوْ يُصْبِحَ مَآؤُهَا غَوْرًا فَلَن تَسْتَطِيعَ لَهُۥ طَلَبًا
١٨ـ٤٢ وَأُحِيطَ بِثَمَرِهِۦ فَأَصْبَحَ يُقَلِّبُ كَفَّيْهِ عَلَىٰ مَآ أَنفَقَ فِيهَا وَهِىَ خَاوِيَةٌ عَلَىٰ
عُرُوشِهَا وَيَقُولُ يَٰلَيْتَنِى لَمْ أُشْرِكْ بِرَبِّىٓ أَحَدًا ١٨ـ٤٣ وَلَمْ تَكُن لَّهُۥ فِئَةٌ يَنصُرُونَهُۥ
مِن دُونِ ٱللَّهِ وَمَا كَانَ مُنتَصِرًا ١٨ـ٤٤ هُنَالِكَ ٱلْوَلَٰيَةُ لِلَّهِ ٱلْحَقِّ ۚ هُوَ خَيْرٌ ثَوَابًا وَخَيْرٌ
عُقْبًا ١٨ـ٤٥ وَٱضْرِبْ لَهُم مَّثَلَ ٱلْحَيَوٰةِ ٱلدُّنْيَا كَمَآءٍ أَنزَلْنَٰهُ مِنَ ٱلسَّمَآءِ فَٱخْتَلَطَ بِهِۦ
نَبَاتُ ٱلْأَرْضِ فَأَصْبَحَ هَشِيمًا تَذْرُوهُ ٱلرِّيَٰحُ ۗ وَكَانَ ٱللَّهُ عَلَىٰ كُلِّ شَىْءٍ مُّقْتَدِرًا
١٨ـ٤٦ ٱلْمَالُ وَٱلْبَنُونَ زِينَةُ ٱلْحَيَوٰةِ ٱلدُّنْيَا ۖ وَٱلْبَٰقِيَٰتُ ٱلصَّٰلِحَٰتُ خَيْرٌ عِندَ رَبِّكَ ثَوَابًا وَخَيْرٌ
أَمَلًا ١٨ـ٤٧ وَيَوْمَ نُسَيِّرُ ٱلْجِبَالَ وَتَرَى ٱلْأَرْضَ بَارِزَةً وَحَشَرْنَٰهُمْ فَلَمْ نُغَادِرْ مِنْهُمْ
أَحَدًا ١٨ـ٤٨ وَعُرِضُوا۟ عَلَىٰ رَبِّكَ صَفًّا لَّقَدْ جِئْتُمُونَا كَمَا خَلَقْنَٰكُمْ أَوَّلَ مَرَّةٍۭ ۚ بَلْ زَعَمْتُمْ
أَلَّن نَّجْعَلَ لَكُم مَّوْعِدًا ١٨ـ٤٩ وَوُضِعَ ٱلْكِتَٰبُ فَتَرَى ٱلْمُجْرِمِينَ مُشْفِقِينَ مِمَّا فِيهِ
وَيَقُولُونَ يَٰوَيْلَتَنَا مَالِ هَٰذَا ٱلْكِتَٰبِ لَا يُغَادِرُ صَغِيرَةً وَلَا كَبِيرَةً إِلَّآ أَحْصَىٰهَا ۚ وَوَجَدُوا۟
مَا عَمِلُوا۟ حَاضِرًا ۗ وَلَا يَظْلِمُ رَبُّكَ أَحَدًا ١٨ـ٥٠ وَإِذْ قُلْنَا لِلْمَلَٰٓئِكَةِ ٱسْجُدُوا۟ لِءَادَمَ
فَسَجَدُوٓا۟ إِلَّآ إِبْلِيسَ كَانَ مِنَ ٱلْجِنِّ فَفَسَقَ عَنْ أَمْرِ رَبِّهِۦٓ ۗ أَفَتَتَّخِذُونَهُۥ وَذُرِّيَّتَهُۥٓ أَوْلِيَآءَ
مِن دُونِى وَهُمْ لَكُمْ عَدُوٌّۢ ۚ بِئْسَ لِلظَّٰلِمِينَ بَدَلًا ١٨ـ٥١ مَّآ أَشْهَدتُّهُمْ خَلْقَ
ٱلسَّمَٰوَٰتِ وَٱلْأَرْضِ وَلَا خَلْقَ أَنفُسِهِمْ وَمَا كُنتُ مُتَّخِذَ ٱلْمُضِلِّينَ عَضُدًا ١٨ـ٥٢ وَيَوْمَ
يَقُولُ نَادُوا۟ شُرَكَآءِىَ ٱلَّذِينَ زَعَمْتُمْ فَدَعَوْهُمْ فَلَمْ يَسْتَجِيبُوا۟ لَهُمْ وَجَعَلْنَا بَيْنَهُم
مَّوْبِقًا ١٨ـ٥٣ وَرَءَا ٱلْمُجْرِمُونَ ٱلنَّارَ فَظَنُّوٓا۟ أَنَّهُم مُّوَاقِعُوهَا وَلَمْ يَجِدُوا۟ عَنْهَا
مَصْرِفًا ١٨ـ٥٤ وَلَقَدْ صَرَّفْنَا فِى هَٰذَا ٱلْقُرْءَانِ لِلنَّاسِ مِن كُلِّ مَثَلٍ ۚ وَكَانَ ٱلْإِنسَٰنُ
أَكْثَرَ شَىْءٍ جَدَلًا ١٨ـ٥٥ وَمَا مَنَعَ ٱلنَّاسَ أَن يُؤْمِنُوٓا۟ إِذْ جَآءَهُمُ ٱلْهُدَىٰ وَيَسْتَغْفِرُوا۟
رَبَّهُمْ إِلَّآ أَن تَأْتِيَهُمْ سُنَّةُ ٱلْأَوَّلِينَ أَوْ يَأْتِيَهُمُ ٱلْعَذَابُ قُبُلًا ١٨ـ٥٦ وَمَا نُرْسِلُ
ٱلْمُرْسَلِينَ إِلَّا مُبَشِّرِينَ وَمُنذِرِينَ ۚ وَيُجَٰدِلُ ٱلَّذِينَ كَفَرُوا۟ بِٱلْبَٰطِلِ لِيُدْحِضُوا۟ بِهِ ٱلْحَقَّ ۖ
وَٱتَّخَذُوٓا۟ ءَايَٰتِى وَمَآ أُنذِرُوا۟ هُزُوًا ١٨ـ٥٧ وَمَنْ أَظْلَمُ مِمَّن ذُكِّرَ بِـَٔايَٰتِ رَبِّهِۦ فَأَعْرَضَ
عَنْهَا وَنَسِىَ مَا قَدَّمَتْ يَدَاهُ ۚ إِنَّا جَعَلْنَا عَلَىٰ قُلُوبِهِمْ أَكِنَّةً أَن يَفْقَهُوهُ وَفِىٓ
ءَاذَانِهِمْ وَقْرًا ۖ وَإِن تَدْعُهُمْ إِلَى ٱلْهُدَىٰ فَلَن يَهْتَدُوٓا۟ إِذًا أَبَدًا ١٨ـ٥٨ وَرَبُّكَ ٱلْغَفُورُ
ذُو ٱلرَّحْمَةِ ۖ لَوْ يُؤَاخِذُهُم بِمَا كَسَبُوا۟ لَعَجَّلَ لَهُمُ ٱلْعَذَابَ ۚ بَل لَّهُم مَّوْعِدٌ لَّن يَجِدُوا۟
مِن دُونِهِۦ مَوْئِلًا ١٨ـ٥٩ وَتِلْكَ ٱلْقُرَىٰٓ أَهْلَكْنَٰهُمْ لَمَّا ظَلَمُوا۟ وَجَعَلْنَا لِمَهْلِكِهِم
مَّوْعِدًا ١٨ـ٦٠ وَإِذْ قَالَ مُوسَىٰ لِفَتَىٰهُ لَآ أَبْرَحُ حَتَّىٰٓ أَبْلُغَ مَجْمَعَ ٱلْبَحْرَيْنِ أَوْ أَمْضِىَ

حُقُبًا ١٨ـ٦١ فَلَمَّا بَلَغَا مَجْمَعَ بَيْنِهِمَا نَسِيَا حُوتَهُمَا فَٱتَّخَذَ سَبِيلَهُۥ فِى ٱلْبَحْرِ سَرَبًا
١٨ـ٦٢ فَلَمَّا جَاوَزَا قَالَ لِفَتَىٰهُ ءَاتِنَا غَدَآءَنَا لَقَدْ لَقِينَا مِن سَفَرِنَا هَـٰذَا نَصَبًا
١٨ـ٦٣ قَالَ أَرَءَيْتَ إِذْ أَوَيْنَآ إِلَى ٱلصَّخْرَةِ فَإِنِّى نَسِيتُ ٱلْحُوتَ وَمَآ أَنسَىٰنِيهُ إِلَّا
ٱلشَّيْطَـٰنُ أَنْ أَذْكُرَهُۥ ۚ وَٱتَّخَذَ سَبِيلَهُۥ فِى ٱلْبَحْرِ عَجَبًا ١٨ـ٦٤ قَالَ ذَٰلِكَ مَا كُنَّا نَبْغِ ۚ
فَٱرْتَدَّا عَلَىٰٓ ءَاثَارِهِمَا قَصَصًا ١٨ـ٦٥ فَوَجَدَا عَبْدًا مِّنْ عِبَادِنَآ ءَاتَيْنَـٰهُ رَحْمَةً مِّنْ عِندِنَا
وَعَلَّمْنَـٰهُ مِن لَّدُنَّا عِلْمًا ١٨ـ٦٦ قَالَ لَهُۥ مُوسَىٰ هَلْ أَتَّبِعُكَ عَلَىٰٓ أَن تُعَلِّمَنِ مِمَّا
عُلِّمْتَ رُشْدًا ١٨ـ٦٧ قَالَ إِنَّكَ لَن تَسْتَطِيعَ مَعِىَ صَبْرًا ١٨ـ٦٨ وَكَيْفَ تَصْبِرُ عَلَىٰ مَا
لَمْ تُحِطْ بِهِۦ خُبْرًا ١٨ـ٦٩ قَالَ سَتَجِدُنِىٓ إِن شَآءَ ٱللَّهُ صَابِرًا وَلَآ أَعْصِى لَكَ أَمْرًا
١٨ـ٧٠ قَالَ فَإِنِ ٱتَّبَعْتَنِى فَلَا تَسْـَٔلْنِى عَن شَىْءٍ حَتَّىٰٓ أُحْدِثَ لَكَ مِنْهُ ذِكْرًا
١٨ـ٧١ فَٱنطَلَقَا حَتَّىٰٓ إِذَا رَكِبَا فِى ٱلسَّفِينَةِ خَرَقَهَا ۖ قَالَ أَخَرَقْتَهَا لِتُغْرِقَ أَهْلَهَا
لَقَدْ جِئْتَ شَيْـًٔا إِمْرًا ١٨ـ٧٢ قَالَ أَلَمْ أَقُلْ إِنَّكَ لَن تَسْتَطِيعَ مَعِىَ صَبْرًا ١٨ـ٧٣ قَالَ
لَا تُؤَاخِذْنِى بِمَا نَسِيتُ وَلَا تُرْهِقْنِى مِنْ أَمْرِى عُسْرًا ١٨ـ٧٤ فَٱنطَلَقَا حَتَّىٰٓ إِذَا لَقِيَا
غُلَـٰمًا فَقَتَلَهُۥ قَالَ أَقَتَلْتَ نَفْسًا زَكِيَّةًۢ بِغَيْرِ نَفْسٍ لَّقَدْ جِئْتَ شَيْـًٔا نُّكْرًا ١٨ـ٧٥ قَالَ
أَلَمْ أَقُل لَّكَ إِنَّكَ لَن تَسْتَطِيعَ مَعِىَ صَبْرًا ١٨ـ٧٦ قَالَ إِن سَأَلْتُكَ عَن شَىْءٍۭ بَعْدَهَا
فَلَا تُصَـٰحِبْنِى ۖ قَدْ بَلَغْتَ مِن لَّدُنِّى عُذْرًا ١٨ـ٧٧ فَٱنطَلَقَا حَتَّىٰٓ إِذَآ أَتَيَآ أَهْلَ قَرْيَةٍ
ٱسْتَطْعَمَآ أَهْلَهَا فَأَبَوْا۟ أَن يُضَيِّفُوهُمَا فَوَجَدَا فِيهَا جِدَارًا يُرِيدُ أَن يَنقَضَّ فَأَقَامَهُۥ ۖ
قَالَ لَوْ شِئْتَ لَتَّخَذْتَ عَلَيْهِ أَجْرًا ١٨ـ٧٨ قَالَ هَـٰذَا فِرَاقُ بَيْنِى وَبَيْنِكَ ۚ سَأُنَبِّئُكَ
بِتَأْوِيلِ مَا لَمْ تَسْتَطِع عَّلَيْهِ صَبْرًا ١٨ـ٧٩ أَمَّا ٱلسَّفِينَةُ فَكَانَتْ لِمَسَـٰكِينَ يَعْمَلُونَ
فِى ٱلْبَحْرِ فَأَرَدتُّ أَنْ أَعِيبَهَا وَكَانَ وَرَآءَهُم مَّلِكٌ يَأْخُذُ كُلَّ سَفِينَةٍ غَصْبًا ١٨ـ٨٠ وَأَمَّا
ٱلْغُلَـٰمُ فَكَانَ أَبَوَاهُ مُؤْمِنَيْنِ فَخَشِينَآ أَن يُرْهِقَهُمَا طُغْيَـٰنًا وَكُفْرًا ١٨ـ٨١ فَأَرَدْنَآ أَن
يُبْدِلَهُمَا رَبُّهُمَا خَيْرًا مِّنْهُ زَكَوٰةً وَأَقْرَبَ رُحْمًا ١٨ـ٨٢ وَأَمَّا ٱلْجِدَارُ فَكَانَ لِغُلَـٰمَيْنِ
يَتِيمَيْنِ فِى ٱلْمَدِينَةِ وَكَانَ تَحْتَهُۥ كَنزٌ لَّهُمَا وَكَانَ أَبُوهُمَا صَـٰلِحًا فَأَرَادَ رَبُّكَ أَن يَبْلُغَآ
أَشُدَّهُمَا وَيَسْتَخْرِجَا كَنزَهُمَا رَحْمَةً مِّن رَّبِّكَ ۚ وَمَا فَعَلْتُهُۥ عَنْ أَمْرِى ۚ ذَٰلِكَ تَأْوِيلُ مَا
لَمْ تَسْطِع عَّلَيْهِ صَبْرًا ١٨ـ٨٣ وَيَسْـَٔلُونَكَ عَن ذِى ٱلْقَرْنَيْنِ ۖ قُلْ سَأَتْلُوا۟ عَلَيْكُم مِّنْهُ
ذِكْرًا ١٨ـ٨٤ إِنَّا مَكَّنَّا لَهُۥ فِى ٱلْأَرْضِ وَءَاتَيْنَـٰهُ مِن كُلِّ شَىْءٍ سَبَبًا ١٨ـ٨٥ فَأَتْبَعَ
سَبَبًا ١٨ـ٨٦ حَتَّىٰٓ إِذَا بَلَغَ مَغْرِبَ ٱلشَّمْسِ وَجَدَهَا تَغْرُبُ فِى عَيْنٍ حَمِئَةٍ وَوَجَدَ
عِندَهَا قَوْمًا ۗ قُلْنَا يَـٰذَا ٱلْقَرْنَيْنِ إِمَّآ أَن تُعَذِّبَ وَإِمَّآ أَن تَتَّخِذَ فِيهِمْ حُسْنًا
١٨ـ٨٧ قَالَ أَمَّا مَن ظَلَمَ فَسَوْفَ نُعَذِّبُهُۥ ثُمَّ يُرَدُّ إِلَىٰ رَبِّهِۦ فَيُعَذِّبُهُۥ عَذَابًا نُّكْرًا

١٨ـ٨٨ وَأَمَّا مَنْ ءَامَنَ وَعَمِلَ صَٰلِحًا فَلَهُۥ جَزَآءً ٱلْحُسْنَىٰ ۖ وَسَنَقُولُ لَهُۥ مِنْ أَمْرِنَا
يُسْرًا ١٨ـ٨٩ ثُمَّ أَتْبَعَ سَبَبًا ١٨ـ٩٠ حَتَّىٰٓ إِذَا بَلَغَ مَطْلِعَ ٱلشَّمْسِ وَجَدَهَا تَطْلُعُ عَلَىٰ
قَوْمٍ لَّمْ نَجْعَل لَّهُم مِّن دُونِهَا سِتْرًا ١٨ـ٩١ كَذَٰلِكَ وَقَدْ أَحَطْنَا بِمَا لَدَيْهِ خُبْرًا
١٨ـ٩٢ ثُمَّ أَتْبَعَ سَبَبًا ١٨ـ٩٣ حَتَّىٰٓ إِذَا بَلَغَ بَيْنَ ٱلسَّدَّيْنِ وَجَدَ مِن دُونِهِمَا قَوْمًا لَّا
يَكَادُونَ يَفْقَهُونَ قَوْلًا ١٨ـ٩٤ قَالُوا۟ يَٰذَا ٱلْقَرْنَيْنِ إِنَّ يَأْجُوجَ وَمَأْجُوجَ مُفْسِدُونَ فِى
ٱلْأَرْضِ فَهَلْ نَجْعَلُ لَكَ خَرْجًا عَلَىٰٓ أَن تَجْعَلَ بَيْنَنَا وَبَيْنَهُمْ سَدًّا ١٨ـ٩٥ قَالَ مَا
مَكَّنِّى فِيهِ رَبِّى خَيْرٌ فَأَعِينُونِى بِقُوَّةٍ أَجْعَلْ بَيْنَكُمْ وَبَيْنَهُمْ رَدْمًا ١٨ـ٩٦ ءَاتُونِى زُبَرَ
ٱلْحَدِيدِ ۖ حَتَّىٰٓ إِذَا سَاوَىٰ بَيْنَ ٱلصَّدَفَيْنِ قَالَ ٱنفُخُوا۟ ۖ حَتَّىٰٓ إِذَا جَعَلَهُۥ نَارًا قَالَ
ءَاتُونِىٓ أُفْرِغْ عَلَيْهِ قِطْرًا ١٨ـ٩٧ فَمَا ٱسْطَٰعُوٓا۟ أَن يَظْهَرُوهُ وَمَا ٱسْتَطَٰعُوا۟ لَهُۥ نَقْبًا
١٨ـ٩٨ قَالَ هَٰذَا رَحْمَةٌ مِّن رَّبِّى ۖ فَإِذَا جَآءَ وَعْدُ رَبِّى جَعَلَهُۥ دَكَّآءَ ۖ وَكَانَ وَعْدُ رَبِّى
حَقًّا ١٨ـ٩٩ وَتَرَكْنَا بَعْضَهُمْ يَوْمَئِذٍ يَمُوجُ فِى بَعْضٍ ۖ وَنُفِخَ فِى ٱلصُّورِ فَجَمَعْنَٰهُمْ
جَمْعًا ١٨ـ١٠٠ وَعَرَضْنَا جَهَنَّمَ يَوْمَئِذٍ لِّلْكَٰفِرِينَ عَرْضًا ١٨ـ١٠١ ٱلَّذِينَ كَانَتْ أَعْيُنُهُمْ فِى
غِطَآءٍ عَن ذِكْرِى وَكَانُوا۟ لَا يَسْتَطِيعُونَ سَمْعًا ١٨ـ١٠٢ أَفَحَسِبَ ٱلَّذِينَ كَفَرُوٓا۟ أَن
يَتَّخِذُوا۟ عِبَادِى مِن دُونِىٓ أَوْلِيَآءَ ۚ إِنَّآ أَعْتَدْنَا جَهَنَّمَ لِلْكَٰفِرِينَ نُزُلًا ١٨ـ١٠٣ قُلْ هَلْ
نُنَبِّئُكُم بِٱلْأَخْسَرِينَ أَعْمَٰلًا ١٨ـ١٠٤ ٱلَّذِينَ ضَلَّ سَعْيُهُمْ فِى ٱلْحَيَوٰةِ ٱلدُّنْيَا وَهُمْ
يَحْسَبُونَ أَنَّهُمْ يُحْسِنُونَ صُنْعًا ١٨ـ١٠٥ أُو۟لَٰٓئِكَ ٱلَّذِينَ كَفَرُوا۟ بِـَٔايَٰتِ رَبِّهِمْ وَلِقَآئِهِۦ
فَحَبِطَتْ أَعْمَٰلُهُمْ فَلَا نُقِيمُ لَهُمْ يَوْمَ ٱلْقِيَٰمَةِ وَزْنًا ١٨ـ١٠٦ ذَٰلِكَ جَزَآؤُهُمْ جَهَنَّمُ بِمَا
كَفَرُوا۟ وَٱتَّخَذُوٓا۟ ءَايَٰتِى وَرُسُلِى هُزُوًا ١٨ـ١٠٧ إِنَّ ٱلَّذِينَ ءَامَنُوا۟ وَعَمِلُوا۟ ٱلصَّٰلِحَٰتِ
كَانَتْ لَهُمْ جَنَّٰتُ ٱلْفِرْدَوْسِ نُزُلًا ١٨ـ١٠٨ خَٰلِدِينَ فِيهَا لَا يَبْغُونَ عَنْهَا حِوَلًا
١٨ـ١٠٩ قُل لَّوْ كَانَ ٱلْبَحْرُ مِدَادًا لِّكَلِمَٰتِ رَبِّى لَنَفِدَ ٱلْبَحْرُ قَبْلَ أَن تَنفَدَ كَلِمَٰتُ رَبِّى
وَلَوْ جِئْنَا بِمِثْلِهِۦ مَدَدًا ١٨ـ١١٠ قُلْ إِنَّمَآ أَنَا۠ بَشَرٌ مِّثْلُكُمْ يُوحَىٰٓ إِلَىَّ أَنَّمَآ إِلَٰهُكُمْ إِلَٰهٌ
وَٰحِدٌ ۖ فَمَن كَانَ يَرْجُوا۟ لِقَآءَ رَبِّهِۦ فَلْيَعْمَلْ عَمَلًا صَٰلِحًا وَلَا يُشْرِكْ بِعِبَادَةِ رَبِّهِۦٓ أَحَدًۢا
١٩ـ١ كٓهيعٓصٓ ١٩ـ٢ ذِكْرُ رَحْمَتِ رَبِّكَ عَبْدَهُۥ زَكَرِيَّآ ١٩ـ٣ إِذْ نَادَىٰ رَبَّهُۥ نِدَآءً خَفِيًّا
١٩ـ٤ قَالَ رَبِّ إِنِّى وَهَنَ ٱلْعَظْمُ مِنِّى وَٱشْتَعَلَ ٱلرَّأْسُ شَيْبًا وَلَمْ أَكُنۢ بِدُعَآئِكَ رَبِّ
شَقِيًّا ١٩ـ٥ وَإِنِّى خِفْتُ ٱلْمَوَٰلِىَ مِن وَرَآءِى وَكَانَتِ ٱمْرَأَتِى عَاقِرًا فَهَبْ لِى مِن
لَّدُنكَ وَلِيًّا ١٩ـ٦ يَرِثُنِى وَيَرِثُ مِنْ ءَالِ يَعْقُوبَ ۖ وَٱجْعَلْهُ رَبِّ رَضِيًّا ١٩ـ٧ يَٰزَكَرِيَّآ إِنَّا
نُبَشِّرُكَ بِغُلَٰمٍ ٱسْمُهُۥ يَحْيَىٰ لَمْ نَجْعَل لَّهُۥ مِن قَبْلُ سَمِيًّا ١٩ـ٨ قَالَ رَبِّ أَنَّىٰ يَكُونُ
لِى غُلَٰمٌ وَكَانَتِ ٱمْرَأَتِى عَاقِرًا وَقَدْ بَلَغْتُ مِنَ ٱلْكِبَرِ عِتِيًّا ١٩ـ٩ قَالَ كَذَٰلِكَ قَالَ رَبُّكَ

هُوَ عَلَىَّ هَيِّنٌ وَقَدْ خَلَقْتُكَ مِن قَبْلُ وَلَمْ تَكُ شَيْـًٔا ١٩ــ١٠ قَالَ رَبِّ ٱجْعَل لِّىٓ ءَايَةً ۚ
قَالَ ءَايَتُكَ أَلَّا تُكَلِّمَ ٱلنَّاسَ ثَلَٰثَ لَيَالٍ سَوِيًّا ١٩ــ١١ فَخَرَجَ عَلَىٰ قَوْمِهِۦ مِنَ ٱلْمِحْرَابِ
فَأَوْحَىٰٓ إِلَيْهِمْ أَن سَبِّحُوا۟ بُكْرَةً وَعَشِيًّا ١٩ــ١٢ يَٰيَحْيَىٰ خُذِ ٱلْكِتَٰبَ بِقُوَّةٍ ۖ وَءَاتَيْنَٰهُ
ٱلْحُكْمَ صَبِيًّا ١٩ــ١٣ وَحَنَانًا مِّن لَّدُنَّا وَزَكَوٰةً ۖ وَكَانَ تَقِيًّا ١٩ــ١٤ وَبَرًّۢا بِوَٰلِدَيْهِ وَلَمْ يَكُن
جَبَّارًا عَصِيًّا ١٩ــ١٥ وَسَلَٰمٌ عَلَيْهِ يَوْمَ وُلِدَ وَيَوْمَ يَمُوتُ وَيَوْمَ يُبْعَثُ حَيًّا ١٩ــ١٦ وَٱذْكُرْ
فِى ٱلْكِتَٰبِ مَرْيَمَ إِذِ ٱنتَبَذَتْ مِنْ أَهْلِهَا مَكَانًا شَرْقِيًّا ١٩ــ١٧ فَٱتَّخَذَتْ مِن دُونِهِمْ
حِجَابًا فَأَرْسَلْنَآ إِلَيْهَا رُوحَنَا فَتَمَثَّلَ لَهَا بَشَرًا سَوِيًّا ١٩ــ١٨ قَالَتْ إِنِّىٓ أَعُوذُ بِٱلرَّحْمَٰنِ
مِنكَ إِن كُنتَ تَقِيًّا ١٩ــ١٩ قَالَ إِنَّمَآ أَنَا۠ رَسُولُ رَبِّكِ لِأَهَبَ لَكِ غُلَٰمًا زَكِيًّا ١٩ــ٢٠ قَالَتْ
أَنَّىٰ يَكُونُ لِى غُلَٰمٌ وَلَمْ يَمْسَسْنِى بَشَرٌ وَلَمْ أَكُ بَغِيًّا ١٩ــ٢١ قَالَ كَذَٰلِكِ قَالَ رَبُّكِ
هُوَ عَلَىَّ هَيِّنٌ ۖ وَلِنَجْعَلَهُۥٓ ءَايَةً لِّلنَّاسِ وَرَحْمَةً مِّنَّا ۚ وَكَانَ أَمْرًا مَّقْضِيًّا
١٩ــ٢٢ فَحَمَلَتْهُ فَٱنتَبَذَتْ بِهِۦ مَكَانًا قَصِيًّا ١٩ــ٢٣ فَأَجَآءَهَا ٱلْمَخَاضُ إِلَىٰ جِذْعِ ٱلنَّخْلَةِ
قَالَتْ يَٰلَيْتَنِى مِتُّ قَبْلَ هَٰذَا وَكُنتُ نَسْيًا مَّنسِيًّا ١٩ــ٢٤ فَنَادَىٰهَا مِن تَحْتِهَآ أَلَّا
تَحْزَنِى قَدْ جَعَلَ رَبُّكِ تَحْتَكِ سَرِيًّا ١٩ــ٢٥ وَهُزِّىٓ إِلَيْكِ بِجِذْعِ ٱلنَّخْلَةِ تُسَٰقِطْ عَلَيْكِ
رُطَبًا جَنِيًّا ١٩ــ٢٦ فَكُلِى وَٱشْرَبِى وَقَرِّى عَيْنًا ۖ فَإِمَّا تَرَيِنَّ مِنَ ٱلْبَشَرِ أَحَدًا فَقُولِىٓ
إِنِّى نَذَرْتُ لِلرَّحْمَٰنِ صَوْمًا فَلَنْ أُكَلِّمَ ٱلْيَوْمَ إِنسِيًّا ١٩ــ٢٧ فَأَتَتْ بِهِۦ قَوْمَهَا تَحْمِلُهُۥ ۖ
قَالُوا۟ يَٰمَرْيَمُ لَقَدْ جِئْتِ شَيْـًٔا فَرِيًّا ١٩ــ٢٨ يَٰٓأُخْتَ هَٰرُونَ مَا كَانَ أَبُوكِ ٱمْرَأَ سَوْءٍ وَمَا
كَانَتْ أُمُّكِ بَغِيًّا ١٩ــ٢٩ فَأَشَارَتْ إِلَيْهِ ۖ قَالُوا۟ كَيْفَ نُكَلِّمُ مَن كَانَ فِى ٱلْمَهْدِ صَبِيًّا
١٩ــ٣٠ قَالَ إِنِّى عَبْدُ ٱللَّهِ ءَاتَىٰنِىَ ٱلْكِتَٰبَ وَجَعَلَنِى نَبِيًّا ١٩ــ٣١ وَجَعَلَنِى مُبَارَكًا أَيْنَ
مَا كُنتُ وَأَوْصَٰنِى بِٱلصَّلَوٰةِ وَٱلزَّكَوٰةِ مَا دُمْتُ حَيًّا ١٩ــ٣٢ وَبَرًّۢا بِوَٰلِدَتِى وَلَمْ يَجْعَلْنِى
جَبَّارًا شَقِيًّا ١٩ــ٣٣ وَٱلسَّلَٰمُ عَلَىَّ يَوْمَ وُلِدتُّ وَيَوْمَ أَمُوتُ وَيَوْمَ أُبْعَثُ حَيًّا
١٩ــ٣٤ ذَٰلِكَ عِيسَى ٱبْنُ مَرْيَمَ ۚ قَوْلَ ٱلْحَقِّ ٱلَّذِى فِيهِ يَمْتَرُونَ ١٩ــ٣٥ مَا كَانَ لِلَّهِ
أَن يَتَّخِذَ مِن وَلَدٍ ۖ سُبْحَٰنَهُۥٓ ۚ إِذَا قَضَىٰٓ أَمْرًا فَإِنَّمَا يَقُولُ لَهُۥ كُن فَيَكُونُ ١٩ــ٣٦ وَإِنَّ
ٱللَّهَ رَبِّى وَرَبُّكُمْ فَٱعْبُدُوهُ ۚ هَٰذَا صِرَٰطٌ مُّسْتَقِيمٌ ١٩ــ٣٧ فَٱخْتَلَفَ ٱلْأَحْزَابُ مِنۢ بَيْنِهِمْ
ۖ فَوَيْلٌ لِّلَّذِينَ كَفَرُوا۟ مِن مَّشْهَدِ يَوْمٍ عَظِيمٍ ١٩ــ٣٨ أَسْمِعْ بِهِمْ وَأَبْصِرْ يَوْمَ يَأْتُونَنَا ۖ
لَٰكِنِ ٱلظَّٰلِمُونَ ٱلْيَوْمَ فِى ضَلَٰلٍ مُّبِينٍ ١٩ــ٣٩ وَأَنذِرْهُمْ يَوْمَ ٱلْحَسْرَةِ إِذْ قُضِىَ ٱلْأَمْرُ
وَهُمْ فِى غَفْلَةٍ وَهُمْ لَا يُؤْمِنُونَ ١٩ــ٤٠ إِنَّا نَحْنُ نَرِثُ ٱلْأَرْضَ وَمَنْ عَلَيْهَا وَإِلَيْنَا
يُرْجَعُونَ ١٩ــ٤١ وَٱذْكُرْ فِى ٱلْكِتَٰبِ إِبْرَٰهِيمَ ۚ إِنَّهُۥ كَانَ صِدِّيقًا نَّبِيًّا ١٩ــ٤٢ إِذْ قَالَ
لِأَبِيهِ يَٰٓأَبَتِ لِمَ تَعْبُدُ مَا لَا يَسْمَعُ وَلَا يُبْصِرُ وَلَا يُغْنِى عَنكَ شَيْـًٔا ١٩ــ٤٣ يَٰٓأَبَتِ إِنِّى

قَدْ جَآءَنِى مِنَ ٱلْعِلْمِ مَا لَمْ يَأْتِكَ فَٱتَّبِعْنِىٓ أَهْدِكَ صِرَٰطًا سَوِيًّا ٤٤۔١٩ يَٰٓأَبَتِ لَا تَعْبُدِ ٱلشَّيْطَٰنَ ۖ إِنَّ ٱلشَّيْطَٰنَ كَانَ لِلرَّحْمَٰنِ عَصِيًّا ٤٥۔١٩ يَٰٓأَبَتِ إِنِّىٓ أَخَافُ أَن يَمَسَّكَ عَذَابٌ مِّنَ ٱلرَّحْمَٰنِ فَتَكُونَ لِلشَّيْطَٰنِ وَلِيًّا ٤٦۔١٩ قَالَ أَرَاغِبٌ أَنتَ عَنْ ءَالِهَتِى يَٰٓإِبْرَٰهِيمُ ۖ لَئِن لَّمْ تَنتَهِ لَأَرْجُمَنَّكَ ۖ وَٱهْجُرْنِى مَلِيًّا ٤٧۔١٩ قَالَ سَلَٰمٌ عَلَيْكَ ۖ سَأَسْتَغْفِرُ لَكَ رَبِّىٓ ۖ إِنَّهُۥ كَانَ بِى حَفِيًّا ٤٨۔١٩ وَأَعْتَزِلُكُمْ وَمَا تَدْعُونَ مِن دُونِ ٱللَّهِ وَأَدْعُوا۟ رَبِّى عَسَىٰٓ أَلَّآ أَكُونَ بِدُعَآءِ رَبِّى شَقِيًّا ٤٩۔١٩ فَلَمَّا ٱعْتَزَلَهُمْ وَمَا يَعْبُدُونَ مِن دُونِ ٱللَّهِ وَهَبْنَا لَهُۥٓ إِسْحَٰقَ وَيَعْقُوبَ ۖ وَكُلًّا جَعَلْنَا نَبِيًّا ٥٠۔١٩ وَوَهَبْنَا لَهُم مِّن رَّحْمَتِنَا وَجَعَلْنَا لَهُمْ لِسَانَ صِدْقٍ عَلِيًّا ٥١۔١٩ وَٱذْكُرْ فِى ٱلْكِتَٰبِ مُوسَىٰٓ ۚ إِنَّهُۥ كَانَ مُخْلَصًا وَكَانَ رَسُولًا نَّبِيًّا ٥٢۔١٩ وَنَٰدَيْنَٰهُ مِن جَانِبِ ٱلطُّورِ ٱلْأَيْمَنِ وَقَرَّبْنَٰهُ نَجِيًّا ٥٣۔١٩ وَوَهَبْنَا لَهُۥ مِن رَّحْمَتِنَآ أَخَاهُ هَٰرُونَ نَبِيًّا ٥٤۔١٩ وَٱذْكُرْ فِى ٱلْكِتَٰبِ إِسْمَٰعِيلَ ۚ إِنَّهُۥ كَانَ صَادِقَ ٱلْوَعْدِ وَكَانَ رَسُولًا نَّبِيًّا ٥٥۔١٩ وَكَانَ يَأْمُرُ أَهْلَهُۥ بِٱلصَّلَوٰةِ وَٱلزَّكَوٰةِ وَكَانَ عِندَ رَبِّهِۦ مَرْضِيًّا ٥٦۔١٩ وَٱذْكُرْ فِى ٱلْكِتَٰبِ إِدْرِيسَ ۚ إِنَّهُۥ كَانَ صِدِّيقًا نَّبِيًّا ٥٧۔١٩ وَرَفَعْنَٰهُ مَكَانًا عَلِيًّا ٥٨۔١٩ أُو۟لَٰٓئِكَ ٱلَّذِينَ أَنْعَمَ ٱللَّهُ عَلَيْهِم مِّنَ ٱلنَّبِيِّۦنَ مِن ذُرِّيَّةِ ءَادَمَ وَمِمَّنْ حَمَلْنَا مَعَ نُوحٍ وَمِن ذُرِّيَّةِ إِبْرَٰهِيمَ وَإِسْرَٰٓءِيلَ وَمِمَّنْ هَدَيْنَا وَٱجْتَبَيْنَآ ۚ إِذَا تُتْلَىٰ عَلَيْهِمْ ءَايَٰتُ ٱلرَّحْمَٰنِ خَرُّوا۟ سُجَّدًا وَبُكِيًّا ۩ ٥٩۔١٩ فَخَلَفَ مِنۢ بَعْدِهِمْ خَلْفٌ أَضَاعُوا۟ ٱلصَّلَوٰةَ وَٱتَّبَعُوا۟ ٱلشَّهَوَٰتِ ۖ فَسَوْفَ يَلْقَوْنَ غَيًّا ٦٠۔١٩ إِلَّا مَن تَابَ وَءَامَنَ وَعَمِلَ صَٰلِحًا فَأُو۟لَٰٓئِكَ يَدْخُلُونَ ٱلْجَنَّةَ وَلَا يُظْلَمُونَ شَيْـًٔا ٦١۔١٩ جَنَّٰتِ عَدْنٍ ٱلَّتِى وَعَدَ ٱلرَّحْمَٰنُ عِبَادَهُۥ بِٱلْغَيْبِ ۚ إِنَّهُۥ كَانَ وَعْدُهُۥ مَأْتِيًّا ٦٢۔١٩ لَّا يَسْمَعُونَ فِيهَا لَغْوًا إِلَّا سَلَٰمًا ۖ وَلَهُمْ رِزْقُهُمْ فِيهَا بُكْرَةً وَعَشِيًّا ٦٣۔١٩ تِلْكَ ٱلْجَنَّةُ ٱلَّتِى نُورِثُ مِنْ عِبَادِنَا مَن كَانَ تَقِيًّا ٦٤۔١٩ وَمَا نَتَنَزَّلُ إِلَّا بِأَمْرِ رَبِّكَ ۖ لَهُۥ مَا بَيْنَ أَيْدِينَا وَمَا خَلْفَنَا وَمَا بَيْنَ ذَٰلِكَ ۚ وَمَا كَانَ رَبُّكَ نَسِيًّا ٦٥۔١٩ رَّبُّ ٱلسَّمَٰوَٰتِ وَٱلْأَرْضِ وَمَا بَيْنَهُمَا فَٱعْبُدْهُ وَٱصْطَبِرْ لِعِبَٰدَتِهِۦ ۚ هَلْ تَعْلَمُ لَهُۥ سَمِيًّا ٦٦۔١٩ وَيَقُولُ ٱلْإِنسَٰنُ أَءِذَا مَا مِتُّ لَسَوْفَ أُخْرَجُ حَيًّا ٦٧۔١٩ أَوَلَا يَذْكُرُ ٱلْإِنسَٰنُ أَنَّا خَلَقْنَٰهُ مِن قَبْلُ وَلَمْ يَكُ شَيْـًٔا ٦٨۔١٩ فَوَرَبِّكَ لَنَحْشُرَنَّهُمْ وَٱلشَّيَٰطِينَ ثُمَّ لَنُحْضِرَنَّهُمْ حَوْلَ جَهَنَّمَ جِثِيًّا ٦٩۔١٩ ثُمَّ لَنَنزِعَنَّ مِن كُلِّ شِيعَةٍ أَيُّهُمْ أَشَدُّ عَلَى ٱلرَّحْمَٰنِ عِتِيًّا ٧٠۔١٩ ثُمَّ لَنَحْنُ أَعْلَمُ بِٱلَّذِينَ هُمْ أَوْلَىٰ بِهَا صِلِيًّا ٧١۔١٩ وَإِن مِّنكُمْ إِلَّا وَارِدُهَا ۚ كَانَ عَلَىٰ رَبِّكَ حَتْمًا مَّقْضِيًّا ٧٢۔١٩ ثُمَّ نُنَجِّى ٱلَّذِينَ ٱتَّقَوا۟ وَّنَذَرُ ٱلظَّٰلِمِينَ فِيهَا جِثِيًّا ٧٣۔١٩ وَإِذَا تُتْلَىٰ عَلَيْهِمْ ءَايَٰتُنَا بَيِّنَٰتٍ قَالَ ٱلَّذِينَ كَفَرُوا۟ لِلَّذِينَ ءَامَنُوٓا۟ أَىُّ ٱلْفَرِيقَيْنِ خَيْرٌ مَّقَامًا وَأَحْسَنُ نَدِيًّا ٧٤۔١٩ وَكَمْ أَهْلَكْنَا

قَبْلَهُم مِّن قَرْنٍ هُمْ أَحْسَنُ أَثَٰثًا وَرِءْيًا ١٩ـ٧٥ قُلْ مَن كَانَ فِى ٱلضَّلَٰلَةِ فَلْيَمْدُدْ لَهُ
ٱلرَّحْمَٰنُ مَدًّا ۚ حَتَّىٰٓ إِذَا رَأَوْا۟ مَا يُوعَدُونَ إِمَّا ٱلْعَذَابَ وَإِمَّا ٱلسَّاعَةَ فَسَيَعْلَمُونَ مَنْ
هُوَ شَرٌّ مَّكَانًا وَأَضْعَفُ جُندًا ١٩ـ٧٦ وَيَزِيدُ ٱللَّهُ ٱلَّذِينَ ٱهْتَدَوْا۟ هُدًى ۗ وَٱلْبَٰقِيَٰتُ
ٱلصَّٰلِحَٰتُ خَيْرٌ عِندَ رَبِّكَ ثَوَابًا وَخَيْرٌ مَّرَدًّا ١٩ـ٧٧ أَفَرَءَيْتَ ٱلَّذِى كَفَرَ بِـَٔايَٰتِنَا وَقَالَ
لَأُوتَيَنَّ مَالًا وَوَلَدًا ١٩ـ٧٨ أَطَّلَعَ ٱلْغَيْبَ أَمِ ٱتَّخَذَ عِندَ ٱلرَّحْمَٰنِ عَهْدًا ١٩ـ٧٩ كَلَّا ۚ
سَنَكْتُبُ مَا يَقُولُ وَنَمُدُّ لَهُۥ مِنَ ٱلْعَذَابِ مَدًّا ١٩ـ٨٠ وَنَرِثُهُۥ مَا يَقُولُ وَيَأْتِينَا فَرْدًا
١٩ـ٨١ وَٱتَّخَذُوا۟ مِن دُونِ ٱللَّهِ ءَالِهَةً لِّيَكُونُوا۟ لَهُمْ عِزًّا ١٩ـ٨٢ كَلَّا ۚ سَيَكْفُرُونَ
بِعِبَادَتِهِمْ وَيَكُونُونَ عَلَيْهِمْ ضِدًّا ١٩ـ٨٣ أَلَمْ تَرَ أَنَّآ أَرْسَلْنَا ٱلشَّيَٰطِينَ عَلَى ٱلْكَٰفِرِينَ
تَؤُزُّهُمْ أَزًّا ١٩ـ٨٤ فَلَا تَعْجَلْ عَلَيْهِمْ ۖ إِنَّمَا نَعُدُّ لَهُمْ عَدًّا ١٩ـ٨٥ يَوْمَ نَحْشُرُ ٱلْمُتَّقِينَ
إِلَى ٱلرَّحْمَٰنِ وَفْدًا ١٩ـ٨٦ وَنَسُوقُ ٱلْمُجْرِمِينَ إِلَىٰ جَهَنَّمَ وِرْدًا ١٩ـ٨٧ لَّا يَمْلِكُونَ
ٱلشَّفَٰعَةَ إِلَّا مَنِ ٱتَّخَذَ عِندَ ٱلرَّحْمَٰنِ عَهْدًا ١٩ـ٨٨ وَقَالُوا۟ ٱتَّخَذَ ٱلرَّحْمَٰنُ وَلَدًا
١٩ـ٨٩ لَّقَدْ جِئْتُمْ شَيْـًٔا إِدًّا ١٩ـ٩٠ تَكَادُ ٱلسَّمَٰوَٰتُ يَتَفَطَّرْنَ مِنْهُ وَتَنشَقُّ ٱلْأَرْضُ وَتَخِرُّ
ٱلْجِبَالُ هَدًّا ١٩ـ٩١ أَن دَعَوْا۟ لِلرَّحْمَٰنِ وَلَدًا ١٩ـ٩٢ وَمَا يَنۢبَغِى لِلرَّحْمَٰنِ أَن يَتَّخِذَ وَلَدًا
١٩ـ٩٣ إِن كُلُّ مَن فِى ٱلسَّمَٰوَٰتِ وَٱلْأَرْضِ إِلَّآ ءَاتِى ٱلرَّحْمَٰنِ عَبْدًا ١٩ـ٩٤ لَّقَدْ
أَحْصَىٰهُمْ وَعَدَّهُمْ عَدًّا ١٩ـ٩٥ وَكُلُّهُمْ ءَاتِيهِ يَوْمَ ٱلْقِيَٰمَةِ فَرْدًا ١٩ـ٩٦ إِنَّ ٱلَّذِينَ
ءَامَنُوا۟ وَعَمِلُوا۟ ٱلصَّٰلِحَٰتِ سَيَجْعَلُ لَهُمُ ٱلرَّحْمَٰنُ وُدًّا ١٩ـ٩٧ فَإِنَّمَا يَسَّرْنَٰهُ بِلِسَانِكَ
لِتُبَشِّرَ بِهِ ٱلْمُتَّقِينَ وَتُنذِرَ بِهِۦ قَوْمًا لُّدًّا ١٩ـ٩٨ وَكَمْ أَهْلَكْنَا قَبْلَهُم مِّن قَرْنٍ هَلْ
تُحِسُّ مِنْهُم مِّنْ أَحَدٍ أَوْ تَسْمَعُ لَهُمْ رِكْزًۢا ٢٠ـ١ طه ٢٠ـ٢ مَآ أَنزَلْنَا عَلَيْكَ ٱلْقُرْءَانَ
لِتَشْقَىٰٓ ٢٠ـ٣ إِلَّا تَذْكِرَةً لِّمَن يَخْشَىٰ ٢٠ـ٤ تَنزِيلًا مِّمَّنْ خَلَقَ ٱلْأَرْضَ وَٱلسَّمَٰوَٰتِ
ٱلْعُلَى ٢٠ـ٥ ٱلرَّحْمَٰنُ عَلَى ٱلْعَرْشِ ٱسْتَوَىٰ ٢٠ـ٦ لَهُۥ مَا فِى ٱلسَّمَٰوَٰتِ وَمَا فِى
ٱلْأَرْضِ وَمَا بَيْنَهُمَا وَمَا تَحْتَ ٱلثَّرَىٰ ٢٠ـ٧ وَإِن تَجْهَرْ بِٱلْقَوْلِ فَإِنَّهُۥ يَعْلَمُ ٱلسِّرَّ
وَأَخْفَى ٢٠ـ٨ ٱللَّهُ لَآ إِلَٰهَ إِلَّا هُوَ ۖ لَهُ ٱلْأَسْمَآءُ ٱلْحُسْنَىٰ ٢٠ـ٩ وَهَلْ أَتَىٰكَ حَدِيثُ
مُوسَىٰٓ ٢٠ـ١٠ إِذْ رَءَا نَارًا فَقَالَ لِأَهْلِهِ ٱمْكُثُوٓا۟ إِنِّىٓ ءَانَسْتُ نَارًا لَّعَلِّىٓ ءَاتِيكُم مِّنْهَا
بِقَبَسٍ أَوْ أَجِدُ عَلَى ٱلنَّارِ هُدًى ٢٠ـ١١ فَلَمَّآ أَتَىٰهَا نُودِىَ يَٰمُوسَىٰٓ ٢٠ـ١٢ إِنِّىٓ أَنَا۠
رَبُّكَ فَٱخْلَعْ نَعْلَيْكَ ۖ إِنَّكَ بِٱلْوَادِ ٱلْمُقَدَّسِ طُوًى ٢٠ـ١٣ وَأَنَا ٱخْتَرْتُكَ فَٱسْتَمِعْ لِمَا
يُوحَىٰٓ ٢٠ـ١٤ إِنَّنِىٓ أَنَا ٱللَّهُ لَآ إِلَٰهَ إِلَّآ أَنَا۠ فَٱعْبُدْنِى وَأَقِمِ ٱلصَّلَوٰةَ لِذِكْرِىٓ ٢٠ـ١٥ إِنَّ
ٱلسَّاعَةَ ءَاتِيَةٌ أَكَادُ أُخْفِيهَا لِتُجْزَىٰ كُلُّ نَفْسٍۭ بِمَا تَسْعَىٰ ٢٠ـ١٦ فَلَا يَصُدَّنَّكَ عَنْهَا
مَن لَّا يُؤْمِنُ بِهَا وَٱتَّبَعَ هَوَىٰهُ فَتَرْدَىٰ ٢٠ـ١٧ وَمَا تِلْكَ بِيَمِينِكَ يَٰمُوسَىٰ ٢٠ـ١٨ قَالَ

هِىَ عَصَاىَ أَتَوَكَّؤُا۟ عَلَيْهَا وَأَهُشُّ بِهَا عَلَىٰ غَنَمِى وَلِىَ فِيهَا مَـَٔارِبُ أُخْرَىٰ
٢٠ـ١٩ قَالَ أَلْقِهَا يَـٰمُوسَىٰ ٢٠ـ٢٠ فَأَلْقَىٰهَا فَإِذَا هِىَ حَيَّةٌ تَسْعَىٰ ٢٠ـ٢١ قَالَ
خُذْهَا وَلَا تَخَفْ ۖ سَنُعِيدُهَا سِيرَتَهَا ٱلْأُولَىٰ ٢٠ـ٢٢ وَٱضْمُمْ يَدَكَ إِلَىٰ جَنَاحِكَ تَخْرُجْ
بَيْضَآءَ مِنْ غَيْرِ سُوٓءٍ ءَايَةً أُخْرَىٰ ٢٠ـ٢٣ لِنُرِيَكَ مِنْ ءَايَـٰتِنَا ٱلْكُبْرَى ٢٠ـ٢٤ ٱذْهَبْ إِلَىٰ
فِرْعَوْنَ إِنَّهُۥ طَغَىٰ ٢٠ـ٢٥ قَالَ رَبِّ ٱشْرَحْ لِى صَدْرِى ٢٠ـ٢٦ وَيَسِّرْ لِىٓ أَمْرِى
٢٠ـ٢٧ وَٱحْلُلْ عُقْدَةً مِّن لِّسَانِى ٢٠ـ٢٨ يَفْقَهُوا۟ قَوْلِى ٢٠ـ٢٩ وَٱجْعَل لِّى وَزِيرًا
مِّنْ أَهْلِى ٢٠ـ٣٠ هَـٰرُونَ أَخِى ٢٠ـ٣١ ٱشْدُدْ بِهِۦٓ أَزْرِى ٢٠ـ٣٢ وَأَشْرِكْهُ فِىٓ أَمْرِى
٢٠ـ٣٣ كَىْ نُسَبِّحَكَ كَثِيرًا ٢٠ـ٣٤ وَنَذْكُرَكَ كَثِيرًا ٢٠ـ٣٥ إِنَّكَ كُنتَ بِنَا بَصِيرًا
٢٠ـ٣٦ قَالَ قَدْ أُوتِيتَ سُؤْلَكَ يَـٰمُوسَىٰ ٢٠ـ٣٧ وَلَقَدْ مَنَنَّا عَلَيْكَ مَرَّةً أُخْرَىٰٓ
٢٠ـ٣٨ إِذْ أَوْحَيْنَآ إِلَىٰٓ أُمِّكَ مَا يُوحَىٰٓ ٢٠ـ٣٩ أَنِ ٱقْذِفِيهِ فِى ٱلتَّابُوتِ فَٱقْذِفِيهِ
فِى ٱلْيَمِّ فَلْيُلْقِهِ ٱلْيَمُّ بِٱلسَّاحِلِ يَأْخُذْهُ عَدُوٌّ لِّى وَعَدُوٌّ لَّهُۥ ۚ وَأَلْقَيْتُ عَلَيْكَ مَحَبَّةً
مِّنِّى وَلِتُصْنَعَ عَلَىٰ عَيْنِىٓ ٢٠ـ٤٠ إِذْ تَمْشِىٓ أُخْتُكَ فَتَقُولُ هَلْ أَدُلُّكُمْ عَلَىٰ مَن
يَكْفُلُهُۥ ۖ فَرَجَعْنَـٰكَ إِلَىٰٓ أُمِّكَ كَىْ تَقَرَّ عَيْنُهَا وَلَا تَحْزَنَ ۚ وَقَتَلْتَ نَفْسًا فَنَجَّيْنَـٰكَ مِنَ
ٱلْغَمِّ وَفَتَنَّـٰكَ فُتُونًا ۚ فَلَبِثْتَ سِنِينَ فِىٓ أَهْلِ مَدْيَنَ ثُمَّ جِئْتَ عَلَىٰ قَدَرٍ يَـٰمُوسَىٰ
٢٠ـ٤١ وَٱصْطَنَعْتُكَ لِنَفْسِى ٢٠ـ٤٢ ٱذْهَبْ أَنتَ وَأَخُوكَ بِـَٔايَـٰتِى وَلَا تَنِيَا فِى ذِكْرِى
٢٠ـ٤٣ ٱذْهَبَآ إِلَىٰ فِرْعَوْنَ إِنَّهُۥ طَغَىٰ ٢٠ـ٤٤ فَقُولَا لَهُۥ قَوْلًا لَّيِّنًا لَّعَلَّهُۥ يَتَذَكَّرُ أَوْ
يَخْشَىٰ ٢٠ـ٤٥ قَالَا رَبَّنَآ إِنَّنَا نَخَافُ أَن يَفْرُطَ عَلَيْنَآ أَوْ أَن يَطْغَىٰ ٢٠ـ٤٦ قَالَ لَا
تَخَافَآ ۖ إِنَّنِى مَعَكُمَآ أَسْمَعُ وَأَرَىٰ ٢٠ـ٤٧ فَأْتِيَاهُ فَقُولَآ إِنَّا رَسُولَا رَبِّكَ فَأَرْسِلْ مَعَنَا
بَنِىٓ إِسْرَٰٓءِيلَ وَلَا تُعَذِّبْهُمْ ۖ قَدْ جِئْنَـٰكَ بِـَٔايَةٍ مِّن رَّبِّكَ ۖ وَٱلسَّلَـٰمُ عَلَىٰ مَنِ ٱتَّبَعَ ٱلْهُدَىٰٓ
٢٠ـ٤٨ إِنَّا قَدْ أُوحِىَ إِلَيْنَآ أَنَّ ٱلْعَذَابَ عَلَىٰ مَن كَذَّبَ وَتَوَلَّىٰ ٢٠ـ٤٩ قَالَ فَمَن
رَّبُّكُمَا يَـٰمُوسَىٰ ٢٠ـ٥٠ قَالَ رَبُّنَا ٱلَّذِىٓ أَعْطَىٰ كُلَّ شَىْءٍ خَلْقَهُۥ ثُمَّ هَدَىٰ
٢٠ـ٥١ قَالَ فَمَا بَالُ ٱلْقُرُونِ ٱلْأُولَىٰ ٢٠ـ٥٢ قَالَ عِلْمُهَا عِندَ رَبِّى فِى كِتَـٰبٍ ۖ لَّا
يَضِلُّ رَبِّى وَلَا يَنسَى ٢٠ـ٥٣ ٱلَّذِى جَعَلَ لَكُمُ ٱلْأَرْضَ مَهْدًا وَسَلَكَ لَكُمْ فِيهَا سُبُلًا
وَأَنزَلَ مِنَ ٱلسَّمَآءِ مَآءً فَأَخْرَجْنَا بِهِۦٓ أَزْوَٰجًا مِّن نَّبَاتٍ شَتَّىٰ ٢٠ـ٥٤ كُلُوا۟ وَٱرْعَوْا۟
أَنْعَـٰمَكُمْ ۗ إِنَّ فِى ذَٰلِكَ لَـَٔايَـٰتٍ لِّأُو۟لِى ٱلنُّهَىٰ ٢٠ـ٥٥ مِنْهَا خَلَقْنَـٰكُمْ وَفِيهَا نُعِيدُكُمْ
وَمِنْهَا نُخْرِجُكُمْ تَارَةً أُخْرَىٰ ٢٠ـ٥٦ وَلَقَدْ أَرَيْنَـٰهُ ءَايَـٰتِنَا كُلَّهَا فَكَذَّبَ وَأَبَىٰ
٢٠ـ٥٧ قَالَ أَجِئْتَنَا لِتُخْرِجَنَا مِنْ أَرْضِنَا بِسِحْرِكَ يَـٰمُوسَىٰ ٢٠ـ٥٨ فَلَنَأْتِيَنَّكَ بِسِحْرٍ
مِّثْلِهِۦ فَٱجْعَلْ بَيْنَنَا وَبَيْنَكَ مَوْعِدًا لَّا نُخْلِفُهُۥ نَحْنُ وَلَآ أَنتَ مَكَانًا سُوًى ٢٠ـ٥٩ قَالَ

مَوْعِدُكُمْ يَوْمُ ٱلزِّينَةِ وَأَن يُحْشَرَ ٱلنَّاسُ ضُحًى ٢٠ــ٦٠ فَتَوَلَّىٰ فِرْعَوْنُ فَجَمَعَ كَيْدَهُۥ
ثُمَّ أَتَىٰ ٢٠ــ٦١ قَالَ لَهُم مُّوسَىٰ وَيْلَكُمْ لَا تَفْتَرُوا۟ عَلَى ٱللَّهِ كَذِبًا فَيُسْحِتَكُم
بِعَذَابٍ ۖ وَقَدْ خَابَ مَنِ ٱفْتَرَىٰ ٢٠ــ٦٢ فَتَنَٰزَعُوٓا۟ أَمْرَهُم بَيْنَهُمْ وَأَسَرُّوا۟ ٱلنَّجْوَىٰ
٢٠ــ٦٣ قَالُوٓا۟ إِنْ هَٰذَٰنِ لَسَٰحِرَٰنِ يُرِيدَانِ أَن يُخْرِجَاكُم مِّنْ أَرْضِكُم بِسِحْرِهِمَا وَيَذْهَبَا
بِطَرِيقَتِكُمُ ٱلْمُثْلَىٰ ٢٠ــ٦٤ فَأَجْمِعُوا۟ كَيْدَكُمْ ثُمَّ ٱئْتُوا۟ صَفًّا ۚ وَقَدْ أَفْلَحَ ٱلْيَوْمَ مَنِ
ٱسْتَعْلَىٰ ٢٠ــ٦٥ قَالُوا۟ يَٰمُوسَىٰٓ إِمَّآ أَن تُلْقِىَ وَإِمَّآ أَن نَّكُونَ أَوَّلَ مَنْ أَلْقَىٰ
٢٠ــ٦٦ قَالَ بَلْ أَلْقُوا۟ ۖ فَإِذَا حِبَالُهُمْ وَعِصِيُّهُمْ يُخَيَّلُ إِلَيْهِ مِن سِحْرِهِمْ أَنَّهَا تَسْعَىٰ
٢٠ــ٦٧ فَأَوْجَسَ فِى نَفْسِهِۦ خِيفَةً مُّوسَىٰ ٢٠ــ٦٨ قُلْنَا لَا تَخَفْ إِنَّكَ أَنتَ ٱلْأَعْلَىٰ
٢٠ــ٦٩ وَأَلْقِ مَا فِى يَمِينِكَ تَلْقَفْ مَا صَنَعُوٓا۟ ۖ إِنَّمَا صَنَعُوا۟ كَيْدُ سَٰحِرٍ ۖ وَلَا يُفْلِحُ
ٱلسَّاحِرُ حَيْثُ أَتَىٰ ٢٠ــ٧٠ فَأُلْقِىَ ٱلسَّحَرَةُ سُجَّدًا قَالُوٓا۟ ءَامَنَّا بِرَبِّ هَٰرُونَ وَمُوسَىٰ
٢٠ــ٧١ قَالَ ءَامَنتُمْ لَهُۥ قَبْلَ أَنْ ءَاذَنَ لَكُمْ ۖ إِنَّهُۥ لَكَبِيرُكُمُ ٱلَّذِى عَلَّمَكُمُ ٱلسِّحْرَ ۖ
فَلَأُقَطِّعَنَّ أَيْدِيَكُمْ وَأَرْجُلَكُم مِّنْ خِلَٰفٍ وَلَأُصَلِّبَنَّكُمْ فِى جُذُوعِ ٱلنَّخْلِ وَلَتَعْلَمُنَّ أَيُّنَآ
أَشَدُّ عَذَابًا وَأَبْقَىٰ ٢٠ــ٧٢ قَالُوا۟ لَن نُّؤْثِرَكَ عَلَىٰ مَا جَآءَنَا مِنَ ٱلْبَيِّنَٰتِ وَٱلَّذِى فَطَرَنَا ۖ
فَٱقْضِ مَآ أَنتَ قَاضٍ ۖ إِنَّمَا تَقْضِى هَٰذِهِ ٱلْحَيَوٰةَ ٱلدُّنْيَآ ٢٠ــ٧٣ إِنَّآ ءَامَنَّا بِرَبِّنَا لِيَغْفِرَ
لَنَا خَطَٰيَٰنَا وَمَآ أَكْرَهْتَنَا عَلَيْهِ مِنَ ٱلسِّحْرِ ۗ وَٱللَّهُ خَيْرٌ وَأَبْقَىٰٓ ٢٠ــ٧٤ إِنَّهُۥ مَن يَأْتِ رَبَّهُۥ
مُجْرِمًا فَإِنَّ لَهُۥ جَهَنَّمَ لَا يَمُوتُ فِيهَا وَلَا يَحْيَىٰ ٢٠ــ٧٥ وَمَن يَأْتِهِۦ مُؤْمِنًا قَدْ عَمِلَ
ٱلصَّٰلِحَٰتِ فَأُو۟لَٰٓئِكَ لَهُمُ ٱلدَّرَجَٰتُ ٱلْعُلَىٰ ٢٠ــ٧٦ جَنَّٰتُ عَدْنٍ تَجْرِى مِن تَحْتِهَا ٱلْأَنْهَٰرُ
خَٰلِدِينَ فِيهَا ۚ وَذَٰلِكَ جَزَآءُ مَن تَزَكَّىٰ ٢٠ــ٧٧ وَلَقَدْ أَوْحَيْنَآ إِلَىٰ مُوسَىٰٓ أَنْ أَسْرِ
بِعِبَادِى فَٱضْرِبْ لَهُمْ طَرِيقًا فِى ٱلْبَحْرِ يَبَسًا لَّا تَخَٰفُ دَرَكًا وَلَا تَخْشَىٰ
٢٠ــ٧٨ فَأَتْبَعَهُمْ فِرْعَوْنُ بِجُنُودِهِۦ فَغَشِيَهُم مِّنَ ٱلْيَمِّ مَا غَشِيَهُمْ ٢٠ــ٧٩ وَأَضَلَّ
فِرْعَوْنُ قَوْمَهُۥ وَمَا هَدَىٰ ٢٠ــ٨٠ يَٰبَنِىٓ إِسْرَٰٓءِيلَ قَدْ أَنجَيْنَٰكُم مِّنْ عَدُوِّكُمْ وَوَٰعَدْنَٰكُمْ
جَانِبَ ٱلطُّورِ ٱلْأَيْمَنَ وَنَزَّلْنَا عَلَيْكُمُ ٱلْمَنَّ وَٱلسَّلْوَىٰ ٢٠ــ٨١ كُلُوا۟ مِن طَيِّبَٰتِ مَا رَزَقْنَٰكُمْ
وَلَا تَطْغَوْا۟ فِيهِ فَيَحِلَّ عَلَيْكُمْ غَضَبِى ۖ وَمَن يَحْلِلْ عَلَيْهِ غَضَبِى فَقَدْ هَوَىٰ
٢٠ــ٨٢ وَإِنِّى لَغَفَّارٌ لِّمَن تَابَ وَءَامَنَ وَعَمِلَ صَٰلِحًا ثُمَّ ٱهْتَدَىٰ ٢٠ــ٨٣ وَمَآ أَعْجَلَكَ عَن
قَوْمِكَ يَٰمُوسَىٰ ٢٠ــ٨٤ قَالَ هُمْ أُو۟لَآءِ عَلَىٰٓ أَثَرِى وَعَجِلْتُ إِلَيْكَ رَبِّ لِتَرْضَىٰ
٢٠ــ٨٥ قَالَ فَإِنَّا قَدْ فَتَنَّا قَوْمَكَ مِنۢ بَعْدِكَ وَأَضَلَّهُمُ ٱلسَّامِرِىُّ ٢٠ــ٨٦ فَرَجَعَ
مُوسَىٰٓ إِلَىٰ قَوْمِهِۦ غَضْبَٰنَ أَسِفًا ۚ قَالَ يَٰقَوْمِ أَلَمْ يَعِدْكُمْ رَبُّكُمْ وَعْدًا حَسَنًا ۚ أَفَطَالَ
عَلَيْكُمُ ٱلْعَهْدُ أَمْ أَرَدتُّمْ أَن يَحِلَّ عَلَيْكُمْ غَضَبٌ مِّن رَّبِّكُمْ فَأَخْلَفْتُم مَّوْعِدِى

٢٠ـــ٨٧ قَالُواْ مَآ أَخۡلَفۡنَا مَوۡعِدَكَ بِمَلۡكِنَا وَلَٰكِنَّا حُمِّلۡنَآ أَوۡزَارٗا مِّن زِينَةِ ٱلۡقَوۡمِ فَقَذَفۡنَٰهَا
فَكَذَٰلِكَ أَلۡقَى ٱلسَّامِرِيُّ ٢٠ـــ٨٨ فَأَخۡرَجَ لَهُمۡ عِجۡلٗا جَسَدٗا لَّهُۥ خُوَارٞ فَقَالُواْ هَٰذَآ
إِلَٰهُكُمۡ وَإِلَٰهُ مُوسَىٰ فَنَسِيَ ٢٠ـــ٨٩ أَفَلَا يَرَوۡنَ أَلَّا يَرۡجِعُ إِلَيۡهِمۡ قَوۡلٗا وَلَا يَمۡلِكُ لَهُمۡ
ضَرّٗا وَلَا نَفۡعٗا ٢٠ـــ٩٠ وَلَقَدۡ قَالَ لَهُمۡ هَٰرُونُ مِن قَبۡلُ يَٰقَوۡمِ إِنَّمَا فُتِنتُم بِهِۦۖ وَإِنَّ
رَبَّكُمُ ٱلرَّحۡمَٰنُ فَٱتَّبِعُونِي وَأَطِيعُوٓاْ أَمۡرِي ٢٠ـــ٩١ قَالُواْ لَن نَّبۡرَحَ عَلَيۡهِ عَٰكِفِينَ حَتَّىٰ
يَرۡجِعَ إِلَيۡنَا مُوسَىٰ ٢٠ـــ٩٢ قَالَ يَٰهَٰرُونُ مَا مَنَعَكَ إِذۡ رَأَيۡتَهُمۡ ضَلُّوٓاْ ٢٠ـــ٩٣ أَلَّا تَتَّبِعَنِۖ
أَفَعَصَيۡتَ أَمۡرِي ٢٠ـــ٩٤ قَالَ يَبۡنَؤُمَّ لَا تَأۡخُذۡ بِلِحۡيَتِي وَلَا بِرَأۡسِيٓۖ إِنِّي خَشِيتُ أَن
تَقُولَ فَرَّقۡتَ بَيۡنَ بَنِيٓ إِسۡرَٰٓءِيلَ وَلَمۡ تَرۡقُبۡ قَوۡلِي ٢٠ـــ٩٥ قَالَ فَمَا خَطۡبُكَ يَٰسَٰمِرِيُّ
٢٠ـــ٩٦ قَالَ بَصُرۡتُ بِمَا لَمۡ يَبۡصُرُواْ بِهِۦ فَقَبَضۡتُ قَبۡضَةٗ مِّنۡ أَثَرِ ٱلرَّسُولِ فَنَبَذۡتُهَا
وَكَذَٰلِكَ سَوَّلَتۡ لِي نَفۡسِي ٢٠ـــ٩٧ قَالَ فَٱذۡهَبۡ فَإِنَّ لَكَ فِي ٱلۡحَيَوٰةِ أَن تَقُولَ لَا
مِسَاسَۖ وَإِنَّ لَكَ مَوۡعِدٗا لَّن تُخۡلَفَهُۥۖ وَٱنظُرۡ إِلَىٰٓ إِلَٰهِكَ ٱلَّذِي ظَلۡتَ عَلَيۡهِ عَاكِفٗاۖ
لَّنُحَرِّقَنَّهُۥ ثُمَّ لَنَنسِفَنَّهُۥ فِي ٱلۡيَمِّ نَسۡفًا ٢٠ـــ٩٨ إِنَّمَآ إِلَٰهُكُمُ ٱللَّهُ ٱلَّذِي لَآ إِلَٰهَ إِلَّا هُوَۚ
وَسِعَ كُلَّ شَيۡءٍ عِلۡمٗا ٢٠ـــ٩٩ كَذَٰلِكَ نَقُصُّ عَلَيۡكَ مِنۡ أَنۢبَآءِ مَا قَدۡ سَبَقَۚ وَقَدۡ ءَاتَيۡنَٰكَ
مِن لَّدُنَّا ذِكۡرٗا ٢٠ـــ١٠٠ مَّنۡ أَعۡرَضَ عَنۡهُ فَإِنَّهُۥ يَحۡمِلُ يَوۡمَ ٱلۡقِيَٰمَةِ وِزۡرًا ٢٠ـــ١٠١ خَٰلِدِينَ
فِيهِۖ وَسَآءَ لَهُمۡ يَوۡمَ ٱلۡقِيَٰمَةِ حِمۡلٗا ٢٠ـــ١٠٢ يَوۡمَ يُنفَخُ فِي ٱلصُّورِۚ وَنَحۡشُرُ ٱلۡمُجۡرِمِينَ
يَوۡمَئِذٖ زُرۡقٗا ٢٠ـــ١٠٣ يَتَخَٰفَتُونَ بَيۡنَهُمۡ إِن لَّبِثۡتُمۡ إِلَّا عَشۡرٗا ٢٠ـــ١٠٤ نَّحۡنُ أَعۡلَمُ بِمَا
يَقُولُونَ إِذۡ يَقُولُ أَمۡثَلُهُمۡ طَرِيقَةً إِن لَّبِثۡتُمۡ إِلَّا يَوۡمٗا ٢٠ـــ١٠٥ وَيَسۡـَٔلُونَكَ عَنِ ٱلۡجِبَالِ
فَقُلۡ يَنسِفُهَا رَبِّي نَسۡفٗا ٢٠ـــ١٠٦ فَيَذَرُهَا قَاعٗا صَفۡصَفٗا ٢٠ـــ١٠٧ لَّا تَرَىٰ فِيهَا عِوَجٗا
وَلَآ أَمۡتٗا ٢٠ـــ١٠٨ يَوۡمَئِذٖ يَتَّبِعُونَ ٱلدَّاعِيَ لَا عِوَجَ لَهُۥۖ وَخَشَعَتِ ٱلۡأَصۡوَاتُ لِلرَّحۡمَٰنِ فَلَا
تَسۡمَعُ إِلَّا هَمۡسٗا ٢٠ـــ١٠٩ يَوۡمَئِذٖ لَّا تَنفَعُ ٱلشَّفَٰعَةُ إِلَّا مَنۡ أَذِنَ لَهُ ٱلرَّحۡمَٰنُ وَرَضِيَ لَهُۥ
قَوۡلٗا ٢٠ـــ١١٠ يَعۡلَمُ مَا بَيۡنَ أَيۡدِيهِمۡ وَمَا خَلۡفَهُمۡ وَلَا يُحِيطُونَ بِهِۦ عِلۡمٗا ٢٠ـــ١١١ وَعَنَتِ
ٱلۡوُجُوهُ لِلۡحَيِّ ٱلۡقَيُّومِۖ وَقَدۡ خَابَ مَنۡ حَمَلَ ظُلۡمٗا ٢٠ـــ١١٢ وَمَن يَعۡمَلۡ مِنَ ٱلصَّٰلِحَٰتِ
وَهُوَ مُؤۡمِنٞ فَلَا يَخَافُ ظُلۡمٗا وَلَا هَضۡمٗا ٢٠ـــ١١٣ وَكَذَٰلِكَ أَنزَلۡنَٰهُ قُرۡءَانًا عَرَبِيّٗا وَصَرَّفۡنَا
فِيهِ مِنَ ٱلۡوَعِيدِ لَعَلَّهُمۡ يَتَّقُونَ أَوۡ يُحۡدِثُ لَهُمۡ ذِكۡرٗا ٢٠ـــ١١٤ فَتَعَٰلَى ٱللَّهُ ٱلۡمَلِكُ
ٱلۡحَقُّۗ وَلَا تَعۡجَلۡ بِٱلۡقُرۡءَانِ مِن قَبۡلِ أَن يُقۡضَىٰٓ إِلَيۡكَ وَحۡيُهُۥۖ وَقُل رَّبِّ زِدۡنِي عِلۡمٗا
٢٠ـــ١١٥ وَلَقَدۡ عَهِدۡنَآ إِلَىٰٓ ءَادَمَ مِن قَبۡلُ فَنَسِيَ وَلَمۡ نَجِدۡ لَهُۥ عَزۡمٗا ٢٠ـــ١١٦ وَإِذۡ قُلۡنَا
لِلۡمَلَٰٓئِكَةِ ٱسۡجُدُواْ لِأٓدَمَ فَسَجَدُوٓاْ إِلَّآ إِبۡلِيسَ أَبَىٰ ٢٠ـــ١١٧ فَقُلۡنَا يَٰٓـَٔادَمُ إِنَّ هَٰذَا عَدُوّٞ
لَّكَ وَلِزَوۡجِكَ فَلَا يُخۡرِجَنَّكُمَا مِنَ ٱلۡجَنَّةِ فَتَشۡقَىٰٓ ٢٠ـــ١١٨ إِنَّ لَكَ أَلَّا تَجُوعَ فِيهَا وَلَا

تَعْرَىٰ ٢٠ــ١١٩ وَأَنَّكَ لَا تَظْمَؤُاْ فِيهَا وَلَا تَضْحَىٰ ٢٠ــ١٢٠ فَوَسْوَسَ إِلَيْهِ ٱلشَّيْطَٰنُ
قَالَ يَٰٓـَٔادَمُ هَلْ أَدُلُّكَ عَلَىٰ شَجَرَةِ ٱلْخُلْدِ وَمُلْكٍ لَّا يَبْلَىٰ ٢٠ــ١٢١ فَأَكَلَا مِنْهَا فَبَدَتْ
لَهُمَا سَوْءَٰتُهُمَا وَطَفِقَا يَخْصِفَانِ عَلَيْهِمَا مِن وَرَقِ ٱلْجَنَّةِ ۚ وَعَصَىٰٓ ءَادَمُ رَبَّهُۥ فَغَوَىٰ
٢٠ــ١٢٢ ثُمَّ ٱجْتَبَٰهُ رَبُّهُۥ فَتَابَ عَلَيْهِ وَهَدَىٰ ٢٠ــ١٢٣ قَالَ ٱهْبِطَا مِنْهَا جَمِيعًۢا ۖ بَعْضُكُمْ
لِبَعْضٍ عَدُوٌّ ۖ فَإِمَّا يَأْتِيَنَّكُم مِّنِّى هُدًى فَمَنِ ٱتَّبَعَ هُدَاىَ فَلَا يَضِلُّ وَلَا يَشْقَىٰ
٢٠ــ١٢٤ وَمَنْ أَعْرَضَ عَن ذِكْرِى فَإِنَّ لَهُۥ مَعِيشَةً ضَنكًا وَنَحْشُرُهُۥ يَوْمَ ٱلْقِيَٰمَةِ أَعْمَىٰ
٢٠ــ١٢٥ قَالَ رَبِّ لِمَ حَشَرْتَنِىٓ أَعْمَىٰ وَقَدْ كُنتُ بَصِيرًا ٢٠ــ١٢٦ قَالَ كَذَٰلِكَ أَتَتْكَ
ءَايَٰتُنَا فَنَسِيتَهَا ۖ وَكَذَٰلِكَ ٱلْيَوْمَ تُنسَىٰ ٢٠ــ١٢٧ وَكَذَٰلِكَ نَجْزِى مَنْ أَسْرَفَ وَلَمْ يُؤْمِنۢ
بِـَٔايَٰتِ رَبِّهِۦ ۚ وَلَعَذَابُ ٱلْءَاخِرَةِ أَشَدُّ وَأَبْقَىٰٓ ٢٠ــ١٢٨ أَفَلَمْ يَهْدِ لَهُمْ كَمْ أَهْلَكْنَا
قَبْلَهُم مِّنَ ٱلْقُرُونِ يَمْشُونَ فِى مَسَٰكِنِهِمْ ۗ إِنَّ فِى ذَٰلِكَ لَءَايَٰتٍ لِّأُوْلِى ٱلنُّهَىٰ
٢٠ــ١٢٩ وَلَوْلَا كَلِمَةٌ سَبَقَتْ مِن رَّبِّكَ لَكَانَ لِزَامًا وَأَجَلٌ مُّسَمًّى ٢٠ــ١٣٠ فَٱصْبِرْ عَلَىٰ
مَا يَقُولُونَ وَسَبِّحْ بِحَمْدِ رَبِّكَ قَبْلَ طُلُوعِ ٱلشَّمْسِ وَقَبْلَ غُرُوبِهَا ۖ وَمِنْ ءَانَآئِ ٱلَّيْلِ
فَسَبِّحْ وَأَطْرَافَ ٱلنَّهَارِ لَعَلَّكَ تَرْضَىٰ ٢٠ــ١٣١ وَلَا تَمُدَّنَّ عَيْنَيْكَ إِلَىٰ مَا مَتَّعْنَا بِهِۦٓ
أَزْوَٰجًا مِّنْهُمْ زَهْرَةَ ٱلْحَيَوٰةِ ٱلدُّنْيَا لِنَفْتِنَهُمْ فِيهِ ۚ وَرِزْقُ رَبِّكَ خَيْرٌ وَأَبْقَىٰ ٢٠ــ١٣٢ وَأْمُرْ
أَهْلَكَ بِٱلصَّلَوٰةِ وَٱصْطَبِرْ عَلَيْهَا ۖ لَا نَسْـَٔلُكَ رِزْقًا ۖ نَّحْنُ نَرْزُقُكَ ۗ وَٱلْعَٰقِبَةُ لِلتَّقْوَىٰ
٢٠ــ١٣٣ وَقَالُواْ لَوْلَا يَأْتِينَا بِـَٔايَةٍ مِّن رَّبِّهِۦٓ ۚ أَوَلَمْ تَأْتِهِم بَيِّنَةُ مَا فِى ٱلصُّحُفِ ٱلْأُولَىٰ
٢٠ــ١٣٤ وَلَوْ أَنَّآ أَهْلَكْنَٰهُم بِعَذَابٍ مِّن قَبْلِهِۦ لَقَالُواْ رَبَّنَا لَوْلَآ أَرْسَلْتَ إِلَيْنَا رَسُولًا
فَنَتَّبِعَ ءَايَٰتِكَ مِن قَبْلِ أَن نَّذِلَّ وَنَخْزَىٰ ٢٠ــ١٣٥ قُلْ كُلٌّ مُّتَرَبِّصٌ فَتَرَبَّصُواْ ۖ
فَسَتَعْلَمُونَ مَنْ أَصْحَٰبُ ٱلصِّرَٰطِ ٱلسَّوِىِّ وَمَنِ ٱهْتَدَىٰ ٢١ــ١ ٱقْتَرَبَ لِلنَّاسِ حِسَابُهُمْ
وَهُمْ فِى غَفْلَةٍ مُّعْرِضُونَ ٢١ــ٢ مَا يَأْتِيهِم مِّن ذِكْرٍ مِّن رَّبِّهِم مُّحْدَثٍ إِلَّا ٱسْتَمَعُوهُ
وَهُمْ يَلْعَبُونَ ٢١ــ٣ لَاهِيَةً قُلُوبُهُمْ ۗ وَأَسَرُّواْ ٱلنَّجْوَى ٱلَّذِينَ ظَلَمُواْ هَلْ هَٰذَآ إِلَّا
بَشَرٌ مِّثْلُكُمْ ۖ أَفَتَأْتُونَ ٱلسِّحْرَ وَأَنتُمْ تُبْصِرُونَ ٢١ــ٤ قَالَ رَبِّى يَعْلَمُ ٱلْقَوْلَ فِى
ٱلسَّمَآءِ وَٱلْأَرْضِ ۖ وَهُوَ ٱلسَّمِيعُ ٱلْعَلِيمُ ٢١ــ٥ بَلْ قَالُوٓاْ أَضْغَٰثُ أَحْلَٰمٍۭ بَلِ ٱفْتَرَىٰهُ بَلْ
هُوَ شَاعِرٌ فَلْيَأْتِنَا بِـَٔايَةٍ كَمَآ أُرْسِلَ ٱلْأَوَّلُونَ ٢١ــ٦ مَآ ءَامَنَتْ قَبْلَهُم مِّن قَرْيَةٍ
أَهْلَكْنَٰهَآ ۖ أَفَهُمْ يُؤْمِنُونَ ٢١ــ٧ وَمَآ أَرْسَلْنَا قَبْلَكَ إِلَّا رِجَالًا نُّوحِىٓ إِلَيْهِمْ ۖ فَسْـَٔلُوٓاْ
أَهْلَ ٱلذِّكْرِ إِن كُنتُمْ لَا تَعْلَمُونَ ٢١ــ٨ وَمَا جَعَلْنَٰهُمْ جَسَدًا لَّا يَأْكُلُونَ ٱلطَّعَامَ وَمَا
كَانُواْ خَٰلِدِينَ ٢١ــ٩ ثُمَّ صَدَقْنَٰهُمُ ٱلْوَعْدَ فَأَنجَيْنَٰهُمْ وَمَن نَّشَآءُ وَأَهْلَكْنَا ٱلْمُسْرِفِينَ
٢١ــ١٠ لَقَدْ أَنزَلْنَآ إِلَيْكُمْ كِتَٰبًا فِيهِ ذِكْرُكُمْ ۖ أَفَلَا تَعْقِلُونَ ٢١ــ١١ وَكَمْ قَصَمْنَا مِن

قَرْيَةٍ كَانَتْ ظَالِمَةً وَأَنشَأْنَا بَعْدَهَا قَوْمًا ءَاخَرِينَ ٢١ـ١٢ فَلَمَّآ أَحَسُّوا۟ بَأْسَنَآ إِذَا هُم
مِّنْهَا يَرْكُضُونَ ٢١ـ١٣ لَا تَرْكُضُوا۟ وَٱرْجِعُوٓا۟ إِلَىٰ مَآ أُتْرِفْتُمْ فِيهِ وَمَسَٰكِنِكُمْ لَعَلَّكُمْ
تُسْـَٔلُونَ ٢١ـ١٤ قَالُوا۟ يَٰوَيْلَنَآ إِنَّا كُنَّا ظَٰلِمِينَ ٢١ـ١٥ فَمَا زَالَت تِّلْكَ دَعْوَىٰهُمْ حَتَّىٰ
جَعَلْنَٰهُمْ حَصِيدًا خَٰمِدِينَ ٢١ـ١٦ وَمَا خَلَقْنَا ٱلسَّمَآءَ وَٱلْأَرْضَ وَمَا بَيْنَهُمَا لَٰعِبِينَ
٢١ـ١٧ لَوْ أَرَدْنَآ أَن نَّتَّخِذَ لَهْوًا لَّٱتَّخَذْنَٰهُ مِن لَّدُنَّآ إِن كُنَّا فَٰعِلِينَ ٢١ـ١٨ بَلْ نَقْذِفُ
بِٱلْحَقِّ عَلَى ٱلْبَٰطِلِ فَيَدْمَغُهُۥ فَإِذَا هُوَ زَاهِقٌ ۚ وَلَكُمُ ٱلْوَيْلُ مِمَّا تَصِفُونَ ٢١ـ١٩ وَلَهُۥ
مَن فِى ٱلسَّمَٰوَٰتِ وَٱلْأَرْضِ ۚ وَمَنْ عِندَهُۥ لَا يَسْتَكْبِرُونَ عَنْ عِبَادَتِهِۦ وَلَا يَسْتَحْسِرُونَ
٢١ـ٢٠ يُسَبِّحُونَ ٱلَّيْلَ وَٱلنَّهَارَ لَا يَفْتُرُونَ ٢١ـ٢١ أَمِ ٱتَّخَذُوٓا۟ ءَالِهَةً مِّنَ ٱلْأَرْضِ هُمْ
يُنشِرُونَ ٢١ـ٢٢ لَوْ كَانَ فِيهِمَآ ءَالِهَةٌ إِلَّا ٱللَّهُ لَفَسَدَتَا ۚ فَسُبْحَٰنَ ٱللَّهِ رَبِّ ٱلْعَرْشِ
عَمَّا يَصِفُونَ ٢١ـ٢٣ لَا يُسْـَٔلُ عَمَّا يَفْعَلُ وَهُمْ يُسْـَٔلُونَ ٢١ـ٢٤ أَمِ ٱتَّخَذُوا۟ مِن دُونِهِۦٓ
ءَالِهَةً ۖ قُلْ هَاتُوا۟ بُرْهَٰنَكُمْ ۖ هَٰذَا ذِكْرُ مَن مَّعِىَ وَذِكْرُ مَن قَبْلِى ۗ بَلْ أَكْثَرُهُمْ لَا
يَعْلَمُونَ ٱلْحَقَّ ۖ فَهُم مُّعْرِضُونَ ٢١ـ٢٥ وَمَآ أَرْسَلْنَا مِن قَبْلِكَ مِن رَّسُولٍ إِلَّا نُوحِىٓ
إِلَيْهِ أَنَّهُۥ لَآ إِلَٰهَ إِلَّآ أَنَا۠ فَٱعْبُدُونِ ٢١ـ٢٦ وَقَالُوا۟ ٱتَّخَذَ ٱلرَّحْمَٰنُ وَلَدًا ۗ سُبْحَٰنَهُۥ ۚ بَلْ عِبَادٌ
مُّكْرَمُونَ ٢١ـ٢٧ لَا يَسْبِقُونَهُۥ بِٱلْقَوْلِ وَهُم بِأَمْرِهِۦ يَعْمَلُونَ ٢١ـ٢٨ يَعْلَمُ مَا بَيْنَ
أَيْدِيهِمْ وَمَا خَلْفَهُمْ وَلَا يَشْفَعُونَ إِلَّا لِمَنِ ٱرْتَضَىٰ وَهُم مِّنْ خَشْيَتِهِۦ مُشْفِقُونَ
٢١ـ٢٩ وَمَن يَقُلْ مِنْهُمْ إِنِّىٓ إِلَٰهٌ مِّن دُونِهِۦ فَذَٰلِكَ نَجْزِيهِ جَهَنَّمَ ۚ كَذَٰلِكَ نَجْزِى
ٱلظَّٰلِمِينَ ٢١ـ٣٠ أَوَلَمْ يَرَ ٱلَّذِينَ كَفَرُوٓا۟ أَنَّ ٱلسَّمَٰوَٰتِ وَٱلْأَرْضَ كَانَتَا رَتْقًا فَفَتَقْنَٰهُمَا ۖ
وَجَعَلْنَا مِنَ ٱلْمَآءِ كُلَّ شَىْءٍ حَىٍّ ۖ أَفَلَا يُؤْمِنُونَ ٢١ـ٣١ وَجَعَلْنَا فِى ٱلْأَرْضِ رَوَٰسِىَ
أَن تَمِيدَ بِهِمْ وَجَعَلْنَا فِيهَا فِجَاجًا سُبُلًا لَّعَلَّهُمْ يَهْتَدُونَ ٢١ـ٣٢ وَجَعَلْنَا ٱلسَّمَآءَ
سَقْفًا مَّحْفُوظًا ۖ وَهُمْ عَنْ ءَايَٰتِهَا مُعْرِضُونَ ٢١ـ٣٣ وَهُوَ ٱلَّذِى خَلَقَ ٱلَّيْلَ وَٱلنَّهَارَ
وَٱلشَّمْسَ وَٱلْقَمَرَ ۖ كُلٌّ فِى فَلَكٍ يَسْبَحُونَ ٢١ـ٣٤ وَمَا جَعَلْنَا لِبَشَرٍ مِّن قَبْلِكَ ٱلْخُلْدَ ۖ
أَفَإِي۟ن مِّتَّ فَهُمُ ٱلْخَٰلِدُونَ ٢١ـ٣٥ كُلُّ نَفْسٍ ذَآئِقَةُ ٱلْمَوْتِ ۗ وَنَبْلُوكُم بِٱلشَّرِّ وَٱلْخَيْرِ
فِتْنَةً ۖ وَإِلَيْنَا تُرْجَعُونَ ٢١ـ٣٦ وَإِذَا رَءَاكَ ٱلَّذِينَ كَفَرُوٓا۟ إِن يَتَّخِذُونَكَ إِلَّا هُزُوًا أَهَٰذَا
ٱلَّذِى يَذْكُرُ ءَالِهَتَكُمْ وَهُم بِذِكْرِ ٱلرَّحْمَٰنِ هُمْ كَٰفِرُونَ ٢١ـ٣٧ خُلِقَ ٱلْإِنسَٰنُ مِنْ عَجَلٍ ۚ
سَأُو۟رِيكُمْ ءَايَٰتِى فَلَا تَسْتَعْجِلُونِ ٢١ـ٣٨ وَيَقُولُونَ مَتَىٰ هَٰذَا ٱلْوَعْدُ إِن كُنتُمْ
صَٰدِقِينَ ٢١ـ٣٩ لَوْ يَعْلَمُ ٱلَّذِينَ كَفَرُوا۟ حِينَ لَا يَكُفُّونَ عَن وُجُوهِهِمُ ٱلنَّارَ وَلَا عَن
ظُهُورِهِمْ وَلَا هُمْ يُنصَرُونَ ٢١ـ٤٠ بَلْ تَأْتِيهِم بَغْتَةً فَتَبْهَتُهُمْ فَلَا يَسْتَطِيعُونَ
رَدَّهَا وَلَا هُمْ يُنظَرُونَ ٢١ـ٤١ وَلَقَدِ ٱسْتُهْزِئَ بِرُسُلٍ مِّن قَبْلِكَ فَحَاقَ بِٱلَّذِينَ سَخِرُوا۟

مِنْهُم مَّا كَانُوا۟ بِهِۦ يَسْتَهْزِءُونَ ٢١-٤٢ قُلْ مَن يَكْلَؤُكُم بِٱلَّيْلِ وَٱلنَّهَارِ مِنَ ٱلرَّحْمَٰنِ ۗ
بَلْ هُمْ عَن ذِكْرِ رَبِّهِم مُّعْرِضُونَ ٢١-٤٣ أَمْ لَهُمْ ءَالِهَةٌ تَمْنَعُهُم مِّن دُونِنَا ۚ لَا
يَسْتَطِيعُونَ نَصْرَ أَنفُسِهِمْ وَلَا هُم مِّنَّا يُصْحَبُونَ ٢١-٤٤ بَلْ مَتَّعْنَا هَٰٓؤُلَآءِ وَءَابَآءَهُمْ
حَتَّىٰ طَالَ عَلَيْهِمُ ٱلْعُمُرُ ۗ أَفَلَا يَرَوْنَ أَنَّا نَأْتِى ٱلْأَرْضَ نَنقُصُهَا مِنْ أَطْرَافِهَآ ۚ أَفَهُمُ
ٱلْغَٰلِبُونَ ٢١-٤٥ قُلْ إِنَّمَآ أُنذِرُكُم بِٱلْوَحْىِ ۚ وَلَا يَسْمَعُ ٱلصُّمُّ ٱلدُّعَآءَ إِذَا مَا يُنذَرُونَ
٢١-٤٦ وَلَئِن مَّسَّتْهُمْ نَفْحَةٌ مِّنْ عَذَابِ رَبِّكَ لَيَقُولُنَّ يَٰوَيْلَنَآ إِنَّا كُنَّا ظَٰلِمِينَ
٢١-٤٧ وَنَضَعُ ٱلْمَوَٰزِينَ ٱلْقِسْطَ لِيَوْمِ ٱلْقِيَٰمَةِ فَلَا تُظْلَمُ نَفْسٌ شَيْـًٔا ۖ وَإِن كَانَ مِثْقَالَ
حَبَّةٍ مِّنْ خَرْدَلٍ أَتَيْنَا بِهَا ۗ وَكَفَىٰ بِنَا حَٰسِبِينَ ٢١-٤٨ وَلَقَدْ ءَاتَيْنَا مُوسَىٰ وَهَٰرُونَ
ٱلْفُرْقَانَ وَضِيَآءً وَذِكْرًا لِّلْمُتَّقِينَ ٢١-٤٩ ٱلَّذِينَ يَخْشَوْنَ رَبَّهُم بِٱلْغَيْبِ وَهُم مِّنَ
ٱلسَّاعَةِ مُشْفِقُونَ ٢١-٥٠ وَهَٰذَا ذِكْرٌ مُّبَارَكٌ أَنزَلْنَٰهُ ۚ أَفَأَنتُمْ لَهُۥ مُنكِرُونَ ٢١-٥١ وَلَقَدْ
ءَاتَيْنَآ إِبْرَٰهِيمَ رُشْدَهُۥ مِن قَبْلُ وَكُنَّا بِهِۦ عَٰلِمِينَ ٢١-٥٢ إِذْ قَالَ لِأَبِيهِ وَقَوْمِهِۦ مَا
هَٰذِهِ ٱلتَّمَاثِيلُ ٱلَّتِىٓ أَنتُمْ لَهَا عَٰكِفُونَ ٢١-٥٣ قَالُوا۟ وَجَدْنَآ ءَابَآءَنَا لَهَا عَٰبِدِينَ
٢١-٥٤ قَالَ لَقَدْ كُنتُمْ أَنتُمْ وَءَابَآؤُكُمْ فِى ضَلَٰلٍ مُّبِينٍ ٢١-٥٥ قَالُوٓا۟ أَجِئْتَنَا بِٱلْحَقِّ
أَمْ أَنتَ مِنَ ٱللَّٰعِبِينَ ٢١-٥٦ قَالَ بَل رَّبُّكُمْ رَبُّ ٱلسَّمَٰوَٰتِ وَٱلْأَرْضِ ٱلَّذِى فَطَرَهُنَّ وَأَنَا۠
عَلَىٰ ذَٰلِكُم مِّنَ ٱلشَّٰهِدِينَ ٢١-٥٧ وَتَٱللَّهِ لَأَكِيدَنَّ أَصْنَٰمَكُم بَعْدَ أَن تُوَلُّوا۟ مُدْبِرِينَ
٢١-٥٨ فَجَعَلَهُمْ جُذَٰذًا إِلَّا كَبِيرًا لَّهُمْ لَعَلَّهُمْ إِلَيْهِ يَرْجِعُونَ ٢١-٥٩ قَالُوا۟ مَن فَعَلَ
هَٰذَا بِـَٔالِهَتِنَآ إِنَّهُۥ لَمِنَ ٱلظَّٰلِمِينَ ٢١-٦٠ قَالُوا۟ سَمِعْنَا فَتًى يَذْكُرُهُمْ يُقَالُ لَهُۥٓ
إِبْرَٰهِيمُ ٢١-٦١ قَالُوا۟ فَأْتُوا۟ بِهِۦ عَلَىٰٓ أَعْيُنِ ٱلنَّاسِ لَعَلَّهُمْ يَشْهَدُونَ ٢١-٦٢ قَالُوٓا۟
ءَأَنتَ فَعَلْتَ هَٰذَا بِـَٔالِهَتِنَا يَٰٓإِبْرَٰهِيمُ ٢١-٦٣ قَالَ بَلْ فَعَلَهُۥ كَبِيرُهُمْ هَٰذَا فَسْـَٔلُوهُمْ
إِن كَانُوا۟ يَنطِقُونَ ٢١-٦٤ فَرَجَعُوٓا۟ إِلَىٰٓ أَنفُسِهِمْ فَقَالُوٓا۟ إِنَّكُمْ أَنتُمُ ٱلظَّٰلِمُونَ
٢١-٦٥ ثُمَّ نُكِسُوا۟ عَلَىٰ رُءُوسِهِمْ لَقَدْ عَلِمْتَ مَا هَٰٓؤُلَآءِ يَنطِقُونَ ٢١-٦٦ قَالَ
أَفَتَعْبُدُونَ مِن دُونِ ٱللَّهِ مَا لَا يَنفَعُكُمْ شَيْـًٔا وَلَا يَضُرُّكُمْ ٢١-٦٧ أُفٍّ لَّكُمْ وَلِمَا
تَعْبُدُونَ مِن دُونِ ٱللَّهِ ۖ أَفَلَا تَعْقِلُونَ ٢١-٦٨ قَالُوا۟ حَرِّقُوهُ وَٱنصُرُوٓا۟ ءَالِهَتَكُمْ إِن
كُنتُمْ فَٰعِلِينَ ٢١-٦٩ قُلْنَا يَٰنَارُ كُونِى بَرْدًا وَسَلَٰمًا عَلَىٰٓ إِبْرَٰهِيمَ ٢١-٧٠ وَأَرَادُوا۟ بِهِۦ
كَيْدًا فَجَعَلْنَٰهُمُ ٱلْأَخْسَرِينَ ٢١-٧١ وَنَجَّيْنَٰهُ وَلُوطًا إِلَى ٱلْأَرْضِ ٱلَّتِى بَٰرَكْنَا فِيهَا
لِلْعَٰلَمِينَ ٢١-٧٢ وَوَهَبْنَا لَهُۥٓ إِسْحَٰقَ وَيَعْقُوبَ نَافِلَةً ۖ وَكُلًّا جَعَلْنَا صَٰلِحِينَ
٢١-٧٣ وَجَعَلْنَٰهُمْ أَئِمَّةً يَهْدُونَ بِأَمْرِنَا وَأَوْحَيْنَآ إِلَيْهِمْ فِعْلَ ٱلْخَيْرَٰتِ وَإِقَامَ ٱلصَّلَوٰةِ
وَإِيتَآءَ ٱلزَّكَوٰةِ ۖ وَكَانُوا۟ لَنَا عَٰبِدِينَ ٢١-٧٤ وَلُوطًا ءَاتَيْنَٰهُ حُكْمًا وَعِلْمًا وَنَجَّيْنَٰهُ مِنَ

ٱلْقَرْيَةِ ٱلَّتِى كَانَت تَّعْمَلُ ٱلْخَبَٰٓئِثَ ۗ إِنَّهُمْ كَانُوا۟ قَوْمَ سَوْءٍ فَٰسِقِينَ ٢١ـ٧٥ وَأَدْخَلْنَٰهُ
فِى رَحْمَتِنَآ ۖ إِنَّهُۥ مِنَ ٱلصَّٰلِحِينَ ٢١ـ٧٦ وَنُوحًا إِذْ نَادَىٰ مِن قَبْلُ فَٱسْتَجَبْنَا لَهُۥ فَنَجَّيْنَٰهُ
وَأَهْلَهُۥ مِنَ ٱلْكَرْبِ ٱلْعَظِيمِ ٢١ـ٧٧ وَنَصَرْنَٰهُ مِنَ ٱلْقَوْمِ ٱلَّذِينَ كَذَّبُوا۟ بِـَٔايَٰتِنَآ ۚ إِنَّهُمْ
كَانُوا۟ قَوْمَ سَوْءٍ فَأَغْرَقْنَٰهُمْ أَجْمَعِينَ ٢١ـ٧٨ وَدَاوُۥدَ وَسُلَيْمَٰنَ إِذْ يَحْكُمَانِ فِى
ٱلْحَرْثِ إِذْ نَفَشَتْ فِيهِ غَنَمُ ٱلْقَوْمِ وَكُنَّا لِحُكْمِهِمْ شَٰهِدِينَ ٢١ـ٧٩ فَفَهَّمْنَٰهَا
سُلَيْمَٰنَ ۚ وَكُلًّا ءَاتَيْنَا حُكْمًا وَعِلْمًا ۚ وَسَخَّرْنَا مَعَ دَاوُۥدَ ٱلْجِبَالَ يُسَبِّحْنَ وَٱلطَّيْرَ ۚ وَكُنَّا
فَٰعِلِينَ ٢١ـ٨٠ وَعَلَّمْنَٰهُ صَنْعَةَ لَبُوسٍ لَّكُمْ لِتُحْصِنَكُم مِّنۢ بَأْسِكُمْ ۖ فَهَلْ أَنتُمْ شَٰكِرُونَ
٢١ـ٨١ وَلِسُلَيْمَٰنَ ٱلرِّيحَ عَاصِفَةً تَجْرِى بِأَمْرِهِۦٓ إِلَى ٱلْأَرْضِ ٱلَّتِى بَٰرَكْنَا فِيهَا ۚ وَكُنَّا
بِكُلِّ شَىْءٍ عَٰلِمِينَ ٢١ـ٨٢ وَمِنَ ٱلشَّيَٰطِينِ مَن يَغُوصُونَ لَهُۥ وَيَعْمَلُونَ عَمَلًا دُونَ
ذَٰلِكَ ۖ وَكُنَّا لَهُمْ حَٰفِظِينَ ٢١ـ٨٣ وَأَيُّوبَ إِذْ نَادَىٰ رَبَّهُۥٓ أَنِّى مَسَّنِىَ ٱلضُّرُّ وَأَنتَ أَرْحَمُ
ٱلرَّٰحِمِينَ ٢١ـ٨٤ فَٱسْتَجَبْنَا لَهُۥ فَكَشَفْنَا مَا بِهِۦ مِن ضُرٍّ ۖ وَءَاتَيْنَٰهُ أَهْلَهُۥ وَمِثْلَهُم
مَّعَهُمْ رَحْمَةً مِّنْ عِندِنَا وَذِكْرَىٰ لِلْعَٰبِدِينَ ٢١ـ٨٥ وَإِسْمَٰعِيلَ وَإِدْرِيسَ وَذَا ٱلْكِفْلِ ۖ
كُلٌّ مِّنَ ٱلصَّٰبِرِينَ ٢١ـ٨٦ وَأَدْخَلْنَٰهُمْ فِى رَحْمَتِنَآ ۖ إِنَّهُم مِّنَ ٱلصَّٰلِحِينَ ٢١ـ٨٧ وَذَا
ٱلنُّونِ إِذ ذَّهَبَ مُغَٰضِبًا فَظَنَّ أَن لَّن نَّقْدِرَ عَلَيْهِ فَنَادَىٰ فِى ٱلظُّلُمَٰتِ أَن لَّآ إِلَٰهَ إِلَّآ
أَنتَ سُبْحَٰنَكَ إِنِّى كُنتُ مِنَ ٱلظَّٰلِمِينَ ٢١ـ٨٨ فَٱسْتَجَبْنَا لَهُۥ وَنَجَّيْنَٰهُ مِنَ ٱلْغَمِّ ۚ وَكَذَٰلِكَ
نُۨجِى ٱلْمُؤْمِنِينَ ٢١ـ٨٩ وَزَكَرِيَّآ إِذْ نَادَىٰ رَبَّهُۥ رَبِّ لَا تَذَرْنِى فَرْدًا وَأَنتَ خَيْرُ ٱلْوَٰرِثِينَ
٢١ـ٩٠ فَٱسْتَجَبْنَا لَهُۥ وَوَهَبْنَا لَهُۥ يَحْيَىٰ وَأَصْلَحْنَا لَهُۥ زَوْجَهُۥٓ ۚ إِنَّهُمْ كَانُوا۟ يُسَٰرِعُونَ
فِى ٱلْخَيْرَٰتِ وَيَدْعُونَنَا رَغَبًا وَرَهَبًا ۖ وَكَانُوا۟ لَنَا خَٰشِعِينَ ٢١ـ٩١ وَٱلَّتِىٓ أَحْصَنَتْ فَرْجَهَا
فَنَفَخْنَا فِيهَا مِن رُّوحِنَا وَجَعَلْنَٰهَا وَٱبْنَهَآ ءَايَةً لِّلْعَٰلَمِينَ ٢١ـ٩٢ إِنَّ هَٰذِهِۦٓ أُمَّتُكُمْ
أُمَّةً وَٰحِدَةً وَأَنَا۠ رَبُّكُمْ فَٱعْبُدُونِ ٢١ـ٩٣ وَتَقَطَّعُوٓا۟ أَمْرَهُم بَيْنَهُمْ ۖ كُلٌّ إِلَيْنَا رَٰجِعُونَ
٢١ـ٩٤ فَمَن يَعْمَلْ مِنَ ٱلصَّٰلِحَٰتِ وَهُوَ مُؤْمِنٌ فَلَا كُفْرَانَ لِسَعْيِهِۦ وَإِنَّا لَهُۥ كَٰتِبُونَ
٢١ـ٩٥ وَحَرَٰمٌ عَلَىٰ قَرْيَةٍ أَهْلَكْنَٰهَآ أَنَّهُمْ لَا يَرْجِعُونَ ٢١ـ٩٦ حَتَّىٰٓ إِذَا فُتِحَتْ يَأْجُوجُ
وَمَأْجُوجُ وَهُم مِّن كُلِّ حَدَبٍ يَنسِلُونَ ٢١ـ٩٧ وَٱقْتَرَبَ ٱلْوَعْدُ ٱلْحَقُّ فَإِذَا هِىَ شَٰخِصَةٌ
أَبْصَٰرُ ٱلَّذِينَ كَفَرُوا۟ يَٰوَيْلَنَا قَدْ كُنَّا فِى غَفْلَةٍ مِّنْ هَٰذَا بَلْ كُنَّا ظَٰلِمِينَ ٢١ـ٩٨ إِنَّكُمْ
وَمَا تَعْبُدُونَ مِن دُونِ ٱللَّهِ حَصَبُ جَهَنَّمَ أَنتُمْ لَهَا وَٰرِدُونَ ٢١ـ٩٩ لَوْ كَانَ هَٰٓؤُلَآءِ
ءَالِهَةً مَّا وَرَدُوهَا ۖ وَكُلٌّ فِيهَا خَٰلِدُونَ ٢١ـ١٠٠ لَهُمْ فِيهَا زَفِيرٌ وَهُمْ فِيهَا لَا
يَسْمَعُونَ ٢١ـ١٠١ إِنَّ ٱلَّذِينَ سَبَقَتْ لَهُم مِّنَّا ٱلْحُسْنَىٰٓ أُو۟لَٰٓئِكَ عَنْهَا مُبْعَدُونَ
٢١ـ١٠٢ لَا يَسْمَعُونَ حَسِيسَهَا ۖ وَهُمْ فِى مَا ٱشْتَهَتْ أَنفُسُهُمْ خَٰلِدُونَ ٢١ـ١٠٣ لَا

يَحْزُنُهُمُ ٱلْفَزَعُ ٱلْأَكْبَرُ وَتَتَلَقَّىٰهُمُ ٱلْمَلَٰٓئِكَةُ هَٰذَا يَوْمُكُمُ ٱلَّذِى كُنتُمْ تُوعَدُونَ
٢١ـ١٠٤ يَوْمَ نَطْوِى ٱلسَّمَآءَ كَطَىِّ ٱلسِّجِلِّ لِلْكُتُبِ ۚ كَمَا بَدَأْنَآ أَوَّلَ خَلْقٍ نُّعِيدُهُۥ ۚ
وَعْدًا عَلَيْنَآ ۚ إِنَّا كُنَّا فَٰعِلِينَ ٢١ـ١٠٥ وَلَقَدْ كَتَبْنَا فِى ٱلزَّبُورِ مِنۢ بَعْدِ ٱلذِّكْرِ أَنَّ ٱلْأَرْضَ
يَرِثُهَا عِبَادِىَ ٱلصَّٰلِحُونَ ٢١ـ١٠٦ إِنَّ فِى هَٰذَا لَبَلَٰغًا لِّقَوْمٍ عَٰبِدِينَ ٢١ـ١٠٧ وَمَآ أَرْسَلْنَٰكَ
إِلَّا رَحْمَةً لِّلْعَٰلَمِينَ ٢١ـ١٠٨ قُلْ إِنَّمَا يُوحَىٰٓ إِلَىَّ أَنَّمَآ إِلَٰهُكُمْ إِلَٰهٌ وَٰحِدٌ ۖ فَهَلْ أَنتُم
مُّسْلِمُونَ ٢١ـ١٠٩ فَإِن تَوَلَّوْا۟ فَقُلْ ءَاذَنتُكُمْ عَلَىٰ سَوَآءٍ ۖ وَإِنْ أَدْرِىٓ أَقَرِيبٌ أَم بَعِيدٌ
مَّا تُوعَدُونَ ٢١ـ١١٠ إِنَّهُۥ يَعْلَمُ ٱلْجَهْرَ مِنَ ٱلْقَوْلِ وَيَعْلَمُ مَا تَكْتُمُونَ ٢١ـ١١١ وَإِنْ أَدْرِى
لَعَلَّهُۥ فِتْنَةٌ لَّكُمْ وَمَتَٰعٌ إِلَىٰ حِينٍ ٢١ـ١١٢ قَٰلَ رَبِّ ٱحْكُم بِٱلْحَقِّ ۗ وَرَبُّنَا ٱلرَّحْمَٰنُ
ٱلْمُسْتَعَانُ عَلَىٰ مَا تَصِفُونَ ٢٢ـ١ يَٰٓأَيُّهَا ٱلنَّاسُ ٱتَّقُوا۟ رَبَّكُمْ ۚ إِنَّ زَلْزَلَةَ ٱلسَّاعَةِ
شَىْءٌ عَظِيمٌ ٢٢ـ٢ يَوْمَ تَرَوْنَهَا تَذْهَلُ كُلُّ مُرْضِعَةٍ عَمَّآ أَرْضَعَتْ وَتَضَعُ كُلُّ ذَاتِ
حَمْلٍ حَمْلَهَا وَتَرَى ٱلنَّاسَ سُكَٰرَىٰ وَمَا هُم بِسُكَٰرَىٰ وَلَٰكِنَّ عَذَابَ ٱللَّهِ شَدِيدٌ
٢٢ـ٣ وَمِنَ ٱلنَّاسِ مَن يُجَٰدِلُ فِى ٱللَّهِ بِغَيْرِ عِلْمٍ وَيَتَّبِعُ كُلَّ شَيْطَٰنٍ مَّرِيدٍ
٢٢ـ٤ كُتِبَ عَلَيْهِ أَنَّهُۥ مَن تَوَلَّاهُ فَأَنَّهُۥ يُضِلُّهُۥ وَيَهْدِيهِ إِلَىٰ عَذَابِ ٱلسَّعِيرِ
٢٢ـ٥ يَٰٓأَيُّهَا ٱلنَّاسُ إِن كُنتُمْ فِى رَيْبٍ مِّنَ ٱلْبَعْثِ فَإِنَّا خَلَقْنَٰكُم مِّن تُرَابٍ ثُمَّ مِن
نُّطْفَةٍ ثُمَّ مِنْ عَلَقَةٍ ثُمَّ مِن مُّضْغَةٍ مُّخَلَّقَةٍ وَغَيْرِ مُخَلَّقَةٍ لِّنُبَيِّنَ لَكُمْ ۚ وَنُقِرُّ فِى
ٱلْأَرْحَامِ مَا نَشَآءُ إِلَىٰٓ أَجَلٍ مُّسَمًّى ثُمَّ نُخْرِجُكُمْ طِفْلًا ثُمَّ لِتَبْلُغُوٓا۟ أَشُدَّكُمْ ۖ وَمِنكُم
مَّن يُتَوَفَّىٰ وَمِنكُم مَّن يُرَدُّ إِلَىٰٓ أَرْذَلِ ٱلْعُمُرِ لِكَيْلَا يَعْلَمَ مِنۢ بَعْدِ عِلْمٍ شَيْـًٔا ۚ وَتَرَى
ٱلْأَرْضَ هَامِدَةً فَإِذَآ أَنزَلْنَا عَلَيْهَا ٱلْمَآءَ ٱهْتَزَّتْ وَرَبَتْ وَأَنۢبَتَتْ مِن كُلِّ زَوْجٍۭ بَهِيجٍ
٢٢ـ٦ ذَٰلِكَ بِأَنَّ ٱللَّهَ هُوَ ٱلْحَقُّ وَأَنَّهُۥ يُحْىِ ٱلْمَوْتَىٰ وَأَنَّهُۥ عَلَىٰ كُلِّ شَىْءٍ قَدِيرٌ
٢٢ـ٧ وَأَنَّ ٱلسَّاعَةَ ءَاتِيَةٌ لَّا رَيْبَ فِيهَا وَأَنَّ ٱللَّهَ يَبْعَثُ مَن فِى ٱلْقُبُورِ ٢٢ـ٨ وَمِنَ
ٱلنَّاسِ مَن يُجَٰدِلُ فِى ٱللَّهِ بِغَيْرِ عِلْمٍ وَلَا هُدًى وَلَا كِتَٰبٍ مُّنِيرٍ ٢٢ـ٩ ثَانِىَ عِطْفِهِۦ
لِيُضِلَّ عَن سَبِيلِ ٱللَّهِ ۖ لَهُۥ فِى ٱلدُّنْيَا خِزْىٌ ۖ وَنُذِيقُهُۥ يَوْمَ ٱلْقِيَٰمَةِ عَذَابَ ٱلْحَرِيقِ
٢٢ـ١٠ ذَٰلِكَ بِمَا قَدَّمَتْ يَدَاكَ وَأَنَّ ٱللَّهَ لَيْسَ بِظَلَّٰمٍ لِّلْعَبِيدِ ٢٢ـ١١ وَمِنَ ٱلنَّاسِ مَن
يَعْبُدُ ٱللَّهَ عَلَىٰ حَرْفٍ ۖ فَإِنْ أَصَابَهُۥ خَيْرٌ ٱطْمَأَنَّ بِهِۦ ۖ وَإِنْ أَصَابَتْهُ فِتْنَةٌ ٱنقَلَبَ عَلَىٰ
وَجْهِهِۦ خَسِرَ ٱلدُّنْيَا وَٱلْءَاخِرَةَ ۚ ذَٰلِكَ هُوَ ٱلْخُسْرَانُ ٱلْمُبِينُ ٢٢ـ١٢ يَدْعُوا۟ مِن دُونِ
ٱللَّهِ مَا لَا يَضُرُّهُۥ وَمَا لَا يَنفَعُهُۥ ۚ ذَٰلِكَ هُوَ ٱلضَّلَٰلُ ٱلْبَعِيدُ ٢٢ـ١٣ يَدْعُوا۟ لَمَن ضَرُّهُۥٓ
أَقْرَبُ مِن نَّفْعِهِۦ ۚ لَبِئْسَ ٱلْمَوْلَىٰ وَلَبِئْسَ ٱلْعَشِيرُ ٢٢ـ١٤ إِنَّ ٱللَّهَ يُدْخِلُ ٱلَّذِينَ ءَامَنُوا۟
وَعَمِلُوا۟ ٱلصَّٰلِحَٰتِ جَنَّٰتٍ تَجْرِى مِن تَحْتِهَا ٱلْأَنْهَٰرُ ۚ إِنَّ ٱللَّهَ يَفْعَلُ مَا يُرِيدُ ٢٢ـ١٥ مَن

كَانَ يَظُنُّ أَن لَّن يَنصُرَهُ ٱللَّهُ فِى ٱلدُّنْيَا وَٱلْءَاخِرَةِ فَلْيَمْدُدْ بِسَبَبٍ إِلَى ٱلسَّمَآءِ ثُمَّ
لْيَقْطَعْ فَلْيَنظُرْ هَلْ يُذْهِبَنَّ كَيْدُهُۥ مَا يَغِيظُ ٢٢ـ١٦ وَكَذَٰلِكَ أَنزَلْنَٰهُ ءَايَٰتٍۭ بَيِّنَٰتٍ وَأَنَّ
ٱللَّهَ يَهْدِى مَن يُرِيدُ ٢٢ـ١٧ إِنَّ ٱلَّذِينَ ءَامَنُوا۟ وَٱلَّذِينَ هَادُوا۟ وَٱلصَّٰبِـِٔينَ وَٱلنَّصَٰرَىٰ
وَٱلْمَجُوسَ وَٱلَّذِينَ أَشْرَكُوٓا۟ إِنَّ ٱللَّهَ يَفْصِلُ بَيْنَهُمْ يَوْمَ ٱلْقِيَٰمَةِ ۚ إِنَّ ٱللَّهَ عَلَىٰ كُلِّ
شَىْءٍ شَهِيدٌ ٢٢ـ١٨ أَلَمْ تَرَ أَنَّ ٱللَّهَ يَسْجُدُ لَهُۥ مَن فِى ٱلسَّمَٰوَٰتِ وَمَن فِى ٱلْأَرْضِ
وَٱلشَّمْسُ وَٱلْقَمَرُ وَٱلنُّجُومُ وَٱلْجِبَالُ وَٱلشَّجَرُ وَٱلدَّوَآبُّ وَكَثِيرٌ مِّنَ ٱلنَّاسِ ۖ وَكَثِيرٌ حَقَّ
عَلَيْهِ ٱلْعَذَابُ ۗ وَمَن يُهِنِ ٱللَّهُ فَمَا لَهُۥ مِن مُّكْرِمٍ ۚ إِنَّ ٱللَّهَ يَفْعَلُ مَا يَشَآءُ
٢٢ـ١٩ هَٰذَانِ خَصْمَانِ ٱخْتَصَمُوا۟ فِى رَبِّهِمْ ۖ فَٱلَّذِينَ كَفَرُوا۟ قُطِّعَتْ لَهُمْ ثِيَابٌ مِّن
نَّارٍ يُصَبُّ مِن فَوْقِ رُءُوسِهِمُ ٱلْحَمِيمُ ٢٢ـ٢٠ يُصْهَرُ بِهِۦ مَا فِى بُطُونِهِمْ وَٱلْجُلُودُ
٢٢ـ٢١ وَلَهُم مَّقَٰمِعُ مِنْ حَدِيدٍ ٢٢ـ٢٢ كُلَّمَآ أَرَادُوٓا۟ أَن يَخْرُجُوا۟ مِنْهَا مِنْ غَمٍّ أُعِيدُوا۟
فِيهَا وَذُوقُوا۟ عَذَابَ ٱلْحَرِيقِ ٢٢ـ٢٣ إِنَّ ٱللَّهَ يُدْخِلُ ٱلَّذِينَ ءَامَنُوا۟ وَعَمِلُوا۟ ٱلصَّٰلِحَٰتِ
جَنَّٰتٍ تَجْرِى مِن تَحْتِهَا ٱلْأَنْهَٰرُ يُحَلَّوْنَ فِيهَا مِنْ أَسَاوِرَ مِن ذَهَبٍ وَلُؤْلُؤًا ۖ وَلِبَاسُهُمْ
فِيهَا حَرِيرٌ ٢٢ـ٢٤ وَهُدُوٓا۟ إِلَى ٱلطَّيِّبِ مِنَ ٱلْقَوْلِ وَهُدُوٓا۟ إِلَىٰ صِرَٰطِ ٱلْحَمِيدِ
٢٢ـ٢٥ إِنَّ ٱلَّذِينَ كَفَرُوا۟ وَيَصُدُّونَ عَن سَبِيلِ ٱللَّهِ وَٱلْمَسْجِدِ ٱلْحَرَامِ ٱلَّذِى جَعَلْنَٰهُ
لِلنَّاسِ سَوَآءً ٱلْعَٰكِفُ فِيهِ وَٱلْبَادِ ۚ وَمَن يُرِدْ فِيهِ بِإِلْحَادٍۭ بِظُلْمٍ نُّذِقْهُ مِنْ عَذَابٍ أَلِيمٍ
٢٢ـ٢٦ وَإِذْ بَوَّأْنَا لِإِبْرَٰهِيمَ مَكَانَ ٱلْبَيْتِ أَن لَّا تُشْرِكْ بِى شَيْـًٔا وَطَهِّرْ بَيْتِىَ لِلطَّآئِفِينَ
وَٱلْقَآئِمِينَ وَٱلرُّكَّعِ ٱلسُّجُودِ ٢٢ـ٢٧ وَأَذِّن فِى ٱلنَّاسِ بِٱلْحَجِّ يَأْتُوكَ رِجَالًا وَعَلَىٰ كُلِّ
ضَامِرٍ يَأْتِينَ مِن كُلِّ فَجٍّ عَمِيقٍ ٢٢ـ٢٨ لِّيَشْهَدُوا۟ مَنَٰفِعَ لَهُمْ وَيَذْكُرُوا۟ ٱسْمَ ٱللَّهِ
فِىٓ أَيَّامٍ مَّعْلُومَٰتٍ عَلَىٰ مَا رَزَقَهُم مِّنۢ بَهِيمَةِ ٱلْأَنْعَٰمِ ۖ فَكُلُوا۟ مِنْهَا وَأَطْعِمُوا۟
ٱلْبَآئِسَ ٱلْفَقِيرَ ٢٢ـ٢٩ ثُمَّ لْيَقْضُوا۟ تَفَثَهُمْ وَلْيُوفُوا۟ نُذُورَهُمْ وَلْيَطَّوَّفُوا۟ بِٱلْبَيْتِ
ٱلْعَتِيقِ ٢٢ـ٣٠ ذَٰلِكَ وَمَن يُعَظِّمْ حُرُمَٰتِ ٱللَّهِ فَهُوَ خَيْرٌ لَّهُۥ عِندَ رَبِّهِۦ ۗ وَأُحِلَّتْ لَكُمُ
ٱلْأَنْعَٰمُ إِلَّا مَا يُتْلَىٰ عَلَيْكُمْ ۖ فَٱجْتَنِبُوا۟ ٱلرِّجْسَ مِنَ ٱلْأَوْثَٰنِ وَٱجْتَنِبُوا۟ قَوْلَ ٱلزُّورِ
٢٢ـ٣١ حُنَفَآءَ لِلَّهِ غَيْرَ مُشْرِكِينَ بِهِۦ ۚ وَمَن يُشْرِكْ بِٱللَّهِ فَكَأَنَّمَا خَرَّ مِنَ ٱلسَّمَآءِ
فَتَخْطَفُهُ ٱلطَّيْرُ أَوْ تَهْوِى بِهِ ٱلرِّيحُ فِى مَكَانٍ سَحِيقٍ ٢٢ـ٣٢ ذَٰلِكَ وَمَن يُعَظِّمْ
شَعَٰٓئِرَ ٱللَّهِ فَإِنَّهَا مِن تَقْوَى ٱلْقُلُوبِ ٢٢ـ٣٣ لَكُمْ فِيهَا مَنَٰفِعُ إِلَىٰٓ أَجَلٍ مُّسَمًّى ثُمَّ
مَحِلُّهَآ إِلَى ٱلْبَيْتِ ٱلْعَتِيقِ ٢٢ـ٣٤ وَلِكُلِّ أُمَّةٍ جَعَلْنَا مَنسَكًا لِّيَذْكُرُوا۟ ٱسْمَ ٱللَّهِ عَلَىٰ
مَا رَزَقَهُم مِّنۢ بَهِيمَةِ ٱلْأَنْعَٰمِ ۗ فَإِلَٰهُكُمْ إِلَٰهٌ وَٰحِدٌ فَلَهُۥٓ أَسْلِمُوا۟ ۗ وَبَشِّرِ ٱلْمُخْبِتِينَ
٢٢ـ٣٥ ٱلَّذِينَ إِذَا ذُكِرَ ٱللَّهُ وَجِلَتْ قُلُوبُهُمْ وَٱلصَّٰبِرِينَ عَلَىٰ مَآ أَصَابَهُمْ وَٱلْمُقِيمِى

ٱلصَّلَوٰةِ وَمِمَّا رَزَقْنَٰهُمْ يُنفِقُونَ ٢٢ـ٣٦ وَٱلْبُدْنَ جَعَلْنَٰهَا لَكُم مِّن شَعَٰٓئِرِ ٱللَّهِ لَكُمْ
فِيهَا خَيْرٌ ۖ فَٱذْكُرُوا۟ ٱسْمَ ٱللَّهِ عَلَيْهَا صَوَآفَّ ۖ فَإِذَا وَجَبَتْ جُنُوبُهَا فَكُلُوا۟ مِنْهَا
وَأَطْعِمُوا۟ ٱلْقَانِعَ وَٱلْمُعْتَرَّ ۚ كَذَٰلِكَ سَخَّرْنَٰهَا لَكُمْ لَعَلَّكُمْ تَشْكُرُونَ ٢٢ـ٣٧ لَن يَنَالَ
ٱللَّهَ لُحُومُهَا وَلَا دِمَآؤُهَا وَلَٰكِن يَنَالُهُ ٱلتَّقْوَىٰ مِنكُمْ ۚ كَذَٰلِكَ سَخَّرَهَا لَكُمْ لِتُكَبِّرُوا۟
ٱللَّهَ عَلَىٰ مَا هَدَىٰكُمْ ۗ وَبَشِّرِ ٱلْمُحْسِنِينَ ٢٢ـ٣٨ إِنَّ ٱللَّهَ يُدَٰفِعُ عَنِ ٱلَّذِينَ ءَامَنُوٓا۟ ۗ إِنَّ
ٱللَّهَ لَا يُحِبُّ كُلَّ خَوَّانٍ كَفُورٍ ٢٢ـ٣٩ أُذِنَ لِلَّذِينَ يُقَٰتَلُونَ بِأَنَّهُمْ ظُلِمُوا۟ ۚ وَإِنَّ ٱللَّهَ
عَلَىٰ نَصْرِهِمْ لَقَدِيرٌ ٢٢ـ٤٠ ٱلَّذِينَ أُخْرِجُوا۟ مِن دِيَٰرِهِم بِغَيْرِ حَقٍّ إِلَّآ أَن يَقُولُوا۟ رَبُّنَا
ٱللَّهُ ۗ وَلَوْلَا دَفْعُ ٱللَّهِ ٱلنَّاسَ بَعْضَهُم بِبَعْضٍ لَّهُدِّمَتْ صَوَٰمِعُ وَبِيَعٌ وَصَلَوَٰتٌ وَمَسَٰجِدُ
يُذْكَرُ فِيهَا ٱسْمُ ٱللَّهِ كَثِيرًا ۗ وَلَيَنصُرَنَّ ٱللَّهُ مَن يَنصُرُهُۥٓ ۗ إِنَّ ٱللَّهَ لَقَوِىٌّ عَزِيزٌ
٢٢ـ٤١ ٱلَّذِينَ إِن مَّكَّنَّٰهُمْ فِى ٱلْأَرْضِ أَقَامُوا۟ ٱلصَّلَوٰةَ وَءَاتَوُا۟ ٱلزَّكَوٰةَ وَأَمَرُوا۟
بِٱلْمَعْرُوفِ وَنَهَوْا۟ عَنِ ٱلْمُنكَرِ ۗ وَلِلَّهِ عَٰقِبَةُ ٱلْأُمُورِ ٢٢ـ٤٢ وَإِن يُكَذِّبُوكَ فَقَدْ كَذَّبَتْ
قَبْلَهُمْ قَوْمُ نُوحٍ وَعَادٌ وَثَمُودُ ٢٢ـ٤٣ وَقَوْمُ إِبْرَٰهِيمَ وَقَوْمُ لُوطٍ ٢٢ـ٤٤ وَأَصْحَٰبُ
مَدْيَنَ ۖ وَكُذِّبَ مُوسَىٰ فَأَمْلَيْتُ لِلْكَٰفِرِينَ ثُمَّ أَخَذْتُهُمْ ۖ فَكَيْفَ كَانَ نَكِيرِ
٢٢ـ٤٥ فَكَأَيِّن مِّن قَرْيَةٍ أَهْلَكْنَٰهَا وَهِىَ ظَالِمَةٌ فَهِىَ خَاوِيَةٌ عَلَىٰ عُرُوشِهَا وَبِئْرٍ
مُّعَطَّلَةٍ وَقَصْرٍ مَّشِيدٍ ٢٢ـ٤٦ أَفَلَمْ يَسِيرُوا۟ فِى ٱلْأَرْضِ فَتَكُونَ لَهُمْ قُلُوبٌ يَعْقِلُونَ
بِهَآ أَوْ ءَاذَانٌ يَسْمَعُونَ بِهَا ۖ فَإِنَّهَا لَا تَعْمَى ٱلْأَبْصَٰرُ وَلَٰكِن تَعْمَى ٱلْقُلُوبُ ٱلَّتِى
فِى ٱلصُّدُورِ ٢٢ـ٤٧ وَيَسْتَعْجِلُونَكَ بِٱلْعَذَابِ وَلَن يُخْلِفَ ٱللَّهُ وَعْدَهُۥ ۚ وَإِنَّ يَوْمًا عِندَ
رَبِّكَ كَأَلْفِ سَنَةٍ مِّمَّا تَعُدُّونَ ٢٢ـ٤٨ وَكَأَيِّن مِّن قَرْيَةٍ أَمْلَيْتُ لَهَا وَهِىَ ظَالِمَةٌ ثُمَّ
أَخَذْتُهَا وَإِلَىَّ ٱلْمَصِيرُ ٢٢ـ٤٩ قُلْ يَٰٓأَيُّهَا ٱلنَّاسُ إِنَّمَآ أَنَا۠ لَكُمْ نَذِيرٌ مُّبِينٌ
٢٢ـ٥٠ فَٱلَّذِينَ ءَامَنُوا۟ وَعَمِلُوا۟ ٱلصَّٰلِحَٰتِ لَهُم مَّغْفِرَةٌ وَرِزْقٌ كَرِيمٌ ٢٢ـ٥١ وَٱلَّذِينَ
سَعَوْا۟ فِىٓ ءَايَٰتِنَا مُعَٰجِزِينَ أُو۟لَٰٓئِكَ أَصْحَٰبُ ٱلْجَحِيمِ ٢٢ـ٥٢ وَمَآ أَرْسَلْنَا مِن قَبْلِكَ مِن
رَّسُولٍ وَلَا نَبِىٍّ إِلَّآ إِذَا تَمَنَّىٰٓ أَلْقَى ٱلشَّيْطَٰنُ فِىٓ أُمْنِيَّتِهِۦ فَيَنسَخُ ٱللَّهُ مَا يُلْقِى
ٱلشَّيْطَٰنُ ثُمَّ يُحْكِمُ ٱللَّهُ ءَايَٰتِهِۦ ۗ وَٱللَّهُ عَلِيمٌ حَكِيمٌ ٢٢ـ٥٣ لِّيَجْعَلَ مَا يُلْقِى
ٱلشَّيْطَٰنُ فِتْنَةً لِّلَّذِينَ فِى قُلُوبِهِم مَّرَضٌ وَٱلْقَاسِيَةِ قُلُوبُهُمْ ۗ وَإِنَّ ٱلظَّٰلِمِينَ لَفِى
شِقَاقٍ بَعِيدٍ ٢٢ـ٥٤ وَلِيَعْلَمَ ٱلَّذِينَ أُوتُوا۟ ٱلْعِلْمَ أَنَّهُ ٱلْحَقُّ مِن رَّبِّكَ فَيُؤْمِنُوا۟ بِهِۦ
فَتُخْبِتَ لَهُۥ قُلُوبُهُمْ ۗ وَإِنَّ ٱللَّهَ لَهَادِ ٱلَّذِينَ ءَامَنُوٓا۟ إِلَىٰ صِرَٰطٍ مُّسْتَقِيمٍ ٢٢ـ٥٥ وَلَا
يَزَالُ ٱلَّذِينَ كَفَرُوا۟ فِى مِرْيَةٍ مِّنْهُ حَتَّىٰ تَأْتِيَهُمُ ٱلسَّاعَةُ بَغْتَةً أَوْ يَأْتِيَهُمْ عَذَابُ يَوْمٍ
عَقِيمٍ ٢٢ـ٥٦ ٱلْمُلْكُ يَوْمَئِذٍ لِّلَّهِ يَحْكُمُ بَيْنَهُمْ ۚ فَٱلَّذِينَ ءَامَنُوا۟ وَعَمِلُوا۟ ٱلصَّٰلِحَٰتِ فِى

جَنَّٰتِ ٱلنَّعِيمِ ٢٢ـ٥٧ وَٱلَّذِينَ كَفَرُوا۟ وَكَذَّبُوا۟ بِـَٔايَٰتِنَا فَأُو۟لَٰٓئِكَ لَهُمْ عَذَابٌ مُّهِينٌ
٢٢ـ٥٨ وَٱلَّذِينَ هَاجَرُوا۟ فِى سَبِيلِ ٱللَّهِ ثُمَّ قُتِلُوٓا۟ أَوْ مَاتُوا۟ لَيَرْزُقَنَّهُمُ ٱللَّهُ رِزْقًا
حَسَنًا ۚ وَإِنَّ ٱللَّهَ لَهُوَ خَيْرُ ٱلرَّٰزِقِينَ ٢٢ـ٥٩ لَيُدْخِلَنَّهُم مُّدْخَلًا يَرْضَوْنَهُۥ ۗ وَإِنَّ ٱللَّهَ
لَعَلِيمٌ حَلِيمٌ ٢٢ـ٦٠ ذَٰلِكَ وَمَنْ عَاقَبَ بِمِثْلِ مَا عُوقِبَ بِهِۦ ثُمَّ بُغِىَ عَلَيْهِ لَيَنصُرَنَّهُ
ٱللَّهُ ۗ إِنَّ ٱللَّهَ لَعَفُوٌّ غَفُورٌ ٢٢ـ٦١ ذَٰلِكَ بِأَنَّ ٱللَّهَ يُولِجُ ٱلَّيْلَ فِى ٱلنَّهَارِ وَيُولِجُ ٱلنَّهَارَ
فِى ٱلَّيْلِ وَأَنَّ ٱللَّهَ سَمِيعٌۢ بَصِيرٌ ٢٢ـ٦٢ ذَٰلِكَ بِأَنَّ ٱللَّهَ هُوَ ٱلْحَقُّ وَأَنَّ مَا يَدْعُونَ مِن
دُونِهِۦ هُوَ ٱلْبَٰطِلُ وَأَنَّ ٱللَّهَ هُوَ ٱلْعَلِىُّ ٱلْكَبِيرُ ٢٢ـ٦٣ أَلَمْ تَرَ أَنَّ ٱللَّهَ أَنزَلَ مِنَ
ٱلسَّمَآءِ مَآءً فَتُصْبِحُ ٱلْأَرْضُ مُخْضَرَّةً ۗ إِنَّ ٱللَّهَ لَطِيفٌ خَبِيرٌ ٢٢ـ٦٤ لَّهُۥ مَا فِى
ٱلسَّمَٰوَٰتِ وَمَا فِى ٱلْأَرْضِ ۗ وَإِنَّ ٱللَّهَ لَهُوَ ٱلْغَنِىُّ ٱلْحَمِيدُ ٢٢ـ٦٥ أَلَمْ تَرَ أَنَّ ٱللَّهَ سَخَّرَ
لَكُم مَّا فِى ٱلْأَرْضِ وَٱلْفُلْكَ تَجْرِى فِى ٱلْبَحْرِ بِأَمْرِهِۦ وَيُمْسِكُ ٱلسَّمَآءَ أَن تَقَعَ عَلَى
ٱلْأَرْضِ إِلَّا بِإِذْنِهِۦٓ ۗ إِنَّ ٱللَّهَ بِٱلنَّاسِ لَرَءُوفٌ رَّحِيمٌ ٢٢ـ٦٦ وَهُوَ ٱلَّذِىٓ أَحْيَاكُمْ ثُمَّ
يُمِيتُكُمْ ثُمَّ يُحْيِيكُمْ ۗ إِنَّ ٱلْإِنسَٰنَ لَكَفُورٌ ٢٢ـ٦٧ لِّكُلِّ أُمَّةٍ جَعَلْنَا مَنسَكًا هُمْ
نَاسِكُوهُ ۖ فَلَا يُنَٰزِعُنَّكَ فِى ٱلْأَمْرِ ۚ وَٱدْعُ إِلَىٰ رَبِّكَ ۖ إِنَّكَ لَعَلَىٰ هُدًى مُّسْتَقِيمٍ
٢٢ـ٦٨ وَإِن جَٰدَلُوكَ فَقُلِ ٱللَّهُ أَعْلَمُ بِمَا تَعْمَلُونَ ٢٢ـ٦٩ ٱللَّهُ يَحْكُمُ بَيْنَكُمْ يَوْمَ
ٱلْقِيَٰمَةِ فِيمَا كُنتُمْ فِيهِ تَخْتَلِفُونَ ٢٢ـ٧٠ أَلَمْ تَعْلَمْ أَنَّ ٱللَّهَ يَعْلَمُ مَا فِى ٱلسَّمَآءِ
وَٱلْأَرْضِ ۗ إِنَّ ذَٰلِكَ فِى كِتَٰبٍ ۚ إِنَّ ذَٰلِكَ عَلَى ٱللَّهِ يَسِيرٌ ٢٢ـ٧١ وَيَعْبُدُونَ مِن دُونِ ٱللَّهِ
مَا لَمْ يُنَزِّلْ بِهِۦ سُلْطَٰنًا وَمَا لَيْسَ لَهُم بِهِۦ عِلْمٌ ۗ وَمَا لِلظَّٰلِمِينَ مِن نَّصِيرٍ
٢٢ـ٧٢ وَإِذَا تُتْلَىٰ عَلَيْهِمْ ءَايَٰتُنَا بَيِّنَٰتٍ تَعْرِفُ فِى وُجُوهِ ٱلَّذِينَ كَفَرُوا۟ ٱلْمُنكَرَ ۖ
يَكَادُونَ يَسْطُونَ بِٱلَّذِينَ يَتْلُونَ عَلَيْهِمْ ءَايَٰتِنَا ۗ قُلْ أَفَأُنَبِّئُكُم بِشَرٍّ مِّن ذَٰلِكُمُ ۗ ٱلنَّارُ
وَعَدَهَا ٱللَّهُ ٱلَّذِينَ كَفَرُوا۟ ۖ وَبِئْسَ ٱلْمَصِيرُ ٢٢ـ٧٣ يَٰٓأَيُّهَا ٱلنَّاسُ ضُرِبَ مَثَلٌ
فَٱسْتَمِعُوا۟ لَهُۥٓ ۚ إِنَّ ٱلَّذِينَ تَدْعُونَ مِن دُونِ ٱللَّهِ لَن يَخْلُقُوا۟ ذُبَابًا وَلَوِ ٱجْتَمَعُوا۟ لَهُۥ ۖ
وَإِن يَسْلُبْهُمُ ٱلذُّبَابُ شَيْـًٔا لَّا يَسْتَنقِذُوهُ مِنْهُ ۚ ضَعُفَ ٱلطَّالِبُ وَٱلْمَطْلُوبُ ٢٢ـ٧٤ مَا
قَدَرُوا۟ ٱللَّهَ حَقَّ قَدْرِهِۦٓ ۗ إِنَّ ٱللَّهَ لَقَوِىٌّ عَزِيزٌ ٢٢ـ٧٥ ٱللَّهُ يَصْطَفِى مِنَ ٱلْمَلَٰٓئِكَةِ رُسُلًا
وَمِنَ ٱلنَّاسِ ۚ إِنَّ ٱللَّهَ سَمِيعٌۢ بَصِيرٌ ٢٢ـ٧٦ يَعْلَمُ مَا بَيْنَ أَيْدِيهِمْ وَمَا خَلْفَهُمْ ۗ وَإِلَى
ٱللَّهِ تُرْجَعُ ٱلْأُمُورُ ٢٢ـ٧٧ يَٰٓأَيُّهَا ٱلَّذِينَ ءَامَنُوا۟ ٱرْكَعُوا۟ وَٱسْجُدُوا۟ وَٱعْبُدُوا۟ رَبَّكُمْ
وَٱفْعَلُوا۟ ٱلْخَيْرَ لَعَلَّكُمْ تُفْلِحُونَ ٢٢ـ٧٨ وَجَٰهِدُوا۟ فِى ٱللَّهِ حَقَّ جِهَادِهِۦ ۚ هُوَ ٱجْتَبَىٰكُمْ
وَمَا جَعَلَ عَلَيْكُمْ فِى ٱلدِّينِ مِنْ حَرَجٍ ۚ مِّلَّةَ أَبِيكُمْ إِبْرَٰهِيمَ ۚ هُوَ سَمَّىٰكُمُ ٱلْمُسْلِمِينَ
مِن قَبْلُ وَفِى هَٰذَا لِيَكُونَ ٱلرَّسُولُ شَهِيدًا عَلَيْكُمْ وَتَكُونُوا۟ شُهَدَآءَ عَلَى ٱلنَّاسِ ۚ

فَأَقِيمُواْ ٱلصَّلَوٰةَ وَءَاتُواْ ٱلزَّكَوٰةَ وَٱعْتَصِمُواْ بِٱللَّهِ هُوَ مَوْلَىٰكُمْ ۖ فَنِعْمَ ٱلْمَوْلَىٰ وَنِعْمَ
ٱلنَّصِيرُ ٢٣ـ١ قَدْ أَفْلَحَ ٱلْمُؤْمِنُونَ ٢٣ـ٢ ٱلَّذِينَ هُمْ فِى صَلَاتِهِمْ خَٰشِعُونَ
٢٣ـ٣ وَٱلَّذِينَ هُمْ عَنِ ٱللَّغْوِ مُعْرِضُونَ ٢٣ـ٤ وَٱلَّذِينَ هُمْ لِلزَّكَوٰةِ فَٰعِلُونَ
٢٣ـ٥ وَٱلَّذِينَ هُمْ لِفُرُوجِهِمْ حَٰفِظُونَ ٢٣ـ٦ إِلَّا عَلَىٰٓ أَزْوَٰجِهِمْ أَوْ مَا مَلَكَتْ
أَيْمَٰنُهُمْ فَإِنَّهُمْ غَيْرُ مَلُومِينَ ٢٣ـ٧ فَمَنِ ٱبْتَغَىٰ وَرَآءَ ذَٰلِكَ فَأُوْلَٰٓئِكَ هُمُ ٱلْعَادُونَ
٢٣ـ٨ وَٱلَّذِينَ هُمْ لِأَمَٰنَٰتِهِمْ وَعَهْدِهِمْ رَٰعُونَ ٢٣ـ٩ وَٱلَّذِينَ هُمْ عَلَىٰ صَلَوَٰتِهِمْ
يُحَافِظُونَ ٢٣ـ١٠ أُوْلَٰٓئِكَ هُمُ ٱلْوَٰرِثُونَ ٢٣ـ١١ ٱلَّذِينَ يَرِثُونَ ٱلْفِرْدَوْسَ هُمْ فِيهَا
خَٰلِدُونَ ٢٣ـ١٢ وَلَقَدْ خَلَقْنَا ٱلْإِنسَٰنَ مِن سُلَٰلَةٍ مِّن طِينٍ ٢٣ـ١٣ ثُمَّ جَعَلْنَٰهُ نُطْفَةً
فِى قَرَارٍ مَّكِينٍ ٢٣ـ١٤ ثُمَّ خَلَقْنَا ٱلنُّطْفَةَ عَلَقَةً فَخَلَقْنَا ٱلْعَلَقَةَ مُضْغَةً فَخَلَقْنَا
ٱلْمُضْغَةَ عِظَٰمًا فَكَسَوْنَا ٱلْعِظَٰمَ لَحْمًا ثُمَّ أَنشَأْنَٰهُ خَلْقًا ءَاخَرَ ۚ فَتَبَارَكَ ٱللَّهُ أَحْسَنُ
ٱلْخَٰلِقِينَ ٢٣ـ١٥ ثُمَّ إِنَّكُم بَعْدَ ذَٰلِكَ لَمَيِّتُونَ ٢٣ـ١٦ ثُمَّ إِنَّكُمْ يَوْمَ ٱلْقِيَٰمَةِ تُبْعَثُونَ
٢٣ـ١٧ وَلَقَدْ خَلَقْنَا فَوْقَكُمْ سَبْعَ طَرَآئِقَ وَمَا كُنَّا عَنِ ٱلْخَلْقِ غَٰفِلِينَ ٢٣ـ١٨ وَأَنزَلْنَا
مِنَ ٱلسَّمَآءِ مَآءًۢ بِقَدَرٍ فَأَسْكَنَّٰهُ فِى ٱلْأَرْضِ ۖ وَإِنَّا عَلَىٰ ذَهَابٍۭ بِهِۦ لَقَٰدِرُونَ
٢٣ـ١٩ فَأَنشَأْنَا لَكُم بِهِۦ جَنَّٰتٍ مِّن نَّخِيلٍ وَأَعْنَٰبٍ لَّكُمْ فِيهَا فَوَٰكِهُ كَثِيرَةٌ وَمِنْهَا
تَأْكُلُونَ ٢٣ـ٢٠ وَشَجَرَةً تَخْرُجُ مِن طُورِ سَيْنَآءَ تَنۢبُتُ بِٱلدُّهْنِ وَصِبْغٍ لِّلْءَاكِلِينَ
٢٣ـ٢١ وَإِنَّ لَكُمْ فِى ٱلْأَنْعَٰمِ لَعِبْرَةً ۖ نُّسْقِيكُم مِّمَّا فِى بُطُونِهَا وَلَكُمْ فِيهَا مَنَٰفِعُ
كَثِيرَةٌ وَمِنْهَا تَأْكُلُونَ ٢٣ـ٢٢ وَعَلَيْهَا وَعَلَى ٱلْفُلْكِ تُحْمَلُونَ ٢٣ـ٢٣ وَلَقَدْ أَرْسَلْنَا
نُوحًا إِلَىٰ قَوْمِهِۦ فَقَالَ يَٰقَوْمِ ٱعْبُدُواْ ٱللَّهَ مَا لَكُم مِّنْ إِلَٰهٍ غَيْرُهُۥٓ ۖ أَفَلَا تَتَّقُونَ
٢٣ـ٢٤ فَقَالَ ٱلْمَلَؤُاْ ٱلَّذِينَ كَفَرُواْ مِن قَوْمِهِۦ مَا هَٰذَآ إِلَّا بَشَرٌ مِّثْلُكُمْ يُرِيدُ أَن
يَتَفَضَّلَ عَلَيْكُمْ وَلَوْ شَآءَ ٱللَّهُ لَأَنزَلَ مَلَٰٓئِكَةً مَّا سَمِعْنَا بِهَٰذَا فِىٓ ءَابَآئِنَا ٱلْأَوَّلِينَ
٢٣ـ٢٥ إِنْ هُوَ إِلَّا رَجُلٌۢ بِهِۦ جِنَّةٌ فَتَرَبَّصُواْ بِهِۦ حَتَّىٰ حِينٍ ٢٣ـ٢٦ قَالَ رَبِّ ٱنصُرْنِى
بِمَا كَذَّبُونِ ٢٣ـ٢٧ فَأَوْحَيْنَآ إِلَيْهِ أَنِ ٱصْنَعِ ٱلْفُلْكَ بِأَعْيُنِنَا وَوَحْيِنَا فَإِذَا جَآءَ أَمْرُنَا وَفَارَ
ٱلتَّنُّورُ ۙ فَٱسْلُكْ فِيهَا مِن كُلٍّ زَوْجَيْنِ ٱثْنَيْنِ وَأَهْلَكَ إِلَّا مَن سَبَقَ عَلَيْهِ ٱلْقَوْلُ مِنْهُمْ ۖ
وَلَا تُخَٰطِبْنِى فِى ٱلَّذِينَ ظَلَمُوٓاْ ۖ إِنَّهُم مُّغْرَقُونَ ٢٣ـ٢٨ فَإِذَا ٱسْتَوَيْتَ أَنتَ وَمَن
مَّعَكَ عَلَى ٱلْفُلْكِ فَقُلِ ٱلْحَمْدُ لِلَّهِ ٱلَّذِى نَجَّىٰنَا مِنَ ٱلْقَوْمِ ٱلظَّٰلِمِينَ ٢٣ـ٢٩ وَقُل رَّبِّ
أَنزِلْنِى مُنزَلًا مُّبَارَكًا وَأَنتَ خَيْرُ ٱلْمُنزِلِينَ ٢٣ـ٣٠ إِنَّ فِى ذَٰلِكَ لَءَايَٰتٍ وَإِن كُنَّا
لَمُبْتَلِينَ ٢٣ـ٣١ ثُمَّ أَنشَأْنَا مِنۢ بَعْدِهِمْ قَرْنًا ءَاخَرِينَ ٢٣ـ٣٢ فَأَرْسَلْنَا فِيهِمْ رَسُولًا
مِّنْهُمْ أَنِ ٱعْبُدُواْ ٱللَّهَ مَا لَكُم مِّنْ إِلَٰهٍ غَيْرُهُۥٓ ۖ أَفَلَا تَتَّقُونَ ٢٣ـ٣٣ وَقَالَ ٱلْمَلَأُ مِن

قَوْمِهِ ٱلَّذِينَ كَفَرُوا۟ وَكَذَّبُوا۟ بِلِقَآءِ ٱلْءَاخِرَةِ وَأَتْرَفْنَٰهُمْ فِى ٱلْحَيَوٰةِ ٱلدُّنْيَا مَا هَٰذَآ إِلَّا
بَشَرٌ مِّثْلُكُمْ يَأْكُلُ مِمَّا تَأْكُلُونَ مِنْهُ وَيَشْرَبُ مِمَّا تَشْرَبُونَ ٢٣ــ٣٤ وَلَئِنْ أَطَعْتُم بَشَرًا
مِّثْلَكُمْ إِنَّكُمْ إِذًا لَّخَٰسِرُونَ ٢٣ــ٣٥ أَيَعِدُكُمْ أَنَّكُمْ إِذَا مِتُّمْ وَكُنتُمْ تُرَابًا وَعِظَٰمًا أَنَّكُم
مُّخْرَجُونَ ٢٣ــ٣٦ هَيْهَاتَ هَيْهَاتَ لِمَا تُوعَدُونَ ٢٣ــ٣٧ إِنْ هِىَ إِلَّا حَيَاتُنَا ٱلدُّنْيَا
نَمُوتُ وَنَحْيَا وَمَا نَحْنُ بِمَبْعُوثِينَ ٢٣ــ٣٨ إِنْ هُوَ إِلَّا رَجُلٌ ٱفْتَرَىٰ عَلَى ٱللَّهِ كَذِبًا وَمَا
نَحْنُ لَهُۥ بِمُؤْمِنِينَ ٢٣ــ٣٩ قَالَ رَبِّ ٱنصُرْنِى بِمَا كَذَّبُونِ ٢٣ــ٤٠ قَالَ عَمَّا قَلِيلٍ
لَّيُصْبِحُنَّ نَٰدِمِينَ ٢٣ــ٤١ فَأَخَذَتْهُمُ ٱلصَّيْحَةُ بِٱلْحَقِّ فَجَعَلْنَٰهُمْ غُثَآءً ۚ فَبُعْدًا لِّلْقَوْمِ
ٱلظَّٰلِمِينَ ٢٣ــ٤٢ ثُمَّ أَنشَأْنَا مِنۢ بَعْدِهِمْ قُرُونًا ءَاخَرِينَ ٢٣ــ٤٣ مَا تَسْبِقُ مِنْ أُمَّةٍ
أَجَلَهَا وَمَا يَسْتَـْٔخِرُونَ ٢٣ــ٤٤ ثُمَّ أَرْسَلْنَا رُسُلَنَا تَتْرَا ۖ كُلَّ مَا جَآءَ أُمَّةً رَّسُولُهَا
كَذَّبُوهُ ۚ فَأَتْبَعْنَا بَعْضَهُم بَعْضًا وَجَعَلْنَٰهُمْ أَحَادِيثَ ۚ فَبُعْدًا لِّقَوْمٍ لَّا يُؤْمِنُونَ
٢٣ــ٤٥ ثُمَّ أَرْسَلْنَا مُوسَىٰ وَأَخَاهُ هَٰرُونَ بِـَٔايَٰتِنَا وَسُلْطَٰنٍ مُّبِينٍ ٢٣ــ٤٦ إِلَىٰ فِرْعَوْنَ
وَمَلَإِي۟هِۦ فَٱسْتَكْبَرُوا۟ وَكَانُوا۟ قَوْمًا عَالِينَ ٢٣ــ٤٧ فَقَالُوٓا۟ أَنُؤْمِنُ لِبَشَرَيْنِ مِثْلِنَا
وَقَوْمُهُمَا لَنَا عَٰبِدُونَ ٢٣ــ٤٨ فَكَذَّبُوهُمَا فَكَانُوا۟ مِنَ ٱلْمُهْلَكِينَ ٢٣ــ٤٩ وَلَقَدْ
ءَاتَيْنَا مُوسَى ٱلْكِتَٰبَ لَعَلَّهُمْ يَهْتَدُونَ ٢٣ــ٥٠ وَجَعَلْنَا ٱبْنَ مَرْيَمَ وَأُمَّهُۥٓ ءَايَةً
وَءَاوَيْنَٰهُمَآ إِلَىٰ رَبْوَةٍ ذَاتِ قَرَارٍ وَمَعِينٍ ٢٣ــ٥١ يَٰٓأَيُّهَا ٱلرُّسُلُ كُلُوا۟ مِنَ ٱلطَّيِّبَٰتِ
وَٱعْمَلُوا۟ صَٰلِحًا ۖ إِنِّى بِمَا تَعْمَلُونَ عَلِيمٌ ٢٣ــ٥٢ وَإِنَّ هَٰذِهِۦٓ أُمَّتُكُمْ أُمَّةً وَٰحِدَةً وَأَنَا
رَبُّكُمْ فَٱتَّقُونِ ٢٣ــ٥٣ فَتَقَطَّعُوٓا۟ أَمْرَهُم بَيْنَهُمْ زُبُرًا ۖ كُلُّ حِزْبٍۭ بِمَا لَدَيْهِمْ فَرِحُونَ
٢٣ــ٥٤ فَذَرْهُمْ فِى غَمْرَتِهِمْ حَتَّىٰ حِينٍ ٢٣ــ٥٥ أَيَحْسَبُونَ أَنَّمَا نُمِدُّهُم بِهِۦ مِن
مَّالٍ وَبَنِينَ ٢٣ــ٥٦ نُسَارِعُ لَهُمْ فِى ٱلْخَيْرَٰتِ ۚ بَل لَّا يَشْعُرُونَ ٢٣ــ٥٧ إِنَّ ٱلَّذِينَ هُم
مِّنْ خَشْيَةِ رَبِّهِم مُّشْفِقُونَ ٢٣ــ٥٨ وَٱلَّذِينَ هُم بِـَٔايَٰتِ رَبِّهِمْ يُؤْمِنُونَ
٢٣ــ٥٩ وَٱلَّذِينَ هُم بِرَبِّهِمْ لَا يُشْرِكُونَ ٢٣ــ٦٠ وَٱلَّذِينَ يُؤْتُونَ مَآ ءَاتَوا۟ وَّقُلُوبُهُمْ
وَجِلَةٌ أَنَّهُمْ إِلَىٰ رَبِّهِمْ رَٰجِعُونَ ٢٣ــ٦١ أُو۟لَٰٓئِكَ يُسَٰرِعُونَ فِى ٱلْخَيْرَٰتِ وَهُمْ لَهَا
سَٰبِقُونَ ٢٣ــ٦٢ وَلَا نُكَلِّفُ نَفْسًا إِلَّا وُسْعَهَا ۖ وَلَدَيْنَا كِتَٰبٌ يَنطِقُ بِٱلْحَقِّ ۚ وَهُمْ لَا
يُظْلَمُونَ ٢٣ــ٦٣ بَلْ قُلُوبُهُمْ فِى غَمْرَةٍ مِّنْ هَٰذَا وَلَهُمْ أَعْمَٰلٌ مِّن دُونِ ذَٰلِكَ هُمْ
لَهَا عَٰمِلُونَ ٢٣ــ٦٤ حَتَّىٰٓ إِذَآ أَخَذْنَا مُتْرَفِيهِم بِٱلْعَذَابِ إِذَا هُمْ يَجْـَٔرُونَ ٢٣ــ٦٥ لَا
تَجْـَٔرُوا۟ ٱلْيَوْمَ ۖ إِنَّكُم مِّنَّا لَا تُنصَرُونَ ٢٣ــ٦٦ قَدْ كَانَتْ ءَايَٰتِى تُتْلَىٰ عَلَيْكُمْ فَكُنتُمْ
عَلَىٰٓ أَعْقَٰبِكُمْ تَنكِصُونَ ٢٣ــ٦٧ مُسْتَكْبِرِينَ بِهِۦ سَٰمِرًا تَهْجُرُونَ ٢٣ــ٦٨ أَفَلَمْ يَدَّبَّرُوا۟
ٱلْقَوْلَ أَمْ جَآءَهُم مَّا لَمْ يَأْتِ ءَابَآءَهُمُ ٱلْأَوَّلِينَ ٢٣ــ٦٩ أَمْ لَمْ يَعْرِفُوا۟ رَسُولَهُمْ

فَهُمْ لَهُۥ مُنكِرُونَ ٢٣ـ٧٠ أَمْ يَقُولُونَ بِهِۦ جِنَّةٌۢ ۚ بَلْ جَآءَهُم بِٱلْحَقِّ وَأَكْثَرُهُمْ لِلْحَقِّ
كَٰرِهُونَ ٢٣ـ٧١ وَلَوِ ٱتَّبَعَ ٱلْحَقُّ أَهْوَآءَهُمْ لَفَسَدَتِ ٱلسَّمَٰوَٰتُ وَٱلْأَرْضُ وَمَن فِيهِنَّ ۚ
بَلْ أَتَيْنَٰهُم بِذِكْرِهِمْ فَهُمْ عَن ذِكْرِهِم مُّعْرِضُونَ ٢٣ـ٧٢ أَمْ تَسْـَٔلُهُمْ خَرْجًا فَخَرَاجُ
رَبِّكَ خَيْرٌ ۖ وَهُوَ خَيْرُ ٱلرَّٰزِقِينَ ٢٣ـ٧٣ وَإِنَّكَ لَتَدْعُوهُمْ إِلَىٰ صِرَٰطٍ مُّسْتَقِيمٍ
٢٣ـ٧٤ وَإِنَّ ٱلَّذِينَ لَا يُؤْمِنُونَ بِٱلْءَاخِرَةِ عَنِ ٱلصِّرَٰطِ لَنَٰكِبُونَ ٢٣ـ٧٥ وَلَوْ رَحِمْنَٰهُمْ
وَكَشَفْنَا مَا بِهِم مِّن ضُرٍّ لَّلَجُّوا۟ فِى طُغْيَٰنِهِمْ يَعْمَهُونَ ٢٣ـ٧٦ وَلَقَدْ أَخَذْنَٰهُم
بِٱلْعَذَابِ فَمَا ٱسْتَكَانُوا۟ لِرَبِّهِمْ وَمَا يَتَضَرَّعُونَ ٢٣ـ٧٧ حَتَّىٰٓ إِذَا فَتَحْنَا عَلَيْهِم بَابًا ذَا
عَذَابٍ شَدِيدٍ إِذَا هُمْ فِيهِ مُبْلِسُونَ ٢٣ـ٧٨ وَهُوَ ٱلَّذِىٓ أَنشَأَ لَكُمُ ٱلسَّمْعَ وَٱلْأَبْصَٰرَ
وَٱلْأَفْـِٔدَةَ ۚ قَلِيلًا مَّا تَشْكُرُونَ ٢٣ـ٧٩ وَهُوَ ٱلَّذِى ذَرَأَكُمْ فِى ٱلْأَرْضِ وَإِلَيْهِ تُحْشَرُونَ
٢٣ـ٨٠ وَهُوَ ٱلَّذِى يُحْىِۦ وَيُمِيتُ وَلَهُ ٱخْتِلَٰفُ ٱلَّيْلِ وَٱلنَّهَارِ ۚ أَفَلَا تَعْقِلُونَ ٢٣ـ٨١ بَلْ
قَالُوا۟ مِثْلَ مَا قَالَ ٱلْأَوَّلُونَ ٢٣ـ٨٢ قَالُوٓا۟ أَءِذَا مِتْنَا وَكُنَّا تُرَابًا وَعِظَٰمًا أَءِنَّا
لَمَبْعُوثُونَ ٢٣ـ٨٣ لَقَدْ وُعِدْنَا نَحْنُ وَءَابَآؤُنَا هَٰذَا مِن قَبْلُ إِنْ هَٰذَآ إِلَّآ أَسَٰطِيرُ
ٱلْأَوَّلِينَ ٢٣ـ٨٤ قُل لِّمَنِ ٱلْأَرْضُ وَمَن فِيهَآ إِن كُنتُمْ تَعْلَمُونَ ٢٣ـ٨٥ سَيَقُولُونَ
لِلَّهِ ۚ قُلْ أَفَلَا تَذَكَّرُونَ ٢٣ـ٨٦ قُلْ مَن رَّبُّ ٱلسَّمَٰوَٰتِ ٱلسَّبْعِ وَرَبُّ ٱلْعَرْشِ ٱلْعَظِيمِ
٢٣ـ٨٧ سَيَقُولُونَ لِلَّهِ ۚ قُلْ أَفَلَا تَتَّقُونَ ٢٣ـ٨٨ قُلْ مَنۢ بِيَدِهِۦ مَلَكُوتُ كُلِّ شَىْءٍ
وَهُوَ يُجِيرُ وَلَا يُجَارُ عَلَيْهِ إِن كُنتُمْ تَعْلَمُونَ ٢٣ـ٨٩ سَيَقُولُونَ لِلَّهِ ۚ قُلْ فَأَنَّىٰ
تُسْحَرُونَ ٢٣ـ٩٠ بَلْ أَتَيْنَٰهُم بِٱلْحَقِّ وَإِنَّهُمْ لَكَٰذِبُونَ ٢٣ـ٩١ مَا ٱتَّخَذَ ٱللَّهُ مِن وَلَدٍ
وَمَا كَانَ مَعَهُۥ مِنْ إِلَٰهٍ ۚ إِذًا لَّذَهَبَ كُلُّ إِلَٰهٍۭ بِمَا خَلَقَ وَلَعَلَا بَعْضُهُمْ عَلَىٰ بَعْضٍ ۚ
سُبْحَٰنَ ٱللَّهِ عَمَّا يَصِفُونَ ٢٣ـ٩٢ عَٰلِمِ ٱلْغَيْبِ وَٱلشَّهَٰدَةِ فَتَعَٰلَىٰ عَمَّا يُشْرِكُونَ
٢٣ـ٩٣ قُل رَّبِّ إِمَّا تُرِيَنِّى مَا يُوعَدُونَ ٢٣ـ٩٤ رَبِّ فَلَا تَجْعَلْنِى فِى ٱلْقَوْمِ
ٱلظَّٰلِمِينَ ٢٣ـ٩٥ وَإِنَّا عَلَىٰٓ أَن نُّرِيَكَ مَا نَعِدُهُمْ لَقَٰدِرُونَ ٢٣ـ٩٦ ٱدْفَعْ بِٱلَّتِى هِىَ
أَحْسَنُ ٱلسَّيِّئَةَ ۚ نَحْنُ أَعْلَمُ بِمَا يَصِفُونَ ٢٣ـ٩٧ وَقُل رَّبِّ أَعُوذُ بِكَ مِنْ هَمَزَٰتِ
ٱلشَّيَٰطِينِ ٢٣ـ٩٨ وَأَعُوذُ بِكَ رَبِّ أَن يَحْضُرُونِ ٢٣ـ٩٩ حَتَّىٰٓ إِذَا جَآءَ أَحَدَهُمُ ٱلْمَوْتُ
قَالَ رَبِّ ٱرْجِعُونِ ٢٣ـ١٠٠ لَعَلِّىٓ أَعْمَلُ صَٰلِحًا فِيمَا تَرَكْتُ ۚ كَلَّآ ۚ إِنَّهَا كَلِمَةٌ هُوَ قَآئِلُهَا
ۖ وَمِن وَرَآئِهِم بَرْزَخٌ إِلَىٰ يَوْمِ يُبْعَثُونَ ٢٣ـ١٠١ فَإِذَا نُفِخَ فِى ٱلصُّورِ فَلَآ أَنسَابَ
بَيْنَهُمْ يَوْمَئِذٍ وَلَا يَتَسَآءَلُونَ ٢٣ـ١٠٢ فَمَن ثَقُلَتْ مَوَٰزِينُهُۥ فَأُو۟لَٰٓئِكَ هُمُ ٱلْمُفْلِحُونَ
٢٣ـ١٠٣ وَمَنْ خَفَّتْ مَوَٰزِينُهُۥ فَأُو۟لَٰٓئِكَ ٱلَّذِينَ خَسِرُوٓا۟ أَنفُسَهُمْ فِى جَهَنَّمَ خَٰلِدُونَ
٢٣ـ١٠٤ تَلْفَحُ وُجُوهَهُمُ ٱلنَّارُ وَهُمْ فِيهَا كَٰلِحُونَ ٢٣ـ١٠٥ أَلَمْ تَكُنْ ءَايَٰتِى تُتْلَىٰ

عَلَيْكُمْ فَكُنتُم بِهَا تُكَذِّبُونَ ٢٣ـ١٠٦ قَالُوا۟ رَبَّنَا غَلَبَتْ عَلَيْنَا شِقْوَتُنَا وَكُنَّا قَوْمًا
ضَآلِّينَ ٢٣ـ١٠٧ رَبَّنَآ أَخْرِجْنَا مِنْهَا فَإِنْ عُدْنَا فَإِنَّا ظَٰلِمُونَ ٢٣ـ١٠٨ قَالَ ٱخْسَـُٔوا۟ فِيهَا
وَلَا تُكَلِّمُونِ ٢٣ـ١٠٩ إِنَّهُۥ كَانَ فَرِيقٌ مِّنْ عِبَادِى يَقُولُونَ رَبَّنَآ ءَامَنَّا فَٱغْفِرْ لَنَا
وَٱرْحَمْنَا وَأَنتَ خَيْرُ ٱلرَّٰحِمِينَ ٢٣ـ١١٠ فَٱتَّخَذْتُمُوهُمْ سِخْرِيًّا حَتَّىٰٓ أَنسَوْكُمْ ذِكْرِى
وَكُنتُم مِّنْهُمْ تَضْحَكُونَ ٢٣ـ١١١ إِنِّى جَزَيْتُهُمُ ٱلْيَوْمَ بِمَا صَبَرُوٓا۟ أَنَّهُمْ هُمُ ٱلْفَآئِزُونَ
٢٣ـ١١٢ قَٰلَ كَمْ لَبِثْتُمْ فِى ٱلْأَرْضِ عَدَدَ سِنِينَ ٢٣ـ١١٣ قَالُوا۟ لَبِثْنَا يَوْمًا أَوْ بَعْضَ
يَوْمٍ فَسْـَٔلِ ٱلْعَآدِّينَ ٢٣ـ١١٤ قَٰلَ إِن لَّبِثْتُمْ إِلَّا قَلِيلًا ۖ لَّوْ أَنَّكُمْ كُنتُمْ تَعْلَمُونَ
٢٣ـ١١٥ أَفَحَسِبْتُمْ أَنَّمَا خَلَقْنَٰكُمْ عَبَثًا وَأَنَّكُمْ إِلَيْنَا لَا تُرْجَعُونَ ٢٣ـ١١٦ فَتَعَٰلَى ٱللَّهُ
ٱلْمَلِكُ ٱلْحَقُّ ۖ لَآ إِلَٰهَ إِلَّا هُوَ رَبُّ ٱلْعَرْشِ ٱلْكَرِيمِ ٢٣ـ١١٧ وَمَن يَدْعُ مَعَ ٱللَّهِ إِلَٰهًا ءَاخَرَ
لَا بُرْهَٰنَ لَهُۥ بِهِۦ فَإِنَّمَا حِسَابُهُۥ عِندَ رَبِّهِۦٓ ۚ إِنَّهُۥ لَا يُفْلِحُ ٱلْكَٰفِرُونَ ٢٣ـ١١٨ وَقُل رَّبِّ
ٱغْفِرْ وَٱرْحَمْ وَأَنتَ خَيْرُ ٱلرَّٰحِمِينَ ٢٤ـ١ سُورَةٌ أَنزَلْنَٰهَا وَفَرَضْنَٰهَا وَأَنزَلْنَا فِيهَآ ءَايَٰتٍۭ
بَيِّنَٰتٍ لَّعَلَّكُمْ تَذَكَّرُونَ ٢٤ـ٢ ٱلزَّانِيَةُ وَٱلزَّانِى فَٱجْلِدُوا۟ كُلَّ وَٰحِدٍ مِّنْهُمَا مِا۟ئَةَ جَلْدَةٍ ۖ
وَلَا تَأْخُذْكُم بِهِمَا رَأْفَةٌ فِى دِينِ ٱللَّهِ إِن كُنتُمْ تُؤْمِنُونَ بِٱللَّهِ وَٱلْيَوْمِ ٱلْءَاخِرِ ۖ
وَلْيَشْهَدْ عَذَابَهُمَا طَآئِفَةٌ مِّنَ ٱلْمُؤْمِنِينَ ٢٤ـ٣ ٱلزَّانِى لَا يَنكِحُ إِلَّا زَانِيَةً أَوْ مُشْرِكَةً
وَٱلزَّانِيَةُ لَا يَنكِحُهَآ إِلَّا زَانٍ أَوْ مُشْرِكٌ ۚ وَحُرِّمَ ذَٰلِكَ عَلَى ٱلْمُؤْمِنِينَ ٢٤ـ٤ وَٱلَّذِينَ
يَرْمُونَ ٱلْمُحْصَنَٰتِ ثُمَّ لَمْ يَأْتُوا۟ بِأَرْبَعَةِ شُهَدَآءَ فَٱجْلِدُوهُمْ ثَمَٰنِينَ جَلْدَةً وَلَا تَقْبَلُوا۟
لَهُمْ شَهَٰدَةً أَبَدًا ۚ وَأُو۟لَٰٓئِكَ هُمُ ٱلْفَٰسِقُونَ ٢٤ـ٥ إِلَّا ٱلَّذِينَ تَابُوا۟ مِنۢ بَعْدِ ذَٰلِكَ
وَأَصْلَحُوا۟ فَإِنَّ ٱللَّهَ غَفُورٌ رَّحِيمٌ ٢٤ـ٦ وَٱلَّذِينَ يَرْمُونَ أَزْوَٰجَهُمْ وَلَمْ يَكُن لَّهُمْ
شُهَدَآءُ إِلَّآ أَنفُسُهُمْ فَشَهَٰدَةُ أَحَدِهِمْ أَرْبَعُ شَهَٰدَٰتٍۭ بِٱللَّهِ ۙ إِنَّهُۥ لَمِنَ ٱلصَّٰدِقِينَ
٢٤ـ٧ وَٱلْخَٰمِسَةُ أَنَّ لَعْنَتَ ٱللَّهِ عَلَيْهِ إِن كَانَ مِنَ ٱلْكَٰذِبِينَ ٢٤ـ٨ وَيَدْرَؤُا۟ عَنْهَا
ٱلْعَذَابَ أَن تَشْهَدَ أَرْبَعَ شَهَٰدَٰتٍۭ بِٱللَّهِ ۙ إِنَّهُۥ لَمِنَ ٱلْكَٰذِبِينَ ٢٤ـ٩ وَٱلْخَٰمِسَةَ أَنَّ غَضَبَ
ٱللَّهِ عَلَيْهَآ إِن كَانَ مِنَ ٱلصَّٰدِقِينَ ٢٤ـ١٠ وَلَوْلَا فَضْلُ ٱللَّهِ عَلَيْكُمْ وَرَحْمَتُهُۥ وَأَنَّ ٱللَّهَ
تَوَّابٌ حَكِيمٌ ٢٤ـ١١ إِنَّ ٱلَّذِينَ جَآءُو بِٱلْإِفْكِ عُصْبَةٌ مِّنكُمْ ۚ لَا تَحْسَبُوهُ شَرًّا لَّكُم ۖ بَلْ
هُوَ خَيْرٌ لَّكُمْ ۚ لِكُلِّ ٱمْرِئٍ مِّنْهُم مَّا ٱكْتَسَبَ مِنَ ٱلْإِثْمِ ۚ وَٱلَّذِى تَوَلَّىٰ كِبْرَهُۥ مِنْهُمْ لَهُۥ
عَذَابٌ عَظِيمٌ ٢٤ـ١٢ لَّوْلَآ إِذْ سَمِعْتُمُوهُ ظَنَّ ٱلْمُؤْمِنُونَ وَٱلْمُؤْمِنَٰتُ بِأَنفُسِهِمْ خَيْرًا
وَقَالُوا۟ هَٰذَآ إِفْكٌ مُّبِينٌ ٢٤ـ١٣ لَّوْلَا جَآءُو عَلَيْهِ بِأَرْبَعَةِ شُهَدَآءَ ۚ فَإِذْ لَمْ يَأْتُوا۟
بِٱلشُّهَدَآءِ فَأُو۟لَٰٓئِكَ عِندَ ٱللَّهِ هُمُ ٱلْكَٰذِبُونَ ٢٤ـ١٤ وَلَوْلَا فَضْلُ ٱللَّهِ عَلَيْكُمْ وَرَحْمَتُهُۥ
فِى ٱلدُّنْيَا وَٱلْءَاخِرَةِ لَمَسَّكُمْ فِى مَآ أَفَضْتُمْ فِيهِ عَذَابٌ عَظِيمٌ ٢٤ـ١٥ إِذْ تَلَقَّوْنَهُۥ

بِأَلْسِنَتِكُمْ وَتَقُولُونَ بِأَفْوَاهِكُم مَّا لَيْسَ لَكُم بِهِۦ عِلْمٌ وَتَحْسَبُونَهُۥ هَيِّنًا وَهُوَ عِندَ
ٱللَّهِ عَظِيمٌ ٢٤ــ١٦ وَلَوْلَآ إِذْ سَمِعْتُمُوهُ قُلْتُم مَّا يَكُونُ لَنَآ أَن نَّتَكَلَّمَ بِهَٰذَا سُبْحَٰنَكَ
هَٰذَا بُهْتَٰنٌ عَظِيمٌ ٢٤ــ١٧ يَعِظُكُمُ ٱللَّهُ أَن تَعُودُوا۟ لِمِثْلِهِۦٓ أَبَدًا إِن كُنتُم مُّؤْمِنِينَ
٢٤ــ١٨ وَيُبَيِّنُ ٱللَّهُ لَكُمُ ٱلْءَايَٰتِ ۚ وَٱللَّهُ عَلِيمٌ حَكِيمٌ ٢٤ــ١٩ إِنَّ ٱلَّذِينَ يُحِبُّونَ أَن
تَشِيعَ ٱلْفَٰحِشَةُ فِى ٱلَّذِينَ ءَامَنُوا۟ لَهُمْ عَذَابٌ أَلِيمٌ فِى ٱلدُّنْيَا وَٱلْءَاخِرَةِ ۚ وَٱللَّهُ
يَعْلَمُ وَأَنتُمْ لَا تَعْلَمُونَ ٢٤ــ٢٠ وَلَوْلَا فَضْلُ ٱللَّهِ عَلَيْكُمْ وَرَحْمَتُهُۥ وَأَنَّ ٱللَّهَ رَءُوفٌ
رَّحِيمٌ ٢٤ــ٢١ يَٰٓأَيُّهَا ٱلَّذِينَ ءَامَنُوا۟ لَا تَتَّبِعُوا۟ خُطُوَٰتِ ٱلشَّيْطَٰنِ ۚ وَمَن يَتَّبِعْ خُطُوَٰتِ
ٱلشَّيْطَٰنِ فَإِنَّهُۥ يَأْمُرُ بِٱلْفَحْشَآءِ وَٱلْمُنكَرِ ۚ وَلَوْلَا فَضْلُ ٱللَّهِ عَلَيْكُمْ وَرَحْمَتُهُۥ مَا زَكَىٰ
مِنكُم مِّنْ أَحَدٍ أَبَدًا وَلَٰكِنَّ ٱللَّهَ يُزَكِّى مَن يَشَآءُ ۗ وَٱللَّهُ سَمِيعٌ عَلِيمٌ ٢٤ــ٢٢ وَلَا يَأْتَلِ
أُو۟لُوا۟ ٱلْفَضْلِ مِنكُمْ وَٱلسَّعَةِ أَن يُؤْتُوٓا۟ أُو۟لِى ٱلْقُرْبَىٰ وَٱلْمَسَٰكِينَ وَٱلْمُهَٰجِرِينَ فِى
سَبِيلِ ٱللَّهِ ۖ وَلْيَعْفُوا۟ وَلْيَصْفَحُوٓا۟ ۗ أَلَا تُحِبُّونَ أَن يَغْفِرَ ٱللَّهُ لَكُمْ ۗ وَٱللَّهُ غَفُورٌ رَّحِيمٌ
٢٤ــ٢٣ إِنَّ ٱلَّذِينَ يَرْمُونَ ٱلْمُحْصَنَٰتِ ٱلْغَٰفِلَٰتِ ٱلْمُؤْمِنَٰتِ لُعِنُوا۟ فِى ٱلدُّنْيَا وَٱلْءَاخِرَةِ
وَلَهُمْ عَذَابٌ عَظِيمٌ ٢٤ــ٢٤ يَوْمَ تَشْهَدُ عَلَيْهِمْ أَلْسِنَتُهُمْ وَأَيْدِيهِمْ وَأَرْجُلُهُم بِمَا
كَانُوا۟ يَعْمَلُونَ ٢٤ــ٢٥ يَوْمَئِذٍ يُوَفِّيهِمُ ٱللَّهُ دِينَهُمُ ٱلْحَقَّ وَيَعْلَمُونَ أَنَّ ٱللَّهَ هُوَ
ٱلْحَقُّ ٱلْمُبِينُ ٢٤ــ٢٦ ٱلْخَبِيثَٰتُ لِلْخَبِيثِينَ وَٱلْخَبِيثُونَ لِلْخَبِيثَٰتِ ۖ وَٱلطَّيِّبَٰتُ لِلطَّيِّبِينَ
وَٱلطَّيِّبُونَ لِلطَّيِّبَٰتِ ۚ أُو۟لَٰٓئِكَ مُبَرَّءُونَ مِمَّا يَقُولُونَ ۖ لَهُم مَّغْفِرَةٌ وَرِزْقٌ كَرِيمٌ
٢٤ــ٢٧ يَٰٓأَيُّهَا ٱلَّذِينَ ءَامَنُوا۟ لَا تَدْخُلُوا۟ بُيُوتًا غَيْرَ بُيُوتِكُمْ حَتَّىٰ تَسْتَأْنِسُوا۟ وَتُسَلِّمُوا۟
عَلَىٰٓ أَهْلِهَا ۚ ذَٰلِكُمْ خَيْرٌ لَّكُمْ لَعَلَّكُمْ تَذَكَّرُونَ ٢٤ــ٢٨ فَإِن لَّمْ تَجِدُوا۟ فِيهَآ أَحَدًا فَلَا
تَدْخُلُوهَا حَتَّىٰ يُؤْذَنَ لَكُمْ ۖ وَإِن قِيلَ لَكُمُ ٱرْجِعُوا۟ فَٱرْجِعُوا۟ ۖ هُوَ أَزْكَىٰ لَكُمْ ۚ وَٱللَّهُ
بِمَا تَعْمَلُونَ عَلِيمٌ ٢٤ــ٢٩ لَّيْسَ عَلَيْكُمْ جُنَاحٌ أَن تَدْخُلُوا۟ بُيُوتًا غَيْرَ مَسْكُونَةٍ فِيهَا
مَتَٰعٌ لَّكُمْ ۚ وَٱللَّهُ يَعْلَمُ مَا تُبْدُونَ وَمَا تَكْتُمُونَ ٢٤ــ٣٠ قُل لِّلْمُؤْمِنِينَ يَغُضُّوا۟ مِنْ
أَبْصَٰرِهِمْ وَيَحْفَظُوا۟ فُرُوجَهُمْ ۚ ذَٰلِكَ أَزْكَىٰ لَهُمْ ۗ إِنَّ ٱللَّهَ خَبِيرٌۢ بِمَا يَصْنَعُونَ
٢٤ــ٣١ وَقُل لِّلْمُؤْمِنَٰتِ يَغْضُضْنَ مِنْ أَبْصَٰرِهِنَّ وَيَحْفَظْنَ فُرُوجَهُنَّ وَلَا يُبْدِينَ زِينَتَهُنَّ
إِلَّا مَا ظَهَرَ مِنْهَا ۖ وَلْيَضْرِبْنَ بِخُمُرِهِنَّ عَلَىٰ جُيُوبِهِنَّ ۖ وَلَا يُبْدِينَ زِينَتَهُنَّ إِلَّا
لِبُعُولَتِهِنَّ أَوْ ءَابَآئِهِنَّ أَوْ ءَابَآءِ بُعُولَتِهِنَّ أَوْ أَبْنَآئِهِنَّ أَوْ أَبْنَآءِ بُعُولَتِهِنَّ أَوْ إِخْوَٰنِهِنَّ
أَوْ بَنِىٓ إِخْوَٰنِهِنَّ أَوْ بَنِىٓ أَخَوَٰتِهِنَّ أَوْ نِسَآئِهِنَّ أَوْ مَا مَلَكَتْ أَيْمَٰنُهُنَّ أَوِ ٱلتَّٰبِعِينَ غَيْرِ
أُو۟لِى ٱلْإِرْبَةِ مِنَ ٱلرِّجَالِ أَوِ ٱلطِّفْلِ ٱلَّذِينَ لَمْ يَظْهَرُوا۟ عَلَىٰ عَوْرَٰتِ ٱلنِّسَآءِ ۖ وَلَا
يَضْرِبْنَ بِأَرْجُلِهِنَّ لِيُعْلَمَ مَا يُخْفِينَ مِن زِينَتِهِنَّ ۚ وَتُوبُوٓا۟ إِلَى ٱللَّهِ جَمِيعًا أَيُّهَ

ٱلْمُؤْمِنُونَ لَعَلَّكُمْ تُفْلِحُونَ ٢٤ـ٣٢ وَأَنكِحُوا۟ ٱلْأَيَـٰمَىٰ مِنكُمْ وَٱلصَّـٰلِحِينَ مِنْ عِبَادِكُمْ
وَإِمَآئِكُمْ ۚ إِن يَكُونُوا۟ فُقَرَآءَ يُغْنِهِمُ ٱللَّهُ مِن فَضْلِهِۦ ۗ وَٱللَّهُ وَٰسِعٌ عَلِيمٌ
٢٤ـ٣٣ وَلْيَسْتَعْفِفِ ٱلَّذِينَ لَا يَجِدُونَ نِكَاحًا حَتَّىٰ يُغْنِيَهُمُ ٱللَّهُ مِن فَضْلِهِۦ ۗ وَٱلَّذِينَ
يَبْتَغُونَ ٱلْكِتَـٰبَ مِمَّا مَلَكَتْ أَيْمَـٰنُكُمْ فَكَاتِبُوهُمْ إِنْ عَلِمْتُمْ فِيهِمْ خَيْرًا ۖ وَءَاتُوهُم مِّن
مَّالِ ٱللَّهِ ٱلَّذِىٓ ءَاتَىٰكُمْ ۚ وَلَا تُكْرِهُوا۟ فَتَيَـٰتِكُمْ عَلَى ٱلْبِغَآءِ إِنْ أَرَدْنَ تَحَصُّنًا لِّتَبْتَغُوا۟
عَرَضَ ٱلْحَيَوٰةِ ٱلدُّنْيَا ۚ وَمَن يُكْرِههُّنَّ فَإِنَّ ٱللَّهَ مِنۢ بَعْدِ إِكْرَٰهِهِنَّ غَفُورٌ رَّحِيمٌ
٢٤ـ٣٤ وَلَقَدْ أَنزَلْنَآ إِلَيْكُمْ ءَايَـٰتٍ مُّبَيِّنَـٰتٍ وَمَثَلًا مِّنَ ٱلَّذِينَ خَلَوْا۟ مِن قَبْلِكُمْ وَمَوْعِظَةً
لِّلْمُتَّقِينَ ٢٤ـ٣٥ ٱللَّهُ نُورُ ٱلسَّمَـٰوَٰتِ وَٱلْأَرْضِ ۚ مَثَلُ نُورِهِۦ كَمِشْكَوٰةٍ فِيهَا مِصْبَاحٌ ۖ
ٱلْمِصْبَاحُ فِى زُجَاجَةٍ ۖ ٱلزُّجَاجَةُ كَأَنَّهَا كَوْكَبٌ دُرِّىٌّ يُوقَدُ مِن شَجَرَةٍ مُّبَـٰرَكَةٍ زَيْتُونَةٍ لَّا
شَرْقِيَّةٍ وَلَا غَرْبِيَّةٍ يَكَادُ زَيْتُهَا يُضِىٓءُ وَلَوْ لَمْ تَمْسَسْهُ نَارٌ ۚ نُّورٌ عَلَىٰ نُورٍ ۗ يَهْدِى
ٱللَّهُ لِنُورِهِۦ مَن يَشَآءُ ۚ وَيَضْرِبُ ٱللَّهُ ٱلْأَمْثَـٰلَ لِلنَّاسِ ۗ وَٱللَّهُ بِكُلِّ شَىْءٍ عَلِيمٌ
٢٤ـ٣٦ فِى بُيُوتٍ أَذِنَ ٱللَّهُ أَن تُرْفَعَ وَيُذْكَرَ فِيهَا ٱسْمُهُۥ يُسَبِّحُ لَهُۥ فِيهَا بِٱلْغُدُوِّ
وَٱلْءَاصَالِ ٢٤ـ٣٧ رِجَالٌ لَّا تُلْهِيهِمْ تِجَـٰرَةٌ وَلَا بَيْعٌ عَن ذِكْرِ ٱللَّهِ وَإِقَامِ ٱلصَّلَوٰةِ
وَإِيتَآءِ ٱلزَّكَوٰةِ ۙ يَخَافُونَ يَوْمًا تَتَقَلَّبُ فِيهِ ٱلْقُلُوبُ وَٱلْأَبْصَـٰرُ ٢٤ـ٣٨ لِيَجْزِيَهُمُ ٱللَّهُ
أَحْسَنَ مَا عَمِلُوا۟ وَيَزِيدَهُم مِّن فَضْلِهِۦ ۗ وَٱللَّهُ يَرْزُقُ مَن يَشَآءُ بِغَيْرِ حِسَابٍ
٢٤ـ٣٩ وَٱلَّذِينَ كَفَرُوٓا۟ أَعْمَـٰلُهُمْ كَسَرَابٍۭ بِقِيعَةٍ يَحْسَبُهُ ٱلظَّمْـَٔانُ مَآءً حَتَّىٰٓ إِذَا جَآءَهُۥ
لَمْ يَجِدْهُ شَيْـًٔا وَوَجَدَ ٱللَّهَ عِندَهُۥ فَوَفَّىٰهُ حِسَابَهُۥ ۗ وَٱللَّهُ سَرِيعُ ٱلْحِسَابِ ٢٤ـ٤٠ أَوْ
كَظُلُمَـٰتٍ فِى بَحْرٍ لُّجِّىٍّ يَغْشَىٰهُ مَوْجٌ مِّن فَوْقِهِۦ مَوْجٌ مِّن فَوْقِهِۦ سَحَابٌ ۚ ظُلُمَـٰتٌۢ
بَعْضُهَا فَوْقَ بَعْضٍ إِذَآ أَخْرَجَ يَدَهُۥ لَمْ يَكَدْ يَرَىٰهَا ۗ وَمَن لَّمْ يَجْعَلِ ٱللَّهُ لَهُۥ نُورًا فَمَا
لَهُۥ مِن نُّورٍ ٢٤ـ٤١ أَلَمْ تَرَ أَنَّ ٱللَّهَ يُسَبِّحُ لَهُۥ مَن فِى ٱلسَّمَـٰوَٰتِ وَٱلْأَرْضِ وَٱلطَّيْرُ
صَـٰٓفَّـٰتٍ ۖ كُلٌّ قَدْ عَلِمَ صَلَاتَهُۥ وَتَسْبِيحَهُۥ ۗ وَٱللَّهُ عَلِيمٌۢ بِمَا يَفْعَلُونَ ٢٤ـ٤٢ وَلِلَّهِ مُلْكُ
ٱلسَّمَـٰوَٰتِ وَٱلْأَرْضِ ۖ وَإِلَى ٱللَّهِ ٱلْمَصِيرُ ٢٤ـ٤٣ أَلَمْ تَرَ أَنَّ ٱللَّهَ يُزْجِى سَحَابًا ثُمَّ يُؤَلِّفُ
بَيْنَهُۥ ثُمَّ يَجْعَلُهُۥ رُكَامًا فَتَرَى ٱلْوَدْقَ يَخْرُجُ مِنْ خِلَـٰلِهِۦ وَيُنَزِّلُ مِنَ ٱلسَّمَآءِ مِن جِبَالٍ
فِيهَا مِنۢ بَرَدٍ فَيُصِيبُ بِهِۦ مَن يَشَآءُ وَيَصْرِفُهُۥ عَن مَّن يَشَآءُ ۖ يَكَادُ سَنَا بَرْقِهِۦ يَذْهَبُ
بِٱلْأَبْصَـٰرِ ٢٤ـ٤٤ يُقَلِّبُ ٱللَّهُ ٱلَّيْلَ وَٱلنَّهَارَ ۚ إِنَّ فِى ذَٰلِكَ لَعِبْرَةً لِّأُو۟لِى ٱلْأَبْصَـٰرِ
٢٤ـ٤٥ وَٱللَّهُ خَلَقَ كُلَّ دَآبَّةٍ مِّن مَّآءٍ ۖ فَمِنْهُم مَّن يَمْشِى عَلَىٰ بَطْنِهِۦ وَمِنْهُم مَّن
يَمْشِى عَلَىٰ رِجْلَيْنِ وَمِنْهُم مَّن يَمْشِى عَلَىٰٓ أَرْبَعٍ ۚ يَخْلُقُ ٱللَّهُ مَا يَشَآءُ ۚ إِنَّ ٱللَّهَ
عَلَىٰ كُلِّ شَىْءٍ قَدِيرٌ ٢٤ـ٤٦ لَّقَدْ أَنزَلْنَآ ءَايَـٰتٍ مُّبَيِّنَـٰتٍ ۚ وَٱللَّهُ يَهْدِى مَن يَشَآءُ إِلَىٰ

صِرَٰطٍ مُّسْتَقِيمٍ ٢٤_٤٧ وَيَقُولُونَ ءَامَنَّا بِٱللَّهِ وَبِٱلرَّسُولِ وَأَطَعْنَا ثُمَّ يَتَوَلَّىٰ فَرِيقٌ
مِّنْهُم مِّنۢ بَعْدِ ذَٰلِكَ ۚ وَمَآ أُو۟لَٰٓئِكَ بِٱلْمُؤْمِنِينَ ٢٤_٤٨ وَإِذَا دُعُوٓا۟ إِلَى ٱللَّهِ وَرَسُولِهِۦ
لِيَحْكُمَ بَيْنَهُمْ إِذَا فَرِيقٌ مِّنْهُم مُّعْرِضُونَ ٢٤_٤٩ وَإِن يَكُن لَّهُمُ ٱلْحَقُّ يَأْتُوٓا۟ إِلَيْهِ
مُذْعِنِينَ ٢٤_٥٠ أَفِى قُلُوبِهِم مَّرَضٌ أَمِ ٱرْتَابُوٓا۟ أَمْ يَخَافُونَ أَن يَحِيفَ ٱللَّهُ عَلَيْهِمْ
وَرَسُولُهُۥ ۚ بَلْ أُو۟لَٰٓئِكَ هُمُ ٱلظَّٰلِمُونَ ٢٤_٥١ إِنَّمَا كَانَ قَوْلَ ٱلْمُؤْمِنِينَ إِذَا دُعُوٓا۟ إِلَى
ٱللَّهِ وَرَسُولِهِۦ لِيَحْكُمَ بَيْنَهُمْ أَن يَقُولُوا۟ سَمِعْنَا وَأَطَعْنَا ۚ وَأُو۟لَٰٓئِكَ هُمُ ٱلْمُفْلِحُونَ
٢٤_٥٢ وَمَن يُطِعِ ٱللَّهَ وَرَسُولَهُۥ وَيَخْشَ ٱللَّهَ وَيَتَّقْهِ فَأُو۟لَٰٓئِكَ هُمُ ٱلْفَآئِزُونَ
٢٤_٥٣ وَأَقْسَمُوا۟ بِٱللَّهِ جَهْدَ أَيْمَٰنِهِمْ لَئِنْ أَمَرْتَهُمْ لَيَخْرُجُنَّ ۖ قُل لَّا تُقْسِمُوا۟ ۖ طَاعَةٌ
مَّعْرُوفَةٌ ۚ إِنَّ ٱللَّهَ خَبِيرٌۢ بِمَا تَعْمَلُونَ ٢٤_٥٤ قُلْ أَطِيعُوا۟ ٱللَّهَ وَأَطِيعُوا۟ ٱلرَّسُولَ ۖ فَإِن
تَوَلَّوْا۟ فَإِنَّمَا عَلَيْهِ مَا حُمِّلَ وَعَلَيْكُم مَّا حُمِّلْتُمْ ۖ وَإِن تُطِيعُوهُ تَهْتَدُوا۟ ۚ وَمَا عَلَى
ٱلرَّسُولِ إِلَّا ٱلْبَلَٰغُ ٱلْمُبِينُ ٢٤_٥٥ وَعَدَ ٱللَّهُ ٱلَّذِينَ ءَامَنُوا۟ مِنكُمْ وَعَمِلُوا۟ ٱلصَّٰلِحَٰتِ
لَيَسْتَخْلِفَنَّهُمْ فِى ٱلْأَرْضِ كَمَا ٱسْتَخْلَفَ ٱلَّذِينَ مِن قَبْلِهِمْ وَلَيُمَكِّنَنَّ لَهُمْ دِينَهُمُ
ٱلَّذِى ٱرْتَضَىٰ لَهُمْ وَلَيُبَدِّلَنَّهُم مِّنۢ بَعْدِ خَوْفِهِمْ أَمْنًا ۚ يَعْبُدُونَنِى لَا يُشْرِكُونَ بِى
شَيْـًٔا ۚ وَمَن كَفَرَ بَعْدَ ذَٰلِكَ فَأُو۟لَٰٓئِكَ هُمُ ٱلْفَٰسِقُونَ ٢٤_٥٦ وَأَقِيمُوا۟ ٱلصَّلَوٰةَ وَءَاتُوا۟
ٱلزَّكَوٰةَ وَأَطِيعُوا۟ ٱلرَّسُولَ لَعَلَّكُمْ تُرْحَمُونَ ٢٤_٥٧ لَا تَحْسَبَنَّ ٱلَّذِينَ كَفَرُوا۟ مُعْجِزِينَ
فِى ٱلْأَرْضِ ۚ وَمَأْوَىٰهُمُ ٱلنَّارُ ۖ وَلَبِئْسَ ٱلْمَصِيرُ ٢٤_٥٨ يَٰٓأَيُّهَا ٱلَّذِينَ ءَامَنُوا۟
لِيَسْتَـْٔذِنكُمُ ٱلَّذِينَ مَلَكَتْ أَيْمَٰنُكُمْ وَٱلَّذِينَ لَمْ يَبْلُغُوا۟ ٱلْحُلُمَ مِنكُمْ ثَلَٰثَ مَرَّٰتٍ ۚ مِّن قَبْلِ
صَلَوٰةِ ٱلْفَجْرِ وَحِينَ تَضَعُونَ ثِيَابَكُم مِّنَ ٱلظَّهِيرَةِ وَمِنۢ بَعْدِ صَلَوٰةِ ٱلْعِشَآءِ ۚ ثَلَٰثُ
عَوْرَٰتٍ لَّكُمْ ۚ لَيْسَ عَلَيْكُمْ وَلَا عَلَيْهِمْ جُنَاحٌۢ بَعْدَهُنَّ ۚ طَوَّٰفُونَ عَلَيْكُم بَعْضُكُمْ عَلَىٰ
بَعْضٍ ۚ كَذَٰلِكَ يُبَيِّنُ ٱللَّهُ لَكُمُ ٱلْءَايَٰتِ ۗ وَٱللَّهُ عَلِيمٌ حَكِيمٌ ٢٤_٥٩ وَإِذَا بَلَغَ ٱلْأَطْفَٰلُ
مِنكُمُ ٱلْحُلُمَ فَلْيَسْتَـْٔذِنُوا۟ كَمَا ٱسْتَـْٔذَنَ ٱلَّذِينَ مِن قَبْلِهِمْ ۚ كَذَٰلِكَ يُبَيِّنُ ٱللَّهُ لَكُمْ
ءَايَٰتِهِۦ ۗ وَٱللَّهُ عَلِيمٌ حَكِيمٌ ٢٤_٦٠ وَٱلْقَوَٰعِدُ مِنَ ٱلنِّسَآءِ ٱلَّٰتِى لَا يَرْجُونَ نِكَاحًا فَلَيْسَ
عَلَيْهِنَّ جُنَاحٌ أَن يَضَعْنَ ثِيَابَهُنَّ غَيْرَ مُتَبَرِّجَٰتٍۭ بِزِينَةٍ ۖ وَأَن يَسْتَعْفِفْنَ خَيْرٌ لَّهُنَّ ۗ وَٱللَّهُ
سَمِيعٌ عَلِيمٌ ٢٤_٦١ لَّيْسَ عَلَى ٱلْأَعْمَىٰ حَرَجٌ وَلَا عَلَى ٱلْأَعْرَجِ حَرَجٌ وَلَا عَلَى ٱلْمَرِيضِ
حَرَجٌ وَلَا عَلَىٰٓ أَنفُسِكُمْ أَن تَأْكُلُوا۟ مِنۢ بُيُوتِكُمْ أَوْ بُيُوتِ ءَابَآئِكُمْ أَوْ بُيُوتِ أُمَّهَٰتِكُمْ
أَوْ بُيُوتِ إِخْوَٰنِكُمْ أَوْ بُيُوتِ أَخَوَٰتِكُمْ أَوْ بُيُوتِ أَعْمَٰمِكُمْ أَوْ بُيُوتِ عَمَّٰتِكُمْ أَوْ بُيُوتِ
أَخْوَٰلِكُمْ أَوْ بُيُوتِ خَٰلَٰتِكُمْ أَوْ مَا مَلَكْتُم مَّفَاتِحَهُۥٓ أَوْ صَدِيقِكُمْ ۚ لَيْسَ عَلَيْكُمْ جُنَاحٌ أَن
تَأْكُلُوا۟ جَمِيعًا أَوْ أَشْتَاتًا ۚ فَإِذَا دَخَلْتُم بُيُوتًا فَسَلِّمُوا۟ عَلَىٰٓ أَنفُسِكُمْ تَحِيَّةً مِّنْ عِندِ

ٱللَّهِ مُبَـٰرَكَةً طَيِّبَةً ۚ كَذَٰلِكَ يُبَيِّنُ ٱللَّهُ لَكُمُ ٱلْءَايَـٰتِ لَعَلَّكُمْ تَعْقِلُونَ ٢٤ـ٦٢ إِنَّمَا ٱلْمُؤْمِنُونَ ٱلَّذِينَ ءَامَنُوا۟ بِٱللَّهِ وَرَسُولِهِۦ وَإِذَا كَانُوا۟ مَعَهُۥ عَلَىٰٓ أَمْرٍ جَامِعٍ لَّمْ يَذْهَبُوا۟ حَتَّىٰ يَسْتَـْٔذِنُوهُ ۚ إِنَّ ٱلَّذِينَ يَسْتَـْٔذِنُونَكَ أُو۟لَـٰٓئِكَ ٱلَّذِينَ يُؤْمِنُونَ بِٱللَّهِ وَرَسُولِهِۦ ۚ فَإِذَا ٱسْتَـْٔذَنُوكَ لِبَعْضِ شَأْنِهِمْ فَأْذَن لِّمَن شِئْتَ مِنْهُمْ وَٱسْتَغْفِرْ لَهُمُ ٱللَّهَ ۚ إِنَّ ٱللَّهَ غَفُورٌ رَّحِيمٌ ٢٤ـ٦٣ لَّا تَجْعَلُوا۟ دُعَآءَ ٱلرَّسُولِ بَيْنَكُمْ كَدُعَآءِ بَعْضِكُم بَعْضًا ۚ قَدْ يَعْلَمُ ٱللَّهُ ٱلَّذِينَ يَتَسَلَّلُونَ مِنكُمْ لِوَاذًا ۚ فَلْيَحْذَرِ ٱلَّذِينَ يُخَالِفُونَ عَنْ أَمْرِهِۦٓ أَن تُصِيبَهُمْ فِتْنَةٌ أَوْ يُصِيبَهُمْ عَذَابٌ أَلِيمٌ ٢٤ـ٦٤ أَلَآ إِنَّ لِلَّهِ مَا فِى ٱلسَّمَـٰوَٰتِ وَٱلْأَرْضِ ۖ قَدْ يَعْلَمُ مَآ أَنتُمْ عَلَيْهِ وَيَوْمَ يُرْجَعُونَ إِلَيْهِ فَيُنَبِّئُهُم بِمَا عَمِلُوا۟ ۗ وَٱللَّهُ بِكُلِّ شَىْءٍ عَلِيمٌۢ ٢٥ـ١ تَبَارَكَ ٱلَّذِى نَزَّلَ ٱلْفُرْقَانَ عَلَىٰ عَبْدِهِۦ لِيَكُونَ لِلْعَـٰلَمِينَ نَذِيرًا ٢٥ـ٢ ٱلَّذِى لَهُۥ مُلْكُ ٱلسَّمَـٰوَٰتِ وَٱلْأَرْضِ وَلَمْ يَتَّخِذْ وَلَدًا وَلَمْ يَكُن لَّهُۥ شَرِيكٌ فِى ٱلْمُلْكِ وَخَلَقَ كُلَّ شَىْءٍ فَقَدَّرَهُۥ تَقْدِيرًا ٢٥ـ٣ وَٱتَّخَذُوا۟ مِن دُونِهِۦٓ ءَالِهَةً لَّا يَخْلُقُونَ شَيْـًٔا وَهُمْ يُخْلَقُونَ وَلَا يَمْلِكُونَ لِأَنفُسِهِمْ ضَرًّا وَلَا نَفْعًا وَلَا يَمْلِكُونَ مَوْتًا وَلَا حَيَوٰةً وَلَا نُشُورًا ٢٥ـ٤ وَقَالَ ٱلَّذِينَ كَفَرُوٓا۟ إِنْ هَـٰذَآ إِلَّآ إِفْكٌ ٱفْتَرَىٰهُ وَأَعَانَهُۥ عَلَيْهِ قَوْمٌ ءَاخَرُونَ ۖ فَقَدْ جَآءُو ظُلْمًا وَزُورًا ٢٥ـ٥ وَقَالُوٓا۟ أَسَـٰطِيرُ ٱلْأَوَّلِينَ ٱكْتَتَبَهَا فَهِىَ تُمْلَىٰ عَلَيْهِ بُكْرَةً وَأَصِيلًا ٢٥ـ٦ قُلْ أَنزَلَهُ ٱلَّذِى يَعْلَمُ ٱلسِّرَّ فِى ٱلسَّمَـٰوَٰتِ وَٱلْأَرْضِ ۚ إِنَّهُۥ كَانَ غَفُورًا رَّحِيمًا ٢٥ـ٧ وَقَالُوا۟ مَالِ هَـٰذَا ٱلرَّسُولِ يَأْكُلُ ٱلطَّعَامَ وَيَمْشِى فِى ٱلْأَسْوَاقِ ۙ لَوْلَآ أُنزِلَ إِلَيْهِ مَلَكٌ فَيَكُونَ مَعَهُۥ نَذِيرًا ٢٥ـ٨ أَوْ يُلْقَىٰٓ إِلَيْهِ كَنزٌ أَوْ تَكُونُ لَهُۥ جَنَّةٌ يَأْكُلُ مِنْهَا ۚ وَقَالَ ٱلظَّـٰلِمُونَ إِن تَتَّبِعُونَ إِلَّا رَجُلًا مَّسْحُورًا ٢٥ـ٩ ٱنظُرْ كَيْفَ ضَرَبُوا۟ لَكَ ٱلْأَمْثَـٰلَ فَضَلُّوا۟ فَلَا يَسْتَطِيعُونَ سَبِيلًا ٢٥ـ١٠ تَبَارَكَ ٱلَّذِىٓ إِن شَآءَ جَعَلَ لَكَ خَيْرًا مِّن ذَٰلِكَ جَنَّـٰتٍ تَجْرِى مِن تَحْتِهَا ٱلْأَنْهَـٰرُ وَيَجْعَل لَّكَ قُصُورًۢا ٢٥ـ١١ بَلْ كَذَّبُوا۟ بِٱلسَّاعَةِ ۖ وَأَعْتَدْنَا لِمَن كَذَّبَ بِٱلسَّاعَةِ سَعِيرًا ٢٥ـ١٢ إِذَا رَأَتْهُم مِّن مَّكَانٍۭ بَعِيدٍ سَمِعُوا۟ لَهَا تَغَيُّظًا وَزَفِيرًا ٢٥ـ١٣ وَإِذَآ أُلْقُوا۟ مِنْهَا مَكَانًا ضَيِّقًا مُّقَرَّنِينَ دَعَوْا۟ هُنَالِكَ ثُبُورًا ٢٥ـ١٤ لَّا تَدْعُوا۟ ٱلْيَوْمَ ثُبُورًا وَٰحِدًا وَٱدْعُوا۟ ثُبُورًا كَثِيرًا ٢٥ـ١٥ قُلْ أَذَٰلِكَ خَيْرٌ أَمْ جَنَّةُ ٱلْخُلْدِ ٱلَّتِى وُعِدَ ٱلْمُتَّقُونَ ۚ كَانَتْ لَهُمْ جَزَآءً وَمَصِيرًا ٢٥ـ١٦ لَّهُمْ فِيهَا مَا يَشَآءُونَ خَـٰلِدِينَ ۚ كَانَ عَلَىٰ رَبِّكَ وَعْدًا مَّسْـُٔولًا ٢٥ـ١٧ وَيَوْمَ يَحْشُرُهُمْ وَمَا يَعْبُدُونَ مِن دُونِ ٱللَّهِ فَيَقُولُ ءَأَنتُمْ أَضْلَلْتُمْ عِبَادِى هَـٰٓؤُلَآءِ أَمْ هُمْ ضَلُّوا۟ ٱلسَّبِيلَ ٢٥ـ١٨ قَالُوا۟ سُبْحَـٰنَكَ مَا كَانَ يَنۢبَغِى لَنَآ أَن نَّتَّخِذَ مِن دُونِكَ مِنْ أَوْلِيَآءَ وَلَـٰكِن مَّتَّعْتَهُمْ وَءَابَآءَهُمْ حَتَّىٰ نَسُوا۟ ٱلذِّكْرَ وَكَانُوا۟ قَوْمًۢا بُورًا ٢٥ـ١٩ فَقَدْ كَذَّبُوكُم بِمَا تَقُولُونَ فَمَا

تَسْتَطِيعُونَ صَرْفًا وَلَا نَصْرًا ۚ وَمَن يَظْلِم مِّنكُمْ نُذِقْهُ عَذَابًا كَبِيرًا ٢٥ـ٢٠ وَمَآ أَرْسَلْنَا
قَبْلَكَ مِنَ ٱلْمُرْسَلِينَ إِلَّآ إِنَّهُمْ لَيَأْكُلُونَ ٱلطَّعَامَ وَيَمْشُونَ فِى ٱلْأَسْوَاقِ ۗ وَجَعَلْنَا
بَعْضَكُمْ لِبَعْضٍ فِتْنَةً أَتَصْبِرُونَ ۗ وَكَانَ رَبُّكَ بَصِيرًا ٢٥ـ٢١ وَقَالَ ٱلَّذِينَ لَا يَرْجُونَ
لِقَآءَنَا لَوْلَآ أُنزِلَ عَلَيْنَا ٱلْمَلَٰٓئِكَةُ أَوْ نَرَىٰ رَبَّنَا ۗ لَقَدِ ٱسْتَكْبَرُوا۟ فِىٓ أَنفُسِهِمْ وَعَتَوْ عُتُوًّا
كَبِيرًا ٢٥ـ٢٢ يَوْمَ يَرَوْنَ ٱلْمَلَٰٓئِكَةَ لَا بُشْرَىٰ يَوْمَئِذٍ لِّلْمُجْرِمِينَ وَيَقُولُونَ حِجْرًا مَّحْجُورًا
٢٥ـ٢٣ وَقَدِمْنَآ إِلَىٰ مَا عَمِلُوا۟ مِنْ عَمَلٍ فَجَعَلْنَٰهُ هَبَآءً مَّنثُورًا ٢٥ـ٢٤ أَصْحَٰبُ ٱلْجَنَّةِ
يَوْمَئِذٍ خَيْرٌ مُّسْتَقَرًّا وَأَحْسَنُ مَقِيلًا ٢٥ـ٢٥ وَيَوْمَ تَشَقَّقُ ٱلسَّمَآءُ بِٱلْغَمَٰمِ وَنُزِّلَ
ٱلْمَلَٰٓئِكَةُ تَنزِيلًا ٢٥ـ٢٦ ٱلْمُلْكُ يَوْمَئِذٍ ٱلْحَقُّ لِلرَّحْمَٰنِ ۚ وَكَانَ يَوْمًا عَلَى ٱلْكَٰفِرِينَ
عَسِيرًا ٢٥ـ٢٧ وَيَوْمَ يَعَضُّ ٱلظَّالِمُ عَلَىٰ يَدَيْهِ يَقُولُ يَٰلَيْتَنِى ٱتَّخَذْتُ مَعَ ٱلرَّسُولِ
سَبِيلًا ٢٥ـ٢٨ يَٰوَيْلَتَىٰ لَيْتَنِى لَمْ أَتَّخِذْ فُلَانًا خَلِيلًا ٢٥ـ٢٩ لَّقَدْ أَضَلَّنِى عَنِ ٱلذِّكْرِ
بَعْدَ إِذْ جَآءَنِى ۗ وَكَانَ ٱلشَّيْطَٰنُ لِلْإِنسَٰنِ خَذُولًا ٢٥ـ٣٠ وَقَالَ ٱلرَّسُولُ يَٰرَبِّ إِنَّ
قَوْمِى ٱتَّخَذُوا۟ هَٰذَا ٱلْقُرْءَانَ مَهْجُورًا ٢٥ـ٣١ وَكَذَٰلِكَ جَعَلْنَا لِكُلِّ نَبِىٍّ عَدُوًّا مِّنَ
ٱلْمُجْرِمِينَ ۗ وَكَفَىٰ بِرَبِّكَ هَادِيًا وَنَصِيرًا ٢٥ـ٣٢ وَقَالَ ٱلَّذِينَ كَفَرُوا۟ لَوْلَا نُزِّلَ عَلَيْهِ
ٱلْقُرْءَانُ جُمْلَةً وَٰحِدَةً ۚ كَذَٰلِكَ لِنُثَبِّتَ بِهِۦ فُؤَادَكَ ۖ وَرَتَّلْنَٰهُ تَرْتِيلًا ٢٥ـ٣٣ وَلَا يَأْتُونَكَ
بِمَثَلٍ إِلَّا جِئْنَٰكَ بِٱلْحَقِّ وَأَحْسَنَ تَفْسِيرًا ٢٥ـ٣٤ ٱلَّذِينَ يُحْشَرُونَ عَلَىٰ وُجُوهِهِمْ إِلَىٰ
جَهَنَّمَ أُو۟لَٰٓئِكَ شَرٌّ مَّكَانًا وَأَضَلُّ سَبِيلًا ٢٥ـ٣٥ وَلَقَدْ ءَاتَيْنَا مُوسَى ٱلْكِتَٰبَ وَجَعَلْنَا
مَعَهُۥٓ أَخَاهُ هَٰرُونَ وَزِيرًا ٢٥ـ٣٦ فَقُلْنَا ٱذْهَبَآ إِلَى ٱلْقَوْمِ ٱلَّذِينَ كَذَّبُوا۟ بِـَٔايَٰتِنَا
فَدَمَّرْنَٰهُمْ تَدْمِيرًا ٢٥ـ٣٧ وَقَوْمَ نُوحٍ لَّمَّا كَذَّبُوا۟ ٱلرُّسُلَ أَغْرَقْنَٰهُمْ وَجَعَلْنَٰهُمْ لِلنَّاسِ
ءَايَةً ۖ وَأَعْتَدْنَا لِلظَّٰلِمِينَ عَذَابًا أَلِيمًا ٢٥ـ٣٨ وَعَادًا وَثَمُودَا۟ وَأَصْحَٰبَ ٱلرَّسِّ وَقُرُونًۢا
بَيْنَ ذَٰلِكَ كَثِيرًا ٢٥ـ٣٩ وَكُلًّا ضَرَبْنَا لَهُ ٱلْأَمْثَٰلَ ۖ وَكُلًّا تَبَّرْنَا تَتْبِيرًا ٢٥ـ٤٠ وَلَقَدْ أَتَوْا۟
عَلَى ٱلْقَرْيَةِ ٱلَّتِىٓ أُمْطِرَتْ مَطَرَ ٱلسَّوْءِ ۚ أَفَلَمْ يَكُونُوا۟ يَرَوْنَهَا ۚ بَلْ كَانُوا۟ لَا يَرْجُونَ
نُشُورًا ٢٥ـ٤١ وَإِذَا رَأَوْكَ إِن يَتَّخِذُونَكَ إِلَّا هُزُوًا أَهَٰذَا ٱلَّذِى بَعَثَ ٱللَّهُ رَسُولًا
٢٥ـ٤٢ إِن كَادَ لَيُضِلُّنَا عَنْ ءَالِهَتِنَا لَوْلَآ أَن صَبَرْنَا عَلَيْهَا ۚ وَسَوْفَ يَعْلَمُونَ حِينَ
يَرَوْنَ ٱلْعَذَابَ مَنْ أَضَلُّ سَبِيلًا ٢٥ـ٤٣ أَرَءَيْتَ مَنِ ٱتَّخَذَ إِلَٰهَهُۥ هَوَىٰهُ أَفَأَنتَ تَكُونُ
عَلَيْهِ وَكِيلًا ٢٥ـ٤٤ أَمْ تَحْسَبُ أَنَّ أَكْثَرَهُمْ يَسْمَعُونَ أَوْ يَعْقِلُونَ ۚ إِنْ هُمْ إِلَّا
كَٱلْأَنْعَٰمِ ۖ بَلْ هُمْ أَضَلُّ سَبِيلًا ٢٥ـ٤٥ أَلَمْ تَرَ إِلَىٰ رَبِّكَ كَيْفَ مَدَّ ٱلظِّلَّ وَلَوْ شَآءَ
لَجَعَلَهُۥ سَاكِنًا ثُمَّ جَعَلْنَا ٱلشَّمْسَ عَلَيْهِ دَلِيلًا ٢٥ـ٤٦ ثُمَّ قَبَضْنَٰهُ إِلَيْنَا قَبْضًا يَسِيرًا
٢٥ـ٤٧ وَهُوَ ٱلَّذِى جَعَلَ لَكُمُ ٱلَّيْلَ لِبَاسًا وَٱلنَّوْمَ سُبَاتًا وَجَعَلَ ٱلنَّهَارَ نُشُورًا

٢٥ـ٤٨ وَهُوَ ٱلَّذِىٓ أَرْسَلَ ٱلرِّيَٰحَ بُشْرًۢا بَيْنَ يَدَىْ رَحْمَتِهِۦ ۚ وَأَنزَلْنَا مِنَ ٱلسَّمَآءِ مَآءً
طَهُورًا ٢٥ـ٤٩ لِّنُحْـِۧىَ بِهِۦ بَلْدَةً مَّيْتًا وَنُسْقِيَهُۥ مِمَّا خَلَقْنَآ أَنْعَٰمًا وَأَنَاسِىَّ كَثِيرًا
٢٥ـ٥٠ وَلَقَدْ صَرَّفْنَٰهُ بَيْنَهُمْ لِيَذَّكَّرُوا۟ فَأَبَىٰٓ أَكْثَرُ ٱلنَّاسِ إِلَّا كُفُورًا ٢٥ـ٥١ وَلَوْ شِئْنَا
لَبَعَثْنَا فِى كُلِّ قَرْيَةٍ نَّذِيرًا ٢٥ـ٥٢ فَلَا تُطِعِ ٱلْكَٰفِرِينَ وَجَٰهِدْهُم بِهِۦ جِهَادًا كَبِيرًا
٢٥ـ٥٣ وَهُوَ ٱلَّذِى مَرَجَ ٱلْبَحْرَيْنِ هَٰذَا عَذْبٌ فُرَاتٌ وَهَٰذَا مِلْحٌ أُجَاجٌ وَجَعَلَ بَيْنَهُمَا
بَرْزَخًا وَحِجْرًا مَّحْجُورًا ٢٥ـ٥٤ وَهُوَ ٱلَّذِى خَلَقَ مِنَ ٱلْمَآءِ بَشَرًا فَجَعَلَهُۥ نَسَبًا وَصِهْرًا ۗ
وَكَانَ رَبُّكَ قَدِيرًا ٢٥ـ٥٥ وَيَعْبُدُونَ مِن دُونِ ٱللَّهِ مَا لَا يَنفَعُهُمْ وَلَا يَضُرُّهُمْ ۗ وَكَانَ
ٱلْكَافِرُ عَلَىٰ رَبِّهِۦ ظَهِيرًا ٢٥ـ٥٦ وَمَآ أَرْسَلْنَٰكَ إِلَّا مُبَشِّرًا وَنَذِيرًا ٢٥ـ٥٧ قُلْ مَآ
أَسْـَٔلُكُمْ عَلَيْهِ مِنْ أَجْرٍ إِلَّا مَن شَآءَ أَن يَتَّخِذَ إِلَىٰ رَبِّهِۦ سَبِيلًا ٢٥ـ٥٨ وَتَوَكَّلْ عَلَى
ٱلْحَىِّ ٱلَّذِى لَا يَمُوتُ وَسَبِّحْ بِحَمْدِهِۦ ۚ وَكَفَىٰ بِهِۦ بِذُنُوبِ عِبَادِهِۦ خَبِيرًا ٢٥ـ٥٩ ٱلَّذِى
خَلَقَ ٱلسَّمَٰوَٰتِ وَٱلْأَرْضَ وَمَا بَيْنَهُمَا فِى سِتَّةِ أَيَّامٍ ثُمَّ ٱسْتَوَىٰ عَلَى ٱلْعَرْشِ ۚ
ٱلرَّحْمَٰنُ فَسْـَٔلْ بِهِۦ خَبِيرًا ٢٥ـ٦٠ وَإِذَا قِيلَ لَهُمُ ٱسْجُدُوا۟ لِلرَّحْمَٰنِ قَالُوا۟ وَمَا ٱلرَّحْمَٰنُ
أَنَسْجُدُ لِمَا تَأْمُرُنَا وَزَادَهُمْ نُفُورًا ٢٥ـ٦١ تَبَارَكَ ٱلَّذِى جَعَلَ فِى ٱلسَّمَآءِ بُرُوجًا وَجَعَلَ
فِيهَا سِرَٰجًا وَقَمَرًا مُّنِيرًا ٢٥ـ٦٢ وَهُوَ ٱلَّذِى جَعَلَ ٱلَّيْلَ وَٱلنَّهَارَ خِلْفَةً لِّمَنْ أَرَادَ أَن
يَذَّكَّرَ أَوْ أَرَادَ شُكُورًا ٢٥ـ٦٣ وَعِبَادُ ٱلرَّحْمَٰنِ ٱلَّذِينَ يَمْشُونَ عَلَى ٱلْأَرْضِ هَوْنًا وَإِذَا
خَاطَبَهُمُ ٱلْجَٰهِلُونَ قَالُوا۟ سَلَٰمًا ٢٥ـ٦٤ وَٱلَّذِينَ يَبِيتُونَ لِرَبِّهِمْ سُجَّدًا وَقِيَٰمًا
٢٥ـ٦٥ وَٱلَّذِينَ يَقُولُونَ رَبَّنَا ٱصْرِفْ عَنَّا عَذَابَ جَهَنَّمَ ۖ إِنَّ عَذَابَهَا كَانَ غَرَامًا
٢٥ـ٦٦ إِنَّهَا سَآءَتْ مُسْتَقَرًّا وَمُقَامًا ٢٥ـ٦٧ وَٱلَّذِينَ إِذَآ أَنفَقُوا۟ لَمْ يُسْرِفُوا۟ وَلَمْ
يَقْتُرُوا۟ وَكَانَ بَيْنَ ذَٰلِكَ قَوَامًا ٢٥ـ٦٨ وَٱلَّذِينَ لَا يَدْعُونَ مَعَ ٱللَّهِ إِلَٰهًا ءَاخَرَ وَلَا
يَقْتُلُونَ ٱلنَّفْسَ ٱلَّتِى حَرَّمَ ٱللَّهُ إِلَّا بِٱلْحَقِّ وَلَا يَزْنُونَ ۚ وَمَن يَفْعَلْ ذَٰلِكَ يَلْقَ أَثَامًا
٢٥ـ٦٩ يُضَٰعَفْ لَهُ ٱلْعَذَابُ يَوْمَ ٱلْقِيَٰمَةِ وَيَخْلُدْ فِيهِۦ مُهَانًا ٢٥ـ٧٠ إِلَّا مَن تَابَ
وَءَامَنَ وَعَمِلَ عَمَلًا صَٰلِحًا فَأُو۟لَٰٓئِكَ يُبَدِّلُ ٱللَّهُ سَيِّـَٔاتِهِمْ حَسَنَٰتٍ ۗ وَكَانَ ٱللَّهُ غَفُورًا
رَّحِيمًا ٢٥ـ٧١ وَمَن تَابَ وَعَمِلَ صَٰلِحًا فَإِنَّهُۥ يَتُوبُ إِلَى ٱللَّهِ مَتَابًا ٢٥ـ٧٢ وَٱلَّذِينَ لَا
يَشْهَدُونَ ٱلزُّورَ وَإِذَا مَرُّوا۟ بِٱللَّغْوِ مَرُّوا۟ كِرَامًا ٢٥ـ٧٣ وَٱلَّذِينَ إِذَا ذُكِّرُوا۟ بِـَٔايَٰتِ رَبِّهِمْ
لَمْ يَخِرُّوا۟ عَلَيْهَا صُمًّا وَعُمْيَانًا ٢٥ـ٧٤ وَٱلَّذِينَ يَقُولُونَ رَبَّنَا هَبْ لَنَا مِنْ أَزْوَٰجِنَا
وَذُرِّيَّٰتِنَا قُرَّةَ أَعْيُنٍ وَٱجْعَلْنَا لِلْمُتَّقِينَ إِمَامًا ٢٥ـ٧٥ أُو۟لَٰٓئِكَ يُجْزَوْنَ ٱلْغُرْفَةَ بِمَا صَبَرُوا۟
وَيُلَقَّوْنَ فِيهَا تَحِيَّةً وَسَلَٰمًا ٢٥ـ٧٦ خَٰلِدِينَ فِيهَا ۚ حَسُنَتْ مُسْتَقَرًّا وَمُقَامًا
٢٥ـ٧٧ قُلْ مَا يَعْبَؤُا۟ بِكُمْ رَبِّى لَوْلَا دُعَآؤُكُمْ ۖ فَقَدْ كَذَّبْتُمْ فَسَوْفَ يَكُونُ لِزَامًۢا

٢٦ـ١ طسٓمٓ ٢٦ـ٢ تِلۡكَ ءَايَٰتُ ٱلۡكِتَٰبِ ٱلۡمُبِينِ ٢٦ـ٣ لَعَلَّكَ بَٰخِعٞ نَّفۡسَكَ أَلَّا يَكُونُواْ
مُؤۡمِنِينَ ٢٦ـ٤ إِن نَّشَأۡ نُنَزِّلۡ عَلَيۡهِم مِّنَ ٱلسَّمَآءِ ءَايَةٗ فَظَلَّتۡ أَعۡنَٰقُهُمۡ لَهَا خَٰضِعِينَ
٢٦ـ٥ وَمَا يَأۡتِيهِم مِّن ذِكۡرٖ مِّنَ ٱلرَّحۡمَٰنِ مُحۡدَثٍ إِلَّا كَانُواْ عَنۡهُ مُعۡرِضِينَ ٢٦ـ٦ فَقَدۡ
كَذَّبُواْ فَسَيَأۡتِيهِمۡ أَنۢبَٰٓؤُاْ مَا كَانُواْ بِهِۦ يَسۡتَهۡزِءُونَ ٢٦ـ٧ أَوَلَمۡ يَرَوۡاْ إِلَى ٱلۡأَرۡضِ كَمۡ
أَنۢبَتۡنَا فِيهَا مِن كُلِّ زَوۡجٖ كَرِيمٍ ٢٦ـ٨ إِنَّ فِي ذَٰلِكَ لَأٓيَةٗۖ وَمَا كَانَ أَكۡثَرُهُم
مُّؤۡمِنِينَ ٢٦ـ٩ وَإِنَّ رَبَّكَ لَهُوَ ٱلۡعَزِيزُ ٱلرَّحِيمُ ٢٦ـ١٠ وَإِذۡ نَادَىٰ رَبُّكَ مُوسَىٰٓ أَنِ ٱئۡتِ
ٱلۡقَوۡمَ ٱلظَّٰلِمِينَ ٢٦ـ١١ قَوۡمَ فِرۡعَوۡنَۚ أَلَا يَتَّقُونَ ٢٦ـ١٢ قَالَ رَبِّ إِنِّيٓ أَخَافُ أَن
يُكَذِّبُونِ ٢٦ـ١٣ وَيَضِيقُ صَدۡرِي وَلَا يَنطَلِقُ لِسَانِي فَأَرۡسِلۡ إِلَىٰ هَٰرُونَ
٢٦ـ١٤ وَلَهُمۡ عَلَيَّ ذَنۢبٞ فَأَخَافُ أَن يَقۡتُلُونِ ٢٦ـ١٥ قَالَ كَلَّاۖ فَٱذۡهَبَا بِـَٔايَٰتِنَآۖ إِنَّا
مَعَكُم مُّسۡتَمِعُونَ ٢٦ـ١٦ فَأۡتِيَا فِرۡعَوۡنَ فَقُولَآ إِنَّا رَسُولُ رَبِّ ٱلۡعَٰلَمِينَ ٢٦ـ١٧ أَنۡ
أَرۡسِلۡ مَعَنَا بَنِيٓ إِسۡرَٰٓءِيلَ ٢٦ـ١٨ قَالَ أَلَمۡ نُرَبِّكَ فِينَا وَلِيدٗا وَلَبِثۡتَ فِينَا مِنۡ عُمُرِكَ
سِنِينَ ٢٦ـ١٩ وَفَعَلۡتَ فَعۡلَتَكَ ٱلَّتِي فَعَلۡتَ وَأَنتَ مِنَ ٱلۡكَٰفِرِينَ ٢٦ـ٢٠ قَالَ فَعَلۡتُهَآ
إِذٗا وَأَنَا۠ مِنَ ٱلضَّآلِّينَ ٢٦ـ٢١ فَفَرَرۡتُ مِنكُمۡ لَمَّا خِفۡتُكُمۡ فَوَهَبَ لِي رَبِّي حُكۡمٗا
وَجَعَلَنِي مِنَ ٱلۡمُرۡسَلِينَ ٢٦ـ٢٢ وَتِلۡكَ نِعۡمَةٞ تَمُنُّهَا عَلَيَّ أَنۡ عَبَّدتَّ بَنِيٓ إِسۡرَٰٓءِيلَ
٢٦ـ٢٣ قَالَ فِرۡعَوۡنُ وَمَا رَبُّ ٱلۡعَٰلَمِينَ ٢٦ـ٢٤ قَالَ رَبُّ ٱلسَّمَٰوَٰتِ وَٱلۡأَرۡضِ وَمَا بَيۡنَهُمَآۖ
إِن كُنتُم مُّوقِنِينَ ٢٦ـ٢٥ قَالَ لِمَنۡ حَوۡلَهُۥٓ أَلَا تَسۡتَمِعُونَ ٢٦ـ٢٦ قَالَ رَبُّكُمۡ وَرَبُّ
ءَابَآئِكُمُ ٱلۡأَوَّلِينَ ٢٦ـ٢٧ قَالَ إِنَّ رَسُولَكُمُ ٱلَّذِيٓ أُرۡسِلَ إِلَيۡكُمۡ لَمَجۡنُونٞ ٢٦ـ٢٨ قَالَ
رَبُّ ٱلۡمَشۡرِقِ وَٱلۡمَغۡرِبِ وَمَا بَيۡنَهُمَآۖ إِن كُنتُمۡ تَعۡقِلُونَ ٢٦ـ٢٩ قَالَ لَئِنِ ٱتَّخَذۡتَ إِلَٰهًا
غَيۡرِي لَأَجۡعَلَنَّكَ مِنَ ٱلۡمَسۡجُونِينَ ٢٦ـ٣٠ قَالَ أَوَلَوۡ جِئۡتُكَ بِشَيۡءٖ مُّبِينٖ ٢٦ـ٣١ قَالَ
فَأۡتِ بِهِۦٓ إِن كُنتَ مِنَ ٱلصَّٰدِقِينَ ٢٦ـ٣٢ فَأَلۡقَىٰ عَصَاهُ فَإِذَا هِيَ ثُعۡبَانٞ مُّبِينٞ
٢٦ـ٣٣ وَنَزَعَ يَدَهُۥ فَإِذَا هِيَ بَيۡضَآءُ لِلنَّٰظِرِينَ ٢٦ـ٣٤ قَالَ لِلۡمَلَإِ حَوۡلَهُۥٓ إِنَّ هَٰذَا لَسَٰحِرٌ
عَلِيمٞ ٢٦ـ٣٥ يُرِيدُ أَن يُخۡرِجَكُم مِّنۡ أَرۡضِكُم بِسِحۡرِهِۦ فَمَاذَا تَأۡمُرُونَ ٢٦ـ٣٦ قَالُوٓاْ
أَرۡجِهۡ وَأَخَاهُ وَٱبۡعَثۡ فِي ٱلۡمَدَآئِنِ حَٰشِرِينَ ٢٦ـ٣٧ يَأۡتُوكَ بِكُلِّ سَحَّارٍ عَلِيمٖ
٢٦ـ٣٨ فَجُمِعَ ٱلسَّحَرَةُ لِمِيقَٰتِ يَوۡمٖ مَّعۡلُومٖ ٢٦ـ٣٩ وَقِيلَ لِلنَّاسِ هَلۡ أَنتُم
مُّجۡتَمِعُونَ ٢٦ـ٤٠ لَعَلَّنَا نَتَّبِعُ ٱلسَّحَرَةَ إِن كَانُواْ هُمُ ٱلۡغَٰلِبِينَ ٢٦ـ٤١ فَلَمَّا جَآءَ
ٱلسَّحَرَةُ قَالُواْ لِفِرۡعَوۡنَ أَئِنَّ لَنَا لَأَجۡرًا إِن كُنَّا نَحۡنُ ٱلۡغَٰلِبِينَ ٢٦ـ٤٢ قَالَ نَعَمۡ وَإِنَّكُمۡ إِذٗا
لَّمِنَ ٱلۡمُقَرَّبِينَ ٢٦ـ٤٣ قَالَ لَهُم مُّوسَىٰٓ أَلۡقُواْ مَآ أَنتُم مُّلۡقُونَ ٢٦ـ٤٤ فَأَلۡقَوۡاْ
حِبَالَهُمۡ وَعِصِيَّهُمۡ وَقَالُواْ بِعِزَّةِ فِرۡعَوۡنَ إِنَّا لَنَحۡنُ ٱلۡغَٰلِبُونَ ٢٦ـ٤٥ فَأَلۡقَىٰ مُوسَىٰ

عَصَاهُ فَإِذَا هِىَ تَلْقَفُ مَا يَأْفِكُونَ ٢٦ـ٤٦ فَأُلْقِىَ ٱلسَّحَرَةُ سَـٰجِدِينَ ٢٦ـ٤٧ قَالُوٓاْ
ءَامَنَّا بِرَبِّ ٱلْعَـٰلَمِينَ ٢٦ـ٤٨ رَبِّ مُوسَىٰ وَهَـٰرُونَ ٢٦ـ٤٩ قَالَ ءَامَنتُمْ لَهُۥ قَبْلَ أَنْ
ءَاذَنَ لَكُمْ ۖ إِنَّهُۥ لَكَبِيرُكُمُ ٱلَّذِى عَلَّمَكُمُ ٱلسِّحْرَ فَلَسَوْفَ تَعْلَمُونَ ۚ لَأُقَطِّعَنَّ أَيْدِيَكُمْ
وَأَرْجُلَكُم مِّنْ خِلَـٰفٍ وَلَأُصَلِّبَنَّكُمْ أَجْمَعِينَ ٢٦ـ٥٠ قَالُواْ لَا ضَيْرَ ۖ إِنَّآ إِلَىٰ رَبِّنَا مُنقَلِبُونَ
٢٦ـ٥١ إِنَّا نَطْمَعُ أَن يَغْفِرَ لَنَا رَبُّنَا خَطَـٰيَـٰنَآ أَن كُنَّآ أَوَّلَ ٱلْمُؤْمِنِينَ ٢٦ـ٥٢ وَأَوْحَيْنَآ إِلَىٰ
مُوسَىٰٓ أَنْ أَسْرِ بِعِبَادِىٓ إِنَّكُم مُّتَّبَعُونَ ٢٦ـ٥٣ فَأَرْسَلَ فِرْعَوْنُ فِى ٱلْمَدَآئِنِ حَـٰشِرِينَ
٢٦ـ٥٤ إِنَّ هَـٰٓؤُلَآءِ لَشِرْذِمَةٌ قَلِيلُونَ ٢٦ـ٥٥ وَإِنَّهُمْ لَنَا لَغَآئِظُونَ ٢٦ـ٥٦ وَإِنَّا لَجَمِيعٌ
حَـٰذِرُونَ ٢٦ـ٥٧ فَأَخْرَجْنَـٰهُم مِّن جَنَّـٰتٍ وَعُيُونٍ ٢٦ـ٥٨ وَكُنُوزٍ وَمَقَامٍ كَرِيمٍ
٢٦ـ٥٩ كَذَٰلِكَ وَأَوْرَثْنَـٰهَا بَنِىٓ إِسْرَٰٓءِيلَ ٢٦ـ٦٠ فَأَتْبَعُوهُم مُّشْرِقِينَ ٢٦ـ٦١ فَلَمَّا تَرَٰٓءَا
ٱلْجَمْعَانِ قَالَ أَصْحَـٰبُ مُوسَىٰٓ إِنَّا لَمُدْرَكُونَ ٢٦ـ٦٢ قَالَ كَلَّآ ۖ إِنَّ مَعِىَ رَبِّى
سَيَهْدِينِ ٢٦ـ٦٣ فَأَوْحَيْنَآ إِلَىٰ مُوسَىٰٓ أَنِ ٱضْرِب بِّعَصَاكَ ٱلْبَحْرَ ۖ فَٱنفَلَقَ فَكَانَ كُلُّ
فِرْقٍ كَٱلطَّوْدِ ٱلْعَظِيمِ ٢٦ـ٦٤ وَأَزْلَفْنَا ثَمَّ ٱلْـَٔاخَرِينَ ٢٦ـ٦٥ وَأَنجَيْنَا مُوسَىٰ وَمَن
مَّعَهُۥٓ أَجْمَعِينَ ٢٦ـ٦٦ ثُمَّ أَغْرَقْنَا ٱلْـَٔاخَرِينَ ٢٦ـ٦٧ إِنَّ فِى ذَٰلِكَ لَـَٔايَةً ۖ وَمَا كَانَ
أَكْثَرُهُم مُّؤْمِنِينَ ٢٦ـ٦٨ وَإِنَّ رَبَّكَ لَهُوَ ٱلْعَزِيزُ ٱلرَّحِيمُ ٢٦ـ٦٩ وَٱتْلُ عَلَيْهِمْ نَبَأَ
إِبْرَٰهِيمَ ٢٦ـ٧٠ إِذْ قَالَ لِأَبِيهِ وَقَوْمِهِۦ مَا تَعْبُدُونَ ٢٦ ٧١ قَالُواْ نَعْبُدُ أَصْنَامًا فَنَظَلُّ
لَهَا عَـٰكِفِينَ ٢٦ـ٧٢ قَالَ هَلْ يَسْمَعُونَكُمْ إِذْ تَدْعُونَ ٢٦ـ٧٣ أَوْ يَنفَعُونَكُمْ أَوْ
يَضُرُّونَ ٢٦ـ٧٤ قَالُواْ بَلْ وَجَدْنَآ ءَابَآءَنَا كَذَٰلِكَ يَفْعَلُونَ ٢٦ـ٧٥ قَالَ أَفَرَءَيْتُم مَّا
كُنتُمْ تَعْبُدُونَ ٢٦ـ٧٦ أَنتُمْ وَءَابَآؤُكُمُ ٱلْأَقْدَمُونَ ٢٦ـ٧٧ فَإِنَّهُمْ عَدُوٌّ لِّىٓ إِلَّا رَبَّ
ٱلْعَـٰلَمِينَ ٢٦ـ٧٨ ٱلَّذِى خَلَقَنِى فَهُوَ يَهْدِينِ ٢٦ـ٧٩ وَٱلَّذِى هُوَ يُطْعِمُنِى وَيَسْقِينِ
٢٦ـ٨٠ وَإِذَا مَرِضْتُ فَهُوَ يَشْفِينِ ٢٦ـ٨١ وَٱلَّذِى يُمِيتُنِى ثُمَّ يُحْيِينِ ٢٦ـ٨٢ وَٱلَّذِىٓ
أَطْمَعُ أَن يَغْفِرَ لِى خَطِيٓـَٔتِى يَوْمَ ٱلدِّينِ ٢٦ـ٨٣ رَبِّ هَبْ لِى حُكْمًا وَأَلْحِقْنِى
بِٱلصَّـٰلِحِينَ ٢٦ـ٨٤ وَٱجْعَل لِّى لِسَانَ صِدْقٍ فِى ٱلْـَٔاخِرِينَ ٢٦ـ٨٥ وَٱجْعَلْنِى مِن
وَرَثَةِ جَنَّةِ ٱلنَّعِيمِ ٢٦ـ٨٦ وَٱغْفِرْ لِأَبِىٓ إِنَّهُۥ كَانَ مِنَ ٱلضَّآلِّينَ ٢٦ـ٨٧ وَلَا تُخْزِنِى يَوْمَ
يُبْعَثُونَ ٢٦ـ٨٨ يَوْمَ لَا يَنفَعُ مَالٌ وَلَا بَنُونَ ٢٦ـ٨٩ إِلَّا مَنْ أَتَى ٱللَّهَ بِقَلْبٍ سَلِيمٍ
٢٦ـ٩٠ وَأُزْلِفَتِ ٱلْجَنَّةُ لِلْمُتَّقِينَ ٢٦ـ٩١ وَبُرِّزَتِ ٱلْجَحِيمُ لِلْغَاوِينَ ٢٦ـ٩٢ وَقِيلَ لَهُمْ
أَيْنَ مَا كُنتُمْ تَعْبُدُونَ ٢٦ـ٩٣ مِن دُونِ ٱللَّهِ هَلْ يَنصُرُونَكُمْ أَوْ يَنتَصِرُونَ
٢٦ـ٩٤ فَكُبْكِبُواْ فِيهَا هُمْ وَٱلْغَاوُۥنَ ٢٦ـ٩٥ وَجُنُودُ إِبْلِيسَ أَجْمَعُونَ ٢٦ـ٩٦ قَالُواْ
وَهُمْ فِيهَا يَخْتَصِمُونَ ٢٦ـ٩٧ تَٱللَّهِ إِن كُنَّا لَفِى ضَلَـٰلٍ مُّبِينٍ ٢٦ـ٩٨ إِذْ نُسَوِّيكُم

بِرَبِّ ٱلْعَٰلَمِينَ ٢٦ـ٩٩ وَمَآ أَضَلَّنَآ إِلَّا ٱلْمُجْرِمُونَ ٢٦ـ١٠٠ فَمَا لَنَا مِن شَٰفِعِينَ
٢٦ـ١٠١ وَلَا صَدِيقٍ حَمِيمٍ ٢٦ـ١٠٢ فَلَوْ أَنَّ لَنَا كَرَّةً فَنَكُونَ مِنَ ٱلْمُؤْمِنِينَ ٢٦ـ١٠٣ إِنَّ
فِى ذَٰلِكَ لَءَايَةً ۖ وَمَا كَانَ أَكْثَرُهُم مُّؤْمِنِينَ ٢٦ـ١٠٤ وَإِنَّ رَبَّكَ لَهُوَ ٱلْعَزِيزُ ٱلرَّحِيمُ
٢٦ـ١٠٥ كَذَّبَتْ قَوْمُ نُوحٍ ٱلْمُرْسَلِينَ ٢٦ـ١٠٦ إِذْ قَالَ لَهُمْ أَخُوهُمْ نُوحٌ أَلَا تَتَّقُونَ
٢٦ـ١٠٧ إِنِّى لَكُمْ رَسُولٌ أَمِينٌ ٢٦ـ١٠٨ فَٱتَّقُوا۟ ٱللَّهَ وَأَطِيعُونِ ٢٦ـ١٠٩ وَمَآ أَسْـَٔلُكُمْ
عَلَيْهِ مِنْ أَجْرٍ ۖ إِنْ أَجْرِىَ إِلَّا عَلَىٰ رَبِّ ٱلْعَٰلَمِينَ ٢٦ـ١١٠ فَٱتَّقُوا۟ ٱللَّهَ وَأَطِيعُونِ
٢٦ـ١١١ قَالُوٓا۟ أَنُؤْمِنُ لَكَ وَٱتَّبَعَكَ ٱلْأَرْذَلُونَ ٢٦ـ١١٢ قَالَ وَمَا عِلْمِى بِمَا كَانُوا۟
يَعْمَلُونَ ٢٦ـ١١٣ إِنْ حِسَابُهُمْ إِلَّا عَلَىٰ رَبِّى ۖ لَوْ تَشْعُرُونَ ٢٦ـ١١٤ وَمَآ أَنَا۠ بِطَارِدِ
ٱلْمُؤْمِنِينَ ٢٦ـ١١٥ إِنْ أَنَا۠ إِلَّا نَذِيرٌ مُّبِينٌ ٢٦ـ١١٦ قَالُوا۟ لَئِن لَّمْ تَنتَهِ يَٰنُوحُ لَتَكُونَنَّ مِنَ
ٱلْمَرْجُومِينَ ٢٦ـ١١٧ قَالَ رَبِّ إِنَّ قَوْمِى كَذَّبُونِ ٢٦ـ١١٨ فَٱفْتَحْ بَيْنِى وَبَيْنَهُمْ فَتْحًا
وَنَجِّنِى وَمَن مَّعِىَ مِنَ ٱلْمُؤْمِنِينَ ٢٦ـ١١٩ فَأَنجَيْنَٰهُ وَمَن مَّعَهُۥ فِى ٱلْفُلْكِ ٱلْمَشْحُونِ
٢٦ـ١٢٠ ثُمَّ أَغْرَقْنَا بَعْدُ ٱلْبَاقِينَ ٢٦ـ١٢١ إِنَّ فِى ذَٰلِكَ لَءَايَةً ۖ وَمَا كَانَ أَكْثَرُهُم
مُّؤْمِنِينَ ٢٦ـ١٢٢ وَإِنَّ رَبَّكَ لَهُوَ ٱلْعَزِيزُ ٱلرَّحِيمُ ٢٦ـ١٢٣ كَذَّبَتْ عَادٌ ٱلْمُرْسَلِينَ
٢٦ـ١٢٤ إِذْ قَالَ لَهُمْ أَخُوهُمْ هُودٌ أَلَا تَتَّقُونَ ٢٦ـ١٢٥ إِنِّى لَكُمْ رَسُولٌ أَمِينٌ
٢٦ـ١٢٦ فَٱتَّقُوا۟ ٱللَّهَ وَأَطِيعُونِ ٢٦ـ١٢٧ وَمَآ أَسْـَٔلُكُمْ عَلَيْهِ مِنْ أَجْرٍ ۖ إِنْ أَجْرِىَ إِلَّا
عَلَىٰ رَبِّ ٱلْعَٰلَمِينَ ٢٦ـ١٢٨ أَتَبْنُونَ بِكُلِّ رِيعٍ ءَايَةً تَعْبَثُونَ ٢٦ـ١٢٩ وَتَتَّخِذُونَ مَصَانِعَ
لَعَلَّكُمْ تَخْلُدُونَ ٢٦ـ١٣٠ وَإِذَا بَطَشْتُم بَطَشْتُمْ جَبَّارِينَ ٢٦ـ١٣١ فَٱتَّقُوا۟ ٱللَّهَ
وَأَطِيعُونِ ٢٦ـ١٣٢ وَٱتَّقُوا۟ ٱلَّذِىٓ أَمَدَّكُم بِمَا تَعْلَمُونَ ٢٦ـ١٣٣ أَمَدَّكُم بِأَنْعَٰمٍ وَبَنِينَ
٢٦ـ١٣٤ وَجَنَّٰتٍ وَعُيُونٍ ٢٦ـ١٣٥ إِنِّىٓ أَخَافُ عَلَيْكُمْ عَذَابَ يَوْمٍ عَظِيمٍ ٢٦ـ١٣٦ قَالُوا۟
سَوَآءٌ عَلَيْنَآ أَوَعَظْتَ أَمْ لَمْ تَكُن مِّنَ ٱلْوَٰعِظِينَ ٢٦ـ١٣٧ إِنْ هَٰذَآ إِلَّا خُلُقُ ٱلْأَوَّلِينَ
٢٦ـ١٣٨ وَمَا نَحْنُ بِمُعَذَّبِينَ ٢٦ـ١٣٩ فَكَذَّبُوهُ فَأَهْلَكْنَٰهُمْ ۗ إِنَّ فِى ذَٰلِكَ لَءَايَةً ۖ وَمَا
كَانَ أَكْثَرُهُم مُّؤْمِنِينَ ٢٦ـ١٤٠ وَإِنَّ رَبَّكَ لَهُوَ ٱلْعَزِيزُ ٱلرَّحِيمُ ٢٦ـ١٤١ كَذَّبَتْ ثَمُودُ
ٱلْمُرْسَلِينَ ٢٦ـ١٤٢ إِذْ قَالَ لَهُمْ أَخُوهُمْ صَٰلِحٌ أَلَا تَتَّقُونَ ٢٦ـ١٤٣ إِنِّى لَكُمْ رَسُولٌ
أَمِينٌ ٢٦ـ١٤٤ فَٱتَّقُوا۟ ٱللَّهَ وَأَطِيعُونِ ٢٦ـ١٤٥ وَمَآ أَسْـَٔلُكُمْ عَلَيْهِ مِنْ أَجْرٍ ۖ إِنْ أَجْرِىَ
إِلَّا عَلَىٰ رَبِّ ٱلْعَٰلَمِينَ ٢٦ـ١٤٦ أَتُتْرَكُونَ فِى مَا هَٰهُنَآ ءَامِنِينَ ٢٦ـ١٤٧ فِى جَنَّٰتٍ
وَعُيُونٍ ٢٦ـ١٤٨ وَزُرُوعٍ وَنَخْلٍ طَلْعُهَا هَضِيمٌ ٢٦ـ١٤٩ وَتَنْحِتُونَ مِنَ ٱلْجِبَالِ بُيُوتًا
فَٰرِهِينَ ٢٦ـ١٥٠ فَٱتَّقُوا۟ ٱللَّهَ وَأَطِيعُونِ ٢٦ـ١٥١ وَلَا تُطِيعُوٓا۟ أَمْرَ ٱلْمُسْرِفِينَ
٢٦ـ١٥٢ ٱلَّذِينَ يُفْسِدُونَ فِى ٱلْأَرْضِ وَلَا يُصْلِحُونَ ٢٦ـ١٥٣ قَالُوٓا۟ إِنَّمَآ أَنتَ مِنَ

ٱلْمُسَحَّرِينَ ٢٦ـ١٥٤ مَآ أَنتَ إِلَّا بَشَرٌ مِّثْلُنَا فَأْتِ بِـَٔايَةٍ إِن كُنتَ مِنَ ٱلصَّـٰدِقِينَ
٢٦ـ١٥٥ قَالَ هَـٰذِهِۦ نَاقَةٌ لَّهَا شِرْبٌ وَلَكُمْ شِرْبُ يَوْمٍ مَّعْلُومٍ ٢٦ـ١٥٦ وَلَا تَمَسُّوهَا
بِسُوٓءٍ فَيَأْخُذَكُمْ عَذَابُ يَوْمٍ عَظِيمٍ ٢٦ـ١٥٧ فَعَقَرُوهَا فَأَصْبَحُوا۟ نَـٰدِمِينَ
٢٦ـ١٥٨ فَأَخَذَهُمُ ٱلْعَذَابُ ۗ إِنَّ فِى ذَٰلِكَ لَـَٔايَةً ۖ وَمَا كَانَ أَكْثَرُهُم مُّؤْمِنِينَ
٢٦ـ١٥٩ وَإِنَّ رَبَّكَ لَهُوَ ٱلْعَزِيزُ ٱلرَّحِيمُ ٢٦ـ١٦٠ كَذَّبَتْ قَوْمُ لُوطٍ ٱلْمُرْسَلِينَ ٢٦ـ١٦١ إِذْ
قَالَ لَهُمْ أَخُوهُمْ لُوطٌ أَلَا تَتَّقُونَ ٢٦ـ١٦٢ إِنِّى لَكُمْ رَسُولٌ أَمِينٌ ٢٦ـ١٦٣ فَٱتَّقُوا۟
ٱللَّهَ وَأَطِيعُونِ ٢٦ـ١٦٤ وَمَآ أَسْـَٔلُكُمْ عَلَيْهِ مِنْ أَجْرٍ ۖ إِنْ أَجْرِىَ إِلَّا عَلَىٰ رَبِّ ٱلْعَـٰلَمِينَ
٢٦ـ١٦٥ أَتَأْتُونَ ٱلذُّكْرَانَ مِنَ ٱلْعَـٰلَمِينَ ٢٦ـ١٦٦ وَتَذَرُونَ مَا خَلَقَ لَكُمْ رَبُّكُم مِّنْ
أَزْوَٰجِكُم ۚ بَلْ أَنتُمْ قَوْمٌ عَادُونَ ٢٦ـ١٦٧ قَالُوا۟ لَئِن لَّمْ تَنتَهِ يَـٰلُوطُ لَتَكُونَنَّ مِنَ
ٱلْمُخْرَجِينَ ٢٦ـ١٦٨ قَالَ إِنِّى لِعَمَلِكُم مِّنَ ٱلْقَالِينَ ٢٦ـ١٦٩ رَبِّ نَجِّنِى وَأَهْلِى مِمَّا
يَعْمَلُونَ ٢٦ـ١٧٠ فَنَجَّيْنَـٰهُ وَأَهْلَهُۥٓ أَجْمَعِينَ ٢٦ـ١٧١ إِلَّا عَجُوزًا فِى ٱلْغَـٰبِرِينَ ٢٦ـ١٧٢ ثُمَّ
دَمَّرْنَا ٱلْـَٔاخَرِينَ ٢٦ـ١٧٣ وَأَمْطَرْنَا عَلَيْهِم مَّطَرًا ۖ فَسَآءَ مَطَرُ ٱلْمُنذَرِينَ ٢٦ـ١٧٤ إِنَّ
فِى ذَٰلِكَ لَـَٔايَةً ۖ وَمَا كَانَ أَكْثَرُهُم مُّؤْمِنِينَ ٢٦ـ١٧٥ وَإِنَّ رَبَّكَ لَهُوَ ٱلْعَزِيزُ ٱلرَّحِيمُ
٢٦ـ١٧٦ كَذَّبَ أَصْحَـٰبُ لْـَٔيْكَةِ ٱلْمُرْسَلِينَ ٢٦ـ١٧٧ إِذْ قَالَ لَهُمْ شُعَيْبٌ أَلَا تَتَّقُونَ
٢٦ـ١٧٨ إِنِّى لَكُمْ رَسُولٌ أَمِينٌ ٢٦ـ١٧٩ فَٱتَّقُوا۟ ٱللَّهَ وَأَطِيعُونِ ٢٦ـ١٨٠ وَمَآ أَسْـَٔلُكُمْ
عَلَيْهِ مِنْ أَجْرٍ ۖ إِنْ أَجْرِىَ إِلَّا عَلَىٰ رَبِّ ٱلْعَـٰلَمِينَ ٢٦ـ١٨١ أَوْفُوا۟ ٱلْكَيْلَ وَلَا تَكُونُوا۟ مِنَ
ٱلْمُخْسِرِينَ ٢٦ـ١٨٢ وَزِنُوا۟ بِٱلْقِسْطَاسِ ٱلْمُسْتَقِيمِ ٢٦ـ١٨٣ وَلَا تَبْخَسُوا۟ ٱلنَّاسَ
أَشْيَآءَهُمْ وَلَا تَعْثَوْا۟ فِى ٱلْأَرْضِ مُفْسِدِينَ ٢٦ـ١٨٤ وَٱتَّقُوا۟ ٱلَّذِى خَلَقَكُمْ وَٱلْجِبِلَّةَ
ٱلْأَوَّلِينَ ٢٦ـ١٨٥ قَالُوٓا۟ إِنَّمَآ أَنتَ مِنَ ٱلْمُسَحَّرِينَ ٢٦ـ١٨٦ وَمَآ أَنتَ إِلَّا بَشَرٌ مِّثْلُنَا وَإِن
نَّظُنُّكَ لَمِنَ ٱلْكَـٰذِبِينَ ٢٦ـ١٨٧ فَأَسْقِطْ عَلَيْنَا كِسَفًا مِّنَ ٱلسَّمَآءِ إِن كُنتَ مِنَ
ٱلصَّـٰدِقِينَ ٢٦ـ١٨٨ قَالَ رَبِّىٓ أَعْلَمُ بِمَا تَعْمَلُونَ ٢٦ـ١٨٩ فَكَذَّبُوهُ فَأَخَذَهُمْ عَذَابُ
يَوْمِ ٱلظُّلَّةِ ۚ إِنَّهُۥ كَانَ عَذَابَ يَوْمٍ عَظِيمٍ ٢٦ـ١٩٠ إِنَّ فِى ذَٰلِكَ لَـَٔايَةً ۖ وَمَا كَانَ
أَكْثَرُهُم مُّؤْمِنِينَ ٢٦ـ١٩١ وَإِنَّ رَبَّكَ لَهُوَ ٱلْعَزِيزُ ٱلرَّحِيمُ ٢٦ـ١٩٢ وَإِنَّهُۥ لَتَنزِيلُ رَبِّ
ٱلْعَـٰلَمِينَ ٢٦ـ١٩٣ نَزَلَ بِهِ ٱلرُّوحُ ٱلْأَمِينُ ٢٦ـ١٩٤ عَلَىٰ قَلْبِكَ لِتَكُونَ مِنَ ٱلْمُنذِرِينَ
٢٦ـ١٩٥ بِلِسَانٍ عَرَبِىٍّ مُّبِينٍ ٢٦ـ١٩٦ وَإِنَّهُۥ لَفِى زُبُرِ ٱلْأَوَّلِينَ ٢٦ـ١٩٧ أَوَلَمْ يَكُن لَّهُمْ
ءَايَةً أَن يَعْلَمَهُۥ عُلَمَـٰٓؤُا۟ بَنِىٓ إِسْرَٰٓءِيلَ ٢٦ـ١٩٨ وَلَوْ نَزَّلْنَـٰهُ عَلَىٰ بَعْضِ ٱلْأَعْجَمِينَ
٢٦ـ١٩٩ فَقَرَأَهُۥ عَلَيْهِم مَّا كَانُوا۟ بِهِۦ مُؤْمِنِينَ ٢٦ـ٢٠٠ كَذَٰلِكَ سَلَكْنَـٰهُ فِى قُلُوبِ
ٱلْمُجْرِمِينَ ٢٦ـ٢٠١ لَا يُؤْمِنُونَ بِهِۦ حَتَّىٰ يَرَوُا۟ ٱلْعَذَابَ ٱلْأَلِيمَ ٢٦ـ٢٠٢ فَيَأْتِيَهُم بَغْتَةً

وَهُمْ لَا يَشْعُرُونَ ٢٦ـ٢٠٣ فَيَقُولُوا۟ هَلْ نَحْنُ مُنظَرُونَ ٢٦ـ٢٠٤ أَفَبِعَذَابِنَا
يَسْتَعْجِلُونَ ٢٦ـ٢٠٥ أَفَرَءَيْتَ إِن مَّتَّعْنَـٰهُمْ سِنِينَ ٢٦ـ٢٠٦ ثُمَّ جَآءَهُم مَّا كَانُوا۟
يُوعَدُونَ ٢٦ـ٢٠٧ مَآ أَغْنَىٰ عَنْهُم مَّا كَانُوا۟ يُمَتَّعُونَ ٢٦ـ٢٠٨ وَمَآ أَهْلَكْنَا مِن قَرْيَةٍ
إِلَّا لَهَا مُنذِرُونَ ٢٦ـ٢٠٩ ذِكْرَىٰ وَمَا كُنَّا ظَـٰلِمِينَ ٢٦ـ٢١٠ وَمَا تَنَزَّلَتْ بِهِ ٱلشَّيَـٰطِينُ
٢٦ـ٢١١ وَمَا يَنۢبَغِى لَهُمْ وَمَا يَسْتَطِيعُونَ ٢٦ـ٢١٢ إِنَّهُمْ عَنِ ٱلسَّمْعِ لَمَعْزُولُونَ
٢٦ـ٢١٣ فَلَا تَدْعُ مَعَ ٱللَّهِ إِلَـٰهًا ءَاخَرَ فَتَكُونَ مِنَ ٱلْمُعَذَّبِينَ ٢٦ـ٢١٤ وَأَنذِرْ عَشِيرَتَكَ
ٱلْأَقْرَبِينَ ٢٦ـ٢١٥ وَٱخْفِضْ جَنَاحَكَ لِمَنِ ٱتَّبَعَكَ مِنَ ٱلْمُؤْمِنِينَ ٢٦ـ٢١٦ فَإِنْ عَصَوْكَ
فَقُلْ إِنِّى بَرِىٓءٌ مِّمَّا تَعْمَلُونَ ٢٦ـ٢١٧ وَتَوَكَّلْ عَلَى ٱلْعَزِيزِ ٱلرَّحِيمِ ٢٦ـ٢١٨ ٱلَّذِى
يَرَىٰكَ حِينَ تَقُومُ ٢٦ـ٢١٩ وَتَقَلُّبَكَ فِى ٱلسَّـٰجِدِينَ ٢٦ـ٢٢٠ إِنَّهُۥ هُوَ ٱلسَّمِيعُ ٱلْعَلِيمُ
٢٦ـ٢٢١ هَلْ أُنَبِّئُكُمْ عَلَىٰ مَن تَنَزَّلُ ٱلشَّيَـٰطِينُ ٢٦ـ٢٢٢ تَنَزَّلُ عَلَىٰ كُلِّ أَفَّاكٍ أَثِيمٍ
٢٦ـ٢٢٣ يُلْقُونَ ٱلسَّمْعَ وَأَكْثَرُهُمْ كَـٰذِبُونَ ٢٦ـ٢٢٤ وَٱلشُّعَرَآءُ يَتَّبِعُهُمُ ٱلْغَاوُۥنَ
٢٦ـ٢٢٥ أَلَمْ تَرَ أَنَّهُمْ فِى كُلِّ وَادٍ يَهِيمُونَ ٢٦ـ٢٢٦ وَأَنَّهُمْ يَقُولُونَ مَا لَا يَفْعَلُونَ
٢٦ـ٢٢٧ إِلَّا ٱلَّذِينَ ءَامَنُوا۟ وَعَمِلُوا۟ ٱلصَّـٰلِحَـٰتِ وَذَكَرُوا۟ ٱللَّهَ كَثِيرًا وَٱنتَصَرُوا۟ مِنۢ بَعْدِ مَا
ظُلِمُوا۟ ۗ وَسَيَعْلَمُ ٱلَّذِينَ ظَلَمُوٓا۟ أَىَّ مُنقَلَبٍ يَنقَلِبُونَ ٢٧ـ١ طسٓ ۚ تِلْكَ ءَايَـٰتُ ٱلْقُرْءَانِ
وَكِتَابٍ مُّبِينٍ ٢٧ـ٢ هُدًى وَبُشْرَىٰ لِلْمُؤْمِنِينَ ٢٧ـ٣ ٱلَّذِينَ يُقِيمُونَ ٱلصَّلَوٰةَ
وَيُؤْتُونَ ٱلزَّكَوٰةَ وَهُم بِٱلْـَٔاخِرَةِ هُمْ يُوقِنُونَ ٢٧ـ٤ إِنَّ ٱلَّذِينَ لَا يُؤْمِنُونَ بِٱلْـَٔاخِرَةِ
زَيَّنَّا لَهُمْ أَعْمَـٰلَهُمْ فَهُمْ يَعْمَهُونَ ٢٧ـ٥ أُو۟لَـٰٓئِكَ ٱلَّذِينَ لَهُمْ سُوٓءُ ٱلْعَذَابِ وَهُمْ
فِى ٱلْـَٔاخِرَةِ هُمُ ٱلْأَخْسَرُونَ ٢٧ـ٦ وَإِنَّكَ لَتُلَقَّى ٱلْقُرْءَانَ مِن لَّدُنْ حَكِيمٍ عَلِيمٍ
٢٧ـ٧ إِذْ قَالَ مُوسَىٰ لِأَهْلِهِۦٓ إِنِّىٓ ءَانَسْتُ نَارًا سَـَٔاتِيكُم مِّنْهَا بِخَبَرٍ أَوْ ءَاتِيكُم
بِشِهَابٍ قَبَسٍ لَّعَلَّكُمْ تَصْطَلُونَ ٢٧ـ٨ فَلَمَّا جَآءَهَا نُودِىَ أَنۢ بُورِكَ مَن فِى ٱلنَّارِ
وَمَنْ حَوْلَهَا وَسُبْحَـٰنَ ٱللَّهِ رَبِّ ٱلْعَـٰلَمِينَ ٢٧ـ٩ يَـٰمُوسَىٰٓ إِنَّهُۥٓ أَنَا ٱللَّهُ ٱلْعَزِيزُ ٱلْحَكِيمُ
٢٧ـ١٠ وَأَلْقِ عَصَاكَ ۚ فَلَمَّا رَءَاهَا تَهْتَزُّ كَأَنَّهَا جَآنٌّ وَلَّىٰ مُدْبِرًا وَلَمْ يُعَقِّبْ ۚ يَـٰمُوسَىٰ
لَا تَخَفْ إِنِّى لَا يَخَافُ لَدَىَّ ٱلْمُرْسَلُونَ ٢٧ـ١١ إِلَّا مَن ظَلَمَ ثُمَّ بَدَّلَ حُسْنًۢا بَعْدَ سُوٓءٍ
فَإِنِّى غَفُورٌ رَّحِيمٌ ٢٧ـ١٢ وَأَدْخِلْ يَدَكَ فِى جَيْبِكَ تَخْرُجْ بَيْضَآءَ مِنْ غَيْرِ سُوٓءٍ ۖ فِى
تِسْعِ ءَايَـٰتٍ إِلَىٰ فِرْعَوْنَ وَقَوْمِهِۦٓ ۚ إِنَّهُمْ كَانُوا۟ قَوْمًا فَـٰسِقِينَ ٢٧ـ١٣ فَلَمَّا جَآءَتْهُمْ
ءَايَـٰتُنَا مُبْصِرَةً قَالُوا۟ هَـٰذَا سِحْرٌ مُّبِينٌ ٢٧ـ١٤ وَجَحَدُوا۟ بِهَا وَٱسْتَيْقَنَتْهَآ أَنفُسُهُمْ
ظُلْمًا وَعُلُوًّا ۚ فَٱنظُرْ كَيْفَ كَانَ عَـٰقِبَةُ ٱلْمُفْسِدِينَ ٢٧ـ١٥ وَلَقَدْ ءَاتَيْنَا دَاوُۥدَ وَسُلَيْمَـٰنَ
عِلْمًا ۖ وَقَالَا ٱلْحَمْدُ لِلَّهِ ٱلَّذِى فَضَّلَنَا عَلَىٰ كَثِيرٍ مِّنْ عِبَادِهِ ٱلْمُؤْمِنِينَ ٢٧ـ١٦ وَوَرِثَ

سُلَيْمَٰنُ دَاوُۥدَ ۖ وَقَالَ يَٰٓأَيُّهَا ٱلنَّاسُ عُلِّمْنَا مَنطِقَ ٱلطَّيْرِ وَأُوتِينَا مِن كُلِّ شَىْءٍ ۖ إِنَّ
هَٰذَا لَهُوَ ٱلْفَضْلُ ٱلْمُبِينُ ٢٧ـ١٧ وَحُشِرَ لِسُلَيْمَٰنَ جُنُودُهُۥ مِنَ ٱلْجِنِّ وَٱلْإِنسِ وَٱلطَّيْرِ
فَهُمْ يُوزَعُونَ ٢٧ـ١٨ حَتَّىٰٓ إِذَآ أَتَوْا۟ عَلَىٰ وَادِ ٱلنَّمْلِ قَالَتْ نَمْلَةٌ يَٰٓأَيُّهَا ٱلنَّمْلُ ٱدْخُلُوا۟
مَسَٰكِنَكُمْ لَا يَحْطِمَنَّكُمْ سُلَيْمَٰنُ وَجُنُودُهُۥ وَهُمْ لَا يَشْعُرُونَ ٢٧ـ١٩ فَتَبَسَّمَ ضَاحِكًا
مِّن قَوْلِهَا وَقَالَ رَبِّ أَوْزِعْنِىٓ أَنْ أَشْكُرَ نِعْمَتَكَ ٱلَّتِىٓ أَنْعَمْتَ عَلَىَّ وَعَلَىٰ وَٰلِدَىَّ وَأَنْ
أَعْمَلَ صَٰلِحًا تَرْضَىٰهُ وَأَدْخِلْنِى بِرَحْمَتِكَ فِى عِبَادِكَ ٱلصَّٰلِحِينَ ٢٧ـ٢٠ وَتَفَقَّدَ ٱلطَّيْرَ
فَقَالَ مَا لِىَ لَآ أَرَى ٱلْهُدْهُدَ أَمْ كَانَ مِنَ ٱلْغَآئِبِينَ ٢٧ـ٢١ لَأُعَذِّبَنَّهُۥ عَذَابًا شَدِيدًا أَوْ
لَأَا۟ذْبَحَنَّهُۥٓ أَوْ لَيَأْتِيَنِّى بِسُلْطَٰنٍ مُّبِينٍ ٢٧ـ٢٢ فَمَكَثَ غَيْرَ بَعِيدٍ فَقَالَ أَحَطتُ بِمَا لَمْ
تُحِطْ بِهِۦ وَجِئْتُكَ مِن سَبَإٍۭ بِنَبَإٍ يَقِينٍ ٢٧ـ٢٣ إِنِّى وَجَدتُّ ٱمْرَأَةً تَمْلِكُهُمْ وَأُوتِيَتْ مِن
كُلِّ شَىْءٍ وَلَهَا عَرْشٌ عَظِيمٌ ٢٧ـ٢٤ وَجَدتُّهَا وَقَوْمَهَا يَسْجُدُونَ لِلشَّمْسِ مِن
دُونِ ٱللَّهِ وَزَيَّنَ لَهُمُ ٱلشَّيْطَٰنُ أَعْمَٰلَهُمْ فَصَدَّهُمْ عَنِ ٱلسَّبِيلِ فَهُمْ لَا يَهْتَدُونَ
٢٧ـ٢٥ أَلَّا يَسْجُدُوا۟ لِلَّهِ ٱلَّذِى يُخْرِجُ ٱلْخَبْءَ فِى ٱلسَّمَٰوَٰتِ وَٱلْأَرْضِ وَيَعْلَمُ مَا تُخْفُونَ
وَمَا تُعْلِنُونَ ٢٧ـ٢٦ ٱللَّهُ لَآ إِلَٰهَ إِلَّا هُوَ رَبُّ ٱلْعَرْشِ ٱلْعَظِيمِ ٢٧ـ٢٧ قَالَ سَنَنظُرُ
أَصَدَقْتَ أَمْ كُنتَ مِنَ ٱلْكَٰذِبِينَ ٢٧ـ٢٨ ٱذْهَب بِّكِتَٰبِى هَٰذَا فَأَلْقِهْ إِلَيْهِمْ ثُمَّ تَوَلَّ
عَنْهُمْ فَٱنظُرْ مَاذَا يَرْجِعُونَ ٢٧ـ٢٩ قَالَتْ يَٰٓأَيُّهَا ٱلْمَلَؤُا۟ إِنِّىٓ أُلْقِىَ إِلَىَّ كِتَٰبٌ كَرِيمٌ
٢٧ـ٣٠ إِنَّهُۥ مِن سُلَيْمَٰنَ وَإِنَّهُۥ بِسْمِ ٱللَّهِ ٱلرَّحْمَٰنِ ٱلرَّحِيمِ ٢٧ـ٣١ أَلَّا تَعْلُوا۟ عَلَىَّ
وَأْتُونِى مُسْلِمِينَ ٢٧ـ٣٢ قَالَتْ يَٰٓأَيُّهَا ٱلْمَلَؤُا۟ أَفْتُونِى فِىٓ أَمْرِى مَا كُنتُ قَاطِعَةً
أَمْرًا حَتَّىٰ تَشْهَدُونِ ٢٧ـ٣٣ قَالُوا۟ نَحْنُ أُو۟لُوا۟ قُوَّةٍ وَأُو۟لُوا۟ بَأْسٍ شَدِيدٍ وَٱلْأَمْرُ إِلَيْكِ
فَٱنظُرِى مَاذَا تَأْمُرِينَ ٢٧ـ٣٤ قَالَتْ إِنَّ ٱلْمُلُوكَ إِذَا دَخَلُوا۟ قَرْيَةً أَفْسَدُوهَا وَجَعَلُوٓا۟
أَعِزَّةَ أَهْلِهَآ أَذِلَّةً ۖ وَكَذَٰلِكَ يَفْعَلُونَ ٢٧ـ٣٥ وَإِنِّى مُرْسِلَةٌ إِلَيْهِم بِهَدِيَّةٍ فَنَاظِرَةٌۢ بِمَ
يَرْجِعُ ٱلْمُرْسَلُونَ ٢٧ـ٣٦ فَلَمَّا جَآءَ سُلَيْمَٰنَ قَالَ أَتُمِدُّونَنِ بِمَالٍ فَمَآ ءَاتَىٰنِۦَ ٱللَّهُ خَيْرٌ
مِّمَّآ ءَاتَىٰكُم بَلْ أَنتُم بِهَدِيَّتِكُمْ تَفْرَحُونَ ٢٧ـ٣٧ ٱرْجِعْ إِلَيْهِمْ فَلَنَأْتِيَنَّهُم بِجُنُودٍ لَّا
قِبَلَ لَهُم بِهَا وَلَنُخْرِجَنَّهُم مِّنْهَآ أَذِلَّةً وَهُمْ صَٰغِرُونَ ٢٧ـ٣٨ قَالَ يَٰٓأَيُّهَا ٱلْمَلَؤُا۟ أَيُّكُمْ
يَأْتِينِى بِعَرْشِهَا قَبْلَ أَن يَأْتُونِى مُسْلِمِينَ ٢٧ـ٣٩ قَالَ عِفْرِيتٌ مِّنَ ٱلْجِنِّ أَنَا۠ ءَاتِيكَ
بِهِۦ قَبْلَ أَن تَقُومَ مِن مَّقَامِكَ ۖ وَإِنِّى عَلَيْهِ لَقَوِىٌّ أَمِينٌ ٢٧ـ٤٠ قَالَ ٱلَّذِى عِندَهُۥ
عِلْمٌ مِّنَ ٱلْكِتَٰبِ أَنَا۠ ءَاتِيكَ بِهِۦ قَبْلَ أَن يَرْتَدَّ إِلَيْكَ طَرْفُكَ ۚ فَلَمَّا رَءَاهُ مُسْتَقِرًّا عِندَهُۥ
قَالَ هَٰذَا مِن فَضْلِ رَبِّى لِيَبْلُوَنِىٓ ءَأَشْكُرُ أَمْ أَكْفُرُ ۖ وَمَن شَكَرَ فَإِنَّمَا يَشْكُرُ لِنَفْسِهِۦ ۖ
وَمَن كَفَرَ فَإِنَّ رَبِّى غَنِىٌّ كَرِيمٌ ٢٧ـ٤١ قَالَ نَكِّرُوا۟ لَهَا عَرْشَهَا نَنظُرْ أَتَهْتَدِىٓ أَمْ

تَكُونُ مِنَ ٱلَّذِينَ لَا يَهْتَدُونَ ٢٧ــ٤٢ فَلَمَّا جَآءَتْ قِيلَ أَهَٰكَذَا عَرْشُكِ ۖ قَالَتْ كَأَنَّهُۥ
هُوَ ۚ وَأُوتِينَا ٱلْعِلْمَ مِن قَبْلِهَا وَكُنَّا مُسْلِمِينَ ٢٧ــ٤٣ وَصَدَّهَا مَا كَانَت تَّعْبُدُ مِن
دُونِ ٱللَّهِ ۖ إِنَّهَا كَانَتْ مِن قَوْمٍ كَٰفِرِينَ ٢٧ــ٤٤ قِيلَ لَهَا ٱدْخُلِى ٱلصَّرْحَ ۖ فَلَمَّا رَأَتْهُ
حَسِبَتْهُ لُجَّةً وَكَشَفَتْ عَن سَاقَيْهَا ۚ قَالَ إِنَّهُۥ صَرْحٌ مُّمَرَّدٌ مِّن قَوَارِيرَ ۗ قَالَتْ رَبِّ إِنِّى
ظَلَمْتُ نَفْسِى وَأَسْلَمْتُ مَعَ سُلَيْمَٰنَ لِلَّهِ رَبِّ ٱلْعَٰلَمِينَ ٢٧ــ٤٥ وَلَقَدْ أَرْسَلْنَآ إِلَىٰ
ثَمُودَ أَخَاهُمْ صَٰلِحًا أَنِ ٱعْبُدُوا۟ ٱللَّهَ فَإِذَا هُمْ فَرِيقَانِ يَخْتَصِمُونَ ٢٧ــ٤٦ قَالَ يَٰقَوْمِ
لِمَ تَسْتَعْجِلُونَ بِٱلسَّيِّئَةِ قَبْلَ ٱلْحَسَنَةِ ۖ لَوْلَا تَسْتَغْفِرُونَ ٱللَّهَ لَعَلَّكُمْ تُرْحَمُونَ
٢٧ــ٤٧ قَالُوا۟ ٱطَّيَّرْنَا بِكَ وَبِمَن مَّعَكَ ۚ قَالَ طَٰٓئِرُكُمْ عِندَ ٱللَّهِ ۖ بَلْ أَنتُمْ قَوْمٌ تُفْتَنُونَ
٢٧ــ٤٨ وَكَانَ فِى ٱلْمَدِينَةِ تِسْعَةُ رَهْطٍ يُفْسِدُونَ فِى ٱلْأَرْضِ وَلَا يُصْلِحُونَ
٢٧ــ٤٩ قَالُوا۟ تَقَاسَمُوا۟ بِٱللَّهِ لَنُبَيِّتَنَّهُۥ وَأَهْلَهُۥ ثُمَّ لَنَقُولَنَّ لِوَلِيِّهِۦ مَا شَهِدْنَا مَهْلِكَ
أَهْلِهِۦ وَإِنَّا لَصَٰدِقُونَ ٢٧ــ٥٠ وَمَكَرُوا۟ مَكْرًا وَمَكَرْنَا مَكْرًا وَهُمْ لَا يَشْعُرُونَ
٢٧ــ٥١ فَٱنظُرْ كَيْفَ كَانَ عَٰقِبَةُ مَكْرِهِمْ أَنَّا دَمَّرْنَٰهُمْ وَقَوْمَهُمْ أَجْمَعِينَ
٢٧ــ٥٢ فَتِلْكَ بُيُوتُهُمْ خَاوِيَةًۢ بِمَا ظَلَمُوٓا۟ ۗ إِنَّ فِى ذَٰلِكَ لَءَايَةً لِّقَوْمٍ يَعْلَمُونَ
٢٧ــ٥٣ وَأَنجَيْنَا ٱلَّذِينَ ءَامَنُوا۟ وَكَانُوا۟ يَتَّقُونَ ٢٧ــ٥٤ وَلُوطًا إِذْ قَالَ لِقَوْمِهِۦٓ أَتَأْتُونَ
ٱلْفَٰحِشَةَ وَأَنتُمْ تُبْصِرُونَ ٢٧ــ٥٥ أَئِنَّكُمْ لَتَأْتُونَ ٱلرِّجَالَ شَهْوَةً مِّن دُونِ ٱلنِّسَآءِ ۚ بَلْ
أَنتُمْ قَوْمٌ تَجْهَلُونَ ٢٧ــ٥٦ فَمَا كَانَ جَوَابَ قَوْمِهِۦٓ إِلَّآ أَن قَالُوٓا۟ أَخْرِجُوٓا۟ ءَالَ لُوطٍ مِّن
قَرْيَتِكُمْ ۖ إِنَّهُمْ أُنَاسٌ يَتَطَهَّرُونَ ٢٧ــ٥٧ فَأَنجَيْنَٰهُ وَأَهْلَهُۥٓ إِلَّا ٱمْرَأَتَهُۥ قَدَّرْنَٰهَا مِنَ
ٱلْغَٰبِرِينَ ٢٧ــ٥٨ وَأَمْطَرْنَا عَلَيْهِم مَّطَرًا ۖ فَسَآءَ مَطَرُ ٱلْمُنذَرِينَ ٢٧ــ٥٩ قُلِ ٱلْحَمْدُ
لِلَّهِ وَسَلَٰمٌ عَلَىٰ عِبَادِهِ ٱلَّذِينَ ٱصْطَفَىٰٓ ۗ ءَآللَّهُ خَيْرٌ أَمَّا يُشْرِكُونَ ٢٧ــ٦٠ أَمَّنْ خَلَقَ
ٱلسَّمَٰوَٰتِ وَٱلْأَرْضَ وَأَنزَلَ لَكُم مِّنَ ٱلسَّمَآءِ مَآءً فَأَنۢبَتْنَا بِهِۦ حَدَآئِقَ ذَاتَ بَهْجَةٍ مَّا كَانَ
لَكُمْ أَن تُنۢبِتُوا۟ شَجَرَهَآ ۗ أَءِلَٰهٌ مَّعَ ٱللَّهِ ۚ بَلْ هُمْ قَوْمٌ يَعْدِلُونَ ٢٧ــ٦١ أَمَّن جَعَلَ
ٱلْأَرْضَ قَرَارًا وَجَعَلَ خِلَٰلَهَآ أَنْهَٰرًا وَجَعَلَ لَهَا رَوَٰسِىَ وَجَعَلَ بَيْنَ ٱلْبَحْرَيْنِ حَاجِزًا ۗ أَءِلَٰهٌ
مَّعَ ٱللَّهِ ۚ بَلْ أَكْثَرُهُمْ لَا يَعْلَمُونَ ٢٧ــ٦٢ أَمَّن يُجِيبُ ٱلْمُضْطَرَّ إِذَا دَعَاهُ وَيَكْشِفُ
ٱلسُّوٓءَ وَيَجْعَلُكُمْ خُلَفَآءَ ٱلْأَرْضِ ۗ أَءِلَٰهٌ مَّعَ ٱللَّهِ ۚ قَلِيلًا مَّا تَذَكَّرُونَ ٢٧ــ٦٣ أَمَّن
يَهْدِيكُمْ فِى ظُلُمَٰتِ ٱلْبَرِّ وَٱلْبَحْرِ وَمَن يُرْسِلُ ٱلرِّيَٰحَ بُشْرًۢا بَيْنَ يَدَىْ رَحْمَتِهِۦٓ ۗ أَءِلَٰهٌ مَّعَ
ٱللَّهِ ۚ تَعَٰلَى ٱللَّهُ عَمَّا يُشْرِكُونَ ٢٧ــ٦٤ أَمَّن يَبْدَؤُا۟ ٱلْخَلْقَ ثُمَّ يُعِيدُهُۥ وَمَن يَرْزُقُكُم
مِّنَ ٱلسَّمَآءِ وَٱلْأَرْضِ ۗ أَءِلَٰهٌ مَّعَ ٱللَّهِ ۚ قُلْ هَاتُوا۟ بُرْهَٰنَكُمْ إِن كُنتُمْ صَٰدِقِينَ
٢٧ــ٦٥ قُل لَّا يَعْلَمُ مَن فِى ٱلسَّمَٰوَٰتِ وَٱلْأَرْضِ ٱلْغَيْبَ إِلَّا ٱللَّهُ ۚ وَمَا يَشْعُرُونَ أَيَّانَ

يُبْعَثُونَ ٢٧ـ٦٦ بَلِ ٱدَّٰرَكَ عِلْمُهُمْ فِى ٱلْـَٔاخِرَةِ ۚ بَلْ هُمْ فِى شَكٍّ مِّنْهَا ۖ بَلْ هُم
مِّنْهَا عَمُونَ ٢٧ـ٦٧ وَقَالَ ٱلَّذِينَ كَفَرُوٓا۟ أَءِذَا كُنَّا تُرَٰبًا وَءَابَآؤُنَآ أَئِنَّا لَمُخْرَجُونَ
٢٧ـ٦٨ لَقَدْ وُعِدْنَا هَٰذَا نَحْنُ وَءَابَآؤُنَا مِن قَبْلُ إِنْ هَٰذَآ إِلَّآ أَسَٰطِيرُ ٱلْأَوَّلِينَ
٢٧ـ٦٩ قُلْ سِيرُوا۟ فِى ٱلْأَرْضِ فَٱنظُرُوا۟ كَيْفَ كَانَ عَٰقِبَةُ ٱلْمُجْرِمِينَ ٢٧ـ٧٠ وَلَا تَحْزَنْ
عَلَيْهِمْ وَلَا تَكُن فِى ضَيْقٍ مِّمَّا يَمْكُرُونَ ٢٧ـ٧١ وَيَقُولُونَ مَتَىٰ هَٰذَا ٱلْوَعْدُ إِن
كُنتُمْ صَٰدِقِينَ ٢٧ـ٧٢ قُلْ عَسَىٰٓ أَن يَكُونَ رَدِفَ لَكُم بَعْضُ ٱلَّذِى تَسْتَعْجِلُونَ
٢٧ـ٧٣ وَإِنَّ رَبَّكَ لَذُو فَضْلٍ عَلَى ٱلنَّاسِ وَلَٰكِنَّ أَكْثَرَهُمْ لَا يَشْكُرُونَ ٢٧ـ٧٤ وَإِنَّ
رَبَّكَ لَيَعْلَمُ مَا تُكِنُّ صُدُورُهُمْ وَمَا يُعْلِنُونَ ٢٧ـ٧٥ وَمَا مِنْ غَآئِبَةٍ فِى ٱلسَّمَآءِ
وَٱلْأَرْضِ إِلَّا فِى كِتَٰبٍ مُّبِينٍ ٢٧ـ٧٦ إِنَّ هَٰذَا ٱلْقُرْءَانَ يَقُصُّ عَلَىٰ بَنِىٓ إِسْرَٰٓءِيلَ أَكْثَرَ
ٱلَّذِى هُمْ فِيهِ يَخْتَلِفُونَ ٢٧ـ٧٧ وَإِنَّهُۥ لَهُدًى وَرَحْمَةٌ لِّلْمُؤْمِنِينَ ٢٧ـ٧٨ إِنَّ رَبَّكَ
يَقْضِى بَيْنَهُم بِحُكْمِهِۦ ۚ وَهُوَ ٱلْعَزِيزُ ٱلْعَلِيمُ ٢٧ـ٧٩ فَتَوَكَّلْ عَلَى ٱللَّهِ ۖ إِنَّكَ عَلَى
ٱلْحَقِّ ٱلْمُبِينِ ٢٧ـ٨٠ إِنَّكَ لَا تُسْمِعُ ٱلْمَوْتَىٰ وَلَا تُسْمِعُ ٱلصُّمَّ ٱلدُّعَآءَ إِذَا وَلَّوْا۟
مُدْبِرِينَ ٢٧ـ٨١ وَمَآ أَنتَ بِهَٰدِى ٱلْعُمْىِ عَن ضَلَٰلَتِهِمْ ۖ إِن تُسْمِعُ إِلَّا مَن يُؤْمِنُ بِـَٔايَٰتِنَا
فَهُم مُّسْلِمُونَ ٢٧ـ٨٢ وَإِذَا وَقَعَ ٱلْقَوْلُ عَلَيْهِمْ أَخْرَجْنَا لَهُمْ دَآبَّةً مِّنَ ٱلْأَرْضِ
تُكَلِّمُهُمْ أَنَّ ٱلنَّاسَ كَانُوا۟ بِـَٔايَٰتِنَا لَا يُوقِنُونَ ٢٧ـ٨٣ وَيَوْمَ نَحْشُرُ مِن كُلِّ أُمَّةٍ فَوْجًا
مِّمَّن يُكَذِّبُ بِـَٔايَٰتِنَا فَهُمْ يُوزَعُونَ ٢٧ـ٨٤ حَتَّىٰٓ إِذَا جَآءُو قَالَ أَكَذَّبْتُم بِـَٔايَٰتِى وَلَمْ
تُحِيطُوا۟ بِهَا عِلْمًا أَمَّاذَا كُنتُمْ تَعْمَلُونَ ٢٧ـ٨٥ وَوَقَعَ ٱلْقَوْلُ عَلَيْهِم بِمَا ظَلَمُوا۟
فَهُمْ لَا يَنطِقُونَ ٢٧ـ٨٦ أَلَمْ يَرَوْا۟ أَنَّا جَعَلْنَا ٱلَّيْلَ لِيَسْكُنُوا۟ فِيهِ وَٱلنَّهَارَ مُبْصِرًا ۚ إِنَّ
فِى ذَٰلِكَ لَءَايَٰتٍ لِّقَوْمٍ يُؤْمِنُونَ ٢٧ـ٨٧ وَيَوْمَ يُنفَخُ فِى ٱلصُّورِ فَفَزِعَ مَن فِى
ٱلسَّمَٰوَٰتِ وَمَن فِى ٱلْأَرْضِ إِلَّا مَن شَآءَ ٱللَّهُ ۚ وَكُلٌّ أَتَوْهُ دَٰخِرِينَ ٢٧ـ٨٨ وَتَرَى ٱلْجِبَالَ
تَحْسَبُهَا جَامِدَةً وَهِىَ تَمُرُّ مَرَّ ٱلسَّحَابِ ۚ صُنْعَ ٱللَّهِ ٱلَّذِىٓ أَتْقَنَ كُلَّ شَىْءٍ ۚ إِنَّهُۥ خَبِيرٌۢ
بِمَا تَفْعَلُونَ ٢٧ـ٨٩ مَن جَآءَ بِٱلْحَسَنَةِ فَلَهُۥ خَيْرٌ مِّنْهَا وَهُم مِّن فَزَعٍ يَوْمَئِذٍ ءَامِنُونَ
٢٧ـ٩٠ وَمَن جَآءَ بِٱلسَّيِّئَةِ فَكُبَّتْ وُجُوهُهُمْ فِى ٱلنَّارِ هَلْ تُجْزَوْنَ إِلَّا مَا كُنتُمْ
تَعْمَلُونَ ٢٧ـ٩١ إِنَّمَآ أُمِرْتُ أَنْ أَعْبُدَ رَبَّ هَٰذِهِ ٱلْبَلْدَةِ ٱلَّذِى حَرَّمَهَا وَلَهُۥ كُلُّ شَىْءٍ ۖ
وَأُمِرْتُ أَنْ أَكُونَ مِنَ ٱلْمُسْلِمِينَ ٢٧ـ٩٢ وَأَنْ أَتْلُوَا۟ ٱلْقُرْءَانَ ۖ فَمَنِ ٱهْتَدَىٰ فَإِنَّمَا
يَهْتَدِى لِنَفْسِهِۦ ۖ وَمَن ضَلَّ فَقُلْ إِنَّمَآ أَنَا۠ مِنَ ٱلْمُنذِرِينَ ٢٧ـ٩٣ وَقُلِ ٱلْحَمْدُ لِلَّهِ
سَيُرِيكُمْ ءَايَٰتِهِۦ فَتَعْرِفُونَهَا ۚ وَمَا رَبُّكَ بِغَٰفِلٍ عَمَّا تَعْمَلُونَ ٢٨ـ١ طسٓمٓ ٢٨ـ٢ تِلْكَ
ءَايَٰتُ ٱلْكِتَٰبِ ٱلْمُبِينِ ٢٨ـ٣ نَتْلُوا۟ عَلَيْكَ مِن نَّبَإِ مُوسَىٰ وَفِرْعَوْنَ بِٱلْحَقِّ لِقَوْمٍ

يُؤْمِنُونَ ٢٨ـ٤ إِنَّ فِرْعَوْنَ عَلَا فِى ٱلْأَرْضِ وَجَعَلَ أَهْلَهَا شِيَعًا يَسْتَضْعِفُ طَآئِفَةً
مِّنْهُمْ يُذَبِّحُ أَبْنَآءَهُمْ وَيَسْتَحْىِۦ نِسَآءَهُمْ ۚ إِنَّهُۥ كَانَ مِنَ ٱلْمُفْسِدِينَ ٢٨ـ٥ وَنُرِيدُ أَن
نَّمُنَّ عَلَى ٱلَّذِينَ ٱسْتُضْعِفُوا۟ فِى ٱلْأَرْضِ وَنَجْعَلَهُمْ أَئِمَّةً وَنَجْعَلَهُمُ ٱلْوَٰرِثِينَ
٢٨ـ٦ وَنُمَكِّنَ لَهُمْ فِى ٱلْأَرْضِ وَنُرِىَ فِرْعَوْنَ وَهَٰمَٰنَ وَجُنُودَهُمَا مِنْهُم مَّا كَانُوا۟
يَحْذَرُونَ ٢٨ـ٧ وَأَوْحَيْنَآ إِلَىٰٓ أُمِّ مُوسَىٰٓ أَنْ أَرْضِعِيهِ ۖ فَإِذَا خِفْتِ عَلَيْهِ فَأَلْقِيهِ فِى
ٱلْيَمِّ وَلَا تَخَافِى وَلَا تَحْزَنِىٓ ۖ إِنَّا رَآدُّوهُ إِلَيْكِ وَجَاعِلُوهُ مِنَ ٱلْمُرْسَلِينَ
٢٨ـ٨ فَٱلْتَقَطَهُۥٓ ءَالُ فِرْعَوْنَ لِيَكُونَ لَهُمْ عَدُوًّا وَحَزَنًا ۗ إِنَّ فِرْعَوْنَ وَهَٰمَٰنَ
وَجُنُودَهُمَا كَانُوا۟ خَٰطِـِٔينَ ٢٨ـ٩ وَقَالَتِ ٱمْرَأَتُ فِرْعَوْنَ قُرَّتُ عَيْنٍ لِّى وَلَكَ ۖ لَا تَقْتُلُوهُ
عَسَىٰٓ أَن يَنفَعَنَآ أَوْ نَتَّخِذَهُۥ وَلَدًا وَهُمْ لَا يَشْعُرُونَ ٢٨ـ١٠ وَأَصْبَحَ فُؤَادُ أُمِّ مُوسَىٰ
فَٰرِغًا ۖ إِن كَادَتْ لَتُبْدِى بِهِۦ لَوْلَآ أَن رَّبَطْنَا عَلَىٰ قَلْبِهَا لِتَكُونَ مِنَ ٱلْمُؤْمِنِينَ
٢٨ـ١١ وَقَالَتْ لِأُخْتِهِۦ قُصِّيهِ ۖ فَبَصُرَتْ بِهِۦ عَن جُنُبٍ وَهُمْ لَا يَشْعُرُونَ ٢٨ـ١٢ وَحَرَّمْنَا
عَلَيْهِ ٱلْمَرَاضِعَ مِن قَبْلُ فَقَالَتْ هَلْ أَدُلُّكُمْ عَلَىٰٓ أَهْلِ بَيْتٍ يَكْفُلُونَهُۥ لَكُمْ وَهُمْ لَهُۥ
نَٰصِحُونَ ٢٨ـ١٣ فَرَدَدْنَٰهُ إِلَىٰٓ أُمِّهِۦ كَىْ تَقَرَّ عَيْنُهَا وَلَا تَحْزَنَ وَلِتَعْلَمَ أَنَّ وَعْدَ ٱللَّهِ
حَقٌّ وَلَٰكِنَّ أَكْثَرَهُمْ لَا يَعْلَمُونَ ٢٨ـ١٤ وَلَمَّا بَلَغَ أَشُدَّهُۥ وَٱسْتَوَىٰٓ ءَاتَيْنَٰهُ حُكْمًا وَعِلْمًا
ۚ وَكَذَٰلِكَ نَجْزِى ٱلْمُحْسِنِينَ ٢٨ـ١٥ وَدَخَلَ ٱلْمَدِينَةَ عَلَىٰ حِينِ غَفْلَةٍ مِّنْ أَهْلِهَا فَوَجَدَ
فِيهَا رَجُلَيْنِ يَقْتَتِلَانِ هَٰذَا مِن شِيعَتِهِۦ وَهَٰذَا مِنْ عَدُوِّهِۦ ۖ فَٱسْتَغَٰثَهُ ٱلَّذِى مِن
شِيعَتِهِۦ عَلَى ٱلَّذِى مِنْ عَدُوِّهِۦ فَوَكَزَهُۥ مُوسَىٰ فَقَضَىٰ عَلَيْهِ ۖ قَالَ هَٰذَا مِنْ عَمَلِ
ٱلشَّيْطَٰنِ ۖ إِنَّهُۥ عَدُوٌّ مُّضِلٌّ مُّبِينٌ ٢٨ـ١٦ قَالَ رَبِّ إِنِّى ظَلَمْتُ نَفْسِى فَٱغْفِرْ لِى
فَغَفَرَ لَهُۥٓ ۚ إِنَّهُۥ هُوَ ٱلْغَفُورُ ٱلرَّحِيمُ ٢٨ـ١٧ قَالَ رَبِّ بِمَآ أَنْعَمْتَ عَلَىَّ فَلَنْ أَكُونَ
ظَهِيرًا لِّلْمُجْرِمِينَ ٢٨ـ١٨ فَأَصْبَحَ فِى ٱلْمَدِينَةِ خَآئِفًا يَتَرَقَّبُ فَإِذَا ٱلَّذِى ٱسْتَنصَرَهُۥ
بِٱلْأَمْسِ يَسْتَصْرِخُهُۥ ۚ قَالَ لَهُۥ مُوسَىٰٓ إِنَّكَ لَغَوِىٌّ مُّبِينٌ ٢٨ـ١٩ فَلَمَّآ أَنْ أَرَادَ أَن
يَبْطِشَ بِٱلَّذِى هُوَ عَدُوٌّ لَّهُمَا قَالَ يَٰمُوسَىٰٓ أَتُرِيدُ أَن تَقْتُلَنِى كَمَا قَتَلْتَ نَفْسًۢا
بِٱلْأَمْسِ ۖ إِن تُرِيدُ إِلَّآ أَن تَكُونَ جَبَّارًا فِى ٱلْأَرْضِ وَمَا تُرِيدُ أَن تَكُونَ مِنَ ٱلْمُصْلِحِينَ
٢٨ـ٢٠ وَجَآءَ رَجُلٌ مِّنْ أَقْصَا ٱلْمَدِينَةِ يَسْعَىٰ قَالَ يَٰمُوسَىٰٓ إِنَّ ٱلْمَلَأَ يَأْتَمِرُونَ بِكَ
لِيَقْتُلُوكَ فَٱخْرُجْ إِنِّى لَكَ مِنَ ٱلنَّٰصِحِينَ ٢٨ـ٢١ فَخَرَجَ مِنْهَا خَآئِفًا يَتَرَقَّبُ ۖ قَالَ رَبِّ
نَجِّنِى مِنَ ٱلْقَوْمِ ٱلظَّٰلِمِينَ ٢٨ـ٢٢ وَلَمَّا تَوَجَّهَ تِلْقَآءَ مَدْيَنَ قَالَ عَسَىٰ رَبِّىٓ أَن
يَهْدِيَنِى سَوَآءَ ٱلسَّبِيلِ ٢٨ـ٢٣ وَلَمَّا وَرَدَ مَآءَ مَدْيَنَ وَجَدَ عَلَيْهِ أُمَّةً مِّنَ ٱلنَّاسِ
يَسْقُونَ وَوَجَدَ مِن دُونِهِمُ ٱمْرَأَتَيْنِ تَذُودَانِ ۖ قَالَ مَا خَطْبُكُمَا ۖ قَالَتَا لَا نَسْقِى حَتَّىٰ

يُصْدِرَ ٱلرِّعَآءُ ۖ وَأَبُونَا شَيْخٌ كَبِيرٌ ٢٨ـ٢٤ فَسَقَىٰ لَهُمَا ثُمَّ تَوَلَّىٰٓ إِلَى ٱلظِّلِّ فَقَالَ رَبِّ
إِنِّى لِمَآ أَنزَلْتَ إِلَىَّ مِنْ خَيْرٍ فَقِيرٌ ٢٨ـ٢٥ فَجَآءَتْهُ إِحْدَىٰهُمَا تَمْشِى عَلَى ٱسْتِحْيَآءٍ
قَالَتْ إِنَّ أَبِى يَدْعُوكَ لِيَجْزِيَكَ أَجْرَ مَا سَقَيْتَ لَنَا ۚ فَلَمَّا جَآءَهُۥ وَقَصَّ عَلَيْهِ ٱلْقَصَصَ
قَالَ لَا تَخَفْ ۖ نَجَوْتَ مِنَ ٱلْقَوْمِ ٱلظَّـٰلِمِينَ ٢٨ـ٢٦ قَالَتْ إِحْدَىٰهُمَا يَـٰٓأَبَتِ ٱسْتَـْٔجِرْهُ ۖ إِنَّ
خَيْرَ مَنِ ٱسْتَـْٔجَرْتَ ٱلْقَوِىُّ ٱلْأَمِينُ ٢٨ـ٢٧ قَالَ إِنِّىٓ أُرِيدُ أَنْ أُنكِحَكَ إِحْدَى ٱبْنَتَىَّ
هَـٰتَيْنِ عَلَىٰٓ أَن تَأْجُرَنِى ثَمَـٰنِىَ حِجَجٍ ۖ فَإِنْ أَتْمَمْتَ عَشْرًا فَمِنْ عِندِكَ ۖ وَمَآ أُرِيدُ أَنْ
أَشُقَّ عَلَيْكَ ۚ سَتَجِدُنِىٓ إِن شَآءَ ٱللَّهُ مِنَ ٱلصَّـٰلِحِينَ ٢٨ـ٢٨ قَالَ ذَٰلِكَ بَيْنِى وَبَيْنَكَ ۖ
أَيَّمَا ٱلْأَجَلَيْنِ قَضَيْتُ فَلَا عُدْوَٰنَ عَلَىَّ ۖ وَٱللَّهُ عَلَىٰ مَا نَقُولُ وَكِيلٌ ٢٨ـ٢٩ فَلَمَّا
قَضَىٰ مُوسَى ٱلْأَجَلَ وَسَارَ بِأَهْلِهِۦٓ ءَانَسَ مِن جَانِبِ ٱلطُّورِ نَارًا قَالَ لِأَهْلِهِ ٱمْكُثُوٓا۟
إِنِّىٓ ءَانَسْتُ نَارًا لَّعَلِّىٓ ءَاتِيكُم مِّنْهَا بِخَبَرٍ أَوْ جَذْوَةٍ مِّنَ ٱلنَّارِ لَعَلَّكُمْ تَصْطَلُونَ
٢٨ـ٣٠ فَلَمَّآ أَتَىٰهَا نُودِىَ مِن شَـٰطِئِ ٱلْوَادِ ٱلْأَيْمَنِ فِى ٱلْبُقْعَةِ ٱلْمُبَـٰرَكَةِ مِنَ ٱلشَّجَرَةِ
أَن يَـٰمُوسَىٰٓ إِنِّىٓ أَنَا ٱللَّهُ رَبُّ ٱلْعَـٰلَمِينَ ٢٨ـ٣١ وَأَنْ أَلْقِ عَصَاكَ ۖ فَلَمَّا رَءَاهَا تَهْتَزُّ
كَأَنَّهَا جَآنٌّ وَلَّىٰ مُدْبِرًا وَلَمْ يُعَقِّبْ ۚ يَـٰمُوسَىٰٓ أَقْبِلْ وَلَا تَخَفْ ۖ إِنَّكَ مِنَ ٱلْـَٔامِنِينَ
٢٨ـ٣٢ ٱسْلُكْ يَدَكَ فِى جَيْبِكَ تَخْرُجْ بَيْضَآءَ مِنْ غَيْرِ سُوٓءٍ وَٱضْمُمْ إِلَيْكَ جَنَاحَكَ مِنَ
ٱلرَّهْبِ ۖ فَذَٰنِكَ بُرْهَـٰنَانِ مِن رَّبِّكَ إِلَىٰ فِرْعَوْنَ وَمَلَإِي۟هِۦٓ ۚ إِنَّهُمْ كَانُوا۟ قَوْمًا فَـٰسِقِينَ
٢٨ـ٣٣ قَالَ رَبِّ إِنِّى قَتَلْتُ مِنْهُمْ نَفْسًا فَأَخَافُ أَن يَقْتُلُونِ ٢٨ـ٣٤ وَأَخِى هَـٰرُونُ
هُوَ أَفْصَحُ مِنِّى لِسَانًا فَأَرْسِلْهُ مَعِىَ رِدْءًا يُصَدِّقُنِىٓ ۖ إِنِّىٓ أَخَافُ أَن يُكَذِّبُونِ
٢٨ـ٣٥ قَالَ سَنَشُدُّ عَضُدَكَ بِأَخِيكَ وَنَجْعَلُ لَكُمَا سُلْطَـٰنًا فَلَا يَصِلُونَ إِلَيْكُمَا ۚ بِـَٔايَـٰتِنَآ
أَنتُمَا وَمَنِ ٱتَّبَعَكُمَا ٱلْغَـٰلِبُونَ ٢٨ـ٣٦ فَلَمَّا جَآءَهُم مُّوسَىٰ بِـَٔايَـٰتِنَا بَيِّنَـٰتٍ قَالُوا۟ مَا هَـٰذَآ
إِلَّا سِحْرٌ مُّفْتَرًى وَمَا سَمِعْنَا بِهَـٰذَا فِىٓ ءَابَآئِنَا ٱلْأَوَّلِينَ ٢٨ـ٣٧ وَقَالَ مُوسَىٰ رَبِّىٓ
أَعْلَمُ بِمَن جَآءَ بِٱلْهُدَىٰ مِنْ عِندِهِۦ وَمَن تَكُونُ لَهُۥ عَـٰقِبَةُ ٱلدَّارِ ۖ إِنَّهُۥ لَا يُفْلِحُ ٱلظَّـٰلِمُونَ
٢٨ـ٣٨ وَقَالَ فِرْعَوْنُ يَـٰٓأَيُّهَا ٱلْمَلَأُ مَا عَلِمْتُ لَكُم مِّنْ إِلَـٰهٍ غَيْرِى فَأَوْقِدْ لِى يَـٰهَـٰمَـٰنُ
عَلَى ٱلطِّينِ فَٱجْعَل لِّى صَرْحًا لَّعَلِّىٓ أَطَّلِعُ إِلَىٰٓ إِلَـٰهِ مُوسَىٰ وَإِنِّى لَأَظُنُّهُۥ مِنَ
ٱلْكَـٰذِبِينَ ٢٨ـ٣٩ وَٱسْتَكْبَرَ هُوَ وَجُنُودُهُۥ فِى ٱلْأَرْضِ بِغَيْرِ ٱلْحَقِّ وَظَنُّوٓا۟ أَنَّهُمْ إِلَيْنَا لَا
يُرْجَعُونَ ٢٨ـ٤٠ فَأَخَذْنَـٰهُ وَجُنُودَهُۥ فَنَبَذْنَـٰهُمْ فِى ٱلْيَمِّ ۖ فَٱنظُرْ كَيْفَ كَانَ عَـٰقِبَةُ
ٱلظَّـٰلِمِينَ ٢٨ـ٤١ وَجَعَلْنَـٰهُمْ أَئِمَّةً يَدْعُونَ إِلَى ٱلنَّارِ ۖ وَيَوْمَ ٱلْقِيَـٰمَةِ لَا يُنصَرُونَ
٢٨ـ٤٢ وَأَتْبَعْنَـٰهُمْ فِى هَـٰذِهِ ٱلدُّنْيَا لَعْنَةً ۖ وَيَوْمَ ٱلْقِيَـٰمَةِ هُم مِّنَ ٱلْمَقْبُوحِينَ
٢٨ـ٤٣ وَلَقَدْ ءَاتَيْنَا مُوسَى ٱلْكِتَـٰبَ مِنۢ بَعْدِ مَآ أَهْلَكْنَا ٱلْقُرُونَ ٱلْأُولَىٰ بَصَآئِرَ لِلنَّاسِ

وَهُدًى وَرَحْمَةً لَّعَلَّهُمْ يَتَذَكَّرُونَ ٢٨ــ٤٤ وَمَا كُنتَ بِجَانِبِ ٱلْغَرْبِىِّ إِذْ قَضَيْنَآ إِلَىٰ
مُوسَى ٱلْأَمْرَ وَمَا كُنتَ مِنَ ٱلشَّٰهِدِينَ ٢٨ــ٤٥ وَلَٰكِنَّآ أَنشَأْنَا قُرُونًا فَتَطَاوَلَ عَلَيْهِمُ
ٱلْعُمُرُ ۚ وَمَا كُنتَ ثَاوِيًا فِىٓ أَهْلِ مَدْيَنَ تَتْلُوا۟ عَلَيْهِمْ ءَايَٰتِنَا وَلَٰكِنَّا كُنَّا مُرْسِلِينَ
٢٨ــ٤٦ وَمَا كُنتَ بِجَانِبِ ٱلطُّورِ إِذْ نَادَيْنَا وَلَٰكِن رَّحْمَةً مِّن رَّبِّكَ لِتُنذِرَ قَوْمًا مَّآ أَتَىٰهُم
مِّن نَّذِيرٍ مِّن قَبْلِكَ لَعَلَّهُمْ يَتَذَكَّرُونَ ٢٨ــ٤٧ وَلَوْلَآ أَن تُصِيبَهُم مُّصِيبَةٌۢ بِمَا قَدَّمَتْ
أَيْدِيهِمْ فَيَقُولُوا۟ رَبَّنَا لَوْلَآ أَرْسَلْتَ إِلَيْنَا رَسُولًا فَنَتَّبِعَ ءَايَٰتِكَ وَنَكُونَ مِنَ ٱلْمُؤْمِنِينَ
٢٨ــ٤٨ فَلَمَّا جَآءَهُمُ ٱلْحَقُّ مِنْ عِندِنَا قَالُوا۟ لَوْلَآ أُوتِىَ مِثْلَ مَآ أُوتِىَ مُوسَىٰٓ ۚ أَوَلَمْ
يَكْفُرُوا۟ بِمَآ أُوتِىَ مُوسَىٰ مِن قَبْلُ ۖ قَالُوا۟ سِحْرَانِ تَظَٰهَرَا وَقَالُوٓا۟ إِنَّا بِكُلٍّ كَٰفِرُونَ
٢٨ــ٤٩ قُلْ فَأْتُوا۟ بِكِتَٰبٍ مِّنْ عِندِ ٱللَّهِ هُوَ أَهْدَىٰ مِنْهُمَآ أَتَّبِعْهُ إِن كُنتُمْ صَٰدِقِينَ
٢٨ــ٥٠ فَإِن لَّمْ يَسْتَجِيبُوا۟ لَكَ فَٱعْلَمْ أَنَّمَا يَتَّبِعُونَ أَهْوَآءَهُمْ ۚ وَمَنْ أَضَلُّ مِمَّنِ ٱتَّبَعَ
هَوَىٰهُ بِغَيْرِ هُدًى مِّنَ ٱللَّهِ ۚ إِنَّ ٱللَّهَ لَا يَهْدِى ٱلْقَوْمَ ٱلظَّٰلِمِينَ ٢٨ــ٥١ وَلَقَدْ وَصَّلْنَا
لَهُمُ ٱلْقَوْلَ لَعَلَّهُمْ يَتَذَكَّرُونَ ٢٨ــ٥٢ ٱلَّذِينَ ءَاتَيْنَٰهُمُ ٱلْكِتَٰبَ مِن قَبْلِهِۦ هُم بِهِۦ
يُؤْمِنُونَ ٢٨ــ٥٣ وَإِذَا يُتْلَىٰ عَلَيْهِمْ قَالُوٓا۟ ءَامَنَّا بِهِۦٓ إِنَّهُ ٱلْحَقُّ مِن رَّبِّنَآ إِنَّا كُنَّا مِن
قَبْلِهِۦ مُسْلِمِينَ ٢٨ــ٥٤ أُو۟لَٰٓئِكَ يُؤْتَوْنَ أَجْرَهُم مَّرَّتَيْنِ بِمَا صَبَرُوا۟ وَيَدْرَءُونَ بِٱلْحَسَنَةِ
ٱلسَّيِّئَةَ وَمِمَّا رَزَقْنَٰهُمْ يُنفِقُونَ ٢٨ــ٥٥ وَإِذَا سَمِعُوا۟ ٱللَّغْوَ أَعْرَضُوا۟ عَنْهُ وَقَالُوا۟ لَنَآ
أَعْمَٰلُنَا وَلَكُمْ أَعْمَٰلُكُمْ سَلَٰمٌ عَلَيْكُمْ لَا نَبْتَغِى ٱلْجَٰهِلِينَ ٢٨ــ٥٦ إِنَّكَ لَا تَهْدِى مَنْ
أَحْبَبْتَ وَلَٰكِنَّ ٱللَّهَ يَهْدِى مَن يَشَآءُ ۚ وَهُوَ أَعْلَمُ بِٱلْمُهْتَدِينَ ٢٨ــ٥٧ وَقَالُوٓا۟ إِن نَّتَّبِعِ
ٱلْهُدَىٰ مَعَكَ نُتَخَطَّفْ مِنْ أَرْضِنَآ ۚ أَوَلَمْ نُمَكِّن لَّهُمْ حَرَمًا ءَامِنًا يُجْبَىٰٓ إِلَيْهِ ثَمَرَٰتُ كُلِّ
شَىْءٍ رِّزْقًا مِّن لَّدُنَّا وَلَٰكِنَّ أَكْثَرَهُمْ لَا يَعْلَمُونَ ٢٨ــ٥٨ وَكَمْ أَهْلَكْنَا مِن قَرْيَةٍۭ بَطِرَتْ
مَعِيشَتَهَا ۖ فَتِلْكَ مَسَٰكِنُهُمْ لَمْ تُسْكَن مِّنۢ بَعْدِهِمْ إِلَّا قَلِيلًا ۖ وَكُنَّا نَحْنُ ٱلْوَٰرِثِينَ
٢٨ــ٥٩ وَمَا كَانَ رَبُّكَ مُهْلِكَ ٱلْقُرَىٰ حَتَّىٰ يَبْعَثَ فِىٓ أُمِّهَا رَسُولًا يَتْلُوا۟ عَلَيْهِمْ
ءَايَٰتِنَا ۚ وَمَا كُنَّا مُهْلِكِى ٱلْقُرَىٰٓ إِلَّا وَأَهْلُهَا ظَٰلِمُونَ ٢٨ــ٦٠ وَمَآ أُوتِيتُم مِّن شَىْءٍ
فَمَتَٰعُ ٱلْحَيَوٰةِ ٱلدُّنْيَا وَزِينَتُهَا ۚ وَمَا عِندَ ٱللَّهِ خَيْرٌ وَأَبْقَىٰٓ ۚ أَفَلَا تَعْقِلُونَ ٢٨ــ٦١ أَفَمَن
وَعَدْنَٰهُ وَعْدًا حَسَنًا فَهُوَ لَٰقِيهِ كَمَن مَّتَّعْنَٰهُ مَتَٰعَ ٱلْحَيَوٰةِ ٱلدُّنْيَا ثُمَّ هُوَ يَوْمَ ٱلْقِيَٰمَةِ
مِنَ ٱلْمُحْضَرِينَ ٢٨ــ٦٢ وَيَوْمَ يُنَادِيهِمْ فَيَقُولُ أَيْنَ شُرَكَآءِىَ ٱلَّذِينَ كُنتُمْ تَزْعُمُونَ
٢٨ــ٦٣ قَالَ ٱلَّذِينَ حَقَّ عَلَيْهِمُ ٱلْقَوْلُ رَبَّنَا هَٰٓؤُلَآءِ ٱلَّذِينَ أَغْوَيْنَآ أَغْوَيْنَٰهُمْ كَمَا غَوَيْنَا ۖ
تَبَرَّأْنَآ إِلَيْكَ ۖ مَا كَانُوٓا۟ إِيَّانَا يَعْبُدُونَ ٢٨ــ٦٤ وَقِيلَ ٱدْعُوا۟ شُرَكَآءَكُمْ فَدَعَوْهُمْ فَلَمْ
يَسْتَجِيبُوا۟ لَهُمْ وَرَأَوُا۟ ٱلْعَذَابَ ۚ لَوْ أَنَّهُمْ كَانُوا۟ يَهْتَدُونَ ٢٨ــ٦٥ وَيَوْمَ يُنَادِيهِمْ

فَيَقُولُ مَاذَآ أَجَبْتُمُ ٱلْمُرْسَلِينَ ٢٨ـ٦٦ فَعَمِيَتْ عَلَيْهِمُ ٱلْأَنۢبَآءُ يَوْمَئِذٍ فَهُمْ لَا
يَتَسَآءَلُونَ ٢٨ـ٦٧ فَأَمَّا مَن تَابَ وَءَامَنَ وَعَمِلَ صَٰلِحًا فَعَسَىٰٓ أَن يَكُونَ مِنَ
ٱلْمُفْلِحِينَ ٢٨ـ٦٨ وَرَبُّكَ يَخْلُقُ مَا يَشَآءُ وَيَخْتَارُ ۗ مَا كَانَ لَهُمُ ٱلْخِيَرَةُ ۚ سُبْحَٰنَ ٱللَّهِ
وَتَعَٰلَىٰ عَمَّا يُشْرِكُونَ ٢٨ـ٦٩ وَرَبُّكَ يَعْلَمُ مَا تُكِنُّ صُدُورُهُمْ وَمَا يُعْلِنُونَ
٢٨ـ٧٠ وَهُوَ ٱللَّهُ لَآ إِلَٰهَ إِلَّا هُوَ ۖ لَهُ ٱلْحَمْدُ فِى ٱلْأُولَىٰ وَٱلْءَاخِرَةِ ۖ وَلَهُ ٱلْحُكْمُ وَإِلَيْهِ
تُرْجَعُونَ ٢٨ـ٧١ قُلْ أَرَءَيْتُمْ إِن جَعَلَ ٱللَّهُ عَلَيْكُمُ ٱلَّيْلَ سَرْمَدًا إِلَىٰ يَوْمِ ٱلْقِيَٰمَةِ مَنْ
إِلَٰهٌ غَيْرُ ٱللَّهِ يَأْتِيكُم بِضِيَآءٍ ۖ أَفَلَا تَسْمَعُونَ ٢٨ـ٧٢ قُلْ أَرَءَيْتُمْ إِن جَعَلَ ٱللَّهُ عَلَيْكُمُ
ٱلنَّهَارَ سَرْمَدًا إِلَىٰ يَوْمِ ٱلْقِيَٰمَةِ مَنْ إِلَٰهٌ غَيْرُ ٱللَّهِ يَأْتِيكُم بِلَيْلٍ تَسْكُنُونَ فِيهِ ۖ أَفَلَا
تُبْصِرُونَ ٢٨ـ٧٣ وَمِن رَّحْمَتِهِۦ جَعَلَ لَكُمُ ٱلَّيْلَ وَٱلنَّهَارَ لِتَسْكُنُوا۟ فِيهِ وَلِتَبْتَغُوا۟ مِن
فَضْلِهِۦ وَلَعَلَّكُمْ تَشْكُرُونَ ٢٨ـ٧٤ وَيَوْمَ يُنَادِيهِمْ فَيَقُولُ أَيْنَ شُرَكَآءِىَ ٱلَّذِينَ كُنتُمْ
تَزْعُمُونَ ٢٨ـ٧٥ وَنَزَعْنَا مِن كُلِّ أُمَّةٍ شَهِيدًا فَقُلْنَا هَاتُوا۟ بُرْهَٰنَكُمْ فَعَلِمُوٓا۟ أَنَّ ٱلْحَقَّ
لِلَّهِ وَضَلَّ عَنْهُم مَّا كَانُوا۟ يَفْتَرُونَ ٢٨ـ٧٦ إِنَّ قَٰرُونَ كَانَ مِن قَوْمِ مُوسَىٰ فَبَغَىٰ
عَلَيْهِمْ ۖ وَءَاتَيْنَٰهُ مِنَ ٱلْكُنُوزِ مَآ إِنَّ مَفَاتِحَهُۥ لَتَنُوٓأُ بِٱلْعُصْبَةِ أُو۟لِى ٱلْقُوَّةِ إِذْ قَالَ لَهُۥ
قَوْمُهُۥ لَا تَفْرَحْ ۖ إِنَّ ٱللَّهَ لَا يُحِبُّ ٱلْفَرِحِينَ ٢٨ـ٧٧ وَٱبْتَغِ فِيمَآ ءَاتَىٰكَ ٱللَّهُ ٱلدَّارَ
ٱلْءَاخِرَةَ ۖ وَلَا تَنسَ نَصِيبَكَ مِنَ ٱلدُّنْيَا ۖ وَأَحْسِن كَمَآ أَحْسَنَ ٱللَّهُ إِلَيْكَ ۖ وَلَا تَبْغِ
ٱلْفَسَادَ فِى ٱلْأَرْضِ ۖ إِنَّ ٱللَّهَ لَا يُحِبُّ ٱلْمُفْسِدِينَ ٢٨ـ٧٨ قَالَ إِنَّمَآ أُوتِيتُهُۥ عَلَىٰ عِلْمٍ
عِندِىٓ ۚ أَوَلَمْ يَعْلَمْ أَنَّ ٱللَّهَ قَدْ أَهْلَكَ مِن قَبْلِهِۦ مِنَ ٱلْقُرُونِ مَنْ هُوَ أَشَدُّ مِنْهُ قُوَّةً
وَأَكْثَرُ جَمْعًا ۚ وَلَا يُسْـَٔلُ عَن ذُنُوبِهِمُ ٱلْمُجْرِمُونَ ٢٨ـ٧٩ فَخَرَجَ عَلَىٰ قَوْمِهِۦ فِى
زِينَتِهِۦ ۖ قَالَ ٱلَّذِينَ يُرِيدُونَ ٱلْحَيَوٰةَ ٱلدُّنْيَا يَٰلَيْتَ لَنَا مِثْلَ مَآ أُوتِىَ قَٰرُونُ إِنَّهُۥ لَذُو حَظٍّ
عَظِيمٍ ٢٨ـ٨٠ وَقَالَ ٱلَّذِينَ أُوتُوا۟ ٱلْعِلْمَ وَيْلَكُمْ ثَوَابُ ٱللَّهِ خَيْرٌ لِّمَنْ ءَامَنَ وَعَمِلَ
صَٰلِحًا وَلَا يُلَقَّىٰهَآ إِلَّا ٱلصَّٰبِرُونَ ٢٨ـ٨١ فَخَسَفْنَا بِهِۦ وَبِدَارِهِ ٱلْأَرْضَ فَمَا كَانَ لَهُۥ مِن
فِئَةٍ يَنصُرُونَهُۥ مِن دُونِ ٱللَّهِ وَمَا كَانَ مِنَ ٱلْمُنتَصِرِينَ ٢٨ـ٨٢ وَأَصْبَحَ ٱلَّذِينَ تَمَنَّوْا۟
مَكَانَهُۥ بِٱلْأَمْسِ يَقُولُونَ وَيْكَأَنَّ ٱللَّهَ يَبْسُطُ ٱلرِّزْقَ لِمَن يَشَآءُ مِنْ عِبَادِهِۦ وَيَقْدِرُ ۖ
لَوْلَآ أَن مَّنَّ ٱللَّهُ عَلَيْنَا لَخَسَفَ بِنَا ۖ وَيْكَأَنَّهُۥ لَا يُفْلِحُ ٱلْكَٰفِرُونَ ٢٨ـ٨٣ تِلْكَ ٱلدَّارُ
ٱلْءَاخِرَةُ نَجْعَلُهَا لِلَّذِينَ لَا يُرِيدُونَ عُلُوًّا فِى ٱلْأَرْضِ وَلَا فَسَادًا ۚ وَٱلْعَٰقِبَةُ لِلْمُتَّقِينَ
٢٨ـ٨٤ مَن جَآءَ بِٱلْحَسَنَةِ فَلَهُۥ خَيْرٌ مِّنْهَا ۖ وَمَن جَآءَ بِٱلسَّيِّئَةِ فَلَا يُجْزَى ٱلَّذِينَ عَمِلُوا۟
ٱلسَّيِّـَٔاتِ إِلَّا مَا كَانُوا۟ يَعْمَلُونَ ٢٨ـ٨٥ إِنَّ ٱلَّذِى فَرَضَ عَلَيْكَ ٱلْقُرْءَانَ لَرَآدُّكَ إِلَىٰ
مَعَادٍ ۚ قُل رَّبِّىٓ أَعْلَمُ مَن جَآءَ بِٱلْهُدَىٰ وَمَنْ هُوَ فِى ضَلَٰلٍ مُّبِينٍ ٢٨ـ٨٦ وَمَا كُنتَ

تَرْجُوٓا۟ أَن يُلْقَىٰٓ إِلَيْكَ ٱلْكِتَـٰبُ إِلَّا رَحْمَةً مِّن رَّبِّكَ ۖ فَلَا تَكُونَنَّ ظَهِيرًا لِّلْكَـٰفِرِينَ
٢٨ـ٨٧ وَلَا يَصُدُّنَّكَ عَنْ ءَايَـٰتِ ٱللَّهِ بَعْدَ إِذْ أُنزِلَتْ إِلَيْكَ ۖ وَٱدْعُ إِلَىٰ رَبِّكَ ۖ وَلَا تَكُونَنَّ
مِنَ ٱلْمُشْرِكِينَ ٢٨ـ٨٨ وَلَا تَدْعُ مَعَ ٱللَّهِ إِلَـٰهًا ءَاخَرَ ۘ لَآ إِلَـٰهَ إِلَّا هُوَ ۚ كُلُّ شَىْءٍ هَالِكٌ
إِلَّا وَجْهَهُۥ ۚ لَهُ ٱلْحُكْمُ وَإِلَيْهِ تُرْجَعُونَ ٢٩ـ١ الٓمٓ ٢٩ـ٢ أَحَسِبَ ٱلنَّاسُ أَن يُتْرَكُوٓا۟ أَن
يَقُولُوٓا۟ ءَامَنَّا وَهُمْ لَا يُفْتَنُونَ ٢٩ـ٣ وَلَقَدْ فَتَنَّا ٱلَّذِينَ مِن قَبْلِهِمْ ۖ فَلَيَعْلَمَنَّ ٱللَّهُ
ٱلَّذِينَ صَدَقُوا۟ وَلَيَعْلَمَنَّ ٱلْكَـٰذِبِينَ ٢٩ـ٤ أَمْ حَسِبَ ٱلَّذِينَ يَعْمَلُونَ ٱلسَّيِّـَٔاتِ أَن
يَسْبِقُونَا ۚ سَآءَ مَا يَحْكُمُونَ ٢٩ـ٥ مَن كَانَ يَرْجُوا۟ لِقَآءَ ٱللَّهِ فَإِنَّ أَجَلَ ٱللَّهِ لَـَٔاتٍ ۚ
وَهُوَ ٱلسَّمِيعُ ٱلْعَلِيمُ ٢٩ـ٦ وَمَن جَـٰهَدَ فَإِنَّمَا يُجَـٰهِدُ لِنَفْسِهِۦٓ ۚ إِنَّ ٱللَّهَ لَغَنِىٌّ عَنِ
ٱلْعَـٰلَمِينَ ٢٩ـ٧ وَٱلَّذِينَ ءَامَنُوا۟ وَعَمِلُوا۟ ٱلصَّـٰلِحَـٰتِ لَنُكَفِّرَنَّ عَنْهُمْ سَيِّـَٔاتِهِمْ
وَلَنَجْزِيَنَّهُمْ أَحْسَنَ ٱلَّذِى كَانُوا۟ يَعْمَلُونَ ٢٩ـ٨ وَوَصَّيْنَا ٱلْإِنسَـٰنَ بِوَٰلِدَيْهِ حُسْنًا ۖ وَإِن
جَـٰهَدَاكَ لِتُشْرِكَ بِى مَا لَيْسَ لَكَ بِهِۦ عِلْمٌ فَلَا تُطِعْهُمَآ ۚ إِلَىَّ مَرْجِعُكُمْ فَأُنَبِّئُكُم بِمَا
كُنتُمْ تَعْمَلُونَ ٢٩ـ٩ وَٱلَّذِينَ ءَامَنُوا۟ وَعَمِلُوا۟ ٱلصَّـٰلِحَـٰتِ لَنُدْخِلَنَّهُمْ فِى ٱلصَّـٰلِحِينَ
٢٩ـ١٠ وَمِنَ ٱلنَّاسِ مَن يَقُولُ ءَامَنَّا بِٱللَّهِ فَإِذَآ أُوذِىَ فِى ٱللَّهِ جَعَلَ فِتْنَةَ ٱلنَّاسِ
كَعَذَابِ ٱللَّهِ وَلَئِن جَآءَ نَصْرٌ مِّن رَّبِّكَ لَيَقُولُنَّ إِنَّا كُنَّا مَعَكُمْ ۚ أَوَلَيْسَ ٱللَّهُ بِأَعْلَمَ بِمَا
فِى صُدُورِ ٱلْعَـٰلَمِينَ ٢٩ـ١١ وَلَيَعْلَمَنَّ ٱللَّهُ ٱلَّذِينَ ءَامَنُوا۟ وَلَيَعْلَمَنَّ ٱلْمُنَـٰفِقِينَ
٢٩ـ١٢ وَقَالَ ٱلَّذِينَ كَفَرُوا۟ لِلَّذِينَ ءَامَنُوا۟ ٱتَّبِعُوا۟ سَبِيلَنَا وَلْنَحْمِلْ خَطَـٰيَـٰكُمْ وَمَا هُم
بِحَـٰمِلِينَ مِنْ خَطَـٰيَـٰهُم مِّن شَىْءٍ ۖ إِنَّهُمْ لَكَـٰذِبُونَ ٢٩ـ١٣ وَلَيَحْمِلُنَّ أَثْقَالَهُمْ وَأَثْقَالًا
مَّعَ أَثْقَالِهِمْ ۖ وَلَيُسْـَٔلُنَّ يَوْمَ ٱلْقِيَـٰمَةِ عَمَّا كَانُوا۟ يَفْتَرُونَ ٢٩ـ١٤ وَلَقَدْ أَرْسَلْنَا نُوحًا
إِلَىٰ قَوْمِهِۦ فَلَبِثَ فِيهِمْ أَلْفَ سَنَةٍ إِلَّا خَمْسِينَ عَامًا فَأَخَذَهُمُ ٱلطُّوفَانُ وَهُمْ
ظَـٰلِمُونَ ٢٩ـ١٥ فَأَنجَيْنَـٰهُ وَأَصْحَـٰبَ ٱلسَّفِينَةِ وَجَعَلْنَـٰهَآ ءَايَةً لِّلْعَـٰلَمِينَ ٢٩ـ١٦ وَإِبْرَٰهِيمَ
إِذْ قَالَ لِقَوْمِهِ ٱعْبُدُوا۟ ٱللَّهَ وَٱتَّقُوهُ ۖ ذَٰلِكُمْ خَيْرٌ لَّكُمْ إِن كُنتُمْ تَعْلَمُونَ ٢٩ـ١٧ إِنَّمَا
تَعْبُدُونَ مِن دُونِ ٱللَّهِ أَوْثَـٰنًا وَتَخْلُقُونَ إِفْكًا ۚ إِنَّ ٱلَّذِينَ تَعْبُدُونَ مِن دُونِ ٱللَّهِ لَا
يَمْلِكُونَ لَكُمْ رِزْقًا فَٱبْتَغُوا۟ عِندَ ٱللَّهِ ٱلرِّزْقَ وَٱعْبُدُوهُ وَٱشْكُرُوا۟ لَهُۥٓ ۖ إِلَيْهِ تُرْجَعُونَ
٢٩ـ١٨ وَإِن تُكَذِّبُوا۟ فَقَدْ كَذَّبَ أُمَمٌ مِّن قَبْلِكُمْ ۖ وَمَا عَلَى ٱلرَّسُولِ إِلَّا ٱلْبَلَـٰغُ ٱلْمُبِينُ
٢٩ـ١٩ أَوَلَمْ يَرَوْا۟ كَيْفَ يُبْدِئُ ٱللَّهُ ٱلْخَلْقَ ثُمَّ يُعِيدُهُۥٓ ۚ إِنَّ ذَٰلِكَ عَلَى ٱللَّهِ يَسِيرٌ
٢٩ـ٢٠ قُلْ سِيرُوا۟ فِى ٱلْأَرْضِ فَٱنظُرُوا۟ كَيْفَ بَدَأَ ٱلْخَلْقَ ۚ ثُمَّ ٱللَّهُ يُنشِئُ ٱلنَّشْأَةَ
ٱلْـَٔاخِرَةَ ۚ إِنَّ ٱللَّهَ عَلَىٰ كُلِّ شَىْءٍ قَدِيرٌ ٢٩ـ٢١ يُعَذِّبُ مَن يَشَآءُ وَيَرْحَمُ مَن يَشَآءُ ۖ
وَإِلَيْهِ تُقْلَبُونَ ٢٩ـ٢٢ وَمَآ أَنتُم بِمُعْجِزِينَ فِى ٱلْأَرْضِ وَلَا فِى ٱلسَّمَآءِ ۖ وَمَا لَكُم مِّن

دُونِ ٱللَّهِ مِن وَلِيٍّ وَلَا نَصِيرٍ ٢٩ـ٢٣ وَٱلَّذِينَ كَفَرُوا۟ بِـَٔايَٰتِ ٱللَّهِ وَلِقَآئِهِۦٓ أُو۟لَٰٓئِكَ
يَئِسُوا۟ مِن رَّحْمَتِى وَأُو۟لَٰٓئِكَ لَهُمْ عَذَابٌ أَلِيمٌ ٢٩ـ٢٤ فَمَا كَانَ جَوَابَ قَوْمِهِۦٓ إِلَّآ أَن
قَالُوا۟ ٱقْتُلُوهُ أَوْ حَرِّقُوهُ فَأَنجَىٰهُ ٱللَّهُ مِنَ ٱلنَّارِ ۚ إِنَّ فِى ذَٰلِكَ لَـَٔايَٰتٍ لِّقَوْمٍ يُؤْمِنُونَ
٢٩ـ٢٥ وَقَالَ إِنَّمَا ٱتَّخَذْتُم مِّن دُونِ ٱللَّهِ أَوْثَٰنًا مَّوَدَّةَ بَيْنِكُمْ فِى ٱلْحَيَوٰةِ ٱلدُّنْيَا ۖ ثُمَّ
يَوْمَ ٱلْقِيَٰمَةِ يَكْفُرُ بَعْضُكُم بِبَعْضٍ وَيَلْعَنُ بَعْضُكُم بَعْضًا وَمَأْوَىٰكُمُ ٱلنَّارُ وَمَا لَكُم مِّن
نَّٰصِرِينَ ٢٩ـ٢٦ فَـَٔامَنَ لَهُۥ لُوطٌ ۘ وَقَالَ إِنِّى مُهَاجِرٌ إِلَىٰ رَبِّىٓ ۖ إِنَّهُۥ هُوَ ٱلْعَزِيزُ ٱلْحَكِيمُ
٢٩ـ٢٧ وَوَهَبْنَا لَهُۥٓ إِسْحَٰقَ وَيَعْقُوبَ وَجَعَلْنَا فِى ذُرِّيَّتِهِ ٱلنُّبُوَّةَ وَٱلْكِتَٰبَ وَءَاتَيْنَٰهُ
أَجْرَهُۥ فِى ٱلدُّنْيَا ۖ وَإِنَّهُۥ فِى ٱلْـَٔاخِرَةِ لَمِنَ ٱلصَّٰلِحِينَ ٢٩ـ٢٨ وَلُوطًا إِذْ قَالَ لِقَوْمِهِۦٓ
إِنَّكُمْ لَتَأْتُونَ ٱلْفَٰحِشَةَ مَا سَبَقَكُم بِهَا مِنْ أَحَدٍ مِّنَ ٱلْعَٰلَمِينَ ٢٩ـ٢٩ أَئِنَّكُمْ لَتَأْتُونَ
ٱلرِّجَالَ وَتَقْطَعُونَ ٱلسَّبِيلَ وَتَأْتُونَ فِى نَادِيكُمُ ٱلْمُنكَرَ ۖ فَمَا كَانَ جَوَابَ قَوْمِهِۦٓ إِلَّآ
أَن قَالُوا۟ ٱئْتِنَا بِعَذَابِ ٱللَّهِ إِن كُنتَ مِنَ ٱلصَّٰدِقِينَ ٢٩ـ٣٠ قَالَ رَبِّ ٱنصُرْنِى عَلَى
ٱلْقَوْمِ ٱلْمُفْسِدِينَ ٢٩ـ٣١ وَلَمَّا جَآءَتْ رُسُلُنَآ إِبْرَٰهِيمَ بِٱلْبُشْرَىٰ قَالُوٓا۟ إِنَّا مُهْلِكُوٓا۟
أَهْلِ هَٰذِهِ ٱلْقَرْيَةِ ۖ إِنَّ أَهْلَهَا كَانُوا۟ ظَٰلِمِينَ ٢٩ـ٣٢ قَالَ إِنَّ فِيهَا لُوطًا ۚ قَالُوا۟ نَحْنُ
أَعْلَمُ بِمَن فِيهَا ۖ لَنُنَجِّيَنَّهُۥ وَأَهْلَهُۥٓ إِلَّا ٱمْرَأَتَهُۥ كَانَتْ مِنَ ٱلْغَٰبِرِينَ ٢٩ـ٣٣ وَلَمَّآ أَن
جَآءَتْ رُسُلُنَا لُوطًا سِىٓءَ بِهِمْ وَضَاقَ بِهِمْ ذَرْعًا وَقَالُوا۟ لَا تَخَفْ وَلَا تَحْزَنْ ۖ إِنَّا
مُنَجُّوكَ وَأَهْلَكَ إِلَّا ٱمْرَأَتَكَ كَانَتْ مِنَ ٱلْغَٰبِرِينَ ٢٩ـ٣٤ إِنَّا مُنزِلُونَ عَلَىٰٓ أَهْلِ هَٰذِهِ
ٱلْقَرْيَةِ رِجْزًا مِّنَ ٱلسَّمَآءِ بِمَا كَانُوا۟ يَفْسُقُونَ ٢٩ـ٣٥ وَلَقَد تَّرَكْنَا مِنْهَآ ءَايَةًۢ بَيِّنَةً
لِّقَوْمٍ يَعْقِلُونَ ٢٩ـ٣٦ وَإِلَىٰ مَدْيَنَ أَخَاهُمْ شُعَيْبًا فَقَالَ يَٰقَوْمِ ٱعْبُدُوا۟ ٱللَّهَ وَٱرْجُوا۟
ٱلْيَوْمَ ٱلْـَٔاخِرَ وَلَا تَعْثَوْا۟ فِى ٱلْأَرْضِ مُفْسِدِينَ ٢٩ـ٣٧ فَكَذَّبُوهُ فَأَخَذَتْهُمُ ٱلرَّجْفَةُ
فَأَصْبَحُوا۟ فِى دَارِهِمْ جَٰثِمِينَ ٢٩ـ٣٨ وَعَادًا وَثَمُودَا۟ وَقَد تَّبَيَّنَ لَكُم مِّن مَّسَٰكِنِهِمْ ۖ
وَزَيَّنَ لَهُمُ ٱلشَّيْطَٰنُ أَعْمَٰلَهُمْ فَصَدَّهُمْ عَنِ ٱلسَّبِيلِ وَكَانُوا۟ مُسْتَبْصِرِينَ
٢٩ـ٣٩ وَقَٰرُونَ وَفِرْعَوْنَ وَهَٰمَٰنَ ۖ وَلَقَدْ جَآءَهُم مُّوسَىٰ بِٱلْبَيِّنَٰتِ فَٱسْتَكْبَرُوا۟ فِى
ٱلْأَرْضِ وَمَا كَانُوا۟ سَٰبِقِينَ ٢٩ـ٤٠ فَكُلًّا أَخَذْنَا بِذَنۢبِهِۦ ۖ فَمِنْهُم مَّنْ أَرْسَلْنَا عَلَيْهِ حَاصِبًا
وَمِنْهُم مَّنْ أَخَذَتْهُ ٱلصَّيْحَةُ وَمِنْهُم مَّنْ خَسَفْنَا بِهِ ٱلْأَرْضَ وَمِنْهُم مَّنْ أَغْرَقْنَا ۚ وَمَا
كَانَ ٱللَّهُ لِيَظْلِمَهُمْ وَلَٰكِن كَانُوٓا۟ أَنفُسَهُمْ يَظْلِمُونَ ٢٩ـ٤١ مَثَلُ ٱلَّذِينَ ٱتَّخَذُوا۟ مِن
دُونِ ٱللَّهِ أَوْلِيَآءَ كَمَثَلِ ٱلْعَنكَبُوتِ ٱتَّخَذَتْ بَيْتًا ۖ وَإِنَّ أَوْهَنَ ٱلْبُيُوتِ لَبَيْتُ ٱلْعَنكَبُوتِ ۖ
لَوْ كَانُوا۟ يَعْلَمُونَ ٢٩ـ٤٢ إِنَّ ٱللَّهَ يَعْلَمُ مَا يَدْعُونَ مِن دُونِهِۦ مِن شَىْءٍ ۚ وَهُوَ ٱلْعَزِيزُ
ٱلْحَكِيمُ ٢٩ـ٤٣ وَتِلْكَ ٱلْأَمْثَٰلُ نَضْرِبُهَا لِلنَّاسِ ۖ وَمَا يَعْقِلُهَآ إِلَّا ٱلْعَٰلِمُونَ

٢٩ــ٤٤ خَلَقَ ٱللَّهُ ٱلسَّمَٰوَٰتِ وَٱلْأَرْضَ بِٱلْحَقِّ ۚ إِنَّ فِى ذَٰلِكَ لَءَايَةً لِّلْمُؤْمِنِينَ
٢٩ــ٤٥ ٱتْلُ مَآ أُوحِىَ إِلَيْكَ مِنَ ٱلْكِتَٰبِ وَأَقِمِ ٱلصَّلَوٰةَ ۖ إِنَّ ٱلصَّلَوٰةَ تَنْهَىٰ عَنِ
ٱلْفَحْشَآءِ وَٱلْمُنكَرِ ۗ وَلَذِكْرُ ٱللَّهِ أَكْبَرُ ۗ وَٱللَّهُ يَعْلَمُ مَا تَصْنَعُونَ ٢٩ــ٤٦ وَلَا تُجَٰدِلُوٓاْ
أَهْلَ ٱلْكِتَٰبِ إِلَّا بِٱلَّتِى هِىَ أَحْسَنُ إِلَّا ٱلَّذِينَ ظَلَمُواْ مِنْهُمْ ۖ وَقُولُوٓاْ ءَامَنَّا بِٱلَّذِىٓ
أُنزِلَ إِلَيْنَا وَأُنزِلَ إِلَيْكُمْ وَإِلَٰهُنَا وَإِلَٰهُكُمْ وَٰحِدٌ وَنَحْنُ لَهُۥ مُسْلِمُونَ ٢٩ــ٤٧ وَكَذَٰلِكَ
أَنزَلْنَآ إِلَيْكَ ٱلْكِتَٰبَ ۚ فَٱلَّذِينَ ءَاتَيْنَٰهُمُ ٱلْكِتَٰبَ يُؤْمِنُونَ بِهِۦ ۖ وَمِنْ هَٰٓؤُلَآءِ مَن يُؤْمِنُ بِهِۦ ۚ
وَمَا يَجْحَدُ بِـَٔايَٰتِنَآ إِلَّا ٱلْكَٰفِرُونَ ٢٩ــ٤٨ وَمَا كُنتَ تَتْلُواْ مِن قَبْلِهِۦ مِن كِتَٰبٍ وَلَا تَخُطُّهُۥ
بِيَمِينِكَ ۖ إِذًا لَّٱرْتَابَ ٱلْمُبْطِلُونَ ٢٩ــ٤٩ بَلْ هُوَ ءَايَٰتٌۢ بَيِّنَٰتٌ فِى صُدُورِ ٱلَّذِينَ أُوتُواْ
ٱلْعِلْمَ ۚ وَمَا يَجْحَدُ بِـَٔايَٰتِنَآ إِلَّا ٱلظَّٰلِمُونَ ٢٩ــ٥٠ وَقَالُواْ لَوْلَآ أُنزِلَ عَلَيْهِ ءَايَٰتٌ مِّن رَّبِّهِۦ ۖ
قُلْ إِنَّمَا ٱلْءَايَٰتُ عِندَ ٱللَّهِ وَإِنَّمَآ أَنَا۠ نَذِيرٌ مُّبِينٌ ٢٩ــ٥١ أَوَلَمْ يَكْفِهِمْ أَنَّآ أَنزَلْنَا عَلَيْكَ
ٱلْكِتَٰبَ يُتْلَىٰ عَلَيْهِمْ ۚ إِنَّ فِى ذَٰلِكَ لَرَحْمَةً وَذِكْرَىٰ لِقَوْمٍ يُؤْمِنُونَ ٢٩ــ٥٢ قُلْ كَفَىٰ
بِٱللَّهِ بَيْنِى وَبَيْنَكُمْ شَهِيدًا ۖ يَعْلَمُ مَا فِى ٱلسَّمَٰوَٰتِ وَٱلْأَرْضِ ۗ وَٱلَّذِينَ ءَامَنُواْ بِٱلْبَٰطِلِ
وَكَفَرُواْ بِٱللَّهِ أُوْلَٰٓئِكَ هُمُ ٱلْخَٰسِرُونَ ٢٩ــ٥٣ وَيَسْتَعْجِلُونَكَ بِٱلْعَذَابِ ۚ وَلَوْلَآ أَجَلٌ
مُّسَمًّى لَّجَآءَهُمُ ٱلْعَذَابُ وَلَيَأْتِيَنَّهُم بَغْتَةً وَهُمْ لَا يَشْعُرُونَ ٢٩ــ٥٤ يَسْتَعْجِلُونَكَ
بِٱلْعَذَابِ وَإِنَّ جَهَنَّمَ لَمُحِيطَةٌۢ بِٱلْكَٰفِرِينَ ٢٩ــ٥٥ يَوْمَ يَغْشَىٰهُمُ ٱلْعَذَابُ مِن فَوْقِهِمْ
وَمِن تَحْتِ أَرْجُلِهِمْ وَيَقُولُ ذُوقُواْ مَا كُنتُمْ تَعْمَلُونَ ٢٩ــ٥٦ يَٰعِبَادِىَ ٱلَّذِينَ ءَامَنُوٓاْ
إِنَّ أَرْضِى وَٰسِعَةٌ فَإِيَّٰىَ فَٱعْبُدُونِ ٢٩ــ٥٧ كُلُّ نَفْسٍ ذَآئِقَةُ ٱلْمَوْتِ ۖ ثُمَّ إِلَيْنَا تُرْجَعُونَ
٢٩ــ٥٨ وَٱلَّذِينَ ءَامَنُواْ وَعَمِلُواْ ٱلصَّٰلِحَٰتِ لَنُبَوِّئَنَّهُم مِّنَ ٱلْجَنَّةِ غُرَفًا تَجْرِى مِن تَحْتِهَا
ٱلْأَنْهَٰرُ خَٰلِدِينَ فِيهَا ۚ نِعْمَ أَجْرُ ٱلْعَٰمِلِينَ ٢٩ــ٥٩ ٱلَّذِينَ صَبَرُواْ وَعَلَىٰ رَبِّهِمْ يَتَوَكَّلُونَ
٢٩ــ٦٠ وَكَأَيِّن مِّن دَآبَّةٍ لَّا تَحْمِلُ رِزْقَهَا ٱللَّهُ يَرْزُقُهَا وَإِيَّاكُمْ ۚ وَهُوَ ٱلسَّمِيعُ ٱلْعَلِيمُ
٢٩ــ٦١ وَلَئِن سَأَلْتَهُم مَّنْ خَلَقَ ٱلسَّمَٰوَٰتِ وَٱلْأَرْضَ وَسَخَّرَ ٱلشَّمْسَ وَٱلْقَمَرَ لَيَقُولُنَّ
ٱللَّهُ ۖ فَأَنَّىٰ يُؤْفَكُونَ ٢٩ــ٦٢ ٱللَّهُ يَبْسُطُ ٱلرِّزْقَ لِمَن يَشَآءُ مِنْ عِبَادِهِۦ وَيَقْدِرُ لَهُۥٓ ۚ إِنَّ
ٱللَّهَ بِكُلِّ شَىْءٍ عَلِيمٌ ٢٩ــ٦٣ وَلَئِن سَأَلْتَهُم مَّن نَّزَّلَ مِنَ ٱلسَّمَآءِ مَآءً فَأَحْيَا بِهِ
ٱلْأَرْضَ مِنۢ بَعْدِ مَوْتِهَا لَيَقُولُنَّ ٱللَّهُ ۚ قُلِ ٱلْحَمْدُ لِلَّهِ ۚ بَلْ أَكْثَرُهُمْ لَا يَعْقِلُونَ
٢٩ــ٦٤ وَمَا هَٰذِهِ ٱلْحَيَوٰةُ ٱلدُّنْيَآ إِلَّا لَهْوٌ وَلَعِبٌ ۚ وَإِنَّ ٱلدَّارَ ٱلْءَاخِرَةَ لَهِىَ ٱلْحَيَوَانُ ۚ
لَوْ كَانُواْ يَعْلَمُونَ ٢٩ــ٦٥ فَإِذَا رَكِبُواْ فِى ٱلْفُلْكِ دَعَوُاْ ٱللَّهَ مُخْلِصِينَ لَهُ ٱلدِّينَ فَلَمَّا
نَجَّىٰهُمْ إِلَى ٱلْبَرِّ إِذَا هُمْ يُشْرِكُونَ ٢٩ــ٦٦ لِيَكْفُرُواْ بِمَآ ءَاتَيْنَٰهُمْ وَلِيَتَمَتَّعُواْ ۖ
فَسَوْفَ يَعْلَمُونَ ٢٩ــ٦٧ أَوَلَمْ يَرَوْاْ أَنَّا جَعَلْنَا حَرَمًا ءَامِنًا وَيُتَخَطَّفُ ٱلنَّاسُ مِنْ

حَوْلِهِمْ ۚ أَفَبِٱلْبَٰطِلِ يُؤْمِنُونَ وَبِنِعْمَةِ ٱللَّهِ يَكْفُرُونَ ٢٩ـ٦٨ وَمَنْ أَظْلَمُ مِمَّنِ ٱفْتَرَىٰ
عَلَى ٱللَّهِ كَذِبًا أَوْ كَذَّبَ بِٱلْحَقِّ لَمَّا جَآءَهُۥٓ ۚ أَلَيْسَ فِى جَهَنَّمَ مَثْوًى لِّلْكَٰفِرِينَ
٢٩ـ٦٩ وَٱلَّذِينَ جَٰهَدُوا۟ فِينَا لَنَهْدِيَنَّهُمْ سُبُلَنَا ۚ وَإِنَّ ٱللَّهَ لَمَعَ ٱلْمُحْسِنِينَ ٣٠ـ١ الٓمٓ
٣٠ـ٢ غُلِبَتِ ٱلرُّومُ ٣٠ـ٣ فِىٓ أَدْنَى ٱلْأَرْضِ وَهُم مِّنۢ بَعْدِ غَلَبِهِمْ سَيَغْلِبُونَ
٣٠ـ٤ فِى بِضْعِ سِنِينَ ۗ لِلَّهِ ٱلْأَمْرُ مِن قَبْلُ وَمِنۢ بَعْدُ ۚ وَيَوْمَئِذٍ يَفْرَحُ ٱلْمُؤْمِنُونَ
٣٠ـ٥ بِنَصْرِ ٱللَّهِ ۚ يَنصُرُ مَن يَشَآءُ ۖ وَهُوَ ٱلْعَزِيزُ ٱلرَّحِيمُ ٣٠ـ٦ وَعْدَ ٱللَّهِ ۖ لَا يُخْلِفُ
ٱللَّهُ وَعْدَهُۥ وَلَٰكِنَّ أَكْثَرَ ٱلنَّاسِ لَا يَعْلَمُونَ ٣٠ـ٧ يَعْلَمُونَ ظَٰهِرًا مِّنَ ٱلْحَيَوٰةِ ٱلدُّنْيَا
وَهُمْ عَنِ ٱلْءَاخِرَةِ هُمْ غَٰفِلُونَ ٣٠ـ٨ أَوَلَمْ يَتَفَكَّرُوا۟ فِىٓ أَنفُسِهِم ۗ مَّا خَلَقَ ٱللَّهُ
ٱلسَّمَٰوَٰتِ وَٱلْأَرْضَ وَمَا بَيْنَهُمَآ إِلَّا بِٱلْحَقِّ وَأَجَلٍ مُّسَمًّى ۗ وَإِنَّ كَثِيرًا مِّنَ ٱلنَّاسِ بِلِقَآئِ
رَبِّهِمْ لَكَٰفِرُونَ ٣٠ـ٩ أَوَلَمْ يَسِيرُوا۟ فِى ٱلْأَرْضِ فَيَنظُرُوا۟ كَيْفَ كَانَ عَٰقِبَةُ ٱلَّذِينَ مِن
قَبْلِهِمْ ۚ كَانُوٓا۟ أَشَدَّ مِنْهُمْ قُوَّةً وَأَثَارُوا۟ ٱلْأَرْضَ وَعَمَرُوهَآ أَكْثَرَ مِمَّا عَمَرُوهَا
وَجَآءَتْهُمْ رُسُلُهُم بِٱلْبَيِّنَٰتِ ۖ فَمَا كَانَ ٱللَّهُ لِيَظْلِمَهُمْ وَلَٰكِن كَانُوٓا۟ أَنفُسَهُمْ يَظْلِمُونَ
٣٠ـ١٠ ثُمَّ كَانَ عَٰقِبَةَ ٱلَّذِينَ أَسَٰٓـُٔوا۟ ٱلسُّوٓأَىٰٓ أَن كَذَّبُوا۟ بِـَٔايَٰتِ ٱللَّهِ وَكَانُوا۟ بِهَا
يَسْتَهْزِءُونَ ٣٠ـ١١ ٱللَّهُ يَبْدَؤُا۟ ٱلْخَلْقَ ثُمَّ يُعِيدُهُۥ ثُمَّ إِلَيْهِ تُرْجَعُونَ ٣٠ـ١٢ وَيَوْمَ
تَقُومُ ٱلسَّاعَةُ يُبْلِسُ ٱلْمُجْرِمُونَ ٣٠ـ١٣ وَلَمْ يَكُن لَّهُم مِّن شُرَكَآئِهِمْ شُفَعَٰٓؤُا۟
وَكَانُوا۟ بِشُرَكَآئِهِمْ كَٰفِرِينَ ٣٠ـ١٤ وَيَوْمَ تَقُومُ ٱلسَّاعَةُ يَوْمَئِذٍ يَتَفَرَّقُونَ ٣٠ـ١٥ فَأَمَّا
ٱلَّذِينَ ءَامَنُوا۟ وَعَمِلُوا۟ ٱلصَّٰلِحَٰتِ فَهُمْ فِى رَوْضَةٍ يُحْبَرُونَ ٣٠ـ١٦ وَأَمَّا ٱلَّذِينَ كَفَرُوا۟
وَكَذَّبُوا۟ بِـَٔايَٰتِنَا وَلِقَآئِ ٱلْءَاخِرَةِ فَأُو۟لَٰٓئِكَ فِى ٱلْعَذَابِ مُحْضَرُونَ ٣٠ـ١٧ فَسُبْحَٰنَ ٱللَّهِ
حِينَ تُمْسُونَ وَحِينَ تُصْبِحُونَ ٣٠ـ١٨ وَلَهُ ٱلْحَمْدُ فِى ٱلسَّمَٰوَٰتِ وَٱلْأَرْضِ وَعَشِيًّا
وَحِينَ تُظْهِرُونَ ٣٠ـ١٩ يُخْرِجُ ٱلْحَىَّ مِنَ ٱلْمَيِّتِ وَيُخْرِجُ ٱلْمَيِّتَ مِنَ ٱلْحَىِّ وَيُحْىِ
ٱلْأَرْضَ بَعْدَ مَوْتِهَا ۚ وَكَذَٰلِكَ تُخْرَجُونَ ٣٠ـ٢٠ وَمِنْ ءَايَٰتِهِۦٓ أَنْ خَلَقَكُم مِّن تُرَابٍ ثُمَّ إِذَآ
أَنتُم بَشَرٌ تَنتَشِرُونَ ٣٠ـ٢١ وَمِنْ ءَايَٰتِهِۦٓ أَنْ خَلَقَ لَكُم مِّنْ أَنفُسِكُمْ أَزْوَٰجًا لِّتَسْكُنُوٓا۟
إِلَيْهَا وَجَعَلَ بَيْنَكُم مَّوَدَّةً وَرَحْمَةً ۚ إِنَّ فِى ذَٰلِكَ لَءَايَٰتٍ لِّقَوْمٍ يَتَفَكَّرُونَ ٣٠ـ٢٢ وَمِنْ
ءَايَٰتِهِۦ خَلْقُ ٱلسَّمَٰوَٰتِ وَٱلْأَرْضِ وَٱخْتِلَٰفُ أَلْسِنَتِكُمْ وَأَلْوَٰنِكُمْ ۚ إِنَّ فِى ذَٰلِكَ لَءَايَٰتٍ
لِّلْعَٰلِمِينَ ٣٠ـ٢٣ وَمِنْ ءَايَٰتِهِۦ مَنَامُكُم بِٱلَّيْلِ وَٱلنَّهَارِ وَٱبْتِغَآؤُكُم مِّن فَضْلِهِۦٓ ۚ إِنَّ فِى
ذَٰلِكَ لَءَايَٰتٍ لِّقَوْمٍ يَسْمَعُونَ ٣٠ـ٢٤ وَمِنْ ءَايَٰتِهِۦ يُرِيكُمُ ٱلْبَرْقَ خَوْفًا وَطَمَعًا وَيُنَزِّلُ
مِنَ ٱلسَّمَآءِ مَآءً فَيُحْىِۦ بِهِ ٱلْأَرْضَ بَعْدَ مَوْتِهَآ ۚ إِنَّ فِى ذَٰلِكَ لَءَايَٰتٍ لِّقَوْمٍ يَعْقِلُونَ
٣٠ـ٢٥ وَمِنْ ءَايَٰتِهِۦٓ أَن تَقُومَ ٱلسَّمَآءُ وَٱلْأَرْضُ بِأَمْرِهِۦ ۚ ثُمَّ إِذَا دَعَاكُمْ دَعْوَةً مِّنَ

ٱلْأَرْضِ إِذَآ أَنتُمْ تَخْرُجُونَ ٣٠ـ٢٦ وَلَهُۥ مَن فِى ٱلسَّمَٰوَٰتِ وَٱلْأَرْضِ ۖ كُلٌّ لَّهُۥ قَٰنِتُونَ
٣٠ـ٢٧ وَهُوَ ٱلَّذِى يَبْدَؤُا۟ ٱلْخَلْقَ ثُمَّ يُعِيدُهُۥ وَهُوَ أَهْوَنُ عَلَيْهِ ۚ وَلَهُ ٱلْمَثَلُ ٱلْأَعْلَىٰ
فِى ٱلسَّمَٰوَٰتِ وَٱلْأَرْضِ ۚ وَهُوَ ٱلْعَزِيزُ ٱلْحَكِيمُ ٣٠ـ٢٨ ضَرَبَ لَكُم مَّثَلًا مِّنْ أَنفُسِكُمْ ۖ
هَل لَّكُم مِّن مَّا مَلَكَتْ أَيْمَٰنُكُم مِّن شُرَكَآءَ فِى مَا رَزَقْنَٰكُمْ فَأَنتُمْ فِيهِ سَوَآءٌ
تَخَافُونَهُمْ كَخِيفَتِكُمْ أَنفُسَكُمْ ۚ كَذَٰلِكَ نُفَصِّلُ ٱلْءَايَٰتِ لِقَوْمٍ يَعْقِلُونَ ٣٠ـ٢٩ بَلِ
ٱتَّبَعَ ٱلَّذِينَ ظَلَمُوٓا۟ أَهْوَآءَهُم بِغَيْرِ عِلْمٍ ۖ فَمَن يَهْدِى مَنْ أَضَلَّ ٱللَّهُ ۖ وَمَا لَهُم مِّن
نَّٰصِرِينَ ٣٠ـ٣٠ فَأَقِمْ وَجْهَكَ لِلدِّينِ حَنِيفًا ۚ فِطْرَتَ ٱللَّهِ ٱلَّتِى فَطَرَ ٱلنَّاسَ عَلَيْهَا ۚ لَا
تَبْدِيلَ لِخَلْقِ ٱللَّهِ ۚ ذَٰلِكَ ٱلدِّينُ ٱلْقَيِّمُ وَلَٰكِنَّ أَكْثَرَ ٱلنَّاسِ لَا يَعْلَمُونَ ٣٠ـ٣١ مُنِيبِينَ
إِلَيْهِ وَٱتَّقُوهُ وَأَقِيمُوا۟ ٱلصَّلَوٰةَ وَلَا تَكُونُوا۟ مِنَ ٱلْمُشْرِكِينَ ٣٠ـ٣٢ مِنَ ٱلَّذِينَ فَرَّقُوا۟
دِينَهُمْ وَكَانُوا۟ شِيَعًا ۖ كُلُّ حِزْبٍۭ بِمَا لَدَيْهِمْ فَرِحُونَ ٣٠ـ٣٣ وَإِذَا مَسَّ ٱلنَّاسَ ضُرٌّ
دَعَوْا۟ رَبَّهُم مُّنِيبِينَ إِلَيْهِ ثُمَّ إِذَآ أَذَاقَهُم مِّنْهُ رَحْمَةً إِذَا فَرِيقٌ مِّنْهُم بِرَبِّهِمْ يُشْرِكُونَ
٣٠ـ٣٤ لِيَكْفُرُوا۟ بِمَآ ءَاتَيْنَٰهُمْ ۚ فَتَمَتَّعُوا۟ فَسَوْفَ تَعْلَمُونَ ٣٠ـ٣٥ أَمْ أَنزَلْنَا عَلَيْهِمْ
سُلْطَٰنًا فَهُوَ يَتَكَلَّمُ بِمَا كَانُوا۟ بِهِۦ يُشْرِكُونَ ٣٠ـ٣٦ وَإِذَآ أَذَقْنَا ٱلنَّاسَ رَحْمَةً فَرِحُوا۟
بِهَا ۖ وَإِن تُصِبْهُمْ سَيِّئَةٌۢ بِمَا قَدَّمَتْ أَيْدِيهِمْ إِذَا هُمْ يَقْنَطُونَ ٣٠ـ٣٧ أَوَلَمْ يَرَوْا۟ أَنَّ
ٱللَّهَ يَبْسُطُ ٱلرِّزْقَ لِمَن يَشَآءُ وَيَقْدِرُ ۚ إِنَّ فِى ذَٰلِكَ لَءَايَٰتٍ لِّقَوْمٍ يُؤْمِنُونَ
٣٠ـ٣٨ فَـَٔاتِ ذَا ٱلْقُرْبَىٰ حَقَّهُۥ وَٱلْمِسْكِينَ وَٱبْنَ ٱلسَّبِيلِ ۚ ذَٰلِكَ خَيْرٌ لِّلَّذِينَ يُرِيدُونَ
وَجْهَ ٱللَّهِ ۖ وَأُو۟لَٰٓئِكَ هُمُ ٱلْمُفْلِحُونَ ٣٠ـ٣٩ وَمَآ ءَاتَيْتُم مِّن رِّبًا لِّيَرْبُوَا۟ فِىٓ أَمْوَٰلِ
ٱلنَّاسِ فَلَا يَرْبُوا۟ عِندَ ٱللَّهِ ۖ وَمَآ ءَاتَيْتُم مِّن زَكَوٰةٍ تُرِيدُونَ وَجْهَ ٱللَّهِ فَأُو۟لَٰٓئِكَ هُمُ
ٱلْمُضْعِفُونَ ٣٠ـ٤٠ ٱللَّهُ ٱلَّذِى خَلَقَكُمْ ثُمَّ رَزَقَكُمْ ثُمَّ يُمِيتُكُمْ ثُمَّ يُحْيِيكُمْ ۖ هَلْ مِن
شُرَكَآئِكُم مَّن يَفْعَلُ مِن ذَٰلِكُم مِّن شَىْءٍ ۚ سُبْحَٰنَهُۥ وَتَعَٰلَىٰ عَمَّا يُشْرِكُونَ
٣٠ـ٤١ ظَهَرَ ٱلْفَسَادُ فِى ٱلْبَرِّ وَٱلْبَحْرِ بِمَا كَسَبَتْ أَيْدِى ٱلنَّاسِ لِيُذِيقَهُم بَعْضَ ٱلَّذِى
عَمِلُوا۟ لَعَلَّهُمْ يَرْجِعُونَ ٣٠ـ٤٢ قُلْ سِيرُوا۟ فِى ٱلْأَرْضِ فَٱنظُرُوا۟ كَيْفَ كَانَ عَٰقِبَةُ
ٱلَّذِينَ مِن قَبْلُ ۚ كَانَ أَكْثَرُهُم مُّشْرِكِينَ ٣٠ـ٤٣ فَأَقِمْ وَجْهَكَ لِلدِّينِ ٱلْقَيِّمِ مِن قَبْلِ
أَن يَأْتِىَ يَوْمٌ لَّا مَرَدَّ لَهُۥ مِنَ ٱللَّهِ ۖ يَوْمَئِذٍ يَصَّدَّعُونَ ٣٠ـ٤٤ مَن كَفَرَ فَعَلَيْهِ كُفْرُهُۥ ۖ
وَمَنْ عَمِلَ صَٰلِحًا فَلِأَنفُسِهِمْ يَمْهَدُونَ ٣٠ـ٤٥ لِيَجْزِىَ ٱلَّذِينَ ءَامَنُوا۟ وَعَمِلُوا۟
ٱلصَّٰلِحَٰتِ مِن فَضْلِهِۦٓ ۚ إِنَّهُۥ لَا يُحِبُّ ٱلْكَٰفِرِينَ ٣٠ـ٤٦ وَمِنْ ءَايَٰتِهِۦٓ أَن يُرْسِلَ ٱلرِّيَاحَ
مُبَشِّرَٰتٍ وَلِيُذِيقَكُم مِّن رَّحْمَتِهِۦ وَلِتَجْرِىَ ٱلْفُلْكُ بِأَمْرِهِۦ وَلِتَبْتَغُوا۟ مِن فَضْلِهِۦ وَلَعَلَّكُمْ
تَشْكُرُونَ ٣٠ـ٤٧ وَلَقَدْ أَرْسَلْنَا مِن قَبْلِكَ رُسُلًا إِلَىٰ قَوْمِهِمْ فَجَآءُوهُم بِٱلْبَيِّنَٰتِ

فَٱنتَقَمْنَا مِنَ ٱلَّذِينَ أَجْرَمُوا۟ ۖ وَكَانَ حَقًّا عَلَيْنَا نَصْرُ ٱلْمُؤْمِنِينَ ٣٠ـــ٤٨ ٱللَّهُ ٱلَّذِى
يُرْسِلُ ٱلرِّيَٰحَ فَتُثِيرُ سَحَابًا فَيَبْسُطُهُۥ فِى ٱلسَّمَآءِ كَيْفَ يَشَآءُ وَيَجْعَلُهُۥ كِسَفًا فَتَرَى
ٱلْوَدْقَ يَخْرُجُ مِنْ خِلَٰلِهِۦ ۖ فَإِذَآ أَصَابَ بِهِۦ مَن يَشَآءُ مِنْ عِبَادِهِۦٓ إِذَا هُمْ يَسْتَبْشِرُونَ
٣٠ـــ٤٩ وَإِن كَانُوا۟ مِن قَبْلِ أَن يُنَزَّلَ عَلَيْهِم مِّن قَبْلِهِۦ لَمُبْلِسِينَ ٣٠ـــ٥٠ فَٱنظُرْ إِلَىٰٓ
ءَاثَٰرِ رَحْمَتِ ٱللَّهِ كَيْفَ يُحْىِ ٱلْأَرْضَ بَعْدَ مَوْتِهَآ ۚ إِنَّ ذَٰلِكَ لَمُحْىِ ٱلْمَوْتَىٰ ۖ وَهُوَ عَلَىٰ
كُلِّ شَىْءٍ قَدِيرٌ ٣٠ـــ٥١ وَلَئِنْ أَرْسَلْنَا رِيحًا فَرَأَوْهُ مُصْفَرًّا لَّظَلُّوا۟ مِنۢ بَعْدِهِۦ يَكْفُرُونَ
٣٠ـــ٥٢ فَإِنَّكَ لَا تُسْمِعُ ٱلْمَوْتَىٰ وَلَا تُسْمِعُ ٱلصُّمَّ ٱلدُّعَآءَ إِذَا وَلَّوْا۟ مُدْبِرِينَ
٣٠ـــ٥٣ وَمَآ أَنتَ بِهَٰدِ ٱلْعُمْىِ عَن ضَلَٰلَتِهِمْ ۖ إِن تُسْمِعُ إِلَّا مَن يُؤْمِنُ بِـَٔايَٰتِنَا فَهُم
مُّسْلِمُونَ ٣٠ـــ٥٤ ٱللَّهُ ٱلَّذِى خَلَقَكُم مِّن ضَعْفٍ ثُمَّ جَعَلَ مِنۢ بَعْدِ ضَعْفٍ قُوَّةً ثُمَّ
جَعَلَ مِنۢ بَعْدِ قُوَّةٍ ضَعْفًا وَشَيْبَةً ۚ يَخْلُقُ مَا يَشَآءُ ۖ وَهُوَ ٱلْعَلِيمُ ٱلْقَدِيرُ
٣٠ـــ٥٥ وَيَوْمَ تَقُومُ ٱلسَّاعَةُ يُقْسِمُ ٱلْمُجْرِمُونَ مَا لَبِثُوا۟ غَيْرَ سَاعَةٍ ۚ كَذَٰلِكَ كَانُوا۟
يُؤْفَكُونَ ٣٠ـــ٥٦ وَقَالَ ٱلَّذِينَ أُوتُوا۟ ٱلْعِلْمَ وَٱلْإِيمَٰنَ لَقَدْ لَبِثْتُمْ فِى كِتَٰبِ ٱللَّهِ إِلَىٰ
يَوْمِ ٱلْبَعْثِ ۖ فَهَٰذَا يَوْمُ ٱلْبَعْثِ وَلَٰكِنَّكُمْ كُنتُمْ لَا تَعْلَمُونَ ٣٠ـــ٥٧ فَيَوْمَئِذٍ لَّا يَنفَعُ
ٱلَّذِينَ ظَلَمُوا۟ مَعْذِرَتُهُمْ وَلَا هُمْ يُسْتَعْتَبُونَ ٣٠ـــ٥٨ وَلَقَدْ ضَرَبْنَا لِلنَّاسِ فِى هَٰذَا
ٱلْقُرْءَانِ مِن كُلِّ مَثَلٍ ۚ وَلَئِن جِئْتَهُم بِـَٔايَةٍ لَّيَقُولَنَّ ٱلَّذِينَ كَفَرُوٓا۟ إِنْ أَنتُمْ إِلَّا مُبْطِلُونَ
٣٠ـــ٥٩ كَذَٰلِكَ يَطْبَعُ ٱللَّهُ عَلَىٰ قُلُوبِ ٱلَّذِينَ لَا يَعْلَمُونَ ٣٠ـــ٦٠ فَٱصْبِرْ إِنَّ وَعْدَ ٱللَّهِ
حَقٌّ ۖ وَلَا يَسْتَخِفَّنَّكَ ٱلَّذِينَ لَا يُوقِنُونَ ٣١ـــ١ الٓمٓ ٣١ـــ٢ تِلْكَ ءَايَٰتُ ٱلْكِتَٰبِ ٱلْحَكِيمِ
٣١ـــ٣ هُدًى وَرَحْمَةً لِّلْمُحْسِنِينَ ٣١ـــ٤ ٱلَّذِينَ يُقِيمُونَ ٱلصَّلَوٰةَ وَيُؤْتُونَ ٱلزَّكَوٰةَ
وَهُم بِٱلْءَاخِرَةِ هُمْ يُوقِنُونَ ٣١ـــ٥ أُو۟لَٰٓئِكَ عَلَىٰ هُدًى مِّن رَّبِّهِمْ ۖ وَأُو۟لَٰٓئِكَ هُمُ
ٱلْمُفْلِحُونَ ٣١ـــ٦ وَمِنَ ٱلنَّاسِ مَن يَشْتَرِى لَهْوَ ٱلْحَدِيثِ لِيُضِلَّ عَن سَبِيلِ ٱللَّهِ بِغَيْرِ
عِلْمٍ وَيَتَّخِذَهَا هُزُوًا ۚ أُو۟لَٰٓئِكَ لَهُمْ عَذَابٌ مُّهِينٌ ٣١ـــ٧ وَإِذَا تُتْلَىٰ عَلَيْهِ ءَايَٰتُنَا وَلَّىٰ
مُسْتَكْبِرًا كَأَن لَّمْ يَسْمَعْهَا كَأَنَّ فِىٓ أُذُنَيْهِ وَقْرًا ۖ فَبَشِّرْهُ بِعَذَابٍ أَلِيمٍ ٣١ـــ٨ إِنَّ
ٱلَّذِينَ ءَامَنُوا۟ وَعَمِلُوا۟ ٱلصَّٰلِحَٰتِ لَهُمْ جَنَّٰتُ ٱلنَّعِيمِ ٣١ـــ٩ خَٰلِدِينَ فِيهَا ۖ وَعْدَ ٱللَّهِ حَقًّا
ۚ وَهُوَ ٱلْعَزِيزُ ٱلْحَكِيمُ ٣١ـــ١٠ خَلَقَ ٱلسَّمَٰوَٰتِ بِغَيْرِ عَمَدٍ تَرَوْنَهَا ۖ وَأَلْقَىٰ فِى ٱلْأَرْضِ
رَوَٰسِىَ أَن تَمِيدَ بِكُمْ وَبَثَّ فِيهَا مِن كُلِّ دَآبَّةٍ ۚ وَأَنزَلْنَا مِنَ ٱلسَّمَآءِ مَآءً فَأَنۢبَتْنَا فِيهَا
مِن كُلِّ زَوْجٍ كَرِيمٍ ٣١ـــ١١ هَٰذَا خَلْقُ ٱللَّهِ فَأَرُونِى مَاذَا خَلَقَ ٱلَّذِينَ مِن دُونِهِۦ ۚ بَلِ
ٱلظَّٰلِمُونَ فِى ضَلَٰلٍ مُّبِينٍ ٣١ـــ١٢ وَلَقَدْ ءَاتَيْنَا لُقْمَٰنَ ٱلْحِكْمَةَ أَنِ ٱشْكُرْ لِلَّهِ ۚ وَمَن
يَشْكُرْ فَإِنَّمَا يَشْكُرُ لِنَفْسِهِۦ ۖ وَمَن كَفَرَ فَإِنَّ ٱللَّهَ غَنِىٌّ حَمِيدٌ ٣١ـــ١٣ وَإِذْ قَالَ لُقْمَٰنُ

لِٱبْنِهِۦ وَهُوَ يَعِظُهُۥ يَٰبُنَىَّ لَا تُشْرِكْ بِٱللَّهِ ۖ إِنَّ ٱلشِّرْكَ لَظُلْمٌ عَظِيمٌ ٣١ـ١٤ وَوَصَّيْنَا
ٱلْإِنسَٰنَ بِوَٰلِدَيْهِ حَمَلَتْهُ أُمُّهُۥ وَهْنًا عَلَىٰ وَهْنٍ وَفِصَٰلُهُۥ فِى عَامَيْنِ أَنِ ٱشْكُرْ لِى
وَلِوَٰلِدَيْكَ إِلَىَّ ٱلْمَصِيرُ ٣١ـ١٥ وَإِن جَٰهَدَاكَ عَلَىٰٓ أَن تُشْرِكَ بِى مَا لَيْسَ لَكَ بِهِۦ عِلْمٌ
فَلَا تُطِعْهُمَا ۖ وَصَاحِبْهُمَا فِى ٱلدُّنْيَا مَعْرُوفًا ۖ وَٱتَّبِعْ سَبِيلَ مَنْ أَنَابَ إِلَىَّ ۚ ثُمَّ إِلَىَّ
مَرْجِعُكُمْ فَأُنَبِّئُكُم بِمَا كُنتُمْ تَعْمَلُونَ ٣١ـ١٦ يَٰبُنَىَّ إِنَّهَآ إِن تَكُ مِثْقَالَ حَبَّةٍ مِّنْ
خَرْدَلٍ فَتَكُن فِى صَخْرَةٍ أَوْ فِى ٱلسَّمَٰوَٰتِ أَوْ فِى ٱلْأَرْضِ يَأْتِ بِهَا ٱللَّهُ ۚ إِنَّ ٱللَّهَ
لَطِيفٌ خَبِيرٌ ٣١ـ١٧ يَٰبُنَىَّ أَقِمِ ٱلصَّلَوٰةَ وَأْمُرْ بِٱلْمَعْرُوفِ وَٱنْهَ عَنِ ٱلْمُنكَرِ وَٱصْبِرْ عَلَىٰ
مَآ أَصَابَكَ ۖ إِنَّ ذَٰلِكَ مِنْ عَزْمِ ٱلْأُمُورِ ٣١ـ١٨ وَلَا تُصَعِّرْ خَدَّكَ لِلنَّاسِ وَلَا تَمْشِ فِى
ٱلْأَرْضِ مَرَحًا ۖ إِنَّ ٱللَّهَ لَا يُحِبُّ كُلَّ مُخْتَالٍ فَخُورٍ ٣١ـ١٩ وَٱقْصِدْ فِى مَشْيِكَ وَٱغْضُضْ
مِن صَوْتِكَ ۚ إِنَّ أَنكَرَ ٱلْأَصْوَٰتِ لَصَوْتُ ٱلْحَمِيرِ ٣١ـ٢٠ أَلَمْ تَرَوْا۟ أَنَّ ٱللَّهَ سَخَّرَ لَكُم مَّا
فِى ٱلسَّمَٰوَٰتِ وَمَا فِى ٱلْأَرْضِ وَأَسْبَغَ عَلَيْكُمْ نِعَمَهُۥ ظَٰهِرَةً وَبَاطِنَةً ۗ وَمِنَ ٱلنَّاسِ
مَن يُجَٰدِلُ فِى ٱللَّهِ بِغَيْرِ عِلْمٍ وَلَا هُدًى وَلَا كِتَٰبٍ مُّنِيرٍ ٣١ـ٢١ وَإِذَا قِيلَ لَهُمُ ٱتَّبِعُوا۟
مَآ أَنزَلَ ٱللَّهُ قَالُوا۟ بَلْ نَتَّبِعُ مَا وَجَدْنَا عَلَيْهِ ءَابَآءَنَآ ۚ أَوَلَوْ كَانَ ٱلشَّيْطَٰنُ يَدْعُوهُمْ إِلَىٰ
عَذَابِ ٱلسَّعِيرِ ٣١ـ٢٢ وَمَن يُسْلِمْ وَجْهَهُۥٓ إِلَى ٱللَّهِ وَهُوَ مُحْسِنٌ فَقَدِ ٱسْتَمْسَكَ
بِٱلْعُرْوَةِ ٱلْوُثْقَىٰ ۗ وَإِلَى ٱللَّهِ عَٰقِبَةُ ٱلْأُمُورِ ٣١ـ٢٣ وَمَن كَفَرَ فَلَا يَحْزُنكَ كُفْرُهُۥٓ ۚ إِلَيْنَا
مَرْجِعُهُمْ فَنُنَبِّئُهُم بِمَا عَمِلُوٓا۟ ۚ إِنَّ ٱللَّهَ عَلِيمٌۢ بِذَاتِ ٱلصُّدُورِ ٣١ـ٢٤ نُمَتِّعُهُمْ قَلِيلًا
ثُمَّ نَضْطَرُّهُمْ إِلَىٰ عَذَابٍ غَلِيظٍ ٣١ـ٢٥ وَلَئِن سَأَلْتَهُم مَّنْ خَلَقَ ٱلسَّمَٰوَٰتِ وَٱلْأَرْضَ
لَيَقُولُنَّ ٱللَّهُ ۚ قُلِ ٱلْحَمْدُ لِلَّهِ ۚ بَلْ أَكْثَرُهُمْ لَا يَعْلَمُونَ ٣١ـ٢٦ لِلَّهِ مَا فِى ٱلسَّمَٰوَٰتِ
وَٱلْأَرْضِ ۚ إِنَّ ٱللَّهَ هُوَ ٱلْغَنِىُّ ٱلْحَمِيدُ ٣١ـ٢٧ وَلَوْ أَنَّمَا فِى ٱلْأَرْضِ مِن شَجَرَةٍ أَقْلَٰمٌ
وَٱلْبَحْرُ يَمُدُّهُۥ مِنۢ بَعْدِهِۦ سَبْعَةُ أَبْحُرٍ مَّا نَفِدَتْ كَلِمَٰتُ ٱللَّهِ ۗ إِنَّ ٱللَّهَ عَزِيزٌ حَكِيمٌ
٣١ـ٢٨ مَّا خَلْقُكُمْ وَلَا بَعْثُكُمْ إِلَّا كَنَفْسٍ وَٰحِدَةٍ ۗ إِنَّ ٱللَّهَ سَمِيعٌۢ بَصِيرٌ ٣١ـ٢٩ أَلَمْ تَرَ
أَنَّ ٱللَّهَ يُولِجُ ٱلَّيْلَ فِى ٱلنَّهَارِ وَيُولِجُ ٱلنَّهَارَ فِى ٱلَّيْلِ وَسَخَّرَ ٱلشَّمْسَ وَٱلْقَمَرَ كُلٌّ
يَجْرِىٓ إِلَىٰٓ أَجَلٍ مُّسَمًّى وَأَنَّ ٱللَّهَ بِمَا تَعْمَلُونَ خَبِيرٌ ٣١ـ٣٠ ذَٰلِكَ بِأَنَّ ٱللَّهَ هُوَ ٱلْحَقُّ
وَأَنَّ مَا يَدْعُونَ مِن دُونِهِ ٱلْبَٰطِلُ وَأَنَّ ٱللَّهَ هُوَ ٱلْعَلِىُّ ٱلْكَبِيرُ ٣١ـ٣١ أَلَمْ تَرَ أَنَّ ٱلْفُلْكَ
تَجْرِى فِى ٱلْبَحْرِ بِنِعْمَتِ ٱللَّهِ لِيُرِيَكُم مِّنْ ءَايَٰتِهِۦٓ ۚ إِنَّ فِى ذَٰلِكَ لَءَايَٰتٍ لِّكُلِّ صَبَّارٍ
شَكُورٍ ٣١ـ٣٢ وَإِذَا غَشِيَهُم مَّوْجٌ كَٱلظُّلَلِ دَعَوُا۟ ٱللَّهَ مُخْلِصِينَ لَهُ ٱلدِّينَ فَلَمَّا
نَجَّىٰهُمْ إِلَى ٱلْبَرِّ فَمِنْهُم مُّقْتَصِدٌ ۚ وَمَا يَجْحَدُ بِـَٔايَٰتِنَآ إِلَّا كُلُّ خَتَّارٍ كَفُورٍ ٣١ـ٣٣ يَٰٓأَيُّهَا
ٱلنَّاسُ ٱتَّقُوا۟ رَبَّكُمْ وَٱخْشَوْا۟ يَوْمًا لَّا يَجْزِى وَالِدٌ عَن وَلَدِهِۦ وَلَا مَوْلُودٌ هُوَ جَازٍ عَن

وَالِدِهِۦ شَيْـًٔا ۚ إِنَّ وَعْدَ ٱللَّهِ حَقٌّ ۖ فَلَا تَغُرَّنَّكُمُ ٱلْحَيَوٰةُ ٱلدُّنْيَا وَلَا يَغُرَّنَّكُم بِٱللَّهِ ٱلْغَرُورُ
٣١ـ٣٤ إِنَّ ٱللَّهَ عِندَهُۥ عِلْمُ ٱلسَّاعَةِ وَيُنَزِّلُ ٱلْغَيْثَ وَيَعْلَمُ مَا فِى ٱلْأَرْحَامِ ۖ وَمَا تَدْرِى
نَفْسٌ مَّاذَا تَكْسِبُ غَدًا ۖ وَمَا تَدْرِى نَفْسٌۢ بِأَىِّ أَرْضٍ تَمُوتُ ۚ إِنَّ ٱللَّهَ عَلِيمٌ خَبِيرٌۢ
٣٢ـ١ الٓمٓ ٣٢ـ٢ تَنزِيلُ ٱلْكِتَٰبِ لَا رَيْبَ فِيهِ مِن رَّبِّ ٱلْعَٰلَمِينَ ٣٢ـ٣ أَمْ يَقُولُونَ
ٱفْتَرَىٰهُ ۚ بَلْ هُوَ ٱلْحَقُّ مِن رَّبِّكَ لِتُنذِرَ قَوْمًا مَّآ أَتَىٰهُم مِّن نَّذِيرٍ مِّن قَبْلِكَ لَعَلَّهُمْ
يَهْتَدُونَ ٣٢ـ٤ ٱللَّهُ ٱلَّذِى خَلَقَ ٱلسَّمَٰوَٰتِ وَٱلْأَرْضَ وَمَا بَيْنَهُمَا فِى سِتَّةِ أَيَّامٍ ثُمَّ
ٱسْتَوَىٰ عَلَى ٱلْعَرْشِ ۖ مَا لَكُم مِّن دُونِهِۦ مِن وَلِىٍّ وَلَا شَفِيعٍ ۚ أَفَلَا تَتَذَكَّرُونَ
٣٢ـ٥ يُدَبِّرُ ٱلْأَمْرَ مِنَ ٱلسَّمَآءِ إِلَى ٱلْأَرْضِ ثُمَّ يَعْرُجُ إِلَيْهِ فِى يَوْمٍ كَانَ مِقْدَارُهُۥٓ أَلْفَ
سَنَةٍ مِّمَّا تَعُدُّونَ ٣٢ـ٦ ذَٰلِكَ عَٰلِمُ ٱلْغَيْبِ وَٱلشَّهَٰدَةِ ٱلْعَزِيزُ ٱلرَّحِيمُ ٣٢ـ٧ ٱلَّذِىٓ
أَحْسَنَ كُلَّ شَىْءٍ خَلَقَهُۥ ۖ وَبَدَأَ خَلْقَ ٱلْإِنسَٰنِ مِن طِينٍ ٣٢ـ٨ ثُمَّ جَعَلَ نَسْلَهُۥ مِن
سُلَٰلَةٍ مِّن مَّآءٍ مَّهِينٍ ٣٢ـ٩ ثُمَّ سَوَّىٰهُ وَنَفَخَ فِيهِ مِن رُّوحِهِۦ ۖ وَجَعَلَ لَكُمُ ٱلسَّمْعَ
وَٱلْأَبْصَٰرَ وَٱلْأَفْـِٔدَةَ ۚ قَلِيلًا مَّا تَشْكُرُونَ ٣٢ـ١٠ وَقَالُوٓا۟ أَءِذَا ضَلَلْنَا فِى ٱلْأَرْضِ أَءِنَّا
لَفِى خَلْقٍ جَدِيدٍۭ ۚ بَلْ هُم بِلِقَآءِ رَبِّهِمْ كَٰفِرُونَ ٣٢ـ١١ قُلْ يَتَوَفَّىٰكُم مَّلَكُ ٱلْمَوْتِ
ٱلَّذِى وُكِّلَ بِكُمْ ثُمَّ إِلَىٰ رَبِّكُمْ تُرْجَعُونَ ٣٢ـ١٢ وَلَوْ تَرَىٰٓ إِذِ ٱلْمُجْرِمُونَ نَاكِسُوا۟
رُءُوسِهِمْ عِندَ رَبِّهِمْ رَبَّنَآ أَبْصَرْنَا وَسَمِعْنَا فَٱرْجِعْنَا نَعْمَلْ صَٰلِحًا إِنَّا مُوقِنُونَ
٣٢ـ١٣ وَلَوْ شِئْنَا لَءَاتَيْنَا كُلَّ نَفْسٍ هُدَىٰهَا وَلَٰكِنْ حَقَّ ٱلْقَوْلُ مِنِّى لَأَمْلَأَنَّ جَهَنَّمَ
مِنَ ٱلْجِنَّةِ وَٱلنَّاسِ أَجْمَعِينَ ٣٢ـ١٤ فَذُوقُوا۟ بِمَا نَسِيتُمْ لِقَآءَ يَوْمِكُمْ هَٰذَآ إِنَّا
نَسِينَٰكُمْ ۖ وَذُوقُوا۟ عَذَابَ ٱلْخُلْدِ بِمَا كُنتُمْ تَعْمَلُونَ ٣٢ـ١٥ إِنَّمَا يُؤْمِنُ بِـَٔايَٰتِنَا ٱلَّذِينَ إِذَا
ذُكِّرُوا۟ بِهَا خَرُّوا۟ سُجَّدًا وَسَبَّحُوا۟ بِحَمْدِ رَبِّهِمْ وَهُمْ لَا يَسْتَكْبِرُونَ ٣٢ـ١٦ تَتَجَافَىٰ
جُنُوبُهُمْ عَنِ ٱلْمَضَاجِعِ يَدْعُونَ رَبَّهُمْ خَوْفًا وَطَمَعًا وَمِمَّا رَزَقْنَٰهُمْ يُنفِقُونَ
٣٢ـ١٧ فَلَا تَعْلَمُ نَفْسٌ مَّآ أُخْفِىَ لَهُم مِّن قُرَّةِ أَعْيُنٍ جَزَآءًۢ بِمَا كَانُوا۟ يَعْمَلُونَ
٣٢ـ١٨ أَفَمَن كَانَ مُؤْمِنًا كَمَن كَانَ فَاسِقًا ۚ لَّا يَسْتَوُۥنَ ٣٢ـ١٩ أَمَّا ٱلَّذِينَ ءَامَنُوا۟
وَعَمِلُوا۟ ٱلصَّٰلِحَٰتِ فَلَهُمْ جَنَّٰتُ ٱلْمَأْوَىٰ نُزُلًۢا بِمَا كَانُوا۟ يَعْمَلُونَ ٣٢ـ٢٠ وَأَمَّا ٱلَّذِينَ
فَسَقُوا۟ فَمَأْوَىٰهُمُ ٱلنَّارُ ۖ كُلَّمَآ أَرَادُوٓا۟ أَن يَخْرُجُوا۟ مِنْهَآ أُعِيدُوا۟ فِيهَا وَقِيلَ لَهُمْ
ذُوقُوا۟ عَذَابَ ٱلنَّارِ ٱلَّذِى كُنتُم بِهِۦ تُكَذِّبُونَ ٣٢ـ٢١ وَلَنُذِيقَنَّهُم مِّنَ ٱلْعَذَابِ ٱلْأَدْنَىٰ
دُونَ ٱلْعَذَابِ ٱلْأَكْبَرِ لَعَلَّهُمْ يَرْجِعُونَ ٣٢ـ٢٢ وَمَنْ أَظْلَمُ مِمَّن ذُكِّرَ بِـَٔايَٰتِ رَبِّهِۦ ثُمَّ
أَعْرَضَ عَنْهَآ ۚ إِنَّا مِنَ ٱلْمُجْرِمِينَ مُنتَقِمُونَ ٣٢ـ٢٣ وَلَقَدْ ءَاتَيْنَا مُوسَى ٱلْكِتَٰبَ فَلَا
تَكُن فِى مِرْيَةٍ مِّن لِّقَآئِهِۦ ۖ وَجَعَلْنَٰهُ هُدًى لِّبَنِىٓ إِسْرَٰٓءِيلَ ٣٢ـ٢٤ وَجَعَلْنَا مِنْهُمْ

أَئِمَّةً يَهْدُونَ بِأَمْرِنَا لَمَّا صَبَرُوا۟ ۖ وَكَانُوا۟ بِـَٔايَٰتِنَا يُوقِنُونَ ٣٢ـ٢٥ إِنَّ رَبَّكَ هُوَ يَفْصِلُ
بَيْنَهُمْ يَوْمَ ٱلْقِيَٰمَةِ فِيمَا كَانُوا۟ فِيهِ يَخْتَلِفُونَ ٣٢ـ٢٦ أَوَلَمْ يَهْدِ لَهُمْ كَمْ أَهْلَكْنَا
مِن قَبْلِهِم مِّنَ ٱلْقُرُونِ يَمْشُونَ فِى مَسَٰكِنِهِمْ ۚ إِنَّ فِى ذَٰلِكَ لَءَايَٰتٍ ۖ أَفَلَا
يَسْمَعُونَ ٣٢ـ٢٧ أَوَلَمْ يَرَوْا۟ أَنَّا نَسُوقُ ٱلْمَآءَ إِلَى ٱلْأَرْضِ ٱلْجُرُزِ فَنُخْرِجُ بِهِۦ زَرْعًا تَأْكُلُ
مِنْهُ أَنْعَٰمُهُمْ وَأَنفُسُهُمْ ۖ أَفَلَا يُبْصِرُونَ ٣٢ـ٢٨ وَيَقُولُونَ مَتَىٰ هَٰذَا ٱلْفَتْحُ إِن كُنتُمْ
صَٰدِقِينَ ٣٢ـ٢٩ قُلْ يَوْمَ ٱلْفَتْحِ لَا يَنفَعُ ٱلَّذِينَ كَفَرُوٓا۟ إِيمَٰنُهُمْ وَلَا هُمْ يُنظَرُونَ
٣٢ـ٣٠ فَأَعْرِضْ عَنْهُمْ وَٱنتَظِرْ إِنَّهُم مُّنتَظِرُونَ ٣٣ـ١ يَٰٓأَيُّهَا ٱلنَّبِىُّ ٱتَّقِ ٱللَّهَ وَلَا
تُطِعِ ٱلْكَٰفِرِينَ وَٱلْمُنَٰفِقِينَ ۗ إِنَّ ٱللَّهَ كَانَ عَلِيمًا حَكِيمًا ٣٣ـ٢ وَٱتَّبِعْ مَا يُوحَىٰٓ إِلَيْكَ
مِن رَّبِّكَ ۚ إِنَّ ٱللَّهَ كَانَ بِمَا تَعْمَلُونَ خَبِيرًا ٣٣ـ٣ وَتَوَكَّلْ عَلَى ٱللَّهِ ۚ وَكَفَىٰ بِٱللَّهِ
وَكِيلًا ٣٣ـ٤ مَّا جَعَلَ ٱللَّهُ لِرَجُلٍ مِّن قَلْبَيْنِ فِى جَوْفِهِۦ ۚ وَمَا جَعَلَ أَزْوَٰجَكُمُ ٱلَّٰٓـِٔى
تُظَٰهِرُونَ مِنْهُنَّ أُمَّهَٰتِكُمْ ۚ وَمَا جَعَلَ أَدْعِيَآءَكُمْ أَبْنَآءَكُمْ ۚ ذَٰلِكُمْ قَوْلُكُم بِأَفْوَٰهِكُمْ ۖ
وَٱللَّهُ يَقُولُ ٱلْحَقَّ وَهُوَ يَهْدِى ٱلسَّبِيلَ ٣٣ـ٥ ٱدْعُوهُمْ لِـَٔابَآئِهِمْ هُوَ أَقْسَطُ عِندَ
ٱللَّهِ ۚ فَإِن لَّمْ تَعْلَمُوٓا۟ ءَابَآءَهُمْ فَإِخْوَٰنُكُمْ فِى ٱلدِّينِ وَمَوَٰلِيكُمْ ۚ وَلَيْسَ عَلَيْكُمْ جُنَاحٌ
فِيمَآ أَخْطَأْتُم بِهِۦ وَلَٰكِن مَّا تَعَمَّدَتْ قُلُوبُكُمْ ۚ وَكَانَ ٱللَّهُ غَفُورًا رَّحِيمًا ٣٣ـ٦ ٱلنَّبِىُّ
أَوْلَىٰ بِٱلْمُؤْمِنِينَ مِنْ أَنفُسِهِمْ ۖ وَأَزْوَٰجُهُۥٓ أُمَّهَٰتُهُمْ ۗ وَأُو۟لُوا۟ ٱلْأَرْحَامِ بَعْضُهُمْ أَوْلَىٰ
بِبَعْضٍ فِى كِتَٰبِ ٱللَّهِ مِنَ ٱلْمُؤْمِنِينَ وَٱلْمُهَٰجِرِينَ إِلَّآ أَن تَفْعَلُوٓا۟ إِلَىٰٓ أَوْلِيَآئِكُم
مَّعْرُوفًا ۚ كَانَ ذَٰلِكَ فِى ٱلْكِتَٰبِ مَسْطُورًا ٣٣ـ٧ وَإِذْ أَخَذْنَا مِنَ ٱلنَّبِيِّـۧنَ مِيثَٰقَهُمْ
وَمِنكَ وَمِن نُّوحٍ وَإِبْرَٰهِيمَ وَمُوسَىٰ وَعِيسَى ٱبْنِ مَرْيَمَ ۖ وَأَخَذْنَا مِنْهُم مِّيثَٰقًا غَلِيظًا
٣٣ـ٨ لِّيَسْـَٔلَ ٱلصَّٰدِقِينَ عَن صِدْقِهِمْ ۚ وَأَعَدَّ لِلْكَٰفِرِينَ عَذَابًا أَلِيمًا ٣٣ـ٩ يَٰٓأَيُّهَا
ٱلَّذِينَ ءَامَنُوا۟ ٱذْكُرُوا۟ نِعْمَةَ ٱللَّهِ عَلَيْكُمْ إِذْ جَآءَتْكُمْ جُنُودٌ فَأَرْسَلْنَا عَلَيْهِمْ رِيحًا
وَجُنُودًا لَّمْ تَرَوْهَا ۚ وَكَانَ ٱللَّهُ بِمَا تَعْمَلُونَ بَصِيرًا ٣٣ـ١٠ إِذْ جَآءُوكُم مِّن فَوْقِكُمْ
وَمِنْ أَسْفَلَ مِنكُمْ وَإِذْ زَاغَتِ ٱلْأَبْصَٰرُ وَبَلَغَتِ ٱلْقُلُوبُ ٱلْحَنَاجِرَ وَتَظُنُّونَ بِٱللَّهِ ٱلظُّنُونَا۠
٣٣ـ١١ هُنَالِكَ ٱبْتُلِىَ ٱلْمُؤْمِنُونَ وَزُلْزِلُوا۟ زِلْزَالًا شَدِيدًا ٣٣ـ١٢ وَإِذْ يَقُولُ ٱلْمُنَٰفِقُونَ
وَٱلَّذِينَ فِى قُلُوبِهِم مَّرَضٌ مَّا وَعَدَنَا ٱللَّهُ وَرَسُولُهُۥٓ إِلَّا غُرُورًا ٣٣ـ١٣ وَإِذْ قَالَت
طَّآئِفَةٌ مِّنْهُمْ يَٰٓأَهْلَ يَثْرِبَ لَا مُقَامَ لَكُمْ فَٱرْجِعُوا۟ ۚ وَيَسْتَـْٔذِنُ فَرِيقٌ مِّنْهُمُ ٱلنَّبِىَّ
يَقُولُونَ إِنَّ بُيُوتَنَا عَوْرَةٌ وَمَا هِىَ بِعَوْرَةٍ ۖ إِن يُرِيدُونَ إِلَّا فِرَارًا ٣٣ـ١٤ وَلَوْ دُخِلَتْ
عَلَيْهِم مِّنْ أَقْطَارِهَا ثُمَّ سُئِلُوا۟ ٱلْفِتْنَةَ لَءَاتَوْهَا وَمَا تَلَبَّثُوا۟ بِهَآ إِلَّا يَسِيرًا
٣٣ـ١٥ وَلَقَدْ كَانُوا۟ عَٰهَدُوا۟ ٱللَّهَ مِن قَبْلُ لَا يُوَلُّونَ ٱلْأَدْبَٰرَ ۚ وَكَانَ عَهْدُ ٱللَّهِ مَسْـُٔولًا

٣٣ـ١٦ قُل لَّن يَنفَعَكُمُ ٱلْفِرَارُ إِن فَرَرْتُم مِّنَ ٱلْمَوْتِ أَوِ ٱلْقَتْلِ وَإِذًا لَّا تُمَتَّعُونَ إِلَّا قَلِيلًا ٣٣ـ١٧ قُلْ مَن ذَا ٱلَّذِى يَعْصِمُكُم مِّنَ ٱللَّهِ إِنْ أَرَادَ بِكُمْ سُوٓءًا أَوْ أَرَادَ بِكُمْ رَحْمَةً ۚ وَلَا يَجِدُونَ لَهُم مِّن دُونِ ٱللَّهِ وَلِيًّا وَلَا نَصِيرًا ٣٣ـ١٨ قَدْ يَعْلَمُ ٱللَّهُ ٱلْمُعَوِّقِينَ مِنكُمْ وَٱلْقَآئِلِينَ لِإِخْوَٰنِهِمْ هَلُمَّ إِلَيْنَا ۖ وَلَا يَأْتُونَ ٱلْبَأْسَ إِلَّا قَلِيلًا ٣٣ـ١٩ أَشِحَّةً عَلَيْكُمْ ۖ فَإِذَا جَآءَ ٱلْخَوْفُ رَأَيْتَهُمْ يَنظُرُونَ إِلَيْكَ تَدُورُ أَعْيُنُهُمْ كَٱلَّذِى يُغْشَىٰ عَلَيْهِ مِنَ ٱلْمَوْتِ ۖ فَإِذَا ذَهَبَ ٱلْخَوْفُ سَلَقُوكُم بِأَلْسِنَةٍ حِدَادٍ أَشِحَّةً عَلَى ٱلْخَيْرِ ۚ أُو۟لَٰٓئِكَ لَمْ يُؤْمِنُوا۟ فَأَحْبَطَ ٱللَّهُ أَعْمَٰلَهُمْ ۚ وَكَانَ ذَٰلِكَ عَلَى ٱللَّهِ يَسِيرًا ٣٣ـ٢٠ يَحْسَبُونَ ٱلْأَحْزَابَ لَمْ يَذْهَبُوا۟ ۖ وَإِن يَأْتِ ٱلْأَحْزَابُ يَوَدُّوا۟ لَوْ أَنَّهُم بَادُونَ فِى ٱلْأَعْرَابِ يَسْـَٔلُونَ عَنْ أَنۢبَآئِكُمْ ۖ وَلَوْ كَانُوا۟ فِيكُم مَّا قَٰتَلُوٓا۟ إِلَّا قَلِيلًا ٣٣ـ٢١ لَّقَدْ كَانَ لَكُمْ فِى رَسُولِ ٱللَّهِ أُسْوَةٌ حَسَنَةٌ لِّمَن كَانَ يَرْجُوا۟ ٱللَّهَ وَٱلْيَوْمَ ٱلْءَاخِرَ وَذَكَرَ ٱللَّهَ كَثِيرًا ٣٣ـ٢٢ وَلَمَّا رَءَا ٱلْمُؤْمِنُونَ ٱلْأَحْزَابَ قَالُوا۟ هَٰذَا مَا وَعَدَنَا ٱللَّهُ وَرَسُولُهُۥ وَصَدَقَ ٱللَّهُ وَرَسُولُهُۥ ۚ وَمَا زَادَهُمْ إِلَّآ إِيمَٰنًا وَتَسْلِيمًا ٣٣ـ٢٣ مِّنَ ٱلْمُؤْمِنِينَ رِجَالٌ صَدَقُوا۟ مَا عَٰهَدُوا۟ ٱللَّهَ عَلَيْهِ ۖ فَمِنْهُم مَّن قَضَىٰ نَحْبَهُۥ وَمِنْهُم مَّن يَنتَظِرُ ۖ وَمَا بَدَّلُوا۟ تَبْدِيلًا ٣٣ـ٢٤ لِّيَجْزِىَ ٱللَّهُ ٱلصَّٰدِقِينَ بِصِدْقِهِمْ وَيُعَذِّبَ ٱلْمُنَٰفِقِينَ إِن شَآءَ أَوْ يَتُوبَ عَلَيْهِمْ ۚ إِنَّ ٱللَّهَ كَانَ غَفُورًا رَّحِيمًا ٣٣ـ٢٥ وَرَدَّ ٱللَّهُ ٱلَّذِينَ كَفَرُوا۟ بِغَيْظِهِمْ لَمْ يَنَالُوا۟ خَيْرًا ۚ وَكَفَى ٱللَّهُ ٱلْمُؤْمِنِينَ ٱلْقِتَالَ ۚ وَكَانَ ٱللَّهُ قَوِيًّا عَزِيزًا ٣٣ـ٢٦ وَأَنزَلَ ٱلَّذِينَ ظَٰهَرُوهُم مِّنْ أَهْلِ ٱلْكِتَٰبِ مِن صَيَاصِيهِمْ وَقَذَفَ فِى قُلُوبِهِمُ ٱلرُّعْبَ فَرِيقًا تَقْتُلُونَ وَتَأْسِرُونَ فَرِيقًا ٣٣ـ٢٧ وَأَوْرَثَكُمْ أَرْضَهُمْ وَدِيَٰرَهُمْ وَأَمْوَٰلَهُمْ وَأَرْضًا لَّمْ تَطَـُٔوهَا ۚ وَكَانَ ٱللَّهُ عَلَىٰ كُلِّ شَىْءٍ قَدِيرًا ٣٣ـ٢٨ يَٰٓأَيُّهَا ٱلنَّبِىُّ قُل لِّأَزْوَٰجِكَ إِن كُنتُنَّ تُرِدْنَ ٱلْحَيَوٰةَ ٱلدُّنْيَا وَزِينَتَهَا فَتَعَالَيْنَ أُمَتِّعْكُنَّ وَأُسَرِّحْكُنَّ سَرَاحًا جَمِيلًا ٣٣ـ٢٩ وَإِن كُنتُنَّ تُرِدْنَ ٱللَّهَ وَرَسُولَهُۥ وَٱلدَّارَ ٱلْءَاخِرَةَ فَإِنَّ ٱللَّهَ أَعَدَّ لِلْمُحْسِنَٰتِ مِنكُنَّ أَجْرًا عَظِيمًا ٣٣ـ٣٠ يَٰنِسَآءَ ٱلنَّبِىِّ مَن يَأْتِ مِنكُنَّ بِفَٰحِشَةٍ مُّبَيِّنَةٍ يُضَٰعَفْ لَهَا ٱلْعَذَابُ ضِعْفَيْنِ ۚ وَكَانَ ذَٰلِكَ عَلَى ٱللَّهِ يَسِيرًا ٣٣ـ٣١ وَمَن يَقْنُتْ مِنكُنَّ لِلَّهِ وَرَسُولِهِۦ وَتَعْمَلْ صَٰلِحًا نُّؤْتِهَآ أَجْرَهَا مَرَّتَيْنِ وَأَعْتَدْنَا لَهَا رِزْقًا كَرِيمًا ٣٣ـ٣٢ يَٰنِسَآءَ ٱلنَّبِىِّ لَسْتُنَّ كَأَحَدٍ مِّنَ ٱلنِّسَآءِ ۚ إِنِ ٱتَّقَيْتُنَّ فَلَا تَخْضَعْنَ بِٱلْقَوْلِ فَيَطْمَعَ ٱلَّذِى فِى قَلْبِهِۦ مَرَضٌ وَقُلْنَ قَوْلًا مَّعْرُوفًا ٣٣ـ٣٣ وَقَرْنَ فِى بُيُوتِكُنَّ وَلَا تَبَرَّجْنَ تَبَرُّجَ ٱلْجَٰهِلِيَّةِ ٱلْأُولَىٰ ۖ وَأَقِمْنَ ٱلصَّلَوٰةَ وَءَاتِينَ ٱلزَّكَوٰةَ وَأَطِعْنَ ٱللَّهَ وَرَسُولَهُۥٓ ۚ إِنَّمَا يُرِيدُ ٱللَّهُ لِيُذْهِبَ عَنكُمُ ٱلرِّجْسَ أَهْلَ ٱلْبَيْتِ وَيُطَهِّرَكُمْ تَطْهِيرًا ٣٣ـ٣٤ وَٱذْكُرْنَ مَا يُتْلَىٰ

فِى بُيُوتِكُنَّ مِنْ ءَايَٰتِ ٱللَّهِ وَٱلْحِكْمَةِ ۚ إِنَّ ٱللَّهَ كَانَ لَطِيفًا خَبِيرًا ٣٣ـ٣٥ إِنَّ
ٱلْمُسْلِمِينَ وَٱلْمُسْلِمَٰتِ وَٱلْمُؤْمِنِينَ وَٱلْمُؤْمِنَٰتِ وَٱلْقَٰنِتِينَ وَٱلْقَٰنِتَٰتِ وَٱلصَّٰدِقِينَ
وَٱلصَّٰدِقَٰتِ وَٱلصَّٰبِرِينَ وَٱلصَّٰبِرَٰتِ وَٱلْخَٰشِعِينَ وَٱلْخَٰشِعَٰتِ وَٱلْمُتَصَدِّقِينَ وَٱلْمُتَصَدِّقَٰتِ
وَٱلصَّٰٓئِمِينَ وَٱلصَّٰٓئِمَٰتِ وَٱلْحَٰفِظِينَ فُرُوجَهُمْ وَٱلْحَٰفِظَٰتِ وَٱلذَّٰكِرِينَ ٱللَّهَ كَثِيرًا وَٱلذَّٰكِرَٰتِ
أَعَدَّ ٱللَّهُ لَهُم مَّغْفِرَةً وَأَجْرًا عَظِيمًا ٣٣ـ٣٦ وَمَا كَانَ لِمُؤْمِنٍ وَلَا مُؤْمِنَةٍ إِذَا قَضَى
ٱللَّهُ وَرَسُولُهُۥٓ أَمْرًا أَن يَكُونَ لَهُمُ ٱلْخِيَرَةُ مِنْ أَمْرِهِمْ ۗ وَمَن يَعْصِ ٱللَّهَ وَرَسُولَهُۥ فَقَدْ
ضَلَّ ضَلَٰلًا مُّبِينًا ٣٣ـ٣٧ وَإِذْ تَقُولُ لِلَّذِىٓ أَنْعَمَ ٱللَّهُ عَلَيْهِ وَأَنْعَمْتَ عَلَيْهِ أَمْسِكْ عَلَيْكَ
زَوْجَكَ وَٱتَّقِ ٱللَّهَ وَتُخْفِى فِى نَفْسِكَ مَا ٱللَّهُ مُبْدِيهِ وَتَخْشَى ٱلنَّاسَ وَٱللَّهُ أَحَقُّ أَن
تَخْشَىٰهُ ۖ فَلَمَّا قَضَىٰ زَيْدٌ مِّنْهَا وَطَرًا زَوَّجْنَٰكَهَا لِكَىْ لَا يَكُونَ عَلَى ٱلْمُؤْمِنِينَ حَرَجٌ
فِىٓ أَزْوَٰجِ أَدْعِيَآئِهِمْ إِذَا قَضَوْا۟ مِنْهُنَّ وَطَرًا ۚ وَكَانَ أَمْرُ ٱللَّهِ مَفْعُولًا ٣٣ـ٣٨ مَّا كَانَ
عَلَى ٱلنَّبِىِّ مِنْ حَرَجٍ فِيمَا فَرَضَ ٱللَّهُ لَهُۥ ۖ سُنَّةَ ٱللَّهِ فِى ٱلَّذِينَ خَلَوْا۟ مِن قَبْلُ ۚ وَكَانَ
أَمْرُ ٱللَّهِ قَدَرًا مَّقْدُورًا ٣٣ـ٣٩ ٱلَّذِينَ يُبَلِّغُونَ رِسَٰلَٰتِ ٱللَّهِ وَيَخْشَوْنَهُۥ وَلَا يَخْشَوْنَ
أَحَدًا إِلَّا ٱللَّهَ ۗ وَكَفَىٰ بِٱللَّهِ حَسِيبًا ٣٣ـ٤٠ مَّا كَانَ مُحَمَّدٌ أَبَآ أَحَدٍ مِّن رِّجَالِكُمْ وَلَٰكِن
رَّسُولَ ٱللَّهِ وَخَاتَمَ ٱلنَّبِيِّـۧنَ ۗ وَكَانَ ٱللَّهُ بِكُلِّ شَىْءٍ عَلِيمًا ٣٣ـ٤١ يَٰٓأَيُّهَا ٱلَّذِينَ ءَامَنُوا۟
ٱذْكُرُوا۟ ٱللَّهَ ذِكْرًا كَثِيرًا ٣٣ـ٤٢ وَسَبِّحُوهُ بُكْرَةً وَأَصِيلًا ٣٣ـ٤٣ هُوَ ٱلَّذِى يُصَلِّى
عَلَيْكُمْ وَمَلَٰٓئِكَتُهُۥ لِيُخْرِجَكُم مِّنَ ٱلظُّلُمَٰتِ إِلَى ٱلنُّورِ ۚ وَكَانَ بِٱلْمُؤْمِنِينَ رَحِيمًا
٣٣ـ٤٤ تَحِيَّتُهُمْ يَوْمَ يَلْقَوْنَهُۥ سَلَٰمٌ ۚ وَأَعَدَّ لَهُمْ أَجْرًا كَرِيمًا ٣٣ـ٤٥ يَٰٓأَيُّهَا ٱلنَّبِىُّ إِنَّآ
أَرْسَلْنَٰكَ شَٰهِدًا وَمُبَشِّرًا وَنَذِيرًا ٣٣ـ٤٦ وَدَاعِيًا إِلَى ٱللَّهِ بِإِذْنِهِۦ وَسِرَاجًا مُّنِيرًا
٣٣ـ٤٧ وَبَشِّرِ ٱلْمُؤْمِنِينَ بِأَنَّ لَهُم مِّنَ ٱللَّهِ فَضْلًا كَبِيرًا ٣٣ـ٤٨ وَلَا تُطِعِ ٱلْكَٰفِرِينَ
وَٱلْمُنَٰفِقِينَ وَدَعْ أَذَىٰهُمْ وَتَوَكَّلْ عَلَى ٱللَّهِ ۚ وَكَفَىٰ بِٱللَّهِ وَكِيلًا ٣٣ـ٤٩ يَٰٓأَيُّهَا ٱلَّذِينَ
ءَامَنُوٓا۟ إِذَا نَكَحْتُمُ ٱلْمُؤْمِنَٰتِ ثُمَّ طَلَّقْتُمُوهُنَّ مِن قَبْلِ أَن تَمَسُّوهُنَّ فَمَا لَكُمْ عَلَيْهِنَّ
مِنْ عِدَّةٍ تَعْتَدُّونَهَا ۖ فَمَتِّعُوهُنَّ وَسَرِّحُوهُنَّ سَرَاحًا جَمِيلًا ٣٣ـ٥٠ يَٰٓأَيُّهَا ٱلنَّبِىُّ إِنَّآ
أَحْلَلْنَا لَكَ أَزْوَٰجَكَ ٱلَّٰتِىٓ ءَاتَيْتَ أُجُورَهُنَّ وَمَا مَلَكَتْ يَمِينُكَ مِمَّآ أَفَآءَ ٱللَّهُ عَلَيْكَ وَبَنَاتِ
عَمِّكَ وَبَنَاتِ عَمَّٰتِكَ وَبَنَاتِ خَالِكَ وَبَنَاتِ خَٰلَٰتِكَ ٱلَّٰتِى هَاجَرْنَ مَعَكَ وَٱمْرَأَةً مُّؤْمِنَةً إِن
وَهَبَتْ نَفْسَهَا لِلنَّبِىِّ إِنْ أَرَادَ ٱلنَّبِىُّ أَن يَسْتَنكِحَهَا خَالِصَةً لَّكَ مِن دُونِ ٱلْمُؤْمِنِينَ ۗ
قَدْ عَلِمْنَا مَا فَرَضْنَا عَلَيْهِمْ فِىٓ أَزْوَٰجِهِمْ وَمَا مَلَكَتْ أَيْمَٰنُهُمْ لِكَيْلَا يَكُونَ عَلَيْكَ حَرَجٌ ۗ
وَكَانَ ٱللَّهُ غَفُورًا رَّحِيمًا ٣٣ـ٥١ تُرْجِى مَن تَشَآءُ مِنْهُنَّ وَتُـْٔوِىٓ إِلَيْكَ مَن تَشَآءُ ۖ وَمَنِ
ٱبْتَغَيْتَ مِمَّنْ عَزَلْتَ فَلَا جُنَاحَ عَلَيْكَ ۚ ذَٰلِكَ أَدْنَىٰٓ أَن تَقَرَّ أَعْيُنُهُنَّ وَلَا يَحْزَنَّ وَيَرْضَيْنَ بِمَآ

ءَاتَيْتَهُنَّ كُلُّهُنَّ ۚ وَٱللَّهُ يَعْلَمُ مَا فِى قُلُوبِكُمْ ۚ وَكَانَ ٱللَّهُ عَلِيمًا حَلِيمًا ٣٣ـ٥٢ لَّا يَحِلُّ
لَكَ ٱلنِّسَآءُ مِنۢ بَعْدُ وَلَآ أَن تَبَدَّلَ بِهِنَّ مِنْ أَزْوَٰجٍ وَلَوْ أَعْجَبَكَ حُسْنُهُنَّ إِلَّا مَا مَلَكَتْ
يَمِينُكَ ۗ وَكَانَ ٱللَّهُ عَلَىٰ كُلِّ شَىْءٍ رَّقِيبًا ٣٣ـ٥٣ يَٰٓأَيُّهَا ٱلَّذِينَ ءَامَنُوا۟ لَا تَدْخُلُوا۟
بُيُوتَ ٱلنَّبِىِّ إِلَّآ أَن يُؤْذَنَ لَكُمْ إِلَىٰ طَعَامٍ غَيْرَ نَٰظِرِينَ إِنَىٰهُ وَلَٰكِنْ إِذَا دُعِيتُمْ فَٱدْخُلُوا۟
فَإِذَا طَعِمْتُمْ فَٱنتَشِرُوا۟ وَلَا مُسْتَـْٔنِسِينَ لِحَدِيثٍ ۚ إِنَّ ذَٰلِكُمْ كَانَ يُؤْذِى ٱلنَّبِىَّ
فَيَسْتَحْىِۦ مِنكُمْ ۖ وَٱللَّهُ لَا يَسْتَحْىِۦ مِنَ ٱلْحَقِّ ۚ وَإِذَا سَأَلْتُمُوهُنَّ مَتَٰعًا فَسْـَٔلُوهُنَّ مِن
وَرَآءِ حِجَابٍ ۚ ذَٰلِكُمْ أَطْهَرُ لِقُلُوبِكُمْ وَقُلُوبِهِنَّ ۚ وَمَا كَانَ لَكُمْ أَن تُؤْذُوا۟ رَسُولَ ٱللَّهِ وَلَآ
أَن تَنكِحُوٓا۟ أَزْوَٰجَهُۥ مِنۢ بَعْدِهِۦٓ أَبَدًا ۚ إِنَّ ذَٰلِكُمْ كَانَ عِندَ ٱللَّهِ عَظِيمًا ٣٣ـ٥٤ إِن تُبْدُوا۟
شَيْـًٔا أَوْ تُخْفُوهُ فَإِنَّ ٱللَّهَ كَانَ بِكُلِّ شَىْءٍ عَلِيمًا ٣٣ـ٥٥ لَّا جُنَاحَ عَلَيْهِنَّ فِىٓ
ءَابَآئِهِنَّ وَلَآ أَبْنَآئِهِنَّ وَلَآ إِخْوَٰنِهِنَّ وَلَآ أَبْنَآءِ إِخْوَٰنِهِنَّ وَلَآ أَبْنَآءِ أَخَوَٰتِهِنَّ وَلَا نِسَآئِهِنَّ
وَلَا مَا مَلَكَتْ أَيْمَٰنُهُنَّ ۗ وَٱتَّقِينَ ٱللَّهَ ۚ إِنَّ ٱللَّهَ كَانَ عَلَىٰ كُلِّ شَىْءٍ شَهِيدًا ٣٣ـ٥٦ إِنَّ
ٱللَّهَ وَمَلَٰٓئِكَتَهُۥ يُصَلُّونَ عَلَى ٱلنَّبِىِّ ۚ يَٰٓأَيُّهَا ٱلَّذِينَ ءَامَنُوا۟ صَلُّوا۟ عَلَيْهِ وَسَلِّمُوا۟ تَسْلِيمًا
٣٣ـ٥٧ إِنَّ ٱلَّذِينَ يُؤْذُونَ ٱللَّهَ وَرَسُولَهُۥ لَعَنَهُمُ ٱللَّهُ فِى ٱلدُّنْيَا وَٱلْءَاخِرَةِ وَأَعَدَّ
لَهُمْ عَذَابًا مُّهِينًا ٣٣ـ٥٨ وَٱلَّذِينَ يُؤْذُونَ ٱلْمُؤْمِنِينَ وَٱلْمُؤْمِنَٰتِ بِغَيْرِ مَا ٱكْتَسَبُوا۟
فَقَدِ ٱحْتَمَلُوا۟ بُهْتَٰنًا وَإِثْمًا مُّبِينًا ٣٣ـ٥٩ يَٰٓأَيُّهَا ٱلنَّبِىُّ قُل لِّأَزْوَٰجِكَ وَبَنَاتِكَ وَنِسَآءِ
ٱلْمُؤْمِنِينَ يُدْنِينَ عَلَيْهِنَّ مِن جَلَٰبِيبِهِنَّ ۚ ذَٰلِكَ أَدْنَىٰٓ أَن يُعْرَفْنَ فَلَا يُؤْذَيْنَ ۗ وَكَانَ ٱللَّهُ
غَفُورًا رَّحِيمًا ٣٣ـ٦٠ لَّئِن لَّمْ يَنتَهِ ٱلْمُنَٰفِقُونَ وَٱلَّذِينَ فِى قُلُوبِهِم مَّرَضٌ وَٱلْمُرْجِفُونَ
فِى ٱلْمَدِينَةِ لَنُغْرِيَنَّكَ بِهِمْ ثُمَّ لَا يُجَاوِرُونَكَ فِيهَآ إِلَّا قَلِيلًا ٣٣ـ٦١ مَّلْعُونِينَ ۖ أَيْنَمَا
ثُقِفُوٓا۟ أُخِذُوا۟ وَقُتِّلُوا۟ تَقْتِيلًا ٣٣ـ٦٢ سُنَّةَ ٱللَّهِ فِى ٱلَّذِينَ خَلَوْا۟ مِن قَبْلُ ۖ وَلَن تَجِدَ
لِسُنَّةِ ٱللَّهِ تَبْدِيلًا ٣٣ـ٦٣ يَسْـَٔلُكَ ٱلنَّاسُ عَنِ ٱلسَّاعَةِ ۖ قُلْ إِنَّمَا عِلْمُهَا عِندَ ٱللَّهِ ۚ وَمَا
يُدْرِيكَ لَعَلَّ ٱلسَّاعَةَ تَكُونُ قَرِيبًا ٣٣ـ٦٤ إِنَّ ٱللَّهَ لَعَنَ ٱلْكَٰفِرِينَ وَأَعَدَّ لَهُمْ سَعِيرًا
٣٣ـ٦٥ خَٰلِدِينَ فِيهَآ أَبَدًا ۖ لَّا يَجِدُونَ وَلِيًّا وَلَا نَصِيرًا ٣٣ـ٦٦ يَوْمَ تُقَلَّبُ وُجُوهُهُمْ
فِى ٱلنَّارِ يَقُولُونَ يَٰلَيْتَنَآ أَطَعْنَا ٱللَّهَ وَأَطَعْنَا ٱلرَّسُولَا۠ ٣٣ـ٦٧ وَقَالُوا۟ رَبَّنَآ إِنَّآ أَطَعْنَا
سَادَتَنَا وَكُبَرَآءَنَا فَأَضَلُّونَا ٱلسَّبِيلَا۠ ٣٣ـ٦٨ رَبَّنَآ ءَاتِهِمْ ضِعْفَيْنِ مِنَ ٱلْعَذَابِ وَٱلْعَنْهُمْ
لَعْنًا كَبِيرًا ٣٣ـ٦٩ يَٰٓأَيُّهَا ٱلَّذِينَ ءَامَنُوا۟ لَا تَكُونُوا۟ كَٱلَّذِينَ ءَاذَوْا۟ مُوسَىٰ فَبَرَّأَهُ ٱللَّهُ
مِمَّا قَالُوا۟ ۚ وَكَانَ عِندَ ٱللَّهِ وَجِيهًا ٣٣ـ٧٠ يَٰٓأَيُّهَا ٱلَّذِينَ ءَامَنُوا۟ ٱتَّقُوا۟ ٱللَّهَ وَقُولُوا۟
قَوْلًا سَدِيدًا ٣٣ـ٧١ يُصْلِحْ لَكُمْ أَعْمَٰلَكُمْ وَيَغْفِرْ لَكُمْ ذُنُوبَكُمْ ۗ وَمَن يُطِعِ ٱللَّهَ
وَرَسُولَهُۥ فَقَدْ فَازَ فَوْزًا عَظِيمًا ٣٣ـ٧٢ إِنَّا عَرَضْنَا ٱلْأَمَانَةَ عَلَى ٱلسَّمَٰوَٰتِ وَٱلْأَرْضِ

وَٱلْجِبَالِ فَأَبَيْنَ أَن يَحْمِلْنَهَا وَأَشْفَقْنَ مِنْهَا وَحَمَلَهَا ٱلْإِنسَٰنُ ۖ إِنَّهُۥ كَانَ ظَلُومًا جَهُولًا
٣٣ـ٧٣ لِّيُعَذِّبَ ٱللَّهُ ٱلْمُنَٰفِقِينَ وَٱلْمُنَٰفِقَٰتِ وَٱلْمُشْرِكِينَ وَٱلْمُشْرِكَٰتِ وَيَتُوبَ ٱللَّهُ
عَلَى ٱلْمُؤْمِنِينَ وَٱلْمُؤْمِنَٰتِ ۗ وَكَانَ ٱللَّهُ غَفُورًا رَّحِيمًا ٣٤ـ١ ٱلْحَمْدُ لِلَّهِ ٱلَّذِى لَهُۥ مَا
فِى ٱلسَّمَٰوَٰتِ وَمَا فِى ٱلْأَرْضِ وَلَهُ ٱلْحَمْدُ فِى ٱلْءَاخِرَةِ ۚ وَهُوَ ٱلْحَكِيمُ ٱلْخَبِيرُ
٣٤ـ٢ يَعْلَمُ مَا يَلِجُ فِى ٱلْأَرْضِ وَمَا يَخْرُجُ مِنْهَا وَمَا يَنزِلُ مِنَ ٱلسَّمَآءِ وَمَا يَعْرُجُ
فِيهَا ۚ وَهُوَ ٱلرَّحِيمُ ٱلْغَفُورُ ٣٤ـ٣ وَقَالَ ٱلَّذِينَ كَفَرُوا۟ لَا تَأْتِينَا ٱلسَّاعَةُ ۖ قُلْ بَلَىٰ
وَرَبِّى لَتَأْتِيَنَّكُمْ عَٰلِمِ ٱلْغَيْبِ ۖ لَا يَعْزُبُ عَنْهُ مِثْقَالُ ذَرَّةٍ فِى ٱلسَّمَٰوَٰتِ وَلَا فِى ٱلْأَرْضِ
وَلَآ أَصْغَرُ مِن ذَٰلِكَ وَلَآ أَكْبَرُ إِلَّا فِى كِتَٰبٍ مُّبِينٍ ٣٤ـ٤ لِّيَجْزِىَ ٱلَّذِينَ ءَامَنُوا۟ وَعَمِلُوا۟
ٱلصَّٰلِحَٰتِ ۚ أُو۟لَٰٓئِكَ لَهُم مَّغْفِرَةٌ وَرِزْقٌ كَرِيمٌ ٣٤ـ٥ وَٱلَّذِينَ سَعَوْ فِىٓ ءَايَٰتِنَا مُعَٰجِزِينَ
أُو۟لَٰٓئِكَ لَهُمْ عَذَابٌ مِّن رِّجْزٍ أَلِيمٌ ٣٤ـ٦ وَيَرَى ٱلَّذِينَ أُوتُوا۟ ٱلْعِلْمَ ٱلَّذِىٓ أُنزِلَ إِلَيْكَ مِن
رَّبِّكَ هُوَ ٱلْحَقَّ وَيَهْدِىٓ إِلَىٰ صِرَٰطِ ٱلْعَزِيزِ ٱلْحَمِيدِ ٣٤ـ٧ وَقَالَ ٱلَّذِينَ كَفَرُوا۟ هَلْ
نَدُلُّكُمْ عَلَىٰ رَجُلٍ يُنَبِّئُكُمْ إِذَا مُزِّقْتُمْ كُلَّ مُمَزَّقٍ إِنَّكُمْ لَفِى خَلْقٍ جَدِيدٍ ٣٤ـ٨ أَفْتَرَىٰ
عَلَى ٱللَّهِ كَذِبًا أَم بِهِۦ جِنَّةٌۢ ۗ بَلِ ٱلَّذِينَ لَا يُؤْمِنُونَ بِٱلْءَاخِرَةِ فِى ٱلْعَذَابِ وَٱلضَّلَٰلِ
ٱلْبَعِيدِ ٣٤ـ٩ أَفَلَمْ يَرَوْا۟ إِلَىٰ مَا بَيْنَ أَيْدِيهِمْ وَمَا خَلْفَهُم مِّنَ ٱلسَّمَآءِ وَٱلْأَرْضِ ۚ إِن
نَّشَأْ نَخْسِفْ بِهِمُ ٱلْأَرْضَ أَوْ نُسْقِطْ عَلَيْهِمْ كِسَفًا مِّنَ ٱلسَّمَآءِ ۚ إِنَّ فِى ذَٰلِكَ لَءَايَةً
لِّكُلِّ عَبْدٍ مُّنِيبٍ ٣٤ـ١٠ وَلَقَدْ ءَاتَيْنَا دَاوُۥدَ مِنَّا فَضْلًا ۖ يَٰجِبَالُ أَوِّبِى مَعَهُۥ وَٱلطَّيْرَ ۖ وَأَلَنَّا
لَهُ ٱلْحَدِيدَ ٣٤ـ١١ أَنِ ٱعْمَلْ سَٰبِغَٰتٍ وَقَدِّرْ فِى ٱلسَّرْدِ ۖ وَٱعْمَلُوا۟ صَٰلِحًا ۖ إِنِّى بِمَا تَعْمَلُونَ
بَصِيرٌ ٣٤ـ١٢ وَلِسُلَيْمَٰنَ ٱلرِّيحَ غُدُوُّهَا شَهْرٌ وَرَوَاحُهَا شَهْرٌ ۖ وَأَسَلْنَا لَهُۥ عَيْنَ ٱلْقِطْرِ ۖ
وَمِنَ ٱلْجِنِّ مَن يَعْمَلُ بَيْنَ يَدَيْهِ بِإِذْنِ رَبِّهِۦ ۖ وَمَن يَزِغْ مِنْهُمْ عَنْ أَمْرِنَا نُذِقْهُ مِنْ عَذَابِ
ٱلسَّعِيرِ ٣٤ـ١٣ يَعْمَلُونَ لَهُۥ مَا يَشَآءُ مِن مَّحَٰرِيبَ وَتَمَٰثِيلَ وَجِفَانٍ كَٱلْجَوَابِ وَقُدُورٍ
رَّاسِيَٰتٍ ۚ ٱعْمَلُوٓا۟ ءَالَ دَاوُۥدَ شُكْرًا ۚ وَقَلِيلٌ مِّنْ عِبَادِىَ ٱلشَّكُورُ ٣٤ـ١٤ فَلَمَّا قَضَيْنَا عَلَيْهِ
ٱلْمَوْتَ مَا دَلَّهُمْ عَلَىٰ مَوْتِهِۦٓ إِلَّا دَآبَّةُ ٱلْأَرْضِ تَأْكُلُ مِنسَأَتَهُۥ ۖ فَلَمَّا خَرَّ تَبَيَّنَتِ ٱلْجِنُّ أَن
لَّوْ كَانُوا۟ يَعْلَمُونَ ٱلْغَيْبَ مَا لَبِثُوا۟ فِى ٱلْعَذَابِ ٱلْمُهِينِ ٣٤ـ١٥ لَقَدْ كَانَ لِسَبَإٍ فِى
مَسْكَنِهِمْ ءَايَةٌ ۖ جَنَّتَانِ عَن يَمِينٍ وَشِمَالٍ ۖ كُلُوا۟ مِن رِّزْقِ رَبِّكُمْ وَٱشْكُرُوا۟ لَهُۥ ۚ بَلْدَةٌ
طَيِّبَةٌ وَرَبٌّ غَفُورٌ ٣٤ـ١٦ فَأَعْرَضُوا۟ فَأَرْسَلْنَا عَلَيْهِمْ سَيْلَ ٱلْعَرِمِ وَبَدَّلْنَٰهُم بِجَنَّتَيْهِمْ
جَنَّتَيْنِ ذَوَاتَىْ أُكُلٍ خَمْطٍ وَأَثْلٍ وَشَىْءٍ مِّن سِدْرٍ قَلِيلٍ ٣٤ـ١٧ ذَٰلِكَ جَزَيْنَٰهُم بِمَا
كَفَرُوا۟ ۖ وَهَلْ نُجَٰزِىٓ إِلَّا ٱلْكَفُورَ ٣٤ـ١٨ وَجَعَلْنَا بَيْنَهُمْ وَبَيْنَ ٱلْقُرَى ٱلَّتِى بَٰرَكْنَا فِيهَا
قُرًى ظَٰهِرَةً وَقَدَّرْنَا فِيهَا ٱلسَّيْرَ ۖ سِيرُوا۟ فِيهَا لَيَالِىَ وَأَيَّامًا ءَامِنِينَ ٣٤ـ١٩ فَقَالُوا۟

رَبَّنَا بَعِدْ بَيْنَ أَسْفَارِنَا وَظَلَمُوٓا۟ أَنفُسَهُمْ فَجَعَلْنَٰهُمْ أَحَادِيثَ وَمَزَّقْنَٰهُمْ كُلَّ مُمَزَّقٍ ۚ إِنَّ
فِى ذَٰلِكَ لَءَايَٰتٍ لِّكُلِّ صَبَّارٍ شَكُورٍ ٣٤ـ٢٠ وَلَقَدْ صَدَّقَ عَلَيْهِمْ إِبْلِيسُ ظَنَّهُۥ فَٱتَّبَعُوهُ
إِلَّا فَرِيقًا مِّنَ ٱلْمُؤْمِنِينَ ٣٤ـ٢١ وَمَا كَانَ لَهُۥ عَلَيْهِم مِّن سُلْطَٰنٍ إِلَّا لِنَعْلَمَ مَن يُؤْمِنُ
بِٱلْءَاخِرَةِ مِمَّنْ هُوَ مِنْهَا فِى شَكٍّ ۗ وَرَبُّكَ عَلَىٰ كُلِّ شَىْءٍ حَفِيظٌ ٣٤ـ٢٢ قُلِ ٱدْعُوا۟
ٱلَّذِينَ زَعَمْتُم مِّن دُونِ ٱللَّهِ ۖ لَا يَمْلِكُونَ مِثْقَالَ ذَرَّةٍ فِى ٱلسَّمَٰوَٰتِ وَلَا فِى ٱلْأَرْضِ
وَمَا لَهُمْ فِيهِمَا مِن شِرْكٍ وَمَا لَهُۥ مِنْهُم مِّن ظَهِيرٍ ٣٤ـ٢٣ وَلَا تَنفَعُ ٱلشَّفَٰعَةُ
عِندَهُۥٓ إِلَّا لِمَنْ أَذِنَ لَهُۥ ۚ حَتَّىٰٓ إِذَا فُزِّعَ عَن قُلُوبِهِمْ قَالُوا۟ مَاذَا قَالَ رَبُّكُمْ ۖ قَالُوا۟ ٱلْحَقَّ ۖ
وَهُوَ ٱلْعَلِىُّ ٱلْكَبِيرُ ٣٤ـ٢٤ قُلْ مَن يَرْزُقُكُم مِّنَ ٱلسَّمَٰوَٰتِ وَٱلْأَرْضِ ۖ قُلِ ٱللَّهُ ۖ وَإِنَّآ أَوْ
إِيَّاكُمْ لَعَلَىٰ هُدًى أَوْ فِى ضَلَٰلٍ مُّبِينٍ ٣٤ـ٢٥ قُل لَّا تُسْـَٔلُونَ عَمَّآ أَجْرَمْنَا وَلَا نُسْـَٔلُ
عَمَّا تَعْمَلُونَ ٣٤ـ٢٦ قُلْ يَجْمَعُ بَيْنَنَا رَبُّنَا ثُمَّ يَفْتَحُ بَيْنَنَا بِٱلْحَقِّ وَهُوَ ٱلْفَتَّاحُ ٱلْعَلِيمُ
٣٤ـ٢٧ قُلْ أَرُونِىَ ٱلَّذِينَ أَلْحَقْتُم بِهِۦ شُرَكَآءَ ۖ كَلَّا ۚ بَلْ هُوَ ٱللَّهُ ٱلْعَزِيزُ ٱلْحَكِيمُ
٣٤ـ٢٨ وَمَآ أَرْسَلْنَٰكَ إِلَّا كَآفَّةً لِّلنَّاسِ بَشِيرًا وَنَذِيرًا وَلَٰكِنَّ أَكْثَرَ ٱلنَّاسِ لَا يَعْلَمُونَ
٣٤ـ٢٩ وَيَقُولُونَ مَتَىٰ هَٰذَا ٱلْوَعْدُ إِن كُنتُمْ صَٰدِقِينَ ٣٤ـ٣٠ قُل لَّكُم مِّيعَادُ يَوْمٍ لَّا
تَسْتَـْٔخِرُونَ عَنْهُ سَاعَةً وَلَا تَسْتَقْدِمُونَ ٣٤ـ٣١ وَقَالَ ٱلَّذِينَ كَفَرُوا۟ لَن نُّؤْمِنَ بِهَٰذَا
ٱلْقُرْءَانِ وَلَا بِٱلَّذِى بَيْنَ يَدَيْهِ ۗ وَلَوْ تَرَىٰٓ إِذِ ٱلظَّٰلِمُونَ مَوْقُوفُونَ عِندَ رَبِّهِمْ يَرْجِعُ
بَعْضُهُمْ إِلَىٰ بَعْضٍ ٱلْقَوْلَ يَقُولُ ٱلَّذِينَ ٱسْتُضْعِفُوا۟ لِلَّذِينَ ٱسْتَكْبَرُوا۟ لَوْلَآ أَنتُمْ لَكُنَّا
مُؤْمِنِينَ ٣٤ـ٣٢ قَالَ ٱلَّذِينَ ٱسْتَكْبَرُوا۟ لِلَّذِينَ ٱسْتُضْعِفُوٓا۟ أَنَحْنُ صَدَدْنَٰكُمْ عَنِ ٱلْهُدَىٰ
بَعْدَ إِذْ جَآءَكُم ۖ بَلْ كُنتُم مُّجْرِمِينَ ٣٤ـ٣٣ وَقَالَ ٱلَّذِينَ ٱسْتُضْعِفُوا۟ لِلَّذِينَ ٱسْتَكْبَرُوا۟
بَلْ مَكْرُ ٱلَّيْلِ وَٱلنَّهَارِ إِذْ تَأْمُرُونَنَآ أَن نَّكْفُرَ بِٱللَّهِ وَنَجْعَلَ لَهُۥٓ أَندَادًا ۚ وَأَسَرُّوا۟ ٱلنَّدَامَةَ
لَمَّا رَأَوُا۟ ٱلْعَذَابَ وَجَعَلْنَا ٱلْأَغْلَٰلَ فِىٓ أَعْنَاقِ ٱلَّذِينَ كَفَرُوا۟ ۚ هَلْ يُجْزَوْنَ إِلَّا مَا كَانُوا۟
يَعْمَلُونَ ٣٤ـ٣٤ وَمَآ أَرْسَلْنَا فِى قَرْيَةٍ مِّن نَّذِيرٍ إِلَّا قَالَ مُتْرَفُوهَآ إِنَّا بِمَآ أُرْسِلْتُم
بِهِۦ كَٰفِرُونَ ٣٤ـ٣٥ وَقَالُوا۟ نَحْنُ أَكْثَرُ أَمْوَٰلًا وَأَوْلَٰدًا وَمَا نَحْنُ بِمُعَذَّبِينَ ٣٤ـ٣٦ قُلْ
إِنَّ رَبِّى يَبْسُطُ ٱلرِّزْقَ لِمَن يَشَآءُ وَيَقْدِرُ وَلَٰكِنَّ أَكْثَرَ ٱلنَّاسِ لَا يَعْلَمُونَ ٣٤ـ٣٧ وَمَآ
أَمْوَٰلُكُمْ وَلَآ أَوْلَٰدُكُم بِٱلَّتِى تُقَرِّبُكُمْ عِندَنَا زُلْفَىٰٓ إِلَّا مَنْ ءَامَنَ وَعَمِلَ صَٰلِحًا فَأُو۟لَٰٓئِكَ
لَهُمْ جَزَآءُ ٱلضِّعْفِ بِمَا عَمِلُوا۟ وَهُمْ فِى ٱلْغُرُفَٰتِ ءَامِنُونَ ٣٤ـ٣٨ وَٱلَّذِينَ يَسْعَوْنَ
فِىٓ ءَايَٰتِنَا مُعَٰجِزِينَ أُو۟لَٰٓئِكَ فِى ٱلْعَذَابِ مُحْضَرُونَ ٣٤ـ٣٩ قُلْ إِنَّ رَبِّى يَبْسُطُ ٱلرِّزْقَ
لِمَن يَشَآءُ مِنْ عِبَادِهِۦ وَيَقْدِرُ لَهُۥ ۚ وَمَآ أَنفَقْتُم مِّن شَىْءٍ فَهُوَ يُخْلِفُهُۥ ۖ وَهُوَ خَيْرُ
ٱلرَّٰزِقِينَ ٣٤ـ٤٠ وَيَوْمَ يَحْشُرُهُمْ جَمِيعًا ثُمَّ يَقُولُ لِلْمَلَٰٓئِكَةِ أَهَٰٓؤُلَآءِ إِيَّاكُمْ كَانُوا۟

يَعْبُدُونَ ٣٤ـ٤١ قَالُوا۟ سُبْحَـٰنَكَ أَنتَ وَلِيُّنَا مِن دُونِهِم ۖ بَلْ كَانُوا۟ يَعْبُدُونَ ٱلْجِنَّ ۖ
أَكْثَرُهُم بِهِم مُّؤْمِنُونَ ٣٤ـ٤٢ فَٱلْيَوْمَ لَا يَمْلِكُ بَعْضُكُمْ لِبَعْضٍ نَّفْعًا وَلَا ضَرًّا
وَنَقُولُ لِلَّذِينَ ظَلَمُوا۟ ذُوقُوا۟ عَذَابَ ٱلنَّارِ ٱلَّتِى كُنتُم بِهَا تُكَذِّبُونَ ٣٤ـ٤٣ وَإِذَا تُتْلَىٰ
عَلَيْهِمْ ءَايَـٰتُنَا بَيِّنَـٰتٍ قَالُوا۟ مَا هَـٰذَآ إِلَّا رَجُلٌ يُرِيدُ أَن يَصُدَّكُمْ عَمَّا كَانَ يَعْبُدُ ءَابَآؤُكُمْ
وَقَالُوا۟ مَا هَـٰذَآ إِلَّآ إِفْكٌ مُّفْتَرًى ۚ وَقَالَ ٱلَّذِينَ كَفَرُوا۟ لِلْحَقِّ لَمَّا جَآءَهُمْ إِنْ هَـٰذَآ إِلَّا
سِحْرٌ مُّبِينٌ ٣٤ـ٤٤ وَمَآ ءَاتَيْنَـٰهُم مِّن كُتُبٍ يَدْرُسُونَهَا ۖ وَمَآ أَرْسَلْنَآ إِلَيْهِمْ قَبْلَكَ مِن
نَّذِيرٍ ٣٤ـ٤٥ وَكَذَّبَ ٱلَّذِينَ مِن قَبْلِهِمْ وَمَا بَلَغُوا۟ مِعْشَارَ مَآ ءَاتَيْنَـٰهُمْ فَكَذَّبُوا۟ رُسُلِى ۖ
فَكَيْفَ كَانَ نَكِيرِ ٣٤ـ٤٦ قُلْ إِنَّمَآ أَعِظُكُم بِوَٰحِدَةٍ ۖ أَن تَقُومُوا۟ لِلَّهِ مَثْنَىٰ وَفُرَٰدَىٰ ثُمَّ
تَتَفَكَّرُوا۟ ۚ مَا بِصَاحِبِكُم مِّن جِنَّةٍ ۚ إِنْ هُوَ إِلَّا نَذِيرٌ لَّكُم بَيْنَ يَدَىْ عَذَابٍ شَدِيدٍ
٣٤ـ٤٧ قُلْ مَا سَأَلْتُكُم مِّنْ أَجْرٍ فَهُوَ لَكُمْ ۖ إِنْ أَجْرِىَ إِلَّا عَلَى ٱللَّهِ ۖ وَهُوَ عَلَىٰ كُلِّ
شَىْءٍ شَهِيدٌ ٣٤ـ٤٨ قُلْ إِنَّ رَبِّى يَقْذِفُ بِٱلْحَقِّ عَلَّـٰمُ ٱلْغُيُوبِ ٣٤ـ٤٩ قُلْ جَآءَ ٱلْحَقُّ
وَمَا يُبْدِئُ ٱلْبَـٰطِلُ وَمَا يُعِيدُ ٣٤ـ٥٠ قُلْ إِن ضَلَلْتُ فَإِنَّمَآ أَضِلُّ عَلَىٰ نَفْسِى ۖ وَإِنِ
ٱهْتَدَيْتُ فَبِمَا يُوحِىٓ إِلَىَّ رَبِّىٓ ۚ إِنَّهُۥ سَمِيعٌ قَرِيبٌ ٣٤ـ٥١ وَلَوْ تَرَىٰٓ إِذْ فَزِعُوا۟ فَلَا
فَوْتَ وَأُخِذُوا۟ مِن مَّكَانٍ قَرِيبٍ ٣٤ـ٥٢ وَقَالُوٓا۟ ءَامَنَّا بِهِۦ وَأَنَّىٰ لَهُمُ ٱلتَّنَاوُشُ مِن
مَّكَانٍ بَعِيدٍ ٣٤ـ٥٣ وَقَدْ كَفَرُوا۟ بِهِۦ مِن قَبْلُ ۖ وَيَقْذِفُونَ بِٱلْغَيْبِ مِن مَّكَانٍ بَعِيدٍ
٣٤ـ٥٤ وَحِيلَ بَيْنَهُمْ وَبَيْنَ مَا يَشْتَهُونَ كَمَا فُعِلَ بِأَشْيَاعِهِم مِّن قَبْلُ ۚ إِنَّهُمْ كَانُوا۟
فِى شَكٍّ مُّرِيبٍ ٣٥ـ١ ٱلْحَمْدُ لِلَّهِ فَاطِرِ ٱلسَّمَـٰوَٰتِ وَٱلْأَرْضِ جَاعِلِ ٱلْمَلَـٰٓئِكَةِ رُسُلًا أُو۟لِىٓ
أَجْنِحَةٍ مَّثْنَىٰ وَثُلَـٰثَ وَرُبَـٰعَ ۚ يَزِيدُ فِى ٱلْخَلْقِ مَا يَشَآءُ ۚ إِنَّ ٱللَّهَ عَلَىٰ كُلِّ شَىْءٍ قَدِيرٌ
٣٥ـ٢ مَّا يَفْتَحِ ٱللَّهُ لِلنَّاسِ مِن رَّحْمَةٍ فَلَا مُمْسِكَ لَهَا ۖ وَمَا يُمْسِكْ فَلَا مُرْسِلَ لَهُۥ
مِنۢ بَعْدِهِۦ ۚ وَهُوَ ٱلْعَزِيزُ ٱلْحَكِيمُ ٣٥ـ٣ يَـٰٓأَيُّهَا ٱلنَّاسُ ٱذْكُرُوا۟ نِعْمَتَ ٱللَّهِ عَلَيْكُمْ ۚ هَلْ
مِنْ خَـٰلِقٍ غَيْرُ ٱللَّهِ يَرْزُقُكُم مِّنَ ٱلسَّمَآءِ وَٱلْأَرْضِ ۚ لَآ إِلَـٰهَ إِلَّا هُوَ ۖ فَأَنَّىٰ تُؤْفَكُونَ
٣٥ـ٤ وَإِن يُكَذِّبُوكَ فَقَدْ كُذِّبَتْ رُسُلٌ مِّن قَبْلِكَ ۚ وَإِلَى ٱللَّهِ تُرْجَعُ ٱلْأُمُورُ
٣٥ـ٥ يَـٰٓأَيُّهَا ٱلنَّاسُ إِنَّ وَعْدَ ٱللَّهِ حَقٌّ ۖ فَلَا تَغُرَّنَّكُمُ ٱلْحَيَوٰةُ ٱلدُّنْيَا ۖ وَلَا يَغُرَّنَّكُم بِٱللَّهِ
ٱلْغَرُورُ ٣٥ـ٦ إِنَّ ٱلشَّيْطَـٰنَ لَكُمْ عَدُوٌّ فَٱتَّخِذُوهُ عَدُوًّا ۚ إِنَّمَا يَدْعُوا۟ حِزْبَهُۥ لِيَكُونُوا۟ مِنْ
أَصْحَـٰبِ ٱلسَّعِيرِ ٣٥ـ٧ ٱلَّذِينَ كَفَرُوا۟ لَهُمْ عَذَابٌ شَدِيدٌ ۖ وَٱلَّذِينَ ءَامَنُوا۟ وَعَمِلُوا۟
ٱلصَّـٰلِحَـٰتِ لَهُم مَّغْفِرَةٌ وَأَجْرٌ كَبِيرٌ ٣٥ـ٨ أَفَمَن زُيِّنَ لَهُۥ سُوٓءُ عَمَلِهِۦ فَرَءَاهُ حَسَنًا ۖ فَإِنَّ
ٱللَّهَ يُضِلُّ مَن يَشَآءُ وَيَهْدِى مَن يَشَآءُ ۖ فَلَا تَذْهَبْ نَفْسُكَ عَلَيْهِمْ حَسَرَٰتٍ ۚ إِنَّ ٱللَّهَ
عَلِيمٌۢ بِمَا يَصْنَعُونَ ٣٥ـ٩ وَٱللَّهُ ٱلَّذِىٓ أَرْسَلَ ٱلرِّيَـٰحَ فَتُثِيرُ سَحَابًا فَسُقْنَـٰهُ إِلَىٰ بَلَدٍ

مَّيِّتٍ فَأَحْيَيْنَا بِهِ ٱلْأَرْضَ بَعْدَ مَوْتِهَاۚ كَذَٰلِكَ ٱلنُّشُورُ ٣٥ـ١٠ مَن كَانَ يُرِيدُ ٱلْعِزَّةَ فَلِلَّهِ
ٱلْعِزَّةُ جَمِيعًاۚ إِلَيْهِ يَصْعَدُ ٱلْكَلِمُ ٱلطَّيِّبُ وَٱلْعَمَلُ ٱلصَّٰلِحُ يَرْفَعُهُۥۚ وَٱلَّذِينَ يَمْكُرُونَ
ٱلسَّيِّـَٔاتِ لَهُمْ عَذَابٌ شَدِيدٌۖ وَمَكْرُ أُو۟لَٰٓئِكَ هُوَ يَبُورُ ٣٥ـ١١ وَٱللَّهُ خَلَقَكُم مِّن تُرَابٍ ثُمَّ
مِن نُّطْفَةٍ ثُمَّ جَعَلَكُمْ أَزْوَٰجًاۚ وَمَا تَحْمِلُ مِنْ أُنثَىٰ وَلَا تَضَعُ إِلَّا بِعِلْمِهِۦۚ وَمَا يُعَمَّرُ مِن
مُّعَمَّرٍ وَلَا يُنقَصُ مِنْ عُمُرِهِۦٓ إِلَّا فِى كِتَٰبٍۚ إِنَّ ذَٰلِكَ عَلَى ٱللَّهِ يَسِيرٌ ٣٥ـ١٢ وَمَا
يَسْتَوِى ٱلْبَحْرَانِ هَٰذَا عَذْبٌ فُرَاتٌ سَآئِغٌ شَرَابُهُۥ وَهَٰذَا مِلْحٌ أُجَاجٌۖ وَمِن كُلٍّ تَأْكُلُونَ
لَحْمًا طَرِيًّا وَتَسْتَخْرِجُونَ حِلْيَةً تَلْبَسُونَهَاۖ وَتَرَى ٱلْفُلْكَ فِيهِ مَوَاخِرَ لِتَبْتَغُوا۟ مِن
فَضْلِهِۦ وَلَعَلَّكُمْ تَشْكُرُونَ ٣٥ـ١٣ يُولِجُ ٱلَّيْلَ فِى ٱلنَّهَارِ وَيُولِجُ ٱلنَّهَارَ فِى ٱلَّيْلِ
وَسَخَّرَ ٱلشَّمْسَ وَٱلْقَمَرَ كُلٌّ يَجْرِى لِأَجَلٍ مُّسَمًّىۚ ذَٰلِكُمُ ٱللَّهُ رَبُّكُمْ لَهُ ٱلْمُلْكُۚ وَٱلَّذِينَ
تَدْعُونَ مِن دُونِهِۦ مَا يَمْلِكُونَ مِن قِطْمِيرٍ ٣٥ـ١٤ إِن تَدْعُوهُمْ لَا يَسْمَعُوا۟ دُعَآءَكُمْ
وَلَوْ سَمِعُوا۟ مَا ٱسْتَجَابُوا۟ لَكُمْۖ وَيَوْمَ ٱلْقِيَٰمَةِ يَكْفُرُونَ بِشِرْكِكُمْۚ وَلَا يُنَبِّئُكَ مِثْلُ خَبِيرٍ
٣٥ـ١٥ يَٰٓأَيُّهَا ٱلنَّاسُ أَنتُمُ ٱلْفُقَرَآءُ إِلَى ٱللَّهِۖ وَٱللَّهُ هُوَ ٱلْغَنِىُّ ٱلْحَمِيدُ ٣٥ـ١٦ إِن
يَشَأْ يُذْهِبْكُمْ وَيَأْتِ بِخَلْقٍ جَدِيدٍ ٣٥ـ١٧ وَمَا ذَٰلِكَ عَلَى ٱللَّهِ بِعَزِيزٍ ٣٥ـ١٨ وَلَا تَزِرُ
وَازِرَةٌ وِزْرَ أُخْرَىٰۚ وَإِن تَدْعُ مُثْقَلَةٌ إِلَىٰ حِمْلِهَا لَا يُحْمَلْ مِنْهُ شَىْءٌ وَلَوْ كَانَ ذَا قُرْبَىٰٓۗ
إِنَّمَا تُنذِرُ ٱلَّذِينَ يَخْشَوْنَ رَبَّهُم بِٱلْغَيْبِ وَأَقَامُوا۟ ٱلصَّلَوٰةَۚ وَمَن تَزَكَّىٰ فَإِنَّمَا يَتَزَكَّىٰ
لِنَفْسِهِۦۚ وَإِلَى ٱللَّهِ ٱلْمَصِيرُ ٣٥ـ١٩ وَمَا يَسْتَوِى ٱلْأَعْمَىٰ وَٱلْبَصِيرُ ٣٥ـ٢٠ وَلَا
ٱلظُّلُمَٰتُ وَلَا ٱلنُّورُ ٣٥ـ٢١ وَلَا ٱلظِّلُّ وَلَا ٱلْحَرُورُ ٣٥ـ٢٢ وَمَا يَسْتَوِى ٱلْأَحْيَآءُ وَلَا
ٱلْأَمْوَٰتُۚ إِنَّ ٱللَّهَ يُسْمِعُ مَن يَشَآءُۖ وَمَآ أَنتَ بِمُسْمِعٍ مَّن فِى ٱلْقُبُورِ ٣٥ـ٢٣ إِنْ أَنتَ
إِلَّا نَذِيرٌ ٣٥ـ٢٤ إِنَّآ أَرْسَلْنَٰكَ بِٱلْحَقِّ بَشِيرًا وَنَذِيرًاۚ وَإِن مِّنْ أُمَّةٍ إِلَّا خَلَا فِيهَا نَذِيرٌ
٣٥ـ٢٥ وَإِن يُكَذِّبُوكَ فَقَدْ كَذَّبَ ٱلَّذِينَ مِن قَبْلِهِمْ جَآءَتْهُمْ رُسُلُهُم بِٱلْبَيِّنَٰتِ وَبِٱلزُّبُرِ
وَبِٱلْكِتَٰبِ ٱلْمُنِيرِ ٣٥ـ٢٦ ثُمَّ أَخَذْتُ ٱلَّذِينَ كَفَرُوا۟ۖ فَكَيْفَ كَانَ نَكِيرِ ٣٥ـ٢٧ أَلَمْ تَرَ أَنَّ
ٱللَّهَ أَنزَلَ مِنَ ٱلسَّمَآءِ مَآءً فَأَخْرَجْنَا بِهِۦ ثَمَرَٰتٍ مُّخْتَلِفًا أَلْوَٰنُهَاۚ وَمِنَ ٱلْجِبَالِ جُدَدٌۢ بِيضٌ
وَحُمْرٌ مُّخْتَلِفٌ أَلْوَٰنُهَا وَغَرَابِيبُ سُودٌ ٣٥ـ٢٨ وَمِنَ ٱلنَّاسِ وَٱلدَّوَآبِّ وَٱلْأَنْعَٰمِ مُخْتَلِفٌ
أَلْوَٰنُهُۥ كَذَٰلِكَۗ إِنَّمَا يَخْشَى ٱللَّهَ مِنْ عِبَادِهِ ٱلْعُلَمَٰٓؤُا۟ۗ إِنَّ ٱللَّهَ عَزِيزٌ غَفُورٌ ٣٥ـ٢٩ إِنَّ
ٱلَّذِينَ يَتْلُونَ كِتَٰبَ ٱللَّهِ وَأَقَامُوا۟ ٱلصَّلَوٰةَ وَأَنفَقُوا۟ مِمَّا رَزَقْنَٰهُمْ سِرًّا وَعَلَانِيَةً يَرْجُونَ
تِجَٰرَةً لَّن تَبُورَ ٣٥ـ٣٠ لِيُوَفِّيَهُمْ أُجُورَهُمْ وَيَزِيدَهُم مِّن فَضْلِهِۦٓۚ إِنَّهُۥ غَفُورٌ شَكُورٌ
٣٥ـ٣١ وَٱلَّذِىٓ أَوْحَيْنَآ إِلَيْكَ مِنَ ٱلْكِتَٰبِ هُوَ ٱلْحَقُّ مُصَدِّقًا لِّمَا بَيْنَ يَدَيْهِۗ إِنَّ ٱللَّهَ
بِعِبَادِهِۦ لَخَبِيرٌۢ بَصِيرٌ ٣٥ـ٣٢ ثُمَّ أَوْرَثْنَا ٱلْكِتَٰبَ ٱلَّذِينَ ٱصْطَفَيْنَا مِنْ عِبَادِنَاۖ فَمِنْهُمْ

ظَالِمٌ لِّنَفْسِهِۦ وَمِنْهُم مُّقْتَصِدٌ وَمِنْهُمْ سَابِقٌۢ بِٱلْخَيْرَٰتِ بِإِذْنِ ٱللَّهِ ۚ ذَٰلِكَ هُوَ ٱلْفَضْلُ
ٱلْكَبِيرُ ٣٥ــ٣٣ جَنَّٰتُ عَدْنٍ يَدْخُلُونَهَا يُحَلَّوْنَ فِيهَا مِنْ أَسَاوِرَ مِن ذَهَبٍ وَلُؤْلُؤًا ۖ
وَلِبَاسُهُمْ فِيهَا حَرِيرٌ ٣٥ــ٣٤ وَقَالُوا۟ ٱلْحَمْدُ لِلَّهِ ٱلَّذِىٓ أَذْهَبَ عَنَّا ٱلْحَزَنَ ۖ إِنَّ رَبَّنَا
لَغَفُورٌ شَكُورٌ ٣٥ــ٣٥ ٱلَّذِىٓ أَحَلَّنَا دَارَ ٱلْمُقَامَةِ مِن فَضْلِهِۦ لَا يَمَسُّنَا فِيهَا نَصَبٌ وَلَا
يَمَسُّنَا فِيهَا لُغُوبٌ ٣٥ــ٣٦ وَٱلَّذِينَ كَفَرُوا۟ لَهُمْ نَارُ جَهَنَّمَ لَا يُقْضَىٰ عَلَيْهِمْ
فَيَمُوتُوا۟ وَلَا يُخَفَّفُ عَنْهُم مِّنْ عَذَابِهَا ۚ كَذَٰلِكَ نَجْزِى كُلَّ كَفُورٍ ٣٥ــ٣٧ وَهُمْ
يَصْطَرِخُونَ فِيهَا رَبَّنَآ أَخْرِجْنَا نَعْمَلْ صَٰلِحًا غَيْرَ ٱلَّذِى كُنَّا نَعْمَلُ ۚ أَوَلَمْ نُعَمِّرْكُم مَّا
يَتَذَكَّرُ فِيهِ مَن تَذَكَّرَ وَجَآءَكُمُ ٱلنَّذِيرُ ۖ فَذُوقُوا۟ فَمَا لِلظَّٰلِمِينَ مِن نَّصِيرٍ ٣٥ــ٣٨ إِنَّ
ٱللَّهَ عَٰلِمُ غَيْبِ ٱلسَّمَٰوَٰتِ وَٱلْأَرْضِ ۚ إِنَّهُۥ عَلِيمٌۢ بِذَاتِ ٱلصُّدُورِ ٣٥ــ٣٩ هُوَ ٱلَّذِى جَعَلَكُمْ
خَلَٰٓئِفَ فِى ٱلْأَرْضِ ۚ فَمَن كَفَرَ فَعَلَيْهِ كُفْرُهُۥ ۖ وَلَا يَزِيدُ ٱلْكَٰفِرِينَ كُفْرُهُمْ عِندَ رَبِّهِمْ إِلَّا
مَقْتًا ۖ وَلَا يَزِيدُ ٱلْكَٰفِرِينَ كُفْرُهُمْ إِلَّا خَسَارًا ٣٥ــ٤٠ قُلْ أَرَءَيْتُمْ شُرَكَآءَكُمُ ٱلَّذِينَ
تَدْعُونَ مِن دُونِ ٱللَّهِ أَرُونِى مَاذَا خَلَقُوا۟ مِنَ ٱلْأَرْضِ أَمْ لَهُمْ شِرْكٌ فِى ٱلسَّمَٰوَٰتِ أَمْ
ءَاتَيْنَٰهُمْ كِتَٰبًا فَهُمْ عَلَىٰ بَيِّنَتٍ مِّنْهُ ۚ بَلْ إِن يَعِدُ ٱلظَّٰلِمُونَ بَعْضُهُم بَعْضًا إِلَّا غُرُورًا
٣٥ــ٤١ إِنَّ ٱللَّهَ يُمْسِكُ ٱلسَّمَٰوَٰتِ وَٱلْأَرْضَ أَن تَزُولَا ۚ وَلَئِن زَالَتَآ إِنْ أَمْسَكَهُمَا مِنْ أَحَدٍ
مِّنۢ بَعْدِهِۦٓ ۚ إِنَّهُۥ كَانَ حَلِيمًا غَفُورًا ٣٥ــ٤٢ وَأَقْسَمُوا۟ بِٱللَّهِ جَهْدَ أَيْمَٰنِهِمْ لَئِن جَآءَهُمْ
نَذِيرٌ لَّيَكُونُنَّ أَهْدَىٰ مِنْ إِحْدَى ٱلْأُمَمِ ۖ فَلَمَّا جَآءَهُمْ نَذِيرٌ مَّا زَادَهُمْ إِلَّا نُفُورًا
٣٥ــ٤٣ ٱسْتِكْبَارًا فِى ٱلْأَرْضِ وَمَكْرَ ٱلسَّيِّئِ ۚ وَلَا يَحِيقُ ٱلْمَكْرُ ٱلسَّيِّئُ إِلَّا بِأَهْلِهِۦ ۚ
فَهَلْ يَنظُرُونَ إِلَّا سُنَّتَ ٱلْأَوَّلِينَ ۚ فَلَن تَجِدَ لِسُنَّتِ ٱللَّهِ تَبْدِيلًا ۖ وَلَن تَجِدَ لِسُنَّتِ ٱللَّهِ
تَحْوِيلًا ٣٥ــ٤٤ أَوَلَمْ يَسِيرُوا۟ فِى ٱلْأَرْضِ فَيَنظُرُوا۟ كَيْفَ كَانَ عَٰقِبَةُ ٱلَّذِينَ مِن
قَبْلِهِمْ وَكَانُوٓا۟ أَشَدَّ مِنْهُمْ قُوَّةً ۚ وَمَا كَانَ ٱللَّهُ لِيُعْجِزَهُۥ مِن شَىْءٍ فِى ٱلسَّمَٰوَٰتِ وَلَا
فِى ٱلْأَرْضِ ۚ إِنَّهُۥ كَانَ عَلِيمًا قَدِيرًا ٣٥ــ٤٥ وَلَوْ يُؤَاخِذُ ٱللَّهُ ٱلنَّاسَ بِمَا كَسَبُوا۟ مَا تَرَكَ
عَلَىٰ ظَهْرِهَا مِن دَآبَّةٍ وَلَٰكِن يُؤَخِّرُهُمْ إِلَىٰٓ أَجَلٍ مُّسَمًّى ۖ فَإِذَا جَآءَ أَجَلُهُمْ فَإِنَّ ٱللَّهَ
كَانَ بِعِبَادِهِۦ بَصِيرًۢا ٣٦ــ١ يسٓ ٣٦ــ٢ وَٱلْقُرْءَانِ ٱلْحَكِيمِ ٣٦ــ٣ إِنَّكَ لَمِنَ ٱلْمُرْسَلِينَ
٣٦ــ٤ عَلَىٰ صِرَٰطٍ مُّسْتَقِيمٍ ٣٦ــ٥ تَنزِيلَ ٱلْعَزِيزِ ٱلرَّحِيمِ ٣٦ــ٦ لِتُنذِرَ قَوْمًا مَّآ أُنذِرَ
ءَابَآؤُهُمْ فَهُمْ غَٰفِلُونَ ٣٦ــ٧ لَقَدْ حَقَّ ٱلْقَوْلُ عَلَىٰٓ أَكْثَرِهِمْ فَهُمْ لَا يُؤْمِنُونَ
٣٦ــ٨ إِنَّا جَعَلْنَا فِىٓ أَعْنَٰقِهِمْ أَغْلَٰلًا فَهِىَ إِلَى ٱلْأَذْقَانِ فَهُم مُّقْمَحُونَ
٣٦ــ٩ وَجَعَلْنَا مِنۢ بَيْنِ أَيْدِيهِمْ سَدًّا وَمِنْ خَلْفِهِمْ سَدًّا فَأَغْشَيْنَٰهُمْ فَهُمْ لَا
يُبْصِرُونَ ٣٦ــ١٠ وَسَوَآءٌ عَلَيْهِمْ ءَأَنذَرْتَهُمْ أَمْ لَمْ تُنذِرْهُمْ لَا يُؤْمِنُونَ ٣٦ــ١١ إِنَّمَا

تُنذِرُ مَنِ ٱتَّبَعَ ٱلذِّكْرَ وَخَشِىَ ٱلرَّحْمَٰنَ بِٱلْغَيْبِ ۖ فَبَشِّرْهُ بِمَغْفِرَةٍ وَأَجْرٍ كَرِيمٍ ٣٦ـ١٢ إِنَّا
نَحْنُ نُحْىِ ٱلْمَوْتَىٰ وَنَكْتُبُ مَا قَدَّمُوا۟ وَءَاثَٰرَهُمْ ۚ وَكُلَّ شَىْءٍ أَحْصَيْنَٰهُ فِىٓ إِمَامٍ مُّبِينٍ
٣٦ـ١٣ وَٱضْرِبْ لَهُم مَّثَلًا أَصْحَٰبَ ٱلْقَرْيَةِ إِذْ جَآءَهَا ٱلْمُرْسَلُونَ ٣٦ـ١٤ إِذْ أَرْسَلْنَآ
إِلَيْهِمُ ٱثْنَيْنِ فَكَذَّبُوهُمَا فَعَزَّزْنَا بِثَالِثٍ فَقَالُوٓا۟ إِنَّآ إِلَيْكُم مُّرْسَلُونَ ٣٦ـ١٥ قَالُوا۟ مَآ
أَنتُمْ إِلَّا بَشَرٌ مِّثْلُنَا وَمَآ أَنزَلَ ٱلرَّحْمَٰنُ مِن شَىْءٍ إِنْ أَنتُمْ إِلَّا تَكْذِبُونَ ٣٦ـ١٦ قَالُوا۟
رَبُّنَا يَعْلَمُ إِنَّآ إِلَيْكُمْ لَمُرْسَلُونَ ٣٦ـ١٧ وَمَا عَلَيْنَآ إِلَّا ٱلْبَلَٰغُ ٱلْمُبِينُ ٣٦ـ١٨ قَالُوٓا۟ إِنَّا
تَطَيَّرْنَا بِكُمْ ۖ لَئِن لَّمْ تَنتَهُوا۟ لَنَرْجُمَنَّكُمْ وَلَيَمَسَّنَّكُم مِّنَّا عَذَابٌ أَلِيمٌ ٣٦ـ١٩ قَالُوا۟
طَٰٓئِرُكُم مَّعَكُمْ ۚ أَئِن ذُكِّرْتُم ۚ بَلْ أَنتُمْ قَوْمٌ مُّسْرِفُونَ ٣٦ـ٢٠ وَجَآءَ مِنْ أَقْصَا ٱلْمَدِينَةِ
رَجُلٌ يَسْعَىٰ قَالَ يَٰقَوْمِ ٱتَّبِعُوا۟ ٱلْمُرْسَلِينَ ٣٦ـ٢١ ٱتَّبِعُوا۟ مَن لَّا يَسْـَٔلُكُمْ أَجْرًا وَهُم
مُّهْتَدُونَ ٣٦ـ٢٢ وَمَا لِىَ لَآ أَعْبُدُ ٱلَّذِى فَطَرَنِى وَإِلَيْهِ تُرْجَعُونَ ٣٦ـ٢٣ ءَأَتَّخِذُ مِن
دُونِهِۦٓ ءَالِهَةً إِن يُرِدْنِ ٱلرَّحْمَٰنُ بِضُرٍّ لَّا تُغْنِ عَنِّى شَفَٰعَتُهُمْ شَيْـًٔا وَلَا يُنقِذُونِ
٣٦ـ٢٤ إِنِّىٓ إِذًا لَّفِى ضَلَٰلٍ مُّبِينٍ ٣٦ـ٢٥ إِنِّىٓ ءَامَنتُ بِرَبِّكُمْ فَٱسْمَعُونِ ٣٦ـ٢٦ قِيلَ
ٱدْخُلِ ٱلْجَنَّةَ ۖ قَالَ يَٰلَيْتَ قَوْمِى يَعْلَمُونَ ٣٦ـ٢٧ بِمَا غَفَرَ لِى رَبِّى وَجَعَلَنِى مِنَ
ٱلْمُكْرَمِينَ ٣٦ـ٢٨ وَمَآ أَنزَلْنَا عَلَىٰ قَوْمِهِۦ مِنۢ بَعْدِهِۦ مِن جُندٍ مِّنَ ٱلسَّمَآءِ وَمَا كُنَّا
مُنزِلِينَ ٣٦ـ٢٩ إِن كَانَتْ إِلَّا صَيْحَةً وَٰحِدَةً فَإِذَا هُمْ خَٰمِدُونَ ٣٦ـ٣٠ يَٰحَسْرَةً عَلَى
ٱلْعِبَادِ ۚ مَا يَأْتِيهِم مِّن رَّسُولٍ إِلَّا كَانُوا۟ بِهِۦ يَسْتَهْزِءُونَ ٣٦ـ٣١ أَلَمْ يَرَوْا۟ كَمْ أَهْلَكْنَا
قَبْلَهُم مِّنَ ٱلْقُرُونِ أَنَّهُمْ إِلَيْهِمْ لَا يَرْجِعُونَ ٣٦ـ٣٢ وَإِن كُلٌّ لَّمَّا جَمِيعٌ لَّدَيْنَا
مُحْضَرُونَ ٣٦ـ٣٣ وَءَايَةٌ لَّهُمُ ٱلْأَرْضُ ٱلْمَيْتَةُ أَحْيَيْنَٰهَا وَأَخْرَجْنَا مِنْهَا حَبًّا فَمِنْهُ
يَأْكُلُونَ ٣٦ـ٣٤ وَجَعَلْنَا فِيهَا جَنَّٰتٍ مِّن نَّخِيلٍ وَأَعْنَٰبٍ وَفَجَّرْنَا فِيهَا مِنَ ٱلْعُيُونِ
٣٦ـ٣٥ لِيَأْكُلُوا۟ مِن ثَمَرِهِۦ وَمَا عَمِلَتْهُ أَيْدِيهِمْ ۖ أَفَلَا يَشْكُرُونَ ٣٦ـ٣٦ سُبْحَٰنَ ٱلَّذِى
خَلَقَ ٱلْأَزْوَٰجَ كُلَّهَا مِمَّا تُنۢبِتُ ٱلْأَرْضُ وَمِنْ أَنفُسِهِمْ وَمِمَّا لَا يَعْلَمُونَ ٣٦ـ٣٧ وَءَايَةٌ
لَّهُمُ ٱلَّيْلُ نَسْلَخُ مِنْهُ ٱلنَّهَارَ فَإِذَا هُم مُّظْلِمُونَ ٣٦ـ٣٨ وَٱلشَّمْسُ تَجْرِى لِمُسْتَقَرٍّ
لَّهَا ۚ ذَٰلِكَ تَقْدِيرُ ٱلْعَزِيزِ ٱلْعَلِيمِ ٣٦ـ٣٩ وَٱلْقَمَرَ قَدَّرْنَٰهُ مَنَازِلَ حَتَّىٰ عَادَ كَٱلْعُرْجُونِ
ٱلْقَدِيمِ ٣٦ـ٤٠ لَا ٱلشَّمْسُ يَنۢبَغِى لَهَآ أَن تُدْرِكَ ٱلْقَمَرَ وَلَا ٱلَّيْلُ سَابِقُ ٱلنَّهَارِ ۚ وَكُلٌّ
فِى فَلَكٍ يَسْبَحُونَ ٣٦ـ٤١ وَءَايَةٌ لَّهُمْ أَنَّا حَمَلْنَا ذُرِّيَّتَهُمْ فِى ٱلْفُلْكِ ٱلْمَشْحُونِ
٣٦ـ٤٢ وَخَلَقْنَا لَهُم مِّن مِّثْلِهِۦ مَا يَرْكَبُونَ ٣٦ـ٤٣ وَإِن نَّشَأْ نُغْرِقْهُمْ فَلَا صَرِيخَ
لَهُمْ وَلَا هُمْ يُنقَذُونَ ٣٦ـ٤٤ إِلَّا رَحْمَةً مِّنَّا وَمَتَٰعًا إِلَىٰ حِينٍ ٣٦ـ٤٥ وَإِذَا قِيلَ لَهُمُ
ٱتَّقُوا۟ مَا بَيْنَ أَيْدِيكُمْ وَمَا خَلْفَكُمْ لَعَلَّكُمْ تُرْحَمُونَ ٣٦ـ٤٦ وَمَا تَأْتِيهِم مِّنْ ءَايَةٍ مِّنْ

ءَايَـٰتِ رَبِّهِمْ إِلَّا كَانُوا۟ عَنْهَا مُعْرِضِينَ ٣٦ـ٤٧ وَإِذَا قِيلَ لَهُمْ أَنفِقُوا۟ مِمَّا رَزَقَكُمُ ٱللَّهُ
قَالَ ٱلَّذِينَ كَفَرُوا۟ لِلَّذِينَ ءَامَنُوٓا۟ أَنُطْعِمُ مَن لَّوْ يَشَآءُ ٱللَّهُ أَطْعَمَهُۥٓ إِنْ أَنتُمْ إِلَّا فِى
ضَلَـٰلٍ مُّبِينٍ ٣٦ـ٤٨ وَيَقُولُونَ مَتَىٰ هَـٰذَا ٱلْوَعْدُ إِن كُنتُمْ صَـٰدِقِينَ ٣٦ـ٤٩ مَا يَنظُرُونَ
إِلَّا صَيْحَةً وَٰحِدَةً تَأْخُذُهُمْ وَهُمْ يَخِصِّمُونَ ٣٦ـ٥٠ فَلَا يَسْتَطِيعُونَ تَوْصِيَةً وَلَآ إِلَىٰٓ
أَهْلِهِمْ يَرْجِعُونَ ٣٦ـ٥١ وَنُفِخَ فِى ٱلصُّورِ فَإِذَا هُم مِّنَ ٱلْأَجْدَاثِ إِلَىٰ رَبِّهِمْ يَنسِلُونَ
٣٦ـ٥٢ قَالُوا۟ يَـٰوَيْلَنَا مَنۢ بَعَثَنَا مِن مَّرْقَدِنَا ۜ هَـٰذَا مَا وَعَدَ ٱلرَّحْمَـٰنُ وَصَدَقَ ٱلْمُرْسَلُونَ
٣٦ـ٥٣ إِن كَانَتْ إِلَّا صَيْحَةً وَٰحِدَةً فَإِذَا هُمْ جَمِيعٌ لَّدَيْنَا مُحْضَرُونَ ٣٦ـ٥٤ فَٱلْيَوْمَ لَا
تُظْلَمُ نَفْسٌ شَيْـًٔا وَلَا تُجْزَوْنَ إِلَّا مَا كُنتُمْ تَعْمَلُونَ ٣٦ـ٥٥ إِنَّ أَصْحَـٰبَ ٱلْجَنَّةِ ٱلْيَوْمَ
فِى شُغُلٍ فَـٰكِهُونَ ٣٦ـ٥٦ هُمْ وَأَزْوَٰجُهُمْ فِى ظِلَـٰلٍ عَلَى ٱلْأَرَآئِكِ مُتَّكِـُٔونَ
٣٦ـ٥٧ لَهُمْ فِيهَا فَـٰكِهَةٌ وَلَهُم مَّا يَدَّعُونَ ٣٦ـ٥٨ سَلَـٰمٌ قَوْلًا مِّن رَّبٍّ رَّحِيمٍ
٣٦ـ٥٩ وَٱمْتَـٰزُوا۟ ٱلْيَوْمَ أَيُّهَا ٱلْمُجْرِمُونَ ٣٦ـ٦٠ أَلَمْ أَعْهَدْ إِلَيْكُمْ يَـٰبَنِىٓ ءَادَمَ أَن لَّا
تَعْبُدُوا۟ ٱلشَّيْطَـٰنَ ۖ إِنَّهُۥ لَكُمْ عَدُوٌّ مُّبِينٌ ٣٦ـ٦١ وَأَنِ ٱعْبُدُونِى ۚ هَـٰذَا صِرَٰطٌ مُّسْتَقِيمٌ
٣٦ـ٦٢ وَلَقَدْ أَضَلَّ مِنكُمْ جِبِلًّا كَثِيرًا ۖ أَفَلَمْ تَكُونُوا۟ تَعْقِلُونَ ٣٦ـ٦٣ هَـٰذِهِۦ جَهَنَّمُ
ٱلَّتِى كُنتُمْ تُوعَدُونَ ٣٦ـ٦٤ ٱصْلَوْهَا ٱلْيَوْمَ بِمَا كُنتُمْ تَكْفُرُونَ ٣٦ـ٦٥ ٱلْيَوْمَ نَخْتِمُ
عَلَىٰٓ أَفْوَٰهِهِمْ وَتُكَلِّمُنَآ أَيْدِيهِمْ وَتَشْهَدُ أَرْجُلُهُم بِمَا كَانُوا۟ يَكْسِبُونَ ٣٦ـ٦٦ وَلَوْ
نَشَآءُ لَطَمَسْنَا عَلَىٰٓ أَعْيُنِهِمْ فَٱسْتَبَقُوا۟ ٱلصِّرَٰطَ فَأَنَّىٰ يُبْصِرُونَ ٣٦ـ٦٧ وَلَوْ نَشَآءُ
لَمَسَخْنَـٰهُمْ عَلَىٰ مَكَانَتِهِمْ فَمَا ٱسْتَطَـٰعُوا۟ مُضِيًّا وَلَا يَرْجِعُونَ ٣٦ـ٦٨ وَمَن نُّعَمِّرْهُ
نُنَكِّسْهُ فِى ٱلْخَلْقِ ۖ أَفَلَا يَعْقِلُونَ ٣٦ـ٦٩ وَمَا عَلَّمْنَـٰهُ ٱلشِّعْرَ وَمَا يَنۢبَغِى لَهُۥٓ ۚ إِنْ هُوَ
إِلَّا ذِكْرٌ وَقُرْءَانٌ مُّبِينٌ ٣٦ـ٧٠ لِّيُنذِرَ مَن كَانَ حَيًّا وَيَحِقَّ ٱلْقَوْلُ عَلَى ٱلْكَـٰفِرِينَ
٣٦ـ٧١ أَوَلَمْ يَرَوْا۟ أَنَّا خَلَقْنَا لَهُم مِّمَّا عَمِلَتْ أَيْدِينَآ أَنْعَـٰمًا فَهُمْ لَهَا مَـٰلِكُونَ
٣٦ـ٧٢ وَذَلَّلْنَـٰهَا لَهُمْ فَمِنْهَا رَكُوبُهُمْ وَمِنْهَا يَأْكُلُونَ ٣٦ـ٧٣ وَلَهُمْ فِيهَا مَنَـٰفِعُ
وَمَشَارِبُ ۖ أَفَلَا يَشْكُرُونَ ٣٦ـ٧٤ وَٱتَّخَذُوا۟ مِن دُونِ ٱللَّهِ ءَالِهَةً لَّعَلَّهُمْ يُنصَرُونَ
٣٦ـ٧٥ لَا يَسْتَطِيعُونَ نَصْرَهُمْ وَهُمْ لَهُمْ جُندٌ مُّحْضَرُونَ ٣٦ـ٧٦ فَلَا يَحْزُنكَ
قَوْلُهُمْ ۘ إِنَّا نَعْلَمُ مَا يُسِرُّونَ وَمَا يُعْلِنُونَ ٣٦ـ٧٧ أَوَلَمْ يَرَ ٱلْإِنسَـٰنُ أَنَّا خَلَقْنَـٰهُ مِن
نُّطْفَةٍ فَإِذَا هُوَ خَصِيمٌ مُّبِينٌ ٣٦ـ٧٨ وَضَرَبَ لَنَا مَثَلًا وَنَسِىَ خَلْقَهُۥ ۖ قَالَ مَن يُحْىِ
ٱلْعِظَـٰمَ وَهِىَ رَمِيمٌ ٣٦ـ٧٩ قُلْ يُحْيِيهَا ٱلَّذِىٓ أَنشَأَهَآ أَوَّلَ مَرَّةٍ ۖ وَهُوَ بِكُلِّ خَلْقٍ
عَلِيمٌ ٣٦ـ٨٠ ٱلَّذِى جَعَلَ لَكُم مِّنَ ٱلشَّجَرِ ٱلْأَخْضَرِ نَارًا فَإِذَآ أَنتُم مِّنْهُ تُوقِدُونَ
٣٦ـ٨١ أَوَلَيْسَ ٱلَّذِى خَلَقَ ٱلسَّمَـٰوَٰتِ وَٱلْأَرْضَ بِقَـٰدِرٍ عَلَىٰٓ أَن يَخْلُقَ مِثْلَهُم ۚ بَلَىٰ

وَهُوَ ٱلْخَلَّٰقُ ٱلْعَلِيمُ ٣٦ـ٨٢ إِنَّمَآ أَمْرُهُۥٓ إِذَآ أَرَادَ شَيْـًٔا أَن يَقُولَ لَهُۥ كُن فَيَكُونُ
٣٦ـ٨٣ فَسُبْحَٰنَ ٱلَّذِى بِيَدِهِۦ مَلَكُوتُ كُلِّ شَىْءٍ وَإِلَيْهِ تُرْجَعُونَ ٣٧ـ١ وَٱلصَّٰٓفَّٰتِ صَفًّا
٣٧ـ٢ فَٱلزَّٰجِرَٰتِ زَجْرًا ٣٧ـ٣ فَٱلتَّٰلِيَٰتِ ذِكْرًا ٣٧ـ٤ إِنَّ إِلَٰهَكُمْ لَوَٰحِدٌ ٣٧ـ٥ رَّبُّ
ٱلسَّمَٰوَٰتِ وَٱلْأَرْضِ وَمَا بَيْنَهُمَا وَرَبُّ ٱلْمَشَٰرِقِ ٣٧ـ٦ إِنَّا زَيَّنَّا ٱلسَّمَآءَ ٱلدُّنْيَا بِزِينَةٍ
ٱلْكَوَاكِبِ ٣٧ـ٧ وَحِفْظًا مِّن كُلِّ شَيْطَٰنٍ مَّارِدٍ ٣٧ـ٨ لَّا يَسَّمَّعُونَ إِلَى ٱلْمَلَإِ ٱلْأَعْلَىٰ
وَيُقْذَفُونَ مِن كُلِّ جَانِبٍ ٣٧ـ٩ دُحُورًا ۖ وَلَهُمْ عَذَابٌ وَاصِبٌ ٣٧ـ١٠ إِلَّا مَنْ خَطِفَ
ٱلْخَطْفَةَ فَأَتْبَعَهُۥ شِهَابٌ ثَاقِبٌ ٣٧ـ١١ فَٱسْتَفْتِهِمْ أَهُمْ أَشَدُّ خَلْقًا أَم مَّنْ خَلَقْنَآ ۚ
إِنَّا خَلَقْنَٰهُم مِّن طِينٍ لَّازِبٍ ٣٧ـ١٢ بَلْ عَجِبْتَ وَيَسْخَرُونَ ٣٧ـ١٣ وَإِذَا ذُكِّرُوا۟ لَا
يَذْكُرُونَ ٣٧ـ١٤ وَإِذَا رَأَوْا۟ ءَايَةً يَسْتَسْخِرُونَ ٣٧ـ١٥ وَقَالُوٓا۟ إِنْ هَٰذَآ إِلَّا سِحْرٌ مُّبِينٌ
٣٧ـ١٦ أَءِذَا مِتْنَا وَكُنَّا تُرَابًا وَعِظَٰمًا أَءِنَّا لَمَبْعُوثُونَ ٣٧ـ١٧ أَوَءَابَآؤُنَا ٱلْأَوَّلُونَ
٣٧ـ١٨ قُلْ نَعَمْ وَأَنتُمْ دَٰخِرُونَ ٣٧ـ١٩ فَإِنَّمَا هِىَ زَجْرَةٌ وَٰحِدَةٌ فَإِذَا هُمْ يَنظُرُونَ
٣٧ـ٢٠ وَقَالُوا۟ يَٰوَيْلَنَا هَٰذَا يَوْمُ ٱلدِّينِ ٣٧ـ٢١ هَٰذَا يَوْمُ ٱلْفَصْلِ ٱلَّذِى كُنتُم بِهِۦ
تُكَذِّبُونَ ٣٧ـ٢٢ ٱحْشُرُوا۟ ٱلَّذِينَ ظَلَمُوا۟ وَأَزْوَٰجَهُمْ وَمَا كَانُوا۟ يَعْبُدُونَ ٣٧ـ٢٣ مِن
دُونِ ٱللَّهِ فَٱهْدُوهُمْ إِلَىٰ صِرَٰطِ ٱلْجَحِيمِ ٣٧ـ٢٤ وَقِفُوهُمْ ۖ إِنَّهُم مَّسْـُٔولُونَ
٣٧ـ٢٥ مَا لَكُمْ لَا تَنَاصَرُونَ ٣٧ـ٢٦ بَلْ هُمُ ٱلْيَوْمَ مُسْتَسْلِمُونَ ٣٧ـ٢٧ وَأَقْبَلَ
بَعْضُهُمْ عَلَىٰ بَعْضٍ يَتَسَآءَلُونَ ٣٧ـ٢٨ قَالُوٓا۟ إِنَّكُمْ كُنتُمْ تَأْتُونَنَا عَنِ ٱلْيَمِينِ
٣٧ـ٢٩ قَالُوا۟ بَل لَّمْ تَكُونُوا۟ مُؤْمِنِينَ ٣٧ـ٣٠ وَمَا كَانَ لَنَا عَلَيْكُم مِّن سُلْطَٰنٍ ۖ بَلْ
كُنتُمْ قَوْمًا طَٰغِينَ ٣٧ـ٣١ فَحَقَّ عَلَيْنَا قَوْلُ رَبِّنَآ ۖ إِنَّا لَذَآئِقُونَ ٣٧ـ٣٢ فَأَغْوَيْنَٰكُمْ إِنَّا
كُنَّا غَٰوِينَ ٣٧ـ٣٣ فَإِنَّهُمْ يَوْمَئِذٍ فِى ٱلْعَذَابِ مُشْتَرِكُونَ ٣٧ـ٣٤ إِنَّا كَذَٰلِكَ نَفْعَلُ
بِٱلْمُجْرِمِينَ ٣٧ـ٣٥ إِنَّهُمْ كَانُوٓا۟ إِذَا قِيلَ لَهُمْ لَآ إِلَٰهَ إِلَّا ٱللَّهُ يَسْتَكْبِرُونَ
٣٧ـ٣٦ وَيَقُولُونَ أَئِنَّا لَتَارِكُوٓا۟ ءَالِهَتِنَا لِشَاعِرٍ مَّجْنُونٍۭ ٣٧ـ٣٧ بَلْ جَآءَ بِٱلْحَقِّ وَصَدَّقَ
ٱلْمُرْسَلِينَ ٣٧ـ٣٨ إِنَّكُمْ لَذَآئِقُوا۟ ٱلْعَذَابِ ٱلْأَلِيمِ ٣٧ـ٣٩ وَمَا تُجْزَوْنَ إِلَّا مَا كُنتُمْ
تَعْمَلُونَ ٣٧ـ٤٠ إِلَّا عِبَادَ ٱللَّهِ ٱلْمُخْلَصِينَ ٣٧ـ٤١ أُو۟لَٰٓئِكَ لَهُمْ رِزْقٌ مَّعْلُومٌ
٣٧ـ٤٢ فَوَٰكِهُ ۖ وَهُم مُّكْرَمُونَ ٣٧ـ٤٣ فِى جَنَّٰتِ ٱلنَّعِيمِ ٣٧ـ٤٤ عَلَىٰ سُرُرٍ مُّتَقَٰبِلِينَ
٣٧ـ٤٥ يُطَافُ عَلَيْهِم بِكَأْسٍ مِّن مَّعِينٍۭ ٣٧ـ٤٦ بَيْضَآءَ لَذَّةٍ لِّلشَّٰرِبِينَ ٣٧ـ٤٧ لَا
فِيهَا غَوْلٌ وَلَا هُمْ عَنْهَا يُنزَفُونَ ٣٧ـ٤٨ وَعِندَهُمْ قَٰصِرَٰتُ ٱلطَّرْفِ عِينٌ
٣٧ـ٤٩ كَأَنَّهُنَّ بَيْضٌ مَّكْنُونٌ ٣٧ـ٥٠ فَأَقْبَلَ بَعْضُهُمْ عَلَىٰ بَعْضٍ يَتَسَآءَلُونَ
٣٧ـ٥١ قَالَ قَآئِلٌ مِّنْهُمْ إِنِّى كَانَ لِى قَرِينٌ ٣٧ـ٥٢ يَقُولُ أَءِنَّكَ لَمِنَ ٱلْمُصَدِّقِينَ

٣٧ـ٥٣ أَءِذَا مِتْنَا وَكُنَّا تُرَابًا وَعِظَٰمًا أَءِنَّا لَمَدِينُونَ ٣٧ـ٥٤ قَالَ هَلْ أَنتُم مُّطَّلِعُونَ
٣٧ـ٥٥ فَٱطَّلَعَ فَرَءَاهُ فِى سَوَآءِ ٱلْجَحِيمِ ٣٧ـ٥٦ قَالَ تَٱللَّهِ إِن كِدتَّ لَتُرْدِينِ
٣٧ـ٥٧ وَلَوْلَا نِعْمَةُ رَبِّى لَكُنتُ مِنَ ٱلْمُحْضَرِينَ ٣٧ـ٥٨ أَفَمَا نَحْنُ بِمَيِّتِينَ
٣٧ـ٥٩ إِلَّا مَوْتَتَنَا ٱلْأُولَىٰ وَمَا نَحْنُ بِمُعَذَّبِينَ ٣٧ـ٦٠ إِنَّ هَٰذَا لَهُوَ ٱلْفَوْزُ ٱلْعَظِيمُ
٣٧ـ٦١ لِمِثْلِ هَٰذَا فَلْيَعْمَلِ ٱلْعَٰمِلُونَ ٣٧ـ٦٢ أَذَٰلِكَ خَيْرٌ نُّزُلًا أَمْ شَجَرَةُ ٱلزَّقُّومِ
٣٧ـ٦٣ إِنَّا جَعَلْنَٰهَا فِتْنَةً لِّلظَّٰلِمِينَ ٣٧ـ٦٤ إِنَّهَا شَجَرَةٌ تَخْرُجُ فِىٓ أَصْلِ ٱلْجَحِيمِ
٣٧ـ٦٥ طَلْعُهَا كَأَنَّهُۥ رُءُوسُ ٱلشَّيَٰطِينِ ٣٧ـ٦٦ فَإِنَّهُمْ لَءَاكِلُونَ مِنْهَا فَمَالِـُٔونَ
مِنْهَا ٱلْبُطُونَ ٣٧ـ٦٧ ثُمَّ إِنَّ لَهُمْ عَلَيْهَا لَشَوْبًا مِّنْ حَمِيمٍ ٣٧ـ٦٨ ثُمَّ إِنَّ مَرْجِعَهُمْ
لَإِلَى ٱلْجَحِيمِ ٣٧ـ٦٩ إِنَّهُمْ أَلْفَوْا۟ ءَابَآءَهُمْ ضَآلِّينَ ٣٧ـ٧٠ فَهُمْ عَلَىٰٓ ءَاثَٰرِهِمْ
يُهْرَعُونَ ٣٧ـ٧١ وَلَقَدْ ضَلَّ قَبْلَهُمْ أَكْثَرُ ٱلْأَوَّلِينَ ٣٧ـ٧٢ وَلَقَدْ أَرْسَلْنَا فِيهِم
مُّنذِرِينَ ٣٧ـ٧٣ فَٱنظُرْ كَيْفَ كَانَ عَٰقِبَةُ ٱلْمُنذَرِينَ ٣٧ـ٧٤ إِلَّا عِبَادَ ٱللَّهِ ٱلْمُخْلَصِينَ
٣٧ـ٧٥ وَلَقَدْ نَادَىٰنَا نُوحٌ فَلَنِعْمَ ٱلْمُجِيبُونَ ٣٧ـ٧٦ وَنَجَّيْنَٰهُ وَأَهْلَهُۥ مِنَ ٱلْكَرْبِ
ٱلْعَظِيمِ ٣٧ـ٧٧ وَجَعَلْنَا ذُرِّيَّتَهُۥ هُمُ ٱلْبَاقِينَ ٣٧ـ٧٨ وَتَرَكْنَا عَلَيْهِ فِى ٱلْءَاخِرِينَ
٣٧ـ٧٩ سَلَٰمٌ عَلَىٰ نُوحٍ فِى ٱلْعَٰلَمِينَ ٣٧ـ٨٠ إِنَّا كَذَٰلِكَ نَجْزِى ٱلْمُحْسِنِينَ
٣٧ـ٨١ إِنَّهُۥ مِنْ عِبَادِنَا ٱلْمُؤْمِنِينَ ٣٧ـ٨٢ ثُمَّ أَغْرَقْنَا ٱلْءَاخَرِينَ ٣٧ـ٨٣ وَإِنَّ مِن
شِيعَتِهِۦ لَإِبْرَٰهِيمَ ٣٧ـ٨٤ إِذْ جَآءَ رَبَّهُۥ بِقَلْبٍ سَلِيمٍ ٣٧ـ٨٥ إِذْ قَالَ لِأَبِيهِ وَقَوْمِهِۦ
مَاذَا تَعْبُدُونَ ٣٧ـ٨٦ أَئِفْكًا ءَالِهَةً دُونَ ٱللَّهِ تُرِيدُونَ ٣٧ـ٨٧ فَمَا ظَنُّكُم بِرَبِّ
ٱلْعَٰلَمِينَ ٣٧ـ٨٨ فَنَظَرَ نَظْرَةً فِى ٱلنُّجُومِ ٣٧ـ٨٩ فَقَالَ إِنِّى سَقِيمٌ ٣٧ـ٩٠ فَتَوَلَّوْا۟
عَنْهُ مُدْبِرِينَ ٣٧ـ٩١ فَرَاغَ إِلَىٰٓ ءَالِهَتِهِمْ فَقَالَ أَلَا تَأْكُلُونَ ٣٧ـ٩٢ مَا لَكُمْ لَا
تَنطِقُونَ ٣٧ـ٩٣ فَرَاغَ عَلَيْهِمْ ضَرْبًۢا بِٱلْيَمِينِ ٣٧ـ٩٤ فَأَقْبَلُوٓا۟ إِلَيْهِ يَزِفُّونَ
٣٧ـ٩٥ قَالَ أَتَعْبُدُونَ مَا تَنْحِتُونَ ٣٧ـ٩٦ وَٱللَّهُ خَلَقَكُمْ وَمَا تَعْمَلُونَ ٣٧ـ٩٧ قَالُوا۟
ٱبْنُوا۟ لَهُۥ بُنْيَٰنًا فَأَلْقُوهُ فِى ٱلْجَحِيمِ ٣٧ـ٩٨ فَأَرَادُوا۟ بِهِۦ كَيْدًا فَجَعَلْنَٰهُمُ ٱلْأَسْفَلِينَ
٣٧ـ٩٩ وَقَالَ إِنِّى ذَاهِبٌ إِلَىٰ رَبِّى سَيَهْدِينِ ٣٧ـ١٠٠ رَبِّ هَبْ لِى مِنَ ٱلصَّٰلِحِينَ
٣٧ـ١٠١ فَبَشَّرْنَٰهُ بِغُلَٰمٍ حَلِيمٍ ٣٧ـ١٠٢ فَلَمَّا بَلَغَ مَعَهُ ٱلسَّعْىَ قَالَ يَٰبُنَىَّ إِنِّىٓ أَرَىٰ
فِى ٱلْمَنَامِ أَنِّىٓ أَذْبَحُكَ فَٱنظُرْ مَاذَا تَرَىٰ ۚ قَالَ يَٰٓأَبَتِ ٱفْعَلْ مَا تُؤْمَرُ ۖ سَتَجِدُنِىٓ إِن
شَآءَ ٱللَّهُ مِنَ ٱلصَّٰبِرِينَ ٣٧ـ١٠٣ فَلَمَّآ أَسْلَمَا وَتَلَّهُۥ لِلْجَبِينِ ٣٧ـ١٠٤ وَنَٰدَيْنَٰهُ أَن
يَٰٓإِبْرَٰهِيمُ ٣٧ـ١٠٥ قَدْ صَدَّقْتَ ٱلرُّءْيَآ ۚ إِنَّا كَذَٰلِكَ نَجْزِى ٱلْمُحْسِنِينَ ٣٧ـ١٠٦ إِنَّ هَٰذَا
لَهُوَ ٱلْبَلَٰٓؤُا۟ ٱلْمُبِينُ ٣٧ـ١٠٧ وَفَدَيْنَٰهُ بِذِبْحٍ عَظِيمٍ ٣٧ـ١٠٨ وَتَرَكْنَا عَلَيْهِ فِى ٱلْءَاخِرِينَ

٣٧ـ١٠٩ سَلَٰمٌ عَلَىٰٓ إِبْرَٰهِيمَ ٣٧ـ١١٠ كَذَٰلِكَ نَجْزِى ٱلْمُحْسِنِينَ ٣٧ـ١١١ إِنَّهُۥ مِنْ عِبَادِنَا
ٱلْمُؤْمِنِينَ ٣٧ـ١١٢ وَبَشَّرْنَٰهُ بِإِسْحَٰقَ نَبِيًّا مِّنَ ٱلصَّٰلِحِينَ ٣٧ـ١١٣ وَبَٰرَكْنَا عَلَيْهِ وَعَلَىٰٓ
إِسْحَٰقَ ۚ وَمِن ذُرِّيَّتِهِمَا مُحْسِنٌ وَظَالِمٌ لِّنَفْسِهِۦ مُبِينٌ ٣٧ـ١١٤ وَلَقَدْ مَنَنَّا عَلَىٰ
مُوسَىٰ وَهَٰرُونَ ٣٧ـ١١٥ وَنَجَّيْنَٰهُمَا وَقَوْمَهُمَا مِنَ ٱلْكَرْبِ ٱلْعَظِيمِ
٣٧ـ١١٦ وَنَصَرْنَٰهُمْ فَكَانُوا۟ هُمُ ٱلْغَٰلِبِينَ ٣٧ـ١١٧ وَءَاتَيْنَٰهُمَا ٱلْكِتَٰبَ ٱلْمُسْتَبِينَ
٣٧ـ١١٨ وَهَدَيْنَٰهُمَا ٱلصِّرَٰطَ ٱلْمُسْتَقِيمَ ٣٧ـ١١٩ وَتَرَكْنَا عَلَيْهِمَا فِى ٱلْءَاخِرِينَ
٣٧ـ١٢٠ سَلَٰمٌ عَلَىٰ مُوسَىٰ وَهَٰرُونَ ٣٧ـ١٢١ إِنَّا كَذَٰلِكَ نَجْزِى ٱلْمُحْسِنِينَ
٣٧ـ١٢٢ إِنَّهُمَا مِنْ عِبَادِنَا ٱلْمُؤْمِنِينَ ٣٧ـ١٢٣ وَإِنَّ إِلْيَاسَ لَمِنَ ٱلْمُرْسَلِينَ ٣٧ـ١٢٤ إِذْ
قَالَ لِقَوْمِهِۦٓ أَلَا تَتَّقُونَ ٣٧ـ١٢٥ أَتَدْعُونَ بَعْلًا وَتَذَرُونَ أَحْسَنَ ٱلْخَٰلِقِينَ ٣٧ـ١٢٦ ٱللَّهَ
رَبَّكُمْ وَرَبَّ ءَابَآئِكُمُ ٱلْأَوَّلِينَ ٣٧ـ١٢٧ فَكَذَّبُوهُ فَإِنَّهُمْ لَمُحْضَرُونَ ٣٧ـ١٢٨ إِلَّا عِبَادَ
ٱللَّهِ ٱلْمُخْلَصِينَ ٣٧ـ١٢٩ وَتَرَكْنَا عَلَيْهِ فِى ٱلْءَاخِرِينَ ٣٧ـ١٣٠ سَلَٰمٌ عَلَىٰٓ إِلْ يَاسِينَ
٣٧ـ١٣١ إِنَّا كَذَٰلِكَ نَجْزِى ٱلْمُحْسِنِينَ ٣٧ـ١٣٢ إِنَّهُۥ مِنْ عِبَادِنَا ٱلْمُؤْمِنِينَ ٣٧ـ١٣٣ وَإِنَّ
لُوطًا لَّمِنَ ٱلْمُرْسَلِينَ ٣٧ـ١٣٤ إِذْ نَجَّيْنَٰهُ وَأَهْلَهُۥٓ أَجْمَعِينَ ٣٧ـ١٣٥ إِلَّا عَجُوزًا فِى
ٱلْغَٰبِرِينَ ٣٧ـ١٣٦ ثُمَّ دَمَّرْنَا ٱلْءَاخَرِينَ ٣٧ـ١٣٧ وَإِنَّكُمْ لَتَمُرُّونَ عَلَيْهِم مُّصْبِحِينَ
٣٧ـ١٣٨ وَبِٱلَّيْلِ ۗ أَفَلَا تَعْقِلُونَ ٣٧ـ١٣٩ وَإِنَّ يُونُسَ لَمِنَ ٱلْمُرْسَلِينَ ٣٧ـ١٤٠ إِذْ أَبَقَ
إِلَى ٱلْفُلْكِ ٱلْمَشْحُونِ ٣٧ـ١٤١ فَسَاهَمَ فَكَانَ مِنَ ٱلْمُدْحَضِينَ ٣٧ـ١٤٢ فَٱلْتَقَمَهُ
ٱلْحُوتُ وَهُوَ مُلِيمٌ ٣٧ـ١٤٣ فَلَوْلَآ أَنَّهُۥ كَانَ مِنَ ٱلْمُسَبِّحِينَ ٣٧ـ١٤٤ لَلَبِثَ فِى بَطْنِهِۦٓ
إِلَىٰ يَوْمِ يُبْعَثُونَ ٣٧ـ١٤٥ فَنَبَذْنَٰهُ بِٱلْعَرَآءِ وَهُوَ سَقِيمٌ ٣٧ـ١٤٦ وَأَنۢبَتْنَا عَلَيْهِ شَجَرَةً
مِّن يَقْطِينٍ ٣٧ـ١٤٧ وَأَرْسَلْنَٰهُ إِلَىٰ مِا۟ئَةِ أَلْفٍ أَوْ يَزِيدُونَ ٣٧ـ١٤٨ فَـَٔامَنُوا۟ فَمَتَّعْنَٰهُمْ
إِلَىٰ حِينٍ ٣٧ـ١٤٩ فَٱسْتَفْتِهِمْ أَلِرَبِّكَ ٱلْبَنَاتُ وَلَهُمُ ٱلْبَنُونَ ٣٧ـ١٥٠ أَمْ خَلَقْنَا
ٱلْمَلَٰٓئِكَةَ إِنَٰثًا وَهُمْ شَٰهِدُونَ ٣٧ـ١٥١ أَلَآ إِنَّهُم مِّنْ إِفْكِهِمْ لَيَقُولُونَ ٣٧ـ١٥٢ وَلَدَ
ٱللَّهُ وَإِنَّهُمْ لَكَٰذِبُونَ ٣٧ـ١٥٣ أَصْطَفَى ٱلْبَنَاتِ عَلَى ٱلْبَنِينَ ٣٧ـ١٥٤ مَا لَكُمْ كَيْفَ
تَحْكُمُونَ ٣٧ـ١٥٥ أَفَلَا تَذَكَّرُونَ ٣٧ـ١٥٦ أَمْ لَكُمْ سُلْطَٰنٌ مُّبِينٌ ٣٧ـ١٥٧ فَأْتُوا۟
بِكِتَٰبِكُمْ إِن كُنتُمْ صَٰدِقِينَ ٣٧ـ١٥٨ وَجَعَلُوا۟ بَيْنَهُۥ وَبَيْنَ ٱلْجِنَّةِ نَسَبًا ۚ وَلَقَدْ عَلِمَتِ
ٱلْجِنَّةُ إِنَّهُمْ لَمُحْضَرُونَ ٣٧ـ١٥٩ سُبْحَٰنَ ٱللَّهِ عَمَّا يَصِفُونَ ٣٧ـ١٦٠ إِلَّا عِبَادَ ٱللَّهِ
ٱلْمُخْلَصِينَ ٣٧ـ١٦١ فَإِنَّكُمْ وَمَا تَعْبُدُونَ ٣٧ـ١٦٢ مَآ أَنتُمْ عَلَيْهِ بِفَٰتِنِينَ ٣٧ـ١٦٣ إِلَّا
مَنْ هُوَ صَالِ ٱلْجَحِيمِ ٣٧ـ١٦٤ وَمَا مِنَّآ إِلَّا لَهُۥ مَقَامٌ مَّعْلُومٌ ٣٧ـ١٦٥ وَإِنَّا لَنَحْنُ
ٱلصَّآفُّونَ ٣٧ـ١٦٦ وَإِنَّا لَنَحْنُ ٱلْمُسَبِّحُونَ ٣٧ـ١٦٧ وَإِن كَانُوا۟ لَيَقُولُونَ ٣٧ـ١٦٨ لَوْ أَنَّ

عِندَنَا ذِكۡرٗا مِّنَ ٱلۡأَوَّلِينَ ٣٧ـ١٦٩ لَكُنَّا عِبَادَ ٱللَّهِ ٱلۡمُخۡلَصِينَ ٣٧ـ١٧٠ فَكَفَرُواْ بِهِۦۖ
فَسَوۡفَ يَعۡلَمُونَ ٣٧ـ١٧١ وَلَقَدۡ سَبَقَتۡ كَلِمَتُنَا لِعِبَادِنَا ٱلۡمُرۡسَلِينَ ٣٧ـ١٧٢ إِنَّهُمۡ
لَهُمُ ٱلۡمَنصُورُونَ ٣٧ـ١٧٣ وَإِنَّ جُندَنَا لَهُمُ ٱلۡغَٰلِبُونَ ٣٧ـ١٧٤ فَتَوَلَّ عَنۡهُمۡ حَتَّىٰ حِينٖ
٣٧ـ١٧٥ وَأَبۡصِرۡهُمۡ فَسَوۡفَ يُبۡصِرُونَ ٣٧ـ١٧٦ أَفَبِعَذَابِنَا يَسۡتَعۡجِلُونَ ٣٧ـ١٧٧ فَإِذَا
نَزَلَ بِسَاحَتِهِمۡ فَسَآءَ صَبَاحُ ٱلۡمُنذَرِينَ ٣٧ـ١٧٨ وَتَوَلَّ عَنۡهُمۡ حَتَّىٰ حِينٖ
٣٧ـ١٧٩ وَأَبۡصِرۡ فَسَوۡفَ يُبۡصِرُونَ ٣٧ـ١٨٠ سُبۡحَٰنَ رَبِّكَ رَبِّ ٱلۡعِزَّةِ عَمَّا يَصِفُونَ
٣٧ـ١٨١ وَسَلَٰمٌ عَلَى ٱلۡمُرۡسَلِينَ ٣٧ـ١٨٢ وَٱلۡحَمۡدُ لِلَّهِ رَبِّ ٱلۡعَٰلَمِينَ ٣٨ـ١ صٓۚ
وَٱلۡقُرۡءَانِ ذِي ٱلذِّكۡرِ ٣٨ـ٢ بَلِ ٱلَّذِينَ كَفَرُواْ فِي عِزَّةٖ وَشِقَاقٖ ٣٨ـ٣ كَمۡ أَهۡلَكۡنَا
مِن قَبۡلِهِم مِّن قَرۡنٖ فَنَادَواْ وَّلَاتَ حِينَ مَنَاصٖ ٣٨ـ٤ وَعَجِبُوٓاْ أَن جَآءَهُم مُّنذِرٞ
مِّنۡهُمۡۖ وَقَالَ ٱلۡكَٰفِرُونَ هَٰذَا سَٰحِرٞ كَذَّابٌ ٣٨ـ٥ أَجَعَلَ ٱلۡأٓلِهَةَ إِلَٰهٗا وَٰحِدًاۖ إِنَّ هَٰذَا
لَشَيۡءٌ عُجَابٞ ٣٨ـ٦ وَٱنطَلَقَ ٱلۡمَلَأُ مِنۡهُمۡ أَنِ ٱمۡشُواْ وَٱصۡبِرُواْ عَلَىٰٓ ءَالِهَتِكُمۡۖ إِنَّ
هَٰذَا لَشَيۡءٞ يُرَادُ ٣٨ـ٧ مَا سَمِعۡنَا بِهَٰذَا فِي ٱلۡمِلَّةِ ٱلۡأٓخِرَةِ إِنۡ هَٰذَآ إِلَّا ٱخۡتِلَٰقٌ
٣٨ـ٨ أَءُنزِلَ عَلَيۡهِ ٱلذِّكۡرُ مِنۢ بَيۡنِنَاۚ بَلۡ هُمۡ فِي شَكّٖ مِّن ذِكۡرِيۖ بَل لَّمَّا يَذُوقُواْ
عَذَابِ ٣٨ـ٩ أَمۡ عِندَهُمۡ خَزَآئِنُ رَحۡمَةِ رَبِّكَ ٱلۡعَزِيزِ ٱلۡوَهَّابِ ٣٨ـ١٠ أَمۡ لَهُم مُّلۡكُ
ٱلسَّمَٰوَٰتِ وَٱلۡأَرۡضِ وَمَا بَيۡنَهُمَاۖ فَلۡيَرۡتَقُواْ فِي ٱلۡأَسۡبَٰبِ ٣٨ـ١١ جُندٞ مَّا هُنَالِكَ مَهۡزُومٞ
مِّنَ ٱلۡأَحۡزَابِ ٣٨ـ١٢ كَذَّبَتۡ قَبۡلَهُمۡ قَوۡمُ نُوحٖ وَعَادٞ وَفِرۡعَوۡنُ ذُو ٱلۡأَوۡتَادِ
٣٨ـ١٣ وَثَمُودُ وَقَوۡمُ لُوطٖ وَأَصۡحَٰبُ لۡـَٔيۡكَةِۚ أُوْلَٰٓئِكَ ٱلۡأَحۡزَابُ ٣٨ـ١٤ إِن كُلٌّ إِلَّا كَذَّبَ
ٱلرُّسُلَ فَحَقَّ عِقَابِ ٣٨ـ١٥ وَمَا يَنظُرُ هَٰٓؤُلَآءِ إِلَّا صَيۡحَةٗ وَٰحِدَةٗ مَّا لَهَا مِن فَوَاقٖ
٣٨ـ١٦ وَقَالُواْ رَبَّنَا عَجِّل لَّنَا قِطَّنَا قَبۡلَ يَوۡمِ ٱلۡحِسَابِ ٣٨ـ١٧ ٱصۡبِرۡ عَلَىٰ مَا يَقُولُونَ
وَٱذۡكُرۡ عَبۡدَنَا دَاوُۥدَ ذَا ٱلۡأَيۡدِۖ إِنَّهُۥٓ أَوَّابٌ ٣٨ـ١٨ إِنَّا سَخَّرۡنَا ٱلۡجِبَالَ مَعَهُۥ يُسَبِّحۡنَ
بِٱلۡعَشِيِّ وَٱلۡإِشۡرَاقِ ٣٨ـ١٩ وَٱلطَّيۡرَ مَحۡشُورَةٗۖ كُلّٞ لَّهُۥٓ أَوَّابٞ ٣٨ـ٢٠ وَشَدَدۡنَا مُلۡكَهُۥ
وَءَاتَيۡنَٰهُ ٱلۡحِكۡمَةَ وَفَصۡلَ ٱلۡخِطَابِ ٣٨ـ٢١ وَهَلۡ أَتَىٰكَ نَبَؤُاْ ٱلۡخَصۡمِ إِذۡ تَسَوَّرُواْ ٱلۡمِحۡرَابَ
٣٨ـ٢٢ إِذۡ دَخَلُواْ عَلَىٰ دَاوُۥدَ فَفَزِعَ مِنۡهُمۡۖ قَالُواْ لَا تَخَفۡۖ خَصۡمَانِ بَغَىٰ بَعۡضُنَا عَلَىٰ
بَعۡضٖ فَٱحۡكُم بَيۡنَنَا بِٱلۡحَقِّ وَلَا تُشۡطِطۡ وَٱهۡدِنَآ إِلَىٰ سَوَآءِ ٱلصِّرَٰطِ ٣٨ـ٢٣ إِنَّ هَٰذَآ
أَخِي لَهُۥ تِسۡعٞ وَتِسۡعُونَ نَعۡجَةٗ وَلِيَ نَعۡجَةٞ وَٰحِدَةٞ فَقَالَ أَكۡفِلۡنِيهَا وَعَزَّنِي فِي
ٱلۡخِطَابِ ٣٨ـ٢٤ قَالَ لَقَدۡ ظَلَمَكَ بِسُؤَالِ نَعۡجَتِكَ إِلَىٰ نِعَاجِهِۦۖ وَإِنَّ كَثِيرٗا مِّنَ
ٱلۡخُلَطَآءِ لَيَبۡغِي بَعۡضُهُمۡ عَلَىٰ بَعۡضٍ إِلَّا ٱلَّذِينَ ءَامَنُواْ وَعَمِلُواْ ٱلصَّٰلِحَٰتِ وَقَلِيلٞ مَّا
هُمۡۗ وَظَنَّ دَاوُۥدُ أَنَّمَا فَتَنَّٰهُ فَٱسۡتَغۡفَرَ رَبَّهُۥ وَخَرَّ رَاكِعٗا وَأَنَابَ ٣٨ـ٢٥ فَغَفَرۡنَا لَهُۥ ذَٰلِكَ

ۖ وَإِنَّ لَهُۥ عِندَنَا لَزُلْفَىٰ وَحُسْنَ مَـَٔابٍ ٣٨ـ٢٦ يَـٰدَاوُۥدُ إِنَّا جَعَلْنَـٰكَ خَلِيفَةً فِى ٱلْأَرْضِ
فَٱحْكُم بَيْنَ ٱلنَّاسِ بِٱلْحَقِّ وَلَا تَتَّبِعِ ٱلْهَوَىٰ فَيُضِلَّكَ عَن سَبِيلِ ٱللَّهِ ۚ إِنَّ ٱلَّذِينَ
يَضِلُّونَ عَن سَبِيلِ ٱللَّهِ لَهُمْ عَذَابٌ شَدِيدٌۢ بِمَا نَسُوا۟ يَوْمَ ٱلْحِسَابِ ٣٨ـ٢٧ وَمَا خَلَقْنَا
ٱلسَّمَآءَ وَٱلْأَرْضَ وَمَا بَيْنَهُمَا بَـٰطِلًا ۚ ذَٰلِكَ ظَنُّ ٱلَّذِينَ كَفَرُوا۟ ۚ فَوَيْلٌ لِّلَّذِينَ كَفَرُوا۟ مِنَ
ٱلنَّارِ ٣٨ـ٢٨ أَمْ نَجْعَلُ ٱلَّذِينَ ءَامَنُوا۟ وَعَمِلُوا۟ ٱلصَّـٰلِحَـٰتِ كَٱلْمُفْسِدِينَ فِى ٱلْأَرْضِ أَمْ
نَجْعَلُ ٱلْمُتَّقِينَ كَٱلْفُجَّارِ ٣٨ـ٢٩ كِتَـٰبٌ أَنزَلْنَـٰهُ إِلَيْكَ مُبَـٰرَكٌ لِّيَدَّبَّرُوٓا۟ ءَايَـٰتِهِۦ وَلِيَتَذَكَّرَ
أُو۟لُوا۟ ٱلْأَلْبَـٰبِ ٣٨ـ٣٠ وَوَهَبْنَا لِدَاوُۥدَ سُلَيْمَـٰنَ ۚ نِعْمَ ٱلْعَبْدُ ۖ إِنَّهُۥٓ أَوَّابٌ ٣٨ـ٣١ إِذْ عُرِضَ
عَلَيْهِ بِٱلْعَشِىِّ ٱلصَّـٰفِنَـٰتُ ٱلْجِيَادُ ٣٨ـ٣٢ فَقَالَ إِنِّىٓ أَحْبَبْتُ حُبَّ ٱلْخَيْرِ عَن ذِكْرِ رَبِّى
حَتَّىٰ تَوَارَتْ بِٱلْحِجَابِ ٣٨ـ٣٣ رُدُّوهَا عَلَىَّ ۖ فَطَفِقَ مَسْحًۢا بِٱلسُّوقِ وَٱلْأَعْنَاقِ
٣٨ـ٣٤ وَلَقَدْ فَتَنَّا سُلَيْمَـٰنَ وَأَلْقَيْنَا عَلَىٰ كُرْسِيِّهِۦ جَسَدًا ثُمَّ أَنَابَ ٣٨ـ٣٥ قَالَ رَبِّ
ٱغْفِرْ لِى وَهَبْ لِى مُلْكًا لَّا يَنۢبَغِى لِأَحَدٍ مِّنۢ بَعْدِىٓ ۖ إِنَّكَ أَنتَ ٱلْوَهَّابُ
٣٨ـ٣٦ فَسَخَّرْنَا لَهُ ٱلرِّيحَ تَجْرِى بِأَمْرِهِۦ رُخَآءً حَيْثُ أَصَابَ ٣٨ـ٣٧ وَٱلشَّيَـٰطِينَ كُلَّ بَنَّآءٍ
وَغَوَّاصٍ ٣٨ـ٣٨ وَءَاخَرِينَ مُقَرَّنِينَ فِى ٱلْأَصْفَادِ ٣٨ـ٣٩ هَـٰذَا عَطَآؤُنَا فَٱمْنُنْ أَوْ
أَمْسِكْ بِغَيْرِ حِسَابٍ ٣٨ـ٤٠ وَإِنَّ لَهُۥ عِندَنَا لَزُلْفَىٰ وَحُسْنَ مَـَٔابٍ ٣٨ـ٤١ وَٱذْكُرْ عَبْدَنَآ
أَيُّوبَ إِذْ نَادَىٰ رَبَّهُۥٓ أَنِّى مَسَّنِىَ ٱلشَّيْطَـٰنُ بِنُصْبٍ وَعَذَابٍ ٣٨ـ٤٢ ٱرْكُضْ بِرِجْلِكَ ۖ هَـٰذَا
مُغْتَسَلٌۢ بَارِدٌ وَشَرَابٌ ٣٨ـ٤٣ وَوَهَبْنَا لَهُۥٓ أَهْلَهُۥ وَمِثْلَهُم مَّعَهُمْ رَحْمَةً مِّنَّا وَذِكْرَىٰ
لِأُو۟لِى ٱلْأَلْبَـٰبِ ٣٨ـ٤٤ وَخُذْ بِيَدِكَ ضِغْثًا فَٱضْرِب بِّهِۦ وَلَا تَحْنَثْ ۗ إِنَّا وَجَدْنَـٰهُ صَابِرًا ۚ نِّعْمَ
ٱلْعَبْدُ ۖ إِنَّهُۥٓ أَوَّابٌ ٣٨ـ٤٥ وَٱذْكُرْ عِبَـٰدَنَآ إِبْرَٰهِيمَ وَإِسْحَـٰقَ وَيَعْقُوبَ أُو۟لِى ٱلْأَيْدِى
وَٱلْأَبْصَـٰرِ ٣٨ـ٤٦ إِنَّآ أَخْلَصْنَـٰهُم بِخَالِصَةٍ ذِكْرَى ٱلدَّارِ ٣٨ـ٤٧ وَإِنَّهُمْ عِندَنَا لَمِنَ
ٱلْمُصْطَفَيْنَ ٱلْأَخْيَارِ ٣٨ـ٤٨ وَٱذْكُرْ إِسْمَـٰعِيلَ وَٱلْيَسَعَ وَذَا ٱلْكِفْلِ ۖ وَكُلٌّ مِّنَ ٱلْأَخْيَارِ
٣٨ـ٤٩ هَـٰذَا ذِكْرٌ ۚ وَإِنَّ لِلْمُتَّقِينَ لَحُسْنَ مَـَٔابٍ ٣٨ـ٥٠ جَنَّـٰتِ عَدْنٍ مُّفَتَّحَةً لَّهُمُ ٱلْأَبْوَٰبُ
٣٨ـ٥١ مُتَّكِـِٔينَ فِيهَا يَدْعُونَ فِيهَا بِفَـٰكِهَةٍ كَثِيرَةٍ وَشَرَابٍ ٣٨ـ٥٢ وَعِندَهُمْ قَـٰصِرَٰتُ
ٱلطَّرْفِ أَتْرَابٌ ٣٨ـ٥٣ هَـٰذَا مَا تُوعَدُونَ لِيَوْمِ ٱلْحِسَابِ ٣٨ـ٥٤ إِنَّ هَـٰذَا لَرِزْقُنَا مَا لَهُۥ
مِن نَّفَادٍ ٣٨ـ٥٥ هَـٰذَا ۚ وَإِنَّ لِلطَّـٰغِينَ لَشَرَّ مَـَٔابٍ ٣٨ـ٥٦ جَهَنَّمَ يَصْلَوْنَهَا فَبِئْسَ
ٱلْمِهَادُ ٣٨ـ٥٧ هَـٰذَا فَلْيَذُوقُوهُ حَمِيمٌ وَغَسَّاقٌ ٣٨ـ٥٨ وَءَاخَرُ مِن شَكْلِهِۦٓ أَزْوَٰجٌ
٣٨ـ٥٩ هَـٰذَا فَوْجٌ مُّقْتَحِمٌ مَّعَكُمْ ۖ لَا مَرْحَبًۢا بِهِمْ ۚ إِنَّهُمْ صَالُوا۟ ٱلنَّارِ ٣٨ـ٦٠ قَالُوا۟ بَلْ
أَنتُمْ لَا مَرْحَبًۢا بِكُمْ ۖ أَنتُمْ قَدَّمْتُمُوهُ لَنَا ۖ فَبِئْسَ ٱلْقَرَارُ ٣٨ـ٦١ قَالُوا۟ رَبَّنَا مَن قَدَّمَ لَنَا
هَـٰذَا فَزِدْهُ عَذَابًا ضِعْفًا فِى ٱلنَّارِ ٣٨ـ٦٢ وَقَالُوا۟ مَا لَنَا لَا نَرَىٰ رِجَالًا كُنَّا نَعُدُّهُم مِّنَ

ٱلْأَشْرَارِ ٣٨ــ٦٣ أَتَّخَذْنَٰهُمْ سِخْرِيًّا أَمْ زَاغَتْ عَنْهُمُ ٱلْأَبْصَٰرُ ٣٨ــ٦٤ إِنَّ ذَٰلِكَ لَحَقٌّ
تَخَاصُمُ أَهْلِ ٱلنَّارِ ٣٨ــ٦٥ قُلْ إِنَّمَآ أَنَا۠ مُنذِرٌ ۖ وَمَا مِنْ إِلَٰهٍ إِلَّا ٱللَّهُ ٱلْوَٰحِدُ ٱلْقَهَّارُ
٣٨ــ٦٦ رَبُّ ٱلسَّمَٰوَٰتِ وَٱلْأَرْضِ وَمَا بَيْنَهُمَا ٱلْعَزِيزُ ٱلْغَفَّٰرُ ٣٨ــ٦٧ قُلْ هُوَ نَبَؤٌا۟ عَظِيمٌ
٣٨ــ٦٨ أَنتُمْ عَنْهُ مُعْرِضُونَ ٣٨ــ٦٩ مَا كَانَ لِىَ مِنْ عِلْمٍۭ بِٱلْمَلَإِ ٱلْأَعْلَىٰٓ إِذْ يَخْتَصِمُونَ
٣٨ــ٧٠ إِن يُوحَىٰٓ إِلَىَّ إِلَّآ أَنَّمَآ أَنَا۠ نَذِيرٌ مُّبِينٌ ٣٨ــ٧١ إِذْ قَالَ رَبُّكَ لِلْمَلَٰٓئِكَةِ إِنِّى خَٰلِقٌۢ
بَشَرًا مِّن طِينٍ ٣٨ــ٧٢ فَإِذَا سَوَّيْتُهُۥ وَنَفَخْتُ فِيهِ مِن رُّوحِى فَقَعُوا۟ لَهُۥ سَٰجِدِينَ
٣٨ــ٧٣ فَسَجَدَ ٱلْمَلَٰٓئِكَةُ كُلُّهُمْ أَجْمَعُونَ ٣٨ــ٧٤ إِلَّآ إِبْلِيسَ ٱسْتَكْبَرَ وَكَانَ مِنَ
ٱلْكَٰفِرِينَ ٣٨ــ٧٥ قَالَ يَٰٓإِبْلِيسُ مَا مَنَعَكَ أَن تَسْجُدَ لِمَا خَلَقْتُ بِيَدَىَّ ۖ أَسْتَكْبَرْتَ أَمْ
كُنتَ مِنَ ٱلْعَالِينَ ٣٨ــ٧٦ قَالَ أَنَا۠ خَيْرٌ مِّنْهُ ۖ خَلَقْتَنِى مِن نَّارٍ وَخَلَقْتَهُۥ مِن طِينٍ
٣٨ــ٧٧ قَالَ فَٱخْرُجْ مِنْهَا فَإِنَّكَ رَجِيمٌ ٣٨ــ٧٨ وَإِنَّ عَلَيْكَ لَعْنَتِىٓ إِلَىٰ يَوْمِ ٱلدِّينِ
٣٨ــ٧٩ قَالَ رَبِّ فَأَنظِرْنِىٓ إِلَىٰ يَوْمِ يُبْعَثُونَ ٣٨ــ٨٠ قَالَ فَإِنَّكَ مِنَ ٱلْمُنظَرِينَ
٣٨ــ٨١ إِلَىٰ يَوْمِ ٱلْوَقْتِ ٱلْمَعْلُومِ ٣٨ــ٨٢ قَالَ فَبِعِزَّتِكَ لَأُغْوِيَنَّهُمْ أَجْمَعِينَ
٣٨ــ٨٣ إِلَّا عِبَادَكَ مِنْهُمُ ٱلْمُخْلَصِينَ ٣٨ــ٨٤ قَالَ فَٱلْحَقُّ وَٱلْحَقَّ أَقُولُ
٣٨ــ٨٥ لَأَمْلَأَنَّ جَهَنَّمَ مِنكَ وَمِمَّن تَبِعَكَ مِنْهُمْ أَجْمَعِينَ ٣٨ــ٨٦ قُلْ مَآ أَسْـَٔلُكُمْ
عَلَيْهِ مِنْ أَجْرٍ وَمَآ أَنَا۠ مِنَ ٱلْمُتَكَلِّفِينَ ٣٨ــ٨٧ إِنْ هُوَ إِلَّا ذِكْرٌ لِّلْعَٰلَمِينَ
٣٨ــ٨٨ وَلَتَعْلَمُنَّ نَبَأَهُۥ بَعْدَ حِينٍۭ ٣٩ــ١ تَنزِيلُ ٱلْكِتَٰبِ مِنَ ٱللَّهِ ٱلْعَزِيزِ ٱلْحَكِيمِ
٣٩ــ٢ إِنَّآ أَنزَلْنَآ إِلَيْكَ ٱلْكِتَٰبَ بِٱلْحَقِّ فَٱعْبُدِ ٱللَّهَ مُخْلِصًا لَّهُ ٱلدِّينَ ٣٩ــ٣ أَلَا لِلَّهِ
ٱلدِّينُ ٱلْخَالِصُ ۚ وَٱلَّذِينَ ٱتَّخَذُوا۟ مِن دُونِهِۦٓ أَوْلِيَآءَ مَا نَعْبُدُهُمْ إِلَّا لِيُقَرِّبُونَآ إِلَى ٱللَّهِ
زُلْفَىٰٓ إِنَّ ٱللَّهَ يَحْكُمُ بَيْنَهُمْ فِى مَا هُمْ فِيهِ يَخْتَلِفُونَ ۗ إِنَّ ٱللَّهَ لَا يَهْدِى مَنْ هُوَ
كَٰذِبٌ كَفَّارٌ ٣٩ــ٤ لَّوْ أَرَادَ ٱللَّهُ أَن يَتَّخِذَ وَلَدًا لَّٱصْطَفَىٰ مِمَّا يَخْلُقُ مَا يَشَآءُ ۚ سُبْحَٰنَهُۥ
ۖ هُوَ ٱللَّهُ ٱلْوَٰحِدُ ٱلْقَهَّارُ ٣٩ــ٥ خَلَقَ ٱلسَّمَٰوَٰتِ وَٱلْأَرْضَ بِٱلْحَقِّ ۖ يُكَوِّرُ ٱلَّيْلَ عَلَى
ٱلنَّهَارِ وَيُكَوِّرُ ٱلنَّهَارَ عَلَى ٱلَّيْلِ ۖ وَسَخَّرَ ٱلشَّمْسَ وَٱلْقَمَرَ ۖ كُلٌّ يَجْرِى لِأَجَلٍ مُّسَمًّى ۗ
أَلَا هُوَ ٱلْعَزِيزُ ٱلْغَفَّٰرُ ٣٩ــ٦ خَلَقَكُم مِّن نَّفْسٍ وَٰحِدَةٍ ثُمَّ جَعَلَ مِنْهَا زَوْجَهَا وَأَنزَلَ
لَكُم مِّنَ ٱلْأَنْعَٰمِ ثَمَٰنِيَةَ أَزْوَٰجٍ ۚ يَخْلُقُكُمْ فِى بُطُونِ أُمَّهَٰتِكُمْ خَلْقًا مِّنۢ بَعْدِ خَلْقٍ فِى
ظُلُمَٰتٍ ثَلَٰثٍ ۚ ذَٰلِكُمُ ٱللَّهُ رَبُّكُمْ لَهُ ٱلْمُلْكُ ۖ لَآ إِلَٰهَ إِلَّا هُوَ ۖ فَأَنَّىٰ تُصْرَفُونَ ٣٩ــ٧ إِن
تَكْفُرُوا۟ فَإِنَّ ٱللَّهَ غَنِىٌّ عَنكُمْ ۖ وَلَا يَرْضَىٰ لِعِبَادِهِ ٱلْكُفْرَ ۖ وَإِن تَشْكُرُوا۟ يَرْضَهُ لَكُمْ ۗ
وَلَا تَزِرُ وَازِرَةٌ وِزْرَ أُخْرَىٰ ۗ ثُمَّ إِلَىٰ رَبِّكُم مَّرْجِعُكُمْ فَيُنَبِّئُكُم بِمَا كُنتُمْ تَعْمَلُونَ ۚ إِنَّهُۥ
عَلِيمٌۢ بِذَاتِ ٱلصُّدُورِ ٣٩ــ٨ وَإِذَا مَسَّ ٱلْإِنسَٰنَ ضُرٌّ دَعَا رَبَّهُۥ مُنِيبًا إِلَيْهِ ثُمَّ إِذَا خَوَّلَهُۥ

نِعْمَةً مِّنْهُ نَسِىَ مَا كَانَ يَدْعُوٓاْ إِلَيْهِ مِن قَبْلُ وَجَعَلَ لِلَّهِ أَندَادًا لِّيُضِلَّ عَن سَبِيلِهِۦ ۚ
قُلْ تَمَتَّعْ بِكُفْرِكَ قَلِيلًا ۖ إِنَّكَ مِنْ أَصْحَـٰبِ ٱلنَّارِ ٣٩ـ٩ أَمَّنْ هُوَ قَـٰنِتٌ ءَانَآءَ ٱلَّيْلِ سَاجِدًا
وَقَآئِمًا يَحْذَرُ ٱلْـَٔاخِرَةَ وَيَرْجُواْ رَحْمَةَ رَبِّهِۦ ۗ قُلْ هَلْ يَسْتَوِى ٱلَّذِينَ يَعْلَمُونَ وَٱلَّذِينَ لَا
يَعْلَمُونَ ۗ إِنَّمَا يَتَذَكَّرُ أُوْلُواْ ٱلْأَلْبَـٰبِ ٣٩ـ١٠ قُلْ يَـٰعِبَادِ ٱلَّذِينَ ءَامَنُواْ ٱتَّقُواْ رَبَّكُمْ ۚ لِلَّذِينَ
أَحْسَنُواْ فِى هَـٰذِهِ ٱلدُّنْيَا حَسَنَةٌ ۗ وَأَرْضُ ٱللَّهِ وَٰسِعَةٌ ۗ إِنَّمَا يُوَفَّى ٱلصَّـٰبِرُونَ أَجْرَهُم
بِغَيْرِ حِسَابٍ ٣٩ـ١١ قُلْ إِنِّىٓ أُمِرْتُ أَنْ أَعْبُدَ ٱللَّهَ مُخْلِصًا لَّهُ ٱلدِّينَ ٣٩ـ١٢ وَأُمِرْتُ لِأَنْ
أَكُونَ أَوَّلَ ٱلْمُسْلِمِينَ ٣٩ـ١٣ قُلْ إِنِّىٓ أَخَافُ إِنْ عَصَيْتُ رَبِّى عَذَابَ يَوْمٍ عَظِيمٍ
٣٩ـ١٤ قُلِ ٱللَّهَ أَعْبُدُ مُخْلِصًا لَّهُۥ دِينِى ٣٩ـ١٥ فَٱعْبُدُواْ مَا شِئْتُم مِّن دُونِهِۦ ۗ قُلْ إِنَّ
ٱلْخَـٰسِرِينَ ٱلَّذِينَ خَسِرُوٓاْ أَنفُسَهُمْ وَأَهْلِيهِمْ يَوْمَ ٱلْقِيَـٰمَةِ ۗ أَلَا ذَٰلِكَ هُوَ ٱلْخُسْرَانُ
ٱلْمُبِينُ ٣٩ـ١٦ لَهُم مِّن فَوْقِهِمْ ظُلَلٌ مِّنَ ٱلنَّارِ وَمِن تَحْتِهِمْ ظُلَلٌ ۚ ذَٰلِكَ يُخَوِّفُ ٱللَّهُ
بِهِۦ عِبَادَهُۥ ۚ يَـٰعِبَادِ فَٱتَّقُونِ ٣٩ـ١٧ وَٱلَّذِينَ ٱجْتَنَبُواْ ٱلطَّـٰغُوتَ أَن يَعْبُدُوهَا وَأَنَابُوٓاْ
إِلَى ٱللَّهِ لَهُمُ ٱلْبُشْرَىٰ ۚ فَبَشِّرْ عِبَادِ ٣٩ـ١٨ ٱلَّذِينَ يَسْتَمِعُونَ ٱلْقَوْلَ فَيَتَّبِعُونَ
أَحْسَنَهُۥٓ ۚ أُوْلَـٰٓئِكَ ٱلَّذِينَ هَدَىٰهُمُ ٱللَّهُ ۖ وَأُوْلَـٰٓئِكَ هُمْ أُوْلُواْ ٱلْأَلْبَـٰبِ ٣٩ـ١٩ أَفَمَنْ حَقَّ
عَلَيْهِ كَلِمَةُ ٱلْعَذَابِ أَفَأَنتَ تُنقِذُ مَن فِى ٱلنَّارِ ٣٩ـ٢٠ لَـٰكِنِ ٱلَّذِينَ ٱتَّقَوْاْ رَبَّهُمْ لَهُمْ
غُرَفٌ مِّن فَوْقِهَا غُرَفٌ مَّبْنِيَّةٌ تَجْرِى مِن تَحْتِهَا ٱلْأَنْهَـٰرُ ۖ وَعْدَ ٱللَّهِ ۖ لَا يُخْلِفُ ٱللَّهُ
ٱلْمِيعَادَ ٣٩ـ٢١ أَلَمْ تَرَ أَنَّ ٱللَّهَ أَنزَلَ مِنَ ٱلسَّمَآءِ مَآءً فَسَلَكَهُۥ يَنَـٰبِيعَ فِى ٱلْأَرْضِ ثُمَّ
يُخْرِجُ بِهِۦ زَرْعًا مُّخْتَلِفًا أَلْوَٰنُهُۥ ثُمَّ يَهِيجُ فَتَرَىٰهُ مُصْفَرًّا ثُمَّ يَجْعَلُهُۥ حُطَـٰمًا ۚ إِنَّ فِى ذَٰلِكَ
لَذِكْرَىٰ لِأُوْلِى ٱلْأَلْبَـٰبِ ٣٩ـ٢٢ أَفَمَن شَرَحَ ٱللَّهُ صَدْرَهُۥ لِلْإِسْلَـٰمِ فَهُوَ عَلَىٰ نُورٍ مِّن
رَّبِّهِۦ ۚ فَوَيْلٌ لِّلْقَـٰسِيَةِ قُلُوبُهُم مِّن ذِكْرِ ٱللَّهِ ۚ أُوْلَـٰٓئِكَ فِى ضَلَـٰلٍ مُّبِينٍ ٣٩ـ٢٣ ٱللَّهُ نَزَّلَ
أَحْسَنَ ٱلْحَدِيثِ كِتَـٰبًا مُّتَشَـٰبِهًا مَّثَانِىَ تَقْشَعِرُّ مِنْهُ جُلُودُ ٱلَّذِينَ يَخْشَوْنَ رَبَّهُمْ ثُمَّ
تَلِينُ جُلُودُهُمْ وَقُلُوبُهُمْ إِلَىٰ ذِكْرِ ٱللَّهِ ۚ ذَٰلِكَ هُدَى ٱللَّهِ يَهْدِى بِهِۦ مَن يَشَآءُ ۚ وَمَن
يُضْلِلِ ٱللَّهُ فَمَا لَهُۥ مِنْ هَادٍ ٣٩ـ٢٤ أَفَمَن يَتَّقِى بِوَجْهِهِۦ سُوٓءَ ٱلْعَذَابِ يَوْمَ ٱلْقِيَـٰمَةِ
ۚ وَقِيلَ لِلظَّـٰلِمِينَ ذُوقُواْ مَا كُنتُمْ تَكْسِبُونَ ٣٩ـ٢٥ كَذَّبَ ٱلَّذِينَ مِن قَبْلِهِمْ فَأَتَىٰهُمُ
ٱلْعَذَابُ مِنْ حَيْثُ لَا يَشْعُرُونَ ٣٩ـ٢٦ فَأَذَاقَهُمُ ٱللَّهُ ٱلْخِزْىَ فِى ٱلْحَيَوٰةِ ٱلدُّنْيَا ۖ
وَلَعَذَابُ ٱلْـَٔاخِرَةِ أَكْبَرُ ۚ لَوْ كَانُواْ يَعْلَمُونَ ٣٩ـ٢٧ وَلَقَدْ ضَرَبْنَا لِلنَّاسِ فِى هَـٰذَا
ٱلْقُرْءَانِ مِن كُلِّ مَثَلٍ لَّعَلَّهُمْ يَتَذَكَّرُونَ ٣٩ـ٢٨ قُرْءَانًا عَرَبِيًّا غَيْرَ ذِى عِوَجٍ لَّعَلَّهُمْ
يَتَّقُونَ ٣٩ـ٢٩ ضَرَبَ ٱللَّهُ مَثَلًا رَّجُلًا فِيهِ شُرَكَآءُ مُتَشَـٰكِسُونَ وَرَجُلًا سَلَمًا لِّرَجُلٍ هَلْ
يَسْتَوِيَانِ مَثَلًا ۚ ٱلْحَمْدُ لِلَّهِ ۚ بَلْ أَكْثَرُهُمْ لَا يَعْلَمُونَ ٣٩ـ٣٠ إِنَّكَ مَيِّتٌ وَإِنَّهُم مَّيِّتُونَ

٣٩ـ٣١ ثُمَّ إِنَّكُمْ يَوْمَ ٱلْقِيَٰمَةِ عِندَ رَبِّكُمْ تَخْتَصِمُونَ ٣٩ـ٣٢ فَمَنْ أَظْلَمُ مِمَّن كَذَبَ
عَلَى ٱللَّهِ وَكَذَّبَ بِٱلصِّدْقِ إِذْ جَآءَهُۥٓ ۚ أَلَيْسَ فِى جَهَنَّمَ مَثْوًى لِّلْكَٰفِرِينَ
٣٩ـ٣٣ وَٱلَّذِى جَآءَ بِٱلصِّدْقِ وَصَدَّقَ بِهِۦٓ ۙ أُو۟لَٰٓئِكَ هُمُ ٱلْمُتَّقُونَ ٣٩ـ٣٤ لَهُم مَّا
يَشَآءُونَ عِندَ رَبِّهِمْ ۚ ذَٰلِكَ جَزَآءُ ٱلْمُحْسِنِينَ ٣٩ـ٣٥ لِيُكَفِّرَ ٱللَّهُ عَنْهُمْ أَسْوَأَ ٱلَّذِى
عَمِلُوا۟ وَيَجْزِيَهُمْ أَجْرَهُم بِأَحْسَنِ ٱلَّذِى كَانُوا۟ يَعْمَلُونَ ٣٩ـ٣٦ أَلَيْسَ ٱللَّهُ بِكَافٍ
عَبْدَهُۥ ۖ وَيُخَوِّفُونَكَ بِٱلَّذِينَ مِن دُونِهِۦ ۚ وَمَن يُضْلِلِ ٱللَّهُ فَمَا لَهُۥ مِنْ هَادٍ
٣٩ـ٣٧ وَمَن يَهْدِ ٱللَّهُ فَمَا لَهُۥ مِن مُّضِلٍّ ۗ أَلَيْسَ ٱللَّهُ بِعَزِيزٍ ذِى ٱنتِقَامٍ
٣٩ـ٣٨ وَلَئِن سَأَلْتَهُم مَّنْ خَلَقَ ٱلسَّمَٰوَٰتِ وَٱلْأَرْضَ لَيَقُولُنَّ ٱللَّهُ ۚ قُلْ أَفَرَءَيْتُم مَّا
تَدْعُونَ مِن دُونِ ٱللَّهِ إِنْ أَرَادَنِىَ ٱللَّهُ بِضُرٍّ هَلْ هُنَّ كَٰشِفَٰتُ ضُرِّهِۦٓ أَوْ أَرَادَنِى بِرَحْمَةٍ
هَلْ هُنَّ مُمْسِكَٰتُ رَحْمَتِهِۦ ۚ قُلْ حَسْبِىَ ٱللَّهُ ۖ عَلَيْهِ يَتَوَكَّلُ ٱلْمُتَوَكِّلُونَ ٣٩ـ٣٩ قُلْ
يَٰقَوْمِ ٱعْمَلُوا۟ عَلَىٰ مَكَانَتِكُمْ إِنِّى عَٰمِلٌ ۖ فَسَوْفَ تَعْلَمُونَ ٣٩ـ٤٠ مَن يَأْتِيهِ عَذَابٌ
يُخْزِيهِ وَيَحِلُّ عَلَيْهِ عَذَابٌ مُّقِيمٌ ٣٩ـ٤١ إِنَّآ أَنزَلْنَا عَلَيْكَ ٱلْكِتَٰبَ لِلنَّاسِ بِٱلْحَقِّ ۖ فَمَنِ
ٱهْتَدَىٰ فَلِنَفْسِهِۦ ۖ وَمَن ضَلَّ فَإِنَّمَا يَضِلُّ عَلَيْهَا ۖ وَمَآ أَنتَ عَلَيْهِم بِوَكِيلٍ
٣٩ـ٤٢ ٱللَّهُ يَتَوَفَّى ٱلْأَنفُسَ حِينَ مَوْتِهَا وَٱلَّتِى لَمْ تَمُتْ فِى مَنَامِهَا ۖ فَيُمْسِكُ
ٱلَّتِى قَضَىٰ عَلَيْهَا ٱلْمَوْتَ وَيُرْسِلُ ٱلْأُخْرَىٰٓ إِلَىٰٓ أَجَلٍ مُّسَمًّى ۚ إِنَّ فِى ذَٰلِكَ لَءَايَٰتٍ
لِّقَوْمٍ يَتَفَكَّرُونَ ٣٩ـ٤٣ أَمِ ٱتَّخَذُوا۟ مِن دُونِ ٱللَّهِ شُفَعَآءَ ۚ قُلْ أَوَلَوْ كَانُوا۟ لَا يَمْلِكُونَ
شَيْـًٔا وَلَا يَعْقِلُونَ ٣٩ـ٤٤ قُل لِّلَّهِ ٱلشَّفَٰعَةُ جَمِيعًا ۖ لَّهُۥ مُلْكُ ٱلسَّمَٰوَٰتِ وَٱلْأَرْضِ ۖ ثُمَّ
إِلَيْهِ تُرْجَعُونَ ٣٩ـ٤٥ وَإِذَا ذُكِرَ ٱللَّهُ وَحْدَهُ ٱشْمَأَزَّتْ قُلُوبُ ٱلَّذِينَ لَا يُؤْمِنُونَ
بِٱلْءَاخِرَةِ ۖ وَإِذَا ذُكِرَ ٱلَّذِينَ مِن دُونِهِۦٓ إِذَا هُمْ يَسْتَبْشِرُونَ ٣٩ـ٤٦ قُلِ ٱللَّهُمَّ فَاطِرَ
ٱلسَّمَٰوَٰتِ وَٱلْأَرْضِ عَٰلِمَ ٱلْغَيْبِ وَٱلشَّهَٰدَةِ أَنتَ تَحْكُمُ بَيْنَ عِبَادِكَ فِى مَا كَانُوا۟ فِيهِ
يَخْتَلِفُونَ ٣٩ـ٤٧ وَلَوْ أَنَّ لِلَّذِينَ ظَلَمُوا۟ مَا فِى ٱلْأَرْضِ جَمِيعًا وَمِثْلَهُۥ مَعَهُۥ لَٱفْتَدَوْا۟
بِهِۦ مِن سُوٓءِ ٱلْعَذَابِ يَوْمَ ٱلْقِيَٰمَةِ ۚ وَبَدَا لَهُم مِّنَ ٱللَّهِ مَا لَمْ يَكُونُوا۟ يَحْتَسِبُونَ
٣٩ـ٤٨ وَبَدَا لَهُمْ سَيِّـَٔاتُ مَا كَسَبُوا۟ وَحَاقَ بِهِم مَّا كَانُوا۟ بِهِۦ يَسْتَهْزِءُونَ
٣٩ـ٤٩ فَإِذَا مَسَّ ٱلْإِنسَٰنَ ضُرٌّ دَعَانَا ثُمَّ إِذَا خَوَّلْنَٰهُ نِعْمَةً مِّنَّا قَالَ إِنَّمَآ أُوتِيتُهُۥ عَلَىٰ
عِلْمٍ ۚ بَلْ هِىَ فِتْنَةٌ وَلَٰكِنَّ أَكْثَرَهُمْ لَا يَعْلَمُونَ ٣٩ـ٥٠ قَدْ قَالَهَا ٱلَّذِينَ مِن قَبْلِهِمْ
فَمَآ أَغْنَىٰ عَنْهُم مَّا كَانُوا۟ يَكْسِبُونَ ٣٩ـ٥١ فَأَصَابَهُمْ سَيِّـَٔاتُ مَا كَسَبُوا۟ ۚ وَٱلَّذِينَ
ظَلَمُوا۟ مِنْ هَٰٓؤُلَآءِ سَيُصِيبُهُمْ سَيِّـَٔاتُ مَا كَسَبُوا۟ وَمَا هُم بِمُعْجِزِينَ ٣٩ـ٥٢ أَوَلَمْ
يَعْلَمُوٓا۟ أَنَّ ٱللَّهَ يَبْسُطُ ٱلرِّزْقَ لِمَن يَشَآءُ وَيَقْدِرُ ۚ إِنَّ فِى ذَٰلِكَ لَءَايَٰتٍ لِّقَوْمٍ يُؤْمِنُونَ

٣٩ـ٥٣ قُلْ يَٰعِبَادِىَ ٱلَّذِينَ أَسْرَفُوا۟ عَلَىٰٓ أَنفُسِهِمْ لَا تَقْنَطُوا۟ مِن رَّحْمَةِ ٱللَّهِ ۚ إِنَّ
ٱللَّهَ يَغْفِرُ ٱلذُّنُوبَ جَمِيعًا ۚ إِنَّهُۥ هُوَ ٱلْغَفُورُ ٱلرَّحِيمُ ٣٩ـ٥٤ وَأَنِيبُوٓا۟ إِلَىٰ رَبِّكُمْ
وَأَسْلِمُوا۟ لَهُۥ مِن قَبْلِ أَن يَأْتِيَكُمُ ٱلْعَذَابُ ثُمَّ لَا تُنصَرُونَ ٣٩ـ٥٥ وَٱتَّبِعُوٓا۟ أَحْسَنَ مَآ
أُنزِلَ إِلَيْكُم مِّن رَّبِّكُم مِّن قَبْلِ أَن يَأْتِيَكُمُ ٱلْعَذَابُ بَغْتَةً وَأَنتُمْ لَا تَشْعُرُونَ
٣٩ـ٥٦ أَن تَقُولَ نَفْسٌ يَٰحَسْرَتَىٰ عَلَىٰ مَا فَرَّطتُ فِى جَنۢبِ ٱللَّهِ وَإِن كُنتُ لَمِنَ
ٱلسَّٰخِرِينَ ٣٩ـ٥٧ أَوْ تَقُولَ لَوْ أَنَّ ٱللَّهَ هَدَىٰنِى لَكُنتُ مِنَ ٱلْمُتَّقِينَ ٣٩ـ٥٨ أَوْ تَقُولَ
حِينَ تَرَى ٱلْعَذَابَ لَوْ أَنَّ لِى كَرَّةً فَأَكُونَ مِنَ ٱلْمُحْسِنِينَ ٣٩ـ٥٩ بَلَىٰ قَدْ جَآءَتْكَ
ءَايَٰتِى فَكَذَّبْتَ بِهَا وَٱسْتَكْبَرْتَ وَكُنتَ مِنَ ٱلْكَٰفِرِينَ ٣٩ـ٦٠ وَيَوْمَ ٱلْقِيَٰمَةِ تَرَى ٱلَّذِينَ
كَذَبُوا۟ عَلَى ٱللَّهِ وُجُوهُهُم مُّسْوَدَّةٌ ۚ أَلَيْسَ فِى جَهَنَّمَ مَثْوًى لِّلْمُتَكَبِّرِينَ
٣٩ـ٦١ وَيُنَجِّى ٱللَّهُ ٱلَّذِينَ ٱتَّقَوْا۟ بِمَفَازَتِهِمْ لَا يَمَسُّهُمُ ٱلسُّوٓءُ وَلَا هُمْ يَحْزَنُونَ
٣٩ـ٦٢ ٱللَّهُ خَٰلِقُ كُلِّ شَىْءٍ ۖ وَهُوَ عَلَىٰ كُلِّ شَىْءٍ وَكِيلٌ ٣٩ـ٦٣ لَّهُۥ مَقَالِيدُ
ٱلسَّمَٰوَٰتِ وَٱلْأَرْضِ ۗ وَٱلَّذِينَ كَفَرُوا۟ بِـَٔايَٰتِ ٱللَّهِ أُو۟لَٰٓئِكَ هُمُ ٱلْخَٰسِرُونَ ٣٩ـ٦٤ قُلْ أَفَغَيْرَ
ٱللَّهِ تَأْمُرُوٓنِّىٓ أَعْبُدُ أَيُّهَا ٱلْجَٰهِلُونَ ٣٩ـ٦٥ وَلَقَدْ أُوحِىَ إِلَيْكَ وَإِلَى ٱلَّذِينَ مِن قَبْلِكَ
لَئِنْ أَشْرَكْتَ لَيَحْبَطَنَّ عَمَلُكَ وَلَتَكُونَنَّ مِنَ ٱلْخَٰسِرِينَ ٣٩ـ٦٦ بَلِ ٱللَّهَ فَٱعْبُدْ وَكُن مِّنَ
ٱلشَّٰكِرِينَ ٣٩ـ٦٧ وَمَا قَدَرُوا۟ ٱللَّهَ حَقَّ قَدْرِهِۦ وَٱلْأَرْضُ جَمِيعًا قَبْضَتُهُۥ يَوْمَ ٱلْقِيَٰمَةِ
وَٱلسَّمَٰوَٰتُ مَطْوِيَّٰتٌۢ بِيَمِينِهِۦ ۚ سُبْحَٰنَهُۥ وَتَعَٰلَىٰ عَمَّا يُشْرِكُونَ ٣٩ـ٦٨ وَنُفِخَ فِى
ٱلصُّورِ فَصَعِقَ مَن فِى ٱلسَّمَٰوَٰتِ وَمَن فِى ٱلْأَرْضِ إِلَّا مَن شَآءَ ٱللَّهُ ۖ ثُمَّ نُفِخَ فِيهِ
أُخْرَىٰ فَإِذَا هُمْ قِيَامٌ يَنظُرُونَ ٣٩ـ٦٩ وَأَشْرَقَتِ ٱلْأَرْضُ بِنُورِ رَبِّهَا وَوُضِعَ ٱلْكِتَٰبُ
وَجِا۟ىٓءَ بِٱلنَّبِيِّۦنَ وَٱلشُّهَدَآءِ وَقُضِىَ بَيْنَهُم بِٱلْحَقِّ وَهُمْ لَا يُظْلَمُونَ
٣٩ـ٧٠ وَوُفِّيَتْ كُلُّ نَفْسٍ مَّا عَمِلَتْ وَهُوَ أَعْلَمُ بِمَا يَفْعَلُونَ ٣٩ـ٧١ وَسِيقَ ٱلَّذِينَ
كَفَرُوٓا۟ إِلَىٰ جَهَنَّمَ زُمَرًا ۖ حَتَّىٰٓ إِذَا جَآءُوهَا فُتِحَتْ أَبْوَٰبُهَا وَقَالَ لَهُمْ خَزَنَتُهَآ أَلَمْ
يَأْتِكُمْ رُسُلٌ مِّنكُمْ يَتْلُونَ عَلَيْكُمْ ءَايَٰتِ رَبِّكُمْ وَيُنذِرُونَكُمْ لِقَآءَ يَوْمِكُمْ هَٰذَا ۚ قَالُوا۟
بَلَىٰ وَلَٰكِنْ حَقَّتْ كَلِمَةُ ٱلْعَذَابِ عَلَى ٱلْكَٰفِرِينَ ٣٩ـ٧٢ قِيلَ ٱدْخُلُوٓا۟ أَبْوَٰبَ جَهَنَّمَ
خَٰلِدِينَ فِيهَا ۖ فَبِئْسَ مَثْوَى ٱلْمُتَكَبِّرِينَ ٣٩ـ٧٣ وَسِيقَ ٱلَّذِينَ ٱتَّقَوْا۟ رَبَّهُمْ إِلَى
ٱلْجَنَّةِ زُمَرًا ۖ حَتَّىٰٓ إِذَا جَآءُوهَا وَفُتِحَتْ أَبْوَٰبُهَا وَقَالَ لَهُمْ خَزَنَتُهَا سَلَٰمٌ عَلَيْكُمْ طِبْتُمْ
فَٱدْخُلُوهَا خَٰلِدِينَ ٣٩ـ٧٤ وَقَالُوا۟ ٱلْحَمْدُ لِلَّهِ ٱلَّذِى صَدَقَنَا وَعْدَهُۥ وَأَوْرَثَنَا ٱلْأَرْضَ
نَتَبَوَّأُ مِنَ ٱلْجَنَّةِ حَيْثُ نَشَآءُ ۖ فَنِعْمَ أَجْرُ ٱلْعَٰمِلِينَ ٣٩ـ٧٥ وَتَرَى ٱلْمَلَٰٓئِكَةَ حَآفِّينَ مِنْ
حَوْلِ ٱلْعَرْشِ يُسَبِّحُونَ بِحَمْدِ رَبِّهِمْ ۖ وَقُضِىَ بَيْنَهُم بِٱلْحَقِّ وَقِيلَ ٱلْحَمْدُ لِلَّهِ رَبِّ

ٱلْعَلَمِينَ ٤٠ـ١ حمٓ ٤٠ـ٢ تَنزِيلُ ٱلْكِتَبِ مِنَ ٱللَّهِ ٱلْعَزِيزِ ٱلْعَلِيمِ ٤٠ـ٣ غَافِرِ ٱلذَّنۢبِ
وَقَابِلِ ٱلتَّوْبِ شَدِيدِ ٱلْعِقَابِ ذِى ٱلطَّوْلِ ۖ لَآ إِلَهَ إِلَّا هُوَ ۖ إِلَيْهِ ٱلْمَصِيرُ ٤٠ـ٤ مَا يُجَدِلُ
فِىٓ ءَايَتِ ٱللَّهِ إِلَّا ٱلَّذِينَ كَفَرُوا۟ فَلَا يَغْرُرْكَ تَقَلُّبُهُمْ فِى ٱلْبِلَدِ ٤٠ـ٥ كَذَّبَتْ قَبْلَهُمْ
قَوْمُ نُوحٍ وَٱلْأَحْزَابُ مِنۢ بَعْدِهِمْ ۖ وَهَمَّتْ كُلُّ أُمَّةٍۭ بِرَسُولِهِمْ لِيَأْخُذُوهُ ۖ وَجَدَلُوا۟ بِٱلْبَطِلِ
لِيُدْحِضُوا۟ بِهِ ٱلْحَقَّ فَأَخَذْتُهُمْ ۖ فَكَيْفَ كَانَ عِقَابِ ٤٠ـ٦ وَكَذَلِكَ حَقَّتْ كَلِمَتُ رَبِّكَ
عَلَى ٱلَّذِينَ كَفَرُوٓا۟ أَنَّهُمْ أَصْحَبُ ٱلنَّارِ ٤٠ـ٧ ٱلَّذِينَ يَحْمِلُونَ ٱلْعَرْشَ وَمَنْ حَوْلَهُۥ
يُسَبِّحُونَ بِحَمْدِ رَبِّهِمْ وَيُؤْمِنُونَ بِهِۦ وَيَسْتَغْفِرُونَ لِلَّذِينَ ءَامَنُوا۟ رَبَّنَا وَسِعْتَ كُلَّ
شَىْءٍ رَّحْمَةً وَعِلْمًا فَٱغْفِرْ لِلَّذِينَ تَابُوا۟ وَٱتَّبَعُوا۟ سَبِيلَكَ وَقِهِمْ عَذَابَ ٱلْجَحِيمِ
٤٠ـ٨ رَبَّنَا وَأَدْخِلْهُمْ جَنَّتِ عَدْنٍ ٱلَّتِى وَعَدتَّهُمْ وَمَن صَلَحَ مِنْ ءَابَآئِهِمْ وَأَزْوَجِهِمْ
وَذُرِّيَّتِهِمْ ۚ إِنَّكَ أَنتَ ٱلْعَزِيزُ ٱلْحَكِيمُ ٤٠ـ٩ وَقِهِمُ ٱلسَّيِّـَٔاتِ ۚ وَمَن تَقِ ٱلسَّيِّـَٔاتِ يَوْمَئِذٍ
فَقَدْ رَحِمْتَهُۥ ۚ وَذَلِكَ هُوَ ٱلْفَوْزُ ٱلْعَظِيمُ ٤٠ـ١٠ إِنَّ ٱلَّذِينَ كَفَرُوا۟ يُنَادَوْنَ لَمَقْتُ ٱللَّهِ
أَكْبَرُ مِن مَّقْتِكُمْ أَنفُسَكُمْ إِذْ تُدْعَوْنَ إِلَى ٱلْإِيمَنِ فَتَكْفُرُونَ ٤٠ـ١١ قَالُوا۟ رَبَّنَآ أَمَتَّنَا
ٱثْنَتَيْنِ وَأَحْيَيْتَنَا ٱثْنَتَيْنِ فَٱعْتَرَفْنَا بِذُنُوبِنَا فَهَلْ إِلَىٰ خُرُوجٍ مِّن سَبِيلٍ ٤٠ـ١٢ ذَلِكُم
بِأَنَّهُۥٓ إِذَا دُعِىَ ٱللَّهُ وَحْدَهُۥ كَفَرْتُمْ ۖ وَإِن يُشْرَكْ بِهِۦ تُؤْمِنُوا۟ ۚ فَٱلْحُكْمُ لِلَّهِ ٱلْعَلِىِّ ٱلْكَبِيرِ
٤٠ـ١٣ هُوَ ٱلَّذِى يُرِيكُمْ ءَايَتِهِۦ وَيُنَزِّلُ لَكُم مِّنَ ٱلسَّمَآءِ رِزْقًا ۚ وَمَا يَتَذَكَّرُ إِلَّا مَن يُنِيبُ
٤٠ـ١٤ فَٱدْعُوا۟ ٱللَّهَ مُخْلِصِينَ لَهُ ٱلدِّينَ وَلَوْ كَرِهَ ٱلْكَفِرُونَ ٤٠ـ١٥ رَفِيعُ ٱلدَّرَجَتِ ذُو
ٱلْعَرْشِ يُلْقِى ٱلرُّوحَ مِنْ أَمْرِهِۦ عَلَىٰ مَن يَشَآءُ مِنْ عِبَادِهِۦ لِيُنذِرَ يَوْمَ ٱلتَّلَاقِ
٤٠ـ١٦ يَوْمَ هُم بَرِزُونَ ۖ لَا يَخْفَىٰ عَلَى ٱللَّهِ مِنْهُمْ شَىْءٌ ۚ لِّمَنِ ٱلْمُلْكُ ٱلْيَوْمَ ۖ لِلَّهِ
ٱلْوَحِدِ ٱلْقَهَّارِ ٤٠ـ١٧ ٱلْيَوْمَ تُجْزَىٰ كُلُّ نَفْسٍۭ بِمَا كَسَبَتْ ۚ لَا ظُلْمَ ٱلْيَوْمَ ۚ إِنَّ ٱللَّهَ سَرِيعُ
ٱلْحِسَابِ ٤٠ـ١٨ وَأَنذِرْهُمْ يَوْمَ ٱلْءَازِفَةِ إِذِ ٱلْقُلُوبُ لَدَى ٱلْحَنَاجِرِ كَظِمِينَ ۚ مَا
لِلظَّلِمِينَ مِنْ حَمِيمٍ وَلَا شَفِيعٍ يُطَاعُ ٤٠ـ١٩ يَعْلَمُ خَآئِنَةَ ٱلْأَعْيُنِ وَمَا تُخْفِى ٱلصُّدُورُ
٤٠ـ٢٠ وَٱللَّهُ يَقْضِى بِٱلْحَقِّ ۖ وَٱلَّذِينَ يَدْعُونَ مِن دُونِهِۦ لَا يَقْضُونَ بِشَىْءٍ ۗ إِنَّ ٱللَّهَ
هُوَ ٱلسَّمِيعُ ٱلْبَصِيرُ ٤٠ـ٢١ أَوَلَمْ يَسِيرُوا۟ فِى ٱلْأَرْضِ فَيَنظُرُوا۟ كَيْفَ كَانَ عَقِبَةُ
ٱلَّذِينَ كَانُوا۟ مِن قَبْلِهِمْ ۚ كَانُوا۟ هُمْ أَشَدَّ مِنْهُمْ قُوَّةً وَءَاثَارًا فِى ٱلْأَرْضِ فَأَخَذَهُمُ
ٱللَّهُ بِذُنُوبِهِمْ وَمَا كَانَ لَهُم مِّنَ ٱللَّهِ مِن وَاقٍ ٤٠ـ٢٢ ذَلِكَ بِأَنَّهُمْ كَانَت تَّأْتِيهِمْ
رُسُلُهُم بِٱلْبَيِّنَتِ فَكَفَرُوا۟ فَأَخَذَهُمُ ٱللَّهُ ۚ إِنَّهُۥ قَوِىٌّ شَدِيدُ ٱلْعِقَابِ ٤٠ـ٢٣ وَلَقَدْ
أَرْسَلْنَا مُوسَىٰ بِـَٔايَتِنَا وَسُلْطَنٍ مُّبِينٍ ٤٠ـ٢٤ إِلَىٰ فِرْعَوْنَ وَهَمَنَ وَقَرُونَ فَقَالُوا۟
سَحِرٌ كَذَّابٌ ٤٠ـ٢٥ فَلَمَّا جَآءَهُم بِٱلْحَقِّ مِنْ عِندِنَا قَالُوا۟ ٱقْتُلُوٓا۟ أَبْنَآءَ ٱلَّذِينَ ءَامَنُوا۟

مَعَهُۥ وَٱسْتَحْيُوا۟ نِسَآءَهُمْ ۚ وَمَا كَيْدُ ٱلْكَـٰفِرِينَ إِلَّا فِى ضَلَـٰلٍ ٤٠ـ٢٦ وَقَالَ فِرْعَوْنُ
ذَرُونِىٓ أَقْتُلْ مُوسَىٰ وَلْيَدْعُ رَبَّهُۥٓ ۖ إِنِّىٓ أَخَافُ أَن يُبَدِّلَ دِينَكُمْ أَوْ أَن يُظْهِرَ فِى
ٱلْأَرْضِ ٱلْفَسَادَ ٤٠ـ٢٧ وَقَالَ مُوسَىٰٓ إِنِّى عُذْتُ بِرَبِّى وَرَبِّكُم مِّن كُلِّ مُتَكَبِّرٍ لَّا يُؤْمِنُ
بِيَوْمِ ٱلْحِسَابِ ٤٠ـ٢٨ وَقَالَ رَجُلٌ مُّؤْمِنٌ مِّنْ ءَالِ فِرْعَوْنَ يَكْتُمُ إِيمَـٰنَهُۥٓ أَتَقْتُلُونَ رَجُلًا
أَن يَقُولَ رَبِّىَ ٱللَّهُ وَقَدْ جَآءَكُم بِٱلْبَيِّنَـٰتِ مِن رَّبِّكُمْ ۖ وَإِن يَكُ كَـٰذِبًا فَعَلَيْهِ كَذِبُهُۥ ۖ وَإِن
يَكُ صَادِقًا يُصِبْكُم بَعْضُ ٱلَّذِى يَعِدُكُمْ ۖ إِنَّ ٱللَّهَ لَا يَهْدِى مَنْ هُوَ مُسْرِفٌ كَذَّابٌ
٤٠ـ٢٩ يَـٰقَوْمِ لَكُمُ ٱلْمُلْكُ ٱلْيَوْمَ ظَـٰهِرِينَ فِى ٱلْأَرْضِ فَمَن يَنصُرُنَا مِنۢ بَأْسِ ٱللَّهِ إِن
جَآءَنَا ۚ قَالَ فِرْعَوْنُ مَآ أُرِيكُمْ إِلَّا مَآ أَرَىٰ وَمَآ أَهْدِيكُمْ إِلَّا سَبِيلَ ٱلرَّشَادِ ٤٠ـ٣٠ وَقَالَ
ٱلَّذِىٓ ءَامَنَ يَـٰقَوْمِ إِنِّىٓ أَخَافُ عَلَيْكُم مِّثْلَ يَوْمِ ٱلْأَحْزَابِ ٤٠ـ٣١ مِثْلَ دَأْبِ قَوْمِ نُوحٍ
وَعَادٍ وَثَمُودَ وَٱلَّذِينَ مِنۢ بَعْدِهِمْ ۚ وَمَا ٱللَّهُ يُرِيدُ ظُلْمًا لِّلْعِبَادِ ٤٠ـ٣٢ وَيَـٰقَوْمِ إِنِّىٓ
أَخَافُ عَلَيْكُمْ يَوْمَ ٱلتَّنَادِ ٤٠ـ٣٣ يَوْمَ تُوَلُّونَ مُدْبِرِينَ مَا لَكُم مِّنَ ٱللَّهِ مِنْ عَاصِمٍ ۗ
وَمَن يُضْلِلِ ٱللَّهُ فَمَا لَهُۥ مِنْ هَادٍ ٤٠ـ٣٤ وَلَقَدْ جَآءَكُمْ يُوسُفُ مِن قَبْلُ بِٱلْبَيِّنَـٰتِ فَمَا
زِلْتُمْ فِى شَكٍّ مِّمَّا جَآءَكُم بِهِۦ ۖ حَتَّىٰٓ إِذَا هَلَكَ قُلْتُمْ لَن يَبْعَثَ ٱللَّهُ مِنۢ بَعْدِهِۦ رَسُولًا ۚ
كَذَٰلِكَ يُضِلُّ ٱللَّهُ مَنْ هُوَ مُسْرِفٌ مُّرْتَابٌ ٤٠ـ٣٥ ٱلَّذِينَ يُجَـٰدِلُونَ فِىٓ ءَايَـٰتِ ٱللَّهِ بِغَيْرِ
سُلْطَـٰنٍ أَتَىٰهُمْ ۖ كَبُرَ مَقْتًا عِندَ ٱللَّهِ وَعِندَ ٱلَّذِينَ ءَامَنُوا۟ ۚ كَذَٰلِكَ يَطْبَعُ ٱللَّهُ عَلَىٰ كُلِّ
قَلْبِ مُتَكَبِّرٍ جَبَّارٍ ٤٠ـ٣٦ وَقَالَ فِرْعَوْنُ يَـٰهَـٰمَـٰنُ ٱبْنِ لِى صَرْحًا لَّعَلِّىٓ أَبْلُغُ ٱلْأَسْبَـٰبَ
٤٠ـ٣٧ أَسْبَـٰبَ ٱلسَّمَـٰوَٰتِ فَأَطَّلِعَ إِلَىٰٓ إِلَـٰهِ مُوسَىٰ وَإِنِّى لَأَظُنُّهُۥ كَـٰذِبًا ۚ وَكَذَٰلِكَ زُيِّنَ
لِفِرْعَوْنَ سُوٓءُ عَمَلِهِۦ وَصُدَّ عَنِ ٱلسَّبِيلِ ۚ وَمَا كَيْدُ فِرْعَوْنَ إِلَّا فِى تَبَابٍ ٤٠ـ٣٨ وَقَالَ
ٱلَّذِىٓ ءَامَنَ يَـٰقَوْمِ ٱتَّبِعُونِ أَهْدِكُمْ سَبِيلَ ٱلرَّشَادِ ٤٠ـ٣٩ يَـٰقَوْمِ إِنَّمَا هَـٰذِهِ ٱلْحَيَوٰةُ
ٱلدُّنْيَا مَتَـٰعٌ وَإِنَّ ٱلْـَٔاخِرَةَ هِىَ دَارُ ٱلْقَرَارِ ٤٠ـ٤٠ مَنْ عَمِلَ سَيِّئَةً فَلَا يُجْزَىٰٓ إِلَّا مِثْلَهَا ۖ
وَمَنْ عَمِلَ صَـٰلِحًا مِّن ذَكَرٍ أَوْ أُنثَىٰ وَهُوَ مُؤْمِنٌ فَأُو۟لَـٰٓئِكَ يَدْخُلُونَ ٱلْجَنَّةَ يُرْزَقُونَ فِيهَا
بِغَيْرِ حِسَابٍ ٤٠ـ٤١ وَيَـٰقَوْمِ مَا لِىٓ أَدْعُوكُمْ إِلَى ٱلنَّجَوٰةِ وَتَدْعُونَنِىٓ إِلَى ٱلنَّارِ
٤٠ـ٤٢ تَدْعُونَنِى لِأَكْفُرَ بِٱللَّهِ وَأُشْرِكَ بِهِۦ مَا لَيْسَ لِى بِهِۦ عِلْمٌ وَأَنَا۠ أَدْعُوكُمْ إِلَى
ٱلْعَزِيزِ ٱلْغَفَّـٰرِ ٤٠ـ٤٣ لَا جَرَمَ أَنَّمَا تَدْعُونَنِىٓ إِلَيْهِ لَيْسَ لَهُۥ دَعْوَةٌ فِى ٱلدُّنْيَا وَلَا فِى
ٱلْـَٔاخِرَةِ وَأَنَّ مَرَدَّنَآ إِلَى ٱللَّهِ وَأَنَّ ٱلْمُسْرِفِينَ هُمْ أَصْحَـٰبُ ٱلنَّارِ ٤٠ـ٤٤ فَسَتَذْكُرُونَ
مَآ أَقُولُ لَكُمْ ۚ وَأُفَوِّضُ أَمْرِىٓ إِلَى ٱللَّهِ ۚ إِنَّ ٱللَّهَ بَصِيرٌۢ بِٱلْعِبَادِ ٤٠ـ٤٥ فَوَقَىٰهُ ٱللَّهُ
سَيِّـَٔاتِ مَا مَكَرُوا۟ ۖ وَحَاقَ بِـَٔالِ فِرْعَوْنَ سُوٓءُ ٱلْعَذَابِ ٤٠ـ٤٦ ٱلنَّارُ يُعْرَضُونَ عَلَيْهَا غُدُوًّا
وَعَشِيًّا ۖ وَيَوْمَ تَقُومُ ٱلسَّاعَةُ أَدْخِلُوٓا۟ ءَالَ فِرْعَوْنَ أَشَدَّ ٱلْعَذَابِ ٤٠ـ٤٧ وَإِذْ يَتَحَآجُّونَ

فِى ٱلنَّارِ فَيَقُولُ ٱلضُّعَفَٰٓؤُا۟ لِلَّذِينَ ٱسْتَكْبَرُوٓا۟ إِنَّا كُنَّا لَكُمْ تَبَعًا فَهَلْ أَنتُم مُّغْنُونَ عَنَّا
نَصِيبًا مِّنَ ٱلنَّارِ ٤٠ـ٤٨ قَالَ ٱلَّذِينَ ٱسْتَكْبَرُوٓا۟ إِنَّا كُلٌّ فِيهَآ إِنَّ ٱللَّهَ قَدْ حَكَمَ بَيْنَ
ٱلْعِبَادِ ٤٠ـ٤٩ وَقَالَ ٱلَّذِينَ فِى ٱلنَّارِ لِخَزَنَةِ جَهَنَّمَ ٱدْعُوا۟ رَبَّكُمْ يُخَفِّفْ عَنَّا يَوْمًا مِّنَ
ٱلْعَذَابِ ٤٠ـ٥٠ قَالُوٓا۟ أَوَلَمْ تَكُ تَأْتِيكُمْ رُسُلُكُم بِٱلْبَيِّنَٰتِ ۖ قَالُوا۟ بَلَىٰ ۚ قَالُوا۟ فَٱدْعُوا۟ ۗ وَمَا
دُعَٰٓؤُا۟ ٱلْكَٰفِرِينَ إِلَّا فِى ضَلَٰلٍ ٤٠ـ٥١ إِنَّا لَنَنصُرُ رُسُلَنَا وَٱلَّذِينَ ءَامَنُوا۟ فِى ٱلْحَيَوٰةِ
ٱلدُّنْيَا وَيَوْمَ يَقُومُ ٱلْأَشْهَٰدُ ٤٠ـ٥٢ يَوْمَ لَا يَنفَعُ ٱلظَّٰلِمِينَ مَعْذِرَتُهُمْ ۖ وَلَهُمُ ٱللَّعْنَةُ
وَلَهُمْ سُوٓءُ ٱلدَّارِ ٤٠ـ٥٣ وَلَقَدْ ءَاتَيْنَا مُوسَى ٱلْهُدَىٰ وَأَوْرَثْنَا بَنِىٓ إِسْرَٰٓءِيلَ ٱلْكِتَٰبَ
٤٠ـ٥٤ هُدًى وَذِكْرَىٰ لِأُو۟لِى ٱلْأَلْبَٰبِ ٤٠ـ٥٥ فَٱصْبِرْ إِنَّ وَعْدَ ٱللَّهِ حَقٌّ وَٱسْتَغْفِرْ
لِذَنۢبِكَ وَسَبِّحْ بِحَمْدِ رَبِّكَ بِٱلْعَشِىِّ وَٱلْإِبْكَٰرِ ٤٠ـ٥٦ إِنَّ ٱلَّذِينَ يُجَٰدِلُونَ فِىٓ ءَايَٰتِ ٱللَّهِ
بِغَيْرِ سُلْطَٰنٍ أَتَىٰهُمْ ۙ إِن فِى صُدُورِهِمْ إِلَّا كِبْرٌ مَّا هُم بِبَٰلِغِيهِ ۚ فَٱسْتَعِذْ بِٱللَّهِ ۖ إِنَّهُۥ هُوَ
ٱلسَّمِيعُ ٱلْبَصِيرُ ٤٠ـ٥٧ لَخَلْقُ ٱلسَّمَٰوَٰتِ وَٱلْأَرْضِ أَكْبَرُ مِنْ خَلْقِ ٱلنَّاسِ وَلَٰكِنَّ أَكْثَرَ
ٱلنَّاسِ لَا يَعْلَمُونَ ٤٠ـ٥٨ وَمَا يَسْتَوِى ٱلْأَعْمَىٰ وَٱلْبَصِيرُ وَٱلَّذِينَ ءَامَنُوا۟ وَعَمِلُوا۟
ٱلصَّٰلِحَٰتِ وَلَا ٱلْمُسِىٓءُ ۚ قَلِيلًا مَّا تَتَذَكَّرُونَ ٤٠ـ٥٩ إِنَّ ٱلسَّاعَةَ لَءَاتِيَةٌ ۖ لَّا رَيْبَ فِيهَا
وَلَٰكِنَّ أَكْثَرَ ٱلنَّاسِ لَا يُؤْمِنُونَ ٤٠ـ٦٠ وَقَالَ رَبُّكُمُ ٱدْعُونِىٓ أَسْتَجِبْ لَكُمْ ۚ إِنَّ ٱلَّذِينَ
يَسْتَكْبِرُونَ عَنْ عِبَادَتِى سَيَدْخُلُونَ جَهَنَّمَ دَاخِرِينَ ٤٠ـ٦١ ٱللَّهُ ٱلَّذِى جَعَلَ لَكُمُ ٱلَّيْلَ
لِتَسْكُنُوا۟ فِيهِ وَٱلنَّهَارَ مُبْصِرًا ۚ إِنَّ ٱللَّهَ لَذُو فَضْلٍ عَلَى ٱلنَّاسِ وَلَٰكِنَّ أَكْثَرَ ٱلنَّاسِ لَا
يَشْكُرُونَ ٤٠ـ٦٢ ذَٰلِكُمُ ٱللَّهُ رَبُّكُمْ خَٰلِقُ كُلِّ شَىْءٍ لَّآ إِلَٰهَ إِلَّا هُوَ ۖ فَأَنَّىٰ تُؤْفَكُونَ
٤٠ـ٦٣ كَذَٰلِكَ يُؤْفَكُ ٱلَّذِينَ كَانُوا۟ بِـَٔايَٰتِ ٱللَّهِ يَجْحَدُونَ ٤٠ـ٦٤ ٱللَّهُ ٱلَّذِى جَعَلَ لَكُمُ
ٱلْأَرْضَ قَرَارًا وَٱلسَّمَآءَ بِنَآءً وَصَوَّرَكُمْ فَأَحْسَنَ صُوَرَكُمْ وَرَزَقَكُم مِّنَ ٱلطَّيِّبَٰتِ ۚ ذَٰلِكُمُ
ٱللَّهُ رَبُّكُمْ ۖ فَتَبَارَكَ ٱللَّهُ رَبُّ ٱلْعَٰلَمِينَ ٤٠ـ٦٥ هُوَ ٱلْحَىُّ لَآ إِلَٰهَ إِلَّا هُوَ فَٱدْعُوهُ
مُخْلِصِينَ لَهُ ٱلدِّينَ ۗ ٱلْحَمْدُ لِلَّهِ رَبِّ ٱلْعَٰلَمِينَ ٤٠ـ٦٦ قُلْ إِنِّى نُهِيتُ أَنْ أَعْبُدَ ٱلَّذِينَ
تَدْعُونَ مِن دُونِ ٱللَّهِ لَمَّا جَآءَنِىَ ٱلْبَيِّنَٰتُ مِن رَّبِّى وَأُمِرْتُ أَنْ أُسْلِمَ لِرَبِّ ٱلْعَٰلَمِينَ
٤٠ـ٦٧ هُوَ ٱلَّذِى خَلَقَكُم مِّن تُرَابٍ ثُمَّ مِن نُّطْفَةٍ ثُمَّ مِنْ عَلَقَةٍ ثُمَّ يُخْرِجُكُمْ طِفْلًا
ثُمَّ لِتَبْلُغُوٓا۟ أَشُدَّكُمْ ثُمَّ لِتَكُونُوا۟ شُيُوخًا ۚ وَمِنكُم مَّن يُتَوَفَّىٰ مِن قَبْلُ ۖ وَلِتَبْلُغُوٓا۟ أَجَلًا
مُّسَمًّى وَلَعَلَّكُمْ تَعْقِلُونَ ٤٠ـ٦٨ هُوَ ٱلَّذِى يُحْىِۦ وَيُمِيتُ ۖ فَإِذَا قَضَىٰٓ أَمْرًا فَإِنَّمَا
يَقُولُ لَهُۥ كُن فَيَكُونُ ٤٠ـ٦٩ أَلَمْ تَرَ إِلَى ٱلَّذِينَ يُجَٰدِلُونَ فِىٓ ءَايَٰتِ ٱللَّهِ أَنَّىٰ
يُصْرَفُونَ ٤٠ـ٧٠ ٱلَّذِينَ كَذَّبُوا۟ بِٱلْكِتَٰبِ وَبِمَآ أَرْسَلْنَا بِهِۦ رُسُلَنَا ۖ فَسَوْفَ يَعْلَمُونَ
٤٠ـ٧١ إِذِ ٱلْأَغْلَٰلُ فِىٓ أَعْنَٰقِهِمْ وَٱلسَّلَٰسِلُ يُسْحَبُونَ ٤٠ـ٧٢ فِى ٱلْحَمِيمِ ثُمَّ فِى

ٱلنَّارِ يُسْجَرُونَ ٤٠ــ٧٣ ثُمَّ قِيلَ لَهُمْ أَيْنَ مَا كُنتُمْ تُشْرِكُونَ ٤٠ــ٧٤ مِن دُونِ ٱللَّهِۖ
قَالُوا۟ ضَلُّوا۟ عَنَّا بَل لَّمْ نَكُن نَّدْعُوا۟ مِن قَبْلُ شَيْـًٔاۚ كَذَٰلِكَ يُضِلُّ ٱللَّهُ ٱلْكَٰفِرِينَ
٤٠ــ٧٥ ذَٰلِكُم بِمَا كُنتُمْ تَفْرَحُونَ فِى ٱلْأَرْضِ بِغَيْرِ ٱلْحَقِّ وَبِمَا كُنتُمْ تَمْرَحُونَ
٤٠ــ٧٦ ٱدْخُلُوٓا۟ أَبْوَٰبَ جَهَنَّمَ خَٰلِدِينَ فِيهَاۖ فَبِئْسَ مَثْوَى ٱلْمُتَكَبِّرِينَ ٤٠ــ٧٧ فَٱصْبِرْ إِنَّ
وَعْدَ ٱللَّهِ حَقٌّۚ فَإِمَّا نُرِيَنَّكَ بَعْضَ ٱلَّذِى نَعِدُهُمْ أَوْ نَتَوَفَّيَنَّكَ فَإِلَيْنَا يُرْجَعُونَ
٤٠ــ٧٨ وَلَقَدْ أَرْسَلْنَا رُسُلًا مِّن قَبْلِكَ مِنْهُم مَّن قَصَصْنَا عَلَيْكَ وَمِنْهُم مَّن لَّمْ
نَقْصُصْ عَلَيْكَۗ وَمَا كَانَ لِرَسُولٍ أَن يَأْتِىَ بِـَٔايَةٍ إِلَّا بِإِذْنِ ٱللَّهِۚ فَإِذَا جَآءَ أَمْرُ ٱللَّهِ قُضِىَ
بِٱلْحَقِّ وَخَسِرَ هُنَالِكَ ٱلْمُبْطِلُونَ ٤٠ــ٧٩ ٱللَّهُ ٱلَّذِى جَعَلَ لَكُمُ ٱلْأَنْعَٰمَ لِتَرْكَبُوا۟ مِنْهَا
وَمِنْهَا تَأْكُلُونَ ٤٠ــ٨٠ وَلَكُمْ فِيهَا مَنَٰفِعُ وَلِتَبْلُغُوا۟ عَلَيْهَا حَاجَةً فِى صُدُورِكُمْ
وَعَلَيْهَا وَعَلَى ٱلْفُلْكِ تُحْمَلُونَ ٤٠ــ٨١ وَيُرِيكُمْ ءَايَٰتِهِۦ فَأَىَّ ءَايَٰتِ ٱللَّهِ تُنكِرُونَ
٤٠ــ٨٢ أَفَلَمْ يَسِيرُوا۟ فِى ٱلْأَرْضِ فَيَنظُرُوا۟ كَيْفَ كَانَ عَٰقِبَةُ ٱلَّذِينَ مِن قَبْلِهِمْۚ كَانُوٓا۟
أَكْثَرَ مِنْهُمْ وَأَشَدَّ قُوَّةً وَءَاثَارًا فِى ٱلْأَرْضِ فَمَآ أَغْنَىٰ عَنْهُم مَّا كَانُوا۟ يَكْسِبُونَ
٤٠ــ٨٣ فَلَمَّا جَآءَتْهُمْ رُسُلُهُم بِٱلْبَيِّنَٰتِ فَرِحُوا۟ بِمَا عِندَهُم مِّنَ ٱلْعِلْمِ وَحَاقَ بِهِم مَّا
كَانُوا۟ بِهِۦ يَسْتَهْزِءُونَ ٤٠ــ٨٤ فَلَمَّا رَأَوْا۟ بَأْسَنَا قَالُوٓا۟ ءَامَنَّا بِٱللَّهِ وَحْدَهُۥ وَكَفَرْنَا بِمَا
كُنَّا بِهِۦ مُشْرِكِينَ ٤٠ــ٨٥ فَلَمْ يَكُ يَنفَعُهُمْ إِيمَٰنُهُمْ لَمَّا رَأَوْا۟ بَأْسَنَاۖ سُنَّتَ ٱللَّهِ ٱلَّتِى
قَدْ خَلَتْ فِى عِبَادِهِۦۖ وَخَسِرَ هُنَالِكَ ٱلْكَٰفِرُونَ ٤١ــ١ حمٓ ٤١ــ٢ تَنزِيلٌ مِّنَ ٱلرَّحْمَٰنِ
ٱلرَّحِيمِ ٤١ــ٣ كِتَٰبٌ فُصِّلَتْ ءَايَٰتُهُۥ قُرْءَانًا عَرَبِيًّا لِّقَوْمٍ يَعْلَمُونَ ٤١ــ٤ بَشِيرًا وَنَذِيرًا
فَأَعْرَضَ أَكْثَرُهُمْ فَهُمْ لَا يَسْمَعُونَ ٤١ــ٥ وَقَالُوا۟ قُلُوبُنَا فِىٓ أَكِنَّةٍ مِّمَّا تَدْعُونَآ إِلَيْهِ
وَفِىٓ ءَاذَانِنَا وَقْرٌ وَمِنۢ بَيْنِنَا وَبَيْنِكَ حِجَابٌ فَٱعْمَلْ إِنَّنَا عَٰمِلُونَ ٤١ــ٦ قُلْ إِنَّمَآ أَنَا۠ بَشَرٌ
مِّثْلُكُمْ يُوحَىٰٓ إِلَىَّ أَنَّمَآ إِلَٰهُكُمْ إِلَٰهٌ وَٰحِدٌ فَٱسْتَقِيمُوٓا۟ إِلَيْهِ وَٱسْتَغْفِرُوهُۗ وَوَيْلٌ
لِّلْمُشْرِكِينَ ٤١ــ٧ ٱلَّذِينَ لَا يُؤْتُونَ ٱلزَّكَوٰةَ وَهُم بِٱلْءَاخِرَةِ هُمْ كَٰفِرُونَ ٤١ــ٨ إِنَّ
ٱلَّذِينَ ءَامَنُوا۟ وَعَمِلُوا۟ ٱلصَّٰلِحَٰتِ لَهُمْ أَجْرٌ غَيْرُ مَمْنُونٍ ٤١ــ٩ قُلْ أَئِنَّكُمْ لَتَكْفُرُونَ
بِٱلَّذِى خَلَقَ ٱلْأَرْضَ فِى يَوْمَيْنِ وَتَجْعَلُونَ لَهُۥٓ أَندَادًاۚ ذَٰلِكَ رَبُّ ٱلْعَٰلَمِينَ ٤١ــ١٠ وَجَعَلَ
فِيهَا رَوَٰسِىَ مِن فَوْقِهَا وَبَٰرَكَ فِيهَا وَقَدَّرَ فِيهَآ أَقْوَٰتَهَا فِىٓ أَرْبَعَةِ أَيَّامٍ سَوَآءً
لِّلسَّآئِلِينَ ٤١ــ١١ ثُمَّ ٱسْتَوَىٰٓ إِلَى ٱلسَّمَآءِ وَهِىَ دُخَانٌ فَقَالَ لَهَا وَلِلْأَرْضِ ٱئْتِيَا
طَوْعًا أَوْ كَرْهًا قَالَتَآ أَتَيْنَا طَآئِعِينَ ٤١ــ١٢ فَقَضَىٰهُنَّ سَبْعَ سَمَٰوَاتٍ فِى يَوْمَيْنِ
وَأَوْحَىٰ فِى كُلِّ سَمَآءٍ أَمْرَهَاۚ وَزَيَّنَّا ٱلسَّمَآءَ ٱلدُّنْيَا بِمَصَٰبِيحَ وَحِفْظًاۚ ذَٰلِكَ تَقْدِيرُ
ٱلْعَزِيزِ ٱلْعَلِيمِ ٤١ــ١٣ فَإِنْ أَعْرَضُوا۟ فَقُلْ أَنذَرْتُكُمْ صَٰعِقَةً مِّثْلَ صَٰعِقَةِ عَادٍ وَثَمُودَ

٤١ـ١٤ إِذْ جَآءَتْهُمُ ٱلرُّسُلُ مِنۢ بَيْنِ أَيْدِيهِمْ وَمِنْ خَلْفِهِمْ أَلَّا تَعْبُدُوٓا۟ إِلَّا ٱللَّهَ ۖ قَالُوا۟
لَوْ شَآءَ رَبُّنَا لَأَنزَلَ مَلَٰٓئِكَةً فَإِنَّا بِمَآ أُرْسِلْتُم بِهِۦ كَٰفِرُونَ ٤١ـ١٥ فَأَمَّا عَادٌ فَٱسْتَكْبَرُوا۟
فِى ٱلْأَرْضِ بِغَيْرِ ٱلْحَقِّ وَقَالُوا۟ مَنْ أَشَدُّ مِنَّا قُوَّةً ۖ أَوَلَمْ يَرَوْا۟ أَنَّ ٱللَّهَ ٱلَّذِى خَلَقَهُمْ
هُوَ أَشَدُّ مِنْهُمْ قُوَّةً ۖ وَكَانُوا۟ بِـَٔايَٰتِنَا يَجْحَدُونَ ٤١ـ١٦ فَأَرْسَلْنَا عَلَيْهِمْ رِيحًا صَرْصَرًا
فِىٓ أَيَّامٍ نَّحِسَاتٍ لِّنُذِيقَهُمْ عَذَابَ ٱلْخِزْىِ فِى ٱلْحَيَوٰةِ ٱلدُّنْيَا ۖ وَلَعَذَابُ ٱلْءَاخِرَةِ أَخْزَىٰ
ۖ وَهُمْ لَا يُنصَرُونَ ٤١ـ١٧ وَأَمَّا ثَمُودُ فَهَدَيْنَٰهُمْ فَٱسْتَحَبُّوا۟ ٱلْعَمَىٰ عَلَى ٱلْهُدَىٰ
فَأَخَذَتْهُمْ صَٰعِقَةُ ٱلْعَذَابِ ٱلْهُونِ بِمَا كَانُوا۟ يَكْسِبُونَ ٤١ـ١٨ وَنَجَّيْنَا ٱلَّذِينَ ءَامَنُوا۟
وَكَانُوا۟ يَتَّقُونَ ٤١ـ١٩ وَيَوْمَ يُحْشَرُ أَعْدَآءُ ٱللَّهِ إِلَى ٱلنَّارِ فَهُمْ يُوزَعُونَ ٤١ـ٢٠ حَتَّىٰٓ
إِذَا مَا جَآءُوهَا شَهِدَ عَلَيْهِمْ سَمْعُهُمْ وَأَبْصَٰرُهُمْ وَجُلُودُهُم بِمَا كَانُوا۟ يَعْمَلُونَ
٤١ـ٢١ وَقَالُوا۟ لِجُلُودِهِمْ لِمَ شَهِدتُّمْ عَلَيْنَا ۖ قَالُوٓا۟ أَنطَقَنَا ٱللَّهُ ٱلَّذِىٓ أَنطَقَ كُلَّ
شَىْءٍ وَهُوَ خَلَقَكُمْ أَوَّلَ مَرَّةٍ وَإِلَيْهِ تُرْجَعُونَ ٤١ـ٢٢ وَمَا كُنتُمْ تَسْتَتِرُونَ أَن يَشْهَدَ
عَلَيْكُمْ سَمْعُكُمْ وَلَآ أَبْصَٰرُكُمْ وَلَا جُلُودُكُمْ وَلَٰكِن ظَنَنتُمْ أَنَّ ٱللَّهَ لَا يَعْلَمُ كَثِيرًا مِّمَّا
تَعْمَلُونَ ٤١ـ٢٣ وَذَٰلِكُمْ ظَنُّكُمُ ٱلَّذِى ظَنَنتُم بِرَبِّكُمْ أَرْدَىٰكُمْ فَأَصْبَحْتُم مِّنَ ٱلْخَٰسِرِينَ
٤١ـ٢٤ فَإِن يَصْبِرُوا۟ فَٱلنَّارُ مَثْوًى لَّهُمْ ۖ وَإِن يَسْتَعْتِبُوا۟ فَمَا هُم مِّنَ ٱلْمُعْتَبِينَ
٤١ـ٢٥ وَقَيَّضْنَا لَهُمْ قُرَنَآءَ فَزَيَّنُوا۟ لَهُم مَّا بَيْنَ أَيْدِيهِمْ وَمَا خَلْفَهُمْ وَحَقَّ عَلَيْهِمُ
ٱلْقَوْلُ فِىٓ أُمَمٍ قَدْ خَلَتْ مِن قَبْلِهِم مِّنَ ٱلْجِنِّ وَٱلْإِنسِ ۖ إِنَّهُمْ كَانُوا۟ خَٰسِرِينَ
٤١ـ٢٦ وَقَالَ ٱلَّذِينَ كَفَرُوا۟ لَا تَسْمَعُوا۟ لِهَٰذَا ٱلْقُرْءَانِ وَٱلْغَوْا۟ فِيهِ لَعَلَّكُمْ تَغْلِبُونَ
٤١ـ٢٧ فَلَنُذِيقَنَّ ٱلَّذِينَ كَفَرُوا۟ عَذَابًا شَدِيدًا وَلَنَجْزِيَنَّهُمْ أَسْوَأَ ٱلَّذِى كَانُوا۟ يَعْمَلُونَ
٤١ـ٢٨ ذَٰلِكَ جَزَآءُ أَعْدَآءِ ٱللَّهِ ٱلنَّارُ ۖ لَهُمْ فِيهَا دَارُ ٱلْخُلْدِ ۖ جَزَآءًۢ بِمَا كَانُوا۟ بِـَٔايَٰتِنَا
يَجْحَدُونَ ٤١ـ٢٩ وَقَالَ ٱلَّذِينَ كَفَرُوا۟ رَبَّنَآ أَرِنَا ٱلَّذَيْنِ أَضَلَّانَا مِنَ ٱلْجِنِّ وَٱلْإِنسِ
نَجْعَلْهُمَا تَحْتَ أَقْدَامِنَا لِيَكُونَا مِنَ ٱلْأَسْفَلِينَ ٤١ـ٣٠ إِنَّ ٱلَّذِينَ قَالُوا۟ رَبُّنَا ٱللَّهُ ثُمَّ
ٱسْتَقَٰمُوا۟ تَتَنَزَّلُ عَلَيْهِمُ ٱلْمَلَٰٓئِكَةُ أَلَّا تَخَافُوا۟ وَلَا تَحْزَنُوا۟ وَأَبْشِرُوا۟ بِٱلْجَنَّةِ ٱلَّتِى كُنتُمْ
تُوعَدُونَ ٤١ـ٣١ نَحْنُ أَوْلِيَآؤُكُمْ فِى ٱلْحَيَوٰةِ ٱلدُّنْيَا وَفِى ٱلْءَاخِرَةِ ۖ وَلَكُمْ فِيهَا مَا
تَشْتَهِىٓ أَنفُسُكُمْ وَلَكُمْ فِيهَا مَا تَدَّعُونَ ٤١ـ٣٢ نُزُلًا مِّنْ غَفُورٍ رَّحِيمٍ ٤١ـ٣٣ وَمَنْ
أَحْسَنُ قَوْلًا مِّمَّن دَعَآ إِلَى ٱللَّهِ وَعَمِلَ صَٰلِحًا وَقَالَ إِنَّنِى مِنَ ٱلْمُسْلِمِينَ ٤١ـ٣٤ وَلَا
تَسْتَوِى ٱلْحَسَنَةُ وَلَا ٱلسَّيِّئَةُ ۚ ٱدْفَعْ بِٱلَّتِى هِىَ أَحْسَنُ فَإِذَا ٱلَّذِى بَيْنَكَ وَبَيْنَهُۥ عَدَٰوَةٌ
كَأَنَّهُۥ وَلِىٌّ حَمِيمٌ ٤١ـ٣٥ وَمَا يُلَقَّىٰهَآ إِلَّا ٱلَّذِينَ صَبَرُوا۟ وَمَا يُلَقَّىٰهَآ إِلَّا ذُو حَظٍّ
عَظِيمٍ ٤١ـ٣٦ وَإِمَّا يَنزَغَنَّكَ مِنَ ٱلشَّيْطَٰنِ نَزْغٌ فَٱسْتَعِذْ بِٱللَّهِ ۖ إِنَّهُۥ هُوَ ٱلسَّمِيعُ

ٱلْعَلِيمُ ٤١-٣٧ وَمِنْ ءَايَٰتِهِ ٱلَّيْلُ وَٱلنَّهَارُ وَٱلشَّمْسُ وَٱلْقَمَرُ ۚ لَا تَسْجُدُوا۟ لِلشَّمْسِ
وَلَا لِلْقَمَرِ وَٱسْجُدُوا۟ لِلَّهِ ٱلَّذِى خَلَقَهُنَّ إِن كُنتُمْ إِيَّاهُ تَعْبُدُونَ ٤١-٣٨ فَإِنِ ٱسْتَكْبَرُوا۟
فَٱلَّذِينَ عِندَ رَبِّكَ يُسَبِّحُونَ لَهُۥ بِٱلَّيْلِ وَٱلنَّهَارِ وَهُمْ لَا يَسْـَٔمُونَ ٤١-٣٩ وَمِنْ ءَايَٰتِهِۦٓ
أَنَّكَ تَرَى ٱلْأَرْضَ خَٰشِعَةً فَإِذَآ أَنزَلْنَا عَلَيْهَا ٱلْمَآءَ ٱهْتَزَّتْ وَرَبَتْ ۚ إِنَّ ٱلَّذِىٓ أَحْيَاهَا
لَمُحْىِ ٱلْمَوْتَىٰٓ ۚ إِنَّهُۥ عَلَىٰ كُلِّ شَىْءٍ قَدِيرٌ ٤١-٤٠ إِنَّ ٱلَّذِينَ يُلْحِدُونَ فِىٓ ءَايَٰتِنَا لَا
يَخْفَوْنَ عَلَيْنَآ ۗ أَفَمَن يُلْقَىٰ فِى ٱلنَّارِ خَيْرٌ أَم مَّن يَأْتِىٓ ءَامِنًا يَوْمَ ٱلْقِيَٰمَةِ ۚ ٱعْمَلُوا۟ مَا
شِئْتُمْ ۖ إِنَّهُۥ بِمَا تَعْمَلُونَ بَصِيرٌ ٤١-٤١ إِنَّ ٱلَّذِينَ كَفَرُوا۟ بِٱلذِّكْرِ لَمَّا جَآءَهُمْ ۖ وَإِنَّهُۥ
لَكِتَٰبٌ عَزِيزٌ ٤١-٤٢ لَّا يَأْتِيهِ ٱلْبَٰطِلُ مِنۢ بَيْنِ يَدَيْهِ وَلَا مِنْ خَلْفِهِۦ ۖ تَنزِيلٌ مِّنْ حَكِيمٍ
حَمِيدٍ ٤١-٤٣ مَّا يُقَالُ لَكَ إِلَّا مَا قَدْ قِيلَ لِلرُّسُلِ مِن قَبْلِكَ ۚ إِنَّ رَبَّكَ لَذُو مَغْفِرَةٍ
وَذُو عِقَابٍ أَلِيمٍ ٤١-٤٤ وَلَوْ جَعَلْنَٰهُ قُرْءَانًا أَعْجَمِيًّا لَّقَالُوا۟ لَوْلَا فُصِّلَتْ ءَايَٰتُهُۥٓ ۖ
ءَا۬عْجَمِىٌّ وَعَرَبِىٌّ ۗ قُلْ هُوَ لِلَّذِينَ ءَامَنُوا۟ هُدًى وَشِفَآءٌ ۖ وَٱلَّذِينَ لَا يُؤْمِنُونَ فِىٓ
ءَاذَانِهِمْ وَقْرٌ وَهُوَ عَلَيْهِمْ عَمًى ۚ أُو۟لَٰٓئِكَ يُنَادَوْنَ مِن مَّكَانٍۭ بَعِيدٍ ٤١-٤٥ وَلَقَدْ
ءَاتَيْنَا مُوسَى ٱلْكِتَٰبَ فَٱخْتُلِفَ فِيهِ ۗ وَلَوْلَا كَلِمَةٌ سَبَقَتْ مِن رَّبِّكَ لَقُضِىَ بَيْنَهُمْ ۚ
وَإِنَّهُمْ لَفِى شَكٍّ مِّنْهُ مُرِيبٍ ٤١-٤٦ مَّنْ عَمِلَ صَٰلِحًا فَلِنَفْسِهِۦ ۖ وَمَنْ أَسَآءَ فَعَلَيْهَا ۗ
وَمَا رَبُّكَ بِظَلَّٰمٍ لِّلْعَبِيدِ ٤١-٤٧ إِلَيْهِ يُرَدُّ عِلْمُ ٱلسَّاعَةِ ۚ وَمَا تَخْرُجُ مِن ثَمَرَٰتٍ مِّنْ
أَكْمَامِهَا وَمَا تَحْمِلُ مِنْ أُنثَىٰ وَلَا تَضَعُ إِلَّا بِعِلْمِهِۦ ۚ وَيَوْمَ يُنَادِيهِمْ أَيْنَ شُرَكَآءِى
قَالُوٓا۟ ءَاذَنَّٰكَ مَا مِنَّا مِن شَهِيدٍ ٤١-٤٨ وَضَلَّ عَنْهُم مَّا كَانُوا۟ يَدْعُونَ مِن قَبْلُ ۖ
وَظَنُّوا۟ مَا لَهُم مِّن مَّحِيصٍ ٤١-٤٩ لَّا يَسْـَٔمُ ٱلْإِنسَٰنُ مِن دُعَآءِ ٱلْخَيْرِ وَإِن مَّسَّهُ ٱلشَّرُّ
فَيَـُٔوسٌ قَنُوطٌ ٤١-٥٠ وَلَئِنْ أَذَقْنَٰهُ رَحْمَةً مِّنَّا مِنۢ بَعْدِ ضَرَّآءَ مَسَّتْهُ لَيَقُولَنَّ هَٰذَا لِى
وَمَآ أَظُنُّ ٱلسَّاعَةَ قَآئِمَةً وَلَئِن رُّجِعْتُ إِلَىٰ رَبِّىٓ إِنَّ لِى عِندَهُۥ لَلْحُسْنَىٰ ۚ فَلَنُنَبِّئَنَّ
ٱلَّذِينَ كَفَرُوا۟ بِمَا عَمِلُوا۟ وَلَنُذِيقَنَّهُم مِّنْ عَذَابٍ غَلِيظٍ ٤١-٥١ وَإِذَآ أَنْعَمْنَا عَلَى
ٱلْإِنسَٰنِ أَعْرَضَ وَنَـَٔا بِجَانِبِهِۦ وَإِذَا مَسَّهُ ٱلشَّرُّ فَذُو دُعَآءٍ عَرِيضٍ ٤١-٥٢ قُلْ أَرَءَيْتُمْ إِن
كَانَ مِنْ عِندِ ٱللَّهِ ثُمَّ كَفَرْتُم بِهِۦ مَنْ أَضَلُّ مِمَّنْ هُوَ فِى شِقَاقٍۭ بَعِيدٍ
٤١-٥٣ سَنُرِيهِمْ ءَايَٰتِنَا فِى ٱلْءَافَاقِ وَفِىٓ أَنفُسِهِمْ حَتَّىٰ يَتَبَيَّنَ لَهُمْ أَنَّهُ ٱلْحَقُّ ۗ
أَوَلَمْ يَكْفِ بِرَبِّكَ أَنَّهُۥ عَلَىٰ كُلِّ شَىْءٍ شَهِيدٌ ٤١-٥٤ أَلَآ إِنَّهُمْ فِى مِرْيَةٍ مِّن لِّقَآءِ
رَبِّهِمْ ۗ أَلَآ إِنَّهُۥ بِكُلِّ شَىْءٍ مُّحِيطٌۢ ٤٢-١ حمٓ ٤٢-٢ عٓسٓقٓ ٤٢-٣ كَذَٰلِكَ يُوحِىٓ إِلَيْكَ
وَإِلَى ٱلَّذِينَ مِن قَبْلِكَ ٱللَّهُ ٱلْعَزِيزُ ٱلْحَكِيمُ ٤٢-٤ لَهُۥ مَا فِى ٱلسَّمَٰوَٰتِ وَمَا فِى
ٱلْأَرْضِ ۖ وَهُوَ ٱلْعَلِىُّ ٱلْعَظِيمُ ٤٢-٥ تَكَادُ ٱلسَّمَٰوَٰتُ يَتَفَطَّرْنَ مِن فَوْقِهِنَّ ۚ وَٱلْمَلَٰٓئِكَةُ

يُسَبِّحُونَ بِحَمْدِ رَبِّهِمْ وَيَسْتَغْفِرُونَ لِمَن فِى ٱلْأَرْضِ ۗ أَلَآ إِنَّ ٱللَّهَ هُوَ ٱلْغَفُورُ ٱلرَّحِيمُ
٤٢ـ٦ وَٱلَّذِينَ ٱتَّخَذُوا۟ مِن دُونِهِۦٓ أَوْلِيَآءَ ٱللَّهُ حَفِيظٌ عَلَيْهِمْ وَمَآ أَنتَ عَلَيْهِم بِوَكِيلٍ
٤٢ـ٧ وَكَذَٰلِكَ أَوْحَيْنَآ إِلَيْكَ قُرْءَانًا عَرَبِيًّا لِّتُنذِرَ أُمَّ ٱلْقُرَىٰ وَمَنْ حَوْلَهَا وَتُنذِرَ يَوْمَ
ٱلْجَمْعِ لَا رَيْبَ فِيهِ ۚ فَرِيقٌ فِى ٱلْجَنَّةِ وَفَرِيقٌ فِى ٱلسَّعِيرِ ٤٢ـ٨ وَلَوْ شَآءَ ٱللَّهُ
لَجَعَلَهُمْ أُمَّةً وَٰحِدَةً وَلَٰكِن يُدْخِلُ مَن يَشَآءُ فِى رَحْمَتِهِۦ ۚ وَٱلظَّٰلِمُونَ مَا لَهُم مِّن
وَلِىٍّ وَلَا نَصِيرٍ ٤٢ـ٩ أَمِ ٱتَّخَذُوا۟ مِن دُونِهِۦٓ أَوْلِيَآءَ ۖ فَٱللَّهُ هُوَ ٱلْوَلِىُّ وَهُوَ يُحْىِ
ٱلْمَوْتَىٰ وَهُوَ عَلَىٰ كُلِّ شَىْءٍ قَدِيرٌ ٤٢ـ١٠ وَمَا ٱخْتَلَفْتُمْ فِيهِ مِن شَىْءٍ فَحُكْمُهُۥٓ
إِلَى ٱللَّهِ ۚ ذَٰلِكُمُ ٱللَّهُ رَبِّى عَلَيْهِ تَوَكَّلْتُ وَإِلَيْهِ أُنِيبُ ٤٢ـ١١ فَاطِرُ ٱلسَّمَٰوَٰتِ وَٱلْأَرْضِ ۚ
جَعَلَ لَكُم مِّنْ أَنفُسِكُمْ أَزْوَٰجًا وَمِنَ ٱلْأَنْعَٰمِ أَزْوَٰجًا ۖ يَذْرَؤُكُمْ فِيهِ ۚ لَيْسَ كَمِثْلِهِۦ شَىْءٌ
ۖ وَهُوَ ٱلسَّمِيعُ ٱلْبَصِيرُ ٤٢ـ١٢ لَهُۥ مَقَالِيدُ ٱلسَّمَٰوَٰتِ وَٱلْأَرْضِ ۖ يَبْسُطُ ٱلرِّزْقَ لِمَن يَشَآءُ
وَيَقْدِرُ ۚ إِنَّهُۥ بِكُلِّ شَىْءٍ عَلِيمٌ ٤٢ـ١٣ شَرَعَ لَكُم مِّنَ ٱلدِّينِ مَا وَصَّىٰ بِهِۦ نُوحًا وَٱلَّذِىٓ
أَوْحَيْنَآ إِلَيْكَ وَمَا وَصَّيْنَا بِهِۦٓ إِبْرَٰهِيمَ وَمُوسَىٰ وَعِيسَىٰٓ ۖ أَنْ أَقِيمُوا۟ ٱلدِّينَ وَلَا
تَتَفَرَّقُوا۟ فِيهِ ۚ كَبُرَ عَلَى ٱلْمُشْرِكِينَ مَا تَدْعُوهُمْ إِلَيْهِ ۚ ٱللَّهُ يَجْتَبِىٓ إِلَيْهِ مَن يَشَآءُ
وَيَهْدِىٓ إِلَيْهِ مَن يُنِيبُ ٤٢ـ١٤ وَمَا تَفَرَّقُوٓا۟ إِلَّا مِنۢ بَعْدِ مَا جَآءَهُمُ ٱلْعِلْمُ بَغْيًۢا بَيْنَهُمْ
ۚ وَلَوْلَا كَلِمَةٌ سَبَقَتْ مِن رَّبِّكَ إِلَىٰٓ أَجَلٍ مُّسَمًّى لَّقُضِىَ بَيْنَهُمْ ۚ وَإِنَّ ٱلَّذِينَ أُورِثُوا۟
ٱلْكِتَٰبَ مِنۢ بَعْدِهِمْ لَفِى شَكٍّ مِّنْهُ مُرِيبٍ ٤٢ـ١٥ فَلِذَٰلِكَ فَٱدْعُ ۖ وَٱسْتَقِمْ كَمَآ أُمِرْتَ ۖ
وَلَا تَتَّبِعْ أَهْوَآءَهُمْ ۖ وَقُلْ ءَامَنتُ بِمَآ أَنزَلَ ٱللَّهُ مِن كِتَٰبٍ ۖ وَأُمِرْتُ لِأَعْدِلَ بَيْنَكُمُ ۖ ٱللَّهُ
رَبُّنَا وَرَبُّكُمْ ۖ لَنَآ أَعْمَٰلُنَا وَلَكُمْ أَعْمَٰلُكُمْ ۖ لَا حُجَّةَ بَيْنَنَا وَبَيْنَكُمُ ۖ ٱللَّهُ يَجْمَعُ بَيْنَنَا ۖ وَإِلَيْهِ
ٱلْمَصِيرُ ٤٢ـ١٦ وَٱلَّذِينَ يُحَآجُّونَ فِى ٱللَّهِ مِنۢ بَعْدِ مَا ٱسْتُجِيبَ لَهُۥ حُجَّتُهُمْ دَاحِضَةٌ
عِندَ رَبِّهِمْ وَعَلَيْهِمْ غَضَبٌ وَلَهُمْ عَذَابٌ شَدِيدٌ ٤٢ـ١٧ ٱللَّهُ ٱلَّذِىٓ أَنزَلَ ٱلْكِتَٰبَ بِٱلْحَقِّ
وَٱلْمِيزَانَ ۗ وَمَا يُدْرِيكَ لَعَلَّ ٱلسَّاعَةَ قَرِيبٌ ٤٢ـ١٨ يَسْتَعْجِلُ بِهَا ٱلَّذِينَ لَا يُؤْمِنُونَ
بِهَا ۖ وَٱلَّذِينَ ءَامَنُوا۟ مُشْفِقُونَ مِنْهَا وَيَعْلَمُونَ أَنَّهَا ٱلْحَقُّ ۗ أَلَآ إِنَّ ٱلَّذِينَ يُمَارُونَ
فِى ٱلسَّاعَةِ لَفِى ضَلَٰلٍۭ بَعِيدٍ ٤٢ـ١٩ ٱللَّهُ لَطِيفٌۢ بِعِبَادِهِۦ يَرْزُقُ مَن يَشَآءُ ۖ وَهُوَ
ٱلْقَوِىُّ ٱلْعَزِيزُ ٤٢ـ٢٠ مَن كَانَ يُرِيدُ حَرْثَ ٱلْءَاخِرَةِ نَزِدْ لَهُۥ فِى حَرْثِهِۦ ۖ وَمَن كَانَ يُرِيدُ
حَرْثَ ٱلدُّنْيَا نُؤْتِهِۦ مِنْهَا وَمَا لَهُۥ فِى ٱلْءَاخِرَةِ مِن نَّصِيبٍ ٤٢ـ٢١ أَمْ لَهُمْ شُرَكَٰٓؤُا۟
شَرَعُوا۟ لَهُم مِّنَ ٱلدِّينِ مَا لَمْ يَأْذَنۢ بِهِ ٱللَّهُ ۚ وَلَوْلَا كَلِمَةُ ٱلْفَصْلِ لَقُضِىَ بَيْنَهُمْ ۗ وَإِنَّ
ٱلظَّٰلِمِينَ لَهُمْ عَذَابٌ أَلِيمٌ ٤٢ـ٢٢ تَرَى ٱلظَّٰلِمِينَ مُشْفِقِينَ مِمَّا كَسَبُوا۟ وَهُوَ وَاقِعٌۢ
بِهِمْ ۗ وَٱلَّذِينَ ءَامَنُوا۟ وَعَمِلُوا۟ ٱلصَّٰلِحَٰتِ فِى رَوْضَاتِ ٱلْجَنَّاتِ ۖ لَهُم مَّا يَشَآءُونَ عِندَ

رَبِّهِمْ ۚ ذَٰلِكَ هُوَ ٱلْفَضْلُ ٱلْكَبِيرُ ٤٢-٢٣ ذَٰلِكَ ٱلَّذِى يُبَشِّرُ ٱللَّهُ عِبَادَهُ ٱلَّذِينَ ءَامَنُوا۟
وَعَمِلُوا۟ ٱلصَّٰلِحَٰتِ ۗ قُل لَّآ أَسْـَٔلُكُمْ عَلَيْهِ أَجْرًا إِلَّا ٱلْمَوَدَّةَ فِى ٱلْقُرْبَىٰ ۗ وَمَن يَقْتَرِفْ
حَسَنَةً نَّزِدْ لَهُۥ فِيهَا حُسْنًا ۚ إِنَّ ٱللَّهَ غَفُورٌ شَكُورٌ ٤٢-٢٤ أَمْ يَقُولُونَ ٱفْتَرَىٰ عَلَى
ٱللَّهِ كَذِبًا ۖ فَإِن يَشَإِ ٱللَّهُ يَخْتِمْ عَلَىٰ قَلْبِكَ ۗ وَيَمْحُ ٱللَّهُ ٱلْبَٰطِلَ وَيُحِقُّ ٱلْحَقَّ بِكَلِمَٰتِهِۦٓ ۚ
إِنَّهُۥ عَلِيمٌۢ بِذَاتِ ٱلصُّدُورِ ٤٢-٢٥ وَهُوَ ٱلَّذِى يَقْبَلُ ٱلتَّوْبَةَ عَنْ عِبَادِهِۦ وَيَعْفُوا۟ عَنِ
ٱلسَّيِّـَٔاتِ وَيَعْلَمُ مَا تَفْعَلُونَ ٤٢-٢٦ وَيَسْتَجِيبُ ٱلَّذِينَ ءَامَنُوا۟ وَعَمِلُوا۟ ٱلصَّٰلِحَٰتِ
وَيَزِيدُهُم مِّن فَضْلِهِۦ ۚ وَٱلْكَٰفِرُونَ لَهُمْ عَذَابٌ شَدِيدٌ ٤٢-٢٧ وَلَوْ بَسَطَ ٱللَّهُ ٱلرِّزْقَ
لِعِبَادِهِۦ لَبَغَوْا۟ فِى ٱلْأَرْضِ وَلَٰكِن يُنَزِّلُ بِقَدَرٍ مَّا يَشَآءُ ۚ إِنَّهُۥ بِعِبَادِهِۦ خَبِيرٌۢ بَصِيرٌ
٤٢-٢٨ وَهُوَ ٱلَّذِى يُنَزِّلُ ٱلْغَيْثَ مِنۢ بَعْدِ مَا قَنَطُوا۟ وَيَنشُرُ رَحْمَتَهُۥ ۚ وَهُوَ ٱلْوَلِىُّ
ٱلْحَمِيدُ ٤٢-٢٩ وَمِنْ ءَايَٰتِهِۦ خَلْقُ ٱلسَّمَٰوَٰتِ وَٱلْأَرْضِ وَمَا بَثَّ فِيهِمَا مِن دَآبَّةٍ ۚ وَهُوَ
عَلَىٰ جَمْعِهِمْ إِذَا يَشَآءُ قَدِيرٌ ٤٢-٣٠ وَمَآ أَصَٰبَكُم مِّن مُّصِيبَةٍ فَبِمَا كَسَبَتْ أَيْدِيكُمْ
وَيَعْفُوا۟ عَن كَثِيرٍ ٤٢-٣١ وَمَآ أَنتُم بِمُعْجِزِينَ فِى ٱلْأَرْضِ ۖ وَمَا لَكُم مِّن دُونِ ٱللَّهِ مِن
وَلِىٍّ وَلَا نَصِيرٍ ٤٢-٣٢ وَمِنْ ءَايَٰتِهِ ٱلْجَوَارِ فِى ٱلْبَحْرِ كَٱلْأَعْلَٰمِ ٤٢-٣٣ إِن يَشَأْ يُسْكِنِ
ٱلرِّيحَ فَيَظْلَلْنَ رَوَاكِدَ عَلَىٰ ظَهْرِهِۦٓ ۚ إِنَّ فِى ذَٰلِكَ لَءَايَٰتٍ لِّكُلِّ صَبَّارٍ شَكُورٍ ٤٢-٣٤ أَوْ
يُوبِقْهُنَّ بِمَا كَسَبُوا۟ وَيَعْفُ عَن كَثِيرٍ ٤٢-٣٥ وَيَعْلَمَ ٱلَّذِينَ يُجَٰدِلُونَ فِىٓ ءَايَٰتِنَا مَا
لَهُم مِّن مَّحِيصٍ ٤٢-٣٦ فَمَآ أُوتِيتُم مِّن شَىْءٍ فَمَتَٰعُ ٱلْحَيَوٰةِ ٱلدُّنْيَا ۖ وَمَا عِندَ ٱللَّهِ
خَيْرٌ وَأَبْقَىٰ لِلَّذِينَ ءَامَنُوا۟ وَعَلَىٰ رَبِّهِمْ يَتَوَكَّلُونَ ٤٢-٣٧ وَٱلَّذِينَ يَجْتَنِبُونَ كَبَٰٓئِرَ ٱلْإِثْمِ
وَٱلْفَوَٰحِشَ وَإِذَا مَا غَضِبُوا۟ هُمْ يَغْفِرُونَ ٤٢-٣٨ وَٱلَّذِينَ ٱسْتَجَابُوا۟ لِرَبِّهِمْ وَأَقَامُوا۟
ٱلصَّلَوٰةَ وَأَمْرُهُمْ شُورَىٰ بَيْنَهُمْ وَمِمَّا رَزَقْنَٰهُمْ يُنفِقُونَ ٤٢-٣٩ وَٱلَّذِينَ إِذَآ أَصَابَهُمُ
ٱلْبَغْىُ هُمْ يَنتَصِرُونَ ٤٢-٤٠ وَجَزَٰٓؤُا۟ سَيِّئَةٍ سَيِّئَةٌ مِّثْلُهَا ۖ فَمَنْ عَفَا وَأَصْلَحَ فَأَجْرُهُۥ
عَلَى ٱللَّهِ ۚ إِنَّهُۥ لَا يُحِبُّ ٱلظَّٰلِمِينَ ٤٢-٤١ وَلَمَنِ ٱنتَصَرَ بَعْدَ ظُلْمِهِۦ فَأُو۟لَٰٓئِكَ مَا عَلَيْهِم
مِّن سَبِيلٍ ٤٢-٤٢ إِنَّمَا ٱلسَّبِيلُ عَلَى ٱلَّذِينَ يَظْلِمُونَ ٱلنَّاسَ وَيَبْغُونَ فِى ٱلْأَرْضِ
بِغَيْرِ ٱلْحَقِّ ۚ أُو۟لَٰٓئِكَ لَهُمْ عَذَابٌ أَلِيمٌ ٤٢-٤٣ وَلَمَن صَبَرَ وَغَفَرَ إِنَّ ذَٰلِكَ لَمِنْ عَزْمِ
ٱلْأُمُورِ ٤٢-٤٤ وَمَن يُضْلِلِ ٱللَّهُ فَمَا لَهُۥ مِن وَلِىٍّ مِّنۢ بَعْدِهِۦ ۗ وَتَرَى ٱلظَّٰلِمِينَ لَمَّا
رَأَوُا۟ ٱلْعَذَابَ يَقُولُونَ هَلْ إِلَىٰ مَرَدٍّ مِّن سَبِيلٍ ٤٢-٤٥ وَتَرَىٰهُمْ يُعْرَضُونَ عَلَيْهَا
خَٰشِعِينَ مِنَ ٱلذُّلِّ يَنظُرُونَ مِن طَرْفٍ خَفِىٍّ ۗ وَقَالَ ٱلَّذِينَ ءَامَنُوٓا۟ إِنَّ ٱلْخَٰسِرِينَ ٱلَّذِينَ
خَسِرُوٓا۟ أَنفُسَهُمْ وَأَهْلِيهِمْ يَوْمَ ٱلْقِيَٰمَةِ ۗ أَلَآ إِنَّ ٱلظَّٰلِمِينَ فِى عَذَابٍ مُّقِيمٍ
٤٢-٤٦ وَمَا كَانَ لَهُم مِّنْ أَوْلِيَآءَ يَنصُرُونَهُم مِّن دُونِ ٱللَّهِ ۗ وَمَن يُضْلِلِ ٱللَّهُ فَمَا

لَهُۥ مِن سَبِيلٍ ٤٢ـ٤٧ ٱسۡتَجِيبُواْ لِرَبِّكُم مِّن قَبۡلِ أَن يَأۡتِيَ يَوۡمٞ لَّا مَرَدَّ لَهُۥ مِنَ ٱللَّهِۚ
مَا لَكُم مِّن مَّلۡجَإٖ يَوۡمَئِذٖ وَمَا لَكُم مِّن نَّكِيرٖ ٤٢ـ٤٨ فَإِنۡ أَعۡرَضُواْ فَمَآ أَرۡسَلۡنَٰكَ عَلَيۡهِمۡ
حَفِيظًاۖ إِنۡ عَلَيۡكَ إِلَّا ٱلۡبَلَٰغُۗ وَإِنَّآ إِذَآ أَذَقۡنَا ٱلۡإِنسَٰنَ مِنَّا رَحۡمَةٗ فَرِحَ بِهَاۖ وَإِن تُصِبۡهُمۡ
سَيِّئَةُۢ بِمَا قَدَّمَتۡ أَيۡدِيهِمۡ فَإِنَّ ٱلۡإِنسَٰنَ كَفُورٞ ٤٢ـ٤٩ لِّلَّهِ مُلۡكُ ٱلسَّمَٰوَٰتِ وَٱلۡأَرۡضِۚ
يَخۡلُقُ مَا يَشَآءُۚ يَهَبُ لِمَن يَشَآءُ إِنَٰثٗا وَيَهَبُ لِمَن يَشَآءُ ٱلذُّكُورَ ٤٢ـ٥٠ أَوۡ يُزَوِّجُهُمۡ
ذُكۡرَانٗا وَإِنَٰثٗاۖ وَيَجۡعَلُ مَن يَشَآءُ عَقِيمًاۚ إِنَّهُۥ عَلِيمٞ قَدِيرٞ ٤٢ـ٥١ وَمَا كَانَ لِبَشَرٍ أَن
يُكَلِّمَهُ ٱللَّهُ إِلَّا وَحۡيًا أَوۡ مِن وَرَآيِٕ حِجَابٍ أَوۡ يُرۡسِلَ رَسُولٗا فَيُوحِيَ بِإِذۡنِهِۦ مَا يَشَآءُۚ
إِنَّهُۥ عَلِيٌّ حَكِيمٞ ٤٢ـ٥٢ وَكَذَٰلِكَ أَوۡحَيۡنَآ إِلَيۡكَ رُوحٗا مِّنۡ أَمۡرِنَاۚ مَا كُنتَ تَدۡرِي مَا
ٱلۡكِتَٰبُ وَلَا ٱلۡإِيمَٰنُ وَلَٰكِن جَعَلۡنَٰهُ نُورٗا نَّهۡدِي بِهِۦ مَن نَّشَآءُ مِنۡ عِبَادِنَاۚ وَإِنَّكَ لَتَهۡدِيٓ
إِلَىٰ صِرَٰطٖ مُّسۡتَقِيمٖ ٤٢ـ٥٣ صِرَٰطِ ٱللَّهِ ٱلَّذِي لَهُۥ مَا فِي ٱلسَّمَٰوَٰتِ وَمَا فِي ٱلۡأَرۡضِۗ
أَلَآ إِلَى ٱللَّهِ تَصِيرُ ٱلۡأُمُورُ ٤٣ـ١ حمٓ ٤٣ـ٢ وَٱلۡكِتَٰبِ ٱلۡمُبِينِ ٤٣ـ٣ إِنَّا جَعَلۡنَٰهُ قُرۡءَٰنًا
عَرَبِيّٗا لَّعَلَّكُمۡ تَعۡقِلُونَ ٤٣ـ٤ وَإِنَّهُۥ فِيٓ أُمِّ ٱلۡكِتَٰبِ لَدَيۡنَا لَعَلِيٌّ حَكِيمٌ ٤٣ـ٥ أَفَنَضۡرِبُ
عَنكُمُ ٱلذِّكۡرَ صَفۡحًا أَن كُنتُمۡ قَوۡمٗا مُّسۡرِفِينَ ٤٣ـ٦ وَكَمۡ أَرۡسَلۡنَا مِن نَّبِيّٖ فِي
ٱلۡأَوَّلِينَ ٤٣ـ٧ وَمَا يَأۡتِيهِم مِّن نَّبِيٍّ إِلَّا كَانُواْ بِهِۦ يَسۡتَهۡزِءُونَ ٤٣ـ٨ فَأَهۡلَكۡنَآ أَشَدَّ
مِنۡهُم بَطۡشٗا وَمَضَىٰ مَثَلُ ٱلۡأَوَّلِينَ ٤٣ـ٩ وَلَئِن سَأَلۡتَهُم مَّنۡ خَلَقَ ٱلسَّمَٰوَٰتِ
وَٱلۡأَرۡضَ لَيَقُولُنَّ خَلَقَهُنَّ ٱلۡعَزِيزُ ٱلۡعَلِيمُ ٤٣ـ١٠ ٱلَّذِي جَعَلَ لَكُمُ ٱلۡأَرۡضَ مَهۡدٗا وَجَعَلَ
لَكُمۡ فِيهَا سُبُلٗا لَّعَلَّكُمۡ تَهۡتَدُونَ ٤٣ـ١١ وَٱلَّذِي نَزَّلَ مِنَ ٱلسَّمَآءِ مَآءَۢ بِقَدَرٖ فَأَنشَرۡنَا
بِهِۦ بَلۡدَةٗ مَّيۡتٗاۚ كَذَٰلِكَ تُخۡرَجُونَ ٤٣ـ١٢ وَٱلَّذِي خَلَقَ ٱلۡأَزۡوَٰجَ كُلَّهَا وَجَعَلَ لَكُم مِّنَ
ٱلۡفُلۡكِ وَٱلۡأَنۡعَٰمِ مَا تَرۡكَبُونَ ٤٣ـ١٣ لِتَسۡتَوُۥاْ عَلَىٰ ظُهُورِهِۦ ثُمَّ تَذۡكُرُواْ نِعۡمَةَ رَبِّكُمۡ إِذَا
ٱسۡتَوَيۡتُمۡ عَلَيۡهِ وَتَقُولُواْ سُبۡحَٰنَ ٱلَّذِي سَخَّرَ لَنَا هَٰذَا وَمَا كُنَّا لَهُۥ مُقۡرِنِينَ ٤٣ـ١٤ وَإِنَّآ
إِلَىٰ رَبِّنَا لَمُنقَلِبُونَ ٤٣ـ١٥ وَجَعَلُواْ لَهُۥ مِنۡ عِبَادِهِۦ جُزۡءًاۚ إِنَّ ٱلۡإِنسَٰنَ لَكَفُورٞ مُّبِينٌ
٤٣ـ١٦ أَمِ ٱتَّخَذَ مِمَّا يَخۡلُقُ بَنَاتٖ وَأَصۡفَىٰكُم بِٱلۡبَنِينَ ٤٣ـ١٧ وَإِذَا بُشِّرَ أَحَدُهُم بِمَا
ضَرَبَ لِلرَّحۡمَٰنِ مَثَلٗا ظَلَّ وَجۡهُهُۥ مُسۡوَدّٗا وَهُوَ كَظِيمٌ ٤٣ـ١٨ أَوَمَن يُنَشَّؤُاْ فِي
ٱلۡحِلۡيَةِ وَهُوَ فِي ٱلۡخِصَامِ غَيۡرُ مُبِينٖ ٤٣ـ١٩ وَجَعَلُواْ ٱلۡمَلَٰٓئِكَةَ ٱلَّذِينَ هُمۡ عِبَٰدُ ٱلرَّحۡمَٰنِ
إِنَٰثًاۚ أَشَهِدُواْ خَلۡقَهُمۡۚ سَتُكۡتَبُ شَهَٰدَتُهُمۡ وَيُسۡـَٔلُونَ ٤٣ـ٢٠ وَقَالُواْ لَوۡ شَآءَ ٱلرَّحۡمَٰنُ
مَا عَبَدۡنَٰهُمۗ مَّا لَهُم بِذَٰلِكَ مِنۡ عِلۡمٍۖ إِنۡ هُمۡ إِلَّا يَخۡرُصُونَ ٤٣ـ٢١ أَمۡ ءَاتَيۡنَٰهُمۡ كِتَٰبٗا
مِّن قَبۡلِهِۦ فَهُم بِهِۦ مُسۡتَمۡسِكُونَ ٤٣ـ٢٢ بَلۡ قَالُوٓاْ إِنَّا وَجَدۡنَآ ءَابَآءَنَا عَلَىٰٓ أُمَّةٖ وَإِنَّا
عَلَىٰٓ ءَاثَٰرِهِم مُّهۡتَدُونَ ٤٣ـ٢٣ وَكَذَٰلِكَ مَآ أَرۡسَلۡنَا مِن قَبۡلِكَ فِي قَرۡيَةٖ مِّن نَّذِيرٍ إِلَّا

قَالَ مُتْرَفُوهَآ إِنَّا وَجَدْنَآ ءَابَآءَنَا عَلَىٰٓ أُمَّةٍ وَإِنَّا عَلَىٰٓ ءَاثَٰرِهِم مُّقْتَدُونَ ٤٣ـ٢٤ قَٰلَ
أَوَلَوْ جِئْتُكُم بِأَهْدَىٰ مِمَّا وَجَدتُّمْ عَلَيْهِ ءَابَآءَكُمْ ۖ قَالُوٓا۟ إِنَّا بِمَآ أُرْسِلْتُم بِهِۦ كَٰفِرُونَ
٤٣ـ٢٥ فَٱنتَقَمْنَا مِنْهُمْ ۖ فَٱنظُرْ كَيْفَ كَانَ عَٰقِبَةُ ٱلْمُكَذِّبِينَ ٤٣ـ٢٦ وَإِذْ قَالَ إِبْرَٰهِيمُ
لِأَبِيهِ وَقَوْمِهِۦٓ إِنَّنِى بَرَآءٌ مِّمَّا تَعْبُدُونَ ٤٣ـ٢٧ إِلَّا ٱلَّذِى فَطَرَنِى فَإِنَّهُۥ سَيَهْدِينِ
٤٣ـ٢٨ وَجَعَلَهَا كَلِمَةًۢ بَاقِيَةً فِى عَقِبِهِۦ لَعَلَّهُمْ يَرْجِعُونَ ٤٣ـ٢٩ بَلْ مَتَّعْتُ هَٰٓؤُلَآءِ
وَءَابَآءَهُمْ حَتَّىٰ جَآءَهُمُ ٱلْحَقُّ وَرَسُولٌ مُّبِينٌ ٤٣ـ٣٠ وَلَمَّا جَآءَهُمُ ٱلْحَقُّ قَالُوا۟ هَٰذَا
سِحْرٌ وَإِنَّا بِهِۦ كَٰفِرُونَ ٤٣ـ٣١ وَقَالُوا۟ لَوْلَا نُزِّلَ هَٰذَا ٱلْقُرْءَانُ عَلَىٰ رَجُلٍ مِّنَ ٱلْقَرْيَتَيْنِ
عَظِيمٍ ٤٣ـ٣٢ أَهُمْ يَقْسِمُونَ رَحْمَتَ رَبِّكَ ۚ نَحْنُ قَسَمْنَا بَيْنَهُم مَّعِيشَتَهُمْ فِى
ٱلْحَيَوٰةِ ٱلدُّنْيَا ۚ وَرَفَعْنَا بَعْضَهُمْ فَوْقَ بَعْضٍ دَرَجَٰتٍ لِّيَتَّخِذَ بَعْضُهُم بَعْضًا سُخْرِيًّا ۗ
وَرَحْمَتُ رَبِّكَ خَيْرٌ مِّمَّا يَجْمَعُونَ ٤٣ـ٣٣ وَلَوْلَآ أَن يَكُونَ ٱلنَّاسُ أُمَّةً وَٰحِدَةً لَّجَعَلْنَا
لِمَن يَكْفُرُ بِٱلرَّحْمَٰنِ لِبُيُوتِهِمْ سُقُفًا مِّن فِضَّةٍ وَمَعَارِجَ عَلَيْهَا يَظْهَرُونَ
٤٣ـ٣٤ وَلِبُيُوتِهِمْ أَبْوَٰبًا وَسُرُرًا عَلَيْهَا يَتَّكِـُٔونَ ٤٣ـ٣٥ وَزُخْرُفًا ۚ وَإِن كُلُّ ذَٰلِكَ لَمَّا
مَتَٰعُ ٱلْحَيَوٰةِ ٱلدُّنْيَا ۚ وَٱلْءَاخِرَةُ عِندَ رَبِّكَ لِلْمُتَّقِينَ ٤٣ـ٣٦ وَمَن يَعْشُ عَن ذِكْرِ
ٱلرَّحْمَٰنِ نُقَيِّضْ لَهُۥ شَيْطَٰنًا فَهُوَ لَهُۥ قَرِينٌ ٤٣ـ٣٧ وَإِنَّهُمْ لَيَصُدُّونَهُمْ عَنِ ٱلسَّبِيلِ
وَيَحْسَبُونَ أَنَّهُم مُّهْتَدُونَ ٤٣ـ٣٨ حَتَّىٰٓ إِذَا جَآءَنَا قَالَ يَٰلَيْتَ بَيْنِى وَبَيْنَكَ بُعْدَ
ٱلْمَشْرِقَيْنِ فَبِئْسَ ٱلْقَرِينُ ٤٣ـ٣٩ وَلَن يَنفَعَكُمُ ٱلْيَوْمَ إِذ ظَّلَمْتُمْ أَنَّكُمْ فِى ٱلْعَذَابِ
مُشْتَرِكُونَ ٤٣ـ٤٠ أَفَأَنتَ تُسْمِعُ ٱلصُّمَّ أَوْ تَهْدِى ٱلْعُمْىَ وَمَن كَانَ فِى ضَلَٰلٍ مُّبِينٍ
٤٣ـ٤١ فَإِمَّا نَذْهَبَنَّ بِكَ فَإِنَّا مِنْهُم مُّنتَقِمُونَ ٤٣ـ٤٢ أَوْ نُرِيَنَّكَ ٱلَّذِى وَعَدْنَٰهُمْ فَإِنَّا
عَلَيْهِم مُّقْتَدِرُونَ ٤٣ـ٤٣ فَٱسْتَمْسِكْ بِٱلَّذِىٓ أُوحِىَ إِلَيْكَ ۖ إِنَّكَ عَلَىٰ صِرَٰطٍ مُّسْتَقِيمٍ
٤٣ـ٤٤ وَإِنَّهُۥ لَذِكْرٌ لَّكَ وَلِقَوْمِكَ ۖ وَسَوْفَ تُسْـَٔلُونَ ٤٣ـ٤٥ وَسْـَٔلْ مَنْ أَرْسَلْنَا مِن
قَبْلِكَ مِن رُّسُلِنَآ أَجَعَلْنَا مِن دُونِ ٱلرَّحْمَٰنِ ءَالِهَةً يُعْبَدُونَ ٤٣ـ٤٦ وَلَقَدْ أَرْسَلْنَا
مُوسَىٰ بِـَٔايَٰتِنَآ إِلَىٰ فِرْعَوْنَ وَمَلَإِي۟هِۦ فَقَالَ إِنِّى رَسُولُ رَبِّ ٱلْعَٰلَمِينَ ٤٣ـ٤٧ فَلَمَّا
جَآءَهُم بِـَٔايَٰتِنَآ إِذَا هُم مِّنْهَا يَضْحَكُونَ ٤٣ـ٤٨ وَمَا نُرِيهِم مِّنْ ءَايَةٍ إِلَّا هِىَ أَكْبَرُ
مِنْ أُخْتِهَا ۖ وَأَخَذْنَٰهُم بِٱلْعَذَابِ لَعَلَّهُمْ يَرْجِعُونَ ٤٣ـ٤٩ وَقَالُوا۟ يَٰٓأَيُّهَ ٱلسَّاحِرُ ٱدْعُ لَنَا
رَبَّكَ بِمَا عَهِدَ عِندَكَ إِنَّنَا لَمُهْتَدُونَ ٤٣ـ٥٠ فَلَمَّا كَشَفْنَا عَنْهُمُ ٱلْعَذَابَ إِذَا هُمْ
يَنكُثُونَ ٤٣ـ٥١ وَنَادَىٰ فِرْعَوْنُ فِى قَوْمِهِۦ قَالَ يَٰقَوْمِ أَلَيْسَ لِى مُلْكُ مِصْرَ وَهَٰذِهِ
ٱلْأَنْهَٰرُ تَجْرِى مِن تَحْتِىٓ ۖ أَفَلَا تُبْصِرُونَ ٤٣ـ٥٢ أَمْ أَنَا۠ خَيْرٌ مِّنْ هَٰذَا ٱلَّذِى هُوَ مَهِينٌ
وَلَا يَكَادُ يُبِينُ ٤٣ـ٥٣ فَلَوْلَآ أُلْقِىَ عَلَيْهِ أَسْوِرَةٌ مِّن ذَهَبٍ أَوْ جَآءَ مَعَهُ ٱلْمَلَٰٓئِكَةُ

مُقْتَرِنِينَ ٥٤ﮧ٤٣ فَٱسْتَخَفَّ قَوْمَهُۥ فَأَطَاعُوهُ إِنَّهُمْ كَانُوا قَوْمًا فَـٰسِقِينَ

٥٥ﮧ٤٣ فَلَمَّآ ءَاسَفُونَا ٱنتَقَمْنَا مِنْهُمْ فَأَغْرَقْنَـٰهُمْ أَجْمَعِينَ ٥٦ﮧ٤٣ فَجَعَلْنَـٰهُمْ سَلَفًا

وَمَثَلًا لِّلْءَاخِرِينَ ٥٧ﮧ٤٣ وَلَمَّا ضُرِبَ ٱبْنُ مَرْيَمَ مَثَلًا إِذَا قَوْمُكَ مِنْهُ يَصِدُّونَ

٥٨ﮧ٤٣ وَقَالُوٓا ءَأَـٰلِهَتُنَا خَيْرٌ أَمْ هُوَ مَا ضَرَبُوهُ لَكَ إِلَّا جَدَلًا بَلْ هُمْ قَوْمٌ خَصِمُونَ

٥٩ﮧ٤٣ إِنْ هُوَ إِلَّا عَبْدٌ أَنْعَمْنَا عَلَيْهِ وَجَعَلْنَـٰهُ مَثَلًا لِّبَنِىٓ إِسْرَٰٓءِيلَ ٦٠ﮧ٤٣ وَلَوْ نَشَآءُ

لَجَعَلْنَا مِنكُم مَّلَـٰٓئِكَةً فِى ٱلْأَرْضِ يَخْلُفُونَ ٦١ﮧ٤٣ وَإِنَّهُۥ لَعِلْمٌ لِّلسَّاعَةِ فَلَا تَمْتَرُنَّ بِهَا

وَٱتَّبِعُونِ هَـٰذَا صِرَٰطٌ مُّسْتَقِيمٌ ٦٢ﮧ٤٣ وَلَا يَصُدَّنَّكُمُ ٱلشَّيْطَـٰنُ إِنَّهُۥ لَكُمْ عَدُوٌّ مُّبِينٌ

١٣ﮧ٤٣ وَلَمَّا جَآءَ عِيسَىٰ بِٱلْبَيِّنَـٰتِ قَالَ قَدْ جِئْتُكُم بِٱلْحِكْمَةِ وَلِأُبَيِّنَ لَكُم بَعْضَ ٱلَّذِى

تَخْتَلِفُونَ فِيهِ فَٱتَّقُوا ٱللَّهَ وَأَطِيعُونِ ٦٤ﮧ٤٣ إِنَّ ٱللَّهَ هُوَ رَبِّى وَرَبُّكُمْ فَٱعْبُدُوهُ

هَـٰذَا صِرَٰطٌ مُّسْتَقِيمٌ ٦٥ﮧ٤٣ فَٱخْتَلَفَ ٱلْأَحْزَابُ مِنۢ بَيْنِهِمْ فَوَيْلٌ لِّلَّذِينَ ظَلَمُوا مِنْ

عَذَابِ يَوْمٍ أَلِيمٍ ٦٦ﮧ٤٣ هَلْ يَنظُرُونَ إِلَّا ٱلسَّاعَةَ أَن تَأْتِيَهُم بَغْتَةً وَهُمْ لَا يَشْعُرُونَ

٦٧ﮧ٤٣ ٱلْأَخِلَّآءُ يَوْمَئِذٍۭ بَعْضُهُمْ لِبَعْضٍ عَدُوٌّ إِلَّا ٱلْمُتَّقِينَ ٦٨ﮧ٤٣ يَـٰعِبَادِ لَا خَوْفٌ

عَلَيْكُمُ ٱلْيَوْمَ وَلَآ أَنتُمْ تَحْزَنُونَ ٦٩ﮧ٤٣ ٱلَّذِينَ ءَامَنُوا بِـَٔايَـٰتِنَا وَكَانُوا مُسْلِمِينَ

٧٠ﮧ٤٣ ٱدْخُلُوا ٱلْجَنَّةَ أَنتُمْ وَأَزْوَٰجُكُمْ تُحْبَرُونَ ٧١ﮧ٤٣ يُطَافُ عَلَيْهِم بِصِحَافٍ مِّن

ذَهَبٍ وَأَكْوَابٍ وَفِيهَا مَا تَشْتَهِيهِ ٱلْأَنفُسُ وَتَلَذُّ ٱلْأَعْيُنُ وَأَنتُمْ فِيهَا خَـٰلِدُونَ

٧٢ﮧ٤٣ وَتِلْكَ ٱلْجَنَّةُ ٱلَّتِىٓ أُورِثْتُمُوهَا بِمَا كُنتُمْ تَعْمَلُونَ ٧٣ﮧ٤٣ لَكُمْ فِيهَا فَـٰكِهَةٌ

كَثِيرَةٌ مِّنْهَا تَأْكُلُونَ ٧٤ﮧ٤٣ إِنَّ ٱلْمُجْرِمِينَ فِى عَذَابِ جَهَنَّمَ خَـٰلِدُونَ ٧٥ﮧ٤٣ لَا يُفَتَّرُ

عَنْهُمْ وَهُمْ فِيهِ مُبْلِسُونَ ٧٦ﮧ٤٣ وَمَا ظَلَمْنَـٰهُمْ وَلَـٰكِن كَانُوا هُمُ ٱلظَّـٰلِمِينَ

٧٧ﮧ٤٣ وَنَادَوْا يَـٰمَـٰلِكُ لِيَقْضِ عَلَيْنَا رَبُّكَ قَالَ إِنَّكُم مَّـٰكِثُونَ ٧٨ﮧ٤٣ لَقَدْ جِئْنَـٰكُم

بِٱلْحَقِّ وَلَـٰكِنَّ أَكْثَرَكُمْ لِلْحَقِّ كَـٰرِهُونَ ٧٩ﮧ٤٣ أَمْ أَبْرَمُوٓا أَمْرًا فَإِنَّا مُبْرِمُونَ ٨٠ﮧ٤٣ أَمْ

يَحْسَبُونَ أَنَّا لَا نَسْمَعُ سِرَّهُمْ وَنَجْوَىٰهُم بَلَىٰ وَرُسُلُنَا لَدَيْهِمْ يَكْتُبُونَ ٨١ﮧ٤٣ قُلْ

إِن كَانَ لِلرَّحْمَـٰنِ وَلَدٌ فَأَنَا۠ أَوَّلُ ٱلْعَـٰبِدِينَ ٨٢ﮧ٤٣ سُبْحَـٰنَ رَبِّ ٱلسَّمَـٰوَٰتِ وَٱلْأَرْضِ رَبِّ

ٱلْعَرْشِ عَمَّا يَصِفُونَ ٨٣ﮧ٤٣ فَذَرْهُمْ يَخُوضُوا وَيَلْعَبُوا حَتَّىٰ يُلَـٰقُوا يَوْمَهُمُ ٱلَّذِى

يُوعَدُونَ ٨٤ﮧ٤٣ وَهُوَ ٱلَّذِى فِى ٱلسَّمَآءِ إِلَـٰهٌ وَفِى ٱلْأَرْضِ إِلَـٰهٌ وَهُوَ ٱلْحَكِيمُ ٱلْعَلِيمُ

٨٥ﮧ٤٣ وَتَبَارَكَ ٱلَّذِى لَهُۥ مُلْكُ ٱلسَّمَـٰوَٰتِ وَٱلْأَرْضِ وَمَا بَيْنَهُمَا وَعِندَهُۥ عِلْمُ ٱلسَّاعَةِ

وَإِلَيْهِ تُرْجَعُونَ ٨٦ﮧ٤٣ وَلَا يَمْلِكُ ٱلَّذِينَ يَدْعُونَ مِن دُونِهِ ٱلشَّفَـٰعَةَ إِلَّا مَن شَهِدَ

بِٱلْحَقِّ وَهُمْ يَعْلَمُونَ ٨٧ﮧ٤٣ وَلَئِن سَأَلْتَهُم مَّنْ خَلَقَهُمْ لَيَقُولُنَّ ٱللَّهُ فَأَنَّىٰ

يُؤْفَكُونَ ٨٨ﮧ٤٣ وَقِيلِهِۦ يَـٰرَبِّ إِنَّ هَـٰٓؤُلَآءِ قَوْمٌ لَّا يُؤْمِنُونَ ٨٩ﮧ٤٣ فَٱصْفَحْ عَنْهُمْ

وَقُلْ سَلَـٰمٌ ۚ فَسَوْفَ يَعْلَمُونَ ٤٤ـ١ حمٓ ٤٤ـ٢ وَٱلْكِتَـٰبِ ٱلْمُبِينِ ٤٤ـ٣ إِنَّآ أَنزَلْنَـٰهُ فِى
لَيْلَةٍ مُّبَـٰرَكَةٍ ۚ إِنَّا كُنَّا مُنذِرِينَ ٤٤ـ٤ فِيهَا يُفْرَقُ كُلُّ أَمْرٍ حَكِيمٍ ٤٤ـ٥ أَمْرًا مِّنْ عِندِنَآ
ۚ إِنَّا كُنَّا مُرْسِلِينَ ٤٤ـ٦ رَحْمَةً مِّن رَّبِّكَ ۚ إِنَّهُۥ هُوَ ٱلسَّمِيعُ ٱلْعَلِيمُ ٤٤ـ٧ رَبِّ ٱلسَّمَـٰوَٰتِ
وَٱلْأَرْضِ وَمَا بَيْنَهُمَآ ۖ إِن كُنتُم مُّوقِنِينَ ٤٤ـ٨ لَآ إِلَـٰهَ إِلَّا هُوَ يُحْىِۦ وَيُمِيتُ ۖ رَبُّكُمْ
وَرَبُّ ءَابَآئِكُمُ ٱلْأَوَّلِينَ ٤٤ـ٩ بَلْ هُمْ فِى شَكٍّ يَلْعَبُونَ ٤٤ـ١٠ فَٱرْتَقِبْ يَوْمَ تَأْتِى
ٱلسَّمَآءُ بِدُخَانٍ مُّبِينٍ ٤٤ـ١١ يَغْشَى ٱلنَّاسَ ۖ هَـٰذَا عَذَابٌ أَلِيمٌ ٤٤ـ١٢ رَّبَّنَا ٱكْشِفْ عَنَّا
ٱلْعَذَابَ إِنَّا مُؤْمِنُونَ ٤٤ـ١٣ أَنَّىٰ لَهُمُ ٱلذِّكْرَىٰ وَقَدْ جَآءَهُمْ رَسُولٌ مُّبِينٌ ٤٤ـ١٤ ثُمَّ
تَوَلَّوْا۟ عَنْهُ وَقَالُوا۟ مُعَلَّمٌ مَّجْنُونٌ ٤٤ـ١٥ إِنَّا كَاشِفُوا۟ ٱلْعَذَابِ قَلِيلًا ۚ إِنَّكُمْ عَآئِدُونَ
٤٤ـ١٦ يَوْمَ نَبْطِشُ ٱلْبَطْشَةَ ٱلْكُبْرَىٰٓ إِنَّا مُنتَقِمُونَ ٤٤ـ١٧ وَلَقَدْ فَتَنَّا قَبْلَهُمْ قَوْمَ
فِرْعَوْنَ وَجَآءَهُمْ رَسُولٌ كَرِيمٌ ٤٤ـ١٨ أَنْ أَدُّوٓا۟ إِلَىَّ عِبَادَ ٱللَّهِ ۖ إِنِّى لَكُمْ رَسُولٌ أَمِينٌ
٤٤ـ١٩ وَأَن لَّا تَعْلُوا۟ عَلَى ٱللَّهِ ۖ إِنِّىٓ ءَاتِيكُم بِسُلْطَـٰنٍ مُّبِينٍ ٤٤ـ٢٠ وَإِنِّى عُذْتُ بِرَبِّى
وَرَبِّكُمْ أَن تَرْجُمُونِ ٤٤ـ٢١ وَإِن لَّمْ تُؤْمِنُوا۟ لِى فَٱعْتَزِلُونِ ٤٤ـ٢٢ فَدَعَا رَبَّهُۥٓ أَنَّ
هَـٰٓؤُلَآءِ قَوْمٌ مُّجْرِمُونَ ٤٤ـ٢٣ فَأَسْرِ بِعِبَادِى لَيْلًا إِنَّكُم مُّتَّبَعُونَ ٤٤ـ٢٤ وَٱتْرُكِ ٱلْبَحْرَ
رَهْوًا ۖ إِنَّهُمْ جُندٌ مُّغْرَقُونَ ٤٤ـ٢٥ كَمْ تَرَكُوا۟ مِن جَنَّـٰتٍ وَعُيُونٍ ٤٤ـ٢٦ وَزُرُوعٍ وَمَقَامٍ
كَرِيمٍ ٤٤ـ٢٧ وَنَعْمَةٍ كَانُوا۟ فِيهَا فَـٰكِهِينَ ٤٤ـ٢٨ كَذَٰلِكَ ۖ وَأَوْرَثْنَـٰهَا قَوْمًا ءَاخَرِينَ
٤٤ـ٢٩ فَمَا بَكَتْ عَلَيْهِمُ ٱلسَّمَآءُ وَٱلْأَرْضُ وَمَا كَانُوا۟ مُنظَرِينَ ٤٤ـ٣٠ وَلَقَدْ نَجَّيْنَا
بَنِىٓ إِسْرَٰٓءِيلَ مِنَ ٱلْعَذَابِ ٱلْمُهِينِ ٤٤ـ٣١ مِن فِرْعَوْنَ ۚ إِنَّهُۥ كَانَ عَالِيًا مِّنَ ٱلْمُسْرِفِينَ
٤٤ـ٣٢ وَلَقَدِ ٱخْتَرْنَـٰهُمْ عَلَىٰ عِلْمٍ عَلَى ٱلْعَـٰلَمِينَ ٤٤ـ٣٣ وَءَاتَيْنَـٰهُم مِّنَ ٱلْـَٔايَـٰتِ مَا
فِيهِ بَلَـٰٓؤٌا۟ مُّبِينٌ ٤٤ـ٣٤ إِنَّ هَـٰٓؤُلَآءِ لَيَقُولُونَ ٤٤ـ٣٥ إِنْ هِىَ إِلَّا مَوْتَتُنَا ٱلْأُولَىٰ وَمَا
نَحْنُ بِمُنشَرِينَ ٤٤ـ٣٦ فَأْتُوا۟ بِـَٔابَآئِنَآ إِن كُنتُمْ صَـٰدِقِينَ ٤٤ـ٣٧ أَهُمْ خَيْرٌ أَمْ قَوْمُ تُبَّعٍ
وَٱلَّذِينَ مِن قَبْلِهِمْ ۚ أَهْلَكْنَـٰهُمْ ۖ إِنَّهُمْ كَانُوا۟ مُجْرِمِينَ ٤٤ـ٣٨ وَمَا خَلَقْنَا ٱلسَّمَـٰوَٰتِ
وَٱلْأَرْضَ وَمَا بَيْنَهُمَا لَـٰعِبِينَ ٤٤ـ٣٩ مَا خَلَقْنَـٰهُمَآ إِلَّا بِٱلْحَقِّ وَلَـٰكِنَّ أَكْثَرَهُمْ لَا
يَعْلَمُونَ ٤٤ـ٤٠ إِنَّ يَوْمَ ٱلْفَصْلِ مِيقَـٰتُهُمْ أَجْمَعِينَ ٤٤ـ٤١ يَوْمَ لَا يُغْنِى مَوْلًى عَن
مَّوْلًى شَيْـًٔا وَلَا هُمْ يُنصَرُونَ ٤٤ـ٤٢ إِلَّا مَن رَّحِمَ ٱللَّهُ ۚ إِنَّهُۥ هُوَ ٱلْعَزِيزُ ٱلرَّحِيمُ
٤٤ـ٤٣ إِنَّ شَجَرَتَ ٱلزَّقُّومِ ٤٤ـ٤٤ طَعَامُ ٱلْأَثِيمِ ٤٤ـ٤٥ كَٱلْمُهْلِ يَغْلِى فِى
ٱلْبُطُونِ ٤٤ـ٤٦ كَغَلْىِ ٱلْحَمِيمِ ٤٤ـ٤٧ خُذُوهُ فَٱعْتِلُوهُ إِلَىٰ سَوَآءِ ٱلْجَحِيمِ
٤٤ـ٤٨ ثُمَّ صُبُّوا۟ فَوْقَ رَأْسِهِۦ مِنْ عَذَابِ ٱلْحَمِيمِ ٤٤ـ٤٩ ذُقْ إِنَّكَ أَنتَ ٱلْعَزِيزُ ٱلْكَرِيمُ
٤٤ـ٥٠ إِنَّ هَـٰذَا مَا كُنتُم بِهِۦ تَمْتَرُونَ ٤٤ـ٥١ إِنَّ ٱلْمُتَّقِينَ فِى مَقَامٍ أَمِينٍ

٤٤ــ٥٢ فِى جَنَّٰتٍ وَعُيُونٍ ٤٤ــ٥٣ يَلْبَسُونَ مِن سُندُسٍ وَإِسْتَبْرَقٍ مُّتَقَٰبِلِينَ
٤٤ــ٥٤ كَذَٰلِكَ وَزَوَّجْنَٰهُم بِحُورٍ عِينٍ ٤٤ــ٥٥ يَدْعُونَ فِيهَا بِكُلِّ فَٰكِهَةٍ ءَامِنِينَ
٤٤ــ٥٦ لَا يَذُوقُونَ فِيهَا ٱلْمَوْتَ إِلَّا ٱلْمَوْتَةَ ٱلْأُولَىٰ ۖ وَوَقَىٰهُمْ عَذَابَ ٱلْجَحِيمِ
٤٤ــ٥٧ فَضْلًا مِّن رَّبِّكَ ۚ ذَٰلِكَ هُوَ ٱلْفَوْزُ ٱلْعَظِيمُ ٤٤ــ٥٨ فَإِنَّمَا يَسَّرْنَٰهُ بِلِسَانِكَ
لَعَلَّهُمْ يَتَذَكَّرُونَ ٤٤ــ٥٩ فَٱرْتَقِبْ إِنَّهُم مُّرْتَقِبُونَ ٤٥ــ١ حمٓ ٤٥ــ٢ تَنزِيلُ ٱلْكِتَٰبِ
مِنَ ٱللَّهِ ٱلْعَزِيزِ ٱلْحَكِيمِ ٤٥ــ٣ إِنَّ فِى ٱلسَّمَٰوَٰتِ وَٱلْأَرْضِ لَءَايَٰتٍ لِّلْمُؤْمِنِينَ
٤٥ــ٤ وَفِى خَلْقِكُمْ وَمَا يَبُثُّ مِن دَآبَّةٍ ءَايَٰتٌ لِّقَوْمٍ يُوقِنُونَ ٤٥ــ٥ وَٱخْتِلَٰفِ ٱلَّيْلِ
وَٱلنَّهَارِ وَمَآ أَنزَلَ ٱللَّهُ مِنَ ٱلسَّمَآءِ مِن رِّزْقٍ فَأَحْيَا بِهِ ٱلْأَرْضَ بَعْدَ مَوْتِهَا وَتَصْرِيفِ
ٱلرِّيَٰحِ ءَايَٰتٌ لِّقَوْمٍ يَعْقِلُونَ ٤٥ــ٦ تِلْكَ ءَايَٰتُ ٱللَّهِ نَتْلُوهَا عَلَيْكَ بِٱلْحَقِّ ۖ فَبِأَىِّ حَدِيثٍۭ
بَعْدَ ٱللَّهِ وَءَايَٰتِهِۦ يُؤْمِنُونَ ٤٥ــ٧ وَيْلٌ لِّكُلِّ أَفَّاكٍ أَثِيمٍ ٤٥ــ٨ يَسْمَعُ ءَايَٰتِ ٱللَّهِ
تُتْلَىٰ عَلَيْهِ ثُمَّ يُصِرُّ مُسْتَكْبِرًا كَأَن لَّمْ يَسْمَعْهَا ۖ فَبَشِّرْهُ بِعَذَابٍ أَلِيمٍ ٤٥ــ٩ وَإِذَا
عَلِمَ مِنْ ءَايَٰتِنَا شَيْـًٔا ٱتَّخَذَهَا هُزُوًا ۚ أُو۟لَٰٓئِكَ لَهُمْ عَذَابٌ مُّهِينٌ ٤٥ــ١٠ مِّن وَرَآئِهِمْ
جَهَنَّمُ ۖ وَلَا يُغْنِى عَنْهُم مَّا كَسَبُوا۟ شَيْـًٔا وَلَا مَا ٱتَّخَذُوا۟ مِن دُونِ ٱللَّهِ أَوْلِيَآءَ ۖ وَلَهُمْ
عَذَابٌ عَظِيمٌ ٤٥ــ١١ هَٰذَا هُدًى ۖ وَٱلَّذِينَ كَفَرُوا۟ بِـَٔايَٰتِ رَبِّهِمْ لَهُمْ عَذَابٌ مِّن رِّجْزٍ أَلِيمٌ
٤٥ــ١٢ ٱللَّهُ ٱلَّذِى سَخَّرَ لَكُمُ ٱلْبَحْرَ لِتَجْرِىَ ٱلْفُلْكُ فِيهِ بِأَمْرِهِۦ وَلِتَبْتَغُوا۟ مِن فَضْلِهِۦ
وَلَعَلَّكُمْ تَشْكُرُونَ ٤٥ــ١٣ وَسَخَّرَ لَكُم مَّا فِى ٱلسَّمَٰوَٰتِ وَمَا فِى ٱلْأَرْضِ جَمِيعًا مِّنْهُ ۚ
إِنَّ فِى ذَٰلِكَ لَءَايَٰتٍ لِّقَوْمٍ يَتَفَكَّرُونَ ٤٥ــ١٤ قُل لِّلَّذِينَ ءَامَنُوا۟ يَغْفِرُوا۟ لِلَّذِينَ لَا
يَرْجُونَ أَيَّامَ ٱللَّهِ لِيَجْزِىَ قَوْمًۢا بِمَا كَانُوا۟ يَكْسِبُونَ ٤٥ــ١٥ مَنْ عَمِلَ صَٰلِحًا فَلِنَفْسِهِۦ ۖ
وَمَنْ أَسَآءَ فَعَلَيْهَا ۖ ثُمَّ إِلَىٰ رَبِّكُمْ تُرْجَعُونَ ٤٥ــ١٦ وَلَقَدْ ءَاتَيْنَا بَنِىٓ إِسْرَٰٓءِيلَ ٱلْكِتَٰبَ
وَٱلْحُكْمَ وَٱلنُّبُوَّةَ وَرَزَقْنَٰهُم مِّنَ ٱلطَّيِّبَٰتِ وَفَضَّلْنَٰهُمْ عَلَى ٱلْعَٰلَمِينَ ٤٥ــ١٧ وَءَاتَيْنَٰهُم
بَيِّنَٰتٍ مِّنَ ٱلْأَمْرِ ۖ فَمَا ٱخْتَلَفُوٓا۟ إِلَّا مِنۢ بَعْدِ مَا جَآءَهُمُ ٱلْعِلْمُ بَغْيًۢا بَيْنَهُمْ ۚ إِنَّ رَبَّكَ
يَقْضِى بَيْنَهُمْ يَوْمَ ٱلْقِيَٰمَةِ فِيمَا كَانُوا۟ فِيهِ يَخْتَلِفُونَ ٤٥ــ١٨ ثُمَّ جَعَلْنَٰكَ عَلَىٰ
شَرِيعَةٍ مِّنَ ٱلْأَمْرِ فَٱتَّبِعْهَا وَلَا تَتَّبِعْ أَهْوَآءَ ٱلَّذِينَ لَا يَعْلَمُونَ ٤٥ــ١٩ إِنَّهُمْ لَن يُغْنُوا۟
عَنكَ مِنَ ٱللَّهِ شَيْـًٔا ۚ وَإِنَّ ٱلظَّٰلِمِينَ بَعْضُهُمْ أَوْلِيَآءُ بَعْضٍ ۖ وَٱللَّهُ وَلِىُّ ٱلْمُتَّقِينَ
٤٥ــ٢٠ هَٰذَا بَصَٰٓئِرُ لِلنَّاسِ وَهُدًى وَرَحْمَةٌ لِّقَوْمٍ يُوقِنُونَ ٤٥ــ٢١ أَمْ حَسِبَ ٱلَّذِينَ
ٱجْتَرَحُوا۟ ٱلسَّيِّـَٔاتِ أَن نَّجْعَلَهُمْ كَٱلَّذِينَ ءَامَنُوا۟ وَعَمِلُوا۟ ٱلصَّٰلِحَٰتِ سَوَآءً مَّحْيَاهُمْ
وَمَمَاتُهُمْ ۚ سَآءَ مَا يَحْكُمُونَ ٤٥ــ٢٢ وَخَلَقَ ٱللَّهُ ٱلسَّمَٰوَٰتِ وَٱلْأَرْضَ بِٱلْحَقِّ وَلِتُجْزَىٰ
كُلُّ نَفْسٍۭ بِمَا كَسَبَتْ وَهُمْ لَا يُظْلَمُونَ ٤٥ــ٢٣ أَفَرَءَيْتَ مَنِ ٱتَّخَذَ إِلَٰهَهُۥ هَوَىٰهُ

وَأَضَلَّهُ ٱللَّهُ عَلَىٰ عِلْمٍ وَخَتَمَ عَلَىٰ سَمْعِهِۦ وَقَلْبِهِۦ وَجَعَلَ عَلَىٰ بَصَرِهِۦ غِشَٰوَةً فَمَن
يَهْدِيهِ مِنۢ بَعْدِ ٱللَّهِ ۚ أَفَلَا تَذَكَّرُونَ ٤٥ــ٢٤ وَقَالُوا۟ مَا هِىَ إِلَّا حَيَاتُنَا ٱلدُّنْيَا نَمُوتُ
وَنَحْيَا وَمَا يُهْلِكُنَآ إِلَّا ٱلدَّهْرُ ۚ وَمَا لَهُم بِذَٰلِكَ مِنْ عِلْمٍ ۖ إِنْ هُمْ إِلَّا يَظُنُّونَ
٤٥ــ٢٥ وَإِذَا تُتْلَىٰ عَلَيْهِمْ ءَايَٰتُنَا بَيِّنَٰتٍ مَّا كَانَ حُجَّتَهُمْ إِلَّآ أَن قَالُوا۟ ٱئْتُوا۟ بِـَٔابَآئِنَآ إِن
كُنتُمْ صَٰدِقِينَ ٤٥ــ٢٦ قُلِ ٱللَّهُ يُحْيِيكُمْ ثُمَّ يُمِيتُكُمْ ثُمَّ يَجْمَعُكُمْ إِلَىٰ يَوْمِ ٱلْقِيَٰمَةِ
لَا رَيْبَ فِيهِ وَلَٰكِنَّ أَكْثَرَ ٱلنَّاسِ لَا يَعْلَمُونَ ٤٥ــ٢٧ وَلِلَّهِ مُلْكُ ٱلسَّمَٰوَٰتِ وَٱلْأَرْضِ ۚ
وَيَوْمَ تَقُومُ ٱلسَّاعَةُ يَوْمَئِذٍ يَخْسَرُ ٱلْمُبْطِلُونَ ٤٥ــ٢٨ وَتَرَىٰ كُلَّ أُمَّةٍ جَاثِيَةً ۚ كُلُّ أُمَّةٍ
تُدْعَىٰٓ إِلَىٰ كِتَٰبِهَا ٱلْيَوْمَ تُجْزَوْنَ مَا كُنتُمْ تَعْمَلُونَ ٤٥ــ٢٩ هَٰذَا كِتَٰبُنَا يَنطِقُ عَلَيْكُم
بِٱلْحَقِّ ۚ إِنَّا كُنَّا نَسْتَنسِخُ مَا كُنتُمْ تَعْمَلُونَ ٤٥ــ٣٠ فَأَمَّا ٱلَّذِينَ ءَامَنُوا۟ وَعَمِلُوا۟
ٱلصَّٰلِحَٰتِ فَيُدْخِلُهُمْ رَبُّهُمْ فِى رَحْمَتِهِۦ ۚ ذَٰلِكَ هُوَ ٱلْفَوْزُ ٱلْمُبِينُ ٤٥ــ٣١ وَأَمَّا ٱلَّذِينَ
كَفَرُوٓا۟ أَفَلَمْ تَكُنْ ءَايَٰتِى تُتْلَىٰ عَلَيْكُمْ فَٱسْتَكْبَرْتُمْ وَكُنتُمْ قَوْمًا مُّجْرِمِينَ
٤٥ــ٣٢ وَإِذَا قِيلَ إِنَّ وَعْدَ ٱللَّهِ حَقٌّ وَٱلسَّاعَةُ لَا رَيْبَ فِيهَا قُلْتُم مَّا نَدْرِى مَا
ٱلسَّاعَةُ إِن نَّظُنُّ إِلَّا ظَنًّا وَمَا نَحْنُ بِمُسْتَيْقِنِينَ ٤٥ــ٣٣ وَبَدَا لَهُمْ سَيِّـَٔاتُ مَا عَمِلُوا۟
وَحَاقَ بِهِم مَّا كَانُوا۟ بِهِۦ يَسْتَهْزِءُونَ ٤٥ــ٣٤ وَقِيلَ ٱلْيَوْمَ نَنسَىٰكُمْ كَمَا نَسِيتُمْ
لِقَآءَ يَوْمِكُمْ هَٰذَا وَمَأْوَىٰكُمُ ٱلنَّارُ وَمَا لَكُم مِّن نَّٰصِرِينَ ٤٥ــ٣٥ ذَٰلِكُم بِأَنَّكُمُ ٱتَّخَذْتُمْ
ءَايَٰتِ ٱللَّهِ هُزُوًا وَغَرَّتْكُمُ ٱلْحَيَوٰةُ ٱلدُّنْيَا ۚ فَٱلْيَوْمَ لَا يُخْرَجُونَ مِنْهَا وَلَا هُمْ
يُسْتَعْتَبُونَ ٤٥ــ٣٦ فَلِلَّهِ ٱلْحَمْدُ رَبِّ ٱلسَّمَٰوَٰتِ وَرَبِّ ٱلْأَرْضِ رَبِّ ٱلْعَٰلَمِينَ ٤٥ــ٣٧ وَلَهُ
ٱلْكِبْرِيَآءُ فِى ٱلسَّمَٰوَٰتِ وَٱلْأَرْضِ ۖ وَهُوَ ٱلْعَزِيزُ ٱلْحَكِيمُ ٤٦ــ١ حمٓ ٤٦ــ٢ تَنزِيلُ ٱلْكِتَٰبِ
مِنَ ٱللَّهِ ٱلْعَزِيزِ ٱلْحَكِيمِ ٤٦ــ٣ مَا خَلَقْنَا ٱلسَّمَٰوَٰتِ وَٱلْأَرْضَ وَمَا بَيْنَهُمَآ إِلَّا بِٱلْحَقِّ
وَأَجَلٍ مُّسَمًّى ۚ وَٱلَّذِينَ كَفَرُوا۟ عَمَّآ أُنذِرُوا۟ مُعْرِضُونَ ٤٦ــ٤ قُلْ أَرَءَيْتُم مَّا تَدْعُونَ مِن
دُونِ ٱللَّهِ أَرُونِى مَاذَا خَلَقُوا۟ مِنَ ٱلْأَرْضِ أَمْ لَهُمْ شِرْكٌ فِى ٱلسَّمَٰوَٰتِ ۖ ٱئْتُونِى بِكِتَٰبٍ
مِّن قَبْلِ هَٰذَآ أَوْ أَثَٰرَةٍ مِّنْ عِلْمٍ إِن كُنتُمْ صَٰدِقِينَ ٤٦ــ٥ وَمَنْ أَضَلُّ مِمَّن يَدْعُوا۟ مِن
دُونِ ٱللَّهِ مَن لَّا يَسْتَجِيبُ لَهُۥٓ إِلَىٰ يَوْمِ ٱلْقِيَٰمَةِ وَهُمْ عَن دُعَآئِهِمْ غَٰفِلُونَ
٤٦ــ٦ وَإِذَا حُشِرَ ٱلنَّاسُ كَانُوا۟ لَهُمْ أَعْدَآءً وَكَانُوا۟ بِعِبَادَتِهِمْ كَٰفِرِينَ ٤٦ــ٧ وَإِذَا
تُتْلَىٰ عَلَيْهِمْ ءَايَٰتُنَا بَيِّنَٰتٍ قَالَ ٱلَّذِينَ كَفَرُوا۟ لِلْحَقِّ لَمَّا جَآءَهُمْ هَٰذَا سِحْرٌ مُّبِينٌ
٤٦ــ٨ أَمْ يَقُولُونَ ٱفْتَرَىٰهُ ۖ قُلْ إِنِ ٱفْتَرَيْتُهُۥ فَلَا تَمْلِكُونَ لِى مِنَ ٱللَّهِ شَيْـًٔا ۖ هُوَ أَعْلَمُ
بِمَا تُفِيضُونَ فِيهِ ۖ كَفَىٰ بِهِۦ شَهِيدًۢا بَيْنِى وَبَيْنَكُمْ ۖ وَهُوَ ٱلْغَفُورُ ٱلرَّحِيمُ ٤٦ــ٩ قُلْ
مَا كُنتُ بِدْعًا مِّنَ ٱلرُّسُلِ وَمَآ أَدْرِى مَا يُفْعَلُ بِى وَلَا بِكُمْ ۖ إِنْ أَتَّبِعُ إِلَّا مَا يُوحَىٰٓ إِلَىَّ

وَمَآ أَنَا۠ إِلَّا نَذِيرٌ مُّبِينٌ ٤٦ــ١٠ قُلْ أَرَءَيْتُمْ إِن كَانَ مِنْ عِندِ ٱللَّهِ وَكَفَرْتُم بِهِۦ وَشَهِدَ
شَاهِدٌ مِّنۢ بَنِىٓ إِسْرَٰٓءِيلَ عَلَىٰ مِثْلِهِۦ فَـَٔامَنَ وَٱسْتَكْبَرْتُمْ ۖ إِنَّ ٱللَّهَ لَا يَهْدِى ٱلْقَوْمَ
ٱلظَّٰلِمِينَ ٤٦ــ١١ وَقَالَ ٱلَّذِينَ كَفَرُوا۟ لِلَّذِينَ ءَامَنُوا۟ لَوْ كَانَ خَيْرًا مَّا سَبَقُونَآ إِلَيْهِ ۚ وَإِذْ
لَمْ يَهْتَدُوا۟ بِهِۦ فَسَيَقُولُونَ هَٰذَآ إِفْكٌ قَدِيمٌ ٤٦ــ١٢ وَمِن قَبْلِهِۦ كِتَٰبُ مُوسَىٰٓ إِمَامًا
وَرَحْمَةً ۚ وَهَٰذَا كِتَٰبٌ مُّصَدِّقٌ لِّسَانًا عَرَبِيًّا لِّيُنذِرَ ٱلَّذِينَ ظَلَمُوا۟ وَبُشْرَىٰ لِلْمُحْسِنِينَ
٤٦ــ١٣ إِنَّ ٱلَّذِينَ قَالُوا۟ رَبُّنَا ٱللَّهُ ثُمَّ ٱسْتَقَٰمُوا۟ فَلَا خَوْفٌ عَلَيْهِمْ وَلَا هُمْ يَحْزَنُونَ
٤٦ــ١٤ أُو۟لَٰٓئِكَ أَصْحَٰبُ ٱلْجَنَّةِ خَٰلِدِينَ فِيهَا جَزَآءًۢ بِمَا كَانُوا۟ يَعْمَلُونَ ٤٦ــ١٥ وَوَصَّيْنَا
ٱلْإِنسَٰنَ بِوَٰلِدَيْهِ إِحْسَٰنًا ۖ حَمَلَتْهُ أُمُّهُۥ كُرْهًا وَوَضَعَتْهُ كُرْهًا ۖ وَحَمْلُهُۥ وَفِصَٰلُهُۥ ثَلَٰثُونَ
شَهْرًا ۚ حَتَّىٰٓ إِذَا بَلَغَ أَشُدَّهُۥ وَبَلَغَ أَرْبَعِينَ سَنَةً قَالَ رَبِّ أَوْزِعْنِىٓ أَنْ أَشْكُرَ نِعْمَتَكَ
ٱلَّتِىٓ أَنْعَمْتَ عَلَىَّ وَعَلَىٰ وَٰلِدَىَّ وَأَنْ أَعْمَلَ صَٰلِحًا تَرْضَىٰهُ وَأَصْلِحْ لِى فِى ذُرِّيَّتِىٓ ۖ
إِنِّى تُبْتُ إِلَيْكَ وَإِنِّى مِنَ ٱلْمُسْلِمِينَ ٤٦ــ١٦ أُو۟لَٰٓئِكَ ٱلَّذِينَ نَتَقَبَّلُ عَنْهُمْ أَحْسَنَ مَا
عَمِلُوا۟ وَنَتَجَاوَزُ عَن سَيِّـَٔاتِهِمْ فِىٓ أَصْحَٰبِ ٱلْجَنَّةِ ۖ وَعْدَ ٱلصِّدْقِ ٱلَّذِى كَانُوا۟ يُوعَدُونَ
٤٦ــ١٧ وَٱلَّذِى قَالَ لِوَٰلِدَيْهِ أُفٍّ لَّكُمَآ أَتَعِدَانِنِىٓ أَنْ أُخْرَجَ وَقَدْ خَلَتِ ٱلْقُرُونُ مِن
قَبْلِى وَهُمَا يَسْتَغِيثَانِ ٱللَّهَ وَيْلَكَ ءَامِنْ إِنَّ وَعْدَ ٱللَّهِ حَقٌّ فَيَقُولُ مَا هَٰذَآ إِلَّآ
أَسَٰطِيرُ ٱلْأَوَّلِينَ ٤٦ــ١٨ أُو۟لَٰٓئِكَ ٱلَّذِينَ حَقَّ عَلَيْهِمُ ٱلْقَوْلُ فِىٓ أُمَمٍ قَدْ خَلَتْ مِن
قَبْلِهِم مِّنَ ٱلْجِنِّ وَٱلْإِنسِ ۖ إِنَّهُمْ كَانُوا۟ خَٰسِرِينَ ٤٦ــ١٩ وَلِكُلٍّ دَرَجَٰتٌ مِّمَّا عَمِلُوا۟ ۖ
وَلِيُوَفِّيَهُمْ أَعْمَٰلَهُمْ وَهُمْ لَا يُظْلَمُونَ ٤٦ــ٢٠ وَيَوْمَ يُعْرَضُ ٱلَّذِينَ كَفَرُوا۟ عَلَى ٱلنَّارِ
أَذْهَبْتُمْ طَيِّبَٰتِكُمْ فِى حَيَاتِكُمُ ٱلدُّنْيَا وَٱسْتَمْتَعْتُم بِهَا فَٱلْيَوْمَ تُجْزَوْنَ عَذَابَ ٱلْهُونِ
بِمَا كُنتُمْ تَسْتَكْبِرُونَ فِى ٱلْأَرْضِ بِغَيْرِ ٱلْحَقِّ وَبِمَا كُنتُمْ تَفْسُقُونَ ٤٦ــ٢١ وَٱذْكُرْ أَخَا
عَادٍ إِذْ أَنذَرَ قَوْمَهُۥ بِٱلْأَحْقَافِ وَقَدْ خَلَتِ ٱلنُّذُرُ مِنۢ بَيْنِ يَدَيْهِ وَمِنْ خَلْفِهِۦٓ أَلَّا تَعْبُدُوٓا۟
إِلَّا ٱللَّهَ إِنِّىٓ أَخَافُ عَلَيْكُمْ عَذَابَ يَوْمٍ عَظِيمٍ ٤٦ــ٢٢ قَالُوٓا۟ أَجِئْتَنَا لِتَأْفِكَنَا عَنْ
ءَالِهَتِنَا فَأْتِنَا بِمَا تَعِدُنَآ إِن كُنتَ مِنَ ٱلصَّٰدِقِينَ ٤٦ــ٢٣ قَالَ إِنَّمَا ٱلْعِلْمُ عِندَ ٱللَّهِ
وَأُبَلِّغُكُم مَّآ أُرْسِلْتُ بِهِۦ وَلَٰكِنِّىٓ أَرَىٰكُمْ قَوْمًا تَجْهَلُونَ ٤٦ــ٢٤ فَلَمَّا رَأَوْهُ عَارِضًا
مُّسْتَقْبِلَ أَوْدِيَتِهِمْ قَالُوا۟ هَٰذَا عَارِضٌ مُّمْطِرُنَا ۚ بَلْ هُوَ مَا ٱسْتَعْجَلْتُم بِهِۦ ۖ رِيحٌ فِيهَا
عَذَابٌ أَلِيمٌ ٤٦ــ٢٥ تُدَمِّرُ كُلَّ شَىْءٍۭ بِأَمْرِ رَبِّهَا فَأَصْبَحُوا۟ لَا يُرَىٰٓ إِلَّا مَسَٰكِنُهُمْ ۚ كَذَٰلِكَ
نَجْزِى ٱلْقَوْمَ ٱلْمُجْرِمِينَ ٤٦ــ٢٦ وَلَقَدْ مَكَّنَّٰهُمْ فِيمَآ إِن مَّكَّنَّٰكُمْ فِيهِ وَجَعَلْنَا لَهُمْ
سَمْعًا وَأَبْصَٰرًا وَأَفْـِٔدَةً فَمَآ أَغْنَىٰ عَنْهُمْ سَمْعُهُمْ وَلَآ أَبْصَٰرُهُمْ وَلَآ أَفْـِٔدَتُهُم مِّن
شَىْءٍ إِذْ كَانُوا۟ يَجْحَدُونَ بِـَٔايَٰتِ ٱللَّهِ وَحَاقَ بِهِم مَّا كَانُوا۟ بِهِۦ يَسْتَهْزِءُونَ

٤٦ــ٢٧ وَلَقَدْ أَهْلَكْنَا مَا حَوْلَكُم مِّنَ ٱلْقُرَىٰ وَصَرَّفْنَا ٱلْـَٔايَـٰتِ لَعَلَّهُمْ يَرْجِعُونَ
٤٦ــ٢٨ فَلَوْلَا نَصَرَهُمُ ٱلَّذِينَ ٱتَّخَذُوا۟ مِن دُونِ ٱللَّهِ قُرْبَانًا ءَالِهَةًۢ ۖ بَلْ ضَلُّوا۟ عَنْهُمْ ۚ
وَذَٰلِكَ إِفْكُهُمْ وَمَا كَانُوا۟ يَفْتَرُونَ ٤٦ــ٢٩ وَإِذْ صَرَفْنَآ إِلَيْكَ نَفَرًا مِّنَ ٱلْجِنِّ يَسْتَمِعُونَ
ٱلْقُرْءَانَ فَلَمَّا حَضَرُوهُ قَالُوٓا۟ أَنصِتُوا۟ ۖ فَلَمَّا قُضِىَ وَلَّوْا۟ إِلَىٰ قَوْمِهِم مُّنذِرِينَ
٤٦ــ٣٠ قَالُوا۟ يَـٰقَوْمَنَآ إِنَّا سَمِعْنَا كِتَـٰبًا أُنزِلَ مِنۢ بَعْدِ مُوسَىٰ مُصَدِّقًا لِّمَا بَيْنَ يَدَيْهِ
يَهْدِىٓ إِلَى ٱلْحَقِّ وَإِلَىٰ طَرِيقٍ مُّسْتَقِيمٍ ٤٦ــ٣١ يَـٰقَوْمَنَآ أَجِيبُوا۟ دَاعِىَ ٱللَّهِ وَءَامِنُوا۟
بِهِۦ يَغْفِرْ لَكُم مِّن ذُنُوبِكُمْ وَيُجِرْكُم مِّنْ عَذَابٍ أَلِيمٍ ٤٦ــ٣٢ وَمَن لَّا يُجِبْ دَاعِىَ ٱللَّهِ
فَلَيْسَ بِمُعْجِزٍ فِى ٱلْأَرْضِ وَلَيْسَ لَهُۥ مِن دُونِهِۦٓ أَوْلِيَآءُ ۚ أُو۟لَـٰٓئِكَ فِى ضَلَـٰلٍ مُّبِينٍ
٤٦ــ٣٣ أَوَلَمْ يَرَوْا۟ أَنَّ ٱللَّهَ ٱلَّذِى خَلَقَ ٱلسَّمَـٰوَٰتِ وَٱلْأَرْضَ وَلَمْ يَعْىَ بِخَلْقِهِنَّ بِقَـٰدِرٍ
عَلَىٰٓ أَن يُحْـِۧىَ ٱلْمَوْتَىٰ ۚ بَلَىٰٓ إِنَّهُۥ عَلَىٰ كُلِّ شَىْءٍ قَدِيرٌ ٤٦ــ٣٤ وَيَوْمَ يُعْرَضُ ٱلَّذِينَ
كَفَرُوا۟ عَلَى ٱلنَّارِ أَلَيْسَ هَـٰذَا بِٱلْحَقِّ ۖ قَالُوا۟ بَلَىٰ وَرَبِّنَا ۚ قَالَ فَذُوقُوا۟ ٱلْعَذَابَ بِمَا
كُنتُمْ تَكْفُرُونَ ٤٦ــ٣٥ فَٱصْبِرْ كَمَا صَبَرَ أُو۟لُوا۟ ٱلْعَزْمِ مِنَ ٱلرُّسُلِ وَلَا تَسْتَعْجِل لَّهُمْ ۚ
كَأَنَّهُمْ يَوْمَ يَرَوْنَ مَا يُوعَدُونَ لَمْ يَلْبَثُوٓا۟ إِلَّا سَاعَةً مِّن نَّهَارٍۭ ۚ بَلَـٰغٌ ۚ فَهَلْ يُهْلَكُ إِلَّا
ٱلْقَوْمُ ٱلْفَـٰسِقُونَ ٤٧ــ١ ٱلَّذِينَ كَفَرُوا۟ وَصَدُّوا۟ عَن سَبِيلِ ٱللَّهِ أَضَلَّ أَعْمَـٰلَهُمْ
٤٧ــ١ وَٱلَّذِينَ ءَامَنُوا۟ وَعَمِلُوا۟ ٱلصَّـٰلِحَـٰتِ وَءَامَنُوا۟ بِمَا نُزِّلَ عَلَىٰ مُحَمَّدٍ وَهُوَ ٱلْحَقُّ مِن
رَّبِّهِمْ ۙ كَفَّرَ عَنْهُمْ سَيِّـَٔاتِهِمْ وَأَصْلَحَ بَالَهُمْ ٤٧ــ٣ ذَٰلِكَ بِأَنَّ ٱلَّذِينَ كَفَرُوا۟ ٱتَّبَعُوا۟
ٱلْبَـٰطِلَ وَأَنَّ ٱلَّذِينَ ءَامَنُوا۟ ٱتَّبَعُوا۟ ٱلْحَقَّ مِن رَّبِّهِمْ ۚ كَذَٰلِكَ يَضْرِبُ ٱللَّهُ لِلنَّاسِ أَمْثَـٰلَهُمْ
٤٧ــ٤ فَإِذَا لَقِيتُمُ ٱلَّذِينَ كَفَرُوا۟ فَضَرْبَ ٱلرِّقَابِ حَتَّىٰٓ إِذَآ أَثْخَنتُمُوهُمْ فَشُدُّوا۟ ٱلْوَثَاقَ
فَإِمَّا مَنًّۢا بَعْدُ وَإِمَّا فِدَآءً حَتَّىٰ تَضَعَ ٱلْحَرْبُ أَوْزَارَهَا ۚ ذَٰلِكَ وَلَوْ يَشَآءُ ٱللَّهُ لَٱنتَصَرَ
مِنْهُمْ وَلَـٰكِن لِّيَبْلُوَا۟ بَعْضَكُم بِبَعْضٍ ۗ وَٱلَّذِينَ قُتِلُوا۟ فِى سَبِيلِ ٱللَّهِ فَلَن يُضِلَّ
أَعْمَـٰلَهُمْ ٤٧ــ٥ سَيَهْدِيهِمْ وَيُصْلِحُ بَالَهُمْ ٤٧ــ٦ وَيُدْخِلُهُمُ ٱلْجَنَّةَ عَرَّفَهَا لَهُمْ
٤٧ــ٧ يَـٰٓأَيُّهَا ٱلَّذِينَ ءَامَنُوٓا۟ إِن تَنصُرُوا۟ ٱللَّهَ يَنصُرْكُمْ وَيُثَبِّتْ أَقْدَامَكُمْ ٤٧ــ٨ وَٱلَّذِينَ
كَفَرُوا۟ فَتَعْسًا لَّهُمْ وَأَضَلَّ أَعْمَـٰلَهُمْ ٤٧ــ٩ ذَٰلِكَ بِأَنَّهُمْ كَرِهُوا۟ مَآ أَنزَلَ ٱللَّهُ فَأَحْبَطَ
أَعْمَـٰلَهُمْ ٤٧ــ١٠ أَفَلَمْ يَسِيرُوا۟ فِى ٱلْأَرْضِ فَيَنظُرُوا۟ كَيْفَ كَانَ عَـٰقِبَةُ ٱلَّذِينَ مِن
قَبْلِهِمْ ۚ دَمَّرَ ٱللَّهُ عَلَيْهِمْ ۖ وَلِلْكَـٰفِرِينَ أَمْثَـٰلُهَا ٤٧ــ١١ ذَٰلِكَ بِأَنَّ ٱللَّهَ مَوْلَى ٱلَّذِينَ
ءَامَنُوا۟ وَأَنَّ ٱلْكَـٰفِرِينَ لَا مَوْلَىٰ لَهُمْ ٤٧ــ١٢ إِنَّ ٱللَّهَ يُدْخِلُ ٱلَّذِينَ ءَامَنُوا۟ وَعَمِلُوا۟
ٱلصَّـٰلِحَـٰتِ جَنَّـٰتٍ تَجْرِى مِن تَحْتِهَا ٱلْأَنْهَـٰرُ ۖ وَٱلَّذِينَ كَفَرُوا۟ يَتَمَتَّعُونَ وَيَأْكُلُونَ كَمَا تَأْكُلُ
ٱلْأَنْعَـٰمُ وَٱلنَّارُ مَثْوًى لَّهُمْ ٤٧ــ١٣ وَكَأَيِّن مِّن قَرْيَةٍ هِىَ أَشَدُّ قُوَّةً مِّن قَرْيَتِكَ ٱلَّتِىٓ

أَخْرَجَتْكَ أَهْلَكْنَٰهُمْ فَلَا نَاصِرَ لَهُمْ ٤٧ــ١٤ أَفَمَن كَانَ عَلَىٰ بَيِّنَةٍ مِّن رَّبِّهِۦ كَمَن زُيِّنَ
لَهُۥ سُوٓءُ عَمَلِهِۦ وَٱتَّبَعُوٓاْ أَهْوَآءَهُم ٤٧ــ١٥ مَّثَلُ ٱلْجَنَّةِ ٱلَّتِى وُعِدَ ٱلْمُتَّقُونَ ۖ فِيهَآ
أَنْهَٰرٌ مِّن مَّآءٍ غَيْرِ ءَاسِنٍ وَأَنْهَٰرٌ مِّن لَّبَنٍ لَّمْ يَتَغَيَّرْ طَعْمُهُۥ وَأَنْهَٰرٌ مِّنْ خَمْرٍ لَّذَّةٍ
لِّلشَّٰرِبِينَ وَأَنْهَٰرٌ مِّنْ عَسَلٍ مُّصَفًّى ۖ وَلَهُمْ فِيهَا مِن كُلِّ ٱلثَّمَرَٰتِ وَمَغْفِرَةٌ مِّن رَّبِّهِمْ ۖ
كَمَنْ هُوَ خَٰلِدٌ فِى ٱلنَّارِ وَسُقُواْ مَآءً حَمِيمًا فَقَطَّعَ أَمْعَآءَهُمْ ٤٧ــ١٦ وَمِنْهُم مَّن
يَسْتَمِعُ إِلَيْكَ حَتَّىٰٓ إِذَا خَرَجُواْ مِنْ عِندِكَ قَالُواْ لِلَّذِينَ أُوتُواْ ٱلْعِلْمَ مَاذَا قَالَ ءَانِفًا ۚ
أُوْلَٰٓئِكَ ٱلَّذِينَ طَبَعَ ٱللَّهُ عَلَىٰ قُلُوبِهِمْ وَٱتَّبَعُوٓاْ أَهْوَآءَهُمْ ٤٧ــ١٧ وَٱلَّذِينَ ٱهْتَدَوْاْ
زَادَهُمْ هُدًى وَءَاتَىٰهُمْ تَقْوَىٰهُمْ ٤٧ــ١٨ فَهَلْ يَنظُرُونَ إِلَّا ٱلسَّاعَةَ أَن تَأْتِيَهُم بَغْتَةً ۖ
فَقَدْ جَآءَ أَشْرَاطُهَا ۚ فَأَنَّىٰ لَهُمْ إِذَا جَآءَتْهُمْ ذِكْرَىٰهُمْ ٤٧ــ١٩ فَٱعْلَمْ أَنَّهُۥ لَآ إِلَٰهَ إِلَّا
ٱللَّهُ وَٱسْتَغْفِرْ لِذَنۢبِكَ وَلِلْمُؤْمِنِينَ وَٱلْمُؤْمِنَٰتِ ۗ وَٱللَّهُ يَعْلَمُ مُتَقَلَّبَكُمْ وَمَثْوَىٰكُمْ
٤٧ــ٢٠ وَيَقُولُ ٱلَّذِينَ ءَامَنُواْ لَوْلَا نُزِّلَتْ سُورَةٌ ۖ فَإِذَآ أُنزِلَتْ سُورَةٌ مُّحْكَمَةٌ وَذُكِرَ
فِيهَا ٱلْقِتَالُ ۙ رَأَيْتَ ٱلَّذِينَ فِى قُلُوبِهِم مَّرَضٌ يَنظُرُونَ إِلَيْكَ نَظَرَ ٱلْمَغْشِىِّ عَلَيْهِ مِنَ
ٱلْمَوْتِ ۖ فَأَوْلَىٰ لَهُمْ ٤٧ــ٢١ طَاعَةٌ وَقَوْلٌ مَّعْرُوفٌ ۚ فَإِذَا عَزَمَ ٱلْأَمْرُ فَلَوْ صَدَقُواْ ٱللَّهَ
لَكَانَ خَيْرًا لَّهُمْ ٤٧ــ٢٢ فَهَلْ عَسَيْتُمْ إِن تَوَلَّيْتُمْ أَن تُفْسِدُواْ فِى ٱلْأَرْضِ وَتُقَطِّعُوٓاْ
أَرْحَامَكُمْ ٤٧ــ٢٣ أُوْلَٰٓئِكَ ٱلَّذِينَ لَعَنَهُمُ ٱللَّهُ فَأَصَمَّهُمْ وَأَعْمَىٰٓ أَبْصَٰرَهُمْ ٤٧ــ٢٤ أَفَلَا
يَتَدَبَّرُونَ ٱلْقُرْءَانَ أَمْ عَلَىٰ قُلُوبٍ أَقْفَالُهَآ ٤٧ــ٢٥ إِنَّ ٱلَّذِينَ ٱرْتَدُّواْ عَلَىٰٓ أَدْبَٰرِهِم مِّنۢ
بَعْدِ مَا تَبَيَّنَ لَهُمُ ٱلْهُدَى ۙ ٱلشَّيْطَٰنُ سَوَّلَ لَهُمْ وَأَمْلَىٰ لَهُمْ ٤٧ــ٢٦ ذَٰلِكَ بِأَنَّهُمْ
قَالُواْ لِلَّذِينَ كَرِهُواْ مَا نَزَّلَ ٱللَّهُ سَنُطِيعُكُمْ فِى بَعْضِ ٱلْأَمْرِ ۖ وَٱللَّهُ يَعْلَمُ إِسْرَارَهُمْ
٤٧ــ٢٧ فَكَيْفَ إِذَا تَوَفَّتْهُمُ ٱلْمَلَٰٓئِكَةُ يَضْرِبُونَ وُجُوهَهُمْ وَأَدْبَٰرَهُمْ ٤٧ــ٢٨ ذَٰلِكَ
بِأَنَّهُمُ ٱتَّبَعُواْ مَآ أَسْخَطَ ٱللَّهَ وَكَرِهُواْ رِضْوَٰنَهُۥ فَأَحْبَطَ أَعْمَٰلَهُمْ ٤٧ــ٢٩ أَمْ حَسِبَ
ٱلَّذِينَ فِى قُلُوبِهِم مَّرَضٌ أَن لَّن يُخْرِجَ ٱللَّهُ أَضْغَٰنَهُمْ ٤٧ــ٣٠ وَلَوْ نَشَآءُ لَأَرَيْنَٰكَهُمْ
فَلَعَرَفْتَهُم بِسِيمَٰهُمْ ۚ وَلَتَعْرِفَنَّهُمْ فِى لَحْنِ ٱلْقَوْلِ ۚ وَٱللَّهُ يَعْلَمُ أَعْمَٰلَكُمْ
٤٧ــ٣١ وَلَنَبْلُوَنَّكُمْ حَتَّىٰ نَعْلَمَ ٱلْمُجَٰهِدِينَ مِنكُمْ وَٱلصَّٰبِرِينَ وَنَبْلُوَاْ أَخْبَارَكُمْ
٤٧ــ٣٢ إِنَّ ٱلَّذِينَ كَفَرُواْ وَصَدُّواْ عَن سَبِيلِ ٱللَّهِ وَشَآقُّواْ ٱلرَّسُولَ مِنۢ بَعْدِ مَا تَبَيَّنَ
لَهُمُ ٱلْهُدَىٰ لَن يَضُرُّواْ ٱللَّهَ شَيْـًٔا وَسَيُحْبِطُ أَعْمَٰلَهُمْ ٤٧ــ٣٣ يَٰٓأَيُّهَا ٱلَّذِينَ ءَامَنُوٓاْ
أَطِيعُواْ ٱللَّهَ وَأَطِيعُواْ ٱلرَّسُولَ وَلَا تُبْطِلُوٓاْ أَعْمَٰلَكُمْ ٤٧ــ٣٤ إِنَّ ٱلَّذِينَ كَفَرُواْ وَصَدُّواْ
عَن سَبِيلِ ٱللَّهِ ثُمَّ مَاتُواْ وَهُمْ كُفَّارٌ فَلَن يَغْفِرَ ٱللَّهُ لَهُمْ ٤٧ــ٣٥ فَلَا تَهِنُواْ وَتَدْعُوٓاْ
إِلَى ٱلسَّلْمِ وَأَنتُمُ ٱلْأَعْلَوْنَ وَٱللَّهُ مَعَكُمْ وَلَن يَتِرَكُمْ أَعْمَٰلَكُمْ ٤٧ــ٣٦ إِنَّمَا ٱلْحَيَوٰةُ

ٱلدُّنْيَا لَعِبٌ وَلَهْوٌ ۚ وَإِن تُؤْمِنُوا۟ وَتَتَّقُوا۟ يُؤْتِكُمْ أُجُورَكُمْ وَلَا يَسْـَٔلْكُمْ أَمْوَٰلَكُمْ
٤٧ـ٣٧ إِن يَسْـَٔلْكُمُوهَا فَيُحْفِكُمْ تَبْخَلُوا۟ وَيُخْرِجْ أَضْغَـٰنَكُمْ ٤٧ـ٣٨ هَـٰٓأَنتُمْ هَـٰٓؤُلَآءِ
تُدْعَوْنَ لِتُنفِقُوا۟ فِى سَبِيلِ ٱللَّهِ فَمِنكُم مَّن يَبْخَلُ ۖ وَمَن يَبْخَلْ فَإِنَّمَا يَبْخَلُ عَن
نَّفْسِهِۦ ۚ وَٱللَّهُ ٱلْغَنِىُّ وَأَنتُمُ ٱلْفُقَرَآءُ ۚ وَإِن تَتَوَلَّوْا۟ يَسْتَبْدِلْ قَوْمًا غَيْرَكُمْ ثُمَّ لَا
يَكُونُوٓا۟ أَمْثَـٰلَكُم ٤٨ـ١ إِنَّا فَتَحْنَا لَكَ فَتْحًا مُّبِينًا ٤٨ـ٢ لِّيَغْفِرَ لَكَ ٱللَّهُ مَا تَقَدَّمَ مِن
ذَنۢبِكَ وَمَا تَأَخَّرَ وَيُتِمَّ نِعْمَتَهُۥ عَلَيْكَ وَيَهْدِيَكَ صِرَٰطًا مُّسْتَقِيمًا ٤٨ـ٣ وَيَنصُرَكَ ٱللَّهُ
نَصْرًا عَزِيزًا ٤٨ـ٤ هُوَ ٱلَّذِىٓ أَنزَلَ ٱلسَّكِينَةَ فِى قُلُوبِ ٱلْمُؤْمِنِينَ لِيَزْدَادُوٓا۟ إِيمَـٰنًا مَّعَ
إِيمَـٰنِهِمْ ۗ وَلِلَّهِ جُنُودُ ٱلسَّمَـٰوَٰتِ وَٱلْأَرْضِ ۚ وَكَانَ ٱللَّهُ عَلِيمًا حَكِيمًا ٤٨ـ٥ لِّيُدْخِلَ
ٱلْمُؤْمِنِينَ وَٱلْمُؤْمِنَـٰتِ جَنَّـٰتٍ تَجْرِى مِن تَحْتِهَا ٱلْأَنْهَـٰرُ خَـٰلِدِينَ فِيهَا وَيُكَفِّرَ عَنْهُمْ
سَيِّـَٔاتِهِمْ ۚ وَكَانَ ذَٰلِكَ عِندَ ٱللَّهِ فَوْزًا عَظِيمًا ٤٨ـ٦ وَيُعَذِّبَ ٱلْمُنَـٰفِقِينَ وَٱلْمُنَـٰفِقَـٰتِ
وَٱلْمُشْرِكِينَ وَٱلْمُشْرِكَـٰتِ ٱلظَّآنِّينَ بِٱللَّهِ ظَنَّ ٱلسَّوْءِ ۚ عَلَيْهِمْ دَآئِرَةُ ٱلسَّوْءِ ۖ وَغَضِبَ
ٱللَّهُ عَلَيْهِمْ وَلَعَنَهُمْ وَأَعَدَّ لَهُمْ جَهَنَّمَ ۖ وَسَآءَتْ مَصِيرًا ٤٨ـ٧ وَلِلَّهِ جُنُودُ ٱلسَّمَـٰوَٰتِ
وَٱلْأَرْضِ ۚ وَكَانَ ٱللَّهُ عَزِيزًا حَكِيمًا ٤٨ـ٨ إِنَّآ أَرْسَلْنَـٰكَ شَـٰهِدًا وَمُبَشِّرًا وَنَذِيرًا
٤٨ـ٩ لِّتُؤْمِنُوا۟ بِٱللَّهِ وَرَسُولِهِۦ وَتُعَزِّرُوهُ وَتُوَقِّرُوهُ وَتُسَبِّحُوهُ بُكْرَةً وَأَصِيلًا ٤٨ـ١٠ إِنَّ
ٱلَّذِينَ يُبَايِعُونَكَ إِنَّمَا يُبَايِعُونَ ٱللَّهَ يَدُ ٱللَّهِ فَوْقَ أَيْدِيهِمْ ۚ فَمَن نَّكَثَ فَإِنَّمَا يَنكُثُ
عَلَىٰ نَفْسِهِۦ ۖ وَمَنْ أَوْفَىٰ بِمَا عَـٰهَدَ عَلَيْهُ ٱللَّهَ فَسَيُؤْتِيهِ أَجْرًا عَظِيمًا ٤٨ـ١١ سَيَقُولُ
لَكَ ٱلْمُخَلَّفُونَ مِنَ ٱلْأَعْرَابِ شَغَلَتْنَآ أَمْوَٰلُنَا وَأَهْلُونَا فَٱسْتَغْفِرْ لَنَا ۚ يَقُولُونَ بِأَلْسِنَتِهِم
مَّا لَيْسَ فِى قُلُوبِهِمْ ۚ قُلْ فَمَن يَمْلِكُ لَكُم مِّنَ ٱللَّهِ شَيْـًٔا إِنْ أَرَادَ بِكُمْ ضَرًّا أَوْ أَرَادَ
بِكُمْ نَفْعًۢا ۚ بَلْ كَانَ ٱللَّهُ بِمَا تَعْمَلُونَ خَبِيرًۢا ٤٨ـ١٢ بَلْ ظَنَنتُمْ أَن لَّن يَنقَلِبَ ٱلرَّسُولُ
وَٱلْمُؤْمِنُونَ إِلَىٰٓ أَهْلِيهِمْ أَبَدًا وَزُيِّنَ ذَٰلِكَ فِى قُلُوبِكُمْ وَظَنَنتُمْ ظَنَّ ٱلسَّوْءِ وَكُنتُمْ
قَوْمًۢا بُورًا ٤٨ـ١٣ وَمَن لَّمْ يُؤْمِنۢ بِٱللَّهِ وَرَسُولِهِۦ فَإِنَّآ أَعْتَدْنَا لِلْكَـٰفِرِينَ سَعِيرًا
٤٨ـ١٤ وَلِلَّهِ مُلْكُ ٱلسَّمَـٰوَٰتِ وَٱلْأَرْضِ ۚ يَغْفِرُ لِمَن يَشَآءُ وَيُعَذِّبُ مَن يَشَآءُ ۚ وَكَانَ ٱللَّهُ
غَفُورًا رَّحِيمًا ٤٨ـ١٥ سَيَقُولُ ٱلْمُخَلَّفُونَ إِذَا ٱنطَلَقْتُمْ إِلَىٰ مَغَانِمَ لِتَأْخُذُوهَا ذَرُونَا
نَتَّبِعْكُمْ ۖ يُرِيدُونَ أَن يُبَدِّلُوا۟ كَلَـٰمَ ٱللَّهِ ۚ قُل لَّن تَتَّبِعُونَا كَذَٰلِكُمْ قَالَ ٱللَّهُ مِن قَبْلُ ۖ
فَسَيَقُولُونَ بَلْ تَحْسُدُونَنَا ۚ بَلْ كَانُوا۟ لَا يَفْقَهُونَ إِلَّا قَلِيلًا ٤٨ـ١٦ قُل لِّلْمُخَلَّفِينَ مِنَ
ٱلْأَعْرَابِ سَتُدْعَوْنَ إِلَىٰ قَوْمٍ أُو۟لِى بَأْسٍ شَدِيدٍ تُقَـٰتِلُونَهُمْ أَوْ يُسْلِمُونَ ۖ فَإِن تُطِيعُوا۟
يُؤْتِكُمُ ٱللَّهُ أَجْرًا حَسَنًا ۖ وَإِن تَتَوَلَّوْا۟ كَمَا تَوَلَّيْتُم مِّن قَبْلُ يُعَذِّبْكُمْ عَذَابًا أَلِيمًا
٤٨ـ١٧ لَّيْسَ عَلَى ٱلْأَعْمَىٰ حَرَجٌ وَلَا عَلَى ٱلْأَعْرَجِ حَرَجٌ وَلَا عَلَى ٱلْمَرِيضِ حَرَجٌ ۗ وَمَن

يُطِعِ ٱللَّهَ وَرَسُولَهُۥ يُدْخِلْهُ جَنَّٰتٍ تَجْرِى مِن تَحْتِهَا ٱلْأَنْهَٰرُ ۖ وَمَن يَتَوَلَّ يُعَذِّبْهُ عَذَابًا
أَلِيمًا ٤٨ــ١٨ لَّقَدْ رَضِىَ ٱللَّهُ عَنِ ٱلْمُؤْمِنِينَ إِذْ يُبَايِعُونَكَ تَحْتَ ٱلشَّجَرَةِ فَعَلِمَ مَا فِى
قُلُوبِهِمْ فَأَنزَلَ ٱلسَّكِينَةَ عَلَيْهِمْ وَأَثَٰبَهُمْ فَتْحًا قَرِيبًا ٤٨ــ١٩ وَمَغَانِمَ كَثِيرَةً
يَأْخُذُونَهَا ۗ وَكَانَ ٱللَّهُ عَزِيزًا حَكِيمًا ٤٨ــ٢٠ وَعَدَكُمُ ٱللَّهُ مَغَانِمَ كَثِيرَةً تَأْخُذُونَهَا
فَعَجَّلَ لَكُمْ هَٰذِهِۦ وَكَفَّ أَيْدِىَ ٱلنَّاسِ عَنكُمْ وَلِتَكُونَ ءَايَةً لِّلْمُؤْمِنِينَ وَيَهْدِيَكُمْ
صِرَٰطًا مُّسْتَقِيمًا ٤٨ــ٢١ وَأُخْرَىٰ لَمْ تَقْدِرُوا۟ عَلَيْهَا قَدْ أَحَاطَ ٱللَّهُ بِهَا ۚ وَكَانَ ٱللَّهُ
عَلَىٰ كُلِّ شَىْءٍ قَدِيرًا ٤٨ــ٢٢ وَلَوْ قَٰتَلَكُمُ ٱلَّذِينَ كَفَرُوا۟ لَوَلَّوُا۟ ٱلْأَدْبَٰرَ ثُمَّ لَا يَجِدُونَ
وَلِيًّا وَلَا نَصِيرًا ٤٨ــ٢٣ سُنَّةَ ٱللَّهِ ٱلَّتِى قَدْ خَلَتْ مِن قَبْلُ ۖ وَلَن تَجِدَ لِسُنَّةِ ٱللَّهِ
تَبْدِيلًا ٤٨ــ٢٤ وَهُوَ ٱلَّذِى كَفَّ أَيْدِيَهُمْ عَنكُمْ وَأَيْدِيَكُمْ عَنْهُم بِبَطْنِ مَكَّةَ مِنۢ بَعْدِ
أَنْ أَظْفَرَكُمْ عَلَيْهِمْ ۚ وَكَانَ ٱللَّهُ بِمَا تَعْمَلُونَ بَصِيرًا ٤٨ــ٢٥ هُمُ ٱلَّذِينَ كَفَرُوا۟
وَصَدُّوكُمْ عَنِ ٱلْمَسْجِدِ ٱلْحَرَامِ وَٱلْهَدْىَ مَعْكُوفًا أَن يَبْلُغَ مَحِلَّهُۥ ۚ وَلَوْلَا رِجَالٌ
مُّؤْمِنُونَ وَنِسَآءٌ مُّؤْمِنَٰتٌ لَّمْ تَعْلَمُوهُمْ أَن تَطَـُٔوهُمْ فَتُصِيبَكُم مِّنْهُم مَّعَرَّةٌۢ بِغَيْرِ عِلْمٍ ۖ
لِّيُدْخِلَ ٱللَّهُ فِى رَحْمَتِهِۦ مَن يَشَآءُ ۚ لَوْ تَزَيَّلُوا۟ لَعَذَّبْنَا ٱلَّذِينَ كَفَرُوا۟ مِنْهُمْ عَذَابًا
أَلِيمًا ٤٨ــ٢٦ إِذْ جَعَلَ ٱلَّذِينَ كَفَرُوا۟ فِى قُلُوبِهِمُ ٱلْحَمِيَّةَ حَمِيَّةَ ٱلْجَٰهِلِيَّةِ فَأَنزَلَ ٱللَّهُ
سَكِينَتَهُۥ عَلَىٰ رَسُولِهِۦ وَعَلَى ٱلْمُؤْمِنِينَ وَأَلْزَمَهُمْ كَلِمَةَ ٱلتَّقْوَىٰ وَكَانُوٓا۟ أَحَقَّ بِهَا
وَأَهْلَهَا ۚ وَكَانَ ٱللَّهُ بِكُلِّ شَىْءٍ عَلِيمًا ٤٨ــ٢٧ لَّقَدْ صَدَقَ ٱللَّهُ رَسُولَهُ ٱلرُّءْيَا بِٱلْحَقِّ ۖ
لَتَدْخُلُنَّ ٱلْمَسْجِدَ ٱلْحَرَامَ إِن شَآءَ ٱللَّهُ ءَامِنِينَ مُحَلِّقِينَ رُءُوسَكُمْ وَمُقَصِّرِينَ لَا
تَخَافُونَ ۖ فَعَلِمَ مَا لَمْ تَعْلَمُوا۟ فَجَعَلَ مِن دُونِ ذَٰلِكَ فَتْحًا قَرِيبًا ٤٨ــ٢٨ هُوَ ٱلَّذِىٓ
أَرْسَلَ رَسُولَهُۥ بِٱلْهُدَىٰ وَدِينِ ٱلْحَقِّ لِيُظْهِرَهُۥ عَلَى ٱلدِّينِ كُلِّهِۦ ۚ وَكَفَىٰ بِٱللَّهِ
شَهِيدًا ٤٨ــ٢٩ مُّحَمَّدٌ رَّسُولُ ٱللَّهِ ۚ وَٱلَّذِينَ مَعَهُۥٓ أَشِدَّآءُ عَلَى ٱلْكُفَّارِ رُحَمَآءُ بَيْنَهُمْ ۖ
تَرَىٰهُمْ رُكَّعًا سُجَّدًا يَبْتَغُونَ فَضْلًا مِّنَ ٱللَّهِ وَرِضْوَٰنًا ۖ سِيمَاهُمْ فِى وُجُوهِهِم مِّنْ أَثَرِ
ٱلسُّجُودِ ۚ ذَٰلِكَ مَثَلُهُمْ فِى ٱلتَّوْرَىٰةِ ۚ وَمَثَلُهُمْ فِى ٱلْإِنجِيلِ كَزَرْعٍ أَخْرَجَ شَطْـَٔهُۥ فَـَٔازَرَهُۥ
فَٱسْتَغْلَظَ فَٱسْتَوَىٰ عَلَىٰ سُوقِهِۦ يُعْجِبُ ٱلزُّرَّاعَ لِيَغِيظَ بِهِمُ ٱلْكُفَّارَ ۗ وَعَدَ ٱللَّهُ ٱلَّذِينَ
ءَامَنُوا۟ وَعَمِلُوا۟ ٱلصَّٰلِحَٰتِ مِنْهُم مَّغْفِرَةً وَأَجْرًا عَظِيمًۢا ٤٩ــ١ يَٰٓأَيُّهَا ٱلَّذِينَ ءَامَنُوا۟ لَا
تُقَدِّمُوا۟ بَيْنَ يَدَىِ ٱللَّهِ وَرَسُولِهِۦ ۖ وَٱتَّقُوا۟ ٱللَّهَ ۚ إِنَّ ٱللَّهَ سَمِيعٌ عَلِيمٌ ٤٩ــ٢ يَٰٓأَيُّهَا
ٱلَّذِينَ ءَامَنُوا۟ لَا تَرْفَعُوٓا۟ أَصْوَٰتَكُمْ فَوْقَ صَوْتِ ٱلنَّبِىِّ وَلَا تَجْهَرُوا۟ لَهُۥ بِٱلْقَوْلِ كَجَهْرِ
بَعْضِكُمْ لِبَعْضٍ أَن تَحْبَطَ أَعْمَٰلُكُمْ وَأَنتُمْ لَا تَشْعُرُونَ ٤٩ــ٣ إِنَّ ٱلَّذِينَ يَغُضُّونَ
أَصْوَٰتَهُمْ عِندَ رَسُولِ ٱللَّهِ أُو۟لَٰٓئِكَ ٱلَّذِينَ ٱمْتَحَنَ ٱللَّهُ قُلُوبَهُمْ لِلتَّقْوَىٰ ۚ لَهُم مَّغْفِرَةٌ

وَأَجْرٌ عَظِيمٌ ٤٩ـ٤ إِنَّ ٱلَّذِينَ يُنَادُونَكَ مِن وَرَآءِ ٱلْحُجُرَٰتِ أَكْثَرُهُمْ لَا يَعْقِلُونَ
٤٩ـ٥ وَلَوْ أَنَّهُمْ صَبَرُوا۟ حَتَّىٰ تَخْرُجَ إِلَيْهِمْ لَكَانَ خَيْرًا لَّهُمْ ۚ وَٱللَّهُ غَفُورٌ رَّحِيمٌ
٤٩ـ٦ يَٰٓأَيُّهَا ٱلَّذِينَ ءَامَنُوٓا۟ إِن جَآءَكُمْ فَاسِقٌۢ بِنَبَإٍ فَتَبَيَّنُوٓا۟ أَن تُصِيبُوا۟ قَوْمًۢا بِجَهَٰلَةٍ
فَتُصْبِحُوا۟ عَلَىٰ مَا فَعَلْتُمْ نَٰدِمِينَ ٤٩ـ٧ وَٱعْلَمُوٓا۟ أَنَّ فِيكُمْ رَسُولَ ٱللَّهِ ۚ لَوْ يُطِيعُكُمْ
فِى كَثِيرٍ مِّنَ ٱلْأَمْرِ لَعَنِتُّمْ وَلَٰكِنَّ ٱللَّهَ حَبَّبَ إِلَيْكُمُ ٱلْإِيمَٰنَ وَزَيَّنَهُۥ فِى قُلُوبِكُمْ وَكَرَّهَ
إِلَيْكُمُ ٱلْكُفْرَ وَٱلْفُسُوقَ وَٱلْعِصْيَانَ ۚ أُو۟لَٰٓئِكَ هُمُ ٱلرَّٰشِدُونَ ٤٩ـ٨ فَضْلًا مِّنَ ٱللَّهِ
وَنِعْمَةً ۚ وَٱللَّهُ عَلِيمٌ حَكِيمٌ ٤٩ـ٩ وَإِن طَآئِفَتَانِ مِنَ ٱلْمُؤْمِنِينَ ٱقْتَتَلُوا۟ فَأَصْلِحُوا۟
بَيْنَهُمَا ۖ فَإِنۢ بَغَتْ إِحْدَىٰهُمَا عَلَى ٱلْأُخْرَىٰ فَقَٰتِلُوا۟ ٱلَّتِى تَبْغِى حَتَّىٰ تَفِىٓءَ إِلَىٰٓ أَمْرِ
ٱللَّهِ ۚ فَإِن فَآءَتْ فَأَصْلِحُوا۟ بَيْنَهُمَا بِٱلْعَدْلِ وَأَقْسِطُوٓا۟ ۖ إِنَّ ٱللَّهَ يُحِبُّ ٱلْمُقْسِطِينَ
٤٩ـ١٠ إِنَّمَا ٱلْمُؤْمِنُونَ إِخْوَةٌ فَأَصْلِحُوا۟ بَيْنَ أَخَوَيْكُمْ ۚ وَٱتَّقُوا۟ ٱللَّهَ لَعَلَّكُمْ تُرْحَمُونَ
٤٩ـ١١ يَٰٓأَيُّهَا ٱلَّذِينَ ءَامَنُوا۟ لَا يَسْخَرْ قَوْمٌ مِّن قَوْمٍ عَسَىٰٓ أَن يَكُونُوا۟ خَيْرًا مِّنْهُمْ وَلَا
نِسَآءٌ مِّن نِّسَآءٍ عَسَىٰٓ أَن يَكُنَّ خَيْرًا مِّنْهُنَّ ۖ وَلَا تَلْمِزُوٓا۟ أَنفُسَكُمْ وَلَا تَنَابَزُوا۟ بِٱلْأَلْقَٰبِ
ۖ بِئْسَ ٱلِٱسْمُ ٱلْفُسُوقُ بَعْدَ ٱلْإِيمَٰنِ ۚ وَمَن لَّمْ يَتُبْ فَأُو۟لَٰٓئِكَ هُمُ ٱلظَّٰلِمُونَ
٤٩ـ١٢ يَٰٓأَيُّهَا ٱلَّذِينَ ءَامَنُوا۟ ٱجْتَنِبُوا۟ كَثِيرًا مِّنَ ٱلظَّنِّ إِنَّ بَعْضَ ٱلظَّنِّ إِثْمٌ ۖ وَلَا
تَجَسَّسُوا۟ وَلَا يَغْتَب بَّعْضُكُم بَعْضًا ۚ أَيُحِبُّ أَحَدُكُمْ أَن يَأْكُلَ لَحْمَ أَخِيهِ مَيْتًا
فَكَرِهْتُمُوهُ ۚ وَٱتَّقُوا۟ ٱللَّهَ ۚ إِنَّ ٱللَّهَ تَوَّابٌ رَّحِيمٌ ٤٩ـ١٣ يَٰٓأَيُّهَا ٱلنَّاسُ إِنَّا خَلَقْنَٰكُم مِّن
ذَكَرٍ وَأُنثَىٰ وَجَعَلْنَٰكُمْ شُعُوبًا وَقَبَآئِلَ لِتَعَارَفُوٓا۟ ۚ إِنَّ أَكْرَمَكُمْ عِندَ ٱللَّهِ أَتْقَىٰكُمْ ۚ إِنَّ
ٱللَّهَ عَلِيمٌ خَبِيرٌ ٤٩ـ١٤ قَالَتِ ٱلْأَعْرَابُ ءَامَنَّا ۖ قُل لَّمْ تُؤْمِنُوا۟ وَلَٰكِن قُولُوٓا۟ أَسْلَمْنَا
وَلَمَّا يَدْخُلِ ٱلْإِيمَٰنُ فِى قُلُوبِكُمْ ۖ وَإِن تُطِيعُوا۟ ٱللَّهَ وَرَسُولَهُۥ لَا يَلِتْكُم مِّنْ أَعْمَٰلِكُمْ
شَيْـًٔا ۚ إِنَّ ٱللَّهَ غَفُورٌ رَّحِيمٌ ٤٩ـ١٥ إِنَّمَا ٱلْمُؤْمِنُونَ ٱلَّذِينَ ءَامَنُوا۟ بِٱللَّهِ وَرَسُولِهِۦ ثُمَّ
لَمْ يَرْتَابُوا۟ وَجَٰهَدُوا۟ بِأَمْوَٰلِهِمْ وَأَنفُسِهِمْ فِى سَبِيلِ ٱللَّهِ ۚ أُو۟لَٰٓئِكَ هُمُ ٱلصَّٰدِقُونَ
٤٩ـ١٦ قُلْ أَتُعَلِّمُونَ ٱللَّهَ بِدِينِكُمْ وَٱللَّهُ يَعْلَمُ مَا فِى ٱلسَّمَٰوَٰتِ وَمَا فِى ٱلْأَرْضِ ۚ
وَٱللَّهُ بِكُلِّ شَىْءٍ عَلِيمٌ ٤٩ـ١٧ يَمُنُّونَ عَلَيْكَ أَنْ أَسْلَمُوا۟ ۖ قُل لَّا تَمُنُّوا۟ عَلَىَّ إِسْلَٰمَكُم
ۖ بَلِ ٱللَّهُ يَمُنُّ عَلَيْكُمْ أَنْ هَدَىٰكُمْ لِلْإِيمَٰنِ إِن كُنتُمْ صَٰدِقِينَ ٤٩ـ١٨ إِنَّ ٱللَّهَ يَعْلَمُ غَيْبَ
ٱلسَّمَٰوَٰتِ وَٱلْأَرْضِ ۚ وَٱللَّهُ بَصِيرٌۢ بِمَا تَعْمَلُونَ ٥٠ـ١ قٓ ۚ وَٱلْقُرْءَانِ ٱلْمَجِيدِ ٥٠ـ٢ بَلْ
عَجِبُوٓا۟ أَن جَآءَهُم مُّنذِرٌ مِّنْهُمْ فَقَالَ ٱلْكَٰفِرُونَ هَٰذَا شَىْءٌ عَجِيبٌ ٥٠ـ٣ أَءِذَا مِتْنَا
وَكُنَّا تُرَابًا ۖ ذَٰلِكَ رَجْعٌۢ بَعِيدٌ ٥٠ـ٤ قَدْ عَلِمْنَا مَا تَنقُصُ ٱلْأَرْضُ مِنْهُمْ ۖ وَعِندَنَا كِتَٰبٌ
حَفِيظٌۢ ٥٠ـ٥ بَلْ كَذَّبُوا۟ بِٱلْحَقِّ لَمَّا جَآءَهُمْ فَهُمْ فِىٓ أَمْرٍ مَّرِيجٍ ٥٠ـ٦ أَفَلَمْ يَنظُرُوٓا۟

إِلَى ٱلسَّمَآءِ فَوْقَهُمْ كَيْفَ بَنَيْنَٰهَا وَزَيَّنَّٰهَا وَمَا لَهَا مِن فُرُوجٍ ٥٠-٧ وَٱلْأَرْضَ
مَدَدْنَٰهَا وَأَلْقَيْنَا فِيهَا رَوَٰسِىَ وَأَنۢبَتْنَا فِيهَا مِن كُلِّ زَوْجٍۭ بَهِيجٍ ٥٠-٨ تَبْصِرَةً
وَذِكْرَىٰ لِكُلِّ عَبْدٍ مُّنِيبٍ ٥٠-٩ وَنَزَّلْنَا مِنَ ٱلسَّمَآءِ مَآءً مُّبَٰرَكًا فَأَنۢبَتْنَا بِهِۦ جَنَّٰتٍ وَحَبَّ
ٱلْحَصِيدِ ٥٠-١٠ وَٱلنَّخْلَ بَاسِقَٰتٍ لَّهَا طَلْعٌ نَّضِيدٌ ٥٠-١١ رِّزْقًا لِّلْعِبَادِ ۖ وَأَحْيَيْنَا بِهِۦ بَلْدَةً
مَّيْتًا ۚ كَذَٰلِكَ ٱلْخُرُوجُ ٥٠-١٢ كَذَّبَتْ قَبْلَهُمْ قَوْمُ نُوحٍ وَأَصْحَٰبُ ٱلرَّسِّ وَثَمُودُ
٥٠-١٣ وَعَادٌ وَفِرْعَوْنُ وَإِخْوَٰنُ لُوطٍ ٥٠-١٤ وَأَصْحَٰبُ ٱلْأَيْكَةِ وَقَوْمُ تُبَّعٍ ۚ كُلٌّ كَذَّبَ
ٱلرُّسُلَ فَحَقَّ وَعِيدِ ٥٠-١٥ أَفَعَيِينَا بِٱلْخَلْقِ ٱلْأَوَّلِ ۚ بَلْ هُمْ فِى لَبْسٍ مِّنْ خَلْقٍ جَدِيدٍ
٥٠-١٦ وَلَقَدْ خَلَقْنَا ٱلْإِنسَٰنَ وَنَعْلَمُ مَا تُوَسْوِسُ بِهِۦ نَفْسُهُۥ ۖ وَنَحْنُ أَقْرَبُ إِلَيْهِ مِنْ
حَبْلِ ٱلْوَرِيدِ ٥٠-١٧ إِذْ يَتَلَقَّى ٱلْمُتَلَقِّيَانِ عَنِ ٱلْيَمِينِ وَعَنِ ٱلشِّمَالِ قَعِيدٌ ٥٠-١٨ مَّا
يَلْفِظُ مِن قَوْلٍ إِلَّا لَدَيْهِ رَقِيبٌ عَتِيدٌ ٥٠-١٩ وَجَآءَتْ سَكْرَةُ ٱلْمَوْتِ بِٱلْحَقِّ ۖ ذَٰلِكَ مَا
كُنتَ مِنْهُ تَحِيدُ ٥٠-٢٠ وَنُفِخَ فِى ٱلصُّورِ ۚ ذَٰلِكَ يَوْمُ ٱلْوَعِيدِ ٥٠-٢١ وَجَآءَتْ كُلُّ نَفْسٍ
مَّعَهَا سَآئِقٌ وَشَهِيدٌ ٥٠-٢٢ لَّقَدْ كُنتَ فِى غَفْلَةٍ مِّنْ هَٰذَا فَكَشَفْنَا عَنكَ غِطَآءَكَ
فَبَصَرُكَ ٱلْيَوْمَ حَدِيدٌ ٥٠-٢٣ وَقَالَ قَرِينُهُۥ هَٰذَا مَا لَدَىَّ عَتِيدٌ ٥٠-٢٤ أَلْقِيَا فِى
جَهَنَّمَ كُلَّ كَفَّارٍ عَنِيدٍ ٥٠-٢٥ مَّنَّاعٍ لِّلْخَيْرِ مُعْتَدٍ مُّرِيبٍ ٥٠-٢٦ ٱلَّذِى جَعَلَ مَعَ ٱللَّهِ
إِلَٰهًا ءَاخَرَ فَأَلْقِيَاهُ فِى ٱلْعَذَابِ ٱلشَّدِيدِ ٥٠-٢٧ قَالَ قَرِينُهُۥ رَبَّنَا مَآ أَطْغَيْتُهُۥ وَلَٰكِن
كَانَ فِى ضَلَٰلٍۭ بَعِيدٍ ٥٠-٢٨ قَالَ لَا تَخْتَصِمُوا۟ لَدَىَّ وَقَدْ قَدَّمْتُ إِلَيْكُم بِٱلْوَعِيدِ
٥٠-٢٩ مَا يُبَدَّلُ ٱلْقَوْلُ لَدَىَّ وَمَآ أَنَا۠ بِظَلَّٰمٍ لِّلْعَبِيدِ ٥٠-٣٠ يَوْمَ نَقُولُ لِجَهَنَّمَ هَلِ
ٱمْتَلَأْتِ وَتَقُولُ هَلْ مِن مَّزِيدٍ ٥٠-٣١ وَأُزْلِفَتِ ٱلْجَنَّةُ لِلْمُتَّقِينَ غَيْرَ بَعِيدٍ ٥٠-٣٢ هَٰذَا
مَا تُوعَدُونَ لِكُلِّ أَوَّابٍ حَفِيظٍ ٥٠-٣٣ مَّنْ خَشِىَ ٱلرَّحْمَٰنَ بِٱلْغَيْبِ وَجَآءَ بِقَلْبٍ مُّنِيبٍ
٥٠-٣٤ ٱدْخُلُوهَا بِسَلَٰمٍ ۖ ذَٰلِكَ يَوْمُ ٱلْخُلُودِ ٥٠-٣٥ لَهُم مَّا يَشَآءُونَ فِيهَا وَلَدَيْنَا
مَزِيدٌ ٥٠-٣٦ وَكَمْ أَهْلَكْنَا قَبْلَهُم مِّن قَرْنٍ هُمْ أَشَدُّ مِنْهُم بَطْشًا فَنَقَّبُوا۟ فِى ٱلْبِلَٰدِ
هَلْ مِن مَّحِيصٍ ٥٠-٣٧ إِنَّ فِى ذَٰلِكَ لَذِكْرَىٰ لِمَن كَانَ لَهُۥ قَلْبٌ أَوْ أَلْقَى ٱلسَّمْعَ
وَهُوَ شَهِيدٌ ٥٠-٣٨ وَلَقَدْ خَلَقْنَا ٱلسَّمَٰوَٰتِ وَٱلْأَرْضَ وَمَا بَيْنَهُمَا فِى سِتَّةِ أَيَّامٍ وَمَا
مَسَّنَا مِن لُّغُوبٍ ٥٠-٣٩ فَٱصْبِرْ عَلَىٰ مَا يَقُولُونَ وَسَبِّحْ بِحَمْدِ رَبِّكَ قَبْلَ طُلُوعِ
ٱلشَّمْسِ وَقَبْلَ ٱلْغُرُوبِ ٥٠-٤٠ وَمِنَ ٱلَّيْلِ فَسَبِّحْهُ وَأَدْبَٰرَ ٱلسُّجُودِ ٥٠-٤١ وَٱسْتَمِعْ
يَوْمَ يُنَادِ ٱلْمُنَادِ مِن مَّكَانٍ قَرِيبٍ ٥٠-٤٢ يَوْمَ يَسْمَعُونَ ٱلصَّيْحَةَ بِٱلْحَقِّ ۚ ذَٰلِكَ يَوْمُ
ٱلْخُرُوجِ ٥٠-٤٣ إِنَّا نَحْنُ نُحْىِۦ وَنُمِيتُ وَإِلَيْنَا ٱلْمَصِيرُ ٥٠-٤٤ يَوْمَ تَشَقَّقُ ٱلْأَرْضُ
عَنْهُمْ سِرَاعًا ۚ ذَٰلِكَ حَشْرٌ عَلَيْنَا يَسِيرٌ ٥٠-٤٥ نَّحْنُ أَعْلَمُ بِمَا يَقُولُونَ ۖ وَمَآ أَنتَ

عَلَيْهِم بِجَبَّارٍ ۖ فَذَكِّرْ بِٱلْقُرْءَانِ مَن يَخَافُ وَعِيدِ ٥١-١ وَٱلذَّٰرِيَٰتِ ذَرْوًا ٥١-٢ فَٱلْحَٰمِلَٰتِ
وِقْرًا ٥١-٣ فَٱلْجَٰرِيَٰتِ يُسْرًا ٥١-٤ فَٱلْمُقَسِّمَٰتِ أَمْرًا ٥١-٥ إِنَّمَا تُوعَدُونَ لَصَادِقٌ
٥١-٦ وَإِنَّ ٱلدِّينَ لَوَٰقِعٌ ٥١-٧ وَٱلسَّمَآءِ ذَاتِ ٱلْحُبُكِ ٥١-٨ إِنَّكُمْ لَفِى قَوْلٍ مُّخْتَلِفٍ
٥١-٩ يُؤْفَكُ عَنْهُ مَنْ أُفِكَ ٥١-١٠ قُتِلَ ٱلْخَرَّٰصُونَ ٥١-١١ ٱلَّذِينَ هُمْ فِى غَمْرَةٍ
سَاهُونَ ٥١-١٢ يَسْـَٔلُونَ أَيَّانَ يَوْمُ ٱلدِّينِ ٥١-١٣ يَوْمَ هُمْ عَلَى ٱلنَّارِ يُفْتَنُونَ
٥١-١٤ ذُوقُوا۟ فِتْنَتَكُمْ هَٰذَا ٱلَّذِى كُنتُم بِهِۦ تَسْتَعْجِلُونَ ٥١-١٥ إِنَّ ٱلْمُتَّقِينَ فِى
جَنَّٰتٍ وَعُيُونٍ ٥١-١٦ ءَاخِذِينَ مَآ ءَاتَىٰهُمْ رَبُّهُمْ ۚ إِنَّهُمْ كَانُوا۟ قَبْلَ ذَٰلِكَ مُحْسِنِينَ
٥١-١٧ كَانُوا۟ قَلِيلًا مِّنَ ٱلَّيْلِ مَا يَهْجَعُونَ ٥١-١٨ وَبِٱلْأَسْحَارِ هُمْ يَسْتَغْفِرُونَ
٥١-١٩ وَفِىٓ أَمْوَٰلِهِمْ حَقٌّ لِّلسَّآئِلِ وَٱلْمَحْرُومِ ٥١-٢٠ وَفِى ٱلْأَرْضِ ءَايَٰتٌ لِّلْمُوقِنِينَ
٥١-٢١ وَفِىٓ أَنفُسِكُمْ ۚ أَفَلَا تُبْصِرُونَ ٥١-٢٢ وَفِى ٱلسَّمَآءِ رِزْقُكُمْ وَمَا تُوعَدُونَ
٥١-٢٣ فَوَرَبِّ ٱلسَّمَآءِ وَٱلْأَرْضِ إِنَّهُۥ لَحَقٌّ مِّثْلَ مَآ أَنَّكُمْ تَنطِقُونَ ٥١-٢٤ هَلْ أَتَىٰكَ
حَدِيثُ ضَيْفِ إِبْرَٰهِيمَ ٱلْمُكْرَمِينَ ٥١-٢٥ إِذْ دَخَلُوا۟ عَلَيْهِ فَقَالُوا۟ سَلَٰمًا ۖ قَالَ سَلَٰمٌ
قَوْمٌ مُّنكَرُونَ ٥١-٢٦ فَرَاغَ إِلَىٰٓ أَهْلِهِۦ فَجَآءَ بِعِجْلٍ سَمِينٍ ٥١-٢٧ فَقَرَّبَهُۥٓ إِلَيْهِمْ
قَالَ أَلَا تَأْكُلُونَ ٥١-٢٨ فَأَوْجَسَ مِنْهُمْ خِيفَةً ۖ قَالُوا۟ لَا تَخَفْ ۖ وَبَشَّرُوهُ بِغُلَٰمٍ عَلِيمٍ
٥١-٢٩ فَأَقْبَلَتِ ٱمْرَأَتُهُۥ فِى صَرَّةٍ فَصَكَّتْ وَجْهَهَا وَقَالَتْ عَجُوزٌ عَقِيمٌ ٥١-٣٠ قَالُوا۟
كَذَٰلِكِ قَالَ رَبُّكِ ۖ إِنَّهُۥ هُوَ ٱلْحَكِيمُ ٱلْعَلِيمُ ٥١-٣١ قَالَ فَمَا خَطْبُكُمْ أَيُّهَا ٱلْمُرْسَلُونَ
٥١-٣٢ قَالُوٓا۟ إِنَّآ أُرْسِلْنَآ إِلَىٰ قَوْمٍ مُّجْرِمِينَ ٥١-٣٣ لِنُرْسِلَ عَلَيْهِمْ حِجَارَةً مِّن طِينٍ
٥١-٣٤ مُّسَوَّمَةً عِندَ رَبِّكَ لِلْمُسْرِفِينَ ٥١-٣٥ فَأَخْرَجْنَا مَن كَانَ فِيهَا مِنَ ٱلْمُؤْمِنِينَ
٥١-٣٦ فَمَا وَجَدْنَا فِيهَا غَيْرَ بَيْتٍ مِّنَ ٱلْمُسْلِمِينَ ٥١-٣٧ وَتَرَكْنَا فِيهَآ ءَايَةً لِّلَّذِينَ
يَخَافُونَ ٱلْعَذَابَ ٱلْأَلِيمَ ٥١-٣٨ وَفِى مُوسَىٰٓ إِذْ أَرْسَلْنَٰهُ إِلَىٰ فِرْعَوْنَ بِسُلْطَٰنٍ مُّبِينٍ
٥١-٣٩ فَتَوَلَّىٰ بِرُكْنِهِۦ وَقَالَ سَٰحِرٌ أَوْ مَجْنُونٌ ٥١-٤٠ فَأَخَذْنَٰهُ وَجُنُودَهُۥ فَنَبَذْنَٰهُمْ
فِى ٱلْيَمِّ وَهُوَ مُلِيمٌ ٥١-٤١ وَفِى عَادٍ إِذْ أَرْسَلْنَا عَلَيْهِمُ ٱلرِّيحَ ٱلْعَقِيمَ ٥١-٤٢ مَا
تَذَرُ مِن شَىْءٍ أَتَتْ عَلَيْهِ إِلَّا جَعَلَتْهُ كَٱلرَّمِيمِ ٥١-٤٣ وَفِى ثَمُودَ إِذْ قِيلَ لَهُمْ
تَمَتَّعُوا۟ حَتَّىٰ حِينٍ ٥١-٤٤ فَعَتَوْا۟ عَنْ أَمْرِ رَبِّهِمْ فَأَخَذَتْهُمُ ٱلصَّٰعِقَةُ وَهُمْ يَنظُرُونَ
٥١-٤٥ فَمَا ٱسْتَطَٰعُوا۟ مِن قِيَامٍ وَمَا كَانُوا۟ مُنتَصِرِينَ ٥١-٤٦ وَقَوْمَ نُوحٍ مِّن قَبْلُ ۖ
إِنَّهُمْ كَانُوا۟ قَوْمًا فَٰسِقِينَ ٥١-٤٧ وَٱلسَّمَآءَ بَنَيْنَٰهَا بِأَيْي۟دٍ وَإِنَّا لَمُوسِعُونَ
٥١-٤٨ وَٱلْأَرْضَ فَرَشْنَٰهَا فَنِعْمَ ٱلْمَٰهِدُونَ ٥١-٤٩ وَمِن كُلِّ شَىْءٍ خَلَقْنَا زَوْجَيْنِ
لَعَلَّكُمْ تَذَكَّرُونَ ٥١-٥٠ فَفِرُّوٓا۟ إِلَى ٱللَّهِ ۖ إِنِّى لَكُم مِّنْهُ نَذِيرٌ مُّبِينٌ ٥١-٥١ وَلَا

تَجْعَلُوا۟ مَعَ ٱللَّهِ إِلَـٰهًا ءَاخَرَ ۖ إِنِّى لَكُم مِّنْهُ نَذِيرٌ مُّبِينٌ ٥١ـ٥٢ كَذَٰلِكَ مَآ أَتَى ٱلَّذِينَ
مِن قَبْلِهِم مِّن رَّسُولٍ إِلَّا قَالُوا۟ سَاحِرٌ أَوْ مَجْنُونٌ ٥١ـ٥٣ أَتَوَاصَوْا۟ بِهِۦ ۚ بَلْ هُمْ قَوْمٌ
طَاغُونَ ٥١ـ٥٤ فَتَوَلَّ عَنْهُمْ فَمَآ أَنتَ بِمَلُومٍ ٥١ـ٥٥ وَذَكِّرْ فَإِنَّ ٱلذِّكْرَىٰ تَنفَعُ
ٱلْمُؤْمِنِينَ ٥١ـ٥٦ وَمَا خَلَقْتُ ٱلْجِنَّ وَٱلْإِنسَ إِلَّا لِيَعْبُدُونِ ٥١ـ٥٧ مَآ أُرِيدُ مِنْهُم مِّن
رِّزْقٍ وَمَآ أُرِيدُ أَن يُطْعِمُونِ ٥١ـ٥٨ إِنَّ ٱللَّهَ هُوَ ٱلرَّزَّاقُ ذُو ٱلْقُوَّةِ ٱلْمَتِينُ
٥١ـ٥٩ فَإِنَّ لِلَّذِينَ ظَلَمُوا۟ ذَنُوبًا مِّثْلَ ذَنُوبِ أَصْحَـٰبِهِمْ فَلَا يَسْتَعْجِلُونِ ٥١ـ٦٠ فَوَيْلٌ
لِّلَّذِينَ كَفَرُوا۟ مِن يَوْمِهِمُ ٱلَّذِى يُوعَدُونَ ٥٢ـ١ وَٱلطُّورِ ٥٢ـ٢ وَكِتَـٰبٍ مَّسْطُورٍ
٥٢ـ٣ فِى رَقٍّ مَّنشُورٍ ٥٢ـ٤ وَٱلْبَيْتِ ٱلْمَعْمُورِ ٥٢ـ٥ وَٱلسَّقْفِ ٱلْمَرْفُوعِ
٥٢ـ٦ وَٱلْبَحْرِ ٱلْمَسْجُورِ ٥٢ـ٧ إِنَّ عَذَابَ رَبِّكَ لَوَٰقِعٌ ٥٢ـ٨ مَّا لَهُۥ مِن دَافِعٍ
٥٢ـ٩ يَوْمَ تَمُورُ ٱلسَّمَآءُ مَوْرًا ٥٢ـ١٠ وَتَسِيرُ ٱلْجِبَالُ سَيْرًا ٥٢ـ١١ فَوَيْلٌ يَوْمَئِذٍ
لِّلْمُكَذِّبِينَ ٥٢ـ١٢ ٱلَّذِينَ هُمْ فِى خَوْضٍ يَلْعَبُونَ ٥٢ـ١٣ يَوْمَ يُدَعُّونَ إِلَىٰ نَارِ جَهَنَّمَ
دَعًّا ٥٢ـ١٤ هَـٰذِهِ ٱلنَّارُ ٱلَّتِى كُنتُم بِهَا تُكَذِّبُونَ ٥٢ـ١٥ أَفَسِحْرٌ هَـٰذَآ أَمْ أَنتُمْ لَا
تُبْصِرُونَ ٥٢ـ١٦ ٱصْلَوْهَا فَٱصْبِرُوٓا۟ أَوْ لَا تَصْبِرُوا۟ سَوَآءٌ عَلَيْكُمْ ۖ إِنَّمَا تُجْزَوْنَ مَا كُنتُمْ
تَعْمَلُونَ ٥٢ـ١٧ إِنَّ ٱلْمُتَّقِينَ فِى جَنَّـٰتٍ وَنَعِيمٍ ٥٢ـ١٨ فَـٰكِهِينَ بِمَآ ءَاتَىٰهُمْ رَبُّهُمْ
وَوَقَىٰهُمْ رَبُّهُمْ عَذَابَ ٱلْجَحِيمِ ٥٢ـ١٩ كُلُوا۟ وَٱشْرَبُوا۟ هَنِيٓـًٔا بِمَا كُنتُمْ تَعْمَلُونَ
٥٢ـ٢٠ مُتَّكِـِٔينَ عَلَىٰ سُرُرٍ مَّصْفُوفَةٍ ۖ وَزَوَّجْنَـٰهُم بِحُورٍ عِينٍ ٥٢ـ٢١ وَٱلَّذِينَ ءَامَنُوا۟
وَٱتَّبَعَتْهُمْ ذُرِّيَّتُهُم بِإِيمَـٰنٍ أَلْحَقْنَا بِهِمْ ذُرِّيَّتَهُمْ وَمَآ أَلَتْنَـٰهُم مِّنْ عَمَلِهِم مِّن شَىْءٍ ۚ
كُلُّ ٱمْرِئٍۭ بِمَا كَسَبَ رَهِينٌ ٥٢ـ٢٢ وَأَمْدَدْنَـٰهُم بِفَـٰكِهَةٍ وَلَحْمٍ مِّمَّا يَشْتَهُونَ
٥٢ـ٢٣ يَتَنَـٰزَعُونَ فِيهَا كَأْسًا لَّا لَغْوٌ فِيهَا وَلَا تَأْثِيمٌ ٥٢ـ٢٤ وَيَطُوفُ عَلَيْهِمْ
غِلْمَانٌ لَّهُمْ كَأَنَّهُمْ لُؤْلُؤٌ مَّكْنُونٌ ٥٢ـ٢٥ وَأَقْبَلَ بَعْضُهُمْ عَلَىٰ بَعْضٍ يَتَسَآءَلُونَ
٥٢ـ٢٦ قَالُوٓا۟ إِنَّا كُنَّا قَبْلُ فِىٓ أَهْلِنَا مُشْفِقِينَ ٥٢ـ٢٧ فَمَنَّ ٱللَّهُ عَلَيْنَا وَوَقَىٰنَا
عَذَابَ ٱلسَّمُومِ ٥٢ـ٢٨ إِنَّا كُنَّا مِن قَبْلُ نَدْعُوهُ ۖ إِنَّهُۥ هُوَ ٱلْبَرُّ ٱلرَّحِيمُ ٥٢ـ٢٩ فَذَكِّرْ
فَمَآ أَنتَ بِنِعْمَتِ رَبِّكَ بِكَاهِنٍ وَلَا مَجْنُونٍ ٥٢ـ٣٠ أَمْ يَقُولُونَ شَاعِرٌ نَّتَرَبَّصُ بِهِۦ رَيْبَ
ٱلْمَنُونِ ٥٢ـ٣١ قُلْ تَرَبَّصُوا۟ فَإِنِّى مَعَكُم مِّنَ ٱلْمُتَرَبِّصِينَ ٥٢ـ٣٢ أَمْ تَأْمُرُهُمْ
أَحْلَـٰمُهُم بِهَـٰذَآ ۚ أَمْ هُمْ قَوْمٌ طَاغُونَ ٥٢ـ٣٣ أَمْ يَقُولُونَ تَقَوَّلَهُۥ ۚ بَل لَّا يُؤْمِنُونَ
٥٢ـ٣٤ فَلْيَأْتُوا۟ بِحَدِيثٍ مِّثْلِهِۦٓ إِن كَانُوا۟ صَـٰدِقِينَ ٥٢ـ٣٥ أَمْ خُلِقُوا۟ مِنْ غَيْرِ شَىْءٍ أَمْ
هُمُ ٱلْخَـٰلِقُونَ ٥٢ـ٣٦ أَمْ خَلَقُوا۟ ٱلسَّمَـٰوَٰتِ وَٱلْأَرْضَ ۚ بَل لَّا يُوقِنُونَ ٥٢ـ٣٧ أَمْ
عِندَهُمْ خَزَآئِنُ رَبِّكَ أَمْ هُمُ ٱلْمُصَۣيْطِرُونَ ٥٢ـ٣٨ أَمْ لَهُمْ سُلَّمٌ يَسْتَمِعُونَ فِيهِ ۖ

فَلْيَأْتِ مُسْتَمِعُهُم بِسُلْطَٰنٍ مُّبِينٍ ٥٢ـ٣٩ أَمْ لَهُ ٱلْبَنَٰتُ وَلَكُمُ ٱلْبَنُونَ ٥٢ـ٤٠ أَمْ
تَسْـَٔلُهُمْ أَجْرًا فَهُم مِّن مَّغْرَمٍ مُّثْقَلُونَ ٥٢ـ٤١ أَمْ عِندَهُمُ ٱلْغَيْبُ فَهُمْ يَكْتُبُونَ
٥٢ـ٤٢ أَمْ يُرِيدُونَ كَيْدًا ۖ فَٱلَّذِينَ كَفَرُوا۟ هُمُ ٱلْمَكِيدُونَ ٥٢ـ٤٣ أَمْ لَهُمْ إِلَٰهٌ غَيْرُ
ٱللَّهِ ۚ سُبْحَٰنَ ٱللَّهِ عَمَّا يُشْرِكُونَ ٥٢ـ٤٤ وَإِن يَرَوْا۟ كِسْفًا مِّنَ ٱلسَّمَآءِ سَاقِطًا يَقُولُوا۟
سَحَابٌ مَّرْكُومٌ ٥٢ـ٤٥ فَذَرْهُمْ حَتَّىٰ يُلَٰقُوا۟ يَوْمَهُمُ ٱلَّذِى فِيهِ يُصْعَقُونَ
٥٢ـ٤٦ يَوْمَ لَا يُغْنِى عَنْهُمْ كَيْدُهُمْ شَيْـًٔا وَلَا هُمْ يُنصَرُونَ ٥٢ـ٤٧ وَإِنَّ لِلَّذِينَ
ظَلَمُوا۟ عَذَابًا دُونَ ذَٰلِكَ وَلَٰكِنَّ أَكْثَرَهُمْ لَا يَعْلَمُونَ ٥٢ـ٤٨ وَٱصْبِرْ لِحُكْمِ رَبِّكَ فَإِنَّكَ
بِأَعْيُنِنَا ۖ وَسَبِّحْ بِحَمْدِ رَبِّكَ حِينَ تَقُومُ ٥٢ـ٤٩ وَمِنَ ٱلَّيْلِ فَسَبِّحْهُ وَإِدْبَٰرَ ٱلنُّجُومِ
٥٣ـ١ وَٱلنَّجْمِ إِذَا هَوَىٰ ٥٣ـ٢ مَا ضَلَّ صَاحِبُكُمْ وَمَا غَوَىٰ ٥٣ـ٣ وَمَا يَنطِقُ عَنِ
ٱلْهَوَىٰٓ ٥٣ـ٤ إِنْ هُوَ إِلَّا وَحْىٌ يُوحَىٰ ٥٣ـ٥ عَلَّمَهُۥ شَدِيدُ ٱلْقُوَىٰ ٥٣ـ٦ ذُو مِرَّةٍ
فَٱسْتَوَىٰ ٥٣ـ٧ وَهُوَ بِٱلْأُفُقِ ٱلْأَعْلَىٰ ٥٣ـ٨ ثُمَّ دَنَا فَتَدَلَّىٰ ٥٣ـ٩ فَكَانَ قَابَ
قَوْسَيْنِ أَوْ أَدْنَىٰ ٥٣ـ١٠ فَأَوْحَىٰٓ إِلَىٰ عَبْدِهِۦ مَآ أَوْحَىٰ ٥٣ـ١١ مَا كَذَبَ ٱلْفُؤَادُ مَا
رَأَىٰٓ ٥٣ـ١٢ أَفَتُمَٰرُونَهُۥ عَلَىٰ مَا يَرَىٰ ٥٣ـ١٣ وَلَقَدْ رَءَاهُ نَزْلَةً أُخْرَىٰ ٥٣ـ١٤ عِندَ
سِدْرَةِ ٱلْمُنتَهَىٰ ٥٣ـ١٥ عِندَهَا جَنَّةُ ٱلْمَأْوَىٰٓ ٥٣ـ١٦ إِذْ يَغْشَى ٱلسِّدْرَةَ مَا يَغْشَىٰ
٥٣ـ١٧ مَا زَاغَ ٱلْبَصَرُ وَمَا طَغَىٰ ٥٣ـ١٨ لَقَدْ رَأَىٰ مِنْ ءَايَٰتِ رَبِّهِ ٱلْكُبْرَىٰٓ
٥٣ـ١٩ أَفَرَءَيْتُمُ ٱللَّٰتَ وَٱلْعُزَّىٰ ٥٣ـ٢٠ وَمَنَوٰةَ ٱلثَّالِثَةَ ٱلْأُخْرَىٰٓ ٥٣ـ٢١ أَلَكُمُ ٱلذَّكَرُ
وَلَهُ ٱلْأُنثَىٰ ٥٣ـ٢٢ تِلْكَ إِذًا قِسْمَةٌ ضِيزَىٰٓ ٥٣ـ٢٣ إِنْ هِىَ إِلَّآ أَسْمَآءٌ سَمَّيْتُمُوهَآ
أَنتُمْ وَءَابَآؤُكُم مَّآ أَنزَلَ ٱللَّهُ بِهَا مِن سُلْطَٰنٍ ۚ إِن يَتَّبِعُونَ إِلَّا ٱلظَّنَّ وَمَا تَهْوَى
ٱلْأَنفُسُ ۖ وَلَقَدْ جَآءَهُم مِّن رَّبِّهِمُ ٱلْهُدَىٰٓ ٥٣ـ٢٤ أَمْ لِلْإِنسَٰنِ مَا تَمَنَّىٰ
٥٣ـ٢٥ فَلِلَّهِ ٱلْءَاخِرَةُ وَٱلْأُولَىٰ ٥٣ـ٢٦ وَكَم مِّن مَّلَكٍ فِى ٱلسَّمَٰوَٰتِ لَا تُغْنِى
شَفَٰعَتُهُمْ شَيْـًٔا إِلَّا مِنۢ بَعْدِ أَن يَأْذَنَ ٱللَّهُ لِمَن يَشَآءُ وَيَرْضَىٰٓ ٥٣ـ٢٧ إِنَّ ٱلَّذِينَ لَا
يُؤْمِنُونَ بِٱلْءَاخِرَةِ لَيُسَمُّونَ ٱلْمَلَٰٓئِكَةَ تَسْمِيَةَ ٱلْأُنثَىٰ ٥٣ـ٢٨ وَمَا لَهُم بِهِۦ مِنْ عِلْمٍ ۖ
إِن يَتَّبِعُونَ إِلَّا ٱلظَّنَّ ۖ وَإِنَّ ٱلظَّنَّ لَا يُغْنِى مِنَ ٱلْحَقِّ شَيْـًٔا ٥٣ـ٢٩ فَأَعْرِضْ عَن مَّن
تَوَلَّىٰ عَن ذِكْرِنَا وَلَمْ يُرِدْ إِلَّا ٱلْحَيَوٰةَ ٱلدُّنْيَا ٥٣ـ٣٠ ذَٰلِكَ مَبْلَغُهُم مِّنَ ٱلْعِلْمِ ۚ إِنَّ رَبَّكَ
هُوَ أَعْلَمُ بِمَن ضَلَّ عَن سَبِيلِهِۦ وَهُوَ أَعْلَمُ بِمَنِ ٱهْتَدَىٰ ٥٣ـ٣١ وَلِلَّهِ مَا فِى
ٱلسَّمَٰوَٰتِ وَمَا فِى ٱلْأَرْضِ لِيَجْزِىَ ٱلَّذِينَ أَسَٰٓـُٔوا۟ بِمَا عَمِلُوا۟ وَيَجْزِىَ ٱلَّذِينَ أَحْسَنُوا۟
بِٱلْحُسْنَى ٥٣ـ٣٢ ٱلَّذِينَ يَجْتَنِبُونَ كَبَٰٓئِرَ ٱلْإِثْمِ وَٱلْفَوَٰحِشَ إِلَّا ٱللَّمَمَ ۚ إِنَّ رَبَّكَ وَٰسِعُ
ٱلْمَغْفِرَةِ ۚ هُوَ أَعْلَمُ بِكُمْ إِذْ أَنشَأَكُم مِّنَ ٱلْأَرْضِ وَإِذْ أَنتُمْ أَجِنَّةٌ فِى بُطُونِ أُمَّهَٰتِكُمْ ۖ

فَلَا تُزَكُّوٓاْ أَنفُسَكُمْۖ هُوَ أَعْلَمُ بِمَنِ ٱتَّقَىٰٓ ٥٣ـ٣٣ أَفَرَءَيْتَ ٱلَّذِى تَوَلَّىٰ
٥٣ـ٣٤ وَأَعْطَىٰ قَلِيلًا وَأَكْدَىٰٓ ٥٣ـ٣٥ أَعِندَهُۥ عِلْمُ ٱلْغَيْبِ فَهُوَ يَرَىٰٓ ٥٣ـ٣٦ أَمْ لَمْ
يُنَبَّأْ بِمَا فِى صُحُفِ مُوسَىٰ ٥٣ـ٣٧ وَإِبْرَٰهِيمَ ٱلَّذِى وَفَّىٰٓ ٥٣ـ٣٨ أَلَّا تَزِرُ وَازِرَةٌ وِزْرَ
أُخْرَىٰ ٥٣ـ٣٩ وَأَن لَّيْسَ لِلْإِنسَٰنِ إِلَّا مَا سَعَىٰ ٥٣ـ٤٠ وَأَنَّ سَعْيَهُۥ سَوْفَ يُرَىٰ
٥٣ـ٤١ ثُمَّ يُجْزَىٰهُ ٱلْجَزَآءَ ٱلْأَوْفَىٰ ٥٣ـ٤٢ وَأَنَّ إِلَىٰ رَبِّكَ ٱلْمُنتَهَىٰ ٥٣ـ٤٣ وَأَنَّهُۥ هُوَ
أَضْحَكَ وَأَبْكَىٰ ٥٣ـ٤٤ وَأَنَّهُۥ هُوَ أَمَاتَ وَأَحْيَا ٥٣ـ٤٥ وَأَنَّهُۥ خَلَقَ ٱلزَّوْجَيْنِ ٱلذَّكَرَ
وَٱلْأُنثَىٰ ٥٣ـ٤٦ مِن نُّطْفَةٍ إِذَا تُمْنَىٰ ٥٣ـ٤٧ وَأَنَّ عَلَيْهِ ٱلنَّشْأَةَ ٱلْأُخْرَىٰ
٥٣ـ٤٨ وَأَنَّهُۥ هُوَ أَغْنَىٰ وَأَقْنَىٰ ٥٣ـ٤٩ وَأَنَّهُۥ هُوَ رَبُّ ٱلشِّعْرَىٰ ٥٣ـ٥٠ وَأَنَّهُۥٓ أَهْلَكَ
عَادًا ٱلْأُولَىٰ ٥٣ـ٥١ وَثَمُودَاْ فَمَآ أَبْقَىٰ ٥٣ـ٥٢ وَقَوْمَ نُوحٍ مِّن قَبْلُۖ إِنَّهُمْ كَانُواْ
هُمْ أَظْلَمَ وَأَطْغَىٰ ٥٣ـ٥٣ وَٱلْمُؤْتَفِكَةَ أَهْوَىٰ ٥٣ـ٥٤ فَغَشَّىٰهَا مَا غَشَّىٰ
٥٣ـ٥٥ فَبِأَىِّ ءَالَآءِ رَبِّكَ تَتَمَارَىٰ ٥٣ـ٥٦ هَٰذَا نَذِيرٌ مِّنَ ٱلنُّذُرِ ٱلْأُولَىٰٓ ٥٣ـ٥٧ أَزِفَتِ
ٱلْءَازِفَةُ ٥٣ـ٥٨ لَيْسَ لَهَا مِن دُونِ ٱللَّهِ كَاشِفَةٌ ٥٣ـ٥٩ أَفَمِنْ هَٰذَا ٱلْحَدِيثِ
تَعْجَبُونَ ٥٣ـ٦٠ وَتَضْحَكُونَ وَلَا تَبْكُونَ ٥٣ـ٦١ وَأَنتُمْ سَٰمِدُونَ ٥٣ـ٦٢ فَٱسْجُدُواْ
لِلَّهِ وَٱعْبُدُواْ ٥٤ـ١ ٱقْتَرَبَتِ ٱلسَّاعَةُ وَٱنشَقَّ ٱلْقَمَرُ ٥٤ـ٢ وَإِن يَرَوْاْ ءَايَةً يُعْرِضُواْ
وَيَقُولُواْ سِحْرٌ مُّسْتَمِرٌّ ٥٤ـ٣ وَكَذَّبُواْ وَٱتَّبَعُوٓاْ أَهْوَآءَهُمْۚ وَكُلُّ أَمْرٍ مُّسْتَقِرٌّ
٥٤ـ٤ وَلَقَدْ جَآءَهُم مِّنَ ٱلْأَنۢبَآءِ مَا فِيهِ مُزْدَجَرٌ ٥٤ـ٥ حِكْمَةٌۢ بَٰلِغَةٌۖ فَمَا تُغْنِ ٱلنُّذُرُ
٥٤ـ٦ فَتَوَلَّ عَنْهُمْۘ يَوْمَ يَدْعُ ٱلدَّاعِ إِلَىٰ شَىْءٍ نُّكُرٍ ٥٤ـ٧ خُشَّعًا أَبْصَٰرُهُمْ يَخْرُجُونَ
مِنَ ٱلْأَجْدَاثِ كَأَنَّهُمْ جَرَادٌ مُّنتَشِرٌ ٥٤ـ٨ مُّهْطِعِينَ إِلَى ٱلدَّاعِۖ يَقُولُ ٱلْكَٰفِرُونَ هَٰذَا
يَوْمٌ عَسِرٌ ٥٤ـ٩ كَذَّبَتْ قَبْلَهُمْ قَوْمُ نُوحٍ فَكَذَّبُواْ عَبْدَنَا وَقَالُواْ مَجْنُونٌ وَٱزْدُجِرَ
٥٤ـ١٠ فَدَعَا رَبَّهُۥٓ أَنِّى مَغْلُوبٌ فَٱنتَصِرْ ٥٤ـ١١ فَفَتَحْنَآ أَبْوَٰبَ ٱلسَّمَآءِ بِمَآءٍ مُّنْهَمِرٍ
٥٤ـ١٢ وَفَجَّرْنَا ٱلْأَرْضَ عُيُونًا فَٱلْتَقَى ٱلْمَآءُ عَلَىٰٓ أَمْرٍ قَدْ قُدِرَ ٥٤ـ١٣ وَحَمَلْنَٰهُ عَلَىٰ
ذَاتِ أَلْوَٰحٍ وَدُسُرٍ ٥٤ـ١٤ تَجْرِى بِأَعْيُنِنَا جَزَآءً لِّمَن كَانَ كُفِرَ ٥٤ـ١٥ وَلَقَد تَّرَكْنَٰهَآ ءَايَةً
فَهَلْ مِن مُّدَّكِرٍ ٥٤ـ١٦ فَكَيْفَ كَانَ عَذَابِى وَنُذُرِ ٥٤ـ١٧ وَلَقَدْ يَسَّرْنَا ٱلْقُرْءَانَ لِلذِّكْرِ
فَهَلْ مِن مُّدَّكِرٍ ٥٤ـ١٨ كَذَّبَتْ عَادٌ فَكَيْفَ كَانَ عَذَابِى وَنُذُرِ ٥٤ـ١٩ إِنَّآ أَرْسَلْنَا
عَلَيْهِمْ رِيحًا صَرْصَرًا فِى يَوْمِ نَحْسٍ مُّسْتَمِرٍّ ٥٤ـ٢٠ تَنزِعُ ٱلنَّاسَ كَأَنَّهُمْ أَعْجَازُ نَخْلٍ
مُّنقَعِرٍ ٥٤ـ٢١ فَكَيْفَ كَانَ عَذَابِى وَنُذُرِ ٥٤ـ٢٢ وَلَقَدْ يَسَّرْنَا ٱلْقُرْءَانَ لِلذِّكْرِ فَهَلْ
مِن مُّدَّكِرٍ ٥٤ـ٢٣ كَذَّبَتْ ثَمُودُ بِٱلنُّذُرِ ٥٤ـ٢٤ فَقَالُوٓاْ أَبَشَرًا مِّنَّا وَٰحِدًا نَّتَّبِعُهُۥٓ إِنَّآ إِذًا
لَّفِى ضَلَٰلٍ وَسُعُرٍ ٥٤ـ٢٥ أَءُلْقِىَ ٱلذِّكْرُ عَلَيْهِ مِنۢ بَيْنِنَا بَلْ هُوَ كَذَّابٌ أَشِرٌ

٥٤ـ٢٦ سَيَعْلَمُونَ غَدًا مَّنِ ٱلْكَذَّابُ ٱلْأَشِرُ ٥٤ـ٢٧ إِنَّا مُرْسِلُوا۟ ٱلنَّاقَةِ فِتْنَةً لَّهُمْ
فَٱرْتَقِبْهُمْ وَٱصْطَبِرْ ٥٤ـ٢٨ وَنَبِّئْهُمْ أَنَّ ٱلْمَآءَ قِسْمَةٌۢ بَيْنَهُمْ ۖ كُلُّ شِرْبٍ مُّحْتَضَرٌ
٥٤ـ٢٩ فَنَادَوْا۟ صَاحِبَهُمْ فَتَعَاطَىٰ فَعَقَرَ ٥٤ـ٣٠ فَكَيْفَ كَانَ عَذَابِى وَنُذُرِ
٥٤ـ٣١ إِنَّآ أَرْسَلْنَا عَلَيْهِمْ صَيْحَةً وَٰحِدَةً فَكَانُوا۟ كَهَشِيمِ ٱلْمُحْتَظِرِ ٥٤ـ٣٢ وَلَقَدْ
يَسَّرْنَا ٱلْقُرْءَانَ لِلذِّكْرِ فَهَلْ مِن مُّدَّكِرٍ ٥٤ـ٣٣ كَذَّبَتْ قَوْمُ لُوطٍۭ بِٱلنُّذُرِ ٥٤ـ٣٤ إِنَّآ
أَرْسَلْنَا عَلَيْهِمْ حَاصِبًا إِلَّآ ءَالَ لُوطٍ ۖ نَّجَّيْنَٰهُم بِسَحَرٍ ٥٤ـ٣٥ نِّعْمَةً مِّنْ عِندِنَا ۚ كَذَٰلِكَ
نَجْزِى مَن شَكَرَ ٥٤ـ٣٦ وَلَقَدْ أَنذَرَهُم بَطْشَتَنَا فَتَمَارَوْا۟ بِٱلنُّذُرِ ٥٤ـ٣٧ وَلَقَدْ رَٰوَدُوهُ
عَن ضَيْفِهِۦ فَطَمَسْنَآ أَعْيُنَهُمْ فَذُوقُوا۟ عَذَابِى وَنُذُرِ ٥٤ـ٣٨ وَلَقَدْ صَبَّحَهُم بُكْرَةً
عَذَابٌ مُّسْتَقِرٌّ ٥٤ـ٣٩ فَذُوقُوا۟ عَذَابِى وَنُذُرِ ٥٤ـ٤٠ وَلَقَدْ يَسَّرْنَا ٱلْقُرْءَانَ لِلذِّكْرِ
فَهَلْ مِن مُّدَّكِرٍ ٥٤ـ٤١ وَلَقَدْ جَآءَ ءَالَ فِرْعَوْنَ ٱلنُّذُرُ ٥٤ـ٤٢ كَذَّبُوا۟ بِـَٔايَٰتِنَا كُلِّهَا
فَأَخَذْنَٰهُمْ أَخْذَ عَزِيزٍ مُّقْتَدِرٍ ٥٤ـ٤٣ أَكُفَّارُكُمْ خَيْرٌ مِّنْ أُو۟لَٰٓئِكُمْ أَمْ لَكُم بَرَآءَةٌ فِى ٱلزُّبُرِ
٥٤ـ٤٤ أَمْ يَقُولُونَ نَحْنُ جَمِيعٌ مُّنتَصِرٌ ٥٤ـ٤٥ سَيُهْزَمُ ٱلْجَمْعُ وَيُوَلُّونَ ٱلدُّبُرَ
٥٤ـ٤٦ بَلِ ٱلسَّاعَةُ مَوْعِدُهُمْ وَٱلسَّاعَةُ أَدْهَىٰ وَأَمَرُّ ٥٤ـ٤٧ إِنَّ ٱلْمُجْرِمِينَ فِى ضَلَٰلٍ
وَسُعُرٍ ٥٤ـ٤٨ يَوْمَ يُسْحَبُونَ فِى ٱلنَّارِ عَلَىٰ وُجُوهِهِمْ ذُوقُوا۟ مَسَّ سَقَرَ ٥٤ـ٤٩ إِنَّا
كُلَّ شَىْءٍ خَلَقْنَٰهُ بِقَدَرٍ ٥٤ـ٥٠ وَمَآ أَمْرُنَآ إِلَّا وَٰحِدَةٌ كَلَمْحٍۭ بِٱلْبَصَرِ ٥٤ـ٥١ وَلَقَدْ
أَهْلَكْنَآ أَشْيَاعَكُمْ فَهَلْ مِن مُّدَّكِرٍ ٥٤ـ٥٢ وَكُلُّ شَىْءٍ فَعَلُوهُ فِى ٱلزُّبُرِ
٥٤ـ٥٣ وَكُلُّ صَغِيرٍ وَكَبِيرٍ مُّسْتَطَرٌ ٥٤ـ٥٤ إِنَّ ٱلْمُتَّقِينَ فِى جَنَّٰتٍ وَنَهَرٍ
٥٤ـ٥٥ فِى مَقْعَدِ صِدْقٍ عِندَ مَلِيكٍ مُّقْتَدِرٍۭ ٥٥ـ١ ٱلرَّحْمَٰنُ ٥٥ـ٢ عَلَّمَ ٱلْقُرْءَانَ
٥٥ـ٣ خَلَقَ ٱلْإِنسَٰنَ ٥٥ـ٤ عَلَّمَهُ ٱلْبَيَانَ ٥٥ـ٥ ٱلشَّمْسُ وَٱلْقَمَرُ بِحُسْبَانٍ
٥٥ـ٦ وَٱلنَّجْمُ وَٱلشَّجَرُ يَسْجُدَانِ ٥٥ـ٧ وَٱلسَّمَآءَ رَفَعَهَا وَوَضَعَ ٱلْمِيزَانَ ٥٥ـ٨ أَلَّا
تَطْغَوْا۟ فِى ٱلْمِيزَانِ ٥٥ـ٩ وَأَقِيمُوا۟ ٱلْوَزْنَ بِٱلْقِسْطِ وَلَا تُخْسِرُوا۟ ٱلْمِيزَانَ
٥٥ـ١٠ وَٱلْأَرْضَ وَضَعَهَا لِلْأَنَامِ ٥٥ـ١١ فِيهَا فَٰكِهَةٌ وَٱلنَّخْلُ ذَاتُ ٱلْأَكْمَامِ
٥٥ـ١٢ وَٱلْحَبُّ ذُو ٱلْعَصْفِ وَٱلرَّيْحَانُ ٥٥ـ١٣ فَبِأَىِّ ءَالَآءِ رَبِّكُمَا تُكَذِّبَانِ ٥٥ـ١٤ خَلَقَ
ٱلْإِنسَٰنَ مِن صَلْصَٰلٍ كَٱلْفَخَّارِ ٥٥ـ١٥ وَخَلَقَ ٱلْجَآنَّ مِن مَّارِجٍ مِّن نَّارٍ ٥٥ـ١٦ فَبِأَىِّ
ءَالَآءِ رَبِّكُمَا تُكَذِّبَانِ ٥٥ـ١٧ رَبُّ ٱلْمَشْرِقَيْنِ وَرَبُّ ٱلْمَغْرِبَيْنِ ٥٥ـ١٨ فَبِأَىِّ ءَالَآءِ رَبِّكُمَا
تُكَذِّبَانِ ٥٥ـ١٩ مَرَجَ ٱلْبَحْرَيْنِ يَلْتَقِيَانِ ٥٥ـ٢٠ بَيْنَهُمَا بَرْزَخٌ لَّا يَبْغِيَانِ ٥٥ـ٢١ فَبِأَىِّ
ءَالَآءِ رَبِّكُمَا تُكَذِّبَانِ ٥٥ـ٢٢ يَخْرُجُ مِنْهُمَا ٱللُّؤْلُؤُ وَٱلْمَرْجَانُ ٥٥ـ٢٣ فَبِأَىِّ ءَالَآءِ
رَبِّكُمَا تُكَذِّبَانِ ٥٥ـ٢٤ وَلَهُ ٱلْجَوَارِ ٱلْمُنشَـَٔاتُ فِى ٱلْبَحْرِ كَٱلْأَعْلَٰمِ ٥٥ـ٢٥ فَبِأَىِّ ءَالَآءِ

رَبِّكُمَا تُكَذِّبَانِ ٥٥ــ٢٦ كُلُّ مَنْ عَلَيْهَا فَانٍ ٥٥ــ٢٧ وَيَبْقَىٰ وَجْهُ رَبِّكَ ذُو ٱلْجَلَٰلِ
وَٱلْإِكْرَامِ ٥٥ــ٢٨ فَبِأَىِّ ءَالَآءِ رَبِّكُمَا تُكَذِّبَانِ ٥٥ــ٢٩ يَسْـَٔلُهُۥ مَن فِى ٱلسَّمَٰوَٰتِ
وَٱلْأَرْضِ ۚ كُلَّ يَوْمٍ هُوَ فِى شَأْنٍ ٥٥ــ٣٠ فَبِأَىِّ ءَالَآءِ رَبِّكُمَا تُكَذِّبَانِ ٥٥ــ٣١ سَنَفْرُغُ
لَكُمْ أَيُّهَ ٱلثَّقَلَانِ ٥٥ــ٣٢ فَبِأَىِّ ءَالَآءِ رَبِّكُمَا تُكَذِّبَانِ ٥٥ــ٣٣ يَٰمَعْشَرَ ٱلْجِنِّ وَٱلْإِنسِ
إِنِ ٱسْتَطَعْتُمْ أَن تَنفُذُوا۟ مِنْ أَقْطَارِ ٱلسَّمَٰوَٰتِ وَٱلْأَرْضِ فَٱنفُذُوا۟ ۚ لَا تَنفُذُونَ إِلَّا
بِسُلْطَٰنٍ ٥٥ــ٣٤ فَبِأَىِّ ءَالَآءِ رَبِّكُمَا تُكَذِّبَانِ ٥٥ــ٣٥ يُرْسَلُ عَلَيْكُمَا شُوَاظٌ مِّن نَّارٍ
وَنُحَاسٌ فَلَا تَنتَصِرَانِ ٥٥ــ٣٦ فَبِأَىِّ ءَالَآءِ رَبِّكُمَا تُكَذِّبَانِ ٥٥ــ٣٧ فَإِذَا ٱنشَقَّتِ
ٱلسَّمَآءُ فَكَانَتْ وَرْدَةً كَٱلدِّهَانِ ٥٥ــ٣٨ فَبِأَىِّ ءَالَآءِ رَبِّكُمَا تُكَذِّبَانِ ٥٥ــ٣٩ فَيَوْمَئِذٍ
لَّا يُسْـَٔلُ عَن ذَنۢبِهِۦٓ إِنسٌ وَلَا جَآنٌّ ٥٥ــ٤٠ فَبِأَىِّ ءَالَآءِ رَبِّكُمَا تُكَذِّبَانِ ٥٥ــ٤١ يُعْرَفُ
ٱلْمُجْرِمُونَ بِسِيمَٰهُمْ فَيُؤْخَذُ بِٱلنَّوَٰصِى وَٱلْأَقْدَامِ ٥٥ــ٤٢ فَبِأَىِّ ءَالَآءِ رَبِّكُمَا تُكَذِّبَانِ
٥٥ــ٤٣ هَٰذِهِۦ جَهَنَّمُ ٱلَّتِى يُكَذِّبُ بِهَا ٱلْمُجْرِمُونَ ٥٥ــ٤٤ يَطُوفُونَ بَيْنَهَا وَبَيْنَ
حَمِيمٍ ءَانٍ ٥٥ــ٤٥ فَبِأَىِّ ءَالَآءِ رَبِّكُمَا تُكَذِّبَانِ ٥٥ــ٤٦ وَلِمَنْ خَافَ مَقَامَ رَبِّهِۦ جَنَّتَانِ
٥٥ــ٤٧ فَبِأَىِّ ءَالَآءِ رَبِّكُمَا تُكَذِّبَانِ ٥٥ــ٤٨ ذَوَاتَآ أَفْنَانٍ ٥٥ــ٤٩ فَبِأَىِّ ءَالَآءِ رَبِّكُمَا
تُكَذِّبَانِ ٥٥ــ٥٠ فِيهِمَا عَيْنَانِ تَجْرِيَانِ ٥٥ــ٥١ فَبِأَىِّ ءَالَآءِ رَبِّكُمَا تُكَذِّبَانِ
٥٥ــ٥٢ فِيهِمَا مِن كُلِّ فَٰكِهَةٍ زَوْجَانِ ٥٥ــ٥٣ فَبِأَىِّ ءَالَآءِ رَبِّكُمَا تُكَذِّبَانِ
٥٥ــ٥٤ مُتَّكِـِٔينَ عَلَىٰ فُرُشٍۭ بَطَآئِنُهَا مِنْ إِسْتَبْرَقٍ ۚ وَجَنَى ٱلْجَنَّتَيْنِ دَانٍ
٥٥ــ٥٥ فَبِأَىِّ ءَالَآءِ رَبِّكُمَا تُكَذِّبَانِ ٥٥ــ٥٦ فِيهِنَّ قَٰصِرَٰتُ ٱلطَّرْفِ لَمْ يَطْمِثْهُنَّ
إِنسٌ قَبْلَهُمْ وَلَا جَآنٌّ ٥٥ــ٥٧ فَبِأَىِّ ءَالَآءِ رَبِّكُمَا تُكَذِّبَانِ ٥٥ــ٥٨ كَأَنَّهُنَّ ٱلْيَاقُوتُ
وَٱلْمَرْجَانُ ٥٥ــ٥٩ فَبِأَىِّ ءَالَآءِ رَبِّكُمَا تُكَذِّبَانِ ٥٥ــ٦٠ هَلْ جَزَآءُ ٱلْإِحْسَٰنِ إِلَّا ٱلْإِحْسَٰنُ
٥٥ــ٦١ فَبِأَىِّ ءَالَآءِ رَبِّكُمَا تُكَذِّبَانِ ٥٥ــ٦٢ وَمِن دُونِهِمَا جَنَّتَانِ ٥٥ــ٦٣ فَبِأَىِّ ءَالَآءِ
رَبِّكُمَا تُكَذِّبَانِ ٥٥ــ٦٤ مُدْهَآمَّتَانِ ٥٥ــ٦٥ فَبِأَىِّ ءَالَآءِ رَبِّكُمَا تُكَذِّبَانِ
٥٥ــ٦٦ فِيهِمَا عَيْنَانِ نَضَّاخَتَانِ ٥٥ــ٦٧ فَبِأَىِّ ءَالَآءِ رَبِّكُمَا تُكَذِّبَانِ ٥٥ــ٦٨ فِيهِمَا
فَٰكِهَةٌ وَنَخْلٌ وَرُمَّانٌ ٥٥ــ٦٩ فَبِأَىِّ ءَالَآءِ رَبِّكُمَا تُكَذِّبَانِ ٥٥ــ٧٠ فِيهِنَّ خَيْرَٰتٌ حِسَانٌ
٥٥ــ٧١ فَبِأَىِّ ءَالَآءِ رَبِّكُمَا تُكَذِّبَانِ ٥٥ــ٧٢ حُورٌ مَّقْصُورَٰتٌ فِى ٱلْخِيَامِ ٥٥ــ٧٣ فَبِأَىِّ
ءَالَآءِ رَبِّكُمَا تُكَذِّبَانِ ٥٥ــ٧٤ لَمْ يَطْمِثْهُنَّ إِنسٌ قَبْلَهُمْ وَلَا جَآنٌّ ٥٥ــ٧٥ فَبِأَىِّ ءَالَآءِ
رَبِّكُمَا تُكَذِّبَانِ ٥٥ــ٧٦ مُتَّكِـِٔينَ عَلَىٰ رَفْرَفٍ خُضْرٍ وَعَبْقَرِىٍّ حِسَانٍ ٥٥ــ٧٧ فَبِأَىِّ ءَالَآءِ
رَبِّكُمَا تُكَذِّبَانِ ٥٥ــ٧٨ تَبَٰرَكَ ٱسْمُ رَبِّكَ ذِى ٱلْجَلَٰلِ وَٱلْإِكْرَامِ ٥٦ــ١ إِذَا وَقَعَتِ
ٱلْوَاقِعَةُ ٥٦ــ٢ لَيْسَ لِوَقْعَتِهَا كَاذِبَةٌ ٥٦ــ٣ خَافِضَةٌ رَّافِعَةٌ ٥٦ــ٤ إِذَا رُجَّتِ ٱلْأَرْضُ

رَجًّا ٥٦ـ٥ وَبُسَّتِ ٱلْجِبَالُ بَسًّا ٥٦ـ٦ فَكَانَتْ هَبَآءً مُّنۢبَثًّا ٥٦ـ٧ وَكُنتُمْ أَزْوَٰجًا ثَلَٰثَةً
٥٦ـ٨ فَأَصْحَٰبُ ٱلْمَيْمَنَةِ مَآ أَصْحَٰبُ ٱلْمَيْمَنَةِ ٥٦ـ٩ وَأَصْحَٰبُ ٱلْمَشْـَٔمَةِ مَآ أَصْحَٰبُ
ٱلْمَشْـَٔمَةِ ٥٦ـ١٠ وَٱلسَّٰبِقُونَ ٱلسَّٰبِقُونَ ٥٦ـ١١ أُوْلَٰٓئِكَ ٱلْمُقَرَّبُونَ ٥٦ـ١٢ فِى جَنَّٰتِ
ٱلنَّعِيمِ ٥٦ـ١٣ ثُلَّةٌ مِّنَ ٱلْأَوَّلِينَ ٥٦ـ١٤ وَقَلِيلٌ مِّنَ ٱلْءَاخِرِينَ ٥٦ـ١٥ عَلَىٰ سُرُرٍ
مَّوْضُونَةٍ ٥٦ـ١٦ مُّتَّكِـِٔينَ عَلَيْهَا مُتَقَٰبِلِينَ ٥٦ـ١٧ يَطُوفُ عَلَيْهِمْ وِلْدَٰنٌ مُّخَلَّدُونَ
٥٦ـ١٨ بِأَكْوَابٍ وَأَبَارِيقَ وَكَأْسٍ مِّن مَّعِينٍ ٥٦ـ١٩ لَّا يُصَدَّعُونَ عَنْهَا وَلَا يُنزِفُونَ
٥٦ـ٢٠ وَفَٰكِهَةٍ مِّمَّا يَتَخَيَّرُونَ ٥٦ـ٢١ وَلَحْمِ طَيْرٍ مِّمَّا يَشْتَهُونَ ٥٦ـ٢٢ وَحُورٌ عِينٌ
٥٦ـ٢٣ كَأَمْثَٰلِ ٱللُّؤْلُؤِ ٱلْمَكْنُونِ ٥٦ـ٢٤ جَزَآءًۢ بِمَا كَانُوا۟ يَعْمَلُونَ ٥٦ـ٢٥ لَا
يَسْمَعُونَ فِيهَا لَغْوًا وَلَا تَأْثِيمًا ٥٦ـ٢٦ إِلَّا قِيلًا سَلَٰمًا سَلَٰمًا ٥٦ـ٢٧ وَأَصْحَٰبُ
ٱلْيَمِينِ مَآ أَصْحَٰبُ ٱلْيَمِينِ ٥٦ـ٢٨ فِى سِدْرٍ مَّخْضُودٍ ٥٦ـ٢٩ وَطَلْحٍ مَّنضُودٍ
٥٦ـ٣٠ وَظِلٍّ مَّمْدُودٍ ٥٦ـ٣١ وَمَآءٍ مَّسْكُوبٍ ٥٦ـ٣٢ وَفَٰكِهَةٍ كَثِيرَةٍ ٥٦ـ٣٣ لَّا
مَقْطُوعَةٍ وَلَا مَمْنُوعَةٍ ٥٦ـ٣٤ وَفُرُشٍ مَّرْفُوعَةٍ ٥٦ـ٣٥ إِنَّآ أَنشَأْنَٰهُنَّ إِنشَآءً
٥٦ـ٣٦ فَجَعَلْنَٰهُنَّ أَبْكَارًا ٥٦ـ٣٧ عُرُبًا أَتْرَابًا ٥٦ـ٣٨ لِّأَصْحَٰبِ ٱلْيَمِينِ ٥٦ـ٣٩ ثُلَّةٌ مِّنَ
ٱلْأَوَّلِينَ ٥٦ـ٤٠ وَثُلَّةٌ مِّنَ ٱلْءَاخِرِينَ ٥٦ـ٤١ وَأَصْحَٰبُ ٱلشِّمَالِ مَآ أَصْحَٰبُ ٱلشِّمَالِ
٥٦ـ٤٢ فِى سَمُومٍ وَحَمِيمٍ ٥٦ـ٤٣ وَظِلٍّ مِّن يَحْمُومٍ ٥٦ـ٤٤ لَّا بَارِدٍ وَلَا كَرِيمٍ
٥٦ـ٤٥ إِنَّهُمْ كَانُوا۟ قَبْلَ ذَٰلِكَ مُتْرَفِينَ ٥٦ـ٤٦ وَكَانُوا۟ يُصِرُّونَ عَلَى ٱلْحِنثِ ٱلْعَظِيمِ
٥٦ـ٤٧ وَكَانُوا۟ يَقُولُونَ أَئِذَا مِتْنَا وَكُنَّا تُرَابًا وَعِظَٰمًا أَءِنَّا لَمَبْعُوثُونَ
٥٦ـ٤٨ أَوَءَابَآؤُنَا ٱلْأَوَّلُونَ ٥٦ـ٤٩ قُلْ إِنَّ ٱلْأَوَّلِينَ وَٱلْءَاخِرِينَ ٥٦ـ٥٠ لَمَجْمُوعُونَ
إِلَىٰ مِيقَٰتِ يَوْمٍ مَّعْلُومٍ ٥٦ـ٥١ ثُمَّ إِنَّكُمْ أَيُّهَا ٱلضَّآلُّونَ ٱلْمُكَذِّبُونَ ٥٦ـ٥٢ لَءَاكِلُونَ
مِن شَجَرٍ مِّن زَقُّومٍ ٥٦ـ٥٣ فَمَالِـُٔونَ مِنْهَا ٱلْبُطُونَ ٥٦ـ٥٤ فَشَٰرِبُونَ عَلَيْهِ مِنَ
ٱلْحَمِيمِ ٥٦ـ٥٥ فَشَٰرِبُونَ شُرْبَ ٱلْهِيمِ ٥٦ـ٥٦ هَٰذَا نُزُلُهُمْ يَوْمَ ٱلدِّينِ ٥٦ـ٥٧ نَحْنُ
خَلَقْنَٰكُمْ فَلَوْلَا تُصَدِّقُونَ ٥٦ـ٥٨ أَفَرَءَيْتُم مَّا تُمْنُونَ ٥٦ـ٥٩ ءَأَنتُمْ تَخْلُقُونَهُۥٓ أَمْ
نَحْنُ ٱلْخَٰلِقُونَ ٥٦ـ٦٠ نَحْنُ قَدَّرْنَا بَيْنَكُمُ ٱلْمَوْتَ وَمَا نَحْنُ بِمَسْبُوقِينَ ٥٦ـ٦١ عَلَىٰٓ أَن
نُّبَدِّلَ أَمْثَٰلَكُمْ وَنُنشِئَكُمْ فِى مَا لَا تَعْلَمُونَ ٥٦ـ٦٢ وَلَقَدْ عَلِمْتُمُ ٱلنَّشْأَةَ ٱلْأُولَىٰ
فَلَوْلَا تَذَكَّرُونَ ٥٦ـ٦٣ أَفَرَءَيْتُم مَّا تَحْرُثُونَ ٥٦ـ٦٤ ءَأَنتُمْ تَزْرَعُونَهُۥٓ أَمْ نَحْنُ ٱلزَّٰرِعُونَ
٥٦ـ٦٥ لَوْ نَشَآءُ لَجَعَلْنَٰهُ حُطَٰمًا فَظَلْتُمْ تَفَكَّهُونَ ٥٦ـ٦٦ إِنَّا لَمُغْرَمُونَ ٥٦ـ٦٧ بَلْ
نَحْنُ مَحْرُومُونَ ٥٦ـ٦٨ أَفَرَءَيْتُمُ ٱلْمَآءَ ٱلَّذِى تَشْرَبُونَ ٥٦ـ٦٩ ءَأَنتُمْ أَنزَلْتُمُوهُ مِنَ
ٱلْمُزْنِ أَمْ نَحْنُ ٱلْمُنزِلُونَ ٥٦ـ٧٠ لَوْ نَشَآءُ جَعَلْنَٰهُ أُجَاجًا فَلَوْلَا تَشْكُرُونَ

٥٦ـــ٧١ أَفَرَءَيْتُمُ ٱلنَّارَ ٱلَّتِى تُورُونَ ٥٦ـــ٧٢ ءَأَنتُمْ أَنشَأْتُمْ شَجَرَتَهَآ أَمْ نَحْنُ ٱلْمُنشِـُٔونَ
٥٦ـــ٧٣ نَحْنُ جَعَلْنَـٰهَا تَذْكِرَةً وَمَتَـٰعًا لِّلْمُقْوِينَ ٥٦ـــ٧٤ فَسَبِّحْ بِٱسْمِ رَبِّكَ ٱلْعَظِيمِ
٥٦ـــ٧٥ فَلَآ أُقْسِمُ بِمَوَٰقِعِ ٱلنُّجُومِ ٥٦ـــ٧٦ وَإِنَّهُۥ لَقَسَمٌ لَّوْ تَعْلَمُونَ عَظِيمٌ
٥٦ـــ٧٧ إِنَّهُۥ لَقُرْءَانٌ كَرِيمٌ ٥٦ـــ٧٨ فِى كِتَـٰبٍ مَّكْنُونٍ ٥٦ـــ٧٩ لَّا يَمَسُّهُۥٓ إِلَّا
ٱلْمُطَهَّرُونَ ٥٦ـــ٨٠ تَنزِيلٌ مِّن رَّبِّ ٱلْعَـٰلَمِينَ ٥٦ـــ٨١ أَفَبِهَـٰذَا ٱلْحَدِيثِ أَنتُم مُّدْهِنُونَ
٥٦ـــ٨٢ وَتَجْعَلُونَ رِزْقَكُمْ أَنَّكُمْ تُكَذِّبُونَ ٥٦ـــ٨٣ فَلَوْلَآ إِذَا بَلَغَتِ ٱلْحُلْقُومَ
٥٦ـــ٨٤ وَأَنتُمْ حِينَئِذٍ تَنظُرُونَ ٥٦ـــ٨٥ وَنَحْنُ أَقْرَبُ إِلَيْهِ مِنكُمْ وَلَـٰكِن لَّا تُبْصِرُونَ
٥٦ـــ٨٦ فَلَوْلَآ إِن كُنتُمْ غَيْرَ مَدِينِينَ ٥٦ـــ٨٧ تَرْجِعُونَهَآ إِن كُنتُمْ صَـٰدِقِينَ
٥٦ـــ٨٨ فَأَمَّآ إِن كَانَ مِنَ ٱلْمُقَرَّبِينَ ٥٦ـــ٨٩ فَرَوْحٌ وَرَيْحَانٌ وَجَنَّتُ نَعِيمٍ ٥٦ـــ٩٠ وَأَمَّآ
إِن كَانَ مِنْ أَصْحَـٰبِ ٱلْيَمِينِ ٥٦ـــ٩١ فَسَلَـٰمٌ لَّكَ مِنْ أَصْحَـٰبِ ٱلْيَمِينِ ٥٦ـــ٩٢ وَأَمَّآ إِن
كَانَ مِنَ ٱلْمُكَذِّبِينَ ٱلضَّآلِّينَ ٥٦ـــ٩٣ فَنُزُلٌ مِّنْ حَمِيمٍ ٥٦ـــ٩٤ وَتَصْلِيَةُ جَحِيمٍ
٥٦ـــ٩٥ إِنَّ هَـٰذَا لَهُوَ حَقُّ ٱلْيَقِينِ ٥٦ـــ٩٦ فَسَبِّحْ بِٱسْمِ رَبِّكَ ٱلْعَظِيمِ ٥٧ـــ١ سَبَّحَ
لِلَّهِ مَا فِى ٱلسَّمَـٰوَٰتِ وَٱلْأَرْضِ ۖ وَهُوَ ٱلْعَزِيزُ ٱلْحَكِيمُ ٥٧ـــ٢ لَهُۥ مُلْكُ ٱلسَّمَـٰوَٰتِ
وَٱلْأَرْضِ ۖ يُحْىِۦ وَيُمِيتُ ۖ وَهُوَ عَلَىٰ كُلِّ شَىْءٍ قَدِيرٌ ٥٧ـــ٣ هُوَ ٱلْأَوَّلُ وَٱلْـَٔاخِرُ
وَٱلظَّـٰهِرُ وَٱلْبَاطِنُ ۖ وَهُوَ بِكُلِّ شَىْءٍ عَلِيمٌ ٥٧ـــ٤ هُوَ ٱلَّذِى خَلَقَ ٱلسَّمَـٰوَٰتِ وَٱلْأَرْضَ
فِى سِتَّةِ أَيَّامٍ ثُمَّ ٱسْتَوَىٰ عَلَى ٱلْعَرْشِ ۚ يَعْلَمُ مَا يَلِجُ فِى ٱلْأَرْضِ وَمَا يَخْرُجُ مِنْهَا
وَمَا يَنزِلُ مِنَ ٱلسَّمَآءِ وَمَا يَعْرُجُ فِيهَا ۖ وَهُوَ مَعَكُمْ أَيْنَ مَا كُنتُمْ ۚ وَٱللَّهُ بِمَا
تَعْمَلُونَ بَصِيرٌ ٥٧ـــ٥ لَّهُۥ مُلْكُ ٱلسَّمَـٰوَٰتِ وَٱلْأَرْضِ ۚ وَإِلَى ٱللَّهِ تُرْجَعُ ٱلْأُمُورُ
٥٧ـــ٦ يُولِجُ ٱلَّيْلَ فِى ٱلنَّهَارِ وَيُولِجُ ٱلنَّهَارَ فِى ٱلَّيْلِ ۚ وَهُوَ عَلِيمٌۢ بِذَاتِ ٱلصُّدُورِ
٥٧ـــ٧ ءَامِنُوا۟ بِٱللَّهِ وَرَسُولِهِۦ وَأَنفِقُوا۟ مِمَّا جَعَلَكُم مُّسْتَخْلَفِينَ فِيهِ ۖ فَٱلَّذِينَ ءَامَنُوا۟
مِنكُمْ وَأَنفَقُوا۟ لَهُمْ أَجْرٌ كَبِيرٌ ٥٧ـــ٨ وَمَا لَكُمْ لَا تُؤْمِنُونَ بِٱللَّهِ ۙ وَٱلرَّسُولُ يَدْعُوكُمْ
لِتُؤْمِنُوا۟ بِرَبِّكُمْ وَقَدْ أَخَذَ مِيثَـٰقَكُمْ إِن كُنتُم مُّؤْمِنِينَ ٥٧ـــ٩ هُوَ ٱلَّذِى يُنَزِّلُ عَلَىٰ
عَبْدِهِۦٓ ءَايَـٰتٍۭ بَيِّنَـٰتٍ لِّيُخْرِجَكُم مِّنَ ٱلظُّلُمَـٰتِ إِلَى ٱلنُّورِ ۚ وَإِنَّ ٱللَّهَ بِكُمْ لَرَءُوفٌ رَّحِيمٌ
٥٧ـــ١٠ وَمَا لَكُمْ أَلَّا تُنفِقُوا۟ فِى سَبِيلِ ٱللَّهِ وَلِلَّهِ مِيرَٰثُ ٱلسَّمَـٰوَٰتِ وَٱلْأَرْضِ ۚ لَا
يَسْتَوِى مِنكُم مَّنْ أَنفَقَ مِن قَبْلِ ٱلْفَتْحِ وَقَـٰتَلَ ۚ أُو۟لَـٰٓئِكَ أَعْظَمُ دَرَجَةً مِّنَ ٱلَّذِينَ
أَنفَقُوا۟ مِنۢ بَعْدُ وَقَـٰتَلُوا۟ ۚ وَكُلًّا وَعَدَ ٱللَّهُ ٱلْحُسْنَىٰ ۚ وَٱللَّهُ بِمَا تَعْمَلُونَ خَبِيرٌ
٥٧ـــ١١ مَّن ذَا ٱلَّذِى يُقْرِضُ ٱللَّهَ قَرْضًا حَسَنًا فَيُضَـٰعِفَهُۥ لَهُۥ وَلَهُۥٓ أَجْرٌ كَرِيمٌ
٥٧ـــ١٢ يَوْمَ تَرَى ٱلْمُؤْمِنِينَ وَٱلْمُؤْمِنَـٰتِ يَسْعَىٰ نُورُهُم بَيْنَ أَيْدِيهِمْ وَبِأَيْمَـٰنِهِم

بُشْرَىٰكُمُ ٱلْيَوْمَ جَنَّٰتٌ تَجْرِى مِن تَحْتِهَا ٱلْأَنْهَٰرُ خَٰلِدِينَ فِيهَا ۚ ذَٰلِكَ هُوَ ٱلْفَوْزُ ٱلْعَظِيمُ
٥٧ـ١٣ يَوْمَ يَقُولُ ٱلْمُنَٰفِقُونَ وَٱلْمُنَٰفِقَٰتُ لِلَّذِينَ ءَامَنُوا۟ ٱنظُرُونَا نَقْتَبِسْ مِن نُّورِكُمْ
قِيلَ ٱرْجِعُوا۟ وَرَآءَكُمْ فَٱلْتَمِسُوا۟ نُورًا فَضُرِبَ بَيْنَهُم بِسُورٍ لَّهُۥ بَابٌۢ بَاطِنُهُۥ فِيهِ ٱلرَّحْمَةُ
وَظَٰهِرُهُۥ مِن قِبَلِهِ ٱلْعَذَابُ ٥٧ـ١٤ يُنَادُونَهُمْ أَلَمْ نَكُن مَّعَكُمْ ۖ قَالُوا۟ بَلَىٰ وَلَٰكِنَّكُمْ
فَتَنتُمْ أَنفُسَكُمْ وَتَرَبَّصْتُمْ وَٱرْتَبْتُمْ وَغَرَّتْكُمُ ٱلْأَمَانِىُّ حَتَّىٰ جَآءَ أَمْرُ ٱللَّهِ وَغَرَّكُم بِٱللَّهِ
ٱلْغَرُورُ ٥٧ـ١٥ فَٱلْيَوْمَ لَا يُؤْخَذُ مِنكُمْ فِدْيَةٌ وَلَا مِنَ ٱلَّذِينَ كَفَرُوا۟ ۚ مَأْوَىٰكُمُ ٱلنَّارُ ۖ
هِىَ مَوْلَىٰكُمْ ۖ وَبِئْسَ ٱلْمَصِيرُ ٥٧ـ١٦ أَلَمْ يَأْنِ لِلَّذِينَ ءَامَنُوٓا۟ أَن تَخْشَعَ قُلُوبُهُمْ لِذِكْرِ
ٱللَّهِ وَمَا نَزَلَ مِنَ ٱلْحَقِّ وَلَا يَكُونُوا۟ كَٱلَّذِينَ أُوتُوا۟ ٱلْكِتَٰبَ مِن قَبْلُ فَطَالَ عَلَيْهِمُ
ٱلْأَمَدُ فَقَسَتْ قُلُوبُهُمْ ۖ وَكَثِيرٌ مِّنْهُمْ فَٰسِقُونَ ٥٧ـ١٧ ٱعْلَمُوٓا۟ أَنَّ ٱللَّهَ يُحْىِ ٱلْأَرْضَ
بَعْدَ مَوْتِهَا ۚ قَدْ بَيَّنَّا لَكُمُ ٱلْءَايَٰتِ لَعَلَّكُمْ تَعْقِلُونَ ٥٧ـ١٨ إِنَّ ٱلْمُصَّدِّقِينَ
وَٱلْمُصَّدِّقَٰتِ وَأَقْرَضُوا۟ ٱللَّهَ قَرْضًا حَسَنًا يُضَٰعَفُ لَهُمْ وَلَهُمْ أَجْرٌ كَرِيمٌ ٥٧ـ١٩ وَٱلَّذِينَ
ءَامَنُوا۟ بِٱللَّهِ وَرُسُلِهِۦٓ أُو۟لَٰٓئِكَ هُمُ ٱلصِّدِّيقُونَ ۖ وَٱلشُّهَدَآءُ عِندَ رَبِّهِمْ لَهُمْ أَجْرُهُمْ
وَنُورُهُمْ ۖ وَٱلَّذِينَ كَفَرُوا۟ وَكَذَّبُوا۟ بِـَٔايَٰتِنَآ أُو۟لَٰٓئِكَ أَصْحَٰبُ ٱلْجَحِيمِ ٥٧ـ٢٠ ٱعْلَمُوٓا۟ أَنَّمَا
ٱلْحَيَوٰةُ ٱلدُّنْيَا لَعِبٌ وَلَهْوٌ وَزِينَةٌ وَتَفَاخُرٌۢ بَيْنَكُمْ وَتَكَاثُرٌ فِى ٱلْأَمْوَٰلِ وَٱلْأَوْلَٰدِ ۖ كَمَثَلِ
غَيْثٍ أَعْجَبَ ٱلْكُفَّارَ نَبَاتُهُۥ ثُمَّ يَهِيجُ فَتَرَىٰهُ مُصْفَرًّا ثُمَّ يَكُونُ حُطَٰمًا ۖ وَفِى ٱلْءَاخِرَةِ
عَذَابٌ شَدِيدٌ وَمَغْفِرَةٌ مِّنَ ٱللَّهِ وَرِضْوَٰنٌ ۚ وَمَا ٱلْحَيَوٰةُ ٱلدُّنْيَآ إِلَّا مَتَٰعُ ٱلْغُرُورِ
٥٧ـ٢١ سَابِقُوٓا۟ إِلَىٰ مَغْفِرَةٍ مِّن رَّبِّكُمْ وَجَنَّةٍ عَرْضُهَا كَعَرْضِ ٱلسَّمَآءِ وَٱلْأَرْضِ أُعِدَّتْ
لِلَّذِينَ ءَامَنُوا۟ بِٱللَّهِ وَرُسُلِهِۦ ۚ ذَٰلِكَ فَضْلُ ٱللَّهِ يُؤْتِيهِ مَن يَشَآءُ ۚ وَٱللَّهُ ذُو ٱلْفَضْلِ
ٱلْعَظِيمِ ٥٧ـ٢٢ مَآ أَصَابَ مِن مُّصِيبَةٍ فِى ٱلْأَرْضِ وَلَا فِىٓ أَنفُسِكُمْ إِلَّا فِى كِتَٰبٍ
مِّن قَبْلِ أَن نَّبْرَأَهَآ ۚ إِنَّ ذَٰلِكَ عَلَى ٱللَّهِ يَسِيرٌ ٥٧ـ٢٣ لِّكَيْلَا تَأْسَوْا۟ عَلَىٰ مَا فَاتَكُمْ
وَلَا تَفْرَحُوا۟ بِمَآ ءَاتَىٰكُمْ ۗ وَٱللَّهُ لَا يُحِبُّ كُلَّ مُخْتَالٍ فَخُورٍ ٥٧ـ٢٤ ٱلَّذِينَ يَبْخَلُونَ
وَيَأْمُرُونَ ٱلنَّاسَ بِٱلْبُخْلِ ۗ وَمَن يَتَوَلَّ فَإِنَّ ٱللَّهَ هُوَ ٱلْغَنِىُّ ٱلْحَمِيدُ ٥٧ـ٢٥ لَقَدْ أَرْسَلْنَا
رُسُلَنَا بِٱلْبَيِّنَٰتِ وَأَنزَلْنَا مَعَهُمُ ٱلْكِتَٰبَ وَٱلْمِيزَانَ لِيَقُومَ ٱلنَّاسُ بِٱلْقِسْطِ ۖ وَأَنزَلْنَا ٱلْحَدِيدَ
فِيهِ بَأْسٌ شَدِيدٌ وَمَنَٰفِعُ لِلنَّاسِ وَلِيَعْلَمَ ٱللَّهُ مَن يَنصُرُهُۥ وَرُسُلَهُۥ بِٱلْغَيْبِ ۚ إِنَّ ٱللَّهَ
قَوِىٌّ عَزِيزٌ ٥٧ـ٢٦ وَلَقَدْ أَرْسَلْنَا نُوحًا وَإِبْرَٰهِيمَ وَجَعَلْنَا فِى ذُرِّيَّتِهِمَا ٱلنُّبُوَّةَ وَٱلْكِتَٰبَ ۖ
فَمِنْهُم مُّهْتَدٍ ۖ وَكَثِيرٌ مِّنْهُمْ فَٰسِقُونَ ٥٧ـ٢٧ ثُمَّ قَفَّيْنَا عَلَىٰٓ ءَاثَٰرِهِم بِرُسُلِنَا
وَقَفَّيْنَا بِعِيسَى ٱبْنِ مَرْيَمَ وَءَاتَيْنَٰهُ ٱلْإِنجِيلَ وَجَعَلْنَا فِى قُلُوبِ ٱلَّذِينَ ٱتَّبَعُوهُ رَأْفَةً
وَرَحْمَةً وَرَهْبَانِيَّةً ٱبْتَدَعُوهَا مَا كَتَبْنَٰهَا عَلَيْهِمْ إِلَّا ٱبْتِغَآءَ رِضْوَٰنِ ٱللَّهِ فَمَا رَعَوْهَا حَقَّ

رِعَايَتِهَا ۖ فَـَٔاتَيْنَا ٱلَّذِينَ ءَامَنُوا۟ مِنْهُمْ أَجْرَهُمْ ۖ وَكَثِيرٌ مِّنْهُمْ فَـٰسِقُونَ ٥٧ــ٢٨ يَـٰٓأَيُّهَا
ٱلَّذِينَ ءَامَنُوا۟ ٱتَّقُوا۟ ٱللَّهَ وَءَامِنُوا۟ بِرَسُولِهِۦ يُؤْتِكُمْ كِفْلَيْنِ مِن رَّحْمَتِهِۦ وَيَجْعَل لَّكُمْ
نُورًا تَمْشُونَ بِهِۦ وَيَغْفِرْ لَكُمْ ۚ وَٱللَّهُ غَفُورٌ رَّحِيمٌ ٥٧ــ٢٩ لِّئَلَّا يَعْلَمَ أَهْلُ ٱلْكِتَـٰبِ أَلَّا
يَقْدِرُونَ عَلَىٰ شَىْءٍ مِّن فَضْلِ ٱللَّهِ ۙ وَأَنَّ ٱلْفَضْلَ بِيَدِ ٱللَّهِ يُؤْتِيهِ مَن يَشَآءُ ۚ وَٱللَّهُ
ذُو ٱلْفَضْلِ ٱلْعَظِيمِ ٥٨ــ١ قَدْ سَمِعَ ٱللَّهُ قَوْلَ ٱلَّتِى تُجَـٰدِلُكَ فِى زَوْجِهَا وَتَشْتَكِىٓ
إِلَى ٱللَّهِ وَٱللَّهُ يَسْمَعُ تَحَاوُرَكُمَآ ۚ إِنَّ ٱللَّهَ سَمِيعٌۢ بَصِيرٌ ٥٨ــ٢ ٱلَّذِينَ يُظَـٰهِرُونَ مِنكُم
مِّن نِّسَآئِهِم مَّا هُنَّ أُمَّهَـٰتِهِمْ ۖ إِنْ أُمَّهَـٰتُهُمْ إِلَّا ٱلَّـٰٓـِٔى وَلَدْنَهُمْ ۚ وَإِنَّهُمْ لَيَقُولُونَ
مُنكَرًا مِّنَ ٱلْقَوْلِ وَزُورًا ۚ وَإِنَّ ٱللَّهَ لَعَفُوٌّ غَفُورٌ ٥٨ــ٣ وَٱلَّذِينَ يُظَـٰهِرُونَ مِن نِّسَآئِهِمْ
ثُمَّ يَعُودُونَ لِمَا قَالُوا۟ فَتَحْرِيرُ رَقَبَةٍ مِّن قَبْلِ أَن يَتَمَآسَّا ۚ ذَٰلِكُمْ تُوعَظُونَ بِهِۦ ۚ وَٱللَّهُ
بِمَا تَعْمَلُونَ خَبِيرٌ ٥٨ــ٤ فَمَن لَّمْ يَجِدْ فَصِيَامُ شَهْرَيْنِ مُتَتَابِعَيْنِ مِن قَبْلِ أَن
يَتَمَآسَّا ۖ فَمَن لَّمْ يَسْتَطِعْ فَإِطْعَامُ سِتِّينَ مِسْكِينًا ۚ ذَٰلِكَ لِتُؤْمِنُوا۟ بِٱللَّهِ وَرَسُولِهِۦ ۚ
وَتِلْكَ حُدُودُ ٱللَّهِ ۗ وَلِلْكَـٰفِرِينَ عَذَابٌ أَلِيمٌ ٥٨ــ٥ إِنَّ ٱلَّذِينَ يُحَآدُّونَ ٱللَّهَ وَرَسُولَهُۥ
كُبِتُوا۟ كَمَا كُبِتَ ٱلَّذِينَ مِن قَبْلِهِمْ ۚ وَقَدْ أَنزَلْنَآ ءَايَـٰتٍۭ بَيِّنَـٰتٍ ۚ وَلِلْكَـٰفِرِينَ عَذَابٌ مُّهِينٌ
٥٨ــ٦ يَوْمَ يَبْعَثُهُمُ ٱللَّهُ جَمِيعًا فَيُنَبِّئُهُم بِمَا عَمِلُوٓا۟ ۚ أَحْصَىٰهُ ٱللَّهُ وَنَسُوهُ ۚ وَٱللَّهُ
عَلَىٰ كُلِّ شَىْءٍ شَهِيدٌ ٥٨ــ٧ أَلَمْ تَرَ أَنَّ ٱللَّهَ يَعْلَمُ مَا فِى ٱلسَّمَـٰوَٰتِ وَمَا فِى
ٱلْأَرْضِ ۖ مَا يَكُونُ مِن نَّجْوَىٰ ثَلَـٰثَةٍ إِلَّا هُوَ رَابِعُهُمْ وَلَا خَمْسَةٍ إِلَّا هُوَ سَادِسُهُمْ وَلَآ
أَدْنَىٰ مِن ذَٰلِكَ وَلَآ أَكْثَرَ إِلَّا هُوَ مَعَهُمْ أَيْنَ مَا كَانُوا۟ ۖ ثُمَّ يُنَبِّئُهُم بِمَا عَمِلُوا۟ يَوْمَ
ٱلْقِيَـٰمَةِ ۚ إِنَّ ٱللَّهَ بِكُلِّ شَىْءٍ عَلِيمٌ ٥٨ــ٨ أَلَمْ تَرَ إِلَى ٱلَّذِينَ نُهُوا۟ عَنِ ٱلنَّجْوَىٰ ثُمَّ
يَعُودُونَ لِمَا نُهُوا۟ عَنْهُ وَيَتَنَـٰجَوْنَ بِٱلْإِثْمِ وَٱلْعُدْوَٰنِ وَمَعْصِيَتِ ٱلرَّسُولِ وَإِذَا جَآءُوكَ
حَيَّوْكَ بِمَا لَمْ يُحَيِّكَ بِهِ ٱللَّهُ وَيَقُولُونَ فِىٓ أَنفُسِهِمْ لَوْلَا يُعَذِّبُنَا ٱللَّهُ بِمَا نَقُولُ ۚ
حَسْبُهُمْ جَهَنَّمُ يَصْلَوْنَهَا ۖ فَبِئْسَ ٱلْمَصِيرُ ٥٨ــ٩ يَـٰٓأَيُّهَا ٱلَّذِينَ ءَامَنُوٓا۟ إِذَا تَنَـٰجَيْتُمْ
فَلَا تَتَنَـٰجَوْا۟ بِٱلْإِثْمِ وَٱلْعُدْوَٰنِ وَمَعْصِيَتِ ٱلرَّسُولِ وَتَنَـٰجَوْا۟ بِٱلْبِرِّ وَٱلتَّقْوَىٰ ۖ وَٱتَّقُوا۟ ٱللَّهَ
ٱلَّذِىٓ إِلَيْهِ تُحْشَرُونَ ٥٨ــ١٠ إِنَّمَا ٱلنَّجْوَىٰ مِنَ ٱلشَّيْطَـٰنِ لِيَحْزُنَ ٱلَّذِينَ ءَامَنُوا۟ وَلَيْسَ
بِضَآرِّهِمْ شَيْـًٔا إِلَّا بِإِذْنِ ٱللَّهِ ۚ وَعَلَى ٱللَّهِ فَلْيَتَوَكَّلِ ٱلْمُؤْمِنُونَ ٥٨ــ١١ يَـٰٓأَيُّهَا ٱلَّذِينَ
ءَامَنُوٓا۟ إِذَا قِيلَ لَكُمْ تَفَسَّحُوا۟ فِى ٱلْمَجَـٰلِسِ فَٱفْسَحُوا۟ يَفْسَحِ ٱللَّهُ لَكُمْ ۖ وَإِذَا قِيلَ
ٱنشُزُوا۟ فَٱنشُزُوا۟ يَرْفَعِ ٱللَّهُ ٱلَّذِينَ ءَامَنُوا۟ مِنكُمْ وَٱلَّذِينَ أُوتُوا۟ ٱلْعِلْمَ دَرَجَـٰتٍ ۚ وَٱللَّهُ
بِمَا تَعْمَلُونَ خَبِيرٌ ٥٨ــ١٢ يَـٰٓأَيُّهَا ٱلَّذِينَ ءَامَنُوٓا۟ إِذَا نَـٰجَيْتُمُ ٱلرَّسُولَ فَقَدِّمُوا۟ بَيْنَ يَدَىْ
نَجْوَىٰكُمْ صَدَقَةً ۚ ذَٰلِكَ خَيْرٌ لَّكُمْ وَأَطْهَرُ ۚ فَإِن لَّمْ تَجِدُوا۟ فَإِنَّ ٱللَّهَ غَفُورٌ رَّحِيمٌ

٥٨ـ١٣ ءَأَشْفَقْتُمْ أَن تُقَدِّمُوا۟ بَيْنَ يَدَىْ نَجْوَىٰكُمْ صَدَقَـٰتٍ ۚ فَإِذْ لَمْ تَفْعَلُوا۟ وَتَابَ ٱللَّهُ
عَلَيْكُمْ فَأَقِيمُوا۟ ٱلصَّلَوٰةَ وَءَاتُوا۟ ٱلزَّكَوٰةَ وَأَطِيعُوا۟ ٱللَّهَ وَرَسُولَهُۥ ۚ وَٱللَّهُ خَبِيرٌۢ بِمَا
تَعْمَلُونَ ٥٨ـ١٤ أَلَمْ تَرَ إِلَى ٱلَّذِينَ تَوَلَّوْا۟ قَوْمًا غَضِبَ ٱللَّهُ عَلَيْهِم مَّا هُم مِّنكُمْ وَلَا
مِنْهُمْ وَيَحْلِفُونَ عَلَى ٱلْكَذِبِ وَهُمْ يَعْلَمُونَ ٥٨ـ١٥ أَعَدَّ ٱللَّهُ لَهُمْ عَذَابًا شَدِيدًا ۖ
إِنَّهُمْ سَآءَ مَا كَانُوا۟ يَعْمَلُونَ ٥٨ـ١٦ ٱتَّخَذُوٓا۟ أَيْمَـٰنَهُمْ جُنَّةً فَصَدُّوا۟ عَن سَبِيلِ ٱللَّهِ
فَلَهُمْ عَذَابٌ مُّهِينٌ ٥٨ـ١٧ لَّن تُغْنِىَ عَنْهُمْ أَمْوَٰلُهُمْ وَلَآ أَوْلَـٰدُهُم مِّنَ ٱللَّهِ شَيْـًٔا ۚ
أُو۟لَـٰٓئِكَ أَصْحَـٰبُ ٱلنَّارِ ۖ هُمْ فِيهَا خَـٰلِدُونَ ٥٨ـ١٨ يَوْمَ يَبْعَثُهُمُ ٱللَّهُ جَمِيعًا فَيَحْلِفُونَ
لَهُۥ كَمَا يَحْلِفُونَ لَكُمْ ۖ وَيَحْسَبُونَ أَنَّهُمْ عَلَىٰ شَىْءٍ ۚ أَلَآ إِنَّهُمْ هُمُ ٱلْكَـٰذِبُونَ
٥٨ـ١٩ ٱسْتَحْوَذَ عَلَيْهِمُ ٱلشَّيْطَـٰنُ فَأَنسَىٰهُمْ ذِكْرَ ٱللَّهِ ۚ أُو۟لَـٰٓئِكَ حِزْبُ ٱلشَّيْطَـٰنِ ۚ أَلَآ إِنَّ
حِزْبَ ٱلشَّيْطَـٰنِ هُمُ ٱلْخَـٰسِرُونَ ٥٨ـ٢٠ إِنَّ ٱلَّذِينَ يُحَآدُّونَ ٱللَّهَ وَرَسُولَهُۥٓ أُو۟لَـٰٓئِكَ فِى
ٱلْأَذَلِّينَ ٥٨ـ٢١ كَتَبَ ٱللَّهُ لَأَغْلِبَنَّ أَنَا۠ وَرُسُلِىٓ ۚ إِنَّ ٱللَّهَ قَوِىٌّ عَزِيزٌ ٥٨ـ٢٢ لَّا تَجِدُ
قَوْمًا يُؤْمِنُونَ بِٱللَّهِ وَٱلْيَوْمِ ٱلْـَٔاخِرِ يُوَآدُّونَ مَنْ حَآدَّ ٱللَّهَ وَرَسُولَهُۥ وَلَوْ كَانُوٓا۟
ءَابَآءَهُمْ أَوْ أَبْنَآءَهُمْ أَوْ إِخْوَٰنَهُمْ أَوْ عَشِيرَتَهُمْ ۚ أُو۟لَـٰٓئِكَ كَتَبَ فِى قُلُوبِهِمُ ٱلْإِيمَـٰنَ
وَأَيَّدَهُم بِرُوحٍ مِّنْهُ ۖ وَيُدْخِلُهُمْ جَنَّـٰتٍ تَجْرِى مِن تَحْتِهَا ٱلْأَنْهَـٰرُ خَـٰلِدِينَ فِيهَا ۚ رَضِىَ
ٱللَّهُ عَنْهُمْ وَرَضُوا۟ عَنْهُ ۚ أُو۟لَـٰٓئِكَ حِزْبُ ٱللَّهِ ۚ أَلَآ إِنَّ حِزْبَ ٱللَّهِ هُمُ ٱلْمُفْلِحُونَ
٥٩ـ١ سَبَّحَ لِلَّهِ مَا فِى ٱلسَّمَـٰوَٰتِ وَمَا فِى ٱلْأَرْضِ ۖ وَهُوَ ٱلْعَزِيزُ ٱلْحَكِيمُ ٥٩ـ٢ هُوَ
ٱلَّذِىٓ أَخْرَجَ ٱلَّذِينَ كَفَرُوا۟ مِنْ أَهْلِ ٱلْكِتَـٰبِ مِن دِيَـٰرِهِمْ لِأَوَّلِ ٱلْحَشْرِ ۚ مَا ظَنَنتُمْ أَن
يَخْرُجُوا۟ ۖ وَظَنُّوٓا۟ أَنَّهُم مَّانِعَتُهُمْ حُصُونُهُم مِّنَ ٱللَّهِ فَأَتَىٰهُمُ ٱللَّهُ مِنْ حَيْثُ لَمْ
يَحْتَسِبُوا۟ ۖ وَقَذَفَ فِى قُلُوبِهِمُ ٱلرُّعْبَ ۚ يُخْرِبُونَ بُيُوتَهُم بِأَيْدِيهِمْ وَأَيْدِى ٱلْمُؤْمِنِينَ
فَٱعْتَبِرُوا۟ يَـٰٓأُو۟لِى ٱلْأَبْصَـٰرِ ٥٩ـ٣ وَلَوْلَآ أَن كَتَبَ ٱللَّهُ عَلَيْهِمُ ٱلْجَلَآءَ لَعَذَّبَهُمْ فِى
ٱلدُّنْيَا ۖ وَلَهُمْ فِى ٱلْـَٔاخِرَةِ عَذَابُ ٱلنَّارِ ٥٩ـ٤ ذَٰلِكَ بِأَنَّهُمْ شَآقُّوا۟ ٱللَّهَ وَرَسُولَهُۥ ۖ
وَمَن يُشَآقِّ ٱللَّهَ فَإِنَّ ٱللَّهَ شَدِيدُ ٱلْعِقَابِ ٥٩ـ٥ مَا قَطَعْتُم مِّن لِّينَةٍ أَوْ تَرَكْتُمُوهَا
قَآئِمَةً عَلَىٰٓ أُصُولِهَا فَبِإِذْنِ ٱللَّهِ وَلِيُخْزِىَ ٱلْفَـٰسِقِينَ ٥٩ـ٦ وَمَآ أَفَآءَ ٱللَّهُ عَلَىٰ
رَسُولِهِۦ مِنْهُمْ فَمَآ أَوْجَفْتُمْ عَلَيْهِ مِنْ خَيْلٍ وَلَا رِكَابٍ وَلَـٰكِنَّ ٱللَّهَ يُسَلِّطُ رُسُلَهُۥ عَلَىٰ
مَن يَشَآءُ ۚ وَٱللَّهُ عَلَىٰ كُلِّ شَىْءٍ قَدِيرٌ ٥٩ـ٧ مَّآ أَفَآءَ ٱللَّهُ عَلَىٰ رَسُولِهِۦ مِنْ أَهْلِ
ٱلْقُرَىٰ فَلِلَّهِ وَلِلرَّسُولِ وَلِذِى ٱلْقُرْبَىٰ وَٱلْيَتَـٰمَىٰ وَٱلْمَسَـٰكِينِ وَٱبْنِ ٱلسَّبِيلِ كَىْ لَا
يَكُونَ دُولَةًۢ بَيْنَ ٱلْأَغْنِيَآءِ مِنكُمْ ۚ وَمَآ ءَاتَىٰكُمُ ٱلرَّسُولُ فَخُذُوهُ وَمَا نَهَىٰكُمْ عَنْهُ
فَٱنتَهُوا۟ ۚ وَٱتَّقُوا۟ ٱللَّهَ ۖ إِنَّ ٱللَّهَ شَدِيدُ ٱلْعِقَابِ ٥٩ـ٨ لِلْفُقَرَآءِ ٱلْمُهَـٰجِرِينَ ٱلَّذِينَ

أُخْرِجُوا۟ مِن دِيَـٰرِهِمْ وَأَمْوَٰلِهِمْ يَبْتَغُونَ فَضْلًا مِّنَ ٱللَّهِ وَرِضْوَٰنًا وَيَنصُرُونَ ٱللَّهَ
وَرَسُولَهُۥٓ ۚ أُو۟لَـٰٓئِكَ هُمُ ٱلصَّـٰدِقُونَ ٥٩ـــ٩ وَٱلَّذِينَ تَبَوَّءُو ٱلدَّارَ وَٱلْإِيمَـٰنَ مِن قَبْلِهِمْ
يُحِبُّونَ مَنْ هَاجَرَ إِلَيْهِمْ وَلَا يَجِدُونَ فِى صُدُورِهِمْ حَاجَةً مِّمَّآ أُوتُوا۟ وَيُؤْثِرُونَ عَلَىٰٓ
أَنفُسِهِمْ وَلَوْ كَانَ بِهِمْ خَصَاصَةٌ ۚ وَمَن يُوقَ شُحَّ نَفْسِهِۦ فَأُو۟لَـٰٓئِكَ هُمُ ٱلْمُفْلِحُونَ
٥٩ـــ١٠ وَٱلَّذِينَ جَآءُو مِنۢ بَعْدِهِمْ يَقُولُونَ رَبَّنَا ٱغْفِرْ لَنَا وَلِإِخْوَٰنِنَا ٱلَّذِينَ سَبَقُونَا
بِٱلْإِيمَـٰنِ وَلَا تَجْعَلْ فِى قُلُوبِنَا غِلًّا لِّلَّذِينَ ءَامَنُوا۟ رَبَّنَآ إِنَّكَ رَءُوفٌ رَّحِيمٌ ٥٩ـــ١١ أَلَمْ تَرَ
إِلَى ٱلَّذِينَ نَافَقُوا۟ يَقُولُونَ لِإِخْوَٰنِهِمُ ٱلَّذِينَ كَفَرُوا۟ مِنْ أَهْلِ ٱلْكِتَـٰبِ لَئِنْ أُخْرِجْتُمْ
لَنَخْرُجَنَّ مَعَكُمْ وَلَا نُطِيعُ فِيكُمْ أَحَدًا أَبَدًا وَإِن قُوتِلْتُمْ لَنَنصُرَنَّكُمْ وَٱللَّهُ يَشْهَدُ إِنَّهُمْ
لَكَـٰذِبُونَ ٥٩ـــ١٢ لَئِنْ أُخْرِجُوا۟ لَا يَخْرُجُونَ مَعَهُمْ وَلَئِن قُوتِلُوا۟ لَا يَنصُرُونَهُمْ وَلَئِن
نَّصَرُوهُمْ لَيُوَلُّنَّ ٱلْأَدْبَـٰرَ ثُمَّ لَا يُنصَرُونَ ٥٩ـــ١٣ لَأَنتُمْ أَشَدُّ رَهْبَةً فِى صُدُورِهِم مِّنَ
ٱللَّهِ ۚ ذَٰلِكَ بِأَنَّهُمْ قَوْمٌ لَّا يَفْقَهُونَ ٥٩ـــ١٤ لَا يُقَـٰتِلُونَكُمْ جَمِيعًا إِلَّا فِى قُرًى
مُّحَصَّنَةٍ أَوْ مِن وَرَآءِ جُدُرٍۭ ۚ بَأْسُهُم بَيْنَهُمْ شَدِيدٌ ۚ تَحْسَبُهُمْ جَمِيعًا وَقُلُوبُهُمْ شَتَّىٰ ۚ
ذَٰلِكَ بِأَنَّهُمْ قَوْمٌ لَّا يَعْقِلُونَ ٥٩ـــ١٥ كَمَثَلِ ٱلَّذِينَ مِن قَبْلِهِمْ قَرِيبًا ۖ ذَاقُوا۟ وَبَالَ
أَمْرِهِمْ وَلَهُمْ عَذَابٌ أَلِيمٌ ٥٩ـــ١٦ كَمَثَلِ ٱلشَّيْطَـٰنِ إِذْ قَالَ لِلْإِنسَـٰنِ ٱكْفُرْ فَلَمَّا كَفَرَ
قَالَ إِنِّى بَرِىٓءٌ مِّنكَ إِنِّىٓ أَخَافُ ٱللَّهَ رَبَّ ٱلْعَـٰلَمِينَ ٥٩ـــ١٧ فَكَانَ عَـٰقِبَتَهُمَآ أَنَّهُمَا فِى
ٱلنَّارِ خَـٰلِدَيْنِ فِيهَا ۚ وَذَٰلِكَ جَزَٰٓؤُا۟ ٱلظَّـٰلِمِينَ ٥٩ـــ١٨ يَـٰٓأَيُّهَا ٱلَّذِينَ ءَامَنُوا۟ ٱتَّقُوا۟ ٱللَّهَ
وَلْتَنظُرْ نَفْسٌ مَّا قَدَّمَتْ لِغَدٍ ۖ وَٱتَّقُوا۟ ٱللَّهَ ۚ إِنَّ ٱللَّهَ خَبِيرٌۢ بِمَا تَعْمَلُونَ ٥٩ـــ١٩ وَلَا
تَكُونُوا۟ كَٱلَّذِينَ نَسُوا۟ ٱللَّهَ فَأَنسَىٰهُمْ أَنفُسَهُمْ ۚ أُو۟لَـٰٓئِكَ هُمُ ٱلْفَـٰسِقُونَ ٥٩ـــ٢٠ لَا
يَسْتَوِىٓ أَصْحَـٰبُ ٱلنَّارِ وَأَصْحَـٰبُ ٱلْجَنَّةِ ۚ أَصْحَـٰبُ ٱلْجَنَّةِ هُمُ ٱلْفَآئِزُونَ ٥٩ـــ٢١ لَوْ أَنزَلْنَا
هَـٰذَا ٱلْقُرْءَانَ عَلَىٰ جَبَلٍ لَّرَأَيْتَهُۥ خَـٰشِعًا مُّتَصَدِّعًا مِّنْ خَشْيَةِ ٱللَّهِ ۚ وَتِلْكَ ٱلْأَمْثَـٰلُ
نَضْرِبُهَا لِلنَّاسِ لَعَلَّهُمْ يَتَفَكَّرُونَ ٥٩ـــ٢٢ هُوَ ٱللَّهُ ٱلَّذِى لَآ إِلَـٰهَ إِلَّا هُوَ ۖ عَـٰلِمُ ٱلْغَيْبِ
وَٱلشَّهَـٰدَةِ ۖ هُوَ ٱلرَّحْمَـٰنُ ٱلرَّحِيمُ ٥٩ـــ٢٣ هُوَ ٱللَّهُ ٱلَّذِى لَآ إِلَـٰهَ إِلَّا هُوَ ٱلْمَلِكُ
ٱلْقُدُّوسُ ٱلسَّلَـٰمُ ٱلْمُؤْمِنُ ٱلْمُهَيْمِنُ ٱلْعَزِيزُ ٱلْجَبَّارُ ٱلْمُتَكَبِّرُ ۚ سُبْحَـٰنَ ٱللَّهِ عَمَّا يُشْرِكُونَ
٥٩ـــ٢٤ هُوَ ٱللَّهُ ٱلْخَـٰلِقُ ٱلْبَارِئُ ٱلْمُصَوِّرُ ۖ لَهُ ٱلْأَسْمَآءُ ٱلْحُسْنَىٰ ۚ يُسَبِّحُ لَهُۥ مَا فِى
ٱلسَّمَـٰوَٰتِ وَٱلْأَرْضِ ۖ وَهُوَ ٱلْعَزِيزُ ٱلْحَكِيمُ ٦٠ـــ١ يَـٰٓأَيُّهَا ٱلَّذِينَ ءَامَنُوا۟ لَا تَتَّخِذُوا۟ عَدُوِّى
وَعَدُوَّكُمْ أَوْلِيَآءَ تُلْقُونَ إِلَيْهِم بِٱلْمَوَدَّةِ وَقَدْ كَفَرُوا۟ بِمَا جَآءَكُم مِّنَ ٱلْحَقِّ يُخْرِجُونَ
ٱلرَّسُولَ وَإِيَّاكُمْ ۙ أَن تُؤْمِنُوا۟ بِٱللَّهِ رَبِّكُمْ إِن كُنتُمْ خَرَجْتُمْ جِهَـٰدًا فِى سَبِيلِى وَٱبْتِغَآءَ
مَرْضَاتِى ۚ تُسِرُّونَ إِلَيْهِم بِٱلْمَوَدَّةِ وَأَنَا۠ أَعْلَمُ بِمَآ أَخْفَيْتُمْ وَمَآ أَعْلَنتُمْ ۚ وَمَن يَفْعَلْهُ

مِنكُمْ فَقَدْ ضَلَّ سَوَآءَ ٱلسَّبِيلِ ٦٠ـ٢ إِن يَثْقَفُوكُمْ يَكُونُوا۟ لَكُمْ أَعْدَآءً وَيَبْسُطُوٓا۟
إِلَيْكُمْ أَيْدِيَهُمْ وَأَلْسِنَتَهُم بِٱلسُّوٓءِ وَوَدُّوا۟ لَوْ تَكْفُرُونَ ٦٠ـ٣ لَن تَنفَعَكُمْ أَرْحَامُكُمْ
وَلَآ أَوْلَٰدُكُمْ ۚ يَوْمَ ٱلْقِيَٰمَةِ يَفْصِلُ بَيْنَكُمْ ۚ وَٱللَّهُ بِمَا تَعْمَلُونَ بَصِيرٌ ٦٠ـ٤ قَدْ كَانَتْ
لَكُمْ أُسْوَةٌ حَسَنَةٌ فِىٓ إِبْرَٰهِيمَ وَٱلَّذِينَ مَعَهُۥٓ إِذْ قَالُوا۟ لِقَوْمِهِمْ إِنَّا بُرَءَٰٓؤُا۟ مِنكُمْ
وَمِمَّا تَعْبُدُونَ مِن دُونِ ٱللَّهِ كَفَرْنَا بِكُمْ وَبَدَا بَيْنَنَا وَبَيْنَكُمُ ٱلْعَدَٰوَةُ وَٱلْبَغْضَآءُ أَبَدًا
حَتَّىٰ تُؤْمِنُوا۟ بِٱللَّهِ وَحْدَهُۥٓ إِلَّا قَوْلَ إِبْرَٰهِيمَ لِأَبِيهِ لَأَسْتَغْفِرَنَّ لَكَ وَمَآ أَمْلِكُ لَكَ مِنَ
ٱللَّهِ مِن شَىْءٍ ۖ رَّبَّنَا عَلَيْكَ تَوَكَّلْنَا وَإِلَيْكَ أَنَبْنَا وَإِلَيْكَ ٱلْمَصِيرُ ٦٠ـ٥ رَبَّنَا لَا تَجْعَلْنَا
فِتْنَةً لِّلَّذِينَ كَفَرُوا۟ وَٱغْفِرْ لَنَا رَبَّنَآ ۖ إِنَّكَ أَنتَ ٱلْعَزِيزُ ٱلْحَكِيمُ ٦٠ـ٦ لَقَدْ كَانَ لَكُمْ
فِيهِمْ أُسْوَةٌ حَسَنَةٌ لِّمَن كَانَ يَرْجُوا۟ ٱللَّهَ وَٱلْيَوْمَ ٱلْءَاخِرَ ۚ وَمَن يَتَوَلَّ فَإِنَّ ٱللَّهَ هُوَ
ٱلْغَنِىُّ ٱلْحَمِيدُ ٦٠ـ٧ عَسَى ٱللَّهُ أَن يَجْعَلَ بَيْنَكُمْ وَبَيْنَ ٱلَّذِينَ عَادَيْتُم مِّنْهُم مَّوَدَّةً ۚ
وَٱللَّهُ قَدِيرٌ ۚ وَٱللَّهُ غَفُورٌ رَّحِيمٌ ٦٠ـ٨ لَّا يَنْهَىٰكُمُ ٱللَّهُ عَنِ ٱلَّذِينَ لَمْ يُقَٰتِلُوكُمْ فِى
ٱلدِّينِ وَلَمْ يُخْرِجُوكُم مِّن دِيَٰرِكُمْ أَن تَبَرُّوهُمْ وَتُقْسِطُوٓا۟ إِلَيْهِمْ ۚ إِنَّ ٱللَّهَ يُحِبُّ
ٱلْمُقْسِطِينَ ٦٠ـ٩ إِنَّمَا يَنْهَىٰكُمُ ٱللَّهُ عَنِ ٱلَّذِينَ قَٰتَلُوكُمْ فِى ٱلدِّينِ وَأَخْرَجُوكُم مِّن
دِيَٰرِكُمْ وَظَٰهَرُوا۟ عَلَىٰٓ إِخْرَاجِكُمْ أَن تَوَلَّوْهُمْ ۚ وَمَن يَتَوَلَّهُمْ فَأُو۟لَٰٓئِكَ هُمُ ٱلظَّٰلِمُونَ
٦٠ـ١٠ يَٰٓأَيُّهَا ٱلَّذِينَ ءَامَنُوٓا۟ إِذَا جَآءَكُمُ ٱلْمُؤْمِنَٰتُ مُهَٰجِرَٰتٍ فَٱمْتَحِنُوهُنَّ ۖ ٱللَّهُ أَعْلَمُ
بِإِيمَٰنِهِنَّ ۖ فَإِنْ عَلِمْتُمُوهُنَّ مُؤْمِنَٰتٍ فَلَا تَرْجِعُوهُنَّ إِلَى ٱلْكُفَّارِ ۖ لَا هُنَّ حِلٌّ لَّهُمْ وَلَا
هُمْ يَحِلُّونَ لَهُنَّ ۖ وَءَاتُوهُم مَّآ أَنفَقُوا۟ ۚ وَلَا جُنَاحَ عَلَيْكُمْ أَن تَنكِحُوهُنَّ إِذَآ
ءَاتَيْتُمُوهُنَّ أُجُورَهُنَّ ۚ وَلَا تُمْسِكُوا۟ بِعِصَمِ ٱلْكَوَافِرِ وَسْـَٔلُوا۟ مَآ أَنفَقْتُمْ وَلْيَسْـَٔلُوا۟ مَآ
أَنفَقُوا۟ ۚ ذَٰلِكُمْ حُكْمُ ٱللَّهِ ۖ يَحْكُمُ بَيْنَكُمْ ۚ وَٱللَّهُ عَلِيمٌ حَكِيمٌ ٦٠ـ١١ وَإِن فَاتَكُمْ شَىْءٌ
مِّنْ أَزْوَٰجِكُمْ إِلَى ٱلْكُفَّارِ فَعَاقَبْتُمْ فَـَٔاتُوا۟ ٱلَّذِينَ ذَهَبَتْ أَزْوَٰجُهُم مِّثْلَ مَآ أَنفَقُوا۟ ۚ
وَٱتَّقُوا۟ ٱللَّهَ ٱلَّذِىٓ أَنتُم بِهِۦ مُؤْمِنُونَ ٦٠ـ١٢ يَٰٓأَيُّهَا ٱلنَّبِىُّ إِذَا جَآءَكَ ٱلْمُؤْمِنَٰتُ يُبَايِعْنَكَ
عَلَىٰٓ أَن لَّا يُشْرِكْنَ بِٱللَّهِ شَيْـًٔا وَلَا يَسْرِقْنَ وَلَا يَزْنِينَ وَلَا يَقْتُلْنَ أَوْلَٰدَهُنَّ وَلَا يَأْتِينَ
بِبُهْتَٰنٍ يَفْتَرِينَهُۥ بَيْنَ أَيْدِيهِنَّ وَأَرْجُلِهِنَّ وَلَا يَعْصِينَكَ فِى مَعْرُوفٍ ۙ فَبَايِعْهُنَّ
وَٱسْتَغْفِرْ لَهُنَّ ٱللَّهَ ۖ إِنَّ ٱللَّهَ غَفُورٌ رَّحِيمٌ ٦٠ـ١٣ يَٰٓأَيُّهَا ٱلَّذِينَ ءَامَنُوا۟ لَا تَتَوَلَّوْا۟ قَوْمًا
غَضِبَ ٱللَّهُ عَلَيْهِمْ قَدْ يَئِسُوا۟ مِنَ ٱلْءَاخِرَةِ كَمَا يَئِسَ ٱلْكُفَّارُ مِنْ أَصْحَٰبِ ٱلْقُبُورِ
٦١ـ١ سَبَّحَ لِلَّهِ مَا فِى ٱلسَّمَٰوَٰتِ وَمَا فِى ٱلْأَرْضِ ۖ وَهُوَ ٱلْعَزِيزُ ٱلْحَكِيمُ ٦١ـ٢ يَٰٓأَيُّهَا
ٱلَّذِينَ ءَامَنُوا۟ لِمَ تَقُولُونَ مَا لَا تَفْعَلُونَ ٦١ـ٣ كَبُرَ مَقْتًا عِندَ ٱللَّهِ أَن تَقُولُوا۟ مَا لَا
تَفْعَلُونَ ٦١ـ٤ إِنَّ ٱللَّهَ يُحِبُّ ٱلَّذِينَ يُقَٰتِلُونَ فِى سَبِيلِهِۦ صَفًّا كَأَنَّهُم بُنْيَٰنٌ مَّرْصُوصٌ

٦١-٥ وَإِذْ قَالَ مُوسَىٰ لِقَوْمِهِۦ يَٰقَوْمِ لِمَ تُؤْذُونَنِى وَقَد تَّعْلَمُونَ أَنِّى رَسُولُ ٱللَّهِ
إِلَيْكُمْ ۖ فَلَمَّا زَاغُوٓا۟ أَزَاغَ ٱللَّهُ قُلُوبَهُمْ ۚ وَٱللَّهُ لَا يَهْدِى ٱلْقَوْمَ ٱلْفَٰسِقِينَ ٦١-٦ وَإِذْ
قَالَ عِيسَى ٱبْنُ مَرْيَمَ يَٰبَنِىٓ إِسْرَٰٓءِيلَ إِنِّى رَسُولُ ٱللَّهِ إِلَيْكُم مُّصَدِّقًا لِّمَا بَيْنَ يَدَىَّ
مِنَ ٱلتَّوْرَىٰةِ وَمُبَشِّرًۢا بِرَسُولٍ يَأْتِى مِنۢ بَعْدِى ٱسْمُهُۥٓ أَحْمَدُ ۖ فَلَمَّا جَآءَهُم بِٱلْبَيِّنَٰتِ
قَالُوا۟ هَٰذَا سِحْرٌ مُّبِينٌ ٦١-٧ وَمَنْ أَظْلَمُ مِمَّنِ ٱفْتَرَىٰ عَلَى ٱللَّهِ ٱلْكَذِبَ وَهُوَ يُدْعَىٰٓ
إِلَى ٱلْإِسْلَٰمِ ۚ وَٱللَّهُ لَا يَهْدِى ٱلْقَوْمَ ٱلظَّٰلِمِينَ ٦١-٨ يُرِيدُونَ لِيُطْفِـُٔوا۟ نُورَ ٱللَّهِ
بِأَفْوَٰهِهِمْ وَٱللَّهُ مُتِمُّ نُورِهِۦ وَلَوْ كَرِهَ ٱلْكَٰفِرُونَ ٦١-٩ هُوَ ٱلَّذِىٓ أَرْسَلَ رَسُولَهُۥ
بِٱلْهُدَىٰ وَدِينِ ٱلْحَقِّ لِيُظْهِرَهُۥ عَلَى ٱلدِّينِ كُلِّهِۦ وَلَوْ كَرِهَ ٱلْمُشْرِكُونَ ٦١-١٠ يَٰٓأَيُّهَا
ٱلَّذِينَ ءَامَنُوا۟ هَلْ أَدُلُّكُمْ عَلَىٰ تِجَٰرَةٍ تُنجِيكُم مِّنْ عَذَابٍ أَلِيمٍ ٦١-١١ تُؤْمِنُونَ بِٱللَّهِ
وَرَسُولِهِۦ وَتُجَٰهِدُونَ فِى سَبِيلِ ٱللَّهِ بِأَمْوَٰلِكُمْ وَأَنفُسِكُمْ ۚ ذَٰلِكُمْ خَيْرٌ لَّكُمْ إِن كُنتُمْ
تَعْلَمُونَ ٦١-١٢ يَغْفِرْ لَكُمْ ذُنُوبَكُمْ وَيُدْخِلْكُمْ جَنَّٰتٍ تَجْرِى مِن تَحْتِهَا ٱلْأَنْهَٰرُ وَمَسَٰكِنَ
طَيِّبَةً فِى جَنَّٰتِ عَدْنٍ ۚ ذَٰلِكَ ٱلْفَوْزُ ٱلْعَظِيمُ ٦١-١٣ وَأُخْرَىٰ تُحِبُّونَهَا ۖ نَصْرٌ مِّنَ ٱللَّهِ
وَفَتْحٌ قَرِيبٌ ۗ وَبَشِّرِ ٱلْمُؤْمِنِينَ ٦١-١٤ يَٰٓأَيُّهَا ٱلَّذِينَ ءَامَنُوا۟ كُونُوٓا۟ أَنصَارَ ٱللَّهِ كَمَا قَالَ
عِيسَى ٱبْنُ مَرْيَمَ لِلْحَوَارِيِّۦنَ مَنْ أَنصَارِىٓ إِلَى ٱللَّهِ ۖ قَالَ ٱلْحَوَارِيُّونَ نَحْنُ أَنصَارُ ٱللَّهِ ۖ
فَـَٔامَنَت طَّآئِفَةٌ مِّنۢ بَنِىٓ إِسْرَٰٓءِيلَ وَكَفَرَت طَّآئِفَةٌ ۖ فَأَيَّدْنَا ٱلَّذِينَ ءَامَنُوا۟ عَلَىٰ عَدُوِّهِمْ
فَأَصْبَحُوا۟ ظَٰهِرِينَ ٦٢-١ يُسَبِّحُ لِلَّهِ مَا فِى ٱلسَّمَٰوَٰتِ وَمَا فِى ٱلْأَرْضِ ٱلْمَلِكِ
ٱلْقُدُّوسِ ٱلْعَزِيزِ ٱلْحَكِيمِ ٦٢-٢ هُوَ ٱلَّذِى بَعَثَ فِى ٱلْأُمِّيِّۦنَ رَسُولًا مِّنْهُمْ يَتْلُوا۟
عَلَيْهِمْ ءَايَٰتِهِۦ وَيُزَكِّيهِمْ وَيُعَلِّمُهُمُ ٱلْكِتَٰبَ وَٱلْحِكْمَةَ وَإِن كَانُوا۟ مِن قَبْلُ لَفِى ضَلَٰلٍ
مُّبِينٍ ٦٢-٣ وَءَاخَرِينَ مِنْهُمْ لَمَّا يَلْحَقُوا۟ بِهِمْ ۚ وَهُوَ ٱلْعَزِيزُ ٱلْحَكِيمُ ٦٢-٤ ذَٰلِكَ
فَضْلُ ٱللَّهِ يُؤْتِيهِ مَن يَشَآءُ ۚ وَٱللَّهُ ذُو ٱلْفَضْلِ ٱلْعَظِيمِ ٦٢-٥ مَثَلُ ٱلَّذِينَ حُمِّلُوا۟
ٱلتَّوْرَىٰةَ ثُمَّ لَمْ يَحْمِلُوهَا كَمَثَلِ ٱلْحِمَارِ يَحْمِلُ أَسْفَارًۢا ۚ بِئْسَ مَثَلُ ٱلْقَوْمِ ٱلَّذِينَ كَذَّبُوا۟
بِـَٔايَٰتِ ٱللَّهِ ۚ وَٱللَّهُ لَا يَهْدِى ٱلْقَوْمَ ٱلظَّٰلِمِينَ ٦٢-٦ قُلْ يَٰٓأَيُّهَا ٱلَّذِينَ هَادُوٓا۟ إِن
زَعَمْتُمْ أَنَّكُمْ أَوْلِيَآءُ لِلَّهِ مِن دُونِ ٱلنَّاسِ فَتَمَنَّوُا۟ ٱلْمَوْتَ إِن كُنتُمْ صَٰدِقِينَ ٦٢-٧ وَلَا
يَتَمَنَّوْنَهُۥٓ أَبَدًۢا بِمَا قَدَّمَتْ أَيْدِيهِمْ ۚ وَٱللَّهُ عَلِيمٌۢ بِٱلظَّٰلِمِينَ ٦٢-٨ قُلْ إِنَّ ٱلْمَوْتَ ٱلَّذِى
تَفِرُّونَ مِنْهُ فَإِنَّهُۥ مُلَٰقِيكُمْ ۖ ثُمَّ تُرَدُّونَ إِلَىٰ عَٰلِمِ ٱلْغَيْبِ وَٱلشَّهَٰدَةِ فَيُنَبِّئُكُم بِمَا
كُنتُمْ تَعْمَلُونَ ٦٢-٩ يَٰٓأَيُّهَا ٱلَّذِينَ ءَامَنُوٓا۟ إِذَا نُودِىَ لِلصَّلَوٰةِ مِن يَوْمِ ٱلْجُمُعَةِ
فَٱسْعَوْا۟ إِلَىٰ ذِكْرِ ٱللَّهِ وَذَرُوا۟ ٱلْبَيْعَ ۚ ذَٰلِكُمْ خَيْرٌ لَّكُمْ إِن كُنتُمْ تَعْلَمُونَ ٦٢-١٠ فَإِذَا
قُضِيَتِ ٱلصَّلَوٰةُ فَٱنتَشِرُوا۟ فِى ٱلْأَرْضِ وَٱبْتَغُوا۟ مِن فَضْلِ ٱللَّهِ وَٱذْكُرُوا۟ ٱللَّهَ كَثِيرًا

لَعَلَّكُمْ تُفْلِحُونَ ٦٢ـ١١ وَإِذَا رَأَوْا۟ تِجَـٰرَةً أَوْ لَهْوًا ٱنفَضُّوٓا۟ إِلَيْهَا وَتَرَكُوكَ قَآئِمًا ۚ قُلْ مَا
عِندَ ٱللَّهِ خَيْرٌ مِّنَ ٱللَّهْوِ وَمِنَ ٱلتِّجَـٰرَةِ ۚ وَٱللَّهُ خَيْرُ ٱلرَّٰزِقِينَ ٦٣ـ١ إِذَا جَآءَكَ ٱلْمُنَـٰفِقُونَ
قَالُوا۟ نَشْهَدُ إِنَّكَ لَرَسُولُ ٱللَّهِ ۗ وَٱللَّهُ يَعْلَمُ إِنَّكَ لَرَسُولُهُۥ وَٱللَّهُ يَشْهَدُ إِنَّ ٱلْمُنَـٰفِقِينَ
لَكَـٰذِبُونَ ٦٣ـ٢ ٱتَّخَذُوٓا۟ أَيْمَـٰنَهُمْ جُنَّةً فَصَدُّوا۟ عَن سَبِيلِ ٱللَّهِ ۚ إِنَّهُمْ سَآءَ مَا كَانُوا۟
يَعْمَلُونَ ٦٣ـ٣ ذَٰلِكَ بِأَنَّهُمْ ءَامَنُوا۟ ثُمَّ كَفَرُوا۟ فَطُبِعَ عَلَىٰ قُلُوبِهِمْ فَهُمْ لَا
يَفْقَهُونَ ٦٣ـ٤ وَإِذَا رَأَيْتَهُمْ تُعْجِبُكَ أَجْسَامُهُمْ ۖ وَإِن يَقُولُوا۟ تَسْمَعْ لِقَوْلِهِمْ ۖ
كَأَنَّهُمْ خُشُبٌ مُّسَنَّدَةٌ ۖ يَحْسَبُونَ كُلَّ صَيْحَةٍ عَلَيْهِمْ ۚ هُمُ ٱلْعَدُوُّ فَٱحْذَرْهُمْ ۚ قَـٰتَلَهُمُ
ٱللَّهُ ۖ أَنَّىٰ يُؤْفَكُونَ ٦٣ـ٥ وَإِذَا قِيلَ لَهُمْ تَعَالَوْا۟ يَسْتَغْفِرْ لَكُمْ رَسُولُ ٱللَّهِ لَوَّوْا۟
رُءُوسَهُمْ وَرَأَيْتَهُمْ يَصُدُّونَ وَهُم مُّسْتَكْبِرُونَ ٦٣ـ٦ سَوَآءٌ عَلَيْهِمْ أَسْتَغْفَرْتَ لَهُمْ
أَمْ لَمْ تَسْتَغْفِرْ لَهُمْ لَن يَغْفِرَ ٱللَّهُ لَهُمْ ۚ إِنَّ ٱللَّهَ لَا يَهْدِى ٱلْقَوْمَ ٱلْفَـٰسِقِينَ
٦٣ـ٧ هُمُ ٱلَّذِينَ يَقُولُونَ لَا تُنفِقُوا۟ عَلَىٰ مَنْ عِندَ رَسُولِ ٱللَّهِ حَتَّىٰ يَنفَضُّوا۟ ۗ وَلِلَّهِ
خَزَآئِنُ ٱلسَّمَـٰوَٰتِ وَٱلْأَرْضِ وَلَـٰكِنَّ ٱلْمُنَـٰفِقِينَ لَا يَفْقَهُونَ ٦٣ـ٨ يَقُولُونَ لَئِن رَّجَعْنَآ
إِلَى ٱلْمَدِينَةِ لَيُخْرِجَنَّ ٱلْأَعَزُّ مِنْهَا ٱلْأَذَلَّ ۚ وَلِلَّهِ ٱلْعِزَّةُ وَلِرَسُولِهِۦ وَلِلْمُؤْمِنِينَ وَلَـٰكِنَّ
ٱلْمُنَـٰفِقِينَ لَا يَعْلَمُونَ ٦٣ـ٩ يَـٰٓأَيُّهَا ٱلَّذِينَ ءَامَنُوا۟ لَا تُلْهِكُمْ أَمْوَٰلُكُمْ وَلَآ أَوْلَـٰدُكُمْ عَن
ذِكْرِ ٱللَّهِ ۚ وَمَن يَفْعَلْ ذَٰلِكَ فَأُو۟لَـٰٓئِكَ هُمُ ٱلْخَـٰسِرُونَ ٦٣ـ١٠ وَأَنفِقُوا۟ مِن مَّا رَزَقْنَـٰكُم
مِّن قَبْلِ أَن يَأْتِىَ أَحَدَكُمُ ٱلْمَوْتُ فَيَقُولَ رَبِّ لَوْلَآ أَخَّرْتَنِىٓ إِلَىٰٓ أَجَلٍ قَرِيبٍ فَأَصَّدَّقَ
وَأَكُن مِّنَ ٱلصَّـٰلِحِينَ ٦٣ـ١١ وَلَن يُؤَخِّرَ ٱللَّهُ نَفْسًا إِذَا جَآءَ أَجَلُهَا ۚ وَٱللَّهُ خَبِيرٌۢ بِمَا
تَعْمَلُونَ ٦٤ـ١ يُسَبِّحُ لِلَّهِ مَا فِى ٱلسَّمَـٰوَٰتِ وَمَا فِى ٱلْأَرْضِ ۖ لَهُ ٱلْمُلْكُ وَلَهُ ٱلْحَمْدُ ۖ
وَهُوَ عَلَىٰ كُلِّ شَىْءٍ قَدِيرٌ ٦٤ـ٢ هُوَ ٱلَّذِى خَلَقَكُمْ فَمِنكُمْ كَافِرٌ وَمِنكُم مُّؤْمِنٌ ۚ
وَٱللَّهُ بِمَا تَعْمَلُونَ بَصِيرٌ ٦٤ـ٣ خَلَقَ ٱلسَّمَـٰوَٰتِ وَٱلْأَرْضَ بِٱلْحَقِّ وَصَوَّرَكُمْ فَأَحْسَنَ
صُوَرَكُمْ ۖ وَإِلَيْهِ ٱلْمَصِيرُ ٦٤ـ٤ يَعْلَمُ مَا فِى ٱلسَّمَـٰوَٰتِ وَٱلْأَرْضِ وَيَعْلَمُ مَا تُسِرُّونَ
وَمَا تُعْلِنُونَ ۚ وَٱللَّهُ عَلِيمٌۢ بِذَاتِ ٱلصُّدُورِ ٦٤ـ٥ أَلَمْ يَأْتِكُمْ نَبَؤُا۟ ٱلَّذِينَ كَفَرُوا۟ مِن قَبْلُ
فَذَاقُوا۟ وَبَالَ أَمْرِهِمْ وَلَهُمْ عَذَابٌ أَلِيمٌ ٦٤ـ٦ ذَٰلِكَ بِأَنَّهُۥ كَانَت تَّأْتِيهِمْ رُسُلُهُم
بِٱلْبَيِّنَـٰتِ فَقَالُوٓا۟ أَبَشَرٌ يَهْدُونَنَا فَكَفَرُوا۟ وَتَوَلَّوا۟ ۚ وَّٱسْتَغْنَى ٱللَّهُ ۚ وَٱللَّهُ غَنِىٌّ حَمِيدٌ
٦٤ـ٧ زَعَمَ ٱلَّذِينَ كَفَرُوٓا۟ أَن لَّن يُبْعَثُوا۟ ۚ قُلْ بَلَىٰ وَرَبِّى لَتُبْعَثُنَّ ثُمَّ لَتُنَبَّؤُنَّ بِمَا
عَمِلْتُمْ ۚ وَذَٰلِكَ عَلَى ٱللَّهِ يَسِيرٌ ٦٤ـ٨ فَـَٔامِنُوا۟ بِٱللَّهِ وَرَسُولِهِۦ وَٱلنُّورِ ٱلَّذِىٓ أَنزَلْنَا ۚ
وَٱللَّهُ بِمَا تَعْمَلُونَ خَبِيرٌ ٦٤ـ٩ يَوْمَ يَجْمَعُكُمْ لِيَوْمِ ٱلْجَمْعِ ۖ ذَٰلِكَ يَوْمُ ٱلتَّغَابُنِ ۗ وَمَن
يُؤْمِنۢ بِٱللَّهِ وَيَعْمَلْ صَـٰلِحًا يُكَفِّرْ عَنْهُ سَيِّـَٔاتِهِۦ وَيُدْخِلْهُ جَنَّـٰتٍ تَجْرِى مِن تَحْتِهَا ٱلْأَنْهَـٰرُ

خَٰلِدِينَ فِيهَآ أَبَدٗاۚ ذَٰلِكَ ٱلۡفَوۡزُ ٱلۡعَظِيمُ ٦٤ـــ١٠ وَٱلَّذِينَ كَفَرُواْ وَكَذَّبُواْ بِـَٔايَٰتِنَآ أُوْلَٰٓئِكَ
أَصۡحَٰبُ ٱلنَّارِ خَٰلِدِينَ فِيهَاۖ وَبِئۡسَ ٱلۡمَصِيرُ ٦٤ـــ١١ مَآ أَصَابَ مِن مُّصِيبَةٍ إِلَّا بِإِذۡنِ ٱللَّهِۗ
وَمَن يُؤۡمِنۢ بِٱللَّهِ يَهۡدِ قَلۡبَهُۥۚ وَٱللَّهُ بِكُلِّ شَيۡءٍ عَلِيمٞ ٦٤ـــ١٢ وَأَطِيعُواْ ٱللَّهَ وَأَطِيعُواْ
ٱلرَّسُولَۚ فَإِن تَوَلَّيۡتُمۡ فَإِنَّمَا عَلَىٰ رَسُولِنَا ٱلۡبَلَٰغُ ٱلۡمُبِينُ ٦٤ـــ١٣ ٱللَّهُ لَآ إِلَٰهَ إِلَّا هُوَۚ
وَعَلَى ٱللَّهِ فَلۡيَتَوَكَّلِ ٱلۡمُؤۡمِنُونَ ٦٤ـــ١٤ يَٰٓأَيُّهَا ٱلَّذِينَ ءَامَنُوٓاْ إِنَّ مِنۡ أَزۡوَٰجِكُمۡ
وَأَوۡلَٰدِكُمۡ عَدُوّٗا لَّكُمۡ فَٱحۡذَرُوهُمۡۚ وَإِن تَعۡفُواْ وَتَصۡفَحُواْ وَتَغۡفِرُواْ فَإِنَّ ٱللَّهَ غَفُورٞ
رَّحِيمٌ ٦٤ـــ١٥ إِنَّمَآ أَمۡوَٰلُكُمۡ وَأَوۡلَٰدُكُمۡ فِتۡنَةٞۚ وَٱللَّهُ عِندَهُۥٓ أَجۡرٌ عَظِيمٞ ٦٤ـــ١٦ فَٱتَّقُواْ
ٱللَّهَ مَا ٱسۡتَطَعۡتُمۡ وَٱسۡمَعُواْ وَأَطِيعُواْ وَأَنفِقُواْ خَيۡرٗا لِّأَنفُسِكُمۡۗ وَمَن يُوقَ شُحَّ
نَفۡسِهِۦ فَأُوْلَٰٓئِكَ هُمُ ٱلۡمُفۡلِحُونَ ٦٤ـــ١٧ إِن تُقۡرِضُواْ ٱللَّهَ قَرۡضًا حَسَنٗا يُضَٰعِفۡهُ لَكُمۡ
وَيَغۡفِرۡ لَكُمۡۚ وَٱللَّهُ شَكُورٌ حَلِيمٌ ٦٤ـــ١٨ عَٰلِمُ ٱلۡغَيۡبِ وَٱلشَّهَٰدَةِ ٱلۡعَزِيزُ ٱلۡحَكِيمُ
٦٥ـــ١ يَٰٓأَيُّهَا ٱلنَّبِيُّ إِذَا طَلَّقۡتُمُ ٱلنِّسَآءَ فَطَلِّقُوهُنَّ لِعِدَّتِهِنَّ وَأَحۡصُواْ ٱلۡعِدَّةَۖ وَٱتَّقُواْ
ٱللَّهَ رَبَّكُمۡۖ لَا تُخۡرِجُوهُنَّ مِنۢ بُيُوتِهِنَّ وَلَا يَخۡرُجۡنَ إِلَّآ أَن يَأۡتِينَ بِفَٰحِشَةٖ مُّبَيِّنَةٖۚ وَتِلۡكَ
حُدُودُ ٱللَّهِۚ وَمَن يَتَعَدَّ حُدُودَ ٱللَّهِ فَقَدۡ ظَلَمَ نَفۡسَهُۥۚ لَا تَدۡرِي لَعَلَّ ٱللَّهَ يُحۡدِثُ بَعۡدَ
ذَٰلِكَ أَمۡرٗا ٦٥ـــ٢ فَإِذَا بَلَغۡنَ أَجَلَهُنَّ فَأَمۡسِكُوهُنَّ بِمَعۡرُوفٍ أَوۡ فَارِقُوهُنَّ بِمَعۡرُوفٖ
وَأَشۡهِدُواْ ذَوَيۡ عَدۡلٖ مِّنكُمۡ وَأَقِيمُواْ ٱلشَّهَٰدَةَ لِلَّهِۚ ذَٰلِكُمۡ يُوعَظُ بِهِۦ مَن كَانَ يُؤۡمِنُ
بِٱللَّهِ وَٱلۡيَوۡمِ ٱلۡأٓخِرِۚ وَمَن يَتَّقِ ٱللَّهَ يَجۡعَل لَّهُۥ مَخۡرَجٗا ٦٥ـــ٣ وَيَرۡزُقۡهُ مِنۡ حَيۡثُ لَا
يَحۡتَسِبُۚ وَمَن يَتَوَكَّلۡ عَلَى ٱللَّهِ فَهُوَ حَسۡبُهُۥٓۚ إِنَّ ٱللَّهَ بَٰلِغُ أَمۡرِهِۦۚ قَدۡ جَعَلَ ٱللَّهُ لِكُلِّ
شَيۡءٖ قَدۡرٗا ٦٥ـــ٤ وَٱلَّٰٓـِٔي يَئِسۡنَ مِنَ ٱلۡمَحِيضِ مِن نِّسَآئِكُمۡ إِنِ ٱرۡتَبۡتُمۡ فَعِدَّتُهُنَّ ثَلَٰثَةُ
أَشۡهُرٖ وَٱلَّٰٓـِٔي لَمۡ يَحِضۡنَۚ وَأُوْلَٰتُ ٱلۡأَحۡمَالِ أَجَلُهُنَّ أَن يَضَعۡنَ حَمۡلَهُنَّۚ وَمَن يَتَّقِ ٱللَّهَ
يَجۡعَل لَّهُۥ مِنۡ أَمۡرِهِۦ يُسۡرٗا ٦٥ـــ٥ ذَٰلِكَ أَمۡرُ ٱللَّهِ أَنزَلَهُۥٓ إِلَيۡكُمۡۚ وَمَن يَتَّقِ ٱللَّهَ يُكَفِّرۡ
عَنۡهُ سَيِّـَٔاتِهِۦ وَيُعۡظِمۡ لَهُۥٓ أَجۡرًا ٦٥ـــ٦ أَسۡكِنُوهُنَّ مِنۡ حَيۡثُ سَكَنتُم مِّن وُجۡدِكُمۡ وَلَا
تُضَآرُّوهُنَّ لِتُضَيِّقُواْ عَلَيۡهِنَّۚ وَإِن كُنَّ أُوْلَٰتِ حَمۡلٖ فَأَنفِقُواْ عَلَيۡهِنَّ حَتَّىٰ يَضَعۡنَ
حَمۡلَهُنَّۚ فَإِنۡ أَرۡضَعۡنَ لَكُمۡ فَـَٔاتُوهُنَّ أُجُورَهُنَّۖ وَأۡتَمِرُواْ بَيۡنَكُم بِمَعۡرُوفٖۖ وَإِن
تَعَاسَرۡتُمۡ فَسَتُرۡضِعُ لَهُۥٓ أُخۡرَىٰ ٦٥ـــ٧ لِيُنفِقۡ ذُو سَعَةٖ مِّن سَعَتِهِۦۖ وَمَن قُدِرَ عَلَيۡهِ
رِزۡقُهُۥ فَلۡيُنفِقۡ مِمَّآ ءَاتَىٰهُ ٱللَّهُۚ لَا يُكَلِّفُ ٱللَّهُ نَفۡسًا إِلَّا مَآ ءَاتَىٰهَاۚ سَيَجۡعَلُ ٱللَّهُ بَعۡدَ
عُسۡرٖ يُسۡرٗا ٦٥ـــ٨ وَكَأَيِّن مِّن قَرۡيَةٍ عَتَتۡ عَنۡ أَمۡرِ رَبِّهَا وَرُسُلِهِۦ فَحَاسَبۡنَٰهَا حِسَابٗا
شَدِيدٗا وَعَذَّبۡنَٰهَا عَذَابٗا نُّكۡرٗا ٦٥ـــ٩ فَذَاقَتۡ وَبَالَ أَمۡرِهَا وَكَانَ عَٰقِبَةُ أَمۡرِهَا خُسۡرًا
٦٥ـــ١٠ أَعَدَّ ٱللَّهُ لَهُمۡ عَذَابٗا شَدِيدٗاۖ فَٱتَّقُواْ ٱللَّهَ يَٰٓأُوْلِي ٱلۡأَلۡبَٰبِ ٱلَّذِينَ ءَامَنُواْۚ قَدۡ

أَنزَلَ ٱللَّهُ إِلَيۡكُمۡ ذِكۡرٗا ٦٥ـ١١ رَّسُولٗا يَتۡلُواْ عَلَيۡكُمۡ ءَايَٰتِ ٱللَّهِ مُبَيِّنَٰتٖ لِّيُخۡرِجَ ٱلَّذِينَ
ءَامَنُواْ وَعَمِلُواْ ٱلصَّٰلِحَٰتِ مِنَ ٱلظُّلُمَٰتِ إِلَى ٱلنُّورِۚ وَمَن يُؤۡمِنۢ بِٱللَّهِ وَيَعۡمَلۡ صَٰلِحٗا
يُدۡخِلۡهُ جَنَّٰتٖ تَجۡرِى مِن تَحۡتِهَا ٱلۡأَنۡهَٰرُ خَٰلِدِينَ فِيهَآ أَبَدٗاۖ قَدۡ أَحۡسَنَ ٱللَّهُ لَهُۥ رِزۡقًا
٦٥ـ١٢ ٱللَّهُ ٱلَّذِى خَلَقَ سَبۡعَ سَمَٰوَٰتٖ وَمِنَ ٱلۡأَرۡضِ مِثۡلَهُنَّ يَتَنَزَّلُ ٱلۡأَمۡرُ بَيۡنَهُنَّ
لِتَعۡلَمُوٓاْ أَنَّ ٱللَّهَ عَلَىٰ كُلِّ شَىۡءٖ قَدِيرٞ وَأَنَّ ٱللَّهَ قَدۡ أَحَاطَ بِكُلِّ شَىۡءٍ عِلۡمَۢا
٦٦ـ١ يَٰٓأَيُّهَا ٱلنَّبِىُّ لِمَ تُحَرِّمُ مَآ أَحَلَّ ٱللَّهُ لَكَۖ تَبۡتَغِى مَرۡضَاتَ أَزۡوَٰجِكَۚ وَٱللَّهُ غَفُورٞ
رَّحِيمٞ ٦٦ـ٢ قَدۡ فَرَضَ ٱللَّهُ لَكُمۡ تَحِلَّةَ أَيۡمَٰنِكُمۡۚ وَٱللَّهُ مَوۡلَىٰكُمۡۖ وَهُوَ ٱلۡعَلِيمُ ٱلۡحَكِيمُ
٦٦ـ٣ وَإِذۡ أَسَرَّ ٱلنَّبِىُّ إِلَىٰ بَعۡضِ أَزۡوَٰجِهِۦ حَدِيثٗا فَلَمَّا نَبَّأَتۡ بِهِۦ وَأَظۡهَرَهُ ٱللَّهُ عَلَيۡهِ
عَرَّفَ بَعۡضَهُۥ وَأَعۡرَضَ عَنۢ بَعۡضٖۖ فَلَمَّا نَبَّأَهَا بِهِۦ قَالَتۡ مَنۡ أَنۢبَأَكَ هَٰذَاۖ قَالَ نَبَّأَنِىَ
ٱلۡعَلِيمُ ٱلۡخَبِيرُ ٦٦ـ٤ إِن تَتُوبَآ إِلَى ٱللَّهِ فَقَدۡ صَغَتۡ قُلُوبُكُمَاۖ وَإِن تَظَٰهَرَا عَلَيۡهِ فَإِنَّ
ٱللَّهَ هُوَ مَوۡلَىٰهُ وَجِبۡرِيلُ وَصَٰلِحُ ٱلۡمُؤۡمِنِينَۖ وَٱلۡمَلَٰٓئِكَةُ بَعۡدَ ذَٰلِكَ ظَهِيرٌ ٦٦ـ٥ عَسَىٰ
رَبُّهُۥٓ إِن طَلَّقَكُنَّ أَن يُبۡدِلَهُۥٓ أَزۡوَٰجًا خَيۡرٗا مِّنكُنَّ مُسۡلِمَٰتٖ مُّؤۡمِنَٰتٖ قَٰنِتَٰتٖ تَٰٓئِبَٰتٍ عَٰبِدَٰتٖ
سَٰٓئِحَٰتٖ ثَيِّبَٰتٖ وَأَبۡكَارٗا ٦٦ـ٦ يَٰٓأَيُّهَا ٱلَّذِينَ ءَامَنُواْ قُوٓاْ أَنفُسَكُمۡ وَأَهۡلِيكُمۡ نَارٗا
وَقُودُهَا ٱلنَّاسُ وَٱلۡحِجَارَةُ عَلَيۡهَا مَلَٰٓئِكَةٌ غِلَاظٞ شِدَادٞ لَّا يَعۡصُونَ ٱللَّهَ مَآ أَمَرَهُمۡ
وَيَفۡعَلُونَ مَا يُؤۡمَرُونَ ٦٦ـ٧ يَٰٓأَيُّهَا ٱلَّذِينَ كَفَرُواْ لَا تَعۡتَذِرُواْ ٱلۡيَوۡمَۖ إِنَّمَا تُجۡزَوۡنَ مَا
كُنتُمۡ تَعۡمَلُونَ ٦٦ـ٨ يَٰٓأَيُّهَا ٱلَّذِينَ ءَامَنُواْ تُوبُوٓاْ إِلَى ٱللَّهِ تَوۡبَةٗ نَّصُوحًا عَسَىٰ رَبُّكُمۡ
أَن يُكَفِّرَ عَنكُمۡ سَيِّـَٔاتِكُمۡ وَيُدۡخِلَكُمۡ جَنَّٰتٖ تَجۡرِى مِن تَحۡتِهَا ٱلۡأَنۡهَٰرُ يَوۡمَ لَا يُخۡزِى ٱللَّهُ
ٱلنَّبِىَّ وَٱلَّذِينَ ءَامَنُواْ مَعَهُۥۖ نُورُهُمۡ يَسۡعَىٰ بَيۡنَ أَيۡدِيهِمۡ وَبِأَيۡمَٰنِهِمۡ يَقُولُونَ رَبَّنَآ
أَتۡمِمۡ لَنَا نُورَنَا وَٱغۡفِرۡ لَنَآۖ إِنَّكَ عَلَىٰ كُلِّ شَىۡءٖ قَدِيرٞ ٦٦ـ٩ يَٰٓأَيُّهَا ٱلنَّبِىُّ جَٰهِدِ ٱلۡكُفَّارَ
وَٱلۡمُنَٰفِقِينَ وَٱغۡلُظۡ عَلَيۡهِمۡۚ وَمَأۡوَىٰهُمۡ جَهَنَّمُۖ وَبِئۡسَ ٱلۡمَصِيرُ ٦٦ـ١٠ ضَرَبَ ٱللَّهُ مَثَلٗا
لِّلَّذِينَ كَفَرُواْ ٱمۡرَأَتَ نُوحٖ وَٱمۡرَأَتَ لُوطٖۖ كَانَتَا تَحۡتَ عَبۡدَيۡنِ مِنۡ عِبَادِنَا صَٰلِحَيۡنِ
فَخَانَتَاهُمَا فَلَمۡ يُغۡنِيَا عَنۡهُمَا مِنَ ٱللَّهِ شَيۡـٔٗا وَقِيلَ ٱدۡخُلَا ٱلنَّارَ مَعَ ٱلدَّٰخِلِينَ
٦٦ـ١١ وَضَرَبَ ٱللَّهُ مَثَلٗا لِّلَّذِينَ ءَامَنُواْ ٱمۡرَأَتَ فِرۡعَوۡنَ إِذۡ قَالَتۡ رَبِّ ٱبۡنِ لِى عِندَكَ بَيۡتٗا
فِى ٱلۡجَنَّةِ وَنَجِّنِى مِن فِرۡعَوۡنَ وَعَمَلِهِۦ وَنَجِّنِى مِنَ ٱلۡقَوۡمِ ٱلظَّٰلِمِينَ ٦٦ـ١٢ وَمَرۡيَمَ
ٱبۡنَتَ عِمۡرَٰنَ ٱلَّتِىٓ أَحۡصَنَتۡ فَرۡجَهَا فَنَفَخۡنَا فِيهِ مِن رُّوحِنَا وَصَدَّقَتۡ بِكَلِمَٰتِ رَبِّهَا
وَكُتُبِهِۦ وَكَانَتۡ مِنَ ٱلۡقَٰنِتِينَ ٦٧ـ١ تَبَٰرَكَ ٱلَّذِى بِيَدِهِ ٱلۡمُلۡكُ وَهُوَ عَلَىٰ كُلِّ شَىۡءٖ
قَدِيرٌ ٦٧ـ٢ ٱلَّذِى خَلَقَ ٱلۡمَوۡتَ وَٱلۡحَيَوٰةَ لِيَبۡلُوَكُمۡ أَيُّكُمۡ أَحۡسَنُ عَمَلٗاۚ وَهُوَ ٱلۡعَزِيزُ
ٱلۡغَفُورُ ٦٧ـ٣ ٱلَّذِى خَلَقَ سَبۡعَ سَمَٰوَٰتٖ طِبَاقٗاۖ مَّا تَرَىٰ فِى خَلۡقِ ٱلرَّحۡمَٰنِ مِن تَفَٰوُتٖۖ

فَٱرْجِعِ ٱلْبَصَرَ هَلْ تَرَىٰ مِن فُطُورٍ ٦٧ـ٤ ثُمَّ ٱرْجِعِ ٱلْبَصَرَ كَرَّتَيْنِ يَنقَلِبْ إِلَيْكَ ٱلْبَصَرُ
خَاسِئًا وَهُوَ حَسِيرٌ ٦٧ـ٥ وَلَقَدْ زَيَّنَّا ٱلسَّمَآءَ ٱلدُّنْيَا بِمَصَٰبِيحَ وَجَعَلْنَٰهَا رُجُومًا
لِّلشَّيَٰطِينِ ۖ وَأَعْتَدْنَا لَهُمْ عَذَابَ ٱلسَّعِيرِ ٦٧ـ٦ وَلِلَّذِينَ كَفَرُوا۟ بِرَبِّهِمْ عَذَابُ جَهَنَّمَ ۖ
وَبِئْسَ ٱلْمَصِيرُ ٦٧ـ٧ إِذَآ أُلْقُوا۟ فِيهَا سَمِعُوا۟ لَهَا شَهِيقًا وَهِىَ تَفُورُ ٦٧ـ٨ تَكَادُ
تَمَيَّزُ مِنَ ٱلْغَيْظِ ۖ كُلَّمَآ أُلْقِىَ فِيهَا فَوْجٌ سَأَلَهُمْ خَزَنَتُهَآ أَلَمْ يَأْتِكُمْ نَذِيرٌ
٦٧ـ٩ قَالُوا۟ بَلَىٰ قَدْ جَآءَنَا نَذِيرٌ فَكَذَّبْنَا وَقُلْنَا مَا نَزَّلَ ٱللَّهُ مِن شَىْءٍ إِنْ أَنتُمْ إِلَّا
فِى ضَلَٰلٍ كَبِيرٍ ٦٧ـ١٠ وَقَالُوا۟ لَوْ كُنَّا نَسْمَعُ أَوْ نَعْقِلُ مَا كُنَّا فِىٓ أَصْحَٰبِ ٱلسَّعِيرِ
٦٧ـ١١ فَٱعْتَرَفُوا۟ بِذَنۢبِهِمْ فَسُحْقًا لِّأَصْحَٰبِ ٱلسَّعِيرِ ٦٧ـ١٢ إِنَّ ٱلَّذِينَ يَخْشَوْنَ رَبَّهُم
بِٱلْغَيْبِ لَهُم مَّغْفِرَةٌ وَأَجْرٌ كَبِيرٌ ٦٧ـ١٣ وَأَسِرُّوا۟ قَوْلَكُمْ أَوِ ٱجْهَرُوا۟ بِهِۦٓ ۖ إِنَّهُۥ عَلِيمٌۢ
بِذَاتِ ٱلصُّدُورِ ٦٧ـ١٤ أَلَا يَعْلَمُ مَنْ خَلَقَ وَهُوَ ٱللَّطِيفُ ٱلْخَبِيرُ ٦٧ـ١٥ هُوَ ٱلَّذِى جَعَلَ
لَكُمُ ٱلْأَرْضَ ذَلُولًا فَٱمْشُوا۟ فِى مَنَاكِبِهَا وَكُلُوا۟ مِن رِّزْقِهِۦ ۖ وَإِلَيْهِ ٱلنُّشُورُ
٦٧ـ١٦ ءَأَمِنتُم مَّن فِى ٱلسَّمَآءِ أَن يَخْسِفَ بِكُمُ ٱلْأَرْضَ فَإِذَا هِىَ تَمُورُ ٦٧ـ١٧ أَمْ
أَمِنتُم مَّن فِى ٱلسَّمَآءِ أَن يُرْسِلَ عَلَيْكُمْ حَاصِبًا ۖ فَسَتَعْلَمُونَ كَيْفَ نَذِيرِ
٦٧ـ١٨ وَلَقَدْ كَذَّبَ ٱلَّذِينَ مِن قَبْلِهِمْ فَكَيْفَ كَانَ نَكِيرِ ٦٧ـ١٩ أَوَلَمْ يَرَوْا۟ إِلَى ٱلطَّيْرِ
فَوْقَهُمْ صَٰٓفَّٰتٍ وَيَقْبِضْنَ ۚ مَا يُمْسِكُهُنَّ إِلَّا ٱلرَّحْمَٰنُ ۚ إِنَّهُۥ بِكُلِّ شَىْءٍۭ بَصِيرٌ
٦٧ـ٢٠ أَمَّنْ هَٰذَا ٱلَّذِى هُوَ جُندٌ لَّكُمْ يَنصُرُكُم مِّن دُونِ ٱلرَّحْمَٰنِ ۚ إِنِ ٱلْكَٰفِرُونَ إِلَّا فِى
غُرُورٍ ٦٧ـ٢١ أَمَّنْ هَٰذَا ٱلَّذِى يَرْزُقُكُمْ إِنْ أَمْسَكَ رِزْقَهُۥ ۚ بَل لَّجُّوا۟ فِى عُتُوٍّ وَنُفُورٍ
٦٧ـ٢٢ أَفَمَن يَمْشِى مُكِبًّا عَلَىٰ وَجْهِهِۦٓ أَهْدَىٰٓ أَمَّن يَمْشِى سَوِيًّا عَلَىٰ صِرَٰطٍ
مُّسْتَقِيمٍ ٦٧ـ٢٣ قُلْ هُوَ ٱلَّذِىٓ أَنشَأَكُمْ وَجَعَلَ لَكُمُ ٱلسَّمْعَ وَٱلْأَبْصَٰرَ وَٱلْأَفْـِٔدَةَ ۖ
قَلِيلًا مَّا تَشْكُرُونَ ٦٧ـ٢٤ قُلْ هُوَ ٱلَّذِى ذَرَأَكُمْ فِى ٱلْأَرْضِ وَإِلَيْهِ تُحْشَرُونَ
٦٧ـ٢٥ وَيَقُولُونَ مَتَىٰ هَٰذَا ٱلْوَعْدُ إِن كُنتُمْ صَٰدِقِينَ ٦٧ـ٢٦ قُلْ إِنَّمَا ٱلْعِلْمُ عِندَ
ٱللَّهِ وَإِنَّمَآ أَنَا۠ نَذِيرٌ مُّبِينٌ ٦٧ـ٢٧ فَلَمَّا رَأَوْهُ زُلْفَةً سِيٓـَٔتْ وُجُوهُ ٱلَّذِينَ كَفَرُوا۟ وَقِيلَ
هَٰذَا ٱلَّذِى كُنتُم بِهِۦ تَدَّعُونَ ٦٧ـ٢٨ قُلْ أَرَءَيْتُمْ إِنْ أَهْلَكَنِىَ ٱللَّهُ وَمَن مَّعِىَ أَوْ
رَحِمَنَا فَمَن يُجِيرُ ٱلْكَٰفِرِينَ مِنْ عَذَابٍ أَلِيمٍ ٦٧ـ٢٩ قُلْ هُوَ ٱلرَّحْمَٰنُ ءَامَنَّا بِهِۦ وَعَلَيْهِ
تَوَكَّلْنَا ۖ فَسَتَعْلَمُونَ مَنْ هُوَ فِى ضَلَٰلٍ مُّبِينٍ ٦٧ـ٣٠ قُلْ أَرَءَيْتُمْ إِنْ أَصْبَحَ مَآؤُكُمْ
غَوْرًا فَمَن يَأْتِيكُم بِمَآءٍ مَّعِينٍۭ ٦٨ـ١ نٓ ۚ وَٱلْقَلَمِ وَمَا يَسْطُرُونَ ٦٨ـ٢ مَآ أَنتَ بِنِعْمَةِ
رَبِّكَ بِمَجْنُونٍ ٦٨ـ٣ وَإِنَّ لَكَ لَأَجْرًا غَيْرَ مَمْنُونٍ ٦٨ـ٤ وَإِنَّكَ لَعَلَىٰ خُلُقٍ عَظِيمٍ
٦٨ـ٥ فَسَتُبْصِرُ وَيُبْصِرُونَ ٦٨ـ٦ بِأَييِّكُمُ ٱلْمَفْتُونُ ٦٨ـ٧ إِنَّ رَبَّكَ هُوَ أَعْلَمُ بِمَن

ضَلَّ عَن سَبِيلِهِۦ وَهُوَ أَعْلَمُ بِٱلْمُهْتَدِينَ ٦٨ـ٨ فَلَا تُطِعِ ٱلْمُكَذِّبِينَ ٦٨ـ٩ وَدُّوا۟ لَوْ
تُدْهِنُ فَيُدْهِنُونَ ٦٨ـ١٠ وَلَا تُطِعْ كُلَّ حَلَّافٍ مَّهِينٍ ٦٨ـ١١ هَمَّازٍ مَّشَّآءٍۭ بِنَمِيمٍ
٦٨ـ١٢ مَّنَّاعٍ لِّلْخَيْرِ مُعْتَدٍ أَثِيمٍ ٦٨ـ١٣ عُتُلٍّۭ بَعْدَ ذَٰلِكَ زَنِيمٍ ٦٨ـ١٤ أَن كَانَ ذَا مَالٍ
وَبَنِينَ ٦٨ـ١٥ إِذَا تُتْلَىٰ عَلَيْهِ ءَايَٰتُنَا قَالَ أَسَٰطِيرُ ٱلْأَوَّلِينَ ٦٨ـ١٦ سَنَسِمُهُۥ عَلَى
ٱلْخُرْطُومِ ٦٨ـ١٧ إِنَّا بَلَوْنَٰهُمْ كَمَا بَلَوْنَآ أَصْحَٰبَ ٱلْجَنَّةِ إِذْ أَقْسَمُوا۟ لَيَصْرِمُنَّهَا مُصْبِحِينَ
٦٨ـ١٨ وَلَا يَسْتَثْنُونَ ٦٨ـ١٩ فَطَافَ عَلَيْهَا طَآئِفٌ مِّن رَّبِّكَ وَهُمْ نَآئِمُونَ
٦٨ـ٢٠ فَأَصْبَحَتْ كَٱلصَّرِيمِ ٦٨ـ٢١ فَتَنَادَوْا۟ مُصْبِحِينَ ٦٨ـ٢٢ أَنِ ٱغْدُوا۟ عَلَىٰ حَرْثِكُمْ
إِن كُنتُمْ صَٰرِمِينَ ٦٨ـ٢٣ فَٱنطَلَقُوا۟ وَهُمْ يَتَخَٰفَتُونَ ٦٨ـ٢٤ أَن لَّا يَدْخُلَنَّهَا ٱلْيَوْمَ
عَلَيْكُم مِّسْكِينٌ ٦٨ـ٢٥ وَغَدَوْا۟ عَلَىٰ حَرْدٍ قَٰدِرِينَ ٦٨ـ٢٦ فَلَمَّا رَأَوْهَا قَالُوٓا۟ إِنَّا
لَضَآلُّونَ ٦٨ـ٢٧ بَلْ نَحْنُ مَحْرُومُونَ ٦٨ـ٢٨ قَالَ أَوْسَطُهُمْ أَلَمْ أَقُل لَّكُمْ لَوْلَا
تُسَبِّحُونَ ٦٨ـ٢٩ قَالُوا۟ سُبْحَٰنَ رَبِّنَآ إِنَّا كُنَّا ظَٰلِمِينَ ٦٨ـ٣٠ فَأَقْبَلَ بَعْضُهُمْ عَلَىٰ
بَعْضٍ يَتَلَٰوَمُونَ ٦٨ـ٣١ قَالُوا۟ يَٰوَيْلَنَآ إِنَّا كُنَّا طَٰغِينَ ٦٨ـ٣٢ عَسَىٰ رَبُّنَآ أَن يُبْدِلَنَا خَيْرًا
مِّنْهَآ إِنَّآ إِلَىٰ رَبِّنَا رَٰغِبُونَ ٦٨ـ٣٣ كَذَٰلِكَ ٱلْعَذَابُ ۖ وَلَعَذَابُ ٱلْءَاخِرَةِ أَكْبَرُ ۚ لَوْ كَانُوا۟
يَعْلَمُونَ ٦٨ـ٣٤ إِنَّ لِلْمُتَّقِينَ عِندَ رَبِّهِمْ جَنَّٰتِ ٱلنَّعِيمِ ٦٨ـ٣٥ أَفَنَجْعَلُ ٱلْمُسْلِمِينَ
كَٱلْمُجْرِمِينَ ٦٨ـ٣٦ مَا لَكُمْ كَيْفَ تَحْكُمُونَ ٦٨ـ٣٧ أَمْ لَكُمْ كِتَٰبٌ فِيهِ تَدْرُسُونَ
٦٨ـ٣٨ إِنَّ لَكُمْ فِيهِ لَمَا تَخَيَّرُونَ ٦٨ـ٣٩ أَمْ لَكُمْ أَيْمَٰنٌ عَلَيْنَا بَٰلِغَةٌ إِلَىٰ يَوْمِ ٱلْقِيَٰمَةِ
ۙ إِنَّ لَكُمْ لَمَا تَحْكُمُونَ ٦٨ـ٤٠ سَلْهُمْ أَيُّهُم بِذَٰلِكَ زَعِيمٌ ٦٨ـ٤١ أَمْ لَهُمْ شُرَكَآءُ
فَلْيَأْتُوا۟ بِشُرَكَآئِهِمْ إِن كَانُوا۟ صَٰدِقِينَ ٦٨ـ٤٢ يَوْمَ يُكْشَفُ عَن سَاقٍ وَيُدْعَوْنَ إِلَى
ٱلسُّجُودِ فَلَا يَسْتَطِيعُونَ ٦٨ـ٤٣ خَٰشِعَةً أَبْصَٰرُهُمْ تَرْهَقُهُمْ ذِلَّةٌ ۖ وَقَدْ كَانُوا۟ يُدْعَوْنَ
إِلَى ٱلسُّجُودِ وَهُمْ سَٰلِمُونَ ٦٨ـ٤٤ فَذَرْنِى وَمَن يُكَذِّبُ بِهَٰذَا ٱلْحَدِيثِ ۖ
سَنَسْتَدْرِجُهُم مِّنْ حَيْثُ لَا يَعْلَمُونَ ٦٨ـ٤٥ وَأُمْلِى لَهُمْ ۚ إِنَّ كَيْدِى مَتِينٌ
٦٨ـ٤٦ أَمْ تَسْـَٔلُهُمْ أَجْرًا فَهُم مِّن مَّغْرَمٍ مُّثْقَلُونَ ٦٨ـ٤٧ أَمْ عِندَهُمُ ٱلْغَيْبُ فَهُمْ
يَكْتُبُونَ ٦٨ـ٤٨ فَٱصْبِرْ لِحُكْمِ رَبِّكَ وَلَا تَكُن كَصَاحِبِ ٱلْحُوتِ إِذْ نَادَىٰ وَهُوَ مَكْظُومٌ
٦٨ـ٤٩ لَّوْلَآ أَن تَدَٰرَكَهُۥ نِعْمَةٌ مِّن رَّبِّهِۦ لَنُبِذَ بِٱلْعَرَآءِ وَهُوَ مَذْمُومٌ ٦٨ـ٥٠ فَٱجْتَبَٰهُ
رَبُّهُۥ فَجَعَلَهُۥ مِنَ ٱلصَّٰلِحِينَ ٦٨ـ٥١ وَإِن يَكَادُ ٱلَّذِينَ كَفَرُوا۟ لَيُزْلِقُونَكَ بِأَبْصَٰرِهِمْ لَمَّا
سَمِعُوا۟ ٱلذِّكْرَ وَيَقُولُونَ إِنَّهُۥ لَمَجْنُونٌ ٦٨ـ٥٢ وَمَا هُوَ إِلَّا ذِكْرٌ لِّلْعَٰلَمِينَ
٦٩ـ١ ٱلْحَآقَّةُ ٦٩ـ٢ مَا ٱلْحَآقَّةُ ٦٩ـ٣ وَمَآ أَدْرَىٰكَ مَا ٱلْحَآقَّةُ ٦٩ـ٤ كَذَّبَتْ ثَمُودُ
وَعَادٌۢ بِٱلْقَارِعَةِ ٦٩ـ٥ فَأَمَّا ثَمُودُ فَأُهْلِكُوا۟ بِٱلطَّاغِيَةِ ٦٩ـ٦ وَأَمَّا عَادٌ فَأُهْلِكُوا۟ بِرِيحٍ

صَرْصَرٍ عَاتِيَةٍ ٦٩ـ٧ سَخَّرَهَا عَلَيْهِمْ سَبْعَ لَيَالٍ وَثَمَٰنِيَةَ أَيَّامٍ حُسُومًا فَتَرَى ٱلْقَوْمَ
فِيهَا صَرْعَىٰ كَأَنَّهُمْ أَعْجَازُ نَخْلٍ خَاوِيَةٍ ٦٩ـ٨ فَهَلْ تَرَىٰ لَهُم مِّنۢ بَاقِيَةٍ
٦٩ـ٩ وَجَآءَ فِرْعَوْنُ وَمَن قَبْلَهُۥ وَٱلْمُؤْتَفِكَٰتُ بِٱلْخَاطِئَةِ ٦٩ـ١٠ فَعَصَوْا۟ رَسُولَ رَبِّهِمْ
فَأَخَذَهُمْ أَخْذَةً رَّابِيَةً ٦٩ـ١١ إِنَّا لَمَّا طَغَا ٱلْمَآءُ حَمَلْنَٰكُمْ فِى ٱلْجَارِيَةِ
٦٩ـ١٢ لِنَجْعَلَهَا لَكُمْ تَذْكِرَةً وَتَعِيَهَآ أُذُنٌ وَٰعِيَةٌ ٦٩ـ١٣ فَإِذَا نُفِخَ فِى ٱلصُّورِ نَفْخَةٌ
وَٰحِدَةٌ ٦٩ـ١٤ وَحُمِلَتِ ٱلْأَرْضُ وَٱلْجِبَالُ فَدُكَّتَا دَكَّةً وَٰحِدَةً ٦٩ـ١٥ فَيَوْمَئِذٍ وَقَعَتِ
ٱلْوَاقِعَةُ ٦٩ـ١٦ وَٱنشَقَّتِ ٱلسَّمَآءُ فَهِىَ يَوْمَئِذٍ وَاهِيَةٌ ٦٩ـ١٧ وَٱلْمَلَكُ عَلَىٰٓ
أَرْجَآئِهَا ۚ وَيَحْمِلُ عَرْشَ رَبِّكَ فَوْقَهُمْ يَوْمَئِذٍ ثَمَٰنِيَةٌ ٦٩ـ١٨ يَوْمَئِذٍ تُعْرَضُونَ لَا تَخْفَىٰ
مِنكُمْ خَافِيَةٌ ٦٩ـ١٩ فَأَمَّا مَنْ أُوتِىَ كِتَٰبَهُۥ بِيَمِينِهِۦ فَيَقُولُ هَآؤُمُ ٱقْرَءُوا۟ كِتَٰبِيَهْ
٦٩ـ٢٠ إِنِّى ظَنَنتُ أَنِّى مُلَٰقٍ حِسَابِيَهْ ٦٩ـ٢١ فَهُوَ فِى عِيشَةٍ رَّاضِيَةٍ ٦٩ـ٢٢ فِى
جَنَّةٍ عَالِيَةٍ ٦٩ـ٢٣ قُطُوفُهَا دَانِيَةٌ ٦٩ـ٢٤ كُلُوا۟ وَٱشْرَبُوا۟ هَنِيٓـًٔا بِمَآ أَسْلَفْتُمْ فِى
ٱلْأَيَّامِ ٱلْخَالِيَةِ ٦٩ـ٢٥ وَأَمَّا مَنْ أُوتِىَ كِتَٰبَهُۥ بِشِمَالِهِۦ فَيَقُولُ يَٰلَيْتَنِى لَمْ أُوتَ كِتَٰبِيَهْ
٦٩ـ٢٦ وَلَمْ أَدْرِ مَا حِسَابِيَهْ ٦٩ـ٢٧ يَٰلَيْتَهَا كَانَتِ ٱلْقَاضِيَةَ ٦٩ـ٢٨ مَآ أَغْنَىٰ عَنِّى
مَالِيَهْ ۜ ٦٩ـ٢٩ هَلَكَ عَنِّى سُلْطَٰنِيَهْ ٦٩ـ٣٠ خُذُوهُ فَغُلُّوهُ ٦٩ـ٣١ ثُمَّ ٱلْجَحِيمَ صَلُّوهُ
٦٩ـ٣٢ ثُمَّ فِى سِلْسِلَةٍ ذَرْعُهَا سَبْعُونَ ذِرَاعًا فَٱسْلُكُوهُ ٦٩ـ٣٣ إِنَّهُۥ كَانَ لَا يُؤْمِنُ
بِٱللَّهِ ٱلْعَظِيمِ ٦٩ـ٣٤ وَلَا يَحُضُّ عَلَىٰ طَعَامِ ٱلْمِسْكِينِ ٦٩ـ٣٥ فَلَيْسَ لَهُ ٱلْيَوْمَ
هَٰهُنَا حَمِيمٌ ٦٩ـ٣٦ وَلَا طَعَامٌ إِلَّا مِنْ غِسْلِينٍ ٦٩ـ٣٧ لَّا يَأْكُلُهُۥٓ إِلَّا ٱلْخَٰطِـُٔونَ
٦٩ـ٣٨ فَلَآ أُقْسِمُ بِمَا تُبْصِرُونَ ٦٩ـ٣٩ وَمَا لَا تُبْصِرُونَ ٦٩ـ٤٠ إِنَّهُۥ لَقَوْلُ رَسُولٍ
كَرِيمٍ ٦٩ـ٤١ وَمَا هُوَ بِقَوْلِ شَاعِرٍ ۚ قَلِيلًا مَّا تُؤْمِنُونَ ٦٩ـ٤٢ وَلَا بِقَوْلِ كَاهِنٍ ۚ قَلِيلًا
مَّا تَذَكَّرُونَ ٦٩ـ٤٣ تَنزِيلٌ مِّن رَّبِّ ٱلْعَٰلَمِينَ ٦٩ـ٤٤ وَلَوْ تَقَوَّلَ عَلَيْنَا بَعْضَ ٱلْأَقَاوِيلِ
٦٩ـ٤٥ لَأَخَذْنَا مِنْهُ بِٱلْيَمِينِ ٦٩ـ٤٦ ثُمَّ لَقَطَعْنَا مِنْهُ ٱلْوَتِينَ ٦٩ـ٤٧ فَمَا مِنكُم مِّنْ
أَحَدٍ عَنْهُ حَٰجِزِينَ ٦٩ـ٤٨ وَإِنَّهُۥ لَتَذْكِرَةٌ لِّلْمُتَّقِينَ ٦٩ـ٤٩ وَإِنَّا لَنَعْلَمُ أَنَّ مِنكُم
مُّكَذِّبِينَ ٦٩ـ٥٠ وَإِنَّهُۥ لَحَسْرَةٌ عَلَى ٱلْكَٰفِرِينَ ٦٩ـ٥١ وَإِنَّهُۥ لَحَقُّ ٱلْيَقِينِ
٦٩ـ٥٢ فَسَبِّحْ بِٱسْمِ رَبِّكَ ٱلْعَظِيمِ ٧٠ـ١ سَأَلَ سَآئِلٌۢ بِعَذَابٍ وَاقِعٍ ٧٠ـ٢ لِّلْكَٰفِرِينَ
لَيْسَ لَهُۥ دَافِعٌ ٧٠ـ٣ مِّنَ ٱللَّهِ ذِى ٱلْمَعَارِجِ ٧٠ـ٤ تَعْرُجُ ٱلْمَلَٰٓئِكَةُ وَٱلرُّوحُ إِلَيْهِ فِى
يَوْمٍ كَانَ مِقْدَارُهُۥ خَمْسِينَ أَلْفَ سَنَةٍ ٧٠ـ٥ فَٱصْبِرْ صَبْرًا جَمِيلًا ٧٠ـ٦ إِنَّهُمْ يَرَوْنَهُۥ
بَعِيدًا ٧٠ـ٧ وَنَرَىٰهُ قَرِيبًا ٧٠ـ٨ يَوْمَ تَكُونُ ٱلسَّمَآءُ كَٱلْمُهْلِ ٧٠ـ٩ وَتَكُونُ ٱلْجِبَالُ
كَٱلْعِهْنِ ٧٠ـ١٠ وَلَا يَسْـَٔلُ حَمِيمٌ حَمِيمًا ٧٠ـ١١ يُبَصَّرُونَهُمْ ۚ يَوَدُّ ٱلْمُجْرِمُ لَوْ يَفْتَدِى

مِنْ عَذَابِ يَوْمِئِذٍۭ بِبَنِيهِ ٧٠ـ١٢ وَصَٰحِبَتِهِۦ وَأَخِيهِ ٧٠ـ١٣ وَفَصِيلَتِهِ ٱلَّتِى تُـْٔوِيهِ
٧٠ـ١٤ وَمَن فِى ٱلْأَرْضِ جَمِيعًا ثُمَّ يُنجِيهِ ٧٠ـ١٥ كَلَّآ ۖ إِنَّهَا لَظَىٰ ٧٠ـ١٦ نَزَّاعَةً
لِّلشَّوَىٰ ٧٠ـ١٧ تَدْعُوا۟ مَنْ أَدْبَرَ وَتَوَلَّىٰ ٧٠ـ١٨ وَجَمَعَ فَأَوْعَىٰٓ ٧٠ـ١٩ إِنَّ ٱلْإِنسَٰنَ
خُلِقَ هَلُوعًا ٧٠ـ٢٠ إِذَا مَسَّهُ ٱلشَّرُّ جَزُوعًا ٧٠ـ٢١ وَإِذَا مَسَّهُ ٱلْخَيْرُ مَنُوعًا ٧٠ـ٢٢ إِلَّا
ٱلْمُصَلِّينَ ٧٠ـ٢٣ ٱلَّذِينَ هُمْ عَلَىٰ صَلَاتِهِمْ دَآئِمُونَ ٧٠ـ٢٤ وَٱلَّذِينَ فِىٓ أَمْوَٰلِهِمْ
حَقٌّ مَّعْلُومٌ ٧٠ـ٢٥ لِّلسَّآئِلِ وَٱلْمَحْرُومِ ٧٠ـ٢٦ وَٱلَّذِينَ يُصَدِّقُونَ بِيَوْمِ ٱلدِّينِ
٧٠ـ٢٧ وَٱلَّذِينَ هُم مِّنْ عَذَابِ رَبِّهِم مُّشْفِقُونَ ٧٠ـ٢٨ إِنَّ عَذَابَ رَبِّهِمْ غَيْرُ مَأْمُونٍ
٧٠ـ٢٩ وَٱلَّذِينَ هُمْ لِفُرُوجِهِمْ حَٰفِظُونَ ٧٠ـ٣٠ إِلَّا عَلَىٰٓ أَزْوَٰجِهِمْ أَوْ مَا مَلَكَتْ
أَيْمَٰنُهُمْ فَإِنَّهُمْ غَيْرُ مَلُومِينَ ٧٠ـ٣١ فَمَنِ ٱبْتَغَىٰ وَرَآءَ ذَٰلِكَ فَأُو۟لَٰٓئِكَ هُمُ ٱلْعَادُونَ
٧٠ـ٣٢ وَٱلَّذِينَ هُمْ لِأَمَٰنَٰتِهِمْ وَعَهْدِهِمْ رَٰعُونَ ٧٠ـ٣٣ وَٱلَّذِينَ هُم بِشَهَٰدَٰتِهِمْ
قَآئِمُونَ ٧٠ـ٣٤ وَٱلَّذِينَ هُمْ عَلَىٰ صَلَاتِهِمْ يُحَافِظُونَ ٧٠ـ٣٥ أُو۟لَٰٓئِكَ فِى جَنَّٰتٍ
مُّكْرَمُونَ ٧٠ـ٣٦ فَمَالِ ٱلَّذِينَ كَفَرُوا۟ قِبَلَكَ مُهْطِعِينَ ٧٠ـ٣٧ عَنِ ٱلْيَمِينِ وَعَنِ
ٱلشِّمَالِ عِزِينَ ٧٠ـ٣٨ أَيَطْمَعُ كُلُّ ٱمْرِئٍ مِّنْهُمْ أَن يُدْخَلَ جَنَّةَ نَعِيمٍ ٧٠ـ٣٩ كَلَّآ ۖ إِنَّا
خَلَقْنَٰهُم مِّمَّا يَعْلَمُونَ ٧٠ـ٤٠ فَلَآ أُقْسِمُ بِرَبِّ ٱلْمَشَٰرِقِ وَٱلْمَغَٰرِبِ إِنَّا لَقَٰدِرُونَ
٧٠ـ٤١ عَلَىٰٓ أَن نُّبَدِّلَ خَيْرًا مِّنْهُمْ وَمَا نَحْنُ بِمَسْبُوقِينَ ٧٠ـ٤٢ فَذَرْهُمْ يَخُوضُوا۟
وَيَلْعَبُوا۟ حَتَّىٰ يُلَٰقُوا۟ يَوْمَهُمُ ٱلَّذِى يُوعَدُونَ ٧٠ـ٤٣ يَوْمَ يَخْرُجُونَ مِنَ ٱلْأَجْدَاثِ
سِرَاعًا كَأَنَّهُمْ إِلَىٰ نُصُبٍ يُوفِضُونَ ٧٠ـ٤٤ خَٰشِعَةً أَبْصَٰرُهُمْ تَرْهَقُهُمْ ذِلَّةٌ ۚ ذَٰلِكَ
ٱلْيَوْمُ ٱلَّذِى كَانُوا۟ يُوعَدُونَ ٧١ـ١ إِنَّآ أَرْسَلْنَا نُوحًا إِلَىٰ قَوْمِهِۦٓ أَنْ أَنذِرْ قَوْمَكَ مِن
قَبْلِ أَن يَأْتِيَهُمْ عَذَابٌ أَلِيمٌ ٧١ـ٢ قَالَ يَٰقَوْمِ إِنِّى لَكُمْ نَذِيرٌ مُّبِينٌ ٧١ـ٣ أَنِ ٱعْبُدُوا۟
ٱللَّهَ وَٱتَّقُوهُ وَأَطِيعُونِ ٧١ـ٤ يَغْفِرْ لَكُم مِّن ذُنُوبِكُمْ وَيُؤَخِّرْكُمْ إِلَىٰٓ أَجَلٍ مُّسَمًّى ۚ
إِنَّ أَجَلَ ٱللَّهِ إِذَا جَآءَ لَا يُؤَخَّرُ ۖ لَوْ كُنتُمْ تَعْلَمُونَ ٧١ـ٥ قَالَ رَبِّ إِنِّى دَعَوْتُ قَوْمِى
لَيْلًا وَنَهَارًا ٧١ـ٦ فَلَمْ يَزِدْهُمْ دُعَآءِىٓ إِلَّا فِرَارًا ٧١ـ٧ وَإِنِّى كُلَّمَا دَعَوْتُهُمْ لِتَغْفِرَ
لَهُمْ جَعَلُوٓا۟ أَصَٰبِعَهُمْ فِىٓ ءَاذَانِهِمْ وَٱسْتَغْشَوْا۟ ثِيَابَهُمْ وَأَصَرُّوا۟ وَٱسْتَكْبَرُوا۟
ٱسْتِكْبَارًا ٧١ـ٨ ثُمَّ إِنِّى دَعَوْتُهُمْ جِهَارًا ٧١ـ٩ ثُمَّ إِنِّىٓ أَعْلَنتُ لَهُمْ وَأَسْرَرْتُ لَهُمْ
إِسْرَارًا ٧١ـ١٠ فَقُلْتُ ٱسْتَغْفِرُوا۟ رَبَّكُمْ إِنَّهُۥ كَانَ غَفَّارًا ٧١ـ١١ يُرْسِلِ ٱلسَّمَآءَ عَلَيْكُم
مِّدْرَارًا ٧١ـ١٢ وَيُمْدِدْكُم بِأَمْوَٰلٍ وَبَنِينَ وَيَجْعَل لَّكُمْ جَنَّٰتٍ وَيَجْعَل لَّكُمْ أَنْهَٰرًا
٧١ـ١٣ مَّا لَكُمْ لَا تَرْجُونَ لِلَّهِ وَقَارًا ٧١ـ١٤ وَقَدْ خَلَقَكُمْ أَطْوَارًا ٧١ـ١٥ أَلَمْ تَرَوْا۟
كَيْفَ خَلَقَ ٱللَّهُ سَبْعَ سَمَٰوَٰتٍ طِبَاقًا ٧١ـ١٦ وَجَعَلَ ٱلْقَمَرَ فِيهِنَّ نُورًا وَجَعَلَ ٱلشَّمْسَ

سِرَاجًا ٧١ـ١٧ وَٱللَّهُ أَنۢبَتَكُم مِّنَ ٱلْأَرْضِ نَبَاتًا ٧١ـ١٨ ثُمَّ يُعِيدُكُمْ فِيهَا وَيُخْرِجُكُمْ
إِخْرَاجًا ٧١ـ١٩ وَٱللَّهُ جَعَلَ لَكُمُ ٱلْأَرْضَ بِسَاطًا ٧١ـ٢٠ لِّتَسْلُكُوا۟ مِنْهَا سُبُلًا فِجَاجًا
٧١ـ٢١ قَالَ نُوحٌ رَّبِّ إِنَّهُمْ عَصَوْنِى وَٱتَّبَعُوا۟ مَن لَّمْ يَزِدْهُ مَالُهُۥ وَوَلَدُهُۥٓ إِلَّا خَسَارًا
٧١ـ٢٢ وَمَكَرُوا۟ مَكْرًا كُبَّارًا ٧١ـ٢٣ وَقَالُوا۟ لَا تَذَرُنَّ ءَالِهَتَكُمْ وَلَا تَذَرُنَّ وَدًّا وَلَا
سُوَاعًا وَلَا يَغُوثَ وَيَعُوقَ وَنَسْرًا ٧١ـ٢٤ وَقَدْ أَضَلُّوا۟ كَثِيرًا ۖ وَلَا تَزِدِ ٱلظَّٰلِمِينَ إِلَّا
ضَلَٰلًا ٧١ـ٢٥ مِّمَّا خَطِيٓـَٔـٰتِهِمْ أُغْرِقُوا۟ فَأُدْخِلُوا۟ نَارًا فَلَمْ يَجِدُوا۟ لَهُم مِّن دُونِ ٱللَّهِ
أَنصَارًا ٧١ـ٢٦ وَقَالَ نُوحٌ رَّبِّ لَا تَذَرْ عَلَى ٱلْأَرْضِ مِنَ ٱلْكَٰفِرِينَ دَيَّارًا ٧١ـ٢٧ إِنَّكَ إِن
تَذَرْهُمْ يُضِلُّوا۟ عِبَادَكَ وَلَا يَلِدُوٓا۟ إِلَّا فَاجِرًا كَفَّارًا ٧١ـ٢٨ رَّبِّ ٱغْفِرْ لِى وَلِوَٰلِدَىَّ وَلِمَن
دَخَلَ بَيْتِىَ مُؤْمِنًا وَلِلْمُؤْمِنِينَ وَٱلْمُؤْمِنَٰتِ وَلَا تَزِدِ ٱلظَّٰلِمِينَ إِلَّا تَبَارًۢا ٧٢ـ١ قُلْ أُوحِىَ
إِلَىَّ أَنَّهُ ٱسْتَمَعَ نَفَرٌ مِّنَ ٱلْجِنِّ فَقَالُوٓا۟ إِنَّا سَمِعْنَا قُرْءَانًا عَجَبًا ٧٢ـ٢ يَهْدِىٓ إِلَى
ٱلرُّشْدِ فَـَٔامَنَّا بِهِۦ ۖ وَلَن نُّشْرِكَ بِرَبِّنَآ أَحَدًا ٧٢ـ٣ وَأَنَّهُۥ تَعَٰلَىٰ جَدُّ رَبِّنَا مَا ٱتَّخَذَ صَٰحِبَةً
وَلَا وَلَدًا ٧٢ـ٤ وَأَنَّهُۥ كَانَ يَقُولُ سَفِيهُنَا عَلَى ٱللَّهِ شَطَطًا ٧٢ـ٥ وَأَنَّا ظَنَنَّآ أَن لَّن
تَقُولَ ٱلْإِنسُ وَٱلْجِنُّ عَلَى ٱللَّهِ كَذِبًا ٧٢ـ٦ وَأَنَّهُۥ كَانَ رِجَالٌ مِّنَ ٱلْإِنسِ يَعُوذُونَ
بِرِجَالٍ مِّنَ ٱلْجِنِّ فَزَادُوهُمْ رَهَقًا ٧٢ـ٧ وَأَنَّهُمْ ظَنُّوا۟ كَمَا ظَنَنتُمْ أَن لَّن يَبْعَثَ ٱللَّهُ
أَحَدًا ٧٢ـ٨ وَأَنَّا لَمَسْنَا ٱلسَّمَآءَ فَوَجَدْنَٰهَا مُلِئَتْ حَرَسًا شَدِيدًا وَشُهُبًا ٧٢ـ٩ وَأَنَّا
كُنَّا نَقْعُدُ مِنْهَا مَقَٰعِدَ لِلسَّمْعِ ۖ فَمَن يَسْتَمِعِ ٱلْءَانَ يَجِدْ لَهُۥ شِهَابًا رَّصَدًا
٧٢ـ١٠ وَأَنَّا لَا نَدْرِىٓ أَشَرٌّ أُرِيدَ بِمَن فِى ٱلْأَرْضِ أَمْ أَرَادَ بِهِمْ رَبُّهُمْ رَشَدًا ٧٢ـ١١ وَأَنَّا
مِنَّا ٱلصَّٰلِحُونَ وَمِنَّا دُونَ ذَٰلِكَ ۖ كُنَّا طَرَآئِقَ قِدَدًا ٧٢ـ١٢ وَأَنَّا ظَنَنَّآ أَن لَّن نُّعْجِزَ ٱللَّهَ
فِى ٱلْأَرْضِ وَلَن نُّعْجِزَهُۥ هَرَبًا ٧٢ـ١٣ وَأَنَّا لَمَّا سَمِعْنَا ٱلْهُدَىٰٓ ءَامَنَّا بِهِۦ ۖ فَمَن يُؤْمِنۢ
بِرَبِّهِۦ فَلَا يَخَافُ بَخْسًا وَلَا رَهَقًا ٧٢ـ١٤ وَأَنَّا مِنَّا ٱلْمُسْلِمُونَ وَمِنَّا ٱلْقَٰسِطُونَ ۖ فَمَنْ
أَسْلَمَ فَأُو۟لَٰٓئِكَ تَحَرَّوْا۟ رَشَدًا ٧٢ـ١٥ وَأَمَّا ٱلْقَٰسِطُونَ فَكَانُوا۟ لِجَهَنَّمَ حَطَبًا
٧٢ـ١٦ وَأَلَّوِ ٱسْتَقَٰمُوا۟ عَلَى ٱلطَّرِيقَةِ لَأَسْقَيْنَٰهُم مَّآءً غَدَقًا ٧٢ـ١٧ لِّنَفْتِنَهُمْ فِيهِ ۚ
وَمَن يُعْرِضْ عَن ذِكْرِ رَبِّهِۦ يَسْلُكْهُ عَذَابًا صَعَدًا ٧٢ـ١٨ وَأَنَّ ٱلْمَسَٰجِدَ لِلَّهِ فَلَا تَدْعُوا۟
مَعَ ٱللَّهِ أَحَدًا ٧٢ـ١٩ وَأَنَّهُۥ لَمَّا قَامَ عَبْدُ ٱللَّهِ يَدْعُوهُ كَادُوا۟ يَكُونُونَ عَلَيْهِ لِبَدًا
٧٢ـ٢٠ قُلْ إِنَّمَآ أَدْعُوا۟ رَبِّى وَلَآ أُشْرِكُ بِهِۦٓ أَحَدًا ٧٢ـ٢١ قُلْ إِنِّى لَآ أَمْلِكُ لَكُمْ ضَرًّا
وَلَا رَشَدًا ٧٢ـ٢٢ قُلْ إِنِّى لَن يُجِيرَنِى مِنَ ٱللَّهِ أَحَدٌ وَلَنْ أَجِدَ مِن دُونِهِۦ مُلْتَحَدًا
٧٢ـ٢٣ إِلَّا بَلَٰغًا مِّنَ ٱللَّهِ وَرِسَٰلَٰتِهِۦ ۚ وَمَن يَعْصِ ٱللَّهَ وَرَسُولَهُۥ فَإِنَّ لَهُۥ نَارَ جَهَنَّمَ
خَٰلِدِينَ فِيهَآ أَبَدًا ٧٢ـ٢٤ حَتَّىٰٓ إِذَا رَأَوْا۟ مَا يُوعَدُونَ فَسَيَعْلَمُونَ مَنْ أَضْعَفُ نَاصِرًا

وَأَقَلُّ عَدَدٗا ٧٢ـ٢٥ قُلۡ إِنۡ أَدۡرِيٓ أَقَرِيبٞ مَّا تُوعَدُونَ أَمۡ يَجۡعَلُ لَهُۥ رَبِّيٓ أَمَدًا
٧٢ـ٢٦ عَٰلِمُ ٱلۡغَيۡبِ فَلَا يُظۡهِرُ عَلَىٰ غَيۡبِهِۦٓ أَحَدًا ٧٢ـ٢٧ إِلَّا مَنِ ٱرۡتَضَىٰ مِن رَّسُولٖ
فَإِنَّهُۥ يَسۡلُكُ مِنۢ بَيۡنِ يَدَيۡهِ وَمِنۡ خَلۡفِهِۦ رَصَدٗا ٧٢ـ٢٨ لِّيَعۡلَمَ أَن قَدۡ أَبۡلَغُواْ رِسَٰلَٰتِ
رَبِّهِمۡ وَأَحَاطَ بِمَا لَدَيۡهِمۡ وَأَحۡصَىٰ كُلَّ شَيۡءٍ عَدَدَۢا ٧٣ـ١ يَٰٓأَيُّهَا ٱلۡمُزَّمِّلُ ٧٣ـ٢ قُمِ
ٱلَّيۡلَ إِلَّا قَلِيلٗا ٧٣ـ٣ نِّصۡفَهُۥٓ أَوِ ٱنقُصۡ مِنۡهُ قَلِيلًا ٧٣ـ٤ أَوۡ زِدۡ عَلَيۡهِ وَرَتِّلِ ٱلۡقُرۡءَانَ
تَرۡتِيلًا ٧٣ـ٥ إِنَّا سَنُلۡقِي عَلَيۡكَ قَوۡلٗا ثَقِيلًا ٧٣ـ٦ إِنَّ نَاشِئَةَ ٱلَّيۡلِ هِيَ أَشَدُّ وَطۡـٔٗا
وَأَقۡوَمُ قِيلًا ٧٣ـ٧ إِنَّ لَكَ فِي ٱلنَّهَارِ سَبۡحٗا طَوِيلٗا ٧٣ـ٨ وَٱذۡكُرِ ٱسۡمَ رَبِّكَ وَتَبَتَّلۡ
إِلَيۡهِ تَبۡتِيلٗا ٧٣ـ٩ رَّبُّ ٱلۡمَشۡرِقِ وَٱلۡمَغۡرِبِ لَآ إِلَٰهَ إِلَّا هُوَ فَٱتَّخِذۡهُ وَكِيلٗا ٧٣ـ١٠ وَٱصۡبِرۡ
عَلَىٰ مَا يَقُولُونَ وَٱهۡجُرۡهُمۡ هَجۡرٗا جَمِيلٗا ٧٣ـ١١ وَذَرۡنِي وَٱلۡمُكَذِّبِينَ أُوْلِي ٱلنَّعۡمَةِ
وَمَهِّلۡهُمۡ قَلِيلًا ٧٣ـ١٢ إِنَّ لَدَيۡنَآ أَنكَالٗا وَجَحِيمٗا ٧٣ـ١٣ وَطَعَامٗا ذَا غُصَّةٖ وَعَذَابًا
أَلِيمٗا ٧٣ـ١٤ يَوۡمَ تَرۡجُفُ ٱلۡأَرۡضُ وَٱلۡجِبَالُ وَكَانَتِ ٱلۡجِبَالُ كَثِيبٗا مَّهِيلًا ٧٣ـ١٥ إِنَّآ
أَرۡسَلۡنَآ إِلَيۡكُمۡ رَسُولٗا شَٰهِدًا عَلَيۡكُمۡ كَمَآ أَرۡسَلۡنَآ إِلَىٰ فِرۡعَوۡنَ رَسُولٗا ٧٣ـ١٦ فَعَصَىٰ
فِرۡعَوۡنُ ٱلرَّسُولَ فَأَخَذۡنَٰهُ أَخۡذٗا وَبِيلٗا ٧٣ـ١٧ فَكَيۡفَ تَتَّقُونَ إِن كَفَرۡتُمۡ يَوۡمٗا يَجۡعَلُ
ٱلۡوِلۡدَٰنَ شِيبًا ٧٣ـ١٨ ٱلسَّمَآءُ مُنفَطِرُۢ بِهِۦۚ كَانَ وَعۡدُهُۥ مَفۡعُولًا ٧٣ـ١٩ إِنَّ هَٰذِهِۦ
تَذۡكِرَةٞۖ فَمَن شَآءَ ٱتَّخَذَ إِلَىٰ رَبِّهِۦ سَبِيلًا ٧٣ـ٢٠ إِنَّ رَبَّكَ يَعۡلَمُ أَنَّكَ تَقُومُ أَدۡنَىٰ مِن
ثُلُثَيِ ٱلَّيۡلِ وَنِصۡفَهُۥ وَثُلُثَهُۥ وَطَآئِفَةٞ مِّنَ ٱلَّذِينَ مَعَكَۚ وَٱللَّهُ يُقَدِّرُ ٱلَّيۡلَ وَٱلنَّهَارَۚ عَلِمَ
أَن لَّن تُحۡصُوهُ فَتَابَ عَلَيۡكُمۡۖ فَٱقۡرَءُواْ مَا تَيَسَّرَ مِنَ ٱلۡقُرۡءَانِۚ عَلِمَ أَن سَيَكُونُ مِنكُم
مَّرۡضَىٰ وَءَاخَرُونَ يَضۡرِبُونَ فِي ٱلۡأَرۡضِ يَبۡتَغُونَ مِن فَضۡلِ ٱللَّهِ وَءَاخَرُونَ يُقَٰتِلُونَ
فِي سَبِيلِ ٱللَّهِۖ فَٱقۡرَءُواْ مَا تَيَسَّرَ مِنۡهُۚ وَأَقِيمُواْ ٱلصَّلَوٰةَ وَءَاتُواْ ٱلزَّكَوٰةَ وَأَقۡرِضُواْ
ٱللَّهَ قَرۡضًا حَسَنٗاۚ وَمَا تُقَدِّمُواْ لِأَنفُسِكُم مِّنۡ خَيۡرٖ تَجِدُوهُ عِندَ ٱللَّهِ هُوَ خَيۡرٗا وَأَعۡظَمَ
أَجۡرٗاۚ وَٱسۡتَغۡفِرُواْ ٱللَّهَۖ إِنَّ ٱللَّهَ غَفُورٞ رَّحِيمُۢ ٧٤ـ١ يَٰٓأَيُّهَا ٱلۡمُدَّثِّرُ ٧٤ـ٢ قُمۡ فَأَنذِرۡ
٧٤ـ٣ وَرَبَّكَ فَكَبِّرۡ ٧٤ـ٤ وَثِيَابَكَ فَطَهِّرۡ ٧٤ـ٥ وَٱلرُّجۡزَ فَٱهۡجُرۡ ٧٤ـ٦ وَلَا تَمۡنُن
تَسۡتَكۡثِرُ ٧٤ـ٧ وَلِرَبِّكَ فَٱصۡبِرۡ ٧٤ـ٨ فَإِذَا نُقِرَ فِي ٱلنَّاقُورِ ٧٤ـ٩ فَذَٰلِكَ يَوۡمَئِذٖ يَوۡمٌ
عَسِيرٌ ٧٤ـ١٠ عَلَى ٱلۡكَٰفِرِينَ غَيۡرُ يَسِيرٖ ٧٤ـ١١ ذَرۡنِي وَمَنۡ خَلَقۡتُ وَحِيدٗا
٧٤ـ١٢ وَجَعَلۡتُ لَهُۥ مَالٗا مَّمۡدُودٗا ٧٤ـ١٣ وَبَنِينَ شُهُودٗا ٧٤ـ١٤ وَمَهَّدتُّ لَهُۥ تَمۡهِيدٗا
٧٤ـ١٥ ثُمَّ يَطۡمَعُ أَنۡ أَزِيدَ ٧٤ـ١٦ كَلَّآۖ إِنَّهُۥ كَانَ لِأٓيَٰتِنَا عَنِيدٗا ٧٤ـ١٧ سَأُرۡهِقُهُۥ
صَعُودًا ٧٤ـ١٨ إِنَّهُۥ فَكَّرَ وَقَدَّرَ ٧٤ـ١٩ فَقُتِلَ كَيۡفَ قَدَّرَ ٧٤ـ٢٠ ثُمَّ قُتِلَ كَيۡفَ قَدَّرَ
٧٤ـ٢١ ثُمَّ نَظَرَ ٧٤ـ٢٢ ثُمَّ عَبَسَ وَبَسَرَ ٧٤ـ٢٣ ثُمَّ أَدۡبَرَ وَٱسۡتَكۡبَرَ ٧٤ـ٢٤ فَقَالَ إِنۡ

هَٰذَآ إِلَّا سِحْرٌ يُؤْثَرُ ٧٤ـ٢٥ إِنْ هَٰذَآ إِلَّا قَوْلُ ٱلْبَشَرِ ٧٤ـ٢٦ سَأُصْلِيهِ سَقَرَ
٧٤ـ٢٧ وَمَآ أَدْرَىٰكَ مَا سَقَرُ ٧٤ـ٢٨ لَا تُبْقِى وَلَا تَذَرُ ٧٤ـ٢٩ لَوَّاحَةٌ لِّلْبَشَرِ
٧٤ـ٣٠ عَلَيْهَا تِسْعَةَ عَشَرَ ٧٤ـ٣١ وَمَا جَعَلْنَآ أَصْحَٰبَ ٱلنَّارِ إِلَّا مَلَٰٓئِكَةً ۙ وَمَا جَعَلْنَا
عِدَّتَهُمْ إِلَّا فِتْنَةً لِّلَّذِينَ كَفَرُوا۟ لِيَسْتَيْقِنَ ٱلَّذِينَ أُوتُوا۟ ٱلْكِتَٰبَ وَيَزْدَادَ ٱلَّذِينَ ءَامَنُوٓا۟
إِيمَٰنًا ۙ وَلَا يَرْتَابَ ٱلَّذِينَ أُوتُوا۟ ٱلْكِتَٰبَ وَٱلْمُؤْمِنُونَ ۙ وَلِيَقُولَ ٱلَّذِينَ فِى قُلُوبِهِم مَّرَضٌ
وَٱلْكَٰفِرُونَ مَاذَآ أَرَادَ ٱللَّهُ بِهَٰذَا مَثَلًا ۚ كَذَٰلِكَ يُضِلُّ ٱللَّهُ مَن يَشَآءُ وَيَهْدِى مَن يَشَآءُ ۚ
وَمَا يَعْلَمُ جُنُودَ رَبِّكَ إِلَّا هُوَ ۚ وَمَا هِىَ إِلَّا ذِكْرَىٰ لِلْبَشَرِ ٧٤ـ٣٢ كَلَّا وَٱلْقَمَرِ
٧٤ـ٣٣ وَٱلَّيْلِ إِذْ أَدْبَرَ ٧٤ـ٣٤ وَٱلصُّبْحِ إِذَآ أَسْفَرَ ٧٤ـ٣٥ إِنَّهَا لَإِحْدَى ٱلْكُبَرِ
٧٤ـ٣٦ نَذِيرًا لِّلْبَشَرِ ٧٤ـ٣٧ لِمَن شَآءَ مِنكُمْ أَن يَتَقَدَّمَ أَوْ يَتَأَخَّرَ ٧٤ـ٣٨ كُلُّ نَفْسٍۭ
بِمَا كَسَبَتْ رَهِينَةٌ ٧٤ـ٣٩ إِلَّآ أَصْحَٰبَ ٱلْيَمِينِ ٧٤ـ٤٠ فِى جَنَّٰتٍ يَتَسَآءَلُونَ ٧٤ـ٤١ عَنِ
ٱلْمُجْرِمِينَ ٧٤ـ٤٢ مَا سَلَكَكُمْ فِى سَقَرَ ٧٤ـ٤٣ قَالُوا۟ لَمْ نَكُ مِنَ ٱلْمُصَلِّينَ
٧٤ـ٤٤ وَلَمْ نَكُ نُطْعِمُ ٱلْمِسْكِينَ ٧٤ـ٤٥ وَكُنَّا نَخُوضُ مَعَ ٱلْخَآئِضِينَ ٧٤ـ٤٦ وَكُنَّا
نُكَذِّبُ بِيَوْمِ ٱلدِّينِ ٧٤ـ٤٧ حَتَّىٰٓ أَتَىٰنَا ٱلْيَقِينُ ٧٤ـ٤٨ فَمَا تَنفَعُهُمْ شَفَٰعَةُ
ٱلشَّٰفِعِينَ ٧٤ـ٤٩ فَمَا لَهُمْ عَنِ ٱلتَّذْكِرَةِ مُعْرِضِينَ ٧٤ـ٥٠ كَأَنَّهُمْ حُمُرٌ مُّسْتَنفِرَةٌ
٧٤ـ٥١ فَرَّتْ مِن قَسْوَرَةٍۭ ٧٤ـ٥٢ بَلْ يُرِيدُ كُلُّ ٱمْرِئٍ مِّنْهُمْ أَن يُؤْتَىٰ صُحُفًا مُّنَشَّرَةً
٧٤ـ٥٣ كَلَّا ۖ بَل لَّا يَخَافُونَ ٱلْءَاخِرَةَ ٧٤ـ٥٤ كَلَّآ إِنَّهُۥ تَذْكِرَةٌ ٧٤ـ٥٥ فَمَن شَآءَ
ذَكَرَهُۥ ٧٤ـ٥٦ وَمَا يَذْكُرُونَ إِلَّآ أَن يَشَآءَ ٱللَّهُ ۚ هُوَ أَهْلُ ٱلتَّقْوَىٰ وَأَهْلُ ٱلْمَغْفِرَةِ
٧٥ـ١ لَآ أُقْسِمُ بِيَوْمِ ٱلْقِيَٰمَةِ ٧٥ـ٢ وَلَآ أُقْسِمُ بِٱلنَّفْسِ ٱللَّوَّامَةِ ٧٥ـ٣ أَيَحْسَبُ
ٱلْإِنسَٰنُ أَلَّن نَّجْمَعَ عِظَامَهُۥ ٧٥ـ٤ بَلَىٰ قَٰدِرِينَ عَلَىٰٓ أَن نُّسَوِّىَ بَنَانَهُۥ ٧٥ـ٥ بَلْ يُرِيدُ
ٱلْإِنسَٰنُ لِيَفْجُرَ أَمَامَهُۥ ٧٥ـ٦ يَسْـَٔلُ أَيَّانَ يَوْمُ ٱلْقِيَٰمَةِ ٧٥ـ٧ فَإِذَا بَرِقَ ٱلْبَصَرُ
٧٥ـ٨ وَخَسَفَ ٱلْقَمَرُ ٧٥ـ٩ وَجُمِعَ ٱلشَّمْسُ وَٱلْقَمَرُ ٧٥ـ١٠ يَقُولُ ٱلْإِنسَٰنُ يَوْمَئِذٍ
أَيْنَ ٱلْمَفَرُّ ٧٥ـ١١ كَلَّا لَا وَزَرَ ٧٥ـ١٢ إِلَىٰ رَبِّكَ يَوْمَئِذٍ ٱلْمُسْتَقَرُّ ٧٥ـ١٣ يُنَبَّؤُا۟ ٱلْإِنسَٰنُ
يَوْمَئِذٍۭ بِمَا قَدَّمَ وَأَخَّرَ ٧٥ـ١٤ بَلِ ٱلْإِنسَٰنُ عَلَىٰ نَفْسِهِۦ بَصِيرَةٌ ٧٥ـ١٥ وَلَوْ أَلْقَىٰ
مَعَاذِيرَهُۥ ٧٥ـ١٦ لَا تُحَرِّكْ بِهِۦ لِسَانَكَ لِتَعْجَلَ بِهِۦٓ ٧٥ـ١٧ إِنَّ عَلَيْنَا جَمْعَهُۥ وَقُرْءَانَهُۥ
٧٥ـ١٨ فَإِذَا قَرَأْنَٰهُ فَٱتَّبِعْ قُرْءَانَهُۥ ٧٥ـ١٩ ثُمَّ إِنَّ عَلَيْنَا بَيَانَهُۥ ٧٥ـ٢٠ كَلَّا بَلْ تُحِبُّونَ
ٱلْعَاجِلَةَ ٧٥ـ٢١ وَتَذَرُونَ ٱلْءَاخِرَةَ ٧٥ـ٢٢ وُجُوهٌ يَوْمَئِذٍ نَّاضِرَةٌ ٧٥ـ٢٣ إِلَىٰ رَبِّهَا
نَاظِرَةٌ ٧٥ـ٢٤ وَوُجُوهٌ يَوْمَئِذٍۭ بَاسِرَةٌ ٧٥ـ٢٥ تَظُنُّ أَن يُفْعَلَ بِهَا فَاقِرَةٌ ٧٥ـ٢٦ كَلَّآ
إِذَا بَلَغَتِ ٱلتَّرَاقِىَ ٧٥ـ٢٧ وَقِيلَ مَنْ ۜ رَاقٍ ٧٥ـ٢٨ وَظَنَّ أَنَّهُ ٱلْفِرَاقُ ٧٥ـ٢٩ وَٱلْتَفَّتِ

ٱلسَّاقُ بِٱلسَّاقِ ٧٥ـ٣٠ إِلَىٰ رَبِّكَ يَوْمَئِذٍ ٱلْمَسَاقُ ٧٥ـ٣١ فَلَا صَدَّقَ وَلَا صَلَّىٰ
٧٥ـ٣٢ وَلَٰكِن كَذَّبَ وَتَوَلَّىٰ ٧٥ـ٣٣ ثُمَّ ذَهَبَ إِلَىٰٓ أَهْلِهِۦ يَتَمَطَّىٰٓ ٧٥ـ٣٤ أَوْلَىٰ
لَكَ فَأَوْلَىٰ ٧٥ـ٣٥ ثُمَّ أَوْلَىٰ لَكَ فَأَوْلَىٰٓ ٧٥ـ٣٦ أَيَحْسَبُ ٱلْإِنسَٰنُ أَن يُتْرَكَ سُدًى
٧٥ـ٣٧ أَلَمْ يَكُ نُطْفَةً مِّن مَّنِىٍّ يُمْنَىٰ ٧٥ـ٣٨ ثُمَّ كَانَ عَلَقَةً فَخَلَقَ فَسَوَّىٰ
٧٥ـ٣٩ فَجَعَلَ مِنْهُ ٱلزَّوْجَيْنِ ٱلذَّكَرَ وَٱلْأُنثَىٰٓ ٧٥ـ٤٠ أَلَيْسَ ذَٰلِكَ بِقَٰدِرٍ عَلَىٰٓ أَن يُحْـِۧىَ
ٱلْمَوْتَىٰ ٧٦ـ١ هَلْ أَتَىٰ عَلَى ٱلْإِنسَٰنِ حِينٌ مِّنَ ٱلدَّهْرِ لَمْ يَكُن شَيْـًٔا مَّذْكُورًا
٧٦ـ٢ إِنَّا خَلَقْنَا ٱلْإِنسَٰنَ مِن نُّطْفَةٍ أَمْشَاجٍ نَّبْتَلِيهِ فَجَعَلْنَٰهُ سَمِيعًۢا بَصِيرًا ٧٦ـ٣ إِنَّا
هَدَيْنَٰهُ ٱلسَّبِيلَ إِمَّا شَاكِرًا وَإِمَّا كَفُورًا ٧٦ـ٤ إِنَّآ أَعْتَدْنَا لِلْكَٰفِرِينَ سَلَٰسِلَا۟ وَأَغْلَٰلًا
وَسَعِيرًا ٧٦ـ٥ إِنَّ ٱلْأَبْرَارَ يَشْرَبُونَ مِن كَأْسٍ كَانَ مِزَاجُهَا كَافُورًا ٧٦ـ٦ عَيْنًا يَشْرَبُ
بِهَا عِبَادُ ٱللَّهِ يُفَجِّرُونَهَا تَفْجِيرًا ٧٦ـ٧ يُوفُونَ بِٱلنَّذْرِ وَيَخَافُونَ يَوْمًا كَانَ شَرُّهُۥ
مُسْتَطِيرًا ٧٦ـ٨ وَيُطْعِمُونَ ٱلطَّعَامَ عَلَىٰ حُبِّهِۦ مِسْكِينًا وَيَتِيمًا وَأَسِيرًا ٧٦ـ٩ إِنَّمَا
نُطْعِمُكُمْ لِوَجْهِ ٱللَّهِ لَا نُرِيدُ مِنكُمْ جَزَآءً وَلَا شُكُورًا ٧٦ـ١٠ إِنَّا نَخَافُ مِن رَّبِّنَا يَوْمًا
عَبُوسًا قَمْطَرِيرًا ٧٦ـ١١ فَوَقَىٰهُمُ ٱللَّهُ شَرَّ ذَٰلِكَ ٱلْيَوْمِ وَلَقَّىٰهُمْ نَضْرَةً وَسُرُورًا
٧٦ـ١٢ وَجَزَىٰهُم بِمَا صَبَرُوا۟ جَنَّةً وَحَرِيرًا ٧٦ـ١٣ مُّتَّكِـِٔينَ فِيهَا عَلَى ٱلْأَرَآئِكِ ۖ لَا يَرَوْنَ
فِيهَا شَمْسًا وَلَا زَمْهَرِيرًا ٧٦ـ١٤ وَدَانِيَةً عَلَيْهِمْ ظِلَٰلُهَا وَذُلِّلَتْ قُطُوفُهَا تَذْلِيلًا
٧٦ـ١٥ وَيُطَافُ عَلَيْهِم بِـَٔانِيَةٍ مِّن فِضَّةٍ وَأَكْوَابٍ كَانَتْ قَوَارِيرَا۠ ٧٦ـ١٦ قَوَارِيرَا۟ مِن
فِضَّةٍ قَدَّرُوهَا تَقْدِيرًا ٧٦ـ١٧ وَيُسْقَوْنَ فِيهَا كَأْسًا كَانَ مِزَاجُهَا زَنجَبِيلًا
٧٦ـ١٨ عَيْنًا فِيهَا تُسَمَّىٰ سَلْسَبِيلًا ٧٦ـ١٩ وَيَطُوفُ عَلَيْهِمْ وِلْدَٰنٌ مُّخَلَّدُونَ إِذَا
رَأَيْتَهُمْ حَسِبْتَهُمْ لُؤْلُؤًا مَّنثُورًا ٧٦ـ٢٠ وَإِذَا رَأَيْتَ ثَمَّ رَأَيْتَ نَعِيمًا وَمُلْكًا كَبِيرًا
٧٦ـ٢١ عَٰلِيَهُمْ ثِيَابُ سُندُسٍ خُضْرٌ وَإِسْتَبْرَقٌ ۖ وَحُلُّوٓا۟ أَسَاوِرَ مِن فِضَّةٍ وَسَقَىٰهُمْ
رَبُّهُمْ شَرَابًا طَهُورًا ٧٦ـ٢٢ إِنَّ هَٰذَا كَانَ لَكُمْ جَزَآءً وَكَانَ سَعْيُكُم مَّشْكُورًا
٧٦ـ٢٣ إِنَّا نَحْنُ نَزَّلْنَا عَلَيْكَ ٱلْقُرْءَانَ تَنزِيلًا ٧٦ـ٢٤ فَٱصْبِرْ لِحُكْمِ رَبِّكَ وَلَا تُطِعْ مِنْهُمْ
ءَاثِمًا أَوْ كَفُورًا ٧٦ـ٢٥ وَٱذْكُرِ ٱسْمَ رَبِّكَ بُكْرَةً وَأَصِيلًا ٧٦ـ٢٦ وَمِنَ ٱلَّيْلِ فَٱسْجُدْ لَهُۥ
وَسَبِّحْهُ لَيْلًا طَوِيلًا ٧٦ـ٢٧ إِنَّ هَٰٓؤُلَآءِ يُحِبُّونَ ٱلْعَاجِلَةَ وَيَذَرُونَ وَرَآءَهُمْ يَوْمًا ثَقِيلًا
٧٦ـ٢٨ نَّحْنُ خَلَقْنَٰهُمْ وَشَدَدْنَآ أَسْرَهُمْ ۖ وَإِذَا شِئْنَا بَدَّلْنَآ أَمْثَٰلَهُمْ تَبْدِيلًا ٧٦ـ٢٩ إِنَّ
هَٰذِهِۦ تَذْكِرَةٌ ۖ فَمَن شَآءَ ٱتَّخَذَ إِلَىٰ رَبِّهِۦ سَبِيلًا ٧٦ـ٣٠ وَمَا تَشَآءُونَ إِلَّآ أَن يَشَآءَ
ٱللَّهُ ۚ إِنَّ ٱللَّهَ كَانَ عَلِيمًا حَكِيمًا ٧٦ـ٣١ يُدْخِلُ مَن يَشَآءُ فِى رَحْمَتِهِۦ ۚ وَٱلظَّٰلِمِينَ
أَعَدَّ لَهُمْ عَذَابًا أَلِيمًۢا ٧٧ـ١ وَٱلْمُرْسَلَٰتِ عُرْفًا ٧٧ـ٢ فَٱلْعَٰصِفَٰتِ عَصْفًا

٧٧ـ٣ وَٱلنَّٰشِرَٰتِ نَشْرًا ٧٧ـ٤ فَٱلْفَٰرِقَٰتِ فَرْقًا ٧٧ـ٥ فَٱلْمُلْقِيَٰتِ ذِكْرًا ٧٧ـ٦ عُذْرًا أَوْ
نُذْرًا ٧٧ـ٧ إِنَّمَا تُوعَدُونَ لَوَٰقِعٌ ٧٧ـ٨ فَإِذَا ٱلنُّجُومُ طُمِسَتْ ٧٧ـ٩ وَإِذَا ٱلسَّمَآءُ
فُرِجَتْ ٧٧ـ١٠ وَإِذَا ٱلْجِبَالُ نُسِفَتْ ٧٧ـ١١ وَإِذَا ٱلرُّسُلُ أُقِّتَتْ ٧٧ـ١٢ لِأَىِّ يَوْمٍ أُجِّلَتْ
٧٧ـ١٣ لِيَوْمِ ٱلْفَصْلِ ٧٧ـ١٤ وَمَآ أَدْرَىٰكَ مَا يَوْمُ ٱلْفَصْلِ ٧٧ـ١٥ وَيْلٌ يَوْمَئِذٍ
لِّلْمُكَذِّبِينَ ٧٧ـ١٦ أَلَمْ نُهْلِكِ ٱلْأَوَّلِينَ ٧٧ـ١٧ ثُمَّ نُتْبِعُهُمُ ٱلْءَاخِرِينَ ٧٧ـ١٨ كَذَٰلِكَ
نَفْعَلُ بِٱلْمُجْرِمِينَ ٧٧ـ١٩ وَيْلٌ يَوْمَئِذٍ لِّلْمُكَذِّبِينَ ٧٧ـ٢٠ أَلَمْ نَخْلُقكُّم مِّن مَّآءٍ مَّهِينٍ
٧٧ـ٢١ فَجَعَلْنَٰهُ فِى قَرَارٍ مَّكِينٍ ٧٧ـ٢٢ إِلَىٰ قَدَرٍ مَّعْلُومٍ ٧٧ـ٢٣ فَقَدَرْنَا فَنِعْمَ
ٱلْقَٰدِرُونَ ٧٧ـ٢٤ وَيْلٌ يَوْمَئِذٍ لِّلْمُكَذِّبِينَ ٧٧ـ٢٥ أَلَمْ نَجْعَلِ ٱلْأَرْضَ كِفَاتًا
٧٧ـ٢٦ أَحْيَآءً وَأَمْوَٰتًا ٧٧ـ٢٧ وَجَعَلْنَا فِيهَا رَوَٰسِىَ شَٰمِخَٰتٍ وَأَسْقَيْنَٰكُم مَّآءً فُرَاتًا
٧٧ـ٢٨ وَيْلٌ يَوْمَئِذٍ لِّلْمُكَذِّبِينَ ٧٧ـ٢٩ ٱنطَلِقُوٓا۟ إِلَىٰ مَا كُنتُم بِهِۦ تُكَذِّبُونَ
٧٧ـ٣٠ ٱنطَلِقُوٓا۟ إِلَىٰ ظِلٍّ ذِى ثَلَٰثِ شُعَبٍ ٧٧ـ٣١ لَّا ظَلِيلٍ وَلَا يُغْنِى مِنَ ٱللَّهَبِ
٧٧ـ٣٢ إِنَّهَا تَرْمِى بِشَرَرٍ كَٱلْقَصْرِ ٧٧ـ٣٣ كَأَنَّهُۥ جِمَٰلَتٌ صُفْرٌ ٧٧ـ٣٤ وَيْلٌ يَوْمَئِذٍ
لِّلْمُكَذِّبِينَ ٧٧ـ٣٥ هَٰذَا يَوْمُ لَا يَنطِقُونَ ٧٧ـ٣٦ وَلَا يُؤْذَنُ لَهُمْ فَيَعْتَذِرُونَ
٧٧ـ٣٧ وَيْلٌ يَوْمَئِذٍ لِّلْمُكَذِّبِينَ ٧٧ـ٣٨ هَٰذَا يَوْمُ ٱلْفَصْلِ ۖ جَمَعْنَٰكُمْ وَٱلْأَوَّلِينَ
٧٧ـ٣٩ فَإِن كَانَ لَكُمْ كَيْدٌ فَكِيدُونِ ٧٧ـ٤٠ وَيْلٌ يَوْمَئِذٍ لِّلْمُكَذِّبِينَ ٧٧ـ٤١ إِنَّ
ٱلْمُتَّقِينَ فِى ظِلَٰلٍ وَعُيُونٍ ٧٧ـ٤٢ وَفَوَٰكِهَ مِمَّا يَشْتَهُونَ ٧٧ـ٤٣ كُلُوا۟ وَٱشْرَبُوا۟
هَنِيٓـًٔا بِمَا كُنتُمْ تَعْمَلُونَ ٧٧ـ٤٤ إِنَّا كَذَٰلِكَ نَجْزِى ٱلْمُحْسِنِينَ ٧٧ـ٤٥ وَيْلٌ يَوْمَئِذٍ
لِّلْمُكَذِّبِينَ ٧٧ـ٤٦ كُلُوا۟ وَتَمَتَّعُوا۟ قَلِيلًا إِنَّكُم مُّجْرِمُونَ ٧٧ـ٤٧ وَيْلٌ يَوْمَئِذٍ لِّلْمُكَذِّبِينَ
٧٧ـ٤٨ وَإِذَا قِيلَ لَهُمُ ٱرْكَعُوا۟ لَا يَرْكَعُونَ ٧٧ـ٤٩ وَيْلٌ يَوْمَئِذٍ لِّلْمُكَذِّبِينَ
٧٧ـ٥٠ فَبِأَىِّ حَدِيثٍۭ بَعْدَهُۥ يُؤْمِنُونَ ٧٨ـ١ عَمَّ يَتَسَآءَلُونَ ٧٨ـ٢ عَنِ ٱلنَّبَإِ ٱلْعَظِيمِ
٧٨ـ٣ ٱلَّذِى هُمْ فِيهِ مُخْتَلِفُونَ ٧٨ـ٤ كَلَّا سَيَعْلَمُونَ ٧٨ـ٥ ثُمَّ كَلَّا سَيَعْلَمُونَ
٧٨ـ٦ أَلَمْ نَجْعَلِ ٱلْأَرْضَ مِهَٰدًا ٧٨ـ٧ وَٱلْجِبَالَ أَوْتَادًا ٧٨ـ٨ وَخَلَقْنَٰكُمْ أَزْوَٰجًا
٧٨ـ٩ وَجَعَلْنَا نَوْمَكُمْ سُبَاتًا ٧٨ـ١٠ وَجَعَلْنَا ٱلَّيْلَ لِبَاسًا ٧٨ـ١١ وَجَعَلْنَا ٱلنَّهَارَ
مَعَاشًا ٧٨ـ١٢ وَبَنَيْنَا فَوْقَكُمْ سَبْعًا شِدَادًا ٧٨ـ١٣ وَجَعَلْنَا سِرَاجًا وَهَّاجًا
٧٨ـ١٤ وَأَنزَلْنَا مِنَ ٱلْمُعْصِرَٰتِ مَآءً ثَجَّاجًا ٧٨ـ١٥ لِّنُخْرِجَ بِهِۦ حَبًّا وَنَبَاتًا ٧٨ـ١٦ وَجَنَّٰتٍ
أَلْفَافًا ٧٨ـ١٧ إِنَّ يَوْمَ ٱلْفَصْلِ كَانَ مِيقَٰتًا ٧٨ـ١٨ يَوْمَ يُنفَخُ فِى ٱلصُّورِ فَتَأْتُونَ
أَفْوَاجًا ٧٨ـ١٩ وَفُتِحَتِ ٱلسَّمَآءُ فَكَانَتْ أَبْوَٰبًا ٧٨ـ٢٠ وَسُيِّرَتِ ٱلْجِبَالُ فَكَانَتْ سَرَابًا
٧٨ـ٢١ إِنَّ جَهَنَّمَ كَانَتْ مِرْصَادًا ٧٨ـ٢٢ لِّلطَّٰغِينَ مَـَٔابًا ٧٨ـ٢٣ لَّٰبِثِينَ فِيهَآ أَحْقَابًا

٧٨ـ٢٤ لَّا يَذُوقُونَ فِيهَا بَرْدًا وَلَا شَرَابًا ٧٨ـ٢٥ إِلَّا حَمِيمًا وَغَسَّاقًا ٧٨ـ٢٦ جَزَآءً
وِفَاقًا ٧٨ـ٢٧ إِنَّهُمْ كَانُوا۟ لَا يَرْجُونَ حِسَابًا ٧٨ـ٢٨ وَكَذَّبُوا۟ بِـَٔايَـٰتِنَا كِذَّابًا
٧٨ـ٢٩ وَكُلَّ شَىْءٍ أَحْصَيْنَـٰهُ كِتَـٰبًا ٧٨ـ٣٠ فَذُوقُوا۟ فَلَن نَّزِيدَكُمْ إِلَّا عَذَابًا ٧٨ـ٣١ إِنَّ
لِلْمُتَّقِينَ مَفَازًا ٧٨ـ٣٢ حَدَآئِقَ وَأَعْنَـٰبًا ٧٨ـ٣٣ وَكَوَاعِبَ أَتْرَابًا ٧٨ـ٣٤ وَكَأْسًا دِهَاقًا
٧٨ـ٣٥ لَّا يَسْمَعُونَ فِيهَا لَغْوًا وَلَا كِذَّٰبًا ٧٨ـ٣٦ جَزَآءً مِّن رَّبِّكَ عَطَآءً حِسَابًا
٧٨ـ٣٧ رَّبِّ ٱلسَّمَـٰوَٰتِ وَٱلْأَرْضِ وَمَا بَيْنَهُمَا ٱلرَّحْمَـٰنِ ۖ لَا يَمْلِكُونَ مِنْهُ خِطَابًا
٧٨ـ٣٨ يَوْمَ يَقُومُ ٱلرُّوحُ وَٱلْمَلَـٰٓئِكَةُ صَفًّا ۖ لَّا يَتَكَلَّمُونَ إِلَّا مَنْ أَذِنَ لَهُ ٱلرَّحْمَـٰنُ وَقَالَ
صَوَابًا ٧٨ـ٣٩ ذَٰلِكَ ٱلْيَوْمُ ٱلْحَقُّ ۖ فَمَن شَآءَ ٱتَّخَذَ إِلَىٰ رَبِّهِۦ مَـَٔابًا ٧٨ـ٤٠ إِنَّآ أَنذَرْنَـٰكُمْ
عَذَابًا قَرِيبًا يَوْمَ يَنظُرُ ٱلْمَرْءُ مَا قَدَّمَتْ يَدَاهُ وَيَقُولُ ٱلْكَافِرُ يَـٰلَيْتَنِى كُنتُ تُرَٰبًۢا
٧٩ـ١ وَٱلنَّـٰزِعَـٰتِ غَرْقًا ٧٩ـ٢ وَٱلنَّـٰشِطَـٰتِ نَشْطًا ٧٩ـ٣ وَٱلسَّـٰبِحَـٰتِ سَبْحًا
٧٩ـ٤ فَٱلسَّـٰبِقَـٰتِ سَبْقًا ٧٩ـ٥ فَٱلْمُدَبِّرَٰتِ أَمْرًا ٧٩ـ٦ يَوْمَ تَرْجُفُ ٱلرَّاجِفَةُ
٧٩ـ٧ تَتْبَعُهَا ٱلرَّادِفَةُ ٧٩ـ٨ قُلُوبٌ يَوْمَئِذٍ وَاجِفَةٌ ٧٩ـ٩ أَبْصَـٰرُهَا خَـٰشِعَةٌ
٧٩ـ١٠ يَقُولُونَ أَءِنَّا لَمَرْدُودُونَ فِى ٱلْحَافِرَةِ ٧٩ـ١١ أَءِذَا كُنَّا عِظَـٰمًا نَّخِرَةً
٧٩ـ١٢ قَالُوا۟ تِلْكَ إِذًا كَرَّةٌ خَاسِرَةٌ ٧٩ـ١٣ فَإِنَّمَا هِىَ زَجْرَةٌ وَٰحِدَةٌ ٧٩ـ١٤ فَإِذَا هُم
بِٱلسَّاهِرَةِ ٧٩ـ١٥ هَلْ أَتَىٰكَ حَدِيثُ مُوسَىٰٓ ٧٩ـ١٦ إِذْ نَادَىٰهُ رَبُّهُۥ بِٱلْوَادِ ٱلْمُقَدَّسِ
طُوًى ٧٩ـ١٧ ٱذْهَبْ إِلَىٰ فِرْعَوْنَ إِنَّهُۥ طَغَىٰ ٧٩ـ١٨ فَقُلْ هَل لَّكَ إِلَىٰٓ أَن تَزَكَّىٰ
٧٩ـ١٩ وَأَهْدِيَكَ إِلَىٰ رَبِّكَ فَتَخْشَىٰ ٧٩ـ٢٠ فَأَرَىٰهُ ٱلْـَٔايَةَ ٱلْكُبْرَىٰ ٧٩ـ٢١ فَكَذَّبَ
وَعَصَىٰ ٧٩ـ٢٢ ثُمَّ أَدْبَرَ يَسْعَىٰ ٧٩ـ٢٣ فَحَشَرَ فَنَادَىٰ ٧٩ـ٢٤ فَقَالَ أَنَا۠ رَبُّكُمُ
ٱلْأَعْلَىٰ ٧٩ـ٢٥ فَأَخَذَهُ ٱللَّهُ نَكَالَ ٱلْـَٔاخِرَةِ وَٱلْأُولَىٰٓ ٧٩ـ٢٦ إِنَّ فِى ذَٰلِكَ لَعِبْرَةً
لِّمَن يَخْشَىٰٓ ٧٩ـ٢٧ ءَأَنتُمْ أَشَدُّ خَلْقًا أَمِ ٱلسَّمَآءُ ۚ بَنَىٰهَا ٧٩ـ٢٨ رَفَعَ سَمْكَهَا
فَسَوَّىٰهَا ٧٩ـ٢٩ وَأَغْطَشَ لَيْلَهَا وَأَخْرَجَ ضُحَىٰهَا ٧٩ـ٣٠ وَٱلْأَرْضَ بَعْدَ ذَٰلِكَ دَحَىٰهَآ
٧٩ـ٣١ أَخْرَجَ مِنْهَا مَآءَهَا وَمَرْعَىٰهَا ٧٩ـ٣٢ وَٱلْجِبَالَ أَرْسَىٰهَا ٧٩ـ٣٣ مَتَـٰعًا لَّكُمْ
وَلِأَنْعَـٰمِكُمْ ٧٩ـ٣٤ فَإِذَا جَآءَتِ ٱلطَّآمَّةُ ٱلْكُبْرَىٰ ٧٩ـ٣٥ يَوْمَ يَتَذَكَّرُ ٱلْإِنسَـٰنُ مَا سَعَىٰ
٧٩ـ٣٦ وَبُرِّزَتِ ٱلْجَحِيمُ لِمَن يَرَىٰ ٧٩ـ٣٧ فَأَمَّا مَن طَغَىٰ ٧٩ـ٣٨ وَءَاثَرَ ٱلْحَيَوٰةَ
ٱلدُّنْيَا ٧٩ـ٣٩ فَإِنَّ ٱلْجَحِيمَ هِىَ ٱلْمَأْوَىٰ ٧٩ـ٤٠ وَأَمَّا مَنْ خَافَ مَقَامَ رَبِّهِۦ وَنَهَى
ٱلنَّفْسَ عَنِ ٱلْهَوَىٰ ٧٩ـ٤١ فَإِنَّ ٱلْجَنَّةَ هِىَ ٱلْمَأْوَىٰ ٧٩ـ٤٢ يَسْـَٔلُونَكَ عَنِ ٱلسَّاعَةِ
أَيَّانَ مُرْسَىٰهَا ٧٩ـ٤٣ فِيمَ أَنتَ مِن ذِكْرَىٰهَآ ٧٩ـ٤٤ إِلَىٰ رَبِّكَ مُنتَهَىٰهَآ ٧٩ـ٤٥ إِنَّمَآ
أَنتَ مُنذِرُ مَن يَخْشَىٰهَا ٧٩ـ٤٦ كَأَنَّهُمْ يَوْمَ يَرَوْنَهَا لَمْ يَلْبَثُوٓا۟ إِلَّا عَشِيَّةً أَوْ ضُحَىٰهَا

٨٠ـ١ عَبَسَ وَتَوَلَّىٰٓ ٨٠ـ٢ أَن جَآءَهُ ٱلْأَعْمَىٰ ٨٠ـ٣ وَمَا يُدْرِيكَ لَعَلَّهُۥ يَزَّكَّىٰٓ
٨٠ـ٤ أَوْ يَذَّكَّرُ فَتَنفَعَهُ ٱلذِّكْرَىٰٓ ٨٠ـ٥ أَمَّا مَنِ ٱسْتَغْنَىٰ ٨٠ـ٦ فَأَنتَ لَهُۥ تَصَدَّىٰ
٨٠ـ٧ وَمَا عَلَيْكَ أَلَّا يَزَّكَّىٰ ٨٠ـ٨ وَأَمَّا مَن جَآءَكَ يَسْعَىٰ ٨٠ـ٩ وَهُوَ يَخْشَىٰ
٨٠ـ١٠ فَأَنتَ عَنْهُ تَلَهَّىٰ ٨٠ـ١١ كَلَّآ إِنَّهَا تَذْكِرَةٌ ٨٠ـ١٢ فَمَن شَآءَ ذَكَرَهُۥ ٨٠ـ١٣ فِى
صُحُفٍ مُّكَرَّمَةٍ ٨٠ـ١٤ مَّرْفُوعَةٍ مُّطَهَّرَةٍۭ ٨٠ـ١٥ بِأَيْدِى سَفَرَةٍ ٨٠ـ١٦ كِرَامٍۭ بَرَرَةٍ
٨٠ـ١٧ قُتِلَ ٱلْإِنسَٰنُ مَآ أَكْفَرَهُۥ ٨٠ـ١٨ مِنْ أَىِّ شَىْءٍ خَلَقَهُۥ ٨٠ـ١٩ مِن نُّطْفَةٍ خَلَقَهُۥ
فَقَدَّرَهُۥ ٨٠ـ٢٠ ثُمَّ ٱلسَّبِيلَ يَسَّرَهُۥ ٨٠ـ٢١ ثُمَّ أَمَاتَهُۥ فَأَقْبَرَهُۥ ٨٠ـ٢٢ ثُمَّ إِذَا شَآءَ
أَنشَرَهُۥ ٨٠ـ٢٣ كَلَّا لَمَّا يَقْضِ مَآ أَمَرَهُۥ ٨٠ـ٢٤ فَلْيَنظُرِ ٱلْإِنسَٰنُ إِلَىٰ طَعَامِهِۦٓ
٨٠ـ٢٥ أَنَّا صَبَبْنَا ٱلْمَآءَ صَبًّا ٨٠ـ٢٦ ثُمَّ شَقَقْنَا ٱلْأَرْضَ شَقًّا ٨٠ـ٢٧ فَأَنۢبَتْنَا فِيهَا حَبًّا
٨٠ـ٢٨ وَعِنَبًا وَقَضْبًا ٨٠ـ٢٩ وَزَيْتُونًا وَنَخْلًا ٨٠ـ٣٠ وَحَدَآئِقَ غُلْبًا ٨٠ـ٣١ وَفَٰكِهَةً
وَأَبًّا ٨٠ـ٣٢ مَّتَٰعًا لَّكُمْ وَلِأَنْعَٰمِكُمْ ٨٠ـ٣٣ فَإِذَا جَآءَتِ ٱلصَّآخَّةُ ٨٠ـ٣٤ يَوْمَ يَفِرُّ ٱلْمَرْءُ
مِنْ أَخِيهِ ٨٠ـ٣٥ وَأُمِّهِۦ وَأَبِيهِ ٨٠ـ٣٦ وَصَٰحِبَتِهِۦ وَبَنِيهِ ٨٠ـ٣٧ لِكُلِّ ٱمْرِئٍ مِّنْهُمْ
يَوْمَئِذٍ شَأْنٌ يُغْنِيهِ ٨٠ـ٣٨ وُجُوهٌ يَوْمَئِذٍ مُّسْفِرَةٌ ٨٠ـ٣٩ ضَاحِكَةٌ مُّسْتَبْشِرَةٌ
٨٠ـ٤٠ وَوُجُوهٌ يَوْمَئِذٍ عَلَيْهَا غَبَرَةٌ ٨٠ـ٤١ تَرْهَقُهَا قَتَرَةٌ ٨٠ـ٤٢ أُو۟لَٰٓئِكَ هُمُ ٱلْكَفَرَةُ
ٱلْفَجَرَةُ ٨١ـ١ إِذَا ٱلشَّمْسُ كُوِّرَتْ ٨١ـ٢ وَإِذَا ٱلنُّجُومُ ٱنكَدَرَتْ ٨١ـ٣ وَإِذَا ٱلْجِبَالُ
سُيِّرَتْ ٨١ـ٤ وَإِذَا ٱلْعِشَارُ عُطِّلَتْ ٨١ـ٥ وَإِذَا ٱلْوُحُوشُ حُشِرَتْ ٨١ـ٦ وَإِذَا ٱلْبِحَارُ
سُجِّرَتْ ٨١ـ٧ وَإِذَا ٱلنُّفُوسُ زُوِّجَتْ ٨١ـ٨ وَإِذَا ٱلْمَوْءُۥدَةُ سُئِلَتْ ٨١ـ٩ بِأَىِّ ذَنۢبٍ
قُتِلَتْ ٨١ـ١٠ وَإِذَا ٱلصُّحُفُ نُشِرَتْ ٨١ـ١١ وَإِذَا ٱلسَّمَآءُ كُشِطَتْ ٨١ـ١٢ وَإِذَا ٱلْجَحِيمُ
سُعِّرَتْ ٨١ـ١٣ وَإِذَا ٱلْجَنَّةُ أُزْلِفَتْ ٨١ـ١٤ عَلِمَتْ نَفْسٌ مَّآ أَحْضَرَتْ ٨١ـ١٥ فَلَآ أُقْسِمُ
بِٱلْخُنَّسِ ٨١ـ١٦ ٱلْجَوَارِ ٱلْكُنَّسِ ٨١ـ١٧ وَٱلَّيْلِ إِذَا عَسْعَسَ ٨١ـ١٨ وَٱلصُّبْحِ إِذَا تَنَفَّسَ
٨١ـ١٩ إِنَّهُۥ لَقَوْلُ رَسُولٍ كَرِيمٍ ٨١ـ٢٠ ذِى قُوَّةٍ عِندَ ذِى ٱلْعَرْشِ مَكِينٍ ٨١ـ٢١ مُّطَاعٍ
ثَمَّ أَمِينٍ ٨١ـ٢٢ وَمَا صَاحِبُكُم بِمَجْنُونٍ ٨١ـ٢٣ وَلَقَدْ رَءَاهُ بِٱلْأُفُقِ ٱلْمُبِينِ
٨١ـ٢٤ وَمَا هُوَ عَلَى ٱلْغَيْبِ بِضَنِينٍ ٨١ـ٢٥ وَمَا هُوَ بِقَوْلِ شَيْطَٰنٍ رَّجِيمٍ
٨١ـ٢٦ فَأَيْنَ تَذْهَبُونَ ٨١ـ٢٧ إِنْ هُوَ إِلَّا ذِكْرٌ لِّلْعَٰلَمِينَ ٨١ـ٢٨ لِمَن شَآءَ مِنكُمْ أَن
يَسْتَقِيمَ ٨١ـ٢٩ وَمَا تَشَآءُونَ إِلَّآ أَن يَشَآءَ ٱللَّهُ رَبُّ ٱلْعَٰلَمِينَ ٨٢ـ١ إِذَا ٱلسَّمَآءُ
ٱنفَطَرَتْ ٨٢ـ٢ وَإِذَا ٱلْكَوَاكِبُ ٱنتَثَرَتْ ٨٢ـ٣ وَإِذَا ٱلْبِحَارُ فُجِّرَتْ ٨٢ـ٤ وَإِذَا ٱلْقُبُورُ
بُعْثِرَتْ ٨٢ـ٥ عَلِمَتْ نَفْسٌ مَّا قَدَّمَتْ وَأَخَّرَتْ ٨٢ـ٦ يَٰٓأَيُّهَا ٱلْإِنسَٰنُ مَا غَرَّكَ بِرَبِّكَ
ٱلْكَرِيمِ ٨٢ـ٧ ٱلَّذِى خَلَقَكَ فَسَوَّىٰكَ فَعَدَلَكَ ٨٢ـ٨ فِىٓ أَىِّ صُورَةٍ مَّا شَآءَ رَكَّبَكَ

٨٢ـ٩ كَلَّا بَلْ تُكَذِّبُونَ بِٱلدِّينِ ٨٢ـ١٠ وَإِنَّ عَلَيْكُمْ لَحَٰفِظِينَ ٨٢ـ١١ كِرَامًا كَٰتِبِينَ
٨٢ـ١٢ يَعْلَمُونَ مَا تَفْعَلُونَ ٨٢ـ١٣ إِنَّ ٱلْأَبْرَارَ لَفِى نَعِيمٍ ٨٢ـ١٤ وَإِنَّ ٱلْفُجَّارَ لَفِى
جَحِيمٍ ٨٢ـ١٥ يَصْلَوْنَهَا يَوْمَ ٱلدِّينِ ٨٢ـ١٦ وَمَا هُمْ عَنْهَا بِغَآئِبِينَ ٨٢ـ١٧ وَمَآ
أَدْرَىٰكَ مَا يَوْمُ ٱلدِّينِ ٨٢ـ١٨ ثُمَّ مَآ أَدْرَىٰكَ مَا يَوْمُ ٱلدِّينِ ٨٢ـ١٩ يَوْمَ لَا تَمْلِكُ نَفْسٌ
لِّنَفْسٍ شَيْـًٔا ۖ وَٱلْأَمْرُ يَوْمَئِذٍ لِّلَّهِ ٨٣ـ١ وَيْلٌ لِّلْمُطَفِّفِينَ ٨٣ـ٢ ٱلَّذِينَ إِذَا ٱكْتَالُوا۟
عَلَى ٱلنَّاسِ يَسْتَوْفُونَ ٨٣ـ٣ وَإِذَا كَالُوهُمْ أَو وَّزَنُوهُمْ يُخْسِرُونَ ٨٣ـ٤ أَلَا يَظُنُّ
أُو۟لَٰٓئِكَ أَنَّهُم مَّبْعُوثُونَ ٨٣ـ٥ لِيَوْمٍ عَظِيمٍ ٨٣ـ٦ يَوْمَ يَقُومُ ٱلنَّاسُ لِرَبِّ ٱلْعَٰلَمِينَ
٨٣ـ٧ كَلَّآ إِنَّ كِتَٰبَ ٱلْفُجَّارِ لَفِى سِجِّينٍ ٨٣ـ٨ وَمَآ أَدْرَىٰكَ مَا سِجِّينٌ ٨٣ـ٩ كِتَٰبٌ
مَّرْقُومٌ ٨٣ـ١٠ وَيْلٌ يَوْمَئِذٍ لِّلْمُكَذِّبِينَ ٨٣ـ١١ ٱلَّذِينَ يُكَذِّبُونَ بِيَوْمِ ٱلدِّينِ ٨٣ـ١٢ وَمَا
يُكَذِّبُ بِهِۦٓ إِلَّا كُلُّ مُعْتَدٍ أَثِيمٍ ٨٣ـ١٣ إِذَا تُتْلَىٰ عَلَيْهِ ءَايَٰتُنَا قَالَ أَسَٰطِيرُ ٱلْأَوَّلِينَ
٨٣ـ١٤ كَلَّا ۖ بَلْ ۜ رَانَ عَلَىٰ قُلُوبِهِم مَّا كَانُوا۟ يَكْسِبُونَ ٨٣ـ١٥ كَلَّآ إِنَّهُمْ عَن رَّبِّهِمْ
يَوْمَئِذٍ لَّمَحْجُوبُونَ ٨٣ـ١٦ ثُمَّ إِنَّهُمْ لَصَالُوا۟ ٱلْجَحِيمِ ٨٣ـ١٧ ثُمَّ يُقَالُ هَٰذَا ٱلَّذِى
كُنتُم بِهِۦ تُكَذِّبُونَ ٨٣ـ١٨ كَلَّآ إِنَّ كِتَٰبَ ٱلْأَبْرَارِ لَفِى عِلِّيِّينَ ٨٣ـ١٩ وَمَآ أَدْرَىٰكَ مَا
عِلِّيُّونَ ٨٣ـ٢٠ كِتَٰبٌ مَّرْقُومٌ ٨٣ـ٢١ يَشْهَدُهُ ٱلْمُقَرَّبُونَ ٨٣ـ٢٢ إِنَّ ٱلْأَبْرَارَ لَفِى نَعِيمٍ
٨٣ـ٢٣ عَلَى ٱلْأَرَآئِكِ يَنظُرُونَ ٨٣ـ٢٤ تَعْرِفُ فِى وُجُوهِهِمْ نَضْرَةَ ٱلنَّعِيمِ
٨٣ـ٢٥ يُسْقَوْنَ مِن رَّحِيقٍ مَّخْتُومٍ ٨٣ـ٢٦ خِتَٰمُهُۥ مِسْكٌ ۚ وَفِى ذَٰلِكَ فَلْيَتَنَافَسِ
ٱلْمُتَنَٰفِسُونَ ٨٣ـ٢٧ وَمِزَاجُهُۥ مِن تَسْنِيمٍ ٨٣ـ٢٨ عَيْنًا يَشْرَبُ بِهَا ٱلْمُقَرَّبُونَ
٨٣ـ٢٩ إِنَّ ٱلَّذِينَ أَجْرَمُوا۟ كَانُوا۟ مِنَ ٱلَّذِينَ ءَامَنُوا۟ يَضْحَكُونَ ٨٣ـ٣٠ وَإِذَا مَرُّوا۟ بِهِمْ
يَتَغَامَزُونَ ٨٣ـ٣١ وَإِذَا ٱنقَلَبُوٓا۟ إِلَىٰٓ أَهْلِهِمُ ٱنقَلَبُوا۟ فَكِهِينَ ٨٣ـ٣٢ وَإِذَا رَأَوْهُمْ
قَالُوٓا۟ إِنَّ هَٰٓؤُلَآءِ لَضَآلُّونَ ٨٣ـ٣٣ وَمَآ أُرْسِلُوا۟ عَلَيْهِمْ حَٰفِظِينَ ٨٣ـ٣٤ فَٱلْيَوْمَ ٱلَّذِينَ
ءَامَنُوا۟ مِنَ ٱلْكُفَّارِ يَضْحَكُونَ ٨٣ـ٣٥ عَلَى ٱلْأَرَآئِكِ يَنظُرُونَ ٨٣ـ٣٦ هَلْ ثُوِّبَ ٱلْكُفَّارُ
مَا كَانُوا۟ يَفْعَلُونَ ٨٤ـ١ إِذَا ٱلسَّمَآءُ ٱنشَقَّتْ ٨٤ـ٢ وَأَذِنَتْ لِرَبِّهَا وَحُقَّتْ ٨٤ـ٣ وَإِذَا
ٱلْأَرْضُ مُدَّتْ ٨٤ـ٤ وَأَلْقَتْ مَا فِيهَا وَتَخَلَّتْ ٨٤ـ٥ وَأَذِنَتْ لِرَبِّهَا وَحُقَّتْ
٨٤ـ٦ يَٰٓأَيُّهَا ٱلْإِنسَٰنُ إِنَّكَ كَادِحٌ إِلَىٰ رَبِّكَ كَدْحًا فَمُلَٰقِيهِ ٨٤ـ٧ فَأَمَّا مَنْ أُوتِىَ
كِتَٰبَهُۥ بِيَمِينِهِۦ ٨٤ـ٨ فَسَوْفَ يُحَاسَبُ حِسَابًا يَسِيرًا ٨٤ـ٩ وَيَنقَلِبُ إِلَىٰٓ أَهْلِهِۦ
مَسْرُورًا ٨٤ـ١٠ وَأَمَّا مَنْ أُوتِىَ كِتَٰبَهُۥ وَرَآءَ ظَهْرِهِۦ ٨٤ـ١١ فَسَوْفَ يَدْعُوا۟ ثُبُورًا
٨٤ـ١٢ وَيَصْلَىٰ سَعِيرًا ٨٤ـ١٣ إِنَّهُۥ كَانَ فِىٓ أَهْلِهِۦ مَسْرُورًا ٨٤ـ١٤ إِنَّهُۥ ظَنَّ أَن لَّن
يَحُورَ ٨٤ـ١٥ بَلَىٰٓ إِنَّ رَبَّهُۥ كَانَ بِهِۦ بَصِيرًا ٨٤ـ١٦ فَلَآ أُقْسِمُ بِٱلشَّفَقِ ٨٤ـ١٧ وَٱلَّيْلِ

وَمَا وَسَقَ ٨٤ـ١٨ وَٱلْقَمَرِ إِذَا ٱتَّسَقَ ٨٤ـ١٩ لَتَرْكَبُنَّ طَبَقًا عَن طَبَقٍ ٨٤ـ٢٠ فَمَا
لَهُمْ لَا يُؤْمِنُونَ ٨٤ـ٢١ وَإِذَا قُرِئَ عَلَيْهِمُ ٱلْقُرْءَانُ لَا يَسْجُدُونَ ٨٤ـ٢٢ بَلِ ٱلَّذِينَ
كَفَرُوا۟ يُكَذِّبُونَ ٨٤ـ٢٣ وَٱللَّهُ أَعْلَمُ بِمَا يُوعُونَ ٨٤ـ٢٤ فَبَشِّرْهُم بِعَذَابٍ أَلِيمٍ
٨٤ـ٢٥ إِلَّا ٱلَّذِينَ ءَامَنُوا۟ وَعَمِلُوا۟ ٱلصَّـٰلِحَـٰتِ لَهُمْ أَجْرٌ غَيْرُ مَمْنُونٍۭ ٨٥ـ١ وَٱلسَّمَآءِ ذَاتِ
ٱلْبُرُوجِ ٨٥ـ٢ وَٱلْيَوْمِ ٱلْمَوْعُودِ ٨٥ـ٣ وَشَاهِدٍ وَمَشْهُودٍ ٨٥ـ٤ قُتِلَ أَصْحَـٰبُ
ٱلْأُخْدُودِ ٨٥ـ٥ ٱلنَّارِ ذَاتِ ٱلْوَقُودِ ٨٥ـ٦ إِذْ هُمْ عَلَيْهَا قُعُودٌ ٨٥ـ٧ وَهُمْ عَلَىٰ مَا
يَفْعَلُونَ بِٱلْمُؤْمِنِينَ شُهُودٌ ٨٥ـ٨ وَمَا نَقَمُوا۟ مِنْهُمْ إِلَّآ أَن يُؤْمِنُوا۟ بِٱللَّهِ ٱلْعَزِيزِ
ٱلْحَمِيدِ ٨٥ـ٩ ٱلَّذِى لَهُۥ مُلْكُ ٱلسَّمَـٰوَٰتِ وَٱلْأَرْضِ ۚ وَٱللَّهُ عَلَىٰ كُلِّ شَىْءٍ شَهِيدٌ
٨٥ـ١٠ إِنَّ ٱلَّذِينَ فَتَنُوا۟ ٱلْمُؤْمِنِينَ وَٱلْمُؤْمِنَـٰتِ ثُمَّ لَمْ يَتُوبُوا۟ فَلَهُمْ عَذَابُ جَهَنَّمَ
وَلَهُمْ عَذَابُ ٱلْحَرِيقِ ٨٥ـ١١ إِنَّ ٱلَّذِينَ ءَامَنُوا۟ وَعَمِلُوا۟ ٱلصَّـٰلِحَـٰتِ لَهُمْ جَنَّـٰتٌ تَجْرِى مِن
تَحْتِهَا ٱلْأَنْهَـٰرُ ۚ ذَٰلِكَ ٱلْفَوْزُ ٱلْكَبِيرُ ٨٥ـ١٢ إِنَّ بَطْشَ رَبِّكَ لَشَدِيدٌ ٨٥ـ١٣ إِنَّهُۥ هُوَ
يُبْدِئُ وَيُعِيدُ ٨٥ـ١٤ وَهُوَ ٱلْغَفُورُ ٱلْوَدُودُ ٨٥ـ١٥ ذُو ٱلْعَرْشِ ٱلْمَجِيدُ ٨٥ـ١٦ فَعَّالٌ
لِّمَا يُرِيدُ ٨٥ـ١٧ هَلْ أَتَىٰكَ حَدِيثُ ٱلْجُنُودِ ٨٥ـ١٨ فِرْعَوْنَ وَثَمُودَ ٨٥ـ١٩ بَلِ ٱلَّذِينَ
كَفَرُوا۟ فِى تَكْذِيبٍ ٨٥ـ٢٠ وَٱللَّهُ مِن وَرَآئِهِم مُّحِيطٌۢ ٨٥ـ٢١ بَلْ هُوَ قُرْءَانٌ مَّجِيدٌ
٨٥ـ٢٢ فِى لَوْحٍ مَّحْفُوظٍۭ ٨٦ـ١ وَٱلسَّمَآءِ وَٱلطَّارِقِ ٨٦ـ٢ وَمَآ أَدْرَىٰكَ مَا ٱلطَّارِقُ
٨٦ـ٣ ٱلنَّجْمُ ٱلثَّاقِبُ ٨٦ـ٤ إِن كُلُّ نَفْسٍ لَّمَّا عَلَيْهَا حَافِظٌ ٨٦ـ٥ فَلْيَنظُرِ ٱلْإِنسَـٰنُ
مِمَّ خُلِقَ ٨٦ـ٦ خُلِقَ مِن مَّآءٍ دَافِقٍ ٨٦ـ٧ يَخْرُجُ مِنۢ بَيْنِ ٱلصُّلْبِ وَٱلتَّرَآئِبِ
٨٦ـ٨ إِنَّهُۥ عَلَىٰ رَجْعِهِۦ لَقَادِرٌ ٨٦ـ٩ يَوْمَ تُبْلَى ٱلسَّرَآئِرُ ٨٦ـ١٠ فَمَا لَهُۥ مِن قُوَّةٍ
وَلَا نَاصِرٍ ٨٦ـ١١ وَٱلسَّمَآءِ ذَاتِ ٱلرَّجْعِ ٨٦ـ١٢ وَٱلْأَرْضِ ذَاتِ ٱلصَّدْعِ ٨٦ـ١٣ إِنَّهُۥ لَقَوْلٌ
فَصْلٌ ٨٦ـ١٤ وَمَا هُوَ بِٱلْهَزْلِ ٨٦ـ١٥ إِنَّهُمْ يَكِيدُونَ كَيْدًا ٨٦ـ١٦ وَأَكِيدُ كَيْدًا
٨٦ـ١٧ فَمَهِّلِ ٱلْكَـٰفِرِينَ أَمْهِلْهُمْ رُوَيْدًۢا ٨٧ـ١ سَبِّحِ ٱسْمَ رَبِّكَ ٱلْأَعْلَى ٨٧ـ٢ ٱلَّذِى
خَلَقَ فَسَوَّىٰ ٨٧ـ٣ وَٱلَّذِى قَدَّرَ فَهَدَىٰ ٨٧ـ٤ وَٱلَّذِىٓ أَخْرَجَ ٱلْمَرْعَىٰ ٨٧ـ٥ فَجَعَلَهُۥ
غُثَآءً أَحْوَىٰ ٨٧ـ٦ سَنُقْرِئُكَ فَلَا تَنسَىٰٓ ٨٧ـ٧ إِلَّا مَا شَآءَ ٱللَّهُ ۚ إِنَّهُۥ يَعْلَمُ ٱلْجَهْرَ
وَمَا يَخْفَىٰ ٨٧ـ٨ وَنُيَسِّرُكَ لِلْيُسْرَىٰ ٨٧ـ٩ فَذَكِّرْ إِن نَّفَعَتِ ٱلذِّكْرَىٰ ٨٧ـ١٠ سَيَذَّكَّرُ
مَن يَخْشَىٰ ٨٧ـ١١ وَيَتَجَنَّبُهَا ٱلْأَشْقَى ٨٧ـ١٢ ٱلَّذِى يَصْلَى ٱلنَّارَ ٱلْكُبْرَىٰ ٨٧ـ١٣ ثُمَّ
لَا يَمُوتُ فِيهَا وَلَا يَحْيَىٰ ٨٧ـ١٤ قَدْ أَفْلَحَ مَن تَزَكَّىٰ ٨٧ـ١٥ وَذَكَرَ ٱسْمَ رَبِّهِۦ
فَصَلَّىٰ ٨٧ـ١٦ بَلْ تُؤْثِرُونَ ٱلْحَيَوٰةَ ٱلدُّنْيَا ٨٧ـ١٧ وَٱلْءَاخِرَةُ خَيْرٌ وَأَبْقَىٰٓ ٨٧ـ١٨ إِنَّ
هَـٰذَا لَفِى ٱلصُّحُفِ ٱلْأُولَىٰ ٨٧ـ١٩ صُحُفِ إِبْرَٰهِيمَ وَمُوسَىٰ ٨٨ـ١ هَلْ أَتَىٰكَ حَدِيثُ

ٱلْغَٰشِيَةِ ٨٨ـ٢ وُجُوهٌ يَوْمَئِذٍ خَٰشِعَةٌ ٨٨ـ٣ عَامِلَةٌ نَّاصِبَةٌ ٨٨ـ٤ تَصْلَىٰ نَارًا حَامِيَةً
٨٨ـ٥ تُسْقَىٰ مِنْ عَيْنٍ ءَانِيَةٍ ٨٨ـ٦ لَّيْسَ لَهُمْ طَعَامٌ إِلَّا مِن ضَرِيعٍ ٨٨ـ٧ لَّا
يُسْمِنُ وَلَا يُغْنِى مِن جُوعٍ ٨٨ـ٨ وُجُوهٌ يَوْمَئِذٍ نَّاعِمَةٌ ٨٨ـ٩ لِّسَعْيِهَا رَاضِيَةٌ
٨٨ـ١٠ فِى جَنَّةٍ عَالِيَةٍ ٨٨ـ١١ لَّا تَسْمَعُ فِيهَا لَٰغِيَةً ٨٨ـ١٢ فِيهَا عَيْنٌ جَارِيَةٌ
٨٨ـ١٣ فِيهَا سُرُرٌ مَّرْفُوعَةٌ ٨٨ـ١٤ وَأَكْوَابٌ مَّوْضُوعَةٌ ٨٨ـ١٥ وَنَمَارِقُ مَصْفُوفَةٌ
٨٨ـ١٦ وَزَرَابِىُّ مَبْثُوثَةٌ ٨٨ـ١٧ أَفَلَا يَنظُرُونَ إِلَى ٱلْإِبِلِ كَيْفَ خُلِقَتْ ٨٨ـ١٨ وَإِلَى
ٱلسَّمَآءِ كَيْفَ رُفِعَتْ ٨٨ـ١٩ وَإِلَى ٱلْجِبَالِ كَيْفَ نُصِبَتْ ٨٨ـ٢٠ وَإِلَى ٱلْأَرْضِ كَيْفَ
سُطِحَتْ ٨٨ـ٢١ فَذَكِّرْ إِنَّمَآ أَنتَ مُذَكِّرٌ ٨٨ـ٢٢ لَّسْتَ عَلَيْهِم بِمُصَيْطِرٍ ٨٨ـ٢٣ إِلَّا مَن
تَوَلَّىٰ وَكَفَرَ ٨٨ـ٢٤ فَيُعَذِّبُهُ ٱللَّهُ ٱلْعَذَابَ ٱلْأَكْبَرَ ٨٨ـ٢٥ إِنَّ إِلَيْنَآ إِيَابَهُمْ ٨٨ـ٢٦ ثُمَّ
إِنَّ عَلَيْنَا حِسَابَهُم ٨٩ـ١ وَٱلْفَجْرِ ٨٩ـ٢ وَلَيَالٍ عَشْرٍ ٨٩ـ٣ وَٱلشَّفْعِ وَٱلْوَتْرِ
٨٩ـ٤ وَٱلَّيْلِ إِذَا يَسْرِ ٨٩ـ٥ هَلْ فِى ذَٰلِكَ قَسَمٌ لِّذِى حِجْرٍ ٨٩ـ٦ أَلَمْ تَرَ كَيْفَ
فَعَلَ رَبُّكَ بِعَادٍ ٨٩ـ٧ إِرَمَ ذَاتِ ٱلْعِمَادِ ٨٩ـ٨ ٱلَّتِى لَمْ يُخْلَقْ مِثْلُهَا فِى ٱلْبِلَٰدِ
٨٩ـ٩ وَثَمُودَ ٱلَّذِينَ جَابُوا۟ ٱلصَّخْرَ بِٱلْوَادِ ٨٩ـ١٠ وَفِرْعَوْنَ ذِى ٱلْأَوْتَادِ ٨٩ـ١١ ٱلَّذِينَ
طَغَوْا۟ فِى ٱلْبِلَٰدِ ٨٩ـ١٢ فَأَكْثَرُوا۟ فِيهَا ٱلْفَسَادَ ٨٩ـ١٣ فَصَبَّ عَلَيْهِمْ رَبُّكَ سَوْطَ
عَذَابٍ ٨٩ـ١٤ إِنَّ رَبَّكَ لَبِٱلْمِرْصَادِ ٨٩ـ١٥ فَأَمَّا ٱلْإِنسَٰنُ إِذَا مَا ٱبْتَلَىٰهُ رَبُّهُۥ فَأَكْرَمَهُۥ
وَنَعَّمَهُۥ فَيَقُولُ رَبِّىٓ أَكْرَمَنِ ٨٩ـ١٦ وَأَمَّآ إِذَا مَا ٱبْتَلَىٰهُ فَقَدَرَ عَلَيْهِ رِزْقَهُۥ فَيَقُولُ رَبِّىٓ
أَهَٰنَنِ ٨٩ـ١٧ كَلَّا ۖ بَل لَّا تُكْرِمُونَ ٱلْيَتِيمَ ٨٩ـ١٨ وَلَا تَحَٰٓضُّونَ عَلَىٰ طَعَامِ ٱلْمِسْكِينِ
٨٩ـ١٩ وَتَأْكُلُونَ ٱلتُّرَاثَ أَكْلًا لَّمًّا ٨٩ـ٢٠ وَتُحِبُّونَ ٱلْمَالَ حُبًّا جَمًّا ٨٩ـ٢١ كَلَّآ إِذَا
دُكَّتِ ٱلْأَرْضُ دَكًّا دَكًّا ٨٩ـ٢٢ وَجَآءَ رَبُّكَ وَٱلْمَلَكُ صَفًّا صَفًّا ٨٩ـ٢٣ وَجِا۟ىٓءَ يَوْمَئِذٍۭ
بِجَهَنَّمَ ۚ يَوْمَئِذٍ يَتَذَكَّرُ ٱلْإِنسَٰنُ وَأَنَّىٰ لَهُ ٱلذِّكْرَىٰ ٨٩ـ٢٤ يَقُولُ يَٰلَيْتَنِى قَدَّمْتُ
لِحَيَاتِى ٨٩ـ٢٥ فَيَوْمَئِذٍ لَّا يُعَذِّبُ عَذَابَهُۥٓ أَحَدٌ ٨٩ـ٢٦ وَلَا يُوثِقُ وَثَاقَهُۥٓ أَحَدٌ
٨٩ـ٢٧ يَٰٓأَيَّتُهَا ٱلنَّفْسُ ٱلْمُطْمَئِنَّةُ ٨٩ـ٢٨ ٱرْجِعِىٓ إِلَىٰ رَبِّكِ رَاضِيَةً مَّرْضِيَّةً
٨٩ـ٢٩ فَٱدْخُلِى فِى عِبَٰدِى ٨٩ـ٣٠ وَٱدْخُلِى جَنَّتِى ٩٠ـ١ لَآ أُقْسِمُ بِهَٰذَا ٱلْبَلَدِ
٩٠ـ٢ وَأَنتَ حِلٌّۢ بِهَٰذَا ٱلْبَلَدِ ٩٠ـ٣ وَوَالِدٍ وَمَا وَلَدَ ٩٠ـ٤ لَقَدْ خَلَقْنَا ٱلْإِنسَٰنَ فِى
كَبَدٍ ٩٠ـ٥ أَيَحْسَبُ أَن لَّن يَقْدِرَ عَلَيْهِ أَحَدٌ ٩٠ـ٦ يَقُولُ أَهْلَكْتُ مَالًا لُّبَدًا
٩٠ـ٧ أَيَحْسَبُ أَن لَّمْ يَرَهُۥٓ أَحَدٌ ٩٠ـ٨ أَلَمْ نَجْعَل لَّهُۥ عَيْنَيْنِ ٩٠ـ٩ وَلِسَانًا وَشَفَتَيْنِ
٩٠ـ١٠ وَهَدَيْنَٰهُ ٱلنَّجْدَيْنِ ٩٠ـ١١ فَلَا ٱقْتَحَمَ ٱلْعَقَبَةَ ٩٠ـ١٢ وَمَآ أَدْرَىٰكَ مَا ٱلْعَقَبَةُ
٩٠ـ١٣ فَكُّ رَقَبَةٍ ٩٠ـ١٤ أَوْ إِطْعَٰمٌ فِى يَوْمٍ ذِى مَسْغَبَةٍ ٩٠ـ١٥ يَتِيمًا ذَا مَقْرَبَةٍ

٩٠ـ١٦ أَوْ مِسْكِينًا ذَا مَتْرَبَةٍ ٩٠ـ١٧ ثُمَّ كَانَ مِنَ ٱلَّذِينَ ءَامَنُوا۟ وَتَوَاصَوْا۟ بِٱلصَّبْرِ
وَتَوَاصَوْا۟ بِٱلْمَرْحَمَةِ ٩٠ـ١٨ أُو۟لَٰٓئِكَ أَصْحَٰبُ ٱلْمَيْمَنَةِ ٩٠ـ١٩ وَٱلَّذِينَ كَفَرُوا۟ بِـَٔايَٰتِنَا هُمْ
أَصْحَٰبُ ٱلْمَشْـَٔمَةِ ٩٠ـ٢٠ عَلَيْهِمْ نَارٌ مُّؤْصَدَةٌۢ ٩١ـ١ وَٱلشَّمْسِ وَضُحَىٰهَا ٩١ـ٢ وَٱلْقَمَرِ
إِذَا تَلَىٰهَا ٩١ـ٣ وَٱلنَّهَارِ إِذَا جَلَّىٰهَا ٩١ـ٤ وَٱلَّيْلِ إِذَا يَغْشَىٰهَا ٩١ـ٥ وَٱلسَّمَآءِ وَمَا
بَنَىٰهَا ٩١ـ٦ وَٱلْأَرْضِ وَمَا طَحَىٰهَا ٩١ـ٧ وَنَفْسٍ وَمَا سَوَّىٰهَا ٩١ـ٨ فَأَلْهَمَهَا
فُجُورَهَا وَتَقْوَىٰهَا ٩١ـ٩ قَدْ أَفْلَحَ مَن زَكَّىٰهَا ٩١ـ١٠ وَقَدْ خَابَ مَن دَسَّىٰهَا
٩١ـ١١ كَذَّبَتْ ثَمُودُ بِطَغْوَىٰهَآ ٩١ـ١٢ إِذِ ٱنۢبَعَثَ أَشْقَىٰهَا ٩١ـ١٣ فَقَالَ لَهُمْ رَسُولُ
ٱللَّهِ نَاقَةَ ٱللَّهِ وَسُقْيَٰهَا ٩١ـ١٤ فَكَذَّبُوهُ فَعَقَرُوهَا فَدَمْدَمَ عَلَيْهِمْ رَبُّهُم بِذَنۢبِهِمْ
فَسَوَّىٰهَا ٩١ـ١٥ وَلَا يَخَافُ عُقْبَٰهَا ٩٢ـ١ وَٱلَّيْلِ إِذَا يَغْشَىٰ ٩٢ـ٢ وَٱلنَّهَارِ إِذَا
تَجَلَّىٰ ٩٢ـ٣ وَمَا خَلَقَ ٱلذَّكَرَ وَٱلْأُنثَىٰٓ ٩٢ـ٤ إِنَّ سَعْيَكُمْ لَشَتَّىٰ ٩٢ـ٥ فَأَمَّا مَنْ
أَعْطَىٰ وَٱتَّقَىٰ ٩٢ـ٦ وَصَدَّقَ بِٱلْحُسْنَىٰ ٩٢ـ٧ فَسَنُيَسِّرُهُۥ لِلْيُسْرَىٰ ٩٢ـ٨ وَأَمَّا مَنۢ
بَخِلَ وَٱسْتَغْنَىٰ ٩٢ـ٩ وَكَذَّبَ بِٱلْحُسْنَىٰ ٩٢ـ١٠ فَسَنُيَسِّرُهُۥ لِلْعُسْرَىٰ ٩٢ـ١١ وَمَا
يُغْنِى عَنْهُ مَالُهُۥٓ إِذَا تَرَدَّىٰٓ ٩٢ـ١٢ إِنَّ عَلَيْنَا لَلْهُدَىٰ ٩٢ـ١٣ وَإِنَّ لَنَا لَلْءَاخِرَةَ
وَٱلْأُولَىٰ ٩٢ـ١٤ فَأَنذَرْتُكُمْ نَارًا تَلَظَّىٰ ٩٢ـ١٥ لَا يَصْلَىٰهَآ إِلَّا ٱلْأَشْقَى ٩٢ـ١٦ ٱلَّذِى
كَذَّبَ وَتَوَلَّىٰ ٩٢ـ١٧ وَسَيُجَنَّبُهَا ٱلْأَتْقَى ٩٢ـ١٨ ٱلَّذِى يُؤْتِى مَالَهُۥ يَتَزَكَّىٰ
٩٢ـ١٩ وَمَا لِأَحَدٍ عِندَهُۥ مِن نِّعْمَةٍ تُجْزَىٰٓ ٩٢ـ٢٠ إِلَّا ٱبْتِغَآءَ وَجْهِ رَبِّهِ ٱلْأَعْلَىٰ
٩٢ـ٢١ وَلَسَوْفَ يَرْضَىٰ ٩٣ـ١ وَٱلضُّحَىٰ ٩٣ـ٢ وَٱلَّيْلِ إِذَا سَجَىٰ ٩٣ـ٣ مَا وَدَّعَكَ
رَبُّكَ وَمَا قَلَىٰ ٩٣ـ٤ وَلَلْءَاخِرَةُ خَيْرٌ لَّكَ مِنَ ٱلْأُولَىٰ ٩٣ـ٥ وَلَسَوْفَ يُعْطِيكَ رَبُّكَ
فَتَرْضَىٰٓ ٩٣ـ٦ أَلَمْ يَجِدْكَ يَتِيمًا فَـَٔاوَىٰ ٩٣ـ٧ وَوَجَدَكَ ضَآلًّا فَهَدَىٰ
٩٣ـ٨ وَوَجَدَكَ عَآئِلًا فَأَغْنَىٰ ٩٣ـ٩ فَأَمَّا ٱلْيَتِيمَ فَلَا تَقْهَرْ ٩٣ـ١٠ وَأَمَّا ٱلسَّآئِلَ فَلَا
تَنْهَرْ ٩٣ـ١١ وَأَمَّا بِنِعْمَةِ رَبِّكَ فَحَدِّثْ ٩٤ـ١ أَلَمْ نَشْرَحْ لَكَ صَدْرَكَ ٩٤ـ٢ وَوَضَعْنَا
عَنكَ وِزْرَكَ ٩٤ـ٣ ٱلَّذِىٓ أَنقَضَ ظَهْرَكَ ٩٤ـ٤ وَرَفَعْنَا لَكَ ذِكْرَكَ ٩٤ـ٥ فَإِنَّ مَعَ
ٱلْعُسْرِ يُسْرًا ٩٤ـ٦ إِنَّ مَعَ ٱلْعُسْرِ يُسْرًا ٩٤ـ٧ فَإِذَا فَرَغْتَ فَٱنصَبْ ٩٤ـ٨ وَإِلَىٰ رَبِّكَ
فَٱرْغَب ٩٥ـ١ وَٱلتِّينِ وَٱلزَّيْتُونِ ٩٥ـ٢ وَطُورِ سِينِينَ ٩٥ـ٣ وَهَٰذَا ٱلْبَلَدِ ٱلْأَمِينِ
٩٥ـ٤ لَقَدْ خَلَقْنَا ٱلْإِنسَٰنَ فِىٓ أَحْسَنِ تَقْوِيمٍ ٩٥ـ٥ ثُمَّ رَدَدْنَٰهُ أَسْفَلَ سَٰفِلِينَ
٩٥ـ٦ إِلَّا ٱلَّذِينَ ءَامَنُوا۟ وَعَمِلُوا۟ ٱلصَّٰلِحَٰتِ فَلَهُمْ أَجْرٌ غَيْرُ مَمْنُونٍ ٩٥ـ٧ فَمَا يُكَذِّبُكَ
بَعْدُ بِٱلدِّينِ ٩٥ـ٨ أَلَيْسَ ٱللَّهُ بِأَحْكَمِ ٱلْحَٰكِمِينَ ٩٦ـ١ ٱقْرَأْ بِٱسْمِ رَبِّكَ ٱلَّذِى خَلَقَ
٩٦ـ٢ خَلَقَ ٱلْإِنسَٰنَ مِنْ عَلَقٍ ٩٦ـ٣ ٱقْرَأْ وَرَبُّكَ ٱلْأَكْرَمُ ٩٦ـ٤ ٱلَّذِى عَلَّمَ بِٱلْقَلَمِ

٩٦ـ٥ عَلَّمَ ٱلْإِنسَٰنَ مَا لَمْ يَعْلَمْ ٩٦ـ٦ كَلَّآ إِنَّ ٱلْإِنسَٰنَ لَيَطْغَىٰٓ ٩٦ـ٧ أَن رَّءَاهُ
ٱسْتَغْنَىٰٓ ٩٦ـ٨ إِنَّ إِلَىٰ رَبِّكَ ٱلرُّجْعَىٰٓ ٩٦ـ٩ أَرَءَيْتَ ٱلَّذِى يَنْهَىٰ ٩٦ـ١٠ عَبْدًا إِذَا
صَلَّىٰٓ ٩٦ـ١١ أَرَءَيْتَ إِن كَانَ عَلَى ٱلْهُدَىٰٓ ٩٦ـ١٢ أَوْ أَمَرَ بِٱلتَّقْوَىٰٓ ٩٦ـ١٣ أَرَءَيْتَ إِن
كَذَّبَ وَتَوَلَّىٰٓ ٩٦ـ١٤ أَلَمْ يَعْلَم بِأَنَّ ٱللَّهَ يَرَىٰ ٩٦ـ١٥ كَلَّا لَئِن لَّمْ يَنتَهِ لَنَسْفَعًۢا
بِٱلنَّاصِيَةِ ٩٦ـ١٦ نَاصِيَةٍ كَٰذِبَةٍ خَاطِئَةٍ ٩٦ـ١٧ فَلْيَدْعُ نَادِيَهُۥ ٩٦ـ١٨ سَنَدْعُ ٱلزَّبَانِيَةَ
٩٦ـ١٩ كَلَّا لَا تُطِعْهُ وَٱسْجُدْ وَٱقْتَرِب ٩٧ـ١ إِنَّآ أَنزَلْنَٰهُ فِى لَيْلَةِ ٱلْقَدْرِ ٩٧ـ٢ وَمَآ
أَدْرَىٰكَ مَا لَيْلَةُ ٱلْقَدْرِ ٩٧ـ٣ لَيْلَةُ ٱلْقَدْرِ خَيْرٌ مِّنْ أَلْفِ شَهْرٍ ٩٧ـ٤ تَنَزَّلُ ٱلْمَلَٰٓئِكَةُ
وَٱلرُّوحُ فِيهَا بِإِذْنِ رَبِّهِم مِّن كُلِّ أَمْرٍ ٩٧ـ٥ سَلَٰمٌ هِىَ حَتَّىٰ مَطْلَعِ ٱلْفَجْرِ ٩٨ـ١ لَمْ
يَكُنِ ٱلَّذِينَ كَفَرُوا۟ مِنْ أَهْلِ ٱلْكِتَٰبِ وَٱلْمُشْرِكِينَ مُنفَكِّينَ حَتَّىٰ تَأْتِيَهُمُ ٱلْبَيِّنَةُ
٩٨ـ٢ رَسُولٌ مِّنَ ٱللَّهِ يَتْلُوا۟ صُحُفًا مُّطَهَّرَةً ٩٨ـ٣ فِيهَا كُتُبٌ قَيِّمَةٌ ٩٨ـ٤ وَمَا
تَفَرَّقَ ٱلَّذِينَ أُوتُوا۟ ٱلْكِتَٰبَ إِلَّا مِنۢ بَعْدِ مَا جَآءَتْهُمُ ٱلْبَيِّنَةُ ٩٨ـ٥ وَمَآ أُمِرُوٓا۟ إِلَّا
لِيَعْبُدُوا۟ ٱللَّهَ مُخْلِصِينَ لَهُ ٱلدِّينَ حُنَفَآءَ وَيُقِيمُوا۟ ٱلصَّلَوٰةَ وَيُؤْتُوا۟ ٱلزَّكَوٰةَ ۚ وَذَٰلِكَ دِينُ
ٱلْقَيِّمَةِ ٩٨ـ٦ إِنَّ ٱلَّذِينَ كَفَرُوا۟ مِنْ أَهْلِ ٱلْكِتَٰبِ وَٱلْمُشْرِكِينَ فِى نَارِ جَهَنَّمَ خَٰلِدِينَ
فِيهَآ ۚ أُو۟لَٰٓئِكَ هُمْ شَرُّ ٱلْبَرِيَّةِ ٩٨ـ٧ إِنَّ ٱلَّذِينَ ءَامَنُوا۟ وَعَمِلُوا۟ ٱلصَّٰلِحَٰتِ أُو۟لَٰٓئِكَ هُمْ
خَيْرُ ٱلْبَرِيَّةِ ٩٨ـ٨ جَزَآؤُهُمْ عِندَ رَبِّهِمْ جَنَّٰتُ عَدْنٍ تَجْرِى مِن تَحْتِهَا ٱلْأَنْهَٰرُ خَٰلِدِينَ
فِيهَآ أَبَدًا ۖ رَّضِىَ ٱللَّهُ عَنْهُمْ وَرَضُوا۟ عَنْهُ ۚ ذَٰلِكَ لِمَنْ خَشِىَ رَبَّهُۥ ٩٩ـ١ إِذَا زُلْزِلَتِ
ٱلْأَرْضُ زِلْزَالَهَا ٩٩ـ٢ وَأَخْرَجَتِ ٱلْأَرْضُ أَثْقَالَهَا ٩٩ـ٣ وَقَالَ ٱلْإِنسَٰنُ مَا لَهَا
٩٩ـ٤ يَوْمَئِذٍ تُحَدِّثُ أَخْبَارَهَا ٩٩ـ٥ بِأَنَّ رَبَّكَ أَوْحَىٰ لَهَا ٩٩ـ٦ يَوْمَئِذٍ يَصْدُرُ ٱلنَّاسُ
أَشْتَاتًا لِّيُرَوْا۟ أَعْمَٰلَهُمْ ٩٩ـ٧ فَمَن يَعْمَلْ مِثْقَالَ ذَرَّةٍ خَيْرًا يَرَهُۥ ٩٩ـ٨ وَمَن يَعْمَلْ
مِثْقَالَ ذَرَّةٍ شَرًّا يَرَهُۥ ١٠٠ـ١ وَٱلْعَٰدِيَٰتِ ضَبْحًا ١٠٠ـ٢ فَٱلْمُورِيَٰتِ قَدْحًا
١٠٠ـ٣ فَٱلْمُغِيرَٰتِ صُبْحًا ١٠٠ـ٤ فَأَثَرْنَ بِهِۦ نَقْعًا ١٠٠ـ٥ فَوَسَطْنَ بِهِۦ جَمْعًا ١٠٠ـ٦ إِنَّ
ٱلْإِنسَٰنَ لِرَبِّهِۦ لَكَنُودٌ ١٠٠ـ٧ وَإِنَّهُۥ عَلَىٰ ذَٰلِكَ لَشَهِيدٌ ١٠٠ـ٨ وَإِنَّهُۥ لِحُبِّ ٱلْخَيْرِ لَشَدِيدٌ
١٠٠ـ٩ أَفَلَا يَعْلَمُ إِذَا بُعْثِرَ مَا فِى ٱلْقُبُورِ ١٠٠ـ١٠ وَحُصِّلَ مَا فِى ٱلصُّدُورِ ١٠٠ـ١١ إِنَّ
رَبَّهُم بِهِمْ يَوْمَئِذٍ لَّخَبِيرٌۢ ١٠١ـ١ ٱلْقَارِعَةُ ١٠١ـ٢ مَا ٱلْقَارِعَةُ ١٠١ـ٣ وَمَآ أَدْرَىٰكَ مَا
ٱلْقَارِعَةُ ١٠١ـ٤ يَوْمَ يَكُونُ ٱلنَّاسُ كَٱلْفَرَاشِ ٱلْمَبْثُوثِ ١٠١ـ٥ وَتَكُونُ ٱلْجِبَالُ كَٱلْعِهْنِ
ٱلْمَنفُوشِ ١٠١ـ٦ فَأَمَّا مَن ثَقُلَتْ مَوَٰزِينُهُۥ ١٠١ـ٧ فَهُوَ فِى عِيشَةٍ رَّاضِيَةٍ
١٠١ـ٨ وَأَمَّا مَنْ خَفَّتْ مَوَٰزِينُهُۥ ١٠١ـ٩ فَأُمُّهُۥ هَاوِيَةٌ ١٠١ـ١٠ وَمَآ أَدْرَىٰكَ مَا هِيَهْ
١٠١ـ١١ نَارٌ حَامِيَةٌۢ ١٠٢ـ١ أَلْهَىٰكُمُ ٱلتَّكَاثُرُ ١٠٢ـ٢ حَتَّىٰ زُرْتُمُ ٱلْمَقَابِرَ ١٠٢ـ٣ كَلَّا سَوْفَ

تَعْلَمُونَ ١٠٢ـ٤ ثُمَّ كَلَّا سَوْفَ تَعْلَمُونَ ١٠٢ـ٥ كَلَّا لَوْ تَعْلَمُونَ عِلْمَ ٱلْيَقِينِ
١٠٢ـ٦ لَتَرَوُنَّ ٱلْجَحِيمَ ١٠٢ـ٧ ثُمَّ لَتَرَوُنَّهَا عَيْنَ ٱلْيَقِينِ ١٠٢ـ٨ ثُمَّ لَتُسْـَٔلُنَّ يَوْمَئِذٍ عَنِ
ٱلنَّعِيمِ ١٠٣ـ١ وَٱلْعَصْرِ ١٠٣ـ٢ إِنَّ ٱلْإِنسَٰنَ لَفِى خُسْرٍ ١٠٣ـ٣ إِلَّا ٱلَّذِينَ ءَامَنُوا۟
وَعَمِلُوا۟ ٱلصَّٰلِحَٰتِ وَتَوَاصَوْا۟ بِٱلْحَقِّ وَتَوَاصَوْا۟ بِٱلصَّبْرِ ١٠٤ـ١ وَيْلٌ لِّكُلِّ هُمَزَةٍ لُّمَزَةٍ
١٠٤ـ٢ ٱلَّذِى جَمَعَ مَالًا وَعَدَّدَهُۥ ١٠٤ـ٣ يَحْسَبُ أَنَّ مَالَهُۥٓ أَخْلَدَهُۥ ١٠٤ـ٤ كَلَّا ۖ لَيُنۢبَذَنَّ
فِى ٱلْحُطَمَةِ ١٠٤ـ٥ وَمَآ أَدْرَىٰكَ مَا ٱلْحُطَمَةُ ١٠٤ـ٦ نَارُ ٱللَّهِ ٱلْمُوقَدَةُ ١٠٤ـ٧ ٱلَّتِى
تَطَّلِعُ عَلَى ٱلْأَفْـِٔدَةِ ١٠٤ـ٨ إِنَّهَا عَلَيْهِم مُّؤْصَدَةٌ ١٠٤ـ٩ فِى عَمَدٍ مُّمَدَّدَةٍۭ
١٠٥ـ١ أَلَمْ تَرَ كَيْفَ فَعَلَ رَبُّكَ بِأَصْحَٰبِ ٱلْفِيلِ ١٠٥ـ٢ أَلَمْ يَجْعَلْ كَيْدَهُمْ فِى تَضْلِيلٍ
١٠٥ـ٣ وَأَرْسَلَ عَلَيْهِمْ طَيْرًا أَبَابِيلَ ١٠٥ـ٤ تَرْمِيهِم بِحِجَارَةٍ مِّن سِجِّيلٍ
١٠٥ـ٥ فَجَعَلَهُمْ كَعَصْفٍ مَّأْكُولٍۭ ١٠٦ـ١ لِإِيلَٰفِ قُرَيْشٍ ١٠٦ـ٢ إِۦلَٰفِهِمْ رِحْلَةَ ٱلشِّتَآءِ
وَٱلصَّيْفِ ١٠٦ـ٣ فَلْيَعْبُدُوا۟ رَبَّ هَٰذَا ٱلْبَيْتِ ١٠٦ـ٤ ٱلَّذِىٓ أَطْعَمَهُم مِّن جُوعٍ وَءَامَنَهُم
مِّنْ خَوْفٍۭ ١٠٧ـ١ أَرَءَيْتَ ٱلَّذِى يُكَذِّبُ بِٱلدِّينِ ١٠٧ـ٢ فَذَٰلِكَ ٱلَّذِى يَدُعُّ ٱلْيَتِيمَ
١٠٧ـ٣ وَلَا يَحُضُّ عَلَىٰ طَعَامِ ٱلْمِسْكِينِ ١٠٧ـ٤ فَوَيْلٌ لِّلْمُصَلِّينَ ١٠٧ـ٥ ٱلَّذِينَ هُمْ
عَن صَلَاتِهِمْ سَاهُونَ ١٠٧ـ٦ ٱلَّذِينَ هُمْ يُرَآءُونَ ١٠٧ـ٧ وَيَمْنَعُونَ ٱلْمَاعُونَ
١٠٨ـ١ إِنَّآ أَعْطَيْنَٰكَ ٱلْكَوْثَرَ ١٠٨ـ٢ فَصَلِّ لِرَبِّكَ وَٱنْحَرْ ١٠٨ـ٣ إِنَّ شَانِئَكَ هُوَ ٱلْأَبْتَرُ
١٠٩ـ١ قُلْ يَٰٓأَيُّهَا ٱلْكَٰفِرُونَ ١٠٩ـ٢ لَآ أَعْبُدُ مَا تَعْبُدُونَ ١٠٩ـ٣ وَلَآ أَنتُمْ عَٰبِدُونَ مَآ
أَعْبُدُ ١٠٩ـ٤ وَلَآ أَنَا۠ عَابِدٌ مَّا عَبَدتُّمْ ١٠٩ـ٥ وَلَآ أَنتُمْ عَٰبِدُونَ مَآ أَعْبُدُ ١٠٩ـ٦ لَكُمْ
دِينُكُمْ وَلِىَ دِينِ ١١٠ـ١ إِذَا جَآءَ نَصْرُ ٱللَّهِ وَٱلْفَتْحُ ١١٠ـ٢ وَرَأَيْتَ ٱلنَّاسَ يَدْخُلُونَ فِى
دِينِ ٱللَّهِ أَفْوَاجًا ١١٠ـ٣ فَسَبِّحْ بِحَمْدِ رَبِّكَ وَٱسْتَغْفِرْهُ ۚ إِنَّهُۥ كَانَ تَوَّابًۢا ١١١ـ١ تَبَّتْ يَدَآ
أَبِى لَهَبٍ وَتَبَّ ١١١ـ٢ مَآ أَغْنَىٰ عَنْهُ مَالُهُۥ وَمَا كَسَبَ ١١١ـ٣ سَيَصْلَىٰ نَارًا ذَاتَ لَهَبٍ
١١١ـ٤ وَٱمْرَأَتُهُۥ حَمَّالَةَ ٱلْحَطَبِ ١١١ـ٥ فِى جِيدِهَا حَبْلٌ مِّن مَّسَدٍۭ ١١٢ـ١ قُلْ هُوَ ٱللَّهُ
أَحَدٌ ١١٢ـ٢ ٱللَّهُ ٱلصَّمَدُ ١١٢ـ٣ لَمْ يَلِدْ وَلَمْ يُولَدْ ١١٢ـ٤ وَلَمْ يَكُن لَّهُۥ كُفُوًا أَحَدٌۢ
١١٣ـ١ قُلْ أَعُوذُ بِرَبِّ ٱلْفَلَقِ ١١٣ـ٢ مِن شَرِّ مَا خَلَقَ ١١٣ـ٣ وَمِن شَرِّ غَاسِقٍ إِذَا
وَقَبَ ١١٣ـ٤ وَمِن شَرِّ ٱلنَّفَّٰثَٰتِ فِى ٱلْعُقَدِ ١١٣ـ٥ وَمِن شَرِّ حَاسِدٍ إِذَا حَسَدَ
١١٤ـ١ قُلْ أَعُوذُ بِرَبِّ ٱلنَّاسِ ١١٤ـ٢ مَلِكِ ٱلنَّاسِ ١١٤ـ٣ إِلَٰهِ ٱلنَّاسِ ١١٤ـ٤ مِن شَرِّ
ٱلْوَسْوَاسِ ٱلْخَنَّاسِ ١١٤ـ٥ ٱلَّذِى يُوَسْوِسُ فِى صُدُورِ ٱلنَّاسِ ١١٤ـ٦ مِنَ ٱلْجِنَّةِ
وَٱلنَّاسِ

www.ingramcontent.com/pod-product-compliance
Lightning Source LLC
Chambersburg PA
CBHW041609260326
41914CB00012B/1441
* 9 7 8 1 9 5 1 7 0 2 3 2 8 *